INCUMPLIMIENTO Y SISTEMA DE REMEDIOS CONTRACTUALES

CARLOS ALBERTO
CHINCHILLA IMBETT

MAURO
GRONDONA

Editores

INCUMPLIMIENTO Y SISTEMA DE REMEDIOS CONTRACTUALES

UNIVERSIDAD EXTERNADO DE COLOMBIA

Incumplimiento y sistema de remedios contractuales / Aída Patricia Hernández Silva [y otros] ; Carlos Alberto Chinchilla Imbett, Mario Grondona (editores). -- Bogotá : Universidad Externado de Colombia. 2021.
770 páginas ; 24 cm.

Incluye referencias bibliográficas.

ISBN: 9789587905595

1. Responsabilidad contractual – Colombia 2. Responsabilidad civil – Colombia 3. Incumplimiento de contrato -- Aspectos constitucionales – Colombia 4. Derecho civil -- Colombia I. Chinchilla Imbett, Carlos Alberto, editor II. Grondona, Mauro, editor III. Universidad Externado de Colombia IV. Título

346 SCDD 15

Catalogación en la fuente -- Universidad Externado de Colombia. Biblioteca. EAP.
febrero de 2021

ISBN 978-958-790-559-5

Calle 12 n.º 1-17 este, Bogotá
Teléfono (57 1) 342 0288
publicaciones@uexternado.edu.co
www.uexternado.edu.co

Primera edición: febrero de 2021

Diseño de cubierta: Departamento de Publicaciones
Corrección de estilo: Óscar Torres Angarita
Composición: Precolombi EU-David Reyes
Impresión y encuadernación: Panamericana Formas e Impresos S.A.
Tiraje de 1 a 1.000 ejemplares

Impreso en Colombia
Printed in Colombia

AÍDA PATRICIA HERNÁNDEZ SILVA
ALBERTO MARIA BENEDETTI
ANDREA D'ANGELO
CARLOS ALBERTO CHINCHILLA IMBETT
FABRIZIO PIRAINO
FERNANDO ALARCÓN ROJAS
JAVIER M. RODRÍGUEZ OLMOS
JORGE HERRERA M.
JOSÉ FÉLIX CHAMIE
MARGARITA MORALES HUERTAS
MARTHA LUCÍA NEME VILLARREAL
MATTEO DELLACASA
MAURO GRONDONA
MILAGROS KOTEICH KHATIB
PABLO MORENO CRUZ
PAULA NATALIA ROBLES BACCA
VINCENZO ROPPO

CONTENIDO

Parte tercera
De los remedios que tienen como finalidad la terminación del contrato

Parte cuarta
Remedios que tienen como finalidad la reconstrucción del sinalagma y la protección de las partes

PRESENTACIÓN

Es para nosotros un agrado presentar al público esta obra, vigorosa y ambiciosa, resultado de un proyecto de investigación conjunto, adelantado por profesores italianos y colombianos, los cuales, en un encuentro académico en abril del 2019 en la Universidad Externado de Colombia, se centraron en analizar el tema del incumplimiento y el sistema de remedios contractuales, y también recogieron sus intervenciones, las ajustaron y las enriquecieron para convertirlas en estupendos capítulos de libro, los cuales fueron organizados para componer la presente obra bajo nuestra dirección. Además, fueron invitados otros colegas para enriquecer el contenido de la obra y fortalecer los objetivos nobles con los que inició el proyecto.

Naturalmente, no nos corresponde decir en qué medida los objetivos de este proyecto de investigación se lograron; los lectores y las lectoras serán los encargados de tal labor. Por nuestra parte, esperamos que las personas que lean este libro vengan de distintos sectores y con formación variada, pues cada capítulo absuelve al mismo tiempo tres funciones diferentes: didáctica, científica y operativa.

A nuestro modo de ver, y es nuestra esperanza, el libro desarrolla una primaria función didáctica porque el tema de los remedios es tratado no solo de modo amplio y profundo (lo cual no significa que no requiera en el futuro próximo ulteriores esfuerzos de reflexión teórica y de elaboración práctica), sino de forma que pueda ser entendido por quien se encuentra en el recorrido de formación académica con miras a convertirse en jurista. En efecto, en primer lugar, se configura un objetivo informativo y formativo: informativo, porque los capítulos son ricos de detalladas informaciones que cubren prevalentemente el derecho colombiano y el derecho italiano, sin olvidar las referencias al sistema remedial francés, alemán y, por supuesto, al variado mundo del *common law*. Además de las referencias al derecho de las obligaciones y los contratos de distintos países de América Latina, todas realizadas por los amigos y las amigas colombianos que participan en la obra, lo cual evidencia una prospectiva de un derecho privado común latinoamericano, empresa de un gran valor y muy importante en cuanto permite probar la madurez de una academia rica, sensible y propositiva, de la cual el mundo puede aprender.

De hecho, esta obra demuestra el cambio de discurso, del lenguaje de los derechos al lenguaje de los remedios, en el que se pretende dar igual relevancia al derecho subjetivo como a los mecanismos adecuados y efectivos para su implementación, es decir, teniendo en cuenta la óptica de la tutela del derecho. Esto supone entender el cambio del rol del juez en el sistema de fuentes del derecho y el conjunto de tutelas dentro del ordenamiento jurídico y su efectividad. En ese sentido, desde esta primaria función didáctica, nosotros auguramos que el libro pueda ser considerado un buen punto de inicio para continuar en la obra de aproximación y de investigación de un lenguaje común de remedios.

Después está la segunda función: la distintivamente dogmática. Pero es importante entender bien la palabra dogmática, pues hoy (al menos en Europa) es considerada con cierta sospecha. Se necesita clarificar (mejor, repetir, pues la cultura jurídica más sensible está ya perfectamente persuadida con mayores argumentos de los que estamos por exponer) que hay una "dogmática buena" y una "dogmática mala"; esta última fluye con y por medio del formalismo obtuso, con el absolutismo conceptual, con el ideologismo negador de la realidad histórica, pues parte de la idea de que la tradición (o "una cierta" tradición, o la que se afirma ser "la" tradición) entrega determinados conceptos, determinadas categorías, determinadas ideas, frente a los cuales debernos ser fieles continuadores (o, sinceramente, repetidores más o menos cansados).

Así, la "dogmática mala" impide al jurista el necesario esfuerzo de analizar de manera crítica y con imaginación constructiva la tradición, es decir, afrontar la *sapienza* y la sabiduría que el pasado ha elaborado progresivamente para atender los problemas nuevos, las exigencias de una sociedad cada vez más compleja y los intereses dignos de protección del ordenamiento. De hecho, la imaginación, incluso en el derecho, es factor decisivo, tal como se demuestra con los razonamientos de los grandes juristas de cada época y de cada latitud –basta aprender de la refinación del derecho romano y el *ius controversum* realizado por los grandes juristas clásicos–. Si la imaginación no se revela por escollos y dificultades del jurista y no son adecuadamente confrontados, la consecuencia es profundamente negativa: el derecho hablará un idioma incapaz de ser escuchado por los ciudadanos, con la paradoja que, por una íntimamente contradictoria pero tenaz fidelidad dogmática, se asistirá a una progresiva desnaturalización de todo aquello que el mismo derecho quisiera defender, manteniendo al derecho igual a sí mismo (cuando debería cambiar para poder desarrollar mejor su propia función ordenadora), o, peor, actualizando de forma indebida un pasado que es ciertamente conocido y valorizado, pero en clave rigurosamente histórica. También desde este último punto de vista, la doctrina romanista, como la que gozamos y fomentamos en el Externado, es digna de una atenta consideración, pues analiza el derecho como un fenómeno en continuo movimiento, cual expresión del espíritu humano dirigido a la organización de los agregados sociales y a la disciplina de las relaciones intersubjetivas, en el que participan figuras del pasado que han tenido una evolución hasta llegar a lo que son en la actualidad: el resultado de una gradación histórica de creación, desarrollo, eliminación y adaptación. De ahí la importancia de desentrañar un problema del derecho actual recurriendo, según el argumento, a los orígenes del instituto en cuestión, pero no como un ejercicio de arqueología jurídica, sino como un ejercicio de conectar al derecho con la realidad, con sus fundamentos, consciente de que el derecho está al servicio del hombre, y no viceversa, un ejercicio que le permita al jurista lograr el mejoramiento del derecho, el cual se podría conseguir mediante la corrección o eliminación de las *iniquitates* presentes en el ordenamiento jurídico en que participa.

Por su parte, está la "dogmática buena", la cual tiene dos prospectivas y dos ambiciones, ambas indispensables y concomitantes para un funcionamiento eficaz del derecho, pues se considera que el derecho no puede ser naturalmente reducido a los preceptos y a las prescripciones, sino que debe pensarse como un grandioso instrumento de inteligencia social, cuyo desarrollo está determinado por cada ser humano. Es decir, la eficacia del derecho no es el simple proceso de señalar y describir las concretizaciones judiciales del principio codificado, ni defender a ultranza la primacía legal, la técnica codificadora y el poder de la autonomía privada sin ese proceso de razonamiento y sedimentación de las reglas que les son propias a ciertas figuras. Es un derecho practicado y efectivo en el que el jurista no se reduce a la lógica abstracta, sino que individualiza y compara los intereses concretamente percibidos en las relaciones de la vida social. De este punto de vista, la responsabilidad intelectual, cultural y social de la doctrina es inmensa, y aquí nosotros nos remitimos a nuestra querida y preciosa academia, que no conoce ni espacios ni límites, que une a cada persona que ama el conocimiento y que participa de la construcción colectiva del saber jurídico.

Ahora bien, las dos prospectivas y las dos ambiciones pueden ser sintéticamente tratadas de la siguiente manera:

La primera tiene que ver con el rigor del razonamiento jurídico, y por lo tanto con la transparencia argumentativa, con la coherencia entre los puntos de partida y los puntos de llegada. Para conseguir estos objetivos, no hay duda de que la posesión firme de las categorías y de los conceptos sea indispensable. Pero el punto es qué categorías y conceptos son los vectores de la juridicidad, entendida esta última en un sentido de atribuirle al derecho una dimensión que va más allá de lo estrictamente técnico y, por ende, se extiende al plano incluso de lo sociológico y lo institucional. Esto nos lleva a la segunda prospectiva (y a la segunda ambición): el carácter dinámico de las categorías jurídicas, pues la "dogmática buena" debe estar en grado de moverse entre la continuidad y la discontinuidad con relación a las exigencias del presente, tal como lo demuestran los remedios contractuales; exigencias que no son hoy de carácter nacional, sino que hacen parte de los distintos ordenamientos jurídicos, los cuales están ciertamente divididos por razones sociales, económicas y políticas, pero que encuentran en el plano jurídico un posible punto de convergencia. O de todas formas hacen que emerja la necesidad o, mejor, la oportunidad de ir en la búsqueda de un punto de convergencia. En este punto no hay duda de que el contrato y las vicisitudes del contrato tienen la fuerza de permitir el diálogo entre los ordenamientos y los sistemas jurídicos, más allá de su lejanía o cercanía, en términos de comparación jurídica.

Llegamos de esta forma a la tercera función que confiamos el libro pueda desarrollar: la operativa. Es la función que tiene que ver con la relación entre la teoría y la práctica y, por lo tanto, entre doctrina, jurisprudencia y la experiencia judicial (tampoco son olvidadas las distintas ramas del derecho público, en especial en materia de contratación estatal, pues las dinámicas del derecho privado en materia negocial son de completo interés y necesario entendimiento). Desde este punto de vista, entonces, esperamos que los análisis realizados a lo largo de la obra (que en la mayoría de los casos hacen alusión a la jurisprudencia civil, sin dejar de lado las sentencias de la Corte Constitucional en cuanto se presentan con mayor extensión en las problemáticas contractuales, como testimonio de la capacidad de adaptación del contrato y como fiel reflejo de una lectura dinámica de las categorías en la que la idea rectora es la comunicación constante y armónica entre las distintas fuentes del derecho, especialmente entre la Constitución y el Código Civil) puedan servir de ayuda no solo a la jurisprudencia, sino a la práctica del derecho, en cuanto las construcciones, desde el derecho italiano como en el derecho colombiano, buscan soluciones que sean las más adecuadas, justas, a los contextos a los que se refieren. Por último, el tema de los remedios contractuales y del incumplimiento requiere una comprensión del contexto en el que el contrato se encuentre inmerso; de lo contrario, el contrato se encontrará sometido a propuestas teóricas y a soluciones prácticas que podrán ser, como tales, conceptualmente armónicas, e incluso estéticamente preciosas, pero que luego no satisfacen los intereses concretos que subyacen en el vínculo negocial, generando graves daños a la dimensión institucional del derecho, que entre sus otras funciones tiene la de la pacificación social, la cual no se realiza en la comprensión de las distintas instancias económico-sociales, sino en el constante impulso reformador de los instrumentos conceptuales y de las soluciones prácticas para lograr lo bueno y lo justo en el caso concreto.

Hasta ahora hemos abordado tangencialmente la temática expuesta en el libro. Quisiéramos exponer una idea más concreta sobre el libro, sin la pretensión de realizar un resumen del contenido de todos sus capítulos, lo cual significaría dañar su riqueza intrínseca.

El volumen está dividido en cuatro partes que cubren toda el área de los remedios, entre el discurso de la obligación y del contrato. En el momento en el cual la relación obligacional, que tiene la propia fuente en el contrato, entra en una fase crítica (tanto por razones imputables a la conducta de una parte o de ambas, como por razones extrínsecas a la específica relación negocial), se abren múltiples problemas que van reconducidos a los remedios contractuales. En ese sentido, se trata, en primer lugar, de configurar la subsistencia del incumplimiento, valorizando la eventual imputabilidad y relevancia; posteriormente, de frente a una relación jurídica comprometida por su inejecución, se debe establecer de qué manera y cómo el derecho puede y debe intervenir a través de los remedios. En este punto se abre la distinción entre los remedios conservativos y destructivos del contrato (además del tema transversal del resarcimiento del daño) a la luz del vínculo contractual, de manera que se pueda ofrecer una solución que resulte ser la más oportuna sobre la base de la finalidad y la función del contrato, del contexto socio-económico en el cual el contrato fue celebrado, de los valores constitucionales, de los principios generales de la contratación contemporánea, de las razonables expectativas de las partes y sus intereses, económicos o no; todo sin olvidar el tipo de contrato en atención a la cualificación de los sujetos negociales, pues una situación es que el contrato se celebre entre empresas, otra distinta es que se celebre con un consumidor para la adquisición de un servicio o un bien de consumo; o que una de las partes se encuentre en situación objetiva de debilidad o que sea de especial protección constitucional. Frente a este panorama, ¿puede la respuesta del derecho ser uniforme? ¿Cómo formular respuestas diferenciadas? ¿Se deja el trabajo solo a la jurisprudencia? ¿Se prefiere la intervención del legislador para que proceda a reestructurar las categorías o a crear nuevas? Estas preguntas han sido naturalmente resueltas en los ordenamientos jurídicos colombiano e italiano en el curso de los últimos años; sin embargo, el rol de la doctrina civilista es fundamental para que exista un razonamiento reflexivo, pausado, atento a las particularidades del caso concreto, respetuoso de los principios de la contratación, todo con el fin de cerrarle el paso a la "dogmática mala" y abrir las puertas a la "dogmática buena".

Finalmente, no sobra decir que con esta obra no solo presentamos una manera de repensar el sistema remedial, sino ofrecemos una muestra del trabajo fraterno y conjunto de la doctrina italiana y colombiana, ambas preocupadas por cumplir con la tarea de elaborar soluciones razonables, equilibradas y pragmáticamente eficaces, de manera que se cumpla con la finalidad del derecho de ser una ciencia práctica que busca lo justo y lo bueno. Es sin duda el símbolo de los espacios de diálogo entre el Externado y la universidad italiana, cuyo resultado son los vínculos que se han creado y han perdurado en el tiempo, en los que se combinan las diferentes generaciones para hablar en un mismo lenguaje, en el que el rigor científico, la solidaridad y la amistad sincera son los vehículos de construcción del derecho.

Carlos Alberto Chinchilla Imbett
Profesor Universidad Externado de Colombia

Mauro Grondona
Profesor Universidad de Génova, Italia

Vincenzo Roppo*

Introducción a los remedios contractuales: problemas y prospectivas

Sumario: 1. Para introducir. 2. El sistema de los remedios por el incumplimiento: resolutorios y no resolutorios (conservativos). 3. Remedios resolutorios: el requisito del umbral de gravedad. 4. Remedios no resolutorios: monetarios y no monetarios. 5. Relaciones recíprocas entre los remedios: ¿acumulables o alternativos? 6. No existe, en general, preferencia de la ley por los remedios no resolutorios con base en el supuesto "principio de conservación del contrato". 7. El problema del remedio resolutorio: la incertidumbre sobre la suerte del contrato, y la alternativa entre la resolución judicial o extrajudicial. 8. Pluralidad de los modelos de resolución (judicial y extrajudicial) en función de las diversas tipologías contractuales: los contratos que tienen por objeto la propiedad (de bienes infungibles). 9. Los contratos sobre la titularidad de bienes fungibles, y la exigencia de certeza inmediata. 10. Continúa: los contratos de colaboración, y la fuerza del hecho. 11. ... sin impedir que al litigio se aplique (por vía judicial) la solución justa: quien resuelve lo hace "bajo su riesgo y responsabilidad"; el juicio se desplaza del terreno de la resolución al terreno de los resarcimientos.

1. PARA INTRODUCIR

El contrato es el corazón del derecho civil, porque es la máxima expresión de la autonomía privada, y esta es el fundamento y la sustancia misma del derecho civil. ¿Y cuál es el corazón del contrato, del derecho de los contratos? Yo considero que es el sistema de los remedios contractuales: porque la verdadera relevancia, el sentido profundo de la disciplina legal del contrato, no se manifiestan en las situaciones fisiológicas en las que el contrato nace con normalidad y funciona con normalidad, sino en los casos en los cuales su modo de ser y de funcionar presenta alguna patología, cuando el contrato padece de algún defecto o perturbación que lo convierten en un contrato problemático.

El contrato problemático por excelencia es aquel que se vuelve disfuncional por el incumplimiento, que es la vicisitud más crítica, podríamos decir la más trágica, que el contrato se arriesga a sufrir. Por lo tanto, es válido decir que la presente obra –que se ocupa de los remedios contractuales, y lo hace de manera selectiva, concentrándose en los remedios por el incumplimiento– toca

---

* Profesor emérito de la Universidad de Génova, Italia.
Traducción de María Elisa Camacho.

el corazón del corazón del derecho civil, y lo hace en su punto más sensible y crucial.

2. EL SISTEMA DE LOS REMEDIOS POR EL INCUMPLIMIENTO: RESOLUTORIOS Y NO RESOLUTORIOS (CONSERVATIVOS)

En primer lugar, advierto que me refiero a incumplimiento en sentido amplio, comprendiendo incluso la entrega de un bien que no se adecúa a los parámetros debidos, como cuando tiene lugar la garantía por vicios en la compraventa. Aunque estos últimos remedios tienen una disciplina –dictada con relación a particulares contratos típicos, en especial compraventa y locación– un poco diversa de aquella aplicable al incumplimiento en sentido estricto, del cual se ocupan las normas sobre el contrato en general.

Bajo esta óptica, comenzamos por destacar que el sistema de los remedios por el incumplimiento tiene una estructura bipartita, de acuerdo con la manera en que el remedio incide sobre el contrato: por una parte, los remedios extintivos, que cancelan el contrato (como lo hace generalmente la resolución por incumplimiento, de modo que podemos hablar más precisamente de remedios resolutorios); por otra parte, los remedios no resolutorios, que mantienen en vida el contrato.

3. REMEDIOS RESOLUTORIOS: EL REQUISITO DEL UMBRAL DE GRAVEDAD

Hay un dato común entre los remedios resolutorios, que indico con la fórmula "requisito del umbral de gravedad": en el sentido de que el remedio procede solo si el incumplimiento supera un cierto umbral de gravedad; pues si en cambio permanece por debajo de aquel, podrán activarse otros remedios, mas no la resolución. La *ratio* es un principio de proporcionalidad entre la perturbación y el remedio aplicable: la resolución es un remedio muy grave porque cancela el contrato, y por lo tanto solo se justifica respecto de una perturbación que tenga un correspondiente nivel de gravedad.

De ahí la regla en virtud de la cual, en general, el contrato se resuelve por incumplimiento solo si el incumplimiento es bastante grave, es decir que no tiene "escasa importancia"; asimismo, la regla conforme a la cual el contrato de compraventa puede resolverse como consecuencia de los defectos presentes en la cosa, solo cuando los defectos son muy graves, es decir, lo suficiente como para volver la cosa "inidónea para el uso al que está destinada o disminuyen de manera apreciable el valor"; por último, la regla aplicable al contrato de locación cuando las anomalías o vicios de la obra pueden conducir a la resolución del contrato solo cuando son bastante graves, esto es, de tal entidad como para que la obra sea "del todo inadecuada a su destinación".

Puede observarse una analogía con otros remedios extintivos, diversos de la resolución, que el sistema prevé como una reacción frente a defectos del contrato diferentes del incumplimiento. Por ejemplo: el error causa la nulidad del contrato solo si es "esencial", y en ciertos casos solo si ha determinado el consentimiento; el dolo, para hacer nulo el contrato, debe ser contundente, es decir, tan grave que, de no haber existido engaño de una de las partes, "la otra no hubiera celebrado el contrato"; la incapacidad natural torna nulo el contrato solo si el incapaz resulta afectado por un "grave perjuicio"[1]. Igualmente: el contrato es rescindible solo si ha sido determinado no por cualquier estado de peligro, sino por un peligro muy serio como el "peligro actual de un daño grave a la persona"; o por un estado de necesidad que induzca a una de las partes a aceptar no cualquier desproporción entre la prestación debida y aquella recibida, sino una desproporción que llegue a ser *ultra dimidium*.

4. REMEDIOS NO RESOLUTORIOS: MONETARIOS Y NO MONETARIOS

Hasta ahora hemos descrito los remedios no resolutorios en términos exclusivamente negativos: son los remedios que *no* cancelan el contrato. Cuando se pasa a definirlos de manera positiva, se constata que son varios y diversos entre ellos. Para ordenarlos podemos clasificarlos en dos categorías: remedios monetarios y remedios no monetarios.

Los remedios no monetarios son aquellos que conceden a la parte perjudicada por el incumplimiento alguna utilidad diferente del dinero. En el interior de esta familia el remedio principal es la acción de cumplimiento, pero podemos agregar la excepción de incumplimiento. Pasando de la disciplina general del contrato a aquella de los singulares tipos contractuales, encontramos los remedios de la reparación o sustitución del bien que no es conforme con el contrato en la venta de bienes de consumo, y la eliminación de los vicios o alteraciones de la obra en el contrato de locación.

---

1 N. del T. Con la expresión "incapacidad natural" el autor se refiere a una clase de incapacidad prevista en el art. 428 del Código Civil italiano.

Por su parte, los remedios monetarios satisfacen el interés de la parte protegida otorgándole una suma de dinero. Mencionamos la reducción del precio por los vicios en la cosa vendida, y por los vicios o alteraciones en el contrato de locación. Sobre todo nos referimos al resarcimiento del daño, que es el principal remedio de carácter monetario concedido a la víctima del incumplimiento.

5. RELACIONES RECÍPROCAS ENTRE LOS REMEDIOS: ¿ACUMULABLES O ALTERNATIVOS?

¿Los remedios previstos a favor de la víctima del incumplimiento se excluyen mutuamente, en el sentido de que el ejercicio de uno de ellos excluye acudir a los otros? ¿O pueden acumularse entre ellos?

Depende. Algunas veces el criterio es la acumulación. El remedio más compatible con el ejercicio simultáneo de otros remedios es el remedio monetario por excelencia, es decir, el resarcimiento: que puede acumularse con la resolución, pero también con la acción de cumplimiento (caso en el cual comprende el daño que se desprende por el retardo en la obtención de la prestación), e igualmente con otro remedio monetario consistente en la reducción del precio en la compraventa de una cosa que padece ciertos vicios.

En ciertos casos el resarcimiento es –por definición– alternativo a la resolución: así, cuando el incumplimiento está por debajo del umbral del remedio resolutorio porque es de "escasa importancia", la víctima puede solicitar el resarcimiento, pero no la resolución.

A veces los remedios, monetario y resolutorio, se excluyen mutuamente: por ejemplo, en la venta de una cosa con vicios, el remedio monetario de la reducción del precio es una alternativa de la resolución.

En la locación, cuando la obra presenta vicios o alteraciones insuficientes como para justificar la resolución del contrato, la alternativa se presenta entre el remedio no monetario (eliminación de los vicios o defectos) y monetario (reducción del precio).

6. NO EXISTE, EN GENERAL, PREFERENCIA DE LA LEY POR LOS REMEDIOS NO RESOLUTORIOS CON BASE EN EL SUPUESTO "PRINCIPIO DE CONSERVACIÓN DEL CONTRATO"

Es bastante difundida, y, por lo demás, se repite de manera acrítica, la idea de que existe una preferencia en la ley por los remedios no resolutorios con base en el "principio de conservación del contrato". Déjenme decir que esta afirmación pertenece a la familia de las *fake news* jurídicas.

En general, se puede dudar sobre la existencia de un principio de conservación del contrato. Para ser honestos, también en este ámbito (como en muchos otros) el "principio de conservación del contrato" es enarbolado con demasiada frecuencia por los intérpretes de manera mecánica y sin una verdadera constatación, por lo que corre el riesgo de revelarse –en la mejor de las hipótesis– un fetiche vacío, carente de contenidos significativos, y –en la peor hipótesis– un vehículo de soluciones erradas.

En efecto, hay casos en los cuales la ley considera oportuno que un contrato sea cancelado por los defectos o alteraciones que presenta (con el remedio de la resolución, del que nos ocupamos aquí, o de la nulidad absoluta o de la anulabilidad): hay otros casos en los que la ley, ante un contrato que también presenta algún defecto o alteración, considera que no se le deben aplicar remedios extintivos (por ejemplo, la resolución), sino un remedio no extintivo. Pero cuando la ley dice que el contrato no se resuelve si el incumplimiento es de escasa importancia, no lo hace en nombre de un general principio de conservación del contrato, y no lo hace porque en línea de principio prefiera mantener en vez de cancelar los contratos, sino por un principio de proporcionalidad, para ajustar la gravedad del remedio a la gravedad del defecto o alteración.

El umbral de gravedad puede ser más alto o más bajo según los casos: en la locación es más alto que en la compraventa, es más difícil arribar a la resolución que solo puede desencadenarse en casos extremos en los que "los defectos o los vicios de la obra son de tal envergadura que hacen de ella algo inadecuado para su destinación". Pero la regla no responde a un abstracto principio de conservación (pues, además, no se entiende por qué una locación debería ser abstractamente más merecedora de conservación que una compraventa), sino a una razón más concreta y específica: las consecuencias de la resolución son más problemáticas y difícilmente manejables en la locación, y por esto se quiere reducir la resolución de la locación a casos extremos e infrecuentes. Es evidente la extrema dificultad de administrar, según criterios de racionalidad y economicidad, las consecuencias de la disolución de la relación en un contrato con las características de la locación, una vez que la obra ha sido (aunque de manera imperfecta) confeccionada.

Si el locador ya ha sido retribuido por la obra, debe restituir el precio de la locación; si no le han pagado, no puede pretender alguna retribución; ¡sin embargo, ha incurrido en algunos gastos para realizar (aunque de manera imperfecta) la obra! Se podría pensar que el locador se considere compensado al retener o adquirir la propiedad de la obra por él ejecutada (así como, resuelta la compraventa, el vendedor ya no tiene derecho al precio, sino que recupera la propiedad de la cosa: *quid*, pero, ¿si la obra es realizada sobre el terreno que pertenece al locatario? Y sobre todo: ¿qué sentido tiene atribuir al locador la propiedad de una obra que nunca había pensado ni programado tener, y en la que probablemente no tiene ningún interés?).

En cambio, en una compraventa la resolución tiene consecuencias más fáciles de manejar: la cosa regresa a las manos del vendedor, a quien le pertenecía antes. De ahí que la disciplina de la garantía por los vicios en la compraventa –lejos de perseguir algún "principio de conservación del contrato"– ubica el remedio dirigido a su preservación (reducción del precio) y el remedio extintivo (resolución) en una posición neutral, sin demostrar una actitud de *favor* hacia el primero o de aversión hacia el segundo, que se observa en materia de locación.

Cuando estamos por encima del umbral de gravedad que permite la resolución con base en el principio de proporcionalidad, frecuentemente la ley plantea la alternativa entre el remedio resolutorio y el no resolutorio, poniéndolos sobre el mismo plano, dejando la elección al titular del remedio y permaneciendo neutral frente a dicha elección. De acuerdo con la disciplina general del incumplimiento, la víctima puede elegir libremente –ante la indiferencia de la ley– entre demandar el cumplimiento o la resolución; incluso hay más probabilidades de que se consolide la resolución en vez de la conservación del contrato, por la regla en virtud de la cual la elección inicial del cumplimiento no impide solicitar después la opción opuesta de la resolución, mientras que, una vez se opta por la resolución, no es admitida una sucesiva elección contraria que se dirija a mantener en vida el contrato. En la disciplina de los vicios de la cosa vendida, el comprador puede elegir libremente entre resolución y reducción del precio, sin que la ley manifieste preferencia por esta última y aversión por la primera.

Existe solo un sector en el que se puede observar una cierta preferencia por los remedios no resolutorios y es aquel de la garantía en la venta de los bienes de consumo, pues inicialmente el consumidor adquirente tiene derecho a la reparación o sustitución del bien. Solo cuando estos remedios no resolutorios se revelan impracticables o problemáticos, se abre el abanico de remedios aplicables, de los cuales uno es resolutorio (la resolución) y el otro no resolutorio (la reducción del precio): y la ley los coloca sobre el mismo plano, sin manifestar preferencia por el segundo respecto del primero.

7. EL PROBLEMA DEL REMEDIO RESOLUTORIO: LA INCERTIDUMBRE SOBRE LA SUERTE DEL CONTRATO, Y LA ALTERNATIVA ENTRE LA RESOLUCIÓN JUDICIAL O EXTRAJUDICIAL

Cuando se cumplen los requisitos para la resolución, surge un problema. Según el modelo tradicional, la resolución por el incumplimiento se obtiene por vía judicial, por medio de una acción resolutoria que termina con una sentencia: la sentencia (constitutiva) es la que produce la resolución. Pero la sentencia puede llegar a proferirse mucho tiempo después de que el contrato entró en crisis con la (sospecha) de incumplimiento y durante todo el tiempo del proceso (que pueden ser muchos años) la suerte del contrato queda envuelta en la incertidumbre: las partes no saben si el contrato está destinado a morir o continúa vivo; y ante esta situación no logran organizar de manera racional las actividades que conciernen a las prestaciones que hacen parte del objeto del contrato.

Habría un modo para eliminar esta incertidumbre: renunciar al proceso judicial y, por tanto, hacer depender la resolución de un factor extrajudicial. Así pudo haber sido acordado por las partes, en cuyo caso no hay ningún problema. La otra alternativa es que se trate de la elección unilateral de la parte que reclama el incumplimiento: un acto extrajudicial, negocial, unilateral, dirigido a disolver el contrato. En sustancia, un receso[2].

Sin embargo, renunciar al proceso judicial tiene un costo, porque el juicio es un "bien" cuyo valor agregado es la imparcialidad del juez, lo que constituye una garantía para las dos partes litigantes. Renunciando al proceso judicial, la suerte del contrato (¿muere o subsiste?) dependería de la voluntad de uno de los interesados, y se determina según su propio beneficio, mientras que la parte contraria sufre la elección, que puede ser lesiva de su interés.

Se trata de sopesar apropiadamente dos valores, dos bienes en conflicto: el bien del juicio y el bien de la pronta certeza. Para hacerlo es necesario individuar adecuadas líneas metodológicas.

---

2 N. del T. El autor se refiere al derecho de receso unilateral previsto en el art. 1373 del Código Civil italiano.

8. PLURALIDAD DE LOS MODELOS DE RESOLUCIÓN (JUDICIAL Y EXTRAJUDICIAL) EN FUNCIÓN DE LAS DIVERSAS TIPOLOGÍAS CONTRACTUALES: LOS CONTRATOS QUE TIENEN POR OBJETO LA PROPIEDAD (DE BIENES INFUNGIBLES)

La primera cuestión tiene que ver con el reconocimiento de la pluralidad de los modelos (regímenes) de resolución del contrato por incumplimiento. Lo hemos visto en la comparación entre compraventa y locación, pero el discurso se puede generalizar. En suma: a cada significativa tipología contractual, su propio régimen resolutorio, basado sobre la forma en que se resuelve la alternativa entre privilegiar el bien de la certeza o el bien del juicio.

Mi tesis es que esta alternativa no puede disiparse de una vez por todas, a favor de uno u otro término, sino que debe resolverse en direcciones diversas, según el "sentido" que la alternativa entre muerte y vida del contrato asume para el particular contrato que en cada caso está en juego: porque es el "sentido" de la resolución el que define si es necesario u oportuno, con miras a la determinación del efecto resolutorio, pasar por un proceso judicial, o, por el contrario, seguir una línea de "desintermediación judicial" recurriendo a la vía de la "extrajudicialidad".

Imaginemos que las partes litigan sobre la resolución por incumplimiento de la compraventa de un bien como un inmueble, un paquete accionario, una obra de arte: el vendedor sostiene el incumplimiento del comprador, y sobre esta base quiere resolver el contrato y de esta manera recuperar la propiedad del bien, mientras que el comprador, negando su propio incumplimiento o de cualquier forma los presupuestos de la resolución, afirma que el contrato debe mantenerse y que por ello el bien sigue siendo suyo.

El objeto de este tipo de litigios tiene una doble característica. En primer lugar, se trata de un *objeto significativo*, porque el interés de los litigantes en su resultado es férreo, pues de este depende cuál de las dos partes litigantes tendrá en definitiva la propiedad del bien, en la que ambos están muy interesados (si así no fuera, si el bien interesara mucho a uno y poco o nada al otro, es claro que el desenlace más realista del litigio sería su terminación con una bella transacción...). En segundo lugar, se trata de un *objeto práctica y jurídicamente realizable*: el objeto consiste en reconocer el dominio del bien a uno u otro de los contratantes; por lo que al terminar el litigio uno de los dos resultará propietario, y con los mecanismos legales oportunos podrá volver a tener o conservar el bien –práctica y jurídicamente– en su esfera de dominio.

Pues bien, en un caso como este el juicio sobre la resolución es relevante: precisamente porque su resultado es, por una parte, significativo y, por otra, ejecutable. Por lo tanto, tiene sentido llevar a cabo el proceso, confiándolo al profesional del juicio –obviamente el juez. En un escenario del género, en suma, se encuentran todas las condiciones para someter la resolución al régimen de la "judicialidad".

Lo mismo ocurre cuando las partes litigan sobre la propiedad en sentido, por así decirlo, negativo, porque ambas están interesadas en renunciar a la titularidad del bien, atribuyéndola a la contraparte: el comprador que exige la resolución es quien asignaría el bien en cabeza del vendedor, mientras que este último la impugna, negando los presupuestos, porque no tiene ningún interés en retomar el bien (y restituir el precio). También en este escenario alterado, tiene sentido que sea el juez quien decida el resultado del litigio sobre la titularidad del derecho de dominio, porque también aquí se trata de un resultado significativo y susceptible de realizarse.

El paradigma aquí propuesto también parece aplicable a los contratos que –a diferencia de aquellos considerados previamente– no están relacionados con la titularidad del bien (por lo tanto, a posiciones "reales"), sino meras posiciones "obligatorias": me refiero a los contratos en los que la obligación tiene por objeto prestaciones que son susceptibles de ejecución forzada en forma específica.

Si en virtud del contrato una parte se ha obligado a no construir, y la misma parte sostiene que el contrato debe ser resuelto, mientras que la contraparte sostiene exactamente lo contrario, el juicio sobre la resolución es relevante, porque su resultado es significativo y realizable: si obtiene la razón el obligado que ha solicitado se declare la resolución, él estará en condiciones de poder edificar; si en cambio se le da la razón al acreedor que niega la resolución, este último podrá impedir la construcción, y si ya ha sido realizada la edificación obtendrá la destrucción de esta con base en la regla de la ejecución forzada de las obligaciones de no hacer. Es sensato, por lo tanto, que la resolución sea sometida a un proceso judicial.

9. LOS CONTRATOS SOBRE LA TITULARIDAD DE BIENES FUNGIBLES, Y LA EXIGENCIA DE CERTEZA INMEDIATA

¿Qué pasa, en cambio, con los contratos que tienen por objeto la titularidad de bienes fungibles (por ejemplo, las compraventas de bienes muebles seriales)?

Pues bien, yo considero que respecto a esta clase de contratos el juicio sobre la resolución no es relevante. Y no porque el resultado del proceso judicial sea impracticable, pues en cambio lo es: según como se concluya el juicio por la resolución de la compraventa de un electrodoméstico o de un automóvil, resultará que la propiedad del bien permanece en cabeza del cliente o por el contrario regresa al vendedor, y en ambos casos el reconocimiento de la calidad de propietario será perfectamente realizable tanto sobre el plano jurídico como sobre el plano práctico. La razón de la intrascendencia se encuentra en que el juicio sobre la resolución *no sería significativo*. En efecto: cuando se controvierte sobre si la compraventa del cuadro de un autor o del inmueble deba resolverse o no, el resultado del juicio tiene un gran impacto frente a los ojos de las partes, pues a ambas les interesa vehementemente tener la propiedad del bien (o –lo opuesto– no les interesa de ninguna manera tener la propiedad del bien, sino el dinero del precio en lugar del bien).

No puede decirse lo mismo cuando la compraventa tiene por objeto un electrodoméstico o un auto: tratándose de bienes seriales, el interés de las partes sobre dichos bienes puede satisfacerse de manera sencilla accediendo al mercado y procurándose otro ejemplar equivalente de la misma serie (adquisición sustitutiva). Sin necesidad de que todo mi interés apunte hacia el resultado del juicio de resolución, que me sea favorable: lo que explica, precisamente, la relativa insignificancia de aquel juicio.

Aquello que resulta importante para las partes, más que el resultado del juicio de resolución y la correspondiente declaración sobre la titularidad del bien obtenido como consecuencia del contrato, es otra cosa: es la posibilidad de proceder inmediatamente a la adquisición sustitutiva sin el riesgo de descubrir *ex post* que se ha hecho de manera antieconómica: como ocurriría si el proceso judicial de resolución concluyera declarando que la titularidad del bien (del bien obtenido en el primer contrato) debe estar en cabeza del mismo adquirente del bien sustitutivo. Un ejemplo hará nuestra explicación más nítida: X adquiere un auto y encontrándolo inadecuado quiere resolver el contrato por incumplimiento del vendedor y procurarse un auto sucedáneo; pero, si procede de inmediato a la adquisición del reemplazo, corre el riesgo de encontrarse inútilmente propietario de dos autos al concluir el juicio de resolución, si al terminar este el (primer) contrato no es resuelto sino conservado. Para evitar este riesgo, no debería hacer la adquisición sustitutiva sino después del resultado del juicio, pero esto le implicaría diferir de forma intolerable por años (justamente el tiempo del proceso judicial) la satisfacción del interés propio de tener un auto adecuado.

De esta manera queda claro cuál es el interés dominante en un supuesto como este: es el interés de X consistente en efectuar la adquisición sustitutiva sin riesgos y sin demoras. En otras palabras: es el interés en cuanto a la *certeza de poder hacer oportunamente una adquisición que no sea antieconómica.* Un interés respecto del cual el desarrollo del juicio de resolución resulta irrelevante, e incluso antagonista.

10. CONTINÚA: LOS CONTRATOS DE COLABORACIÓN, Y LA FUERZA DEL HECHO

A los contratos que tienen por objeto la propiedad de un bien se contraponen idealmente los contratos que no implican la atribución de un bien sino el desarrollo de una actividad (de servicios) que un contratante debe suministrar al otro, por lo demás en una perspectiva temporal que no es de instantaneidad, sino de duración. Es evidente que, cuanto más se orientan nuestras sociedades a ser "sociedades de servicios", tanto más la tipología de los contratos de colaboración aumenta su importancia y centralidad.

Pues bien, mi tesis es que, cuando en una relación contractual perteneciente a esa clase de contratos se manifiesta un incumplimiento, el "sentido" de la resolución que sobreviene sea tal que el juicio sobre la misma sea poco o para nada relevante: porque su resultado sería (según el paradigma que se ha propuesto en las páginas anteriores) poco significativo y/o difícilmente realizable. Y aquí juega de manera decisiva aquel factor que en otra ocasión pensé denominar la "fuerza del hecho"[3].

Imagínese un contrato de duración entre el proveedor y el cliente de un servicio, en el que a un cierto punto el cliente imputa al proveedor un incumplimiento de carácter resolutorio, que el proveedor niega. Las posibilidades son dos: o las partes aclaran sus diferencias (el proveedor reconoce su incumplimiento y lo corrige, o lo opuesto, el cliente admite que su reclamo no era fundado y lo retira, o se encuentra un punto de acuerdo a mitad de camino), y entonces la relación se recupera; o, en cambio, no hay un esclarecimiento y las posiciones de las partes se mantienen divergentes. En este caso –y esta es mi tesis– no hay ni podrá haber recuperación de la relación.

---

3 Roppo, V. *Il contratto del duemila*, 4 edizione, Turín, Giappichelli, 2020, p. 25 ss., en donde indico que en el art. 3.°, numeral 3.° de la Ley 431 de 1998, que se refiere a la ilegítima terminación del contrato de arrendamiento de vivienda, se presenta un caso paradigmático en el que la norma, por decirlo así, se inclina a la fuerza del hecho.

En efecto, ¿qué sucederá? El cliente exigirá la resolución, y suspenderá los pagos invocando la excepción de incumplimiento. El proveedor, por su parte, negando haber incumplido, se opondrá alegando que la suspensión de los pagos es injustificada, constituyendo, esa sí, un incumplimiento: idóneo, por sí mismo, para justificar la suspensión del servicio, que el proveedor efectivamente suspende. Mientras tanto el juicio continúa (y de pronto, en el transcurso de este, a la originaria demanda de resolución del cliente se agrega, en reconvención, la contrademanda de resolución del proveedor).

Preguntémonos: llegados a este punto, ¿cuál es realmente el estado de la relación contractual? Es una relación que de hecho se vuelve irrealizable; es una relación en la que una parte no quiere continuar (y en la que tal vez la otra parte tampoco quiere hacerlo): ¿cómo definirla de otra manera que no sea como una relación contractual concluida, terminada, muerta? En términos más cercanos al léxico legal, una relación disuelta, resuelta.

Sin embargo, está en curso un proceso judicial sobre la resolución, y hasta que no sea proferida la sentencia la relación debería considerarse legalmente viva, porque solo la sentencia constitutiva de resolución producirá su muerte legal (siempre naturalmente que reconozca los presupuestos del efecto resolutorio). Ahora bien, me pregunto: ¿qué sentido tiene realmente este juicio?, ¿qué sentido tiene esperar por años la conclusión de esta relación contractual?

En algunos casos la conclusión se da por descontada *ex ante*, y descontada en el sentido del pronunciamiento de la resolución: cuando en el juicio se interponen dos demandas de resolución enfrentadas por cargos de incumplimientos recíprocos, ¿cómo puede ser razonable imaginar que la sentencia, rechazando ambas demandas por alegar defecto de incumplimientos resolutorios, niegue la resolución y declare viva aquella relación contractual que ambas partes quieren fenecida? Quien se preocupe por dar una justificación formal a la inevitable decisión resolutoria, podrá decir que ella se desprende del hecho de que existe una convergencia de voluntades –por lo tanto, "acuerdo"– entre las partes en tal sentido, y evocar la figura de la resolución consensual. Por mi parte, prefiero ir a la sustancia y destacar que, si ambas partes quieren la muerte del contrato, no hay espacio para preguntarse si aquel contrato, por casualidad, todavía está vivo. ¡Aquel contrato está objetivamente muerto!

Puede comprenderse que existan impedimentos en exceso para acoger esta solución en los casos en los que una parte, esgrimiendo el incumplimiento de la otra, exige la resolución, mientras que esta última se limita a defenderse de la demanda, sin pedir a su vez la declaración de la resolución. Aquí, ninguno que no quiera perderse en el mundo de las ficciones osaría inventarse un "acuerdo" resolutorio entre las partes en litigio. Sin embargo, al contemplar la cuestión con realismo, también en estos casos se manifiesta la irrelevancia del juicio de resolución. También aquí, ciertamente, domina la fuerza del hecho.

Y el hecho es que una de las partes –aquella que con base en el contrato es destinataria del servicio– no quiere seguir recibiéndolo; o al menos no quiere recibirlo de aquella contraparte: tal como lo demuestra su acción dirigida a resolver el contrato con ella. Y entonces: ¿cómo puede pensarse que tenga verdaderas *chances* de vida un contrato (especialmente si es de duración, y más aún si es de larga duración) en virtud del cual A deberá, periódica y continuamente, recibir en su propia esfera la actividad de B, cuando el mismo A quiere cerrar su esfera a la actividad de B? Sería un contrato sin una real perspectiva de buen funcionamiento. Lo mismo vale en la hipótesis simétricamente invertida, en la cual la resolución sea exigida por el proveedor por incumplimiento del cliente: si el proveedor no quiere seguir prestando un servicio a ese cliente, y considera que tiene el derecho de negarle en el futuro el servicio (como lo demuestra su demanda de resolución del contrato), no es concebible que él se siga organizando y actuando para la prestación del servicio: aquí, también, el contrato no tiene serias perspectivas de vida.

La situación es la misma aunque la otra parte (aquella que no pide la resolución) asuma la posición opuesta de quien desearía la continuación del contrato. El punto es que estamos hablando de contratos para la cooperación. Ahora, para concluir cualquier contrato hacen falta dos, y estar de acuerdo. Pero hacen falta dos, y estar de acuerdo, también para ejecutar (no todos los contratos, sino) algunos contratos: precisamente aquellos que llamamos contratos de colaboración. La colaboración entre las partes es la sustancia de estos contratos, es el presupuesto para la eficacia en su ejecución; si falta la cooperación –porque una parte, injustamente o justamente, de manera unilateral decide no cooperar más–, los contratos no se pueden seguir ejecutando de manera eficaz, pierden su sustancia, están condenados a muerte. Aunque la otra parte quiera mantenerlos en vida.

De ahí la intrascendencia del juicio de resolución. Estamos hablando de contratos que en la verdad real están muertos: aniquilados por la fuerza del hecho, que se identifica en la determinación de una de las partes (basta una decisión unilateral, no es necesaria la determinación común de ambas partes) de no seguir ejecutándolo. ¿Qué sentido tiene entonces un juicio planteado sobre la alternativa entre dar muerte a un contrato que ya está muerto, y –algo aún más absurdo– declarar legalmente vivo un contrato que en sustancia vivo ya no está?

Es el litigio mismo entre las partes el que excluye de raíz aquel contexto de colaboración, sin el cual los contratos que por su fisiología viven, justamente, de la cooperación entre las partes, no pueden vivir: si el usuario de un servicio de larga duración está tan insatisfecho por el servicio como para no querer seguir recibiéndolo (tan es así que exige la resolución del contrato por incumplimiento del proveedor), se asegurará de no recibirlo; entonces pensar que al finalizar el juicio la resolución sea negada y el contrato declarado en vida, sería pensar algo irreal, irrealizable, absurdo. No diversamente si fuera el proveedor del servicio, esta vez el autor de la demanda de resolución, a querer la muerte del contrato. En ambos casos, la única salida racional del juicio (más aún cuando existan cargos de incumplimientos recíprocos y demandas de resolución enfrentadas por vía reconvencional; aunque no solo) sería una sentencia resolutoria. Porque en esos escenarios, el contrato está muerto.

Y entonces la cuestión es: ¿por qué esperar para que lo declare un juez, después de años de juicio?, ¿por qué no anticipar, aunque sea formalmente, un final que se conoce desde el principio? El medio formal para llevar a cabo esta anticipación/simplificación del resultado resolutorio está al alcance de la mano: basta con conceder, a la parte que reclama el incumplimiento, el poder para establecer la resolución del contrato con su declaración, antes y fuera del juicio. En suma, basta con abrirle paso a la "extrajudicialidad" de la resolución.

Si se observa atentamente, el mismo legislador parece avalar este enfoque con respecto a una tipología contractual paradigmática de la clase de los contratos para la colaboración, y de gran relevancia social, como lo es el contrato de trabajo subordinado. Más allá de la diferencia del *nomen*, en efecto, ¿qué es la terminación por justa causa reconocida a cada una de las partes del contrato de trabajo sino un poder unilateral de resolución extrajudicial por incumplimiento?[4] Y decir que la "justa causa" es aquella "*que no permite la continuación, aunque sea provisional, de la relación*", ¿no implica hablar de un contrato muerto en la realidad de las cosas, y por tanto adecuarse a la "fuerza del hecho"?

4 Código Civil it. art.

II. ... SIN IMPEDIR QUE AL LITIGIO SE APLIQUE (POR VÍA JUDICIAL) LA SOLUCIÓN JUSTA: QUIEN RESUELVE LO HACE "BAJO SU RIESGO Y RESPONSABILIDAD"; EL JUICIO SE DESPLAZA DEL TERRENO DE LA RESOLUCIÓN AL TERRENO DE LOS RESARCIMIENTOS

Se podría estar tentado de controvertir este esquema, revelando la eventualidad de que la parte que emplea el poder de resolución unilateral extrajudicial esté equivocada, porque su reclamo sobre el incumplimiento de la contraparte en realidad sea infundado, simulado y abusivo en contra de aquella que ha sido perfectamente fiel al contrato; observando, por lo tanto, que la atribución del poder unilateral de resolución corre el riesgo de convertirse en un vehículo de prevaricaciones e injusticias, que precisamente la "extrajudicialidad" sustrae del control y censura del juez.

En realidad no es de ninguna manera así, tal como resulta con claridad si se razona en concreto. Porque la parte que reclama el incumplimiento de la contraparte sí puede resolver extrajudicialmente el contrato, pero atención: si lo hace, lo hace "bajo su riesgo y responsabilidad". ¿Qué significa esto?, se comprende considerando los siguientes dos escenarios.

Primer escenario: la contraparte que sufre la resolución sabe que esta es fundada, pues reconoce en el fondo su propio incumplimiento, que no es de escasa importancia. En tal caso, como sujeto racional, probablemente evitará iniciar un proceso contencioso en contra de la otra parte que resolvió el contrato (si en cambio se comporta como un sujeto irracional, iniciará un proceso en contra de esa parte alegando haber sufrido daños por la resolución que sin razón considera injustificada, el juez debería, actuando con justicia, rechazar su demanda y condenarlo por costas).

El segundo escenario es aquel temido por los censores de la "extrajudicialidad": una de las partes ha resuelto un contrato que no merecía ser resuelto porque el denunciado incumplimiento de la contraparte no existe o no es grave o no es injustificado. Pues bien, no se saldrá con la suya, sino que pagará la pena de su desatinada iniciativa: la contraparte que ha sido blanco de una resolución que no tenía razón de ser iniciará un proceso en contra de quien resolvió el contrato, exigiéndole todos los daños sufridos por la injusta terminación de sus posiciones contractuales; y, si la justicia se encamina correctamente, el autor de la resolución impropia (estando en firme los efectos de esta) pagará los daños y las costas del proceso. Es en este sentido que decimos que quien resuelve lo hace "bajo su riesgo y responsabilidad"[5]: su riesgo es resolver mal, en ausencia de los presupuestos legales para la resolución, porque, si esto ocurre, se expone al peligro de una condena pecuniaria.

En definitiva, todo se resume en una inversión de la carga de actuar en juicio, y en una diversa configuración del objeto del proceso: no se trata de que quien se declara víctima del incumplimiento tenga la carga de actuar en juicio para obtener la resolución (que puede obtener extrajudicialmente con su acto unilateral); la carga de la acción judicial se desplaza sobre la otra parte, quien en caso de considerar antijurídico aquel acto resolutorio actúa para hacerlo declarar de esa manera y obtener el resarcimiento.

Se podrá decir que de todas maneras sigue siendo un poco injusto porque la víctima de la resolución impropia, aunque sea compensada por el equivalente, no recibe una tutela "real" (o "en forma específica"), pues permanece injustamente privada de su contrato, que tampoco debía ser resuelto. Pero también para esto hay una respuesta. Si estamos en el campo de los contratos de colaboración, estamos hablando de contratos tendencialmente eliminados por la fuerza del hecho, es decir, porque desaparece el contexto de cooperación que es el único que permite mantener en vida el contrato: la tutela "real" sería frágil porque tendría por objeto una "res" ya disuelta en los hechos. En cambio, si estamos en el ámbito de los contratos que tienen por objeto la propiedad de bienes fungibles, la tutela "real" es inútil: pues a la parte no le interesa tener precisamente ese bien que era objeto del contrato sujeto a resolución, sino que puede satisfacer su interés de idéntica manera con cualquier otro ejemplar del *genus* correspondiente, que podrá procurarse fácilmente sobre el mercado de los productos en serie. Sin perjuicio de que quien resolvió lo haya hecho mal y por tanto indemnice los daños[6].

Intentaré resumir de manera sintética. El problema de la alternativa entre "judicialidad" o "extrajudicialidad" de la resolución no es: "*¿juicio sí o juicio*

---

5 No oculto que con esta locución deliberadamente recuerdo la fórmula en virtud de la cual, en determinados casos, el contratante que reclama el incumplimiento puede, "à ses risques et périls, [...] *résoudre le contrat par voie de notification*": fórmula introducida por la reciente reforma francesa en el artículo 1226 del *code civil*.

6 Ya había llamado la atención sobre la alternativa entre las dos formas de tutela (en el diverso contexto en el cual está en juego no la resolución, sino lo contrario, es decir, la formación del contrato y llamándola diversamente: "tutela por vínculo" y "tutela por resarcimiento") en Roppo, *Il contratto del duemila*, cit., p. 21 ss. Claro que estamos en el mismo orden conceptual de la clásica alternativa entre *property rules* y *liability rules*, a las que se refiere el histórico ensayo de Calabresi y Melamed publicado en la *Harvard Law Review* de 1972.

no?", sino que es: "*¿juicio sobre qué?*". Y más precisamente: "*¿juicio sobre la resolución del contrato o juicio sobre el dar/haber pecuniario entre las partes, consiguiente a la resolución?*". Mi respuesta es que hay casos en los cuales tiene sentido que el juicio siga versando sobre la resolución; otros casos en los cuales es más racional que se desplace del terreno de la resolución al terreno de las pretensiones de condena pecuniaria. Esto se traduce en una orientación metodológica que ya he expuesto, pero que quiero repetir aquí a manera de conclusión: renunciar a una idea monolítica de la resolución, abrirse a la idea de un marcado pluralismo de los modelos de resolución del contrato por incumplimiento.

PARTE PRIMERA
DE LA EJECUCIÓN E INEJECUCIÓN DEL CONTRATO

Fabrizio Piraino*

El cumplimiento de la obligación

Sumario: Primera parte: 1. Premisa: el cumplimiento en la prospectiva de la disciplina general de las obligaciones. 2. La disciplina italiana del cumplimiento: la exactitud. 3. La *correttezza* de la prestación: el rol de la buena fe. 4. La diligencia y la pericia. 5. Las obligaciones instrumentales y accesorias legales y las modalidades de tiempo y de lugar de la prestación. 6. Los destinatarios del cumplimiento. 7. El pago y la imputación. 8. La *datio in solutum*. Segunda parte: 9. La noción de cumplimiento y la cuestión del objeto de la obligación. 10. La teoría personal y las teorías patrimoniales de la obligación. 11. La diversidad en el contenido de la deuda y el derecho de crédito y la individuación del cumplimiento. Bibliografía.

En memoria de Piero Schlesinger

PRIMERA PARTE

1. PREMISA: EL CUMPLIMIENTO EN LA PROSPECTIVA DE LA DISCIPLINA GENERAL DE LAS OBLIGACIONES

Una reflexión sobre el cumplimiento requiere una aclaración dogmática de carácter preliminar: en los discursos de los juristas y en el lenguaje legislativo, el término "cumplimiento" es usado para denotar tanto la exacta y correcta ejecución del contrato como el exacto y correcto cumplimiento de la obligación[1]. Baste pensar, en el derecho italiano, en el decisivo art. 1453 del c.c. it., relativo a la violación de los contratos sinalagmáticos, en donde, precisamente, el legislador emplea el verbo "cumplir" para indicar la ejecución de la relación contractual[2]. Como es bien sabido, a pesar de la elección legislativa basada en la tradición francesa, entre ejecución del contrato y cumplimiento de la obligación no hay correspondencia biunívoca[3]. En efecto, pueden tener lugar hipótesis

---

* Profesor Ordinario de la Universidad de Palermo, Italia.
Traduccion de María Elisa Camacho

1 Al tema le he dedicado un estudio más amplio: Piraino, F. *El cumplimiento de la obligación*, Bogotá, Universidad Externado de Colombia, 2020, *passim*.

2 El art. 1453 c.c. it. Recita: "En los contratos con prestaciones recíprocas, cuando uno de los contratantes no cumple sus obligaciones, el otro puede a su elección pedir el cumplimiento o la resolución del contrato, sin menoscabo, en todo caso, del resarcimiento del daño".

3 Para un enfoque análogo *cfr.* Mazzamuto, S. *Il contratto di diritto europeo*, Turín, Giappichelli, 2020, pp. 332 ss.

de violación del contrato que no revisten la forma del incumplimiento de una obligación y, respectivamente, situaciones de incumplimiento de obligaciones que no nacen del contrato. Cuando se emplea el sintagma "cumplimiento del contrato", se alude a la exacta producción de los efectos que se desprenden de aquel, y los efectos contractuales que se le atribuyen –como bien se sabe– no se agotan en la obligación, sino que también cobijan el efecto real y el efecto de garantía.

En cuanto a la garantía pura, esta debe distinguirse de los institutos –también conocidos con el término de "garantía"– destinados a incidir sobre las reglas de responsabilidad patrimonial mediante el reforzamiento de la posición del acreedor, como sucede con las causas legítimas de prelación o con las garantías personales. La garantía pura es una posición sustancial activa y en la literatura latinoamericana es identificada con el sintagma "prestación de seguridad"[4]. Una línea de pensamiento tradicional, que se vincula a la figura romana de la obligación de *praestare*[5], comprende la garantía pura como una obligación. En este sentido también se orienta Fernando Hinestrosa, quien distingue la *obligación de seguridad* de la *obligación de garantía*, entendida como vínculo obligatorio particularmente severo, por ejemplo, en las hipótesis de *receptum*, o incluso como vínculo en el cual el deudor también responde en presencia de caso fortuito o fuerza mayor[6]. La *prestación de seguridad* es comprendida como objeto de una relación obligatoria en la cual el resultado esperado por el acreedor no consiste en una utilidad específica y tangible, sino en una condición, justamente, de seguridad con relación a determinados riesgos respecto de los cuales el acreedor es protegido por las consecuencias nocivas que se puedan desprender, ya sea en su totalidad o en una parte de ellas[7].

A este encuadramiento dogmático venerado, alimentado por el pensamiento francés que a este respecto ha hablado de una *obligation de résultat absolue*[8],

---

4 Hinestrosa, F. *Tratado de las obligaciones*, i, *Concepto, estructura, vicisitudes*, Bogotá, Universidad Externado de Colombia, 2002, pp. 253 ss.

5 Sobre el *praestare*, *cfr.* Cardilli, R. *L'obbligazione di "praestare" e la responsabilità contrattuale in diritto romano (ii sec. a. C. – ii sec. d. C.)*, Milán, Giuffrè, 1995, *passim*, en part., pp. 109 ss.

6 Hinestrosa, F. *Tratado de las obligaciones*, i, *Concepto, estructura, vicisitudes*, cit., pp. 251-253.

7 *Ibidem*, p. 254.

8 Starck, B., Roland, H. y Boyer, L. *Droit civil. Les Obligations*. 2. *Contrat*, 6.ª edición, París, Litec, 1998, 425 ss. *Cfr.* también Mazeaud, H., Mazeaud, L. y Tunc, A. *Traité théorique et pratique de la responsabililé civile délictuelle et contractuelle*, i, París, Éditions Montchrestien, 1965, p. 123; Delebecque, P. "L'évolution de la responsabilité en France", *Europa e diritto privato*, 1999, p. 390 ss.

radicado igualmente en Italia[9], la mejor reflexión europea del siglo XX ha contrapuesto la idea de que la garantía denominada pura constituya una forma jurídica de atribución diferente de la obligación, por la falta de incidencia que tiene el garante sobre el resultado[10]. En efecto, a diferencia de lo que ocurre con la obligación, la utilidad principal que confiere al garantizado no depende de la conducta del garante, sino de un mecanismo de efectos eventuales, destinados a producirse en el caso de que el interés protegido sea violado por cualquier razón, incluso no imputable al mismo garante: mecanismo de efectos eventuales que está destinado a generar una situación de seguridad con relación a la satisfacción del interés principal del garantizado.

Las exigencias materiales que conducen a que un interés sea protegido o a que tenga la apariencia jurídica de la garantía pura –en el sentido antes indicado– básicamente pueden ser dos: la imposibilidad de forzar la obtención de un resultado útil a través de la figura de la obligación, por su ineptitud para constituir el epílogo de una teleología dinámica dominada enteramente por el sujeto que se ha comprometido a obtener tal utilidad; o, en el caso de que el

---

9 Baste pensar en la posición asumida por BETTI, E. *Teoria generale delle obbligazioni*, I, *Prolegomeni: funzione economico-sociale dei rapporti d'obbligazione*, Milán, Giuffrè, 1953, p. 41 ss., quién comprende dentro del perímetro de la obligación la prestación de garantía pura, en términos de cooperación, la cual constituye la esencia de la obligación en opinión del maestro originario de Camerino, "en un *comportamiento de cooperación virtual* de parte del deudor asegurador respecto del acreedor asegurado; comportamiento que es idóneo para conferir al asegurado una seguridad, una tranquilidad, una ausencia de preocupaciones, que sin este comportamiento no serían imaginables. [...] Por ello, en estos casos, a pesar de no haber de parte del deudor un comportamiento de cooperación valorable a la luz de la diligencia o de una habilidad técnica, hay sin embargo un comportamiento de cooperación virtual valorable a la luz de la buena fe. El asegurado es aliviado de un riesgo, y esto es indudablemente un bien, una utilidad típica que se le procura incluso antes de que el evento temido se produzca y también en caso de que no haya debido verificarse, al menos dentro de un lapso cercano".

10 *Cfr.* en tal sentido MENGONI, L. "Profili di una revisione della teoria sulla garanzia per i vizi nella vendita", *Rivista del diritto commerciale e del diritto generale delle obbligazioni*, 1953, I, 3 ss., en part., p. 12, ahora en Castronovo, C., Albanese, A. y Nicolussi, A. (coords.), *Scritti giuridici*. II. *Obbligazioni e negozio*, Milán, Giuffrè, 2011, pp. 385 ss., desarrollando la reflexión de WERNER, F. *Eigenschaftsirrtum und Kauf*, Münster, Darmstadt, Wissenschaftliche Buchgesellschaft, 1948, *passim*, en part., p. 41. En el mismo sentido, *cfr.* NICOLUSSI, A. "Diritto europeo della vendita dei beni di consumo e categorie dogmatiche", *Europa e diritto privato*, 2003, pp. 525 ss., en part. 530 ss.; CORRIAS, P. *Garanzia pura e contratti di rischio*, Milán, Giuffrè, 2006, p. 20 ss.; PIRAINO, F. *Adempimento e responsabilità contrattuale*, Nápoles, Jovene, 2011, pp. 289 ss.

resultado sea susceptible de ser obtenido mediante un *facere* que de por sí no supere el límite de lo posible, el objetivo –alimentado por razones de eficacia atribuidas a valoraciones de política del derecho– de atribuir tal interés final al beneficiario sin la necesaria mediación de la actuación cooperativa del sujeto que ha prometido la satisfacción, es sustituido por la imposición exclusiva a su cargo del riesgo en su totalidad en caso de falta de realización[11].

Piénsese por ejemplo en la garantía por los vicios ocultos en la disciplina general de la venta (arts. 1490 y ss. c.c.it), donde al manifestarse la presencia de defectos que hagan el bien inidóneo para el uso al cual está destinado o que disminuyan de manera apreciable su valor, se activan la *actio redhibitoria* o la *quanti minoris*, o sea la resolución o la reducción del precio, cuyo objetivo es trasladar al vendedor el riesgo de que el bien vendido se revele viciado. Ahora piénsese en la garantía europea de conformidad en la venta de bienes de consumo (arts. 128 ss. d.lgs. 6 de septiembre de 2005, n. 206, llamado código del consumo: cod. cons.), que ha abandonado el modelo romano de garantía, para enriquecerlo con un contenido dirigido a la realización en forma específica del interés del comprador-consumidor a la obtención de un bien conforme a cuanto surge del contrato, de la publicidad, de las exigencias manifestadas por el consumidor en sede de negociación, como también de los parámetros medios de referencia, como el uso habitual al que está destinada esa determinada categoría de bienes o a las cualidades y características habituales propias de la categoría (art. 129 cod. cons.)[12]. En presencia de defectos de conformidad,

---

11 Así lo sostengo en un estudio reciente: PIRAINO, F. *Adempimento e responsabilità contrattuale*, cit., p. 285. Por su parte, MOSCATI, E. "La vendita di beni di consumo: un dilemma tra garanzia e responsabilità", *Rivista di diritto civile*, 2016, pp. 346 ss., en su reconstrucción del problema sobre la calificación jurídica del vínculo del vendedor de bienes de consumo, no tiene en cuenta esta segunda razón que conduce algunas veces al legislador a privilegiar la figura de la garantía, tal vez como consecuencia de una información poco actualizada.

12 En Italia se ha formado una posición que, a pesar de alejarse del contenido de las acciones redhibitoria y *quanti minoris* de la tradición, considera que el sistema jerárquico de tutelas con prioritaria finalidad restablecedora debe ser considerado el efecto de una garantía, mas no una consecuencia de la violación de una obligación. En este sentido, *cfr.* NICOLUSSI, A. "Diritto europeo della vendita dei beni di consumo e categorie dogmatiche", cit., pp. 525 ss.; MAZZAMUTO, S. "Equivoci e concettualismi nel diritto europeo dei contratti: il dibattito sulla vendita dei beni di consumo", *Europa e diritto privato*, 2004, pp. 1029 ss., en part., pp. 1051 ss., como también *id.*, MAZZAMUTO, S. *Il contratto di diritto europeo*, cit., p. 429 ss., en part. 501 ss.; CASTRONOVO, C. "Il diritto di regresso del venditore finale nella tutela del consumatore", *Europa e diritto privato*, 2004, pp. 965 ss.; PIRAINO, F. "La vendita di beni di consumo tra obbligazione e garanzia", *Europa e diritto privato*, 2006, pp. 578 ss., como también *id.*,

la garantía en forma específica le ofrece al consumidor un sistema jerárquico de remedios que consisten, en primer lugar, en el derecho a exigir al vendedor-profesional la reparación del bien o su sustitución por otro ejemplar (art. 130 cod. cons.).

No es posible detenernos ulteriormente sobre la figura de la garantía denominada pura, pero con miras al discurso que se está desarrollando es esencial aclarar que, si el bien adquirido se revela, respectivamente, libre de vicios o conforme al contrato, se tiene la exacta ejecución del contrato de compraventa sin que haya sido ejecutada alguna obligación. Y no basta para vincular la figura de la garantía pura dentro del esquema de la obligación el tentativo dogmático realizado por la doctrina española, consistente en concebir el objeto de la relación obligatoria no solo como comportamiento del deudor en consideración de un fin (un bien o un servicio), sino también como un proyecto ideal destinado a realizarse en un momento sucesivo respecto del surgimiento del vínculo[13].

Sobre la base de tal configuración del objeto de la obligación se ha llegado a calificar el vínculo del vendedor de bienes de consumo como una obligación de entregar bienes que sean conformes, y el fundamento de tal conclusión residiría en la circunstancia de que el objeto de la prestación del vendedor no está identificado con el bien real y concreto, sino con aquel ideal previsto por las partes en el contrato y delineado por los requisitos de conformidad: no el bien como es, sino el bien como debe ser[14]. Ese enfoque ha tenido éxito en la literatura latinoamericana[15] y, sin embargo, se basa en una explicación inadecuada, porque no es suficiente con desvincular el objeto de la obligación del bien o del servicio concretamente prestados, configurándolo como un programa abstracto, sino que es necesario aclarar el concreto funcionamiento de la obligación concebida de esa manera.

En efecto, no cabe duda sobre el hecho de que el objeto de la obligación es un programa de acción, pero el punto es si el fin al cual tiende ese programa

---

Adempimento e responsabilità contrattuale, cit., pp. 337 ss.; NIVARRA, L. "I rimedi specifici", *Europa e diritto privato*, 2011, pp. 184 ss.

13 Tal concepción del objeto de la obligación ha sido formulada por DÍEZ PICAZO, L. *Fundamentos de Derecho Civil Patrimonial*, II, *Las relaciones obligatorias*, Madrid, Thomson Civitas, 2008, p. 270.

14 MORALES, A. M. "Adaptación de Código Civil al derecho europeo: la compraventa", *Anuario de Derecho Civil*, vol. 56, 2003, 1609 ss., en part., pp.1613 ss.

15 VIDAL OLIVARES, A. "Cumplimiento e incumplimiento contractual en el Código Civil. Una perspectiva más realista", *Revista Chilena de Derecho*, 2007, pp. 41 ss.

puede ser dominado o no por el deudor con su propia conducta o, incluso admitiendo que lo sea, si el legislador exija o no que tal fin sea realizado efectivamente por el deudor o prefiera atribuirle al sujeto pasivo el riesgo por su falta de realización, más allá del límite del caso fortuito. Si la respuesta a ambas cuestiones es negativa, se está por fuera del ámbito de la obligación y en presencia de una forma jurídica distinta: precisamente la garantía pura. Y esto es justo lo que sucede en la disciplina europea de la venta de bienes de consumo[16].

Por su parte, el efecto real sobre bienes de especie, en ordenamientos como el italiano y el francés, que han adoptado el principio del consensualismo (art. 1376 c.c.it), es una consecuencia directa e inmediata del contrato válido y eficaz (recita el art. 1376 c.c.it: "la propiedad o el derecho se transmiten y se adquieren por efecto del consenso legítimamente manifestado") y no son el efecto final de una obligación de *dare* en sentido técnico, como en cambio ocurre en Alemania y en Colombia[17]. De ello se desprende que, si el contrato con efectos reales produce la sucesión del derecho cedido de la esfera jurídica del disponente a aquella del causahabiente, se tiene la ejecución del contrato, pero también en este caso sin el *medium* de una obligación.

---

16 En este sentido, recientemente, NIVARRA, L. "I rimedi specifici", cit., pp. 186 ss.: "la finalidad iuspolítica de la garantía es aquella de cargar al deudor o, más genéricamente, al sujeto sobre el cual corresponde, el peso, jurídico y económico, de la prestación (p. ej., el vendedor "real"), el riesgo de lo fortuito, y, por consiguiente, poner a su cargo el deber ulterior de eliminar el vicio que compromete la integridad de la *utilitas*, objeto del contrato o de la relación» (*ibidem*, 190). Así es para N. en el contrato de obra, pero tal justificación de la garantía también es aplicable a la venta de bienes de consumo, con dos variantes significativas: «la primera está representada por la llamada jerarquía de los remedios, en virtud de la cual la corrección de la prestación (reparación/sustitución) precede la corrección del sinalagma (reducción del precio/resolución); la segunda está representada por la atribución al vendedor de un derecho de regreso (art. 131 cod. cons.). Las dos reglas están estrechamente relacionadas la una con la otra. La primacía de los remedios específicos se coloca al interior de un diseño más amplio, dirigido a promover, a través del medio de tutela del consumidor, un mercado de alta densidad, y cualidad, competitivo en el cual estén habilitadas para funcionar empresas que estén en grado de asegurar una cobertura plena al adquirente (del suministro del bien a su reparación o sustitución, versión neoliberal del "desde la cuna hasta la tumba" de los sistemas de *Welfare*). Por su parte, el derecho de regreso es una verdadera y propia medida compensatoria de la extensión de la responsabilidad a lo fortuito, reconocida a aquellos participantes (*in primis*, el vendedor final) que, no pudiendo ejercer, a diferencia del constructor, un control total sobre el ciclo del riesgo, pueden, en cambio, transferir sobre los eslabones precedentes de la cadena de producción-distribución el costo del vicio por el que ellos han debido hacerse cargo frente al comprador".

17 Sobre el punto, *cfr.* PÉREZ VIVES, A. *Teoría general de las obligaciones*, II, Bogotá, Universidad Nacional de Colombia, 1951, pp. 648 ss.; HINESTROSA, F. *Tratado de las obligaciones*, I, *Concepto, estructura, vicisitudes*, I, cit., pp. 119 ss.

La tercera categoría de efecto contractual atributivo consiste precisamente en la obligación, a la que se reserva una atención especial porque, a diferencia de las otras dos tipologías de efecto contractual atributivo, esa le da forma jurídica a la conducta humana. No se trata de decir que la acción humana no sea determinante para la producción del efecto real o de garantía, sino que la conducta se coloca en un segundo plano en cuanto la transferencia del derecho y de la garantía son estructurados en sentido jurídico como dos automatismos contractuales. En cambio, la obligación representa la traducción jurídica de la actividad humana realizadora: es *poiesi* convertida en *necessitas iuris.* El efecto final que está destinado a procurar el interés del acreedor es el producto, de manera íntegra o en gran medida, de la conducta, activa o pasiva, del deudor. Esta especificidad de la obligación la hace más rica, pero también hace más compleja e insidiosa su fase de actuación, de ahí la atención que se le ha dado en los códigos civiles europeos, como también en los de América Latina y en particular por el Código Civil colombiano, incomparablemente superior respecto de la atención que se le dedica al efecto real o a aquel de garantía.

Atendiendo esta mayor delicadeza y complejidad, ligadas a la implicación directa de la acción humana, es preferible cumplir una operación de limpieza conceptual y reservar el término "cumplimiento" solamente a la exacta realización de la obligación; y en cambio referirse al exacto desarrollo de la relación contractual con el término "ejecución". Respectivamente –y aquí también a pesar del lenguaje legislativo que no es particularmente cuidadoso sobre el punto– reservar el término "incumplimiento" solo a la no actuación, o inexacta actuación, de la obligación; mientras que se debe preferir designar la inejecución, o la inexacta ejecución, del contrato, con el término "violación".

Una vez aclarada la taxonomía a la cual se adhiere, cabe señalar que, de acuerdo con una tradición de pensamiento europea, prestigiosa y todavía vigente, aunque no libre de planteamientos problemáticos[18] o incluso de críticas[19],

---

18 Se pregunta, de distintas formas, sobre la necesidad de integrar la disciplina general de las obligaciones con las *ratio* de las disciplinas sectoriales Cian, G. "La figura generale dell'obbligazione nell'evoluzione giuridica contemporanea fra unitarietà e pluralità degli statati", *Rivista di diritto civile*, 2002, I, pp. 491 ss.; Gambino, F. *Il rapporto obbligatorio,* en *Trattato di diritto civile. Le obbligazioni.* 1. Il *rapporto obbligatorio,* dirigido por Sacco, R., Turín, UTET, 2015, pp. 12 ss. y sobre todo recientemente D'Angelo, A. *Lezioni di diritto civile. Introduzione al diritto generale delle obbligazioni*, Turín, Giappichelli, 2014, 57 ss., en part., pp. 99 ss.

19 Perlingieri, P. *Le obbligazioni tra vecchi e nuovi dogmi*, Nápoles, Edizioni Scientifiche Italiane, 1990, pp. 13 ss.

se analizará la figura del cumplimiento en la prospectiva del derecho general de las obligaciones, es decir, considerando la relación obligatoria como una categoría autónoma, independientemente de cual sea su fuente. Por otra parte, este es el enfoque adoptado por el código civil en el art. 1173 c.c.it y se trata de una elección metodológica que debe ser compartida no tanto por el afán de renovar las articuladas y álgidas conceptualizaciones de los siglos XIX y XX, sino porque esa permite elaborar un tejido de reglas dotadas de un grado aceptable de generalidad[20], de manera que, por una parte, permita concretar de forma plena el precepto constitucional de igualdad[21] y, por otra parte, contribuya a no cargar sobre el contrato la reflexión que concierne a la obligación. De esta manera no se corre el riesgo de dejar desguarnecido el arsenal del intérprete que esté llamado a manejar obligaciones que nacen de fuentes diversas del contrato: no solo aquellas tradicionales, como la responsabilidad aquiliana, el pago de lo no debido, la gestión de negocios ajenos y el enriquecimiento sin justa causa; sino también fuentes que consisten en formas negociales que no se pueden llevar por completo a la categoría de contratos, como el testamento, el matrimonio, el *trust*, etc.[22], o fuentes no negociales[23], incluso a la controvertida

---

20 Al respecto, D'Angelo, A. *Lezioni di diritto civile. Introduzione al diritto generale delle obbligazioni*, cit., p. 24, destaca que la elaboración de conceptos, entre ellos aquel de obligación, "responde a exigencias imprescindibles de economía de razonamiento, proposiciones y palabras, y por lo tanto de síntesis y simplificación, como también de orden y organización respecto a una multitud, que de otra manera se vuelven ingobernables, de datos que se refieren a la realidad socio-económica y conciernen del mismo modo a los conflictos de interés que la atraviesan y las preguntas y soluciones de disciplina que esos suscitan, y por lo tanto también la conformación y los contenidos de los documentos normativos".

21 Sin descuidar que el exceso de abstracción de una teoría de la obligación que no tenga en debida cuenta las diferencias, eludiéndolas, conduciría al mismo resultado indeseable de violar el principio de igualdad, pero esta vez bajo la forma de la igualdad sustancial: lo destaca D'Angelo, A. *Lezioni di diritto civile. Introduzione al diritto generale delle obbligazioni*, cit. p. 49.

22 Por lo tanto, la predisposición de categorías generales y abstractas no está inspirada solamente en razones de economía de pensamiento, y en consecuencia, de economía de formulación del estatuto normativo de los hechos sociales sobre los cuales se apoya esa categoría, como parece creerlo Cian, G. "La figura generale dell'obbligazione nell'evoluzione giuridica contemporanea fra unitarietà e pluralità degli statati", cit., p. 499; sino también en razones puramente heurísticas, es decir, de elaboración de soluciones a problemas nuevos.

23 Rescigno, P. "Obbligazioni (diritto privato)", en *Enciclopedia del diritto*, XXIX, Milán, Giuffrè, 1979, p. 182, indica que "en la obligación el 'paradigma' de las relaciones jurídicas, atribuyendo al derecho de las obligaciones la índole de 'derecho superior' susceptible de ser utilizado también fuera de las relaciones privadas y, en las relaciones entre particulares, así en

figura de las obligaciones *ex lege*[24]. Para no referirnos a aquellas vicisitudes que dan lugar a hipótesis de responsabilidad de naturaleza incierta, sobre las cuales se ha recurrido a la metáfora de la "tierra de ninguno"[25] o del "área de turbulencia en los confines entre contrato y responsabilidad"[26] y que Vincenzo Roppo indica como formas de "responsabilidad pericontractual"[27].

Por otra parte, ni siquiera se puede descuidar el hecho de que la obligación siempre reviste, en cualquier caso, la naturaleza de efecto jurídico[28] y, como tal, es susceptible de una apreciación autónoma. Más aún teniendo en cuenta que se trata de un efecto caracterizado por una particular complejidad, dado que involucra el comportamiento humano: una complejidad que justifica una

---

el derecho familiar y sucesorio como en las materias de la propiedad y de los *iura in re aliena*, en definitiva más allá de los confines señalados por el libro cuarto del código civil".

24 Denuncia el uso ambiguo del sintagma "obligaciones *ex lege*" en el lenguaje jurídico GAMBINO, F. *Le obbligazioni. 1. Il rapporto obligatorio*, cit., pp. 118-119 siguiendo a CANNATA, C. A. "Sulle fonti delle obbligazioni", en Visintini, G. (dir.), *Trattato della responsabilità contrattuale, Inadempimento e rimedi*, Padua, 2009, pp. 60 ss.

25 BUSNELLI, F. D. "Itinerari europei nella 'terra di nessuno' tra contratto e fatto illecito: la responsabilità da informazioni inesatte", *Contratto e impresa*, 1991, maggio-agosto, pp. 539 ss.

26 CASTRONOVO, C. "Liability between Contract and Tort", en Wilhelmsson, T. (ed.), *Perspectives of Critical Contract Law*, Aldershot, Darmouth, 1993, pp. 273 y ahora *id., Responsabilità civile*, Milán, Giuffrè, 2018, pp. 521 ss.

27 ROPPO, V. "Spunti in tema di responsabilità 'pericontrattuale'. Dialogo con Giorgio De Nova a margine della sentenza di Cassazione sul Lodo Mondadori", *Responsabilità civile e previdenza*, 2014, pp. 16 ss.; *id.*, "Responsabilità contrattuale: funzioni di deterrenza?", *Lavoro e diritto*, 2017, pp. 422-423: la fórmula "responsabilidad pericontractual" designa "figuras en las cuales la responsabilidad tiene que ver de varias formas con el contrato, pero no se vincula con el incumplimiento de una prestación contractual". Para estas figuras R. propone una aproximación no holística, *de aut-aut*, sino centrada sobre la "articulación, diferenciación, contaminación cuando sea del caso: en virtud de la cual cada una de las figuras de responsabilidad 'pericontractual' puede encontrar su disciplina justa en un régimen mixto, o compuesto, que para algunos de los aspectos relevantes (criterios de imputación, carga de la prueba, prescripción, *quantum* del daño resarcible, etc.) corresponde a las reglas de responsabilidad 'contractual', y para otros aspectos a aquel de la responsabilidad 'extracontractual'. En definitiva: un 'régimen intermedio' para las situaciones de la 'tierra media'".

28 D'ANGELO, A. *Lezioni di diritto civile. Introduzione al diritto generale delle obbligazioni*, cit., p. 50 ss., destaca muy oportunamente que la obligación representa la técnica jurídica de la dinámica económica, o sea la forma jurídica que asume la dinámica económica, entendida como el movimiento que determina una modificación en la disposición de los patrimonios de dos sujetos: "la relación obligatoria se manifiesta como situación correspondiente a la, y sancionatoria de la, fase de la dinámica económica en la cual un nuevo orden de los patrimonios de los dos sujetos es previsto e impuesto jurídicamente, pero no realizado, teniendo que serlo mediante aquellas transferencias de bienes o de utilidades necesarios para poder efectuarlo".

consideración diferente de la fuente de la cual surge el efecto. De ahí que sea, sin duda, científicamente correcto y prácticamente útil aislar los caracteres constantes del fenómeno obligatorio, individuando aquel régimen de reglas que está diseñado sobre tales aspectos invariables y que, precisamente por este motivo, encuentra aplicación en toda obligación independientemente de cual sea su fuente.

Esto no equivale a desconocer la especificidad de las obligaciones *ex contractu*, la cual no podría de ninguna manera ponerse en discusión, revelándose con toda su fuerza más que todo en el ámbito de los remedios contractuales[29], en especial en la delicada y compleja relación entre cumplimiento *in natura*, resolución y el denominado resarcimiento sustitutivo. El abandono de la perspectiva general en el estudio de las obligaciones se revelaría como una pérdida de eficiencia y no solo bajo el ya evidenciado enfoque aplicativo, como consecuencia del inevitable empobrecimiento al cual vendría sometido el derecho de las obligaciones; sino también bajo la óptica de la riqueza de la cultura jurídica, dado que favorecería la tendencia a la fragmentación del conocimiento que desde hace tiempo está en curso, a la relativización de las formas del pensamiento y de las categorías no disponibles programáticamente

---

29 La reflexión sobre los remedios ha alcanzado un notable desarrollo en Italia y ha dado lugar a valiosos resultados. Sobre este punto no se puede prescindir de DI MAJO, A. "Forme e tecniche di tutela", en Mazzanuto, S. (ed.), *Processo e tecniche di attuazione dei diritti*, I, Nápoles, Jovene, 1989, pp. 23 ss.; *id.*, *La tutela civile dei diritti*, Milán, Giuffrè, 2003, p. 6, pp. 23 ss., pp. 49 ss.; *id.*, "Il linguaggio dei rimedi", *Europa e e diritto privato*, 2005, p. 341 ss.; *id.*, *Rimedi e dintorni*, *ivi*, 2015, p. 703 ss.; MATTEI, U. "I rimedi", en Alpa, G., Graziadei, M., Guarneri, A., Mattei, U., Monateri, P. G. y Sacco, R., *La parte generale del diritto. 2. Il diritto soggettivo*, *Trattato di diritto civile*, dirigido por Sacco R., Turín, UTET, 2001, pp. 107 ss.; Mazzamuto, S. "La nozione di rimedio nel diritto continentale", *Europa e diritto privato*, 2007, pp. 585 ss.; MAZZAMUTO, S. y PLAIA, A. *I rimedi nel diritto privato europeo*, Turín, Giappichelli, 2012, *passim*; MESSINETTI, D. "Processi di formazione della norma e tecniche 'rimediali' della tutela giuridica", en Scalisi, V. (dir.), *Scienza e insegnamento del diritto civile in Italia, Atti del Convegno di studio in onore di Angelo Falzea*, Milán, Giuffrè, 2004, pp. 209 ss.; *id.*, "Sapere complesso e tecniche giuridiche rimediali", *Europa e diritto privato*, 2005, pp. 605 ss.; *id.*, "La sistematica rimediale", *Rivista critica del diritto privato*, 2011, pp. 15 ss.; PERLINGIERI, P. "Il 'giusto rimedio' nel diritto civile", *Il giusto processo civile*, 2011, p. 3 ss.; SIRENA, P. y ADAR, Y., "La prospettiva dei rimedi nel diritto privato europeo", *Rivista di diritto civile*, 2012, I, pp. 359 ss.; NIVARRA L. "Rimedi: un nuovo ordine del discorso civilistico?", *Europa e diritto privato* 2015, pp. 583 ss.; SCALISI, V., "Lineamenti di una teoria assiologica dei rimedi giuridici", *Rivista di diritto civile*, 2018, pp. 1045 ss.

para elaborar reglas universales, al empirismo del análisis, en obediencia a la ideología posmoderna de la "multiplicidad"[30].

La renuncia a desear un pensamiento teórico que pretenda alimentar constantemente la institucionalidad del sistema, entendido no como algo completamente dado sino como un objetivo, exige el costoso precio de rendirse al desorden: un pensamiento jurídico destrozado en los *particularia* hasta el límite de la pulverización favorece, en vez de contrarrestar, el desorden social y el desconcierto del individuo, ahora siempre más desconectado de la comunidad y, por lo tanto, siempre menos consciente de las características

---

30 El tema se encuentra dentro de los más fascinantes, aunque tal vez se ha sobrevalorado en la reflexión civilista, por lo menos en aquella italiana. Sobre las reflexiones en torno a la posmodernidad en los estudios jurídicos *cfr.*, de manera general, MINDA, G. *Postmodern Legal Movements. Law and Jurisprudence at Century End*, Nueva York y Londres, New York University Press, 1995, traducción al italiano a cargo de BARBERIS, M., *Teorie postmoderne del diritto*, Bolonia, Il Mulino, 2001, *passim*; LADEUR, K. H. "Superamento della complessità attraverso la capacità di apprendimento del diritto. L'adeguamento del diritto alle condizioni del Postmoderno. Una critica alla teoria giuridica del discorso di Jürgen Habermas", *Rivista internazionale di filosofia del diritto*, 1996, pp. 480 ss.; ANDRONICO, A., *La decostruzione come metodo. Riflessi di Derrida nella teoria del diritto*, Milán, Giuffrè, 2002, *passim*; GLIOZZI, E., "Postmodernismo giuridico e giuspositivismo", *Rivista trimestrale di diritto e procedura civile*, 2003, pp. 801 ss. En la reflexión civilista *cfr.* ZACCARIA, A. "Il diritto privato europeo nell'epoca del postmoderno", *Rivista di diritto civile*, 1997, I, pp. 367 ss.; JAYME, E. "Osservazioni per una teoria postmoderna della comparazione giuridica", *Rivista di diritto civile*, 1997, I, pp. 813 ss.; LIPARI, N. "Diritto e sociologia nella crisi istituzionale del postmoderno", *Rivista critica di diritto privato*, 1998, pp. 409 ss.; MENGONI, L. "Le aporie decostruttive del diritto secondo Jacques Derrida", *Rivista trimestrale di diritto e procedura civile*, 1999, pp. 353 ss.; MATTEI, U. y DI ROBILANT, A. "International style e postmoderno nell'architettura giuridica della nuova Europa. Prime note critiche", *Rivista critica di diritto privato*, 2001, pp. 89 ss.; MONATERI, P. G. "'Jumping on someone else's train'. Il diritto e la fine della modernità", *Rivista critica di diritto privato*, 2001, p. 123, criticando la postura precedente, y también la réplica de MATTEI, U. "Sul treno (ma di chi?) con il biglietto! Qualche puntualizzazione sull'ideologia della post-modernità", *Rivista critica di diritto privato*, 2001, pp. 135 ss.; SCALISI, V. "Regola e metodo nel diritto civile della postmodernità", *Rivista di diritto civile*, 2005, I, pp. 283 ss.; *id.*, "Per un'ermeneutica giuridica "veritativa" orientata a giustizia", *Rivista di diritto civile*, 2014, pp. 1249 ss.; DI MARZIO, F. "Sul discorso giuridico ai tempi del postmoderno. (Spunti dal memento pratico sul fallimento)", *Politica del diritto*, 2005, pp. 145 ss.; FRANZESE, L., "Mondializzazione dell'economia e diritto sociale", *Rivista di diritto civile*, 2010, pp. 677 ss.; IRTI, N. *Un diritto incalcolabile*, Turín, Giappichelli, 2016, 3 ss.; pero, sobre todo, *cfr.* BARCELLONA, M. "Diritto e nichilismo: a proposito del pensiero giuridico postmoderno", *Riv. crit. dir. priv*, 2005, pp. 207 ss. e *id.*, *Critica del nichilismo giuridico*, Turín, Giappichelli, 2006, *passim*, en part., p. 181 ss. y por último MAZZAMUTO, S. "Il diritto pos-moderno: un concetto inutile o addirittura dannoso?", *Europa e diritto privato*, 2018, pp. 845 ss.

propias que lo identifican[31]. Obviamente no tendría ningún sentido ni algún valor científico la pretensión de edificar la disciplina general de las obligaciones solamente sobre las respectivas disposiciones de los códigos civiles y sobre la larga y fecunda tradición dogmática que en torno a ellos y al derecho romano se ha venido formando.

Las *ratio* que inspiran algunas disciplinas de sector, es decir los llamados derechos secundarios[32] (desde el derecho de los consumidores al derecho de los contratos de empresa), no pueden ser descuidadas y deben poner en discusión algunos intereses consolidados, en su mayoría fundados sobre la neutralidad socio-económica de la figura abstracta del sujeto de derecho, que es el referente de la disciplina general de las obligaciones y del contrato. La labor que corresponde al estudioso es ardua y consiste en probar si y cuáles

---

31 Para una amplia y profunda reflexión sobre el estado de la ciencia civilista y de todo el derecho civil en Italia se recomienda la lectura de CASTRONOVO, C. *Eclissi del diritto civile*, Milán, Giuffrè, 2015, *passim*, en donde, por otra parte, se comprueba que "aquello que sobre todo parece dominar es una hipertrofia del presente, en la cual la incertidumbre del futuro debilita los vínculos con el pasado, olvidando que la experiencia jurídica tiene su *proprium* en la continuidad, de donde el presente se legitima por una herencia que no puede resolverse, impulso necesario hacia el futuro que no es solamente de los otros, de las generaciones sucesivas, sino que es más que todo nuestro. La conciencia de esto, además de requerir la sobriedad del pensamiento jurídico como manifestación tangible de la responsabilidad del jurista, debería sugerir líneas de recomposición del sistema: porque una regla librada al azar es una contradicción, pero sobre todo, pierde su función ordenadora, que es la primera razón del derecho. En este sentido, lo que sigue al eclipse no podrá ser nada distinto que la recuperación del sistema. Este último no consiste más en un sistema completo, en el cual cada una de las partes encuentre su plena y definitiva explicación, como tampoco en la idea de que cada elemento proveniente de afuera pueda ser totalmente incluido y conciliado. Aquella que debe ser recuperada es la naturaleza de sistema que cada ordenamiento posee como característica manifiesta de su propia unidad, característica trascendental que por ello prescinde de la conciencia o del conocimiento que se pueda tener del sistema en las diversas épocas de la historia y de la historia del derecho. Porque, como nos lo recuerda un gran jurista que ninguno puede considerar desconocedor de la historia, la unicidad del ordenamiento no es para nada un mero postulado de lógica jurídica o de teoría, sino que hace parte de las condiciones basilares de cualquier comunidad que se reconozca en el derecho". La última referencia hecha por C. es a WIEACKER, F., "Das Bürgerliche Recht im Wandel der Gesellschaftsordnungen", en *Industriegesellschaft und Privatrechtsordnung*, Frankfurt a. M., Fischer Athenäum Taschenbuch Verlag, 1974, p. 53.

32 La expresión es empleada en el contexto de las relaciones entre derecho general y derechos especiales por CASTRONOVO, C. "Diritto privato generale e diritti secondi. Responsabilità civile e impresa bancaria", *Jus*, 1981, p. 158 ss.; *id.*, "Alle origini della fuga dal codice. L' assicurazione contro gli infortuni tra diritto privato generale e diritti secondi", *Jus*, 1985, p. 20 ss.; *id.*, "Diritto privato generale e diritti secondi. La ripresa di un tema", *Europa e diritto privato*, 2006, p. 397 ss.

de tales *ratio* de sector presenten una consistencia y una vocación universal de tal envergadura como para poder ser elevadas a un nuevo paradigma general, destinado a modificar o a sustituir las categorías tradicionales que colman la teoría general de las obligaciones y del contrato. De ahí que sea arriesgado declarar "la decadencia del concepto unitario de obligación, cada vez más adherido, en su estructura y en su función, a la evolución de las relaciones socio-económicas, casi hasta el punto de reducir la distancia irremediable entre la norma y los hechos": declive considerado como la confirmación "de la crisis de las teorías integrales y generales"[33]. Y, de manera completamente opuesta, compartir la opinión de quien considera que "no parece que exigencias de 'modernización' deban conducir a un sistema construido solo sobre los regímenes de las fuentes y desprovisto de la disciplina tradicionalmente propia, conocida como 'parte general'"[34].

La consistente y apreciable literatura colombiana sobre este tema es prueba de la riqueza inquebrantable, como también de la proficuidad de esa tradición de pensamiento que se esfuerza por el estudio de la teoría general de las obligaciones: se alude a la *Teoría general de las obligaciones*, en tres volúmenes, de Álvaro Pérez Vives[35], al primer volumen del *Tratado de las obligaciones* de

---

33 GAMBINO, F. *Le obbligazioni. 1. Il rapporto obbligatorio*, cit., p. 25, para quien la obligación no es una categoría científica, sino un mero concepto legislativo, como tal "capaz de adaptarse, en la interpretación de la disciplina global, a las nuevas lógicas de los microsistemas hasta el punto de modificar los elementos de su propia estructura". Una conclusión de este género me parece el fruto de un método neo-exegético que renuncia, por carencia de fuerzas o por convicción de fondo, a la perspectiva sistemática en la cual las categorías, comprendida aquella de la obligación, no revisten solamente la función de síntesis del sentido global de la normativa vigente, sino que también desarrollan una función de control de la argumentación con miras a la aplicación de las normas y una imprescindible función heurística. De ahí la idea del todo infundada de que la dogmática se limite a observar el fenómeno jurídico desde afuera "generalmente, bajo la figura del tipo, de la generalidad y de la abstracción: es un entendimiento rígido en conceptos, no conocimiento de lo individual" (*ibidem*, 26).

34 D'ANGELO, A. *Lezioni di diritto civile. Introduzione al diritto generale delle obbligazioni*, cit., p. 99, quien sigue observando correctamente que "no se trata de asumir como arquetipos inmutables una noción de obligación y un conjunto de reglas en cierto sentido co-esenciales a esa. El derecho de las obligaciones, y principalmente el régimen de las fuentes, es, y se ha revelado, sensible a los cambios socio-económicos, de disciplina y de pensamiento jurídico. Y sin embargo no puede dejar de acogerse una configuración de la relación obligatoria que atraviese las diferentes experiencias jurídicas, históricas y nacionales; cualesquiera que sean las diversas propensiones a la elaboración teórica de las diversas culturas".

35 PÉREZ VIVES, A. *Teoría general de las obligaciones*, I, II y III, Bogotá, Universidad Nacional de Colombia, 1950-1951.

Fernando Hinestrosa[36], como también al tercer volumen del *Derecho civil* de Arturo Valencia Zea y de Álvaro Ortiz Monsalve, dedicado justamente a las obligaciones[37], y al *Régimen general de las obligaciones* de Guillermo Ospina Fernández[38].

Es cierto que se podría objetar que el concepto de obligación y la construcción de su propia disciplina general alejaría los sistemas de *civil law* y de *common law*, pues en estos últimos –como es bien sabido– las grandes categorías están referidas a las fuentes de la obligación, como *contract* y *tort*, en vez de concernir al efecto, el cual no ha sido objeto ni de un cuerpo de reglas oportunas ni de una reflexión teórica ni siquiera comparable lejanamente con la europea y la latinoamericana. Además, en la tradición romanista, la obligación designa la relación obligatoria y, por lo tanto, reenvía tanto al deber de prestación a cargo del deudor (la deuda) como al título de legitimación a la adquisición de una utilidad por parte del acreedor (el crédito) y tal carácter bivalente no está interiorizado en la mentalidad inglesa y norteamericana. Reinhard Zimmermann destaca la extrema dificultad de expresar en el contexto del *common law* la idea misma de obligación, ya que para los *common lawyers* esta última se refiere exclusivamente a los deberes y a las obligaciones del sujeto, mas no al título de una transferencia de riqueza[39]. Se podría entonces estar tentado a pensar que la obligación constituya un factor de división entre las grandes familias jurídicas de la *western legal tradition*[40], colocándose

---

36 Hinestrosa F. *Tratado de las obligaciones*, i, *Concepto, estructura, vicisitudes*, Bogotá, Universidad Externado de Colombia, tratado que ha llegado a su tercera edición (Bogotá, Universidad Externado de Colombia, 2014); yo he consultado la segunda edición. En cambio, el segundo volumen de la obra trata sobre el negocio jurídico: Hinestrosa, F. *Tratado de las obligaciones*, ii, *De las fuentes de las obligaciones: el negocio jurídico*, vol. i y ii, Bogotá, Universidad Externado de Colombia, 2015.

37 Valencia Zea, A. y Ortiz Monsalve, A. *Derecho civil*, iii, *De las obligaciones*, Bogotá, Temis, 2004.

38 Ospina Fernández, G. Régimen general de las obligaciones, Bogotá, Temis, 2008.

39 Zimmermann, R. *The Law of Obligations. Roman Foundations of the Civilian Tradition*, Oxford-Nueva York, Clarendon Press, 1996, p. 1, aclara que la bivalencia lexical del término obligación “obviously makes it somewhat difficult to render the Roman idea in English, for the English term ‘obligation’ is merely oriented towards the person bound, not towards the person entitled. With the words ‘my obligations’ I can refer only to my duties, not to my rights”.

40 Sobre los orígenes y el desarrollo de la tradición legal occidental no se puede dejar de mencionar el estudio de Berman, H. *Law and Revolution. The Formation of the Western Legal Tradition*, Cambridge, Harvard University Press, 1983, traducción en italiano, *Diritto e rivoluzione. Le origini della tradizione giuridica occidentale*, Bolonia, Il Mulino, 1998; *id.*, *Law and Revolution*,

como un elemento objetivo que obstaculiza el diálogo y la comparación entre sistemas jurídicos diversos.

Sin embargo, el juicio sería excesivo, dado que muchos de los problemas relacionados con la regulación y con las elaboraciones conceptuales que en los sistemas de *civil law* están referidos a la obligación, en aquellos de *common law* se encuentran vinculados al contrato, a la responsabilidad y a las restituciones, de manera que la comparación es perfectamente posible, aunque se tenga que actuar con cierta cautela en cuanto a las terminologías y categorías y se manifieste así mismo un grado suficiente de conciencia sobre los tipos de problemas que pueden ser cotejados. Además, en los últimos años se está desarrollando en el *common law* una mayor sensibilidad por las clasificaciones en general[41] y, en particular, la *obligation* empieza a asumir un rol organizador en las sistematizaciones en materia tanto contractual como no contractual. Baste pensar en el desarrollo de la *law of restitution* debida a la iniciativa proveniente de los estudios fundamentales de Peter Birks[42], nutridos por su formación romanista[43]: *law of restitution* "en la cual se ha advertido la implicación de una más amplia racionalización de la *law of obligation*"[44]. Asimismo, Birks, por ejemplo, adopta la distinción entre *proprietary rights (rights in rem)* y *personal rights (rights in personam)* para afrontar el problema de los *remedies* y de su sistematización, precisando que los segundos son "usualmente conocidos por su extremo negativo como 'obligaciones'. Esta constituye la línea entre el derecho real y el derecho de las obligaciones"[45]. Por lo tanto, las dudas sobre la idoneidad de la obligación para constituir una categoría jurídica planetaria deberían

---

II, *The Impact of the Protestant Reformations on the Western Legal Tradition*, Cambridge (Mass.) y Londres, Harvard University Press, 2003, traducción en italiano, *Diritto e rivoluzione*, II, *L'impatto delle riforme protestanti sulla tradizione giuridica occidentale*, Bolonia, Il Mulino, 2010.

41 También lo destaca D'Angelo, A. *Lezioni di diritto civile. Introduzione al diritto generale delle obbligazioni*, cit., p. 100.

42 Birks, P. *An Introduction to the Law of Restitution*, Oxford, Clarendon Press, 1985, *passim*, como también *id., Unjust Enrichment*, Oxford, Clarendon Press, 2003, *passim*.

43 Los estudios de Peter Birks sobre la *obligatio* romana se remontan a un curso de lecciones llevado a cabo en el año 1982 en la universidad de Edimburgo y ahora recogidas en el volumen Birks, P. *The Roman Law of Obligations*, dirigido por Descheemaeker, E., Oxford, Clarendon Press, 2014, *passim*.

44 D'Angelo, A. *Lezioni di diritto civile. Introduzione al diritto generale delle obbligazioni*, cit., p. 100.

45 Birks, P. *Rights, Wrongs, and Remedies*, en *Oxford Journal Od Legal Studies*, 2000, pp. 1 ss., en part., p. 20 ss.

disiparse, más aún si se tiene en cuenta que –como se sostiene en Italia por doctrina reconocida– el canon metodológico que configura la obligación como una categoría unitaria, trabajando en la redefinición constante de su disciplina general, pero al mismo tiempo teniendo en cuenta las interferencias con los regímenes de las fuentes, evidenciando las especificidades de las respectivas obligaciones, se presta a la perfección para favorecer el acercamiento entre "los sistemas jurídicos que conocen y cultivan una 'parte general' y una 'teoría general' de las obligaciones y aquellos que tienden a agotar el derecho de las obligaciones en los regímenes de las fuentes, a pesar de no dejar de reconocer la relación de deuda-crédito como elemento común a aquellos"[46].

2. LA DISCIPLINA ITALIANA DEL CUMPLIMIENTO: LA EXACTITUD

El cumplimiento representa una de las categorías centrales del derecho de las obligaciones y al mismo tiempo designa una institución, que encierra y ordena el conjunto de las normas que disciplinan la actuación espontánea de la obligación[47]. En el lenguaje más difundido el cumplimiento se identifica

---

46 D'Angelo, A. *Lezioni di diritto civile. Introduzione al diritto generale delle obbligazioni*, cit., pp. 100-101.

47 Sobre el cumplimiento *cfr.* bajo el código de 1965 Allara, M. "La prestazione in luogo dell'adempimento (datio in solutum)", *Annali del Seminario giuridico dell'Università di Palermo*, XIII, Palermo, Giappichelli, 1927, *passim.*; Andreoli, G. *Contributo alla teoria dell'adempimento*, Padua, 1937, *passim*; Orlando Cascio, S. *Estinzione dell'obbligazione per conseguimento dello scopo*, Milán, Giuffrè 1938, *passim*; Nicolò, R. *L'adempimento del debito altrui*, Milán, Giuffrè, 1936, reedición inalterada, Nápoles, ESI, 1978, pp. 145 s.; Giorgianni, M. "Pagamento", en *Nuovo Digesto italiano*, IX, Turín, UTET, 1939, pp. 412 ss.; y bajo el código vigente Rescigno, P. *Incapacità naturale e adempimento*, Nápoles, Jovene, 1950, reimpr, Nápoles, ESI, 1982, pp. 79 ss.; Nicolò, R. "Adempimento (diritto civile)", en *Enciclopedia del diritto*, I, Milán, Giuffrè, 1958, pp. 554 ss.; Giorgianni, M. "Pagamento (dir. civ.)", en *Novissimo Digesto italiano*, XII, Turín, UTET, 1965, pp. 321 ss.; Di Majo, A. *Delle obbligazioni in generale, Commentario del codice civile Scialoja-Branca, art. 1173-1176*, Bolonia y Roma, Zanichelli e Il foro italiano, 1988, pp. 356 ss.; *id.*, "Pagamento (diritto privato)", en *Enciclopedia del diritto*, XXXI, Milán, Giuffrè, 1981, pp. 548 ss.; Bessone, M. y D'Angelo, A. "Adempimento", en *Enciclopedia giuridica Treccani*, I, Roma, Istituto dell'Enciclopedia Italiana, 1988, pp. 1 ss.; Bianca, M. *Diritto civile. 4. L'obbligazione*, Milán, Giuffrè, 1993, pp. 261 ss.; Breccia, U. *Le obbligazioni*, Milán, Giuffrè, 1991, pp. 447 ss.; Cian, G. "Pagamento", en *Digesto delle discipline privatistiche, sezione civile*, XIII, Turín, UTET, 1995, pp. 234 ss.; Chessa, C. *L'adempimento*, Milán, Giuffré, 1996, *passim*; Gambino, F. *Le obbligazioni. 1. Il rapporto obbligatorio*, cit., pp. 267 ss.

con la actuación del contenido de la obligación[48] y es definido como la exacta ejecución de la prestación[49]. Sin embargo, la definición es imprecisa desde el punto de vista conceptual, porque descuida que tanto el cumplimiento como la prestación son categorías de acción[50], que, por lo tanto, no necesitan del "conector" representado por el término ejecución. Esta imprecisión ya se observa en las palabras empleadas por el código civil, dado que el art. 1218 c.c. it., al mencionar lo opuesto al cumplimiento, es decir, el incumplimiento, establece que "El deudor que no *ejecuta exactamente la prestación* debida está obligado al resarcimiento". Si se tiene en cuenta que una parte de la doctrina encuentra en el art. 1218 c.c it. una noción latente de cumplimiento, como lo opuesto al incumplimiento[51], resulta corroborada la definición redundante que identifica el cumplimiento con la ejecución exacta de la prestación.

Por el contrario, en puridad conceptual, es oportuno definir el cumplimiento como la prestación exacta y correcta, es decir, la conducta debida cuando obtiene el resultado esperado con las características cualitativas y cuantitativas prescritas y atendiendo las modalidades de acción acordadas o impuestas por la naturaleza de la prestación o por las *leges artis*. De este modo, emerge además de manera evidente una característica esencial del cumplimiento: su relevancia como categoría legislativa que designa no solo un acto o un comportamiento material, sino la calificación de un acto o de un comportamiento material, como, por otro lado, vale también para su opuesto, el incumplimiento. Esta observación se vuelve esencial para desatar el nudo que desde hace mucho tiempo se ajusta en torno a la cuestión sobre la naturaleza jurídica del cumplimiento, sobre la cual se volverá adelante.

El cumplimiento también puede ser entendido como elemento distintivo de las obligaciones civiles respecto de aquellas naturales, en la medida en que

---

48 Nicolò, R. "Adempimento", cit., p. 555.

49 Rescigno, P. "Obbligazioni (diritto privato)", cit., p. 183; Breccia, U. Le obbligazioni, cit., pp. 447-448 y en el mismo sentido Bianca, C. M. *Diritto civile. 4. L'obbligazione*, cit., p. 261: "El cumplimiento es la ejecución de la prestación. La prestación designa aquello que es debido, o sea el programa obligatorio; el cumplimiento es la realización de tal programa"; Schlesinger, P. *Il pagamento al terzo*, Milán, Giuffrè, 1961, p. 1; Cannata, C. A. "L'adempimento delle obbligazioni", en *Trattato di diritto privato*, dirigido por Rescigno, ix, Turín, utet, 1984, pp. 63 ss.; Bessone, M. y D'Angelo, A. *Adempimento*, cit., 1; Cian, G. "Pagamento", cit., p. 234.

50 La observación es de Castronovo, C. "sub art. 1176", en *Commentario al codice civile*, dirigido por Cendon P., iv, arts. 1173-1654, Título I, Delle obbligazioni, Turín, utet, 1991, p. 17.

51 Gambino, F. *Le obbligazioni. 1. Il rapporto obbligatorio*, cit., p. 267.

aquel es objeto de una pretensión jurídicamente relevante que además goza de protección a través de una acción. Esta es la perspectiva adoptada por el Código civil colombiano en el art. 1527, en donde la distinción es expuesta de la siguiente manera: "Las obligaciones son civiles o meramente naturales. Civiles son aquellas que dan derecho para exigir su cumplimiento. Naturales las que no confieren derecho para exigir su cumplimiento, pero que cumplidas autorizan para retener lo que se ha dado o pagado, en razón de ellas".

El cumplimiento constituye el modo natural de extinción de las obligaciones y –en una primera aproximación– se puede afirmar que hay cumplimiento cuando el deudor actúa, de manera exacta y correcta, realizando el interés del acreedor. Como se tendrá manera de aclarar adelante, no siempre la prestación del deudor, aunque sea exacta y correcta, determina por sí misma la satisfacción del interés del acreedor, el cual, por lo demás, también puede depender de la necesaria cooperación de este último.

Una prestación es exacta cuando tiene todas las características prescritas por la fuente de la obligación, especialmente si es negocial, y por las fuentes heterónomas que determinan su contenido, como la diligencia/pericia, la buena fe o específicas previsiones legales. Este marco de criterios determinativos ofrece los puntos de referencia necesarios para individuar el resultado debido y sus características cualitativas y cuantitativas, de cuyo respeto depende la exactitud de la prestación. Sin embargo, no debe olvidarse que la disciplina italiana de las obligaciones es, por elección del legislador, una regulación de carácter general, que por lo tanto abstrae la obligación de su fuente. Por ello no es de extrañar que la disciplina general de las obligaciones no penetre, con miras al cumplimiento, en la definición del perímetro de la relación obligatoria, confiada en cambio al título. De ahí por qué la regulación del cumplimiento se produce, por decirlo así, a grandes rasgos, limitándose a especificar algunas obligaciones instrumentales y después a delinear: las modalidades de tiempo y de lugar de la prestación, la identificación de los destinatarios de esta última, las consecuencias sobre el efecto liberatorio de la incapacidad del deudor y acreedor, el problema de la imputación del pago, la documentación del cumplimiento acaecido y la figura de la prestación en lugar del cumplimiento. Como se tuvo manera de precisar en el parágrafo precedente, si el vínculo obligatorio es *ex contractu*, la disciplina general del cumplimiento luego será enriquecida por la disciplina general del contrato y, en caso de que exista, por aquella –por lo demás de naturaleza dispositiva– del tipo contractual elegido por las partes.

En estricto rigor, también serán comprendidas en la disciplina general de las obligaciones las normas sobre la responsabilidad patrimonial (arts. 2740 ss. c.c.it.)[52] teniendo en cuenta la íntima conexión entre el vínculo sustancial y la estabilidad del patrimonio del deudor. En efecto, el estado de crisis o de insolvencia del deudor se refleja sobre la satisfacción del interés del acreedor, y las diversas vicisitudes de exoneración del pasivo insatisfecho previstas por el ordenamiento italiano[53], ahora también a favor del deudor-consumidor, provocan que situaciones que corresponden a la plena exposición del deudor respecto de la masa de los acreedores, repercutan sobre la extinción de la singular obligación, determinando la liberación del deudor como consecuencia de una satisfacción solo parcial del interés del acreedor.

3. LA *CORRETTEZZA* DE LA PRESTACIÓN: EL ROL DE LA BUENA FE

A efectos del cumplimiento, no es suficiente la exactitud de la prestación, sino que también es necesario que la conducta del deudor sea conforme con la buena fe objetiva. El código civil italiano inaugura la disciplina de las obligaciones con la norma que prescribe al deudor y acreedor actuar *ex fide bona*. El art. 1175 c.c. it. establece que deudor y acreedor deben comportarse con *correttezza*, la cual, de acuerdo con una opinión que ya es unánime, es sinónimo de buena fe en sentido objetivo, constituyendo con ella una endíadis[54] que también se

---

52 Sobre el punto sigue siendo imprescindible CICU, A. *L'obbligazione nel patrimonio del debitore*, Milán, Giuffrè, 1948, *passim*, quien señala que "una deuda sin responsabilidad, o sea sin sanción para el deudor, no puede considerarse una entidad jurídicamente relevante". *Cfr.* del mismo modo NICOLÒ, R. *Della responsabilità patrimoniale, Art. 2740-2899, Commentario del codice civile*, dirigido por Scialoja, A. y Branca, G., Roma, Il foro italiano, Bolonia, Zanichelli, 1955, p. 9.

53 N. del T. El autor se refiere a la figura conocida en el derecho italiano como *esdebitazione*, prevista en los arts. 142 a 144 de la *Legge Fallimentare*, a su vez denominada: "exoneración del pasivo insatisfecho" en el derecho español (art. 178 bis Real Decreto-Ley 1 de 2015). Por su parte, en el ámbito del consumidor esta figura es comúnmente conocida como: "sobreendeudamiento del consumidor".

54 En tal sentido *cfr.* OSTI, G. "Contratto", en *Novissimo Digesto italiano*, IV, Turín, UTET, 1959, p. 522; RODOTÀ, S. *Le fonti di integrazione del contratto*, Milán, Giuffrè, pp. 119 ss., 132 ss.; NATOLI, U. "L'attuazione del rapporto obbligatorio, t. 1, Il comportamento del creditore", en Cicu, A.- Messineo, F. (directores), *Trattato di diritto civile e commerciale*, Milán, Giuffrè, 1974, p. 7, p. 35; BIANCA, C. M. *Diritto civile. 3. Il contratto*, Milán, Giuffrè, 1987, pp. 472-473; FRANZONI, M. *Degli effetti del contratto. II. Integrazione del contratto. Suoi effetti reali e obbligatori, Arts. 1374-1381. Il Codice civile. Commentario, iniciado por P. Schlesinger, continuado por F. D. Busnelli*, Milán, Giuffrè, 2013, pp. 178 ss.; DI MAJO, A. *Delle obbligazioni in generale*, cit., pp. 290 ss., en part., p. 294.

ha difundido en otras tradiciones jurídicas: baste pensar al alemán *treu und glauben* o al *good faith and fair dealing* del *common law*[55]. Como se evidencia en la formulación del art. 1175 c.c. it., la buena fe es un precepto de alcance bilateral, que por lo tanto no se refiere solamente a la conducta del deudor, sino que involucra también aquella del acreedor, y no solo bajo la perspectiva de la necesidad de cooperación, la cual le da forma jurídica a la disciplina de la *mora accipiendi*[56], sino también desde el punto de vista de la protección del patrimonio y de la persona que representa la otra parte.

La buena fe tiene una función decisiva en la obligación y esa se identifica en imponer, a los sujetos de la relación obligatoria, comportamientos (activos o pasivos) ulteriores respecto de aquellos prescritos por el título, en atención a la búsqueda de la actuación sustancial del vínculo contra cualquier pretensión o comportamiento formalista, persiguiendo no solo la licitud de las conductas, sino también su legitimidad. Exhorta Ulpiano que "*de bona fide enim agitur, cui non congruit de apicibus iuris disputare*"[57], y el hecho de que no sea conforme con la buena fe discutir sobre sutilezas jurídicas se explica por el aumento del deber de conducta que impone la buena fe. Este *quid pluris* –como comportamiento que se hace necesario por la exigencia de satisfacer de la manera más plena el interés del acreedor o para evitar daños a la persona o al patrimonio, los cuales se pueden producir con facilidad dada la proximidad de esferas jurídicas determinada por la instauración de la relación obligatoria– hace del todo injustificada, y por lo tanto incorrecta, la pretensión del deudor y acreedor de aplicar de manera meramente formal las reglas que componen el contenido de la relación obligatoria. Ni el deudor ni el acreedor pueden resguardarse demostrando que un determinado comportamiento no estaba previsto en el

---

55 Permítaseme reenviar al estudio desarrollado en PIRAINO, F. *La buona fede in senso oggettivo*, Turín, Giappichelli, 2015, *passim*, en part., p. 8 ss. y, con referencia al ordenamiento colombiano, *cfr.* NEME VILLARREAL, M. L. "El principio de buena fede en materia contractual en el sistema jurídico colombiano", *Revista de Derecho Privado*, p. 79 ss., sobre el cual ver también bajo la óptica del derecho romano, *ead.*, *La buena fe en el derecho romano. La extensión del deber de actuar conforme a buena fe en materia contractual*, Bogotá, Universidad Externado de Colombia, 2010, *passim*.

56 Sobre esta cuestión me he ocupado más ampliamente en PIRAINO, F. *El cumplimiento de la obligación*, cit., p. 163 ss., pero v. sobre todo DELLACASA, M. *La cooperazione all'adempimento e rimedi a tutela del debitore*, en *Trattato di diritto civile e commerciale*, CICU, A. y MESSINEO, F., dirigido por Mengoni, L., continuado por Schlesinger, P. y Roppo, V., Anelli, F., Milán, Giuffrè, 2019, pp. 125 ss., en part., p. 159 ss.

57 D. 17.1.29 *Ulpianus libro septimo disputationum*.

programa de la obligación o en el reglamento del contrato. Por esa razón, la ausencia de una especificación en el título, no proyecta los comportamientos omitidos en el área de las conductas no debidas, y la razón se encuentra precisamente en la imposición, efectuada por la ley a través del imperativo de buena fe, a ambos sujetos de la relación obligatoria, de estar preparados para hacer no solo aquello que está previsto expresamente en el título, sino también todos aquellos comportamientos ulteriores que, sobre la base de las circunstancias, se revelan necesarios para satisfacer el interés del acreedor o para salvaguardar el patrimonio o la persona que representa la contraparte.

Cuando una disposición normativa es concebida en torno a una cláusula general[58], como en el caso de la buena fe[59], el legislador no recurre a una regulación analítica, confiada en la especificación de los hechos condicionantes de la norma y de las respectivas consecuencias, sino que escoge un criterio de juicio de naturaleza valorativa. Los términos valorativos reenvían a elementos de la realidad que no pueden ser considerados verdaderos, porque su existencia y sus cualidades esenciales no están respaldadas por un amplio consenso social, sino que solo parecen plausibles. Esta plausibilidad es el estado ontológico de los elementos controvertidos y discutidos, como suelen ser, por ejemplo, los valores o los fines políticos últimos de una comunidad, a los que se refieren precisamente a las cláusulas generales. Las cláusulas generales, en la medida en que se encuentran compuestas por términos valorativos, le imponen al intérprete la necesidad de recurrir a un conocimiento caracterizado por una multiplicidad de puntos de vista, que con frecuencia no favorece el conocimiento preciso de los fenómenos, y esto obviamente amplía los márgenes de valoración en materia interpretativa. De ahí por qué la interpretación de las disposiciones normativas que contienen cláusulas generales, como la buena fe/*correttezza*, se presenta como una actividad de atribución de sentido más delicada y compleja respecto de la interpretación ordinaria[60], tanto que para

---

58 Sobre el problema de las cláusulas generales *cfr.* MENGONI, L. "Spunti per una teoria delle clausole generali", *Rivista critica del diritto privato*, 1986, pp. 18-19, ahora en CASTRONOVO, C., ALBANESE, A. y NICOLUSSI, A. (coords.), *Scritti giuridici*, I, *Metodo e teoria giuridica*, Milán, Giuffrè, 2011, pp. 165 ss., en part., pp. 177-178. Sobre las cláusulas generales ver, bajo una óptica ius-analítica, el excelente ensayo de VELLUZZI, V. *Le clausole generali. Semantica e politica del diritto*, Milán, Giuffrè, 2010, *passim*.

59 Me he ocupado del problema de los términos valorativos que componen las cláusulas generales en PIRAINO, F. *La buona fede in senso oggettivo*, cit., pp. 41 ss.

60 Para una reflexión sobre el tema *cfr.* PATTI, S. *Ragionevolezza e clausole generali*, Milán, Giuffrè, 2016, p. 31 ss.

señalar esta vigorización de las posibilidades de elección ofrecidas por la determinación del contenido de las cláusulas generales se suele hablar de "integración valorativa"[61]. La dificultad surge por la indeterminación semántica de los términos valorativos, la cual le ofrece al intérprete un exceso de posibles contenidos normativos, mucho mayor de aquella producida por la ordinaria vacuidad de los términos no valorativos[62] atendiendo la variedad de soluciones alternativas entre las que puede optar.

Este exceso de posibles significados debe ser gobernado por el intérprete a través de una cuidadosa labor de selección que debe conducir a la individuación del sentido que goza del mayor consenso social, porque coincide con las ideas más difundidas sobre el valor o el fin evocado por la cláusula general o por el sentido que se encuentre en grado de obtener mayor consenso. Este arduo escrutinio es indicado por lo general como una concreción de las cláusulas generales y consiste no solamente en individuar la idea más acreditada del valor o del fin al cual remite la cláusula general, sino también en la tipificación del contenido de la cláusula dirigida a "estandarizar" su uso. De esta manera se favorece la aplicación de la cláusula general de acuerdo con modalidades análogas a aquellas propias de la aplicación de las normas de carácter analítico. Esa tipificación de los contenidos se dirige a garantizar la universalización de la norma que se desprende de la disposición que contiene una cláusula general y a la estabilización de su sentido: ambos, requisitos indispensables para la obtención del orden social. La tipificación es perseguida mediante la individuación de figuras sintomáticas, o sea de contenidos normativos estándar, que procuran contener y racionalizar el amplio margen de valoración del juez.

Tratándose de la buena fe –que, como se sabe, representa la cláusula general más estudiada–, la doctrina y la jurisprudencia han individuado dos contenidos típicos: el de las obligaciones integrativas y el del límite de las posiciones sustanciales, especialmente a través de la figura de la prohibición del

---

61 VELLUZZI, V. *Le clausole generali. Semantica e politica del diritto*, cit., p. 39 ss. observa que "se habla de 'integración' con el fin de connotar la actividad judicial como invasiva de competencias ajenas, es decir, como una actividad que no es igual a aquella normalmente desarrollada al interpretar los enunciados normativos, además de ser una prerrogativa típica de quienes las producen".

62 VELLUZZI, V. *Le clausole generali. Semantica e politica del diritto*, cit., p. 88 señala que la determinación de los términos o sintagmas valorativos que componen las cláusulas generales es confiada a criterios, parámetros de juicio, internos o también externos al derecho, que pueden competir entre sí.

abuso del derecho[63]. A cada una de estas figuras sintomáticas del *agere ex fide bona* es atribuida respectivamente una función específica de la buena fe: la de integrar la obligación y el contrato[64] y aquella valorativa de las conductas con el fin de verificar no solo su licitud, sino también su legitimidad[65].

En cuanto a la función integrativa, la doctrina y la jurisprudencia han individuado dos grandes categorías de obligaciones derivadas de la buena fe[66]: aquella de las obligaciones instrumentales y aquella de las obligaciones accesorias de protección. Las primeras se encuentran ligadas a la obligación principal de prestación y su instrumentalidad reside en la predisposición para maximizar los efectos útiles de la prestación, enriqueciendo la conducta del

---

63 *Cfr.* PIRAINO, F. "Il divieto di abuso del diritto", *Europa e diritto privato*, 2013, p. 75 ss.

64 La relación entre la función integradora de la buena fe y la determinación del objeto de la obligación ha sido analizada por DI MAJO, A. *Delle obbligazioni in generale*, cit., pp. 316 ss., pero el primer tentativo de encuadramiento orgánico del tema se adscribe a RODOTÀ, S. *Le fonti di integrazione del contratto*, cit., pp. 111 ss. A favor de la función integradora está orientada la doctrina mayoritariamente italiana: *cfr*, *ex multis*, BETTI, E. *Teoria generale delle obbligazioni*, I, *Prolegomeni: funzione economico-sociale dei rapporti d'obbligazione*, cit., p. 92 ss.; MENGONI, L. "Obbligazioni 'di risultato' e obbligazioni 'di mezzi' (Studio critico)", *Rivista del diritto commerciale e del diritto generale delle obbligazioni*, 1954, pp. 185 ss., y ahora en CASTRONOVO, C., ALBANESE, A. y NICOLUSSI, A. (coords.), *Scritti*. II. *Obbligazioni e negozio*, Milán, 2011; CARUSI, F. "Correttezza (Obblighi di)", en *Enciclopedia del diritto*, X, Milán, Giuffrè 1962, pp. 709 ss.; FRANZONI, M. *Degli effetti del contratto*. II, cit., p. 211 ss.; UDA, G. M. *La fuona fede nell'esecuzione del contratto*, Turín, Giappichelli, 2004, p. 95 ss., pp. 119 ss.; ROPPO, V. *Il contratto*, Milán, Giuffrè, 2011, 465 ss.; PIRAINO, F. *La buona fede in senso oggettivo*, cit., 147 ss.

65 La función valorativa es sostenida como única connotación funcional de la buena fe por NATOLI, U. *L'attuazione del rapporto obbligatorio*, t. 1, *Il comportamento del creditore*, en CICU, A. y MESSINEO, F. (Dirs.), *Trattato di diritto civile e commerciale*, Milán, Giuffrè, 1974, pp. 24 ss.; BIGLIAZZI GERI, L. "Buona fede nel diritto civile", en *Digesto delle discipline privatistiche*, secc. civ, II, Turín, UTET, 1988, pp. 170 ss.; *ead.*, *L'interpretazione del contratto*, arts. 1362-1371. *Il Codice civile. Commentario Schlesinger*, Milán, Giuffrè, 2013, pp. 13 ss.; BRECCIA, U. *Diligenza e buona fede nell'attuazione del rapporto obbligatorio*, Milán, Giuffrè, 1968, pp. 85 ss.; BUSNELLI, F. D. y NAVARRETTA, E. "Abuso del diritto e responsabilità civile", en *Diritto privato 1997*, III, *Abuso del diritto*, Padua, Cedam, 1998, pp. 171 ss.; CALDERAI, V. *Interpretazione dei contratti e argomentazione giuridica*, Turín, Giappichelli, 2008, p. 300 ss. En cambio, a favor de la coexistencia de la función integrativa y de aquella valorativa se encuentran: DI MAJO, A. *Delle obbligazioni in generale*, cit., p. 324 ss.; FRANZONI, M. *Degli effetti del contratto*. II, cit., p. 249 ss.; PIRAINO, F. *La buona fede in senso oggettivo*, cit., p. 356 ss.

66 Para una útil y detallada información sobre el punto *cfr.* FINAZZI, G. *La struttura e l'adempimento*, t. IV: Correttezza e buona fede, en GAROFALO, L. (Dir.) *Trattato delle obbligazioni*, Padua, Wolters Kluwer-Cedam, 2018, pp. 400 ss. En cambio, con una perspectiva crítica *cfr.* PIRAINO, F. *La buona fede in senso oggettivo*, cit., pp. 171 ss.

deudor con aquellos comportamientos ulteriores que sirven para realizar en la medida más completa el interés del acreedor. Dentro de esta categoría se comprenden: las obligaciones de información, de notificación, de custodia, de conservación, de cooperación, etc.[67]

A diferencia de las anteriores, las obligaciones de protección no están orientadas en el mismo sentido de la prestación, pues no son inherentes a ella, sino que ofrecen un complemento a la relación obligatoria en una dirección distinta respecto de la satisfacción del interés del acreedor[68]. Las obligaciones de protección enriquecen la obligación bajo otro punto de vista: el de evitar que, en el curso y como consecuencia de la realización del vínculo, uno de los dos sujetos de la relación obligatoria pueda sufrir daños en su persona o en su propio patrimonio, es decir, daños diversos de aquellos ligados a la falta de obtención de la prestación. Se trata de perjuicios que presentan una intrínseca connotación aquiliana pero que, gracias a la buena fe, son atraídos al interior de la obligación, la cual también cumple una función resarcitoria,

---

67 V. la relación en Finazzi, G. *La struttura e l'adempimento*, t. iv: *Correttezza e buona fede*, cit., p. 412 ss.

68 Sobre el punto *cfr.*, *ex multis*, Mengoni, L. "Obbligazioni 'di risultato' e obbligazioni 'di mezzi'", cit., pp. 229-233; *id.*, "Responsabilità contrattuale (dir. vig.)", en *Enciclopedia del diritto*, xxxix, Milán, Giuffrè, 1988, p. 1089, ahora en Castronovo, C., Albanese, A. y Nicolussi, A. (Coord.), *Scritti. ii. Obbligazioni e negozio*, Milán, Giuffrè, 2011, pp. 299 ss., cit., p. 1089; Di Majo, A. *Delle obbligazioni in generale*, cit., pp. 316 ss.; *id.*, "Obbligazione. I) Teoria generale", en *Enciclopedia giuridica Treccani*, Roma, Istituto dell'Enciclopedia Italiana, 1990, p. 4, p. 23 ss.; *id.*, "La protezione del terzo tra contratto e torto", *Europa e diritto privato*, 2000, p. 15 ss.; *id.*, *La* Modernisierung *del diritto delle obbligazioni in Germania*, *ivi*, 2004, p. 355 ss.; *id.*, *La responsabilità contrattuale*, Turín, Giappichelli, 2007, p. 21 ss.; *id.*, *Le tutele contrattuali*, Turín, Giappichelli, 2009, p. 58 ss.; Castronovo, C. "Obblighi di protezione e tutela del terzo", *Jus*, 1976, p. 123 ss.; *id.*, "Obblighi di protezione", en *Enciclopedia giuridica Treccani*, xxi, Roma, Istituto dell'Enciclopedia Italiana, 1990, p. 1 ss.; Mazzamuto, S., "Una rilettura del mobbing: obbligo di protezione e condotte plurime d'inadempimento", *Europa e diritto privato*, 2003, p. 647; *id.*, *Il mobbing*, Milán, Giuffrè, 2004, p. 24.; Cian, G. "La figura generale dell'obbligazione nell'evoluzione giuridica contemporanea fra unitarietà e pluralità degli statuti", cit., pp. 498-499; Lambo, L. *Obblighi di protezione*, Padua, Cedam, 2007, pp. 31-32; Moscati, E. "Profili attuali degli obblighi di protezione nel diritto italiano e nel diritto europeo", en *Questioni vecchie e nuove in tema di responsabilità*, Nápoles, Jovene, 2011, pp. 69 ss.; Nivarra, L. "La contrattualizzazione del danno non patrimoniale: un'incompiuta", *Europa e diritto privato*, 2012, pp. 483 ss.; Piraino, F. *La buona fede in senso oggettivo*, cit., pp. 181 ss.; Mirabelli di Lauro, A. "L'obbligazione come rapporto complesso", *Rivista di diritto civile*, 2018, pp. 910 ss., en part., pp. 915-916.

funcionalmente aquiliana[69], con la consecuencia de quedar rediseñada como una relación compleja[70].

La exigencia de incluir en el perímetro de la responsabilidad contractual los daños a la persona o al patrimonio originados en ocasión y como consecuencia del cumplimiento, nace de la necesidad, impuesta por la buena fe, de esterilizar el mayor riesgo de daños recíprocos que produce la instauración del vínculo obligatorio. En efecto, la obligación determina un acercamiento de las esferas jurídicas del deudor y del acreedor y cuanto más se aproximan esas esferas jurídicas más aumenta el riesgo recíproco de dañarse. Redefinida en términos de relación compleja, la obligación se encarga de ofrecer una protección adecuada al patrimonio y a la persona del deudor y del acreedor contra aquella acentuación del riesgo de perjuicios que esa misma crea, predisponiendo de esta manera una respuesta en términos de tutela más adecuada y dogmáticamente coherente respecto de la figura discutible, de origen francés, del cúmulo de responsabilidad contractual y extracontractual ligado a la diversidad de los intereses lesionados[71].

En cambio, la función valorativa de la buena fe se manifiesta a través de la individuación de límites a las pretensiones del acreedor, que se traducen ya sea en la prevención de comportamientos que tiendan a obstruir el cumplimiento, a la que el legislador ha conferido una forma propia mediante la ya recordada disciplina de la *mora accipiendi*, o en la delimitación de los poderes y de las facultades del acreedor, determinada por la figura del abuso del derecho. En términos generales, se puede sostener que la función valorativa tiene un alcance bilateral y se dirige a ambos sujetos de la relación obligatoria, aunque de preferencia apunta hacia donde es mayor la esfera de libertad de acción –y por lo tanto sobre las prerrogativas del acreedor– permitiendo censurar aquellos comportamientos que se presentan formalmente respetuosos del contenido de

---

69 Castronovo, C. "Obblighi di protezione", cit., p. 3: "Si las obligaciones de protección extienden la tutela contractual a la esfera subjetiva de las partes en su conjunto, su función es análoga a aquella desarrollada por el mismo principio de *alterum non laedere* que preside a la responsabilidad aquiliana. De ahí se desprende que la violación de las obligaciones de protección es un ilícito sustraído al régimen de esta última y adscrito al ámbito de la responsabilidad contractual, precisamente porque se encuentra mediado por la violación de una obligación".

70 Castronovo, C. "La relazione come categoria essenziale dell'obbligazione e della responsabilità contrattuale", *Europa e diritto privato*, 2011, p. 55 ss.; Mirabelli Di Lauro, A. "L'obbligazione come rapporto complesso", cit., p. 910 ss.

71 Para una crítica concisa a la regla del cúmulo de responsabilidad *cfr.* Mazzamuto, S. *Il mobbing*, cit., p. 48 ss.; Castronovo, C. *Responsabilità civile*, cit., p. 637 ss.

la obligación, pero que desde el punto de vista sustancial se revelan incorrectos, porque están destinados a imponer a la contraparte un sacrificio injustificado.

Los remedios vinculados con la función valorativa de la buena fe consisten en el resarcimiento del daño y en la *exceptio doli generalis*[72], la cual, toda vez que la conducta incorrecta, bajo forma de abuso, consista en la excepción del convenido, esa será repelida por medio de una *replicatio doli generalis*[73]. La *exceptio doli generalis* se dirige a paralizar la pretensión del acreedor a través de la solicitud que se presenta al juez para que rechace la demanda, a pesar de su validez en términos de derecho estricto, precisamente como consecuencia de la falta de lealtad sustancial que la caracteriza[74]; mientras que la *replicatio* procura que el juez desatienda la excepción del deudor, la cual también se encuentra fundada sobre el derecho estricto, pero en concreto deshonesta, porque tiende a obtener una defensa injusta en contra de las pretensiones del actor.

4. LA DILIGENCIA Y LA PERICIA

La otra piedra angular de la disciplina del cumplimiento está constituida por el art. 1176 c.c. it., dedicado a la diligencia del buen padre de familia: "Al cumplir la obligación el deudor debe actuar conforme a la diligencia del buen padre de familia. En el cumplimiento de obligaciones inherentes al ejercicio de una

---

72 *Cfr.* PIRAINO, F. *La buona fede in senso oggettivo*, cit., p. 431 ss.

73 *Cfr.* ZOZ, M. G. "Eccezione di dolo generale e "replicatio doli", en GAROFALO, L. (Dir.), *L'eccezione di dolo generale. Diritto romano e tradizione romanistica*, Padua, Cedam, 2006, p. 489 ss.; FINAZZI, G. *La struttura e l'adempimento*, t. IV: *Correttezza e buona fede*, cit., p. 1616 ss.

74 Sobre el punto v. BURDESE, A. "Exceptio doli (diritto romano)", en *Novissimo Digesto italiano*, IV, Turín, UTET, 1960, p. 1072 ss.; PELLIZZI, G. L. "Exceptio doli (diritto civile*)*", *ivi*, 1074 ss.; TORRENTE A, "Eccezione di dolo", en *Enciclopedia del diritto*, XIV, Milán, Giuffrè, 1965, p. 220 ss.; NATOLI, U. *L'attuazione del rapporto obbligatorio*, t. I, *Il comportamento del creditore*, cit., 38-39; CATTANEO, G, "Buona fede obbiettiva e abuso del diritto", *Rivista trimestrale di diritto e procedura civile*, 1971, p. 638 ss.; BIGLIAZZI GERI, L. "Buona fede nel diritto civile", cit., 172-173; RANIERI, F. "Eccezione di dolo generale", en *Digesto discipline privatistiche, sezione civile*, VII, Turín, 1991, p. 311 ss.; DOLMETTA A.A, "*Exceptio doli generalis*", en *Enciclopedia giuridica Treccani*, Agg, XIII, Roma, Istituto dell'Enciclopedia Italiana, 1997, p. 1 ss.; MERUZZI, G. *L'*exceptio doli *dal diritto civile al diritto commerciale*, Padua, Cedam, 2005, *passim*, en part., p. 429 ss.; VIARO, S. "Abuso del diritto ed eccezione di dolo genarale", en GAROFALO, L. (Dir.) *L'eccezione di dolo generale. Applicazioni giurisprudenziali e teoriche dottrinali*, Padua, 2006, p. 1 ss., en part., p. 38 ss.; GAROFALO L. y VIARO S. "Sull'eccezione di dolo generale", en GAROFALO, L. (Dir.), *Fondamenti e svolgimenti della scienza giuridica. Nuovi saggi*, Padua, Cedam, 2015, p. 67 ss.

actividad profesional, la diligencia debe valorarse de acuerdo con la naturaleza de la actividad ejercida". Mientras la buena fe/*correttezza* funciona en ambos lados de la relación obligatoria, enriqueciendo la posición del deudor y limitando al mismo tiempo la del acreedor, la diligencia se dirige exclusivamente al deudor. La opinión tradicional, también basándose sobre el tenor literal del art. 1176 c.c. it, considera que la diligencia representa uno de los criterios que definen la exactitud de la prestación, funcionando como un canon de conducta en materia de cumplimiento. Bajo esta perspectiva, la diligencia prescribe una cierta medida imprescindible de esfuerzo y de atención a la que el deudor debe conformar su actuación, pero también puede ser entendida como la necesidad de ejercer una cierta cautela, a través de la adopción de medidas precautorias, asumiendo de esta manera la forma de la prudencia.

De igual manera, tradicionalmente se afirma que el deudor frívolo, incauto, que no es lo suficientemente atento y comprometido, es negligente e imprudente, incurriendo como consecuencia en culpa. No se puede profundizar sobre este punto por exceder los objetivos del presente estudio; sin embargo, debe aclararse que es posible dudar seriamente tanto sobre la inherencia de la diligencia y de la prudencia a la categoría de los criterios que configuran la exactitud de la prestación –y sobre este punto se volverá adelante– como también sobre la culpa como fundamento de la responsabilidad por incumplimiento[75]. La culpa, entendida como defecto de diligencia, prudencia o pericia o como la inobservancia de normas genéricas de actuación de acuerdo con lo prescrito por disposiciones normativas (leyes, reglamentos, órdenes o disciplinas a las que se refiere el art. 43 del código penal), se adapta de mejor forma a la actividad espontánea, en vez de a aquella vinculada, como en el caso del cumplimiento. Esto se debe al carácter genérico de las reglas de conducta ofrecidas por la diligencia, prudencia y pericia, que mal se adaptan a la obligación, la cual se presenta, en cambio, como un vínculo específico de conducta.

Aquello que el deudor está obligado a hacer, a no hacer o a dar, incluidos los requisitos cualitativos o cuantitativos o las modalidades de la prestación, no proviene de parámetros genéricos como la diligencia, la prudencia o la pericia, por lo demás, ajustados al modelo antropológico del hombre medio, evocado por la figura de ascendencia romana del *bonus pater familias*. En efecto, el deudor debe adecuarse a reglas mucho más persuasivas y puntuales prescritas por el

---

75 Al tema le he dedicado un estudio específico: PIRAINO, F. "Sulla natura non colposa della responsabilità contrattuale", *Europa e diritto privato*, 2011, p. 1019 ss.

título de la obligación o extraíbles *per relationem* de criterios extrínsecos de determinación del objeto de la obligación de carácter puntual, como obligaciones legales específicas o como un determinado conocimiento profesional. En el interior de la obligación, la diligencia, en sus varias declinaciones, reviste por lo tanto un rol secundario, pues provee un criterio general dirigido a orientar la conducta del deudor en vista de la preservación de la posibilidad de cumplir. A la luz de esta función conservativa, la diligencia representa uno de los criterios que son tenidos en cuenta en el juicio de imputación de la causa que ha hecho la prestación imposible *ex* arts. 1218 y 1256 c.c. it., por lo que no atañe al fundamento de la responsabilidad contractual, vinculado estrechamente con el incumplimiento en su objetividad, sino a la exoneración de aquella.

El segundo inciso del art. 1176 c.c. it. es entendido, por lo general, como una especificación del parámetro general establecido en el primer inciso, destinado a aplicarse cuando la prestación reviste una naturaleza profesional. Según esta lectura, la *ratio* del art. 1176, inciso 2, c.c. it. se preocupa por individuar otro agente modelo, de acuerdo con el cual se pueda valorar la diligencia debida en las obligaciones de hacer profesional como consecuencia de la inadecuación del tipo social ofrecido por el hombre medio, sustituido en estas circunstancias por el profesional medio que actúa en el ámbito específico dentro el cual se ubica la obligación[76]. Esta variación en sentido profesional y técnico de la diligencia es indicada con el término de "pericia". Sin embargo, se puede dudar seriamente sobre la validez de este encuadramiento sistemático difundido en forma amplia, y la razón del disenso se encuentra en la radical diferencia cualitativa entre la pericia y la diligencia: a diferencia de esta última, la primera no reenvía a reglas de contenido genérico dirigidas a limitar la discrecionalidad individual, sino a un complejo de reglas específicas, dirigidas a guiar la mano del deudor-profesional, extraídas de otras ramas del saber y consagradas en el conocimiento consolidado y examinado de naturaleza teórica, tecnológica, técnica, experimental que gobierna la profesión que el deudor se ha ocupado de ejercer para promover la satisfacción del interés del acreedor. A diferencia de la diligencia, relacionada con la conservación de la posibilidad de cumplir, la pericia asume una función como criterio de determinación del objeto de la

---

76 Bianca, C. M. *Diritto civile. 4. L'obbligazione,* cit., p. 91. Un cuadro más completo se encuentra en Breccia, U. *Le obbligazioni,* cit., p. 233 ss., quien, sin embargo, no parece acoger, por lo menos explícitamente, la diversidad de contenido y funciones entre la diligencia y la pericia.

prestación de hacer profesional y, en consecuencia, se convierte en parámetro de la exactitud de la prestación: verdadera y propia regla de cumplimiento.

Como ya se puede evidenciar, sobre la base de esta breve introducción, el art. 1176 c.c. it. plantea diversos problemas complejos de orden sistemático[77], presentándose como una disposición ambigua, y, en efecto, sobre ella ha sido edificada la categoría criticada de las obligaciones "de medios"[78], entendida como el conjunto de las obligaciones en las cuales el deudor está obligado exclusivamente a adoptar un comportamiento diligente –o con pericia, si la

---

77 Cannata, C. A. "Dai giuristi ai codici, dai codici ai giuristi. (Le regole sulla responsabilità contrattuale da Pothier al codice civile del 1942)", *Rivista trimestrale di diritto e procedura civile*, 1981, p. 993 juzga el art. 1176 c.c. "una de las normas más problemáticas de la codificación civil de 1942".

78 Como se sabe, la formulación más completa –y afortunada– de la distinción entre *obligations* «de résultat» y *obligations* «de moyens» se debe a Demogue, R. *Traité des obligations en général*, v, París, Librairie Arthur Rousseau, 1925, n. 1237; vi, París, Paris Rousseau, 1931, n. 599. En la literatura francesa, *cfr.* además a Mazeaud, H. "Essai de classification des obligations: obligations contractuelles et extracontractuelles; 'obligations déterminées' et 'obligations générales de prudence et diligence'", *Revue trimestrielle de droit civil*, 1936, p. 1 ss.; Tunc, A. "La distinction des obligations de résultat et obligations de diligence", *Semaine Juridique (JCP)*, 1945, i, n.° 449; *id.*, "La distinzione delle obbligazioni di risultato e delle obbligazioni di diligenza", *Nuova Rivista del diritto commerciale*, i, 1947-1948, p. 126 ss.; Frossard, J. *La distinction des obligations de moyens et des obligations de résultat*, París, Librairie générale de droit et de jurisprudence, 1965, *passim*; Viney, G. "Les conditions de la responsabilité", en Ghestin, J. (Dir.), *Traité de droit civil*, París, lgdj, 1982, p. 629 ss.; Carbonnier, J. *Droit civil*, iv, *Les obligations*, París, puf 2000, nn. 156 ss., p. 288 ss.; Faure Abbad, M. *Le fait générateur de la responsabilité contractuelle*, París, lgdj, 2003, p. 242 ss.; Genicot, G. *Droit médical et biomédical*, Bruxelas, Larcier, 2010, p. 336 ss. Critican en cambio la distinción Capitant, H. "Les effets des obligations", *Revue trimestrielle de droit civil*, 1932, p. 724 ss.; Esmein, P. "Rémarques sur des nouvelles classifications des obligations", en *Etudes de droit civil à la mémoire de Henri Capitant*, París, Dalloz, 1930, p. 235; *id.*, "Le fondement de la responsabilité contractuelle rapprochée de la responsabilità délictuelle", *Revue trimestrielle de droit civil*, 1933, p. 627 ss.; *id.*, *Obligations*, en Planiol, M. y Ripert, G. *Traité pratique de droit civil français*, vii, París, Libraire générale de droit et de jurisprudence, 1952, p. 498 ss.; Marton, G. M. "Obligations de résultat et obligations de moyens", *Revue trimestrielle de droit civil*, 1935, p. 499 ss.; Rémy, Ph. "Critique du système français de responsabilité civile", en *Droit et Cultures*, 1996, p. 31 ss., en part., p. 45 ss.; *id.*, "La 'responsabilité contractuelle': histoire d'un faux concept", *Revue trimestrielle de droit civil*, 1997, p. 323 ss.; ahora también Bellissent, J. *Contribution à l'analyse de la distinction des obligations de moyens et des obligations de rèsultat. À propos de èvolution des ordres de responsabilité civile*, París, lgdj, 2001, *passim* pero la crítica no se ha extendido más allá del juicio de inutilidad de la bipartición, debida a un exceso de esquematismo y de generalidad: v. Remy, Ph., *La «responsabilité contractuelle»*: histoire d'un faux concept", cit., p. 343.

prestación es de naturaleza profesional– sin asumir el compromiso de obtener un resultado específico[79]. En consecuencia, el incumplimiento de tal categoría de obligaciones presupone la culpa del deudor, o sea el defecto de diligencia, a diferencia de las obligaciones "de resultado" en las cuales, en cambio, el incumplimiento está representado por el hecho material de la falta de consecución del resultado esperado, sin que el acreedor tenga la necesidad de aportar la prueba de la violación de las reglas de diligencia por parte del deudor.

De esta manera se había llegado a la conclusión de que la responsabilidad por incumplimiento de las obligaciones "de medios" estuviera fundada sobre la culpa y encontrara su regulación en el art. 1176 c.c. it., mientras que la responsabilidad por incumplimiento de las obligaciones "de resultado" revistiera un fundamento objetivo, en la medida en que estaba fundada sobre el

---

79 En Italia la distinción es criticada por la doctrina mayoritaria: *cfr.* MENGONI, L. "Obbligazioni 'di risultato' e obbligazioni 'di mezzi'", cit., p. 185 ss.; GIORGIANNI, M. *L'inadempimento. Corso di diritto civile*, Milán, Giuffrè, 1975, pp. 227-228; RESCIGNO, P. "Obbligazioni (diritto privato)", en *Enciclopedia del diritto*, XXIX, Milán, Giuffrè, 1979, pp. 190-192; NATOLI, U. *L'attuazione del rapporto obbligatorio*, t. 2, cit., p. 47 ss., en part., p. 53; DI MAJO, A. *Delle obbligazioni in generale*, cit., pp. 109-111; p. 456 ss.; *id.*, "Obbligazione I) Teoria generale", cit., p. 21; CASTRONOVO, C. "Profili della responsabilità medica", en *Studi in onore di Pietro Rescigno*. V. *Responsabilità civile e tutela dei diritti*, Milán, Giuffrè, 1998, p. 117 ss.; *id.*, *Responsabilità civile*, cit., 555 ss.; 785 ss.; MAZZAMUTO, S. *Il contratto di diritto europeo*, cit., 377 ss.; BIANCA, C. M. *Dell'inadempimento delle obbligazioni. Commentario del codice civile*; SCIAJOLA, A. *y* BRANCA, G. Bolonia-Roma, Zanichelli, 1979, p. 33; *id.*, *Diritto civile*. 4. cit., pp. 73-75; BRECCIA, U. *Diligenza e buona fede nell'attuazione del rapporto obbligatorio*, cit., p. 106 ss.; *id.*, *Le obbligazioni*, cit., pp. 137 ss., pp. 488-491; VISINTINI, G. *Inadempimento e mora del debitore, Arts. 1218-1222. Il Codice Civile. Commentario*, fundado por SCHLESINGER, P., dirigido por BUSNELLI, F. D., Milán, Giuffrè, 2006, pp. 117-118; NIVARRA, L. "La responsabilità civile dei professionisti (medici, avvocati, notai): il punto della giurisprudenza", *Europa e diritto privato*, 2000, pp. 518 ss.; NICOLUSSI, A. "Il commiato della giurisprudenza dalla distinzione tra obbligazioni di risultato e obbligazioni di mezzi", *Europa e diritto privato*, 2006, pp. 797 ss.; *id.*, "Sezioni sempre più unite contro la distinzione tra obbligazioni di risultato e obbligazioni di mezzi. La responsabilità del medico", *Danno e responsabilità*, 2008, pp. 871 ss.; PIRAINO, F. "Obbligazioni 'di risultato' e obbligazioni 'di mezzi' ovvero dell'inadempimento incontrovertibile e dell'inadempimento controvertibile", *Europa e diritto privato*, 2008, pp. 113 ss.; *id.*, *Adempimento e responsabilità contrattuale*, cit., p. 551 ss.; *id.*, "*Corsi e ricorsi delle obbligazioni "di risultato" e delle obbligazioni "di mezzi": la distinzione e la dogmatica della sua irrilevanza*", *Contratti*, 2014, pp. 900 ss.; *id.*, "Il nesso di causalità materiale nella responsabilità contrattuale e la ripartizione dell'onere della prova", *Giurisprudenza italiana*, 2019, pp. 709 ss.; *id.*, "Ancora sul nesso di causalità materiale nella responsabilità contrattuale", *Foro italiano. Gli speciali*, 2020, pp. 169 ss.; CERDONIO CHIARAMONTE, G. *L'obbligazione del professionista intellettuale. Tra regole deontologiche, negoziali e legali*, Padua, Cedam, 2008, pp. 69 ss.

incumplimiento en su materialidad, y encontrara su disciplina en el art. 1218 c.c. it. Sin embargo, tal conclusión es equivocada no solo porque es desmentida por la reconstrucción del objeto de la obligación efectuada antes, sino también porque rompe la unidad de la disciplina de las obligaciones y, en particular, de las reglas de responsabilidad. En efecto, es evidente que esta interpretación forzada insiste en la transformación de una regla de cumplimiento, cual es el art. 1176 c.c.it, en una regla de responsabilidad, paralelamente al redimensionando del alcance del art. 1218 c.c. it.: una disposición sobre la responsabilidad por incumplimiento, que, sin embargo, en la reconstrucción criticada se encuentra circunscrita solamente a las obligaciones "de resultado".

Como se ha anticipado en forma sintética, la diligencia a la que se refiere el art. 1176 c.c. it. no enuncia una regla sobre el fundamento de la responsabilidad contractual, ni en términos generales, ni con relación exclusiva –como se anticipó– a una presunta familia de obligaciones de mera conducta. En efecto, la responsabilidad contractual se apoya, exclusivamente, sobre el incumplimiento en su materialidad objetiva [80] y no exige un orden de valoración de la conducta respecto de aquel establecido por las prescripciones que componen su objeto. En otros términos, el juicio de exactitud no implica un examen sobre la forma en que se llevó a cabo la prestación a la luz de la diligencia, de manera que el resultado negativo de tal juicio equivalga a culpa y justifique la confirmación de la consiguiente responsabilidad. En efecto, un enfoque semejante produce una duplicación inútil de juicio: las conductas debidas son objeto de una obligación principal de prestación y de obligaciones instrumentales y accesorias, o sea de preceptos específicos que puntualizan el fin de la prestación y las modalidades de su realización. Por lo tanto, no es necesario invocar una regla de conducta adicional como la diligencia, que, por lo demás, se comporta como una norma de contenido genérico, sustituida por las obligaciones de carácter específico que le dan cuerpo a la obligación. Viceversa, para decretar el incumplimiento sería necesario en cada caso demostrar, o aducir, no solo la falta o inexacta realización de las conductas debidas, sino también la previsibilidad y la evitación de dicho resultado por parte deudor, lo que parece francamente excesivo[81].

---

80 *Cfr.*, para todos, MENGONI, L. "Obbligazioni 'di risultato' e obbligazioni 'di mezzi' (Studio critico", cit., p. 300.

81 Sobre el punto me he detenido en PIRAINO, F. *Adempimento e responsabilità contrattuale*, cit., p. 630 ss.: "si la imputación de los daños llamados contractuales es confiada al incumplimiento, la invocación de un particular estado subjetivo, como el dolo o la culpa, se revela, entonces, del todo pletórico y esto porque se acreditaría, viceversa, la idea de la insuficiencia de la violación

Si se quiere ser consecuente y no dejarse llevar por construcciones fundadas sobre meras ficciones, la elección de flanquear la culpa o la imputabilidad al incumplimiento conduciría a subordinar el juicio de responsabilidad a la prueba o a la alegación de las razones subjetivas que han llevado al deudor a violar el vínculo obligatorio[82]. En otros términos, no sería suficiente probar o alegar que la prestación no ha sido ejecutada o que ha sido ejecutada de manera inexacta, requiriéndose también la demostración de la específica carencia de atención, esfuerzo, compromiso, cuidado, prudencia o prevención, que ha condicionado la conducta del deudor, llevándolo a la violación de la obligación. De esta manera se le permitiría al deudor quedar eximido de responsabilidad incluso demostrando solamente la ausencia de culpa, dando lugar a una evidente violación de la norma cardinal de la responsabilidad contractual: el art. 1218 c.c. it.[83]

A favor del rol central de la diligencia en materia de cumplimiento y, por lo tanto, del fundamento subjetivo y culposo de la responsabilidad contractual, se inclina en Italia Lodovico Barassi, no por casualidad, defensor de la concepción subjetiva del caso fortuito ligada a la teoría del deber de esfuerzo, bajo el código civil de 1865[84]. Barassi considera que la voluntad del deudor

---

de la obligación primaria de prestación o de las obligaciones accesorias de protección con el fin de adscribir a la responsabilidad del deudor los perjuicios que se han producido, proyectando de esta manera la necesidad de invocar una infracción ulterior constituida por la separación a determinados modelos de conducta". Posteriormente el tema ha sido profundizado con más detalle en PIRAINO, P. *Sulla natura non colposa della responsabilità contrattuale*, cit., 1019 ss.

82 Así, Cas. 9 julio 1984, n.° 4020, en *Mass. Giur. it,* 1984 la cual ha considerado que "el incumplimiento [...] debe ser valorado no solamente con relación al elemento objetivo en el que se concreta la violación contractual, sino también respecto de la subsistencia del elemento subjetivo, que consiste en la efectiva voluntad del deudor de sustraerse injustamente a la prestación debida": voluntad que en cambio faltaría "haciendo el incumplimiento no imputable al deudor [cuando] éste haya actuado conforme con la diligencia del buen padre de familia". V. la crítica de CASTRONOVO, C., sub *art. 1176*, cit., 27-28.

83 *Cfr.* sobre el punto MENGONI, L. "Obbligazioni 'di risultato' e obbligazioni 'di mezzi' (Studio critico)", cit., p. 288; CASTRONOVO, C., sub *art. 1176*, cit., p. 27.

84 BARASSI, L. "Se e quando lo sciopero sia forza maggiore ai sensi dell'art. 1226 cod. Civ.", en *Addizione a* BAUDRY LACANTINERIE, G. y WAHL, A., *Del contratto di locazione*, en *Trattato teorico pratico di diritto civile*, dirigido por BAUDRY LACANTINERIE, G., II, 2, trad. it, Milán, Casa Editrice Dott. Francesco Vallardi, s.f., 455 ss., p. 521 ss. En esta línea aún se encuentra BIANCA, C. M. *Dell'inadempimento delle obbligazioni*, cit., p. 95 ss., p. 152 ss. *Cfr.* sin embargo el cambio de opinión de Barassi que, con posterioridad a la entrada en vigor del código civil de 1942, ha tomado nota de que la nueva formulación del art. 1218 c.c. ya no permite identificar el caso fortuito con la *non culpa*: BARASSI, L. *La teoria generale delle obbligazioni*, III, *L'attuazione*, 2.ª edición, Milán, Giuffrè, 1948, p. 265 ss., en part., pp. 270-271.

"para poner en marcha la prestación, debe responder a un grado de tensión, a un complejo de cuidados y de cautelas sintetizadas en la "diligencia". Este grado de tensión y de diligencia está determinado claramente, porque puede ser por sí mismo muy variado"[85]. El resultado consiste en inferir la subsistencia de la culpa como consecuencia lógica inevitable de la ecuación que percibe la "coincidencia entre el deber de diligencia con la posibilidad de la prestación"[86], de manera que, de acuerdo con esa premisa, "el incumplimiento de una prestación posible determina la responsabilidad del deudor, porque, no habiendo empleado toda la diligencia a la que estaba obligado, incurre en culpa"[87]. Un enfoque así puede determinar en abstracto dos consecuencias, ambas no deseables: o legitima un segundo orden de valoración de la conducta del deudor, gracias al cual este puede ser eximido de responsabilidad demostrando que, a pesar de la violación del contenido de la obligación y de la falta de obtención del resultado perseguido, ninguna imputación se le puede hacer en términos de negligencia, imprudencia o impericia; o instituye una presunción de culpa ante la prueba –o también solo con su alegación– de la violación del contenido de la obligación y de la falta de consecución del resultado esperado[88].

Por el contrario, cuando se le asigna a la diligencia, ya sea entendida como pericia o como el conjunto de reglas consolidadas en la práctica aplicables a conductas no profesionales, el rol, más adecuado y correcto, de criterio para determinar el objeto de la obligación, logra que esa funja como un canal para el ingreso de normas de conducta específicas, elaboradas en ámbitos extrajurídicos y juridificadas de esta manera, que toman el lugar de las reglas que las partes no han podido o querido predisponer de común acuerdo. En estos casos, la violación de la diligencia no equivale a culpa, sino a incumplimiento

---

85 Barassi, L. *La teoria generale delle obbligazioni*, III, *L'attuazione*, cit., p. 15.

86 *Ibidem*, p. 286.

87 *Ibidem*, p. 298.

88 Esta segunda conclusión parece emerger del pensamiento de Barassi, *ibidem*: "Excepto siempre el caso de imposibilidad [...] no debe haber culpa para no responder del incumplimiento, y no hay culpa si el deudor ha empleado toda la diligencia a la cual estaba obligado y que le era permitida por la posibilidad de la prestación. Es necesario convenir en que el razonamiento sobre el que se funda el código, aquí es de una simplicidad lineal: la prestación es posible, por lo tanto el deudor debe cumplirla con todas las energías que se requieren para ello. Y si no lo hace incurre en culpa". En otros términos, la prueba de la ocurrencia del incumplimiento, no obstante subsistir la posibilidad de cumplir, equivale a prueba de la culpa, sin que sea necesario individuar imputaciones específicas en términos de defecto de atención, de compromiso, de esfuerzo, de cuidado, de precaución, etc.

en su materialidad objetiva, ya que se trata de la transgresión o de la inexacta realización de las conductas que, aunque por vía heterónoma, componen el objeto de la obligación. Es posible arribar a esta conclusión –y en efecto se llega– también en aquellos ordenamientos, como el colombiano, que han anclado la responsabilidad contractual a la culpa. El art. 1604, inciso 1, del código civil colombiano incorpora la tripartición de la culpa, estableciendo que "El deudor no es responsable sino de la culpa lata en los contratos que por su naturaleza solo son útiles al acreedor; es responsable de la leve en los contratos que se hacen para beneficio recíproco de las partes; y de la levísima en los contratos en que el deudor es el único que reporta beneficio".

De todos modos se trata de una culpa presunta ante la violación del contenido de la obligación, tal como se desprende del art. 1604, inciso 3, que carga la prueba de la diligencia "al que ha debido emplearla", lo que redimensiona su verdadero alcance operativo y sistemático. En cualquier caso, la elección de consagrar la desacreditada tripartición de la culpa es juzgada de manera severa por la doctrina más reciente[89], tratándose en efecto de una elaboración medieval[90] dirigida a hacer emerger el carácter relativo de la diligencia[91] y, por ejemplo, abandonada en Italia con la codificación de 1942[92].

En línea con la doctrina europea, la doctrina latinoamericana se orienta hacia la identificación de la culpa con el incumplimiento entendido de manera objetiva, concluyendo que no es necesario analizar la conducta del deudor con los mismos criterios de la culpa extracontractual, siendo en cambio suficiente verificar si existe o no conformidad de la conducta realizada con el contenido de la obligación[93]. Esta es sin lugar a dudas la concepción correcta de la

---

89 Valencia Zea, A. y Ortiz Monsalve, A. *Derecho civil*, iii, *De las obligaciones*, cit., pp. 327-328.

90 Polacco, V. *Le obbligazioni nel diritto civile italiano*, cit., 402 ss., anula la tripartición considerándola el fruto de bizantinismos que gustan de las clasificaciones de la vieja doctrina.

91 Lo señala Barassi, L. *La teoria generale delle obbligazioni*, iii, cit., p. 23: a la *culpa levissima* corresponde la violación de la diligencia máxima, a la *culpa levis* de aquella media y a la *culpa lata* de aquella mínima.

92 Sobre el punto *cfr.* Di Majo, A. *Delle obbligazioni in generale*, cit., pp. 415 ss.; Castronovo, C., sub *art. 1176*, cit., p. 30-31.

93 Valencia Zea, A. y Ortiz Monsalve, A. *Derecho civil*, iii, *De las obligaciones*, cit., pp. 328, 330, quienes llegan a la conclusión de que "la noción de la culpa contractual (especialmente culpa del deudor) solo puede configurarse en la forma expresada, es decir, como el hecho de no cumplir o cumplir tardíamente. Por lo tanto, la responsabilidad contractual tiende a ser una responsabilidad objetiva que se funda, más que en una culpa subjetiva, en la falta

responsabilidad contractual y del rol de la diligencia, pero no es riguroso sostener que "normalmente solo los deudores imprudentes o negligentes son los que incumplen sus obligaciones"[94]. En efecto, debe aclararse que la negligencia y la imprudencia no son, en sentido estricto, sinónimos de incumplimiento, como no lo es la culpa; y ni los unos ni la otra pueden ser considerados indirectamente implicados en el incumplimiento. En las obligaciones en las que la pericia funge como criterio heterónomo de determinación de la obligación principal de prestación, la impericia, o la "negligencia" en sentido no técnico, expresan, en cambio, justamente la inexactitud de la prestación.

La ambigüedad del código civil italiano en torno al tema de la diligencia[95] se agrava por la relación, ampliamente acogida, entre el art. 1176, inciso 1, c.c. it. y el art. 1218 c.c. it.[96], en virtud de la cual el juicio de no imputabilidad del evento que ha hecho imposible la prestación debe desplegarse a la luz de la diligencia prevista en el art. 1176 c.c. it. [97], a menos que la ley imponga un

---

de prudencia de una persona en calcular las posibilidades de ejecutar la prestación pactada, cálculo de posibilidades que debe examinarse en el momento de contraer la obligación". El juicio sobre la naturaleza objetiva de la responsabilidad tal vez puede ser repensado y, en dicho sentido, he tratado de demostrar que la responsabilidad contractual no está fundada sobre la culpa sino que reviste de todas maneras una naturaleza subjetiva en Piraino, *Adempimento e responsabilità contrattuale*, cit., p. 630 ss.; *id.*, *Sulla natura non colposa della responsabilità contrattuale*, cit., pp. 1081 ss.

94 *Ibidem*, p. 329.

95 Una ambigüedad que también se observa en la reflexión dedicada a la diligencia, por parte del padre fundador de la disciplina codificada del incumplimiento: es aquella de Osti, quien en *Deviazioni dottrinali in tema di responsabilità per inadempimento delle obbligazioni*, cit., p. 593 ss., refiere la regla prevista en el art. 1176 c.c. solo a las obligaciones llamadas de comportamiento. Esta afirmación es controvertida por MENGONI, L. "Obbligazioni 'di risultato' e obbligazioni 'di mezzi'", cit., p. 201, como un error y sobre ella también se detiene CASTRONOVO, C. *La responsabilità per inadempimento da Osti a Mengoni*, cit., p. 4 ss.

96 La relación compleja entre los arts. 1176 y 1218 c.c. es evidenciada por RODOTÀ, S. "Diligenza (dir. civ.)", en *Enciclopedia del diritto*, XII, Milán, Giuffrè, 1964, p. 543.

97 MENGONI, L. "Obbligazioni 'di risultato' e obbligazioni 'di mezzi' (Studio critico)", cit., p. 202-203 aclara que "la valoración de la diligencia como regla general de responsabilidad en la hipótesis de imposibilidad sobrevenida de la prestación, es decir como norma integrativa del art. 1218, no se opone a la rotulación del art. 1176 bajo el título del cumplimiento en vez que de la responsabilidad por incumplimiento. En efecto, desde el punto de vista técnico-jurídico, la función principal de la diligencia no es tanto la ejecución de la prestación sino la conservación de la posibilidad de cumplir. Pero el comportamiento del deudor, dirigido a preservar la posibilidad de la prestación, es por sí mismo un deber, o mejor corresponde al objeto de la obligación primaria de prestación y lo especifica. En otras palabras, la diligencia –entendida técnicamente como esfuerzo dirigido a evitar el llamado *casus culpa determinatus*– es una

criterio de imputación de naturaleza objetiva como en el caso de la responsabilidad *ex recepto*[98].

En otros términos, sobre la base de ese nexo sistemático el art. 1176, inciso 1, c.c. it., enuncia la diligencia denominada conservativa, es decir, el esfuerzo de atención, de cautela y de competencia a la que el deudor debe adecuar su propia actuación con el fin de conservar posible la prestación. Emerge un cuadro en el que la diligencia cumple un doble rol: como regla sustancial de cumplimiento –que según una lectura bastante difundida se traduciría en la prescripción de la modalidad general de la prestación marcada por el esfuerzo y el compromiso del agente modelo al cual reenvía la antigua fórmula del *bonus pater familias*[99]– y como criterio de imputación de la imposibilidad sobrevenida. Las dos funciones no pueden reducirse a una sola y, por lo tanto, la doctrina más autorizada ha considerado posible individuar dos nociones diversas de diligencia: una primera, indicada como diligencia en sentido antitécnico, la cual implica –como se anticipó– un criterio de determinación del objeto de la obligación y más correctamente estaría identificada con la pericia; mientras que la segunda, catalogable como diligencia en sentido técnico, involucra una regla de conducta genérica que impone un cierto grado de atención, de cuidado, de precaución, de esfuerzo con el fin de prevenir la imposibilidad de la prestación[100].

---

medida de imputabilidad de la imposibilidad sobrevenida del cumplimiento impartida por el mismo contenido de la relación obligatoria, al que resulta inherente la diligencia como criterio de una serie de obligaciones integrativas instrumentales". En el mismo sentido, *cfr.* NATOLI, U. *L'attuazione del rapporto obbligatorio*, t. 2, *Il comportamento del debitore*, cit., p. 51 ss.; DI MAJO, A. *Delle obbligazioni in generale*, cit., p. 463 ss., en part. 466; BRECCIA, U. *Le obbligazioni*, cit., p. 468 ss., en part., p. 472.

98 En tal sentido CASTRONOVO, C. "Tra rischio e caso fortuito. La responsabilità da cassette di sicurezza", en Portale, G. B. (dir.), *Le operazioni bancarie*, Milán, Giuffrè, 1978, p. 486; MENGONI, L., "Responsabilità contrattuale (dir. vig.*)*", cit., p. 1079, n. 53; REALMONTE, F. "Caso fortuito e forza maggiore", en *Digesto discipline privatistiche, sezione civile*, II, Turín, UTET, p. 253, n. 42; ANELLI, F. *Caso fortuito e rischio di impresa nella responsabilità del vettore*, Milán, Giuffrè, 1990, *passim*.

99 *Cfr.* NATOLI. *L'attuazione del rapporto obbligatorio*, t. 2, *Il comportamento del debitore* cit., p. 41 ss.; DI MAJO, A. *Delle obbligazioni in generale*, cit., p. 452 ss.; CASTRONOVO, C. *La responsabilità per inadempimento da Osti a Mengoni*, cit., p. 8, p. 10; ALBANESE, A. *Il rapporto obbligatorio: profili strutturali e funzionali*, Tricase (Le), Libellula edizioni, 2014, p. 63.

100 El autor de esta distinción es MENGONI, L. "Obbligazioni 'di risultato' e obbligazioni 'di mezzi'", cit., p. 199 ss.

5. LAS OBLIGACIONES INSTRUMENTALES Y ACCESORIAS LEGALES Y LAS MODALIDADES DE TIEMPO Y DE LUGAR DE LA PRESTACIÓN

En completa armonía con la elección de esbozar una disciplina general de las obligaciones, el código civil italiano prevé una regulación del cumplimiento de manera esencial y genérica[101].

El art. 1177 c.c. it. se refiere a las obligaciones de *dare* y establece que en la obligación de entregar una cosa determinada se encuentra implícita la obligación instrumental de conservar el bien hasta el momento en que la entrega es efectuada.

El art. 1178 c.c. it. dicta un criterio cualitativo relacionado nuevamente con las obligaciones de dar, cuando la entrega recae sobre bienes de género. Como se sabe, la distinción entre bienes de género y bienes de especie es una de las más relevantes del derecho civil y, en el ámbito de las obligaciones, implica que, cuando la obligación de entregar tiene por objeto bienes de género, la exactitud de la prestación se encuentra garantizada por la elección de ejemplares del *genus* de cualidad media. Esto no elimina la posibilidad de que el acreedor y el deudor puedan pactar un estándar diverso, medio-alto o incluso máximo, pero debe ser el título de la obligación el que fije este aumento cualitativo.

El art. 1179 c.c. it. regula la elección de la garantía del crédito cuando el titular pretende que el deudor otorgue instrumentos que refuercen su propia posición respecto de la regla general de la responsabilidad patrimonial del deudor prevista en el art. 2740 c.c. it. Cuando el deudor se compromete a otorgar garantías, el art. 1179 c.c. it. le reconoce la libertad de elección entre aquellas reales (prenda o hipoteca) y aquellas personales (fianza, contrato autónomo de garantía) con el fin de que la garantía elegida se revele idónea para asegurar al acreedor la plena satisfacción forzada del interés propio.

El art. 1180 c.c. it. trata la figura del cumplimiento del tercero. La disposición prevé que cualquier tercero, aunque sea de manera espontánea, puede cumplir en lugar del deudor, incluso contra la voluntad del acreedor, a menos que este último tenga interés, de conformidad con los términos objetivos que se desprenden del título, en la ejecución personal por parte del deudor. La norma alude evidentemente a la figura controvertida de las obligaciones *intuitu personae*, cuyo perímetro aparece un poco ambiguo, pero entre las

---

101 *Cfr.* sobre todo Di Majo, A. *Dell'adempimento in generale*, cit., *passim*.

cuales ciertamente se comprenden las obligaciones en las que el resultado debido depende de forma prevalente de las cualidades profesionales y de la experiencia del deudor, como en muchas obligaciones de *facere* intelectuales. El segundo inciso prevé la hipótesis de oposición del deudor a la intervención del tercero y atribuye a esa oposición no el efecto de impedir la prestación por parte de este último, sino el de legitimar al acreedor a rechazar la prestación. A pesar de la ubicación de la norma dentro de la disciplina del cumplimiento y no obstante que la letra de la ley adopte la fórmula "cumplimiento del tercero", es preferible ofrecer de la figura mencionada una calificación dogmática diversa y más coherente, que identifique en el llamado cumplimiento del tercero no una vicisitud relativa a la actuación de la obligación adscribible sustancialmente al cumplimiento, bajo la forma de una de sus variantes, sino a una figura en la que se produce una escisión entre la deuda y el crédito, en la medida en que el segundo se produce sin la respectiva realización del primero[102]. Sobre este punto no es posible detenerse, pero en la segunda parte de esta contribución se tendrá manera de volver sobre el tema en forma más amplia. Ahora, la satisfacción del crédito en ausencia de la realización de la deuda implica una ruptura del nexo de correlación necesaria entre las dos situaciones subjetivas y esto conduce a la extinción de la obligación, a menos que el acreedor, de manera expresa y simultánea al pago, decida subrogar al tercero en su propio derecho (art. 1201 c.c. it). En tal caso, el interés originario del acreedor, que ya ha sido satisfecho, es sustituido por el interés del tercero consistente en recuperar del deudor la prestación ejecutada, es decir, por un interés de contenido idéntico a aquel del acreedor, y esa sustitución implica la subsistencia del derecho de crédito y, como consecuencia, de la obligación en su totalidad. En cambio, en ausencia de subrogación, el deudor es liberado y el tercero que quiera recuperar la prestación, o por lo menos una parte de ella, no tiene otro instrumento que la acción general de enriquecimiento sin justa causa (arts. 2041 ss. c.c.).

El art. 1181 c.c. it. establece la regla sobre la legitimidad para objetar el cumplimiento parcial no autorizado por el acreedor o por la ley. La norma dispone que, aunque la prestación sea divisible, el acreedor no está obligado a aceptar un acto de cumplimiento que se refiera a una sola parte de la prestación. En efecto, el cumplimiento parcial –vale la pena reiterarlo, a menos que esté

---

102 He sostenido esta tesis en PIRAINO, F. "L'adempimento del terzo e l'oggetto dell'obbligazione", *Rivista di diritto civile*, 2011, II, p. 305 ss.

autorizado por el acreedor, por la ley o por los usos negociales– representa una forma de cumplimiento inexacto y por lo tanto susceptible de ser rechazado. Sin embargo, en caso de que el acreedor decida aceptar el cumplimiento parcial, este acreedor debe tener cuidado de especificar que la prestación parcial no es recibida a título plenamente satisfactorio, reservándose la posibilidad de exigir al deudor el resto de la prestación.

Las disposiciones sucesivas se refieren a las coordenadas de lugar y de tiempo de la prestación y ofrecen una disciplina de carácter supletorio, destinada a aplicarse en caso de que acreedor y deudor no hayan provisto reglas sobre tales modalidades. El art. 1182 prevé que, si el lugar de la prestación no está especificado en el título de la obligación o no se desprende de los usos negociales o de la naturaleza de la prestación, son aplicables las siguientes prescripciones espaciales: a) la prestación de dar un bien de especie debe cumplirse en el lugar en el cual se encuentra la cosa en el momento en el que surge la obligación; b) si la obligación es "portable", o sea consta de dinero o títulos de crédito, la prestación es cumplida en el domicilio del acreedor al tiempo del vencimiento de la obligación, salvo que ese domicilio haya variado y esto haga más oneroso para el deudor el cumplimiento, porque en dicho caso el deudor puede manifestarle al acreedor su interés en efectuar la prestación en el domicilio propio; por último, c) en todas las otras situaciones obligatorias, la prestación debe ejecutarse en el domicilio que el deudor tiene en el momento del vencimiento de la obligación[103].

A las coordenadas temporales se dedican los arts. 1183-1187 c.c. it.[104]. También en este caso la disciplina del código reviste una naturaleza supletoria y el instrumento para introducir la dimensión temporal en la obligación está representado por el término, que consiste en un momento sucesivo al nacimiento de la obligación a partir del cual la prestación debe ejecutarse. El art. 1183 c.c. it. establece que, si los sujetos de la relación no han previsto un término, la prestación es exigible inmediatamente por el acreedor y, respectivamente, ejecutable por parte del deudor, dando continuidad a la regla que se remonta al derecho romano y fijada por Pomponio: *in omnibus obligationibus, in quibus dies non ponitur, praesenti die debetur*[105]. No obstante, en algunas

---

103 Ampliamente, Di Majo, A. *Dell'adempimento in generale*, cit., p. 128 ss.; Bianca, C. M. *Diritto civile. 4. L'obbligazione*, cit., p. 238 ss.

104 *Cfr. ibidem*, p. 210 ss.

105 D. 50.17.14.

obligaciones, a pesar de no adoptarse un término, un hiato temporal entre el surgimiento del vínculo y el momento a partir del cual puede ser realizado es impuesto por los usos o por la naturaleza de la prestación, cuya complejidad, también ligada a la necesidad de hallar los instrumentos o el personal para ejecutarla, hace imprescindible un espacio temporal para estar en condición de cumplir. Dicho espacio también podría resultar necesario no tanto como consecuencia del objeto de la obligación, de por sí realizable inmediatamente, sino sobre todo por las modalidades elegidas para el cumplimiento, aunque sea solo con relación al lugar en que se debe cumplir. En esos casos, la necesidad de individuar un término impone tanto al acreedor como al deudor llegar a un acuerdo y, a falta del mismo, este deberá ser provisto por el juez.

El título también puede confiar la fijación del término de cumplimiento al acreedor y esto es signo de que este último se reserva ese poder en interés propio, lo que es plausible dado que la obligación está dirigida a satisfacer los intereses del acreedor, siempre que ese poder sea ejercido respetando el límite de la buena fe objetiva de acuerdo con su función valorativa, gracias a la cual es posible reaccionar ante eventuales abusos por parte del acreedor. Por otra parte, el deudor tiene la facultad de interpelar al acreedor para inducirlo a fijar el término y, en caso de que no lo haga, puede dirigirse al juez para obtener la individuación de dicho término. Luego la norma prevé que "si el término para el cumplimiento es sometido a la voluntad del deudor, corresponde igualmente al juez establecerlo de acuerdo con las circunstancias". Esta disposición parecería tener que ser entendida en el sentido de que el poder de fijar el término no puede ser reservado al deudor en la medida en que este último podría mostrarse desinteresado y dilatar de manera desmedida la duración de la obligación retardando el cumplimiento. Sin embargo, una lectura menos drástica considera que no hay razones suficientes para privar al deudor, en principio, de la facultad de fijar el momento del cumplimiento, siempre que esa facultad esté limitada en forma adecuada mediante la referencia a criterios específicos de actuación de la prestación o a otros elementos objetivos externos a la propia prestación (por ejemplo la expedición de un certificado de verificación de la obra por parte de la administración pública deudora de la retribución)[106].

Los arts. 1184 y 1185 c.c. it. disciplinan la naturaleza del término y los consiguientes efectos mientras esté pendiente. Si el título prevé una coordenada temporal, esta debe ser considerada en interés del deudor, lo que determina

---

106 Bianca, C. M. *Diritto civile*, 4, *L'obbligazione*, cit., p. 225.

la inexigibilidad de la prestación durante su suspensión, pero, en caso de que cumpla *ante tempus*, el deudor no puede repetir aquello que ha ejecutado, ni siquiera en la hipótesis en la cual ignorara la existencia del término, aunque en este último caso puede obtener una suma menor que es la que resulta de la diferencia entre el enriquecimiento obtenido por el acreedor como consecuencia del cumplimiento anticipado y la pérdida sufrida por él, en virtud de la aplicación del art. 2041 c.c. it. Sin embargo, en virtud del principio de la autonomía privada, el término puede ser previsto en interés exclusivo del acreedor y entonces la prestación puede ser exigible antes del vencimiento. Asimismo es posible que el término haya sido fijado atendiendo el interés de los dos sujetos de la relación obligatoria. La duración del término se computa sobre la base de las normas, dispositivas, previstas en el art. 2963 c.c. it: a) la adopción del calendario común; b) *dies a quo non computatur in termino, dies ad quem computatur*, de modo que el día en el curso del cual cae el momento inicial del término, no debe ser computado, mientras que el término se cumple solamente cuando expira el último instante del día final; c) prórroga del día final al día siguiente no festivo si el término vence en un día festivo; d) el término calculado en meses se cumple en el mes de vencimiento y en el día de este correspondiente al día del mes inicial y, si en el mes de vencimiento tal día llegara a faltar, el término se cumple en el último día de tal mes.

Por último, el art. 1186 c.c. it. prevé una medida contra los riesgos relacionados con la insolvencia del deudor[107]. Cuando el término se ha fijado en interés del deudor, la suspensión de la obligación representa una ventaja para él, pues puede organizarse en vista de la prestación. Tal beneficio se pierde para el deudor si durante la vigencia del término, sus condiciones patrimoniales se deterioran hasta el punto de volverse insolvente o inducirlo a reducir las garantías suministradas o a no proveer aquellas garantías prometidas. La insolvencia tiene lugar cuanto el deudor ya no está en grado de cumplir de manera oportuna o con medios normales de pago sus obligaciones y, por lo tanto, no es una categoría de la particular relación obligatoria sino del endeudamiento global del deudor, referido por lo tanto al área de la responsabilidad patrimonial y presentándose como un indicio inequívoco de una crisis irreversible, debida al desequilibrio persistente entre las obligaciones asumidas y

---

107 Sobre el punto *cfr.* últimamente ADDIS, F. *Il "mutamento" nelle condizioni patrimoniali dei contraenti*, Milán, Giuffrè, 2013, p. 80 ss., en especial en la prospectiva de la comparación entre el art. 1186 c.c. y la excepción dilatoria ligada a la modificación de las condiciones prevista en el art. 1461 c.c.

el patrimonio prontamente liquidable. También la reducción de las garantías o la falta de su entrega vulnerando de esta manera la obligación de proveerlas, representan síntomas de una crisis económico-financiera del deudor que ya es crónica. En consecuencia, el art. 1186 c.c. it. establece ante tal situación una medida cautelar[108] consistente en la inmediata exigibilidad de la prestación, a pesar de haber sido previsto un término a favor del deudor, que por lo tanto se vuelve ineficaz, de manera que permita al acreedor quirografario hacer valer inmediatamente sus créditos antes de que el patrimonio se vuelva insuficiente, procurándose un título ejecutivo con el cual satisfacer sus intereses de manera forzada sobre el patrimonio del deudor a su debido tiempo, teniendo en cuenta la aplicación de la regla *prior in tempore potior in iure*[109].

6. LOS DESTINATARIOS DEL CUMPLIMIENTO

Para que se tenga cumplimiento también es necesaria la exactitud subjetiva de la prestación, además de aquella objetiva. En otros términos, el cumplimiento presupone que la prestación esté dirigida correctamente a la persona que corresponde y, por lo tanto, si no constituye cumplimiento la prestación objetivamente exacta, pero efectuada por un sujeto diverso del deudor, tampoco se puede hablar de cumplimiento cuando la prestación objetivamente exacta es efectuada por el deudor a un sujeto que no está legitimado para ello. Los destinatarios de la prestación de acuerdo con el art. 1188 c.c. it. son el acreedor, su representante (legal o voluntario), el denominado diputado para el pago, o sea el sujeto que, aunque no goza de poderes de representación, ha sido designado por el acreedor como legitimado para recibir la prestación, y, por último, la persona autorizada por la ley o por el juez para ello[110].

El segundo inciso del art. 1188 c.c. it. establece un saneamiento de la eficacia liberatoria de la prestación inexacta en términos subjetivos. En efecto, si la prestación ha sido puesta en manos de un sujeto que no estaba legitimado, el deudor se libera y la obligación se extingue, si el acreedor ratifica la prestación o toma provecho de la misma. Se suele sostener que la ratificación y el aprovechamiento determinan una *legitimatio superveniens*[111], pero el dispositivo

---

108 Así, Di Majo, A. *Dell'adempimento in generale*, cit., p. 223.

109 *Ibidem*, 222 ss.

110 Bianca, C. M. *Diritto civile*, 4, *L'obbligazione*, cit., p. 274 ss.; Di Majo, A. *Dell'adempimento in generale*, cit., p. 233 ss.

111 Di Majo, A. *Dell'adempimento in generale*, cit., p. 267.

técnico de dicho efecto no es el mismo. Con el aprovechamiento, el legislador hace prevalecer el efecto útil, de manera que la apropiación de la prestación por parte del acreedor y el consiguiente incremento económico, a pesar de la errada ejecución en manos de un sujeto que no estaba legitimado, hacen liberatoria una prestación que, en términos estrictamente formales, no lo sería. En cambio, la ratificación *ex* art. 1188 c.c. it. constituye un acto unilateral, no recepticio y susceptible de manifestación por conducta concluyente, destinada a conferir efectos a un acto (la prestación) que, por sí mismo, no es idóneo para producirlos y, en el caso examinado, se dirige a reconocer la atribución de la prestación al acreedor, a pesar de la equivocada individuación del destinatario de la actividad liberatoria. De acuerdo con una opinión destacada, la ratificación funciona en caso de disenso entre *solvens* y *accipiens* sobre la función de la prestación (el primero pretende extinguir una deuda propia respecto de un sujeto diverso, mientras que el segundo considera que su crédito ha sido satisfecho por parte del *solvens*) y se dirige a sustraer la prestación inexacta, desde el punto de vista subjetivo, del ámbito del pago de lo no debido, haciendo prevalecer el intento de liberación por parte del deudor-*solvens*, es decir, el intento de referir el pago a su deuda existente a pesar de la errada individuación del destinatario[112]. El presupuesto dogmático de esta tesis debe buscarse en la convicción de que la obligación no debe ser definida e individuada sobre la base de sus términos subjetivos (deudor y acreedor), de manera que también, una prestación dirigida a un destinatario no legitimado, pueda entenderse referida a una deuda existente. Esta orientación encuentra su sustento en las figuras del pago al acreedor aparente (art. 1189 c.c. it) y del pago de lo no debido subjetivo (art. 2036 c.c. it)[113]. Sin embargo, a esa tesis se le puede objetar que el ámbito de aplicación de la ratificación *ex* art. 1188, inciso 2, c.c. it. está individuado más que todo en las prestaciones ejecutadas a un sujeto que no está legitimado cuando, sin embargo, no está en discusión que se refiere a esa obligación, lo que se desprende de elementos objetivos como el título, el contenido o el valor del crédito; mientras que las situaciones de incerteza objetiva, caracterizadas por el disenso entre *solvens* y *accipiens*, se encuentran referidas al pago de lo no debido objetivo *ex latere accipientis*[114].

---

112 Schlesinger, P. "La ratifica del pagamento effettuato al non creditore", *Rivista di diritto civile*, 1959, I, p. 36 ss.

113 *Ibidem*, p. 37.

114 Di Majo, A. *Dell'adempimento in generale*, cit., pp. 269-270. No considera abordar tales

Por el contrario, el pago al acreedor aparente, previsto en el art. 1189 c.c. it., se aleja del ámbito del cumplimiento en sentido propio, y no participa de la misma *ratio* recuperadora de la eficacia liberatoria del pago erróneamente efectuado dispuesto en el art. 1188, inciso 2, c.c. it., sino que proyecta una figura extintiva de la obligación diversa del cumplimiento. El art. 1189 c.c. it. esboza una figura de formación compleja en la cual la prestación exacta objetivamente efectuada por el deudor de buena fe en manos de quien aparece legitimado para recibir, sobre la base de circunstancias unívocas, determina la realización de la deuda disociada de la realización del derecho de crédito. Aquí se asiste a una escisión entre deuda y crédito, igual pero opuesta, respecto de aquella que se produce por el cumplimiento de un tercero. La realización de la deuda sin la respectiva realización del derecho de crédito no puede de ninguna manera constituir una variante del cumplimiento, el cual presupone que la actuación de la deuda determine la actuación del derecho de crédito. La ruptura del nexo de correlación necesaria entre deuda y crédito determina la extinción de la obligación, a la que le sigue, para tutelar al acreedor, el surgimiento a favor de este último de un nuevo derecho de crédito, de contenido idéntico al precedente, respecto del acreedor aparente. A este derecho el art. 1189, inciso 2, c.c. it. le asigna la forma jurídica de la *condictio indebiti* y la liberación que allí se produce se aparta de las características generales de la repetición de lo no debido que la describen como una acción personal del *solvens* en contra del *accipiens*[115].

Los arts. 1190 y 1191 c.c. it. se refieren al tema de la capacidad, legal y natural, tanto del acreedor como del deudor para efectos del cumplimiento. La primera de las dos disposiciones consagra la situación del pago al acreedor incapaz, excluyendo la eficacia liberatoria de dicho pago a menos que el deudor demuestre que la prestación ha procurado una ventaja al incapaz, por lo que aquí también se hace prevalecer el efecto útil sobre el dato formal. Por su parte, el art. 1191 c.c. it. regula en cambio la hipótesis opuesta de incapacidad, tanto legal como natural[116], del deudor, excluyendo por tal razón la posibilidad de

---

aspectos VENUTI, M. C. *I soggetti del pagamento, Artt. 1188-1192. Il Codice Civile. Commentario*, fundado por Schlesinger, P., Milán, Giuffrè, 2018, p. 91 ss.

115 He sostenido la tesis sintetizada *supra* en el testo PIRAINO, F. "Il pagamento al creditore apparente nella prospettiva di un diritto europeo dell'obbligazione", *Europa e diritto privato*, 2009, p. 265 ss.

116 En el sentido de extender la aplicación del art. 1191 c.c., más allá de la incapacidad legal, para comprender también aquella natural v. GIORGIANNI, M. *"Pagamento (dir. civ.)"*, en *Novissimo Digesto italiano*, XII, Turín, UTET, 1965, p. 323; RESCIGNO, P. *Incapacità naturale e adempimento*, cit., p. 125; NICOLÒ, R. *Adempimento*, cit., p. 559; CANNATA, C.

impugnar el cumplimiento y decretando, por lo tanto, la no repetibilidad de la prestación.

Estos arts. 1190 y 1191 c.c. it. han revestido un rol central en el debate sobre la naturaleza del cumplimiento y han sido invocados para sostener la naturaleza, no negocial, del acto debido. La línea de pensamiento más acreditada ha seguido el camino abierto por Michele Giorgianni[117] y reconocida en la doctrina, de una manera poco afortunada, como tesis ecléctica[118], mientras que sería más oportuno definirla como tesis estructural o de la naturaleza no unitaria del cumplimiento[119].

Dentro de esta corriente de pensamiento se ubica la tesis de Carlo Castronovo quien, a pesar de convenir con la calificación del cumplimiento como acto debido, destaca la necesidad de no atribuirle una naturaleza unitaria: el cumplimiento "es definido correctamente como acto debido, figura en la cual la connotación 'debido' es más significativa que 'acto' y sirve para indicar que la actividad liberatoria se califica en la medida en que se refiere a una deuda a la que se le da ejecución, más que sobre el terreno de su propia naturaleza jurídica. El cumplimiento será entonces acto en sentido propio o negocio, según que así lo exija la obligación que debe cumplirse"[120].

De ahí que las normas sobre la capacidad del deudor y del acreedor que recibe no constituyan indicios normativos de la comprensión del cumplimiento por parte del código civil como un acto debido, sino que esbozan más que todo, un particular régimen de la eficacia liberatoria de la prestación exacta. Por lo tanto, es infundada la tesis que somete el art. 1191 c.c. it. a una interpretación

---

A. *L'adempimento delle obbligazioni*, cit., p. 97; Di Majo, A. *Dell'adempimento in generale*, cit., p. 295; Damiani, E. "*sub art. 1191 – Pagamento eseguito da un incapace*", en Cuffaro, V. (coord.), *Commentario del codice civile*, dirigido por Gabrielli, E., *Delle obbligazioni*, artt. 1173-1217, Turín, UTET, 2012, p. 494.

117 Giorgianni, M. "*Pagamento (dir. civ.)*", cit., p. 330.

118 Bianca, M. C. *Diritto civile*, 4, *L'obbligazione*, cit., p. 267; Di Majo, A. *Delle obbligazioni in generale*, cit., p. 379; Damiani, E. "*Sub art. 1191 – Pagamento eseguito da un incapace*", cit., p. 498.

119 Dentro de quienes se adscriben a la tesis de la no unitariedad del cumplimiento se encuentran Schlesinger, P. *Il pagamento al terzo*, cit., p. 26; Natoli, U. "*Adempimento, atto dovuto, negozio giuridico*", en *Scritti in onore di Salvatore Pugliatti*, I, Milán, Giuffrè, 1978, p. 1533 ss.; Castronovo, C. "sub *art. 1176*", cit., p. 19 ss.; Bessone, M. y D'Angelo, A. *Adempimento*, cit., pp. 2-3; y en la literatura colombiana Hinestrosa, F. *Tratado de las obligaciones*, I, *Concepto, estructura, vicisitudes*, cit., p. 563.

120 Castronovo, C., "sub *art. 1176*", cit., 19.

restrictiva, circunscribiendo su ámbito de aplicación solamente a las figuras de cumplimiento que consistan en actividades materiales y excluyendo los cumplimientos que implican la conclusión de negocios[121]. El art. 1191 c.c. it., como todas las otras normas sobre el cumplimiento, se aplica de manera indiferente a cualquier prestación exacta que se deba, independientemente de la forma jurídica que ella tenga[122]. Precisamente en virtud de su alcance general, la disciplina del cumplimiento deja sin efecto las reglas sobre la validez y sobre la eficacia aplicables a los actos jurídicos específicos que son objeto de la actividad liberatoria, pero solo en la medida en que ese estado de incapacidad sea irrelevante y de acuerdo con las normas que tienden a salvaguardar la integridad del propósito negocial[123], dado que su aplicación sería contradictoria respecto de la elección normativa de privar a la autodeterminación del deudor de toda significación. Por el contrario, todos los demás requisitos de validez y de eficacia del acto negocial objeto de cumplimiento no se ven menoscabados de conformidad con el criterio de especialidad, por lo que se aplicarán todas las demás disposiciones que rigen el acto específico en el que se produce el cumplimiento. Así, para ejemplificar, el contrato definitivo que meramente reproduce el contrato preliminar[124] es válido aunque una de las

---

121 A favor de la interpretación restrictiva del art. 1191 c.c. *cfr.* NICOLÒ, R. "*Adempimento*", cit., p. 559; BIANCA. *Diritto civile. 4. L'obbligazione* cit., pp. 277-278; CASTRONOVO, C., "sub *art. 1176*", cit., pp. 19-20; DAMIANI, E., sub *art. 1191 – Pagamento eseguito da un incapace*, cit., pp. 499 ss.; DI MAJO, A. *Dell'adempimento in generale*, cit., p. 295 ss., quien considera que el art. 1191 c.c. se aplica a pagos pecuniarios, a la entrega de cosas y al *facere* material, mientras que no se aplica cuando estén vinculados al cumplimiento efectos traslativos.

122 En tal sentido, *cfr.* RESCIGNO, P., *Incapacità naturale e adempimento*, cit., pp. 117 ss.; MONTESANO, L. *Contratto preliminare e sentenza costitutiva*, Nápoles, Jovene, 1953, pp. 35 ss.; CANNATA, C. A. *L'adempimento delle obbligazioni*, cit., pp. 87 ss.; ALBANESE, A. *Il rapporto obbligatorio: profili strutturali e funzionali*, cit., p. 47 ss.

123 Así, GIORGIANNI, M. "*Pagamento (dir. civ.)*", cit., p. 324; CANNATA, C. A. *L'adempimento delle obbligazioni*, cit., pp. 88 ss.; ALBANESE, A. *Il rapporto obbligatorio: profili strutturali e funzionali*, cit., pp. 46-47.

124 Dado que la regla del art. 1191 c.c. it. presupone que la prestación ejecutada coincida en su totalidad con aquella programada, en la medida en que esta es la figura general del cumplimiento, la regla sobre la intrascendencia de la incapacidad del deudor no se aplica cuando, como no pocas veces sucede, el contrato definitivo resulta en parte modificativo del contenido del contrato preliminar. La razón reside en el hecho de que el definitivo podrá considerarse un mero acto de cumplimiento solamente en la medida en que tenga correspondencia con el preliminar, mientras que cuando las partes se separan de este último están realizando actos de manifestación genuina de la autonomía privada y, como tales, exigen la capacidad de actuar de los autores.

dos partes sea incapaz legal o natural[125]; mientras que será inválido si padece algún defecto de forma (art. 1351 c.c. it) o tiende a eludir la aplicación de una norma imperativa (art. 1344 c.c. it).

7. EL PAGO Y LA IMPUTACIÓN

El último segmento de la disciplina del cumplimiento comprende el pago efectuado con cosas ajenas, la imputación del pago y el finiquito[126]. El art. 1192 c.c. it. establece que, si el deudor efectúa la prestación con bienes que no le pertenecen, no puede pretender la restitución de las cosas utilizadas, a menos que paralelamente ofrezca efectuar la prestación con cosas que le pertenecen. La norma no le da relevancia a la ajenidad de las cosas entregadas al acreedor sobre el plano del cumplimiento, para no retardar la satisfacción del acreedor, a menos que la sustitución sea, precisamente, inmediata o a menos que el acreedor de buena fe quiera impugnar el pago, exigiendo el resarcimiento del daño (art. 1192, inc. 2, c.c. it.). El empleo de bienes ajenos no incide sobre la eficacia liberatoria de la prestación, pero expone al deudor a responder ante el titular de las cosas utilizadas.

El art. 1193 c.c. it. establece algunas reglas supletorias que rigen la imputación del pago en presencia de una pluralidad de deudas de la misma especie (en su mayoría pecuniarias) respecto del mismo acreedor, ante la ausencia de una declaración explícita del deudor en el momento del cumplimiento, que lo aplique a una de las obligaciones existentes entre ellos. La declaración de imputación debe documentarse en el finiquito, que, *ex* art. 1199 c.c. it., el deudor tiene derecho a obtener del acreedor como medio de prueba del pago realizado[127]. Sin embargo, si el deudor no efectúa la elección de la obligación que desea extinguir entre las varias obligaciones que lo vinculan al acreedor y acepta un finiquito en el que este último declara considerar el pago imputado a una de esas, tal elección vincula al deudor, a menos que haya habido dolo o sorpresa por parte del acreedor (art. 1195 c.c. it.).

A falta de declaración de imputación por parte del deudor, el art. 1193, inciso 2, c.c. it. prevé los siguientes criterios legales supletorios: a) el pago debe

---

125 Así también RESCIGNO, P. *Incapacità naturale e adempimento*, cit., pp. 117-121.

126 Sobre el punto *cfr.* DI MAJO, A. *Dell'adempimento in generale*, cit., pp. 300 ss.; BIANCA, C. M. *Diritto civile. 4. L'obbligazione* cit., 334 ss.; BRECCIA, U. *Le obbligazioni*, cit., pp. 563 ss.

127 Sobre el finiquito v. BIANCA, C. M. *Diritto civile. 4. L'obbligazione* cit., pp. 319 ss.

imputarse a la obligación que ya venció; b) entre varias obligaciones vencidas, a aquella menos garantizada; c) entre varias obligaciones igualmente garantizadas, a aquella más onerosa; d) entre obligaciones igualmente onerosas, a aquella que se desprende del título más antiguo; e) si ninguno de los criterios precedentes ayuda a solucionar la cuestión, entonces la imputación se produce de manera proporcional sobre todas las obligaciones.

Un problema específico de imputación concierne a la relación entre capital e intereses en las obligaciones pecuniarias. El art. 1194 c.c. it. le impide al deudor que cumple, imputar el pago al capital en vez de hacerlo a los intereses, a menos que el acreedor esté de acuerdo. La regla se justifica a la luz de la naturaleza retributiva de los intereses –o, queriendo utilizar la terminología del código civil, de frutos civiles (art. 820, inciso 3, c.c. it.)– y esto implica que, si no se provee primero a extinguir la obligación accesoria que constituye la contraprestación por haber puesto a disposición del deudor una suma de dinero, no es posible extinguir en todo o en parte la prestación principal de restitución de tal suma, la cual constituye la base para calcular los intereses futuros. La reducción de la rentabilidad futura de un crédito pecuniario presupone, salvo determinación diversa por parte del acreedor, la plena satisfacción de la rentabilidad pasada, es decir, de los intereses vencidos.

8. LA *DATIO IN SOLUTUM*

Dentro del ámbito de la disciplina del cumplimiento también se encuentra comprendida la figura de la *datio in solutum*[128], aunque deba excluirse que esta

---

128 Sobre la prestación en lugar del cumplimiento *cfr.* ALLARA, M. "La prestazione in luogo dell'adempimento (datio in solutum)", cit., pp. 29 ss.; RODOTÀ, S. "Dazione in pagamento (diritto civile)", en *Enciclopedia del diritto*, XI, Milán, Giuffrè, 1962, pp. 734 ss.; ZACCARIA, A. *La prestazione in luogo dell'adempimento tra novazione e negozio estintivo del rapporto*, Milán, Giuffrè, 1987; DI MAJO, A. *Dell'adempimento in generale*, cit., pp. 337 ss.; BIANCA, C. M. *Diritto civile. 4. L'obbligazione*, cit., pp. 431 ss.; SICCHIERO, G. "La prestazione in luogo dell'adempimento", *Contratto e impresa*, 2002, pp. 1380 ss. Recientemente, *cfr.* BILOTTI, E. "La prestazione in luogo dell'adempimento", en Garofalo, L. y Talamanca, M. (dirs.), *Trattato delle obbligazioni*, II, *I modi di estinzione*, dirigido por Burdese, A. y Moscati, E., Padua, Cedam, 2008, pp. 31 ss. GAMBINO, F. *Le obbligazioni*. 1. *Il rapporto obbligatorio*, cit., pp. 298 ss.; BARBA, V., "sub art. 1197- Prestazione in luogo dell'adempimento", en Cuffaro, V., (coord.), *Commentario del codice civile dirigido por Gabrielli*, E. *Delle obbligazioni*, *artt. 1173-1217*, Turín, UTET, 2012, pp. 543 ss. y CAMILLERI, E. *Imputazione di pagemento. Datio in solutum. Quietenza, Artt. 1193-1200*, *Il Codice Civile. Commentario*, fundado por Schlesinger, P., Milán, Giuffrè, 2017, p. 73 ss.

última constituya de alguna manera un cumplimiento, dado que el objeto de la obligación permanece –por lo menos de acuerdo con la opinión que parece preferible– inalterado[129], pero el vínculo se extingue en virtud de un factor externo a la obligación, cual es el acuerdo extintivo entre deudor y acreedor. En efecto, el art. 1197 c.c. it. establece que el deudor no se puede liberar de la obligación efectuando una prestación diversa, aunque sea por un importe igual o incluso mayor respecto de la prestación debida, ya que la *datio in solutum* no configura un cumplimiento ni siquiera cuando se presente económicamente equivalente o más ventajosa. Sin embargo, la norma le reconoce a esa prestación una eficacia liberatoria cuando goza del consentimiento del acreedor, de ahí las fuertes disputas doctrinarias sobre la naturaleza jurídica de tal convención: si se trata de un negocio extintivo, dirigido a conferir a la prestación diversa el carácter de equivalente de la prestación con efecto liberatorio[130], o novatorio del vínculo obligatorio, idóneo para transformarlo en una obligación facultativa[131]. Más allá de tales disputas dogmáticas[132], el art. 1197 c.c. it. no vincula el efecto extintivo al acuerdo, sino a la efectiva ejecución de la prestación diversa, de lo que se desprende la convicción sobre la naturaleza real del acuerdo entre deudor y acreedor. Sin embargo, si la *datio in solutum* consiste en la cesión de un crédito del deudor respecto de un tercero, el momento extintivo es aplazado por el art. 1198 c.c. it. al momento del cobro de dicho crédito en vez de al momento de la transferencia del derecho, obviamente salvo acuerdo contrario entre las partes. En otros términos, la cesión de crédito *in solutum* ha sido estructurada por la ley provista de la garantía *pro solvendo*, sin la necesidad de introducir

---

129 Así, perentoriamente, Bianca, C. M. *Diritto civile. 4. L'obbligazione*, cit., p. 437.

130 Allara, M. *La prestazione in luogo dell'adempimento (datio in solutum)*, cit., p. 29 ss.; Di Majo, A. *Dell'adempimento in generale*, cit., p. 347; Bianca, C. M. *Diritto civile. 4. L'obbligazione*, cit., 438; Gambino, F. *Le obbligazioni. 1. Il rapporto obbligatorio*, cit., pp. 301-302.

131 Zaccaria, A. *La prestazione in luogo dell'adempimento tra novazione e negozio estintivo del rapporto*, cit., pp. 98 ss.; Perlingieri, P. *Dei modi di estinzione dell'obbligazione diversi dall'adempimento*, *Commentario del codice civile*, a cargo de Scialoja, A. y Branca, G., Bolonia y Roma, Zanichelli e Il Foro Italiano, 1975, 90 ss.

132 Gambino, F. *Le obbligazioni. 1. Il rapporto obbligatorio*, cit., 302, propende a la calificación de la *datio in solutum* no como una vicisitud de la relación, sino como dispositivo de atribución de valor de *fattispecie* a un hecho (la prestación diversa) por sí misma desprovista de tal valor. Agrega G. que "el valor de situación extintiva es aquello que la norma (art. 1197, 1.º inc., segunda parte, c.c. it.) atribuye al acuerdo entre deudor y acreedor. 'Fattispecie' –es este el punto fundamental– no es solamente aquella que da lugar a la alteración de la relación, sino también aquella que atribuye una calificación a hechos que no lo tienen" (*ibidem*, 302).

en el acuerdo de cesión y de *datio in solutum* la cláusula "salvo buen fin". Sin embargo, el art. 1198, inciso 2, c.c. it. prevé que a tal garantía *pro solvendo* se aplique la caducidad de la garantía convencional consagrada por el art. 1267, inciso 2, c.c. it. En términos más generales, el empleo del término genérico de "prestación" induce a la doctrina a considerar que, a pesar del origen histórico en el campo de las obligaciones de *dare*, la *datio in solutum* también puede aplicarse a aquellas de *facere* y de *non facere*[133]. Por último, bajo la óptica de la calificación como negocio liberatorio, se considera que la *datio in solutum* no puede revestir eficacia obligatoria, sino inmediatamente extintiva[134].

Si en el caso de una prestación subjetivamente inexacta el código civil considera suficiente el acto unilateral de ratificación por parte del acreedor para recuperar el efecto liberatorio de la conducta del deudor, en el caso de una prestación que a todas luces ese inexacta, porque incluso se trata de otra distinta respecto del objeto de la obligación, se hace necesario incluso un acuerdo explícito entre deudor y acreedor[135], ya que la producción del efecto liberatorio no encuentra en el dato material un elemento suficiente para que una determinación unilateral del acreedor también sea adecuada en este caso.

SEGUNDA PARTE

9. LA NOCIÓN DE CUMPLIMIENTO Y LA CUESTIÓN DEL OBJETO DE LA OBLIGACIÓN

La comprensión puntual de la noción de cumplimiento exige partir de la individuación del objeto de la obligación, ya que el primero consiste en el desarrollo puntual del segundo, cuyo efecto legal está representado por la extinción del vínculo obligatorio[136]. En otros términos, el cumplimiento es la causa fisiológica

---

133 GAMBINO, F. *Le obbligazioni. 1. Il rapporto obbligatorio*, cit., 298; BARBA, V., "sub art. 1197- Prestazione in luogo dell'adempimento", cit., 546.

134 RODOTÀ, S. *Dazione in pagamento (diritto civile)*, 737; *contra*, BIANCA, C. M. *Diritto civile. 4. L'obbligazione*, cit., pp. 438-439.

135 GAMBINO, F. *Le obbligazioni. 1. Il rapporto obbligatorio*, cit., 302, subraya que "se muestra, en este *poter fare la qualità giuridica* de los hechos, la energía constructiva de la autonomía privada; que se desenvuelve en un ámbito distinto de aquel de las vicisitudes de la relación".

136 Para un estudio más amplio sobre los problemas dogmáticos planteados por la disciplina del cumplimiento, *cfr.* PIRAINO, F. *El cumplimiento de la obligación*, cit., *passim*, en part., p. 34 ss.

de la extinción de la obligación por la ejecución de la deuda y la consiguiente realización del crédito, de donde se desprende la satisfacción del interés del acreedor previsto en la obligación. Sin embargo, no siempre la liberación del deudor coincide con la satisfacción del crédito, tal como ocurre con la figura del pago al acreedor aparente (art. 1189 c.c. it.[137], y véase art. 1634, inciso 2 c.c.it.[138]) en donde la realización de la deuda y la liberación del deudor no

137 Nicolò, R. *L'adempimento dell'obbligo altrui*, cit., p. 53 ss.; Brugi, G. "Pagamento al creditore apparente", *Rivista diritto commerciale*, 1915, II, pp. 686 ss.; Ascoli, A. "Pagamento a terzo possessore del crédito", *Rivista diritto civile*, 1915, pp. 249 ss.; Ferri, G. "La legittimazione all'esercizio del diritto cartolare", *Banca borsa e titoli di credito*, 1935, I, pp. 176 ss.; Betti, E. *Teoria generale delle obbligazioni*, I, *Prolegomeni: funzione economico-sociale dei rapporti d'obbligazione*, cit., 1953, 72 ss.; Falzea, A. "Apparenza", en *Enciclopedia del diritto*, II, Milán, Giuffrè, 1958, p. 691; Giorgianni, M. "Creditore apparente", en *Novissimo Digesto italiano*, IV, Turín, UTET, 1957, pp. 1156 ss.; *id.*, "In tema di pagamento al creditore apparente", *Foro padano*, 1953, I, pp. 314 ss.; Natoli, U. *L'attuazione del rapporto obbligatorio*, t. 2, *Il comportamento del debitore*, cit., pp. 119 ss.; Schlesinger, P. "La ratifica del pagamento effettuato al non creditore", cit., pp. 46 ss.; Aghina, G. "Il destinatario del pagamento e il pagamento al creditore apparente", *Rivista trimestrale di diritto e procedura civile*, 1966, pp. 112 ss.; Bigliazzi Geri, L. "Osservazioni in tema di buona fede e diligenza nel pagamento al creditore apparente", *Rivista trimestrale di diritto e procedura civile*, 1968, pp. 1314 ss.; Moschella, R. *Contributo alla teoria dell'apparenza giuridica*, Milán, Giuffrè, 1973, pp. 123 ss.; Cecchereini G. "Il principio di apparenza secondo la giurisprudenza", *Rivista trimestrale di diritto e procedura civile*, 1977, 887 ss.; Di Majo, A. *Dell'adempimento in generale, Commentario del codice civile Scialoja-Branca, art. 1189*, Bolonia y Roma, Zanichelli e Il Foro Italiano, 1994, pp. 272 ss.; Colombatto, M. "Creditore apparente", en *Digesto delle discipline privatistiche, sezione civile*, V, Turín, UTET, 1989, p. 36 s.; Breccia, U. *Le obbligazioni*, cit., p. 537; Bianca, C. A. *Diritto civile. 4. L'obbligazione*, cit., pp. 310 ss.; Chessa, C. *L'adempimento*, cit., 61 ss.; Spadafora, A. *Profili dell'atto solutorio non dovuto*, Milán, Giuffrè, 1996, pp. 184 ss.; Nicolussi, A. *Lesione del potere di disposizione e arricchimento*, Milán, Giuffrè, 1998, pp. 563 ss.; Camilletti, F. "Il pagamento al creditore apparente", *Contratto e impresa*, 1999, pp. 676 ss.; Piraino, F. "Il pagamento al creditore apparente nella prospettiva di un diritto europeo dell'obbligazione", cit., pp. 265 ss.; Adriano, C. "Pagamento al creditore apparente", en *Trattato delle obbligazioni*, dirigido por Garofalo, L. y Talamanca, M. *La struttura e l'adempimento*, t. V, *La liberazione del debitore*, a cargo de Talamanca, M. y Maggiolo, M., Padua, Cedam, 2010, pp. 355 ss.; Moscati, E. *La disciplina generale delle obbligazioni*, Turín, Giappichelli, 2015, pp. 169 ss.; *id., Del pagamento dell'indebito. Commentario del codice civile*, a cargo de Scialoja, A. y Branca, G., Bolonia y Roma, Zanichelli, 1981, pp. 457 ss.; Damiani, E. "sub art. 1189 – Pagamento al creditore apparente", en Cuffaro, V. (coord.), *Commentario del codice civile*, dirigido por Gabrielli, E., *Delle obbligazioni, artt. 1173-1217*, Turín, UTET, 2012, pp. 468 ss.; Venuti, M. C. *I soggetti del pagamento*, cit., pp. 101 ss.

138 El art. 1634, inciso 2, del Código Civil colombiano establece que "El pago hecho de buena fe a la persona que estaba entonces en posesión del crédito, es válido, aunque después aparezca que el crédito no le pertenecía". El tenor de la norma recuerda la disciplina anterior en Italia,

coinciden con la satisfacción del interés del acreedor; o como también sucede con la figura del cumplimiento por parte del tercero (art. 1180 c.c. it., y véase arts. 1630-1632 Código civil colombiano), en donde, por el contrario, se asiste a la satisfacción del crédito pero no a través de la actuación del deudor[139]. En ambas figuras –a las que se les puede atribuir la liberación del deudor después de un depósito en consignación que sea declarado válido mediante sentencia en firme (art. 1210 c.c. it.)[140]– se observa la escisión entre la satisfacción del

---

contenida en el art. 1242 c.c. it. 1865, que establecía: "El pago hecho con buena fe a quien se encuentra en posesión del crédito, es válido, aunque el poseedor haya sufrido posteriormente la evicción". La disposición reproducía el art. 1240 del *Code civil*, que a su vez preveía que "Le paiement fait de bonne foi à celui qui est en possession de la créance est valable, encore que le possesseur en soit par la suite évincé", en línea con las enseñanzas de POTHIER, R. J. *Opere contenenti i trattati del diritto francese. Obbligazioni*, Livorno, Tipografia Vignozzi, 1835, 255, n.° 503. La disposición ha sido oportunamente modificada por la reciente *Réforme* del *Code civil*, realizada con *l'Ordonnance n. 2016-131 du 10 février 2016*, y el nuevo tenor está contenido en el art. 1342-3 *Code civil*, según el cual «El pago hecho de buena fe a un acreedor aparente es válido». Sobre la reforma *cfr*, *ex multis*, MAZEAUD, D. "Présentation de la réforme du droit des contrats–sous Ord. n° 2016-131, 10 févr. 2016", en *Gazette du Palais*, 2016, 15 ss.; *id.*, "Prime note sulla riforma del diritto dei contratti nell'ordinamento francese", *Riv. dir. civ*, 2016, *passim*; CHANTEPIE, G. y LATINA, M. *La réforme du droit des obligations.* Commentaire théorique et pratique dans l'ordre du Code civil, París, Dalloz, 2016, *passim*.; DESHAYES, O., GENICONY, T. y LAITHIER, M. *Réforme du droit des contrats, du régime général et de la preuve des obligations.* Commentaire article par article, París, LexisNexis, 2016, *passim*; AA. VV. *The Code Napoléon Rewritten.* French Contract Law after the 2016 Reforms, editado por J. Cartwright y S. Whittaker, Portland, Oregon, 2017, *passim*.

139 He dedicado dos estudios a propósito de estas dos importantes hipótesis de escisión entre la satisfacción del acreedor y la realización de la deuda: PIRAINO, F. "Il pagamento al creditore apparente nella prospettiva di un diritto europeo dell'obbligazione", cit., 265 ss.; *id.*, "L'adempimento del terzo e l'oggetto dell'obbligazione", cit., pp. 305 ss.

140 PIRAINO, F. "L'adempimento del terzo e l'oggetto dell'obbligazione", cit., p. 331. Retorné a este problema en PIRAINO, F. *Adempimento e responsabilità contrattuale*, cit., p. 482 ss., en part., p.485, donde critico la tesis de CARPINO, B. *Del pagamento con surrogazione. Commentario del codice civile Scialoja-Branca*, a cargo de Galgano, F., Bolonia y Roma, Zanichelli e Il Foro Italiano, 1988, pp. 17 ss., quien sostiene que el cumplimiento es una síntesis de prestación y juicio de exactitud. Entre otras objeciones, planteo aquella conforme a la cual: "si en realidad fuera suficiente el juicio de exactitud para determinar el cumplimiento, con la satisfacción integral del interés del acreedor, se debería considerar suficiente para liberar al deudor, en ausencia de cooperación por parte del acreedor, la mera oferta formal aceptada por el acreedor o declarada válida con sentencia en firme por la simple razón de que tal oferta es exacta; pero no es así porque –como se sabe– el art. 1210 c.c.it adscribe la liberación del deudor de cosas muebles, a la aceptación por parte del acreedor del depósito irrevocable de la prestación o a la declaración de su validez contenida en una sentencia en firme, mientras que el art. 1216 c.c.it hace descender la liberación del deudor de cosas inmuebles a la entrega

crédito y la realización de la deuda, lo que impide considerar el cumplimiento del tercero y el pago al acreedor aparente como formas de cumplimiento[141],

---

del bien debido al secuestre designado por el juez. Todo esto –a diferencia de lo que opina la doctrina examinada– demuestra que la liberación del deudor se produce solamente cuando la prestación, si no en marcha, por lo menos en potencia, está a disposición del acreedor, lo que confirma la centralidad del resultado y su alteridad respecto de la conducta del deudor, impulsando la relevancia del bien debido como materialización del interés del acreedor y objeto del derecho de crédito". A VENUTI, M. C. *I soggetti del pagamento*, cit., p. 104, nota 6, le ha parecido que esta explicación no esclarece de manera adecuada la persistencia del derecho del acreedor después de la liberación del deudor producida por el depósito que ha sido declarado válido por parte del juez de acuerdo con el art. 1210 c.c.it Y en efecto objeta que "afirmar que la liberación del deudor como consecuencia de la *disponibilidad de la prestación, aunque solo sea en potencia, del acreedor* [...] no quiere decir que el derecho del acreedor se haya realizado y extinguido simultáneamente a la liberación del deudor, así como parece descender necesariamente de la concepción de la obligación propuesta". La objeción es incomprensible visto que en varios puntos de mi estudio destaco que la liberación del deudor prevista por el art. 1210, inciso 2, c.c.it, no representa una variante del cumplimiento, sino que constituye un procedimiento complejo de extinción de la obligación desprovisto de naturaleza *solutoria* (PIRAINO, F. *Adempimento e responsabilità contrattuale*, cit., pp. 483, 494, 497, 504), por lo que se insinúa la sospecha de que la crítica emane de una reflexión que no ha sido madurada del todo, aunque también es posible que sea consecuencia del contexto editorial, que, a pesar de todo esfuerzo de diligencia, no induce a profundizar los problemas conceptuales. Por el contrario, CATTANEO, G. *La cooperazione de creditore all'adempimento*, Milán, Giuffrè, 1964, p. 76, discurre sobre "subrogado del cumplimiento" siguiendo a KOHLER, J. *Annahme und Annahmeverzug*, en *Jherings Jahrbücher für die Dogmatik des heutigen römischen und deutschen Privatrechts*, 17, 1879, p. 261 ss., en part. 282 ss. Más difusamente, CATTANEO, G. *Della mora del creditore, Art. 1206-1217, Commentario del codice civile*, a cargo de Scialoja, A. y Branca, G., Bolonia y Roma, Zanichelli e Il Foro Italiano, 1973, p. 181, ha aclarado que "Naturalmente el depósito liberatorio es una figura extintiva diversa del cumplimiento, dada la diferencia manifiesta que existe entre la prestación debida, consistente hipotéticamente en entregar un bien al acreedor, y el confiar ese bien a una persona extraña a la relación. Visto desde la perspectiva del deudor, el depósito se configura por lo tanto como un acto no debido, mientras que si se observa del lado del acreedor ese acto no da lugar a la realización del derecho de crédito. Sin embargo, sobre el plano de los efectos, puede constatarse que la figura examinada tiene la misma eficacia del cumplimiento: y esto no solo en cuanto ambos producen la extinción de la relación obligatoria, sino también en la medida en que el depósito, al igual que el pago y diversamente de la imposibilidad sobrevenida por causa no imputable al deudor, no hace desaparecer el eventual derecho de este último a una contraprestación". A favor de la idea de que el depósito liberatorio tenga naturaleza de "método satisfactorio de extinción de la obligación alternativo al cumplimiento, que despliega efectos equivalentes a ese, sin dar lugar a la realización en sentido proprio del derecho de crédito", ZANCHI, G., "sub art. 1210 – Facoltà di deposito e suoi effetti liberatori", en Cuffaro, V. (coord.), *Commentario del codice civile*, dirigido por Gabrielli, E., *Delle obbligazioni, arts. 1173-1217*, Turín, UTET, 2012, p. 847.

141 Recientemente esta conclusión, por lo menos en lo que concierne al pago al acreedor aparente, ha sido controvertida por VENUTI, M. C. *I soggetti del pagamento*, cit., p. 101 ss., quien objeta a mi postura respecto de que "el argumento central de la extinción de la relación obligatoria

pues para que este último tenga lugar es necesario que –usando las icásticas palabras de Gustav Hartmann[142]– la prestación se agote con el resultado previsto. Las figuras del pago al acreedor aparente y del ofrecimiento real seguido por el depósito irrevocable previsto por el art. 1210 c.c. it. demuestran unas directrices muy claras del sistema sobre el hecho de que el cumplimiento no se agota con la realización de la deuda[143] y que, por lo tanto, la realización de la conducta debida no es de por sí suficiente para determinar la liberación del deudor[144]. Por el contrario, del Código civil colombiano se desprende una orientación diversa, pues en el art. 1626 se define el cumplimiento, distinguido como *pago efectivo*, de la siguiente manera: "la prestación de lo que se debe",

---

como consecuencia de la conducta ejecutiva del *solvens* –que no constituiría cumplimiento, sino hipótesis de realización del contenido de la obligación– más parece un postulado extraído de la adhesión a una cierta concepción dogmática de la obligación y no una consecuencia que se desprenda de la lectura de la norma, la cual inequívocamente dice que el deudor "es liberado"". A esta, como a cualquier otra lectura neo-exegética, se contrapone con decisión la idea de que no puede haber plena comprensión de la figura del pago al acreedor aparente o del cumplimiento del tercero, o de otros dispositivos análogos, sin pasar por el escrutinio del objeto de la obligación y por la indagación de las repercusiones que cada explicación sobre tales figuras produce para la conceptualización de este último. Por lo tanto, estos tentativos de análisis de las figuras examinadas por fuera del más amplio marco del objeto de la obligación, se revelan desprovistos de cualquier valor científico, confiados tal como son a conceptos que carecen de contenido y de fundamento, como "desalineación entre deudor y acreedor" y "recombinación a tres de la ordinaria vicisitud del cumplimiento subjetivamente regular".

142 Hartmann, G. *Die Obligation. Untersuchungen über ihren Zweck u. Bau*, Erlangen, Verlag von Andreas Deichert, 1875, p. 32.

143 En cambio, en sentido exactamente opuesto a cuanto se ha sostenido *supra* en el testo, se orienta Nicolò, R. *L'adempimento del debito altrui*, cit., p. 53 ss., en part. 58: "en el pensamiento de la ley, los dos momentos, actuación del contenido de la obligación y realización del derecho, no siempre están inescindiblemente ligados, ni conceptualmente, ni cronológicamente. Por lo tanto, se puede concluir que el cumplimiento del deudor no tiende necesariamente a procurar la realización del derecho del acreedor, o sea a la actuación de su deber de recibir, sino que solo consiste en la actuación del contenido de la obligación de la cual derivará necesariamente su extinción y normalmente la realización del derecho". A esta posición, Mengoni, L. "L'oggetto della obbligazione", *Jus*, 1952, 174 y nota 3, 175 y nota 1, 176, y ahora en *Scritti giuridici*. II. *Obbligazioni e negozio*, a cargo de Castronovo C., Albanese, A. y Nicolussi, A., Milán, Giuffrè, 2011, p. 53 ss., objeta una cierta contrariedad entre la premisa, individuada de forma correcta por N. en la diversidad de contenidos de deuda y crédito y en la identificación del objeto del segundo en el resultado debido, mas no en la actividad del deudor, y tal conclusión sobre la fisionomía del cumplimiento: "Puesto que los elementos constitutivos del cumplimiento corresponden a la materia de la obligación, decir que la realización del resultado esperado por el acreedor no es esencial para el cumplimiento, vale cuanto decir que tal resultado no es objeto de calificación jurídica".

144 Mengoni, L. "L'oggetto della obbligazione", cit., p. 173 ss., en part., pp. 176-177.

mientras que el art. 1627 establece que para ser tal la prestación debe resultar exacta, o sea conforme al tenor de la obligación[145].

En la doctrina italiana, aunque tal vez incluso en todo el panorama europeo, la diferencia de contenidos entre deuda y crédito[146], pero también su correlación funcional en el interior de la relación obligatoria, ha sido conceptualizada de manera muy lúcida y rigurosa por Luigi Mengoni:

> El planteamiento en virtud del cual la realización de la deuda no es por sí misma razón suficiente para su extinción, desciende del principio de la interdependencia funcional que vincula los dos términos de la obligación. La deuda y el derecho de crédito son expresiones simultáneas de la norma, sin que pueda decirse que el uno deriva del otro, pero están vinculados en una relación tal que el valor de la realización de uno está en función del otro. En consecuencia, el valor de la realización de la deuda, con miras a la remoción del vínculo, está en función de la realización del derecho de crédito. La obligación se consuma solo si el comportamiento del deudor "se vacía" en el resultado previsto por la norma, y asignado como objeto del derecho del acreedor; de otra forma el vínculo permanece (por el momento) inconcluso, a menos que el fin no se haya vuelto definitivamente imposible. Atendiendo esta definición se puede suscribir a la afirmación conforme a la cual "el fin es el alma de la obligación" (Kress: *n.d.a.*)[147].

Una perspectiva diversa es ofrecida en Italia por Piero Schlesinger, quien comparte la posición de Nicolò y de Mengoni sobre la necesaria coexistencia en la obligación de una conducta instrumental y de un resultado, coincidente con la realización del interés relevante del acreedor[148]. Sobre este presupuesto dogmático Schlesinger critica, tanto la tesis que identifica el objeto de la obligación con una mera conducta, como la tesis que atribuye la garantía a

---

145 Así recita el art. 1627 del Código Civil colombiano: "El pago se hará bajo todos respectos en conformidad al tenor de la obligación; sin perjuicio de lo que en los casos especiales dispongan las leyes. El acreedor no podrá ser obligado a recibir otra cosa que lo que se le deba, ni aún a pretexto de ser de igual o mayor valor la ofrecida".

146 En la doctrina italiana esta conquista ha sido introducida en el estudio magistral de Nicolò, R. *L'adempimento del debito altrui*, cit., p. 44 ss.

147 Mengoni, L. "L'oggetto della obbligazione", cit., p. 53 ss. El fragmento de Hugo Kress citado por L. se refiere a Kress, H. *Lehrbuch des Allgemeinen Schuldrechts*, Múnich, Beck, 1929, p. 59.

148 Schlesinger, P. "Riflessioni sulla prestazione dovuta nel rapporto obligatorio", *Riv. trim. dir. proc. civ*, 1959, p. 1273 ss.

la obligación, porque ambas conclusiones rompen la necesaria correlación en el interior de la relación obligatoria entre conducta y resultado: la primera imaginando un vínculo solo de conducta y la segunda solo de resultado, identificado por lo demás en la atribución al titular del derecho de un subrogado pecuniario de su interés primario[149].

A diferencia de Nicolò y de Mengoni, el connubio de conducta instrumental y resultado debido es buscado por Schlesinger no en la dimensión unitaria de la relación obligatoria, imaginando la diversidad de contenidos de la deuda y del crédito, sino directamente en el interior de la noción de prestación, la cual abraza tanto un componente subjetivo, constituido por el desarrollo de la actividad debida, como un componente objetivo, representado por la obtención del resultado útil[150]. Con la consecuencia de que "no es admisible hablar de cumplimiento de la obligación ni cuando la realización del resultado debido se verifique independientemente del desarrollo de la conducta debida, ni cuando el comportamiento desarrollado por el deudor no le procure al acreedor el bien perseguido por este"[151].

Dicha conclusión puede apoyarse plenamente y, en el pasado[152], se ha tratado de sacarle fruto a la enseñanza del Maestro, lo que se hará nuevamente en este momento, aunque el itinerario de búsqueda nos ha conducido –y conviene anticiparlo– a preferir la perspectiva de la diversidad de contenidos de la deuda y del derecho de crédito, pero dentro del marco unitario de la relación obligatoria[153], tratando de fundamentar esa tesis con argumentos adicionales que nos parecen definitivos[154].

Para poder identificar de manera puntual el cumplimiento, es necesario descender al terreno del objeto de la obligación: siendo este un amplio tema de reflexión de la relación obligatoria, en torno al cual, con cierto grado de

---

149 *Ibidem*, p. 1278.

150 *Ibidem*, p. 1280 ss.

151 *Ibidem*, p.1283, quien agrega: "en consecuencia es necesario restringir el concepto de prestación objetiva solo al resultado causalmente atribuible a la conducta del obligado, y extender el concepto de prestación subjetiva a la realización del resultado que constituye una consecuencia de la actividad del deudor".

152 PIRAINO, F. "L'adempimento del terzo e l'oggetto dell'obbligazione", cit., p. 305 ss.; *id.*, *Adempimento e responsabilità*, cit., pp. 411 ss., en part., p. 505 ss.

153 Posición esta, de la cual SCHLESINGER, P. *Riflessioni sulla prestazione dovuta nel rapporto obbligatorio*, cit., p. 1274, disiente expresamente.

154 *Cfr.* PIRAINO, F. *El cumplimiento de la obligación*, cit., p. 42 ss.

aproximación, se pueden distinguir en el panorama europeo dos orientaciones principales, reconocidas como teorías patrimonialistas[155] y teorías personalistas de la relación obligatoria[156]. Sin embargo, la nomenclatura adoptada para designar esas orientaciones contrapuestas de pensamiento es bastante inadecuada y está destinada a generar equívocos[157]. Además es oportuno aclarar que la contraposición entre naturaleza patrimonial y naturaleza personal está relacionada con el objeto del derecho de crédito más no con el contenido de la obligación[158], pues ni siquiera los más acérrimos defensores de las teorías

---

155 BRINZ, A. "Der Begriff der 'obligatio'", en *Grünhut's Zeitschrift*, I, 1874, p. 11 ss.; *id.*, *Lehrbuch der Pandekten*, II, t. I, Erlangen, Verlag von Andreas Deichert, 1879, pp. 1 ss. En Italia, aunque con diferencias, también notables, de énfasis: CARNELUTTI, F. "Appunti sulle obbligazioni", *Rivista del diritto commerciale e del diritto generale delle obbligazioni*, 1915, I, p. 528 ss.; NICOLÒ, R. *L'adempimento dell'obbligo altrui*, cit., p. 63; ORLANDO CASCIO, S. *Estinzione dell'obbligazione per conseguimento dello scopo*, cit., p.128 ss.; MENGONI, L., "L'oggetto della obbligazione", cit., p. 156 ss., en part. pp. 180 ss.; BETTI, E. *Teoria generale dell'obbligazione*, II, *Struttura dei rapporti d'obbligazione*, Milán, Giuffrè, 1953, p. 28 ss.; pp.153-155; CICALA, R. *Concetto di divisibilità e di indivisibilità dell'obbligazione*, Nápoles, Jovene 1953, reimpr, Nápoles, ESI, 1978, p. 58 ss., p. 62 y nota 124.

156 POLACCO, V. *Le obbligazioni nel diritto civile italiano*, I, Roma, Athenaeum, 1915, p. 184 ss. como resultado de un trayecto que ha conducido al autor a abandonar la adhesión precedente a la literatura patrimonialista de la obligación; BARASSI, L. *La teoria generale delle obbligazioni. I. La struttura*, Milán, Giuffrè, 1946, p. 45; CICU, F. *L'obbligazione nel patrimonio del debitore*, cit., p. 11 ss.; GIORGIANNI, M. *L'obbligazione (La parte generale delle obbligazioni)*, Milán, Giuffrè, 1968, p. 213 ss., en part. 217; BIANCA, M. C. *Diritto civile. 4. L'obbligazione* cit., p. 38 ss.; FERRONI, L, *Obblighi di fare ed eseguibilità*, Nápoles, ESI, 1983, p. 69 ss.; CARPINO, B. "Del pagamento con surrogazione", cit., p. 9; TURCO, C. *L'adempimento del terzo, Il Codice Civile, Commentario*, dirigido por Schlesinger, P., Milán, Giuffrè, 2002, pp. 97-99 y, recientemente, ROMEO, C. *I presupposti sostanziali della domanda di adempimento*, Milán, Giuffrè, 2008, p. 5. Por el contrario, constituye una verdadera tergiversación la comprensión, hecha por ROMEO, C., *ibidem*, 2, nota 2, de MENGONI, L. "L'oggetto della obbligazione", cit., p. 171, entre los fautores de la concepción personal del objeto del derecho de crédito. Para desmentir esa comprensión baste con citar, dentro de muchas otras afirmaciones en las que Mengoni aclara que la obligación se rige sobre la relación funcional medio-fin, la siguiente: "A estos dos términos corresponde la distinción formal entre contenido de la obligación y objeto (o contenido) del correlativo derecho: el primero es la conducta debida, el segundo es la satisfacción del interés protegido, concebido como resultado para alcanzar (futuro)" (MENGONI, L. "L'oggetto della obbligazione", cit., pp. 178-179).

157 Así ha sido señalado en PIRAINO, F. "L'adempimento del terzo e l'oggetto dell'obbligazione", cit., p. 325 ss.

158 Sobre el punto, correctamente, DI MAJO, A. *Dell'adempimento in generale*, cit., p. 47; TURCO, C. *L'adempimento del terzo,* cit., p. 26 ss. El equívoco referido *supra* en el texto es bastante difundido: *cfr*, p. ej., BESSONE, M. y D'ANGELO, A. *Adempimento*, cit., p. 1; CORRIAS, P.

patrimonialistas se atreven a identificar este último con el bien debido o sea con el resultado previsto *in obligatione* o esperado por el acreedor, atribuyendo, en cambio, muy oportunamente, al contenido de la obligación, la idea de la conducta personal predeterminada para poner a disposición del acreedor el bien debido. La concepción patrimonialista de la obligación se puede sintetizar con las palabras de Mengoni, quien, retomando a Donello[159], afirma que "objeto del derecho de crédito no es el 'factum debitoris', sino la 'utilitas facti', es decir, el resultado en vista del cual se determina el comportamiento debido"[160].

10. LA TEORÍA PERSONAL Y LAS TEORÍAS PATRIMONIALES DE LA OBLIGACIÓN

En la contraposición entre teorías patrimoniales y teorías personales de la obligación, el término "obligación" se convierte, paradójicamente, en sinónimo de derecho de crédito, lo que es indicio de una distorsión semántica, ya que la obligación, en el lenguaje jurídico generalizado, designa la relación obligatoria en su conjunto, como relación entre una posición activa –el crédito– y una posición pasiva –la deuda–, aunque aguzando la vista sobre el lado pasivo de la relación, puesto que –con toda probabilidad– la perspectiva del deudor es la que mejor representa la naturaleza intrínseca del derecho personal, siendo a su vez el derecho de crédito el prototipo de derecho personal, si no incluso la figura que agota toda la categoría[161]. Esa naturaleza intrínseca, a la que se refiere la raíz "*obligatio*", consiste en la instrumentalización necesaria del aporte del sujeto pasivo de la relación jurídica a la producción del interés del titular, cuyo derecho, en definitiva, se reduce a la utilidad susceptible de ser obtenida

---

Garanzia pura e contratti di rischio, cit., 40 ss., quien, a pesar del cuidadoso análisis, liga las teorías personales y patrimoniales de la obligación, al lado pasivo de la relación y, solo a partir de tal premisa, se comprenden las dificultades del autor para encuadrar la concepción del objeto de la obligación de Mengoni, yuxtaponiéndolo erróneamente a las teorías personales, aunque después precisa que, "sin embargo, bajo otras perspectivas, esa se separa sensiblemente de tal orientación"; FONDRIESCHI, A. "Prestazione", en *Digesto discipline privatistiche, sez. civ*, agg, t. II, Turín, UTET, 2007, 967 ss. en donde, incluso, dándole un vuelco a la perspectiva correcta, la contraposición entre teorías personales y patrimoniales es referida a la prestación.

159 DONELLO, *de iure civile*, lib. 15.

160 MENGONI, L. "L'oggetto della obbligazione", cit., pp. 180-181.

161 Sobre el punto *cfr.* PIRAINO, F. "L'adempimento del terzo e l'oggetto dell'obbligazione", cit., p. 325.

a través de la exacta y correcta realización de la conducta instrumental para el propósito que ha sido individuado como objeto del derecho.

A pesar de tal precisión terminológica, no es posible afirmar siquiera que al distinguir entre configuración personal y configuración patrimonial el término "obligación" indique la relación obligatoria en su totalidad, porque, si así fuera, se debería llegar a la conclusión de que para los unos –los partidarios de la lectura patrimonial– el vínculo obligatorio tiene por objeto el bien debido, es decir, el resultado esperable, mientras que para los otros –los partidarios de la lectura personal– el vínculo se identifica con la prestación. Por el contrario, las teorías patrimoniales, no llegan al punto de identificar la relación obligatoria en su totalidad con el bien debido[162], ya que está latente la conciencia de que el objeto de la obligación no puede ser nada distinto que la prestación del deudor y por lo tanto, de ninguna manera, puede terminar coincidiendo con el resultado, asumido como entidad que prescinde de la conducta debida, tan es así que Rosario Nicolò prevé la posibilidad de escisión entre la actuación de la obligación y la satisfacción del crédito, justamente en las hipótesis de satisfacción del interés del acreedor sin la mediación del aporte específico del deudor, cual es por antonomasia el cumplimiento del tercero[163].

A lo sumo, resulta más adecuado afirmar que la teoría personal postula la identificación de la relación obligatoria comprendida unitariamente con la prestación del deudor[164], descartando el bien debido; pero esto se verifica exclusivamente como consecuencia de la superposición completa del contenido de la obligación al objeto del derecho que es postulada por esta línea de pensamiento y, como consecuencia, de la falta de disposición para reconocer una diversidad de contenidos entre deuda y crédito, los cuales, por el contrario, son considerados nada más que dos caras de una misma moneda[165].

---

162 No obstante, una alusión en tal sentido parece estar presente en BARBERO, D. "Il credito nel sistema dei rapporti giuridici", en *Studi di teoria generale del diritto*, Milán, Giuffrè, 1953, pp. 161-162.

163 NICOLÒ, R. *L'adempimento dell'obbligo altrui*, cit., p. 60 ss., en part., p. 68.

164 No se percatan de esto FERRONI, L. *Obblighi di fare ed eseguibilità*, cit., pp. 70-71; ROMEO, C. *I presupposti sostanziali della domanda di adempimento*, cit., p. 2 ss.; mientras que lo esclarecido en el texto emerge de manera evidente de las páginas de GIORGIANNI, M. *L'obbligazione (La parte generale delle obbligazioni)*, cit., pp. 215 ss.

165 GIORGIANNI, M. *L'obbligazione (La parte generale delle obbligazioni)*, cit., p. 217, sobre la base de un razonamiento que se puede sintetizar en estos términos: 1) ninguno duda que el contenido de la obligación del deudor coincida con el comportamiento debido; 2) la circunstancia de que el ordenamiento se esfuerce en hacer llegar al acreedor, a través de la ejecución

Esta observación no siempre ha sido acogida en la doctrina; en efecto, recientemente, no ha faltado quien considere que existe un vínculo de causa a efecto entre las teorías patrimonialistas y la distinción entre *Schuld* y *Haftung*[166], sin percatarse de que en la concepción de Alois von Brinz la relación obligatoria se reduce al *teneri*, o sea a la pretensión sobre el patrimonio del deudor (*Haftung*, *rispondenza*[167]); aunque en la aplicación de dicha teoría a la fenomenología de las relaciones obligatorias, primero en el ámbito del derecho germánico septentrional y luego en el de la historiografía antigua, la separación entre el deber de prestación por parte del deudor (*debitum*) y la *rispondenza* con el patrimonio propio (*obligatio*) se ha revelado útil para conferir al *debitum* una mayor y más autónoma importancia, hasta el punto que para los germanistas la obligación consistía sobre todo en un *debitum* que iba acompañado de la responsabilidad patrimonial con una función que busca reforzar el vínculo de prestación[168].

Ciertamente, no deben pasarse por alto los aportes hechos por las teorías patrimonialistas de la obligación a la comprensión del fenómeno obligatorio, especialmente en lo que atañe a la exposición de la centralidad del bien final al que se dirige la prestación, como también a las reflexiones proyectadas sobre la posición sustancial de deuda-crédito frente al conjunto de remedios y de las reglas de responsabilidad patrimonial[169]. Sin embargo, una vez que ha

---

forzada, el mismo bien esperado, no es un índice suficiente para concluir que el objeto del derecho de crédito consista en el bien debido, tan es así que con frecuencia un resultado así no es susceptible de ser obtenido y el acreedor debe complacerse con un subrogado (suma de dinero); 3) de esto se deriva que el derecho de crédito tiene por objeto el comportamiento del deudor: "la medida del derecho del acreedor no puede ser dada por otra cosa que por aquello que el deudor *deve*, es decir del comportamiento al cual el deudor está obligado". Y en ese sentido v. Bianca, C. M. *Diritto civile. 4. L'obbligazione,* cit., p. 39.

166 Ferroni, I. *Obblighi di fare ed eseguibilità*, cit., pp. 72-73; Romeo, C. *I presupposti sostanziali della domanda di adempimento*, cit., p. 4; como también Pacifico, M. *Il danno nelle obbligazioni*, Nápoles, Jovene, pp. 101-102.

167 La precisión terminológica es de Betti, E. "Il concetto dell'obbligazione costruito dal punto di vista dell'azione", *Studi nelle Scienze giur. e soc. della R. Univ. di Pavia*, V, 1919, p. 194, ahora republicado en *Diritto sostanziale e processo*, Milán, 2006, p. 81 ss., quien explica la inadecuación del término "responsabilidad" para traducir el término alemán "Haftung", pero v. *id., Teoria generale delle obbligazioni*, II, *Struttura dei rapporti di obbligazione*, cit., pp. 28 ss.; *adde* Coviello Jr., L. *L'obbligazione negativa (Contributo alla teoria delle obbligazioni)*, Nápoles, S.I.E.M., 1931, reimpr, Nápoles, ESI, 1978, p. 4.

168 *Cfr.* Barassi, L. *La teoria generale delle obbligazioni.* I. *La struttura,* cit., pp. 43-44.

169 D'Angelo, A. *Lezioni di diritto civile. Introduzione al diritto generale delle obbligazioni*, cit., p. 121 ss.

caído en descrédito la idea conforme a la cual se le pueda conferir al derecho de crédito una forma idéntica al derecho de propiedad, con la consecuencia de concebirlo como un derecho sobre los bienes que hacen parte del patrimonio del deudor, el horizonte se ha disipado, haciendo posible una más profunda y lúcida comprensión de la relación entre la conducta debida (la prestación) y la utilidad final esperada por el acreedor (el resultado).

La verdadera diversidad entre las teorías patrimonialistas y personalistas reside, por lo tanto, en su disponibilidad para identificar o no el contenido de la deuda con el contenido del crédito. Esto se puede confirmar a partir de la circunstancia de que, por una de esas curiosas inversiones lógicas del discurso teórico, los partidarios de la teoría personal de la obligación tienden a concebir el cumplimiento del tercero como una forma de cumplimiento –claramente a la luz de una noción bastante lata[170]– o de todas maneras como un acto del todo equivalente al cumplimiento, por lo menos en lo que se refiere al resultado último[171], y, en ambos casos, como un instrumento idóneo para realizar la obligación de manera completa, y por ello tanto del lado activo como del lado pasivo; mientras que, de manera simplemente lógica, los partidarios de tal teoría deberían llegar a una conclusión diametralmente opuesta: puesto que el objeto de la obligación consiste en la prestación y el cumplimiento del tercero no coincide evidentemente con la actuación de la conducta debida por el deudor, la prestación del *solvens* no puede, por definición, cumplir la relación obligatoria en forma plena[172].

En cambio, algunos autores favorables a la concepción patrimonial del objeto del derecho de crédito, excluyen que el cumplimiento del tercero cumpla la obligación del deudor; mientras que, siempre desde el punto de vista lógico, puesto que el objeto de la obligación se identifica con el bien debido y el cumplimiento del tercero permite al acreedor precisamente obtener el resultado esperable, la prestación del *solvens* debería ser considerada idónea para cumplir del todo la relación obligatoria.

---

170 *Cfr.* Turco, C. *L'adempimento del terzo*, cit., p. 99.

171 Carpino, B. *Del pagamento con surrogazione*, cit., pp. 9-10, el cual parte de la premisa que el derecho de crédito tiene por objeto la prestación y llega a la conclusión de que el cumplimiento del tercero ofrece al acreedor un resultado que puede ser jurídicamente equivalente a aquel del deudor, lo que implica la realización del interés del acreedor y la inutilidad de la permanencia en vida del mismo.

172 Así, coherentemente, Giorgianni, M. *L'obbligazione (La parte generale delle obbligazioni)*, cit., p. 229 ss.

En efecto, la teoría patrimonialista más elaborada –aquella de Nicolò– arriba a la conclusión de que el cumplimiento del tercero, por lo general, cumple la relación obligatoria, pero no como consecuencia natural e inmediata de la prestación del tercero –como en cambio lo sostienen las teorías personalistas–, sino como fruto de la combinación de una pluralidad de efectos: la satisfacción del crédito vuelve inútil la conservación de la obligación a menos que intervenga la subrogación del tercero en los derechos del acreedor, lo que determina el surgimiento en cabeza del tercero de un derecho idéntico a aquel que tenía el acreedor, pero ya realizado, y la permanencia en vida de la deuda a cargo del deudor[173].

La singular inversión en las conclusiones a las que llegan las teorías sobre el objeto de la obligación debería contribuir a desvelar que la concepción del cumplimiento del tercero, ya sea como medio para la satisfacción del crédito, pero no también de actuación de la deuda, o como medio de actuación de ambos lados de la obligación y, por lo tanto, de la relación obligatoria de manera plena, no depende de la concepción personal o patrimonial del derecho de crédito a la cual se pretenda adherir –pues incluso, como se ha tratado de demostrar, la centralidad de tal distinción de por sí debería conducir a resultados opuestos–, sino que se relaciona directamente con el reconocimiento o no de la identidad sustancial del contenido de la deuda y del crédito. La adopción de la idea de la superposición completa entre las dos posiciones subjetivas impone, en efecto, la conclusión de que el cumplimiento del tercero, determinando sin lugar a dudas la satisfacción del derecho de crédito, no puede sino cumplir también el contenido de la obligación, que del objeto del crédito representa la proyección especular.

En sentido diametralmente opuesto, el reconocimiento de la diversidad de contenido entre deuda y crédito, y de la consiguiente posibilidad de disociar entre la actuación del contenido del uno y la realización del objeto del otro, permite concebir el cumplimiento del tercero como una hipótesis de satisfacción del interés del acreedor sin el respectivo cumplimiento de la deuda. Esta es la orientación de una reconstrucción dogmática más rigurosa, la cual, en efecto, reconoce en el cumplimiento del tercero una forma de satisfacción del crédito equiparada por la ley a la obtención del resultado debido a través de la realización de la obligación de parte del deudor[174]. Una forma de realización del crédito –véase bien– del todo desvinculada de la actuación de la obligación

---

173 NICOLÒ, R. *L'adempimento dell'obbligo altrui*, cit., p. 91 ss., en part., p. 100.

174 MENGONI, L. "L'oggetto della obbligazione", cit., p. 182, como también PUGLIATTI, S. *Diritto civile* (saggi), Milán, Giuffrè, 1951, p. 588, e *id.*, *Esecuzione forzata e diritto sostanziale*, Milán,

y concebible precisamente gracias a la distinción conceptual entre estas dos posiciones subjetivas, de donde se desprende una consecuencia ulterior conforme a la cual la correlación funcional entre deuda y crédito no afecta la identidad de los dos términos de la relación. Ciertamente esta conclusión parece admisible, pero con una precisión dogmática de no poca monta: la eventual extinción de la relación obligatoria que sigue a la realización del crédito a través del cumplimiento del tercero no está vinculada con la inutilidad sobrevenida de la deuda a cargo del deudor provocada por la satisfacción del interés del acreedor[175], sino que es la consecuencia directa de la disolución del nexo de correlación funcional entre deuda y crédito, suficiente como para instaurar un ligamen de interdependencia entre las dos situaciones jurídicas subjetivas en virtud del cual estas *simul stabunt simul cadent*.

II. LA DIVERSIDAD EN EL CONTENIDO DE LA DEUDA Y EL DERECHO DE CRÉDITO Y LA INDIVIDUACIÓN DEL CUMPLIMIENTO

A la luz de esta precisión, es posible delinear con mayor detalle los caracteres de la relación obligatoria: el derecho de crédito tiene un objeto diferente del contenido de la deuda y ese objeto se identifica con el bien debido o, más en general, con la utilidad obtenida gracias al reconocimiento del derecho de crédito; mientras que el contenido de la deuda se identifica con la conducta debida, o sea, con el empeño de *poiesi* del deudor dirigido a permitir la adquisición del bien o de la utilidad que le corresponden al acreedor. Sin embargo, no es legítimo inferir de la diversidad de contenidos recientemente expuesta, la autonomía entre crédito y deuda, pues esta sería refutada por el hecho de que la unidad sustancial de las dos posiciones subjetivas se recupera en el interior de la relación jurídica[176] dentro de la cual asumen un significado y

---

Giuffrè, 1935, 10, 129; Nicolò, R. *L'adempimento dell'obbligo altrui*, cit., p. 90; Falzea, A. *L'offerta reale e la liberazione coattiva del debitore*, Milán, Giuffrè, 1947, rist, 2011, p. 22.

175 Giorgianni, M. *L'obbligazione (La parte generale delle obbligazioni)*, cit., p. 229; Breccia, U. *Le obbligazioni*, cit., p. 438, quien sin embargo se muestra escéptico con relación a la idea de la escisión de la suerte del crédito respecto de aquella de la deuda y considera el cumplimiento del tercero una de las hipótesis de extinción satisfactoria de la obligación por medio de una vicisitud que no forma parte de la normal actuación de la relación.

176 Sobre el punto *cfr*, recientemente, Di Giandomenico. G. "La lesione del rapporto giuridico", *Rivista del diritto commerciale e del diritto generale delle obbligazioni*, 2008, I, pp. 625 ss., en part., pp. 630-633.

por fuera de ella perderían su significado, teniendo en cuenta además que la figura jurídica de la obligación presupone ambas posiciones hasta el punto de identificarse con ellas tanto desde el punto de vista conceptual como desde el punto de vista semántico. En la doctrina italiana el reconocimiento de la esencia de la obligación en la relación entre ambos elementos ha sido examinada sobre todo por Carlo Castronovo, quien, en un escrito en honor a Adolfo di Majo, ha desarrollado este concepto a partir de la hipótesis de relaciones obligatorias desprovistas de deber de prestación, llegando a considerar que el común denominador de cualquier relación obligatoria –precisamente su esencia– no es la prestación, la cual incluso podría llegar a faltar, sino su carácter relacional:

> Como matriz de calificación del ubicarse recíprocamente un sujeto frente al otro y considerando al otro. Carácter relacional que, en el momento en el cual identifica la obligación, con o sin prestación, se revela como el aspecto constante, el marco dentro del cual la prestación solo se configura como una variable posible. De donde la relación obligatoria no es más en su esencia obligación de prestación sino aquella relación constante (*konstante Rahmenbeziehung*), teorizada por Herholz y acogida por Mengoni[177].

---

177 Castronovo, C. "La relazione come categoria essenziale dell'obbligazione e della responsabilità contrattuale", *Europa e diritto privato*, 2011, p. 66. La obra de Felix Herholz a la que se refiere Castronovo es Herholz, F. "Das Schuldverhältnis als konstante Rahmenbeziehung", *Archiv für die civilistische Praxis*, 130, 1929, p. 257 ss. La reflexión de Castronovo continúa precisando que «en la idea originaria, en efecto, la constancia quería significar la permanencia de la obligación después del incumplimiento, aunque con objeto mutado, no pudiendo ser más la prestación originaria sino aquella del resarcimiento del daño. En cambio, en la transposición de significado aquí propuesta, la relación obligatoria se constituye *ex lege*, después del contacto social calificado, como conjunto de obligaciones funcionales a un fin, cual es la actuación de la relación misma como cumplimiento de la obligación de prestación. Este último nace cuando exista un acto de autonomía que lo genera; pero no necesariamente, dado que tal acto puede no llegar a existir nunca como en el caso de tratativas precontractuales que han fracasado, o haberse frustrado por la invalidez o la caducidad del acto de autonomía o por la extinción de la obligación de prestación por una de las causas previstas por la ley. Hablo de obligaciones funcionales y ya no accesorias, precisamente porque tal función accesoria solo puede ser predicada cuando existe una obligación de prestación, que, en cambio, como estamos diciendo, no surge necesariamente o, incluso se ha extinguido, no comporta la automática extinción de las obligaciones llamadas accesorias. Bajo esta óptica el elemento que vuelve permanente (*konstante*) la relación no está constituido por la obligación de prestación, el cual justamente por definición tiene una duración inferior a aquella de la relación en su conjunto, sino esta última, aquella que viene distinguida como relación jurídica fundamental".

Por lo tanto, encuentra plena legitimación la elección del derecho positivo italiano que asume y disciplina la obligación ya no como posición deudora ni como posición acreedora, sino como relación jurídica. En efecto, no hay duda de que el Título I del Libro IV del código civil custodia el estatuto de la relación obligatoria plena, y no solamente su lado pasivo.

En el interior de la relación obligatoria se reproduce la síntesis del crédito y de la deuda, o sea del resultado y el comportamiento instrumental, y se ciñe entre las dos situaciones jurídicas aquel nexo de correlación pero no de identidad, a la luz del cual adquiere pleno sentido la enseñanza conforme a la cual

> "la obligación tiende no solo al acto del deudor como tal, sino al acto con respecto al resultado que debe producirse mediante ese acto" (cit. de Windscheid, n.d.a.). El comportamiento del deudor no es idóneo, por sí mismo, para satisfacer el interés del acreedor, sino solo a través del resultado frente al cual se coloca: la producción de ese resultado es aquello que le interesa al acreedor. De ahí que no debiera haber dificultad para reconocer que el contenido de la obligación no tiene por causa un fin sino que es un medio para un fin[178].

En efecto, no existen obligaciones que no tengan por objeto la producción de un resultado[179] y en la relación medios-resultado adquiere forma la atracción entre el interés tutelado del acreedor y la actividad creadora del deudor: y es en esa relación armoniosa entre conducta y resultado que está contenida la esencia de la obligación, su rasgo característico, más todavía de cuanto lo sea la cooperación entre las partes[180]. La esencia del nexo de correlación y de no

---

178 MENGONI, L. "L'oggetto della obbligazione", cit., p. 168.

179 MENGONI, L. "Obbligazioni 'di risultato' e obbligazioni 'di mezzi' (Studio critico)", cit., pp. 188-189, y ahora en *Scritti*. II. *Obbligazioni e negozio*, a cargo de Castronovo, C., Albanese, A. y Nicolussi, A., cit., pp. 144-145; pero v. también DI MAJO, A: *Delle obbligazioni in generale*, cit., pp. 100, 105 ss., quien precisa que «punto de referencia del interés del acreedor es *la prestación del deudor*, ya sea definida, en su aspecto subjetivo, *como comportamiento* tendiente a hacer obtener al acreedor un determinado *resultado* o, en su aspecto objetivo, como bien o utilidad o resultado». Sobre este punto permítase el reenvío a PIRAINO, F. "Obbligazioni 'di risultato' e obbligazioni 'di mezzi' ovvero dell'inadempimento incontrovertibile e dell'inadempimento controvertibile", cit., p. 83 ss., en part. pp. 111 ss., 133 ss.; *id., Adempimento e responsabilità contrattuale*, cit., p. 509 ss., en part. p. 535 ss.; pero v. de nuevo *id.*, "Corsi e ricorsi delle obbligazioni "di risultato" e delle obbligazioni "di mezzi": la distinzione e la dogmatica della sua irrilevanza", cit., p. 891 ss.

180 El concepto de cooperación se encuentra en el centro de la descripción de la relación obligatoria ofrecida por BETTI, E. *Teoria generale delle obbligazioni*, I, *Prolegomeni: funzione*

equivalencia entre deuda y crédito también se observan en aquella autorizada lectura unitaria de la relación obligatoria que, en contraposición respecto de la tradición, asumen el punto de vista del lado activo de la relación[181] y, por lo tanto, reconocen directamente en el crédito aquella síntesis de medios y resultado que aquí en cambio se ha puesto en el interior de la relación obligatoria sobre el presupuesto de la diversidad de contenido de deuda y crédito. En esta perspectiva unitaria, que parte del derecho de crédito, se distingue el contenido del objeto a partir de aquel. El primero coincide con la pretensión del acreedor respecto del deudor y por consiguiente describe tanto el momento instrumental de la prestación como su terminación, representada por el resultado final[182]. Por el contrario, el segundo, se vincula al interés del acreedor hasta el punto de que resulta lícito identificar el objeto del crédito con el objeto de tal interés, que consiste en la utilidad que el acreedor puede legítimamente esperar, de modo que el objeto del derecho de crédito termina por designar precisamente el bien debido[183].

En la perspectiva de la relación obligatoria, que aquí se prefiere, la estructura necesariamente relacional entre deuda y crédito adquiere forma, en el ámbito de la figura concreta, precisamente en aquel vínculo de correlación funcional que determina su natural predestinación a confluir en el marco unitario de la obligación como relación[184]. ¿Cuál es entonces el significado de la diversidad de contenido predicada? Esa permite concebir la posibilidad de que la suerte de las dos posiciones subjetivas relacionadas diverja y que, por lo tanto, el crédito se satisfaga prescindiendo de la actuación de la obligación y, a su vez, que esta última permanezca en vida a pesar de que el primero haya sido satisfecho. Y en el plano que aquí más interesa, la consecuencia última de esta sistematización dogmática consiste en el hecho de que no es en cambio

---

economico-sociale dei rapporti d'obbligazione, cit., p. 9 ss.; *id.*, *Teoria generale delle obbligazioni*, II, *Struttura dei rapporti d'obbligazione*, cit., p. 49.

181 Ferri, G. B. *Il negozio giuridico*, 2.ª edición, Padua, Cedam, 2004, p. 159 ss.

182 *Ibidem*, cit., p. 159. En cambio, no es igualmente aceptable la afirmación de la completa identidad entre contenido de la obligación y contenido del crédito (*ibidem*, pp. 159-160), reiterada sobre la base de la enseñanza de Barassi, L. *La teoria generale delle obbligazioni*. I. *La struttura*, cit., p. 15, según el cual "la 'obligación' del 'deudor' no es nada distinto que la expresión correlativa de aquella señoría, es decir del derecho de crédito".

183 Ferri, G. B. *Il negozio giuridico*, cit., pp. 159-160, quien, más adelante en el estudio, reproduce la distinción entre contenido y objeto en el campo del negocio jurídico.

184 También Corrias, P. *Garanzia pura e contratti di rischio*, cit., pp. 38-39, reconoce que la estructura de la obligación puede ser correctamente representada solo como una relación.

posible suponer un cumplimiento sin satisfacer el interés del acreedor y dicha conclusión se justifica a la luz de la necesaria instrumentalidad de la conducta respecto del resultado debido. O puede suceder también que el contenido de la obligación se produzca pero que no se obtenga la satisfacción del interés del acreedor – como por ejemplo en el caso de una oferta formal seguida por un depósito irrevocable *ex* art. 1210, inciso 2, c.c. it. o de la realización de la prestación al acreedor aparente prevista en el art. 1189 c.c.it – caso en el cual no se tendrá cumplimiento[185].

De ello se desprende que el cumplimiento se revela como una categoría de la relación obligatoria completa y no solo del deber del deudor[186], lo que no debe sorprender demasiado teniendo en cuenta solamente el canon metodológico que predica la existencia de un estrecho vínculo entre efecto jurídico y hecho, en virtud del cual el primero es calculado sobre la base del interés que cobra vida en el segundo[187]. El interés que surge del hecho que se encuentra sobre la base de un vínculo obligatorio, consiste en la obtención por parte del acreedor de una utilidad dirigida a producirse por la actividad creadora del deudor: resultado y medios están correlacionados, pero el primero ejerce un efecto de atracción de tal magnitud sobre la relación, que se puede llegar a descartar que exista cumplimiento si no hay realización del interés del acreedor, con la condición de que ese efecto haya sido propiciado por la cooperación del deudor[188].

Dentro del horizonte dogmático aquí delineado también es posible afrontar otro nudo tradicional alrededor del cual generaciones de estudiosos de las obligaciones han convergido y divergido: el objeto del derecho de crédito[189].

---

185 MENGONI, L. "*L'oggetto della obbligazione*", cit., p. 174 ss.

186 Lo aclara *ibidem*, cit., 175 nota 1, siguiendo a "P. Kretschmar, Beiträge zur Erfüllungslehre", *Jherings Jahrbücher für die Dogmatik des heutigen römischen und deutschen Privatrechts*, 85, 1935, 184 ss., en part. 210-211, 224.

187 *Cfr.* Recientemente SCALISI, V. "Regola e metodo nel diritto civile della postmodernità", cit., pp. 303 ss., siguiendo a su maestro FALZEA, A. "Efficacia giuridica", en *Ricerche di teoria generale del diritto e di dogmatica giuridica*. II. *Dogmatica giuridica*, Milán, Giuffrè, 1997, pp. 62 ss.

188 Esto es lo que he sostenido en el estudio sobre "L'adempimento del terzo e l'oggetto dell'obbligazione", cit., pp. 330-331. El mismo enfoque es seguido por ALBANESE, A. *Il rapporto obbligatorio: profili strutturali e funzionali*, cit., pp. 3-4, pp. 43 ss.

189 Es singular, y tal vez indicativo de un cierto desinterés en los estudios más recientes sobre la obligación, que el último tratado en orden cronológico dedicado en Italia a la relación obligatoria (GAMBINO, F. *Le obbligazioni*. 1. *Il rapporto obbligatorio*, cit., pp. 8 ss.) no se detenga

A la comprensión del derecho de crédito como el derecho a la prestación del deudor, que se remonta a la tradición romana y ya no obviamente sobre la persona del deudor[190], como también a la reformulación de Savigny consistente

---

sobre la cuestión del objeto del derecho de crédito, y esto es incluso más impresionante si se tiene en cuenta el valor, en general, bueno de la obra y de una cierta ambición intelectual que la invade, además del prestigio de la posición editorial.

190 En el derecho romano antiguo la sujeción personal del *obligatus* al acreedor era atribuida al *nexum*. El *nexum* es una figura bastante misteriosa, de la que es posible, con un cierto margen de seguridad, afirmar solamente el carácter de *gestum per aes et libram* y la sustancia del fenómeno que consiste en la adquisición, mediante el peso del *aes rude*, de un derecho de parte del sujeto activo destinado a ejercerse sobre la persona del *nexus*, sometido a constricción material, "donde el sujeto, caía en un estado de prisión de hecho, y posiblemente pagaba la deuda con su trabajo" (Brasiello, U. "Obbligazione (diritto romano)", en *Novissimo Digesto italiano*, xi, Turín, utet, 1965, p. 557; *cfr.* también Vincenti, U. *Obbligazioni, contratti, illeciti civili*, en Cantarella, E., Cappellini, P., Marotta, V., Santalucia, B., Schiavone, A., Spagnuolo Vigorita, T. y Vincenti, U., *Diritto privato romano. Un profilo storico*, a cargo de Schiavone, A., Turín, Einaudi, 2003, pp. 351-352). En realidad, reina una profunda incertidumbre sobre los efectos del *nexum* y, en particular, sobre la forma de sometimiento, si efectiva e inmediata o solo potencial, aunque no existan elementos textuales idóneos para legitimar la idea de un estado de pendencia del sometimiento destinado a actualizarse solamente al momento de la frustración de la expectativa del sujeto activo de la relación. Talamanca, M. "Obbligazioni (diritto romano)", en *Enciclopedia del diritto*, xxix, Milán, Giuffrè, 1979, p. 6 nt. 35, considera que "se atribuye a los operadores del derecho de aquella época remota una capacidad excesiva en el sentido de las sutiles diferenciaciones, cuando se piensa en las *operae* como al 'objeto' del *nexum*. Por la mentalidad pre-decenviral, si el problema hubiese podido plantearse, el único "objeto" posible habría sido la persona del *nexus* mismo". Sin embargo, el autor es escéptico sobre la incidencia que el *nexum* habría tenido en el surgimiento de la obligación contractual. Diversa es la opinión de Pacchioni, G. "Il concetto dell'obbligazione", *Rivista del diritto commerciale e del diritto generale delle obbligazioni*, 1924, i, 211 ss., quien en cambio considera necesario partir precisamente de la noción de *nexum* ofrecida por Q. Mucio Scaevola y retomada por Varrón, un erudito del siglo i a. C., en un paso del *de lingua latina*, vii, 5, 105, para remontarse a la concepción de la obligación del derecho clásico, partiendo de la base que, "dada [...] la fuerte persistencia de los conceptos jurídicos, este texto aunque se refiere a la más antigua *obligatio* romana, puede servir considerablemente para aclarar el concepto de la obligación de la época clásica". Este es el paso de Varrón, planteado sobre la contraposición entre la opinión de Manilio y la opinión de Q. Mucio Scaevola, finalmente acogida en el *de lingua latina*: "Nexum Manilius scribit omne quod per libram et aes geritur, in quo sint mancipia: Mucius quae per aes et libram fiant ut obligentur, praeter quae mancipio dentur. Hoc verius esse ipsum verbum ostendit de quo quaerit; nam id est quod obligatur per libram 'neque suum fit', inde nexum dictum". Asimismo, Varrón ofrece la preciosa definición de *nexus* transmitida por las más antiguas fuentes jurídicas romanas, según la cual "liber qui suas operas in servitutem pro pecunia quam debebat, dum solveret, nexus vocatur ut ab aere obaeratus". De tal definición Pacchioni pretende extraer algunos datos decisivos para poder individuar la naturaleza del

en la señoría sobre los singulares actos del deudor[191], se contrapone –como ya se anticipó– la concepción del crédito como derecho a satisfacerse sobre

---

vinculum iuris instaurado por el *nexum*: tal *vinculum* se traducía en un estado de sometimiento físico del deudor, al cual correspondía un derecho del acreedor sobre el cuerpo del deudor, y más en particular, sobre sus *operae*, con el fin de obtener del deudor sometido el dinero que le debe. La particularidad reside en la circunstancia de que el derecho del acreedor aparece, por lo tanto, netamente distinto, si no incluso contrapuesto, respecto del deber o débito del deudor, por consiguiente, en su más antigua definición, el *nexum* se presenta como un estado de sometimiento físico de una persona con fines de garantía del cumplimiento de una deuda "y si es así, no se puede negar que sea una relación diversa y distinta de la deuda misma, y más precisamente una relación autónoma, pero instrumental, es decir, constituida con el fin de asegurar de mejor forma al acreedor aquello que a él le era debido de otra manera". Sobre la escisión de los dos elementos del *debitum* y de la *obligatio* en las últimas definiciones mencionadas por Varrón, *cfr.* también MARCHI, A. "Le definizioni romane dell'obbligazione", *Bullettino dell'Istituto di diritto romano*, 1917, p. 58. VINCENTI, U., *ibidem*, destaca que de las palabras de Quinto Mucio emerge la idoneidad del *nexum* para constituir *obligationes*, mientras que a diferencia de la configuración originaria resulta del todo obliterado el efecto del sometimiento del *mancipium*, lo que puede representar una huella de la transformación del vínculo, de material en ideal, o mejor en un vínculo jurídico, en el cual el sometimiento no afecta más directamente la persona del deudor, sino que se traduce en la exposición a la *actio in personam*. Como se sabe, el *nexum* fue abolido por la célebre *lex Poetelia*, recibida como una gran intervención de reforma social y económica, la cual estableció, que, para el futuro, solo pudieran ser sometidos como garantía de la deuda los bienes del deudor más no su cuerpo.

191 VON SAVIGNY, F. C. *System des heutigen römischen Rechts*, I, Berlín, Veit, 1840-1949, trad. it. de V. Scialoja, *Sistema del diritto romano attuale*, Turín, Unione tipografico-editrice, 1886-1898, § 53, 339-340: "la primera relación en la que nos podemos encontrar con una persona es aquella en la cual esa se encuentra subordinada, de manera similar a las cosas, a nuestra voluntad, y está por lo tanto sujeta a nuestro dominio. Si este dominio fuera absoluto, no sería concebible en quien se encuentra sometido, la existencia de libertad y personalidad; este dominio nuestro ya no caería sobre una persona, sino sobre una cosa, nuestro derecho sería el de propiedad sobre un hombre, tal como en realidad era la relación de esclavitud en el derecho romano. Pero si así no debe ser, si nosotros preferimos que se trate de una relación jurídica particular, que consista en el dominio sobre una persona sin que se aniquile su libertad, en consecuencia, que eso sea similar a la propiedad pero al mismo tiempo diferente de esa; este dominio no podrá necesariamente extenderse a la totalidad de la persona, sino que estará limitado solamente a un solo acto de la misma; entonces ese acto se sustrae de la libertad del agente, por lo que es considerado sometido a nuestra voluntad. Una relación de dominio de este tipo sobre un particular acto de una persona es llamada *Obligación*. Esta tiene naturaleza similar a aquella de la propiedad, no solo porque ambas constituyen una extensión del dominio de nuestra voluntad sobre una porción del mundo exterior, sino también por otros aspectos más especiales: en primer lugar en cuanto la obligación puede estimarse en una suma de dinero, lo que no es cosa distinta que una modificación de la obligación en propiedad, por el dinero; en segundo lugar en cuanto la mayor parte de las obligaciones, y

el patrimonio del deudor y por lo tanto, en últimas, como derecho sobre los bienes de este último.

Ambas nociones son inadecuadas. La segunda porque trata de calcar el modelo propietario de la señoría sobre los bienes y, de esta manera, deforma la materia en vez de proveerla con un encuadramiento respetuoso de sus características. Baste pensar que esta definición de crédito no se preocupa por individuar los poderes y las facultades del acreedor en la fase fisiológica de la relación obligatoria, o sea durante la espera del cumplimiento, prefiriendo adoptar la perspectiva exclusiva de la violación del vínculo y de los poderes que, en caso de incumplimiento, el ordenamiento le reconoce al titular del derecho. No menos parcializada se presenta la primera noción: el derecho a la prestación se revela como una fórmula vacía que no aclara cuales sean las prerrogativas concedidas al titular del derecho. Emblemática de esa incongruencia denunciada es la definición de crédito que se lee en uno de los tratados sobre las obligaciones, más célebres en Italia, aquel de Massimo Bianca: "el crédito es el derecho al cumplimiento, es decir el derecho del acreedor a la ejecución de la prestación debida"[192]. Esa definición se presenta como una nueva propuesta de la teoría personalista de la obligación, en la variante representada por la teoría del comportamiento debido[193], lo que se puede confirmar a partir de la sucesiva identificación del objeto de la obligación con la prestación[194]. Sin embargo, el influjo de las teorías patrimonialistas ha provocado una recuperación de la dimensión finalista en la postura de Bianca, actuando sobre la noción de prestación, entendida en sentido demasiado lato como para no restringirla solamente a la conducta debida sino a la realización de la finalidad esperada por el acreedor, con tal de que esta se presente como efecto imputable al deudor[195].

---

las más importantes de esas, no tienen otro fin, que aquel de conducir a la adquisición de la propiedad o al disfrute temporal de esa".

192 Bianca, M. C. *Diritto civile. 4. L'obbligazione*, cit., p. 28.

193 En Italia tiene amplio apoyo la teoría del comportamiento debido: *cfr.* Barassi, L. *La teoria generale delle obbligazioni. I. La struttura*, cit., p. 50 ss.; Giorgianni, M. *L'obbligazione (La parte generale delle obbligazioni)*, cit., p. 213 ss.; Rescigno, P. "Obbligazioni (diritto privato)", cit., pp. 184-185.

194 Bianca, C. M. *Diritto civile. 4. L'obbligazione*, cit., pp. 32-33.

195 *Ibidem*, 40: "El acreedor tiene derecho a la prestación del deudor en el sentido de que la realización de la finalidad prevista debe ser un efecto jurídicamente imputable al deudor, consistiendo, según los casos, en una actividad del obligado o de su organización o en un resultado que se vuelve posible por su iniciativa o por su situación jurídica".

Esta formulación es discutible por una pluralidad de razones. En primer lugar, porque la noción de prestación que emerge se alarga demasiado, hasta el punto de sobrepasar el área de las conductas humanas, abrazando también la sola finalidad jurídicamente atribuible a la esfera del deudor, pero desvinculada de su actividad *poietica*, como en el caso de la prestación de garantía. En segundo lugar, porque al incluir la realización de la finalidad en la prestación descuida el elemento decisivo en virtud del cual con frecuencia – e incluso en términos estructurales en algunas tipologías de obligación – la realización del resultado debido no depende solamente del deudor sino también de la cooperación del acreedor e incluso algunas veces también de factores externos no susceptibles de ser dominados por el deudor, pero incluidos en el área de los riesgos que este ha asumido. En tercer lugar, porque la noción de derecho de crédito examinada parece prisionera del *iuris praeceptum* que pretende una simetría perfecta de contenidos entre deuda y crédito y, en efecto, el asunto es que «aquello que es debido por el deudor determina aquello que corresponde al acreedor»[196]. Para comprender el aspecto teleológico en la obligación, confiriendo relevancia a la utilidad final a la cual esa está orientada, sin desmentir el axioma de la identidad de contenido de deuda y crédito, Bianca se ve constreñido a introducir el enfoque de la finalidad en la prestación, desnaturalizando, sin embargo, su contenido[197].

Más allá de estas perplejidades dogmáticas, la posición examinada es interesante bajo otro aspecto: pues como todas las concepciones del crédito como derecho a la prestación, esa definición termina por vaciar el contenido del derecho, reduciéndolo en la fase fisiológica a una posición de ventaja sustancialmente inactiva, identificada con la pretensión al cumplimiento. De esta manera escapan del contenido del crédito facultades y poderes sustanciales, en cuanto los únicos poderes reconocidos al acreedor se activan solamente en caso de incumplimiento –o de peligro de incumplimiento– y consisten en los respectivos remedios[198].

---

196 Bianca, C. M., cit., p. 39.

197 La posición de Bianca es compartida por D'Angelo, A. *Lezioni di diritto civile. Introduzione al diritto generale delle obbligazioni*, cit., pp. 126-127.

198 Bianca, C. M. *Diritto civile. 4. L'obbligazione* cit., p. 38: "la figura del derecho de crédito sirve más que todo para comprobar que hay derechos que no consisten en un poder sino en una pretensión (derecho relativo), y que la noción de derecho subjetivo se traza en general como posición de ventaja tutelada directamente por el ordenamiento".

Precisamente sobre la base de esa consideración, Domenico Barbero ha llegado a excluir al crédito del área de los derechos subjetivos, calificándolo como una expectativa tutelada, o sea como la confianza en la prestación ajena[199]. Ahora una hipótesis así peca por extremismo y debe ser rechazada[200]; pero queda la debilidad del enfoque conceptual que concentra los poderes del acreedor solamente en la dimensión de los remedios. En sentido contrario respecto de las conceptualizaciones del crédito como posición de ventaja, pero caracterizada por su inercia[201], debe afirmarse que en la fase fisiológica al derecho de crédito no le faltan poderes ni facultades predispuestas para favorecer la obtención –naturalmente no directa– del bien o del servicio esperado[202].

---

199 BARBERO, D. "Il diritto soggettivo", *Foro italiano*, 1939, IV, p. 1 ss., y ahora en *Studi di teoria generale del diritto*, Milán, Giuffrè, 1953, 132 ss.; *id.*, "Il credito nel sistema dei rapporti giuridici", *Jus*, 1942, p. 1 ss., ahora en *Studi di teoria generale del diritto*, cit., 143 ss. En el mismo sentido v. GARBAGNATI, E. *La sostituzione processuale nel nuovo codice di procedura civile*, Milán, Giuffrè, 1942, 28, pp. 70-71.

200 En sentido crítico respecto de la posición de Barbero *cfr.* NATOLI, U. *Il diritto soggettivo*, Milán, Giuffrè, 1943, 96 ss., quien trata de conciliar la idea del derecho subjetivo como *agere licere* con la calificación del crédito como derecho subjetivo, identificando el contenido del derecho de crédito en la pretensión entendida como facultad de "provocar una actividad de otro sujeto, titular de una situación complementaria de obligación" (*ibidem*, 76); GUARINO, G. "Potere giuridico e diritto soggettivo", en *Rassegna di diritto pubblico*, 1949, pp. 314-315, reed, Nápoles, Jovene, 1990; COMPORTI, M. *Contributo allo studio del diritto reale*, Milán, Giuffrè, 1977, pp. 66-67; y recientemente RESTIVO, C. *Contributo ad una teoria dell'abuso del diritto*, Milán, Giuffrè, 2007, pp. 61 ss.

201 PUGLIESE, G. *Actio e diritto soggettivo*, Milán Giuffrè, 1939, reimpr, Nápoles, Jovene, 2006, p. 51 habla de impotencia del acreedor: "el único poder, en el cual puede materializarse el derecho de crédito, es el poder de aplicar o exigir la aplicación de la sanción; respecto de la verdadera y propia observancia de la norma, el acreedor es impotente". Al respecto, no debe olvidarse el refinado esquema conceptual elaborado por GUARINO, G. "Potere giuridico e diritto soggettivo", cit., p. 238 ss., quien individua tres situaciones de ventajas elementales: el derecho subjetivo, la pretensión y el interés legítimo. Mientras el derecho subjetivo consiste en una situación activa, un *agere licere* que autoriza al titular a un comportamiento futuro, la pretensión se presenta como una situación inactiva que tiene por objeto un comportamiento debido por otro, no atribuyendo al titular algún instrumento útil para provocar la actuación de tal conducta y poniéndolo, por lo tanto, en una posición de mera espera (*ibidem*, 265 ss.).

202 RESTIVO, C. *Contributo ad una teoria dell'abuso del diritto*, cit., pp. 61-62, adhiere a la concepción del derecho de crédito como situación compleja que ve, al lado de la pretensión, reconocida al acreedor "una serie de facultades y de poderes que acceden a la pretensión, la asisten y, en cierto modo, aseguran su realización. Piénsese en el poder de activar uno de los medios de conservación de la garantía patrimonial [...]; al poder de disponer del crédito, cediéndolo (art. 1260 c.c. it) condonándolo (art. 1236 c.c. it); al poder de oponer la excepción de compensación (art. 1242 c.c. it) o la excepción de incumplimiento (art. 1460 c.c. it); o,

Para este fin es necesario aprovechar la, varias veces señalada, diversidad de contenido entre deuda y crédito y su correlación funcional también en el terreno de la individuación del contenido del derecho de crédito. Este último se compone de dos aspectos que se encuentran relacionados entre sí: por una parte, el crédito confiere al titular la legitimación para adquirir el bien o el servicio que debe ser realizado por el deudor con su propia prestación[203]; y, por otra parte, el crédito confiere al titular la facultad de controlar *in itinere* el desarrollo de la prestación y rechazar la prestación inexacta o incorrecta, como también el poder de exigir la prestación y de solicitar al deudor que se resiste a cumplir o tarda en hacerlo, mediante actos de presión psicológica como la constitución en mora, provocando de esta manera el endurecimiento del vínculo previsto por el art. 1221 c.c.it.

---

más simplemente, a la mera facultad de exigir al deudor el cumplimiento de la prestación, aunque sea amenazando –si es necesario– con el ejercicio de los derechos reconocidos por la ley precisamente para tutelar el crédito propio".

203 Bajo esta perspectiva, es indiscutible que el derecho de crédito tenga por objeto la obtención del bien debido: *cfr.* NICOLÒ, R. *L'adempimento dell'obbligo altrui*, cit., p. 60 ss. y MENGONI, L. "L'oggetto della obbligazione", cit., pp. 177-178. El enfoque de Mengoni es particularmente agudo: "ciertamente el interés tutelado no representa el contenido del derecho de crédito, sino sobre todo un elemento de la situación obligatoria: baste pensar (art. 1174 c.c. it) que el interés en sí mismo también puede ser de naturaleza no patrimonial, mientras que la obligación es una relación típicamente patrimonial. Pero, a través del proceso de calificación formal, el fin del interés tutelado (fin en sentido subjetivo) se objetiva como función jurídicamente esencial del comportamiento debido, de modo que la realización del interés se vuelve propiamente el objeto (o contenido) del correspondiente derecho. Como el concepto de fin se convierte lógicamente en el concepto de bien, también podemos decir que objeto del derecho de crédito es el bien, que el comportamiento obligatorio tiende a procurar. Pero el bien, sobre el cual subyace la obligación, es una categoría completamente diversa de aquella prevista en el art. 810 c.c.it . Esa introduce un paralelismo puramente nominal con los derechos reales: baste pensar que desde nuestro punto de vista son bienes también los servicios, mientras que la ley, desde el punto de vista del art. 810 c.c.it, opone los servicios a los bienes. En la obligación de entregar un cuadro, objeto del derecho de crédito, no es el cuadro como tal es decir una cosa, sino en cambio el resultado (a realizar) consistente en la adquisición de la posesión o de la detentación del cuadro. En las obligaciones de restitución, objeto del derecho del acreedor (comodante, depositante, etc. en cuanto tales) no es la *res*, sino *rem restitui* (resultado concerniente a la *res*)". En la misma línea se coloca sustancialmente BETTI, E. *Teoria generale delle obbligazioni*, II, *Struttura dei rapporti d'obbligazione*, cit., p. 133 ss., quien no identifica el objeto del derecho de crédito con el bien debido, sino con la prestación en sí, es decir, con la prestación entendida no como comportamiento de cooperación debido, sino como utilidad objetiva.

Las características de la concepción moderna de la obligación han sido indicadas con particular eficacia por Emilio Betti:

> En la obligación moderna –dada la adecuación entre deuda y responsabilidad– naturalmente ha venido a destacarse en forma neta un elemento que en la obligación romana había quedado obnubilado por la preponderancia decisiva de la responsabilidad sobre la deuda. Queremos decir la *destinación económico-social de la obligación*. Un indicio elocuente, que también a este respecto, se observa entre la concepción moderna y la concepción romana de la obligación, se encuentra en la terminología. Los Romanos hablan de *solutio* o de *liberatio*: lo que significa disolución de un vínculo, liberación de una responsabilidad: expresiones estas negativas, que designan solamente el *fin* de un estado preexistente y se refieren al momento de la responsabilidad: fin, que en su origen no constituía todavía una obligación, sino una *carga*. Nosotros, los modernos, hablamos por el contrario de "cumplimiento" o de "pago", expresiones positivas que designan el cumplimiento de una destinación, la satisfacción de una exigencia, en suma, la obtención del fin establecido de la obligación: expresiones, ambas, concernientes al momento del deber-tener[204].

La última etapa del recorrido que ha llevado a la incorporación del bien debido al lado de la prestación dentro del objeto de la obligación, gracias al reconocimiento de la diversidad de contenidos entre crédito y deuda y a su vínculo en el interior de la relación jurídica, que los liga en una unidad funcional, está representada por la progresiva afirmación de la tutela *in natura* al lado de la tutela por equivalente pecuniario[205]. El plano de las tutelas influye en la definición del alcance de la posición sustancial, al menos tanto como esta incide sobre la configuración de la primera. Este condicionamiento recíproco constituye ahora un dato adquirido a partir de la reflexión sobre la obligación, y trae a la mente la importancia que ejercen las reglas sobre la responsabilidad

---

204 Betti, E. *Teoria generale delle obbligazioni*, II, *Struttura dei rapporti d'obbligazione,* cit., p. 134.

205 Lo señala, con su habitual perspicacia, Rescigno, P. "Obbligazioni (diritto privato)", cit., 185: "Sin embargo, la crítica a las doctrinas 'patrimoniales', en las diversas formulaciones de la idea del 'bien debido' visto como objeto de la relación obligatoria, y el favor manifestado por la concepción 'personal', no impiden señalar la progresiva tendencia del sistema a ampliar las hipótesis y a idear nuevas formas de tutela 'real' del crédito, en el sentido de favorecer una satisfacción del acreedor consistente en el 'bien' específico implicado en la relación, y ya no en el mero resarcimiento de los daños".

patrimonial y los instrumentos de ejecución forzada en el surgimiento del rol de la utilidad final, dentro del ámbito de las mencionadas teorías patrimonialistas de la obligación. Al final de un lento recorrido se ha venido afirmando la posibilidad para el acreedor insatisfecho de reaccionar ante el incumplimiento exigiendo la prestación incumplida o la corrección de aquella ejecutada de manera inexacta, o sea exactamente aquello que el propio derecho le reconoce y que el incumplimiento de la deuda le ha impedido. El remedio previsto para ofrecer esta tutela en forma específica es el llamado cumplimiento *in natura*, consagrado en primer lugar en las construcciones teóricas de la doctrina[206] y en el derecho aplicado por la jurisprudencia, gracias a un trabajo intersticial conducido entre las normas de la disciplina general de la obligación y del contrato (en Italia más que todo los arts. 1218 ss. c.c. it. y 1453 ss. c.c. it.), y ahora objeto de especial atención por parte de los principales códigos civiles europeos reformados (arts. 1217, 1221 y 1222 *Code civil*[207] y

---

206 Los estudios pioneros han sido aquellos de GIORGIANNI, M. "Tutela del creditore e tutela "reale"", *Rivista trimestrale di diritto e procedura civile*, 1975, 853 ss.; *id.*, *L'inadempimento. Corso di diritto civile*, cit., p. 20 ss., p. 62 ss.; DI MAJO, A. *La tutela civile dei diritti*, cit., p. 279 ss. (el núcleo del volumen está constituido por un curso universitario de 1982 y la primera edición es de 1987), pero sobre todo la monografía de MAZZAMUTO, S. *L'attuazione degli obblighi di fare*, Nápoles, Jovene, 1978, p. 95 ss., en part. 121 ss.; 151 ss. Como también de FERRONI, L. *Obblighi di fare ed eseguibilità*, cit., p. 191 ss. y, más recientemente, de PLAIA, A. *Vizi del bene promesso in vendita e tutela del promissario acquirente*, Padua, Cedam, 2000, p. 86 ss.; ROMEO, C. *I presupposti sostanziali della domanda di adempimento*, cit., *passim*, en part. 45 ss.; PIRAINO, F. *Adempimento e responsabilità contrattuale*, cit., *passim*, en part. 183 ss., y DELLACASA, M. *Adempimento e risarcimento nei contratti di scambio*, Turín, Giappichelli, 2013, pp. 279 ss.

207 La reforma del *Code civil* francés, realizada con l'Ordonnance n. 2016-131 du 10 février 2016, ha rediseñado la disciplina completa del derecho de las obligaciones. Bajo el aspecto que aquí más interesa, el nuevo enfoque del *Code civil* está cubierto de múltiples referencias a la *exécution forcée en nature*, a la cual incluso se le dedica una propia disposición, y esto confiere al remedio un fundamento explícito de derecho positivo, a la par de los otros remedios contra el incumplimiento. La *exécution forcée en nature* es contemplada en el nuevo art. 1217 c.c. francés que, con previsión bastante oportuna, esboza una disciplina unitaria de la *inexécution du contrat*, sin distinguir por lo tanto de acuerdo con las diversas especies de la obligación, ilustrando todo el bagaje de remedios a disposición de la parte fiel en caso de incumplimiento absoluto o de cumplimiento inexacto del contrato: "La partie envers laquelle l'engagement n'a pas été exécuté, ou l'a été imparfaitement, peut: refuser d'exécuter ou suspendre l'exécution de sa propre obligation; poursuivre l'exécution forcée en nature de l'obligation; solliciter une réduction du prix; provoquer la résolution du contrat; demander réparation des conséquences de l'inexécution. Les sanctions qui ne sont pas incompatibles peuvent être cumulées; des dommages et intérêts peuvent toujours s'y ajouter". Sobre este

§ 281 BGB[208], pero v. también § 241 BGB[209]), y visible también en la reflexión latinoamericana, aunque a veces superpuesta a la ejecución forzada en forma

---

punto permítase el reenvío a PIRAINO, F. "L'adempimento in natura alla luce della riforma del Code civil", *Giurisprudenza italiana*, 2018, 1277 ss.

208 WESTERMANN, H. P., BYDLINSKI, P. y WEBER, R. *BGB – Schuldrecht*, Allgemeiner Teil, Heidelberg, 2010, 183 ss.; MITZKAIT, A. *Leistungsstörung und Haftungsbefreiung*. Ein Vergleich der Grundregeln des Europäischen Vertragsrechts mit dem reformierten deutschen Recht, Tübingen, 2008, 92 ss.; ZWEIGERT, K. y KÖTZ, H. *Introduzione al diritto comparato*. II. *Istituti*, ed. it. dirigida por Di Majo A. y Gambaro, A., Milán, Giuffrè, 2011, 276 ss.

209 En Alemania, la *Modernisierung* del BGB ofrece un cuadro normativo casi exhaustivo, en línea con la mayor atención reservada a la *Anspruch auf Leistung* (v. § 241, Abs. 1, BGB), atendiendo también la reorganización de la materia impuesta por la aplicación de la Dir. 99/44/CE. Este cuadro se compone por el conjunto de normas dispuestas en el § 275 BGB sobre la imposibilidad de la prestación y sobre las figuras análogas congregadas por el efecto de impedir el cumplimiento, por el § 281 BGB sobre los criterios de conversión de la prestación al al *Schadensersatz statt der Leistung*, por el § 322 BGB sobre la condena a la ejecución simultánea de las prestaciones (*Verurteilung zur Leistung Zug-um-Zug*) derivadas de un contrato sinalagmático, por el § 323 BGB sobre el receso del contrato sinalagmático por incumplimiento o cumplimiento inexacto de la prestación *(Rücktritt wegen nicht oder nicht vertragsgemäß erbrachter Leistung*) y por el § 326 BGB sobre la liberación del contratante de la propia prestación y sobre el receso de la contraparte (*Befreiung von der Gegenleistung und Rücktritt beim Ausschluss der Leistungspflicht*). El elemento de cohesión en la disciplina alemana está representado por la regla que le da prioridad al cumplimiento *in natura*, la cual encuentra su principal expresión en el *Nachfrist*, o sea en el término suplementario para cumplir después del inicial incumplimiento total o para corregir el cumplimiento inexacto. El *Nachfrist* es recibido por la doctrina alemana como un "modelo de exportación" a la luz del éxito internacional que tal modelo de estructuración de las relaciones entre cumplimiento y resarcimiento ha obtenido (LORENZ, S. "Prospettive del diritto europeo dei contratti: la violazione di un obbligo", *Rivista di diritto civile*, 2010, pp. 102-103). En efecto, el reconocimiento del *Nachfrist* constituye el presupuesto para invocar tanto el receso (§ 323, Abs. 1, BGB) como el resarcimiento sustitutivo (§ 281, Abs. 1, BGB), a menos que se presenten circunstancias particulares que justifiquen recurrir de inmediato a los *Sekundäransprüche*, por ejemplo, la carencia de interés a la prestación parcial, la negativa seria y definitiva del deudor a cumplir, la previsión de un término fijo para cumplir o la particularidad del caso concreto que induzca a desistir del cumplimiento a favor del resarcimiento y del receso (§§ 281, Abs. 2, y 323, Abs. 2, BGB). Para una síntesis, *cfr.* ZIMMERMANN, R. *The new German Law of Obligations. Historical and Comparative Perspectives*, Oxford y Nueva York, Oxford University Press, 2005, 43 ss., 49 ss., 66 ss.; GRUNDMANN, S. "Risarcimento del danno contrattuale. Sistema e prospettive nell'interazione tra gli ordinamenti tedesco e italiano in Europa", *Diritto e giurisprudenza*, 2005, 169 ss.; ADDIS, F. "Risarcimento del danno contrattuale. Riflessioni su 'Sistema e prospettive nell'interazione fra gli ordinamenti tedesco e italiano in Europa' secondo Stefan Grundmann", *Diritto e giurisprudenza*, 2007, 18 ss.; LORENZ, S. "Prospettive del diritto europeo dei contratti: la violazione di un obbligo", cit., 100 ss.

específica[210]. La tensión de la relación obligatoria por su realización en los términos preestablecidos después del incumplimiento inicial o del cumplimiento inexacto, al límite como consecuencia de una orden judicial, representa sin duda una de las características propias de la concepción moderna de la obligación. La posibilidad de la tutela *in natura* entró en la esencia de la obligación, la cual se encuentra predispuesta a su realización *invito debitore*. En otros términos, la tutela *in natura* está inscrita en la estructura y en la función de la obligación, en cuanto forma jurídica para la adquisición de un bien final, con la consecuencia de que, mientras perdura la posibilidad de cumplir y de obtener el resultado previsto, el deudor permanece obligado a realizarlo, a menos que no haya desaparecido en términos objetivos el interés del acreedor o que tal obtención no exponga al deudor a la lesión de derechos fundamentales o de cualquier manera preponderantes sobre el plano axiológico. Con una síntesis extremadamente efectiva, Hinestrosa aclara que el cumplimiento *in natura* no puede ser descartado mientras que no se presente una imposibilidad material, moral o jurídica, ya sea como consecuencia de la naturaleza de la obligación, como consecuencia de las grandes dificultades materiales, o incuso como consecuencia de la imposibilidad jurídica de cumplir[211].

Una vez aclarada la estructura de la obligación y establecido el objeto del derecho de crédito, es posible arribar a una noción más consciente y más rigurosa de cumplimiento. A pesar de que sea sostenido por distinguidos autores, el cumplimiento no puede identificarse solamente con la realización del contenido de la obligación, "de donde normalmente se desprende el efecto extintivo del derecho del acreedor; sin que de dicho efecto exista una absoluta necesidad lógica o concomitancia cronológica"[212]. En efecto, el cumplimiento consiste en la realización del resultado esperado, o sea en la obtención del bien

---

210 En tal sentido, *cfr.*, con respecto al ordenamiento chileno, ALESSANDRI RODRIGUEZ A. *Teoría de las obligaciones*, Santiago de Chile, Editorial Jurídica Ediar y Cono Sur, 1988, pp. 69 ss.

211 HINESTROSA, F. *Tratado de las obligaciones*, I, *Concepto, estructura, vicisitudes*, cit., p. 116.

212 NICOLÒ, R. "Adempimento (diritto civile)", cit., pp. 555-556, quien aclara ulteriormente que "a pesar de ser cierto que la posición pasiva ocupada por el deudor en el ámbito de la relación obligatoria se encuentra vinculada al bien debido, todo nuestro sistema indica como contenido de la obligación del deudor un compromiso, un comportamiento, una actividad personal, en definitiva la *prestazione*, entendida en sentido subjetivo: de otra manera no se entenderían normas como el art. 1176, que establece un particular deber de diligencia del deudor. En realidad, el deudor está obligado a imprimirle a su comportamiento una destinación tendiente hacia el resultado de la realización del derecho del acreedor, pero no constituye momento lógicamente esencial la producción efectiva del resultado. Punto característico, aunque no

final por medio de la conducta instrumental debida por el deudor. Es la deuda que se vacía con el crédito, llevando a cabo su objeto.

Cualquiera sea el dispositivo que produzca la realización del crédito mediante instrumentos diferentes de la mediación necesaria de la prestación del deudor (arts. 1180 y 2930 cc. it.), aunque satisfagan el interés del acreedor, no constituye cumplimiento. Lo mismo puede decirse con relación a los dispositivos que determinan la liberación del deudor a pesar de prescindir de la realización del objeto del derecho de crédito (arts. 1189 y 1210 c.c. it.). En efecto, el cumplimiento implica la correlación entre realización del objeto del derecho de crédito y liberación de la deuda[213]. Al respecto, no se puede dejar de recordar el razonamiento magistral de Mengoni:

> Es innegable que, bajo el enfoque material-teleológico, solo aparece necesario el término final, mientras que son indiferentes los términos intermedios, constituidos por los actos debidos por el deudor, cuando pueden ser sustituidos por otra serie de medios, como por ejemplo la actividad de un tercero, igualmente adecuados para la obtención del fin. Pero esta valoración no es reproducible desde el punto de vista jurídico. La calificación formal, efectuando una elección entre los posibles medios, atribuye al comportamiento del deudor el carácter de *necessitas giuridica*, es decir de regla directiva, y por ello solamente mediante una actividad conforme a la regla es cumplida la obligación. En efecto, el cumplimiento implica esencialmente la idea de "regulado", siendo el criterio exclusivo de regulación la norma jurídica, así que el cumplimiento se verifica con base en un criterio doble, que corresponde a los dos términos de la relación obligatoria en los que se manifiesta la norma. Coordinar la *solutio* del vínculo a la realización del resultado, independientemente de la realización de la obligación, significa, en palabras escuetas, transformar la obligación en una figura de garantía, lo que el mismo Hartmann, con una energía verbal igual a la incoherencia sustancial, se ha negado a admitir[214].

---

exclusivo, de la obligación del deudor es, por lo tanto, el deber de *prestare*, la necesidad de tener un determinado comportamiento" (*ibidem*, p. 555).

213 En este sentido, v. también Albanese, A. *Il rapporto obbligatorio: profili strutturali e funzionali*, cit., p. 43 ss.

214 Mengoni, L. "L'oggetto della obbligazione", cit., p. 183.

BIBLIOGRAFÍA

AA. VV. *The Code Napoléon Rewritten*. French Contract Law after the 2016 Reforms, editado por J. Cartwright y S. Whittaker, Portland, Oregon, 2017.

ADDIS, F. "Risarcimento del danno contrattuale. Riflessioni su 'Sistema e prospettive nell'interazione fra gli ordinamenti tedesco e italiano in Europa' secondo Stefan Grundmann", *Diritto e giurisprudenza*, 2007.

ADDIS, F. *Il "mutamento" nelle condizioni patrimoniali dei contraenti*, Milán, Giuffrè, 2013.

ADRIANO, C. "Pagamento al creditore apparente", en *Trattato delle obbligazioni*, dirigido por Garofalo, L. y Talamanca, M., *La struttura e l'adempimento*, t. V: *La liberazione del debitore*, a cargo de Talamanca, M. y Maggiolo, M., Padua, Cedam, 2010.

AGHINA, G. "Il destinatario del pagamento e il pagamento al creditore apparente", *Rivista trimestrale di diritto e procedura civile*, 1966.

ALBANESE, A. *Il rapporto obbligatorio: profili strutturali e funzionali*, Tricase (Le), Libellula edizioni, 2014.

ALESSANDRI RODRÍGUEZ, A. *Teoría de las obligaciones*, Santiago de Chile, Editorial Jurídica Ediar y Cono Sur, 1988.

ALLARA, M. "La prestazione in luogo dell'adempimento (datio in solutum)", *Annali del Seminario giuridico dell'Università di Palermo*, XIII, Palermo, Giappichelli, 1927.

ANDREOLI, G. *Contributo alla teoria dell'adempimento*, Padua, 1937.

ANDRONICO, A. *La decostruzione come metodo. Riflessi di Derrida nella teoria del diritto*, Milán, Giuffrè, 2002.

ANELLI, F. *Caso fortuito e rischio di impresa nella responsabilità del vettore*, Milán, Giuffrè, 1990.

BARASSI, L. *La teoria generale delle obbligazioni*, III: *L'attuazione*, 2.ª ed., Milán, Giuffrè, 1948.

BARASSI, L. "Se e quando lo sciopero sia forza maggiore ai sensi dell'art. 1226 cod. Civ.", en *Addizione a Baudry Lacantinerie G.- Wahl, A, Del contratto di locazione*, en *Trattato teorico pratico di diritto civile*, dirigido por Baudry Lacantinerie, G, II, 2, trad. it, Milán, casa editrice dott. Francesco Vallardi.

BARASSI, L. *La teoria generale delle obbligazioni*, I: *La struttura*, Milán, Giuffrè, 1946.

BARBA, V. "Sub art. 1197- Prestazione in luogo dell'adempimento", en *Commentario del codice civile*, dirigido por Gabrielli, E., *Delle obbligazioni*, a cargo de Cuffaro, V., artt. 1173-1217, Turín, UTET, 2012.

BARBERO, D. "Il credito nel sistema dei rapporti giuridici", en *Studi di teoria generale del diritto*, Milán, Giuffrè, 1953.

BARBERO, D. "Il diritto soggettivo", *Foro italiano*, 1939, IV, y ahora en *Studi di teoria generale del diritto*, Milán, Giuffrè, 1953.

BARCELLONA, M. "Diritto e nichilismo: a proposito del pensiero giuridico postmoderno", *Riv. crit. dir. Priv.*, 2005.

BARCELLONA, M. *Critica del nichilismo giuridico*, Turín, Giappichelli, 2006.

BELLISSENT, J. *Contribution à l'analyse de la distinction des obligations de moyens et des obligations de rèsultat.* À propos de èvolution des ordres de responsabilité civile, París, LGDJ, 2001.

BERMAN, H. *Law and Revolution*, II: *The Impact of the Protestant Reformations on the Western Legal Tradition*, Cambridge (Mass.) y Londres, Harvard University Press, 2003, traducción en italiano: *Diritto e rivoluzione*, II: *L'impatto delle riforme protestanti sulla tradizione giuridica occidentale*, Bolonia, Il Mulino, 2010.

BERMAN, H. *Law and Revolution. The Formation of the Western Legal Tradition*, Cambridge, Harvard University Press, 1983, traducción en italiano: *Diritto e rivoluzione. Le origini della tradizione giuridica occidentale*, Bolonia, Il Mulino, 1998.

BESSONE, M. y D'ANGELO, A. "Adempimento", en *Enciclopedia giuridica Treccani*, I, Roma, Istituto dell'Enciclopedia Italiana, 1988.

BETTI, E. *Teoria generale delle obbligazioni*, I: *Prolegomeni: funzione economico-sociale dei rapporti d'obbligazione*, Milán, Giuffrè, 1953.

BETTI, E. *Teoria generale dell'obbligazione*, II: *Struttura dei rapporti d'obbligazione*, Milán, Giuffrè, 1953.

BETTI, E. "Il concetto dell'obbligazione costruito dal punto di vista dell'azione", *Studi nelle Scienze giur. e soc. della R. Univ. di Pavia*, V, 1919, ahora republicado en *Diritto sostanziale e processo*, Milán, 2006.

BIANCA, C. M. *Diritto civile*, 3: *Il contratto*, Milán, Giuffrè, 1987.

BIANCA, C. M. *Dell'inadempimento delle obbligazioni. Commentario del codice civile*, a cargo de Sciajola, A. y Branca, G., Bolonia y Roma, Zanichelli e Il Foro Italiano, 1979.

BIANCA, M. *Diritto civile*, 4: *L'obbligazione*, Milán, Giuffrè, 1993.

BIGLIAZZI GERI, L. "Osservazioni in tema di buona fede e diligenza nel pagamento al creditore apparente", *Rivista trimestrale di diritto e procedura civile*, 1968.

BIGLIAZZI GERI, L. *Buona fede nel diritto civile*, en *Digesto delle discipline privatistiche*, secc. civ, II, Turín, UTET, 1988.

BIGLIAZZI GERI, L. *L'interpretazione del contratto*, arts. 1362-1371, en *Il Codice civile. Commentario Schlesinger*, dirigido por Busnelli, F. D., reimpreso con prefacio, notas de actualización y bibliografía a cargo de Calderai, V., Milán, Giuffrè, 2013.

BILOTTI, E. "La prestazione in luogo dell'adempimento", en *Trattato delle obbligazioni*, dirigido por Garofalo, L. y Talamanca, M., II: *I modi di estinzione*, dirigido por Burdese, A. y Moscati, E., Padua, Cedam, 2008.

BIRKS, P. *Rights, Wrongs, and Remedies*, en *Oxford Journal of Legal Studies*, 2000.

BIRKS, P. *The Roman Law of Obligations*, dirigido por Descheemaeker, E., Oxford, Clarendon Press, 2014.

BIRKS, P. *An Introduction to the Law of Restitution*, Oxford, Clarendon Press, 1985.

BIRKS, P. *Unjust Enrichment*, Oxford, Clarendon Press, 2003.

BRASIELLO, U. "Obbligazione (diritto romano)", en *Novissimo Digesto italiano*, XI, Turín, UTET, 1965.

BRECCIA, U. "Le obbligazioni", Milán, Giuffrè, 1991.

BRECCIA, U. *Diligenza e buona fede nell'attuazione del rapporto obbligatorio*, Milán, Giuffrè, 1968.

Brinz, A. "Der Begriff der 'obligatio'", en *Grünhut's Zeitschrift*, I, 1874.

Brinz, A. *Lehrbuch der Pandekten*, II, t. 1, Erlangen, Verlag von Andreas Deichert, 1879.

Brugi, G. "Pagamento al creditore apparente", *Rivista diritto commerciale*, 1915, II, 686 ss.; Ascoli, A. "Pagamento a terzo possessore del crédito", *Rivista diritto civile*, 1915.

Burdese, A. "Exceptio doli (diritto romano)", en *Novissimo Digesto italiano*, IV, Turín, UTET, 1960.

Busnelli, F. D. y Navarretta, E. "Abuso del diritto e responsabilità civile", en *Diritto privato 1997*, III, *Abuso del diritto*, Padua, Cedam, 1998.

Busnelli, F. D. "Itinerari europei nella 'terra di nessuno' tra contratto e fatto illecito: la responsabilità da informazioni inesatte", *Contratto e impresa*, 1991, maggio-agosto.

Calderai, V. *Interpretazione dei contratti e argomentazione giuridica*, Turín, Giappichelli, 2008.

Camilleri, E. *Imputazione di pagemento. Datio in solutum. Quietenza, Artt. 1193-1200. Il Codice Civile. Commentario*, fundado por Schlesinger, P., dirigido por Busnelli, F. D., Milán, Giuffrè, 2017.

Camilletti, F. "Il pagamento al creditore apparente", *Contratto e impresa*, 1999,

Cannata, C. A. "L'adempimento delle obbligazioni", en *Trattato di diritto privato*, dirigido por Rescigno, P., IX, Turín, UTET, 1984.

Cannata, C. A. "Sulle fonti delle obbligazioni", en Visintini, G. (dir.), *Trattato della responsabilità contrattuale. Inadempimento e rimedi*, Padua, 2009, 60 ss.

Cannata, C. A. "Dai giuristi ai codici, dai codici ai giuristi. (Le regole sulla responsabilità contrattuale da Pothier al codice civile del 1942)", *Rivista trimestrale di diritto e procedura civile*, 1981.

Capitant, H. "Les effets des obligations", *Revue trimestrielle de droit civil*, 1932.

Carbonnier, J. *Droit civil*, IV: *Les obligations*, París, PUF, 2000.

Cardilli, R. *L'obbligazione di "praestare" e la responsabilità contrattuale in diritto romano (II sec. A. C. – II Sec. d. C.)*, Milán, Giuffrè, 1995.

Carnelutti, F. "Appunti sulle obbligazioni", *Rivista del diritto commerciale e del diritto generale delle obbligazioni*, 1915, i.

Carpino, B. *Del pagamento con surrogazion. Commentario del codice civile Scialoja-Branca*, Bolonia y Roma, Zanichelli, 1988.

Carusi, F. "Correttezza (Obblighi di)", en *Enciclopedia del diritto*, x, Milán, Giuffrè, 1962.

Cas. 9 julio 1984, n. 4020, en *Mass. Giur. It.*, 1984.

Castronovo, C. "Sub art. 1176", en *Commentario al codice civile*, dirigido por Cendon, P. iv, arts. 1173-1654, Título i, Delle obbligazioni, Turín, utet, 1991.

Castronovo, C. *Eclissi del diritto civile*, Milán, Giuffrè, 2015.

Castronovo, C. "Alle origini della fuga dal codice. L' assicurazione contro gli infortuni tra diritto privato generale e diritti secondi", *Jus*, 1985.

Castronovo, C. "Diritto privato generale e diritti secondi. La ripresa di un tema", *Europa e diritto privato*, 2006.

Castronovo, C. "Diritto privato generale e diritti secondi. Responsabilità civile e impresa bancaria", *Jus*, 1981.

Castronovo, C. "Il diritto di regresso del venditore finale nella tutela del consumatore", *Europa e diritto privato*, 2004.

Castronovo, C. "La relazione come categoria essenziale dell'obbligazione e della responsabilità contrattuale", *Europa e diritto privato*, 2011.

Castronovo, C. "Liability between Contract and Tort", en *Perspectives of Critical Contract Law*, editado por Wilhelmsson Th., Aldershot, Darmouth, 1993.

Castronovo, C. "Profili della responsabilità medica", en *Studi in onore di Pietro Rescigno*, v: *Responsabilità civile e tutela dei diritti*, Milán, Giuffrè, 1998.

Castronovo, C. "Obblighi di protezione e tutela del terzo", *Jus*, 1976.

Castronovo, C. *Responsabilità civile*, Milán, Giuffrè, 2018.

CASTRONOVO, C. "Tra rischio e caso fortuito. La responsabilità da cassette di sicurezza", en *Le operazioni bancarie*, dirigido por Portale, G. B., I, Milán, Giuffrè, 1978.

CATTANEO, G. "Buona fede obbiettiva e abuso del diritto", *Rivista trimestrale di diritto e procedura civile*, 1971.

CATTANEO, G. *Della mora del creditore, Art. 1206-1217. Commentario del codice civile,* a cargo de Scialoja, A. y Branca, G., Bolonia y Roma, Zanichelli e Il Foro Italiano, 1973.

CATTANEO, G. *La cooperazione de creditore all'adempimento*, Milán, Giuffrè, 1964.

CECCHERINI, G. "Il principio di apparenza secondo la giurisprudenza", *Rivista trimestrale di diritto e procedura civile*, 1977.

CERDONIO CHIARAMONTE, G. *L'obbligazione del professionista intellettuale. Tra regole deontologiche, negoziali e legali*, Padua, Cedam, 2008.

CHANTEPIE, G. y LATINA, M. *La réforme du droit des obligations.* Commentaire théorique et pratique dans l'ordre du Code civil, París, Dalloz, 2016.

CHESSA, C. *L'adempimento*, Milán, Giuffré, 1996.

CIAN, G. "Pagamento", en *Digesto delle discipline privatistiche*, *sezione civile*, XIII, Turín, UTET, 1995.

CIAN, G. "La figura generale dell'obbligazione nell'evoluzione giuridica contemporanea fra unitarietà e pluralità degli statati", *Rivista di diritto civile*, 2002.

CICALA, R. *Concetto di divisibilità e di indivisibilità dell'obbligazione*, Nápoles, Jovene 1953, reimpr, Nápoles, ESI.

CICU, A. *L'obbligazione nel patrimonio del debitore*, Milán, Giuffrè, 1948.

COLOMBATTO, M. "Creditore apparente", en *Digesto delle discipline privatistiche*, *sezione civile*, V, Turín, UTET, 1989.

COMPORTI, M. *Contributo allo studio del diritto reale*, Milán, Giuffrè, 1977.

CORRIAS, P. *Garanzia pura e contratti di rischio*, Milán, Giuffrè, 2006.

COVIELLO JR., L. *L'obbligazione negativa (Contributo alla teoria delle obbligazioni)*, Nápoles, SIEM, 1931, reimpr, Nápoles, ESI, 1978.

D'Angelo, A. *Lezioni di diritto civile. Introduzione al diritto generale delle obbligazioni*, Turín, Giappichelli, 2014.

Damiani, E. "Sub art. 1189 – Pagamento al creditore apparente", en *Commentario del codice civile*, dirigido por Gabrielli, E., *Delle obbligazioni*, a cargo de Cuffaro, V., artt. 1173-1217, Turín, UTET, 2012.

Damiani, E. "*sub art. 1191 – Pagamento eseguito da un incapace*", en *Commentario del codice civile*, dirigido por Gabrielli, E., *Delle obbligazioni*, dirigido por Cuffaro V., artt. 1173-1217, Turín, UTET, 2012.

Delebecque, P. "L'évolution de la responsabilité en France", en *Europa e diritto privato*, 1999.

Dellacasa, M. *Adempimento e risarcimento nei contratti di scambio*, Turín, Giappichelli, 2013.

Dellacasa, M. "La cooperazione all'adempimento e rimedi a tutela del debitore", en *Trattato di diritto civile e commerciale*, Cicu, A. y Messineo, L., dirigido por Mengoni, L., continuado por Schlesinger, P., Roppo, V. y Anelli, F., Milán, Giuffrè, 2019.

Demogue, R. *Traité des obligations en général*, v, París, Librairie Arthur Rousseau, 1925.

Deshayes, O., Genicony, Th. y Laithier, M. *Réforme du droit des contrats, du régime général et de la preuve des obligations.* Commentaire article par article, París, LexisNexis, 2016.

Di Giandomenico, G. "La lesione del rapporto giuridico", *Rivista del diritto commerciale e del diritto generale delle obbligazioni*, 2008, I.

Di Majo, A. "Delle obbligazioni in generale", en *Commentario del codice civile Scialoja-Branca*, dirigido por Galgano, F., art. 1173-1176, Bolonia y Roma, Zanichelli e Il Foro Italiano, 1988.

Di Majo, A. "Pagamento (diritto privato)", en *Enciclopedia del diritto*, XXXI, Milán, Giuffrè, 1981.

Di Majo, A. "*Dell'adempimento in generale. Commentario del codice civile Scialoja-Branca, sub art. 1189,* Bolonia y Roma, Zanichgelli, 1994.

Di Majo, A., "Forme e tecniche di tutela", *Processo e tecniche di attuazione dei diritti*, editado por Mazzamuto, S., I, Nápoles, Jovene, 1989.

DI MAJO, A. "Il linguaggio dei rimedi", *Europa e diritto privato*, 2005.

DI MAJO, A. "La protezione del terzo tra contratto e torto", *Europa e diritto privato*, 2000.

DI MAJO, A. "Obbligazione. I) Teoria generale", en *Enciclopedia giuridica Treccani*, Roma, Istituto dell'Enciclopedia Italiana, 1990.

DI MAJO, A. "Obblighi di protezione", en *Enciclopedia giuridica Treccani*, XXI, Roma, Istituto dell'Enciclopedia Italiana, 1990.

DI MAJO, A. *La* Modernisierung *del diritto delle obbligazioni in Germania*, *ivi*, 2004.

DI MAJO, A. *La responsabilità contrattuale*, Turín, Giappichelli, 2007.

DI MAJO, A. *La tutela civile dei diritti*, cuarta edición, Milán, Giuffrè, 2003.

DI MAJO, A. *Le tutele contrattuali*, Turín, Giappichelli, 2009.

DI MAJO, A. *Rimedi e dintorni*, *ivi*, 2015.

DI MAJO, A. *Dell'adempimento in generale. Commentario del codice civile Scialoja-Branca*, Bolonia y Roma, Zanichelli e Il Foro Italiano, 1994.

DI MARZIO F. "Sul discorso giuridico ai tempi del postmoderno. (Spunti dal memento pratico sul fallimento)", *Politica del diritto*, 2005.

DÍEZ PICAZO, L. *Fundamentos de Derecho Civil Patrimonial*, II: *Las relaciones obligatorias*, 6.ª edición, Madrid, Thomson Civitas, 2008.

DOLMETTA A. A. "Exceptio doli generalis", en *Enciclopedia giuridica Treccani*, Agg, XIII, Roma, Istituto dell'Enciclopedia Italiana, 1997.

DONELLO. *De iure civile*, lib. 15.

ESMEIN, P. "Rémarques sur des nouvelles classifications des obligations", en *Études de droit civil à la mémoire de Henri Capitant*, París, Dalloz, 1930.

ESMEIN, P. *Obligations*, en Planiol, M. y Ripert, G., *Traité pratique de droit civil français*, VII, París, Libraire générale de droit et de jurisprudence, 1952.

ESMEIN, P. "Le fondement de la responsabilité contractuelle rapprochée de la responsabilità délictuelle", *Revue trimestrielle de droit civil*, 1933.

Falzea, A. "Efficacia giuridica", en *Ricerche di teoria generale del diritto e di dogmatica giuridica*, ii: *Dogmatica giuridica*, Milán, Giuffrè, 1997.

Falzea, A. *L'offerta reale e la liberazione coattiva del debitore*, Milán, Giuffrè, 1947, rist, 2011.

Falzea, A. "Apparenza", en *Enciclopedia del diritto*, ii, Milán, Giuffrè, 1958.

Faure Abbad, M. *Le fait générateur de la responsabilité contractuelle*, París, lgdj, 2003, 242 ss.; Genicot, G. *Droit médical et biomédical*, Bruxelas, Larcier, 2010.

Ferri, G. "La legittimazione all'esercizio del diritto cartolare", *Banca borsa e titoli di credito*, 1935, i.

Ferri, G. B. *Il negozio giuridico*, 2.ª edición, Padua, Cedam, 2004.

Ferroni, L. *Obblighi di fare ed eseguibilità*, Nápoles, esi, 1983.

Finazzi, G. "La struttura e l'adempimento", t. iv: *Correttezza e buona fede*, en *Trattato delle obbligazioni*, dirigido por Garofalo, L., Padua, Wolters Kluwer y Cedam, 2018.

Flume, W. *Eigenschaftsirrtum und Kauf*, Münster, Darmstadt, Wissenschaftliche Buchgesellschaft, 1948.

Fondrieschi, A. "Prestazione", en *Digesto discipline privatistiche, sez. civ,* agg, t. ii, Turín, utet, 2007.

Franzese, L. "Mondializzazione dell'economia e diritto sociale", *Rivista di diritto civile*, 2010.

Franzoni, M. *Degli effetti del contratto*, ii: *Integrazione del contratto. Suoi effetti reali e obbligatori, Arts. 1374-1381. Il Codice civile. Commentario*, iniciado por P. Schlesinger, continuado por F. D. Busnelli, Milán, Giuffrè, 2013.

Frossard, J. *La distinction des obligations de moyens et des obligations de résultat*, París, Librairie générale de droit et de jurisprudence, 1965, *passim*; Viney, G. "Les conditions de la responsabilité", en *Traité de droit civil*, dirigido por Ghestin, J., París, lgdj, 1982.

Gambino, F. "Il rapporto obbligatorio", en *Trattato di diritto civile. Le obbligazioni*, i: *Il rapporto obbligatorio,* dirigido por Sacco, R., Turín, utet, 2015.

GARBAGNATI, E. *La sostituzione processuale nel nuovo codice di procedura civile*, Milán, Giuffrè, 1942.

GAROFALO, L. y VIARO, S. "Sull'eccezione di dolo generale", en *Fondamenti e svolgimenti della scienza giuridica. Nuovi saggi*, dirigido por Garofalo, L., Padua, Cedam, 2015.

GIORGIANNI, M. "Pagamento (dir. civ.)", en *Novissimo Digesto italiano*, XII, Turín, UTET, 1965.

GIORGIANNI, M. "Pagamento", en *Nuovo Digesto italiano*, IX, Turín, UTET, 1939.

GIORGIANNI, M. "In tema di pagamento al creditore apparente", *Foro padano*, 1953, I.

GIORGIANNI, M. "Tutela del creditore e tutela "reale"", *Rivista trimestrale di diritto e procedura civile*, 1975, I.

GIORGIANNI, M. *L'obbligazione. La parte generale delle obbligazioni*, Milán, Giuffrè, 1968.

GIORGIANNI, M. "Creditore apparente", en *Novissimo Digesto italiano*, IV, Turín, UTET, 1957.

GIORGIANNI, M. *L'inadempimento. Corso di diritto civile*, 3.ª edición, Milán, Giuffrè, 1975.

GLIOZZI, E. "Postmodernismo giuridico e giuspositivismo", *Rivista trimestrale di diritto e procedura civile*, 2003.

GRUNDMANN, S. "Risarcimento del danno contrattuale. Sistema e prospettive nell'interazione tra gli ordinamenti tedesco e italiano in Europa", *Diritto e giurisprudenza*, 2005.

GUARINO, G. "Potere giuridico e diritto soggettivo", en *Rassegna di diritto pubblico*, 1949, reed, Nápoles, Jovene, 1990.

HARTMANN, G. *Die Obligation. Untersuchungen über ihren Zweck u. Bau*, Erlangen, Verlag von Andreas Deichert, 1875.

HERHOLZ, F. "Das Schuldverhältnis als konstante Rahmenbeziehung", *Archiv für die civilistische Praxis*, 130, 1929.

HINESTROSA, F. *Tratado de las obligaciones*, I: *Concepto, estructura, vicisitudes*, Bogotá, Universidad Externado de Colombia, 2014.

Hinestrosa, F. *Tratado de las obligaciones*, ii: *De las fuentes de las obligaciones: el negocio jurídico*, Bogotá, Universidad Externado de Colombia, 2015.

Mengoni, L. "Responsabilità contrattuale (dir. vig.)", en *Enciclopedia del. diritto*, xxxix, Milán, Giuffrè, 1988, ahora en *Scritti*, ii: *Obbligazioni e negozio*, dirigido por Castronovo, C., Albanese, A. y Nicolussi, A., Milán, Giuffrè, 2011.

Irti, N. *Un diritto incalcolabile*, Turín, Giappichelli, 2016.

Jayme, E. "Osservazioni per una teoria postmoderna della comparazione giuridica", *Rivista di diritto civile*, 1997.

Kohler, J. *Annahme und Annahmeverzug*, en *Jherings Jahrbücher für die Dogmatik des heutigen römischen und deutschen Privatrechts*, 17, 1879.

Kress, H. *Lehrbuch des Allgemeinen Schuldrechts*, Múnich, Beck, 1929.

Kretschmar, P. Beiträge zur Erfüllungslehre", *Jherings Jahrbücher für die Dogmatik des heutigen römischen und deutschen Privatrechts*, 85, 1935.

Ladeur, K. H. "Superamento della complessità attraverso la capacità di apprendimento del diritto. L'adeguamento del diritto alle condizioni del Postmoderno. Una critica alla teoria giuridica del discorso di Jürgen Habermas", *Rivista internazionale di filosofia del diritto*, 1996.

Lambo, L. *Obblighi di protezione*, Padua, Cedam, 2007.

Lipari, N. "Diritto e sociologia nella crisi istituzionale del postmoderno", *Rivista critica di diritto privato*, 1998.

Lorenz, S. "Prospettive del diritto europeo dei contratti: la violazione di un obbligo", *Rivista di diritto civile*, 2010.

Marchi, A. "Le definizioni romane dell'obbligazione", *Bullettino dell'Istituto di diritto romano*, 1917,

Marton, G. M. "Obligations de résultat et obligations de moyens", *Revue trimestrielle de droit civil*, 1935.

Mattei, U. y Di Robilant, A. "International style e postmoderno nell'architettura giuridica della nuova Europa. Prime note critiche", *Rivista critica di diritto privato*, 2001.

Mattei, U. "Sul treno (ma di chi?) con il biglietto! Qualche puntualizzazione sull'ideologia della post-modernità", *Rivista critica di diritto privato*, 2001.

Mattei, U. "I rimedi", en Alpa, G., Graziadei, M., Guarneri, A., Mattei, U., Monateri, P. G. y Sacco, R., *La parte generale del diritto*, 2: *Il diritto soggettivo*, en *Trattato di diritto civile*, dirigido por Sacco, R., Turín, utet, 2001.

Mazeaud, D. "Présentation de la réforme du droit des contrats–sous Ord. n° 2016-131, 10 févr. 2016", en *Gazette du Palais*, 2016.

Mazeaud, D. "Prime note sulla riforma del diritto dei contratti nell'ordinamento francese", *Riv. dir. Civ.*, 2016.

Mazeaud, H. "Essai de classification des obligations: obligations contractuelles et extracontractuelles; 'obligations déterminées' et 'obligations générales de prudence et diligence'", *Revue trimestrielle de droit civil*, 1936.

Mazeaud, H., Mazeaud, L. y Tunc, A. *Traité théorique et pratique de la responsabililé civile délictuelle et contractuelle*, i, París, Éditions Montchrestien, 1965.

Mazzamuto, S. "La nozione di rimedio nel diritto continentale", *Europa e diritto privato*, 2007.

Mazzamuto, S. "Una rilettura del mobbing: obbligo di protezione e condotte plurime d'inadempimento", *Europa e diritto privato*, 2003,

Mazzamuto, S. *Il mobbing*, Milán, Giuffrè, 2004.

Mazzamuto, S. y Plaia, A. *I rimedi nel diritto privato europeo*, Turín, Giappichelli, 2012.

Mazzamuto, S. "Il diritto pos-moderno: un concetto inutile o addirittura dannoso?", *Europa e diritto privato*, 2018.

Mazzamuto, S. "Equivoci e concettualismi nel diritto europeo dei contratti: il dibattito sulla vendita dei beni di consumo", *Europa e diritto privato*, 2004.

Mazzamuto, S. "L'esecuzione forzata", 2.ª edición, en *Trattato di diritto privato*, dirigido por Rescigno, P., 20, Tutela dei diritti, t. ii, Turín, utet, 1998.

Mazzamuto, S. *Il contratto di diritto europeo*, 4.ª edición, Turín, Giappichelli, 2020.

Mazzamuto, S. *L'attuazione degli obblighi di fare*, Nápoles, Jovene, 1978.

Mengoni, L. "Profili di una revisione della teoria sulla garanzia per i vizi nella vendita", *Rivista del diritto commerciale e del diritto generale delle obbligazioni*, 1953.

Mengoni, L. *Scritti giuridici*, ii: *Obbligazioni e negozio*, a cargo de Castronovo, C., Albanese, A. y Nicolussi, A., Milán, Giuffrè, 2011.

Mengoni, L. "Le aporie decostruttive del diritto secondo Jacques Derrida", *Rivista trimestrale di diritto e procedura civile*, 1999.

Mengoni, L. "L'oggetto della obbligazione", *Jus*, 1952, y ahora en *Scritti giuridici*, ii: *Obbligazioni e negozio*, a cargo de Castronovo, C., Albanese, A. y Nicolussi, A., Milán, Giuffrè, 2011.

Mengoni, L. "Obbligazioni 'di risultato' e obbligazioni 'di mezzi' (Studio critico)", *Rivista del diritto commerciale e del diritto generale delle obbligazioni*, 1954, ahora en *Scritti*, ii: *Obbligazioni e negozio*, dirigido por Castronovo, C., Albanese, A. y Nicolussi, A., Milán, 2011.

Mengoni, L. *Responsabilità contrattuale (dir. vig.)*, 1079 nt. 53; Realmonte, F. "Caso fortuito e forza maggiore", en *Digesto discipline privatistiche, sezione civile*, ii, Turín, utet.

Mengoni, L. "Spunti per una teoria delle clausole generali", *Rivista critica del diritto privato*, 1986, 18-19, ahora en *Scritti giuridici*, i: *Metodo e teoria giuridica*, dirigido por Castronovo, C., Albanese, A. y Nicolussi, A., Milán, Giuffrè, 2011.

Meruzzi, G. *L'exceptio doli dal diritto civile al diritto commerciale*, Padua, Cedam, 2005.

Messinetti, D. "Processi di formazione della norma e tecniche 'rimediali'della tutela giuridica", en *Scienza e insegnamento del diritto civile in Italia*, dirigido por Scalisi, V., Atti del Convegno di studio in onore di Angelo Falzea, Milán, Giuffrè, 2004.

Messinetti, D. "Sapere complesso e tecniche giuridiche rimediali", *Europa e diritto privato*, 2005.

Messinetti, D. "La sistematica rimediale", *Rivista critica del diritto privato*, 2011.

Minda, G. *Postmodern Legal Movements. Law and Jurisprudence at Century End*, Nueva York y Londres, New York University Press, 1995, traducción al italiano a cargo de Barberis, M., *Teorie postmoderne del diritto*, Bolonia, Il Mulino, 2001.

MIRABELLI DI LAURO, A. "L'obbligazione come rapporto complesso", *Rivista di diritto civile*, 2018.

MITZKAIT, A. *Leistungsstörung und Haftungsbefreiung*. Ein Vergleich der Grundregeln des Europäischen Vertragsrechts mit dem reformierten deutschen Recht, Tübingen, 2008.

MONATERI, P. G. "'Jumping on someone else's train'. Il diritto e la fine della modernità", *Rivista critica di diritto privato*, 2001.

MONTESANO, L. *Contratto preliminare e sentenza costitutiva*, Nápoles, Jovene, 1953.

MORALES, A. M. "Adaptación de Código Civil al derecho europeo: la compraventa", *Anuario de Derecho Civil*, vol. 56, 2003.

MOSCATI, E. "Profili attuali degli obblighi di protezione nel diritto italiano e nel diritto europeo", en *Questioni vecchie e nuove in tema di responsabilità*, Nápoles, Jovene, 2011.

MOSCATI, E. "Del pagamento dell'indebito", en *Commentario del codice civile*, a cargo de Scialoja, A. y Branca, G., Bolonia y Roma, Zanichelli, 1981.

MOSCATI, E. *La disciplina generale delle obbligazioni*, Turín, Giappichelli, 2015.

MOSCATI, E. "La vendita di beni di consumo: un dilemma tra garanzia e responsabilità", *Rivista di diritto civile*, 2016.

MOSCHELLA, R. *Contributo alla teoria dell'apparenza giuridica,* Milán, Giuffrè, 1973.

NATOLI, U. "*Adempimento, atto dovuto, negozio giuridico*", en *Scritti in onore di Salvatore Pugliatti*, I, Milán, Giuffrè, 1978.

NATOLI, U. *L'attuazione del rapporto obbligatorio*, t. 1: *Il comportamento del creditore*, Milán, Giuffrè, 1974.

NATOLI, U. *Il diritto soggettivo*, Milán, Giuffrè, 1943.

NEME VILLARREAL, M. L. "El principio de buena fede en materia contractual en el sistema jurídico colombiano", *Revista de Derecho Privado*, 2006, 11.

NEME VILLARREAL, M. L. *La buena fe en el derecho romano. La extensión del deber de actuar conforme a buena fe en materia contractual*, Bogotá, Universidad Externado de Colombia, 2010.

NICOLÒ, R. "Adempimento (diritto civile)", en *Enciclopedia del diritto*, I, Milán, Giuffrè, 1958.

NICOLÒ, R. *Della responsabilità patrimoniale, Art. 2740-2899. Commentario del codice civile*, dirigido por Scialoja, A. y Branca, G., Bolonia y Roma, Zanichellli e Il Foro Italiano, 1955.

NICOLÒ, R. *L'adempimento del debito altrui*, Milán, Giuffrè, 1936, reedición inalterada, Nápoles, ESI, 1978.

NICOLUSSI, A. *Lesione del potere di disposizione e arricchimento*, Milán, Giuffrè, 1998.

NICOLUSSI, A. "Il commiato della giurisprudenza dalla distinzione tra obbligazioni di risultato e obbligazioni di mezzi", *Europa e diritto privato*, 2006.

NICOLUSSI, A. "Sezioni sempre più unite contro la distinzione tra obbligazioni di risultato e obbligazioni di mezzi. La responsabilità del medico", *Danno e responsabilità*, 2008.

NICOLUSSI, A. "Diritto europeo della vendita dei beni di consumo e categorie dogmatiche", *Europa e diritto privato*, 2003.

NIVARRA, L. "La responsabilità civile dei professionisti (medici, avvocati, notai): il punto della giurisprudenza", *Europa e diritto privato*, 2000.

NIVARRA, L., "La contrattualizzazione del danno non patrimoniale: un'incompiuta", *Europa e diritto privato*, 2012.

NIVARRA, L. "Rimedi: un nuovo ordine del discorso civilistico?", *Europa e diritto privato*, 2015.

NIVARRA, L. "I rimedi specifici", *Europa e diritto privato*, 2011.

ORLANDO CASCIO, S. *Estinzione dell'obbligazione per conseguimento dello scopo*, Milán, Giuffrè 1938.

OSPINA FERNÁNDEZ, G. *Régimen general de las obligaciones*, 8.ª edición, Bogotá, Temis, 2008.

OSTI, G. "Contratto", en *Novissimo Digesto italiano*, IV, Turín, UTET, 1959.

PACCHIONI, G. "Il concetto dell'obbligazione", *Rivista del diritto commerciale e del diritto generale delle obbligazioni*, 1924, I.

PACIFICO, M. *Il danno nelle obbligazioni*, Nápoles, Jovene, 2009.

PATTI, S. *Ragionevolezza e clausole generali*, 2.ª edición, Milán, Giuffrè, 2016.

PELLIZZI, G. L. "Exceptio doli (diritto civile)", en *Novissimo Digesto italiano*, Turín, UTET, 1960.

PÉREZ VIVES, A. *Teoría general de las obligaciones*, I, II y III, Bogotá, Universidad Nacional de Colombia, 1950-1951.

PERLINGIERI, P. "Il 'giusto rimedio' nel diritto civile", *Il giusto processo civile*, 2011.

PERLINGIERI, P. "Dei modi di estinzione dell'obbligazione diversi dall'adempimento", en *Commentario del codice civile*, a cargo de Scialoja, A. y Branca, G., Bolonia y Roma, Zanichelli e Il Foro Italiano, 1975.

PERLINGIERI, P. *Le obbligazioni tra vecchi e nuovi dogmi*, Nápoles, Edizioni Scientifiche Italiane, 1990.

PIRAINO, F. "Il pagamento al creditore apparente nella prospettiva di un diritto europeo dell'obbligazione", *Europa e diritto privato*, 2009.

PIRAINO, F. "Sulla natura non colposa della responsabilità contrattuale", *Europa e diritto privato*, 2011.

PIRAINO, F. *La buona fede in senso oggettivo*, Turín, Giappichelli, 2015.

PIRAINO, F. "Ancora sul nesso di causalità materiale nella responsabilità contrattuale", *Foro italiano. Gli speciali*, 2020.

PIRAINO, F. "Corsi e ricorsi delle obbligazioni 'di risultato' e delle obbligazioni 'di mezzi': la distinzione e la dogmatica della sua irrilevanza", *Contratti*, 2014.

PIRAINO, F. "Il nesso di causalità materiale nella responsabilità contrattuale e la ripartizione dell'onere della prova", *Giurisprudenza italiana*, 2019.

PIRAINO, F. "L'adempimento in natura alla luce della riforma del Code civil", *Giurisprudenza italiana*, 2018.

PIRAINO, F. "La vendita di beni di consumo tra obbligazione e garanzia", *Europa e diritto privato*, 2006.

PIRAINO, F. "Obbligazioni «di risultato» e obbligazioni «di mezzi» ovvero dell'inadempimento incontrovertibile e dell'inadempimento controvertibile", *Europa e diritto privato*, 2008.

PIRAINO, F. "Il divieto di abuso del diritto", *Europa e diritto privato*, 2013.

PIRAINO, F. "L'adempimento del terzo e l'oggetto dell'obbligazione", *Rivista di diritto civile*, 2011, II.

PIRAINO, F. *Adempimento e responsabilità contrattuale*, Nápoles, Jovene, 2011.

PIRAINO, F. *El cumplimiento de la obligación*, Bogotá, Universidad Externado de Colombia, 2020

PLAIA, A. *Vizi del bene promesso in vendita e tutela del promissario acquirente*, Padua, Cedam, 2000.

POLACCO, V. *Le obbligazioni nel diritto civile italiano*, I, Roma, Athenaeum, 1915.

POTHIER, R. J. *Opere contenenti i trattati del diritto francese. Obbligazioni*, Livorno, Tipografia Vignozzi, 1835.

PUGLIATTI, S. *Diritto civile* (saggi), Milán, Giuffrè, 1951.

PUGLIATTI, S. *Esecuzione forzata e diritto sostanziale*, Milán, Giuffrè, 1935.

PUGLIESE, G. *Actio e diritto soggettivo*, Milán Giuffrè, 1939, reimpr, Nápoles, Jovene, 2006.

RANIERI, F. "Eccezione di dolo generale", en *Digesto discipline privatistiche, sezione civile*, VII, Turín, 1991.

RÉMY, PH., "Critique du système franēais de responsabilité civile", en *Droit et Cultures*, 1996.

RÉMY, PH., "La 'responsabilité contractuelle': histoire d'un faux concept", *Revue trimestrielle de droit civil*, 1997.

RESCIGNO, P. "Obbligazioni (diritto privato*)*", en *Enciclopedia del diritto*, XXIX, Milán, Giuffrè, 1979.

RESCIGNO, P. *Incapacità naturale e adempimento*, Nápoles, Jovene, 1950, reimpr, Nápoles, ESI, 1982.

RESTIVO, C. *Contributo ad una teoria dell'abuso del diritto*, Milán, Giuffrè, 2007.

RODOTÀ, S. *Le fonti di integrazione del contratto*, Milán, Giuffrè, 2004.

RODOTÀ, S. "Dazione in pagamento (diritto civile)", en *Enciclopedia del diritto*, XI, Milán, Giuffrè 1962, 734 ss.

RODOTÀ, S. "Diligenza (dir. civ.)", en *Enciclopedia del diritto*, XII, Milán, Giuffrè, 1964.

ROMEO, C. *I presupposti sostanziali della domanda di adempimento*, Milán, Giuffrè, 2008.

ROPPO, V. "Responsabilità contrattuale: funzioni di deterrenza?", *Lavoro e diritto*, 2017.

ROPPO, V. "Spunti in tema di responsabilità 'pericontrattuale'. Dialogo con Giorgio De Nova a margine della sentenza di Cassazione sul Lodo Mondadori", *Responsabilità civile e previdenza*, 2014.

ROPPO, V. "Il contratto", segunda edición, en *Trattato di diritto privato*, dirigido por Iudica, G. y Zatti, P. Milán, Giuffrè, 2011.

SCALISI, V. "Per un'ermeneutica giuridica 'veritativa' orientata a giustizia", *Rivista di diritto civile*, 2014.

SCALISI, V. "Regola e metodo nel diritto civile della postmodernità", *Rivista di diritto civile*, 2005.

SCALISI, V. "Lineamenti di una teoria assiologica dei rimedi giuridici", *Rivista di diritto civile*, 2018.

SCHLESINGER, P. *Il pagamento al terzo*, Milán, Giuffrè, 1961.

SCHLESINGER, P. "Riflessioni sulla prestazione dovuta nel rapporto obligatorio", *Riv. trim. dir. proc. civ.*, 1959.

SCHLESINGER, P. "La ratifica del pagamento effettuato al non creditore", *Rivista di diritto civile*, 1959, I.

SICCHIERO, G. "La prestazione in luogo dell'adempimento", *Contratto e impresa*, 2002.

SIRENA, P. y ADAR, Y. "La prospettiva dei rimedi nel diritto privato europeo", *Rivista di diritto civile*, 2012.

Spadafora, A. *Profili dell'atto solutorio non dovuto*, Milán, Giuffrè, 1996.

Starck, B., Roland, H. y Boyer, L. *Droit civil. Les Obligations*. 2: *Contrat*, 6.ª edición, París, Litec, 1998.

Talamanca, M. "Obbligazioni (diritto romano)", en *Enciclopedia del diritto*, xxix, Milán, Giuffrè, 1979.

Torrente, A. "Eccezione di dolo", *Enciclopedia del diritto*, xiv, Milán, Giuffrè, 1965.

Tunc, A. "La distinction des obligations de résultat et obligations de diligence", *Semaine Juridique (JCP)*, 1945, I, n. 449.

Tunc, A. "La distinzione delle obbligazioni di risultato e delle obbligazioni di diligenza", *Nuova Rivista del diritto commerciale*, I, 1947-1948.

Turco, C. *L'adempimento del terzo*, en *Il Codice Civile. Commentario*, dirigido por Schlesinger, P., Milán, Giuffrè, 2002.

Uda, G. M. *La fuona fede nell'esecuzione del contratto*, Turín, Giappichelli, 2004.

Valencia Zea, A. y Ortiz Monsalve, A. *Derecho civil*, III: *De las obligaciones*, 9.ª edición, Bogotá, Temis, 2004.

Velluzzi, V. *Le clausole generali. Semantica e politica del diritto*, Milán, Giuffrè, 2010.

Venuti, M. C. *I soggetti del pagamento, Artt. 1188-1192. Il Codice Civile. Commentario*, fundado por Schlesinger, P., Milán, Giuffrè, 2018.

Viaro, S. "Abuso del diritto ed eccezione di dolo genarale", en Garofano, L. (dir.), *L'eccezione di dolo generale. Applicazioni giurisprudenziali e teoriche dottrinali*, Padua, 2006.

Vidal Olivares, A. "Cumplimiento e incumplimiento contractual en el Código Civil. Una perspectiva más realista", *Revista Chilena de Derecho*, 2007.

Vincenti, U. *Obbligazioni, contratti, illeciti civili*, en Cantarella, E., Cappellini, P., Marotta, V., Santalucia, B., Schiavone, A., Spagnuolo Vigorita, T. y Vincenti, U., *Diritto privato romano. Un profilo storico*, a cargo de Schiavone, A., Turín, Einaudi, 2003.

VISINTINI, G. *Inadempimento e mora del debitore, Arts. 1218-1222, Il Codice Civile. Commentario*, fundado por Schlesinger, P., dirigido por Busnelli, F. D., Milán, Giuffrè, 2006.

VON SAVIGNY, F. C. *System des heutigen römischen Rechts*, I, Berlín, Veit, 1840-1949, trad. it. de V. Scialoja, *Sistema del diritto romano attuale*, Turín, Unione tipografico-editrice, 1886-1898.

WESTERMANN, H. P., BYDLINSKI, P. y WEBER, R. *BGB – Schuldrecht*, Allgemeiner Teil, Heidelberg, 2010.

WIEACKER, F. *Das Bürgerliche Recht im Wandel der Gesellschaftsordnungen*, en Industriegesellschaft und Privatrechtsordnung, Frankfurt a. M., Fischer Athenäum Taschenbuch Verlag, 1974.

ZACCARIA, A. "Il diritto privato europeo nell'epoca del postmoderno", *Rivista di diritto civile*, 1997.

ZACCARIA, A. *La prestazione in luogo dell'adempimento tra novazione e negozio estintivo del rapporto*, Milán, Giuffrè, 1987.

ZANCHI, G. "Sub art. 1210 – Facoltà di deposito e suoi effetti liberatori", en Cuffaro, V. (coord.), *Commentario del codice civile*, diridigo por Gabrielli, E., *Delle obbligazioni*, arts. 1173-1217, Turín, UTET, 2012.

ZIMMERMANN, R. *The Law of Obligations. Roman Foundations of the Civilian Tradition*, Oxford y Nueva York, Clarendon Press, 1996, I.

ZIMMERMANN, R. *The new German Law of Obligations. Historical and Comparative Perspectives*, Oxford y Nueva York, Oxford University Press, 2005.

ZOZ, M. G. "Eccezione di dolo generale e 'replicatio doli'", en *L'eccezione di dolo generale. Diritto romano e tradizione romanistica*, dirigido por Garofalo, L., Padua, Cedam, 2006.

ZWEIGERT, K. y KÖTZ, H. *Introduzione al diritto comparato*, II: *Istituti*, ed. it. dirigida por Di Majo, A. y Gambaro, A. Milán, Giuffrè, 2011.

Paula Natalia Robles Bacca*

El valor del tiempo en el cumplimiento de las obligaciones

Sumario: 1. Introducción. 2. Cumplimiento sustancial y equilibrio contractual. 2.1. Insuficiencia de los criterios de valoración del cumplimiento de las obligaciones utilizados actualmente en el ámbito legal y doctrinal. 2.2 Incidencia del tiempo en la distribución de cargas y beneficios en las relaciones contractuales. 3. El tiempo del cumplimiento en el ordenamiento colombiano. 3.1 El pago anticipado en el contexto del mutuo celebrado con entidades financieras. 3.2 El plazo de pago de hasta 180 días de obligaciones en favor de micro, pequeñas y medianas empresas. Bibliografía.

1. INTRODUCCIÓN

En la actualidad, el tratamiento normativo y el estudio doctrinal del cumplimiento de las obligaciones se caracteriza, principalmente, por ser abordado desde una perspectiva formalista desde la cual esta institución se analiza como un modo de extinción de las obligaciones cuya existencia se determina atendiendo a las condiciones de tiempo, modo y lugar en las que tuvo ocurrencia, las cuales deben identificarse completamente con el título obligacional del que el cumplimiento se predica.

Sin embargo, consideramos necesario encontrar criterios sustanciales de valoración del cumplimiento de las obligaciones que contribuyan a la construcción de una consideración de la conducta de los contratantes en la ejecución de las prestaciones a su cargo, capaz de reflejar la importancia de este concepto para el Derecho Civil, pues el cumplimiento es la más perfecta realización del contenido de la obligación, hacia él está destinada fisiológicamente desde que nace, ya que solamente a través del mismo despliega plenamente su función.

Esto con el objetivo de proponer una consideración del cumplimiento que sea capaz de determinar si este realiza sustancialmente los objetivos prácticos, económicos y jurídicos a los que estaba dirigida la obligación al surgir.

Con esta última visión, en este trabajo nos proponemos demostrar la importancia de valorar el tiempo, como modalidad del cumplimiento, desde una perspectiva integral, pues estamos delante de un factor cuya incidencia y consideración en la materia supera lo relacionado con el argumento de la exigibilidad del pago, pues se trata, como lo veremos, de un aspecto que puede impactar notablemente la consecución de un cumplimiento sustancial.

---

* Profesora del Departamento de Derecho Civil de la Universidad Externado de Colombia.

Para desarrollar este objetivo, en la primera parte de esta investigación, centrándonos particularmente en el tiempo, pondremos de presente la insuficiencia de los criterios de valoración del cumplimiento que en la actualidad se usan tanto en el aspecto legal como en el doctrinario, pues se limitan a determinar la *exactitud* del pago y no permiten analizar integralmente la capacidad sustancial de la conducta del deudor para satisfacer los intereses del acreedor y desarrollar plenamente el contenido de la obligación. Posteriormente, acudiremos a los desarrollos adelantados por la dogmática romana al analizar problemas relacionados con el pago anticipado, *solutio ante diem*, como escenario que nos permite comprender al tiempo como factor que debe ser adecuadamente distribuido dentro del equilibrio que debe reinar en las relaciones entre acreedor y deudor y, en consecuencia, reivindicar la pertinencia de esta perspectiva para encontrar soluciones, coherentes con nuestra tradición y nuestro sistema jurídico, a problemas con los que lidiamos en la actualidad.

Así, en la segunda parte de este trabajo demostraremos la utilidad de recurrir a los criterios que pueden abstraerse del estudio de los casos solucionados por los juristas romanos en esta materia, usando como ejemplos el pago anticipado en el contexto del mutuo con entidades financieras y el pago de facturas en favor de micro, pequeñas y medianas empresas sometido a un plazo de hasta 180 días.

2. CUMPLIMIENTO SUSTANCIALY EQUILIBRIO CONTRACTUAL

2.1 INSUFICIENCIA DE LOS CRITERIOS DE VALORACIÓN DEL CUMPLIMIENTO DE LAS OBLIGACIONES UTILIZADOS ACTUALMENTE EN EL ÁMBITO LEGAL Y DOCTRINAL

La valoración del cumplimiento de las obligaciones, entendida como la determinación de si una específica conducta del deudor puede ser considerada jurídicamente como un cumplimiento, ha estado enfocada, tanto en el aspecto codificatorio como en el doctrinal, en establecer si tal conducta es *exacta*, es decir, si coincide plenamente con la descripción emanada del título obligacional respectivo.

Así las cosas, la doctrina[1], empleando un método dogmático de interpretación del cumplimiento de las obligaciones desarrollado sobre la base

---

1 Baudry-Lacantinerie, G. y Barde, L. *Traité théorique et practique de Droit Civil. Des*

de un análisis exegético de las normas en la materia, aspira a establecer la

---

obligation, II, 3.ª edición, París, Librairie de la société du recueile J.-B. Sirey et du journal du palais, 1907, pp. 495 y ss.; PLANIOL, M. *Traité élémentaire de droit civil*, t. II, 10.ª edición, París, LGDJ, 1926, pp. 146 y ss; BEUDANT, C. *Cours de Droit Civil français*, VIII, 2.ª edición, París, Ed. Rousseau & Cie, 1936, pp. 333 y ss.; COLIN, A. y CAPITANT, H. *Cours elémentaire du droit civil français*. II, 9.ª edición, París, Dalloz, 1942, pp. 345 y ss.; RIPERT, G. y BOULANGER, J. (Delia Daiceaux, trad.). *Tratado de derecho civil*, V, Buenos Aires, Ed. La ley, 1964, pp. 145 y ss; STARCK, B. *Droit Civil*, II, 2.ª edición, París, Librairies techniques, 1986, pp. 693 y ss.; DUPICHOT, J. *Derecho de las obligaciones*, Bogotá, Temis, 1984, pp. 109 y ss.; MARTY, G., JESTAZ, P. y RAYNAUD, P. *Droit civil. Les obligations*. II, París, Sirey, 1989, pp. 177 y ss.; AMELI, F. *Droit civil. Les obligations*, París, LGDJ, 1998; CARBONNIER, J. *Droit civil. Les obligations*. IV, París, Presses Universitaires de France, 2000, pp. 543 y ss.; FLOUR, J. AUBERT, J., *Les obligations*. 3. *Le raport d'obligation*, 2.ª edición, París, Sirey, 2001, pp. 63 y ss.; PORCHY-SIMON, S. *Droit civil 2° année Les obligations*, 2.ª edición, París, Dalloz, 2002, pp. 423 y ss.; CABRILLAC, R. *Droit des* obligations, 5.ª edición, París, Dalloz, 2002, pp. 282 y ss.; TERRÉ, F., SIMLER P. y LEQUETTE, Y. *Droit civil. Les obligations*, París, Dalloz, 2009, pp. 1307 y ss.; FABRE-MAGNAN, M. *Droit Civil. Les obligations*. I, 3.ª edición, París, Presses Universitaires de France, 2012, pp. 612 y ss.; BUFFELAN LANORE, Y. y LARRIBAU-TERNEYRE, V. *Droit civil. Les obligations*, 14.ª edición, París, Dalloz, 2014, pp. 182 y ss.; STOLFI, N. *Diritto civile*. III, Turín, Ed. Unione Tipografico, 1932, pp. 293 y ss.; LONGO, G. *Diritto delle obbligazioni*, Turín, UTET, 1950, pp. 155 y ss.; NICOLÒ, R. "Adempimento", en *Enciclopedia del diritto, D*, I, Milán, Giuffrè, 1958, pp. 554-556; DISTASO, N. *Le obbligazioni in generale*, Turín, Unione tipografico torinese, 1970, pp. 63 y ss.; TRABUCCHI, A. *Istituzioni di diritto civile*, 29.ª edición, Padova, Cedam, 1988, pp. 541 y ss.; BRECCIA, U. *Le obbligazioni*, Milán, Giuffrè, 1991, pp. 459 y ss.; BIANCA, M. *Diritto civile*. IV, Milán, Giuffrè, 1993, pp. 261 y ss.; DI MAJO, A. *L'adempimento dell'obbligazione*, Bolonia, Zanichelli, 1993; CHESSA, C. *L'adempimento*, Milán, Giuffrè, 1996; FAVA, P. *Le obbligazioni*, I, Milán, Giuffrè, 2008, pp. 479 y ss.; MOSCATI, E. *La disciplina generale delle obbligazioni*. Turín, Giappichelli, 2015, pp. 157 y ss.; CLARO SOLAR, L. *Explicaciones del derecho civil chileno y comparado*. XII, Bogotá, Nomos, 1992; ABELIUK, R. *Las obligaciones*. II, Santiago de Chile, Editorial Jurídica de Chile, 1993, pp. 483 y ss.; MEZA BARROS, R. *Manual de derecho civil de las obligaciones*, 9.ª edición, Santiago de Chile, Editorial Jurídica de Chile, 1997, pp. 324 y ss.; FUEYO LANERI, F. *Cumplimiento e incumplimiento de las obligaciones*, 3.ª edición, Santiago de Chile, Editorial Jurídica de Chile, 2004; RAMOS, R. *De las obligaciones*, Santiago de Chile, Lexzs Nexis, 2004, pp. 338 y ss.; ALESSANDRI, A., SOMARRIVA, M. y VODANOVICH, A. *Tratado de las obligaciones, del cumplimiento e incumplimiento de las obligaciones*, 2.ª edición, Santiago de Chile, Ed. Jurídica de Chile, 2004, pp. 11 y ss.; COLMO, A. *De las obligaciones en general*. I, 2.ª edición, Buenos Aires, Casa Editorial de Jesús Menéndez, 1928, pp. 386 y ss.; SALVAT, R. *Tratado de derecho civil argentino*, 6.ª edición, II, Buenos Aires, Tipográfica editora argentina, 1953, pp. 173 y ss.; REZZONICO, L. *Manual de las obligaciones en nuestro derecho civil*. Buenos Aires, De Palma, 1959, pp. 249 y ss.; LLAMBÍAS, J. *Tratado de derecho civil obligaciones*. II, Buenos Aires, Perrot, 1970, pp. 373 y ss.; BOFFI, L. *Tratado de las obligaciones*. IV, Buenos Aires, Astrea, 1977, pp. 16 y ss.; ALTERINI, A. *Derecho de obligaciones civiles y comerciales*, 2.ª edición, Buenos Aires, Abeledo-Perrot, 1998, pp. 91 y ss.; LACERDA, F. *Obrigações*, 2.ª edición, Río de Janeiro, Revista dos Tribunais, 1916, pp. 295 y ss.; VARELA, A. *Direito das obrigações*. II, Río de Janeiro, Forense, 1978, pp. 1 y ss.; LEMOS, R. *Direito das obrigações*, Rio de Janeiro,

exactitud del cumplimiento por medio de la identificación en la conducta del deudor, tanto de la presencia de los requisitos que debe reunir el objeto del cumplimiento (identidad e indivisibilidad) como de aquellos que se predican de dicha conducta (sujetos, lugar y tiempo). Al abordar estos requisitos, la doctrina difiere notablemente en la manera como los cataloga. Algunos autores hablan de condiciones de eficacia del cumplimiento[2], otros de condiciones de validez[3] y otros de elementos esenciales y circunstancias del pago[4].

En el desarrollo de este tema, por lo general, se empieza por abordar el asunto del objeto del cumplimiento, respecto del cual se suele señalar que coincide con la prestación debida, la cual varía según se trate de una obligación de dar, hacer o no hacer. En este contexto, se agrega que dicho objeto debe reunir las condiciones de identidad e indivisibilidad.

Conforme al requisito de identidad, se explica reiterativamente que el deudor no puede obligar al acreedor a recibir, como cumplimiento, la ejecución de una prestación distinta de aquella establecida por la fuente de la obligación. Es decir, el cumplimiento debe ser idéntico a la prestación inicialmente prevista. Al respecto nuestro Código Civil prevé en su art. 1627 que "el pago se hará bajo todos los respectos en conformidad al tenor de la obligación [...]

Liber Juris, 1984, pp. 77 y ss.; GOMES, O. *Obrigaçõe*, 16.ª edición, Río de Janeiro, Forense, 2004, pp. 105 y ss. FERREIRA, J. *Adimplemento e extinção das obrigações*, São Paulo, Revista dos Tribunais, 2007; VÉLEZ, F. *Estudio sobre el derecho civil colombiano*, VI, 2.ª edición, París, Imprenta París-América, 1929, pp. 255 y ss.; PÉREZ VIVES, Á. *Teoría general de las obligaciones*, segunda parte, Bogotá, Universidad Nacional de Colombia, 1951.; HINESTROSA, F. *Tratado de las obligaciones*, 3.ª edición, Bogotá, Universidad Externado de Colombia, 2007, pp. 575 y ss.; OSPINA FERNÁNDEZ, G. *Régimen general de las obligaciones*, 8.ª edición, Bogotá, Temis, 2008, pp. 318 y ss.; VALENCIA ZEA, A. y ORTIZ MONSALVE, Á. *Derecho civil. De las obligaciones*, III, reimpresión de la décima edición, Bogotá, Temis, 2015, pp. 487 y ss.

2 [224] CARBONNIER, J. *Droit civil. Les obligations*, cit., p. 545.

3 BORDA, G. *Manual de obligaciones*, cit., p. 312; FABRE-MAGNAN, MURIEL. *Droit Civil. Les obligations*, cit., p. 612.

4 LLAMBÍAS, J. *Tratado de derecho civil obligaciones*, cit., pp. 703 y ss; pp. 829 y ss., considera, junto con el *animus solvendi*, sujetos y objeto del pago como elementos esenciales; son circunstancias del pago el tiempo y lugar en que se debe producir; BOFFI, L. M. *Tratado de las obligaciones*. cit., p. 29, considera elementos esenciales del pago "1. Una obligación preexistente; 2. Persona con aptitud para pagar; 3. Persona con aptitud para recibir el pago; 4. Objeto del pago; 5. Lugar del pago; 6. Tiempo del pago; 7. Intención de formalizar un pago"; BUFFELAN LANORE, Y. y LARRIBAU TERNEYRE, V. *Droit civil. Les obligations*, cit., pp. 182, 190, consideran además que los aspectos relativos al objeto y a los sujetos del cumplimiento constituyen condiciones comunes a todo pago.

el acreedor no podrá ser obligado a recibir otra cosa que lo que se le deba, ni aún a pretexto de ser de igual o mayor valor la ofrecida".

En lo que hace a la indivisibilidad, se sostiene que "el pago, en general, es indivisible; debe pagarse la prestación íntegra, tal como ha sido convenida; y el deudor no puede forzar al acreedor a que la reciba por partes, salvo convención contraria"[5], tal como lo señala nuestro Código Civil en su art. 1649, el cual agrega que "el pago total de la deuda comprende el de los intereses e indemnizaciones que se deban".

Dichos requisitos se encuentran igualmente consagrados en muchos de los códigos civiles del sistema de derecho continental[6].

Por otra parte, la determinación de la *exactitud del pago* exige la descripción y posterior corroboración de la efectiva presencia de los requisitos relativos a los sujetos entre los cuales el cumplimiento debe tener lugar. En este sentido, se parte de la premisa conforme a la cual el rol de *solvens* le corresponde, por

---

5 Claro Solar, L. *Explicaciones del derecho civil chileno y comparado*, cit., p. 96.

6 Por ejemplo, C.C. Fr/1804 art. 1243 *Le créancier ne peut être contraint de recevoir une autre chose que celle qui lui est due, quoique la valeur de la chose offerte soit égale ou même plus grande*; art. 1244: "Le débiteur ne peut point forcer le créancier à recevoir en partie le paiement d'une dette, même divisible". Normas que tras la Reforma al Derecho de las Obligaciones de 2016 fueron sintetizadas por el art. 1342-4, así: *Le créancier peut refuser un paiement partiel même si la prestation est divisible. Il peut accepter de recevoir en paiement autre chose que ce qui lui est dû.* C.C. Chi/1855, art. 1569: "El pago se hará bajo todos respectos en conformidad al tenor de la obligación; sin perjuicio de los que en casos especiales dispongan las leyes. El acreedor no estará obligado a recibir otra cosa que lo que se le deba, ni aún a pretexto de ser de igual o mayor valor la ofrecida". C.C. Arg. 1869 art. 740: "El deudor debe entregar al acreedor la misma cosa a cuya entrega se obligó. El acreedor no puede ser obligado a recibir una cosa por otra, aunque sea de igual o mayor valor." Art. 742: "Cuando el acto de la obligación no autorice los pagos parciales, no puede el deudor obligar al acreedor a que acepte en parte el cumplimiento de la obligación". C.C. It/1942 art. 1197 "Il debitore non può liberarsi eseguendo una prestazione diversa da quella dovuta anche se di valore uguale o maggiore, salvo che il creditore consenta [...]". Art. 1181: "Il creditore può rifiutare un adempimento parziale anche se la prestazione è divisibile, salvo che la legge o gli usi dispongano diversamente". C.C. Bra/2002 art. 313: "O credor não é obrigado a receber prestação diversa da que lhe é devida, ainda que mais valiosa"; art. 314: "Ainda que a obrigação tenha por objeto prestação divisível, não pode o credor ser obrigado a receber, nem o devedor a pagar, por partes, se assim não se ajustou". C.C. Arg/2014 art. 867: "Objeto del pago. El objeto del pago debe reunir los requisitos de identidad, integridad, puntualidad y localización". Art. 868: "Identidad. El acreedor no está obligado a recibir y el deudor no tiene derecho a cumplir una prestación distinta a la debida, cualquiera sea su valor". Art. 689: "Integridad. El acreedor no está obligado a recibir pagos parciales, excepto disposición legal o convencional en contrario. Si la obligación es en parte líquida y en parte ilíquida, el deudor puede pagar la parte líquida".

regla general, al deudor. Lo que no obsta para que se admita que un tercero, incluso sin haber sido designado por el deudor, pueda pagar[7].

Respecto del *accipiens*[8], el art. 1634 C. C. señala que se paga válidamente al acreedor, a sus herederos y a sus sucesores a título singular, "o a la persona

---

7 Pothier, R. *Traitè des obligations*, I, París, Deburez, 1761, pp. 3 y ss., sostenía, con fundamento en las fuentes romanas, que para que el pago sea válido no es necesario que sea el deudor, o alguien por él encargado, quien pague; cualquier persona aún contra la voluntad del deudor puede pagar, extinguir la obligación y liberar al deudor, con tal de que disponga de la propiedad de la cosa que se debe dar, o que, en caso de obligaciones de hacer, no resulte determinante la individualidad de la persona que la ejecute para alcanzar el resultado satisfactorio que el acreedor espera. Los códigos civiles introdujeron distintos matices a la postura de Pothier, en especial en lo que hace a la intervención de un tercero que obra sin autorización del deudor. En este contexto, el Código Civil Francés de 1804 (Art. 1236), en su redacción original, establecía que si un tercero paga en su propio nombre y sin la autorización del deudor, el pago es válido pero no da lugar a que el tercero se subrogue en los derechos del acreedor. Por su parte, la reforma de 2016 a los títulos III, IV y V del Libro III del Código Civil Francés, simplificó la regulación en este punto disponiendo en el art. 1342-1, simplemente, que el pago puede ser igualmente realizado por una persona que no está obligada, salvo oposición legítima del acreedor. El Código Civil chileno de 1855 (art. 1590) dispone que el que paga sin conocimiento del deudor sólo tiene derecho a que se le reembolse aquello que pagó, mientras que, aquel que pagó contra la voluntad del deudor no tiene derecho a repetir lo pagado "a no ser que el acreedor le ceda voluntariamente su acción". El Código Civil argentino de 1869 (art. 727) eliminó la posibilidad de subrogación para el tercero que paga contra la voluntad del deudor, caso en el cual sólo puede repetir "del deudor aquello en que le hubiese sido útil el pago". El Código Civil de Brasil de 1916 (art. 931) establecía que el tercero que paga en su propio nombre tiene derecho a ser reembolsado, pero no a subrogarse en los derechos del acreedor. Y aquel que paga en contra de la oposición justificada del deudor, no tiene derecho a ser reembolsado sino hasta el monto de aquello que le fue útil al deudor. El Código Civil italiano de 1942 (art. 1180) prevé que el acreedor puede rechazar el pago ofrecido por un tercero si el deudor le manifestó su oposición. El Código Civil de Brasil de 2002 (art. 305) dispuso que el pago hecho con desconocimiento o contra la voluntad del deudor "não obriga a reembolsar aquele que pagou, se o devedor tinha meios para ilidir a açao". Finalmente, el Código Civil y Comercial argentino de 2014 (art. 881) dispone que, si el acreedor y el deudor conjuntamente se oponen a que el pago sea realizado por un tercero, este último no puede ejecutar la prestación, a menos que se trate de un tercero interesado.

8 Sobre este punto, el C. C. Francés, en su redacción original, establecía en el art. 1239 que "Le paiement doit être fait au créancier ou à quelqu'un ayant pouvoir de lui, ou qui soit autorisé par justice ou par la loi à recevoir pour lui. Le paiement fait à celui qui n'aurait pas pouvoir de recevoir pour le créancier, est valable, si celui-ci le ratifie, ou s'il en a profité.; art. 1240. Le paiement fait de bonne foi à celui qui est en possession de la créance, est valable, encore que le possesseur en soit par la suite évincé". En la actualidad, con una redacción más breve, el art. 1342-2 dispone que "Le paiement doit être fait au créancier ou à la personne désignée pour le recevoir. Le paiement fait à une personne qui n'avait pas qualité pour le recevoir est néanmoins valable si le créancier le ratifie ou s'il en a profité. Le paiement fait á un créancier

que la ley o el juez autoricen a recibir por él". De igual forma, el acreedor puede tanto dar poder a un tercero para recibir el pago como –de conformidad con el art. 1625– ratificar el pago hecho a un tercero sin legitimidad para recibir. El pago a un tercero no facultado para recibir puede hacerse válido, por otra parte, cuando ha resultado útil para el acreedor[9] y, también, cuando el tercero no legitimado, con posterioridad, adquiere la titularidad del crédito, por ejemplo, *mortis causa*.

En lo que hace al lugar en que debe realizarse el pago, el art. 1645 C. C. establece como regla que el pago se debe hacer en el lugar convenido. A falta de convención, se desarrollan en el art. 1646 C. C. algunas reglas supletorias: si se debe dar un cuerpo cierto, se hará en el lugar donde la cosa se encuentre en el momento de la constitución de la obligación. Si es una cosa de género, se ha de pagar en el domicilio del deudor[10].

---

dans l'incapacité de contracter n'est pas valable, s'il n'en a tiré profit"; Art. 1342-3: "Le paiement fait de bonne foi á un créancier apparent est valable". El Código Civil argentino de 1869 utilizaba en su art. 731 una larga lista de personas a las que era válido hacer el pago, la misma fue simplificada por el Código Civil y Comercial argentino de 2014 que en su art. 883 dispone que "Tiene efecto extintivo del crédito el pago hecho: a) al acreedor, o a su cesionario o subrogante; si hay varios acreedores, el derecho al cobro de cada uno de ellos se rige por las disposiciones correspondientes a la categoría de su obligación; b) a la orden del juez que dispuso el embargo del crédito; c) al tercero indicado para recibir el pago, en todo o en parte; d) a quien posee el título de crédito extendido al portador, o endosado en blanco, excepto sospecha fundada de no pertenecerle el documento, o de no estar autorizado para el cobro; e) al acreedor aparente, si quien realiza el pago actúa de buena fe y de las circunstancias resulta verosímil el derecho invocado; el pago es válido, aunque después sea vencido en juicio sobre el derecho que invoca". El C.C. italiano/1942 dispone, con un sentido muy similar al utilizado por Bello, en el art. 1188 que "Il pagamento deve essere fatto al creditore o al suo rappresentante ovvero alla persona indicata dal creditore o autorizzata dalla legge o dal giudice a riceverlo. Il pagamento fatto a chi non era legittimato a riceverlo libera il debitore, se il creditore lo ratifica o se ne ha approfittato". En el caso de Brasil, su Código Civil de 2002, conserva en su integridad el contenido de las normas sobre a quién debe hacerse el pago establecidas por el Código Civil de 1916, así señala el art. 308. O pagamento deve ser feito ao credor ou a quem de direito o represente, sob pena de só valer depois de por ele ratificado, ou tanto quanto reverter em seu proveito"; Art. 309: "O pagamento feito de boa-fé ao credor putativo é válido, ainda provado depois que não era credor".

9 POTHIER, R. *Traitè des obligations*, cit., 33.

10 Frente a esta última regla, POTHIER, R., *Traitè des obligations*, cit., p. 50, considera que se presenta una excepción cuando quiera que el domicilio del deudor y el del acreedor no son lejanos el uno del otro y se debe una cosa que puede ser entregada o enviada al acreedor sin costos adicionales para el deudor, caso en el cual la cosa se debe pagar en el domicilio del acreedor. Importante resulta lo señalado por CLARO SOLAR, L. *Explicaciones del derecho civil chileno y*

Dedicando nuestra atención a lo relacionado con el tiempo del cumplimiento, es menester reiterar que este es considerado como factor que, junto con los otros a los que hemos hecho referencia, permite establecer la *exactitud* de la conducta del deudor sobre la base de la puntualidad que debe caracterizar dicha conducta.

Así, se considera que el cumplimiento es puntual cuando coincide con el momento de la exigibilidad de la obligación[11], y, desde esta perspectiva, siguiendo –como es usual– las normas contenidas en los códigos civiles, la doctrina explica que las obligaciones pueden ser puras y simples, caso en el cual se deben cumplir en el mismo momento en el que nacen; o estar sometidas a un plazo, que puede ser expreso o tácito, o a una condición[12], caso en

---

comparado, cit., p. 85, sobre el hecho de haber sido Pothier quien sentó esta regla "de acuerdo con lo que decidía Ulpiano refiriéndose al pago de un legado (D. 30, 47, 1), y generalizando su resolución". Sobre el tema, el actual art. 1342-6 del C.C. francés dispone: "A défaut d'une autre désignation par la loi, le contrat ou le juge, le paiement doit être fait au domicile du débiteur", eliminando así la regla sobre la entrega de las cosas de cuerpo cierto en el lugar en elque se encontraban al momento de celebrarse la convención prevista por el antiguo art. 1247 de esa codificación. El Código Civil argentino de 1869 en su art. 747 reproducía la regla contenida en el Código Civil francés de 1804 en su redacción original, a su vez insertada por Andrés Bello en el Código Civil por él redactado. En la actualidad el Código Civil y Comercial argentino de 2014 conserva en su sustancia la regla conforme a la cual a falta de disposición en contrario el pago debe hacerse en el domicilio del deudor, pero introduce como excepción a la misma, en el artículo 873 que "Esta regla no se aplica a las obligaciones: a) de dar cosa cierta; en este caso, el lugar de pago es donde la cosa se encuentra habitualmente; b) de obligaciones bilaterales de cumplimiento simultáneo; en este supuesto, lugar de pago es donde debe cumplirse la prestación principal". Finalmente, el Código Civil del Brasil de 2002 reproduce en el art. 327 el contenido del anterior art. 950 y señala al efecto que "*Efetuar-se-á o pagamento no domicílio do devedor, salvo se as partes convencionarem diversamente, ou se o contrário resultar da lei, da natureza da obrigação ou das circunstâncias*". Dentro de esta materia resulta llamativa la norma del artículo 329, la cual prevé que en caso de presentarse un motivo grave que impida que el pago se efectúe en el lugar acordado, el deudor está facultado para hacerlo en otro lugar, con la condición de no acarrear un perjuicio al acreedor, con lo que puede notarse una consciencia de la necesidad de una tutela contemporánea de las posiciones de las partes, que se hace posible gracias a la flexibilidad con la que se regula el *locus solutionis*.

11 Enfatizan este aspecto: Colombia, Corte Suprema de Justicia, Sala de Casación Civil, sentencia, 8 de agosto de 1935, M. P. Aníbal Cardoso Gaitán, *GJ* t. XLII, n.° 1900; Colombia, Corte Suprema de Justicia, Sala de Casación Civil, sentencia, 12 de agosto de 1947, M. P. Hernán Salamanca; Colombia, Corte Suprema de Justicia, Sala de Casación Civil, sentencia, 5 de junio de 1951, M. P. Manuel José Vargas, *GJ* t. LXX, n.° 2103-2104.

12 Sobre el concepto de plazo y la condición, *cfr.* Colombia, Corte Suprema de Justicia, Sala de Casación Civil, sentencia, 30 de septiembre de 1941, M. P. Arturo Tapias, *GJ* t. LII, n.° 1978; Colombia, Corte Suprema de Justicia, Sala de Casación Civil, sentencia, 1 de junio de 1965,

el cual será necesario esperar a que venza el primero o se cumpla la segunda para que el acreedor pueda exigir el cumplimiento sin que le sea requerida la constitución en mora del deudor, *dies interpellat pro homine.*

En el caso de aquellas obligaciones cuyo momento oportuno de cumplimiento se encuentra indeterminado, los códigos civiles difieren en su manera de suplir el contenido del título del cual emana la obligación respectiva. Así, en Francia, Italia y Argentina se faculta al juez para que, a falta de estipulación, provea a la fijación de un plazo[13]. Lo anterior en contraste con la legislación civil colombiana (C. C. art. 1551) y chilena (C. C. art. 1494), que prevén que "no podrá el juez, sino en casos especiales que las leyes designen, señalar plazo para el cumplimiento de la obligación"[14], así como también limita sus facultades de interpretación a los casos en que el término sea vago u oscuro y respecto del cual las partes difieran en su aplicación. Estas últimas codificaciones contienen algunas normas que establecen expresamente en casos especiales el plazo para cumplir; así, por ejemplo, en el caso del mutuo que, a falta de estipulación, podrá exigirse dentro de los diez días siguientes a la entrega[15], o en el caso de la compraventa en el que el vendedor deberá entregar la cosa

---

M. P. Enrique López de la Pava, *GJ* tt. CXI y CXII, N.ºs 2276-2277; Colombia, Corte Suprema de Justicia, Sala de Casación Civil, sentencia, 3 de julio de 1969, M. P. Flavio Cabrera Dussán, *GJ* t. CXXXI, N.ºs 2314-2315-2316; Colombia, Corte Suprema de Justicia, Sala de Casación Civil, sentencia, 18 de julio de 1978, M. P. Alberto Ospina Botero, *GJ* t. LXVIII; Colombia, Corte Suprema de Justicia, Sala de Casación Civil, sentencia, 5 de julio de 1983, M. P. Humberto Murcia Ballén, *GJ* t. CLXXII, n.° 2411.

13 El art. 1305-1 C.C. Fr/1804 establece que el juez debe realizar esta tarea teniendo en cuenta la naturaleza de la prestación y la situación de las partes: "Le terme peut être exprès ou tacite. A défaut d'accord, le juge peut le fixer en considération de la nature de l'obligation et de la situation des parties". Por su parte, el art. 1183 C.C. It/1942 señala como regla general la exigibilidad inmediata de la obligación cuyo tiempo de cumplimiento no está determinado, a menos que las circunstancias específicas exijan un plazo razonable, caso en el cual le corresponderá al juez señalarlo: "Se non è determinato il tempo in cui la prestazione deve essere eseguita, il creditore può esigerla immediatamente. Qualora tuttavia, in virtù degli usi o per la natura della prestazione ovvero per il modo o il luogo dell'esecuzione, sia necessario un termine, questo, in mancanza di accordo delle parti, è stabilito dal giudice". Art. 871 C.C. Arg/2014: "El pago debe hacerse: [...] d) si el plazo es indeterminado, en el tiempo que fije el juez, a solicitud de cualquiera de las partes, mediante el procedimiento más breve que prevea la ley local".

14 Tal es el caso, por ejemplo, del art. 2226 C.C. Col. y el art. 2201 C.C. Ch. que facultan al juez para determinar el plazo cuando quiera que se "hubiere pactado que el mutuario pague cuando le sea posible".

15 Art. 2225 C.C. Col/art. 2200 C.C. Ch.

vendida inmediatamente, si las partes no señalaron un plazo o condición[16]. Por su parte, el Código Civil del Brasil dispone como regla general, contenida en el art. 331, que el acreedor puede exigir inmediatamente el cumplimiento de las obligaciones cuya época de ejecución se encuentre indeterminada.

Ahora bien, desde la perspectiva de la exactitud como rasero de valoración del cumplimiento de las obligaciones, dos situaciones son consideradas en el ámbito codificatorio como susceptibles de dar lugar a que una conducta se pueda considerar como un cumplimiento sin que haya plena coincidencia con la descripción propia de la fuente de la obligación.

La primera de ellas es la posibilidad del pago anticipado (*solutio ante diem)*, hipótesis que es analizada por la doctrina y regulada por las codificaciones civiles con base en la determinación de cuál de las partes goza del beneficio del tiempo, es decir, se trata de establecer si el deudor, el acreedor, o ambos, gozan del *commodum* que el tiempo implica –escenario sobre el que volveremos para analizar la aproximación de la jurisprudencia colombiana en la materia, en particular sobre el mutuo con interés[17]– y, en consecuencia, poder concluir si el cumplimiento que prescinde del plazo fijado es o no admisible, teniendo en cuenta si aquel que de este prescinde es o no el beneficiado con su existencia.

Baste por ahora señalar que en derecho romano, tal como lo testimonia D. 46, 3, 70[18], se consideraba que, por regla general, el plazo beneficiaba al deudor, razón por la cual se entendía que era libre de despojarse de la utilidad que le implicaba y pagar anticipadamente. Algunas de las codificaciones civiles pertenecientes al sistema de derecho continental reproducen esta regla, haciendo expresa excepción respecto de aquellos casos en que el plazo beneficia exclusivamente al acreedor o a ambos contratantes, hipótesis en las que el pago anticipado es admisible solamente como cumplimiento si concurre la

---

16 Art. 1882 C.C. Col.

17 Hinestrosa, F. *Tratado de las obligaciones*, cit., p. 605, al ocuparse del rechazo del pago anticipado, señala que "el caso del mutuo con interés remuneratorio es especialmente delicado, como quiera que a la reflexión preventiva de que el término no beneficia exclusivamente al deudor, sino también al prestamista, han de sumarse consideraciones de temperamento en obsequio a estrato amplios de deudores, que han movido a la jurisprudencia e incluso al legislador a intervenciones de *favor debitoris* a fin de permitirles a aquellos la restitución intempestiva del dinero mutuado [...]".

18 Dig. 46.3.70 *Celsus 26 Digestorum*: "Quod certa die promissum est, vel statim dari potest: totum enim medium tempus ad solvendum promissori liberum relinqui intellegitur". Celso, Digesto, libro XXVI: "Lo que se prometió para cierto día puede ser dado aún inmediatamente; porque se entiende que al prometedor se le deja libre todo el tiempo intermedio para pagar".

aquiescencia del acreedor; tal es el caso de los códigos civiles francés[19], italiano[20], colombiano, chileno[21] y brasilero[22]. Con lo cual se concluye que el pago anticipado respecto del momento establecido en el título obligacional puede constituir un cumplimiento exacto y, por lo tanto, podría dar lugar a una *mora creditoris*, cuando el deudor procede al mismo siendo el único beneficiado con el plazo o cuando, en caso contrario, el acreedor lo acepta voluntariamente y con posterioridad no se pone en disposición de recibir la prestación.

El otro escenario en el cual el cumplimiento se considera exacto aun cuando se produce fuera de las coordenadas temporales originalmente previstas durante el surgimiento de la obligación, es aquel en el que se faculta al acreedor para exigir el pago antes de la expiración del plazo por circunstancias que afectan negativamente el estado de solvencia del deudor o la suficiencia de sus garantías[23].

En nuestro ordenamiento el estado de insolvencia del deudor produce, *ipso iure*, la decadencia del término, como consecuencia inmediata del inicio del proceso concursal. Mientras que, en la hipótesis de extinción o disminución

---

19 Art. 1305-3: "Le terme profite au débiteur, s'il ne résulte de la loi, de la volonté des parties ou des circons- tances qu'il a été établi en faveur du créancier ou des deux parties. La partie au bénéfice exclusif de qui le terme a été fixé peut y renoncer sans le consentement de l'autre".

20 Art. 1184: "Se per l'adempimento è fissato un termine, questo si presume a favore del debitore, qualora non risulti stabilito a favore del creditore o di entrambi".

21 Art. 1554 C.C. Col/Art. 1497 C.C. Ch.: "El deudor puede renunciar el plazo, a menos que el testador haya dispuesto o las partes estipulado lo contrario, o que la anticipación del pago acarree al acreedor un perjuicio que por medio del plazo se propuso manifiestamente evitar".

22 Art. 133: "Nos testamentos, presume-se o prazo em favor do herdeiro, e, nos con- tratos, em proveito do devedor, salvo, quanto a esses, se do teor do instrumento, ou das circunstâncias, resultar que se estabeleceu a benefício do credor, ou de ambos os contratantes".

23 Art. 1305-4 C.C. Fr: "Le débiteur ne peut réclamer le bénéfice du terme s'il ne fournit pas les sûretés promises au créancier ou s'il diminue celles qui garantissent l'obligation". Art. 1496 C.C. Ch/Art. 1553 C.C. Col.: El pago de la obligación no puede exigirse antes de expirar el plazo, si no es: 1.° Al deudor constituido en quiebra o que se halla en notoria insolvencia; 2.° Al deudor cuyas cauciones, por hecho o culpa suya, se han extinguido o han disminuido considerablemente de valor. Pero en este caso el deudor podrá reclamar el beneficio del plazo, renovando o mejorando las cauciones. Art. 333 C.C. Br.: "Ao credor assistirá o direito de cobrar a dívida antes de vencido o prazo estipulado no contrato ou marcado neste Código: I – no caso de falência do devedor, ou de concurso de credores; II – se os bens, hipotecados ou empenhados, forem penhorados em execução por outro credor; III – se cessarem, ou se se tornarem insuficientes, as garantias do débito, fide- jussórias, ou reais, e o devedor, intimado, se negar a reforçá-las. Parágrafo único. Nos casos deste artigo, se houver, no débito, solidariedade passiva, não se reputará vencido quanto aos outros devedores solventes".

culposa de las garantías que el deudor había provisto en favor del acreedor, será necesaria la interpelación correspondiente, que además le permita ejercer al deudor la facultad de renovar o mejorar las cauciones respectivas[24].

La prescindencia del término en este caso responde, según algunos autores, a la intención del legislador de tutelar con prontitud el crédito[25], así como también al hecho de que en estas circunstancias la confianza que puede inspirar el deudor se encuentra indudablemente mermada[26], por lo cual sería ilógico pretender que la relación crediticia pueda sostenerse durante el tiempo fijado.

Ahora bien, desde nuestra perspectiva, la consideración del tiempo, como modalidad del cumplimiento, en términos de puntualidad encuadrada en una valoración de la conducta del deudor que gira alrededor del establecimiento de su exactitud respecto de la fuente de la que la obligación emana, es insuficiente, pues el tiempo no es solo una coordenada que permite ubicar al cumplimiento como un hecho, sino que tiene un valor que puede, incluso, traducirse en términos económicos y, por lo mismo, es un factor que debe tomarse en consideración como parte integral en la distribución de cargas y beneficios que toda obligación implica para sus partes; el *commodum temporis*, en suma, tiene un peso que supera la simple admisión o no de la validez del pago anticipado.

Ahora bien, consideramos que es necesario insertar esta modalidad del pago dentro del contexto de una valoración sustancial del cumplimiento, en la cual el análisis de la conducta del deudor supere los márgenes de la mera exactitud, para dar cabida, por ejemplo, a una atención especial al rol que puede jugar en la conservación del equilibrio entre las posiciones de las partes ante circunstancias y eventos que durante la actuación del contenido de la oblig ación pudieran desbalancearla, pues sería inadmisible calificar como cumplimiento a una conducta formalmente exacta, pero que materializa una ventaja injustificada que perpetúa un desbalance capaz de traicionar el espíritu del vínculo que pretende cumplir, teniendo en cuenta que el equilibrio constituye una piedra de toque del contrato, de tal manera que consideramos justificado

---

24 Así, Hinestrosa, F. *Tratado de las obligaciones*, cit., p. 611.

25 Hinestrosa, F. *Tratado de las obligaciones*, cit., p. 611, explica que, ante la quiebra, esta norma permite tanto la rápida liquidación y cancelación de las acreencias como el respeto de la *pars condictio creditoris*. En lo que hace a la disminución o extinción de las garantías, se instituye por esta vía una prevención y sanción. En el mismo sentido, *cfr.* Llambías, J. *Tratado de derecho civil obligaciones*, cit., p. 403.

26 Salvat, R. *Tratado de derecho civil argentino*, cit., p. 89.

protegerlo para que pueda materializarse plenamente en escenarios en los que el cumplimiento se desarrolla con normalidad[27].

Así las cosas, en la valoración del cumplimiento es necesario, por ejemplo, establecer si este ha sido capaz de traer a la realidad la distribución equitativa y mutuamente ventajosa de intereses prevista, implícita o explícitamente, por las partes en el momento del surgimiento de su compromiso, así como tener en cuenta la incidencia que el valor del tiempo puede tener en dicha distribución.

2.2. INCIDENCIA DEL TIEMPO EN LA DISTRIBUCIÓN DE CARGAS Y BENEFICIOS EN LAS RELACIONES CONTRACTUALES

La implementación de una valoración del cumplimiento que sea sustancial y que, por lo tanto, pueda tomar en consideración su capacidad para reflejar en la realidad un adecuado balance entre ventajas y sacrificios exigidos tanto a la parte deudora como a la acreedora exige sólidos cimientos.

Por ello, será necesario acudir a la tradición que soporta desde hace más de dos mil años al derecho civil contemporáneo, pues acudir a la autoridad del derecho romano nos permitirá tener acceso no solo a respuestas que son coherentes con nuestras instituciones, ya que fueron construidas sobre su patrimonio y por lo tanto en ellas aún pervive su espíritu, sino que también en el *ius romanum* reposan las mejores herramientas para solucionar con vocación de universalidad muchos de los problemas que en la actualidad enfrenta el derecho privado[28] y, en esa medida, hace posible que podamos aspirar a

---

27 Queremos poner de presente que la existencia de un equilibrio sinalagmático es fundamental para el derecho de contratos y ahonda sus raíces en la definición misma del Derecho como *ars boni et aequi* (D. 1. 1. 1). Nuestra intención no es más que resaltar su importancia en el ámbito del cumplimiento cuando el mismo se desarrolla en términos de normalidad, es decir, pese a que no se presente un "desequilibrio inicial (*laesio enormis* o *ab initio*) o por desequilibrio sobrevenido (*laesio superveniens*)". Sobre el particular, *cfr.* Chamie, J. F. "El principio general de *reductio ad aequitatem* por desequilibrio contractual", *Revista de Derecho Privado*, Universidad Externado de Colombia, 2012, enero-junio, pp. 22, 219-275, quien también hace énfasis sobre el hecho de la idea de justicia que subyace tras la *reductio ad aequitatem*, como práctica que permitió a los medievales "moderar los contratos de duración afectados por un desequilibrio", "no es nueva: ella ha estado siempre en los principios y en la elaboración dogmática del sistema jurídico romanista, es una característica de su definición [refiriéndose a la definición de Celso a la que hicimos mención al inicio de esta nota] y pertenece a su *principium*".

28 Salgado, C. "Breves reflexiones sobre la interacción entre 'ordenamiento' y 'sistema' de ius romanum", en *Sistema jurídico romanista y subsistema jurídico latinoamericano. Liber discipulorum para el Profesor Sandro Schipani*, Bogotá, Universidad Externado de Colombia,

contribuir en la construcción de mejores respuestas en cuanto a la valoración de la conducta humana en el ámbito del cumplimiento de las obligaciones.

En Roma, los *prudentes*, conscientes de las implicaciones derivadas de la naturaleza que se reconociera al término (*dies*) dentro del escenario de la obligación, se vieron especialmente atraídos por proponer soluciones a casos concretos, que en ocasiones resultan muy particulares, y en los cuales no es posible fijar una postura teórica preestablecida[29].

Al contrario, fueron los intereses implicados dentro de cada relación los que inspiraron a los juristas a proponer soluciones que resultaran equitativas para el caso concreto. Ello en especial en los casos relacionados con el cumplimiento anticipado (*solutio ante diem*), respecto de los cuales los juristas reconocieron que, si bien el término condicionaba concretamente la exigibilidad del cumplimiento, no era posible repetir lo que ha sido pagado con anticipación a su vencimiento[30], sin descuidar la posición del acreedor, el cual, por regla general, se consideraba beneficiado por recibir en forma anticipada la prestación a su favor.

La necesidad de ponderar adecuadamente los intereses contrapuestos de las partes, en caso de cumplimiento anticipado, determinó que los juristas tuvieran en cuenta las repercusiones que el tiempo puede tener en el valor económico de la prestación y, en consecuencia, proponer los correctivos que

---

2014, pp. 167-204, 188, quien resalta que acudir al derecho romano nos abre las posibilidades de comprender el *principium*, el origen de nuestras actuales categorías y, en esa medida, alcanzar la completitud de su comprensión. La autora enfatiza, además, "sobre el sistema de *Ius Romanum* el que se tenga presente esta 'realidad *espacio-temporal*', para que no termine por esfumarse su estudio en una mera visión lineal de la historia, que puede llevar, a quien no esté atento, a una simple descripción de lo existente y a una concepción '*apriorístico-evolucionista*' del derecho (el derecho posterior como derecho más evolucionado que uno anterior) [...] en nuestra escuela, metodológicamente (Gai. D. 1, 2, 1) el jurista debe ir al origen (de su experiencia, tradición) y debe proseguir con una visión anti-evolucionista (para poder entender, escoger y crear mejor): se considera la historia como parte del sistema, y no el sistema como parte de la historia".

29 Grosso, G., "Prospettive in materia di termine iniziale e finale e spunti sistematici di Paolo", en *Studi in onore di Biondo Biondi*, I, Milán, Giuffrè, 1965, pp. 320-331, p. 327; Fasolino, F. "Note in tema di *solutio ante diem*: tempo e valore economico della prestazione nella riflessione dei prudentes", en: *Fides Humanitas Ius. Studi in onore di L. Labruna*, I, Napolés, Editoriale Scientifica, 2007, pp. 1729-1763, p. 1732.

30 Así lo señala expresamente D. 12, 6, 10 Paulo, Comentarios a Sabino, Libro VII: El deudor a término es deudor, de suerte que no puede repetir lo que pagó antes del término.

en el plano jurídico fueran oportunos para restablecer el equilibrio que hubiera podido resultar alterado[31].

Esta visión del problema sobresale por su capacidad de iluminar tanto las deficiencias de la manera actual de abordar las mismas problemáticas, como la importancia de abrir espacio a una perspectiva que, hoy por hoy, pueda solucionarlas adecuadamente. Y sobre todo nos permite abstraer un criterio que permita reconsiderar el rol del tiempo en todas aquellas circunstancias en las que pueda afectar el balance negocial. Resulta necesario resaltar que los juristas romanos comprendían ampliamente los beneficios relacionados con el factor temporal en una relación obligacional, por lo cual dieron relevancia al así denominado *commodum temporis* como elemento integrador de la distribución de intereses de esta.

Por esto, aunque los juristas afirman que el que paga anticipadamente renuncia a un *commodum*, ello no implica que no hayan hecho un esfuerzo por sentar mecanismos que permitieran reequilibrar adecuadamente los intereses de las partes. De esta manera, conscientes de las ventajas que resultaban para el acreedor que aceptaba recibir su prestación antes de tiempo, sentaron conceptos técnico-jurídicos "que tradujeron correctamente los perfiles estrictamente económicos de las relaciones cuyas implicaciones se proponían disciplinar"[32].

La anticipación consentida del pago se encuadró en la noción de *representatio*, dentro de la que se encuentra implícito el concepto conforme al cual el cumplimiento anticipado genera que, en términos de valor efectivo, el acreedor reciba más de cuanto le correspondía, por lo que sería necesario cercenar la prestación de la plusvalía generada por la anticipación. Ello a través del proceso de actualización de la prestación denominado *interusurium*, que es el equivalente al monto de los intereses que el acreedor percibirá con el pago anticipado, con relación al lapso sucedido entre el momento del pago efectivo y aquel del vencimiento del plazo[33].

---

31 Fasolino, F. "Note in tema di solutio ante diem: tempo e valore economico della prestazione nella riflessione dei prudentes", cit., p. 1733.

32 Fasolino, F. "Note in tema di solutio ante diem: tempo e valore economico della prestazione nella riflessione dei prudentes", cit., p. 1734.

33 De Dominicis, M. "Interusurium", en *Novissimo digesto italiano*, viii, Turín, utet, 1957, pp. 938-940, p. 939, resalta que "Fondamentale è il principio presso tutti i giuristi romani secondo cui l'interusurium viene scontato per evitare un proffitto iniustum del creditore, il profitto cioè che il creditore ritrarrebbe dal pagamento anticipato della somma totale". Fasolino, F. "Note in tema di solutio ante diem: tempo e valore economico della prestazione nella riflessione dei prudentes", cit., pp. 1735.

En general, se trata de un proceso que la jurisprudencia romana[34] inició desde tiempos muy antiguos. El testimonio más remoto con el que contamos en la actualidad se encuentra en D. 33, 1, 15[35], en el que Aburnio Valente nos

34 TALAMANCA, M. *Istituzioni di diritto romano*, Milán, Giuffrè, 1990, p. 31, explica que en época republicana y también, sustancialmente, durante el principado "la actividad de los juristas representa el momento central y unificador de la experiencia jurídica romana, [en la cual] el término 'jurisprudencia' es usado con un significado diferente de aquel que actualmente tiene entre nosotros. [...] Los (*iuris*) *prudentes* romanos son, los juristas, y la *iurisprudentia* es el conjunto de las opiniones que resultan proferidas en su actividad, y se identifica, por lo tanto, con la doctrina en sentido moderno. Una doctrina de las cortes (jurisprudencia contemporánea), no existe en Roma [...] Para comprender el rol desempeñado por la jurisprudencia romana, es necesario considerar rápidamente su historia. [En la época posterior a las XII Tablas], el colegio de los *pontifices* continúa siendo el depositario del saber jurídico, que no se encuentra aún organizado como un sistema de conocimientos con carácter científico. La *interpretatio* de los *pontifices* no puede ponerse en el mismo plano de la interpretación de la ley en sentido moderno. No obstante que el texto de las reglas de derecho conocidas por medio de los *mores* hubiese sido fijado en las XII Tablas, los *pontifices* continuaron siendo los 'mediadores' entre el ordenamiento inmanente de la naturaleza y los hombres, eran los *interpretes iuris* (aquellos que declaran lo que es el Derecho). [...] A medida que el tiempo se aleja de las XII Tablas, la *interpretatio* de los *pontifices* debió, cada vez más, una marcada independencia de las normas decenvirales, lo que llevó a aquello que Pomponio, en D. 1. 2. 2. 12, llama el *proprium ius civile* [...] es decir, el *ius civile* en sentido propio, aquel que sin fundarse inmediatamente el la *lex* como acto escrito (aunque apoyándose en últimas en las XII Tablas) consiste en la sola elaboración jurisprudencial. Con la laicización de la jurisprudencia, entre el siglo III-II a. C., esta ejercita, en sus orígenes, sólo una actividad de consultoría práctica, que evoluciona lentamente hacia una reflexión también teórica, contemporáneamente con el gradual afirmarse del carácter científico del saber jurídico. [la legitimidad de los juristas para ejercer su actividad] descendía exclusivamente de su *auctoritas* y su saber [...y en esa medida...] la autoridad de sus *sententiae* encuentra su justificación en la pertenencia de los *prudentes* a la *nobilitas* patricio-plebeya y, sobre todo, del reconocimiento del saber técnico que la opinión pública otorgaba a cada jurisconsulto".

35 *Cfr.* SOLAZZI, S. "Sull'obbligazione a termine iniziale". *IURA*, Jovene, I, 1950, pp. 34-63, 36 nt 8 quien alude al pasaje en relación con D. 12, 6, 10 cuyo contenido no resulta contradicho por D. 33, 1, 15 pues debe comprenderse el quam debuisset praestare en el sentido de que el heredero no podría ser compelido a pagar antes del vencimiento del término; GROSSO, G. "Prospettive in materia di termine iniziale e finale e spunti sistematici di Paolo", cit., pp. 329, 330 considera que el pasaje pone el interrogante acerca de si se trataba o no del caso normal de la imposición de un término en favor del deudor; ponen de presente que el fragmento constituye el único vestigio del libro VII fideicommissorum de Valens contenido en el Digesto. PESCANI, P. "Il piano del Digesto e la sua attuazione", *BIDR*, Giuffrè, 1974, LXXVII, pp. 221-405, 372, y LERA, J. "Para la palingenesia de Venuleius Saturninus", *INDEX*, Jovene,25, 1997, pp. 237-251, 241; DESANTI, L. "Di nuovo sul regime dei frutti nel fedecommesso", *SDHI*, Pontificia Università Lateranese, 1999, LXV, pp. 67-94, 75, subraya que en el pasaje Javoleno toma en consideración el interés concreto que la disposición testamentaria pretendía satisfacer.

reporta la opinión de Javoleno en materia de cumplimiento anticipado[36]. Para este último, la ejecución de la prestación antes del vencimiento del término no siempre conlleva la liberación del deudor. El caso que se discute en el fragmento versa sobre un fideicomiso que grava a un heredero por un término de diez años. A Javoleno se le pregunta si el heredero se considera liberado de su carga si restituye el fideicomiso antes del vencimiento del término. Para responder al problema que se le presenta, el jurista diferencia dos hipótesis según la función que el término cumplía respecto de la obligación del heredero. Así, si se prueba que se fijaron los diez años en interés del fideicomisario, ya que no podía cuidar de los bienes de la familia, el heredero no se considera liberado. Si, al contrario, el término fue establecido en favor del interés del heredero, es decir, para que se beneficiara del tiempo durante el cual administraba el fideicomiso, entonces, si restituye anticipadamente el fideicomiso, se libera de este, pues, como lo afirma textualmente el pasaje en su frase final, se entiende que de esta manera está dando aún más de lo que debía (*liberatum eum intelligi, nam et plus eum praestitisse, quam debuisset*).

Las razones que subyacen a la diferenciación que hace Javoleno son muy interesantes, pues evidencian la preocupación del jurista por comprender cuál era la función de las obligaciones a cargo del heredero en el caso concreto, así como por comprender cuál es la naturaleza del término y cuál su incidencia

---

Igualmente la autora pone de presente que la atención en proteger una adecuada distribución de los intereses en juego se encuentra en materia de restitución de los frutos del fideicomiso, de manera que cuando el término al que el encargo era sometido se interpretaba en favor del heredero, se entendía igualmente que este último correspondían los frutos, tal y como lo deja entender el contenido de D. 31, 43, 2; Fasolino, F. "Note in tema di solutio ante diem: tempo e valore economico della prestazione nella riflessione dei prudentes", cit., p. 1737.

36 "Valens Libro VII Fideicommissorum. Iavolenus eum, qui rogatus post decem annos restituere pecuniam ante diem restituerat, respondit, si propter capientis personam, quod rem familiarem tueri non posset, in diem fideicommissum relictum probetur et perdituro ei id heres ante diem restituisset, nullo modo liberatum esse: quod si tempus heredis causa prorogatum esset, ut commodum medii temporis ipse sentiret, liberatum eum intellegi: nam et plus eum praestitisse quam debuisset". "Valente, Fideicomisos, Libro VII: Javoleno respondió, que aquel que habiéndose rogado que restituyese una cantidad después de diez años la había restituido antes del término, si se probase que el fideicomiso fue dejado a término por razón de la persona del que los adquiría, porque no podría cuidar de su bienes de familia, y el heredero se lo hubiese restituido antes del plazo al que lo había de perder, no quedó de ningún modo libre; pero que si el término hubiese sido prorrogado por causa del heredero, para que él experimentase la utilidad del tiempo intermedio, se entiende que él quedó libre, porque aún dio él más de lo que habría debido".

sobre la relación obligatoria. De esta manera, si tal función consistía en administrar el fideicomiso por un lapso, precisamente porque el beneficiario del fideicomiso carecía de las posibilidades para hacerlo por sí mismo durante el término fijado por el testador, entonces no puede haber cumplimiento y consecuente liberación si se produce una restitución anticipada, pues esta enervaría completamente las posibilidades de que la obligación cumpla la tarea que le correspondía al ser fijada en el testamento, que no era otra que la de garantizar la protección del patrimonio fideicomitido mientras su destinatario final podía administrarlo por sí mismo. De manera que, si hay obligación y esta consiste en proteger, en favor del beneficiario del fideicomiso, un conjunto de bienes por un término de diez años, esa es la lectura integral del contenido de la obligación que pesa sobre el heredero, y esa la razón por la cual solamente hay cumplimiento con la restitución del fideicomiso una vez transcurridos los diez años, y no antes[37].

Escenario distinto se presenta cuando el término se haya fijado por el testador únicamente en favor del heredero; en tal caso, un cumplimiento anticipado resulta claramente una renuncia a la ventaja reconocida al heredero, que no afecta la función misma del fideicomiso y su institución por medio del testamento. En este escenario, no escapa al jurista resaltar que, al restituir con anticipación el fideicomiso, el heredero le agrega el valor del tiempo renunciado a la prestación a su cargo.

Esto demuestra que, desde la perspectiva de la dogmática romana, el lapso que transcurre entre el surgimiento de una obligación y su cumplimiento tiene un rol relevante[38], por lo cual el razonamiento de los juristas busca tomar en

---

37 Fasolino, F. "Note in tema di solutio ante diem: tempo e valore economico della prestazione nella riflessione dei prudentes", cit., p. 1737, sostiene, diversamente, que la razón de que no se considere la existencia de un verdadero cumplimiento radica en que la obligación no había surgido aún. Así, afirma, "este no está de ninguna manera liberado, pues se sobreentiende que ha restituido los bienes cuando una obligación de ese sentido no había aún surgido, y, por lo tanto, no puede decirse que técnicamente cumplió".

38 Para Fasolino, F. "Note in tema di solutio ante diem: tempo e valore economico della prestazione nella riflessione dei prudentes", cit., p. 1740, el rol que se reconoce al tiempo está representado en su valor económico. Nosotros consideramos que dicho rol puede asumir una importancia al margen de su cuantificación económica. Para el jurista moderno, por lo general, la relevancia jurídica de una circunstancia respecto de un contrato o una obligación depende de su cuantificación económica, sin embargo, para la jurisprudencia romana la distribución de intereses en una relación obligatoria exige tomar en consideración aspectos que no necesariamente se traducen en términos monetarios, pero que sí afectan el equilibrio indispensable que debe existir en una relación negocial.

consideración ese rol para armonizarlo con la distribución de intereses propia de la relación obligatoria de que se trate, y por esta vía conservar el equilibrio de dicha distribución[39], así como garantizar que la ejecución de la prestación implique sustancialmente un cumplimiento, el cual se valora sobre la base de la función o tarea que le corresponde desempeñar a la obligación en cuestión.

En el mismo sentido, encontramos el testimonio contenido en D. 31, 88, 5[40]; allí, el caso[41] respecto del cual es consultado Scaevola trata de la inobservancia por parte de un heredero de la prohibición hecha por el testador acerca de entregar los legados previstos en el testamento antes del vencimiento de un quinquenio. Así, habiendo entregado el heredero parte de tales legados anticipadamente, se le pregunta al jurista si resulta admisible compensar, en el pago del restante, aquello pagado antes de llegar al término de los cinco años, beneficiándose el heredero con la *representatio*. Scaevola considera que en este caso el pago anticipado no implica que el heredero deba una cantidad menor respecto de la suma restante.

En el pasaje se puede notar que Scaevola aconseja sancionar al heredero que viola la explícita prohibición del testador, por lo que al jurista no le resulta admisible que en estas condiciones el heredero pueda disfrutar de los beneficios

---

39 Los juristas no se limitaron a razonar conceptualmente, sino que dotaron sus conclusiones con criterios prácticos que permitieran la realización del principio de equidad enunciado. Así, en D. 35, 2, 88, 3, dentro del fragmento es claro que para Africano resulta evidente que un legado obtenido de inmediato tiene un valor mayor que aquel que se ejecuta después de un periodo de tiempo. Por lo que él concluye que el valor de ambos legados es sólo el mismo nominalmente hablando, puesto que en realidad cuando se lleva a la práctica la disposición testamentaria, tienen un valor distinto, de ahí que "los dos legados serán expuestos de forma concretamente distinta a la falcidia". En este sentido, *cfr.* Fasolino, F. "Note in tema di solutio ante diem: tempo e valore economico della prestazione nella riflessione dei prudentes", cit., pp. 1740-1742.

40 Grosso, G. "Prospettive in materia di termine iniziale e finale e spunti sistematici di Paolo", cit., 328; Fasolino, F. "Note in tema di solutio ante diem: tempo e valore economico della prestazione nella riflessione dei prudentes", cit., pp. 1743.

41 "Scaevola Libro III. Responsorum. Testator legata ante quinquennium vetuit peti praestarique, sed heres quaedam sua sponte ante quinquennium solvit: quaesitum est, an eius, quod ante diem exsistentem solutum est, repraesentationem in reliqua solutione legati reputare possit. respondi non propterea minus relictum deberi, quod aliquid ante diem sit solutum". "Scaevola, Respuestas, libro III. Un testador prohibió que se pidieran y se entregasen los legados antes de un quinquenio, pero el heredero pagó por su voluntad algunos antes del quinquenio; se preguntó si en el restante pago del legado se podrá hacer la compensación de lo que se pagó antes de llegar el término. Respondí que no porque se haya pagado alguna cosa antes del término se considera que no se dejó".

de un pago anticipado y por lo tanto pueda liberarse definitivamente pagando el remanente del débito restando el plusvalor conseguido por el legatario con el cumplimiento anticipado de una parte de lo que le correspondía por testamento[42].

Se trata, como se ve, de un análisis completo del caso concreto en el que Scaevola toma en consideración no solamente la expresa voluntad del testador, sino también hace una aplicación en justicia del *commodum temporis*. Así, pese a que la entrega anticipada de los legados, vista formalmente, constituye un incumplimiento, pues la conducta del deudor no se ajustó exactamente al contenido de la obligación descrito en el testamento, el jurista no niega al pago anticipado la calificación de *solutio* o cumplimiento, mas no por ello justifica que, con una conducta abiertamente contraria al contenido del testamento, el heredero se pueda beneficiar, también, con la actualización de la prestación que implicaría, en esta hipótesis, restar el excedente propio del pago anticipado.

Como se ve, la opinión del jurista busca balancear la situación admitiendo el cumplimiento anticipado como *solutio* parcial, pero negando el beneficio generado por el *commodum temporis* que resultaría redundante e injusto frente a la conducta observada por el heredero[43].

La señalada injusticia derivaría de la inobservancia de la expresa exigencia del testador, de entregar los legados "no antes de cinco años", en evidente contradicción con el sentido imperativo de esa expresión que no es equivalente a la mera fijación de un plazo, como si el testador hubiese dicho: "en un plazo de cinco años". El jurista no pasa por alto dicho aspecto y en cierto sentido sanciona su incumplimiento ante la *solutio* prematura, negando los beneficios del *interusurium*, con lo que termina insertando en su respuesta la consideración de las razones no explícitas del testador al disponer que el heredero no debía realizar el cumplimiento antes de una fecha determinada.

Los anteriores ejemplos permiten comprender, con una visión completa, las razones que subyacen tras el contenido del artículo 1554 de nuestro Código Civil, de conformidad con el cual el deudor no puede renunciar al plazo cuando "la anticipación del pago acarree al acreedor un perjuicio que por medio del plazo se propuso manifiestamente evitar". Norma en la que Andrés Bello

---

42 Fasolino, F. "Note in tema di solutio ante diem: tempo e valore economico della prestazione nella riflessione dei prudentes", cit., pp. 1743.

43 *Ibidem*, es de una opinión diferente y considera que la postura de Scaevola es "extremadamente rigurosa".

sintetizó el razonamiento de los juristas romanos al analizar el rol del tiempo dentro del cumplimiento de las obligaciones, aunque se abstuvo de dar cabida a la figura del *interusurium* (actualización de la prestación) en el caso del pago anticipado, coherente en este sentido con su visión del cumplimiento de las obligaciones dinerarias que se ciñe a los postulados del nominalismo.

Volviendo al derecho romano, podemos referenciar otro caso interesante de conciliación y análisis integral de los intereses en juego dentro del cumplimiento de una obligación. Se trata del pago anticipado hecho en fraude de los acreedores, hipótesis en la que se analizan los efectos negativos que un pago anticipado en forma fraudulenta puede producir para los demás acreedores de un mismo deudor, si este elige tramposamente pagar antes un crédito cuyo vencimiento no se había producido[44].

Ulpiano plantea a modo de regla general que, si debiéndose a término, se paga fraudulentamente en día presente, ha de tenerse en cuenta como ventaja fraudulenta el tiempo anticipado[45].

De esta manera, Ulpiano pone de presente que el acreedor que recibe anticipadamente su prestación se beneficia no solo considerablemente del *interusurium* propio de cualquier pago anticipado, sino, sobre todo, lo hace injustamente, pues ha obtenido una ganancia antes y con preferencia de los demás acreedores, en cuyo desmedro ha obrado el deudor al anticiparle el cumplimiento de su obligación. Las medidas que en este caso proceden contra el acreedor fraudulento para restablecer el *statu quo ante* de los demás

---

44 En D. 42, 8, 10, 12 Ulpiano sostiene: "Ulpianus 73 ad ed. Si, cum in diem deberetur, fraudator praesens solverit, dicendum erit in eo, quod sensi commodum in repraesentatione, in factum actioni locum fore: nam praetor fraudem intellegit etiam in tempore fieri". "Ulpiano, Comentarios al Edicto, Libro LXXIII: Si debiéndose a término el defraudador me pagare de presente, se habrá de decir que habrá de tener lugar la acción por el hecho en cuanto a la ventaja que experimenté con el pago anticipado; porque el Pretor entiende que se comete fraude también en cuanto al tiempo".

45 Pérez, M. P. "Observaciones sobre D. 17. 22. 10". *RIDA*, Office international des périodiques, 1998, XLV, pp. 355-385, p. 359, nt. 8, pone de presente que "las fuentes llaman fraudator al deudor que realiza algún acto en perjuicio de sus acreedores o simplemente al que tolera la vendictio o la distractio bonorum de su patrimonio", tal y como lo prueba entre otros D. 42, 8, 10, 12; Fasolino, F. "Note in tema di solutio ante diem: tempo e valore economico della prestazione nella riflessione dei prudentes", cit., 1759, alude a D. 42, 8, 17, 2 como ejemplo de aplicación en concreto de esta regla general. En el pasaje se lee: "Iulianus 49 Dig. Si vir uxori, cum creditores suos fraudare vellet, soluto matrimonio praesentem dotem reddidisset, quam statuto tempore reddere debuit, hac actione mulier tantum praestabit, quanti creditorum intererat dotem suo tempore reddi: nam praetor fraudem etiam in tempore fieri intellegit".

acreedores, implican no solo la cuantificación del *interusurium*, sino además la consideración del interés de estos últimos en que el primero recibiera su pago en el término establecido[46].

La frase con la que Ulpiano cierra el fragmento es ilustrativa acerca del rol que el tiempo desempeña para la dogmática romana clásica: "el Pretor entiende que se comete fraude también en cuanto al tiempo". Con lo cual resulta interesante poner de presente que la solución del jurista romano en este caso va más allá de lo previsto por nuestro artículo 2491 Código Civil al regular la acción pauliana, pues trasciende el ámbito de la rescisión del acto o contrato fraudulento a los acreedores –lo que además, para su aplicación a esta hipótesis, exigiría admitir la naturaleza negocial del pago–, para tomar en consideración tanto la ventaja que produce el pago anticipado como el interés positivo de los demás acreedores en que el fraude no tuviera lugar.

El análisis que hemos presentado ilustra una manera de concebir la valoración de la conducta del deudor al ejecutar las obligaciones a su cargo, que implica una integración en el ámbito del cumplimiento de la obligación, el cual se considera como entidad dinámica cuyo contenido, incluso en términos económicos –que podría considerarse un aspecto objetivo por definición–, puede variar en función de la equitativa y justa distribución de intereses de las partes de la relación. De esta manera, es claro que para los juristas romanos la valoración compleja e integral del cumplimiento exigía tomar en consideración, en este caso, el *commodum temporis*, a fin de distribuir adecuadamente el peso que dicho tiempo implica, pues en ninguna circunstancia el cumplimiento efectivo de una obligación puede conducir a la obtención injustificada de una ventaja en favor de una de las partes, sin un correspondiente balance de la posición de la otra.

Así las cosas, estamos convencidos de la riqueza que puede traer para el derecho civil contemporáneo la inclusión de esta forma de valorar el cumplimiento de las obligaciones y, en este caso particular, la pertinencia de reconsiderar el tiempo del pago no solo como una modalidad suya, sino comprenderlo como parte integral del equilibrio contractual y de las funciones que desempeñan las obligaciones que de este emanan. Todo ello en plena coherencia con nuestro sistema legal, pues no se trata sino de traer a la luz el razonamiento que subyace tras el cuerpo del derecho civil que regula en la actualidad las relaciones entre

---

46 Fasolino, F. "Note in tema di solutio ante diem: tempo e valore economico della prestazione nella riflessione dei prudentes", cit., p. 1759.

particulares, presentando así una evidencia de que el derecho romano no es solo un antecedente de nuestras instituciones jurídicas, sino que es la más autorizada fuente de "lógica y equidad rezumante de una evolución milenaria"[47], por lo que su más sobresaliente valor para el jurista contemporáneo es el de servirle como modelo de pensamiento que permite resolver, con un refinado sentido de la justicia, los problemas que hoy se le presentan.

3. EL TIEMPO DEL CUMPLIMIENTO EN EL ORDENAMIENTO COLOMBIANO

Con el objetivo de ejemplificar el rol que el tiempo puede jugar dentro de la distribución contractual de cargas y beneficios y, en esa medida, señalar la importancia de considerarlo integralmente dentro de toda la complejidad negocial en la que se inserta, consideramos oportuno traer a colación dos casos en los que el tiempo del cumplimiento tiene un papel relevante para el pleno desarrollo de los fines prácticos, económicos y jurídicos de las relaciones obligacionales. En primer lugar, pondremos nuestra atención en el pago anticipado de los mutuos hipotecarios para la adquisición de vivienda y, en un segundo escenario, estudiaremos el caso del pago de facturas a 180 días que deben esperar las pequeñas y medianas empresas para recibir la contraprestación a su favor.

3.1. EL PAGO ANTICIPADO EN EL CONTEXTO DEL MUTUO CELEBRADO CON ENTIDADES FINANCIERAS

La regulación del Código Civil colombiano en esta materia se caracteriza por no contener una disposición expresamente destinada a regular el tiempo en el que se debe observar el pago dentro del título que lo regula como modo de extinción de las obligaciones. Sin embargo, es posible encontrar las normas que regulan este aspecto del cumplimiento en los artículos 1551 a 1555, dedicados a prever el régimen aplicable a las obligaciones a plazo, así como el artículo 2229 sobre el mutuo con interés; en particular, el pago anticipado está previsto en los siguientes términos:

---

47 HINESTROSA, F. *Tratado de las obligaciones*, cit., p. 596.

> Art. 1552 C. C. Col. Pago anticipado. Lo que se paga antes de cumplirse el plazo, no está sujeto a restitución. Esta regla no se aplica a los plazos que tienen el valor de condiciones.
>
> Art. 1553 C. C. Col. Exigibilidad de la obligación antes del plazo. El pago de la obligación no puede exigirse antes de expirar el plazo, si no es:
>
> 1o.) Al deudor constituido en quiebra o que se halla en notoria insolvencia.
>
> 2o.) Al deudor cuyas cauciones, por hecho o culpa suya, se han extinguido o han disminuido considerablemente de valor. Pero en este caso el deudor podrá reclamar el beneficio del plazo, renovando o mejorando las cauciones.
>
> Art. 1554 C. C. Col. Renuncia del plazo por el deudor. El deudor puede renunciar el plazo, a menos que el testador haya dispuesto o las partes estipulado lo contrario, o que la anticipación del pago acarree al acreedor un perjuicio que por medio del plazo se propuso manifiestamente evitar.
>
> Art. 2229 C. C. Col. Pago anticipado. Podrá el mutuario pagar toda la suma prestada, aún antes del término estipulado, salvo que se hayan pactado intereses.

La última de estas normas nos resulta especialmente interesante debido a su relación con la crisis del crédito para adquisición de vivienda a largo plazo que tuvo lugar en Colombia a finales de los años noventa del siglo pasado, como consecuencia de la metodología utilizada para establecer la corrección monetaria de dichos créditos usando al efecto el sistema de unidad de poder adquisitivo constante (UPAC), el cual reflejaba también los movimientos de las tasas de interés en el mercado financiero.

Desde 1997 dicho mercado entró en una profunda recesión que determinó el cierre de numerosas entidades bancarias y generó un alza frenética de las tasas de interés, por lo que, ante dicho estado de cosas, las obligaciones de préstamos hipotecarios no resultaron actualizadas, sino incrementadas a tal punto que desbordaron la capacidad de pago de quienes habían adquirido su vivienda con apoyo en este sistema de financiación, pues los reajustes en los ingresos de los trabajadores no tomaban en consideración las tasas de interés que operan en el ámbito financiero, sino otros factores económicos como la inflación. Por lo que en últimas el valor del préstamo superó ampliamente el monto de sus ingresos, poniendo a muchos de ellos en la incapacidad de conservar sus viviendas.

Las primeras y más importantes respuestas del Estado colombiano ante esta crisis provinieron de la Corte Constitucional que, tanto en fallos de tutela como de constitucionalidad, protegió el derecho fundamental a una vivienda digna, ordenando entre otras cosas que el Congreso de la República de Colombia proveyera una nueva normatividad que regulara el sistema de financiación de vivienda que respetara los lineamientos de la doctrina constitucional[48].

Dentro de este marco, resulta pertinente subrayar la Sentencia C-252 de 1998[49], con la cual la norma contenida en el artículo 2229 del Código Civil colombiano, arriba transcrita, fue declarada exequible por la Corte Constitucional bajo el entendido de que la misma no es aplicable a los créditos hipotecarios para la adquisición de vivienda, pues estos se encuentran sometidos a normas especiales debido a la directa relación de estos créditos con el derecho fundamental a la vivienda digna[50].

Sin embargo, la Corte consideró que la referida norma es constitucionalmente aplicable a los demás mutuos con interés. Así, tras invocar el pensamiento de los hermanos Mazeaud acerca de cuál de las partes se beneficia con la estipulación del término[51], afirma la Corte:

---

48 En concreto, la Corte Constitucional expresó esta necesidad que debía absolver el Congreso en Colombia. Corte Constitucional, Sentencia C-383 de 27 de mayo de 199, M. P. Alfredo Beltrán Sierra, expediente D-2294; Colombia, Corte Constitucional, Sentencia C-700 de 16 de septiembre de 1999, M. P. José Gregorio Hernández, expediente D-2374 y Colombia, Corte Constitucional, Sentencia, C-747 de 6 de octubre de 1999, M. P. Alfredo Beltrán Sierra, expediente D-2421. Atendiendo al contenido de dichos fallos se promulgó la Ley 546 de 1999 "Por la cual se dictan normas en materia de vivienda, se señalan los objetivos y criterios generales a los cuales debe sujetarse el Gobierno Nacional para regular un sistema especializado para su financiación, se crean instrumentos de ahorro destinado a dicha financiación, se dictan medidas relacionadas con los impuestos y otros costos vinculados a la construcción y negociación de vivienda y se expiden otras disposiciones".

49 Colombia, Corte Constitucional, Sentencia C-252 de 26 de mayo de 1998, M. P. Carmenza Isaza de Gómez, expediente D-1870.

50 En el caso del pago anticipado el numeral 8 del artículo 17 de la Ley 546 de 1999 prevé: "Los créditos podrán prepagarse total o parcialmente en cualquier momento sin penalidad alguna. En caso de prepagos parciales, el deudor tendrá derecho a elegir si el monto abonado disminuye el valor de la cuota o el plazo de la obligación".

51 Reproduce la Corte el siguiente aparte: "el término se estipula, ya sea en interés exclusivo del deudor, ya sea en interés exclusivo del acreedor, ya sea en su interés común. El respeto de las convenciones exige que el pago anticipado esté prohibido cuando el término se haya estipulado a favor del acreedor. Por el contrario, el deudor puede renunciar al término señalado en su interés exclusivo. El pago anticipado no es posible, pues, contra la voluntad del acreedor mas que si el término se ha establecido en exclusivo interés del deudor". (Henri y León Mazeaud,

> Sostener que el deudor puede pagar anticipadamente cuando ello le convenga, implicaría, para no quebrantar el equilibrio entre las partes, que el acreedor pudiera, a su vez, exigir anticipadamente el pago, para colocar su dinero a una tasa mayor, pues, como ya se advirtió, éste es un contrato conmutativo. Pero ¿sería acertado, a la luz de las normas que gobiernan los contratos, sostener que el acreedor y el deudor, a su arbitrio, pueden desconocer el plazo pactado para el pago, cuando éste se ha establecido en interés de ambos? La respuesta, a juicio de la Corte, tiene que ser negativa. De lo contrario, se eliminaría la fuerza obligatoria de los contratos [...]

Frente a lo anterior, consideramos oportuno señalar que la decisión de la Corte se limitó a considerar la hipótesis de un desconocimiento arbitrario del término fijado por los contratantes, en la cual, sin duda, como lo señala el juzgador, se estaba ante un evento que desconoce uno de los más importantes pilares del derecho de contratos, que es el *pacta sunt servanda*.

Sin embargo, escapó a la Corte el análisis de los efectos que puede tener en el equilibrio de las posiciones de las partes un pago anticipado aceptado por el acreedor o que no le acarree ningún perjuicio (art. 1554 Código Civil), y sobre todo pierde de vista el peso y la incidencia que tiene el tiempo en relaciones negociales como las establecidas entre las entidades financieras y los consumidores de sus servicios.

Creemos que en la mayoría de los casos, y no solo en el del préstamo hipotecario para adquisición de vivienda, el plazo del mutuo pactado con una entidad bancaria beneficia principalmente al deudor del mismo, pues el término le permite acceder al crédito que le resulta necesario y, al mismo tiempo, cumplir con los demás compromisos que pesan sobre su cabeza; el término, en resumen, le da cierto margen de acción para enfrentar sus necesidades económicas, mientras que para la entidad financiera, pese a la percepción de los correspondientes intereses, vista su enorme capacidad económica, la anticipación del pago de un préstamo no solo la pone objetivamente en la ventaja de contar con la liquidez del dinero prestado, sino que por su fuerza económica, así como por el hecho de ser profesional en esas lides, le resultará, sin duda, fácil decidir en qué negocio poner de nuevo ese dinero a fructificar.

En resumen, creemos que el juzgador constitucional no reconoció, analizando las particularidades de las relaciones con el consumidor financiero, cuál

---

"Lecciones de Derecho Civil", Ediciones Jurídicas Europa-América, 1960, parte segunda, volumen III, p. 198).

es el verdadero rol del tiempo en el equilibrio de los intereses de las partes, y cómo una interpretación adecuada del mismo podría proteger eficazmente a la parte débil de estos contratos impactando positivamente la distribución de ganancias y sacrificios subyacente a estos negocios.

Por fortuna, las señaladas carencias del fallo en mención fueron subsanadas por el legislador colombiano catorce años después, mediante la expedición de la Ley 1555 de 2012, "Por medio de la cual se permite a los consumidores financieros el pago anticipado de las operaciones de crédito y se dictan otras disposiciones".

La norma, mediante la adición del literal 'g' al art. 5 de la Ley 1328 de 2009, estableció[52] como derecho de los consumidores financieros, cuando quiera

---

52 "Artículo 1. Adiciónese al artículo 5 de la Ley 1328 de 2009 el siguiente literal: g) Efectuar pagos anticipados en toda operación de crédito en moneda nacional sin incurrir en ningún tipo de penalización o compensación por lucro cesante, de las cuotas o saldos en forma total o parcial, con la consiguiente liquidación de intereses al día del pago. Es obligación de las entidades crediticias brindar al usuario información transparente, precisa, confiable y oportuna en el momento previo al otorgamiento del crédito sobre la posibilidad de realizar pagos anticipados de su obligación. Este derecho del consumidor financiero no será aplicado a operaciones de crédito cuyo saldo supere los ochocientos ochenta (880) SMMLV. Para los créditos superiores a este monto, las condiciones del pago anticipado serán las establecidas en las cláusulas contractuales pactadas entre las partes. Es derecho del deudor decidir si el pago parcial que realiza la [sic] abonará a capital con disminución de plazo o a capital con disminución del valor de la cuota de la obligación. En el evento en que el deudor posea varios créditos con una misma entidad que sumados superen el monto indicado en el inciso tercero, solo podrá realizar el pago anticipado aquí regulado hasta dicho limite. En el evento en que el deudor posea varios créditos con diferentes entidades, podrá realizar el pago anticipado aquí regulado con cada entidad, hasta límite [sic] establecido en la presente ley. Las disposiciones contenidas en este artículo no aplican a los créditos hipotecarios".
El contenido del artículo 5 de la Ley 1328 de 2009 era el siguiente: "Derechos de los consumidores financieros. Sin perjuicio de los derechos consagrados en otras disposiciones legales vigentes, los consumidores financieros tendrán, durante todos los momentos de su relación con la entidad vigilada, los siguientes derechos: a) En desarrollo del principio de debida diligencia, los consumidores financieros tienen el derecho de recibir de parte de las entidades vigiladas productos y servicios con estándares de seguridad y calidad, de acuerdo con las condiciones ofrecidas y las obligaciones asumidas por las entidades vigiladas. b) Tener a su disposición, en los términos establecidos en la presente ley y en las demás disposiciones de carácter especial, publicidad e información transparente, clara, veraz, oportuna y verificable, sobre las características propias de los productos o servicios ofrecidos y/o suministrados. En particular, la información suministrada por la respectiva entidad deberá ser de tal [sic] que permita y facilite su comparación y comprensión frente a los diferentes productos y servicios ofrecidos en el mercado. c) Exigir la debida diligencia en la prestación del servicio por parte de las entidades vigiladas. d) Recibir una adecuada educación respecto de las diferentes formas

que la obligación dineraria no supere el monto máximo fijado por la ley, el de "efectuar pagos anticipados en toda operación de crédito [...] sin incurrir en ningún tipo de penalización o compensación por lucro cesante [...]", y como deber de las entidades financieras "brindar al usuario información transparente, precisa, confiable y oportuna [...] sobre la posibilidad de realizar pagos anticipados de su obligación".

En desarrollo de la norma en mención, la Superintendencia Financiera de Colombia expidió la circular externa 018 de 2016 considerando como abusivas aquellas cláusulas que "limitan el pago anticipado total o parcial de las obligaciones, la posibilidad de elegir si se hace abonar a capital con disminución de plazo o abonar a capital con disminución del valor de la cuota de la obligación".

3.2. EL PLAZO DE PAGO DE HASTA 180 DÍAS DE OBLIGACIONES EN FAVOR DE MICRO, PEQUEÑAS Y MEDIANAS EMPRESAS

En la actualidad puede considerarse una práctica comercial frecuente entre grandes empresas y sus proveedores y subcontratistas, los cuales están principalmente constituidos como medianas, pequeñas y microempresas, la fijación de un plazo que en el 60 % de los casos oscila entre 60 y 90 días para pagar facturas en favor de estas últimas, llegando, en el restante 40 %, a la utilización de plazos que pueden sobrepasar los 180 días[53].

La fijación de este plazo no es el resultado de una negociación entre las partes del contrato, sino que, en la gran mayoría de los casos, viene incluida dentro de las cláusulas previamente redactadas en contratos de adhesión que las grandes empresas predeterminan para adelantar sus operaciones comerciales,

---

de instrumentar los productos y servicios ofrecidos, sus derechos y obligaciones, así como los costos que se generan sobre los mismos, los mercados y tipo de actividad que desarrollan las entidades vigiladas así como sobre los diversos mecanismos de protección establecidos para la defensa de sus derechos. e) Presentar de manera respetuosa consultas, peticiones, solicitudes, quejas o reclamos ante la entidad vigilada, el defensor del Consumidor Financiero, la Superintendencia Financiera de Colombia y los organismos de autorregulación. f) Los demás derechos que se establezcan en esta ley o en otras disposiciones, y los contemplados en las instrucciones que imparta la Superintendencia Financiera de Colombia".

53 Asociación Colombiana de las Micro, Pequeñas y Medianas Empresas (Acopi), "Pago a plazos justos". *Bitácora Económica*, diciembre 2019, 7, p. 1.

como expresión de la existencia de una relación contractual asimétrica resultante de las diferentes capacidades económicas de sus partes[54].

El recurso a estos plazos tan extensos repercute negativamente en el desarrollo de las actividades económicas de las empresas de menor tamaño, pues su capital de trabajo, integrado por los recursos que requiere una empresa para poder operar,[55] se ve considerablemente disminuido mientras se hacen exigibles las obligaciones, fundamentalmente dinerarias, en su favor. Todo lo cual se traduce en graves problemas de liquidez[56], que terminan por afrontarse bien con recursos propios provenientes de ahorros, bien por medio de créditos bancarios con altos intereses o a través de la intervención de una entidad de fazctoring, posibilidad esta última que es viable solamente si la gran empresa no restringe la negociación de la factura, llegando incluso a limitar a los operadores con los cuales es posible celebrar este contrato[57].

Dentro de este escenario de asimetría puede recurrirse a la utilización de la regla desarrollada por los juristas romanos según la cual "es conforme a naturaleza, que las comodidades de *cualquiera cosa* correspondan al que le

54 Sobre relaciones contractuales asimétricas y cláusulas abusivas, *cfr.* Rengifo, E. *Del abuso del derecho al abuso de la posición dominante*, 2.ª edición, Bogotá, Universidad Externado de Colombia, 2004, pp. 189 y ss.; Bianca, M. *Derecho civil. El contrato* (Hinestrosa, F. y Cortés, E. (trads.), 2.ª edición, Bogotá, Universidad Externado de Colombia, 2007, pp. 363 y ss.; Roppo, V. "Del contrato con el consumidor a los contratos asimétricos: perspectivas del derecho contractual europeo", *Revista de Derecho Privado*, Universidad Externado de Colombia, 20, 2011, enero-junio, pp. 177-223, quien define el contrato asimétrico como "relaciones contractuales entre una empresa dominante y otro sujeto del mercado (sea o no consumidor) que se encuentra en condiciones de desigualdad en cuanto a su poder contractual, en razón de su posición objetiva en el mercado"; Posada Torres, C. "Las cláusulas abusivas en los contratos de adhesión en el derecho colombiano", *Revista de Derecho Privado*, 29, 2015, julio-diciembre, pp. 141-182; Hinestrosa, F. *Tratado de las obligaciones*, II: *De las fuentes de las obligaciones: el negocio jurídico*, II, Bogotá, Universidad Externado de Colombia, 2015.

55 Rincón Herrera, E. *Lecciones de factoring*, Bogotá, Legis, 2016, p. 89: "El capital de trabajo mide qué tan líquidos son los activos de una empresa para poder crecer y seguir operando. [...] Desafortunadamente, para las micro, pequeñas y medianas empresas, la mayor parte de su capital de trabajo se encuentra amarrado a sus cuentas por cobrar".

56 Cámara de Comercio de Bogotá, Dirección de Gestión y Transformación del conocimiento. *Causas de liquidación de empresas*, 2018, p. 19.

57 Práctica contractual que reporta el periódico *Portafolio* en entrevista a Rosmery Quintero, presidente de Acopi, el 4 de enero de 2019; disponible en https://www.portafolio.co/negocios/empresas/empresas-tendrian-que-pagar-facturas-en-un-plazo-maximo-de-30-dias-524929 [consultado el 25 de marzo de 2020].

correspondieren las incomodidades"[58] (las cursivas son nuestras), para comprender con mayor claridad la importancia que reviste analizar el valor del tiempo en este tipo de relaciones y, en concreto, tomar en consideración que es necesario que los beneficios que este factor implica deben corresponder a un proporcional sacrificio, es decir, debe constatarse si hay o no presencia de una adecuada distribución entre el *commodum* e *incommodum* (beneficios y sacrificios) que cada contratante soporta en relación con el plazo que se fija para el cumplimiento de una obligación, con el objetivo de que el *commodum temporis* se armonice correctamente dentro de la distribución de intereses propia de la relación contractual en la que se inserta.

En un escenario prototípico referido al pago a plazo de obligaciones dinerarias, el *commodum temporis* del que se beneficia, por regla general, el deudor resulta compensado con los intereses, *incommodum*, que debe reconocer al acreedor por el lapso durante el cual se privó del uso del dinero, intereses que desde la óptica crediticia se traducen, a su vez, en el *commodum* que compensa la espera para recibir el pago, *incommodum*.

Así las cosas, es necesario poner de presente que en las relaciones comerciales entre grandes empresas y *mipymes*, al fijarse unilateralmente un plazo de hasta 180 días para el pago de facturas en favor de las segundas, resulta beneficiado el contratante que por su situación en el mercado ya detenta, *per se*, la posición más cómoda y privilegiada, a lo que debemos agregar que por medio de la fijación de estos plazos tan extensos las grandes empresas logran trasladar el costo financiero de su capital de trabajo a las micro, pequeñas y medianas empresas con las que contratan, logrando de este modo destinar sus recursos a otras inversiones que les resulten más fructíferas[59], lo que se traduce,

---

58 D. 50, 17, 10 *Paulus 3 ad sab. Secundum naturam est commoda cuiusque rei eum sequi, quem sequentur incommoda*. Sobre esta regla, *cfr.* Talamanca, M. "Vendita", en *Enciclopedia del Diritto*, xlvi, 303, Giuffrè, Milán, 1993, p. 475; Neme Villarreal, M. "Los principios generales del derecho y el problema de los riesgos por pérdida de la cosa debida", *Revista de Derecho Privado*, n.° 15, Universidad Externado de Colombia, 15, 2008, julio-diciembre, pp. 59-108; Lazo, P. "La regla *commodum eius esse debet cuius periculum est*: para la historia dogmática del artículo 1.820 del código civil chileno", en Reinoso Barbero, F. (dir.), *Principios generales del derecho. Antecedentes históricos y horizonte actual*, Madrid, Thomson Reuters Aranzadi, 2014, pp. 529-540.

59 "Las grandes empresas canalizan sus recursos financieros a otro tipo de líneas (*leasings*, hipotecarios, derivados, etc.), mientras que las líneas de capital de trabajo de corto plazo se hacen innecesarias, dado que los proveedores son los que lo proporcionan, de otra forma no pueden vender"; disponible en https://finanzasparainversiones.com/2019/06/24/factura-a-30-dias/

sin más, en que las empresas de menor tamaño financian a las grandes, de tal manera que la privación del uso del dinero que deben soportar durante meses –incrementada en muchos casos con los trámites internos que la gran empresa establece para pagar facturas[60]– representa una carga excesiva teniendo en cuenta su capacidad económica, por lo que se ven obligadas a sacrificar sus posibilidades de crecimiento y parte de sus utilidades en pagar los costos de la financiación externa a la que deben acudir para seguir funcionando[61], lo cual las lleva, en muchos casos, a cerrar.

Con lo que, además, se genera un efecto altamente nocivo para la economía nacional, pues en Colombia las micro, pequeñas y medianas empresas "aportan el 40 % de P.I.B., aportan el 80 % del empleo y constituyen el 96 % del tejido empresarial"[62] del país.

De esta manera, resulta evidente que es imposible identificar cuál es el sacrificio (*incommodum*) que las grandes empresas soportan para corresponder al beneficio (*commodum*) que reciben al disponer de hasta 180 días para dar cumplimiento a sus obligaciones frente a sus proveedores. Sin duda, estamos ante un escenario en que el tiempo, como modalidad del cumplimiento de las obligaciones, juega un papel protagónico en la distribución de los intereses de las partes, determinando incluso que, en muchos casos, una de las partes no pueda sostener el funcionamiento de su actividad comercial como consecuencia de la iliquidez que debe enfrentar sistemáticamente al vender sus bienes o prestar sus servicios.

Como puede verse, el deudor, típicamente representado como parte débil de la relación contractual, en escenarios como en el que nos encontramos analizando, es, en realidad, el contratante más fuerte, por lo que un uso como el que

---

[consultado el 25 de marzo de 2020]. En el mismo sentido, *cfr.* Exposición de motivos del proyecto de ley 181 de 2018 tramitado ante la Cámara de Representantes del Congreso de Colombia.

60 Reporta *Portafolio* que "Se trata de trámites, papeles y procedimientos que la gran empresa usa deliberadamente para retrasar el pago de la obligación, como la notificación del almacén diciendo que sí recibió el pedido (5 a 10 días); fechas específicas de recibo de facturas (puede tardar hasta 15 días, dependiendo de los días estipulados); y el hecho de que pueden tardar hasta 5 días después del día 90 en desembolsar el pago"; disponible en https://www.portafolio.co/negocios/empresas/empresas-tendrian-que-pagar-facturas-en-un-plazo-maximo-de-30-dias-524929 [consultado el 25 de marzo de 2020].

61 Asociación Colombiana de las Micro, Pequeñas y Medianas Empresas (Acopi). "Pago a plazos justos". *Bitácora Económica*, 2019, diciembre, pp. 6, 7, 9.

62 Asociación Colombiana de las Micro, Pequeñas y Medianas Empresas (Acopi). "Pago a plazos justos". *Bitácora Económica*, 2019, diciembre, pp. 6, 7.

hace del *commodum temporis* se traduce fácilmente en una ventaja excesiva y en algunos casos injustificada; piénsese, por ejemplo, en los negocios celebrados con grandes almacenes de cadena, escenario prototípico de este este tipo de prácticas, en que los clientes de la gran empresa les pagan inmediatamente, pero aquellos posponen varios meses el pago a sus proveedores.

Para responder a estos desequilibrios pueden encontrarse en derecho comparado medidas, dirigidas a limitar el ejercicio de la autonomía privada en la determinación de un plazo que por su excesiva extensión pueda dejar sin liquidez a la empresa acreedora haciendo inviable o excesivamente difícil su ejercicio comercial. Tal es el caso de la Unión Europea que por medio de la Directiva 2011/7/UE del Parlamento Europeo[63], en la que, si bien se dictan normas tendientes a luchar contra la mora en las operaciones comerciales entre empresas, se establece en su artículo 3.5 que "Los Estados velarán por que el plazo de pago fijado en el contrato no exceda de 60 días naturales, salvo acuerdo expreso en contrario [...] siempre que no sea manifiestamente abusivo para el acreedor". Respecto de esto último, el artículo 7.1 señala que pueden ser consideradas manifiestamente abusivas, o dar lugar a una reclamación por daños, las cláusulas o prácticas comerciales que relacionadas con "la fecha o el plazo de pago, el tipo de interés de demora o la compensación por costes de cobro" impliquen la exclusión del pago de intereses moratorios (num. 2) o la compensación por costos de cobro (num.3), así como aquellas que en consideración de todas las circunstancias del caso concreto conlleven "cualquier desviación grave de las buenas prácticas comerciales, contrarias a la buena fe y actuación leal" (num. 1 lit. a). Asimismo se prevé que para determinar el carácter abusivo de una cláusula será necesario tomar en consideración la naturaleza del bien o servicio (num. 1 lit. b), así como "si el deudor tiene alguna

63 Sobre esta directiva *cfr.* ROPPO, V. "Del contrato con el consumidor a los contratos asimétricos: perspectivas del derecho contractual europeo", cit., p. 187, quien en su momento hacía referencia a la Directiva 2000/35/CE del Parlamento Europeo. Sin embargo, la actual Directiva 2011/7/UE responde a la necesidad –expresada en su considerando primero– de "introducirse diversos cambios sustantivos en la Directiva 2000/35/CE del Parlamento Europeo [...] por la que se establecen medidas de lucha contra la morosidad en las operaciones comerciales (3). [razón por la cual] Conviene proceder a la refundición de las disposiciones en cuestión por razones de claridad y racionalización". La mencionada refundición no resta valor al análisis de Roppo en el mencionado artículo, pues en dicha investigación pone de presente que esta directiva fue una de las primeras expresiones de la regulación europea para evitar abusos en contratos asimétricos distintos a aquellos propios del Derecho del consumidor.

razón objetiva para apartarse del tipo de interés legal de demora, del plazo de pago [máximo de 60 días contemplado en el art. 3 num. 5]".

En Latinoamérica podemos llamar la atención sobre Chile en donde en 2019 se promulgó la Ley 21.131 por la cual se establece el pago a treinta días, señalando que "la obligación de pago del saldo insoluto contenido en la factura deberá ser cumplida de manera efectiva en el plazo máximo de treinta días corridos contados desde la recepción de la factura". Esta disposición entrará en vigor pasados dos años de la promulgación de la ley que la contiene, durante los cuales el plazo máximo de pago será de sesenta días a partir de la recepción de la factura.

Igualmente, la norma prevé en su artículo 1 que excepcionalmente puede pactarse entre las partes un plazo mayor, siempre que "conste por escrito, sea suscrito por quienes concurran a él y no constituya abuso para el acreedor"; adicionalmente se ordena que dichos acuerdos deben inscribirse en un registro que para el efecto llevará el Ministerio de Economía, Fomento y Turismo. La ausencia de cualquiera de los mencionados requisitos produce la inexistencia del pacto y asimismo se prevé la ineficacia de los plazos convenidos por las partes que intentan "demorar *indebidamente* el pago de la factura al vendedor o prestador del servicio".

En Colombia se encuentra a la espera de sanción presidencial el proyecto de ley 181 de 2018, "Por medio del cual se adoptan normas de pago en plazos justos en el ámbito mercantil [...]". La futura ley considera un desarrollo del principio de buena fe el "deber [imperativo[64]] de todos los comerciantes y de quienes sin tener calidad de comerciantes ejerzan operaciones mercantiles[65],

---

64 Art. 7: "Las disposiciones contenidas en la presente ley tendrán carácter de normas imperativas y, por lo tanto, no podrán ser modificadas por mutuo acuerdo entre las partes, y cualquier disposición contractual que le modifique o le contraríe, se entenderá ineficaz de pleno derecho, sin necesidad de declaración judicial".

65 Se excluyen del ámbito de aplicación de la futura ley los pagos de operaciones comerciales sujetas a las normas de protección del consumidor, "2. los intereses relacionados con la legislación en materia de cheques, pagarés y letras de cambio y los pagos de indemnizaciones por daños, incluidos los pagos por entidades aseguradoras, así como el contrato de mutuo y otros contratos típicos o atípicos donde los plazos diferidos sean propios de la esencia del contrato respectivo. 3. Las deudas sometidas a procedimientos concursales incoados contra el deudor, que se regirán por lo establecido en su legislación especial" y "las operaciones mercantiles realizadas entre sociedades consideradas como grandes empresas" (art. 3, par. 1). De otra parte, resulta relevante señalar que el artículo 11 establece que "El Estado deberá ajustar sus procedimientos y políticas de facturación y pago a lo dispuesto en la presente ley [...]", todo

la obligación general de efectuar el pago de sus obligaciones contractuales" dentro de los plazos señalados por la norma. Al efecto, se establece que inicialmente el plazo para pagar obligaciones mercantiles será de sesenta días calendario a partir de la recepción de las mercancías o prestación de los servicios. Trascurrido un año desde la promulgación de la ley, el plazo máximo e improrrogable será de cuarenta y cinco días.

Asimismo, se ordena a los deudores incluir dentro de los plazos máximos de pago todos los procedimientos necesarios para su oportuna ejecución, es decir, tanto los procedimientos de aceptación que permiten verificar la conformidad del bien o servicio como aquellos de verificación de facturas y documentos de soporte. Ello con el objetivo de impedir que dichos procedimientos puedan usarse para extender, por fuera del plazo previsto por la ley, el pago efectivo de la prestación a su cargo.

Finalmente, se prevé la posibilidad de obtener indemnización por los costos de cobro cuando quiera que el deudor incurra en mora, el pago de tal indemnización procedería por vía ejecutiva en donde "el respectivo contrato y la liquidación de la indemnización" se considerarían título ejecutivo. Al efecto, el incumplimiento del plazo fijado por la ley se consagra como una hipótesis de responsabilidad objetiva, pues el deudor solo puede eximirse si prueba que el caso fortuito o la fuerza mayor le impidieron cumplir dentro del plazo máximo. A lo que ha de añadirse que se consideran ineficaces de pleno derecho las cláusulas que limiten este tipo de responsabilidad, por lo que no será posible incluir contractualmente la prueba de la ausencia de culpa como justificación admisible del retardo.

Frente a esta iniciativa, queremos señalar que la imposición con carácter imperativo de su contenido es indeseable, pues es necesario tener en cuenta que la fijación de plazos para el cumplimiento de obligaciones puede ser una facultad que requiera limitaciones únicamente cuando la misma se pueda considerar abusiva, es decir, cuando es el resultado de una predisposición del contenido contractual o del uso del mayor poder que detenta el contratante más fuerte, que de forma injustificada y en contrariedad al principio de la

---

lo cual resulta complementado por el contenido del artículo 12, en el cual se prevé que "En los contratos regidos por el estatuto general de contratación de la administración pública, que celebren las entidades estatales con una micro, pequeña o mediana empresa, según la normatividad vigente, los pagos deberán realizarse en un plazo máximo de sesenta (60) días calendario siguientes, a la aceptación de la factura".

buena fe rompe el equilibrio contractual[66], ruptura que podría verificarse con la aplicación de la mencionada regla romana conforme a la cual quien disfruta de una ventaja (*commodum*) debe soportar algún sacrificio (*incommodum*). Por lo tanto, sería más conveniente encaminar el contenido de una eventual ley dentro del escenario de las relaciones contractuales asimétricas entre empresas y, en esa medida, fijar con carácter dispositivo un plazo máximo de pago, así como presunciones de abuso.

Es necesario, en todo caso, promover la evaluación de cada contrato en particular para establecer, con base en los principios y reglas que ya se encuentran ampliamente desarrollados por el derecho privado[67] y dando un especial rol a la fuerza integradora de la buena fe[68], si un determinado plazo

---

66 *Cfr.* POSADA TORRES, C. "Las cláusulas abusivas en los contratos de adhesión en el derecho colombiano", cit.

67 Queremos poner de presente la importancia de usar correctamente las reglas y principios del derecho privado al ponerlas en relación con escenarios de asimetría contractual, así como enfatizar en que la existencia de normas de derecho común no elimina la pertinencia de mecanismos que puedan corregir específicamente problemas que, como en el caso del tiempo de cumplimiento de las obligaciones, puedan implicar un abuso del contratante más fuerte. En este sentido, resulta pertinente el trabajo de RODRÍGUEZ OLMOS, J. "Contexto y construcción de la regla *interpretatio contra proferentem* en la tradición romanista", *Revista de Derecho Privado*, n.° 14, Universidad Externado de Colombia, 2013, junio, pp. 151-188, pp. 105-107, quien, por una parte, enfatiza la importancia de asignar "una dimensión correcta a la regla de interpretación *contra proferentem*", pues su aplicación "no puede ser dilatada hasta llegar a atribuirle todo o gran parte del control del contenido de los contratos celebrados en circunstancias particulares como en el caso de las condiciones generales de contratación o en contratos con el consumidor", y, por otra parte, subraya la importancia de implementar "verdaderos mecanismos eficaces para la protección de los consumidores o, mejor aún, para la protección de todos aquellos sujetos que puedan encontrarse en una situación de subordinación, debilidad, dependencia económica o intelectual, en una relación contractual".

68 Sobre el principio, *cfr.*, entre otros, HORVAT, M. "Osservazioni sulla *bona fides* nel diritto romano obligatorio", en *Studi in onore di V. Arangio Ruiz*, I, Nápoles, Jovene, 1953, pp. 423-443; LOMBARDI, L. *Dalla fides alla bona fides*, Milán, Giuffrè, 1961; CARCATERRA, A. *Intorno ai bonae fidei iudicia*, Nápoles, Jovene, 1964; FREZZA, P. "Fides dona", en *Studi sulla buona fede*, Milán, Giuffrè, 1975, pp. 2-48; CASTRESANA, A. *Fides, bona fides: un concepto para la creación del derecho*, Madrid, Tecnos, 1991; TALAMANCA, M. "La *bona fides* nei giuristi romani: 'leerformeln' e valori dell'ordinamento", en Garofalo, L. *Il ruolo della buona fede oggettiva nell'esperienza giuridca storica e contemporánea*, IV, Padova, Cedam, 2003, pp. 1-312; FIORI, R. "Fides e bona fides. Gerarchia sociale e categorie giuridiche", en *Modelli teorici e metodologici nella storia del diritto privatto* 3, Nápoles, Jovene, 2008; CARDILLI, R. *"Bona fides" tra storia e sistema*, 3.ª edición, Turín, Giappichelli, 2014. En el ámbito nacional sobresale la obra de NEME VILLARREAL, M. L. *La buena fe en el derecho romano*, Bogotá, Universidad Externado de Colombia, 2010, quien además en otros trabajos ha resaltado la capacidad expansiva y la

de cumplimiento resulta injustificado de conformidad con la atenta consideración de si el contrato es o no de adhesión, la condición de las partes, el tipo de negocio celebrado entre ellas, el ámbito del mercado en el que dicho negocio se inserta, el tiempo requerido para ejecutar las prestaciones a cargo de cada contratante, los trámites burocráticos que eventualmente puedan ser necesarios para ejecutar el contenido de las obligaciones contractuales, entre otros aspectos que pueden justificar la necesidad de fijar plazos de cumplimiento más extensos que los previstos por una norma.

Resulta pertinente a este respecto señalar que el proyecto de ley prevé en su art. 2 num. 2 que no estarían comprendidos en su ámbito de aplicación "el contrato de mutuo y otros contratos típicos o atípicos donde los plazos diferidos sean propios de la esencia del contrato respectivo". Previsión que nos resulta imprecisa e insuficiente. Lo primero, porque en el contrato de mutuo el plazo de pago no es esencial y, en general, cuando es indispensable un tiempo para poder ejecutar las prestaciones, de conformidad con el art. 1551 C. C., este no se considera esencial, sino tácito. Lo segundo, porque no solo en los casos de plazo esencial pueden ser necesarios plazos mayores que los que aspira imponer el proyecto, sino que como lo señalamos arriba existen más factores que resultan de fundamental consideración para establecer si el uso de un determinado plazo es abusivo o injustificado.

En suma, la necesidad de corregir una práctica comercial abusiva no puede llevar a restringir de manera tan excesiva una expresión de la autonomía privada, sino que es necesario contextualizar el abuso y dotar al juzgador de elementos que le permitan en el caso concreto analizar las circunstancias particulares en las que un determinado plazo se inserta, a fin de balancear adecuadamente el considerable valor que, como hemos demostrado, tiene el *commodum temporis*.

Para esto último resulta invaluable la herencia con la que cuenta el derecho privado contemporáneo gracias al derecho romano, pues en él reposan

---

fuerza integradora del principio; así, por ejemplo *cfr. id.*, "El principio de buena fe en materia contractual en el sistema jurídico colombiano", *Revista de Derecho Privado*, n.° 11, Universidad Externado de Colombia, 2006, pp. 79-125; *id.*, "Buena fe subjetiva y buena fe objetiva. Equívocos a los que conduce la falta de claridad en la distinción de tales conceptos", *Revista de Derecho Privado*, n.° 17, Universidad Externado de Colombia, 2009, diciembre, pp. 45-76; *id.*, "La presunción de buena fe en el sistema jurídico colombiano: una regla cuya aplicación tergiversada desnaturaliza el principio", *Revista de Derecho Privado*, n.° 18, Universidad Externado de Colombia, 2010, junio, pp. 65-94.

autorizadas soluciones que pueden inspirar coherentemente las respuestas que en la actualidad podemos dar a problemas que afrontamos. El caso del tiempo del cumplimiento es solamente un ejemplo y, con ocasión de este, nos permitimos reiterar una de las afirmaciones que arriba hicimos, pues es claro que para los juristas romanos el lapso que transcurría entre el surgimiento de una obligación y su cumplimiento tenía un rol significativo dentro de una valoración compleja e integral del cumplimiento, para distribuir adecuadamente el peso que dicho tiempo implicaba, por lo cual el razonamiento de los *prudentes* buscó tomar en consideración ese peso para armonizarlo con la distribución de intereses propia de la relación obligatoria en concreto y por esta vía conservar el equilibrio de dicha distribución, así como garantizar que la ejecución de la prestación implicase sustancialmente un cumplimiento, el cual se valoraba sobre la base de la función o tarea que le corresponde desempeñar a la obligación en cuestión.

De lo anterior podemos abstraer, como criterio que puede orientar la valoración contemporánea del cumplimiento de las obligaciones, la consideración de que en ninguna circunstancia el cumplimiento efectivo de una obligación puede conducir a la obtención injustificada de una ventaja en favor de una de las partes, para lo que es necesario proceder con un correspondiente balance de la posición de la otra.

BIBLIOGRAFÍA

Abeliuk, R. *Las obligaciones*, ii, Santiago de Chile, Ed. Jurídica de Chile, 1993.

Alessandri, A., Somarriva, M. y Vodanovich, A. *Tratado de las obligaciones. Del cumplimiento e incumplimiento de las obligaciones*, 2.ª edición, Santiago de Chile, Ed. Jurídica de Chile, 2004.

Alterini, A. *Derecho de obligaciones civiles y comerciales*, 2.ª edición, Buenos Aires, Abeledo-Perrot, 1998.

Ameli, F. *Droit civil. Les obligations*, París, lgdj, 1998.

Asociación Colombiana de las Micro, Pequeñas y Medianas Empresas (Acopi). "Pago a plazos justos", *Bitácora Económica*, 7, 2019, diciembre .

BAUDRY-LACANTINERIE, G. y BARDE, L. *Traité théorique et practique de Droit Civil. Des obligations*, II, 3.ª edición, París, Librairie de la société du recueile J.-B. Sirey et du journal du palais, 1907.

BEUDANT, Ch. *Cours de Droit Civil français*, VIII, 2.ª edición, París, Ed. Rousseau & Cie, 1936.

BIANCA, M. *Derecho civil. El contrato*, 2.ª edición, Hinestrosa, F. y Cortés, E. (trads.), Bogotá, Universidad Externado de Colombia, 2007.

BIANCA, M. *Diritto civile*, IV, Milán, Giuffrè, 1993.

BOFFI, L. M. *Tratado de las obligaciones*, IV, Buenos Aires, Astrea, 1977.

BRECCIA, U. *Le obbligazione,* Milán, Giuffrè, 1991.

BUFFELAN LANORE, Y. y LARRIBAU-TERNEYRE, V. *Droit civil. Les obligations*, 14.ª edición, París, Dalloz, 2014.

CABRILLAC, R. *Droit des obligations,* 5.ª edición, París, Dalloz, 2002.

Cámara de Comercio de Bogotá, Dirección de Gestión y Transformación del Conocimiento. *Causas de liquidación de empresas 2018*, 2018, 1.

CARBONNIER, J. *Droit civil. Les obligations*, IV, París, Presses Universitaires de France, 2000.

CARCATERRA, A. *Intorno ai bonae fidei iudicia*, Nápoles, Jovene, 1964.

CARDILLI, R. *"Bona fides" tra storia e sistema*, 3.ª edición, Turín, Giappichelli, 2014.

CASTRESANA, A. *Fides, bona fides: un concepto para la creación del derecho*, Madrid, Tecnos, 1991.

CHAMIÉ, J. F. "El principio general de *reductio ad aequitatem* por desequilibrio contractual", *Revista de Derecho Privado*, Universidad Externado de Colombia, 22, 2012, enero-junio, pp. 219-275.

CHESSA, C. *L'adempimento*, Milán, Giuffrè, 1996.

CLARO SOLAR, L. *Explicaciones del derecho civil chileno y comparado*, XII, Bogotá, Nomos, 1992.

Colin, A. y Capitant, H. *Cours elémentaire du droit civil français*, ii, 9.ª edición, París, Dalloz, 1942.

Colmo, A. *De las obligaciones en general*, i, 2.ª edición, Buenos Aires, Casa Editorial de Jesús Menéndez, 1928.

De Dominicis, Mario. "Interusurium", en *Novissimo digesto italiano*, viii, Turín, utet, 1957, pp. 938-940.

Desanti, L. "Di nuovo sul regime dei frutti nel fedecommesso", en *sdhi*, Pontificia Università Lateranese, 1999, lxv, pp. 67-94.

Di Majo, A. *L'adempimento dell'obbligazione*, Bolonia, Zanichelli, 1993.

Distaso, N., *Le obbligazioni in generale*, Turín, Unione tipografico torinese, 1970.

Dupichot, J. *Derecho de las obligaciones*, Bogotá, Temis, 1984.

Fabre-Magnan, M. *Droit Civil. Les obligations*, i, 3.ª edición, París, Presses Universitaires de France, 2012.

Fasolino, F. "Note in tema di *solutio ante diem*: tempo e valore economico della prestazione nella riflessione dei prudentes", en: *Fides Humanitas Ius. Studi in onore di Labruna*, l. i, Nápoles, Editoriale Scientifica, 2007, pp. 1729-1763.

Fava, P. *Le obbligazioni*, i, Milán, Giuffrè, 2008.

Ferreira, J. "Adimplemento e extinção das obrigações", *Revista dos tribunais*, São Paulo, 2007.

Fiori, R. "Fides e bona fides. Gerarchia sociale e categorie giuridiche", en *Modelli teorici e metodologici nella storia del diritto privatto*, 3, Nápoles, Jovene, 2008.

Flour, J. y Aubert, J. *Les obligations*, 3: *Le raport d'obligation*, 2.ª edición, París, Sirey, 2001.

Frezza, P. "Fides dona". En: *Studi sulla buona fede*, Milán, Giuffrè, 1975.

Fueyo Laneri, F. *Cumplimiento e incumplimiento de las obligaciones*, 3.ª edición, Santiago de Chile, Editorial Jurídica de Chile, 2004.

Gomes, O. *Obrigaçõe*, 16.ª edición, Río de Janeiro, Forense, 2004.

GROSSO, G. "Prospettive in materia di termine iniziale e finale e spunti sistematici di Paolo". En: *Studi in onore di Biondo Biondi*, I, Milán, Giuffrè, 1965, pp. 320-331, 327.

HINESTROSA, F. *Tratado de las obligaciones*, II: *De las fuentes de las obligaciones: el negocio jurídico*, II, Bogotá, Universidad Externado de Colombia, 2015.

HINESTROSA, F. *Tratado de las obligaciones*, 3.ª edición, Bogotá, Universidad Externado de Colombia, 2007.

HORVAT, M. "Osservazioni sulla *bona fides* nel diritto romano obligatorio", en *Studi in onore di V. Arangio Ruiz*, I, Nápoles, Jovene, 1953, pp. 423-443.

LACERDA, F. *Obrigações*, 2.ª edición, Río de Janeiro, Revista dos Tribunaes, 1916.

LAZO, P. "La regla *commodum eius esse debet cuius periculum est*: para la historia dogmática del artículo 1.820 del código civil chileno", en Reinoso Barbero, F. (dir.), *Principios generales del derecho. Antecedentes históricos y horizonte actual*, Madrid, Thomson Reuters Aranzadi, 2014, pp. 529-540.

LEMOS, R. *Direito das obrigações*, Río de Janeiro, Liber Juris, 1984.

LERA, J. "Para la palingenesia de Venuleius Saturninus", en *Index*, Jovene, 25, 1997, pp. 237-251, 241.

LLAMBÍAS, J. *Tratado de derecho civil. Obligaciones*, II, Buenos Aires, Perrot, 1970.

LOMBARDI, L. *Dalla fides alla bona fides*, Milán, Giuffrè, 1961.

LONGO, G. *Diritto delle obbligazioni*, Turín, UTET, 1950.

MARTY, G., JESTAZ, P. y RAYNAUD, P. *Droit civil. Les obligations*, II, París, Sirey, 1989.

MEZA BARROS, R. *Manual de derecho civil de las obligaciones*, 9.ª edición, Santiago de Chile, Editorial Jurídica de Chile, 1997.

MOSCATI, E. *La disciplina generale delle obbligazioni*, Turín, Giappichelli, 2015.

NEME VILLARREAL, M. L. "Buena fe subjetiva y buena fe objetiva. Equívocos a los que conduce la falta de claridad en la distinción de tales conceptos", *Revista de Derecho Privado*, 17, Universidad Externado de Colombia, 2009, diciembre, pp. 45-76.

Neme Villarreal, M. L. "El principio de buena fe en materia contractual en el sistema jurídico colombiano", *Revista de Derecho Privado*, 11, Universidad Externado de Colombia, 2006, pp. 79-125.

Neme Villarreal, M. L. "La presunción de buena fe en el sistema jurídico colombiano: una regla cuya aplicación tergiversada desnaturaliza el principio", *Revista de Derecho Privado*, 18, Universidad Externado de Colombia, 2010, junio, pp. 65-94.

Neme Villarreal, M. L. "Los principios generales del derecho y el problema de los riesgos por pérdida de la cosa debida", *Revista de Derecho Privado*, 15, Universidad Externado de Colombia, 2008, julio-diciembre, pp. 59-108.

Neme Villarreal, M. L. *La buena fe en el derecho romano*, Bogotá, Universidad Externado de Colombia, 2010.

Nicolò, R. "Adempimento", en *Enciclopedia del diritto*, I, Milán, Giuffrè, 1958, pp. 554-556, 555.

Ospina Fernández, G. *Régimen general de las obligaciones*, 8.ª edición, Bogotá, Temis, 2008.

Pérez, M. P. "Observaciones sobre D. 17. 22. 10", *RIDA*, Office international des périodiques, 1998, XLV, pp. 355-385.

Pérez Vives, Á. *Teoría general de las obligaciones*, segunda parte, Bogotá, Universidad Nacional de Colombia, 1951.

Pescani, P. "Il piano del Digesto e la sua attuazione", *BIDR*, Milán, Giuffrè, 1974, LXXVII.

Planiol, M. *Traité élémentaire de droit civil*, II, 10.ª edición, París, LGDJ, 1926.

Porchy-Simon, S. *Droit civil, 2° année, Les obligations*, 2.ª edición, París, Dalloz, 2002.

Posada Torres, C. "Las cláusulas abusivas en los contratos de adhesión en el derecho colombiano", *Revista de Derecho Privado*, 29, Universidad Externado de Colombia, 2015, julio-diciembre, pp.141-182.

Pothier, R. *Traitè des obligations*, I, París, Deburez, 1761.

Ramos, R. *De las obligaciones*, Santiago de Chile, Lexis Nexis, 2004.

RENGIFO, E. *Del abuso del derecho al abuso de la posición dominante*, 2.ª edición, Bogotá, Universidad Externado de Colombia, 2004.

REZZONICO, L. M. *Manual de las obligaciones en nuestro derecho civil*, Buenos Aires, Depalma, 1959.

RINCÓN HERRERA, E. *Lecciones de factoring*, Bogotá, Legis, 2016.

RIPERT G. y BOULANGER, J. (Trad. Delia Daiceaux). *Tratado de derecho civil*, V, Buenos Aires, La ley, 1964.

RODRIGUEZ OLMOS, J. "Contexto y construcción de la regla '*interpretatio contra proferentem*' en la tradición romanista", *Revista de Derecho Privado*, 14, Universidad Externado de Colombia, 2013, junio, pp. 151-188.

ROPPO, V. "Del contrato con el consumidor a los contratos asimétricos: perspectivas del derecho contractual europeo", *Revista de Derecho Privado*, 20, Universidad Externado de Colombia, 2011, enero-junio, pp.177-223.

SALGADO, C. "Breves reflexiones sobre la interacción entre 'ordenamiento' y 'sistema' de *ius romanum*", en *Sistema jurídico romanista y subsistema jurídico latinoamericano. Liber discipulorum para el Profesor Sandro Schipani*, Bogotá, Universidad Externado de Colombia, 2014, pp. 167-204.

SALVAT, R. *Tratado de derecho civil argentino*, 6.ª edición, II, Buenos Aires, Tipográfica Editora Argentina, 1953.

SOLAZZI, S. "Sull'obbligazione a termine iniziale", *IURA*, Jovene, I, 1950, pp. 34-63.

STARCK, B. *Droit Civil*, II, 2.ª edición, París, Librairies techniques, 1986.

STOLFI, N. *Diritto civile*, III, Turín, Ed. Unione Tipografico, 1932.

TALAMANCA, M. "La *bona fides* nei giuristi romani: 'leerformeln' e valori dell'ordinamento", en Garofalo, L., *Il ruolo della buona fede oggettiva nell'esperienza giuridca storica e contemporánea*, IV, Padova, Cedam, 2003, pp. 1-312.

TALAMANCA, M. "Vendita", *E.D.*, XLVI, Milán, Giuffrè, 1993, pp. 303-475.

TERRÉ, F., SIMLER, P. y LEQUETTE, Y. *Droit civil. Les obligations*, París, Dalloz, 2009.

TRABUCCHI, A. *Istituzioni di diritto civile*, 29.ª edición, Padova, Cedam, 1988.

VALENCIA ZEA, A. y ORTIZ MONSALVE, Á. *Derecho civil. De las obligaciones*, III, reimpresión de la décima edición, Bogotá, Temis, 2015.

VARELA, A. *Direito das obrigações*, II, Río de Janeiro, Forense, 1978.

VÉLEZ, F. *Estudio sobre el derecho civil colombiano*, VI, 2.ª edición, París, Imprenta París-America, 1929.

Martha Lucía Neme Villarreal*

La integración del contrato como presupuesto de la determinación del incumplimiento

Sumario: 1. Introducción. 2. La buena fe determina el contenido y alcance de 'aquello a lo que estamos obligados'. 3. El principio de buena fe posee una función normativa que lo erige en fuente de obligaciones. 4. La integración del contenido del contrato: una función esencial de la buena fe que determina la ampliación o restricción de las obligaciones de las partes en una relación contractual y, por ende, la existencia o no de un incumplimiento. 5. El desconocimiento o las limitaciones de la función integradora de la buena pone en riesgo la realización de los valores del principio, desvirtúa el contenido de las obligaciones a las que las partes se encuentran obligadas y, por ende, impide un cabal análisis sobre el incumplimiento contractual. 6. Algunas aplicaciones de la función integradora de la buena fe que determinan el contenido y alcance de las obligaciones de las partes y, por ende, la configuración del incumplimiento. 7. Conclusiones. Bibliografía.

1. INTRODUCCIÓN

Disertar propiamente sobre el tema del incumplimiento de las obligaciones contractuales es poco común, pues recurrentemente se tiene prisa por pasar al escenario de los llamados "remedios" o tutelas ante el incumplimiento de dichas obligaciones. Ello ha encontrado eco en una exacerbada tendencia de fomentar la tutela del crédito, que no encuentra correspondencia con una concepción humanista de la *obligatio* como la que propone la tradición romanista, en la que la tutela paritaria de acreedor y deudor resulta imperativa. De otra parte, tampoco resulta viable valorar el incumplimiento de las obligaciones contractuales limitándonos a la estrecha consideración formal de la constatación de las condiciones externas del cumplimiento, ligada a los sujetos, al objeto, al tiempo, al lugar, a la imputación del cumplimiento, o en simple clave de responsabilidad del deudor desde la exclusiva perspectiva de erigirse el cumplimiento en medio de extinción de la obligación, sino que es preciso acudir a una consideración sustancial del cumplimiento ligada al logro de la función del negocio[1]; consideración esta en la que la integración del contenido del contrato adquiere relevancia fundamental, en la medida en que a través

* Profesora de Derecho Romano y Derecho Civil de la Universidad Externado de Colombia.

1 Véase sobre el particular el espléndido trabajo de Robles Bacca, P. *El cumplimiento de las obligaciones en la tradición romanista y su reconsideración como categoría central del derecho civil*, Bogotá, Universidad Externado de Colombia, 2020, *passim*.

del valor normativo de la buena fe se dimensiona el contenido funcional de las obligaciones de las partes.

Pero, más allá del cumplimiento contractual, en el transfondo de esta problemática se encuentra la necesidad de reconocer la centralidad de la "obligación", la cual posee el rol de categoría sistemática, que organiza y orienta una parte considerable de las relaciones en el derecho privado[2]: familia, sucesiones, responsabilidad por daños, bienes y contratos.

Reconocer la centralidad de la categoría *obligación*, más allá del mero contrato, permitirá repensar los problemas que surgen en materia de cumplimiento, desde una perspectiva más compleja, que identifique los elementos que acomunan el género "cumplimiento de la obligación", compartidos por todos los tipos de obligación, y establecer las especificidades que individualizan y diferencian el cumplimiento de obligaciones en materia contractual.

Así, la categoría *obligación* se erige en eje de diversos aspectos: (i) la estructura de la relación por medio de la determinación de su naturaleza de vínculo de cooperación; (ii) la constatación de las condiciones de legitimidad, mediante el establecimiento de sus requisitos (licitud, determinación, patrimonialidad, posibilidad); (iii) la determinación de su contenido, a través de la tipología de las mismas (*dare*, *facere*, *non facere*, *praestare*), que a su vez se encuentra en estrecho ligamen con la determinación de su cabal cumplimiento a la luz de aquello a lo que estamos obligados, fuertemente determinado por *la causa y la función* de la obligación y por *su integración* en virtud de los valores que emanan de la buena fe, de la equidad, de la dignidad humana y, en fin, de los principios que subyacen al sistema, y (iv) el marco en el que se configurará la imputación o atribución de los daños causados por el incumplimiento o el no cumplimiento de la obligación, en la medida en que la adopción de una determinada concepción de obligación y sus alcances permitirá establecer la responsabilidad por daños, en cuanto ella es también eje de la determinación del cumplimiento, de la extinción de la obligación, así como de los límites a su exigibilidad, y, por ende, de las casuales de imputación de responsabilidad y de asunción de riesgos.

---

2 SCHIPANI, S. "Problemas sistemáticos en el derecho romano: la *obligatio*", en *Obligaciones, contratos y responsabilidad. Grupo para la armonización del derecho privado latinoamericano*, Bogotá, Universidad Externado de Colombia, 2011, p. 20.

Esta fue la elección por la que optó el Grupo para la Armonización del Derecho en América Latina (Gadal), que se encuentra empeñado en la elaboración de un Código Marco de Obligaciones Latinoamericano[3].

Por el contrario, una elaboración del problema del cumplimiento desde una perspectiva que desatienda la centralidad de la 'obligación' conduce a reducir la importancia de la estrecha relación que existe entre la obligación de cumplir y la fuente de dicha obligación, en este caso el contrato y, en su lugar, como ha venido ocurriendo con los instrumentos de armonización y unificación del derecho de contratos, a enfatizar la fuerza de la voluntad plasmada en el *pacta sunt servanda*, lo cual refleja una concepción de contrato centrada en el consenso[4], y no en la reciprocidad, en la interdependencia y en el equilibrio, que por el contrario sí comporta el entendimiento del contrato como 'sinalagma'[5], lo que conduce a la desvalorización de la causa y su valor de función del negocio[6]; todo ello en menoscabo del contenido de la obligación enriquecido por el poder integrador de la buena fe[7].

De manera que, de seguirse esta perspectiva, las 'obligaciones' resultarían siendo absorbidas por los 'derechos', en una lógica que, como advierte el

---

3 Sobre el particular véase Neme Villarreal, M. L. "La armonización del derecho a través de las enseñanzas humanistas del derecho romano: la experiencia europea y latinoamericana (Gadal)", en Saccoccio, A. y Cacace, S. (coords.), *Europa e America Latina: due continenti, un solo diritto. Unità e specificità del sistema giuridico latinoamericano*, Turín, Giappichelli, 2020.

4 A título de ejemplo, véase el Proyecto Europeo de Normativa Común de Compraventa Internacional. Bruselas, 11.10.2011 COM (2011) 635 final 2011/0284 (COD).

5 Según el modelo labeoniano: *contractum autem ultro citroque obligationem*, contenido en D. 50,16,19: "Ulpiano; Comentarios al Edicto, libro XI. Labeón define en el libro primero del Pretor urbano, que unas cosas se hacen, otras se gestionan, y otras se contratan. Y ciertamente que la palabra acto es general, ya sea que alguna cosa se haga de palabra, ya sea que realmente, como en la estipulación, o en la entrega de cantidad; *pero contrato significa obligación de una y de otra parte, lo que los griegos llaman sinalagma*, como la compra, venta, locación, conducción y sociedad; gestionado significa cosa hecha sin el uso de palabras" (se resalta).

6 Sobre el particular, Gallo, F. "Contratto e atto secondo Labeone: una dottrina da riconsiderare". *Roma e America*, 7, 1999, p. 44. En el mismo sentido: Cardilli, R. "L'importanza del legame tra contratto e obbligazione nella tradizione civilistica", en *Scritti in onore di Vincenzo Buonocore*, I, Milán, Giuffrè, 2005; publicado también en *Modelli teorici e metodologici di storia del diritto privato*, 2, Napolés, Jovene, 2006, pp. 1-21. Quien agrega que la causa podría "poseer cualquier contenido, incluso de sujeción, desnaturalizando la verdadera función del contrato".

7 Cardilli, R. "L'importanza del legame tra contratto e obbligazione nella tradizione civilistica", cit., pp. 1-21.

profesor Schipani, privilegie la "hegemonía de la propiedad y la prepotencia de la voluntad"[8], de forma tal que la obligación se desdibuje hasta el punto de que lo único que resulte relevante es la transferencia del dominio que se espera como resultado de la relación obligatoria, en desconocimiento de la naturaleza cooperativa de la relación, como si la 'obligación' pudiera ser concebida como "la adquisición del poder de uno sobre otro"[9].

En este escenario es necesario resaltar la trascendencia de establecer el cabal contenido de la obligación y del rol que la buena fe desempeña mediante su función normativa, aplicada a la integración del contenido de las obligaciones asumidas por las partes en una relación contractual.

2. LA BUENA FE DETERMINA EL CONTENIDO Y ALCANCE DE "AQUELLO A LO QUE ESTAMOS OBLIGADOS"

El problema de las tutelas ante el incumplimiento no puede plantearse sin antes determinar "aquello a lo estamos obligados", lo que los romanos llamaron *oportere*, para referirse a las obligaciones que surgían del *ius civile*, y que luego cualificaran como *oportere ex fide bona* cuando aquellas nacían en el ámbito del derecho honorario al amparo de la buena fe[10].

Lo cual resalta la condición de fuente que se reconoce a la *fides bona*[11], en cuanto, con base en criterios objetivos[12], determina cuáles son las prestaciones que, conforme a la buena fe, le debe una parte a la otra[13], lo que solo puede

8 SCHIPANI, S. "Problemas Sistemáticos en el Derecho Romano", en *Obligaciones, contratos y responsabilidad. Grupo para la armonización del derecho privado latinoamericano*, Bogotá, Universidad Externado de Colombia, 2011, p. 74.

9 SCHIPANI, S. "Problemas Sistemáticos en el Derecho Romano", cit., p. 74.

10 TALAMANCA, M. *Istituzioni di diritto romano*, Milán, Giuffrè, 1990, p. 313.

11 GROSSO, G. "Recensión a la obra de L. Lombardi. *Dalla 'fides' alla bona 'fides'*". *BIDR*, 65, 1962, p. 291.

12 HORVAT, M. "Obsservazioni sulla "bona fides" nel Diritto romano obligatorio", en *Studi in onore di Vicenzo Arangio- Ruiz nel XLV anno del suo insegnamento* I, Nápoles, Jovene, 1953, p. 433, quien señala que el contenido de lo que las partes se deben conforme a la buena fe se extendía cada vez más, pero nunca en el sentido abstracto de principios éticos, sino según "los criterios objetivos que regulan el modo de actuar y la opinión de los hombres normales en el tráfico negocial de aquel tiempo".

13 NEME VILLARREAL, M. L. *La buena fe en el derecho romano. Extensión del deber de actuar conforme a buena fe*, Bogotá, Universidad Externado de Colombia, 2010, pp. 156-157.

ser concretamente establecido por el intérprete, quien con fundamento en la buena fe "dimensiona el contenido de las obligaciones de las partes"[14].

Así las cosas, la idea de cumplimiento no se limita a honrar la palabra dada[15], sino que además obliga a cumplir con los deberes propios del tráfico social[16] y, por ende, no solo compele a la prestación de lo prometido, sino a todo aquello que es viable exigir entre gente de bien. De donde resulta esencial el valor normativo de la buena fe[17], pues por medio de la aplicación de las exigencias que esta comporta se concreta aquello a lo que una parte se encuentra obligada frente a la otra en virtud de la obligación contraída.

En efecto, la fuente determinante de tales obligaciones es precisamente la *bona fides*[18], de la que emanaban aquellos preceptos, constitutivos de un verdadero "deber social"[19] que se erige en deber ético-jurídico, cuyo origen está en las costumbres del comercio internacional en las que se inspiraba el *ius gentium*[20]y que luego fueron transmitidas a las codificaciones decimonónicas y hacen parte de la tradición romanista producto de la vocación de universalidad que caracteriza al derecho romano, fundada en la fuerza persuasiva de sus *principia iuris*, cuya extendida aceptación lo erige en patrimonio común de la humanidad[21].

---

14 CARDILLI, R. "La "buona fede" come principio di diritto dei contratti: diritto romano e América Latina". *Roma e America*, 13, 2002, p. 152.

15 En este aparte nos remitimos a lo expuesto en NEME VILLARREAl, M. L. *La buena fe en el derecho romano*, cit., pp. 156-157.

16 CAMACHO EVANGELISTA, F. *La buena fe en el cumplimiento de las obligaciones*, Granada, Imprenta Francisco Roman, 1962, pp. 9, 11.

17 D. 19,1,11,1. Ulpiano. Comentarios al Edicto, libro XXXII.- Y ante todo se ha de saber, que se comprende en este juicio solamente lo que se convino que se entregue; porque siendo juicio de buena fe, nada es más conforme a la buena fe, que el que se cumpla lo que se convino entre los contratantes; pero si nada se convino, entonces se harán las prestaciones que naturalmente se contienen en la naturaleza de este contrato.

18 GROSSO, G. "Recensión a la obra de W. Kunkel. *Fides als shöpferisches Element im römischen Schuldrecht*". *SDHI*, 8, 1942, p. 174.

19 *Cf.* ARANGIO-RUIZ, V. *Historia del derecho romano*. (Trad. F. Pelsmaeker), Madrid, Reus, 1943, p. 177.

20 Cf. ARANGIO-RUIZ, V. *La compravendita in diritto Romano*, vol. II, Nápoles, Jovene, 1990, pp. 206-207.

21 Sobre el particular, véase NEME VILLARREAL, M. L. "La armonización del derecho a través de las enseñanzas humanistas del derecho romano: la experiencia europea y latinoamericana (Gadal)", cit., p. 23.

3. EL PRINCIPIO DE BUENA FE POSEE UNA FUNCIÓN NORMATIVA QUE LO ERIGE EN FUENTE DE OBLIGACIONES

La buena fe es un principio en el que confluye un complejo núcleo de valores sociales que rigen el sistema jurídico con una particular autoridad jerárquica en cuanto reúne valores considerados esenciales para nuestra tradición jurídica. En efecto, el sintagma *fides bona* compendia una rica gama de significados, que se hacen realidad en función de problemas jurídicos concretos, mediante su traducción en reglas específicas, producto de la experiencia y de la razón práctica, mediante las que se explicitan su extenso poder normativo y explican su significado sin agotarlo.

Estos valores, dotados de una propia fuerza de convicción, por el consenso que generan (honestidad, lealtad, transparencia, diligencia, tutela de la confianza, consideración del interés ajeno, equilibrio, protección del débil, *v. gr.*, que conducen a vedar el dolo, el abuso de los derechos, el enriquecimiento sin causa, a ampliar y hacer más exigentes los criterios de imputación, entre otros), desencadenan la fuerza normativa, ínsita en la *fides bona*, generando "normas preceptivas (de) estos conceptos-valores a través del poder del juez"[22] o en general del intérprete, determinando así la forma en que deben ser llevadas a cabo las relaciones jurídicas.

De manera que la 'buena fe' es "causa o fuente de creación de especiales deberes de conducta, exigibles, en cada caso, de acuerdo con la naturaleza de la relación jurídica y con la finalidad perseguida por las partes"[23]. Ahora bien, para comprender a cabalidad la manera como opera el poder normativo de la buena fe, debemos tener claro que el principio no puede ser conceptualizado *a priori* en una definición cerrada[24], ni plasmado su contenido en un catálogo de reglas de aplicación automática, pues por su carácter dúctil el principio se reconstruye permanentemente, como lo demuestra el hecho de que ni siquiera las propias reglas que de este emanan puedan ser consideradas como

---

22 Cardilli, R. "La 'buona fede' come principio di diritto dei contratti: diritto romano e América Latina", cit., p. 147, ver nota 65.

23 Díez-Picazo, L. "Prólogo" a F. Wieacker. *El principio general de buena fe*, José Luis Carro (trad.), Madrid, Civitas, 1982, p. 19.

24 Cardilli, R. "La 'buona fede' come principio di diritto dei contratti: diritto romano e América Latina", cit., p. 152, quien sostiene que "cualquier tentativa por racionalizar *a priori* estos conceptos-valores haría vana la esencia de estos".

inmutables, dado que su aplicación deberá evaluarse a la luz de las particulares circunstancias del caso y de la naturaleza del negocio[25].

En torno a la naturaleza de las obligaciones que integran el contrato por virtud de la buena fe, cabe señalar que estas son ciertamente verdaderas obligaciones, en cuanto relativas e individuales y, por ende, exigibles concretamente a la persona del deudor. Y cuyo carácter de principal o accesorias no deriva de provenir de la buena fe, sino de su función dentro del concreto negocio; de manera que resulta inapropiado denominarlas de manera general "deberes secundarios o accesorios de conducta" u "obligaciones sin prestación", en la medida en que tal denominación conduce a desconocer la complejidad y univocidad de la relación, que implica que todas las obligaciones que surgen de la relación se encuentran interrelacionadas en un efecto funcional.

Mantener esta clasificación conduce a debilitar la fuerza de las obligaciones que surgen producto de la integración *ex fide bona* y conduce, en general, a desconocer que también los principios son fuente generadora de obligaciones con efectos plenos.

De manera que la buena fe, como pieza fundamental de todo el ordenamiento jurídico, "funge como criterio para valorar el comportamiento de los sujetos de derecho y regla de conducta que debe ser observada tanto en el ejercicio de sus derechos como en el ámbito de los deberes y obligaciones"[26].

En este contexto, resalta el valor normativo de la buena fe, el cual se explicita de manera diversa, como se ha señalado al manifestar que esta incorpora

---

25 El referido carácter dúctil de la *fides bona* lo ilustra claramente Cicerón en de off. 3.16.67. En dicho pasaje Cicerón relata el caso en que Marco Mario Gratidiano, pariente de Cicerón, había vendido a Cayo Sergio Orata la casa que de este último había adquirido algunos años antes. Dicha casa estaba sujeta a servidumbre y en el contrato de venta Gratidiano no había dicho nada acerca de la existencia de tal servidumbre. Orata inició un juicio en contra de Gratidiano apoyándose estrictamente en la ley –emanada de la buena fe– que obligaba al vendedor a responder por los vicios de la cosa vendida en cuanto habiéndolos conocido no los hubiese declarado. Gratidiano en cambio alegaba que puesto que el defecto no era ignorado por Orata, que había ya poseído con anterioridad la casa y conocía la existencia de la servidumbre, Gratidiano no estaba obligado a decir nada, pues Orata conocía la situación jurídica de lo que compraba y no podía decir que había sido engañado. Y los jueces dieron la razón a Gratidiano, pues como señala Cicerón "los mayores no gustan de hombres astutos", y es que la buena fe no consiente que so pretexto de aplicar estrictamente una regla que, derivada de la misma, se transgreda la esencia del propio principio, pues en el referido caso la exigencia del deber de información del vendedor sobre las cargas de la cosa que es una de las reglas características de la buena fe se torna en contraria a esta.

26 Corte Constitucional, Sentencia C-840 de 2001.

múltiples valores, *v. gr.*: el valor ético de la confianza, expresado en la exigencia de coherencia con los propios actos[27], comporta exigencias de "honestidad, rectitud y credibilidad a la cual se encuentra sometido el actuar de las autoridades públicas y de los particulares, bajo una doble connotación, ya sea a través de las actuaciones que surgen entre la Administración y los particulares, o de estos últimos entre sí"[28]; de manera que la obligación de comportarse con "honestidad, lealtad y moralidad" encuentran su fuente en la buena fe, vedando toda actuación maliciosa, desleal o deshonesta que pretenda desconocer o limitar ilegítimamente la responsabilidad[29], como igualmente emana de la buena fe la obligación de comportarse con diligencia, que adquiere particular relieve en el caso del cumplimiento de obligaciones de un profesional[30], entre muchas otras reglas que emanan de la buena fe[31].

---

27 Corte Constitucional, Sentencia T-436 de 2012. Sentencia, T-424 de 2017; Corte Suprema se Justicia, Sala de Casación Civil, Sentencia del 18 de marzo de 2020, entre otras.

28 Corte Constitucional, Sentencia C-131 de 2004.

29 Corte Constitucional, Sentencia C-865 de 2004. Sostiene la Corte que "cuando se vulnera el principio de buena fe contractual y se utiliza a la sociedad de riesgo limitado no con el propósito de lograr un fin constitucional válido, sino con la intención de defraudar los intereses de terceros, entre ellos, los derechos de los trabajadores, es que el ordenamiento jurídico puede llegar a hacer responsables a los asociados, con fundamento en una causa legal distinta de las relaciones que surgen del contrato social. Es entonces en la actuación maliciosa, desleal o deshonesta de los accionistas generadora de un daño para con los terceros, en donde se encuentra la fuente para desconocer la limitación de la responsabilidad y exigir de los socios la reparación del daño acontecido. Estas herramientas legales se conocen en la doctrina como la teoría del levantamiento del velo corporativo o 'disregard of the legal entity' o 'piercing the corporate veil' cuya finalidad es desconocer la limitación de la responsabilidad de los asociados al monto de sus aportaciones, en circunstancias excepcionales ligadas a la utilización defraudadora del beneficio de la separación".

30 Corte Suprema se Justicia, Sala de Casación Civil, Sentencia del 10 de diciembre de 2019, en la que la Corte se pronuncia sobre la obligación de diligencia que le incumbe al asegurador en relación con el establecimiento del riesgo asegurable y que le resulta exigible en virtud del principio de buena fe. El pronunciamiento se refiere al caso en que una aseguradora pretende no pagar un seguro de vida alegando que la muerte del asegurado tuvo lugar cuando este superaba la edad máxima asegurable, ello a pesar de renovar el contrato en fecha en que el asegurado sobrepasaba dicha edad y de haber recibido los pagos mensuales por concepto de pago de la prima acordada. Lo cual además daría lugar, a nuestro juicio, a la aplicación de la teoría de los actos propios.

31 Para un análisis más amplio del poder normativo de la buena fe y de las reglas que emanan del principio, así como de su reconocimiento por parte de la jurisprudencia nacional, véase: Neme Villarreal, M. L. "El principio de buena fe en materia contractual en el sistema jurídico

En consecuencia, cualquier valoración del incumplimiento deberá realizarse una vez reconstruido el cabal alcance de las obligaciones de las partes a la luz del poder normativo de la buena fe, obligaciones que adquieren carácter coercitivo en razón de la integración que impone la buena fe, al incorporarlas al contrato, pues "la buena fe no sólo indica la manera como debe analizarse la conducta de las partes frente al cumplimiento de los deberes contractuales, sino también de algún modo la eficacia del mismo contrato"[32].

4. LA INTEGRACIÓN DEL CONTENIDO DEL CONTRATO: UNA FUNCIÓN ESENCIAL DE LA BUENA FE QUE DETERMINA LA AMPLIACIÓN O RESTRICCIÓN DE LAS OBLIGACIONES DE LAS PARTES EN UNA RELACIÓN CONTRACTUAL Y, POR ENDE, LA EXISTENCIA O NO DE UN INCUMPLIMIENTO

Andrés Bello dispuso en su Código Civil no solamente que "los contratos deben ejecutarse de buena fe", sino que, siguiendo el modelo romano, evidenció con gran agudeza que la integración del contrato con todos aquellos deberes que emanan de la naturaleza de la obligación, o que por la ley pertenecen a ella, es consecuencia directa del principio de buena fe[33].

Ciertamente, el Código de Bello presenta innovaciones en esta materia, al conjugar en una relación de dependencia la buena fe y la integración del contenido del contrato, utilizando la expresión "y por consiguiente", con lo que directamente hace derivar de la 'buena fe' la necesidad de integrar el contrato, no solo con lo expresamente pactado, sino con todo aquello que emana de la naturaleza de la obligación, de la ley o de la costumbre. De manera que

colombiano". *Revista de derecho Privado*, n.º 11, Universidad Externado de Colombia, 2006, pp. 79 a 125.

32 Corte Constitucional, Sentencia T-086 de 2012.

33 Así, el Código Civil de Bello promulgado para Chile, artículo 1546. "Los contratos deben ejecutarse de buena fe, y por consiguiente obligan no sólo a lo que en ellos se expresa, sino a todas las cosas que emanan precisamente de la naturaleza de la obligación, o que por la ley o la costumbre pertenecen a ella", cuyo texto idéntico equivale al artículo 1603 del Código Civil colombiano; código que se erigió en modelo para los códigos de Colombia, Ecuador, El Salvador y Honduras. Con ligeros matices, el código de Uruguay de 1868, que también recibió influencia de los proyectos de Teixeira de Freitas, de Vélez Sarsfield y de Acevedo, sigue el texto de Bello, incluyendo adicionalmente la equidad dentro de los elementos integradores.

el modelo de Bello en materia de buena fe se separa de la tendencia precedente[34], otorgando gran fuerza al principio de buena fe a través de la función integradora del contrato. En el caso colombiano, dicho precepto se encuentra igualmente recogido en el Código de Comercio, que data de 1971[35].

En este contexto, los desarrollos legislativos latinoamericanos de la función interpretativa de la buena fe se realizan a partir de su relación con la función integradora del contrato fijada por el modelo propuesto por Bello, en el que la buena fe en cuanto principio rector de la interpretación de los contratos no cumple una función subsidiaria respecto de las técnicas ni de los criterios interpretativos, sino que los orienta, permitiendo comprender que los complejos alcances del proceso interpretativo van más allá de la mera preservación de la formulación literal del texto contentivo de las obligaciones, comportan su comprensión, la reconstrucción, la contextualización y su reformulación, a fin de lograr la preservación de su cabal sentido; de manera que puede sostenerse que los presupuestos generales de la interpretación del contrato propuestos por Bello conservan hoy día su vigencia, pues, a la luz de los postulados de la tradición romanista que lo inspiran, pueden ser releídos en consonancia con las nuevas modalidades y funciones de la contratación y tomar en consideración la función social del contrato y los derechos fundamentales, la tutela del consumidor y, en general de la parte débil en la contratación, promover una interpretación sistemática que al tomar en consideración la causa o función del contrato permite afrontar los problemas hermenéuticos de los contratos coligados y aquellos derivados de las nuevas funciones institucionales y sociales del contrato; incorporando al proceso hermenéutico a la buena fe como criterio normativo y, con ello, valores cuya fuerza se enfatiza en el derecho

---

34 Me refiero al hecho de que los códigos del siglo XIX y albores del siglo XX se realizan en un ambiente de desconfianza por los principios, lo que determina su moderada figuración. Ello en razón a la influencia del individualismo, de las corrientes de la exégesis y de la pandectística, lo cual se reflejó en América Latina, pues dos de los tres modelos de codificación latinoamericana más importantes de la época (la obra de Damacio Vélez Sarsfield para Argentina y el proyecto de Clóvis Bevilaqua para el Brasil recogido en la codificación de 1916) siguieron la tendencia de aparente rechazo o de desinterés por los principios en la expedición de sus códigos civiles originarios.

35 Decreto extraordinario 410 del 27 de marzo de 1971, en cuyo artículo 871 se extiende la aplicación de la buena fe a la celebración y ejecución de los contratos y dispone que, "en consecuencia, los contratos obligan no sólo a lo pactado expresamente en ellos, sino a todo lo que corresponda a la naturaleza de los mismos, según la ley, la costumbre o la equidad natural".

contemporáneo: como la solidaridad, la honestidad, la tutela de la confianza, el equilibrio, entre otros, los cuales se integran en la interpretación del contrato. Así, desde la perspectiva de Bello, el proceso hermenéutico, al considerar "la naturaleza de la obligación" como factor de integración del contrato, sirve de puente de comunicación con los demás principios y derechos fundamentales, así como con la función social del contrato[36].

Razón por la cual, a nuestro juicio, el modelo de integración del contrato que propone Bello resulta compatible con las exigencias contemporáneas que han acudido a una interpretación axiológica de las obligaciones contractuales, de carácter objetivo, "correctiva-evolutiva, atendiendo intereses constitucionales superiores –que admite– la intervención del juez constitucional en relaciones privadas que afecten derechos fundamentales [...] –en– un desplazamiento de la atención por la libertad a la preocupación por la justicia"[37].

En consecuencia, por virtud del efecto integrador que emana de la buena fe, al contrato se incorporan reglas no previstas por las partes, sea que puedan entenderse implícitamente pactadas o no, o incluso opera por vía de la restricción o modificación de las estipulaciones contractuales contrarias al principio, como lo ha reconocido el derecho latinoamericano. Al respecto, cabe resaltar que el Grupo para la Armonización del Derecho en América Latina (Gadal) incorpora en el marco del Código tipo de Obligaciones las funciones interpretativa e integradora de las obligaciones que cumple la buena fe[38].

La buena fe obliga no solo a aquello que las partes han acordado o fijado en la convención, sino a todas aquellas prestaciones que las circunstancias que rodean el negocio en cada momento vayan poniendo de manifiesto, con

---

36 Todos estos aspectos se profundizan en NEME VILLARREAL, M. L. "La buena fe como eje del proceso de integración e interpretación del contrato en el código de Bello: consonancia con la función social del contrato y con la tutela de los derechos fundamentales", en Navia Arroyo, F. y Chinchilla Imbett, C. A. (editores), *La vigencia del Código de Andrés Bello. Análisis y prospectivas en la sociedad contemporánea*, Bogotá, Universidad Externado de Colombia, 2019, pp. 235-299.

37 RODRÍGUEZ OLMOS, J. M. "La arquitectura hermenéutica contractual en el Código Civil de Andrés Bello: vigencia y transformaciones", en Navia Arroyo, F. y Chinchilla Imbett, C. A. (editores), *La vigencia del Código de Andrés Bello. Análisis y prospectivas en la sociedad contemporánea*, Bogotá, Universidad Externado de Colombia, 2019, pp. 308, 317.

38 Código tipo de obligaciones Gadal: Artículo 8. Funciones integradora e interpretadora de la buena fe. El contenido y alcance del vínculo obligacional deberán integrarse e interpretarse de conformidad con el principio de buena fe, atendiendo a su fuente, naturaleza y finalidad.

independencia de que hayan o no sido pactadas expresamente. Por tal razón, se agregan al contrato, por ejemplo, obligaciones de información, de vinculación al pacto celebrado, no a la letra sino al verdadero interés de las partes, de lealtad, de diligencia, de cooperación, de transparencia, de solidaridad, de no contrariar los actos propios, etc., todas las cuales por virtud de la fuerza integradora de la buena fe y de su carácter normativo se entienden incorporadas al contrato, atendiendo a la naturaleza de este y de las particulares circunstancias del caso, sin necesidad de que hayan sido expresamente pactadas por las partes. Pero, como se expresó, la buena fe no solo integra el contenido del contrato mediante la adición del contenido contractual, sino que también lo hace mediante la exclusión o modificación de las cláusulas contenidas en el acuerdo, como en el caso de la aplicación de la cláusula *rebus sic stantibus* o desequilibrio sobrevenido, la lesión enorme, la anulación de cláusulas abusivas, etc.[39]

En efecto, la función integradora abarca también un efecto restrictivo del acuerdo, cuando quiera que por virtud de la incorporación de alguna de las reglas que expresan los valores del principio, se ponga en evidencia que las previsiones contractuales quebrantan los postulados del principio; en este caso tales previsiones carecen de legitimidad o pierden su eficacia original y, en consecuencia, pierden el carácter de valores intrínsecos del contrato y no podrán oponerse como inmunidad ante la buena fe, argumentando que se trata de previsiones específicas, particulares del negocio, previstas por las partes. No de otra manera podría entenderse el reconocimiento de la función integradora de la buena fe, la cual resultaría inane si ella no puede traducirse en reglas concretas que, considerando las características específicas del negocio, no solo reconstruya el contenido de este en lo no previsto por las partes, sino que además se impongan sobre las previsiones contractuales cuando estas quebranten el principio de buena fe[40].

De manera que la función integradora no se reduce a llenar las lagunas o vacíos existentes en la regulación contractual, ni limita la función del juez a la aplicación de la buena fe como criterio de valoración de la ejecución del

---

39 Neme Villarreal, M. L. "El principio de buena fe en materia contractual en el sistema jurídico colombiano", cit., pp. 79-126.

40 Neme Villarreal, M. L. "*Pacta sunt servanda* y *rebus sic stantibus*: tensiones entre los principios de buena fe y autonomía contractual", en Soriano Cienfuegos, C. (coord.), *Pacta sunt servanda y rebus sic stantibus. Desarrollos actuales y perspectivas históricas*, México, Distrito Federal, Universidad Panamericana–Novum, 2014.

contrato con miras a la mera preservación del pacto contractual, ni le depara la función de guarda de la estática fidelidad al vínculo contractual o a la reconstrucción de este, sino que muy por el contrario puede conducir a que la buena fe se imponga sobre las previsiones contractuales cuando estas quebranten los valores del principio, lo que no implica un desconocimiento de la naturaleza del negocio ni de la consideración de los intereses propios de la específica operación económica que las partes pretenden realizar[41].

En este orden de ideas, sostiene la jurisprudencia nacional que la buena fe, además de principio general del derecho, se constituye en un "verdadero postulado constitucional que cumple un papel integrador del ordenamiento y de las relaciones entre particulares, y entre estos y el Estado"[42]. En este entendido, la jurisprudencia colombiana ha reconocido ampliamente el poder integrador del principio de buena fe en cuanto la reconoce reiteradamente como creadora de obligaciónes que se incorporan con fuerza coercitiva al contrato[43].

Así las cosas, ninguna valoración sobre el incumplimiento de las obligaciones a las cuales se encuentran sujetas las partes en virtud de un contrato podrá realizarse sin que previamente se haya realizado el proceso de integración del contenido del contrato y la subsiguiente interpretación del alcance de dichas obligaciones, todo ello al amparo de las exigencias de la buena fe.

---

41 Neme Villarreal, M. L. "El principio de buena fe en materia contractual en el sistema jurídico colombiano", cit., p. 79-126.

42 Corte Constitucional, Sentencia C-071 de 2004. *Cfr.* Sentencia T-469 de 1992, reiterada en sentencias de la Corte Constitucional C-551/15 y C-235 de 2019, entre otras.

43 A título de ejemplo, véase Corte Suprema de Justicia. Sala de Casación Civil, sentencia de agosto 9 de 2000, ponente Jorge Antonio Castillo Rugeles, expediente 5372: "Aludir a la buena fe en materia de la formación y ejecución de las obligaciones, apareja ajustar el comportamiento a un arquetipo o modelo de conducta general que define los patrones socialmente exigibles relacionados con el correcto y diligente proceder, la lealtad en los tratos, la observancia de la palabra empeñada, el afianzamiento de la confianza suscitada frente a los demás; en síntesis, comportarse conforme se espera de quienes actúan en el tráfico jurídico con rectitud, corrección y lealtad. Y cabalmente, a tan amplio espectro de actuación se refiere el citado artículo 863 del Código de Comercio, de manera, pues, que el proceso de creación de las relaciones obligatorias debe sujetarse a ciertas normas sociales concretas que subyacen en la conciencia ético-jurídica de las comunidades, o sectores de las mismas y que imponen a las personas guardar fidelidad a la palabra dada, no traicionar la confianza despertada en los demás, no interrumpir abrupta e injustificadamente las negociaciones, entre otras".

5. EL DESCONOCIMIENTO O LAS LIMITACIONES DE LA FUNCIÓN INTEGRADORA DE LA BUENA PONE EN RIESGO LA REALIZACIÓN DE LOS VALORES DEL PRINCIPIO, DESVIRTÚA EL CONTENIDO DE LAS OBLIGACIONES A LAS QUE LAS PARTES SE ENCUENTRAN OBLIGADAS Y, POR ENDE, IMPIDE UN CABAL ANÁLISIS SOBRE EL INCUMPLIMIENTO CONTRACTUAL

Los procesos de unificación y armonización del derecho de obligaciones y contratos, y me refiero a la Convención Internacional de Viena de compraventa de mercaderías (1980), a los principios de Unidroit (1994-2010), a los Principios de las Leyes Europeas de Contratos (Lando) de 1999-2000, al Proyecto de Código Europeo de los Contratos (Gandolfi) del 2000, al Marco común de referencia (MCR o DCFR en inglés) (2007-2009), a la propuesta de Normativa Común de Compraventa Europea de 2011, ponen en el centro de su interés al contrato y no a la obligación, mencionando de manera aislada a la obligación como un efecto de la relación contractual[44]. Lo cual evidencia que en estos proyectos de armonización predomina una tendencia a debilitar el vínculo entre contrato y obligación y este resquebrajamiento del ligamen entre obligación y contrato lleva a renunciar al hecho de que la obligación opera como un esquema jurídico que sobre el plano de los efectos y junto a la buena fe señala los límites del poder del contrato[45], fundamentalmente por vía del poder integrador de la buena fe.

De manera que, en estas propuestas e instrumentos, la materia objeto de armonización gira en torno a la autonomía contractual como eje central, bajo el entendido de la definición de contrato como acuerdo, en clara preponderancia de la voluntad de las partes, lo cual se expresa en una tendencia a minimizar

---

44 Así, por ejemplo, los PECL, la disciplina del contrato, está resuelta en las partes I y II, mientras que la de las obligaciones es expuesta en la parte III. Por su parte, en el MCR es igualmente el contrato y los actos jurídicos los que aparecen primero en el libro II, precediendo el tema de las obligaciones en general tratado en el libro III. Sistematización que además ha sido criticada por la ausencia de coordinación de las reglas del libro tercero del MCR y aquellas de los libros V, VI y VII sobre obligaciones no contractuales, a tal punto que las hace inaplicables a estas últimas. LUCHETTI, G. y PETRUCCI, A. *Fondamenti Romanistici del diritto europeo. Le obbligazioni i contratti dalle radici romane al MCR Common Frame of Reference*, Bolonia, 2010, p. 26.

45 CARDILLI, R. "L'importanza del legame tra contratto e obbligazione nella tradizione civilistica", cit., p. 18 y ss.

los límites de esta voluntad y en una desatención del valor de la causa o función del contrato como presupuesto del contenido de las obligaciones asumidas por las partes[46].

Ello no obstante que en estas propuestas de armonización y de unificación se incorpore la buena fe como fuente de integración del contenido del contrato y se realicen numerosas remisiones a la misma y, por ende, pueda en principio sostenerse que ello aleja toda sombra del predominio absoluto de la voluntad de los contratantes por sobre los valores de la buena fe. Ciertamente esta tranquilidad se desvanece cuando observamos que de varias formas la aplicación de la buena fe resulta gravemente limitada.

En primer lugar, porque a la buena fe se le ha degradado incluso de su carácter de principio rector de las obligaciones y de los contratos, como por ejemplo sucede en el Marco Común de Referencia, en donde se le da el carácter de mero estándar de conducta (art. I.- 1:103), lo cual desconoce el poder normativo del principio y limita el efecto integrador de las obligaciones. Ello encuentra inmediata correspondencia con la previsión contenida en el mismo DCFR, art. III.-103, numeral (3), en el que se expresa que "la violación de este deber no hace surgir directamente los remedios por el incumplimiento de una obligación", dejando como único efecto el que pueda "impedir al autor de la violación el ejercitar o confiar en un derecho, remedio o excepción que estos tendrían en caso contrario"; es decir, reduce el derecho de la parte afectada por una violación de la buena fe al uso de meros remedios de excepción, imposibilitándole el ejercer directamente su derecho y exigir de manera directa la indemnización por los daños derivados de dicha violación de la buena fe.

La doctrina ha señalado que esta elección del Marco Común de Referencia (DCFR) "encuentra explicación en la exigencia de poner freno a la idea de que la buena fe pueda ser un instrumento general de control jurisdiccional en detrimento de la autonomía negocial de las partes"[47]. Lo cual ha generado

---

46 Esborraz, D. "La teoría general de las obligaciones como elemento de unidad y resistencia del subsistema jurídico latinoamericano". *Revista de derecho Universidad de Concepción*, n.° 237, año LXXXIII, enero-junio, 2015.

47 Como lo refieren Luchetti, G. y Petrucci, A. *Fondamenti Romanistici del diritto europeo. Le obbligazioni i contratti dalle radici romane al MCR Common Frame of Reference*, cit., p. 41. En donde sostienen que la técnica normativa empleada por los redactores del MCR reflejaría la diversidad de prospectivas entre la cultura jurídica del *civil law* y la del *common law*, esta última decididamente orientada a razonar en términos de remedios procesales antes que de posiciones jurídicas subjetivas.

críticas entre la doctrina en torno a la falta de claridad al rol reservado a la aplicación concreta de la buena fe[48]. Todo lo cual hace patente la insistencia en el predominio de la voluntad sobre las propias exigencias del principio, dado que no se quiere que el juez pueda intervenir para hacer exigibles valores como lealtad, honestidad, transparencia, diligencia, prohibición de abuso, diligencia, etc. entre otros que conforman el núcleo de valores de la buena fe, que se dice exaltar como directriz del proyecto, pero a la cual se le despoja de los instrumentos para hacerla realidad.

En segundo lugar, porque los efectos de la buena fe se hacen nugatorios si se limita su función integradora de las obligaciones en general y de aquellas surgidas del contrato, en cuanto esta es una de las funciones trascendentales del principio de buena fe.

En relación con la integración del contrato, a la que se refieren los proyectos en comento, tenemos que recordar que la integración del contenido del contrato no puede ser vista como una renuncia a la autonomía privada, sino más bien como la necesidad de armonizar el reglamento contractual elaborado por las partes con "la realización de intereses de naturaleza social, colectiva o pública", como lo señala Rodotá[49]; dentro de una concepción que parte de la claridad de que la autonomía contractual no es la única fuente del contrato y que no posee un carácter de absoluta, por lo que la integración opera sobre el entero programa contractual y no sólo sobre las lagunas, superponiéndose al reglamento, cuando la preservación de normas imperativas, de los usos, o de los principios, así lo imponen; sin que no obstante tal integración pueda conducir a que se prive al contrato de la finalidad a la cual estaba dirigida[50], pues ha de recordarse que es la propia buena fe la que obliga a preservar el acuerdo logrado por las partes en cuanto legítimo.

Contra este poder integrador de la buena fe militan dos tipos de cláusulas presentes en algunos de los instrumentos de armonización e unificación: aquellas que por vía directa tiene como función restringir la integración del contenido del contrato con acuerdos o comportamientos previos a la celebración del mismo: las denominadas cláusulas de integridad y, de otro lado, aquellas que prohíben toda modificación oral del contrato, las cuales lo hacen por vía

48 Luchetti, G. y Petrucci, A. *Fondamenti Romanistici del diritto europeo. Le obbligazioni i contratti dalle radici romane al MCR Common Frame of Reference*, cit., p. 26.

49 Rodotà, S. *Le fonti di integrazione del contratto*, Milán, Giuffrè, 1970, p. 57.

50 Rodotà, S. *Le fonti di integrazione del contratto*, cit., pp. 100-101, 182.

indirecta, en cuanto amparadas en una exigencia de formalidad terminan por restringir no solo la formación del negocio, sino también la modificación del contenido del contrato y su extinción, cuando quiera que no se adopten tales formas escritas.

En primer término, la Convención de Viena: en la convención se destaca la relevancia que se otorga al principio de buena fe; así, por ejemplo, en el artículo 7.º se dispone que en la interpretación de la Convención ha de tenerse en cuenta "su carácter internacional y la necesidad de promover la uniformidad en su aplicación y de asegurar la observancia de la buena fe en el comercio internacional"[51]. En esta declaración programática de la convención se pone de presente la condición de los principios como elemento de consenso, carácter que adquiere amplísimo relieve en un mundo globalizado.

Ahora bien, la tendencia a la integración del contenido contractual, connatural a la buena fe, en cuanto mecanismo de expresión de sus valores, además de incorporarse a los contratos por la expresa adhesión a la observancia del principio, se desprende además de varias disposiciones: en primer término, como una de sus expresiones más significativas, la integración del contrato por vía de los comportamientos de las partes, que no es más que una concreción de la obligación de coherencia que impone la buena fe a través de la prohibición de ir en contra de los propios actos, consagrada en el artículo 9.º de la Convención[52].

Esta prohibición opera sobre la determinación de la extensión de las obligaciones de las partes, según lo expresa el artículo 46 de la Convención[53],

---

51 Convención de Viena. Artículo 7: "1.- En la interpretación de la presente Convención se tendrán en cuenta su carácter internacional y la necesidad de promover la uniformidad en su aplicación y de asegurar la observancia de la buena fe en el comercio internacional. 2.- Las cuestiones relativas a las materias que se rigen por la presente Convención que no estén expresamente resueltas en ella se dirimirán de conformidad con los principios generales en los que se basa la presente Convención o, a falta de tales principios, de conformidad con la ley aplicable en virtud de las normas de derecho internacional privado".

52 Convención de Viena. Artículo 9: "1.- Las partes quedarán obligadas por cualquier uso en que hayan convenido y por cualquier práctica que hayan establecido entre ellas. 2.- Salvo pacto en contrario, se considerará que las partes han hecho tácitamente aplicable al contrato o a su formación un uso del que tenían o debían haber tenido conocimiento y que, en el comercio internacional, sea ampliamente conocido y regularmente observado por las partes en contratos del mismo tipo en el tráfico mercantil de que se trate".

53 Convención de Viena. Artículo 46 numeral 1: "El comprador podrá exigir al vendedor el cumplimiento de sus obligaciones, a menos que haya ejercitado un derecho o acción incompatible con esa exigencia".

según el cual el comprador no podrá exigir al vendedor el cumplimiento de sus obligaciones cuando haya ejercitado un derecho o acción incompatible con la obligación de coherencia, e incluso prevalece sobre la expresa exigencia contractual de que toda modificación o extinción se realice por escrito, según lo dispone el artículo 29 de la Convención[54], todo ello en protección de la confianza suscitada en la contraparte, como obliga el principio.

Pero, además, esta vocación de integración del contenido del contrato con las exigencias que emanan del principio encuentra precisas aplicaciones a lo largo de la Convención: así, por ejemplo, se integran las causales de incumplimiento previstas por las partes con el requerimiento del carácter esencial del incumplimiento a que alude el artículo 25 de la Convención[55], en consonancia con el artículo 46 numeral 2[56], de suerte que las partes no podrán alegar el incumplimiento del contrato si este resulta ser un incumplimiento no sustancial; en tal razón el contrato, en cuanto atañe a las causales de incumplimiento y, por ende, a las de resolución del contrato[57] resulta integrado por las valoraciones que sobre el particular impone el principio de buena fe

---

54 Convención de Viena. Artículo 29: "1.- El contrato podrá modificarse o extinguirse por mero acuerdo entre las partes. 2.- Un contrato por escrito que contenga una estipulación que exija que toda modificación o extinción por mutuo acuerdo se haga por escrito no podrá modificarse ni extinguirse por mutuo acuerdo de otra forma. No obstante, cualquiera de las partes quedará vinculada por sus propios actos y no podrá alegar esa estipulación en la medida en que la otra parte se haya basado en tales actos".

55 Convención de Viena. Artículo 25: "El incumplimiento del contrato por una de las partes será esencial cuando cause a la otra parte un perjuicio tal que la prive sustancialmente de lo que tenía derecho a esperar en virtud del contrato, salvo que la parte que haya incumplido no hubiera previsto tal resultado y que una persona razonable de la misma condición no lo hubiera previsto en igual situación".

56 Convención de Viena. Artículo 46 num. 2: "Si las mercaderías no fueren conformes al contrato, el comprador podrá exigir la entrega de otras mercaderías en sustitución de aquellas sólo si la falta de conformidad constituye un incumplimiento esencial del contrato y la petición de sustitución de las mercaderías se formula al hacer la comunicación a que se refiere el artículo 39 o dentro de un plazo razonable a partir de ese momento".

57 Convención de Viena. Artículo 49 numeral 1 letra a): "El comprador podrá declarar resuelto el contrato:

a) Si el incumplimiento por el vendedor de cualquiera de las obligaciones que le incumban conforme al contrato o a la presente Convención constituye un incumplimiento esencial del contrato". En consonancia con el artículo 51 num. 2 de la misma convención relativo a la resolución unilateral por parte del comprador, la cual solo resultará viable ante incumplimiento esencial y con el artículo 64, num. 2 letra a) respecto a la terminación unilateral por parte del vendedor.

en el sentido de favorecer la prevalencia de la sustancia sobre la forma y, con ello, de la lealtad negocial.

Particularmente importante resulta la exigencia de integración que deriva de la prohibición de abuso de los derechos, la cual encuentra aplicaciones concretas en la imposibilidad de exigir la reparación de las mercaderías que no guarden conformidad con el contrato cuando ello no resulte razonable, como se desprende del artículo 46 numeral 3 de la Convención[58] o cuando, ejercido el derecho a rechazar las mercaderías por inconformidad con lo previsto en el contrato, estas sean depositadas a expensas de la parte incumplida, caso en el cual el comprador no podrá generar gastos excesivos por este concepto, tal y como lo dispone el artículo 87 de la Convención[59]. Disposiciones estas en virtud de las cuales se introducen al contrato límites a las facultades de las partes.

Aun en los eventos de incumplimiento, la Convención prevé la integración del contenido del contrato con la exigencia que impone la buena fe al contratante cumplido, consistente en la obligación de no agravar el daño producido por el incumplimiento de su contraparte[60], obligación con aplicación específica en el caso en que el comprador recibidas las mercancías tenga la intención de ejercer cualquier derecho a rechazarlas, pues este "deberá adoptar las medidas que sean razonables, atendidas las circunstancias[61], para su conservación", manifestaciones estas de los valores de lealtad y consideración del interés de la contraparte que propugna el principio.

No obstante estas importantes manifestaciones del poder integrador de la buena fe, una particular reflexión nos suscita la posibilidad de inclusión de

---

58 Convención de Viena. Artículo 42 numeral 3: "Si las mercaderías no fueren conformes al contrato, el comprador podrá exigir al vendedor que las repare para subsanar la falta de conformidad, a menos que esto no sea razonable habida cuenta de todas las circunstancias. La petición de que se reparen las mercaderías deberá formularse al hacer la comunicación a que se refiere el artículo 39 o dentro de un plazo razonable a partir de ese momento".

59 Convención de Viena. Artículo 87: "La parte que esté obligada a adoptar medidas para la conservación de las mercaderías podrá depositarlas en los almacenes de un tercero a expensas de la otra parte, siempre que los gastos resultantes no sean excesivos".

60 Convencion de Viena. Artículo 77: "La parte que invoque el incumplimiento del contrato deberá adoptar las medidas que sean razonables, atendidas las circunstancias, para reducir la pérdida, incluido el lucro cesante, resultante del incumplimiento. Si no adopta tales medidas, la otra parte podrá pedir que se reduzca la indemnización de los daños y perjuicios en la cuantía en que debía haberse reducido la pérdida".

61 *Ibid.*, artículo 86 num. 1.

cláusulas que restringen dicho poder integrador de la buena fe. Al respecto, en la Convención de Viena se prevé la posibilidad de restringir la libertad de forma contenida en el artículo 11 de la Convención[62] a efectos de la celebración del contrato y a su vez permite la ampliación de tal restricción a los eventos de modificación y resolución del contrato, como se desprende de los artículos 12[63] y 96[64] de la Convención, conforme a los cuales los Estados contratantes, cuya legislación exija que los contratos de compraventa se celebren o se aprueben por escrito, podrán excepcionar la libertad de forma exigiendo que cualquier manifestación de intención se haga por un procedimiento escrito.

De manera que en el caso de que cualquiera de las partes contratantes tenga su establecimiento en un Estado contratante que haya hecho la respectiva declaración de reserva en el sentido de que prevalezcan las formalidades escritas para la celebración, la modificación o la extinción por mutuo acuerdo del contrato de compraventa, o la oferta, la aceptación o cualquier otra manifestación de intención, en estos casos no tendrá lugar la aplicación del poder integrador de la buena fe, con gran detrimento de la realización de los valores del principio; dado que en este evento no podría aplicarse la exigencia de coherencia con los actos propios, cuando quiera que a pesar de la ausencia de formalidad escrita las partes hayan celebrado, modificado, o terminado el contrato, en virtud de comportamientos que se erijan en 'actos propios' generadores de confianza

62 Convencion de Viena. Artículo 11: "El contrato de compraventa no tendrá que celebrarse ni probarse por escrito ni estará sujeto a ningún otro requisito de forma. Podrá probarse por cualquier medio, incluso por testigos".

63 Convención de Viena artículo 12: "No se aplicará ninguna disposición del artículo 11, del artículo 29 ni de la Parte II de la presente Convención que permita que la celebración, la modificación o la extinción por mutuo acuerdo del contrato de compraventa o la oferta, la aceptación o cualquier otra manifestación de intención se hagan por un procedimiento que no sea por escrito, en el caso de que cualquiera de las partes tenga su establecimiento en un Estado Contratante que haya hecho una declaración con arreglo al artículo 96 de la presente Convención. Las partes no podrán establecer excepciones a este artículo ni modificar sus efectos".

64 Convención de Viena. Artículo 96: "El Estado Contratante cuya legislación exija que los contratos de compraventa se celebren o se aprueben por escrito podrá hacer en cualquier momento una declaración conforme al artículo 12 en el sentido de que cualquier disposición del artículo 11, del artículo 29 o de la Parte II de la presente Convención que permita que la celebración, la modificación o la extinción por mutuo acuerdo del contrato de compraventa, o la oferta, la aceptación o cualquier otra manifestación de intención, se hagan por un procedimiento que no sea por escrito no se aplicará en el caso de que cualquiera de las partes tenga su establecimiento en ese Estado".

legítima en la contraparte, en el sentido de que tales formalidades no serían exigidas para entender surtidos con pleno efectos los mencionados actos.

Ahora bien, en ausencia de la mencionada reserva por parte de los Estados, resulta plenamente aplicable el art. 29 que establece expresamente: "Un contrato por escrito que contenga una estipulación que exija que toda modificación o extinción por mutuo acuerdo se haga por escrito no podrá modificarse ni extinguirse por mutuo acuerdo de otra forma. *No obstante, cualquiera de las partes quedará vinculada por sus propios actos y no podrá alegar esa estipulación en la medida en que la otra parte se haya basado en tales actos*" (resaltado fuera de texto). Es decir que, si un Estado contratante no hizo la reserva, aunque las partes incluyan en su contrato una cláusula de no modificación oral, sigue aplicándose el art. 29 que limita la eficacia de la cláusula precisamente en virtud de la aplicación del principio de buena fe, integrando el contrato con la prohibición de obrar contra los propios actos.

Así las cosas, en los casos en que cualquiera de las partes contratantes tenga su establecimiento en un Estado contratante que haya hecho la respectiva declaración de reserva, estas cláusulas de prohibición de modificación oral entrarían en colisión con la exigencia de la buena fe de integrar el contrato, por lo menos en lo que tiene que ver con la obligación de coherencia que impone la buena fe, en la medida en que impedirían que se incorporen al contrato, los actos propios. Por demás la prohibición se extiende no sólo a la formación del contrato sino también a cualquier tipo de modificación y a la extinción misma del contrato, según los citados artículos 12 y 96. Con efectos graves frente a la realidad del contrato, que cedería ante la forma, en desmedro de la lealtad, de la confianza y de la coherencia que exigen la buena fe, en cuanto se refiere a la imposibilidad de tener en cuenta los actos propios.

Surgen así diversos interrogantes: ¿con qué fuerza y alcance se impone en los términos de la Convención de Viena la declaración programática respeto a la buena fe, si el mecanismo por medio del cual los valores del principio se hacen vinculantes, esto es, la obligación de integrar el contenido del contrato, se ve enervada, por lo menos parcialmente, con una expresa prohibición de integración en los casos en que se introduzcan las mencionadas cláusulas limitativas de "no modificación oral"?

Podría sostenerse que el problema no reviste tal gravedad si se considera que la convención no se ocupa de los problemas de validez de las estipulaciones del contrato[65] y, por ende, la disconformidad que pueda generarse entre las partes de los Estados en que la legislación nacional exige de manera imperativa la plena integración de contrato, incluso con las exigencias derivadas de la teoría de los actos propios y aquellas partes que tenga su establecimiento en un Estado contratante que haya hecho la respectiva declaración de reserva y, por ende, admitirían cláusulas en las que se exijan que los contratos de compraventa se celebren, se aprueben o modifiquen por escrito y, en tal virtud, incorporan una restricción a la integración como consecuencia de la imposibilidad de modificación por medios diversos de la forma escrita, quedaría por fuera del tratado y daría lugar a la nulidad de la cláusula respecto del Estado que no admite tales restricciones. No obstante, un tal razonamiento no resuelve el problema de la necesidad de armonización en un tema tan trascendental como este.

Pero, además, ¿de qué manera interpretar esta inconsistencia en el interior de la convención, que de un lado otorga la posibilidad de inserir tales restricciones a la integración del contrato y, de otra parte, se propone asegurar la observancia de la buena fe en el comercio internacional? Impulsar una interpretación que promueva el mayor grado de integración no solo resulta consonante con los valores de la buena fe expresamente consagrados en la Convención, sino respecto de aquellos que, emanando del principio, entendido como principio general del derecho, se tornan en imperativos, toda vez que la prohibición de ir contra los actos propios comporta valores esenciales al principio: lealtad, corrección, honestidad, protección de la confianza, prevalencia de la sustancia sobre la forma, imposibilidad de ampararse en la forma para sustentar un interés ilegítimo; cuya preservación ha sido reconocida por los instrumentos de armonización en materia de contratos y obligaciones, específicamente en la prohibición de desconocer los propios actos y ampliamente aceptada por la jurisprudencia de los diversos países de *civil law* y aun en aquellos del *commnon law*[66].

---

65 Convención de Viena. Artículo 4: "La presente Convención regula exclusivamente la formación del contrato de compraventa y los derechos y obligaciones del vendedor y del comprador dimanantes de ese contrato. Salvo disposición expresa en contrario de la presente Convención, ésta no concierne, en particular: a. a la validez del contrato ni a la de ninguna de sus estipulaciones, ni tampoco a la de cualquier uso; b. a los efectos que el contrato pueda producir sobre la propiedad de las mercaderías vendidas".

66 Véase al respecto NEME VILLARREAL, M. L. "*Venire contra factum proprium*, prohibición de obrar contra los actos propios y protección de la confianza legítima. Tres maneras de llamar a una antigua regla emanada de la buena fe", en *Estudios de derecho civil obligaciones y contratos*.

Examinadas las consecuencias que surte sobre el contrato, la inclusión, en los casos señalados, de cláusulas que restrinjan a la forma escrita no sólo la formación, sino también la modificación y terminación del contrato, se pone en evidencia la contrariedad de dos sistemas en el interior de la convención: aquel más flexible que hace suya la tradición de integración del contenido del contrato conforme a las exigencias del principio de buena fe, con independencia de la forma y, aquel que, so pretexto de la preservación de la forma en la celebración del contrato, termina introduciendo cláusulas de cierre del mismo que por conducto de las de prohibición de modificación oral, impiden el ingreso al contrato de una regla de trascendental importancia, como lo es, la prohibición de desconocer los propios actos o *venire contra factum prorprium non valet*, lo que puede afectar la posición y obligaciones de las partes. Con lo que el problema se erige en un tópico sustancial para el derecho de contratos internacional, que podría traducirse en la existencia de una gravísima fisura dentro de la Convención. Si ello es así, podríamos sostener que la armonización que propone la convención, su vocación de universalidad, su intención de hacer convergencia entre sistemas es apenas una querencia no lograda.

Ciertamente no es un asunto de poca monta, pues no puede sostenerse que se compartan los principios de la convención, entre ellos el principio de buena fe, cuando a reglón seguido se excluye, al menos parcialmente, uno de sus efectos esenciales: la integración del contrato.

De manera que, si bien pudieran ser pocos los países que han hecho la declaración de reserva que permite la inclusión de cláusulas que prohíben la modificación oral del contrato y, por efecto, la integración de este con la inclusión de reglas derivadas del principio que no se incorporen de manera escrita, lo grave es que este modelo se consolidó paulatinamente como "tendencia a emular", aunque con diversos grados de intensidad.

Así puede observarse en los principios de Unidroit y en los Principios de Derecho Europeo de los Contratos, en el Marco Común de Referencia y, recientemente agravada, por lo menos en lo que concierne a la formación del contrato, en el Proyecto Europeo de Normativa de Compraventa Internacional.

En efecto, en los principios Unidroit en los que se resalta el carácter imperativo de la exigencia de actuar conforme a buena fe (art. 1.7), si bien se adopta como regla general la inexistencia de formalidades para la celebración

---

Libro homenaje a Fernando Hinestrosa 40 años de Rectoría 1963-2003, tomo III, Bogotá, Universidad Externado de Colombia, 2003, pp. 11 a 56.

de los contratos (art. 1.2), esta regla podrá excepcionarse en razón del derecho aplicable (comentario 2) o por acuerdo de las partes (comentario 3). Así, en el artículo 2.13 se admite la celebración de contratos condicionados al cumplimiento de requisitos formales, en cuya ausencia el contrato no se entiende celebrado, con lo cual en estos casos se admite la restricción para la formación del contrato a la forma escrita, al igual que en el artículo 2.1.18 en el que se aceptan las cláusulas que exigen que toda modificación o extinción del contrato se surta por escrito, sin perjuicio en todo caso del respeto a los actos propios. De otra parte, estos principios prevén la cláusula de integridad que excluye del contrato los actos precedentes, sin perjuicio de que tales declaraciones o acuerdos puedan utilizarse meramente para efectos interpretativos del contrato.

En los Principios de Derecho Europeo de los Contratos se realiza una exigencia general de observancia de la buena fe[67], con reconocimiento expreso de su poder en materia de integración del contenido del contrato[68]. Así mismo, si bien se consagra el reconocimiento a la libertad de forma en la celebración de los contratos[69], en el marco del reconocimiento de que la voluntad para obligarse puede ser determinada sea por sus declaraciones o por la conducta de los contratantes[70], en claro reconocimiento de los actos propios, también se admite la inclusión de cláusulas que condicionen toda modificación a la forma escrita, de manera que cualquier acuerdo de modificación o resolución sólo

---

67 Principios de Derecho Europeo de los Contratos. Sección 2. Deberes generales. Artículo 1:201: Buena fe contractual. (1) Cada parte tiene la obligación de actuar conforme a las exigencias de la buena fe. (2) Las partes no pueden excluir este deber ni limitarlo.

68 Principios de Derecho Europeo de los Contratos. Artículo 1:106: Interpretación e integración deberá atenderse a la necesidad de favorecer la buena fe, la seguridad en las relaciones contractuales y la uniformidad de aplicación. (2) Las cuestiones que tengan cabida en el campo de aplicación de estos principios pero que no estén expresamente resueltas en ellos, se solventarán en lo posible de acuerdo con las ideas en que se basan los principios. En su defecto, se aplicará la normativa que corresponda conforme a las normas de Derecho internacional privado.

69 Principios de Derecho Europeo de los Contratos. Artículo 2:101: Condiciones para la conclusión de un contrato (1) El contrato se perfecciona, sin necesidad de ninguna otra condición, cuando (a) las partes tienen la intención de obligarse legalmente y (b) alcanzan un acuerdo suficiente. (2) El contrato no necesariamente se debe concluir ni hacer constar por escrito y no queda sujeto a ninguna otra exigencia de forma. Se puede probar su existencia por todos los medios posibles, incluida la prueba testifical.

70 Principios de Derecho Europeo de los Contratos. Artículo 2:102: Intención. La voluntad de una parte de obligarse por contrato se determinará a partir de sus declaraciones o su conducta, tal y como estas fueran razonablemente entendidas por la otra parte.

vinculará jurídicamente si se ha hecho por escrito[71], dejando a salvo la confianza suscitada en virtud de los actos propios. Ahora bien, en dichos Principios de Derecho Europeo de los Contratos se prevén las cláusula de integridad (*merger clause*)[72], distinguiendo si se trata de una cláusulas negociada de manera individual, caso en el cual las declaraciones, compromisos o acuerdos previos no incluidos en el escrito no forman parte del contrato, mientras que si se trata de una cláusula de integridad que no se haya negociado de manera individual, esta únicamente opera como presunción desvirtuable de exclusión de estos actos previos, regla esta de carácter imperativo. En todo caso, los principios salvaguardan de manera plena la aplicación de la teoría de los actos propios como mecanismo de modificación e integración de las obligaciones contraídas por las partes.

En la misma línea, el Marco Común de Referencia incorpora, en el artículo I.–4: 104[73], la posibilidad de incluir cláusulas de integridad, conforme

---

71 Principios de Derecho Europeo de los Contratos. Artículo 2:106: Estipulación de modificación por escrito (1) Un contrato escrito que disponga en una de sus cláusulas que toda modificación que se acuerde o el mutuo disenso deberán constar por escrito, únicamente permite presumir que cualquier acuerdo de modificación o resolución sólo vinculará jurídicamente si se ha hecho por escrito. (2) Las declaraciones o el comportamiento de una parte pueden provocar la pérdida del derecho a alegar dicha cláusula si la otra parte se ha basado en ellos de manera razonable.

72 Principios de Derecho Europeo de los Contratos. Artículo 2:105: Cláusula de integridad (*Merger clause*) (1) Si un contrato escrito contiene una cláusula negociada de manera individual que establece que en el texto constan todos los términos del contrato (cláusula de integridad), cualesquiera otras declaraciones, compromisos o acuerdos previos no incluidos en el escrito no forman parte del contrato. (2) Una cláusula de integridad que no se haya negociado de manera individual, únicamente permite presumir que las partes pretendían que sus declaraciones, compromisos o acuerdos anteriores no formaran parte del contrato. La presente regla no puede excluirse ni restringirse. (3) Las declaraciones anteriores de las partes pueden utilizarse para interpretar el contrato. Esta regla sólo puede excluirse o restringirse a través de una cláusula negociada de manera individual. (4) Las declaraciones o el comportamiento de una parte pueden provocar la pérdida del derecho a alegar una cláusula de integridad si la otra parte se ha basado en ellos de manera razonable.

73 II. – 4:104: *Merger clause.* (1) If a contract document contains an individually negotiated clause stating that the document embodies all the terms of the contract (a *merger clause*), any prior statements, undertakings or agreements which are not embodied in the document do not form part of the contract. (2) If the *merger clause* is not individually negotiated it establishes only a presumption that the parties intended that their prior statements, undertakings or agreements were not to form part of the contract. This rule may not be excluded or restricted. (3) The parties' prior statements may be used to interpret the contract. This rule may not be excluded or restricted except by an individually negotiated clause. (4) A party may by statements or

a las cuales "el documento incorpora todos los términos del contrato" a fin de evitar que el contrato pueda ser integrado con las declaraciones o comportamientos surtidos previamente a la celebración del contrato, de suerte que estas deban ser tenidas por inexistentes para el intérprete. Con salvedad de los actos propios y con alguna protección derivada del otorgamiento del carácter de mera presunción en los eventos en que su inclusión no sea el producto de un acuerdo negociado. A su vez, el MCR en el artículo II.–4: 105 incorpora la posibilidad de exigir que cualquier modificación al contrato o su terminación deba ser revestida de una específica formalidad, sin la cual se entenderá que no surte efectos.

En una tendencia que podría conducir al desconocimiento de los valores que contiene la buena fe en la etapa precontractual, la Propuesta de Normativa Común Europea de Compraventa (CESL) prevé que la libertad de forma puede ser derogada de manera absoluta, respecto de la celebración o prueba del contrato, al exigir una forma escrita[74], pero con el agravante de que además a esta disposición se aúna la llamada "cláusula de integridad del contrato"[75], en virtud de la cual se otorga la posibilidad de que las partes convengan la prohibición de integrar el contrato con declaraciones, compromisos o acuerdos previos no incluidos en el documento en que se plasma el contrato, con lo que incluso se autoriza expresamente a desconocer los actos propios en referencia a las actuaciones precontractuales, cuando así se establezca en el contrato[76],

---

conduct be precluded from asserting a *merger clause* to the extent that the other party has reasonably relied on such statements or conduct.

74 Proyecto Europeo de Normativa de Compraventa Internacional art. 6: "Ningún contrato, declaración o acto alguno regido por la normativa común de compraventa europea deberá ser celebrado o probado conforme a una forma en particular, salvo disposición en contrario de la misma".

75 Proyecto Europeo de Normativa Común de Compraventa Internacional. Bruselas, 11.10.2011 COM (2011) 635 final 2011/0284 (COD). Artículo 72. Cláusulas de integridad: 1. Cuando un contrato escrito contenga una cláusula que establezca que el documento incluye todas las cláusulas contractuales (cláusula de integridad), ninguna otra declaración, compromiso o acuerdo previos no incluidos en el documento formarán parte del contrato. 2. Salvo que en el contrato se disponga lo contrario, una cláusula de integridad no impedirá que en la interpretación del contrato puedan utilizarse declaraciones previas de las partes. 3. En un contrato entre un comerciante y un consumidor, este no estará vinculado por una cláusula de integridad. 4. Las partes no podrán excluir la aplicación del presente artículo, ni introducir excepciones o modificar sus efectos en detrimento del consumidor.

76 Proyecto Europeo de Normativa Común de Compraventa Internacional. Bruselas, 11.10.2011 COM (2011) 635 final 2011/0284 (COD). Artículo 72. Cláusulas de integridad. [...] Salvo que en

acabando de este modo con el mínimo bastión de prevalencia de la buena fe sobre la formalidad que en materia de relaciones precontractuales se había conservado en los principios Unidroit y los Principios de Derecho Europeo de los Contratos.

Los instrumentos de armonización siguen un modelo de proclamación de aplicación del principio de buena fe y libertad de forma como reglas generales, pero, a su vez, contemplan la posibilidad de incluir una "cláusula de integridad" que excluya del contrato los acuerdos previos y el derecho a limitar la libertad de forma incluyendo formalidades, no solo para celebración del contrato, sino también para que opere de manera vinculante cualquier modificación al contrato o resulte viable su terminación, en algunos casos con prescindencia de los actos propios. En estos modelos se habrá fraccionado la contratación: en una con pleno poder de integración de la buena fe y, en otra, integrada parcialmente.

De aceptarse que los instrumentos de armonización y unificación introducen disposiciones que admitirían la inclusión de cláusulas de "integridad" (*merger clause*) y de aquellas que permitirían exigir la formalidad escrita en todos los casos de reforma o resolución del contrato (*modification in certain form only*), aun en desconocimiento del *venire contra factum proprium*, se cercena la principal característica del principio de buena fe: su poder integrador, mecanismo a través del cual la buena fe hace realidad la incorporación de sus valores al contrato, lo cual se convierte en una brecha que imposibilita el consenso alrededor del principio cardinal que se dice constituye la directriz de tales propuestas e instrumentos de armonización.

Nos preguntamos si hoy, en un escenario de globalización y armonización, se justifica mantener tal brecha, o si en lo sustancial los puntos de acercamiento entre sistemas parecen mayores en la medida en que las reglas que emanan del principio de buena fe sean preservadas[77].

---

el contrato se disponga lo contrario, una cláusula de integridad no impedirá que en la interpretación del contrato puedan utilizarse declaraciones previas de las partes.

77 A este respecto sostienen ZIMMERMANN, R. y WHITTAKER, S. *Good faith in european contract law*, Cambridge, Cambridge University Press, 2000, p. 700. En términos de Zimmermann, el derecho europeo tanto de tradición del *civil law* como aquel del *common law* "se han alejado o están en el proceso de alejarse del paradigma del contrato, el cual se enfoca casi exclusivamente en la autonomía de las partes –en la medida en que asistimos a– un incremento en el significado dado a la lealtad de las partes, a la protección de la confianza, a las exigencias de cooperación, a la necesidad de considerar el interés de la otra parte o la justicia sustantiva del contrato, sean estos o no los términos con los cuales este cambio de énfasis se realice en cualquier sistema

Bajo este contexto, la interpretación que habría de darse a la Convención de Viena y a los instrumentos de armonización que siguen su modelo es aquella que permita la más flexible integración del contenido del contrato conforme a la buena fe. Es decir, entender que las cláusulas de no modificación oral están destinadas a evitar modificaciones y adiciones que las partes pretenden incluir al texto original sin el cumplimiento de la formalidad escrita, que ha sido previamente prescrita por estas, pero de ninguna manera puede inhibir eventuales 'integraciones' imperativas que el intérprete, trátese de juez o árbitro o quien haga sus veces, deba hacer en virtud de la aplicación de los principios generales del derecho como los reconocidos por los instrumentos de armonización y, particularmente, de la buena fe o, dado el caso, de otras normas imperativas. Y, por su parte, las claúsulas de 'integridad' (*merger clauses*) estarían encaminadas solamente a evitar que se invocaran declaraciones, documentos precontractuales que contradijeran lo expresamente consagrado en el contrato, salvaguardando la exigencia de coherencia que comporta el respeto por los actos propios. Más allá de eso, las 'cláusulas de integridad' no podrían entrar a interferir con el poder de integración de la buena fe[78].

Claro está, si bien ello causa una grave restricción a la integración del contenido del contrato en materia precontractual, morigerada en los instrumentos de armonización que ponen a salvo el respeto por los actos propios en la etapa precontractual, su aplicabilidad se mantiene limitada a este supuesto, sin que pueda pretenderse el extender la cláusula de cierre al poder integrador de la buena fe que opera de manera directa e imperativa en el desarrollo y ejecución del contrato, pues como lo advierte la doctrina, una tal amplitud de las *merger clauses*, resulta incluso ajena al sistema de *common law*, donde tuvo

dado". En el mismo sentido, las afirmaiones conforme a las cuales el contrato como instrumento de autodeterminación en el *common law* no es ya un absoluto, pues es frecuentemente intervenido no sólo por el legislador que disciplina la materia contractual, comenzando por los sectores más sensibles de la economía, de manera tal que limita fuertemente la libertad de las partes en la determinación del programa contractual, sino que además los jueces utilizan asiduamente los "términos implícitos", una herramienta 'entre interpretación e integración', mediante la cual los jueces individualizan la solución adecuada al caso concreto al entender incorporadas al contrato cláusulas probablemente consideradas por las partes pero no expresadas en el contrato, cláusulas que probablemente las partes habrían incorporado de haber considerado la cuestión y cláusulas que el juez incorpora como producto de la aplicación de la ley. Ver Nanna, C. M. *Eterointegrazione del contratto e potere correttivo del giudice*, Padova, Cedam, 2010, pp. 12-13.

78 Reflexiones surgidas en un intercambio de ideas con el profesor Javier Rodríguez Olmos.

su origen, y en el que por demás operan concurrentemente con los *implied terms in fact* e *in law*, que hacen las veces de la integración del contrato que opera en el *civil law*[79].

Si, por el contrario, se desatiende esta interpretación y se pretende un rigor exacerbado en la incorporación de las mencionadas exclusiones que permiten sujetar toda modificación del contrato a las exigencias de la formalidad escrita, como presupuesto para que posean efectos sobre el contenido de las obligaciones de las partes, se trasgrede el principio de buena fe y a la par la esencia de la Convención, así como de la de los citados instrumentos de armonización, con lo cual se termina por invertir el papel de los principios como vigías de la forma y se pasaría a un escenario en el que las formalidades limiten los principios, concediéndole exiguos espacios, en un modelo en el que la clarísima vocación de la Convención y de los mencionados instrumentos de armonización, de observancia de los valores que subyacen en el principio de buena fe, se desfigure por medio de una protección prevalente de la coercibilidad de lo pactado expresamente por las partes de manera formal, al amparo de una exorbitante tutela de autonomía y en desmedro del poder integrador de la buena fe, que quedaría despojada, por lo menos en parte, del más importante efecto de la misma, su poder de integración del contrato, en cuanto instrumento que permite hacer realidad los valores ínsitos en el principio.

Restringir el alcance de la integración del contrato tiene por demás por efecto desvirtuar a la luz de la buena fe el contenido y alcance de las obligaciones a las que las partes se encuentran obligadas y, por ende, impide un cabal análisis sobre el incumplimiento contractual, como pasa a señalarse.

---

79 *Cfr.* En Francia, respecto del derecho angloamericano, Fontaine M. y De Ly, F. *Drafting International Contracts. And analysis of contract clauses*, Editora Brill/Nijhof, 2006, p. 131, y más recientemente en Italia, en referencia al derecho inglés, Foglia, M. *Il contratto autoregolato: merger clauses*, Turín, Giappichelli, 2015, p. 140, quienes han hecho hincapié en que en el sistema de *common law* las cláusulas de modificación oral y de integridad, donde se originaron, tienen una aplicación mucho más limitada de la que parecería pretender otorgársele en los sistemas de derecho continental y en el escenario transnacional, a los que por vía de los procesos de armonización y de circulación de modelos contractuales se han adoptado en un proceso de transposición que distorsiona su original entendimiento y ámbito de aplicación, otorgándoles una extensión que desarticula el sistema al pretender inhibir la aplicación de uno de los principios cardinales del derecho de contratos, como lo es la buena fe.

6. ALGUNAS APLICACIONES DE LA FUNCIÓN INTEGRADORA DE LA BUENA FE QUE DETERMINAN EL CONTENIDO Y ALCANCE DE LAS OBLIGACIONES DE LAS PARTES Y, POR ENDE, LA CONFIGURACIÓN DEL INCUMPLIMIENTO

La integración del contenido del contrato tiene lugar en una multiplicidad de maneras que hacen realidad los valores del principio; en esta sede nos detendremos solo en algunas de ellas a título de ejemplo: aquellas que tienen lugar por virtud de las interrelaciones que se surten en relación con el alcance de la fidelidad al contenido del vínculo contractual (*pacta sunt servanda*) y entre este y la cláusula *rebus sic stantibus* o desequilibrio sobreviniente y entre el *pacta sunt servanda* con la exigencia de respeto por la coherencia de los propios actos; así mismo, señalaremos los efectos de la integración del contrato frente a la determinación del carácter sinalagmático del contrato y en relación con el ejercicio unilateral de facultades conferidas por una de las partes.

Todos estos eventos de integración impactarán de manera directa en el cumplimiento de las obligaciones contractuales, pues no solo inciden en la interpretación del contenido de las obligaciones derivadas del contrato, sino que modelan, transforman y hasta extinguen dicho contenido obligacional.

6.1. EN MATERIA DE LA DETERMINACIÓN DEL ALCANCE DEL *PACTA SUNT SERVANDA*

Es la buena fe la que desde el derecho romano impone el respeto por la de firmeza de los acuerdos y la vinculación a los mismos[80], exigencia que luego se expresara con la máxima *pacta sunt servanda* y que se ha traducido en exigencias de fidelidad con la palabra empeñada, con el honrar los compromisos

---

80 La buena fe exige que se haga lo que se convino (D. 19,2,21. (24.) Javoleno; Epístolas, libro XI), que en los contratos nos atengamos siempre a lo que se trató (D. 50,17,34. Ulpiano; Comentarios a Sabino, libro XLV), la buena fe no consiente que en ningún tiempo se aparte uno de los contratantes de la voluntad del otro (C. 4,44,3. Dioclesiano y Maximiano, Augustos y césares a Marciana), y, en fin, obliga a conservarse la voluntad de los que legítimamente contratan(C. 4,38,6. El Emperador Justiniano, Augusto, a Juan, Prefecto del pretorio), porque nada hay tan conforme a la fe humana como cumplir lo que los hombres han pactado entre sí (D.2.14.1. Ulpiano; Comentarios al Edicto, libro IV).

asumidos cumpliendo el contrato celebrado, como lo ha reconocido nuestra jurisprudencia[81].

Ahora bien, las exigencias de la buena fe van más allá del cumplimiento literal de los compromisos asumidos, no basta honrar la palabra empeñada en los términos estricta y formalmente acordados, es necesario atender la función del negocio convenido por las partes en consonancia con su finalidad, todo de conformidad con los valores del principio. Ciertamente la buena fe comporta privilegiar el cumplimiento de las finalidades perseguidas por las partes[82], lo cual podría conducir a una interpretación del alcance de las obligaciones derivadas del contrato en términos que se aparten de la literalidad de este[83] y, por ello mismo, modelen los eventos de incumplimiento.

81 Sentencia de la Corte Constitucional, SU-039 de 1998, en la que la Corte considera que la buena fe se entiende comprendida como parte integral e inescindible de la relación jurídica establecida entre las partes, lo cual comporta la firmeza de los acuerdos en que se funda en el aludido principio: "Lo anterior, pues no es posible admitir que con posterioridad a la celebración del respectivo contrato se modifiquen en forma unilateral las prestaciones que deben ser asumidas". En el mismo sentido, las sentencias relativas a las modificaciones unilaterales a los contratos de mutuo suscritos con sus afiliados, realizadas por el Fondo Nacional del Ahorro: Corte Constitucional mediante la Sentencia T-793 del 23 de agosto de 2004; Sentencia del Consejo de Estado, Sala de lo Contencioso Administrativo, Sección Cuarta, del 7 de octubre de 2004.

82 En este sentido, la jurisprudencia de la Corte Suprema de Justicia, Sala de Casación Civil, Sentencia del 17 de marzo de 2003, M. P. Jorge Antonio Castillo Rúgeles, en la cual se demandaba el incumplimiento de una promesa de compraventa, en razón de que una de las partes se había presentado a la notaría en hora diversa de la fijada en el texto del la promesa, desconociendo deslealmente que tal circunstancia obedeció al hecho de haber sido fijado por la notaría, en presencia de ambas partes, una hora diferente por razones administrativas, lo cual a la luz de la buena fe hace imposible el pretender acogerse a la literalidad del acuerdo.

83 La Corte Suprema de Justicia, Sala de Casación Civil, en Sentencia de 7 de febrero de 2008, expediente 2001-06915-01, M. P. William Namen, sostuvo que "el rol interpretativo del juzgador no es de mero reproductor del contenido negocial, la exégesis de su sentido, ni se encamina exclusivamente a explicitar el querer de las partes como si fuera un autómata. Más concretamente, la actividad hermenéutica del juzgador no es estática, el ordenamiento jurídico le impone *ex autoritate* el deber de decidir las controversias buscando el resultado concreto perseguido por las partes con la celebración del negocio jurídico en coherencia con su 'contenido sustancial', utilidad práctica, esencial, 'real' y funcional. Bianca, M., *Diritto Civile, Il contrato*, t. III, Milán, Giuffré, 1992, pp. 379, para lo cual, sin alterar, sustituir ni tergiversar lo acordado, debe intervenirlo efectuando un control eficaz e idóneo, incluso corrector, para determinar su relevancia final o efectos definitivos conforme a los intereses sustanciales, el tipo específico, su función y la preceptiva rectora, en general y, en particular".

Una especial interacción de la exigencia de integración del contenido del contrato frente a la regla *pacta sunt servanda* puede observarse en aquellos pronunciamientos jurisprudenciales en los que se desestima la literalidad del acuerdo en pro de la naturaleza del negocio[84].

Particularmente interesante resulta el efecto que tiene la integración del contenido del contrato a efectos de determinar su cabal cumplimiento, *pacta sunt servanda*, en relación con el cumplimiento de la función del negocio. Al respecto ha resaltado la doctrina la importancia de realizar "una valoración elástica del cumplimiento –que– permitiría establecer con mayor precisión la diligencia y el esfuerzo exigibles a la conducta del deudor [...], –el hecho de que– la protección de los intereses de la contraparte puede requerir la exacerbación de las exigencias predicables del comportamiento del deudor en cumplimiento de sus obligaciones, –así como que– una valoración elástica del cumplimiento puede articularse tomando en consideración los conocimientos de las partes y los beneficios que emanan del cumplimiento de sus obligaciones"[85].

---

84 *V. gr.*, un caso en que la Corte chilena de apelaciones (4 de marzo de 1988, rdj, t. 85, sec. 2.ª, p. 9) desestimó por ilegítimo el interés de un vendedor en dejar sin efecto el contrato de compraventa, fundado en que se trasgredió lo pactado, toda vez que conforme al contrato celebrado el precio del inmueble debía ser pagado parte en dinero y parte en la asunción de una deuda que el vendedor tenía con una entidad pública, deuda que con posterioridad a la compraventa se extinguió y, por ende, no debió ser pagada por el comprador. La Corte sostiene que a la luz de la buena fe el contrato fue cabalmente cumplido pues este no puede ser interpretado en apego a la letra rigurosa, ni a un derecho estricto, de manera que ninguno de los contratantes puede, so pretexto de una inflexible literalidad hacer valer arbitrariamente "su propio y mezquino interés". Donde concluye que la buena fe exige, más allá del texto del contrato, considerar los eventos en que, como en el caso en cuestión, "una nueva ley amplía las fuentes de extinción de una deuda ex Cora".

85 Robles Bacca, P. *El cumplimiento de las obligaciones en la tradición romanista y su reconsideración como categoría central del derecho civil*, cit., en donde la autora realiza un análisis crítico de algunas jurisprudencias en las que se omite valorar el cumplimiento en correlación con la función del contrato: específicamente se refiere a las sentencias Corte Suprema de Justicia–Sala de Casación Civil, 29 de noviembre de 2001, magistrado ponente: Nicolás Bechara Simancas; Corte Suprema de Justicia, Sala de Casación Civil, 18 de septiembre de 2013, magistrado ponente: Arturo Solarte Rodríguez, y Corte de Casación italiana del 18 de noviembre de 2013 (Cass.18.11.2013 n. 25861).

6.2. EN MATERIA DE CLÁUSULA *REBUS SIC STANTIBUS*[86]

El contrato se integra con las exigencias de preservación del equilibrio económico que impone la buena fe a la luz de las circunstancias sobrevenidas que alteran el equilibrio construido originalmente por las partes y que conducen a modelar las exigencias del *pacta sunt servanda* en términos de respeto a lo convenido, como lo han reconocido la doctrina[87] y la jurisprudencia nacional[88].

A este respecto, lo primero que debemos resaltar es que las reglas *pacta sunt servanda* y *rebus sic stantibus* emanan ambas del principio de buena fe[89], por virtud de estas el principio expresa valores complementarios: de una parte, la 'firmeza de los acuerdos' que impide el desconocimiento unilateral de los mismos y, de otra parte, valores de equilibrio económico del contrato. De manera que las reglas *pacta sunt servanda* y *rebus sic stantibus* no se excluyen, sino que se encuentran en una relación de coordinación y complementariedad guiada por los valores que emanan del principio de buena fe.

---

86 Sobre este particular, retomamos algunas de las reflexiones propuestas en: NEME VILLARREAL, M. L. "La tensión aparente entre las reglas *pacta sunt servanda y rebus sic stantibus*: la buena fe y la equidad constituyen parámetros de las exigencias de equilibrio y solidaridad en tiempos de crisis", en *Vulnerabilidad, solidaridad y pandemia. Algunas reflexiones del Derecho Civil*, Ensayos de la Revista de Derecho Privado, n.º 3, 2020, Bogotá, Universidad Externado de Colombia.

87 CHAMIE GANDUR, J. F. *La adaptación del contrato por eventos sobrevenidos*, Bogotá, Universidad Externado de Colombia, 2013. FRANCO ZARATE, J. A. "La excesiva onerosidad sobrevenida en la contratación mercantil: una aproximación desde la perspectiva de la jurisdicción civil en Colombia". *Revista Derecho Privado*, 2012, n.º 23, pp. 233-265; NEME VILLARREAL, M. L. "*Pacta sunt servanda* y *rebus sic stantibus*: tensiones entre los principios de buena fe y autonomía contractual", cit.

88 Desde los remotos antecedentes de la "Corte de oro", Corte Suprema de justicia, Sala Plena. Sentencias del 29 de octubre de 1936, 25 de febrero de 1937, 23 de mayo de 1938; hasta los desarrollos constitucionales de la Corte Constitucional en sentencia C-252 de 1998, en la que ha reconocido la aplicabilidad de la cláusula *rebus sic stantibus* en materia civil, con fundamento la excesiva onerosidad que altere el equilibrio del contrato originada, por ejemplo, en un alza general extraordinaria en las tasas de interés; pasando por las sentencias de la Corte Suprema de Justicia: Sala de Casación Civil. Sentencia del 21 de febrero de 2012; del Tribunal Superior de Bogotá, Sala Civil: sentencias del 16 de mayo de 2005, del 19 de julio de 2004; 30 de marzo de 2004; del 16 de mayo de 2005; 16 de mayo de 2005, entre otras. En relación con la aplicación de la ruptura sobrevenida del equilibrio contractual en sede arbitral, véase el estudio de SILVA GARCÍA, F. "Una aproximación a la visión de la corrección del desequilibrio contractual desde la perspectiva de la jurisprudencia arbitral". *Revista e-mercatoria*, n.º 6, 2, 2007.

89 NEME VILLARREAL, M. L. *La buena fe en el derecho romano*, cit., p. 163 y ss.

En efecto, el orden negocial y el equilibrio económico establecido en el programa contractual están determinados por las particularidades y la naturaleza misma del negocio y han de tenerse muy presentes en el establecimiento de las reglas de la buena fe aplicables al respectivo negocio, como quiera que la buena fe supone la consideración de las condiciones contractuales adoptadas por las partes en forma sincera y honesta, sin confusiones deliberadas o abusos[90].

Es evidente que toda valoración del contrato conforme a la buena fe no puede dejar de considerar la concreta realidad negocial: el tipo de contrato escogido, el precio pactado, la repartición de ventajas y beneficios, la determinación de riesgos y responsabilidades establecidas por los contratantes, valores todos estos intrínsecos al contrato y cuyas particularidades determinaran el concreto equilibrio contractual. Sin embargo, tampoco puede perderse de vista que la buena fe opera como principio rector de todo el *iter* contractual, de suerte que si bien las particulares estipulaciones de las partes nutren una adecuada interpretación del contrato de conformidad con la buena fe, tales estipulaciones no pueden prevalecer cuando resultan contrarias al citado principio, lo cual sucede cuando el equilibrio sobre el cual las partes construyeron el contrato se ve alterado de manera sobrevenida por circunstancias ajenas a las partes cuya ocurrencia no había sido atribuida por ley o por el contrato expresa o tácitamente a una de las partes.

En este contexto, la cláusula *rebus sic stantibus* integra el contenido del contrato, pero con ello no vulnera el principio de la autonomía contractual, pues esta busca regular aspectos posteriores a la celebración del contrato, que afectan lo estipulado, a fin de restablecer el equilibrio contractual originalmente considerado por las partes. Esto, siempre que las partes no hubieren pactado libremente un régimen específico de distribución de riesgos, libre de abusos, de acuerdo con el cual una de ellas deba asumir las secuelas de tales hechos sobrevinientes o la ley se los atribuya[91].

---

90 Corte Suprema de Justicia, Sala de Casación Civil, Sentencia de mayo 21 de 2002.

91 Como sucedió en un resonado caso, en el que para satisfacer las necesidades de energía en un momento de transición de un mercado monopólico a uno de competencia, las autoridades gubernamentales diseñaron un esquema de contratación para atraer a inversionistas privados, en el cual se preveía que tales inversionistas no asumirían riesgos relacionados con la comercialización de la energía y la potencia, con la oscilación de precios, con cambios regulatorios o con la fluctuación del tipo de cambio. En este contexto la Empresa de Energía de Boyacá celebró un contrato de suministro de energía con la Compañía Eléctrica de Sochagota S.A. E.S.P., en el que se estipuló una remuneración fija por kilovatio de energía incluso si el suministrante no tenía que prestarla por no requerirse, vale decir, por la sola disponibilidad de la

De suerte que la buena fe integra el contenido del contrato "a fin de reequilibrar las posiciones de los contratantes eventualmente desequilibradas y de impedir lucros injustificados"[92], pues la buena fe no permite beneficiarse ilegítimamente de situaciones sobrevinientes e inesperadas[93], situaciones estas que se generarían en los eventos en que se han producido circunstancias que hagan excesivamente gravoso el cumplimiento de las prestaciones para una de las partes en el contrato o conduzcan a un empobrecimiento correlativo a aquella que ya cumplió y recibirá una contraprestación desequilibrada como consecuencia de las circunstancias sobrevivinientes, por lo que por virtud de la buena fe resulta indispensable entrar a restablecer el referido equilibrio[94].

Planta, con lo cual se garantizaba un flujo de ingresos para el contratista, fijo y firme, que le permitía contar con los recursos suficientes para el reembolso de los créditos a las entidades financiadoras que proveyeron los recursos para construir la planta termoeléctrica y para la obtención de las utilidades presupuestadas. En el momento en que el requerimiento de energía se hizo necesario, el valor de Kilovatio de energía en el mercado energético era superior al precio fijo pactado en el contrato, por lo que la Empresa de Energía de Boyacá S.A. E. S.P. alegó circunstancias sobrevenidas que alteraban el equilibrio original del contrato. En este caso sostuvo la jurisprudencia arbitral colombiana que "si los contratantes pactaron, dentro de la distribución de riesgos acordada, que por tal ocurrencia y por sus secuelas habría de responder una de ellas –lo cual dedujo el Tribunal del esquema de precios adoptado–, en este supuesto la parte afectada por el advenimiento del evento riesgoso en cuestión, no puede invocar la teoría de la imprevisión para así dejar de asumir las consecuencias de la contingencia por la que se comprometió a responder", Laudo arbitral, Tribunal de Arbitramento: Empresa de Energía de Boyacá S.A. E. S.P. *vs.* Compañía Eléctrica de Sochagota S.A. E.S.P. Bogotá, 21 de octubre de 2000.

92 CARDILLI, R. "La "buona fede" come principio di diritto dei contratti: diritto romano e America Latina", cit., p. 166.

93 ROPPO, V. *Il contratto*, Milán, Giuffrè, 2001, p. 1046. Para quien el principio de buena la buena fe posee un rol muy importante en el campo de los eventos sobrevenidos.

94 La aplicación de la cláusula *rebus sic stantibus* ha sido ampliamente reconocida por la jurisprudencia desde el siglo pasado: Corte Suprema de Justicia, Sala de Casación Civil, Sentencia de 25 de febrero de 1937 que puso a la cláusula *rebus sic stantibus* en conexión con la buena fe, el fraude a la ley, el estado de necesidad y el enriquecimiento sin causa, aún antes de haber sido recogida normativamente en el año 1971 en el Código de Comercio. Sobre su aplicación en el ámbito mercantil véase FRANCO ZARATE, J. A. "La excesiva onerosidad sobrevenida en la contratación mercantil: una aproximación desde la perspectiva de la jurisdicción civil en Colombia", cit., pp. 245 a 277, a quien remito para una reseña y juicioso análisis de las jurisprudencias en el ámbito civil que trataron el desequilibrio sobrevenido antes y después de su consagración normativa. Para un análisis de la materia desde la perspectiva de los fallos arbitrales, véase: SILVA GARCÍA, F. "Una aproximación a la visión de la corrección del desequilibrio contractual desde la perspectiva de la jurisprudencia arbitral", cit., p. 2.

De manera que el *pacta sunt servanda*, que obliga a las partes a cumplir el contrato según lo acordado, "encuentra su límite en las exigencias de justicia y equidad que llaman a la conservación del contrato [...] fundado en la buena fe y la equidad correctiva"[95], los cuales modelan el alcance de las prestaciones originalmente convenidas y, por ende, inhiben un juicio de incumplimiento[96] respecto del deudor a quien le resulta excesivamente oneroso cumplir ante las circunstancias sobrevenidas; lo cual conduce a la renegociación de las obligaciones contractuales a la luz de un nuevo equilibrio considerando las circunstancias sobrevinientes.

Así las cosas, la integración del contenido del contrato con exigencias de equilibrio contractual como las que fundan la aplicación de la cláusula *rebus sic stantibus* conducen a la inexigibilidad del cumplimiento de la prestación, a la consideración de a cual de las partes corresponde asumir los riesgos del caso fortuito o fuerza mayor que alteran el equilibrio contractual, al replanteamiento de a cual de las partes y en qué medida exigir sacrificios en términos de la condonación, reducción o postergación de las prestaciones pactadas en el marco de una renegociación dotada de la suficiente flexibilidad que permita el logro de la finalidad del contrato y su cumplimiento considerando las nuevas circunstancias. Sin duda en estos eventos la buena fe se convierte en "'medida

---

95 Chamié Gandur, J. F. *La adaptación del contrato por eventos sobrevenidos*, cit., p. 23.

96 Como lo declaró la Corte Constitucional en Sentencia T-520 de 2003 en el caso de impago de mutuos financieros por causa del secuestro de los deudores por grupos armados al margen de la ley, sentencia en la que, dejando de lado la regla conforme a la cual "el género no perece", consideró que la imprevisibilidad e irresistibilidad de hechos sobrevenidos como el secuestro afectaban las posibilidades del deudor de cumplir sus obligaciones que se tornaban inexigibles, por lo que el impago de las cuotas en estas circunstancias no podía considerarse incumplimiento, ni dar lugar a las sanciones previstas al efecto, a la vez que el deber de solidaridad propio de la función social del contrato obligaba a los bancos a refinanciar las obligaciones pendientes y a restructurar el entero contrato. También declaró en Sentencia T-170 de 2005, inexigibles las prestaciones del deudor que se encuentra en situaciones particularmente difíciles, como el caso de la dificultad de cumplimiento a la que se ven enfrentados deudores con gravísimas enfermedades como el sida, y en Sentencia T-726 de 2010 sostuvo la Corte que los deudores que son objeto del delito de desplazamiento forzado no incumplen con las obligaciones adquiridas con anterioridad, como quiera que en el momento de comprometerse a cumplir una prestación el hecho de que aconteciera un desplazamiento forzado no se encontraba dentro del contexto de negociación, por lo que al configurarse este hecho irresistible, imprevisible e inimputable al deudor, que afecta de manera ostensible su capacidad económica, se configura una inexigibilidad de la obligación.

de sacrificio aceptable', en aras de la cooperación y de la lealtad mutua que se deben las partes" [97].

6.3. EN MATERIA DE *VENIRE CONTRA FACTUM PROPRIUM*

La cláusula general que prohíbe el *venire contra factum proprium*, llamada también teoría de los actos propios o protección de la confianza legítima, constituye una manifestación del principio de buena fe, en cuanto expresión de los valores de lealtad, consideración del interés ajeno y tutela de la confianza[98]. Dicha cláusula integra el contenido del contrato con exigencias de coherencia, autorresponsabilidad y protección de la confianza generada en la contraparte que adapta su comportamiento con base en dicha confianza; como quiera que, por virtud de la exigencia de coherencia que impone la buena fe, las partes no pueden dejar de desconocer sus propios comportamientos y los efectos que estos producen en el desarrollo de la relación contractual.

En efecto, los comportamientos de las partes las vinculan de tal manera que les está vedado exigir el cumplimiento del contrato en los términos originalmente convenidos, como quiera que este se entiende modificado a consecuencia de sus propios actos, que se erigen en tácita aceptación de nuevas condiciones contractuales e incluso de renuncia a las convenidas primigeniamente de manera expresa.

La valencia del *venire contra factum proprium* non valet ha sido reconocida por la jurisprudencia constitucional[99] y ha tenido diversas aplicaciones en

---

97 Chichilla Imbett, C. y Neme Villarreal, M. L. "El cumplimiento del contrato de arrendamiento en tiempos de pandemia", en Fernández, M. L. y Gual Acosta, J. M. (editores), *Desafíos del derecho en época de pandemia*, Bogotá, Ibáñez, 2020.

98 Neme Villarreal, M. L. "*Venire contra factum proprium*, prohibición de obrar contra los actos propios y protección de la confianza legítima. Tres maneras de llamar a una antigua regla emanada de la buena fe", cit., pp.11 a 56.

99 Solo a título de ejemplo entre los múltiples pronunciamientos de la jurisprudencia de la Corte Constitucional: Sentencia C-478-98 con ponencia de Alejandro Martínez Caballero, reiterada en Sentencia C-836/2001 de agosto 9 de 2001, en las que la Corte sostiene: "el principio constitucional de buena fe, que se manifiesta en la protección de la confianza legítima, garantiza a las personas que ni el Estado, ni los particulares, van a sorprenderlos con actuaciones que, analizadas aisladamente tengan un fundamento jurídico, pero que al compararlas, resulten contradictorias. En estos casos, la actuación posterior es contraria al principio de la buena fe, pues resulta contraria a lo que razonablemente se puede esperar de las autoridades estatales, conforme a su comportamiento anterior frente a una misma situación [...] según la máxima latina *venire contra factum proprium non valet*".

materia contractual: así lo ha hecho al señalar que la conducta de una parte que entiende surtidos los requisitos para obligarse en una relación contractual la vincula, imposibilitándole defraudar la confianza generada en la contraparte al pretender posteriormente desconocer el contrato alegando la omisión de alguno de tales requisitos[100]; al igual que al manifestar que la voluntad de renunciar a la exigencia de la prestación en los términos inicialmente convenidos, impide que posteriormente se pretenda pedir su cumplimiento en tales términos[101]. Así mismo, el mencionado deber de coherencia hace exigible la vinculación a la palabra empeñada, con independencia de la observancia de las formalidades, cuando la actuación precedente de una de las partes así lo ha admitido[102]; al igual que el comportamiento de una de las partes en la etapa precontractual la vincula, obligándola a preservar la confianza generada en la contraparte[103]; además de que el retardo desleal en el ejercicio de un derecho vincula y, en cuanto tal, obliga a preservar la confianza justificada de la contraparte en que el titular no hará uso de tal derecho[104] e igualmente la obligación de coherencia

---

100 La Corte Constitucional se pronunció, en sentencia del 28 de febrero de 2000, Sala Séptima de Revisión de Tutelas de la Corte Constitucional, con ponencia de Fabio Morón Díaz, sobre la revisión de la tutela instaurada por un estudiante contra una caja de compensación familiar, que, habiendo otorgado una beca al accionante por razón de méritos académicos, pretende dar por terminado el contrato con el becario, con base en un concepto rendido por la Superintendencia de Subsidio Familiar, en el sentido de que a los becados solo se les podrá pagar sus estudios si estos son beneficiarios directos del subsidio familiar de la entidad que otorga la beca, situación en la que no se encontraba dicho estudiante.

101 Laudo arbitral del 24 de octubre de 2002, del Tribunal de Arbitramento designado por la Cámara de Comercio de Santa fe de Bogotá, constituido por los árbitros principales doctores Saúl Sotomonte Sotomonte, Gaspar Caballero Sierra y Francisco Reyes Villamizar.

102 Laudo arbitral Tribunal de Arbitramento de Multiphone s.a. contra Bellsouth Colombia S.A. del 17 de marzo de dos mil cuatro, proferido por el Tribunal de Arbitramento integrado por Gilberto Peña Castrillón, Presidente, Marcela Castro de Cifuentes y Ernesto Rengifo García; en el mismo sentido el Laudo arbitral del el 26 de enero de 2001, proferido por el Tribunal de Arbitramento constituido Por los doctores Nicolás Gamboa Morales, Jorge Cubides Camacho y Luis Fernando Salazar López para dirimir, en derecho, las diferencias presentadas entre la convocante, una sociedad constructora –Proctor Ltda.– y la Caja de Compensación Familiar Comcaja.

103 El Consejo de Estado, en providencia de septiembre 10 de 1992, con ponencia del doctor Julio César Uribe Acosta, relativa al expediente 6822, cuyo actor fue la sociedad Suramericana de Construcciones S. A. contra el Instituto de Crédito Territorial (hoy Inurbe).

104 Laudo arbitral del 10 de julio de 2000, proferido por el Tribunal de Arbitramento constituido por los doctores Juan Carlos Esguerra Portocarrero, Jorge Enrique Ibáñez Najar y Julio César Uribe Acosta para resolver las controversias surgidas entre la sociedad demandante Occidente y Caribe Celular S.A., Occel S.A. y la Nación–Ministerio de Comunicaciones.

con los propios actos impide que los errores de una parte en el desarrollo del contrato, en punto a reflejar el estado actual y real de las obligaciones de su contraparte, puedan hacerse pesar sobre la contraparte que ha adecuado su comportamiento sobre la base de la confianza en que los actos desplegados son verdaderos y no erróneos[105].

La integración del contrato y en general de las obligaciones con las exigencias de coherencia y lealtad que comporta la regla *venire contra factum non valet* se manifiesta de muy diversas maneras en relación con la valoración del incumplimiento:

A. En algunos casos la consecuencia de la incoherencia es 'la pérdida del derecho' en los casos en que los efectos de la regla operan mediante la renuncia tácita al ejercicio de un derecho o a su ejercicio en los términos originalmente pactados; por ejemplo a exigir el pago de la deuda insoluta cuando una entidad

---

105 Corte Constitucional. Sala Novena de Revisión, Sentencia de junio 17 de 2004, ponente: Clara Inés Vargas Hernández, expediente T856416. Resuelve la sentencia el caso de una deudora de una entidad financiera que adquirió un crédito hipotecario en el año de 1996 y posteriormente, debido a la expedición de la Ley 546 de 1999, el crédito hipotecario asumido por la accionante se vio beneficiado con un alivio financiero otorgado mediante crédito del Fogafin, el cual le fue aplicado por el banco el día 18 de marzo de 2000, tal y como se lo informó el mismo banco. La accionante procedió al pago de la totalidad de la obligación hipotecaria pendiente en los primeros días del mes de mayo del mismo año 2000 con fundamento en el saldo que el banco le informara y en consecuencia la entidad financiera procedió a otorgarle el paz y salvo respectivo. No obstante, el mismo banco, en comunicación de fecha 13 de junio de 2003, le informa que, a raíz del proceso de revisión y vigilancia surtido por la Superintendencia Bancaria, se había observado un error en el proceso de liquidación y aplicación del alivio financiero otorgado por la Ley 546 de 1999, razón por la cual, luego de reliquidar el monto del alivio y aplicarlo a su crédito hipotecario, este presentaba aún un saldo pendiente por cancelar. Reconoce el banco que el saldo pendiente por cancelar no fue consecuencia de la omisión o retraso de la accionante, razón por la cual le ofrecía facilidades para su pago, aclarando de antemano que dicho monto se encontraba congelado. Al respecto, señala la Corte: "Una entidad financiera al remitir a sus clientes una información en la que se refleja el estado actual y real de las obligaciones que éstos poseen con dicha entidad, no sólo establece un canal de comunicación cliente-entidad financiera, sino que, además, la entidad financiera expone a su cliente su actual posición jurídica respecto de tales obligaciones, y en consecuencia, crea en el usuario una confianza cierta acerca del estado de las mismas. Es por esta razón, que sentada la posición por parte de la entidad bancaria, ésta no podrá variarse de manera unilateral e inconsulta, pues de hacerlo, no sólo evita que su cliente controvierta la nueva posición jurídica que se le quiere imponer, sino que además, viola su derecho al debido proceso y desconoce abiertamente el principio de respeto al acto propio". Providencias en igual sentido: Corte Constitucional, sentencias T-295 de 1999 y T-083 de 2003.

financiera ha generado la confianza de haberse sufragado la integridad del crédito, lo cual conduce a la inexigibilidad del cumplimiento[106].

B. En otros casos los actos propios dan lugar a la 'creación de derechos' en cabeza de quien aparentemente no los tenía, dada su prohibición legal o contractual, por ejemplo en el caso del reconocimiento de los derechos de salud a la compañera permanente aun en contravía del reglamento de la entidad, los cuales pretenden ser negados posteriormente amparándose en el reglamento previamemnte desconocido por la misma parte que lo invoca; en estos casos surge una prestación cuyo incumplimiento puede ser alegado[107].

C. La incoherencia puede dar lugar a la inhibición del ejercicio de un derecho en cuanto dicho ejercicio contiene una incorrección, una especie de deslealtad con la otra parte, que contraría el principio de buena fe y convierte dicho ejercicio en injusto. Por ejemplo en el caso del la exigencia de una póliza de seguros de cumplimiento originalmente convenida en el contrato como presupuesto de debida ejecución de las prestaciones contractuales, pero la cual nunca se exigió durante el desarrollo del comtrato y pretende ser exigida una vez terminado el contrato como requisitop previo al pago de las contraprestaciones debidas, lo que resulta inviable, pues se trataría de adquirir un seguro que cubra un riesgo que ya ocurrió y cuya vigencia no se requirió dentro del contrato. En este caso la buena fe inhibe el derecho a pedir la póliza, dado que la contrariedad con los propios actos impide que este sea exigido, ni puede alegarse su ausencia como causal de incumplimiento del contrato.

D. La tutela de la confianza que comportan los actos propios puede exigir la concesión de un periodo de tolerancia para adecuarse a un cambio repentino de comportamiento que prohíbe una conducta que aunque ilegal había sido tolerada por tiempo considerable. Es el caso de los vendedores ambulantes repentinamente desalojados despúes de años de permisividad e incentivos de la administración pública para que ocuparan espacios públicos[108]. En este caso la obligación legal resulta no exigible temporalmente, hasta tanto no se otorguen medios alternativos de subsistencia a los vendedores ambulantes.

E. La violación de las exigencias de coherencia ínsita en el desconocimiento de los actos propios puede dar lugar a la indemnización del daño: cuando se considere que los derechos no pueden consolidarse porque pongan en peligro

---

106 Corte Constitucional, Sentencia T-060 de 2004.

107 Corte Constitucional, Sentencia T-366 de 2002.

108 Corte Constitucional, Sentencia T-364 de 1999.

el bien común. Como sucede por ejemplo en los casos de desalojo de los campesinos que vienen cultivando por siglos en terrenos de más de 3000 metros de altura en cuanto tal explotación pone en peligro el ecosistema de páramos y los derechos colectivos conexos a este. En estos casos surge una obligación a cargo del Estado de indemnizar como consecuencia de confianza legítima generada en los campesinos en la viabilidad de este tipo de explotación económica de sus predios.

6.4. EN RELACIÓN CON EL CARÁCTER SINALAGMÁTICO DE LOS CONTRATOS[109]

El principio de buena fe irradia la totalidad del ordenamiento jurídico, de manera que el poder integrador del contenido del contrato opera sin distingo en todo tipo de negocios y, por ende, también opera en relación con los denominados contratos unilaterales, sin que para ello intervenga el concurso de las voluntades de los contratantes, creando incluso obligaciones no previstas por el tipo contractual, lo cual termina por alterar el carácter unilateral del contrato para convertirlo en recíproco, como consecuencia de la integración que se surte por virtud de la buena fe.

En efecto, a la buena fe se le ha reconocido un rol fundamental en la definición del contenido de la obligación y en la determinación de la prestación debida, así como en la extensión del deber de cumplimiento y del riesgo asumido por las partes atendiendo el contenido económico del contrato[110] y la función de este en términos de satisfacción de los intereses de las partes contratantes.

Debido a esta integración del contrato, a este se adhieren reglas que pasan a ser parte fundamental, común del contenido del contrato[111] y que responden a la "naturaleza del objeto, a la peculiaridad de la causa o a la concreta

---

109 En relación con los aspectos tratados en este acápite y abundamiento de los argumentos aquí expuestos véase NEME VILLARREAL, M. L. "Carácter sinalagmático perfecto de los contratos unilaterales: una lectura a partir de la función del contrato", en *Obligaciones, contratos, responsabilidad. Memoria del Grupo para la armonización del derecho privado latinoamericano*, Bogotá, Universidad Externado de Colombia, 2011, pp. 411 a 478.

110 D'ANGELO, A. *Contratto e operazione económica*, Turín, Giappichelli, 1992, p. 262, quien recuerda en dicho sentido las apreciaciones de Bianca, Rodotà, Betti, Mengoni, Castronovo, Di Majo y Benatti.

111 HINESTROSA, F. *Tratado de las obligaciones I. Concepto, estructura, vicisitudes*, Bogotá, Universidad Externado de Colombia, 2003, pp. 112 y 113.

regulación convencional"[112], las cuales concurren al reglamento negocial a fin de hacerlo más idóneo en lo concerniente a la realización de la función que cumple el negocio[113].

Así, en razón del carácter integrador del principio de buena fe, al que no escapan las relaciones negociales gratuitas o de carácter real, surgen obligaciones recíprocas para ambas partes aún en contratos como el mutuo, el comodato, el mandato y depósito gratuitos o la prenda, en los cuales se evidencian, incluso para la parte tradicionalmente considerada como exenta de obligaciones, el surgimiento obligaciones de lealtad, de transparencia, de consideración a los intereses de la otra parte, de diligencia, de información, en fin, de cooperación, entre otros.

Estas obligaciones que surgen en virtud de la integración del contenido del contrato repercuten de manera directa y substancial en la función del contrato, sea que se concreten desde el inicio del contrato o con posterioridad a su celebración, inciden en la satisfacción de los intereses del mutuario, comodatario, depositario, mandatario y acreedor prendario, de manera que mal podría sostenerse que no poseen la entidad suficiente para llegar a equipararse a la prestación de preservación y restitución a que estos se obligan por virtud del respectivo contrato a favor del mutuante, comodante, depositante, mandante, y deudor prendario, al punto que en algunas oportunidades dichas obligaciones son de tal naturaleza que su incumplimiento puede llegar a hacer nugatorios los efectos mismos del entero contrato y por ende su función. A título de ejemplo piénsese en:

El contrato de mutuo gratuito en las obligaciones del mutuante en favor del mutuario de respetar el plazo convenido, así como de aplicar los pagos de acuerdo al sistema de amortización pactado; a no incrementar o modificar los instalamentos convenidos o a aceptar el pago anticipado; a informar periódicamente sobre el estado del crédito y la forma en que se han venido aplicando los abonos efectuados; a otorgar el respectivo paz salvo; a levantar las garantías

---

112 D'Angelo, A. "Contrato y operación económica", en León, Leysser L. (coord.), *Estudios sobre el contrato en general. Por los sesenta años del Código Civil italiano*, Lima, Ara Editores, 2004, p. 661. Consúltese, además Franzoni, M. "La buena fe y la equidad como fuentes de integración del contrato", en León, Leysser L. (coord.), *Estudios sobre el contrato en general. Por los sesenta años del Código Civil italiano*, Lima, Ara Editores, 2004, pp. 683 y ss.

113 Palacios Martínez, E. "La problemática de la teoría del tipo y la problemática de la integración contractual", en León, Leysser L. (coord.), *Estudios sobre el contrato en general. Por los sesenta años del Código Civil italiano*, Lima, Ara Editores, 2004, pp. 668 y ss.

que sirven de respaldo al crédito convenido una vez pagada la obligación garantizada; a retirar la inscripción de moroso en contra del deudor una vez se den las condiciones requeridas para resarcir el derecho al crédito; a otorgar referencias de pago sobre la forma en que se honró el crédito, e incluso, en la etapa precontractual, a no defraudar la confianza de la contraparte rompiendo intempestivamente las negociaciones o anunciando que se ha otorgado el crédito para luego no proceder al desembolso.

No cabría decir que los intereses del mutuario podrían entenderse satisfechos si luego de otorgado el mutuo se incumplen algunas de las señaladas obligaciones que por su entidad harían perder la función del contrato, el disfrute de los bienes mutuados en las condiciones convenidas, y las inherentes y no menos importantes funciones de preservación de la honra y el buen nombre derivadas del adecuado cumplimiento de las propias obligaciones, y aquellas atinentes a la restitución de la plenitud de poderes respecto de los bienes objeto de la respectiva garantía.

En el contrato de comodato, las obligaciones del comodante en favor del comodatario de respetar el plazo (pues cuando se deja al arbitrio del comodante el negocio asume la condición de precario); de entregar la cosa comodada en condiciones de ser usada según su naturaleza y los propios requerimientos manifestados por el comodatario o conocidos por el comodante; informar al comodatario de los defectos o vicios de la cosa; advertir sobre los peligros a ella inherentes, así como sobre las condiciones de uso y mantenimiento adecuado; salir en defensa del comodatario en cualquier evento en que un tercero pretenda privarlo del uso y goce de la cosa comodada alegando mejor derecho; estar disponible para recibir la cosa comodada en la fecha y lugar acordados o disponer lo pertinente para que un tercero debidamente autorizado se encargue de ello.

La gratuidad del comodato no inhibe las referidas obligaciones de lealtad que resultan esenciales con miras al disfrute de la cosa comodada, como quiera que sería absurdo pretender que no se afectan los intereses del comodatario cuando el bien comodado no sirve a los efectos propios de su naturaleza, cuando no se puede contar con el uso por el término razonable, o deberá el comodatario soportar la guarda y cuidado de la cosa por un término superior al acordado, de forma tal que lo gravoso de tales circunstancias harían perder todo interés en el contrato.

En el contrato de depósito gratuito resultan en general aplicables las obligaciones mencionadas en favor del comodatario, en este caso referidas a la cosa depositada. El depositante debe advertir sobre la peligrosidad de la cosa depositada, sus particularidades de conservación, su valor, a fin de que el depositario pueda adoptar las medidas de guarda y custodia pertinentes, entrar a resolver problemas de carácter jurídico sobre la tenencia de la cosa que acarree dificultades al depositario, revisar la cosa depositada y sus condiciones de conservación solo dentro de los términos convenidos, sin que con ello genere una intromisión indebida y gravosa para el depositario, además de respetar el plazo del depósito retirando la cosa en la fecha y condiciones pactadas.

La gratuidad del depósito podría por el contrario hacer más exigentes las obligaciones del depositante, a la vez que, si el depositario debiera soportar la incertidumbre del cumplimiento de las obligaciones señaladas, bien podría sopesar la conveniencia de celebrar el negocio.

En el contrato de prenda resultan en general aplicables las obligaciones mencionadas para el comodatario y el depositario, pues el deudor prendario deberá entregar la cosa prendada en las condiciones adecuadas para que la misma cumpla su función de garantía; no podrá exigir su entrega mientras subsista insatisfecho el crédito objeto de la garantía, ni podrá inspeccionarla por fuera de los términos pactados o causando erogaciones o dificultades innecesarias al acreedor prendario; el deudor prendario debe además advertir sobre la peligrosidad de la cosa prendada y sus particularidades de conservación; no podrá realizar acciones que mengüen el valor de la prenda y, en caso de que la misma pierda valor, deberá sustituir la garantía o adicionarla; deberá otorgar al acreedor prendario todos los elementos materiales o jurídicos que hagan posible la conservación de la cosa prendada y sus acrecimientos, así mismo, deberá estar en disposición de recibir la cosa prendada una vez finalice la función de garantía en los términos convenidos.

Cabe preguntarse qué interés podría tener para el acreedor prendario un contrato en el que el deudor no se encontrara conminado por el vínculo obligacional a no demeritar el valor de la garantía, por ejemplo, mediante la realización de actos jurídicos que lo afecten; ¿cómo conservaría el interés en la garantía si no contara con las acciones judiciales que le permitieran conminar al deudor prendario a otorgarle los instrumentos jurídicos que le facilitaran su conservación?

En el contrato de mandato gratuito surge para las partes, como ya lo hemos mencionado, uno de los principales deberes que es el de lealtad, el cual aparece también en cabeza del mandante, quien, por virtud del mismo, estará obligado a manifestar al mandatario los riesgos que conlleva el mandato; a proveer los recursos necesarios para que este se lleve a cabo; a instruir diligentemente al mandatario sobre la manera más adecuada para desarrollarlo en atención a sus particulares intereses; a reconducir las instrucciones cuando circunstancias no contempladas originalmente ameriten nuevas reglas para su ejecución; a proveer oportunamente al mandatario de toda información nueva que pueda afectar el encargo; a no hacer más gravosas las condiciones de la ejecución del mandato y, claro está, en los eventos de surgimiento de expensas no previstas, estas sí eventuales, el mandatario tendrá la obligación de sufragarlas, deber que deriva a su vez de la prohibición de enriquecerse con perjuicio ajeno, que concurre a su vez con el deber de preservar el equilibrio contractual.

Igualmente, bien podría el mandatario reconsiderar la conveniencia o interés en el negocio ante la ausencia de los deberes de lealtad antes señalados, y en particular de los deberes de cooperación del acreedor en el cumplimiento de la prestación.

Como puede observarse, las obligaciones que se integran por virtud del principio de buena fe no son meramente eventuales: son obligaciones necesarias, diríamos fundamentales, en el desarrollo de los respectivos contratos, cuyo surgimiento resulta esencial y cuyo incumplimiento podría generar la ruptura misma del contrato, en cuanto implicarían gravísima deslealtad para la contraparte, agravación de las condiciones previstas o de los sacrificios que estaba dispuesto a soportar, en fin, violación de los intereses de la parte y desconocimiento de la función misma del contrato, lo cual ha dado lugar a que se reconozca por parte de la jurisprudencia el otorgamiento de remedios sinalagmáticos como el restablecimiento del equilibrio contractual en materia de mutuo[114].

6.5. EN RELACIÓN CON EL EJERCICIO UNILATERAL DE FACULTADES CONTRACTUALES[115]

En el derecho contractual contemporáneo, el otorgamiento de facultades de ejercicio unilateral por una de las partes se torna cada vez más usual, en cuanto se erige en instrumento que atiende la necesidad de hacer más ágil la

---

114 Corte Constitucional colombiana en sentencias: C-383 de 1999, C-955 de 2000; Tribunal Superior de Bogotá Sala Civil en sentencias: del 19 de julio de 2004, del 30 de marzo de 2004, del 16 de mayo de 2005, esta última en la cual el Tribunal abordó de manera expresa la procedibilidad de la excesiva onerosidad respecto de los llamados contratos unilaterales.

115 Nos remitimos aquí a las ideas propuestas en NEME VILLARREAL, M. L. *Facultades contractuales de ejercicio unilateral: cómo usarlas sin incurrir en abuso. La buena fe otorga criterios para el legítimo ejercicio del ius variandi*, Bogotá, Universidad Externado de Colombia, 2018.

contratación, de adaptar el negocio a circunstancias sobrevenidas que alteren el equilibrio del contrato originalmente convenido, de administrar los riesgos, de flexibilizar en general las condiciones del negocio acercándolo con mayor precisión a las necesidades de las partes y de los mercados en los que estos se desarrollan, e incluso a las características del tipo negocial elegido, cuya plena realización puede comportar la necesidad de cierta libertad en el manejo de los elementos estructurales del negocio.

Ahora bien, el ejercicio de este *ius variandi* posee una repercusión enorme sobre la entera categoría del contrato: *v. gr.*, en la determinación y modificación de la prestación o en el objeto del contrato; en la determinación de los riesgos sobrevenidos, en los límites a la responsabilidad, todo lo cual puede conducir al resquebrajamiento del consentimiento bilateral y a impactar en la preservación de la igualdad de las partes contratantes.

De manera que a pesar de su legitimidad, el ejercicio unilateral de facultades conferidas a una de las partes o *ius variandi* comporta innegables riesgos de abuso, por lo que es indispensable establecer bajo qué criterios una de las partes podría ejercer legítimamente tales facultades; por ejemplo en aquellos casos en que el ejercicio de una de las facultades otorgadas en el contrato se hace deslealmente a fin de conseguir un provecho ilegítimo, desnaturalizando la función de la cláusula formalmente consagrada en el contrato, como quiera que en estos casos la buena fe integra el contenido del contrato con exigencias de honestidad que vedan el ejercicio abusivo del derecho que otorga el contrato generando así una causal de incumplimiento del contrato que se ha pretendido ocultar en ejercicio de una facultad contractual pretendida legítima por estar formalmente consagrada en el contrato[116].

---

116 Se trata de un caso resuelto por la jurisprudencia italiana relativo a un contrato de concesión de un manantial de agua mineral: se había convenido un canon calculado en relación con el precio de venta a los distribuidores del agua embotellada, cuyo valor de venta estaba facultado para fijar discrecionalmente el contratista privado que explotaba la concesión. El contratista fijó a los distribuidores un precio de venta bajo y, consecuentemente, el precio de la concesión que debía pagar al Estado lo era igualmente. El Estado demanda como abusivo el ejercicio de la facultad sobre la base de que el concesionario había organizado la distribución a través de una serie de sociedades controladas por este último y dichas sociedades habían vendido a terceros el agua embotellada a unos valores muy superiores al precio de distribución, lo que permitía que el concesionario incrementara sus ganancias considerablemente sin tener que afrontar el proporcional aumento del canon, que permanecía invariablemente bajo al estar atado al precio de venta a las sociedades distribuidoras controladas por el concesionario. La Corte de Casación revocó el fallo de instancia que había considerado inatacable la facultad del concesionario de fijar el precio de venta a los distribuidores, sustentando su

En este contexto, la buena fe se erige en límite de la autonomía, en la medida en que integra los acuerdos de las partes garantizando la legitimidad del acuerdo, así como que la ejecución de este se realice en consonancia con el núcleo de valores que contiene el principio.

Es particularmente en torno a los riesgos de abuso que pueden configurarse en el ejercicio unilateral de facultades previamente conferidas por una de las partes, que el principio de buena fe integra el contrato que otorga dichas facultades introduciendo exigencias que delimitan las modalidades bajo las cuales puede llevarse a cabo dicho ejercicio.

En primer término, a la luz de la buena fe la facultad debe ser ejercida en plena observancia de la lealtad que deben guardarse las partes entre sí, que al integrarse al contrato comporta a su vez que la facultad debe ejercerse en respeto de las exigencias de transparencia que propone el principio de buena fe, que el ejercicio de la facultad debe ser motivado; que el ejercicio de la facultad debe ser debida y oportunamente informado, la facultad debe ejercerse teniendo presente la consideración de los intereses de la contraparte, así como que deben considerarse las condiciones personales de la parte que debe soportar las consecuencias de dicho ejercicio.

De otra parte, la integración de las exigencias de la buena fe, en términos de cooperación y de consideración de los intereses de la contraparte, impone que el ejercicio de la facultad deba permitir que la otra parte adecue su comportamiento a las nuevas circunstancias creadas con el ejercicio unilateral de la facultad; que el ejercicio de la facultad o derecho deba ser prudente, conmensurado, moderado e incluso en algunos casos se han reconocido exigencias de solidaridad. Por demás, el ejercicio de la facultad debe realizarse de tal forma que la parte que sufre tal modificación pueda ejercer su autonomía para rechazar el vínculo bajo las nuevas circunstancias que le son comunicadas.

---

decisión en un incumplimiento del contrato por violación a la buena fe, pues la frustración de la expectativa del municipio de obtener un incremento del canon no se justificaba en el interés del concesionario en mantener un precio estable del agua embotellada, sino que, por el contrario, la elección del precio bajo a las sociedades distribuidoras, controladas por él, constituía un mecanismo para eludir la adecuación del canon a las fluctuaciones del mercado. Nos referimos a la casación del 20 de abril de 1994, n. 3775, en Giurisprudenza italiana, 1995, I, 1, p. 852 y ss., referida por Restivo, C. *Contributo ad una teoria dell'abuso del derecho*, Milán, Giuffrè, 2007, pp. 166-167. Véase Neme Villarreal, M. L. *Facultades contractuales de ejercicio unilateral: cómo usarlas sin incurrir en abuso. La buena fe otorga criterios para el legítimo ejercicio del ius variandi*, cit., p. 45.

Así mismo, la buena integra el contenido contractual con las reglas que promueven la reciprocidad y el equilibrio en la relación contractual, razón por la cual la facultad debe ejercerse en respeto de las exigencias de sinalagmaticidad que propone en términos generales el principio, lo cual conlleva que el ejercicio de la facultad debe preservar en lo posible las condiciones de reciprocidad y equilibrio propuestas por las partes y previstas en el contrato, lo que hace el ejercicio de la facultad proporcional.

Adicionalmente, la integración de las exigencias de honestidad y rectitud propias de la buena exigen que la causa que se erige en justificación del ejercicio de la facultad otorgada deba ser racional, que el ejercicio de la facultad o poder sea funcional respecto de la facultad otorgada, que no obedezca a motivos subyacentes no relacionados con la facultad misma.

Por demás, la incorporación al contrato de las exigencias que propone la buena fe en *términos de coherencia implica* que la facultad debe ejercerse en respeto de la confianza generada en la otra parte.

Finalmente, al integrarse al contrato las exigencias de la buena fe en torno al respeto por el acuerdo celebrado *pacta sunt servanda*, esto conlleva que el ejercicio de la facultad debe considerar el tipo contractual, así como las particulares adecuaciones que las partes hayan querido incorporar al programa contractual.

De manera que la inobservancia de las exigencias que propone la buena fe frente a las facultades de ejercicio unilateral otorgadas en un contrato no solo puede conducir a la imposibilidad de ejercicio de estas, sino a la consecuente sanción por el abuso que estas comporten y la correspondiente indemnización por los daños ocasionados, todo lo cual impacta decididamente el cumplimiento del contrato.

7. CONCLUSIONES

Como hemos señalado, la buena fe posee una función fundamental en la integración del contenido del contrato, como quiera que mediante la integración de este se expresa y otorga poder coercitivo a los valores que subyacen en el principio. El ordenamiento jurídico reconoce en materia privada la libertad de autorregular los intereses, pero igualmente la limita, en el entendido de que esta debe ejercerse legítimamente, preservando las exigencias del principio de buena fe, cuyo poder normativo acuña las reglas que expresan el contenido axiológico del principio y a su vez su función integradora las pone en acto al incorporarlas al contrato con fuerza coercitiva, pues "la tensión entre derecho y justicia y entre seguridad y equidad se resuelve en la aplicación de los principios"[117].

De manera que en cuanto límite de la autonomía privada el principio de buena fe conlleva el examen objetivo del cumplimiento de las obligaciones de las partes; obligaciones cuya exacta dimensión solo puede establecerse una vez surtido el proceso de integración que tiene lugar por virtud del principio y cuyo resultado evidencia que tales obligaciones pueden resultar moderadas, intensificadas, ampliadas, reducidas o incluso suprimidas, considerando simultáneamente la posición de cada una de las partes, en consonancia con los valores del ordenamiento[118]. De ahí que la integración del contenido del contrato se erija en presupuesto *sine qua non* para proceder a valorar el incumplimiento de las obligaciones y que sin ella no sea posible aventurarse apresuradamente al escenario de las tutelas o remedios de un incumplimiento que a la luz de la buena fe puede no haberse configurado o haber tenido lugar por razones o con intensidad diferente, o aun presentarse aunque *prima facie* no resultara que un tal incumplimiento pudiera darse por ausencia de una obligación, que en cambio la buena fe ha integrado al contrato.

BIBLIOGRAFÍA

ARANGIO-RUIZ, V. *La compravendita in diritto Romano*, vol. II, Nápoles, Jovene, 1990, pp. 206-207.

ARANGIO-RUIZ, V. *Historia del derecho romano* (trad. F. Pelsmaeker), Madrid,Reus, 1943.

BIANCA, M. *Diritto Civile. Il contrato*, t. III, Milán, Giuffré, 1992.

CAMACHO EVANGELISTA, F. *La buena fe en el cumplimiento de las obligaciones*, Granada, Imprenta Francisco Román, 1962.

CARDILLI, R. "L'importanza del legame tra contratto e obbligazione nella tradizione civilistica". En: *Scritti in onore di Vincenzo Buonocore*, I, Milán, Giuffrè, 2005.

117 HINESTROSA, F. "De los principios generales del derecho a los principios generales del contrato". *Revue de Droit Uniforme*, vol. III, 2/3, Roma, Unidroit, 1998, p. 568.

118 RODOTÀ, S. *Le fonti di integrazione del contratto*, cit., p. 145.

Cardilli, R. "L'importanza del legame tra contratto e obbligazione nella tradizione civilistica". En *Modelli teorici e metodologici di storia del diritto privato*, 2, Nápoles, Jovene, 2006,

Cardilli, R. "La 'buona fede' come principio di diritto dei contratti: diritto romano e América Latina". *Roma e America*, 13, 2002.

Chamie Gandur, J. F. *La adaptación del contrato por eventos sobrevenidos*, Bogotá, Universidad Externado de Colombia, 2013.

Chinchilla Imbett, C. y Neme Villarreal, M. L. "El cumplimiento del contrato de arrendamiento en tiempos de pandemia". En: Fernández, M. L. y Gual Acosta, J. M. (editores), *Desafíos del derecho en época de pandemia*, Bogotá, Ibáñez, 2020.

D'Angelo, A. *Contratto e operazione económica*, Turín, Giappichelli, 1992.

Díez-Picazo, L. "Prólogo" a F. Wieacker, *El principio general de buena fe*, José Luis Carro (trad.), Madrid, Civitas, 1982.

Esborraz, D. "La teoría general de las obligaciones como elemento de unidad y resistencia del subsistema jurídico latinoamericano". *Revista de derecho Universidad de Concepción*, n.° 237, año LXXXIII, enero-junio, 2015.

Foglia, M. *Il contratto autoregolato: merger clauses*, Turín, Giappichelli, 2015.

Fontaine, M. y De Ly, F. *Drafting International Contracts. And analysis of contract clauses*, Editora Brill /Nijhof, 2006.

Franco Zarate, J. A. "La excesiva onerosidad sobrevenida en la contratación mercantil: una aproximación desde la perspectiva de la jurisdicción civil en Colombia". *Revista Derecho Privado*, n.° 23, 2012, pp. 233-265.

Franzoni, M. "La buena fe y la equidad como fuentes de integración del contrato", en Leysser L. León (coord.), *Estudios sobre el contrato en general. Por los sesenta años del Código Civil italiano*, Lima, Ara Editores, 2004.

Gallo, F. "Contratto e atto secondo Labeone: una dottrina da riconsiderare". *Roma e America*, 7, 1999.

Grosso, G. "Recensión a la obra de W. Kunkel *Fides als shöpferisches Element im römischen Schuldrecht*". *SDHI*, 8, 1942.

Grosso, G. "Recensión a la obra de L. Lombardi *Dalla 'fides' alla bona 'fides'*". *BIDR*, 65, 1962.

Hinestrosa, F. "De los principios generales del derecho a los principios generales del contrato". *Revue de Droit Uniforme*, vol. III, 2/3, Roma, Unidroit, 1998, p. 568.

Hinestrosa, F. *Tratado de las obligaciones.* I: *Concepto estructura vicisitudes,* Bogotá, Universidad Externado de Colombia, 2003.

Horvat, M. "Obsservazioni sulla 'bona fides' nel Diritto romano obligatorio". En: *Studi in onore di Vicenzo Arangio-Ruiz nel XLV anno del suo insegnamento*, I, Nápoles,Jovene, 1953.

Luchetti, G. y Petrucci, A. *Fondamenti Romanistici del diritto europeo. Le obbligazioni i contratti dalle radici romane al MCR Common Frame of Reference*, Bolonia, 2010.

Nanna, C. M. *Eterointegrazione del contratto e potere correttivo del giudice*, Padova, Cedam, 2010.

Neme Villarreal, M. L. "Carácter sinalagmático perfecto de los contratos unilaterales: una lectura a partir de la función del contrato". En: *Obligaciones, contratos, responsabilidad. Memoria del Grupo para la armonización del derecho privado latinoamericano*, Bogotá, Universidad Externado de Colombia, 2011.

Neme Villarreal, M. L. "La tensión aparente entre las reglas *pacta sunt servanda y rebus sic stantibus*: la buena fe y la equidad constituyen parámetros de las exigencias de equilibrio y solidaridad en tiempos de crisis". En: *Vulnerabilidad, Solidaridad y Pandemia. Algunas reflexiones del Derecho Civil. Ensayos de la Revista de Derecho Privado*, n.º 3, Bogotá, Universidad Externado de Colombia, 2020.

Neme Villarreal, M. L. "El principio de buena fe en materia contractual en el sistema jurídico colombiano". *Revista de Derecho Privado*, n.º 11, Universidad Externado de Colombia, 2006.

Neme Villarreal, M. L. "La buena fe como eje del proceso de integración e interpretación del contrato en el código de Bello: consonancia con la función social del contrato y con la tutela de los derechos fundamentales". En: F. Navia Arroyo y C. Chinchilla Imbett (editores), *La vigencia del Código de Andrés Bello. Análisis y prospectivas en la sociedad contemporánea*, Bogotá: Universidad Externado de Colombia, 2019.

Neme Villarreal, M. L. "*Pacta sunt servanda* y *rebus sic stantibus*: tensiones entre los principios de buena fe y autonomía contractual". En: Soriano Cienfuegos, C.

(coord.), *Pacta sunt servanda y rebus sic stantibus. Desarrollos actuales y perspectivas históricas*, México, Universidad Panamericana y Novum, 2014.

Neme Villarreal, M. L. "*Venire contra factum proprium*, prohibición de obrar contra los actos propios y protección de la confianza legítima. Tres maneras de llamar a una antigua regla emanada de la buena fe". En *Estudios de derecho civil, obligaciones y contratos. Libro homenaje a Fernando Hinestrosa, 40 años de Rectoría 1963-2003*, t. III, Bogotá, Universidad Externado de Colombia, 2003.

Neme Villarreal, M. L. *Facultades contractuales de ejercicio unilateral: cómo usarlas sin incurrir en abuso. La buena fe otorga criterios para el legítimo ejercicio del ius variandi*, Bogotá, Universidad Externado de Colombia, 2018.

Neme Villarreal, M. L. "La armonización del derecho a través de las enseñanzas humanistas del derecho romano: la experiencia europea y latinoamericana (Gadal)". En Antonio Saccoccio y Simona Cacace (coords.), *Europa e America Latina: due continenti, un solo diritto. Unità e specificità del sistema giuridico latinoamericano*, Turín, Giappichelli, 2020.

Neme Villarreal, M. L. *La buena fe en el derecho romano. Extensión del deber de actuar conforme a buena fe*, Bogotá, Universidad Externado de Colombia, 2010.

Palacios Martínez, E. "La problemática de la teoría del tipo y la problemática de la integración contractual". En Leysser L. León (coord.), *Estudios sobre el contrato en general. Por los sesenta años del Código Civil italiano*, Lima, Ara, 2004.

Restivo, C. *Contributo ad una teoria dell'abuso del derecho*, Milán, Giuffrè. 2007.

Robles Bacca, P. *El cumplimiento de las obligaciones en la tradición romanista y su reconsideración como categoría central del derecho civil*, Bogotá, Universidad Externado de Colombia, 2020.

Rodotà, S. *Le fonti di integrazione del contratto*, Milán, Giuffrè, 1970.

Rodríguez Olmos, J. M. "La arquitectura hermenéutica contractual en el Código Civil de Andrés Bello: vigencia y transformaciones". En: F. Navia Arroyo y C. Chinchilla Imbett (editores), *La vigencia del Código de Andrés Bello. Análisis y prospectivas en la sociedad contemporánea*, Bogotá, Universidad Externado de Colombia, 2019.

Roppo, V. *Il contratto*, Milán, Giuffrè, 2001.

SCHIPANI, S. "Problemas sistemáticos en el derecho romano: la *obligatio*". En: *Obligaciones, contratos y responsabilidad. Grupo para la armonización del derecho privado latinoamericano*, Bogotá, Universidad Externado de Colombia, 2011.

SILVA GARCÍA, F. "Una aproximación a la visión de la corrección del desequilibrio contractual desde la perspectiva de la jurisprudencia arbitral". *Revista e-mercatoria*, n.º 6, 2, 2007.

TALAMANCA, M. *Istituzioni di diritto romano*, Milán, Giuffrè, 1990.

ZIMMERMANN, R. Y WHITTAKER, S. *Good faith in European contract law*, Cambridge, Cambridge University Press, 2000.

Mauro Grondona*

El incumplimiento del contrato: la imputabilidad y la gravedad a la luz de la economía de la relación

Sumario: 1. Enfoque de la indagación. 2. El incumplimiento de la obligación. 3. Construcción del reglamento contractual y sus repercusiones en el ámbito de los remedios aplicables. 4. Contenido, incumplimiento y dimensión institucional del contrato. 5. Incumplimiento e imputabilidad. 6. Las tres reglas contenidas en el art. 1218 del código civil italiano. 7. Comparación entre los artículos 1218 y 1176 del código civil italiano. 8. Naturaleza de la responsabilidad del deudor por el incumplimiento de la obligación. 9. La gravedad del incumplimiento. 10. Gravedad del incumplimiento y economía del contrato. Bibliografía.

1. ENFOQUE DE LA INDAGACIÓN

El tema del presente capítulo se refiere a tres problemas principales que tocan el corazón de la teoría general de la obligación y del contrato, desde la perspectiva específica de la responsabilidad contractual, teniendo en cuenta la comprobación banal de que la hipótesis primaria de incumplimiento de la obligación es precisamente el incumplimiento de una obligación que nace del vínculo contractual[1]: por lo tanto, sería ilusorio querer razonar sobre la relación obligatoria sin tener en cuenta la relación contractual.

En primer lugar, debe ser afrontado el problema del incumplimiento como tal, es decir, en cuanto vicisitud productora de efectos jurídicos; en segundo lugar, será considerada la cuestión de la imputabilidad del incumplimiento al deudor (bajo la lógica conforme a la cual solo de la imputabilidad del incumplimiento desciende la responsabilidad del deudor); en tercer lugar, se discutirá el criterio de la gravedad del incumplimiento, que probablemente es el tema más delicado de todos, puesto que el alcance económico de la relación obligatoria, sobre todo cuando se trata de incumplimiento de obligaciones contractuales, es el que salta a primera vista, con la consecuencia de que la dimensión estructural de la relación tendrá que leerse necesariamente desde una perspectiva funcional, lo que permite un enriquecimiento recíproco de la indagación (con obvias repercusiones prescriptivas) de las dos dimensiones, con el fin de lograr

---

* Profesor Ordinario de la Universidad de Génova, Italia.
Traducción de María Elisa Camacho.

1 Sigue siendo todavía ejemplar por claridad de síntesis y precisión de análisis el estudio hecho por ARANGIO-RUIZ, V. *Istituzioni di diritto romano*, Nápoles, Jovene, 1989 (reimpr. anast. de la XIV ed. rev.), en particular, pp. 283-290.

un mejor conocimiento de la misma relación objeto de valoración[2] (bajo la lógica según la cual, si el incumplimiento no es lo suficientemente grave, el vínculo contractual no podrá ser eliminado, sobre todo para no quebrantar la intención del deudor de cumplir la obligación, aunque en retardo, pero además por una evidente razón de carácter económico: y es que, en efecto, si el deudor ha hecho, de todas formas, cierto esfuerzo económico con miras al cumplimiento, tan es así que ha incumplido, pero no de forma grave, no sería razonable, desde la perspectiva del equilibrio entre los intereses en cuestión, rechazar aquel cumplimiento, pues aunque tardío es todavía posible, además porque ya ha generado un costo económico para el deudor y ha producido, de todas formas, cierta ventaja a la esfera jurídica del acreedor[3] –en efecto,

---

2 Una guía segura es la contribución de ASCARELLI, T., en la 'Prefazione' a sus *Studi in tema di contratti*, Milán, Giuffré, 1952, estudios que, "aunque en su diversidad [...] [,] están inspirados en algunas preocupaciones constantes, que podrán ser evidenciadas por el lector: siendo la primera de ellas la de estudiar las reacciones de la práctica contractual frente a los esquemas legales e integrar con consideraciones funcionales aquel estudio estructural, que sin embargo es y debe seguir siendo fundamental en la construcción de los institutos". Tal vez el momento histórico actual ya está preparado para pensar en la estructura a partir de la función.

3 Un problema delicado, pero diverso, y sobre el cual no nos detendremos aquí *ex professo*, es aquel del tratamiento jurídico al cual debe ser sometido un incumplimiento que como tal no es grave, respecto a la economía global de la relación contractual, pero del que surgen consecuencias en ese momento concreto que perjudican al acreedor: ¿cuál es el remedio más oportuno para tutelar al acreedor? En el interior de la contemporánea teoría general del contrato, la respuesta tal vez más convincente es aquella enfocada en la flexibilidad de los remedios aplicables, que, bajo la égida del principio de buena fe y más en general de la *correttezza* en la relación obligatoria, impida que algún contratante pueda obtener ventajas de conductas contractualmente indebidas. Si es así, entonces, el completo panorama de remedios iría en cierta medida replanteado, en primer lugar con el fin de que la autonomía privada pueda dar vida a remedios atípicos, o de todas maneras con el fin de que pueda adecuar el remedio a las exigencias económicas de las partes sobre la base de las cuales aquel vínculo contractual ha sido constituido. Me parece que en este sentido puede ser evocada la siguiente contribución de ARANGIO-RUIZ, V. *Istituzioni di diritto romano*, cit., pp. 285, nota 1: "Si hoy se tiende a hacer prevalecer en el concepto de obligación la consideración del bien económico a cuya realización está dirigida la obligación misma; si se propone de forma insistente dejar de considerarla como una relación entre hombres, para construirla en cambio como una relación entre patrimonios; si hay quien quisiera considerar la obligación de *dare* como un deber jurídico de *lasciar prendere*; si alguno que actúa de manera consecuente que no teme la paradoja llega a la negación de la obligación jurídica del deudor y a la concepción del derecho de crédito como facultad de traer del patrimonio ajeno cierta ventaja;–esto se desprende precisamente de ser la deuda, en la conciencia moderna, no más una sumisión sino una relación paritaria, ya no un hecho patológico de determinadas economías individuales sino un evento normal y frecuente en la vida de cada uno" (cursiva original).

aquí estamos en el interior de una situación de incumplimiento inexacto, y por lo tanto, se tratará de recorrer una vía correctiva que permita al acreedor la consecución de la máxima utilidad contractualmente legítima–, y esto sobre todo a la luz de la observación de que, en cambio, en caso de incumplimiento efectivamente grave, al remedio de la resolución se tendrá que acompañar aquel del resarcimiento del daño como consecuencia del retardo, además de las naturales consecuencias restitutorias: por lo tanto, se trata de individuar una regla de juicio que resuelva un típico conflicto entre intereses en contraste recíproco a partir del alcance económico de estos últimos)[4].

El discurso será desarrollado dentro del marco normativo, doctrinal y jurisprudencial italiano (en el último parágrafo será analizado un caso reciente relacionado con un tema de no poca importancia en torno al incumplimiento, muy útil desde la perspectiva del análisis económico de la negociación, que sin duda es central en estas páginas), pero se tratará de tomar en consideración, en cierta medida (aunque insuficiente, y quien escribe es perfectamente consciente de ello, tanto de la riqueza, y en muchos casos de la originalidad, también por razones de contexto político-cultural, del debate jurídico colombiano, así como, más en general, latinoamericano), la elaboración de la doctrina civil colombiana, con alguna referencia mínima a la doctrina civil latinoamericana. Pero, si nos referimos *ex professo* a la doctrina civil colombiana, es natural que en primer lugar la mente de cada uno de nosotros se dirija a los aportes contenidos en la vigorosa obra del prof. Fernando Hinestrosa, gran amigo de Italia y de la cultura jurídica italiana, en particular de la doctrina civil[5]: por lo demás, es fácil advertir cómo la elaboración de la doctrina italiana haya sido y todavía sea, sobre todo, gracias al impulso proveniente de los estudiosos más jóvenes y entusiastas, cercana y frecuentemente armónica con la colombiana[6].

---

4 *Cfr.* Morales Hervias, R. *Patologías y remedios del contrato*, Lima, Jurista Editores, 2011.

5 Alpa, G. y Macario, F. (Dirs.). *Diritto civile del Novecento: Scuole, luoghi, giuristi*, Giuffrè, Milán, 2019.

6 Sobre nuestros temas, se pueden recordar algunos trabajos muy conocidos: Hinestrosa, F. "Notas sobre la responsabilidad por incumplimento de las obligaciones", *Revista de Derecho Privado*, 2019, pp. 5-25; *id.*, "Tutela del acreedor frente al deudor incumplido", *Revista de Derecho Privado, Universidad Externado de Colombia, n.° 31, julio-diciembre de 2016*, pp. 5-21; como también, obviamente, *id.*, *Tratado de las obligaciones II. De las fuentes de las obligaciones: el negocio jurídico*, vol. II, Universidad Externado de Colombia, Bogotá, 2015, esp. pp. 863 ss.

2. EL INCUMPLIMIENTO DE LA OBLIGACIÓN

Partimos entonces del incumplimiento. En primer lugar, y esto es del todo obvio, hablar de incumplimiento significa referirse a la discrepancia, perjudicial para el acreedor, entre la conducta efectiva del deudor (el cual pudo haber permanecido inactivo, dando lugar así a la hipótesis más grave de incumplimiento, precisamente aquella del incumplimiento total, o pudo haber cumplido solo de manera parcial, lo que genera la inquietud sobre si tal incumplimiento, aunque solo sea parcial, de todas maneras ha perjudicado, por lo menos en cierta medida, la utilidad del acreedor que se desprende de la obligación) y el derecho del acreedor a recibir aquello que se ha pactado (teniendo precisamente como derrotero, a lo largo del cual quiero desarrollar mi razonamiento, aquí y en lo que sigue del discurso, la hipótesis, cuantitativamente más difundida, como ya se ha observado al inicio, en virtud de la cual la fuente primaria de la obligación es el contrato, con la consecuencia de que la responsabilidad por incumplimiento de la obligación es una responsabilidad contractual)[7]. De esta manera, en un primer nivel de reflexión, el incumplimiento constituye por excelencia el ejemplo de violación de la *lex contractus*[8]; pero, más en general, el incumplimiento constituye la violación del vínculo jurídicamente relevante que ha surgido de una cualquiera entre las fuentes de las obligaciones que el ordenamiento del cual se trate conozca[9].

Lo que se ha dicho recientemente puede ser precisado al destacar que, teniendo en cuenta el objeto de la prestación, entendido con relación a aquello que el deudor deberá o no deberá hacer respecto a cuanto se desprende de la obligación, el incumplimiento asumirá connotaciones diversas, según el grado de separación de la prestación del deudor del contenido del vínculo,

---

7 *Cfr.* DELLACASA, M. *Adempimento e risarcimento nei contratti di scambio*, Turín, Giappichelli, 2013; VETTORI, G. *Contratto e rimedi*, Milán, Wolters Kluwer-Cedam, 2017.

8 *Cfr.* VACCA, L. (Dir.). *Il contratto inadempiuto. Realtà e tradizione del diritto contrattuale europeo* (Ginebra, 24-27 settembre 1997), Turín, Giappichelli, 1999.

9 En lo que concierne al ordenamiento jurídico italiano, el art. 1173 del código civil dispone lo siguiente: "Las obligaciones derivan de contrato, de un hecho ilícito, o de cualquier otro acto o hecho idóneo para producirlas de conformidad con el ordenamiento jurídico". En la reciente doctrina italiana, debe ser mencionado el estudio de BENATTI, FRANCESCO. "L''obbligazione' (un cammino)", *Nuovo diritto civile*, 2018, pp. 5-20 (pero, con el título "Obbligazione", también en *Le parole del diritto. Scritti in onore di Carlo Castronovo*, vol. II, Nápoles, Jovene, 2018, pp. 1087-1100).

distinguiéndose en particular la naturaleza del incumplimiento en términos temporales, cualitativos y cuantitativos[10].

Por lo tanto, el discurso que aquí se está hilvanando parte del presupuesto conforme al cual el contenido característico de la obligación del deudor, y por lo tanto de la prestación, ha sido del todo predeterminado por las partes (como ocurre por lo general en la hipótesis de obligaciones *ex contractu*), o por una fuente diversa del contrato, que ha hecho surgir el vínculo a cargo del deudor[11].

En estos casos se trata entonces de comparar la conducta materialmente ejecutada por el deudor, con la conducta jurídicamente debida. La consecuencia es que cada desviación, pequeña o grande que sea, respecto a lo que el acreedor tenía derecho a obtener (y sucesivamente de pretender, por equivalente o en forma específica, una vez que se haya abierto la fase correctiva), deberá ser calificada como incumplimiento (independientemente de que después se tenga que establecer si cualquier grado de incumplimiento es relevante, bajo la óptica de los remedios aplicables, y en particular respecto al remedio clásico de la resolución del contrato, precisamente por incumplimiento, o si el incumplimiento, para que adquiera plena relevancia jurídica desde el punto de vista de los remedios aplicables, deba tener determinadas características atribuibles a la dimensión cualitativa *at large* del incumplimiento mismo, como ya se mencionó antes)[12].

Desde el punto de vista práctico, aquello que hasta ahora se ha observado permite comprender la conveniencia de que los abogados de las partes, más allá de la presencia, en el interior del ordenamiento jurídico, y en particular del código civil tomado en consideración, de disposiciones aplicables en vía supletivo-integrativa[13], predispongan un reglamento contractual lo más completo posible: en efecto, la exhaustividad contractual, aunque cada vez más sea asumida como un objetivo de máxima, difícil de lograr en concreto, no solo es indispensable para gestionar de mejor manera el conflicto contractual, en

10 HINESTROSA, F. *Notas sobre la responsabilidad por incumplimento de las obligaciones*, cit., esp. pp. 13-15.

11 HINESTROSA, F. *Tratado de las obligaciones II. De las fuentes de las obligaciones: el negocio jurídico*, vol. II, Bogotá, Universidad Externado de Colombia, 2015, pp. 111-153.

12 HINESTROSA, F. *Tratado de las obligaciones II. De las fuentes de las obligaciones: el negocio jurídico*, vol. II, cit., esp. capítulo decimocuarto, pp. 843-995.

13 *Cfr.* MÖSLEIN, F. *Dispositives Recht. Zwecke, Strukturen und Methoden*, Tubinga, Mohr Siebeck, 2011.

el momento en el cual surja[14] (sino también para prevenir conflictos que en realidad son meramente pretextos, y por lo tanto susceptibles de ser neutralizados a través de un juicio de buena fe, que en este sentido también puede desarrollar una función genuinamente integrativa, cuando se encuentre frente a una laguna contractual que se pueda colmar de acuerdo con la economía del contrato[15]), sino también para valorar mejor la medida del esfuerzo del deudor con relación a la utilidad económica que el acreedor pretende conseguir en términos de resultado[16]. Una medida que no puede ser asumida en forma rígida como estática e inmutable, pues depende de las características de la relación contractual específica, tal y como se ha ido desarrollando durante la fase de ejecución más o menos larga.

De ahí que pueda decirse que el contrato expresa aquel conjunto de intereses que no es cosa distinta del propio sentido económico, el cual, por lo tanto, no podrá funcionar sino como uno de los principales criterios de juicio para establecer si ha habido o no incumplimiento, como también para determinar la relevancia de tal incumplimiento, y por último para circunscribir el perímetro de los remedios aplicables; por lo tanto, si la vida del contrato está estrechamente vinculada al sentido económico de este último[17], el contrato, más allá de la estructura de la figura, bajo una óptica funcional, es como tal una operación económica[18], y la operación económica es comprendida como una categoría de la teoría general del contrato, por ello relevante no solo desde

---

14 Sobre estas temáticas v. ahora COPPO, L. *Contract As a Tool for Getting-To-Yes: A Civil Law Perspective*, Nápoles, ESI, 2018.

15 D'ANGELO, A. *Il contratto in generale*, tomo IV, *La buona fede*, en Bessone, M. (dir.), *Trattato di diritto privato*, Turín, Giappichelli, 2004, esp. el capítulo II.

16 HINESTROSA, F. *Notas sobre la responsabilidad por incumplimento de las obligaciones*, cit., p. 8.

17 Sobre este punto, no ha perdido actualidad el trabajo monográfico de BESSONE, M. *Adempimento e rischio contrattuale*, Milán, Giuffè, 1969, que se destaca sobre todo por la atención que presta a la protección del orden económico del contrato, sin hacer de él un fetiche ideológico prisionero de aquella 'mística de la voluntad' de sabor francamente pandectista, como si el contrato, en cuanto *ratio œconomica,* pudiera y debiera sustraerse, lo más posible, a todo tentativa de heterointegración: sobre esta cuestión también debe ser recordado el volumen, de gran importancia en la teoría general del contrato de la segunda mitad del siglo veinte, de RODOTÀ, S. *Le fonti di integrazione del contratto*, Milán, Giuffrè, 1969. (En el año 2004 vio la luz una reimpresión, pero con un 'Prefacio' del autor enfocado de manera retrospectiva).

18 *Cfr.* D'ANGELO, A. *Contratto e operazione economica*, Turín, Giappichelli, 1992, y ahora, también por la abundante bibliografía, GABRIELLI, E. "La nozione di contratto (Appunti su contratto, negozio giuridico e autonomia privata)", *Giurisprudenza italiana*, 2018, diciembre, pp. 2780-2818 (sobre la operación económica v. en particular las pp. 2811-2818, en donde se

el punto de vista descriptivo, con respecto a la ordenación que surge de la convención entre las partes, sino también con carácter prescriptivo, es decir, cuando sea necesario disponer de criterios de juicio para superar determinados problemas de funcionamiento del contrato.

3. CONSTRUCCIÓN DEL REGLAMENTO CONTRACTUAL Y SUS REPERCUSIONES EN EL ÁMBITO DE LOS REMEDIOS APLICABLES

Aquello que por último se ha observado abre la puerta a un problema relevante, tanto teórico como práctico: me refiero a la individuación de todas las fuentes que concurren a la formación, o mejor a la construcción del reglamento contractual. En efecto, desde este punto de vista, la voluntad de las partes es ciertamente el motor imprescindible e irrenunciable del contrato; pero, al lado de la voluntad de las partes, y precisamente en razón de la duración del vínculo negocial, el contenido del contrato puede enfrentarse a exigencias integrativas de las cuales dependerán los resultados del juicio de incumplimiento[19]. En efecto, hoy día, hablar de incumplimiento contractual significa tener de frente un horizonte que nos conduce a sostener que el contenido del contrato, más allá de lo que las partes tuvieron modo de establecer de manera expresa y conforme, bien puede derivar de una pluralidad de fuentes.

Además de las clásicas fuentes de integración del contrato[20], aquí es preciso destacar el creciente (y, según algunos planteamientos, incluso invasivo) rol de las varias autoridades administrativas independientes, y más en general de las agencias nacionales o supranacionales que se ocupan de determinados sectores del mercado, y por lo tanto del contrato[21], con el fin de que contrato y mercado puedan cooperar, como muestra de su eficiencia, en vista del mayor bienestar colectivo posible; asimismo, es necesario destacar el creciente rol de una legislación (pienso en particular en la normativa de la Unión Europea

---

hace referencia a los estudios anteriores del autor sobre esta materia, ahora también disponibles en español).

19 *Cfr.* de nuevo D'ANGELO, A. *La buona fede*, cit., esp. el capítulo I.

20 *Cfr.* el art. 1374 del c.c.it: "El contrato obliga a las partes no solo a cuanto se ha expresado en el mismo, sino también a todas las consecuencias que se desprenden de acuerdo con la ley, o, en ausencia de ella, según los usos y la equidad".

21 *Cfr.* SOLINAS, C. *Il contratto amministrato*, Nápoles, ESI, 2018.

en materia de contrato, de consumidor, de empresa y de competencia)[22] que actúa con una función protectoria de intereses considerados merecedores de una particular tutela por parte del ordenamiento, también orientada por la línea de la eficiencia: por ello, una tutela, siempre más específica y funcional, tanto es cierto que ahora se habla por lo general de un derecho privado regulatorio[23], sin duda *market friendly*, el cual ha revivido la vieja cuestión de la relación entre derecho privado y derecho público[24].

Esta pluralidad de fuentes, que se mueve entre diversos niveles, jerárquicos y geopolíticos (sobre todo, aquel constitucional o paraconstitucional, destinado a funcionar tanto a escala nacional[25], supranacional, transnacional)[26] y que plantea una problemática, evidente y grave, de constante (re)establecimiento del orden, tiene obvias, directas e indirectas consecuencias sobre el contenido del contrato[27], debido a que el arsenal normativo al cual se puede recurrir con miras a la integración del contrato, ha vivido una potente ampliación en múltiples niveles[28], lo que por una parte parece facilitar la labor del intérprete,

---

22 *Cfr.* CHIARELLA, M. L. *Contrattazione asimmetrica. Segmenti normativi e costruzione unitaria*, Milán, Giuffrè, 2016. *Amplius*, *cfr.* ahora ROPPO, V. *Il contratto del Duemila*, 4.a ed., Turín, Giappichelli, 2020, y ZOPPINI, A. *Il diritto privato e i suoi confini*, Bolonia, Il Mulino, 2020.

23 *Cfr.* SIRENA, P. y ZOPPINI, A. (Dirs.). *I poteri privati e il diritto della regolazione. A quarant'anni da "Le autorità private" di C. M. Bianca*, Roma, TrE-Press, Roma, 2018; como también ZOPPINI, A. *Il diritto privato e le "libertà fondamentali" dell'Unione europea. (Principî e problemi della Drittwirkung nel mercato unico)*, en Mezzanotte, F. (dir.), *Le "libertà fondamentali" dell'Unione europea e il diritto privato*, Roma, TrE-Press, 2016.

24 *Cfr.* ahora ALPA, G. *Dal diritto pubblico al diritto privato* (2 vols.), Módena, Stem Mucchi Editore, 2017. Véase igualmente NIVARRA, L. y PLAIA, A. (Dirs.), *I mobili confini del diritto privato*, Turín, Giappichelli, 2018, y también la perspectiva histórico-crítica trazada por DE ALMEIDA RIBEIRO, G. *The Decline of Private Law. A Philosophical History of Liberal Legalism*, Oxford, Hart Publishing, 2019.

25 En lo que se refiere a Italia, debe ser señalado sin duda el rol legislativo de las regiones: *cfr.* BENEDETTI, A. M. *Il diritto privato delle Regioni*, Bolonia, Il Mulino, 2008.

26 *Cfr.* SIRENA, P. *Introduction to Private Law*, Bolonia, Il Mulino, 2019, capítulo 8, con particular referencia al derecho italiano; ALPINI, A. *Diritto italo-europeo e princípi identificativi*, Nápoles, ESI, 2018. Véase también LEÓN HILARIO, L. *Derecho privado. Parte general. Negocios, actos y hechos jurídicos*, Lima, Pontificia Universidad Católica del Perú, Fondo Editorial, 2019, capítulo 3.

27 *Cfr.* ALPA, G. *Il contratto in generale, I. Fonti, teorie, metodi*, Milán, Giuffrè, 2014, como también ALPA, G. y CONTE, G. (Dirs.). *Casi decisi dalla Corte di Giustizia dell'Unione europea sui diritti fondamentali in materia contrattuale*, Turín, Giappichelli, 2018.

28 *Cfr.* D'AMICO, G. y PAGLIANTINI, S. *L'armonizzazione degli ordinamenti dell'Unione europea tra principi e regole. Studi*, Turín, Giappichelli, 2018.

pero por otra naturalmente lo complica, porque el riesgo más grave siempre es el de dar vida a una integración que en realidad es una manipulación contraria al sentido original del pacto, planteándose por ello en primer lugar la cuestión de la relación axiológica entre contrato y ordenamiento[29].

Como es bien sabido, la teoría jurídica contemporánea ha creado nuevas técnicas situadas entre la interpretación y la integración del contrato y ha sometido a revisión crítica aquella que ya estaba en uso[30]: la consecuencia es que hoy se discute ampliamente sobre la relación entre principios y reglas bajo el estandarte de la 'Drittwirkung'[31], se ha vuelto a reflexionar sobre las cláusulas implícitas en el contrato[32], se interroga sobre el rol de la figura concreta con relación a la figura abstracta, y por lo tanto sobre la relevancia del hecho como instrumento técnico[33], siempre que sea controlado por un uso racional de la argumentación[34], para incidir sobre el derecho vigente y viviente en sentido transformativo (desde este punto de vista, no cabe duda que la referencia al contrato como operación económica, y más en general a la práctica contractual, es útil para consentir al contrato su incidencia sobre el ordenamiento jurídico, transfiriendo en este último los valores en torno a los cuales el pacto ha sido construido, y aquello sin duda representa una potenciación y un reforzamiento de la autonomía privada, precisamente en la perspectiva de una revisión de las fuentes del derecho)[35]: estamos entonces en presencia de técnicas combinatorias, con la característica de un eclecticismo (este razonamiento lo retomaré

---

29 PERLINGIERI, P. *Il diritto civile nella legalità costituzionale secondo il sistema italo-comunitario delle fonti*, Nápoles, ESI, 2006, esp. el capítulo octavo.

30 *Cfr.* BONGIOVANNI, V. *Integrazione del contratto e clausole implicite*, Milán, Giuffrè, 2018.

31 *Cfr.* PIRAINO, F. *Buona fede, ragionevolezza e "efficacia immediata dei principî"*, Nápoles, ESI, 2017; NAVARRETTA, E. *Costituzione, Europa e diritto privato. Effettività e* Drittwirkung *ripensando la complessità giuridica*, Turín, Giappichelli, 2017; FEMIA, P. (Dir.). Drittwirkung: *principi costituzionali e rapporti tra privati. Un percorso nella dottrina tedesca*, Nápoles, ESI, 2018; RIZZO, N. "Note minime sull'uso dei principi costituzionali nel diritto dei contratti, rileggendo Dworkin e Hart", *Rivista di diritto civile*, 4/2019, pp. 912-939.

32 *Cfr.* de nuevo a BONGIOVANNI, V. *Integrazione del contratto*, cit.

33 *Cfr.* PERLINGIERI, P. "Fonti del diritto e "ordinamento del caso concreto", *Rivista di diritto privato*, 4/2010, pp. 7-28.

34 *Cfr.* a LIPARI, N. *Diritto civile e ragione*, Milán, Giuffrè, 2019.

35 *Cfr.*, con diversidad de perspectivas, IRTI, N. "Per una concezione normativa dell'autonomia privata", *Rivista trimestrale di diritto e procedura civile*, 2/2018, pp. 555-564; NEME VILLARREAL, M. L. (Coord.). *Autonomía privada. Perspectivas del derecho contemporáneo*, Bogotá, Universidad Externado de Colombia, 2018; MÖSLEIN, F. (HRSG.), F. *Regelsetzung im Privatrecht*, Tubinga, Mohr Siebeck, 2019.

adelante) que, aunque moderado, no tiene, a mi juicio, nada de alarmante, respecto al tema que también es bastante actual sobre la certeza del derecho. Técnicas combinatorias que, por lo tanto, se mueven, por una parte, entre principios generales (de sector o del ordenamiento, nacional o supranacional) y cláusulas generales[36], y, por otra, entre cláusulas contractuales y específicas disciplinas contractuales (de parte general y de parte especial)[37]: el fruto de este trabajo combinatorio, que es un trabajo esencialmente hermenéutico, es en sustancia aquel de diseñar un contenido contractual que resulte ser, en algunos casos, idóneo para superar las dificultades que surgen en el momento en que sale a la luz un determinado conflicto contractual (aquí, la integración es funcional para lograr que el contrato pueda mantenerse vivo, pudiendo así seguir cumpliendo el propio sentido económico con el apoyo del ordenamiento, mediado por la intervención judicial).

En otros casos, el contenido contractual, enriquecido de esa manera, sirve para precisar los límites de cada pretensión contractual legítima, bajo la lógica de una *lex contractus* que necesariamente se refleja y ve plasmada en la *lex ordinamenti*; asimismo, en otros eventos, el contenido contractual asume un específico alcance de carácter correctivo, en el sentido de que el aparato de remedios susceptibles de ser empleados para dicho fin desarrollará la función de permitir a la parte que haya sufrido un perjuicio como consecuencia del incumplimiento ajeno de recuperar las utilidades perdidas: beneficios que pueden ser cuantitativamente superiores a aquellos que formalmente son atribuibles al reglamento contractual por como fue diseñado por las partes al inicio, tratándose, en efecto, de utilidades que descienden de una integración del contrato efectuada sobre la base de algunos parámetros clásicos como la naturaleza del contrato, el fin de la operación económica, la condición subjetiva de las partes[38].

Naturalmente se trata de enfoques interrelacionados, porque es obvio que el contenido del contrato incide tanto sobre el momento ejecutivo como también sobre el correctivo, pero, desde el punto de vista teórico, son enfoques que deben ser considerados singularmente y que asumirán una mayor o menor

---

36 Ricci, F. (Dir.). *Princìpi, clausole generali, argomentazione e fonti del diritto*, Milán, Giuffrè, 2018.

37 *Cfr.* cuanto emerge del estudio de Gabrielli, E. "La nozione di contratto", cit., esp. pp. 2797-2798.

38 Sobre estos y otros problemas, v. Garofalo, A. M. *Le regole costitutive del contratto. Contributo allo studio dell'autonomia privata*, Nápoles, Jovene, 2018; igualmente *id.*, *Aleatorietà e causa nella rendita vitalizia e nell'*interest rate swap, Nápoles, ESI, 2018.

incidencia en una dirección o en la otra (especialmente: momento ejecutivo y momento correctivo), según la particular cuestión que pueda emerger: i) individuar la prestación que el deudor, o en sentido más amplio ambas partes, habrían debido efectuar; ii) individuar las consecuencias del incumplimiento, precisamente respecto al programa contractual compartido por los contratantes y objeto de una posible integración en razón de la duración del programa y del contexto en el interior del cual la fase ejecutiva se ha desarrollado o habría debido desarrollarse.

En este contexto, los principios generales, las cláusulas generales, la disciplina de la parte general del contrato, como también aquella de la parte especial (me estoy refiriendo naturalmente a los contratos típicos), así como las cláusulas del contrato (y por lo tanto el reglamento contractual como precepto), funcionan como depósitos normativos, a través de los cuales integrar o adaptar el contenido del contrato en el momento en el cual surja un problema específico de incumplimiento contractual (por lo tanto, es el mismo concepto de incumplimiento contractual que debe pasar a través del filtro de un juicio en concreto gracias al cual pueda emerger el problema económico que debe ser resuelto, problema que va, evidentemente, más allá de la cuestión de la observancia de la *lex contractus*), abriéndose así notablemente los espacios para una lectura contextualizada del contrato (en el surco, claramente, de los enfoques en términos de 'Law & Context'), que justamente tienen como propia coyuntura operativa una aproximación más funcional que estructural. De esta manera el contrato pasa de ser figura-estructura, a figura-función, y las razones del vínculo surgido entre las partes adquieren una auténtica dimensión institucional[39], la cual funciona entonces como criterio de juicio para orientar el camino del contrato, sobre todo preservando el rol de primario 'constituyente del ordenamiento'.

En efecto, es indiscutible que una técnica argumentativa que se propone llevar a la luz (primero) y resolver (después) los auténticos problemas que afectan el funcionamiento del contrato fundándose principalmente sobre cláusulas generales y principios generales, pueda volverse un instrumento de trabajo particularmente eficaz, sobre todo porque es suficientemente flexible como para poder analizar las prestaciones de las partes y las pretensiones recíprocas de estas últimas en una trayectoria que del texto contractual se

39 *Cfr.* MacCormick, N., Weinberger, O. y La Torre, M. (Dirs.). *Il diritto come istituzione*, Milán, Giuffrè, 1990.

desplaza justamente al contexto histórico-económico dentro del cual las partes han estipulado el contrato. Por lo tanto, se confirma que es exactamente el juicio relativo al contexto el que resulta indispensable para afrontar de la manera más oportuna el problema del incumplimiento y de las consecuencias del incumplimiento (por lo demás, no es un mero caso que, en el interior de la teoría general del contrato, el interés por los contratos caracterizados por la diversidad cultural de las partes sea creciente hoy día, con la consiguiente necesidad de reflexionar sobre una interpretación del contrato antropológicamente orientada: se trata del área cubierta por los contratos culturales y por la interpretación cultural del contrato)[40].

4. CONTENIDO, INCUMPLIMIENTO Y DIMENSIÓN INSTITUCIONAL DEL CONTRATO

Profundicemos ulteriormente el razonamiento. Se ha tratado de evidenciar, de la manera más sintética posible, que el problema del incumplimiento como tal puede ser afrontado bajo dos perspectivas diversas, las cuales, por otra parte, siempre deben ser tenidas en cuenta de manera conjunta: por lo tanto, podemos distinguir entre una perspectiva *ex ante* y una perspectiva *ex post*. La primera se focaliza en aquello que ha sido expresamente previsto por las partes y amparado en el interior del contenido contractual; la segunda se concentra en el momento de la crisis del contrato, por así decirlo, actualizando el contenido contractual a ese momento. De ahí se desprende que el reglamento contractual no podrá (preferiblemente, nunca) considerarse impermeable a aquel contexto, en primer lugar, económico, dentro del cual se conduce la vicisitud contractual *de qua*. Ello explica entonces por qué se ha destacado que el hecho de no cumplir el contrato va más allá de no haber realizado aquello que se habría debido hacer sobre la base de un reglamento establecido, en sentido estricto, como mera proyección de la voluntad de las partes, y esto por la razón decisiva de que es el mismo contenido contractual el que puede sufrir modificaciones con respecto al momento en el cual surge un determinado problema de incumplimiento y, por lo tanto, es la misma noción de incumplimiento la que tendrá que ser asumida como una clásica noción de contenido variable.

---

40 JACKSON II, R. L. "Cultural Contract Theory: Toward an Understanding of Identity Negotiation", *Communication Quarterly*, vol. 50, n.° 3-4, 2002, pp. 359-367.

Pero esta variabilidad de contenido, si se observa atentamente, y al contrario de aquello que podría parecer *prima facie*, refuerza y no debilita el vínculo contractual, porque lo adecúa, sobre la base del criterio de la razonabilidad en concreto[41] (criterio en virtud del cual toda afirmación que adopte la apariencia de criterio de juicio debe ser corroborada, o, en sentido contrario, refutada, en el interior de la concreta vicisitud contractual puesta en aquel contexto sin el cual la misma vicisitud asumiría una connotación diversa), a los intereses de las partes, llegando de esta manera a distinguir entre intereses que están dentro de la esfera de la pretensión contractual legítima e intereses que, en cambio, son extraños a esa. Esto, reitero, más allá del reglamento contractual por como ha sido construido por las partes. Entonces, de esta manera, la flexibilidad del contenido del contrato convierte de manera paralela igualmente flexible la noción de incumplimiento del contrato.

Se podrá objetar, en primer lugar, que este enfoque contrasta con el principio de la certeza del derecho, visto en particular desde la perspectiva de la certeza de la estabilidad del vínculo contractual y de su consecuente disolución, en la hipótesis de incumplimiento, por lo tanto en la hipótesis de una infidelidad a la negociación, en cuyo caso el juicio de incumplimiento se desarrollará a partir de cuanto ha sido previsto por las partes; y sin embargo esta visión de la certeza del derecho contrasta con aquellas exigencias de flexibilidad del mismo juicio sobre la existencia de un incumplimiento, juicio que en este sentido siempre será y solamente será *ex post*, no solo, desde luego, ontológicamente, sino metodológicamente y por lo tanto epistemológicamente: es decir, un juicio que no se limita a comprobar un determinado acontecimiento, sino que construye críticamente, en razón de las circunstancias originarias y de aquellas sobrevenidas, la vicisitud del incumplimiento, precisamente con referencia al contexto en el cual tiene ocurrencia el hecho que la parte interesada en la resolución del contrato califica como incumplimiento y pretende que sea reconocido como tal. Por lo tanto, se trata de un juicio *ex post*, no por la razón banal de que ese acontece *post factum*, sino porque es la misma actividad de juicio que, en el momento en el cual se ejercita, aporta criterios (que también serán criterios de control de los resultados a los cuales

---

41 *Cfr.* San Martín Neira, L. C. "Las funciones de la razonabilidad en el Derecho Privado chileno", *Revista de Derecho de la Pontificia Universidad Católica de Valparaíso*, vol. 51 (segundo semestre de 2018), pp. 173-198; Perlingieri, G. *Profili applicativi della ragionevolezza nel diritto civile*, Nápoles, ESI, 2015; Patti, S. *La ragionevolezza nel diritto civile*, Nápoles, Editoriale Scientifica, 2012.

arribará aquel juicio) específicos para hacer emerger problemas y soluciones congruentes con los presupuestos materiales y deontológicos de la negociación, en una perspectiva que atienda la estructura contractual, reconstruyéndola a partir de su propia función.

Por lo tanto, si el principio de la certeza del derecho está destinado a conservarse como un baluarte de las relaciones jurídicas, tal certeza del derecho tendrá que ser entendida en sentido concreto, es decir, filtrada por las exigencias de la situación concreta, y por lo tanto resultará fundada sobre aquellas, llamadas, buenas razones para decidir, que expresan de la manera más segura y también controlable, en sentido argumentativo, la fidelidad a una certeza del derecho que no es comprendida de manera estrictamente formal.

Asimismo, si la mirada sobre los temas de los que nos ocupamos en estas páginas tiene como eje argumentativo la flexibilidad, esta última está destinada a incidir, en medida más o menos enérgica, sobre el terreno ocupado por el contenido contractual, mejorando de esta manera el funcionamiento de las prestaciones que tendrán que ser cumplidas con miras a la consecución del resultado final y útil al que ambas partes del contrato aspiran legítimamente, en la medida en que se encuentran vinculadas a una *lex contractus* aplicable no solo al momento de la génesis del contrato, sino sobre todo al momento de su ejecución, momento sin el cual tendríamos, desde el punto de vista de los efectos, una figura estática. A partir de aquí, el paso para conectar el incumplimiento propiamente dicho a las consecuencias que descienden del mismo, tanto en lo que atañe a la responsabilidad del deudor como en lo que concierne al tema de los remedios aplicables, es corto: con la precisión de que la dimensión de los remedios tiene, al menos hoy en día, una notable fuerza expansiva, haciéndola retroactiva sobre el desarrollo de todo el vínculo contractual, a partir del momento genético de este último.

Entonces se desprende que tanto el problema de la responsabilidad del deudor (y por lo tanto el problema de la imputabilidad del incumplimiento al deudor) como también el problema de la gravedad del incumplimiento (y por consiguiente la cuestión sobre el perjuicio causado a la economía del contrato)[42] serán analizados de acuerdo con una perspectiva reparatoria que tiene por objetivo ya no el mero respeto del reglamento contractual, sino más bien el de un control ejercido minuciosamente sobre las conductas de las partes, con el fin de que el remedio que sea individuado en el caso concreto, sea efectivamente

---

42 Hinestrosa, F. "Tutela del acreedor frente al deudor incumplido", cit., pp. 11-12.

adecuado como para producir un razonable (en consecuencia, preferentemente destinado a resistir los eventuales controles sucesivos de la decisión; por ello, aceptable tanto por las partes como por la colectividad: de esta manera vuelve a ocupar el primer lugar, la dimensión institucional del contrato y en particular del remedio contractual) equilibrio entre los intereses en conflicto: dado que se trata de una actividad de nivelación desplegada por un juez, o de todas maneras por la decisión de un tercero respecto de los contratantes, esa misma es la que asegura aquella certeza del derecho que es irrenunciable siempre que sea lo suficientemente flexible, es decir, adecuada al contexto en cuestión.

5. INCUMPLIMIENTO E IMPUTABILIDAD

Pasamos ahora al segundo de los problemas mencionados inicialmente: la imputabilidad del incumplimiento al deudor.

Naturalmente partimos de la referencia normativa, más aún teniendo en cuenta que mis consideraciones están dirigidas a un público que no es italiano. El art. 1218 del código civil italiano dispone lo siguiente: "el deudor que no ejecuta exactamente la prestación debida está obligado al resarcimiento del daño, si no demuestra que el incumplimiento o el retardo se ha producido por la imposibilidad de la prestación derivada de una causa que no le es imputable". Una primera observación surge de lo que se ha dicho anteriormente y tiene que ver con la relación entre figura-estructura y figura-función. En efecto, me parece que, si se discurre sobre la aplicación de la disposición normativa al problema que debe resolverse mediante los criterios que se pueden extraer de esa misma norma, emerge claramente cómo el rigor del precepto contenido en la norma debe encontrar necesariamente ya no una adaptación, sino una adecuación funcional respecto al juicio de incumplimiento (y consiguiente responsabilidad).

En sustancia, se trata de valorar la relevancia jurídica de las varias conductas contractuales: una valoración que sin duda pasa por el tamiz de aquellos criterios normativos que el legislador ha indicado, pero que no se detiene ahí. Precisamente tal valoración sirve para hacer emerger, en primer lugar, la manera en que las partes han predispuesto inicialmente su 'diseño contractual'; en segundo lugar, sirve para comprobar las divergencias entre el contenido originario y la verdadera disposición material en razón de las varias circunstancias ocurridas entre el inicio de la ejecución y el momento en el que el problema contractual se ha originado (de ahí la necesidad de proceder precisamente a un estricto examen de las conductas de las partes); en tercer lugar, sirve para administrar el conflicto surgido entre los contratantes, una administración que obviamente se traduce en la individuación tanto del interés merecedor de protección como de la medida de tal protección, con las repercusiones naturales sobre el ámbito de los remedios aplicables.

Por lo tanto, no sorprende que la disposición contenida en el art. 1218 haya hecho y aún hoy haga discutir bastante a los intérpretes: pero aquello que debe ser resaltado es que la discusión, entendida correctamente y más allá de la apariencia dogmática de la cual está revestida, tiene que ver con una clásica cuestión de política del derecho, porque se trata en sustancia de fijar la medida del esfuerzo debido por el deudor con relación al interés del acreedor. En sentido más amplio, por medio de la interpretación de esta disposición es necesario realizar aquella nivelación de intereses sobre la base de criterios que no pueden estar todos contenidos en el texto de la norma, y que por lo demás, si se razona bajo la perspectiva de un juicio *ex post* (aunque por lo demás es fácil observar, con base en la reflexión hecha arriba, que todo juicio es *ex post*, aun cuando se quiera considerar que el resultado del juicio haya sido preconcebido por el intérprete conforme a uno o más criterios fijados *ex ante* por el legislador), vendrán a emerger solo en el momento en el cual el juicio sea realizado; por lo tanto, el texto del art. 1218 permite al intérprete disponer de algunos criterios normativos de máxima, más allá del refinamiento técnico de esos; criterios que, como tales, no son de ninguna manera la regla de juicio aplicable al caso específico, y que por consiguiente tendrán necesariamente que concretarse para poder arribar a la solución del caso.

La cuestión que tiene que ver con la elección de si tutelar de manera más contundente las razones del acreedor, quien ha sufrido el incumplimiento, o las razones del deudor, quien, en caso de ser responsable, estará llamado a resarcir el daño, plantea por lo tanto un problema genuino de análisis económico del derecho en la perspectiva contractual, que es como tal un problema genuino de política del derecho, puesto que todo criterio jurídico es por su naturaleza propia un criterio normativo, es decir, que está orientado a la enunciación de un determinado 'deber ser', y por lo tanto la teoría económica también asume necesariamente, cuando es empleada como fundamento de un criterio de juicio jurídico, un carácter normativo, precisamente porque la adopción de una u otra teoría económica con carácter prescriptivo produce efectos jurídicamente relevantes, y como tal políticos[43].

---

43 La cuestión es esclarecida muy bien por CALABRESI, G. "The Future of Law and Economics. Essays", en Reform and Recollection, New Haven y Londres, Yale University Press, 2016.

No cabe duda que, esto de lo cual estoy tratando se basa en un entendimiento que desde hace tiempo, o si no desde siempre, se ha difundido en las varias culturas jurídicas. Pero lo que constituye un elemento peculiar de nuestro tiempo (un elemento que, si se quiere, puede ser reconducido al universo del posmodernismo, y por lo tanto al derecho posmoderno)[44] es que este entendimiento no está circunscrito a la cultura interna del jurista, como si fuera un aspecto significativo de la juridicidad, sino que además está destinado a ser suplantado, o de todas maneras absorbido por otros factores (como precisamente los criterios de juicio contenidos en disposiciones normativas, y por lo tanto prefijados por el intérprete), aunque asume una relevancia constructiva inmediata, en el sentido de que es el juicio efectuado a la luz del caso concreto el que determina aquella nivelación entre intereses concretos: un juicio justamente *ex post* y ya no *ex ante*. La consecuencia evidente de dicha aproximación no es aquella de trastornar la valoración legislativa, y por consiguiente el juicio del legislador, y por lo tanto el juicio ya formulado *ex ante*, que sin duda es y debe seguir siendo el punto de partida para enfocar correctamente todo juicio jurídico ulterior, por lo tanto *ex post*, sino sobre todo aquel de actualizar constantemente la valoración legislativa al conflicto de intereses efectivo, y no solo potencial (resuelto, o al menos aparentemente resuelto, por medio del criterio planteado legislativamente *ex ante*).

Si las modalidades de funcionamiento de la regla sobre la imputabilidad del incumplimiento determinan necesariamente la exigencia de una nivelación entre *favor creditoris* y *favor debitoris*, y si, para arribar a este equilibrio es indispensable el momento hermenéutico, es decir, el momento de la aplicación de la norma al caso concreto, de donde surge la efectiva regla de juicio, es evidente que, más allá de la *ratio legis* originaria[45], la elección de política del

44 *Cfr.* Camardi, C. *Certezza e incertezza nel diritto privato contemporaneo*, Turín, Giappichelli, 2017.

45 Siguiendo una reflexión de Tullio Ascarelli (Ascarelli, T. "Diritto comparato e teoria dell'interpretazione", en *Atti del primo Convegno nazionale di studi giuridico-comparativi*, Roma, Edizione dell'Istituto Italiano di Studi Legislativi, 1953, pp. 17-70, especialmente p. 44), y retomando de esta manera aquello que también ha sido destacado arriba, se puede distinguir entre *voluntas legis* y *voluntas legislatoris*, en el sentido de que, si la *voluntas legislatoris* puede ser reconstruida desde una perspectiva historiográfica, aquello que para el jurista realmente debe importar es la *voluntas legis*, precisamente la *ratio legis* del texto, porque es mediante la progresiva adaptación de esta a la realidad histórica, económica y social que el precepto legislativo puede absolver por completo la propia función regulatoria. Pero, si es así, entonces surge naturalmente la cuestión de la naturaleza de la interpretación, que será resuelta en el sentido

derecho confiere de manera clara la responsabilidad cultural a la doctrina y a la jurisprudencia, que se convierten en los principales factores de cambio jurídico.

6. LAS TRES REGLAS CONTENIDAS EN EL ARTÍCULO 1218 DEL CÓDIGO CIVIL ITALIANO

El artículo 1218 contiene sustancialmente tres reglas.

La primera concierne a la así llamada inversión de la carga de la prueba que grava al deudor, la cual constituye una hipótesis de responsabilidad presunta del deudor, y tal presunción de responsabilidad se justifica precisamente para proteger más que todo (aquí bajo la óptica de la distribución de la carga probatoria, que se agrava justamente, de manera excepcional, sobre la parte procesal convenida en juicio y no sobre el actor [46]) el interés del acreedor. Esto porque, a la luz del equilibrio entre interés del deudor e interés del acreedor, el criterio legislativo se dirige a privilegiar la esfera jurídica de este último[47],

---

de la naturaleza creativa de esta última, puesto que el intérprete, de frente a un determinado problema de aplicación, deberá constantemente reflexionar sobre la *ratio legis*, por una parte adecuándola a las nuevas exigencias, y por la otra evitando aquellas contorsiones interpretativas que, si se produjeran, representarían una ruptura del ordenamiento: ruptura que, a la luz de aquella perspectiva institucional ya mencionada, resultaría ser más un obstáculo que una ventaja, con miras a un armónico desarrollo del derecho.

46 Lo previsto en el art. 1218 se configura por lo tanto como una excepción (pero además no es la única, aunque sí la más significativa) al principio general en materia de carga de la prueba, que en el código civil italiano está previsto en el art. 2697: "Quien quiere hacer valer un derecho en juicio debe probar los hechos que constituyen su fundamento. Quien excepciona la ineficacia de tales hechos o excepciona que el derecho se ha modificado o extinguido debe probar los hechos sobre los cuales se funda su excepción".

47 La *Relazione del Ministro Guardasigilli al Codice civile preceduta dalla Relazione al disegno di legge sul "Valore giuridico della Carta del lavoro"* (ahora se puede leer en la reimpresión publicada en el año 2018 por el Centro Studi Alma Iura, Verona), en el n. 558, afirma en efecto que el código ha considerado "preeminente la posición del acreedor", aunque en seguida precisa, al mencionar el art. 1175 ("El deudor y el acreedor deben comportarse según las reglas de la *correttezza*"), que, precisamente pasando a través del deber de *correttezza*, la situación entre deudor y acreedor ha sido equiparada, aunque reivindicando de nuevo la noción de *voluntas legislatoris*, con eso se precisa que la *correttezza* se sitúa entre "estilo moral de la persona" y "solidaridad corporativa". Por lo tanto, no es posible dudar que, para poder aplicar la regla de la *correttezza* a partir de la caída del fascismo, es indispensable someter la *ratio legis* a aquella revisión interpretativa indispensable en virtud del contexto político cambiante; un enfoque que, por consiguiente, tiene en cuenta la *correttezza* como un instrumento por medio del cual valorar la conducta de las partes a la luz de los intereses económicos involucrados en el contrato, permitiendo de esta manera una plena y actual operatividad.

quien ha sufrido objetivamente un perjuicio, no habiendo obtenido aquel resultado útil al que habría tenido derecho. Ello explica la razón por la cual, bajo el enfoque legislativo, el eje de la responsabilidad resulta desbalanceado en contra del deudor, encaminándolo sobre una vía procesal más difícil, dado que está fundada sobre la presunción de responsabilidad y sobre la inversión de la carga de la prueba.

De ahí la segunda regla: el deudor, para evitar responder, debe probar que la prestación se ha tornado imposible. El tema de la imposibilidad de la prestación, si absoluta o relativa, si objetiva o subjetiva, ha ocupado la doctrina y la jurisprudencia italianas, y aún hoy se discute en cierta medida[48]: es evidente que, por las mismas razones subyacentes a la inversión de la carga de la prueba, y recordando además el dato que se ha presentado a propósito de la relevancia transversal, respecto de la relación obligatoria, de la regla de la *correttezza*, se tropieza nuevamente con un criterio (aquel de la imposibilidad) que, según la interpretación que se acoja del mismo, hará más o menos rigurosa la comprobación de la responsabilidad *sub specie* de imposibilidad del cumplimiento.

En síntesis, hoy se puede decir que resulta necesario sustraerse tanto a los excesos de objetivismo como a los excesos de subjetivismo, sobre todo para evitar que, detrás del escenario de la imposibilidad, puedan camuflarse comportamientos oportunistas, ya sea de parte del acreedor como de parte del deudor. También aquí, sin duda, está llamada a operar la regla de la *correttezza*, que bajo esta óptica contribuye a identificar las conductas incorrectas, en la perspectiva particular de las consecuencias injustamente favorables, para quien tiene tales conductas, e injustamente desfavorables, para quien las sufre. Con lo que se regresa al punto del cual se había partido, es decir a la economía del contrato, que es el verdadero nexo conceptual de la cuestión.

Llegamos de esta manera a la tercera regla contenida en el art. 1218: la imposibilidad de la prestación que libera al deudor que ha incumplido debe desprenderse de una causa no imputable al deudor.

Este es tal vez el aspecto más espinoso de toda la disposición, y el debate que se ha abierto y perdura oscila entre la tesis que afirma que 'no imputabilidad' significa ausencia de culpa, y la tesis que atribuye en cambio la no imputabilidad

---

48 Además del amplio trabajo de PIRAINO, F. *Adempimento e responsabilità contrattuale*, Nápoles, Jovene, 2011, esp. los capítulos primero y quinto. v. también la investigación con una perspectiva histórico-dogmática de D'AMICO, G. "La responsabilità contrattuale: attualità del pensiero di Giuseppe Osti", *Rivista di diritto civile*, 1/2019, pp. 1-24.

a la responsabilidad objetiva, independientemente de la culpa del deudor, que bajo esta perspectiva es irrelevante, o solo marginalmente relevante.

Ahora, para poder comprender del todo el esfuerzo interpretativo que se vuelca sobre el art. 1218, es preciso recordar el art. 1176 del código civil italiano, que prevé la regla clásica en virtud de la cual el deudor debe observar una conducta diligente: "Al cumplir la obligación el deudor debe actuar conforme a la diligencia del buen padre de familia. En el cumplimiento de obligaciones inherentes al ejercicio de una actividad profesional, la diligencia debe valorarse de acuerdo con la naturaleza de la actividad ejercida".

La norma, como se puede apreciar a primera vista, emplea la fórmula, aunque arcaica cargada de significado histórico, del buen padre de familia, que hoy bien podría ser sustituida por la referencia al grado razonable de diligencia del deudor, a la luz de las características intrínsecas de la prestación que debe cumplirse, y más en general de la relación obligatoria; una diligencia, por lo tanto, que tendrá un contenido más o menos amplio también con base en el *statu* del deudor: profesional, consumidor, empresario, persona que no goza de una particular competencia, persona culturalmente débil, etc.

Entonces, si nos detenemos en la relación existente entre el art. 1218 y el art. 1176, emerge que el art. 1218 ha sido construido en torno al concepto de prestación debida pero incumplida, mientras que el art. 1176 ha sido edificado alrededor de las modalidades de cumplimiento de la prestación debida, con la consecuencia de que la primera de las dos normas tiene un claro tinte económico, atribuible además a lo dispuesto en el art. 1174, referido al carácter patrimonial de la prestación[49]. El enfoque legislativo es bastante diáfano: el art. 1218 se propone fijar criterios de juicio dirigidos a asegurar al acreedor la obtención, aunque sea desde la angulación de los remedios aplicables y por lo tanto sucesivamente al incumplimiento, de todas las utilidades perdidas, o como consecuencia del incumplimiento *tout court*, o como consecuencia del incumplimiento inexacto, de ahí que el art. 1176 se concentre en la fase ejecutiva de la prestación, refiriéndose a aquellos estándares ejecutivos que, en el curso del tiempo y en razón de la naturaleza de la prestación, pueden y de hecho deben mutar (obvio pensar en primer lugar en el área de la responsabilidad médica); pero, más allá de la referencia textual, las dos normas

---

49 En efecto, este es el texto del art. 1174: "La prestación que constituye el objeto de la obligación debe ser susceptible de valoración económica y debe corresponder a un interés, aunque no sea patrimonial, del acreedor". *Cfr.* D'Angelo, A. *Lezioni di diritto civile. Introduzione al diritto generale delle obbligazioni*, Turín, Giappichelli, 2014, capítulo III.

están obviamente conectadas con la referencia al resultado final al cual tiende la relación obligatoria y por lo tanto el cumplimiento de la misma, y esta conexión, realizada a través del *medium* de la interpretación de los textos de las dos disposiciones en referencia al caso concreto, puede alejar o acercar la relación entre responsabilidad y culpa, como también entre responsabilidad y responsabilidad objetiva, como por lo demás ha ocurrido y ocurre en la experiencia italiana[50].

7. COMPARACIÓN ENTRE LOS ARTÍCULOS 1218 Y 1176 DEL CÓDIGO CIVIL ITALIANO

Después de esta precisión, si comparamos nuevamente el art. 1218 con el art. 1176, es muy fácil darse cuenta de que la regla sobre la diligencia responde a la lógica decimonónica en virtud de la cual la responsabilidad del deudor existe sí y solo sí el deudor actuó con culpa, es decir, sea reprochable en la medida en que no hizo aunque habría podido y debido hacer (el art. 1176 es por consiguiente una regla que aplica el principio conforme al cual 'no hay ninguna responsabilidad sin culpa'); en cambio, la regla de la causa no imputable al deudor responde a una lógica más moderna (con referencia sobre todo a la mutación del contexto económico), que se aleja de la idea según la cual el anclaje de la responsabilidad del deudor se encuentra principalmente sobre el terreno ético (el incumplimiento entendido por lo tanto como ruptura ética del pacto entre deudor y acreedor, que a su vez se funda sobre el pacto político-social con fundamento en el cual se rige la vida de la colectividad) y se acerca a la idea de una responsabilidad del deudor primordialmente (pero no exclusivamente, porque, sobre la base de lo previsto en la ponencia al Código Civil, el fundamento ético se encuentra de todas maneras presente, y además se trata, más exactamente, de un fundamento 'ético-corporativo', en relación con la solidaridad corporativa, superada después por la Constitución de 1948, que introdujo el principio de solidaridad constitucional[51]; con la precisión de que es justamente la referencia a la dimensión corporativa la que permite el tránsito de la ética a la economía) justificada sobre bases económicas: el

50 *Cfr.* VISINTINI, G. *Inadempimento e mora del debitore. Artt. 1218-1222. Commentario Schlesinger-Busnelli*, 2.ª ed., Milán, Giuffrè, 2006.

51 *Cfr.* PERLINGIERI, P. *Il diritto civile nella legalità costituzionale*, cit.; véase también FEMIA, P. "La via normativa. Pietro Perlingieri e i valori costituzionali", en Alpa, G. y Macario, F. (dirs.), *Diritto civile del Novecento*, cit., pp. 359-415.

incumplimiento, de donde surge la responsabilidad del deudor, en cuanto violación del vínculo jurídico, produce un daño no solo a la esfera jurídica del acreedor, sino también a la colectividad en su conjunto, pensándose en primer lugar en el perjuicio que va a afectar el tráfico jurídico, es decir el completo entramado negocial de la sociedad. De ahí la introducción de un régimen jurídico lo más rígido posible para evitar que el deudor (entendido en sentido ideal típico) pueda de alguna manera resultar incentivado al incumplimiento, teniéndose por el contrario que encontrar frente a reglas que refuerzan la propia responsabilidad, y por consiguiente que estimulen el cumplimiento.

Se acaba de hacer referencia a la ética corporativista, y se ha dicho que es precisamente el corporativismo fascista el que favorece el tránsito de una responsabilidad con una perspectiva ética a una responsabilidad con una perspectiva económica. Sobre este punto es necesario recordar de nuevo la posición, con referencia al art. 1176, porque esa, dentro de este proceso general de 'economización' de las relaciones jurídicas en el interés de la colectividad, tiende, paralelamente al art. 1218, a desplazar sobre el terreno económico, la diligencia contenida en el art. 1176, objetivándola, por lo que resulta ser la contracara del art. 1218: el resultado de todo esto es que se pasa de una diligencia/culpa a una diligencia/esfuerzo del deudor en vista del resultado útil para el acreedor, que es evidentemente una técnica para reforzar la protección del acreedor, con el objetivo de tutelar el tráfico jurídico.

En efecto, precisamente con relación a la fórmula arcaica del buen padre de familia, recordamos los antecedentes legislativos del *códice civile*:

> La figura del *bonus paterfamilias* no se resuelve con el concepto de "hombre medio", extraíble de la práctica de la media estadística, sino que es un concepto deontológico, que es fruto de una valoración expresa de la conciencia general. Es el modelo de ciudadano y de productor, que a cada uno le ofrece la sociedad en la que vive; modelo por su naturaleza mutable según los tiempos, las costumbres sociales, las relaciones económicas y el clima político. Hoy el buen padre de familia es, de conformidad con la doctrina fascista, el ciudadano o el productor que no olvida sus propios compromisos y consciente de sus responsabilidades[52].

52 *Relazione al Codice civile*, cit., n. 559. Se puede apreciar que esta perspectiva corporativista se encuentra en la *Teoría general de las obligaciones* de Emilio Betti, publicada a principios de los años cincuenta. Esto se destaca solo para señalar como extremadamente interesante (aunque el tema no ha sido estudiado todavía con la debida profundidad) el tránsito de la solidaridad

8. NATURALEZA DE LA RESPONSABILIDAD DEL DEUDOR POR EL INCUMPLIMIENTO DE LA OBLIGACIÓN

Se ha hecho referencia al debate doctrinal y jurisprudencial centrado sobre la naturaleza –subjetiva u objetiva– de la responsabilidad del deudor. La cuestión, de manera sintética, es la siguiente: ¿es suficiente para que el deudor pueda sustraerse a la responsabilidad por incumplimiento que pruebe no haber incurrido en culpa, es decir, de haber tenido una conducta diligente, y como tal conforme, o con las reglas técnicas (si se trata de una prestación profesional), o con las reglas comunes de experiencia general y prudencia, que a su vez, naturalmente se apoyan sobre el deber general de *correttezza* previsto en el art. 1175 –en el sentido de que la *correttezza* incidirá sobre la medida y sobre las características del esfuerzo que el deudor debe hacer para cumplir teniendo en cuenta el resultado al cual tiende naturalmente el cumplimiento? O, en cambio, ¿la prevalencia del art. 1218 sobre el art. 1176 (ante lo cual se produce una absorción sustancial de la segunda disposición por la primera) ocasiona que las modalidades de ejecución de la conducta cumplan un rol marginal, por ejemplo en lo concerniente a la mitigación o agravación del monto del *quantum* del daño, según que la negligencia haya sido más o menos grave (y así sucesivamente introduciendo una connotación sancionatoria en la esfera del resarcimiento del daño), pero no incidan sobre el juicio de responsabilidad, relativo solamente a la falta de obtención de la utilidad del acreedor?

En los decenios que van desde 1942 hasta hoy, no hay duda de que las respuestas han sido y son diferentes[53], y el debate ha sido enriquecido por la

---

corporativa a la solidaridad constitucional: en ese tránsito es innegable también la presencia de elementos de continuidad.

53 *Cfr.* la amplia reconstrucción de Visintini, G. *Inadempimento e mora del debitore. Artt. 1218-1222*, cit., de la que destacamos expresamente al menos la siguiente parte: "El concepto de 'causa no imputable', entendido hasta aquí por la doctrina dominante en el sentido de 'causa no imputable a la culpa del obligado', sobre el terreno de las aplicaciones prácticas asume, en cambio, el significado de evento completamente extraño a la esfera de control del obligado e inevitable por él, y en relación causal con una efectiva imposibilidad de cumplimiento. La ajenidad y la inevitabilidad como requisitos esenciales no se miden conforme al criterio dictado por el art. 1176 c.c.it. El requisito de la ajenidad implica que el acontecimiento, del cual depende la imposibilidad, debe tener un origen externo respecto del círculo de actividades del deudor y privado de cualquier conexión, aunque solo sea ocasional, con la actividad misma. [...] En cuanto al requisito de la inevitabilidad o del carácter insuperable del evento, estos revelan su utilidad para el uso por parte de los jueces, cuando el hecho del cual depende la imposibilidad es exterior a la esfera de utilidad del deudor (por ejemplo, eventos naturales,

discutida relevancia de la hipótesis de no imputabilidad de un incumplimiento que depende de eventualidades no patrimoniales, las cuales pueden hacer inexigible la obligación[54]; sin embargo, en el momento en el cual se abandone la idea de que el problema del incumplimiento y de la responsabilidad sea pura y exclusivamente dogmático, cuya solución tendrá que encontrarse necesariamente en el interior de la lógica jurídico-sistemática del código civil, y dejando de espaldas el terreno estructural, para ponerse sobre el terreno funcional, la solución del problema, la cual, de todas maneras, después tendrá que traducirse en términos dogmáticos, se fundamenta en otra parte, es decir, en aquella ya evocada dimensión política del derecho: lo que acabamos de decir no significa cosa distinta que, con referencia a las cuestiones aquí tratadas, el objetivo del análisis jurídico consistirá en inferir sobre cual de las partes (por qué y en qué medida) deban gravar los costos de una vicisitud patológica de la relación que ha desembocado en el incumplimiento de una obligación.

Por lo tanto, se trata de una dimensión política que encuentra su fuerza en una aproximación al contrato en términos de análisis económico, la cual cumple una primera función descriptiva, arrojando luz de la manera más puntual posible sobre el complejo de los intereses involucrados en la obligación y procurando de esta manera la base de partida, desde una perspectiva argumentativa, para justificar después la adopción de uno o más de los criterios de juicio, los cuales, en términos de razonabilidad, y por lo tanto de medida de lo justo y lo injusto, relativa a un determinado contexto (medida como tal susceptible de ser reconstruida y por ello falsable, como tutela de la certeza, más que del derecho, de la decisión, en cuanto conjunto de afirmaciones

---

factum principis). Ante estos eventos la jurisprudencia emprende la indagación sobre la prevención del incumplimiento por parte del deudor, pero además esta indagación no es conducida conforme al criterio de la diligencia ordinaria en los negocios. Por lo general, se examina si todas las medidas posibles en concreto para superar el impedimento hayan sido adoptadas por el deudor. Existe en realidad una tendencia de parte de la jurisprudencia, especialmente de Casación, para usar el concepto de diligencia profesional para excluir de la obligación de diligencia ciertas medidas, aunque económicamente adoptables, pero ajenas a la práctica normal, con el fin de atribuir eficacia liberatoria al evento extraño, pero se trata de una tendencia minoritaria. [...] En definitiva, la culpa del obligado es relevante en esta materia como eventual causa concurrente de la imposibilidad a cumplir y por lo tanto el discurso sobre la no imputabilidad del impedimento al deudor se resuelve en la valoración de su incidencia causal sobre la imposibilidad y para efectos de excluir un concurso con el deudor" (pp. 408-410).

54 Me refiero en particular a la contribución de Clarizia, O. *Sopravvenienze non patrimoniali e inesigibilità nelle obbligazioni*, Nápoles, ESI, 2012.

susceptibles de ser sometidas a un control de racionalidad), establezcan, esta vez con carácter prescriptivo, los efectos económicos del incumplimiento. Entonces me atrevo a afirmar que la discusión sobre la naturaleza de la responsabilidad por incumplimiento de la obligación, es menos central de lo que se podría creer, precisamente porque el objetivo perseguido no debería ser el de aplicar determinados criterios de juicio porque están presentes dentro de un texto legislativo, o porque sean fruto de la elaboración doctrinal o jurisprudencial, sino porque aseguran al problema una solución que, en el caso concreto, parezca ser aquella argumentativamente más contundente en el respeto del principio de la razón[55], por lo tanto, con la expresa finalidad, no solo de la búsqueda genérica, sino de la consecución de un ideal de justicia: un ideal que ya no es abstracto, porque sería una perspectiva ahistórica, sino concreto, y por lo tanto relativo a la "convicción común –aquella que, bien vista, legitima la misma organización de una colectividad social–"[56].

La teoría general de las obligaciones y la teoría general del contrato hoy parecen requerir un repensamiento crítico en esta dirección; por lo demás, no se trata de nada distinto que de aprovechar al máximo las enseñanzas de las aproximaciones antidogmáticas, en el sentido de antiformalistas, superándose de esta manera aquel temor excesivo del subjetivismo interpretativo, del cual desciende una desconfianza igualmente excesiva en las capacidades críticas del ser humano y por lo tanto del juicio, que sin duda es el sostén central del derecho en cuanto, teniendo en cuenta lo expuesto arriba, constituye el edificio institucional.

Bajo esta óptica, a mi juicio, sería más bien deseable aquello que podríamos llamar un uso sincrético de los criterios de imputación de la responsabilidad, de lo cual se desprendería un paralelo sincretismo de los remedios aplicables al finalizar el juicio de responsabilidad o derivados de ese juicio de responsabilidad. Con el efecto, en primer lugar, de que las posiciones excesivamente rígidas, tanto en materia doctrinal como jurisprudencial, serían dejadas de lado, y, en segundo lugar, que el rol de la culpa/negligencia y el rol de la responsabilidad objetiva podrían funcionar en conexión recíproca[57], tanto para

---

55 Véanse los ensayos que ahora se encuentran recopilados en LIPARI, N. *Diritto civile e ragione*, cit.

56 LIPARI, N. *Diritto civile e ragione*, cit., p. 5 (pero debe ser vista toda la "Presentación", pp. 3-8, en donde precisamente se insiste sobre la necesidad de que el derecho sirva para obtener un resultado justo: p. 5).

57 Por otro lado, me parece que en la *Relazione al Codice civile*, cit., n. 571, existan elementos

efectos de la valoración de las singulares conductas de las partes como para la elección del remedio aplicable en una determinada figura concreta. Por lo demás es demasiado fácil observar que, en un primer momento –como en realidad desde hace algún tiempo está ocurriendo–, los remedios se multiplican en virtud de una exigencia de tutela que siempre está más circunscrita al caso específico, con posterioridad, los criterios de juicio sobre la subsistencia de una responsabilidad en cabeza del deudor sufren, inevitablemente un proceso de revisión, ya sea porque la operatividad de los remedios se refleja sobre los criterios de imputación de la responsabilidad, sea porque hoy estamos asistiendo a una expansión del radio de acción de la responsabilidad (tanto contractual como extracontractual[58]), reforzando de esta manera con posterioridad la centralidad de los remedios, de lo que se deriva una ampliación inevitable de los criterios de juicio que tienen por objeto la conducta de la parte que después será llamada a responder por el daño. Pero la pluralidad de las reglas operativas no es enemiga de la certeza.

---

de notable interés que pueden ser utilizados en este sentido (naturalmente también deben ser adaptados a las exigencias actuales, y por consiguiente una vez más distinguiendo, con Ascarelli, entre *intentio legislatoris* e *intentio legis*): "Ahora, el art. 1218, lógicamente relacionado con el art. 1256 que disciplina la extinción de la obligación por imposibilidad sobrevenida de la prestación, subordinando la exoneración de responsabilidad a la condición de que el incumplimiento o el retardo hayan sido determinados por imposibilidad de la prestación, ha querido evidenciar que debe tratarse de imposibilidad de la prestación en su esencia. De manera que no puede, con miras a los efectos liberatorios, ser tomada en consideración la imposibilidad de cumplir la obligación, originada en causas inherentes a la persona del deudor o de su economía, que no estén objetivamente relacionadas con la prestación debida; mientras que, por otra parte, también los impedimentos que se verifiquen en la persona o en la economía del deudor deberán tenerse en cuenta cuando incidan sobre la prestación considerada en sí misma, en su esencia o en los objetivos previstos. Por otro lado, también es sabido que los conceptos de caso fortuito y fuerza mayor, a los cuales hacía referencia el art. 1226 del código de 1865, dieron lugar a gravísimas discusiones: la más reciente tendencia en la doctrina se orientaba en el sentido de identificar aquel concepto con la ausencia de culpa, de parte del deudor, en la determinación del evento del cual dependiera el incumplimiento o el retardo en el cumplimiento. Por esto, en el art. 1218, para dirimir cualquier discusión se habla pura y simplemente de causa no imputable al deudor: la no imputabilidad del evento, o sea la ausencia de culpa con respecto a la verificación del mismo y al consiguiente impedimento a cumplir, constituye el requisito subjetivo, que debe concurrir con aquel objetivo de la imposibilidad de la prestación, para que el deudor incumplido sea exonerado de responsabilidad".

58 *Cfr.* Koteich Khatib, M. *La reparación del daño como mecanismo de tutela de la persona. Del daño a la salud a los nuevos daños extrapatrimoniales*, Bogotá, Universidad Externado de Colombia, 2012; Espinoza Espinoza, J. *Derecho de la responsabilidad civil*, Lima, Instituto Pacífico, 2016.

9. LA GRAVEDAD DEL INCUMPLIMIENTO

Llegamos así al tercer problema, sobre el cual quisiera detenerme gracias a un pronunciamiento reciente de la Corte de Casación italiana[59], centrado precisamente en la gravedad del incumplimiento.

El art. 1455 del código civil italiano establece el principio de la no escasa importancia del incumplimiento, una importancia no escasa (o, en positivo, gravedad) del incumplimiento que opera como presupuesto de la resolución del contrato[60].

Dicho de manera menos sintética, no cualquier incumplimiento justifica la aplicación del remedio destructivo de la relación contractual, bajo la lógica de la operación económica, puesto que el contrato podrá ser disuelto sólo cuando la relevancia del incumplimiento haya hecho perder para el acreedor todo interés en obtener el cumplimiento de la prestación comprometida en el contrato. Solo con esta condición, la pretensión del acreedor insatisfecho tendiente a obtener la resolución del contrato (más allá de la pretensión resarcitoria) podrá ser considerada legítima.

Puede decirse que la *ratio* del principio de la no escasa importancia del incumplimiento sea por lo menos doble, en la medida en que pretenda conseguir dos objetivos: en primer lugar, impedir que el acreedor insatisfecho frente a un incumplimiento levemente inexacto pueda destruir el contrato, impidiendo también de esta manera que la contraparte obtenga su propia utilidad económica, que como tal es directamente atribuible al fin del contrato, bajo la lógica del conjunto de intereses al cual se ha hecho referencia varias veces; en segundo lugar, y precisamente tomando en consideración el alcance económico del contrato, se pretende impedir que este último pueda ser resuelto con demasiada facilidad, ya no como un reconocimiento dogmático al principio de conservación del contrato[61], sino justamente porque, en el momento en el

---

59 Me refiero a la sentencia de Casación, sección III civil, 20 de febrero de 2018, n. 4022, en *Foro italiano*, 2018, I, cc. 2096-2100, con comentario editorial.

60 En efecto, el art. 1455 dispone lo siguiente: "El contrato no se puede resolver si el incumplimiento de una de las partes tiene escasa importancia, teniendo en cuenta el interés de la otra". Al respecto, *cfr.* SICCHIERO, G. "La risoluzione per inadempimento. Artt. 1453-1459", en *Commentario Schlesinger-Busnelli*, Milán, Giuffrè, 2007, *sub* art. 1455, pp. 541-589.

61 *Cfr.* las críticas expuestas por ROPPO, V. "Giudizialità e stragiudizialità della risoluzione per inadempimento: la forza del fatto", en Consolo, C., Pagni, I., Pagliantini, S., Roppo, V. y Maugeri, M. (dirs.), *La risoluzione per inadempimento. Poteri del giudice e poteri delle parti*,

cual el contrato sea disuelto, las potencialidades económicas manifestadas en el contrato no podrán seguir siendo alcanzadas: el contrato resuelto es un valor económico destruido y no más recuperable[62].

Se puede observar además que el art. 1455 ha tenido la misma suerte que han tenido la imputabilidad del incumplimiento y la diligencia en el cumplimiento, en el sentido de que, también en la perspectiva de la resolución por incumplimiento (incluso, con mayor razón), es esencial que emerja en detalle la perspectiva económica sobre la cual se encuentra fundada la relación contractual, precisamente para evitar (en la misma perspectiva de la responsabilidad por incumplimiento, y con particular atención a la regla de la causa no imputable de la imposibilidad de la prestación) que el vínculo negocial, en virtud de su relevancia económica, pueda ser sometido a un arbitrio resolutorio de la misma parte que, en realidad, no ha sufrido de ninguna manera un perjuicio lo suficientemente grave como para permitirle poner fin a la relación, porque si en cambio, aquello le fuera permitido, el efecto sería el de acarrear un perjuicio desproporcionado (respecto de la economía del contrato) en contra de la otra parte. En efecto, existe una simetría evidente entre los artículos 1218 y 1455, leídos precisamente en estrecha sintonía con el plano económico que se encuentra a la base de la relación obligatoria de fuente contractual: como, por una parte, el deudor no puede, para sustraerse de responder, aducir un genérico esfuerzo dirigido al cumplimiento, así tampoco el acreedor podrá, en caso de disolver el contrato, beneficiarse de cualquier incumplimiento del deudor, porque, si eso fuera posible, nos encontraríamos frente a una conducta oportunista, y como tal radicalmente contraria a la valoración de la economía del contrato, y sobre todo en contraste radical con el contenido prescriptivo de esta última.

En ambos frentes (aquel del incumplimiento de la obligación y aquel de la resolución del contrato), por ello, se trata de contrastar cualquier aproximación al problema que pueda permitir el ingreso de un criterio de juicio arbitrario, lo que ocurriría si tal criterio dependiera, por una parte, de la decisión unilateral del acreedor insatisfecho, y, por otra parte, de la condición subjetiva en la cual

---

Bolonia, Il Mulino, 2018, pp. 13 ss., especialmente p. 15, a propósito de la vacuidad de la mención al pretendido principio general de 'conservación del contrato'.

62 Sobre estos aspectos, deben leerse las consideraciones analíticas de Hinestrosa, F. *Tratado de las obligaciones II. De las fuentes de las obligaciones: el negocio jurídico*, vol. II, cit., esp. pp. 879-882.

se encuentra el deudor en el momento del incumplimiento, aniquilándose de esta manera, una vez más, la sustancia económica de la relación.

Como quedó establecido antes, el instrumento clásico para contrarrestar una aproximación que aparentemente es subjetivista (y si fuera efectivamente tal sería además valorada respecto de las conexiones entre condición subjetiva de las partes y consecuencias económicas que descienden de una conducta sobre la cual el peso de la condición subjetiva ha incidido), pero que en realidad es simplemente arbitraria, es la regla de la *correttezza*, que protege la realización de la relación obligatoria (cualquiera que sea la fuente): una regla de *correttezza* que hoy ha asumido una serie de especificaciones ulteriores, y en particular aquella de la razonabilidad como también aquella de la proporcionalidad. Se puede sintéticamente afirmar que aquello que importa, tanto en la relación obligatoria como en la relación específicamente contractual, es que la confianza recíproca de las partes a la realización plena del programa negocial no sufra perjuicios irrazonables o desproporcionados en la fase ejecutiva (con la precisión de que el perjuicio clásico es aquel del incumplimiento, pero también es cierto que eso no agota el espectro de las 'patologías ejecutivas', pudiéndose por ejemplo pensar en el área muy vasta de las eventualidades[63]).

Entonces, naturalmente, se reincorpora al juego el art. 1175 que, enunciando precisamente el deber de *correttezza* en la relación obligatoria, constituye la base del juicio en torno a los remedios: el remedio aplicable a la relación obligatoria viciada por alguna patología debe ser razonable y proporcionado, tanto respecto de la patología como respecto de las consecuencias que de otra manera se habrían producido en ausencia del remedio, como también respecto de los efectos que descienden del remedio aplicado.

10. GRAVEDAD DEL INCUMPLIMIENTO Y ECONOMÍA DEL CONTRATO

Pasamos ahora al caso decidido por la Corte de casación italiana.

Brevemente, la controversia puede resumirse en los siguientes términos: las partes de un contrato de transacción, concluido precisamente para poner fin a una serie de controversias pendientes entre ellas, incurren ambas en

63 Hinestrosa, F. *Tratado de las obligaciones II. De las fuentes de las obligaciones: el negocio jurídico*, cit., pp. 507-536; Tuccari, E. *Sopravvenienze e rimedi nei contratti di durata*, Milán, Wolters Kluwer y Cedam, 2018.

incumplimiento. Entonces se está frente a una hipótesis de incumplimiento recíproco, pero no de incumplimientos equivalentes, sobre la base de la reconstrucción efectuada por los jueces de primer y de segundo grado.

Una de las partes inicia un proceso en contra de la otra, cuya pretensión es que se pronuncie una sentencia constitutiva por medio de la cual obtener el efecto jurídico que habría obtenido si se hubiese producido el cumplimiento espontáneo de la otra parte. Esta última, naturalmente, excepciona el incumplimiento de la otra y pretende la resolución del contrato, sobre el presupuesto del grave incumplimiento de la parte actora.

Los jueces, en primera y segunda instancia, de manera armónica, afirman que el contrato no puede ser resuelto porque, más allá de los incontrovertibles incumplimientos recíprocos y del hecho de que el incumplimiento imputable a la parte actora haya sido calificado como un incumplimiento de importancia no escasa, de todas maneras el contrato en vida seguía proyectando una solución preferible económicamente, para la parte que, por el contrario, pretendía hacer valer por vía reconvencional el remedio resolutorio.

Aquí estamos frente (al menos aparentemente) a una argumentación construida a partir de la economía del contrato, con la consecuencia, con base en lo observado por parte del Tribunal y después por la Corte de apelación, de que el contrato debe permanecer vivo, porque, si fuera resuelto, el valor de la utilidad destruida (es decir, la relevancia económica de la resolución) sería inferior al valor de la utilidad que se desprendería del contrato (es decir, la relevancia económica del contrato para la parte que pretendía la resolución –aunque es necesario confirmar que el incumplimiento había sido calificado efectivamente como grave, lo que hacía mucho más problemático negar el remedio resolutorio, como en efecto lo destacó después la casación–).

Esta apreciación no es compartida obviamente por la parte a la que le fue rechazada su demanda de resolución, que posteriormente interpuso recurso de casación.

La Corte acogió el recurso por las siguientes razones.

El error de derecho de los jueces de mérito y en particular de la Corte de apelación está en lo siguiente: aunque se demostró que el incumplimiento del contrato de transacción fue grave, definitivo y contrario a la buena fe (y por lo tanto se confirma que no nos encontramos ante incumplimientos recíprocos y equivalentes: el presupuesto del cual parte la controversia es entonces la excepción de incumplimiento planteada por la contraparte[64], después de haber sido demandada, ante el grave incumplimiento de la contraparte, la cual actúa contra el excepcionante, que a su vez, resistiendo la pretensión adversaria, ha formulado demanda de resolución en vía reconvencional), la demanda de resolución fue rechazada, porque la resolución del contrato habría frustrado tanto los esfuerzos que hasta aquel momento habían hecho los contratantes para arribar a la transacción, como el programa económico incorporado en la transacción misma (un programa que sin embargo, podemos destacar que, por el contrario, parecería estar perjudicado justamente por aquel grave incumplimiento que ha desembocado en la pretensión resolutoria de la parte que, habiendo sufrido el grave incumplimiento, había visto gravemente perjudicada la confianza en obtener determinada utilidad).

Antes de volver sobre las razones de la decisión de la Corte de Casación, puede ser útil subrayar que, más allá de la argumentación adoptada por la Corte de apelación (y después censurada por los jueces de legitimidad), la referencia a la buena fe como criterio a través del cual afirmar o negar la subsistencia de un incumplimiento de importancia no escasa es aceptable: aquí estamos frente a un empleo de la buena fe orientado ya no en perspectiva ético-moral, sino bajo una óptica económica; y la buena fe, precisamente en cuanto cláusula general, puede aprovechar aquella intrínseca flexibilidad con el fin de lograr una detallada reconstrucción del conjunto económico contractual, entre texto contractual y contexto económico[65].

También se puede agregar que, desde el punto de vista metodológico, la división se da entre quien considera que esta constante re-orientación del juicio (en este caso, juicio sobre el incumplimiento) de acuerdo con el caso objeto de la decisión es un riesgo que el ordenamiento no puede asumir, sobre todo por razones que tienen que ver con el principio de certeza del derecho, en la

---

64 *Cfr.* CHINCHILLA IMBETT, C. A. *La excepción de incumplimiento contractual. Estructura, función y límites*, Bogotá, Universidad Externado de Colombia, 2017; BENEDETTI, A. M. *Le autodifese contrattuali. Artt. 1460-1462. Commentario Schlesinger-Busnelli*, Milán, Giuffrè, 2011.

65 *Cfr.* PIRAINO, F. *La buona fede in senso oggettivo*, Turín, Giappichelli, 2015; NEME VILLARREAL, M. L. *La buena fe en el derecho romano. Extensión del deber de actuar conforme a buena fe en materia contractual*, Bogotá, Universidad Externado de Colombia, 2010; *ead*, *Facultades contractuales de ejercicio unilateral: cómo usarlas sin incurrir en abuso. La buena fe otorga criterios para el legítimo ejercicio del* ius variandi, Bogotá, Universidad Externado de Colombia, 2018.

perspectiva, en primer lugar, de la previsibilidad de la decisión[66], y quien por el contrario considera que la única forma aceptable de juicio sea aquella del juicio individual-práctico, cuya fuerza y debilidad está estrechamente vinculada al caso que debe ser decidido, por lo que sin un caso concreto ni siquiera puede haber derecho (podríamos decir: *nullum ius sine casu*)[67].

Así, la Corte de casación afirma, en primer lugar, que el juicio sobre la gravedad del incumplimiento debe tender a comprobar si, frente al incumplimiento de la contraparte, el contratante que pide la resolución del contrato tiene un interés objetivo a disolver el vínculo, en el sentido de que debe demostrar la pérdida objetiva de su interés a recibir la prestación: una pérdida de interés que debe necesariamente desprenderse de las características y de los efectos del incumplimiento. Características y efectos que, aunque (pero sobre todo en ciertos casos) a la luz del juicio de buena fe, darán apariencia objetiva a un interés subjetivo creditorio.

En esta perspectiva, resulta bastante claro que el art. 1455 y el art. 1218 presentan al menos un punto de interferencia, en el momento en el cual se pregunta si una prestación todavía posible pero no cumplida, una prestación que pueda ser cumplida sin un esfuerzo económico desproporcionado respecto al valor global del contrato y al valor de la contraprestación (ya recibida o para recibirse), de todas formas pueda permitir al acreedor la elección entre acción de resolución y acción de cumplimiento.

La respuesta de la Corte de casación es que el incumplimiento grave hace presumir la lesión del interés del acreedor al cumplimiento, salvo que el deudor incumplido no aporte prueba de que, en realidad, el acreedor ha conservado interés en recibir el cumplimiento mismo.

Ahora, respecto a nuestro caso, esta respuesta configura en realidad un *obiter dictum*, porque el punto controvertido no vertía sobre la gravedad del incumplimiento (efectivamente comprobado por la Corte de apelación y no discutido por la casación): si así podemos expresarnos, es 'una respuesta que no responde', limitándose esa, en efecto, a proveer un criterio de máxima, que sin embargo, después deberá ser completado por aquel contenido obtenido del balance entre los intereses contrapuestos; un equilibrio llevado a cabo

---

66 *Cfr.* Associazione Italiadecide. *La nomofilachia nelle tre giurisdizioni. Corte Suprema di cassazione, Consiglio di Stato, Corte dei conti*, Bolonia, Il Mulino, 2018.

67 El tema obviamente va más allá del ámbito jurídico: *cfr.* Ginzburg, C. y Biasori, L. (Dirs.). *A Historical Approach to Casuistry. Norms and Exceptions in a Comparative Perspective*, Londres, Nueva York, Oxford, Nueva Delhi y Sídney, Bloomsbury Academic, 2019.

precisamente a la luz de la buena fe/*correttezza*, que permite individuar con detalle, las razones económicas que han conducido a la elección entre resolución y cumplimiento.

Desde el punto de vista de la auténtica *ratio decidendi*, en cambio, el pronunciamiento afronta la cuestión de la diferencia entre interés en la prestación e interés en la resolución: la casación afirma que la elección entre cumplimiento y resolución del contrato es únicamente sometida a la decisión de la parte, y por lo tanto el juez no puede imponer a la parte la elección del remedio.

La premisa de cuanto acabamos de mencionar, naturalmente, es que nos encontramos en presencia de un incumplimiento efectivamente grave (que es precisamente la hipótesis de nuestro caso): en esta situación, abstractamente, el acreedor tiene frente a sí una doble elección: o solicitar el cumplimiento, o pedir la resolución. Sin embargo, debe destacarse que, cualquiera sea la demanda efectivamente propuesta por el acreedor, sobre la base de un juicio de buena fe podría emerger que la demanda planteada en juicio se dirigiera a reapropiarse de utilidades económicas a las que el acreedor ya había renunciado (de otra manera aquel acuerdo no habría sido concluido), realizando así una conducta incorrecta en la perspectiva de la operación económica.

Me parece que resulta entonces que el problema es justamente aquel de la personalización del remedio; personalización que tiene sentido en un ordenamiento jurídico abierto porque es sensible a la dimensión del contexto, respecto al cual el principio de razonabilidad (aquí en particular aplicado bajo una óptica de efectividad) [68] sirve para evitar soluciones estandarizadas, o aún peor mecánicas[69], como tales contrarias a la razonabilidad (lo que se dice precisándose al mismo tiempo que un altísimo número de controversias centradas sobre incumplimiento y resolución representan un problema solo aparente, tratándose de controversias respecto de las cuales, tanto la facilidad de la prueba del incumplimiento, como el carácter manifiesto del incumplimiento, frecuentemente, por no decir siempre doloso, excluyen *in radice* que puedan ser contados dentro de los casos sobre la base de los cuales el ordenamiento podrá recibir estímulos para una restablecimiento del camino).

---

68 *Cfr.*, con diversidad de acentos, Vettori, G. "Effettività delle tutele (diritto civile)", en *Enciclopedia del diritto*, *Annali*, x, Milán, Giuffrè, 2017, pp. 381-407, y Libertini, M. "Le nuove declinazioni del principio di effettività", *Europa e diritto privato*, 4/2018, pp. 1071-1096.

69 *Cfr.* Roppo, V. *Giudizialità e stragiudizialità della risoluzione per inadempimento*, cit., p. 15, "Giudizialità e stragiudizialità della risoluzione per inadempimento: la forza del fatto", en netamente contra las generalizaciones.

En conclusión, diría que, si es obvio que el juicio sobre la importancia no escasa del incumplimiento no puede ser sometido al acreedor, incluso cuando se trate de fundar sobre bases objetivas tal juicio, y en particular cuando el criterio de juicio objetivado sea aquel de la existencia o de la inexistencia de un interés del acreedor a recibir la prestación, frente al incumplimiento sobrevenido de la contraparte, la idea expresada por la casación (también aquí en un *obiter dictum*) en virtud de la cual tal interés subsiste cuando el incumplimiento haya sido de entidad relevante, o cuando haya involucrado obligaciones principales y no secundarias, no es satisfactorio, o por lo menos no parece del todo satisfactorio precisamente en la lógica de la economía del contrato.

Igualmente insatisfactoria, me parece, la idea conforme a la cual la elección entre acción de cumplimiento y acción de resolución sea sometida únicamente a la decisión del acreedor, no pudiendo de esta manera ser censurada en sede judicial: en efecto, diría que, aunque en el caso en el cual el incumplimiento sea grave es necesario que la sentencia arroje luz sobre las razones que han llevado a propender a una u otra elección del acreedor, y todo esto para garantizar el valor del acuerdo y de la fuerza de ley del contrato, conceptos ambos que deben ser declinados desde la perspectiva del análisis económico del contrato, en ausencia de la cual la decisión, aunque sea sustancialmente justa, es una decisión, que no es transparente o menos transparente de cuanto podría y debería ser, justamente en línea con aquel principio de certeza del derecho tantas veces reivindicado en la lectura reciente, y que sin embargo hoy impone un replanteamiento, en la perspectiva de una alteración de la vieja "distinción entre hecho y derecho porque la solución emerge solamente en el momento final y sólo se puede extraer de la manera concreta en que se resuelve el juicio"[70].

BIBLIOGRAFÍA

Alpa, G. *Il contratto in generale*, I: *Fonti, teorie, metodi*, en *Trattato di diritto civile e commerciale Cicu-Messineo-Mengoni-Schlesinger*, Milán, Giuffrè, 2014.

Alpa, G. *Dal diritto pubblico al diritto privato*, Módena, Stem Mucchi Editore, 2017 (2 vols.).

Alpa, G. y Conte, G. (Dirs.). *Casi decisi dalla Corte di Giustizia dell'Unione europea sui diritti fondamentali in materia contrattuale*, Turín, Giappichelli, 2018.

---

70 Lipari, N. *Diritto civile e ragione*, cit., p. 4.

Alpa, G. y Macario, F. (Dirs.). *Diritto civile del Novecento: Scuole, luoghi, giuristi*, Milán, Giuffrè, 2019.

Alpini, A. *Diritto italo-europeo e princípi identificativi*, Nápoles, ESI, 2018.

Arangio-Ruiz, V. *Istituzioni di diritto romano*, Nápoles, Jovene, 1989 (reimpr. anast. de la XIV ed. rev.).

Ascarelli, T. *Diritto comparato e teoria dell'interpretazione*, en *Atti del primo Convegno nazionale di studi giuridico-comparativi*, Roma, Edizione dell'Istituto Italiano di Studi Legislativi, 1953.

Ascarelli, T. *Studi in tema di contratti*, Milán, Giuffrè, 1952.

Benatti, Francesca. "Obbligazione", en *Le parole del diritto. Scritti in onore di Carlo Castronovo*, vol. II, Nápoles, Jovene, 2018.

Benatti, Francesco. "L''obbligazione' (un cammino)", en *Nuovo diritto civile*, 2018.

Benedetti, A. M. "Le autodifese contrattuali. Artt. 1460-1462", nel *Commentario Schlesinger-Busnelli*, Milán, Giuffrè, 2011.

Benedetti, A. M. *Il diritto privato delle Regioni*, Bolonia, Il Mulino, 2008.

Bessone, M. *Adempimento e rischio contrattuale*, Giuffrè, Milán, 1969.

Bongiovanni, V. *Integrazione del contratto e clausole implicite*, Milán, Giuffrè, 2018.

Calabresi, G. *The Future of Law and Economics. Essays in Reform and Recollection*, New Haven y Londres, Yale University Press, 2016.

Camardi, C. *Certezza e incertezza nel diritto privato contemporaneo*, Turín, Giappichelli, 2017.

Clarizia, O. *Sopravvenienze non patrimoniali e inesigibilità nelle obbligazioni*, Nápoles, ESI, 2012.

Coppo, L. *Contract as a Tool for Getting-To-Yes: A Civil Law Perspective*, Nápoles, ESI, 2018.

Chiarella, M. L. *Contrattazione asimmetrica. Segmenti normativi e costruzione unitaria*, Milán, Giuffrè, 2016.

Chinchilla Imbett, C. A. *La excepción de incumplimiento contractual. Estructura, función y límites*, Bogotá, Universidad Externado de Colombia, 2017.

D'Amico, G. y Pagliantini, S. *L'armonizzazione degli ordinamenti dell'Unione europea tra principi e regole. Studi*, Turín, Giappichelli, 2018.

D'Amico, G. "La responsabilità contrattuale: attualità del pensiero di Giuseppe Osti", en *Rivista di diritto civile*, 1/2019, pp. 1-24.

D'Angelo, A. *Lezioni di diritto civile. Introduzione al diritto generale delle obbligazioni*, Turín, Giappichelli, 2014.

D'Angelo, A. *Contratto e operazione economica*, Turín, Giappichelli, 1992.

D'Angelo, A. *Il contratto in generale*, t. iv, *La buona fede*, en Bessone, M. (dir.), *Trattato di diritto privato*, Giappichelli, Turín, 2004.

De Almeida Ribeiro, G. *The Decline of Private Law. A Philosophical History of Liberal Legalism*, Oxford, Hart Publishing, 2019.

Dellacasa, M. *Adempimento e risarcimento nei contratti di scambio*, Turín, Giappichelli, 2013.

Espinoza Espinoza, J. *Derecho de la responsabilidad civil*, 8.ª ed., Lima, Instituto Pacífico, 2016.

Femia, P. (Dir.). Drittwirkung*: principi costituzionali e rapporti tra privati. Un percorso nella dottrina tedesca*, Nápoles, esi, 2018.

Femia, P. "La via normativa. Pietro Perlingieri e i valori costituzionali", en Alpa, G. y Macario, F. (dirs.), *Diritto civile del Novecento*, pp. 359-415.

Gabrielli, E. "La nozione di contratto (appunti su contratto, negozio giuridico e autonomia privata)", *Giurisprudenza italiana*, diciembre 2018.

Garofalo, A. M. *Aleatorietà e causa nella rendita vitalizia e nell'*interest rate swap, Nápoles, esi, 2018.

Garofalo, A. M. *Le regole costitutive del contratto. Contributo allo studio dell'autonomia privata*, Nápoles, Jovene, 2018.

GINZBURG, C. y BIASORI, L. (Dirs.). *A Historical Approach to Casuistry. Norms and Exceptions in a Comparative Perspective*, Londres, Nueva York, Oxford, Nueva Delhi y Sidney, Bloomsbury Academic, 2019.

HINESTROSA, F. "Notas sobre la responsabilidad por incumplimento de las obligaciones", *Revista de Derecho Privado*, 2019, pp. 5-25.

HINESTROSA, F. *Tratado de las obligaciones.* II: *De las fuentes de las obligaciones: el negocio jurídico*, vol. II, Bogotá, Universidad Externado de Colombia, 2015.

HINESTROSA, F. "Tutela del acreedor frente al deudor incumplido", *Revista de Derecho Privado*, 2016, pp. 5-21.

IRTI, N. "Per una concezione normativa dell'autonomia privata", *Rivista trimestrale di diritto e procedura civile*, 2/2018, pp. 555-564.

JACKSON II, R. L. "Cultural Contract Theory: Toward an Understanding of Identity Negotiation", *Communication Quarterly*, vol. 50, n.° 3-4, 2002, pp. 359-367.

KOTEICH KHATIB, M. *La reparación del daño como mecanismo de tutela de la persona. Del daño a la salud a los nuevos daños extrapatrimoniales*, Bogotá, Universidad Externado de Colombia, 2012.

LEÓN HILARIO, L. *Derecho privado. Parte general. Negocios, actos y hechos jurídicos*, Lima, Pontificia Universidad Católica del Perú, 2019.

LIBERTINI, M. "Le nuove declinazioni del principio di effettività", en *Europa e diritto privato*, 4/2018, pp. 1071-1096.

LIPARI, N. *Diritto civile e ragione*, Milán, Giuffrè, 2019.

MACCORMICK, N., WEINBERGER, O. y LA TORRE, M. (Dirs.). *Il diritto come istituzione*, La Torre, M. (dir.), Milán, Giuffrè, 1990.

MORALES HERVIAS, R. *Patologías y remedios del contrato*, Lima, Jurista Editores, 2011.

MÖSLEIN, F. (Hrsg.). *Regelsetzung im Privatrecht*, Tubinga, Mohr Siebeck, 2019.

MÖSLEIN, F. *Dispositives Recht. Zwecke, Strukturen und Methoden*, Tubinga, Mohr Siebeck, 2011.

NAVARRETTA, E. *Costituzione, Europa e diritto privato. Effettività e* Drittwirkung *ripensando la complessità giuridica*, Turín, Giappichelli, 2017.

NEME VILLARREAL, M. L. (Coord.). *Autonomía privada. Perspectivas del derecho contemporáneo*, Bogotá, Universidad Externado de Colombia, 2018.

NEME VILLARREAL, M. L. *Facultades contractuales de ejercicio unilateral: cómo usarlas sin incurrir en abuso. La buena fe otorga criterios para el legítimo ejercicio del* ius variandi, Bogotá, Universidad Externado de Colombia, 2018.

NEME VILLARREAL, M. L. *La buena fe en el derecho romano. Extensión del deber de actuar conforme a buena fe en materia contractual*, Bogotá, Universidad Externado de Colombia, 2010.

NIVARRA, L. y PLAIA, A. (Dirs.). *I mobili confini del diritto privato*, Turín, Giappichelli, 2018.

PATTI, S. *La ragionevolezza nel diritto civile*, Nápoles, Editoriale Scientifica, 2012.

PERLINGIERI, G. *Profili applicativi della ragionevolezza nel diritto civile*, Nápoles, ESI, 2015.

PERLINGIERI, P. *Il diritto civile nella legalità costituzionale secondo il sistema italo-comunitario delle fonti*, 3.ª ed., Nápoles, ESI, 2006.

PERLINGIERI, P. "Fonti del diritto e 'ordinamento del caso concreto'", *Rivista di diritto privato*, 4/2010, pp. 7-28.

PIRAINO, F. *Adempimento e responsabilità contrattuale*, Nápoles, Jovene, 2011.

PIRAINO, F. *Buona fede, ragionevolezza e "efficacia immediata dei principî"*, Nápoles, ESI, 2017.

PIRAINO, F. *La buona fede in senso oggettivo*, Turín, Giappichelli, 2015.

RICCI, F. (Dir.). *Principi, clausole generali, argomentazione e fonti del diritto*, Milán, Giuffrè, 2018.

RIZZO, N. "Note minime sull'uso dei principi costituzionali nel diritto dei contratti, rileggendo Dworkin e Hart", *Rivista di diritto civile*, 4/2019, pp. 912-939.

RODOTÀ, S. *Le fonti di integrazione del contratto*, Milán, Giuffrè, 1969.

Roppo, V. "Giudizialità e stragiudizialità della risoluzione per inadempimento: la forza del fatto", en Consolo, C., Pagni, I., Pagliantini, S., Roppo, V. y Maugeri, M.(dirs.), *La risoluzione per inadempimento. Poteri del giudice e poteri delle parti*, Bolonia, Il Mulino, 2018.

Roppo, V. *Il contratto del Duemila*, 4.a ed., Turín, Giappichelli, 2020.

San Martín Neira, L. C. "Las funciones de la razonabilidad en el Derecho Privado chileno", *Revista de Derecho de la Pontificia Universidad Católica de Valparaíso*, vol. 51 (segundo semestre de 2018), pp. 173-198.

Sicchiero, G. *La risoluzione per inadempimento. Artt. 1453-1459*, nel *Commentario Schlesinger-Busnelli*, Milán, Giuffrè, 2007.

Sirena, P. *Introduction to Private Law*, Bolonia, Il Mulino, 2019.

Sirena, P. y Zoppini, A. (Dirs.). *I poteri privati e il diritto della regolazione. A quarant'anni da "Le autorità private" di C. M. Bianca*, Roma, Roma TrE-Press, 2018.

Solinas, C. *Il contratto amministrato*, Nápoles, esi, 2018.

Tuccari, E. *Sopravvenienze e rimedi nei contratti di durata*, Milán, Wolters Kluwer y Cedam, 2018.

Vacca, L. (Dir.). *Il contratto inadempiuto. Realtà e tradizione del diritto contrattuale europeo* (Ginebra, 24-27 settembre 1997), Turín, Giappichelli, 1999.

Vettori, G. *Contratto e rimedi*, 3.ª ed., Milán, Wolters Kluwer y Cedam, 2017.

Vettori, G. Voz "Effettività delle tutele (diritto civile)", en *Enciclopedia del diritto*, Annali, x, Milán, Giuffrè, 2017, pp. 381-407.

Visintini, G. *Inadempimento e mora del debitore. Artt. 1218-1222*, en el *Commentario Schlesinger-Busnelli*, 2.ª ed., Milán, Giuffrè, 2006.

Zoppini, A. *Il diritto privato e i sui confini*, Bolonia, Il Mulino, 2020.

Zoppini, A. "Il diritto privato e le 'libertà fondamentali' dell'Unione europea. (Principî e problemi della Drittwirkung nel mercato unico)", en Mezzanotte, F. (dir.), *Le "libertà fondamentali" dell'Unione europea e il diritto privato*, Roma, Roma TrE-Press, 2016.

PARTE SEGUNDA
DE LOS REMEDIOS QUE TIENEN COMO FINALIDAD LA CONSERVACIÓN DEL CONTRATO

Alberto Maria Benedetti*

¿Una nueva excepción de incumplimiento?

Sumario: 1. La resolución "camuflada" de excepción de incumplimiento: dos decisiones recientes. 2. El sentido de la función dilatoria: a los orígenes de los usos "criptorresolutorios". 3. La *exception d'inéxecution* en la *Ordonnance*. 4. La excepción de incumplimiento en los contratos de raigambre constitucional. 5. El deudor incumplidor, pero titular de un interés constitucionalmente protegido al goce de la prestación: la experiencia colombiana. Bibliografía.

1. LA RESOLUCIÓN "CAMUFLADA" DE EXCEPCIÓN DE INCUMPLIMIENTO: DOS DECISIONES RECIENTES

La excepción de incumplimiento es una institución antigua de gran tradición: ella aparece –por previsión legal o judicial– en todos los ordenamientos en los que el contrato se encuentra regulado. Nace, si se quiere, con el contrato y hace parte de su misma naturaleza, como instrumento de protección dirigido a preservar el sinalagma, garantizando o facilitando su plena ejecución[1]. No se dirige a destruir el vínculo, sino a conservar el sinalagma.

En este ensayo describo, en primer lugar, un fenómeno que, en Italia, ha conmovido la excepción de incumplimiento y que, a mi juicio, ha definido los desarrollos más recientes (§§ 1-2); posteriormente trato de abordar una perspectiva nueva que nace del uso de la excepción de incumplimiento en los contratos asimétricos y que ha tenido, precisamente en Colombia, una experiencia interesante, en grado de constituir un laboratorio muy útil para prever futuros desarrollos análogos también en Italia (§§ 4-5); con un interludio sobre la reciente regulación de la excepción de incumplimiento en el derecho privado francés, y sobre las novedades que, a propósito de excepción de incumplimiento, plantea esa nueva regulación (§ 3).

---

* Profesor Ordinario de la Universidad de Génova, Italia.
Traducción de María Elisa Camacho.

1 La excepción de incumplimiento ha sido objeto de un reciente estudio profundo y conducido con un serio método histórico-comparado: CHINCHILLA IMBETT, C. A. *La excepción de incumplimiento contractual. Estructura, función y límites*, Bogotá, Universidad Externado de Colombia, 2017. A este estudio puede hacerse referencia para un encuadramiento general de la excepción de incumplimiento: eso demuestra que se trata de un instituto, por decirlo así, universal, con lineamientos comunes en todas las experiencias jurídicas. Para un enfoque sistemático de los problemas planteados por la excepción de incumplimiento puede verse HINESTROSA, F. *Tratado de las obligaciones*, II, Bogotá, Universidad Externado de Colombia, 2015, p. 931 ss.

Stefano Pagliantini[2] ha demostrado la existencia de una resolución "camuflada" de excepción de incumplimiento, de la cual se hace un uso que, hasta hace un tiempo, tuve la ocasión de llamar "criptorresolutorio"[3]; precisamente en el ámbito francés, este uso "alternativo" de la excepción de incumplimiento ha sido observado (y criticado) por primera vez, con enfoques críticos, pero también muy realistas, y no es abstruso suponer que esta experiencia haya tenido influencia sobre la *Ordonnance*, por medio de la cual se introdujo en el sistema francés la excepción de incumplimiento (antes presente, pero no disciplinada en el *Code civil*).

En un artículo publicado en los albores de los años noventa, Roche-Dahan define la excepción de incumplimiento como "*una forma de resolución unilateral del contrato sinalagmático*", aludiendo a aquella función sustancialmente resolutoria desplegada por la excepción, siempre y cuando haya sido opuesta frente a incumplimientos definitivos, irreversibles, lo suficiente como para considerar impensable la supervivencia del contrato.

Justamente, una excepción muy similar a una resolución unilateral[4].

En Italia, un fenómeno análogo (uso criptorresolutorio de la excepción de incumplimiento) se puede verficar en una casuística jurisprudencial bastante consolidada.

Se trata de dos casos significativos: a) Casación civil, 22.3.2017, n. 7309; y b) Casación, 18 de enero de 2017, n. 1214.

a) Casación civil, 22.3.2017, n. 7309:

Hechos. 13'000.000 de euros: es el valor que exige un galerista de arte a un condominio por los daños sufridos por los cuadros expuestos en su galería como consecuencia de la ruptura de un tubo del agua; al final, mucho ruido y pocas nueces, el Tribunal le reconoce al galerista 9.500 euros.

---

2 Pagliantini, S. "Giudizialità e stragiudizialità della risoluzione per inadempimento: a proposito degli artt. 1219, 1224, 1226 e 1227 Code civil, per un'interpretazione evolutiva dell'art. 1453 c.c.", *Annuario del Contratto 2016*, Turín, Giappichelli, 2017, p. 73 ss.

3 Benedetti, A. M. *Le autodifese contrattuali*, Milán, Giuffrè, 2011, p. 80 ss. e *id.*, "La deriva dell'eccezione di inadempimento: da rimedio sospensivo a rimedio criptorisolutorio?", *Danno e resp.*, 2003, p. 758 ss.

4 En el ordenamiento jurídico francés, ante la ausencia de la resolución unilateral, la excepción de incumplimiento (que, por otra parte, no estaba disciplinada en el *Code civil*) parecía desarrollar una (suerte de) rol de suplencia: v. sobre esto Genicon, T. *La résolution du contrat pour inexécution*, París, LGDJ, 2007, p. 410 ss. (quien, también, critica la proximidad de la excepción de incumplimiento a la resolución).

Pero el abogado del galerista, habiendo tasado sus honorarios de acuerdo con el monto de la demanda, le exige 45.000 euros a título de saldo de sus prestaciones y le notifica un mandamiento de pago. En respuesta, el cliente interpone una demanda de reconvención de responsabilidad, pidiendo que se declare la pérdida del derecho a la remuneración y que, en cambio, se ordene la restitución de cuanto recibió el abogado como anticipo de sus honorarios (16 mil euros además de 19 cuadros por un valor igual a los 11 mil euros).

En el recurso interpuesto ante el juez de legitimidad[5], el cliente manifiesta que su demanda no se dirigía al resarcimiento del daño, sino que solo solicitó fuera declarada la pérdida del derecho a la remuneración; el verdadero objeto de la demanda del cliente era una excepción de incumplimiento, ante la cual los jueces de mérito[6] habrían debido colegir la extinción del derecho a la retribución en cabeza del profesional.

De acuerdo con la casación, la *exceptio non rite adimpleti contractus* legitima la objeción de pagar el saldo al profesional siempre que, bajo la óptica del juicio de buena fe/proporcionalidad, el abogado haya incurrido en errores u omisiones tales como para impedir la consecución de un resultado del litigio, que de otra manera se habría podido obtener, y por lo tanto, tales como para justificar la falta de pago por parte del cliente.

En este caso concreto, el cliente había pedido, con la oposición al mandamiento de pago, tanto el reconocimiento de no debitar el saldo exigido por el abogado, como la restitución de lo que ya había pagado: escriben los jueces que "en sustancia, el recurrente había solicitado la resolución del contrato profesional por incuplimiento del abogado, haciendo por lo tanto necesaria la revisión de la conducta del profesional y la idoneidad de los pagos que ya se le habían hecho para poder justificar dicha resolución por incumplimiento".

Así pues, la casación parece reinterpretar la demanda originaria –limitada a comprobar la legitimidad de la impugnación del pago del saldo– como una

---

5 N. del T. Los jueces de legitimidad en Italia son aquellos que "solo valoran la correcta aplicación de las normas al caso examinado", ver Zingarelli, N. *Io Zingarelli 2013*, *Vocabulario della Lingua Italiana*, Zanichelli.

6 N. del T. Los jueces de mérito en Italia son definidos de la siguiente manera: "atribución reservada en el proceso civil y penal a los órganos judiciales de primer y segundo grado en cuanto competentes para conocer de cuestiones tanto de hecho como de derecho, o a los órganos de justicia administrativa competentes para valorar la oportunidad de determinadas decisiones discrecionales de la administración"; ver Zingarelli, N. *Io Zingarelli 2013*, *Vocabulario della Lingua Italiana*, Zanichelli.

demanda de resolución, considerando también la solicitud de restitución de lo ya pagado, que se explicaría solo como una preventiva resolución del contrato.

Aquí, entonces, más que resolución "camuflada", hay una resolución "develada": la casación, en efecto, parece quitarle la máscara elegida por la parte, dándole prevalencia a la sustancia. El presunto excepcionante, evidentemente, no quiere obtener el efecto de suspender su propia prestación, sino que quiere que se declare la extinción definitiva del contrato, algunas veces demandando, como en el caso en cuestión, la restitución de lo ya pagado, otras solicitando el resarcimiento de los daños.

Sostiene Dellacasa[7], y comparto esta idea, que la *exceptio* en casos como este sirve para ofrecer al cliente una primera defensa, aunque extrajudicial, frente a la solicitud de pago de la retribución, porque no debe necesariamente emprender la vía de la resolución judicial, salvo que también esté interesado en las restituciones y en el resarcimiento del daño; aunque, de cualquier manera, el sentido sustancial es el de la liberación definitiva de la relación contractual.

La casación, en el 2017, parece atender la exhortación de esta doctrina en el camino justo de los confines entre los diversos remedios: si la excepción se dirige no solo a la liberación, sino también a la restitución del anticipo, debe ser tratada como una resolución, y por lo tanto debe pasar a través de la prueba de la imputabilidad del incumplimiento de la contraparte.

Roppo parece apoyar esto[8]: si el excepcionante solo quiere liberarse de la obligación, pero no tiene otro objetivo, puede recurrir al artículo 1460 c.c.; si además pretende la restitución y el resarcimiento, tendrá que demandar la resolución (o, siguiendo la sentencia de casación de 2017, su demanda deberá ser interpretada como demanda de resolución).

b) Casación, 18 de enero de 2017, n. 1214:

Dos ingenieros exigen al municipio el saldo correspondiente a la remuneración por el diseño de un plano urbanístico; el municipio se opone al mandamiento de pago; el tribunal declara que el municipio no está obligado al pago de las retribuciones por el incumplimiento de los profesionales, que incurrieron en graves errores de diseño. La Corte de Apelación confirma: en la impugnación de pago se encuentra implícita la excepción de incumplimiento, fundada, en este caso, sobre los errores cometidos por lo ingenieros en el

---

7 Dellacasa, M. "Risoluzione per inadempimento e ricorso al processo", *Riv. dir. civ.*, 2015, p. 40 ss., en partic. pp. 53-55.

8 En tal sentido, Roppo, V. *Il contratto*, Milán, Giuffrè, 2011, pp. 921-922.

diseño del plano urbanístico. El municipio, cabe señalar, ya había pagado un anticipo, pero ahora, simplemente, impugna el pago del saldo, sin exigir la restitución del anticipo. La casación precisa: la imposibilidad de realizar el proyecto por inadecuaciones técnicas le permite al comitente autotutelarse impugnando la retribución "o, en caso de que la retribución ya haya sido pagada, exigir la resolución en virtud del art. 1453 c.c. y las restituciones que se desprenden de aquella".

Por tanto: la excepción de incumplimiento puede servir para suspender (es decir, extinguir) la obligación de pagar la retribución a quien incumple; mientas que la resolución es necesaria solo si se pretende obtener el efecto restitutorio (o, lógicamente, aquel resarcitorio).

2. EL SENTIDO DE LA FUNCIÓN DILATORIA: A LOS ORÍGENES DE LOS USOS "CRIPTORRESOLUTORIOS"

En la doctrina siempre se ha afirmado que la excepción de incumplimiento desempeña una función dilatoria o suspensiva[9] teniendo por fin, esencialmente, facilitar o estimular una sucesiva y regular realización del sinalagma contractual[10]; quien recurre a esta aún espera que la relación contractual retorne sobre la vía proyectada, confía todavía, en definitiva, en las aptitudes

---

9 Sobre este punto, se debe observar la sustancial concordancia de toda la doctrina: *cfr.* ROPPO, V. *Il contratto*, cit., p. 918, a juicio de quien las excepciones suspensivas consisten en las "defensas con las que una parte, a la que la otra pide el cumplimiento y/o impute el incumplimiento, puede bloquear de inmediato las pretensiones dirigidas en su contra, oponiendo hechos que justifican, al menos transitoriamente, su denegación a cumplir". *Cfr.* también BIGLIAZZI GERI, L. *Art. 1460. La risoluzione per inadempimento*, II, Roma y Bolonia, Zanichelli Editore e Il Foro Italiano, 1988, pp. 2 ss. Por lo tanto, la denegación es transitoria, temporal, y presupone que la parte a la cual se opone todavía pueda cumplir, restableciendo el normal funcionamiento del sinalagma contractual. *Cfr.* DALMARTELLO, A. "Eccezione di inadempimento", en *Noviss. Dig. it.*, VI, Turín, UTET, 1960, pp. 354 y 355: "La excepción de incumplimieno representa un remedio temporal, transitorio o dilatorio, si se quiere, en cuanto se agota en la facultad de suspender la prestación propia hasta cuando el otro contratante no cumpla o no ofrezca el cumplimiento de la contraprestación debida por él". El mismo autor la ha definido como "manifestación menor del sinalagma contractual" (*ibid.*, p. 356). Asimismo, GRASSO, B. *Eccezione d'inadempimento e risoluzione del contratto (Profili generali)*, Nápoles, ESI, 1973, p. 108 (el resultado que visualiza la excepción es aquel de permitir al deudor el cumplimiento); para un enfoque general, BENEDETTI, A. M. *Le autodifese contrattuali*, cit., en partic. pp. 19 ss.

10 La excepción de incumplimiento no extingue, sino que suspende (la extinción puede ser provocada solo por la resolución); en tal sentido, v. para todos GABRIELLI, E. "Appunti sulle autotutele contrattuali", *Riv. dir. priv.*, 2016, en partic. p. 502.

de la otra parte para cumplir el contrato; el ordenamiento autoriza la suspensión, pero, sabedor de los posibles abusos y deseoso de proteger el vínculo contractual, condiciona la legitimidad a un juicio de buena fe/proporcionalidad específicamente mencionado en el segundo inciso del artículo 1460 c.c.

Hasta los años ochenta, los jueces de legitimidad todavía parecían conscientes de los confines entre la resolución por incumplimiento y la excepción regulada en el artículo 1460 c.c.: en una decisión proferida en 1986[11] se lee algo que tal vez puede resultar banal, pero que, por las razones que expondré adelante, es mejor reiterar: la mera oposición de la excepción de incumplimiento no libera al excepcionante de las obligaciones que tiene en virtud del contrato que permanece vivo. Por lo tanto, si la parte pretende su liberación definitiva de las obligaciones contractuales, debe ejercer el remedio resolutorio previsto en el artículo 1453 c.c.; pero si en cambio persigue la puntual ejecución y conservación del contrato (o, de todas maneras, espera que la relación aún pueda ser ejecutada de acuerdo con el originario programa negocial) puede fácilmente proponer la excepción consagrada en el artículo 1460 c.c. La posibilidad de que pueda perseguir ambos fines –entre los cuales no puede dejar de advertirse cierta incompatibilidad– parece difícil de admitirse, sin resquebrajar aquella independencia de las autodefensas contractuales derivadas de la configuración sistemática de los remedios contractuales.

Escribe Consolo[12] –a propósito de este uso de la excepción de incumplimiento– que en dichos casos el cliente está interesado en el resarcimiento de

---

11 Cas., 28 de abril de 1986, n. 2923, en *Rep. Foro it.*, 1986, *Contratto in genere*, n. 382. “Por lo tanto, si ha sido opuesta en el proceso, la excepción también podrá acompañar una demanda de reconvención cuya pretensión sea la resolución del contrato; pero la función por la que se la elige sigue siendo aquella de amparar a quien desea la conservación del contrato: por lo tanto, es una función que sirve de estímulo a la parte que incumple para eliminar su proprio incumplimiento de manera que el fin – por lo menos originario – común de los contratantes sea logrado”. Por otra parte, si la excepción no se plantea en compañía de una demanda reconvencional de resolución, quien la interpone “[...] debe ser la parte que ha cumplido, y sobre todo la parte que persigue el cumplimiento ajeno aunque sea tardío, y entonces, el buen fin del contrato y ya no la definitiva liberación de la propia obligación; pues, de lo contrario, la excepción misma experimentaría una verdadera y propia contradicción intrínseca, que la expondría a una indefectible *replicatio doli*”. Esta consciencia aflora, más recientemente, también en Cas., 12 de julio de 2005, n. 14597, en *Guida dir.*, 2005, p. 82, en donde se afirma: “La *exceptio inadimpleti contractus* permite la dilación de la prestación de un contratante, pero no produce, por sí misma, en defecto del pronunciamiento de la resolución del contrato, un efecto extintivo de la obligación de la parte excepcionante”.

12 Consolo, C. “Della risoluzione per inadempimento anche stragiudiziale, senza processo,

los daños, porque casi siempre tienen un valor superior al crédito exigido por el profesional: por lo tanto, él propone una recalificación de la excepción como una excepción extintiva de compensación judicial, aliviando de la carga de la prueba al convenido, partiendo del presupuesto de que el daño es superior a la remuneración. Él se refiere a una suerte de artículo 1460-*bis* c.c., un fantasma que no está presente en el código, pero que sí lo está, y de qué manera, en la aplicación práctica.

Es una tesis fascinante: si no hay daño, el profesional debe ser remunerado; si hay daño, su crédito debe ser compensado con el crédito que tiene el cliente al resarcimiento.

Sin embargo, no convence una premisa que, en la reconstrucción de Consolo, debe considerarse indispensable: no hay un crédito a favor del profesional que sea susceptible de compensación porque los clientes –proponiendo la excepción de incumplimiento– logran que los jueces declaren extinguido el crédito del profesional, ya sea cuando subsiste un daño reclamado por el cliente, cuando el cliente solo quiere que le hagan las restituciones correspondientes, o cuando quiere rechazar la solicitud de pago por parte del profesional[13].

De pronto el problema es otro: entender, establecer si un uso como ese de la excepción –efectivamente: resolución camuflada– sea anómalo, o pueda considerarse normal, al menos en ciertas situaciones; ¿se puede usar la excepción de incumplimiento como causa de extinción de la obligación del excepcionante, frente a un incumplimiento de la otra parte que a estas alturas se ha vuelto irreversible o, de todas maneras, lo suficiente como para alterar el contrato, o el interés del excepcionante en su continuación?

---

purché (fuori dagli artt. 1454 e 1456) [...] per contratto anche tacito (o discordia concors per acquiescenza)", p. 11 manuscrito (destinado a los Estudios en Honor de Gambaro): "Por lo tanto, aquello que propone el cliente a quien se le exige el saldo es, en realidad, una excepción –en sentido estricto, aunque no se exijan fórmulas sacramentales– extintiva de compensación judicial. Sin embargo, frente a esta excepción, la jurisprudencia alivia al convenido, despojándolo de la carga de la prueba contenida en el art. 1243 c.c.; como si partiera del presupuesto conforme al cual el valor del daño fuera superior al valor de los honorarios. De esta manera se forja la que podría definirse como una suerte de 'art. 1460-bis', que sigue teniendo la esencia de una compensación, porque en ausencia del daño las pretensiones económicas del profesional deberán ser acogidas [...]".

13 En Cas., 23 de abril de 2002, n. 5928 (la decisión ha sido comentada, desde diversos enfoques, por Bonetta, en *Danno e resp.*, 2003, p. 70, y por quien escribe, también en *Danno e resp.*, 2003, p. 754), se excluye que pueda ser opuesto en compensación el crédito consistente en el pago de los honorarios por la prestación (legal) proporcionada con la deuda consistente en el daño ocasionado al cliente del profesional.

Si nos remontamos en el tiempo, el uso alternativo de la excepción de incumplimiento se ha presentado en el sector de los contratos profesionales, retomando un fenómeno que se produjo en términos casi idénticos en el contexto francés (Ghestin, en una bella nota de 1973[14], escribe que en estos casos "l'exception d'inexécution débouche alors sur une sorte de résiliation amiable").

El uso alternativo se expresa, al menos jurisprudencialmente, en los siguientes términos: un profesional puede "perder" el derecho a la remuneración porque ha ejecutado mal las prestaciones debidas (impidiendo, por lo tanto, la consecución del resultado esperado: el éxito del proceso, la aprobación del proyecto, la recuperación del paciente, entre otros). Se trata de un efecto extintivo que, en estricto rigor, debería obtenerse solamente con el pronunciamiento de la resolución, mas no con el mero ejercicio de la excepción contenida en el artículo 1460 del c.c.

En la sentencia de casación 5928 de 2002[15] se llega a razonar en términos de "pérdida" del derecho a la remuneración como consecuencia de la excepción de incumplimiento planteada por el cliente insatisfecho (cliente insatisfecho con las prestaciones de su abogado); en la sentencia de casación 8033 de 1993[16] (el comitente insatisfecho con el trabajo del ingeniero, pero requerido por este último para pagar la retribución pactada) se afirma que el hecho de haber diseñado un proyecto que no era conforme con los instrumentos urbanísticos "implicó para el profesional la pérdida del derecho a la remuneración, en virtud de la aplicación del principio 'inadimplenti non est adimplendum' [...]"; en sentencia de casación 6812 de 1998[17], tratándose también de un cliente insatisfecho por las prestaciones de un ingeniero, se lee que "la falta de realización de la obra diseñada se produce por culpa del profesional, por lo que debe declararse el incumplimiento –con la consecuente responsabilidad del mismo– de la obligación asumida en el contrato de obra, lo que puede implicar la pérdida del derecho a la remuneración y justificar la autotutela del comitente *ex* artículo 1460 c.c. [...]". Es del todo indiferente la

14 *Note* a Cas., 15 de enero de 1973, en *D.* 1973, p. 475: "La prolongación de esta situación puede conducir a la otra parte a doblegarse ante este rechazo unilateral. La excepción de incumplimiento desemboca entonces en una suerte de amable resolución, aunque el acuerdo de voluntades sea el resultado, a menudo en este caso, de mucha resignación".

15 Cas., 23 de abril de 2002, n. 5928, cit.

16 Cas., 19 de julio de 1993, n. 8033, en *Rep. Foro it.*, 1993, *Professioni intellettuali*, n. 77.

17 Cas., 13 de julio de 1998, n. 6812, en *Danno e resp.*, 1998, p. 1052.

calificación de la obligación asumida por el ingeniero, puesto que, sea esa de "medios" o de "resultado", el profesional pierde el derecho a la remuneración toda vez que el resultado –la aprobación del proyecto diseñado– no se realice por su culpa (leve o, en las situaciones descritas en el artículo 2236 c.c., grave).

El uso que los jueces hacen de la *exceptio inadimpleti contractus*, al menos en los casos examinados, parece desviarse de la función "reparadora" que esta tiene, ya que, por lo que se entiende, la relación contractual ya no podría funcionar, habiéndose desvanecido por la pérdida de la confianza del cliente respecto del profesional, y afectado por el error cometido por este último. Tanto es así que el uso de la expresión "pierde el derecho a la remuneración" permite presagiar una firmeza que va más allá de la mera suspensión temporal de la prestación, siendo este último el efecto tradicionalmente atribuido a la excepción de incumplimiento.

En estos casos, negandose a pagar, el cliente actúa bajo su riesgo y responsabilidad; el juez *ex post* ratifica la legitimidad de tal elección, consolidando definitivamente los efectos (o no la confirma, condenando al excepcionante por el incumplimiento injustificado en el que ha incurrido).

Es evidente, entonces, que la excepción de incumplimiento es invocada, y acogida por los jueces, no como justificación de una mera "suspensión" del cumplimiento del excepcionante, sino como una justa causa de un "incumplimiento radical y definitivo", en grado, por vía de hecho, de alterar el contrato, incluso independientemente de un pronunciamiento que haya declarado la resolución.

3. LA *EXCEPTION D'INÉXECUTION* EN LA *ORDONNANCE*

Ya se dijo que en Francia, desde hace tiempo, había plena conciencia sobre este uso particular de la excepción de incumplimiento, y tal vez ha sido precisamente la observación de este uso la que ha inducido al legislador de la *Ordonnance* 2016/131 a transformar la resolución judicial, no sin antes modificar también la excepción de incumplimiento.

Si quisieramos exagerar: el uso *contra legem* ha producido una nueva *lex*.

El artículo 1217 del *code civil* coloca la excepción de incumplimiento en el primer lugar de las posibles reacciones (*sanctions*) del acreedor frente al incumplimiento: él puede: (i) rehusar la ejecución o suspender la ejecución de su obligación; (ii) obtener la ejecución forzada *in natura* de la obligación; (iii) exigir la reducción del precio; (iv) resolver el contrato y, por último, (v) reclamar el resarcimiento de los daños que le ha causado el incumplimiento de la contraparte. Todos estos remedios pueden acumularse entre ellos, siempre que no sean incompatibles.

La nueva *exception d'inéxecution* (que hoy también se puede promover cuando solo se sospecha el incumplimiento) requiere sin embargo un incumplimiento "suficientemente grave" (art. 1219)[18].

Del *Rapport au Présidente de la Républblique*[19] se comprende que el legislador se ha preocupado por garantizar que la excepción no sea usada como un medio de presión desproporcionado y, por lo tanto, ha considerado que el mecanismo idóneo para evitar el uso abusivo de este remedio contractual es la calificación del tipo de incumplimiento que puede dar lugar a la excepción. Por otra parte, la jurisprudencia de la Corte de Casación siempre ha afirmado la necesidad de la *inexécution suffisamment grave* o de una *certaine gravité de l'inexécution* como límite al ejercicio de la excepción.

No obstante, con la fórmula elegida, surge una pregunta: ¿no hay una superposición entre los dos remedios, puesto que la resolución también requiere la comprobación de la gravedad del incumplimiento?

Mejor dicho: el incumplimiento debe ser *suffisamment grave* tanto para la resolución judicial, también unilateral (art. 1224[20] y art. 1226[21]), como para la excepción de incumplimiento (art. 1219): pero, con relación a esta última, ¿por qué razón la excepción no debería poder oponerse para reaccionar ante

---

18 Art. 1219: "Una parte puede rehusar la ejecución de su obligación, aunque esta sea exigible, si la otra parte no ejecuta su prestación y si esta inejecución es suficientemente grave".

19 A propósito de la excepción de incumplimiento y de sus presupuestos, hoy codificados, se lee: "Sin embargo, el texto plantea una condición importante: esta excepción no puede ser opuesta por el acreedor a menos que el incumplimiento tenga un carácter suficientemente grave, y por lo tanto no puede ser opuesta como un medio de presión sobre el deudor sino de forma proporcionada. El uso de mala fe de la excepción de incumplimiento por un acreedor frente a un incumplimiento insignificante constituirá, por consiguiente, un abuso o cuando menos una falta susceptible de comprometer su responsabilidad contractual".

20 Art. 1224: "La resolución resulta ya sea de la aplicación de una cláusula resolutoria, sea en caso de inejecución suficientemente grave, de una notificación del acreedor al deudor o de una decisión tomada por la justicia".

21 Art. 1226: "El acreedor puede, bajo su riesgo y responsabilidad, resolver el contrato por medio de una notificación. Salvo urgencia, él primero debe intimar al deudor moroso para que cumpla con su obligación dentro de un plazo razonable. El aviso formal establece expresamente que, si el deudor no cumple con su obligación, el acreedor tendrá derecho a resolver el contrato. Cuando el incumplimiento persiste, el acreedor notifica al deudor la resolución del contrato y las razones que la motivan. El deudor puede en cualquier momento recurrir al juez para impugnar la resolución. El acreedor debe demostrar la gravedad del incumplimiento".

incumplimientos leves, cuando, bajo la óptica de nuestro principio de buena fe, también sea leve y proporcional el incumplimiento del excepcionante?

Con el criterio que hoy está en vigor en Francia, si el juez reputara leve, aunque de todas maneras existente, el incumplimiento contra el que el excepcionante ha actuado, este último, privado de la protección de la excepción por el defecto de uno de sus presupuestos objetivos, tendría que sufrir las consecuencias, a pesar de que la otra parte, de todos modos, hubiese incumplido: una excepción "contaminada" por los parámetros propios de la resolución corre el riesgo, en suma, de no funcionar más como excepción, de volverse demasiado engorrosa o de perder, en definitiva, aquel efecto atractivo de su gran flexibilidad.

En Italia, el juicio de buena fe-proporcionalidad evita esta deformación, en la cual, si no me equivoco, me parece que ha incurrido el legislador francés; sin embargo, este último se beneficia de un atenuante histórico, pues es probable que haya sido influenciado por la idea, largamente difundida del otro lado de los Alpes, según la cual la excepción de incumplimiento era una suerte de antesala de la resolución, o su *diminutif* como escribió Carbonnier[22]; de esto ha derivado un acercamiento entre los dos remedios, como si, en efecto, la excepción de incumplimiento fuera el punto de partida de un procedimiento que inevitablemente desembocara en una resolución, aunque unilateral.

Una excepción de incumplimiento que se torna tan "engorrosa", de pronto, estará destinada a perder terreno a favor de la resolución, sobre todo de aquella unilateral.

4. LA EXCEPCIÓN DE INCUMPLIMIENTO EN LOS CONTRATOS "DE RELEVANCIA CONSTITUCIONAL"

Las autotutelas contractuales pueden interferir con la Constitución, al menos en un doble sentido:

(i) el interés del acreedor que exige el cumplimiento, suspendiendo el propio, puede tener raigambre constitucional;

(ii) el interés del deudor, contra el cual se excepciona el incumplimiento, puede igualmente tener raigambre constitucional.

Un par de ejemplos para comprender la dimensión práctica de aquello que se acaba de expresar:

---

22 CARBONNIER, J. *Droit civil*, 4, *Les obligations*, París, ed. 1985, p. 339 ss.

(i) el usuario del servicio de suministro de agua suspende el cumplimiento porque el suministro es cuantitativamente inidóneo (el usuario quien es acreedor insatisfecho de una prestación dirigida a satisfacer un interés de raigambre constitucional);

(ii) al usuario del servicio de suministro de agua se le suspende el suministro como consecuencia de su incumplimiento de la obligación de pagar el valor del suministro (en este caso el usuario es el deudor incumplidor al que se le suspende una prestación dirigida a satisfacer un interés propio de raigambre constitucional).

Los ejemplos podrían extenderse a todas las posiciones contractuales que se presentan en contratos cuyo objeto tenga raigambre constitucional, porque conciernen, por ejemplo, a la protección de la salud, a la libertad de pensamiento, a la realización o a la protección de la persona, a la tutela del derecho a la justicia, al cuidado de los sujetos débiles (niños, ancianos, trabajadores dependientes), al acceso a los medios de comunicación. La enorme diversidad de estos intereses puede llegar a atraer al área de los contratos que tienen un objeto de raigambre constitucional muchísimas relaciones, también de gran relevancia económica, en los cuales quien se sirve de la prestación lo hace para satisfacer un interés propio o un derecho de jerarquía constitucional.

Si hoy todo es Constitución –incluso el mismo principio de buena fe, aunque en su discutida conexión con la solidaridad prevista en el art. 2.º–, no se puede olvidar, también en homenaje al principio de subsidiariedad, que el contrato (y, por eso, el mercado) sirve para satisfacer muchos –de hecho, la mayor parte– de los derechos e intereses que la Constitución reconoce al ciudadano, y no se trata del Estado sino de los particulares, quienes, en ejercicio de sus actividades económicas y profesionales, se encuentran en grado de garantizar esos derechos e intereses a cambio de una remuneración (por lo tanto, sinalagmáticamente). El contrato, en definitiva, puede convertirse en un instrumento para la obtención de derechos e intereses de raigambre constitucional, fracturando un monopolio estatal que, en última instancia, es el fruto de un legado del pasado.

Si estos "intereses" (que en el fondo encuentran plena correspondencia con el modelo de obligación identificado en aquellas tres disposiciones preliminares que introduce el libro IV: artículos 1173-1175) hunden sus raíces en la Constitución, es difícil pensar que su naturaleza ciertamente primaria no interfiera con el ejercicio de remedios, como aquellos previstos por el legislador en el caso de un mal funcionamiento de la relación contractual, cuyos efectos pueden incidir en la satisfacción de estos derechos o intereses (por qué, por ejemplo, la desaparición del contrato –o la suspensión del cumplimiento– puede privar al individuo-parte de la concreta posibilidad de ejercer un determinado derecho o lesionar su interés constitucionalmente protegido respecto al ejercicio de una determinada actividad o al goce de un determinado bien material o inmaterial).

Entonces la cuestión se puede desplazar a otro terreno, que desde hace algún tiempo se ha vuelto familiar para el civilista: el comportamiento de las autotutelas podría verse afectado por la pertenencia de una de las partes (sea quien se sirve del remedio en autotutela, sea quien sufre los efectos) a una de las mil subcategorías de contratantes débiles (consumidores, pequeños o medianos empresarios, ahorradores, clientes) que componen la galaxia de la contratación asimétrica.

Este es el problema de la autotutela *del* y *contra* el contratante débil.

La idea de que las excepciones suspensivas funcionen diversamente según la naturaleza de los intereses de las partes (acreedor/deudor) no es peregrina, sino que desciende, en ciertos aspectos, de la necesidad de que estos remedios se ejerciten de un modo conforme con la buena fe/*correttezza*: ya en los análisis de Lina Bigliazzi Geri, el juicio de buena fe debía traducirse, sustancialmente, en una valoración de proporcionalidad entre incumplimiento legitimado y aquel legitimante, pero podía implicar una serie de cargas (no escritas) de notificación, que, por ejemplo, permitieran al deudor incumplidor remediar el incumplimiento antes de verse opuesta la excepción prevista en el artículo 1460 c.c.[23].

Sin embargo, aquí el razonamiento es más ambicioso, o, de todas maneras, los intereses en juego son jerárquicamente más elevados.

En efecto, se trata de equilibrar el interés del acreedor en cuanto al cumplimiento con aquel del deudor (aunque incumplidor) respecto a continuar disfrutando de la prestación; porque si están sobre niveles jerárquicamente diferentes, la autotutela concedida al contratante fiel puede, de hecho debe, verse afectada de cierta manera, so pena de que su ejercicio pudiera considerarse abusivo.

---

23 Bigliazzi Geri, L. *Art. 1460*, cit., p. 33 ss.

5. EL DEUDOR INCUMPLIDOR, PERO TITULAR DE UN INTERÉS CONSTITUCIONALMENTE PROTEGIDO AL GOCE DE LA PRESTACIÓN: LA EXPERIENCIA COLOMBIANA

Es necesario desplazarse dentro de una consideración de fondo: las partes débiles de las relaciones contractuales pueden encontrar en los instrumentos de autotutela un instrumento de particular eficacia (sobre todo en términos de rapidez, informalidad, costos), con miras a garantizar su derecho a una plena y real ejecución del programa contractual.

Pero se trata, claramente, de un arma de doble filo, que, en línea teórica, podría ser utilizada contra las mismas partes débiles: si el agua no es buena, suspendo el pago; pero si no pago, el prestador no me suministra más el agua, siendo este un servicio primario para la existencia humana.

Es un círculo vicioso que conviene interrumpir, e inmediatamente.

Desde la perspectiva de la contratación asimétrica, la parte fuerte podría tener interés, usando su poder de predisposición de los contratos, en neutralizar o limitar fuertemente el acceso de la parte débil a las autotutelas contractuales, tal vez por medio de una cláusula que limite o excluya de manera contundente la posibilidad de proponer la excepción de incumplimiento de parte del consumidor; una cláusula de este tenor estaría comprendida dentro del elenco de aquellas cláusulas que se presumen vejatorias (art. 33, numeral 2.º, letra r, del código del consumo) y sería sancionada con nulidad relativa, salvo que se aporte prueba de haber sido discutida.

Pero si el débil puede contar con esta protección "imperativa" cuando alguna cláusula contractual obstaculice o impida el ejercicio de su parte de la excepción de incumplimiento, no hay nada, en el derecho positivo, que lo proteja frente al ejercicio contra él de la misma excepción propuesta por la parte fuerte, plenamente legitimada a utilizar las autotutelas cuando el usuario o el consumidor no cumplan sus obligaciones contractuales.

Aquí entra en juego la Constitución, sus derechos, sus valores; en definitiva, aquel gran número de "intereses" de raigambre constitucional que pueden encontrar en el instrumento contractual un medio, adecuado, de protección y satisfacción.

El ejercicio de la autotutela, en particular aquel de la excepción de incumplimiento, puede privar al deudor-acreedor (por cuanto incumplidores) de un bien necesario para el ejercicio de un derecho indisponible, y de rango constitucional: ya sea cuando el servicio es prestado por un particular (como, por ejemplo, en el sector de las telecomunicaciones, de la justicia, de la salud), y con mayor razón, cuando se trata de un servicio público ofrecido en condiciones particulares (privilegiadas y sustraídas, en parte, a los normales mecanismos del mercado), como también cuando el servicio es prestado por sujetos que, aunque en parte o en su totalidad son particulares, se encuentran diversamente expuestos al control de un ente público dentro de cuyo ámbito de competencia se encuentra el servicio prestado.

En ambos casos la suspensión del servicio puede causarle al usuario un perjuicio probablemente desproporcionado respecto de la razón que lo justifica: porque el servicio puede ser necesario para procurar al usuario bienes primarios, o para satisfacer intereses constitucionalmente protegidos; sea de naturaleza económica, o de naturaleza no económica (el elenco, como ya se ha dicho, es potencialmente muy rico: salud, agua, gas, electricidad, telecomunicaciones, etc.).

Para resolver este conflicto entre posiciones que tienen igual objeto, aunque jerárquicamente diferente protección normativa, una primera vía puede ser la del control de buena fe, mencionado en el artículo 1460, 2.º inciso, c.c.; desde esta posible perspectiva, la buena fe actúa como un límite porque, si el servicio ofrecido a la otra parte satisface una necesidad esencial de la persona o sirve para el ejercicio de un derecho constitucional de ella, no se impide la suspensión, sino que puede ser decidida solo como una *extrema ratio*; en los casos en los que cualquier otro posible "remedio" se revele infructuoso, y el incumplimiento (grave y prolongado) del usuario se mantenga (hasta el punto de que se torne irreversible, porque entonces ya no tendrá lugar la excepción de incumplimiento, sino que se deberán ejercer los remedios necesarios para concluir el contrato, después de los cuales, el usuario no solamente sufrirá las consecuencias de su incumplimiento, sino que también podrá quedar libre para dirigirse a otros prestadores del servicio).

Pero también hay un segundo escenario: si los efectos de la prestación contractual repercuten directamente sobre la persona del deudor y sobre su integridad física –como, por ejemplo, en los contratos de hospitalización en estructuras privadas– la suspensión de la prestación –ya sea total o parcial– no puede ser promovida en caso de que, como es predecible, de cualquier manera esa se convierta en una lesión o, aunque sea, solo en una puesta en peligro de la integridad de quien la sufre, valor frente al cual el ordenamiento jurídico no puede hacer cosa distinta que asignar una protección evidentemente más fuerte que aquella que reconoce al interés del acreedor la plena ejecución de las correspondientes prestaciones contractuales: y aquí no se trata tanto de la buena fe, la que excluye la autotutela, sino que se trata de la dimensión constitucional del interés que vendría lesionado por su ejercicio, y de manera irreparable: en casos como este, el ejercicio de la autotutela podría considerarse abusivo y, como tal, no tanto fuente de resarcimiento del daño, sino propiamente despojado de efecto jurídico (con la evidente consecuencia de que el acreedor que se ha aprovechado debería ser calificado, de cualquier manera, como incumplidor).

También se ha planteado otra hipótesis, conocida sobre todo en el ámbito del derecho laboral: el deudor justifica su propio incumplimiento (invocando la excepción contenida en el artículo 1460 c.c.) porque la ejecución de la prestación, de su parte, determinaría la lesión de derechos propios o de bienes de raigambre constitucional; aquí, justamente, se ha manifestado la insuficiencia de la *exceptio* para procurar una protección de los valores que no pueden ser expuestos a un juicio de proporcionalidad de carácter económico, por lo cual se debe razonar, probablemente, en términos de exigibilidad/inexigibilidad de la prestación[24].

Sobre este tema es interesante la experiencia colombiana. La Corte Constitucional de este país, en cuatro ocasiones[25], ha considerado, de manera radical, que la excepción de incumplimiento no puede ser invocada por el acreedor cuando su efecto se traduzca en la suspensión de una prestación necesaria para la satisfacción de un derecho fundamental de la persona (del deudor), hasta el punto de razonar en términos de "inmunidad" (constitucional) del deudor frente a la autotutela ejercida por el acreedor. Por ejemplo, si los padres no pagan la pensión del jardín privado en el que se encuentra inscrito el menor, el jardín no puede negarse a acoger al menor ni suspender prestaciones accesorias porque las consecuencias sobre el derecho del menor a la educación serían más graves que aquellas normalmente propias de un incumplimiento contractual. Si un estudiante no paga el semestre de la universidad, esta última no puede evitar su acceso a los cursos, sino que debe, más bien, promover un acuerdo que, teniendo en cuenta las posibilidades económicas del estudiante,

---

24 Se evocan, sobre este aspecto, las justas consideraciones de CLARIZIA, O. "Eccezione di inadempimento e adeguatezza dei rimedi", *Riv. giur. Molise e Sannio*, 2013, 2, en particular p. 210 ss.

25 Son las decisiones SU-624/1999, T-793/2012, T-616/2011 n. analizadas por MORENO CRUZ, P. "Los límites a la exceptio inadimpleti contractus: la 'buena', la 'mala' y la 'fea' excepción de contrato no cumplido", *Rev. de Derecho Privado*, Universidad Externado de Colombia, n.º 21, 2013. Sobre este aspecto, véase también CHINCHILLA IMBETT, C. A. *La excepción de incumplimiento contractual. Estructura, función y límites*, cit., p. 187 ss.

le permita pagar lo debido, sin tener que sufrir la exclusión del acceso a los cursos universitarios[26].

No obstante, la misma Corte ha planteado la hipótesis conforme a la cual la inmunidad subsiste solo si el deudor, contra el cual ha sido invocada la excepción, se encuentra imposibilitado para cumplir y si existe la prueba de comportamientos que indiquen su voluntad de cumplir en el futuro.

Tiene razón quien ha advertido que, en estas situaciones, no se trata de la buena fe que funciona como "límite" al empleo de la excepción de incumplimiento, ni es posible someter valores y bienes jerárquicamente superiores a juicios de proporcionalidad propios de una lógica solamente económica o, de todas formas, completamente interna a la específica relación contractual[27]: requiere un "equilibrio axiológico nuevo"[28], a partir del cual el funcionamiento de la excepción de incumplimiento debe ser plasmado en razón de la necesidad de proteger derechos y bienes cuya relevancia supera ampliamente aquella asignada a la conservación del sinalagma contractual.

Pues bien, hay que reflexionar no tanto sobre una "nueva" excepción de incumplimiento, sino sobre nuevas dimensiones de la histórica *exceptio inadimpleti contractus* que, si penetra en la complejidad del mundo de hoy, podrá todavía seguir desarrollando en el futuro un rol de protagonista en la gestión de las crisis de la relación contractual.

BIBLIOGRAFÍA

Benedetti, A. M. "La deriva dell'eccezione di inadempimento: da rimedio sospensivo a rimedio criptorisolutorio?", en *Danno e resp.*, 2003, p. 758 ss.

Benedetti, A. M. *Le autodifese contrattuali*, Milán, Giuffrè, 2011, p. 80

Bigliazzi Geri, L. "Art. 1460", en *La risoluzione per inadempimento*, II, Roma y Bolonia, Zanichelli Editore e Il Foro Italiano, 1988.

Carbonnier, J. *Droit civil*, 4: *Les obligations*, París, edit. 1985.

---

26 En este sentido, la Sentencia T-102/2017.

27 Así se ha expresado Moreno Cruz, P. "La 'brutta', la 'buona' e la 'cattiva' eccezione di inadempimento. A proposito dei limiti dell'exceptio inadimpleti contractus", *Nuova giur. civ. comm.*, 2014, II, p. 215 ss.

28 Perspectiva sugerida por Clarizia, O. "Eccezione di inadempimento e adeguatezza dei rimedi", cit., p. 210.

CLARIZIA, O. "Eccezione di inadempimento e adeguatezza dei rimedi", *Riv. giur. Molise e Sannio*, 2013, 2, en partic. p. 210 ss.

CHINCHILLA IMBETT, C. A. *La excepción de incumplimiento contractual. Estructura, función y límites,* Bogotá, Universidad Externado de Colombia, 2017.

DALMARTELLO, A. "Eccezione di inadempimento", *Noviss. Dig. it.*, VI, Turín, UTET, 1960, p. 354.

DELLACASA, M. "Risoluzione per inadempimento e ricorso al proceso", *Riv. dir. civ.*, 2015.

GABRIELLI, E. "Appunti sulle autotutele contrattuali", *Riv. dir. priv.*, 2016.

GENICON, T. *La résolution du contrat pour inexécution*, París, LGDJ, 2007.

GRASSO, B. *Eccezione d'inadempimento e risoluzione del contratto (Profili generali)*, Nápoles, ESI, 1973.

HINESTROSA, F. *Tratado de las obligaciones*, II, Bogotá, Universidad Externado de Colombia, 2015.

MORENO CRUZ, P. "Los límites a la *exceptio inadimpleti contractus:* la "buena", la "mala" y la "fea" excepción de contrato no cumplido", *Rev. de Derecho Privado*, 2013.

PAGLIANTINI, S. "Giudizialità e stragiudizialità della risoluzione per inadempimento: a proposito degli artt. 1219, 1224, 1226 e 1227 Code civil, per un'interpretazione evolutiva dell'art. 1453 c.c.", en *Annuario del Contratto 2016*, Turín, Giappichelli, 2017.

ROPPO, V. *Il contratto*, Milán, Giuffrè, 2011.

Pablo Moreno Cruz*

La tolerancia temporal del incumplimiento y el riesgo del ocultamiento del conflicto social

Sumario: 1. Premisa. 2. Algunos casos de tolerancia temporal del incumplimiento. 3. La norma no-expresa "deber de tolerancia temporal del incumplimiento cuando el deudor-incumplido sea un sujeto de especial protección constitucional". 3.1. Interpretación restrictiva: la exclusión de un tipo de deudores de la obligación de cumplir sus obligaciones. 3.2. Interpretación extensiva: solidaridad. 4. la inaplicabilidad creativa: hetero-integración del contrato a manos del juez constitucional. 5. El riesgo del ocultamiento del conflicto social. 6. La excepción normalizadora. 6.1. Algunos pocos datos no excepcionales. 6.2. Aunque el juez no lo sepa: el incumplimiento contractual sumergido. 6.3. El uso estratégico de la locución 'sujetos de especial protección constitucional'. 7. El conflicto siempre latente: privatización y simplificación. 8. Conclusiones. Bibliografía.

1. PREMISA

En varias ocasiones (no solo) la Corte Constitucional colombiana (de ahora en adelante: la Corte) ha adoptado decisiones de tutela que abordan el fenómeno del incumplimiento contractual desde una perspectiva en cierta medida novedosa.

En efecto, en este tipo de decisiones, (i) para el juez constitucional el incumplimiento[1] de una de las partes del contrato no justifica, a favor del acreedor-insatisfecho, ni el derecho (en estricto sentido, poder) de exigir el cumplimiento de las obligaciones a su favor, ni tampoco, cuando sea el caso, el derecho (en estricto sentido, la inmunidad) de no cumplir las obligaciones a su cargo. Decisiones que, en breve, configuran una especie de deber de tolerancia[2] temporal del incumplimiento.

---

* Profesor de Derecho Comparado de la Universidad Externado de Colombia.

1 En este escrito asumo como correcta, en cuanto con una valiosa fuerza explicativa, la distinción dogmática entre no cumplimiento e incumplimiento. Sin embargo, por motivos expositivos, usaré indistintamente el término 'incumplimiento' para significar ambos eventos. Sobre la distinción, ver, por ejemplo, Hinestrosa, F. *Tratado de las obligaciones. Concepto, estructura, vicisitudes*, Bogotá, Universidad Externado de Colombia, p. 233 ss.

2 Para el uso del término 'tolerancia' en circunstancias similares a las aquí analizadas, ver, ya, Cortés Moncayo, É. "Los deberes del acreedor". AA. VV. *Obligaciones. Contratos – Responsabilidad*, Bogotá, Universidad Externado de Colombia, 2011, pp. 209-210. Sin embargo, el autor lo analiza desde el punto de vista de los deberes del acreedor, mientras que, como se verá adelante (v. *infra* §§ 5-8), aquí el análisis está dirigido a enfatizar, también, y sobre todo, el deber del Estado en atención a la madurez del *welfare*.

Además, se trata de decisiones en las que, en ocasiones, el juez constitucional (ii) no solo modifica el contenido del acuerdo, creando *ex novo* cláusulas contractuales, sino que (iii) tales modificaciones se justifican con base en la identificación de un déficit en la garantía de un derecho fundamental (muchas veces un derecho económico-social) que para el juez constitucional legitima, en beneficio del deudor-incumplido, la adscripción de deberes ulteriores a cargo del acreedor-insatisfecho.

Este fenómeno, ya en parte absorbido por la jurisprudencia constitucional –no obstante el desproporcionado y, al parecer, infundado temor, alegado por varios, según el cual se consolidaría en Colombia una especie de parásita cultura del no-pago (v. *infra* §§ 5, 7)–, puede ser analizado desde dos puntos de vista: (i) qué hizo (más allá de que esto no coincida con lo que dice que hizo) el juez constitucional y (ii) por qué lo hizo.

Procederé del siguiente modo. Después de indicar, solo como ejemplo, algunos casos específicos (*infra* § 2), se analizará el razonamiento de la Corte en este tipo de decisiones (*infra* § 3) que conduce a la inaplicación de la norma "obligatorio para las partes cumplir las obligaciones pactadas en un contrato bilateral válido" y la consecuente inaplicabilidad de algunas cláusulas contractuales (*infra* § 3.1.). Posteriormente se analizará la construcción de la norma no-expresa "obligatorio tolerar temporalmente el incumplimiento cuando el deudor-incumplido sea un sujeto de especial protección constitucional" (*infra* § 3.2.) y su uso en el acto de hetero-integración del contrato objeto de la controversia, a manos del juez (*infra* § 4). Hecho esto, con una perspectiva crítica, se analizará un posible efecto negativo de este tipo de decisiones que puede resultar perjudicial para los deudores-incumplidos en situación de vulnerabilidad: el riesgo del *ocultamiento* del conflicto social (*infra* § 5). En términos más concretos, se analizarán dos fenómenos (que se entrelazan en la práctica, pero que son distinguibles analíticamente y) que, como consecuencia de las decisiones objeto de análisis, pueden contribuir a generar el riesgo de ocultamiento: (i) el fenómeno de la *excepción normalizadora* (*infra* § 6) y (ii) el fenómeno de la *privatización* y *simplificación* del conflicto social (*infra* § 7). Finalmente, se formularán unas breves conclusiones (*infra* § 8).

En términos generales, el objetivo del artículo es precisamente analizar, desde una perspectiva diferente, este tipo de fallos para abrir la puerta a una posible lectura crítica del análisis del incumplimiento por parte de personas sumergidas en articulados mecanismos de opresión y exclusión.

2. ALGUNOS CASOS DE TOLERANCIA TEMPORAL DEL INCUMPLIMIENTO

Las decisiones de la Corte con las características apenas enunciadas son varias y, si se dejan a un lado algunas especificidades, es posible desentrañar constantes que serán analizadas a lo largo del escrito. Antes, sin embargo, es conveniente enunciar brevemente algunos casos en sus aspectos más característicos, y hacerlo prestando mayor atención a aquellos casos que, en cierta medida, construyeron la justificación que actualmente, con pocas variaciones, sigue reiterándose en la jurisprudencia constitucional.

Caso 1[3]. *X* incumple la obligación de pago en un contrato de mutuo hipotecario con *Y* (un banco). Como consecuencia del incumplimiento, *Y* impulsa un proceso ejecutivo contra *X* que culmina con la adjudicación del bien inmueble a *Y*.

X interpone acción de tutela alegado que *Y* vulneró algunos de sus derechos fundamentales, en cuanto *Y*, teniendo conocimiento del estado de salud de *X* y su esposo, es decir, que eran enfermos de sida, continuó con el proceso ejecutivo.

En sede de revisión, la Corte decide tutelar los derechos fundamentales a la igualdad y a la dignidad humana de *X* y, en consecuencia, ordena que, en el término de 60 días, *Y* refinancie el crédito hipotecario otorgado a *X*, tomando en consideración la debilidad manifiesta de este último. Además, se impone el deber de informar a la Corte sobre el nuevo acuerdo para comprobar si, efectivamente, *Y* tomó en consideración la situación de debilidad de *X* en el nuevo acuerdo de financiación.

Caso 2[4]. En un caso similar, *X* incumple la obligación de pago en un contrato de mutuo hipotecario con *Y* (banco), quien activa un proceso ejecutivo con el objetivo de obtener el pago de la deuda.

X interpone acción de tutela alegando la vulneración por parte de *Y* de algunos derechos fundamentales, en cuanto *Y*, teniendo conocimiento de que *X* había estado secuestrado durante el periodo de incumplimiento de sus obligaciones crediticias, prosiguió con el proceso de ejecución, negándose a encontrar una vía de arreglo que permitiera a *X* solventar su deuda.

---

3 Corte Constitucional, Sentencia de tutela T-170/05, M. P. Jaime Córdoba Triviño.

4 Corte Constitucional, Sentencia de tutela T-520/03, M. P. Rodrigo Escobar Gil.

En sede de revisión, la Corte decide tutelar los derechos a la igualdad y al libre desarrollo de la personalidad de *X* y, en consecuencia, ordena que dentro de los 30 días siguientes las partes deberán novar los contratos siguiendo reglas específicas. Entre ellas, (i) el cálculo de los intereses remuneratorios, desde el momento del secuestro y hasta un mes después de la notificación de la demanda, se hará tomando en consideración las circunstancias de debilidad del tutelante; en caso de no llegar a un acuerdo se cobrarán los intereses corrientes bancarios de acuerdo a las certificaciones expedidas por la Superintendencia Bancaria; (ii) no se podrán pactar intereses moratorios en relación con los incumplimientos durante el periodo del secuestro y hasta el vencimiento del plazo de los 30 días; (iii) se deberán suscribir nuevas garantías (reales y personales); (iv) las cláusulas aceleratorias pactadas no son aplicables.

Caso 3[5]. *X* incumple la obligación de pago en un contrato de mutuo con *Y* (banco), quien activa un proceso de ejecución que habría de conducir a la venta del bien de *X* para el pago de la deuda a su favor.

X interpone acción de tutela alegando la vulneración por parte de *Y* de algunos derechos fundamentales, en cuanto *Y*, teniendo conocimiento de que *X* era un sujeto desplazado por la violencia fruto de un conflicto armado interno, prosiguió con el proceso ejecutivo sin aplicar los precedentes de la Corte que prescriben un trato especial a los sujetos víctimas de desplazamiento.

En sede de revisión de tutela, la Corte decide tutelar los derechos fundamentales de *X* y declara la nulidad del proceso ejecutivo que ordenó el remate del bien para saldar la deuda con *Y*.

En este caso, sin embargo, dado que, en el interregno, el bien había sido excluido del comercio por parte de una institución gubernamental, sujetándolo al sistema de protección de patrimonios y tierras de la población desplazada, la Corte precisa que imponer la novación del contrato no era procedente en cuanto estaba prohibida cualquier (nueva) negociación sobre el bien.

La Corte, para superar esta dificultad normativa, obliga a las partes, una vez notificada la nulidad del proceso ejecutivo, a activar una negociación de acuerdos de pago con el fin de continuar la relación contractual.

Dispone la Corte que la negociación debía seguir, entre otras, las siguientes reglas (análogas a las ya indicadas en el caso 2): (i) *Y* se abstendrá de cobrar intereses moratorios desde la fecha del desplazamiento y hasta la fecha de la notificación de la decisión; (ii) las cláusulas aceleratorias pactadas no son

---

5 Corte Constitucional, Sentencia de tutela T-697/2011, M. P. Humberto Sierra Porto.

aplicables; (iii) a falta de garantías, la obligación será garantizada por el Fondo Nacional de Garantías.

Caso 4[6]. *X*, usuario legal del servicio público de agua potable, incumple su obligación de pago. *Y* (empresa privada, prestadora del servicio público) suspende la prestación del servicio hasta cuando *X* cumpla con la obligación a su cargo.

X interpone acción de tutela contra *Y* por violación de sus derechos fundamentales como consecuencia de la suspensión del servicio de agua potable en su casa (donde habitan, por cierto, 6 menores de edad y 2 personas en estado de discapacidad).

La Corte decide tutelar el derecho fundamental al agua de *X* y, entonces, impone la prestación del servicio no obstante el incumplimiento de la obligación correlativa, tomando en cuenta que en el lugar de suspensión del servicio público habitan menores de edad y personas en situación de discapacidad.

Esta decisión sigue el precedente de la Corte[7] según el cual, ante el incumplimiento del usuario, el servicio público de agua potable solo podrá ser reducido hasta un mínimo de 50 litros de agua potable al día, cuando en el lugar de habitación del deudor habiten "sujetos de especial protección constitucional" y cuando la mora en el pago se presente como consecuencia de motivos involuntarios, insuperables e incontrolables (presumiendo este último requisito en los casos de sujetos clasificados en grado de extrema pobreza).

Caso 5[8]. *X*, usuario legal del servicio público de energía, incumple la obligación de pago. *Y* (empresa prestadora del servicio publico) pretende iniciar cobro coactivo por la suma adeudada.

X interpone acción de tutela en cuanto *Y* habría vulnerado sus derechos fundamentales al no exonerarla del pago, no obstante su condición de víctima de desplazamiento forzado.

En sede de revisión, la Corte, si bien considera que no existe justificación para exonerar a *X* del pago, pues el consumo de energía con posterioridad al desplazamiento se generó por parte de un tercero que, con la autorización de *X*, vigilaba la casa abandonada, también considera que sí existen razones para

---

6 Corte Constitucional, Sentencia de tutela T-925/12, M. P. Alexei Julio Estrada.

7 Corte Constitucional, Sentencia de tutela T-717/10, M. P. María Victoria Calle Correa; Corte Constitucional, Sentencia de tutela T-740/11, M. P. Humberto Antonio Sierra Porto. Recientemente, en el mismo sentido, ver, por ejemplo, Corte Constitucional, Sentencia de tutela T-398/18, M. P. Cristina Pardo Schlesinger.

8 Corte Constitucional, Sentencia de tutela T-185/2017, M. P. María Victoria Calle Correa.

imponer a *Y* el deber de crear fórmulas de arreglo a favor de *X*. Una fórmula de arreglo que debe adoptarse en consideración de la situación de vulnerabilidad de *X* y que, ojalá, prescinda del cobro de los intereses de mora.

Caso 6[9]. *X*, madre de *Z* (un menor de edad estudiante de un colegio privado), incumple con el pago mensual de la pensión educativa. *Y* (el colegio) lo retira del plantel educativo para el año siguiente y retiene los certificados (necesarios, estos últimos, para poder acceder al servicio de educación en otro plantel educativo).

X interpone acción de tutela en representación de *Z* alegando que *Y*, al retener los certificados, vulneró derechos fundamentales de *Z*.

En sede de revisión, la Corte decide tutelar el derecho fundamental a la educación de *Z* y, en consecuencia, impone a *Y*, no obstante el incumplimiento de la obligación correlativa a su favor, entregar los certificados de estudios a *Z*, previo acuerdo de pago que debía suscribir con *X*.

Es de precisar, sin embargo, que la Corte, siguiendo su propia jurisprudencia[10], precisó que, para evitar una "cultura del no-pago" (sin embargo, v. *infra* § 7), era necesario que, en primer lugar, los deudores morosos probaran la dificultad sobrevenida de cumplir y que, en segundo lugar, manifestaran comportamientos concluyentes que indicaran su voluntad de saldar la deuda.

3. LA NORMA NO-EXPRESA "DEBER DE TOLERANCIA TEMPORAL DEL INCUMPLIMIENTO CUANDO EL DEUDOR-INCUMPLIDO SEA UN SUJETO DE ESPECIAL PROTECCIÓN CONSTITUCIONAL"

Varias normas (no solo) del código civil imponen la obligación para las partes de cumplir las obligaciones bilaterales pactadas en un contrato válido. Así, para simplificar y, entonces, para no tener que hacer referencia a cada una de todas esas normas (a cada una de esas específicas interpretaciones de todos esos varios enunciados normativos), desde ahora reformularé todas ellas precisamente mediante una única norma: "Obligatorio para las partes cumplir las obligaciones pactadas en un contrato bilateral válido".

---

9 Corte Constitucional, Sentencia de tutela T-616/11, M. P. Luis Ernesto Vargas Silva.

10 Corte Constitucional, Sentencia de tutela SU624/99, M. P. Alejandro Martínez Caballero; Corte Constitucional, Sentencia de tutela T-459/09, M. P. Humberto Sierra Porto.

Pues bien, el conjunto de decisiones de tutela que referí arriba son excepciones a la aplicación de la consecuencia prevista en la norma apenas enunciada: en breve, en ciertos casos, la Corte ha considerado que no siempre que una parte incumple las obligaciones pactadas en un contrato bilateral válido la contraparte insatisfecha puede exigir su cumplimiento en las condiciones ya pactadas, ni (si es el caso) dejar de cumplir las suyas.

Los casos ya son clásicos y, por ello, objeto de reiteradas referencias en la literatura y en las aulas universitarias. Se trata de casos en los que el deudor-incumplido, alegando circunstancias excepcionales –enfermedades graves, discapacidades, secuestro, desplazamientos forzados, avanzada edad, minoría de edad, etc.–, interpone una acción de tutela con la pretensión de que el juez imponga a la contraparte el cumplimiento de las obligaciones a su cargo, no obstante reconozca expresamente que no está cumpliendo con sus propias obligaciones.

El juez constitucional, en ocasiones, ha admitido la pretensión del tutelante. En tales casos, la Corte, las más de las veces, ha impuesto ulteriores obligaciones a cargo del deudor insatisfecho que, claramente, pueden ser leídas como modificaciones al contenido contractual: (i) tolerar el incumplimiento del deudor y, entonces, diseñar mecanismos, a favor del deudor-incumplido, que puedan conducir a un futuro cumplimiento; (ii) abstenerse (si es el caso) de incumplir las propias obligaciones a su cargo alegando la *exceptio inadimpleti contractus*[11] o abstenerse (si es el caso) de activar o llevar a término los mecanismos contractuales de cobro coercitivo.

La configuración de esta excepción se sitúa en el interior de un razonamiento del juez constitucional que merece una breve descripción[12].

---

11 Para un análisis sobre la relación entre las decisiones de la Corte y la excepción de incumplimiento, ver Chinchilla Imbett, C. A. *La excepción de incumplimiento. Estructura, función y límites*, Bogotá, Universidad Externado de Colombia, 2017, p. 390 ss. y Moreno Cruz, P. "La brutta, la buona e la cattiva eccezione di inadempimento. A proposito dei limiti dell'exceptio inadimpleti contractus". En *La nuova giurisprudenza civile commentata*, 4, 2014, pp. 215-228. En la doctrina foránea ver, por ejemplo, Bendetti, A. M. "Una nuova eccezione di inadempimento? Usi 'criptorisolutori' e costituzionalmente orientati", en *La risoluzione per inadempimento. Poteri del giudici e poteri delle parti*, Bolonia, Il mulino, 2018, pp. 238-246.

12 Para versiones anteriores de este razonamiento, ver: Moreno Cruz, P. "Freedom of contract and constitutional values. Some exceptional cases from the Colombian Constitutional Court", en Monateri, P. G. (ed.), *Comparative Contract Law*, Cheltenham-Northampton: Edward Elgar, 2017, pp. 216-241, y Moreno Cruz, P. "Libertà contrattuale e azione di amparo in

3.1. INTERPRETACIÓN RESTRICTIVA: LA EXCLUSIÓN DE UN TIPO DE DEUDORES DE LA OBLIGACIÓN DE CUMPLIR SUS OBLIGACIONES

El razonamiento del juez constitucional puede ser descrito en los siguientes términos. Este juez, a partir del uso de normas constitucionales sobre derechos fundamentales, a partir de tesis dogmáticas, a partir de una específica ideología sobre las fuentes del derecho y, en términos generales, a partir de su específica concepción de justicia, considera que la norma "obligatorio para las partes cumplir las obligaciones pactadas en un contrato bilateral válido" tiene un ámbito de aplicación demasiado amplio e indiferenciado.

En términos más precisos, el juez constitucional considera que una subclase de la clase prevista en la norma no debería ser destinataria de las respectivas consecuencias, sin importar que se hayan verificado las condiciones positivas de aplicabilidad.

Para excluir esta subclase como destinataria de las consecuencias de la norma considerada como insatisfactoria[13], el juez, mediante la técnica de la disociación, interpreta restrictivamente el enunciado normativo en cuestión de modo tal que el caso concreto no pueda ser subsumido en el supuesto de hecho previsto en la norma "obligatorio para las partes cumplir las obligaciones pactadas en un contrato bilateral válido".

El juez, en efecto, considera insatisfactoria la norma apenas mencionada para ciertos casos concretos y, por el contrario, considera que en el ordenamiento jurídico debería existir una norma que, en cambio, excluyera a cierta clase de deudores del deber de cumplir, sin más, las obligaciones pactadas en un contrato válido.

En otros términos, el juez constitucional (al menos en la primera decisión que se adoptó en este sentido) considera que existe una especie de laguna normativa (no en sentido técnico, sino) "axiológica"[14]: el caso concreto en

---

Colombia. Il caso dell'inapplicabilità delle clausole contrattuali", en Grondona, M. (ed.), *Libertà, persona, impresa, territorio*, Roma, Aracne, 2016, pp. 51-68.

13 CHIASSONI, P. *Técnicas de interpretación* jurídica, Madrid, Marcial Pons, 2011, p. 250.

14 Sobre las lagunas axiológicas, ver GUASTINI, R. *Interpretare e argomentare*, Milán, Giuffrè, 2011, pp. 134-137, e *id.* "Defeasibility, Axiological Gaps, and Interpretation", en Ferrer, J. y Ratti, G. B. (eds.), *The Logic of Legal Requirements: Essays on Defeasibility*, Oxford, Oxford University Press, 2012, pp. 182-192. Ver también CHIASSONI, P. *Tecnica dell'interpretazione giuridica*, Bolonia, Il Mulino, 2007, pp. 208-228.

realidad está regulado en el sentido que todo deudor, salvo en las excepciones ya previstas en la ley (*e. g.*: caso fortuito y fuerza mayor), está obligado a cumplir las obligaciones pactadas en un contrato bilateral válido; pero el juez, así como el tutelante, consideran que es injusto que sea así[15].

Y precisamente, el juez constitucional, al interpretar restrictivamente el enunciado normativo "obligatorio para las partes cumplir las obligaciones pactadas [...]" derrota[16] o, mejor, genera la inaplicabilidad de la norma que deriva de la interpretación (digamos, por ejemplo) literal del enunciado normativo y, en cambio, obtiene una norma no-expresa[17] que se podría formular

---

15 Para una problematización de la relación entre laguna axiológica y derrota de las normas, ver POGGI, F. "Defettibilità e interpretazione giuridica. Osservazioni a margine di Riccardo Guastini", en *L'arte della distinzione. Scritti per Riccardo Guastini*, vol. I, Madrid, Marcial Pons, 2018, pp. 92-93.

16 Esta excepción a la aplicación de las normas del derecho dado es también conocida como el resultado de un fenómeno concreto: la derrota de las normas, es decir, la identificación, por parte del intérprete, en un momento histórico específico, de excepciones implícitas a la aplicación de las consecuencias previstas en una norma resultado de la interpretación (por ejemplo) literal de un enunciado normativo. Dejando a un lado el intenso debate sobre la pertinencia de la misma noción de derrotabilidad, así como las críticas a las variadas definiciones, para lo que aquí interesa refiero un fenómeno sin duda relevante: la identificación de excepciones que conducen, respecto de una subclase de casos, a la inaplicabilidad de la norma que obliga cumplir las obligaciones pactadas en un contrato bilateral válido. Sobre la derrotabilidad ver, por ejemplo, los artículos compilados en Ferrer J. y Ratti, G. B. (eds.), *The Logic of Legal Requirements: Essays on Defeasibility*, cit. Ver también, POGGI, F. "Defettibilità e interpretazione giuridica. Osservazioni a margine di Riccardo Guastini", cit. pp. 87-102.

17 Es decir, "una norma sobre la cual razonablemente *no* se puede decir que constituye uno de los significados de un enunciado normativo": GUASTINI, R. *Interpretare e argomentare*, cit., p. 33, y, del mismo autor, por ejemplo, *id.*, *La sintassi del diritto*, Turín, Giappichelli, 2014, pp. 427-438. Es preciso señalar que sobre el concepto de normas no-expresas existe un interesante debate. Con una perspectiva crítica de la propuesta de Guastini (sobre todo en relación con la distinción entre interpretación y construcción y en relación con el concepto de marco de significados), ver, por ejemplo, PINO, G. "Interpretazione cognitiva, interpretazione decisoria, interpretazione creativa". *Rivista di filosofia del diritto*, 2(1), 2013, pp. 77-102, y DICIOTTI, E. "Norme espresse e norme inespresse. Sulla teoria dell'interpretazione di Riccardo Guastini". *Rivista di filosofia del diritto*, 2(1), 2013, pp. 103-124 (pero, respecto a estas críticas, ver GUASTINI, R. "Replica". *Rivista di filosofia del diritto*, 2/1, 2013, 125-136, e *id. Discutendo*, Madrid, Marcial Pons, 2017, pp. 299-304). A favor de la propuesta de Guastini, ver: CANALE, D. "In diffesa della distinzione tra interpretazione e costruzione giuridica", en *L'arte della distinzione. Scritti per Riccardo Guastini*, vol. III, Madrid, Marcial Pons, 2019, pp. 239-268: una defensa que valoriza, desde una perspectiva contextualista, tanto la distinción entre argumentos interpretativos y argumentos constructivos, como la relevancia y utilidad del concepto de marco de significados.

en los siguientes términos: "obligatorio para las partes cumplir las obligaciones pactadas en un contrato bilateral válido, *salvo que* el deudor-incumplido sea (al menos) un sujeto de especial protección constitucional".

Una norma que, mediante el uso del ya clásico sintagma 'sujetos de especial protección constitucional' o también mediante el uso de otros sintagmas como 'sujetos frágiles' o 'sujetos débiles' –sintagmas que serán objeto de un análisis crítico adelante (v. *infra* § 6.3)–, excluye una serie de deudores-incumplidos del deber de cumplir sus obligaciones en las condiciones pactadas en el contrato objeto de la controversia.

3.2. INTERPRETACIÓN EXTENSIVA: SOLIDARIDAD

Nótese que el juez constitucional, al crear esa norma, en ese momento histórico específico, está generando, ahora sí, una laguna normativa en sentido técnico. En efecto, una vez excluidos esos casos de la clase de casos destinataria de las consecuencias de la norma "obligatorio para las partes cumplir las obligaciones pactadas [...]", no es posible individualizar una norma expresa que regule el incumplimiento contractual por parte de "los sujetos de especial protección". O mejor: en algunos casos no es posible determinar las consecuencias derivadas del incumplimiento contractual sin recurrir a la formulación de una ulterior norma, también ella no-expresa.

De este modo, la derrota de la norma "obligatorio para las partes cumplir las obligaciones pactadas [...]" desencadena una consecuencia bien precisa en relación con el instrumento contractual: se genera una serie de lagunas normativas-contractuales en cuanto, para el caso concreto, al menos, algunas de las cláusulas contractuales que regulan el cumplimiento en el contrato bilateral no son aplicables como consecuencia inevitable de la inaplicabilidad de la norma "obligatorio para las partes cumplir las obligaciones pactadas [...]".

El juez constitucional lleva a cabo el razonamiento antes descrito con un objetivo bien preciso: obtener o, mejor, crear una norma no-expresa, implícita, que podríamos formular, más o menos, en los siguientes términos: "obligatorio tolerar temporalmente el incumplimiento contractual en los contratos bilaterales cuando el deudor-incumplido sea un sujeto de especial protección constitucional" (o, "el deber de tolerancia temporal del incumplimiento").

Una norma que el juez construye, sobre todo, aunque no exclusivamente, mediante, esta vez, una (ya consolidada en la jurisprudencia constitucional) interpretación extensiva del principio de solidaridad: extensión de la titularidad del deber de solidaridad a los particulares.

Una norma empleada por el juez, precisamente, para intervenir sobre el (ahora) lagunoso instrumento contractual y regular, de acuerdo con tal norma, la cuestión del eventual cumplimiento extemporáneo por parte del deudor incumplido de modo tal que, en cualquier caso, el nuevo conjunto de cláusulas no genere el riesgo de la vulneración de los derechos fundamentales del deudor-tutelante y, entonces, no genere, en ningún modo, (si es el caso) el incumplimiento correlativo por parte del acreedor-insatisfecho.

4. LA INAPLICABILIDAD CREATIVA: HETERO-INTEGRACIÓN DEL CONTRATO A MANOS DEL JUEZ CONSTITUCIONAL

Con el propósito de colmar las lagunas contractuales que derivaron de la inaplicabilidad de la norma "obligatorio para las partes cumplir las obligaciones pactadas [...]" o, que es lo mismo, con el fin de hetero-integrar el contrato en relación con la regulación del (in)cumplimiento de las obligaciones pactadas en el acuerdo, el juez usa, aplica, la norma "obligatorio tolerar temporalmente el incumplimiento [...]".

En efecto, tomando en consideración los casos aquí mencionados, nótese que en todos ellos, siempre en atención a la condición particular de vulnerabilidad adscrita al tutelante, la Corte impone la obligación de renegociar los términos para el cumplimiento (extemporáneo) de las obligaciones a cargo del deudor-incumplido al tiempo que obliga al acreedor-insatisfecho a continuar cumpliendo sus obligaciones o, dependiendo del caso, a suspender el cobro coercitivo para evitar la vulneración de los derechos fundamentales del tutelante.

Además, si se profundiza en el contenido de las decisiones, la hetero-integración del contrato resulta más evidente. En efecto, y dependiendo el caso, por ejemplo: se impone la renegociación de un mutuo hipotecario; se impone la novación del contrato; se interviene sobre el monto de los intereses remuneratorios; se excluye el pago de intereses moratorios y, entre otras, se inaplican las denominadas "cláusulas aceleratorias de pago".

En términos más generales, se trata de un acto de hetero-integración del contrato que surte un efecto bien preciso: la re-distribución del mapa de deberes y derechos entre las partes.

En efecto, de una parte, es posible identificar claras restricciones a derechos subjetivos del acreedor-insatisfecho. Piénsese solamente que la Corte –en razón, no solo, de la norma "obligatorio tolerar temporalmente el incumplimiento"– limita la justiciabilidad de varios derechos patrimoniales ya causados a favor del acreedor restringiéndole (i) el derecho subjetivo de acción (por ejemplo, en algunos casos los procesos ejecutivos hipotecarios fueron detenidos o declarados nulos) y (ii) el derecho subjetivo (la inmunidad) a la *exceptio non adimpleti contractus* (en algunos casos el acreedor es obligado, por parte del juez, a continuar cumpliendo con su obligación contractual, aun cuando el deudor no ha cumplido con su obligación correspectiva).

De otra parte, como ya he precisado arriba, la interpretación extensiva del deber de solidaridad también justifica, en el sentir del juez constitucional, la imposición de deberes a cargo del acreedor-insatisfecho correlativos, en realidad, a derechos fundamentales del deudor-incumplido. De este modo, en los casos analizados (y los demás del mismo tipo) el acreedor-insatisfecho se transforma momentáneamente, y sin lograrlo[18], en co-titular de deberes que (por decirlo así) tradicionalmente han sido imputados al Estado: el deber de asegurar, mediante la tolerancia del incumplimiento de su contra-parte, el derecho a vivienda digna del enfermo o del desplazado; derecho al servicio público esencial de agua potable o energía para el anciano, el menor de edad, el discapacitado o el desplazado; derecho a la educación para el menor de edad.

Nótese que se trata, por cierto, de una hetero-integración que opera sin que medie, de ningún modo, un juicio sobre la validez de las cláusulas objeto de inaplicación: cláusulas, siempre válidas, son destinatarias de un juicio indirecto y *soft* sobre su conformidad constitucional, bien lejano de aquel que opera en material de nulidad contractual; pero que conduce a una intervención *hard* en el acuerdo.

En efecto, el juez, en un contexto de (aparente[19]) excepcionalidad, regula la relación entre los contratantes bajo una perspectiva que, aunque modificando las condiciones contractuales, no censura el contrato en cuanto a su contenido en relación con cualquier circunstancia. Lo censura, más bien, en razón de efectos que se verifican en circunstancias específicas que conducen a un (injustificado) incumplimiento de los deberes correlativos a los derechos fundamentales de una de las partes.

En palabras diferentes, las normas (cláusulas) dispuestas en el contrato, en relación, por ejemplo, con su ejecución en el evento de incumplimientos temporáneos, o en el evento de un ya consolidado incumplimiento definitivo de las obligaciones por parte de uno de los contratantes no pueden ser aplicadas,

---

18 Para una perspectiva crítica, v. *infra* § 7.

19 Para una problematización sobre el carácter excepcional de esos casos, ver lo dicho en relación con la excepción normalizadora (*infra* § 6).

no porque *ex ante* y abstractamente consideradas como inválidas, sino porque existen (se identifican, se construyen *ex post*) excepciones implícitas a la aplicabilidad de las consecuencias previstas en otra(s) norma(s) superior(es) de origen no contractual sino, por ejemplo, legislativo.

Así, mediante un acto interpretativo (no "simple", sino) "complejo"[20], el juez justifica una "(re)creación" del contrato a la luz de circunstancias que, seguramente, en condiciones de *no excepcionalidad*, se asume[21] que no podían ser contempladas por las partes (al menos en el momento de la celebración del contrato) dentro del marco de posibles significados que se podrían adscribir a los respectivos enunciados normativos y, tanto menos, a las cláusulas del contrato.

5. EL RIESGO DEL OCULTAMIENTO DEL CONFLICTO SOCIAL

El tipo de decisiones aquí analizadas, en parte con razón, han sido objeto de celebración[22]; sin embargo, también, este tipo de decisiones ha sido objeto de críticas: la más conocida –fuera de aquellas que puedan provenir de la dogmática civilista en materia de responsabilidad contractual, comenzando por aquella que acusa al juez constitucional de un uso poco refinado de las categorías tradicionales y de un recurso innecesario a soluciones que bien podrían ser obtenidas mediante reflexiones más puristas– es aquella relativa al riesgo de generar una especie de cultura del no-pago.

Sin embargo, las críticas de matriz dogmático-civilista no serán objeto de análisis en este escrito. En relación con la crítica del riesgo de generar una

---

20 Para la distinción entre interpretación en sentido estricto (individuación de normas explícitas: significado de un texto previsto en una fuente) e integración del derecho, ver CANALE, D. "In diffesa della distinzione tra interpretazione e costruzione giuridica", cit.

21 Este punto en realidad es controversial; regresaré posteriormente desde una perspectiva crítica. En efecto, la debilidad del *welfare* colombiano y la consolidación de sistemas de opresión y exclusión bien permiten imaginar que estas circunstancias pueden ser consideradas como no excepcionales y, entonces, eventualmente predecibles (v. *infra* §§ 6-7), aunque, en realidad, no hayan sido (voluntaria o involuntariamente) consideradas dentro del instrumento contractual.

22 Ver, por ejemplo, NEME VILLARREAL, M. "El contrato, una estructura capaz de contener los elementos del desarrollo", en Ead (ed.), *Autonomía privada. Perspectivas del derecho contemporáneo*, Bogotá, Universidad Externado de Colombia, 2018, pp. 113-116, y Ead. "La buena fe como eje del proceso de integración e interpretación del contrato en el Código de Bello: consonancia con la función social del contrato y con la tutela de los derechos fundamentales", en Navia Arroyo, F. y Chinchilla Imbett, C. (eds.), *La vigencia del código civil de Andrés Bello. Análisis y prospectivas en la sociedad contemporánea*, Bogotá, Universidad Externado de Colombia, 2019, pp. 278-283.

parasitaria cultura del no-pago, por ahora (también v. *infra* § 7) basta decir que la misma Corte, temerosa de este riesgo, condicionó la imposición de tolerar temporalmente el incumplimiento y, entonces, la consecuente hetero-integración del contrato a dos requisitos ulteriores. Así, no solo (i) el tutelante debe ser considerado por el juez como un sujeto de especial protección constitucional[23], sino que (ii) el incumplimiento no puede derivar de causas imputables[24] al deudor-incumplido (como sucede, por ejemplo, dependiendo el caso, con la extrema pobreza, la pérdida del trabajo, el desplazamiento, el secuestro, costos y dificultades de una enfermedad grave, etc.) y (iii) el deudor-incumplido debe manifestar una decidida voluntad (si bien extemporánea) de pago que se materializa en la adopción y aceptación de un compromiso de arreglo que debe siempre tomar en consideración la condición de vulnerabilidad del tutelante.

De todas formas, aquí me interesa, más bien, otro tipo de crítica que va en una dirección opuesta y, entonces, favorable a los intereses del deudor-incumplido. Se trata de una crítica que, advierto, se construye con base en una interpretación poco caritativa de las sentencias comentadas[25]. Una crítica

---

23 Para un análisis crítico sobre el uso de la locución 'sujeto de especial protección constitucional', v. *infra* § 6.3.

24 Aunque, como ya advertí, no será objeto de análisis en este escrito, es importante precisar que la Corte, en sus decisiones, recurre al uso de diferentes expresiones propias del lenguaje técnico, sobre todo del derecho civil, para construir la justificación de la tolerancia temporal del incumplimiento, específicamente para argumentar cómo al deudor-incumplido no le puede ser imputada la falta de ejecución de la prestación debido, en suma, a un estado de grave dificultad económica. En concreto, la Corte, a veces sin precisar bien los significados y las diferencias, también en sus efectos, usa: "caso fortuito", "fuerza mayor", "ausencia de culpa" y, entre otras, "imposibilidad sobrevenida".

25 En términos más precisos, es poco caritativa en (al menos) dos sentidos. En primer lugar, porque fue la misma Corte, en el momento de revisar las decisiones de tutela y decidir en el sentido aquí discutido, que logró visibilizar una problemática social que difícilmente habría ocupado, al menos a nivel nacional, la reflexión iusprivatista. Más aún: se trata de decisiones que lograron en parte fracturar la (hasta ese entonces) consolidada exclusión de las reflexiones teóricas sobre la problemática relación entre vulnerabilidad social y autonomía contractual (más allá de análisis ya consolidados, como las reflexiones sobre el derecho del consumo). En segundo lugar, porque las críticas aquí formuladas no podían ser resueltas por la Corte en sede de revisión, en cuanto la Corte se encontraría en la casi imposible tarea (fuera de sus competencias y fuera de los parámetros de las respectivas controversias) de minar eficazmente el "mito de la autonomía" (expresión usada por Fineman, M. A. *The Autonomy Myth. A Theory of Dependency*, Nueva York, The New Press, 2004) que gobierna las relaciones contractuales y la subjetivización de los contratantes a la luz de la racionalidad neoliberal (v. *infra* § 7).

que, aunque no niega, y de hecho valoriza la pretensión de la Corte en cuanto logró capturar una tensión (aún por resolver) entre autonomía privada y vulnerabilidad de los contratantes, busca resaltar que este tipo de decisiones, en el mejor de los casos, son decisiones "en obra negra", decisiones transitorias que no se enfrentan al problema de la precariedad del contratante-deudor-incumplido de forma exhaustiva.

En suma, una crítica que, también con una perspectiva más amplia, busca advertir sobre el riesgo de que estas decisiones terminen convirtiéndose en un dispositivo útil para subestimar la relevancia de las políticas redistributivas y reforzar una particular subjetivización (neoliberal) de los contratantes mediante un ocultamiento del conflicto social (v. *infra* §§ 6.3-7).

Por *riesgo del ocultamiento del conflicto social* entiendo el riesgo[26] de que se sumerja, ignore, banalice el conflicto social que subyace a las controversias aquí analizadas. Un riesgo que, creo, puede derivar de dos fenómenos complejos que serán analizados adelante (v. *infra* §§ 6-7): la *excepción normalizadora* y la *privatización* y *simplificación* del conflicto social.

En términos generales, si consideradas como exhaustivas, este tipo de decisiones pueden terminar por funcionar como una especie de "cláusula de salvaguardia del jugador"[27] en el evento patológico del incumplimiento

---

26 Hablo solo de riesgo porque considero que: (i) el conflicto social todavía es visible; (ii) otras decisiones de la Corte, por ejemplo, decisiones no referidas al incumplimiento y, de hecho, no siempre referidas a relaciones contractuales, han buscado visibilizar el conflicto social, incluso adoptando medidas radicales (más allá de su déficit en materia de eficacia) y, sobre todo, (iii) la doctrina crítica en materia de contratos, local y foránea, ha afrontado de manera (a veces tangencial, pero interesante) varios de los fenómenos que en este escrito son objeto de crítica, tratando de subvertir sus efectos y, entonces, en parte, visibilizando el conflicto social. Sobre este último punto, no solo para la exposición de algunas de estas perspectivas críticas, en contraste con perspectivas más conservadoras, sino también para un interesante análisis de las transformaciones y perplejidades que derivan de la relación entre contrato y globalización, ver Rodríguez Olmos, J. "Más allá del contrato por medio del contrato: las transformaciones del mecanismo contractual en la era de la globalización", en Neme Villarreal, M. (ed.), *Autonomía privada. Perspectivas del derecho contemporáneo*, Bogotá, Universidad Externado de Colombia, 2018, pp. 147-194.

27 Uso aquí la expresión de Foucault, M. *Nascita della biopolitica*, Milán, Feltrinelli, 2004, p. 169, que el autor empleó para caracterizar medidas como, por ejemplo, el impuesto negativo sobre la renta. El autor define 'la cláusula de salvaguardia del jugador' como "una regla limitativa que no cambia el desarrollo mismo del juego, sino que impide que alguien pueda terminar del todo y definitivamente fuera del juego" (trad. mía). Aquí empleo esa expresión precisamente para afirmar que la regla que impone el deber de tolerancia temporal del incumplimiento no implica una ruptura con las reglas de juego del mercado, sino una adecuación suficientemente

contractual: solo entonces, por vía excepcional, como insiste tantas veces la Corte en catalogar este tipo de decisiones (v. *infra* § 6), se logra una captura intermitente de la situación de vulnerabilidad del tutelante para reintroducirlo, sin superar su estado de precariedad, en el juego contractual. Así, el incumplimiento contractual opera como una especie de última alarma, y la tolerancia temporal de dicho incumplimiento como un mecanismo de pacificación momentánea de un conflicto social que funda sus raíces en una problemática estructural en materia de satisfacción de las necesidades básicas[28].

En efecto, se trata de decisiones que solo hasta el momento patológico del incumplimiento logran intervenir como válvula de descompresión de un conflicto que el mismo ordenamiento jurídico, en circunstancias de normalidad, excluye (o, al menos, circunscribe) *ex ante* de las posibles relaciones contractuales, al presumir que los contratos se celebrarían, por regla general, entre sujetos propietarios y empresarios de su propio destino[29].

6. LA EXCEPCIÓN NORMALIZADORA

Por *excepción-normalizadora* entiendo el efecto que deriva de considerar como excepcional y, entonces, minoritario el fenómeno del (si se quiere solo potencial) incumplimiento contractual por parte de sujetos en situación de vulnerabilidad respecto de contractos dirigidos a la satisfacción de necesidades básicas insatisfechas (educación, salud, vivienda, entre otras).

En concreto, parafraseando a Giorgio Agamben, creo que el fenómeno de la excepción normalizadora deriva de la laguna normativa ficticia (o, desde

---

útil para permitir que el juego del mercado siga su curso en las mismas condiciones. En otros términos, una regla que bien puede entenderse como un mecanismo que permite que el deudor-incumplido siga en el juego, pero sin problematizar el mercado (fuera de sus reglas) en atención a la vulnerabilidad de uno de los contratantes. Y, precisamente, considero que no lo problematiza porque en el tipo de decisiones aquí analizadas se considera que se trata de casos excepcionales y porque privatiza y simplifica el conflicto social (v. *infra* §§ 6-7).

28 Ver, sobre todo, *infra* § 6.2.

29 Sobre el punto, ver también *infra* § 7. Por ahora, el sujeto propietario de su propio destino refiere a la hetero-construcción de un sujeto que asume la responsabilidad absoluta (un sujeto hiperresponsabilizado) de las consecuencias de sus decisiones porque se asume que tiene el poder de llevar a cabo una elección libre. Para una perspectiva crítica de la representación de este sujeto empresario de sí mismo, también como instrumento favorable a la subjetivización neoliberal, ver Nicoli, M. y Paltrinieri, L. "“It's still day one”. Dal imprenditore di sé alla start-up esistenziale". *Aut-Aut*, 376, 2017, pp. 79-108.

otra perspectiva, axiológica: v. *supra* § 3.1.) que desencadena la inaplicabilidad del derecho existente en situaciones de excepción para asegurar, proteger, su aplicación en situaciones de normalidad[30].

En otros términos, la excepción-normalizadora cumple la función de proteger, fuera de la (considerada por la Corte como situación de) excepción, la estabilidad normativa de las premisas que gobiernan las relaciones contractuales entre sujetos (presuntamente) libres e iguales[31].

De este modo, algunas excepciones, enfatizadas como tales de forma insistente por parte de la Corte, si bien cumplen la función de valorizar ciertas distinciones que conducen a la formulación de normas no-expresas que favorecen la tolerancia temporal del incumplimiento del sujeto en situación de vulnerabilidad (v. *supra* § 3), también pueden generar un efecto paralelo: recuerdan (sin recordar), prescriben (sin prescribir) que, en situaciones de "normalidad", las tradicionales y (en cierta medida, para algunos) hostiles reglas que derivan de específicas concepciones de la libertad contractual son justificadas y siempre aplicables.

Esto no necesariamente implicaría un problema si no fuera porque la eventualidad de incumplimientos contractual por parte de sujetos en situación de vulnerabilidad podría ser un fenómeno para nada excepcional (más allá, como se verá adelante, de que la controversia llegue, o no, a la Corte o, incluso, a un juez).

En efecto, resulta difícil imaginar que la eventualidad de incumplimientos contractuales en contratos dirigidos a garantizar la satisfacción de necesidades básicas sea excepcional si se toma en consideración, no solo la fragilidad de *welfare* en Colombia y, en general, en América Latina, sino, además, que se está haciendo referencia a un territorio caracterizado por profundas fracturas territoriales[32] y por una realidad política, social y económica caracterizada por la eficacia de consolidados sistemas de opresión y exclusión.

En términos más precisos, si se quiere identificar el subgrupo de sujetos de especial protección constitucional que (en potencia) resultaría destinatario

---

30 En efecto, Agamben, G. *Stato di eccezione*, Turín, Bollati Boringuieri, 2003, p. 42, afirma que "lejos de responder a una laguna normativa, el estado de excepción se presenta como la apertura en el ordenamiento de una laguna ficticia con el objetivo de salvaguardar la existencia de la norma y su aplicabilidad en situaciones normales" (trad. mía).

31 Sobre el punto, v. *infra* §§ 6.3-7.

32 Ver Revelo Rebolledo, J. y García Villegas, M. (eds.). *El Estado en la periferia. Historias locales de debilidad institucional*, Bogotá, DeJusticia, 2018.

de la tolerancia temporal del incumplimiento, el factor que condiciona la decisión favorable al deudor-incumplido se reduce, al final (es decir, después de la adscripción del deudor al grupo de los sujetos de especial protección constitucional[33]), a la acreditación probatoria de un estado (a veces solo momentáneo) de pobreza o limitación asfixiante de recursos económicos que sirve como ruptura transitoria del vínculo causal entre el actuar del deudor y el incumplimiento.

Por ello, al menos[34], los índices de desigualdad, pobreza (monetaria y multidimensional), precariedad del *welfare* y la consolidación de mecanismos de exclusión y opresión en territorios apartados sirven como guía para la identificación de posibles sujetos expuestos a incumplimientos potencialmente tolerables de forma temporal.

6.1. ALGUNOS POCOS DATOS NO EXCEPCIONALES

No es esta la sede para llevar a cabo una exposición y un análisis amplio de los índices en materia de desigualdad, pobreza, precariedad del *welfare* y consolidación de sistemas de opresión y exclusión. Para los fines de este escrito, sin ninguna vocación de exhaustividad, es suficiente dar algunos ejemplos que permitan justificar empíricamente la afirmación según la cual en Colombia el incumplimiento contractual, en eventos en los cuales, según el precedente de la Corte, se justificaría su eventual tolerancia temporal no es (al menos en potencia) excepcional.

Se trata de una serie de información que en realidad involucra, también, pero con variaciones a veces muy relevantes entre los diferentes países[35], todo el territorio de América Latina y el Caribe.

---

33 Sin embargo, como se verá adelante con detenimiento (v. *infra* § 6.3), la precariedad económica no puede por sí sola justificar fallos favorables en cuanto la condición de una adscripción a un grupo de sujetos de especial protección constitucional es requisito necesario.

34 Obviamente, existen análisis más profundos y perspectivas metodológicas más novedosas que, de todas formas, aunque en consideración de capacidades no solo básicas, sino también aumentadas, muestran datos más profundos; pero, no por ello, en dirección opuesta (sino, más bien, confirmatoria) del resultado que quisiera mostrar a continuación. Pienso, por ejemplo, en el análisis hecho en el *Informe sobre desarrollo humano 2019. Más allá del ingreso, más allá de los promedios, más allá del presente: desigualdades del desarrollo humano en el siglo XXI*, Nueva York, PUND, 2019. Análisis que buscan explicar cómo, no obstante la mejoría en los indicadores referidos a las necesidades básicas, la desigualdad sigue en aumento.

35 Respecto de América Latina, en materia de la brecha en el bienestar se distinguen, en efecto,

En efecto, respecto de la madurez del *welfare* latinoamericano y, entonces, también, respecto a la (baja) efectividad de los programas de protección social (entre otros informes) el *Informe mundial sobre Protección Social, 2017-2019*[36] arroja varios datos problemáticos (no solo) en materia de recursos disponibles y efectividad.

Por ejemplo, si se toma en consideración el gasto destinado a la infancia (0,8 % del PIB) este no supera el promedio mundial (1,2 % del PIB) y es casi 3,5 veces inferior frente al gasto de, por ejemplo, la Europa occidental (2,7 del PIB). La situación tampoco es muy diferente en relación con el gasto destinado a la franja de la población en edad de trabajar: no supera el 3,6 % del PIB[37], mientras en la Europa occidental supera el 6,6 %.

Además, en relación con la cobertura efectiva los datos no son alentadores. (i) En el caso de menores entre 0 y 14 años la cobertura efectiva de los programas de protección social no supera las dos terceras partes de la población[38]. (ii) En materia de licencia de maternidad, esta se limita, si bien en un porcentaje superior a la media mundial, casi exclusivamente a la mujer con contrato de trabajo[39]. (iii) En el caso de la protección frente al desempleo, con casi una total exclusión del trabajado informal, se privilegian programas contributivos que tienen una cobertura que no supera el 12,2 % de los desempleados, por debajo del promedio mundial del 21,8 %, y (al menos) cuatro veces inferior al promedio en Europa occidental (46,2 %) y Europa oriental (56,5 %). (iv) En materia de pensiones para la vejez, con programas que privilegian sistemas que combinan solidaridad y cofinanciación, América Latina apenas supera el promedio mundial del 67 %, con una cobertura del 70,8 % –pero Perú con un 19 %, Repúbica Dominicana con un 11,1 %, Honduras con un 7,5 %

---

tres grupos: brecha elevada, brecha moderada y brecha modesta. La clasificación se basa en las diferencias en relación con el PIB; cobertura de pensiones; gasto privado en salud y educación; trabajo infantil, etc. *Cfr.* CECCHINI, S., RILGUEIRA, F. y ROBLES, C. *Sistemas de protección social en América latina y el Caribe. Una perspectiva comparada*, Santiago de Chile, Cepal, 2014, pp. 21-29.

36 OIT. *Informe mundial sobre Protección Social, 2017-2019. La protección social universal para alcanzar los objetivos de desarrollo sostenible*, Ginebra, OIT, 2018.

37 Obviamente, existen diferencias entre los países. Con datos al 2016: Argentina destina el 5,9 % del PIB, Colombia el 3,9 % del PIB y, por ejemplo, Nicaragua el 0,5 % del PIB.

38 OIT. *Informe mundial sobre Protección Social*, cit., 147.

39 En el interior de la región existen contrastes: Uruguay alcanza una cobertura efectiva del 100 %, mientras países como Bolivia no superan el 50 %: Ivi, p. 148.

y, entre otros, Haití con un 1 %– frente a una Europa occidental que tiene una efectividad del 97 %. (v) En fin, entre muchos otros datos, en materia de protección del derecho a la salud, más allá de una tendencia en algunos países hacia la universalidad, son claras dos brechas muy relevantes: entre el servicio público y el servicio privado y entre territorios rurales y territorios urbanos[40]. (vi) Fenómenos que se repiten en relación con la cobertura y la calidad del derecho a la educación[41].

Y, precisamente, en relación con la brecha rural-urbano, los sistemas de exclusión y opresión muestran su eficacia. En efecto, esta brecha caracteriza casi todas las medidas de protección social y explica la inequidad territorial en América Latina, calculada en atención a los Objetivos de Desarrollo Sostenible[42]. Basta mencionar que, en el 2016, el 18 % de la población habitaba las zonas rurales, pero contribuía "con el 29 % del total de las personas viviendo en situación de pobreza y al 41 % de las personas en pobreza extrema de América Latina y el Caribe"[43]. En términos más claros: en las zonas rurales de América Latina la pobreza llega al 48,2 % (frente a un 26,8 % en zonas urbanas) y la pobreza extrema al 22,5 % (frente a un 7,2 % en zonas urbanas)[44].

Zonas rurales que, obviamente, no son homogéneas: existen territorios que, por razones institucionales, geográficas e históricas, entre otras (*e. g.*: violencia), representan el núcleo duro de la extrema pobreza latinoamericana[45]. Territorios, por cierto, poblados muchas veces por afro-descendientes e indígenas que, además de representar en su conjunto el 25 % de la población

40 La diferencia en cobertura de salud a nivel global muestra un déficit 2,5 veces mayor en áreas rurales, frente a las áreas urbanas (respectivamente: 56 % y 22 %). En Latinoamérica (en promedio) el déficit en áreas rurales es del 32,6 %, mientras que en áreas urbanas es del 24 %. En cambio, por ejemplo, la Europa central y oriental arroja un déficit de prestación del servicio de salud en zonas rurales del 13,6 % y en zonas urbanas del 1,7 %: Ivi, p. 115.

41 *Cfr.* Cepal y Unicef. *América Latina y el Caribe a 30 años de la aprobación de la Convención sobre los Derechos del Niño*, Santiago, 2018, pp. 33, 37, 46.

42 *Pobreza y desigualdad. Informe latinoamericano 2017*, Santiago de Chile, RIMISP, CRDI, FIDA, 2018.

43 FAO. *Panorama de la pobreza rural en América Latina y el Caribe. Soluciones del siglo XXI para acabar con la pobreza en el campo*, FAO, 2018, p. 1 ss.

44 Cepal. *Panorama social de América Latina*, Santiago de Chile, 2018, p. 103.

45 Zonas rurales que fueron identificadas así: territorios con el mayor número de necesidades básicas insatisfechas que, a su vez, superaran el promedio de la desnutrición crónica y, dentro de estos, las zonas con mayor densidad poblacional: FAO, *Panorama de la pobreza rural en América Latina y el Caribe*, cit., 20.

latinoamericana, representan (al menos) la tercera parte de los pobres de las zonas rurales de la región[46] y, entre otras cosas, la población con mayor exclusión del sistema educativo en todas las franjas de edad[47]. Además, si al criterio de la etnicidad y el territorial, se suma el criterio del género, la mujer, habitante de los territorios rurales, con descendencia afro o indígena, representa una de las poblaciones más expuestas a la extrema pobreza, a la exclusión y la opresión en Latinoamérica[48].

Así, los criterios territorio-etnicidad-género parece que debería ser el punto de vista (interseccional) privilegiado para los análisis sobre la pobreza, la extrema pobreza y desigualdad en América Latina. De una parte, una pobreza que, para el año 2017, alcanzó entre el 24,65 % y 28,6 % de la población y una extrema pobreza que se situó entre 9,8 % y 9,1 %. De otra parte, una desigualdad que "privilegió" a varios países de la región entre los primeros puestos según el coeficiente de Gini y que se intensifica debido a una focalización no-progresiva de los subsidios que, en ocasiones, terminan por favorecer en mayor medida a los más ricos[49].

Por cierto, los recientes datos recopilados en Colombia sobre la pobreza (monetaria y multidimensional) confirman esta fotografía sobre la desigualdad y la pobreza, también en relación con la brecha rural-urbano.

Así, según los análisis más recientes del Dane[50], en Colombia, con un coeficiente de Gini en el nivel nacional de 0,517[51], la pobreza monetaria para el año 2018 a nivel nacional se situó en el 27 % (rural en el 36,1 % y urbana en

---

46 Cepal. *La matriz de desigualdad en América Latina*, Santiago de Chile, 2016, p. 28 ss.

47 Cepal y Unicef. *América Latina y el Caribe a 30 años de la aprobación de la Convención sobre los Derechos del Niño*, Santiago de Chile, 2018, p. 38.

48 En efecto, las mujeres afrodescendientes e indígenas tienen ingresos por debajo de los hombres afrodescendientes e indígenas. Además, los ingresos de las mujeres son más por transferencias que por trabajo, no obstante tengan un grado de escolarización más o menos similar o, incluso, superior: Cepal. *La matriz de desigualdad en América Latina*, cit., pp. 31-40.

49 En Colombia, según el DNP, se destina más del 9 % del PIB a más de 60 programas de subsidio referidos, sobre todo, en orden decreciente, a la educación, pensiones, salud, servicios públicos, pobreza, primera infancia, vivienda, entre otros. Pues bien, los dos quintiles más ricos de la población colombiana reciben el 40 % de subsidios. Por este motivo, aunque los programas sociales sí inciden en la lucha contra la pobreza, no pueden incidir en la lucha contra la desigualdad. *Cfr.* Departamento Nacional de Planeación. *Hacia un nuevo sistema de subsidios y transferencias*, DNP, marzo 2018.

50 Dane. *Pobreza monetaria y multidimensional. Resultados*. 3 de mayo de 2019.

51 *Ibidem*.

el 24,4 %); la pobreza monetaria extrema en el 7,2 % (rural en el 15,4 %[52] y urbana en el 4,9 %) y la pobreza multidimensional –con el aporte más significativo por parte de las dimensiones de la educación y el trabajo, y con un incremento de la dimensión de la salud[53]– de un 19,6 % (rural 39,9 % y urbana en el 13,8 %).

Pues bien, tomando solo en consideración ese breve boceto de información empírica, creo que es posible afirmar que el tipo de decisiones aquí analizadas no son lo suficientemente idóneas para afrontar el conflicto social que subyace a los casos resueltos. En efecto, si se sigue el precedente de la Corte, no son excepcionales ni reducidos los grupos poblacionales colombianos que, perteneciendo a la categoría de sujetos de especial protección constitucional, podrían afrontar un incumplimiento contractual por razones de pobreza asfixiante que los haría potencialmente destinatarios de una tolerancia temporal del incumplimiento.

Más aún, la fuerza de estas sentencias, dejando por ahora a un lado las críticas que especificaré adelante (v. *infra* § 7), es restringida, también, porque, como se verá en seguida, es posible imaginar muchos casos de incumplimiento que jamás llegan ante un juez de tutela y, mucho menos, ante el juez constitucional.

6.2. AUNQUE EL JUEZ NO LO SEPA: EL INCUMPLIMIENTO CONTRACTUAL SUMERGIDO

Las decisiones objeto de análisis son decisiones, no con efectos amplificados (de las que, sin embargo, cada vez se duda más en relación con su eficacia[54]),

52 "[L]a ciudad con mayor incidencia de pobreza monetaria extrema en 2018 fue Quibdó con 16,9 % seguida de Riohacha con 16 %": Dane. *Comunicado de prensa. Pobreza monetaria. Año 2018*. 3 de mayo de 2019.

53 Por cierto, el Dane (*Comunicado de prensa. Pobreza multidimensional. Año 2018*. 3 de mayo de 2019) precisa que "[l]os mayores aumentos en las privaciones por hogar se presentaron en los indicadores: inadecuada eliminación de excretas con 2,4 puntos porcentuales, sin acceso a fuente de agua mejorada con 1,9 puntos porcentuales, barreras de acceso a servicios en salud con 1,8 puntos porcentuales, material inadecuado de pisos con 1,6 puntos porcentuales, sin aseguramiento en salud con 1,4 puntos porcentuales; material inadecuado de paredes y desempleo de larga duración con 1,0 punto porcentual; inasistencia escolar con 0,4 puntos porcentuales".

54 Ver, por ejemplo, Gutiérrez Beltrán, A. *El amparo estructural de los derechos*, Madrid, Centro de Estudios Políticos y Constitucionales, 2018.

sino decisiones con efectos restringidos[55]: decisiones que se enfrentan solo de forma aparente con la complejidad de las vulneraciones de derechos fundamentales, es decir, su carácter pluri-subjetivo y sus razones endémicas y estructurales[56].

Pues bien, es posible imaginar al menos tres escenarios posibles donde las decisiones de la Corte que imponen el deber de tolerar temporalmente el incumplimiento resultan de todas formas innocuas[57] (si no se toman en consideración sus posibles efectos simbólicos e indirectos[58]) debido a sus efectos (solo) inter-partes y, entonces, debido a que su relevancia fuera del

---

55 Para la distinción entre "decisiones con efectos amplificados" y "decisiones con efectos restringidos", ver, por ejemplo, Moreno Cruz, P. "Efectos inter comunis. Una acción de tutela colectiva y obligatoria", en Bejarano Guzmán, R., Rodríguez Mejía, M. y Moreno Cruz, P., *Aspectos procesales de la acción de tutela*, Bogotá, Universidad Externado de Colombia, 2017, pp. 61-119, e *id.* "Plurisoggettività delle violazioni dei diritti fondamentali e l'azione di tutela. Il caso colombiano", en D'Alessandro, C. y Marchese, C., *Ius dicere in a globalized world*, Roma, Romatre-press, 2018, pp. 393-413.

56 Para un análisis más detallado sobre los problemas de las sentencias de tutela con efectos restringidos sobre derechos económicos y sociales, también en atención a un análisis empírico, ver, por ejemplo, González Medina, D. y Moreno Cruz, P. "The acción de tuela and the enforcement of socio-economic rights- a matter od perception?", en Moreno Cruz, P. (ed.), *China and Colombia: Towards a Legal Comparison*, Bogotá, Universidad Externado de Colombia, 2019, pp. 43-76.

57 Por ejemplo, algunos afirman que las sentencias que he llamado 'decisiones con efectos restringidos' no parecen tener una tendencia contra-mayoritaria, normalmente se concentran en la clase media y no tienen una fuerza transformadora. Por ejemplo, ver Landau, D. "Socioeconomic rights and majoritarian courts in Latin America", en Crownford Colin y Bonilla Maldonado, D. *Constitutionalism in The Americas*, Cheltenham-Northampton, Edward Elgar, 2018, p. 199, quien, con base en la distinción entre modelos de justiciabilidad de derechos económicos y sociales, adscribe poco poder transformador al modelo "individualized" y al modelo de "negative injunction": "Neither model aims to build programs that do not yet exist, and therefore to expand the social safety net [...] the jurisprudence has relatively little transformative effect".

58 Aunque no existen análisis al respecto, y no me ocuparé del punto en este escrito, es posible imaginar posibles efectos indirectos y simbólicos relevantes de estos fallos: pienso, por ejemplo, en reformas legislativas, previsión de cláusulas contractuales que tomen en consideración sujetos en situación de vulnerabilidad, modificaciones culturales sobre la percepción del deudor-pobre. Para un ejemplo de un análisis sobre los efectos simbólicos e indirectos, ver, en Colombia, por ejemplo, Rodríguez Garavito, C. "Beyond Enforcement: Assessing and Enhancing", en Langford, A. y Rodríguez Garavito, C. *Social Rights Judgments and the Politics of Compliance*, Cambridge, Cambridge University Press, 2017, pp. 75-108.

universo de las partes depende exclusivamente de la aplicación del relativo precedente judicial.

Se trata de tres escenarios respecto de los cuales asumo que el juez constitucional, si hubiese conocido el caso, habría adscrito al deudor al grupo de deudores-incumplidos beneficiarios de una tolerancia temporal del incumplimiento (es decir, como ya he precisado, porque se trataría de casos que la Corte consideraría que involucran sujetos de especial protección constitucional privados de los recursos suficientes para cumplir con su obligación respecto de un contrato dirigido a garantizar la satisfacción de necesidades básicas).

En concreto, deudores-incumplidos potencialmente beneficiarios del precedente judicial adoptado en las decisiones aquí comentadas no accede al beneficio porque: (i) el deudor-incumplido no logra cumplir sus obligaciones y tampoco interpone la acción de tutela; (ii) el (en este caso solo potencial) deudor-incumplido logra (con mucha dificultad) cumplir sus obligaciones sin acudir a la acción de tutela; (iii) el deudor-incumplido acude a la acción de tutela, pero obtiene un fallo desfavorable en primera y segunda instancia porque los jueces no aplican el precedente de la Corte y esta última, de todas formas, decide no revisar la(s) sentencia(s).

Tres escenarios del todo posibles si se toma en consideración que: (i) en Colombia la mayoría[59] o, al menos, una gran proporción[60] de la población opta por "no hacer nada", no obstante sea titular de necesidades jurídicas insatisfechas[61], (ii) entre otras razones porque no conoce sus derechos y/o mecanismos judiciales a disposición. (iii) Situación que se agrava cuando se está

59 Del grupo de sujetos que declara haber vivido un conflicto, el porcentaje que acude a la rama judicial o, en general, a un tercero, para solucionar el conflicto es realmente bajo. De hecho, la tendencia general es a "no hacer nada". La Rota, M., Lalinde, S., Santa, S. y Uprimny, R. *Ante la Justicia. Necesidades jurídicas y acceso a la justicia en Colombia*, Bogotá, DeJusticia, 2014, p. 88, t. 5.

60 A diferencia de lo dicho, según Dane. *Encuesta Nacional de Calidad de Vida ECV. 2016. Dirección de Metodología y Producción Estadística. Capítulo IV. Necesidades Jurídicas*, 2017, para el año 2016 la elección de "no hacer nada" no es la opción preponderante: se sitúa en el 23,8 %, por debajo de la opción de "acuerdo pacífico" que se sitúa en un 25,8 %; ambas opciones son superadas por la elección de acudir a una institución o a un particular autorizado por el Estado, que se sitúa en un 48,6 %.

61 Piénsese que la necesidad jurídica más declarada tiene que ver con el sistema de salud, y solo el 12,7 % acudió ante un juez: *ibidem*.

haciendo referencia a poblaciones con altos niveles de pobreza[62]. (iv) Además, si el potencial tutelante sí conoce los mecanismos procesales[63], existen otros motivos que conducen a no acudir ante el juez: por desconfianza, porque se asume que no es eficaz[64] o, entre otras, por miedo[65]. (v) A esto se suma un hecho que golpea la eficacia de las decisiones de tutela: aunque no hay datos ciertos sobre el uso del precedente judicial de la Corte en materia de derechos fundamentales, si hay serios indicios (al menos desde una perspectiva cualitativa) de que el precedente judicial no es suficientemente respetado[66], y (vi)

---

62 La Rota, M., Lalinde, S., Santa, S. y Uprimny, R. *Ante la justicia. Necesidades jurídicas y acceso a la justicia en Colombia*, cit., 146: "La población en extrema pobreza tiene menos conocimientos acerca del sistema de justicia y de sus derechos. Estas personas tienen una familiaridad más baja con los mecanismos judiciales (incluida la acción de tutela), con organizaciones o espacios en donde se prestan servicios de justicia, y con sus derechos fundamentales, asunto para el que la diferencia es enorme [...]". Por su parte, Dane. *Encuesta Nacional de Calidad de Vida ECV*, cit., precisa que a mayores ingresos económicos existe una mayor probabilidad de acudir ante un juez o un particular autorizado por el Estado; mientras que, a menores ingresos económicos, aumenta la probabilidad de no hacer nada.

63 En efecto, la acción de tutela es la acción procesal-constitucional más conocida: "Así, la mayoría de personas de las tres poblaciones conocen la acción de tutela y muchos de los espacios donde autoridades públicas o los particulares ofrecen servicios de justicia. Pero los niveles de conocimiento acerca de otros mecanismos jurídicos –aparte de la tutela– son verdaderamente bajos": La Rota, M., Lalinde, S., Santa, S. y Uprimny, R. *Ante la Justicia. Necesidades jurídicas y acceso a la justicia en Colombia*, cit., p. 387.

64 "Es por ello que el hecho de acudir a una autoridad judicial parece empeorar la percepción de las personas de diferentes poblaciones, más que todo en lo relacionado con la lentitud y los altos costos de la justicia": *ibidem*, 394. Piénsese además que, según Dane. *Encuesta Nacional de Calidad de Vida ECV*, cit., el nivel de insatisfacción de las necesidades jurídicas en Colombia es del 60 % y que, del 100 % de las personas titulares de necesidades jurídicas, el 48,6 % acudió ante una institución o un particular autorizado por el Estado para solucionar problemas.

65 La Rota, M., Lalinde, S., Santa, S. y Uprimny, R. *Ante la Justicia. Necesidades jurídicas y acceso a la justicia en Colombia*, cit., p. 397: "Desde luego, las víctimas del conflicto son aquellas para las que este factor [miedo a las represalias] tiene más relevancia [...] Pero también encontramos estos casos de forma repetida en nuestro trabajo de campo con mujeres y personas LGBTI y con discapacidad víctimas de agresiones sexuales y violencia intrafamiliar que tienen miedo de denunciar al agresor [...], así como con personas transgénero o afrocolombianas que consideran excesivamente arriesgado denunciar o quejarse de los policías que los atacan".

66 Ya algunas investigaciones muestras indicios en esta dirección. Por ejemplo, en *ibidem*, p. 396, se precisa que "[...] muchas necesidades jurídicas quedan insatisfechas –a pesar de que para ellas haya habido determinaciones finales del sistema judicial– cuando los funcionarios judiciales desconocen el precedente jurisprudencial y aplican razonamientos que ya han sido

(para bien o para mal) menos del 1 % de las decisiones de tutela adoptadas en el país son revisadas por la Corte.

Nótese que en estos tres posibles escenarios de casos referidos a sujetos que bien habrían podido obtener una sentencia favorable, el deudor-incumplido (o, en el segundo escenario, solo potencial deudor-incumplido) no logra obtener ni siquiera el reconocimiento de su derecho a la tolerancia temporal del incumplimiento. De este modo, se trata de posibles escenarios en lo que al deudor-incumplido se le "impuso" la obligación de afrontar, en condición de vulnerabilidad, la deficiencia en materia de garantía de sus derechos fundamentales y "jugar" según las reglas tradicionales que gobiernan los contratos –reforzando, de este modo, las causas del conflicto social.

6.3. EL USO ESTRATÉGICO DE LA LOCUCIÓN 'SUJETOS DE ESPECIAL PROTECCIÓN CONSTITUCIONAL'

Una última cuestión que refuerza el fenómeno de la excepción normalizadora, esta vez en atención al contenido de las decisiones objeto de análisis, es el (por decirlo así) *uso estratégico* de la locución 'sujetos de especial protección constitucional'. En concreto, me refiero al uso de esta locución como dispositivo llamado a excluir a un subgrupo de deudores-incumplidos de la tolerancia temporal de su incumplimiento, no obstante se trate de personas en situación de precariedad económica importante respecto de un contrato dirigido a la satisfacción de sus necesidades básicas.

En otros términos, recordemos que la Corte usa esta locución, (no solo) en el tipo de decisiones aquí analizadas, como un criterio de distinción entre deudores-incumplidos, reservando el trato "preferencial" y "excepcional" solo a aquellos que puedan ser adscritos a algunos de los grupos de sujetos de especial protección constitucional y, entonces, sin que tal trato pueda extenderse de forma más generalizada en atención exclusiva a la precariedad socio-económica del deudor-incumplido.

Ahora bien. Más allá de las ventajas que el uso de la locución 'sujetos de especial protección constitucional' ha generado a favor de las poblaciones más vulnerables, lo cierto es que la misma categorización implica algunos problemas de diferente orden.

---

descartados por las cortes. [Es...] la razón principal por la que [...] las decisiones son insatisfactorias para cumplir con el derecho de acceder a la justicia".

No me referiré, al menos no directamente, a las dificultades epistemológicas[67] que derivan de tomar en serio el análisis interseccional[68], es decir, aceptar (como efectivamente es) que todo sujeto de especial protección constitucional pertenece (o es adscrito o se autoadscribe) no a una categoría sino a una pluralidad de categorías[69] que, en atención a diferentes ejes (por ejemplo, los ejes de clase social o condiciones socio-económicas, etnicidad, género y capacidad, entre otros), muestran la operatividad de diferentes sistemas de opresión y exclusión[70].

---

67 Creo que pueden ser identificadas (al menos) dos tipos de dificultades epistemológicas que derivan del enfoque interseccional: *dificultad de la parcialidad* (es decir, la dificultad para analizar todos los posibles grupos que puedan ser adscritos a la categoría de sujetos de especial protección constitucional) y *dificultad de la inconmensurabilidad* (es decir, la dificultad de poder tomar en consideración todas las posibles intersecciones que puebla un sujeto adscrito a la categoría de sujeto de especial protección constitucional). Para un análisis de las perspectivas críticas frente al enfoque epistemológico interseccional ver, también para ulteriores referencias bibliográficas: GEERTS, E. y VAN DER TUIN, I. "From intersectionality to interference: Feminist onto-epistemological reflections on the politics of representation". En *Women's Studies International Forum*, 2013, pp. 171-178, y CARASTATHIS, A. "The concept of Intersectionality in Feminist Theory". *Philosophy Compass*, 9/5, 2014, pp. 309-311.

68 Este término fue propuesto por primera vez por CRENSHAW, K. "Demarginalizing the Intersection of Race and Sex: A Black Feminist Critique of Antidiscrimination Doctrine, Feminist Theory and Antiracist Politics". *University of Chicago Legal Forum*, 1989, pp. 139-167. Ver también: EAD. "Mapping the Margins: Intersectionality, Identity Politics, and Violence Against Women of Color". *Stanford Law Review*, 1991, 1241-1299; EAD. "Postcript", en Lutz, H., Herrera Vivar, M. T. y Supi, L. *Framing Intersectionality. Debates on a Multi-faceted Concept in Gender Studies*, Londres y Nueva York, Routledge, 2011, 221-233. Para un interesante análisis aplicativo de la perspectiva nterseccional, v. el número monográfico dedicado a la *Intersezionalità tra diritto e società*. BELLO, B. G. y MANCINI, L. (eds.), *Sociologia del diritto*, 2/2016, acompañado por una entrevista a Kimberlé Crenshaw.

69 Son tantas las posibles intersecciones entre las categorías que puebla una persona que, si se lleva el análisis al extremo, no sería fácil imaginar dos personas que puedan ser adscritas, o se autoadscriban, en un momento específico (y, tanto menos desde una perspectiva dinámica), a las mismas intersecciones entre categorías y, entonces, que resulten destinatarias, en las mismas proporciones, de la misma interacción entre los sistemas de opresión y marginalización. Como precisa LUDVIG, A. "Differences Between Women? Intersecting Voices in a Female Narrative". *European Journal of Women's Studies*, 13, 2006, p. 247: "The endlessness of differences seems to be a weak point in inter-sectional theory".

70 Desde un punto de vista metodológico, el enfoque interseccional implicaría cuatro consecuencias o beneficios importantes: simultaneidad, complejidad, irreductibilidad e inclusibilidad. Para un análisis al respecto ver CARASTATHIS, A. "The concept of Intersectionality in Feminist Theory", cit., pp. 307-309. Tal vez el aspecto más relevante es aquel relativo a la forma como

Me referiré, más bien, y brevemente, a las dificultades que derivan de un uso, por decirlo así, estratégico de la locución en examen que explica por qué la adscripción de la propiedad de 'sujeto de especial protección constitucional' en ocasiones comporta o favorece una restricción en la adopción de políticas de redistribución[71], sirviéndose, también, de una exaltación de las políticas de reconocimiento[72] algo calculada[73].

Es posible constatar esta afirmación a partir del análisis del contraste entre, de un lado, las decisiones que, mediante el uso de la locución 'sujetos de espacial protección constitucional', no encuentran importantes resistencias para

---

la interseccionalidad se enfrenta con la complejidad: sobre este punto ver McCall, L. "The Complexity of Intersectionality". *Signs*, 30, 2005, pp. 1771-1800.

71 Es decir, en los términos de Fraser, N.: "Replantear la justicia en un mundo en proceso de globalización", en *Fortunas del feminismo*, Madrid, Instituto de Altos Estudios Nacionales, 2015, p. 226, las políticas dirigidas a superar la injusticia por mala distribución: "Estructuras económicas que niegan a las personas los recursos necesarios para interactuar con otras como iguales pueden, por una parte, impedirles a dichas personas la plena participación; en este caso, estas sufren injusticias distributiva o mala distribución [...] el problema es la estructuración de la sociedad en clases, lo cual corresponde a la dimensión económica de la justicia".

72 Es decir, de nuevo en los términos de Fraser, N. "Heterosexismo, falta de reconocimiento y capitalismo: respuesta a Judith Butler", en *Fortunas del feminismo*, cit., pp. 208-229, las políticas dirigidas a superar la injusticia de estatus: "Falta de reconocimiento [... es] por el contrario que a una persona le nieguen la categoría de interlocutor pleno en la interacción social y le impidan participar como igual en la vida social, no a consecuencia de una inequidad distributiva (como el no recibir la parte justa de recursos o de 'bienes primarios'), sino por el contrario a consecuencia de patrones de interpretación y evaluación institucionalizados que constituyen a la persona como alguien comparativamente indigno de respeto o estima".

73 Este fenómeno ha sido explicado como una especie de colaboración inesperada entre algunos movimientos progresistas y la lógica neoliberal. En relación con los movimientos feministas, específicamente en relación con el feminismo de la segunda ola, este fenómeno (prevalencia de las reivindicaciones de políticas de reconocimiento y progresivo abandono de las reivindicaciones de políticas de redistribución y de las críticas al capitalismo) ha sido evidenciado con claridad por Nancy Fraser en muchos de sus trabajos. Por ejemplo, ver Fraser, N. "El feminismo, el capitalismo y la astucia de la historia", en *Fortunas del feminismo*, cit., princ., pp. 254-260; Ead. *La fine della cura. Le contraddizioni sociali del capitalismo contemporaneo*, Milán y Udine, Mimesis, 2017, p. 4 ss (trad. Ead. "Contradictions of capital and care". *New Left Review*, 100, 2016, 99-117). Para un análisis del mismo fenómeno, pero como explicación del llamado "neoliberalismo progresista", ver, recientemente, Ead. *Il vecchio muore e il nuovo non può nascere. Del neoliberismo progressista a Trump e oltre*, Verona, Ombre Corte, 2019, pp. 11-18. Con una perspectiva centrada en el eje étnico y las respectivas tensiones entre políticas de reconocimiento y políticas de distribución en la jurisprudencia de la Corte, ver, por ejemplo, Moreno Cruz, P. "La complessità del progetto multiculturale in Colombia. Il caso delle comunità indigene". *Politica del diritto*, 2, 2017, pp. 299-327.

fortalecer el estatus de grupos de sujetos mediante *políticas de reconocimiento* y, de otro lado, (i) las decisiones que, en cambio, muestran serias resistencias en el momento de adoptar *políticas de redistribución* a favor de los mismos sujetos de especial protección constitucional ya reconocidos en el mismo fallo o en un fallo precedente, o (ii) las decisiones que emplean la locución 'sujetos de especial protección constitucional' como mecanismo útil para restringir, dentro de la población, el alcance de las eventuales políticas dirigidas a superar la injusticia por falta de redistribución.

En términos más concretos, considero que, dentro del tipo de decisiones aquí analizadas, es decir, decisiones que imponen el deber de tolerar temporalmente el incumplimiento, algunas de ellas parecen comulgar con el uso estratégico de la locución 'sujetos de especial protección constitucional' en los dos sentidos apenas enunciados. En efecto, de un lado, como se precisará con mayor atención abajo, si bien se emplea la locución 'sujetos de especial protección constitucional' para identificar un deudor-incumplido más expuesto a la violación de sus derechos, el remedio adoptado en términos de políticas de redistribución parece insuficiente para el deudor-incumplido favorecido con el fallo (v. *infra* § 7).

De otro lado, y es lo que me interesa enfatizar en este aparte, se trata de decisiones que parecen usar la locución 'sujetos de especial protección constitucional' como dispositivo apto para restringir el alcance o, al menos, la relevancia de la problemática sobre la precariedad económica del deudor-incumplido y, entonces, apto para justificar la restricción de políticas de redistribución (que, como se verá en el siguiente aparte, está acompañada de una clara tendencia a una reducción del *welfare* en sintonía con una desresponsabilización del Estado[74]).

En otros términos, la adscripción de la propiedad 'sujeto de especial protección constitucional' sirve como criterio normativo útil para construir una jerarquía axiológica entre deudores-incumplidos para así poder destinar el remedio a un grupo restringido de ellos, no en atención a su (incluso profunda) precariedad económica directamente relacionada con la no satisfacción de la necesidad básica objeto del contrato incumplido, sino en atención a la acreditación de dicha precariedad en cabeza de algunos de estos deudores-incumplidos

---

74 Sobre el punto v. *infra* § 7.

adscritos a una categoría de sujetos considerada, *a priori*[75], como necesariamente vulnerable.

Nótese que este uso estratégico de la locución 'sujetos de especial protección constitucional' refuerza los efectos de la excepción normalizadora de forma diferente. Un refuerzo que no es consecuencia de un acceso limitado a la administración de justicia que oscurece un déficit en la satisfacción de las necesidades básicas (v. *supra* § 6.2.), sino, más bien, es el resultado de la misma estructura del razonamiento del juez. En breve, la (en parte valiosa) referencia a los sujetos de especial protección constitucional puede generar, en paralelo, un efecto ulterior (creo) contraproducente: impedir que la (estructural) precariedad económica sea usada como razón suficiente para un fallo favorable al deudor-incumplido. La verdad, un efecto inevitable si el objetivo de la decisión es enfatizar el carácter del todo excepcional de la inaplicabilidad de las normas que regulan el cumplimiento contractual.

Como ya fue precisado arriba (v. *supra* § 6), el lenguaje usado para referir a los sujetos de especial protección constitucional –pienso, también, en las desafortunadas expresiones como 'sujeto frágil' o 'sujeto débil'[76]– parece que

---

75 La adscripción *a priori* y "para siempre" puede presentar problemas importantes: refuerza la estigmatización del grupo que, progresivamente, con el paso del tiempo, de un parte, es entendido como un grupo estático y *esencialmente* vulnerable y, de otra parte, ayuda a oscurecer y desatender las causas económicas, sociales y culturales del estado de vulnerabilidad (Fanlo Cortés, I. "Vulnerabilità e protezione internazionale. Introduzione", en Fanlo Cortés, I. y Ferrari, D. (eds.), *I soggetti vulnerabili nei processi migratori. La protezione internazionale tra teoría e prassi*, Turín, Giappichelli, 2020, 3; Re, L. "Introduzione. La vulnerabilità tra etica, politica e diritto", en Bernardini, M. G., Casalini, B., Giolo, O. y Re, L. (eds.), *Vulnerabilità: ética, política, diritto*, Roma, If Press, 2018, 7-26). De todas formas, precisamente, el enfoque interseccional constituye una de las perspectivas de análisis de las formas de exclusión y opresión que busca evitar el esencialismo de ciertos enfoques categoriales y que ayuda a concentrarse en las causas; pero sin rechazar el uso de categorías. Para esta perspectiva, ver, por ejemplo, Carastathis, A. "Categories as Potencial Coalitions". *Signs* (número especial: *Intersectionality: Theorizing Power, Empowering Theory*), 38, 2013, pp. 941-965.

76 No obstante el uso generalizado en el lenguaje del derecho privado de esta locución para referir, por ejemplo, a los consumidores, lo cierto es que la expresión 'sujetos débiles', creo con razón, ha sido objeto de profundas críticas, sobre todo en el seno de la teoría crítica de los *disabilties studies*. En breve, una locución que ha sido empleada como dispositivo que legitima la restricción e incluso la sustitución de la *agency* del sujeto débil o frágil por el solo hecho de pertenecer a esa categoría, activando tratamientos propios de un paternalismo no justificado. Sobre el punto, ver, por ejemplo, Bernardini, M. G. "Il soggetto vulnerabile. Status e prospettive di una categoria (giuridicamente) controversa". *Rivista di filosofía del diritto*, 2, 2017, p. 267 ss.

presupone, siguiendo (pero solo en parte) el modelo clásico del contratista, un dualismo entre un (improbable) sujeto autónomo, soberano, libre, capaz, autosuficiente e invulnerable como patrón normativo de comparación y de distinción con los *otros* sujetos considerados, en cambio, como no aptos[77].

Un uso de la locución 'sujetos de especial protección constitucional' que sirve como instrumento de contención que impide que problemáticas como aquella del déficit del *welfare* –que explican las razones mismas del incumplimiento– irradien sus efectos de forma incontrolada, rompan el dualismo y, entonces, impidan (en contravía de los intereses de los sectores más privilegiados) que se consolide la decisión de ignorar, ocultar, en la forma de un "privilegio epistemológico de la ignorancia"[78], ciertos fenómenos socio-económicos, como la precariedad económico-social, que lograrían, por sí solos, impulsar un repensamiento crítico de la subjetivización del contrante socialmente situado en condiciones de vulnerabilidad.

En efecto, solo el esquema dualista[79] de separación permite dejar en vida el esquema (abstracto) de contratación para relegar en el mundo circunscrito

---

77 No aptos, en cuanto, como se verá adelante (v. *infra* § 7), sujetos que no están en la capacidad de proveer por sí solos a la satisfacción de sus necesidades básicas. Es decir, sujetos que se convierten en problemáticos, pero no del todo prescindibles, dentro del juego del mercado.

78 Dentro de las estrategias de mantenimiento de las jerarquías de poder –y que se manifiestan, también institucionalmente, por medio del derecho– está el poder de decidir qué es posible ignorar, qué puede dejarse por fuera del objeto de conocimiento. Se habla así del llamado "privilegio epistemológico de la ignorancia" (KOSOFSKY, E. "Privilege of Unknowing. Epistemology and Lesbianism in Diderot". *Genders*, 1, 1988, pp. 102-124; CODE, L. "Ignorance, Injustice and Politics of knowledge". *Australian Feminist Studies*, 29, 2014, pp. 148-160; ALCOFF, L. "Epistemologies of Ignorance. Three types", en Sullivan S. y Tuana, N. (eds.), *Races and Epistemologies of Ignorance*, Nueva York, State University of New York Press, 2007, cap. 2.º). Señala CASALINI, B. "Le teorie femministe contemporanee, dal paradigma della sovranità al paradigma della vulnerabilità", en Bernardini, M. G., Casalini, B., Giolo, O. y Re, L. (eds.), *Vulnerabilità: ética, política, diritto*, cit., 32, que "como sostiene la contemporánea epistemología de la ignorancia, el privilegio del que gozan aquellos que tienen mayor poder deriva no tanto de su conocimiento –como pensamos normalmente– sino del poder que tienen de ignorar una parte de la experiencia, es decir, de los confines que son trazados entre aquello que se debe saber y aquello que se puede excluir de los objetos de conocimiento. En esta visión, la ignorancia no debe entenderse como falta de conocimiento y entonces de poder [...] sino como una fuerza que bloquea el conocimiento, que ocupa su puesto y más o menos de forma explícita afirma una necesidad de no conocer" (trad. mía).

79 "El dualismo –como enfatiza Plumwood– no es una simple dicotomía: en efecto, no es una mera distinción, sino una forma de distanciamiento, disociación y 'mutua exclusión' entre los elementos distinguidos, capaz de producir entre ellos una verdadera y precisa ruptura ontológica, una radical discontinuidad entre el grupo que individua el centro y su *otro* que no

de la excepción la (considerada como) desviada conducta del "indecoroso" deudor-incumplido riesgosamente destinatario de paternalismos injustificados y de estigmatización[80].

7. EL CONFLICTO SIEMPRE LATENTE: PRIVATIZACIÓN Y SIMPLIFICACIÓN

Ahora me interesa enfatizar, de forma más concreta, la relación entre el *riesgo del ocultamiento del conflicto social* y el segundo fenómeno que lo podría desencadenar, es decir, la *privatización* y *simplificación* del conflicto social.

Entiendo por privatización y simplificación el conflicto el hecho de que este tipo de decisiones, precisamente en cuanto entendidas como excepcionales, pueden sustraer (banalizándola o ignorándola) la tensión a la esfera pública y política y delegarla a la esfera privada[81] de la relación contractual para que, de algún modo, sea reequilibrada.

---

solo es 'distinguido', sino ubicado en las gradas más bajas de un orden jerárquico –en último análisis un 'abyecto'. El Otro, separado y disociado del centro es marcado como inferior" (trad. mía): CASALINI, B. "Le teorie femministe contemporanee, dal paradigma della sovranità al paradigma della vulnerabilità", cit., pp. 33-34.

80 Un esquema dualista que, para decirlo con FINEMAN, M. A. "Il soggetto vulnerabile e lo stato responsabile", en Bernardini, M. G., Casalini, B., Giolo, O. y Re, L. (eds.), *Vulnerabilità: ética, política, diritto*, cit., pp. 139-178, y, como he tratado de acreditar en este aparte, al fomentar un acercamiento a la igualdad exclusivamente basado en la identidad de grupos, condicionado de forma insuperable por la pertenencia a ciertas categorías, sirve para: (i) des-responsabilizar al Estado (v. *infra* § 7); (ii) "evitar la individuación de las desigualdades que trascienden esas categorías, como la pobreza o la falta de acceso a un trabajo significativo [...]" (146, n. 11), así como (iii) para "generar una dinámica perversa que a menudo conduce en la contraposición entre los diferentes grupos protegidos, dividiendo aquellos que, de lo contrario, podrían ser aleados en la lucha por una sociedad más justa, y generando una política de resentimiento y reacciones negativas por parte de aquellos que no se reconocen como miembros de grupos favorecidos [...]" (trad. mía) (144).

81 Diferente literatura ha enfatizado, con razón, que esta especie de "entrega de testimonio" del público al privado no puede ser entendida, actualmente, como un regreso al liberalismo económico clásico (y, entonces tampoco como un regreso al paradigma clásico del contrato: RODRÍGUEZ OLMOS, J. "Más allá del contrato por medio del contrato: las transformaciones del mecanismo contractual en la era de la globalización", cit., 149 ss). Esto, entre otras razones, debido a la ruptura de una especie de precario equilibrio entre política y mercado (ya separadas desde el liberalismo clásico) y debido al sometimiento ininterrumpido del Estado al llamado por Foucault "tribunal económico permanente": "en el liberalismo clásico se pedía al gobierno que respetara el mercado y que dejara hacer. En el neoliberalismo, en cambio, el *laissez-faire* se transforma en un no-dejar-hacer al gobierno, en nombre de una ley del mercado que el

Una substracción que conduce a resultados bien precisos: (i) la situación del deudor-incumplido no logra activar un re-pensamiento, en clave política, de los presupuestos básicos que gobiernan la relación contractual y (ii) no se valoriza, más allá del poder para imponer la tolerancia temporal del incumplimiento, la función del Estado como responsable de garantizar un bienestar social como presupuesto del ejercicio de la libertad contractual[82].

En breve: el problema relevante en este tipo de decisiones no parece ser la justificación (o no justificación) política de los presupuestos que gobiernan la celebración de contratos con sujetos en situación de vulnerabilidad, sino el incumplimiento contractual de obligaciones reputadas como válidas. Por este motivo, en realidad, en estas decisiones, la hetero-integración que ajusta el contrato en beneficio de un cumplimiento extemporáneo de las obligaciones, parece tener las "piernas cortas": aunque el problema del acceso a la satisfacción de las necesidades básicas sí es objeto relevante de la reflexión de la Corte, así como las dificultades de los contratantes en condiciones de desigualdad material, el remedio adoptado no parece del todo coherente con tales preocupaciones.

En efecto, la tensión política (excluida, *a priori*, de las relaciones contractuales) se "resuelve" delegando la ejecución de un remedio momentáneo (tolerancia del incumplimiento) a un sujeto privado, el acreedor-insatisfecho, quien, con el traje de (forzado) "benefactor solidario"[83], está llamado a estabilizar,

---

gobierno debe permitir que mida y valore cada una de sus actividades" (trad. mía): FOUCAULT, M. *Nascita della biopolitica*, cit., 202. Para un análisis específico de las transformaciones que diferencian el liberalismo económico clásico del neoliberalismo (o capitalismo neoamericano) ver, por ejemplo, SOMMA, A. "Comparazione giuridica, fine della storia e spoliticizzazione del diritto", en Brutti, M. y Somma, A. (eds.), *Diritto: storia e comparazione. nuovi propositi per un binomio antico*, Berlín, Max Planck Institute for European Legal History, 2018, pp. 509-540, y MOSTACCI, E. "Evoluzione del capitalismo e struttura dell'ordine giuridico: verso lo Stato neoliberale?", en *Diritto: storia e comparazione. nuovi propositi per un binomio antico*, cit., pp. 291-322.

82 Es necesario precisar que la Corte en ningún momento niega esa obligación a cargo del Estado y de hecho en muchas de sus decisiones ha adoptado una perspectiva fuerte en relación con la obligación de garantizar la eficacia de los derechos sociales. Aquí, solo se quiere enfatizar que, si se acepta que el Estado tiene el deber de garantizar el bienestar social, el remedio adoptado en el tipo de decisiones aquí analizadas se debe considerar como insuficiente.

83 Una forma de solidaridad construida en el interior del mercado, en el sentido de "según las reglas del mercado". En efecto, como he querido acreditar en este escrito, en el tipo de decisiones aquí analizadas, el remedio adoptado, por más de que se construya con un llamado expreso al principio de solidaridad, es solo un mecanismo de estabilización de la relación contractual

por vía excepcional, la relación contractual. Una estabilidad momentánea que legitima, para el futuro, una idéntica celebración de un acuerdo en condiciones que el juez pueda considerar como "normales" o en circunstancias que, aunque "excepcionales", no logren, como en las tres hipótesis antes indicadas, el acceso a los jueces (v. *supra* §§ 6.2-6.3).

Y, precisamente, este fenómeno, a su vez, refleja un ejercicio de *simplificación* del conflicto. En efecto, el incumplimiento contractual en el tipo de casos aquí analizados permitiría una lectura muy articulada de una problemática que incide, precede y condiciona la estructura que gobierna los fundamentos de las relaciones contractuales. Permitiría, en otros términos, problematizar no tanto el *qué* hacer con el incumplimiento, sino, más bien, el *porqué* del incumplimiento que, a su vez, podría conducir a repensar, como se dijo arriba,

---

y de reintroducción (en solitario) del deudor-incumplido dentro del juego del mercado con las acostumbradas formas y praxis contractuales. La solidaridad o, mejor, y mucho más, la interdependencia y la valoración de las relaciones humanas podrían operar mejor desde fuera del (y hacia el) mercado y, específicamente, a partir de tomar en serio el escenario de la *reproducción social* (como condición externa de existencia del capitalismo). Una perspectiva llamada políticamente a minar la mercantilización de la vida social y (al menos) recomponer la crisis del capitalismo, así como identificada por Nancy Fraser: "on the one hand, social reproduction is a condition of possibility for sustained capital accumulation; on the other, capitalism's orientation to unlimited accumulation tends to destabilize the very processes of social reproduction on which it relies. This social-reproductive contradiction of capitalism lies at the root of the so-called crisis of care": FRASER, N. "Contradictions of capital and care", cit., p. 2. El punto, entonces, no está en encontrar el camino para que el mercado siga actuando a pesar de la vulnerabilidad de los contratantes, sino buscar el camino para que el contratante, en situación de vulnerabilidad, logre participar en el juego del contrato en las condiciones de igualdad material adecuadas. Bajo esta perspectiva, dirigida también a valorizar la relevancia del *welfare*, obviamente con ajustes importantes, sin duda creo que se abre un espacio al argumento político de la ética del cuidado (TRONTO, J. *Moral Bounderies: A political Argument for a Ethics of Care*, Nueva York, Routledge, 1993; EAD. *Caring Democracy: Markets, Equality, and Justice*, Nueva York y Londres, New York University Press, 2013 y, entre otros, KITTAY, E. F. *Love's Labor. Essays on Women, Equality and dependecy*, Nueva York, Routledge, 1999) que, sin embargo, escapa, pero acompaña en silencio, el objetivo de este escrito. De todas formas, ver, por ejemplo, FANLO CORTÉS, I. "Etica della cura e giustizia sociale. Alcune riflessioni a partire di David Hume", en Donadoni, P. y Fanlo Cortés, I. (eds.), *Ambiente, animali e umani. Il pensiero bioético di Silvana Castignone*, Milán, Ledizione, 2018, pp. 203-221. Ver, también para un análisis de la relación entre la ética del cuidado y la vulnerabilidad, BERNARDINI, M. G. "Dalla responsabilità alla democracia abilitante: prospettive (non troppo) future su Etica della cura e vulnerabilità", en Giolo, O. y Pastore, B. (eds.), *Vunerabilità. Analisi multidisciplinare di un concetto*, Roma, Carocci editore, 2018, pp. 275-291.

las categorías mismas que gobiernan la facultad de contratar en contexto de opresión y marginalización[84].

Sin embargo, la decisión de delegar al acreedor-insatisfecho la (aparente) justiciabilidad de derechos fundamentales –por cierto, solo en el momento del incumplimiento y solo para sanear o requilibrar la relación contractual– simplifica el conflicto que, en cambio, sobrevive, así como precedía, la relación contractual y el (eventual) cumplimiento extemporáneo. En breve, la tolerancia del incumplimiento como estrategia normativa para la garantía de derechos fundamentales parece suponer que, una vez se pacta, en la esfera privada de la relación contractual, el cumplimiento extemporáneo mediante un acuerdo *ex post*, el conflicto se desvanecerá.

En otros términos, este tipo de decisiones que, fundamentalmente, inducen a un acuerdo de cumplimiento extemporáneo que legitima el acceso al servicio o al bien objeto del contrato, comprime la complejidad de la situación del deudor-incumplido a tal punto que la reduce al deber de garantizar, a su favor, una insulsa (en cuanto no problematizada) posibilidad de *elegir* cómo cumplir extemporáneamente. De este modo, opera una sustitución de las concepciones normativas de libertad que no se agotan en la garantía del acto elección[85], sino que apuntan, sobre todo, a la mejoría de las condiciones para que el contratante pueda participar, como igual y, entonces, plenamente, en la vida social (por ejemplo, en atención a la superación de los obstáculos en materia de políticas de reconocimiento, redistribución y representación) [86].

---

84 Creo que el punto central que debería ser problematizado es la llamada "mercantilización" total de la vida social, el sometimiento de todo y, entonces, de la marginalización y la exclusión, al (ya mencionado arriba) "tribunal del mercado". Nada parece poder escapar de su propia versión mercantilizada desde el mismo momento en que el mercado entra a operar como legitimador de cuestiones de la vida social que por tradición estaban por fuera. La opresión y la marginalización es una cuestión política que, al ser tratada como una cuestión del mercado en la relación contractual, termina por ser despolitizada. Como precisa Brown, W. *Undoing the demos: Neoliberalism's stealth revolution*, Nueva York, Zone Books, 2015, p. 25, el neoliberalismo "disseminates the model of the market to all domains and activities [...] and configures human beings exhaustively as market actors, always, only, and everywhere as homo oeconomicus".

85 La noción reductiva de libertad como facultad de elegir, permite la convivencia, sin particulares tensiones, "[del]e estatus (formalmente reconocido) de libertad y una condición (sustancial, y cada vez más a menudo jurídicamente lícita) de sumisión" (trad. mía): Giolo, O. "Brevi riflessioni sulla libertà nella prospettiva delle teorie critiche del diritto, al tempo del neoliberalismo", en *Materiali per una storia della cultura giuridica*, 2, 2019, p. 435.

86 Aquí, claramente, estoy haciendo referencia a la teoría tridimensional de la justicia propuesta

Además, se trata de decisiones que, al imponer al acreedor-insatisfecho el acuerdo de cumplimiento extemporáneo –que operaría como acreditación de la voluntad de pagar (como si antes no hubiese existido)–, subestima un hecho irrefutable: el incumplimiento en el tipo de casos aquí analizados se dio a raíz de un estado asfixiante, si se quiere temporal, pero nunca excepcional (v. *supra* § 6), de pobreza o, de todas formas, de precariedad económica insuperable. Lo subestima y comprime (v. *supra* § 6.3) y, por ello, se abre el espacio a estereotipos estigmatizadores en cuanto parece suponer, sobre todo, un deudor-incumplido trasgresor que *no pagó, aunque podía, porque no quería* y no un deudor-incumplido que *no pagó, aunque quería, porque no podía*[87].

Es cierto que desde el punto de vista del acreedor-insatisfecho la interpretación extensiva del principio de solidaridad para algunos podría ser leída como una imposición asistencialista que incentiva el incumplimiento o como un regalo inmerecido a un ejército de *free riders*. Sin embargo, desde el punto de vista del deudor-incumplido (si la estigmatización le permite notarlo) la imposición de un acuerdo de pago, que le concede la "gracia" de una tolerancia

---

de Nancy Fraser. En efecto, para la autora, solo una combinación, no jerarquizada, de políticas de redistribución, reconocimiento y representación pueden garantizar la superación de las (respectivas) injusticias por mala distribución, por desigualdad de estatus y por falta de representación. En términos generales, para Fraser, superar la injusticia "significa desmantelar los obstáculos que impiden a algunas personas participar a la par de otras, como interlocutores plenos en la interacción social": Fraser, N. "Replantear la justicia en un mundo en proceso de globalización", en Ead. *Fortunas del feminismo*, cit., p. 225. Nótese que un enfoque de este tipo es mucho más complejo que aquel ligado exclusivamente a la libertad entendida como facultad de elegir: la ausencia de políticas como, por ejemplo, las sugeridas por Fraser, implican que esa capacidad de elegir no corresponda, no pueda corresponder, con un ejercicio de libertad en condiciones de paridad.

87 De hecho, no puede, incluso, porque antes de nacer tal vez ya estaba decidido, como en una lotería, que se encontraría probablemente en la situación de deudor-incumplido. En efecto, como se indica en *Informe sobre desarrollo humano 2019. Más allá del ingreso, más allá de los promedios, más allá del presente*, cit., p. 11, "las desigualdades pueden comenzar antes del nacimiento, y muchas de ellas pueden acumularse a lo largo de la vida de la persona. Cuando esto ocurre, pueden aparecer desigualdades persistentes. Estas pueden manifestarse de muchas formas, sobre todo en la intersección entre la salud, la educación y la situación socioeconómica de los progenitores. [...] las desigualdades pueden transmitirse a la siguiente generación. Puede resultar muy complicado romper este círculo debido, entre otros factores, a la evolución simultánea que experimentan la desigualdad de los ingresos y el poder político. *Cuando las personas acaudaladas influyen en el diseño de políticas favorables para ellas y sus hijos —algo muy habitual—, pueden provocar una mayor acumulación de ingresos y oportunidades en el tramo superior de la distribución. Por lo tanto, como cabría esperar, la movilidad social tiende a ser inferior en las sociedades menos igualitarias*" (cursiva fuera del texto).

temporal del incumplimiento, podría ser leído como un acto de hiper-responsabilización del sujeto en estado de vulnerabilidad que le impone, en cualquier caso, soportar la carga de asegurarse, por sí solo, los recursos necesarios para acceder al servicio o al bien que satisface sus necesidades básicas.

Nótese, entonces, que la privatización y simplificación tiene una consecuencia bien precisa que podría contribuir al ocultamiento del conflicto social: un traspaso de la responsabilidad del Estado hacia los privados y un patrocinio (no evidente y, si se quiere, no deseado; pero, no obstante, posible) del desmantelamiento del *welfare*[88]. Un desmantelamiento que patrocina la lógica del *workfare*[89] que deposita en los hombros del sujeto en situación de vulnerabilidad (el deudor-incumplido) el deber de asegurar, de todas formas,

---

88 Claro, muchas de las críticas al *welfare*, al menos en algunas de sus versiones, son atinadas, comenzando por aquellas dirigidas contra la forma de control social que deriva de la transacción que el sujeto destinatario de políticas social tuvo que hacer para acceder a ellas: libertad a cambio seguridad. El *welfare state* es, entonces, también, un dispositivo de gobierno de la población y de direccionamiento, moralista, de la conducta humana que premia al sujeto decoroso que se involucra en la actividad productiva, al tiempo que castiga al indecoro. Para un análisis de estas críticas, sin que ello implique aceptar (tal vez, sí, que son parte de la causa, pero, no por ello) la justificación a favor del *workfare* y sin negar como esas críticas fueron, en realidad, instrumentalizadas, junto con las políticas de reconocimiento, para fortalecer el (en ese entonces naciente) capitalismo neoliberal, ver, por ejemplo, SANTORO, E. "La povertà nell'era della globalizzazione. Una genealogia dell'arte di ignorare i poveri". *Quaderni Fiorentini*, 42, 213, p. 75 ss. Para un análisis que toma en consideración, de forma analítica, los diferentes tipos de capitalismo y sus crisis, sobre todo a raíz de la crisis del cuidado, ver: FRASER, N. *La fine della cura. Le contraddizioni sociali del capitalismo contemporaneo*, cit., y, recientemente, FAD. *Capitalismo. Una conversazione con Rahel Jaeggi*, Milán, Meltemi, 2019, espec. pp. 127-135.

89 Siguiendo el rastro de Wacquant y su dupla *workfare/prisionfare* (WACQUANT, L. "El matrimonio entre el *workfare* y el *prisionfare* en el siglo XXI", en *Astrolabio*, 9, 2012, pp. 183-205 y, entre otros, *id.*, "Crafting the Neoliberal State: Workfare, Prisonfare, and Social Security". *Sociological Forum*, 25, 2, 2010, pp. 197-220), precisa Brunella Casalini que "el principio de workfare fue adoptado por la tercera vía de Clinton y Blair y dirigió su esfuerzo por rediseñar las funciones del Estado y del welfare, recibiendo algunas críticas fundamentales provenientes de la de derecha y de la perspectiva neoliberal. La tercera vía, en efecto, da la razón a los neoliberales en un punto: es preocupante el número de personas que viven sobre los hombros del Estado social, y debe ser evitada la eventualidad de que los beneficios sociales concedidos por el Estado puedan favorecer el fenómeno de riesgo moral y también del fraude. El problema no es, entonces, solamente que el welfare cree una mentalidad de dependencia, sino que este produzca comportamientos oportunistas con base en un cálculo de conveniencia; en otros términos, el welfare keynesiano utilizaría incentivos equivocados que producen efectos opuestos a los deseados, no desincentivan los estilos de vida desviados" (trad. mía): CASALINI, B. "Neoliberalismo e femminismi". *Iura Gentium*, 1, 2015, p. 57.

el cumplimiento de su obligación en un contexto institucional que condiciona la recepción de políticas de asistencia social a una participación del sujeto, a cualquier costo, en el mundo del trabajo[90] y que previene de forma exasperada, de la mano de la racionalidad neoliberal, del (supuesto) riesgo del abuso y el fraude por parte de los beneficiarios de las políticas sociales.

De este modo, la restricción del deber del Estado resulta coherente con la posibilidad de culpar al deudor de no haber alimentado su capital humano[91] y que, por ello, se encuentra en la penosa necesidad de "pedir un plazo" para poder seguir jugando a las reglas de un mercado construido para sujetos llamados a ser unos buenos (loables) empresarios de sí mismos.

Una subjetivización neoliberal[92] que termina por favorecer (si bien no creo sea la pretensión consciente de la Corte) la estigmatización del deudor-incumplido que, antes que vulnerable, es considerado como una especie de "flojo" [93] que tomó elecciones libres, pero equivocadas, que lo alejaron del ideal-tipo del contratante –transformando, de esta forma, cualquier problema

90 Para una crítica radical contra la obligación de trabajar a cualquier costo y una defensa del derecho a poder elegir si trabajar, o no, ver, seguramente: VAN PARIJS, P. y VANDERBORGHT, Y. *Ingreso básico*, Ciudad de México, Grano de Sal, 2017, *passim*. Para una explicación de esta propuesta y para una perspectiva, en parte crítica, ver MORENO CRUZ, P. "Leggendo il diritto al reddito di base da una prospettiva latinoamericana", en *Diritto pubblico comparato ed europeo* (DPCE), 2, abril-junio, 2019, *passim*.

91 Ver las famosas páginas escritas por FOUCAULT, M. *Nascita della biopolitica*, cit., pp. 184-193, sobre el concepto de capital humano y sobre la (consecuente) idea del empresario de sí mismo, que conduce, como ya fue precisado arriba, a una des-responsabilización del estado (y de la sociedad en general) frente al destino desdichado de los sujetos en situación de vulnerabilidad. Ver también, por ejemplo, PALTRINIERI, L. "Managing Subjectivity: Neoliberalism, Human Capital and Empowerment". *Fudan J. Hum. Soc. Sci.*, 10, 2017, pp. 459-471, y BROWN, W. "Sacrificial Citizenship: Neoliberalism, Human Capital, and Austerity Politics". *Costellations*, 23, 1, 2016, pp. 1-12.

92 Sobre la subjetivización neoliberal a la luz de un análisis de los conceptos de riesgo, incertidumbre y precariedad, ver VIDA, S. "Identità precarie. Il soggetto neoliberale tra incertezza, governabilità e violenza". *Materiali per una storia della cultura giuridica*, 2, 2016, pp. 479-506.

93 Al usar el término "flojo" estoy pensando en el dilema del "flojo" y el "loco" analizado por Van Parijs para responder a las críticas dirigidas contra su propuesta de *Basic Income* y la defensa del derecho al ocio como presupuesto fundamental de una verdadera libertad (VAN PARIJS, P. y VANDERBORGHT, Y. *Ingreso básico*, cit., p. 140 ss.). Con 'flojo', en el contexto de las decisiones aquí analizadas, entiendo el sujeto que parece ser el presupuesto de la idea del riesgo de una cultura del no-pago. Sin embargo, dividir, en el escenario del (in)cumplimiento contractual entre quienes pagarían a cualquier costo y quienes no pagarían a cualquier costo, excluye el sujeto que aquí nos interesa: el deudor-incumplido que no pagó, aunque quería, porque no podía. No es un flojo: es una persona en situación de vulnerabilidad.

estructural en materia del *welfare* en un problema adscrito (al menos parcialmente) a la libre elección del deudor-incumplido[94].

Un enfoque coherente con la racionalidad neoliberal que, además de incentivar la restricción del *welfare* –también con base en una actualizada versión de la falaz "crítica inflacionista"[95] y una originaria resistencia al enfoque keynesiano– alimenta la idea-ficción de un sujeto libre de elegir y, entonces, del todo capaz para participar en el "juego" contractual.

Pues bien. Si efectivamente este tipo de decisiones midiera con parámetros diferentes las relaciones contractuales con deudores-incumplidos en situación de vulnerabilidad sería claro que se trata de una problemática que (i) además de no ser marginal o excepcional (v. *supra* § 6), (ii) no se resuelve con ocasión del temporal y forzado acto de "solidaridad" del acreedor-insatisfecho, (iii) ni tampoco en el momento del acuerdo de pago para salvar la reciprocidad de las condiciones fijadas *ex ante* en el contrato. (iv) Un tipo de relaciones contractuales que no involucran, no necesariamente, sujetos "flojos" y abusivos que se aprovecharían del momento justo para no cumplir sus obligaciones, (v) sino sujetos destinatarios de una (perjudicial) distribución diferenciada de la vulnerabilidad[96].

---

94 "La retórica de la autonomía necesita que el Estado no se entrometa. Su papel es principalmente aquel de facilitar la competitividad privada en una presunta meritocracia que, se promete, sabrá premiar debidamente la iniciativa individual y el talento, solo si se le deja libre de actuar [...] en tal sistema, *éxito y fracaso pueden ser entendidos solo como el resultado de acciones individuales y no como un resultado que es también fruto del fracaso de la respuesta por parte del Estado*" (trad. mía; cursiva fuera del texto): FINEMAN, M. A. "Il soggetto vulnerabile e lo stato responsabile", cit., p. 154.

95 FOUCAULT, M. *Nascita della biopolitica*, cit., p. 155 ss., entiende por crítica inflacionista la conexión falaz que plantea una "parentela, una especie de continuidad genética entre las diferentes formas de estado –el estado administrativo, el estado asistencialista, el estado fascista, el estado totalitario– consideradas todas, dependiendo el tipo de análisis, como las ramas sucesivas de un solo y único árbol que crece de forma continua y unitaria, es decir, el gran árbol del estado" (trad. mía). Foucault identifica cuatro problemas (en realidad lógicos) de esta crítica inflacionista consolidada precisamente en seno al nacimiento del neoliberalismo (sobre todo de matriz alemana). En efecto, considera que esa crítica es inflacionista por: la intercambiabilidad del análisis; la subestimación general en dirección hacia lo peor; evitar pagar el precio del real y de lo actual; impedir un autoanálisis de la crítica (la crítica de la crítica, por decirlo así).

96 Esta expresión, "distribución diferenciada de la vulnerabilidad" (BUTLER, J. *Frames of War: When is Life Grievable?*, Londres, Verso, 2009) se sitúa al interior de una intensa reflexión teórica sobre el concepto de vulnerabilidad y de una controvertida reflexión sobre su utilidad como reemplazo de las reflexiones sobre el derecho antidiscriminatorio (FINEMAN, M. A. *The*

8. CONCLUSIONES

A lo largo de este escrito, habiendo ya reconocido que se trata de interpretaciones poco caritativas de las decisiones de la Corte (v. *supra* § 5), he "acusado" algunos de los fallos que aplican y, antes, crean la norma 'obligatorio tolerar temporalmente el incumplimiento" (v. *supra* §§ 3-4) de generar un riesgo del *ocultamiento del conflicto social*: decisiones que operarían como una especie de "cláusula de salvaguardia del jugador" que cumple la función de reintroducir al deudor-incumplido en el juego contractual, sin problematizar, sino, más bien, legitimando la forma de contratación con sujetos inmersos en complejos mecanismos de opresión y exclusión (v. *supra* §§ 5-7).

En términos más precisos, identifico dos razones como generadoras del riesgo de ocultamiento del conflicto social.

En primer lugar, debido al fenómeno de la *legitimación normalizadora*, es decir, debido al uso del lenguaje de la excepción que legitima el *statu quo* mediante la consolidación de la distinción entre buenos contratantes (deudores-cumplidos) y malos contratantes (deudores-incumplidos). Esto por dos razones.

De un lado, porque trata como excepcional un fenómeno que, en cambio, a la luz de la inmadurez del *welfare*, probablemente es un problema estructural,

---

Autonomy Myth. A Theory of Dependency, cit.) e, incluso, como fundamento alternativo para la teoría de los derechos (v., críticamente, también en relación con el pasaje de la universalidad a la experiencia individual, Morondo, D. "Un nuovo paradigma per l'uguaglianza? La vulnerabilità tra condizione umana e mancanza di protezione", en Bernardini, M. G., Casalini, B., Giolo, O. y Re, L. (eds.), *Vulnerabilità: ética, política, diritto*, cit., 179-200). Una perspectiva de análisis que deriva de considerar (como efectivamente es) la vulnerabilidad como una condición universal. Descripción que, más allá de las posibles críticas que se han formulado, tiene la fuerza para explicar porque es necesario desmantelar (en cuanto inexistente) la idea de ese imaginario sujeto invulnerable, autónomo, libre e independiente con base en el cual se construye, por cierto, la idea de "normal" contratante. Una idea de sujeto que, como fue precisado arriba (v. *supra* § 6.3), opera como fundamento para el dualismo estigmatizador que puede derivar del uso de locuciones como 'sujetos de especial protección constitucional'. En los términos de Butler, en cambio, la "precariounsness" explica la insuperable interdependencia y necesidad de mutua ayuda entre los individuos; una vulnerabilidad que, sin embargo, no puede ser capturada en ese estado indiferenciado (Casalini, B. "Le teorie femministe contemporanee, dal paradigma della sovranità al paradigma della vulnerabilità", cit., 39 refiriéndose a la propuesta de Butler), sino que, al final, se manifiesta en su propia intensidad solo en la forma de "precarity", es decir, previa distribución diferenciada de la misma en la sociedad mediante dispositivos culturales, sociales, jurídicos y económicos que generan y consolidan algunos privilegios para algunos (menos vulnerables) y mayor riesgo de sufrir un daño, mayor indefensión, para otros (más vulnerables).

aunque sumergido (v. *supra* §§ 6.1-6.2). De otro lado, porque, mediante el uso "estratégico" de la locución 'sujetos de especial protección constitucional' y (entonces) mediante un énfasis desproporcionado en las políticas de reconocimiento, frente a las políticas de redistribución, consolida el dualismo entre el grupo de los deudor-cumplido y deudor-incumplido que favorece la exclusión y la estigmatización de los segundos, al tiempo que excluye la posibilidad de considerar la precariedad económica –y, entonces, la deficiencia en políticas de redistribución– como razón suficiente para adoptar medidas a favor de (los nunca excepcionales) deudores-incumplidos en situación de vulnerabilidad (v. *supra* § 6.3).

En segundo lugar, debido al fenómeno de la *privatización* y *simplificación* del conflicto social: las decisiones parecen sustraer (banalizándola o ignorándola) la tensión a la esfera pública y política y delegarla a la esfera privada de la relación contractual para que, de algún modo, sea reequilibrada. En efecto, de un lado, (i) es el acreedor-insatisfecho el llamado a actuar como forzado "benefactor solidario" que reintroduce al deudor-incumplido dentro del juego contractual, convirtiendo un problema de orden político (solo) en un problema de salvaguardia del mercado y de las formas contractuales habitualmente por él empleadas. De otro lado, (ii) esta privatización del conflicto social está acompañada por una simplificación del mismo, en cuanto el remedio a favor del acreedor-incumplido se limita a un acuerdo de pago extemporáneo que reduce la controversia al fenómeno del incumplimiento de obligaciones pactadas en contratos válidos, y no una tensión que precede y condiciona, desde su origen, la relación contractual. Privatización y simplificación que tiene un efecto bien preciso: una posible legitimación del desmantelamiento del *welfare* (y, entonces, de las políticas de redistribución) debido a la des-responsabilización del Estado, inversamente proporcional a una híper-responsabilización del deudor-incumplido en situación de vulnerabilidad (v. *supra* § 7).

Es claro que este escrito está compuesto, sobre todo, de una parte crítica que, en pocas palabras, está dirigida a mostrar una tensión social y política que precede, sobrevive y condiciona el contrato y que afecta, a favor de los centros de poder y, entonces, de los centros de producción normativa, el ejercicio de la libertad de un contratante sumergido en articulados sistemas de opresión y exclusión. Una *pars destruens* que, en otros términos, busca dirigir la mirada desde el fenómeno del incumplimiento hacia las concepciones actuales para ejercicio de la autonomía contractual.

No obstante, en este escrito fueron hechas varias insinuaciones sobre una posible (aunque futura) parte propositiva –que, por cierto, en ningún momento estaría dirigida a estrategias de condonación de deudas o cualquier otra medida similar que, creo, generaría los mismos efectos aquí criticados.

En breve, y por ejemplo, mencioné la conveniencia de repensar la vulnerabilidad desde una perspectiva que supere los problemas de estigmatización y exclusión que derivan del lenguaje de la excepción y que comulgan con concepciones idealizadas del contratante como empresario de sí mismo. Mencioné, también, la necesidad de generar mecanismos para superar la contradicción entre reproducción social y producción de capital, al tiempo que defendí la necesidad de valorar, reforzar, incentivar y repensar el *welfare*, ojalá mediante lecturas a favor del significado político de la ética del cuidado, aptas, tanto para superar la mercatilización de la política y, en general, de todas las relaciones sociales, como para incentivar el fortalecimiento de las redes de protección social. Y, entre otras cosas, reivindiqué la necesidad de repensar la libertad contractual fuera de la lógica del *workfare* y, entonces, fuera de la racionalidad neoliberal.

En breve, una posible parte propositiva que podría formularse alrededor de la necesidad de situar al (ojalá no) futuro deudor-incumplido en la posición de poder ejercer su libertad de forma tal que la misma sea el resultado de una articulada y equilibrada previsión de políticas de representación, reconocimiento y, sobre todo, de redistribución.

BIBLIOGRAFÍA

Agamben, G. *Stato di eccezione*, Turín, Bollati Boringuieri, 2003.

Alcoff, L. "Epistemologies of Ignorance. Three types", en Sullivan Shannon y Tuana, Nancy (eds.), *Races and Epistemologies of Ignorance*, Nueva York, State University of New York Press, 2007.

Bello, B. G. y Mancini, L. (Eds.). "Intersezionalità tra diritto e società", *Sociologia del diritto*, 2/2016.

Bendetti, A. M. "Una nuova eccezione di inadempimento? Usi 'criptorisolutori' e costituzionalmente orientati", en *La risoluzione per inadempimento. Poteri del giudici e poteri delle parti*, Bolonia, Il Mulino, 2018, pp. 238-246.

Bernardini, M. G. "Il soggetto vulnerabile. Status e prospettive di una categoria (giuridicamente) ontroversa". *Rivista di filosofía del diritto*, 2, 2017, pp. 265-384.

BERNARDINI, M. G. "Dalla responsabilità alla democracia abilitante: prospettive (non troppo) future su Etica della cura e vulnerabilità", en Giolo, Orsetta y Pastore, Baldassare (eds.), *Vunerabilità. Analisi multidisciplinare di un concetto*, Roma, Carocci editore, 2018, pp. 275-291.

BROWN, W. "Sacrificial Citizenship: Neoliberalism, Human Capital, and Austerity Politics". *Costellations*, 23, 1, 2016, pp. 1-12.

BROWN, W. *Undoing the demos: Neoliberalism's stealth revolution*, Nueva York, Zone Books, 2015.

BUTLER, J. *Frames of War: When is Life Grievable?*, Londres, Verso, 2009.

CANALE, D. "In diffesa della distinzione tra interpretazione e costruzione giuridica", en *L'arte della distinzione. Scritti per Riccardo Guastini*, vol. II, Madrid, Marcial Pons, 2019, pp. 239-268.

CARASTATHIS, A. "Categories as Potencial Coalitions". *Signs* (número especial: *Intersectionality: Theorizing Power, Empowering Theory*), 38, 2013, pp. 941-965.

CARASTATHIS, A "The concept of Intersectionality in Feminist Theory". *Philosophy Compass*, 9/5, 2014, pp. 304-314.

CASALINI, B. "Le teorie femministe contemporanee, dal paradigma della sovranità al paradigma della vulnerabilità", en Bernardini, Maria Giulia; Casalini, Brunella; Giolo, Orsetta; Re, Lucia (eds.), *Vulnerabilità: ética, política, diritto*, Roma, If Press, 2018, pp. 27-48.

CASALINI, B. "Neoliberalismo e femminismi". *Iura Gentium*, 1, 2015, 57.

CECCHINI, S.; RILGUEIRA, F.; ROBLES, C. *Sistemas de protección social en América latina y el Caribe. Una perspectiva comparada*, Santiago de Chile, Cepal, 2014.

Cepal. *La matriz de desigualdad en América Latina*, Santiago de Chile, 2016.

Cepal. *Panorama social de América Latina*, Santiago de Chile, 2018, p. 103.

Cepal y Unicef. *América Latina y el Caribe a 30 años de la aprobación de la Convención sobre los Derechos del Niño*, Santiago de Chile, 2018.

CHIASSONI, P. *Tecnica dell'interpretazione giuridica*, Bolonia, Il Mulino, 2007.

Chiassoni, P. *Técnicas de interpretación* jurídica, Madrid, Marcial Pons, 2011.

Chinchilla Imbett, C. *La excepción de incumplimiento. Estructura, función y límites*, Bogotá, Universidad Externado de Colombia, 2018.

Code, L. "Ignorance, Injustice and Politics of knowledge". *Australian Feminist Studies*, 29, 2014, pp. 148-160.

Colombia, Corte Constitucional. Sentencia de tutela S. U. 624/99, M. P. Alejandro Martínez Caballero.

Colombia, Corte Constitucional. Sentencia de tutela T-170/05, M. P. Jaime Córdoba Triviño.

Colombia, Corte Constitucional. Sentencia de tutela T-185/2017, M. P. María Victoria Calle Correa.

Colombia, Corte Constitucional. Sentencia de tutela T-398/18, M. P. Cristina Pardo Schlesinger.

Colombia, Corte Constitucional. Sentencia de tutela T-459/09, M. P. Humberto Sierra Porto.

Colombia, Corte Constitucional. Sentencia de tutela T-520/03, M. P. Rodrigo Escobar Gil.

Colombia, Corte Constitucional. Sentencia de tutela T-616/11, M. P. Luis Ernesto Vargas Silva.

Colombia, Corte Constitucional. Sentencia de tutela T-697/2011, M. P. Humberto Sierra Porto.

Colombia, Corte Constitucional. Sentencia de tutela T-740/11, M. P. Humberto Antonio Sierra Porto.

Colombia, Corte Constitucional. Sentencia de tutela T-925/12, M. P. Alexei Julio Estrada.

Colombia. Corte Constitucional. Sentencia de tutela T-717/10, M. P. María Victoria Calle Correa.

Cortés Moncayo, É. "Los deberes del acreedor". aa. vv. *Obligaciones. Contratos – Responsabilidad*, Bogotá, Universidad Externado de Colombia, 2011, pp. 197-211.

Crenshaw, K. "Demarginalizing the Intersection of Race and Sex: A Black Feminist Critique of Antidiscrimination Doctrine, Feminist Theory and Antiracist Politics". *University of Chicago Legal Forum*, 1989, pp. 139-167.

Crenshaw, K. "Mapping the Margins: Intersectionality, Identity Politics, and Violence against Women of Color". *Stanford Law Review*, 1991, pp. 1241-1299

Crenshaw, K. "Postcript", en Lutz, H.; Herrera Vivar, M. T.; Supi, L. *Framing Intersectionality. Debates on a Multi-faceted Concept in Gender Studies*, Londres y Nueva York, Routledge, 2011, pp. 221-233.

Dane. *Comunicado de prensa. Pobreza monetaria. Año 2018*, 3 de mayo de 2019.

Dane. *Comunicado de prensa. Pobreza multidimensional. Año 2018*, 3 de mayo de 2019.
Dane. *Encuesta Nacional de Calidad de Vida ECV. 2016. Dirección de Metodología y Producción Estadística. Capítulo IV. Necesidades Jurídicas*, 2017.

Dane. *Pobreza monetaria y multidimensional. Resultados*, 3 de mayo de 2019.

Departamento Nacional de Planeación. *Hacia un nuevo sistema de subsidios y transferencias*, DPN, marzo 2018.

Diciotti, E. "Norme espresse e norme inespresse. Sulla teoria dell'interpretazione di Riccardo Guastini". *Rivista di filosofia del diritto*, 2(1), 2013, pp. 103-124.

Fanlo Cortés, I. "Etica della cura e giustizia sociale. Alcune riflessioni a partire di David Hume", en Donadoni, P.; Fanlo Cortés, I. (eds.), *Ambiente, animali e umani. Il pensiero bioético di Silvana Castignone*, Milán, Ledizione, 2018, pp. 203-221.

Fanlo Cortés, I. "Vulnerabilità e protezione internazionale. Introduzione", en Fanlo Cortés, I.; Ferrari, D. (eds.), *I soggetti vulnerabili nei processi migratori. La protezione internazionale tra teoría e prassi*, Turín, Giappichelli, 2020.

FAO. *Panorama de la pobreza rural en América Latina y el Caribe. Soluciones del siglo XXI para acabar con la pobreza en el campo*, FAO, 2018.

Ferrer, J.; Ratti, G. B. (Eds.). *The Logic of Legal Requirements: Essays on Defeasibility*, Oxford, Oxford University Press, 2012, pp. 182-192.

Fineman, M. A. *The Autonomy Myth. A Theory of Dependency*, Nueva York, The New Press, 2004.

Fineman, M. A. "Il soggetto vulnerabile e lo stato responsabile", en Bernardini, M. G.; Casalini, B.; Giolo, O.; Re, L. (eds.), *Vulnerabilità: ética, política, diritto*, Roma, If Press, 2018, pp. 139-178.

Foucault, M. *Nascita della biopolitica*, Milán, Feltrinelli, 2004.

Fraser, N. "El feminismo, el capitalismo y la astucia de la historia", en *Fortunas del feminismo*, Madrid, Instituto de Altos estudios Nacionales, 2015, pp. 244-262.

Fraser, N. "Heterosexismo, falta de reconocimiento y capitalismo: respuesta a Judith Butler", en *Fortunas del feminismo*, Madrid, Instituto de Altos estudios Nacionales, 2015, pp. 208-229.

Fraser, N. "Replantear la justicia en un mundo en proceso de globalización", en *Fortunas del feminismo*, Madrid, Instituto de Altos Estudios Nacionales, 2015, pp. 221-242.

Fraser, N. *La fine della cura. Le contraddizioni sociali del capitalismo contemporaneo*, Milán y Udine Mimesis, 2017.

Fraser, N. "Contradictions of capital and care". *New Left Review*, 100, 2016, pp. 99-117.

Fraser, N. *Il vecchio muore e il nuovo non può nascere. Del neoliberismo progressista a Trump e oltre*, Verona, Ombre Corte, 2019.

Fraser, N. *Capitalismo. Una conversazione con Rahel Jaeggi*, Milán, Meltemi, 2019.

Geerts, E.; Van der Tuin, I. "From intersectionality to interference: Feminist onto-epistemological reflections on the politics of representation". *Women's Studies International Forum*, 2013, pp. 171-178.

Giolo, O.. "Brevi riflessioni sulla libertà nella prospettiva delle teorie critiche del diritto, al tempo del neoliberalismo", en *Materiali per una storia della cultura giuridica*, 2, 2019, pp. 433-447.

González Medina, D.; Moreno Cruz, P. "The *acción de tuela* and the enforcement of socio-economic rights–a matter od perception?", en Moreno Cruz, Pablo (ed.), *China and Colombia: Towards a Legal Comparison*, Bogotá, Universidad Externado de Colombia, 2019, pp. 43-76.

Guastini, R. "Replica". *Rivista di filosofia del diritto*, 2/1, 2013, pp. 125-136.

Guastini, R. *Discutendo*, Madrid, Marcial Pons, 2017, pp. 299-304.

Guastini, R. "Defeasibility, Axiological Gaps, and Interpretation", en Ferrer, J.; Ratti, G. B. (eds.), *The Logic of Legal Requirements: Essays on Defeasibility*, Oxford, Oxford University Press, 2012, pp. 182-192.

Guastini, R. *Interpretare e argomentare*, Milán,Giuffrè, 2011.

Guastini, R. *La sintassi del diritto*, Turín, Giappichelli, 2014, pp. 427-438.

Gutiérrez Beltrán, A. *El amparo estructural de los derechos*, Madrid, Centro de Estudios Políticos y Constitucionales, 2018.

Herrera Vivar, M. T.; Supi, L.. *Framing Intersectionality. Debates on a Multi-faceted Concept in Gender Studies*, Londres y Nueva York, Routledge, 2011, pp. 221-233.

Informe sobre desarrollo humano 2019. Más allá del ingreso, más allá de los promedios, más allá del presente: desigualdades del desarrollo humano en el siglo XXI, Nueva York, PNUD, 2019.

Kittay, E. F. *Love's Labor. Essays on Women, Equality and dependency*, Nueva York, Routledge, 1999.

Kosofsky, E. "Privilege of Unknowing. Epistemology and Lesbianism in Diderot". *Genders*, 1, 1988, pp. 102-124.

La Rota, M.; Lalinde, S.; Santa, S.; Uprimny, R. *Ante la Justicia. Necesidades jurídicas y acceso a la justicia en Colombia*, Bogotá, DeJusticia, 2014.

Landau, D. "Socioeconomic rights and majoritarian courts in Latin America", en Crownford C.; Bonilla Maldonado, D. *Constitutionalism in The Americas*, Cheltenham-Northampton, Edward Elgar, 2018, cap. 7.

Ludvig, A. "Differences between Women? Intersecting Voices in a Female Narrative". *European Journal of Women's Studies*, 13, 2006, pp. 245-258.

McCall, L. "The Complexity of Intersectionality". *Signs*, 30, 2005, pp. 1771-1800.

Moreno Cruz, P. "La complessità del progetto multiculturale in Colombia. Il caso delle comunità indigene". *Politica del diritto*, 2, 2017, pp. 299-327.

Moreno Cruz, P. "Efectos *inter comunis*. Una acción de tutela colectiva y obligatoria", en Bejarano Guzmán, R.; Rodríguez Mejía, M.; Moreno Cruz, P. *Aspectos procesales de la acción de tutela*, Bogotá, Universidad Externado de Colombia, 2017, pp. 61-119.

Moreno Cruz, P. "Freedom of contract and constitutional values. Some exceptional cases from the Colombian Constitutional Court", en Monateri, P. G. (ed.), *Comparative Contract Law*, Cheltenham-Northampton, Edward Elgar, 2017, pp. 216-241.

Moreno Cruz, P. "La brutta, la buona e la cattiva eccezione di inadempimento. A proposito dei limiti dell'exceptio inadimpleti contractus". *La nuova giurisprudenza civile commentata*, 4, 2014, pp. 215-228.

Moreno Cruz, P. "Leggendo il diritto al reddito di base da una prospettiva latinoamericana", en *Diritto pubblico comparato ed europeo* (DPCE), 2, abril-junio, 2019, pp. 575-594.

Moreno Cruz, P. "Libertà contrattuale e azione di amparo in Colombia. Il caso dell'inapplicabilità delle clausole contrattuali", en Grondona, M. (ed.), *Libertà, persona, impresa, territorio*, Roma, Aracne, 2016, pp. 51-68.

Moreno Cruz, P. "Plurisoggettività delle violazioni dei diritti fondamentali e l'azione di tutela. Il caso colombiano", en D'Alessandro C. y Marchese, C. *Ius dicere in a globalized world*, Roma, Romatre-press, 2018, pp. 393-413.

Morondo, D. "Un nuovo paradigma per l'uguaglianza? La vulnerabilità tra condizione umana e mancanza di protezione", en Bernardini, M. G.; Casalini, B.; Giolo, O.; Re, L. (eds.), *Vulnerabilità: ética, política, diritto*, Roma, If Press, 2018, pp. 179-200.

Mostacci, E. "Evoluzione del capitalismo e struttura dell'ordine giuridico: verso lo Stato neoliberale?", en Brutti, M.; Somma, A. (eds.), *Diritto: storia e comparazione. nuovi propositi per un binomio antico*, Berlín, Max Planck Institute for European Legal History, 2018, pp. 291-322.

Neme Villarreal, M. "El contrato, una estructura capaz de contener los elementos del desarrollo", en EAD (ed.), *Autonomía privada. Perspectivas del derecho contemporáneo*, Bogotá, Universidad Externado de Colombia, 2018, pp. 99-121.

Neme Villarreal, M. "La buena fe como eje del proceso de integración e interpretación del contrato en el código de bello: consonancia con la función social del contrato y con la tutela de los derechos fundamentales", en Navia Arroyo, F.; Chinchilla Imbett, C. (eds.), *La vigencia del código civil de Andrés Bello. Análisis y prospectivas en la sociedad contemporánea*, Bogotá, Universidad Externado de Colombia, 2019, pp. 234-293.

Nicoli, M.; Paltrinieri, L. "'It's still day one'. Dal imprenditore di sé alla start-up esistenziale". *Aut-Aut,* 376, 2017, pp. 79-108.

OIT. *Informe mundial sobre Protección Social, 2017-2019. La protección social universal para alcanzar los objetivos de desarrollo sostenible*, Ginebra, 2018.

Paltrinieri, L. "Managing Subjectivity: Neoliberalism, Human Capital and Empowerment". *Fudan J. Hum. Soc. Sci.*, 10, 2017, pp. 459-471.

Pino, G. "Interpretazione cognitiva, interpretazione decisoria, interpretazione creativa". *Rivista di filosofia del diritto*, 2(1), 2013, pp. 77-102.

Pobreza y desigualdad. Informe latinoamericano 2017, Santiago de Chile, Rimisp, CRDI, FIDA, 2018.

Poggi, F. "Defettibilità e interpretazione giuridica. Osservazioni a margine di Riccardo Guastini", en *L'arte della distinzione. Scritti per Riccardo Guastini*, vol. I, Madrid, Marcial Pons, 2018, pp. 87-102.

Re, L. "Introduzione. La vulnerabilità tra etica, politica e diritto", en Bernardini,M. G.; Casalini, B.; Giolo, O.; Re, L. (eds.), *Vulnerabilità: ética, política, diritto*, Roma, If Press, 2018, pp. 7-26.

Revelo Rebolledo, J.; García Villegas, M. O (Eds.). *El Estado en la periferia. Historias locales de debilidad institucional*, Bogotá, DeJusticia, 2018.

Rodríguez Garavito, C. "Beyond Enforcement: Assessing and Enhancing", en Langford, A.; Rodríguez Garavito, C., *Social Rights Judgments and the Politics of Compliance*, Cambridge, Cambridge University Press, 2017, pp. 75-108.

Rodríguez Olmos, J.. "Más allá del contrato por medio del contrato: las transformaciones del mecanismo contractual en la era de la globalización", en Neme Villarreal, M. (ed.), *Autonomía privada. Perspectivas del derecho contemporáneo*, Bogotá, Universidad Externado de Colombia, 2018, pp. 147-194.

Santoro, E. "La povertà nell'era della globalizzazione. Una genealogia dell'arte di ignorare i poveri". *Quaderni Fiorentini*, 42, 213, pp. 59-99.

Somma, A. "Comparazione giuridica, fine della storia e spoliticizzazione del diritto", en Brutti, M.; Somma, A. (eds.), *Diritto: storia e comparazione. nuovi propositi per un binomio antico*, Berlín, Max Planck Institute for European Legal History, 2018, pp. 509-540.

Tronto, J. *Moral Bounderies: A political Argument for a Ethics of Care*, Nueva York, Routledge, 1993.

TRONTO, J. *Caring Democracy: Markets, Equality, and Justice*, Nueva York y Londres, New York University Press, 2013.

VAN PARIJS, P.; VANDERBORGHT, Y. *Ingreso básico*, Ciudad de México, Grano de Sal, 2017.

VIDA, S. "Indentitá precarie. Il soggetto neoliberale tra incertezza, governablità e violenza". *Materiali per una storia della cultura giuridica*, 2, 2016, pp. 479-506.

WACQUANT, L. "Crafting the Neoliberal State: Workfare, Prisonfare, and Social Security". *Sociological Forum*, 25, 2, 2010, pp. 197-220.

WACQUANT, L. "El matrimonio entre el *workfare* y el *prisionfare* en el siglo XXI", en *Astrolabio*, 9, 2012, pp. 183-205.

Javier M. Rodríguez Olmos*

El derecho a la subsanación del incumplimiento como mecanismo que contribuye al equilibrio de la posición del deudor y del acreedor: análisis a partir de algunos modelos del derecho comparado

Sumario: 1. El contexto del derecho a la subsanación del incumplimiento: noción de incumplimiento, mecanismos de protección en cabeza del acreedor y la subsanación como reflejo del derecho del acreedor al cumplimiento específico. 2. Los fundamentos del derecho a la subsanación del incumplimiento: equilibrio de intereses, conservación del contrato y eficiencia económica. 3. El derecho a la subsanación como mecanismo de gestión razonable del incumplimiento en los modelos del derecho comparado que reconocen la figura. 3.1. Diferentes modelos: subsanación como facultad del deudor o como carga del acreedor. 3.2. Requisitos. 3.2.1. El requisito formal: ¿es necesaria la notificación? 3.2.2. Requisitos sustanciales. 3.3. Límites a la subsanación. 3.4. Relación con los demás mecanismos de protección frente al incumplimiento. 3.4.1. Mecanismos cuyo ejercicio no se ve paralizado por la oportunidad de subsanación. 3.4.2. La reducción del precio. 3.4.3. La (conflictiva) relación entre la subsanación y la resolución. 3.5. ¿Puede el acreedor subsanar el cumplimiento defectuoso? 4. La viabilidad del derecho a la subsanación del incumplimiento en el ordenamiento jurídico colombiano. 4.1. El fundamento del derecho a la subsanación: el principio de buena fe y la prohibición de abuso del derecho. 4.2. Elementos para la configuración del derecho a la subsanación. 4.3. Los efectos del derecho a la subsanación. 5. Unas observaciones conclusivas. Bibliografía.

1. EL CONTEXTO DEL DERECHO A LA SUBSANACIÓN DEL INCUMPLIMIENTO: NOCIÓN DE INCUMPLIMIENTO, MECANISMOS DE PROTECCIÓN EN CABEZA DEL ACREEDOR Y LA SUBSANACIÓN COMO REFLEJO DEL DERECHO DEL ACREEDOR AL CUMPLIMIENTO ESPECÍFICO

El acreedor tiene derecho a que se le cumpla debidamente, es decir, a que exista una correspondencia de la prestación ejecutada con la prestación prevista según las condiciones expresas, o implícitas que se derivan del contrato[1]. Por lo tanto, toda desviación de las obligaciones derivadas del programa contractual considerado en su globalidad constituye incumplimiento[2]. Ese incumpli-

---

* Profesor de Derecho Civil de la Universidad Externado de Colombia.

1 Hinestrosa, F. *Tratado de las obligaciones. Concepto, estructura, vicisitudes*, t. i, Bogotá, Universidad Externado de Colombia, 2007, pp. 559 y s.; *id.*, "Tutela del acreedor frente al deudor incumplido", *Revista de Derecho Privado*, Universidad Externado de Colombia, n.° 31, 2016, p. 5.

2 No es la sede para discutir sobre las diferentes nociones de incumplimiento (objetiva y

miento puede derivar de diferentes situaciones: bien porque "el deudor no ha realizado ningún acto dirigido a poner en práctica la prestación comprometida", bien porque "ha realizado actos dirigidos a cumplir, pero esa prestación no coincide o no se ajusta a la prevista al constituirse la obligación"[3], es decir, realiza la prestación, pero de forma defectuosa (defecto de tiempo, calidad o cantidad).

Una vez que se verifican los requisitos que el ordenamiento jurídico exige para la configuración del incumplimiento (la eventual falta de correspondencia entre lo cumplido y lo pactado), se activan a favor del acreedor una serie de mecanismos de protección, 'remedios'[4], tendientes a lograr su final satisfacción atendiendo a las legítimas expectativas surgidas en ocasión del contrato y preservar así su "integridad económica"[5]. Normalmente, ese sistema de mecanismos de protección se analiza desde la perspectiva del acreedor, debido a que el incumplimiento ocasiona una lesión a su interés. Mecanismos como el cumplimiento específico, la excepción de contrato no cumplido, la resolución, la reducción del precio o la indemnización de perjuicios, buscan colocar al acreedor, en lo posible, en la situación en la que se habría encontrado si el deudor hubiese cooperado fielmente a la realización de la función contractual[6].

---

subjetiva) que normalmente se presentan como contrapuestas, una discusión que, en líneas generales, no afecta el tema abordado en el presente escrito. Sobre estas diferentes nociones de incumplimiento se renvía a Palazón Garrido, M. L. "La resolución del contrato como medio de tutela en caso de incumplimiento", en Sánchez Lorenzo, S. (dir.), *Derecho contractual comparado. Una perspectiva europea y transnacional,* II, Pamplona, Thomson Reuters, 2016, pp. 875 y ss.

3 Díez-Picazo, L. y Guillón, A. *Sistema de Derecho civil*, vol II, Madrid, Tecnos, 1992, p. 203.

4 Se advierte desde ahora que, si bien el vocablo 'remedio' no es propio de nuestra tradición jurídica, será también utilizado a lo largo de la exposición por ser una expresión más concreta que la de "medios de tutela frente al incumplimiento". Sobre el origen y significado del vocablo 'remedio' desde la perspectiva del derecho civil continental ver Smorto, G. "Sul significato di 'remedi'", *Europa e Diritto privato*, 2014, pp. 159 y ss.; Sirena P. y Adar, Y. "La prospettiva dei rimedi nel diritto privato europeo", *Rivista di diritto civile*, n.° 3, 2012, pp. 359 y ss.; Nivarra, L. "Rimedi: un nuovo ordine del discorso civilistico?," *Europa e diritto privato,* 3, 2015, pp. 584 y ss.

5 Zentner, D. H. "Garantías legales sobre bienes y servicios en el derecho argentino. Visión comparativa con el nuevo estatuto del consumidor de Colombia", en Gual, J. M. (dir.), *Derecho del consumo. Problemáticas actuales*, Bogotá, Editorial Ibáñez, 2014, pp. 124.

6 Parafraseando a Dalla Massara, T. "Vendita di tradizione romanistica e vendita internazionale: modelli a confronto", *Contratto e impresa*, n.° 2, 2012, pp. 855, quien hace esa afirmación en relación con el vendedor y el comprador dentro del régimen de la compraventa.

Desde la perspectiva de un jurista colombiano, se advierte que en nuestro ordenamiento jurídico no existe una noción de incumplimiento unificada de la cual además se desprenda un sistema coordinado de mecanismos de protección del acreedor. Una noción de incumplimiento ha sido trabajada por la doctrina y la jurisprudencia a partir de algunas normas del código civil; en particular, a partir de los artículos 1613 y 1614 del código civil en materia de indemnización de perjuicios se ha señalado que el incumplimiento deriva ya sea de que no se haya cumplido la obligación, de que se haya cumplido imperfectamente, o de haberse retardado el cumplimiento. Al lado de estas normas, se acude a otras en materia de obligaciones en general que contemplan, por ejemplo, la integridad del pago en el sentido que "el pago se hará bajo todos los respectos en conformidad al tenor de la obligación" (1627 C. C.)[7]. Sin embargo, se reconoce una fragmentación del sistema de mecanismos que tiene el acreedor frente al incumplimiento, debido a la falta de coordinación entre las disposiciones en materia de obligaciones y contratos en general, con las de los contratos especiales y, más recientemente, con las disposiciones de protección contractual del consumidor[8]. Por otra parte, la doctrina y la jurisprudencia han debido profundizar, a la luz de los principios generales, la debida interacción entre los distintos mecanismos de protección frente al incumplimiento que están previstos de forma alternativa absoluta en el caso de los contratos bilaterales (cumplimiento específico, resolución e indemnización de perjuicios)[9].

---

7 Hinestrosa, F. "Notas responsabilidad por incumplimiento de las obligaciones", *Revista de Derecho Privado*, n.° 36, 2019, p. 8. Un análisis de la noción de incumplimiento en el ordenamiento jurídico colombiano y en el derecho comparado en León Robayo, E. I. "La configuración del incumplimiento contractual", *Revista Foro Derecho Mercantil*, n.° 10, 2006, pp. 87 y ss; Valencia Zea. A. y Ortiz Monsalve, Á. *Derecho civil. De las Obligaciones*, t. III, Bogotá, Temis, 10ª ed., 2015, p. 375.

8 Rodríguez Olmos, J. M. "Medios de tutela del consumidor ante la falta de conformidad en la compraventa en Colombia: Dispersión normativa e interpretación sistemática", en Ferrante, A. (dir.), *Venta y protección del consumidor. Una visión a través del caleidoscopio latinoamericano*, Santiago de Chile, Thomson Reuters, 2019, pp. 398 y ss.; Oviedo Albán, J. *La garantía por vicios ocultos en la compraventa*, Bogotá, Temis, 2015, pp. 231 y ss.

9 Así, recientemente, García Vásquez, D. *Condición resolutoria tácita y responsabilidad del deudor*, Bogotá, Universidad Externado de Colombia, 2014, pp. 141 y ss. Para un análisis desde la perspectiva de la excepción de incumplimiento contractual, Chinchilla Imbett, C. A. *La excepción de incumplimiento contractual. Estructura, función y límites*, Bogotá, Universidad Externado de Colombia, 2017, pp. 229 y ss.

Por el contrario, en instrumentos de derecho contractual más modernos la adopción de una noción amplia y unificada de incumplimiento ha permitido elaborar un sistema coordinado de mecanismos de protección frente al incumplimiento, de lo cual es paradigma la Convención de Viena sobre compraventa internacional de mercaderías (en adelante, CISG por sus siglas en inglés) y que sirvió de modelo a instrumentos posteriores como los Principios Unidroit, los Principios de Derecho Europeo de los Contratos (en adelante, PECL), entre otros[10]. Una noción unificada de incumplimiento, al cobijar diferentes intensidades de incumplimiento, también permite modular los diferentes mecanismos de protección que están a disposición del acreedor[11]. De esta manera, cada mecanismo tiene sus propias condiciones de ejercicio y, al mismo tiempo, conserva vasos comunicantes con los demás, para garantizar ese 'sistema móvil'[12] que se adapte en la medida de lo posible a distintos supuestos de incumplimiento: diferentes situaciones que configuran el incumplimiento legitiman diferentes soluciones atendiendo a una variedad de factores (intensidad, gravedad del incumplimiento, posibilidad de corregir el incumplimiento).

Es en este escenario que se incrusta el tema de la subsanación, el saneamiento, la corrección del cumplimiento imperfecto y del incumplimiento en general que será objeto de análisis en este capítulo. La subsanación, entendida en su sentido más amplio, tiene *dos caras*. Por una parte, ante el incumplimiento, en su variante de cumplimiento imperfecto, inexacto o defectuoso, el acreedor puede exigir de su deudor que proceda a corregir o subsanar su cumplimiento, normalmente mediante la reparación o sustitución si se trata de un defecto de calidad (material o jurídica), o completando el faltante si se trata de un defecto de cantidad, todo esto en virtud de la pretensión de cumplimiento específico,

---

10 Por todos, ver PALAZÓN GARRIDO, M. L. *Los remedios frente al incumplimiento en el derecho comparado,* Pamplona, Thomson Reuters, 2014, *passim*; VIDAL OLIVARES, Á.y MOMBERG R. (Eds.). *Cumplimiento específico y ejecución forzada del contrato. De lo sustantivo a lo procesal*, Valparaíso, Ediciones Universitarias de Valparaíso, 2018.

11 CONTARDO, I. "El derecho del deudor a la subsanación o corrección del cumplimiento no conforme (*right to cure*). Acercamiento desde los instrumentos de derecho contractual uniforme hacia el derecho chileno de contratos", *Ius et Praxis*, año 23, n.° 1, 2017, p. 163.

12 Evocando la idea de WILBURG, W. "Zusammenspiel der Kräfte im Aufbau des Schuldrechts", AcP, n.° 4, 1964, pp. 346 y ss., en donde él propone su célebre sistema móvil, una interacción móvil de fuerzas (de elementos propuestos originalmente para la determinación de la indemnización de perjuicios en la responsabilidad extracontractual) que confluyen en una misma situación jurídica, para ofrecer soluciones flexibles y adaptadas a las circunstancias.

siempre que este sea aún posible, o que dicha subsanación no resulte excesivamente onerosa o gravosa en atención a las circunstancias[13]. Estamos entonces aquí en el ámbito de la *subsanación del cumplimiento imperfecto como manifestación de la pretensión del cumplimiento específico*, con los límites señalados. Esta primera perspectiva hace parte del derecho que tiene el acreedor a exigir el cumplimiento *in natura* y, por ende, no es abordada en el presente capítulo.

Pero tenemos la otra cara de la moneda. La subsanación del cumplimiento imperfecto (y del incumplimiento *tout court*) desde el punto de vista del deudor se presenta como una facultad, derecho o prerrogativa de este último para que, cumplidos ciertos requisitos que buscan salvaguardar la posición del acreedor, se pueda mantener la finalidad del contrato. En este sentido, la subsanación del incumplimiento puede operar dentro del conjunto de mecanismos para la protección del acreedor frente al incumplimiento e incluso configurarse como una segunda oportunidad de cumplimiento que se le reconoce al deudor incumplido. Como ha señalado Mak, este mecanismo sería el *reflejo (desde la perspectiva del deudor) del derecho del acreedor al cumplimiento específico*[14]. Es esta la perspectiva a la que hace referencia el presente capítulo, en cuanto se configura como un mecanismo en sí mismo que se activa ante el incumplimiento y que tiene su propia fisionomía, finalidad y requisitos.

Desde ya se debe advertir que, en realidad, la posibilidad de subsanación por parte del deudor se ha extendido más allá del evento de un cumplimiento imperfecto o defectuoso, y se ha configurado respecto de cualquier tipo incumplimiento[15]. La CISG –que incorporó la figura debido a la influencia del derecho

---

13 Esteban de la Rosa, G. "La acción de cumplimiento específico en la contratación internacional", en Sánchez Lorenzo, S. (ed.), *Derecho contractual comparado.*, cit., pp. 926 y ss.

14 Mak, V. *Performance-Oriented Remedies in European Sale of Goods Law*, Oxford, Hart Publishing, 2009, pp.149, haciendo referencia a la compraventa, señala que "hay indicaciones en diferentes sistemas jurídicos de que el derecho del comprador al cumplimiento específico puede ser contrarrestado con otro mecanismo orientado al cumplimiento: el derecho del vendedor a la subsanación. En este sentido, este es un reflejo del derecho que tienen el comprador al cumplimiento específico".

15 Sobre la tendencia expansiva al reconocimiento de este 'derecho', ya me había referido en Rodríguez Olmos, J. M. "La oportunidad de saneamiento del incumplimiento del vendedor en el régimen de vicios materiales: algunas reflexiones a partir del derecho alemán de la compraventa", *Revista de Derecho Privado*, Universidad Externado de Colombia, 17, 2009, p. 131. Allí se señala cómo esta tendencia busca abrir un espacio a la corrección de la prestación defectuosa del vendedor entre las acciones o remedios que el comprador tiene a disposición, optando al mismo tiempo por soluciones que reduzcan los costos implicados y que sean más acordes con la realidad socioeconómica vigente.

anglosajón[16]– en su artículo 48 establece de manera amplia que "el vendedor podrá [...] subsanar [...] todo incumplimiento de sus obligaciones", lo que, sin lugar a duda, incluye no solo el incumplimiento inexacto, sino también la misma no entrega de las mercancías[17]. Siguiendo esta línea marcada por la CISG, también en los principios Unidroit se parte de una definición amplia de incumplimiento que abarca el cumplimiento defectuoso o el cumplimiento tardío, para luego en el art. 7.1.4 conceder la posibilidad a la parte incumplidora de subsanar "cualquier incumplimiento", el cual está definido de forma amplia en el artículo 7.1.1 como "la falta de ejecución por una parte de alguna de sus obligaciones contractuales, incluyendo el cumplimiento defectuoso o el cumplimiento tardío". Esta solución extendida también se ha acogido tanto en los Principios Latinoamericanos de Derecho de los Contratos (en adelante, PLDC, art. 93)[18] como en el Proyecto de Código Marco de las Obligaciones para América Latina (en adelante, CMOAL, art. 66)[19], si bien con ciertas par-

---

16 Sobre la influencia del *right to cure* previsto en el § 2-508 del Uniform Commercial Code en la redacción final del artículo 48 de la Convención de Viena, ver MAGNUS, U. "The Vienna Sales Convention (CISG) between Civil and Common Law – Best of all Worlds?", *Journal of Civil Law Studies*, 3, 2010, pp. 80 y ss. ("la señal de influencia más visible del derecho de los Estados Unidos en la CISG es el derecho a la subsanación"); para un análisis profundo de la historia de esta disposición, ver HIMENO, G. "Right to Cure under the Unidroit Principles Article 7.1.4: A historical Analysis", *Jus Gentium, Journal of International Legal History*, vol. 1, n.° 2, 2016, *passim*, en particular pp. 484 y ss.

17 En este sentido, OVIEDO ALBÁN, J. "Subsanación y plazo suplementario para cumplir en la compraventa internacional de mercaderías", en Vidal Olivares, Á. y Momberg, R. (eds.), *Cumplimiento específico y ejecución forzada del contrato. De lo sustantivo a lo procesal*, Valparaíso, Ediciones Universitarias de Valparaíso, 2018, p. 74.

18 "Artículo 93. Plazo de subsanación. 1) Salvo incumplimiento esencial, el acreedor debe otorgar un plazo adicional de duración razonable al deudor para que subsane su incumplimiento". Sobre estos Principios, publicados en 2017, se renvía a la "Presentación" de PIZARRO WILSON, C., en *Los Principios Latinoamericanos de Derecho de los Contratos*, Madrid, Agencia Estatal Boletín Oficial del Estado, 2017, pp. 15 y ss.; *id.*, "Un vistazo general a los Principios Latinoamericanos de Derecho de los Contratos", *Revista de Derecho Privado*, Universidad Externado de Colombia, 35, 2018, pp. 351 y ss.

19 "Artículo 66. Subsanación del incumplimiento. Previamente al ejercicio de los medios de tutela contemplados en el artículo 65 y siempre que subsista el interés del acreedor en el cumplimiento, el deudor podrá subsanar el incumplimiento, previa notificación al acreedor en la que indique la oportunidad o plazo en que subsanará el incumplimiento".
Este proyecto se encuentra aún en curso y está siendo elaborado por el Grupo para la Armonización del Derecho en América Latina (Gadal). Los documentos ya aprobados por el grupo se pueden consultar en https://gadal.uexternado.edu.co/codigo-marco/version-castellana/. Sobre el origen de este trabajo, ver SCHIPANI, S. "Un código de las obligaciones para América

ticularidades sobre las que regresaré luego[20]. En otras palabras, frente a una noción amplia de incumplimiento, la misma *ratio* aplicable para corregir un cumplimiento defectuoso resulta extendida al incumplimiento *tout court*, con lo que se puede hablar, en general, de una oportunidad de saneamiento del incumplimiento.

El objeto de este capítulo es presentar los principales aspectos relacionados con este mecanismo, para lo cual se seguirá el siguiente orden. En primer lugar, se discutirán los fundamentos teóricos del derecho a la subsanación del incumplimiento, poniendo de relieve los intereses que se encuentran detrás de esta situación (2). En segundo lugar, se expondrán algunas vicisitudes del derecho a la subsanación que se reconoce en ocasiones al deudor, la forma como se puede configurar, sus requisitos y sus efectos, en concreto su relación con los demás medios de protección frente al incumplimiento (3). A tal fin, se recurrirá a algunos modelos que es posible encontrar en el derecho comparado, en particular los instrumentos de unificación y armonización en materia de contratos como la CISG, los Principios Unidroit y, en menor medida, el Proyecto de Marco Común de Referencia europeo (en adelante, DCFR, por sus siglas en inglés); en el ámbito latinoamericano se tomarán en cuenta los Principios Latinoamericanos de Derecho de Contratos (PLDC) y al Código Marco en materia de obligaciones para América Latina (CMOAL), con algunas referencias concretas a algunas codificaciones nacionales como el Código Civil alemán y el Código Civil francés posterior a la reforma del 2016. En todos estos instrumentos jurídicos se incorpora, de manera más o menos explícita, y se regula de manera más o menos detallada el mecanismo de la subsanación del incumplimiento. Una vez realizado este análisis, se hará una valoración sobre la viabilidad de la figura en el ordenamiento jurídico colombiano, teniendo en cuenta que de *lege lata* dicha posibilidad no está reconocida (4). Finalmente se harán algunas reflexiones conclusivas (5).

Latina. Releer los Digesta de Justiniano", *Revista de la Facultad de Ciencias Jurídicas y Políticas*, UCV, 136, 2012, pp. 109 y ss. Para un análisis del trasfondo ideológico que orienta este proyecto, ver ESBORRAZ, D. F. "La teoría generale delle obbligazioni come elemento di unità e di resistenza del subsistema giuridico latinoamericano", en Saccoccio, A. y Cacace, S. (eds.), *Sistema Giuridico Latinoamericano*, Turín, Giappichelli, 2019, pp. 281 y ss.

20 Sobra recalcar la importancia de comenzar a tomar en cuenta estos dos instrumentos de origen académico, más allá de sus diferentes sustratos ideológicos y científicos, pues se trata de esfuerzos de la academia en la armonización del derecho privado en América Latina.

2. LOS FUNDAMENTOS DEL DERECHO A LA SUBSANACIÓN DEL INCUMPLIMIENTO: EQUILIBRIO DE INTERESES, CONSERVACIÓN Y EFICIENCIA ECONÓMICA

Tal y como lo señala Morales Moreno[21], ante un incumplimiento contractual, el interés del acreedor puede no coincidir con el interés del deudor frente a la manera sobre cómo afrontar esa situación. El acreedor puede no estar interesado en recibir el cumplimiento exacto de su deudor y por el contrario puede llegar a preferir en cambio otro de los "remedios" que tiene a disposición, llámese resolución, reducción del precio, indemnización de perjuicios en lugar del cumplimiento; por su parte, puede ser que el deudor siga interesado en cumplir su obligación u obligaciones[22], por ejemplo, porque ya haya incurrido en costos para preparar su cumplimiento. En esta situación de intereses en conflicto, es necesario determinar bajo qué condiciones y en qué circunstancias se da prioridad a uno u otro interés. De inmediato surgen varios interrogantes: ¿Por qué conceder una oportunidad de subsanación o una segunda oportunidad de cumplimiento al deudor? ¿En qué condiciones eso resulta razonable? El primer interrogante remite a la cuestión del *fundamento* de esta figura. El segundo se refiere a sus requisitos y su relación con los mecanismos que se le reconocen al acreedor para salvaguardar sus intereses frente a un incumplimiento.

En primer lugar, cuál es el fundamento y la justificación para reconocer al deudor una segunda oportunidad de cumplimiento. Si partimos de una noción de la relación obligatoria como 'organismo' complejo[23], es posible afirmar que

---

21 MORALES MORENO, A. "Evolución y dilemas actuales del cumplimiento específico como remedio a la inejecución de obligaciones contractuales", en Vidal Olivares, Á. y Momberg, R. (eds.), *Cumplimiento específico y ejecución forzada del contrato*, cit., p. 17.

22 *Ibidem.*

23 La idea de la relación obligatoria como "organismo" es atribuida a Siber en PLANCK y SIBER. *Kommentar zum Schuldrecht*, 4.ª ed., 1914, § 241 I 1, b): "La relación obligatoria [...] es la fuente de una o varias pretensiones concretas y de otros derechos, un organismo idóneo para la generación de derechos particulares"; al respecto, en general, WIEACKER, F. *Storia del diritto privato moderno*, II [trad. it., A. Fusco], Milán, Giuffrè, 1980, pp. 249 y s.; (Pero ya Savigny veía en la obligación una figura de "naturaleza orgánica", al respecto ver WÜRTHWEIN, S. *Zur Schadensersatzpflicht wegen Vertragsverletzungen im Gemeinen Recht des 19 Jahrhunderts*, Berlín, Duncker & Humblot, 1990, pp. 184 y ss.); expresa la misma idea haciendo referencia a la relación obligatoria como una "estructura" y como "proceso", LARENZ, K. *Lehrbuch des Schuldrechts*, t. I, 12.ª ed., Munich, Beck'sche ed., 1979, pp. 24 y s.; GERNHUBER, J. *Das Schuldverhältnis*, Mohr Siebeck, 1989, p. 9, después de hacer un recuento de las definiciones apenas referidas, caracteriza la relación obligatoria como una "unidad compleja"; ESSER, J. y

esa relación no se limita a la prestación que debe ser ejecutada por el deudor para satisfacer a su acreedor, sino que conlleva una serie de deberes complementarios que pueden apuntar al logro del interés del acreedor en la prestación pero que van más allá, incluso en algunos casos hasta proteger los bienes y la persona misma de las partes que entran en contacto por medio de ese especial vínculo que constituye la relación obligatoria[24]. En virtud de la fuerza integradora del principio de buena fe, las partes en un contrato deben concurrir, deben cooperar para la correcta realización de los intereses filtrados en el contrato[25]. La fuerza obligatoria del contrato y los efectos que de este se desprenden no derivan solo de la voluntad de las partes, sino que son fruto de la confianza recíproca que se encuentra a la base del contrato; el contrato, en palabras de Jabbour, es una alianza[26] y en virtud de esa alianza, como afirmó Demogue, el contrato se configura como una "pequeña sociedad en la que cada uno debe trabajar por un fin común que es la suma de los fines individuales perseguidos por cada uno"[27].

Es cierto que esa fuerza obligatoria sería inoperante si el acreedor no pudiera reaccionar frente al incumplimiento de su deudor[28] y por este motivo los ordenamientos jurídicos le reconocen una serie de mecanismos de protección para que pueda satisfacer su interés de la mejor manera también en la situación

---

Schmidt, E. *Schuldrecht. Allgemeiner Teil*, t. i, 6.ª ed., Heidelberg, C. F. Müller Juristischer ed., 1984, § 5/II, pp. 69; § 6/I y ss., pp. 81 y ss; § 29, pp. 429 y ss.

24 Hinestrosa, F. "Notas sobre responsabilidad por incumplimiento de las obligaciones", cit., p. 8.

25 Para el caso colombiano, se remite a Neme Villarreal, M. L. "El principio de buena fe en materia contractual en el sistema jurídico colombiano", *Revista de Derecho Privado*, Universidad Externado de Colombia, n.° 11, 2006, pp. 79 y ss.; más reciente, *id.*, "La buena fe como eje del proceso de integración e interpretación del contrato en el Código de Bello: consonancia con la función social del contrato y con la tutela de los derechos fundamentales", en Navia, F. y Chinchilla Imbett, C. A. (eds.), *La vigencia del código civil de Andrés Bello. Análisis y prospectivas en la sociedad contemporánea*, Bogotá, Universidad Externado de Colombia, 2019, pp. 240 y ss.

26 Jabbour, R. *La bonne foi dans l'exécution du contrat*, Issy-les-Moulineaux, LGDJ, 2016, pp. 211 y ss.

27 Demogue, R. *Traité des obligations en général*, t. iv, París, Arthur Russeau, 1931, p. 9. Respecto a esta posición 'solidarista' en el derecho francés, ver Mazeaud, D. "Loyauté, solidarité, fraternité: la nouvelle devise contractuelle?", en AA. VV. *L'avenir du droit. Mélanges en hommage à François Terré*, París, Dalloz, 1999, p. 618, en virtud de la cual "el espíritu de solidaridad contractual obliga a cada contratante a demostrar un espíritu de cooperación tal que su cocontratante pueda, por una parte, aprovechar la prestación ejecutada a su favor, por otra parte, ejecutar sin dificultad sus propias obligaciones".

28 Jabbour, R. *La bonne foi dans l'exécution du contrat*, cit., p. 408.

patológica del incumplimiento de su deudor. Sin embargo, no se puede perder de vista que el carácter complejo de la relación obligatoria, integrado por la buena fe, lleva a que los deberes de comportamiento de ambas partes, que derivan de dicho principio, se extiendan con diferente intensidad en la fase de cumplimiento y, por ende, permeen también el momento del cumplimiento imperfecto y del incumplimiento en general.

La buena fe y el deber de cooperación que de ella emana, y que integra la relación obligatoria, sirven entonces de parámetro para determinar en qué condiciones la subsanación del incumplimiento garantiza la satisfacción del acreedor, conservando la integridad de su interés. En todos los casos en los que el acreedor no "coopere" en la subsanación, a pesar de carecer de un interés legítimo en ello, estará abusando del "remedio" reconocido formalmente por el ordenamiento jurídico (estará haciendo una gestión no razonable de esos remedios) y, por ende, la función limitadora de la buena fe paralizará o limitará el ejercicio de esos remedios[29].

Desde otra perspectiva, se ha señalado en la doctrina cómo detrás de la decisión de política del derecho de dar esa oportunidad de subsanar el incumplimiento[30] se encuentran motivos de eficiencia económica. Sin lugar a dudas no todos los remedios tienen los mismos costos para el deudor[31], de allí que, siempre que se conserve el interés del acreedor en el cumplimiento correcto, y que esto no implique un sacrificio exagerado para él, la decisión

---

29 Ver *infra*, parte IV. Como señala CONTARDO, I. "El derecho del deudor a la subsanación o corrección del cumplimiento no conforme (*right to cure*)", cit., p. 164, "un incumplimiento total y definitivo permitiría al acreedor solicitar el cumplimiento del contrato, pues éste es esencial en atención a su magnitud [...]. Pero cuando el incumplimiento del contrato no es esencial en atención a la prestación, bien cabe cuestionarse sobre la pertinencia de la totalidad de los remedios".

30 Al igual que otros mecanismos para limitar el ejercicio de remedios más radicales (como sería el requisito de que el incumplimiento sea esencial para poder ejercer la resolución o para solicitar la sustitución), al respecto, se renvía a HUBER, P. "CISG-The Structure of Remedies", Rabels Zeitschrift, 71, 2007, pp. 20 y ss.; RODRÍGUEZ OLMOS, J. M. "La oportunidad de saneamiento del incumplimiento del vendedor en el régimen de vicios materiales", cit., pp. 126 y ss.

31 RODRÍGUEZ OLMOS, J. M. "La oportunidad de saneamiento del incumplimiento del vendedor en el régimen de vicios materiales", cit., p. 126. En el mismo sentido, CONTARDO, I. "El derecho del deudor a la subsanación o corrección del cumplimiento no conforme (*right to cure*)", cit., pp. 165: "Así, cuando resulta más eficiente corregir o subsanar antes que satisfacer el interés del acreedor de otra manera –a través de la resolución en su versión más radical– deben preferirse estas medidas orientadas al cumplimiento" pues, "en el fondo, lo que se trata de evitar es que el remedio sea peor que la enfermedad desde el plano económico".

que se considera más ponderada es la de permitirle esa segunda oportunidad al deudor para subsanar su incumplimiento, de manera que se paralizan comportamientos abusivos por parte del acreedor[32] y se conserva la operación económica, reduciendo los costos.

En resumen, detrás del régimen de remedios frente al incumplimiento hay un conflicto de intereses que se deben ponderar: el interés del acreedor a ser satisfecho y el interés del deudor a liberarse[33]. El derecho a la subsanación del incumplimiento busca conservar el debido equilibrio entre esos intereses y se convierte en un dispositivo para incorporar el interés del deudor dentro del sistema de remedios ante el incumplimiento. Al mismo tiempo que se toma en consideración el interés del deudor en liberarse, se pondera esa opción con el interés legítimo del acreedor atendiendo al principio de la buena fe y se busca la conservación de la operación económica, con el fin de reducir mayores costos que podrían derivar del ejercicio de otro remedio[34].

Ahora bien, aunque el reconocimiento de una oportunidad de corrección del incumplimiento tiene bases dogmáticas y económicas, solo bajo ciertas

---

32 En el derecho alemán, señala ZIMMERMANN, R. *The new German Law of Obligations. Historical and Comparative Perspectives*, Oxford Universidad Press, 2005, p. 91, que "cuando el comprador hace uso de la acción redhibitoria [...] a menudo lo hace porque está arrepentido de la compra, caso en el cual no existe un interés digno de protección".

33 HINESTROSA, F. *Tratado de las obligaciones. Concepto, estructura, vicisitudes*, t. I, cit., p. 562, pone de relieve la importancia que ha venido tomando la protección del deudor y advierte que "sobre el acreedor pesan cargas, en obsequio propio y en consideración al interés de la otra parte, que se identifican y precisan en cada situación, dentro de un abanico empuñado por el principio de la buena fe, que no solamente le pone de presente no agravar o hacer más difícil u onerosa la ejecución de la prestación, sino que le exige poner de su parte lo que esté a su alcance para facilitarla", aunque matizando que, en todo caso, no se puede llegar a afirmar un "derecho" del deudor a cumplir, ni a liberarse, que sea susceptible de violación por parte del acreedor. Ver también MORALES MORENO, A. "Evolución y dilemas actuales del cumplimiento específico como remedio a la inejecución de obligaciones contractuales", cit., pp. 17 y ss.

34 MAK, V. *Performance-Oriented Remedies in European Sale of Goods Law*, cit., pp. 200 en el ámbito de la compraventa señala: "Al limitar la elección del comprador inicialmente a los remedios orientados al cumplimiento, se garantiza al vendedor un período adicional de tiempo para el cumplimiento, que le puede permitir ofrecer una solución más efectiva desde el punto de vista de los costos. En el entretanto, el comprador no parece ganar o perder nada por la imposición de una jerarquía. No gana nada, asumiendo que él normalmente tiene derecho a exigir el cumplimiento específico, reparación o sustitución, y por ende en todo caso estaría en la posición de ejercer cualquiera de esos remedios. Al mismo tiempo, no pierde nada, ya que se asume que los remedios orientados al cumplimiento, por definición, le permiten el cumplimiento de lo que contrató".

condiciones esta figura resulta razonable y se justifica como un dispositivo que modula o limita el ejercicio de los mecanismos reconocidos al acreedor para enfrentar esta situación patológica. Como bien lo ha definido la doctrina chilena, la oportunidad de corrección del incumplimiento se presenta entonces como un mecanismo para "la gestión razonable de los efectos del incumplimiento"[35] o, más exactamente, para la gestión razonable de los remedios que tiene el acreedor frente al incumplimiento.

3. EL DERECHO A LA SUBSANACIÓN COMO MECANISMO DE GESTIÓN RAZONABLE DEL INCUMPLIMIENTO EN LOS MODELOS DEL DERECHO COMPARADO QUE RECONOCEN LA FIGURA

Una segunda oportunidad de cumplimiento del deudor se ha configurado de diversas maneras en los cuerpos normativos que han incorporado expresamente este mecanismo (3.1). Así mismo, se han establecido en esas regulaciones ciertos requisitos para que esa oportunidad de subsanación surta efectos (3.2), así como unos límites necesarios en aras de un adecuado equilibrio de los intereses en juego, en particular, para evitar que el interés del acreedor se vea menoscabado (3.3). Una vez reunidos los requisitos que legitiman al deudor a subsanar su incumplimiento, esta figura se incrusta en el funcionamiento de los mecanismos de protección del acreedor frente al incumplimiento, por lo que puede paralizar en mayor o menor medida su ejercicio, al punto que el no respeto de la oportunidad de subsanación a favor del deudor puede conducir a efectos negativos como la imposibilidad de recurrir a la resolución del contrato o a la solicitud de reducción del precio, o ver seriamente limitado su derecho al resarcimiento de los daños, al menos en lo que se refiere a los daños que se hubieran podido evitar de haberse permitido la subsanación del incumplimiento (3.4). Finalmente, el reconocimiento de una oportunidad de subsanación del incumplimiento tiene que confrontarse con la situación en la que el acreedor decide subsanar un defecto de la prestación recibida recurriendo a un tercero para la ejecución de la prestación, o subsanándola él mismo (3.4).

35 Ver, por todos, VIDAL OLIVARES, Á. "La gestión razonable del incumplimiento en la compraventa internacional", en Pizarro Wilson, C. y Vidal Olivares Á. (eds.), *Incumplimiento contractual, resolución e indemnización de daños*, Bogotá, Universidad del Rosario, 2010, pp. 219 y ss.

3.1. DIFERENTES MODELOS: SUBSANACIÓN COMO FACULTAD DEL DEUDOR O COMO CARGA DEL ACREEDOR

Como se mencionó en la introducción, algunos instrumentos internacionales sobre derecho de contratos, así como algunas regulaciones nacionales, reconocen expresamente al deudor una segunda oportunidad de cumplimiento, o de subsanación de su incumplimiento. Entre ellos, la CISG es el instrumento más importante a escala internacional, que además marcó el derrotero de posteriores instrumentos de armonización de derecho de contratos (Principios Unidroit, PECL, DCFR, PLDC, CMOAL), así como en algunas reformas a las codificaciones nacionales (BGB alemán y la reciente reforma del Código Civil Francés). La figura ha sido regulada de diversas maneras, por lo que su estructura varía, pudiéndose identificar dos modelos[36]:

– En primer lugar, se ha configurado como una facultad del deudor para que subsane su incumplimiento, siempre que reúna las condiciones que se señalarán adelante. Es el sistema acogido, por ejemplo, en la CISG (artículo 48)[37], en los principios Unidroit (artículo 7.1.4)[38], en el DCFR (artículo III-3:202 (2))[39] y en el proyecto de Código Marco en materia de obligaciones para América Latina (artículo 66)[40]: el deudor *puede* subsanar su incumplimiento.

– En segundo lugar, se ha configurado como una imposición al acreedor para que conceda un plazo adicional al deudor dentro del cual subsane su

---

36 Estos dos modelos son también identificados por VIDAL OLIVARES, Á. "El derecho a subsanar el incumplimiento como límite a la autonomía de la indemnización en derecho de contratos", en Bahamondes, C. *et al.* (eds.), *Estudios de Derecho Civil XIII. Ponencias presentadas en las XV jornadas nacionales de Derecho Civil*, Santiago de Chile, Thomson Reuters, 2018, pp. 539 y ss. Desde otra perspectiva, HUBER P. "CISG-The Structure of Remedies", Rabels Zeitschrift, 71, 2007, pp. 20 y ss., analizando los mecanismos para limitar el derecho a la resolución del contrato frente al incumplimiento, distingue entre el mecanismo del *nachfrist* (que corresponde a la imposición al acreedor de conceder un plazo para la subsanación) y el que para él es el verdadero derecho del vendedor a la subsanación (*seller's right to cure*).

37 "[...] el vendedor podrá, incluso después de la fecha de entrega, subsanar a su propia costa todo incumplimiento de sus obligaciones [...]".

38 "La parte incumplidora puede subsanar a su cargo cualquier incumplimiento [...]".

39 "If the debtor cannot make a new and conforming tender within the time allowed for performance but, promptly after being notified of the lack of conformity, offers to cure it within a reasonable time and at the debtor's own expense [...]". En este caso, se reconoce la oportunidad al deudor de ofrecer la subsanación, frente a lo cual el acreedor debe permitirle al deudor *a reasonable period* para subsanar.

40 "[...] el deudor podrá subsanar el incumplimiento [...]".

incumplimiento, también sometido a ciertas condiciones y excepciones. Este es el modelo típico previsto en el BGB alemán (§ 323–1)[41] y también acogido, por ejemplo, en los Principios Latinoamericanos de Derecho de Contratos (artículo 93, si bien con ciertas particularidades)[42]: El acreedor *tiene* que conceder un plazo adicional al deudor para que subsane su incumplimiento, so pena de soportar unas consecuencias negativas.

Además de estas dos maneras de configurar la oportunidad de subsanación del incumplimiento, se debe advertir que también en algunos casos se prevé de forma expresa hipótesis de que el acreedor *pueda* conceder *voluntariamente* un plazo adicional al deudor para que subsane su incumplimiento[43]. Sin embargo, esta hipótesis no es equiparable a la de la facultad, derecho u oportunidad del deudor de subsanar su incumplimiento, que se viene analizando. En efecto, en los dos modelos antes mencionados, al deudor, de una u otra manera, se le termina por reconocer esa oportunidad de subsanación *independientemente del consentimiento o de un acto voluntario del acreedor.*

Desde otra perspectiva, se debe tener en cuenta que algunas regulaciones tratan de manera independiente la denominada subsanación antes del vencimiento del plazo (subsanación anticipatoria)[44] y la subsanación posterior a la fecha de entrega, siguiendo el modelo de la CISG[45]. La primera hipótesis

---

41 "Si en un contrato con prestaciones correspectivas el deudor no ejecuta una prestación exigible o la ejecuta de un modo no conforme al contrato, el acreedor, después de haber fijado inútilmente al deudor un plazo razonable para la prestación [...], podrá resolver el contrato".

42 "[...] el acreedor debe otorgar un plazo adicional de duración razonable al deudor para que subsane su incumplimiento". En la reforma al Código Civil francés también fue acogido como presupuesto para poder ejercer ciertos mecanismos específicos como, por ejemplo, la resolución unilateral del contrato (art. 1226: "[...] Salvo urgencia, él [el acreedor] debe previamente requerir al deudor incumplido para que satisfaga su obligación en un plazo razonable" y para el resarcimiento de daños y perjuicios art. 1231: "A menos que el incumplimiento sea definitivo, los daños y perjuicios solo se deben si el deudor previamente fue requerido para cumplir en un plazo razonable".) Sobre esta carga del acreedor de conceder un "plazo razonable" para ejercer estos dos remedios, DESHAYES O. *et al. Réforme du droit des contrats. Du régimen général et de la preuve des obligations. Commentaire article par article*, París, Lexis Nexis, 2016, pp. 502 y ss.; pp. 517 y ss.

43 Art. 7.1.5 Principios Unidroit; art. 63 CISG.

44 Sobre la cual se remite a OVIEDO ALBÁN, J. "Subsanaciòn y plazo suplementario para cumplir en la compraventa internacional de mercaderías", cit., pp. 66 y ss.; CONTARDO, I. "El derecho del deudor a la subsanación o corrección del cumplimiento no conforme (*right to cure*)", cit., pp. 166 y ss.

45 Que, a su vez, siguió el modelo del UCC que distingue entre el derecho a subsanar cuando el plazo para la ejecución no ha expirado (section 2-508 (1)) y después de la expiración del plazo

hace referencia al caso en el que el deudor decide cumplir de forma anticipada, pero no conforme, sus obligaciones[46]. La pregunta que surge es qué efecto tiene ese cumplimiento no conforme, planteándose como solución pacífica la posibilidad de que el deudor proceda a subsanar su incumplimiento antes de que se venza el plazo y siempre condicionado a que ello no ocasione al acreedor inconvenientes ni gastos excesivos[47]. En cualquier caso, incluso en los instrumentos en los que no se trata de forma diferenciada la subsanación antes del vencimiento del plazo, se entiende que no existe ningún problema de entender que esta queda cobijada dentro de la regulación general de la subsanación del incumplimiento[48], a la que se hará referencia a continuación.

3.2 REQUISITOS

Para que la subsanación del incumplimiento surta los efectos deseados y según como haya sido regulado el mecanismo en los diferentes instrumentos, se deben reunir unos requisitos: un requisito formal (la notificación) y unos requisitos sustanciales.

(section 2-508(2)). Sobre esto, MAIER-LOHMANN, T. "Buyer's self-repair of non-conforming good versus seller's right to cure under Article 48 of the CISG", *Uniform Law Review*, vol. 24, 2019, pp. 61 y ss.; PACE T., *Il diritto del venditore di rimediare alla consegna di un bene non conforme nei rapporti tra parti commerciali: un'analisi comparativa del "right to cure" fra prassi, esperienze di diritto positivo e diritto internazionale materiale uniforme*, tesis de doctorado, 2018, pp. 130 y ss. (Disponible en http://paduaresearch.cab.unipd.it/11069/, consultado el 3 de enero de 2020). El artículo 37 de la CISG establece que "En otros instrumentos que no tratan de forma específica esta situación, la doctrina en todo caso reconoce que la hipótesis se encuentra cobijada". Así, en el caso de los Principios Unidroit, SHEELHAAS, H. "artículo 7.1.4", en Vogenauer, S. *et al.* (eds.), *Commentary on the Unidroit Principles of International Commercial Contracts (PICC)*, Oxford, Oxford University Press, 2009, pp. 748, quien además indica que esa hipótesis fue reconocida explícitamente en los trabajos preparatorios.

46 El artículo 37 de la CISG establece: "En caso de entrega anticipada, el vendedor podrá, hasta la fecha fijada para la entrega de las mercaderías, bien entregar la parte o cantidad que falte de las mercaderías, o entregar otras mercaderías en sustitución de las entregadas que no sean conformes, bien subsanar cualquier falta de conformidad de las mercaderías entregadas [...]".

47 Así, expresamente, la CISG, artículo 37. En un sentido similar el DCFR III-3:202(1). Los PECL hacen mención expresa de esa subsanación antes del plazo, aunque no le da una regulación diferenciada (artículo 8:104).

48 Así, para los principios Unidroit, SHEELHAAS, H. "Artículo 7.1.4", cit., p. 748, quien indica que esa hipótesis fue reconocida explícitamente en los trabajos preparatorios.

3.2.1. EL REQUISITO FORMAL: ¿ES NECESARIA LA NOTIFICACIÓN?

En primer lugar, dependiendo de la forma como se estructure la oportunidad de subsanación del incumplimiento, existirá o no la necesidad de notificación por parte del deudor. En efecto, si está configurada como una facultad del deudor, lo normal es que se le exija a este una comunicación o notificación dirigida al acreedor en el sentido de indicar claramente su intención de subsanar de manera oportuna y sin demora, con indicación de la forma concreta cómo y cuándo se llevará a cabo la subsanación[49]. Una vez más, se pide que esa notificación tenga un contenido razonable en aras de proteger el interés del acreedor y, en el caso de los Principios Unidroit, aquella se debe hacer sin demora injustificada[50]. Esta notificación al acreedor está expresamente prevista tanto en los principios Unidroit (art. 7.1.4 lit. a))[51], como en el Código Marco en materia de Obligaciones para AL (art. 66)[52].

Por el contrario, si la subsanación del incumplimiento se configura como una imposición al acreedor de conceder un plazo congruo o razonable, allí no tiene sentido esta notificación del deudor al acreedor, pues bastará que el deudor proceda a la subsanación de su incumplimiento dentro del plazo fijado por el acreedor. De hecho, si se observan las regulaciones que imponen al acreedor ese deber de conceder un plazo razonable, la consecuencia lógica es que es el acreedor quien debe notificar a su deudor de ese plazo (así como del incumplimiento). De esto es un ejemplo la regulación del derecho alemán (§ 323 – 1 BGB), en donde se advierte que, si en un contrato con prestaciones correlativas "el deudor no ejecuta una prestación exigible o la ejecuta de forma

---

49 Como señala PACE, T. *Il diritto del venditore di rimediare alla consegna di un bene non conforme nei rapporti tra parti commerciali*, cit., p. 161, en la práctica es normal que el acreedor insatisfecho le señale al deudor el incumplimiento, pues no necesariamente este estará siempre al corriente de esa situación. Por lo demás, así expresamente lo regula el DCFR, III – 3:202 (2): "If the debtor [...] promptly after being notified of the lack of conformity, offers to cure [...]".

50 En el mismo sentido, el DCFR, III – 3:202 (2): "If the debtor [...] promptly after being notified of the lack of conformity, offers to cure [...]". De otra parte, se debe tener en cuenta que no tiene efectos la notificación solo si es recibida por el acreedor. De esta manera se pone el riesgo de la transmisión en la parte que incumplió el contrato.

51 "a) notifique sin demora injustificada a la parte perjudicada la forma y el momento propuesto para la subsanación; [...]".

52 "[...] previa notificación al acreedor en la que indique la oportunidad o plazo en que subsanará el incumplimiento".

no conforme al contrato, el acreedor *después de haber fijado inútilmente al deudor un plazo razonable para la prestación o el cumplimiento posterior*, puede resolver el contrato" (cursiva fuera de texto). Siguiendo la misma lógica, en los PLDC también se establece que el "acreedor debe otorgar un plazo adicional de duración razonable al deudor para subsane su incumplimiento" (artículo 93).

Un caso particular se presenta en la CISG porque, a pesar de que en este instrumento la subsanación está configurada como una *facultad del deudor* (vendedor), el artículo 48 numeral 1.º no le exige expresamente que notifique al comprador sobre su intención de subsanar. Es importante tener en cuenta que la regulación del numeral 1.º del artículo 48 es diferente a la situación prevista en el numeral 2.º en donde se le da la opción al vendedor, para mayor seguridad, de que le haga formalmente la oferta de subsanación. En ese numeral 2.º se establece que si, ante esa oferta formal el comprador guarda silencio, entonces se le dará una cierta solidez a la posición del vendedor y este tendrá el derecho a subsanar en el plazo congruo que haya ofrecido[53]. Esta segunda situación no se confunde con la facultad simple que se le reconoce al vendedor en el numeral 1.º de "subsanar a su propia costa todo incumplimiento de sus obligaciones", por lo que, aun sin oferta o notificación, el vendedor conserva esa posibilidad, eso sí, corriendo el riesgo de la incertidumbre de la situación y de que si no lo hace "sin una demora excesiva y sin causar al comprador inconvenientes excesivos", el interés del acreedor pueda desaparecer y, por ende, pierda sentido la subsanación.

Sin embargo, en algunas ocasiones, al aplicar la CISG algunos tribunales han exigido el requisito de notificación[54]. Por ejemplo, el Tribunal Supremo Federal alemán así lo exigió recientemente en 2014, atendiendo al principio de buena fe[55]. De esta manera, si el vendedor no lo hace, perdería su derecho a la subsanación. De forma crítica, y no sin razón, se ha advertido que esta exigencia no está prevista en la CISG, a diferencia de lo que ocurre en otros instrumentos,

53 El texto completo es: "Si el vendedor pide al comprador que le haga saber si acepta el cumplimiento y el comprador no atiende la petición en un plazo razonable, el vendedor podrá cumplir sus obligaciones en el plazo indicado en su petición. El comprador no podrá, antes del vencimiento de ese plazo, ejercitar ningún derecho o acción incompatible con el cumplimiento por el vendedor de las obligaciones que le incumban".

54 Sobre lo que sigue, Maier-Lohmann, T. "Buyer's self-repair of non-conforming good versus seller's right to cure under Article 48 of the CISG", cit., p. 70.

55 *Ibidem.*

por lo que integrarlo a partir de otros instrumentos internacionales podría violar el mandato de la interpretación autónoma y uniforme de la Convención[56].

En cualquier caso, se puede observar que la exigencia de notificación del deudor al acreedor, cuando ella resulta lógica atendiendo a la estructura de la oportunidad de subsanación, es una carga que se le impone para salvaguardar el interés del acreedor al darle seguridad sobre la intención, el modo y la pertinencia de la subsanación, pero también protege al deudor al darle seguridad de que, habiendo hecho la notificación debida, podrá hacer uso de su oportunidad de subsanación siempre que esta cumpla con los requisitos sustanciales[57].

3.2.2. REQUISITOS SUSTANCIALES

Desde el punto de vista sustancial, para que surta los efectos buscados, como regla general se exige que la subsanación sea apropiada a las circunstancias y que se lleve a cabo sin demora[58]. Esto se puede ver reflejado en situaciones como la naturaleza del plazo (si es esencial o no), o en si las condiciones en las que el deudor incumplido ofrece la subsanación resultan razonables o no, si se puede esperar que lleven a corregir efectivamente el incumplimiento o si la espera que resulta necesaria para la subsanación conducirían a que el incumplimiento fuera esencial[59]. Así, por ejemplo, si bien el deudor conserva la elección entre reparación o sustitución del objeto del contrato para subsanar el incumplimiento, su elección debe ser razonable y satisfacer plenamente el interés del acreedor, de lo contrario no se podría considerar apropiada. Es por esto que, en los comentarios a la disposición pertinente, en los principios Unidroit se advierte que "la reparación del incumplimiento es idónea como subsanación sólo cuando no deja huellas del incumplimiento previo y no amenaza con menoscabar el valor o calidad del producto en su conjunto"[60].

---

56 *Ibidem*, p. 71.

57 Aunque el argumento de la seguridad jurídica también aplica en la exigencia de la notificación del incumplimiento del acreedor al deudor junto con la fijación de un plazo 'razonable' para la subsanación, tal y como lo indica MAK, V. *Performance-Oriented Remedies in European Sale of Goods Law*, cit., p. 174. Así, el deudor sabrá hasta qué momento podría subsanar su incumplimiento.

58 Así, en la CISG (artículo 48 numeral 1°), en los Principios Unidroit (artículo 7.1.4, numeral 1.°, literales a) y b)); en el DCFR (artículos III-3:202 y 3:203).

59 SHEELHAAS, H. "Artículo 7.1.4", cit., p. 749.

60 Principios Unidroit 2016. Comentario 6 al artículo 7.1.4.

En resumen, estos requisitos sustanciales encuentran su justificación en la salvaguardia del interés del acreedor y encuentran su proyección en los límites que se le imponen a este mecanismo, como se podrá apreciar a continuación.

3.3. LÍMITES A LA SUBSANACIÓN

En vista de que detrás de la oportunidad de subsanación se encuentra la tensión ya mencionada entre la posición del deudor y la del acreedor, en las diferentes regulaciones de este mecanismo se establecen una serie de límites o situaciones en las que la subsanación no resulta procedente y que son una proyección de los requisitos sustanciales apenas mencionados. Mientras que en algunos instrumentos que regulan la figura los límites se desprenden de las exigencias mismas para que la subsanación surta efectos[61], en otros se señalan de forma más detallada[62], pero el principio es el mismo: la subsanación no tendrá cabida si, permitiéndola, el interés del acreedor se vería defraudado. La doctrina ha condensado esos límites en algunas reglas generales que se desprenden de los diferentes instrumentos y que excluirían una oportunidad de subsanación[63]:

– La demora injustificada o excesiva (artículo 48 num. 1.° CISG, 7.1.4, lit. d) de los Principios Unidroit; III-3: 203 lit. a) DCFR).

– La molestia o inconvenientes excesivos para el acreedor (artículo 48 num. 1.° CISG; 7.1.4, lit. c) de los Principios Unidroit[64]).

---

61 Así, por ejemplo, en la CISG (artículo 48 num. 1.°) se encuentra que no procede una subsanación, o mejor, la subsanación no tendría efectos, si implica una demora excesiva o si la misma le implica inconvenientes excesivos al comprador o incertidumbre respecto del reembolso de los gastos anticipados por el comprador.

62 En los principios Unidroit (artículo 7.1.4, literal c)) se señala que solo procede la subsanación cuando "la parte perjudicada careza de interés para rechazarla". En otras regulaciones como el DCFR o la Propuesta de reglamento sobre una normativa común de la compraventa (CESL por sus siglas en inglés) del 2011, se establecen una serie de hipótesis concretas en las que el acreedor puede rechazar la subsanación.

63 CONTARDO, I. "El derecho del deudor a la subsanación o corrección del cumplimiento no conforme (*right to cure*)", cit., pp. 179 y s.; desde el análisis de la Propuesta de reglamento sobre una normativa común de la compraventa (CESL por sus siglas en inglés) del 2011, ver SÁNCHEZ GONZÁLEZ, M. P. "Remedios del comprador", en Vaquer Aloy, A. Á. (ed.), *El derecho común europeo de la compraventa y la modernización del derecho de contratos*, Barcelona, Atelier, 2015, pp. 500 y ss.; y desde la perspectiva de la CISG, ver MAK, V. *Performance-Oriented Remedies in European Sale of Goods Law*, cit., pp. 192 y ss.

64 La formulación de los principios Unidroit es amplia, como ya se indicó, pero tanto el comentario

– Si el plazo dentro del cual debía cumplir las obligaciones era un plazo esencial (BGB § 323, (2) 2)[65].

– Si el acreedor tiene "razones fundadas para desconfiar del futuro cumplimiento" por parte de su deudor, o tiene razones para creer que su deudor actuó contra la buena fe, por ejemplo, por haber sabido que estaba cumpliendo de forma inexacta (artículo III-3: 203 lits. b) y c) DCFR; BGB § 323, (2) 1 y 3).

– En general, cuando la subsanación no sea apropiada conforme a las circunstancias (artículo 7.1.4, num. 1, lit. b) Principios Unidroit; III-3: 203 lit. d) DCFR; BGB § 323, (2) 3).

De presentarse cualquiera de estas circunstancias, el acreedor no estará obligado a esperar la subsanación del incumplimiento por parte de su deudor y, por ende, podrá recurrir a cualquiera de los mecanismos que le sean reconocidos para poder proteger su interés frente al incumplimiento.

3.4. RELACIÓN CON LOS DEMÁS MECANISMOS DE PROTECCIÓN FRENTE AL INCUMPLIMIENTO

Si la subsanación del incumplimiento resulta procedente de acuerdo con los aspectos apenas señalados, la principal consecuencia de este mecanismo, además de permitir la conservación del contrato mediante el cumplimiento de la obligación como fue originalmente pactada, es la de interferir en el sistema de 'remedios' a favor del acreedor, pudiendo llegar a suspender algunos de ellos, lo cual es reflejo de la búsqueda de equilibrio entre interés del deudor e interés del acreedor. Como se mencionó al inicio del escrito, por eso la subsanación del incumplimiento ha sido considerada como uno de los dispositivos o mecanismos para la gestión razonable de los efectos del incumplimiento.

---

oficial como la doctrina reconocen que, dentro del "interés legítimo para rechazar" la subsanación por parte del acreedor, se encuentra que esa subsanación le pueda causar inconvenientes irrazonables. Así, SHEELHAAS, H., "artículo 7.1.4", cit., p. 750.

65 Se advierte en esa norma que el acreedor no tiene la obligación de fijar el plazo razonable para la subsanación del incumplimiento si "el deudor no ejecuta la prestación en la fecha prevista en el contrato e en un plazo determinado y el acreedor en el contrato vinculó la permanencia de su propio interés en la prestación a la oportunidad de la prestación". Respecto de la CESL, SÁNCHEZ GONZÁLEZ, M. P. "Remedios del comprador", cit., pp. 501, señala cómo la previsión del artículo 109, num. 4, lit. c) de dicho cuerpo normativo, al contemplar la hipótesis de que el retraso en el cumplimiento suponga un incumplimiento esencial que legitima el rechazo de la oferta de subsanación, "nos sitúa ante una obligación con término esencial".

3.4.1. MECANISMOS CUYO EJERCICIO NO SE VE PARALIZADO POR LA OPORTUNIDAD DE SUBSANACIÓN

En primer lugar, existen unos remedios del acreedor cuyo ejercicio no se ve paralizado ante la configuración del derecho a la subsanación del incumplimiento. En general se hace referencia a los remedios que no sean incompatibles con la subsanación (CISG, art. 48, num. 2.º; PLDC, art. 93, num. 2.º) en cuanto su ejercicio no afecta el equilibrio buscado entre los intereses contrapuestos: por una parte, como es apenas obvio el acreedor al que le fue incumplido puede suspender su propia prestación, mientras esté pendiente la subsanación (así expresamente el art. 7.1.4 (4) Principios Unidroit). Por otra parte, es constante la indicación de que la indemnización de perjuicios conserva su autonomía (CISG art. 48 num. 1.º; Principios Unidroit art. 7.1.4 num. 5; PLDC, art. 93, num. 2º)[66]. En todo caso, la indemnización sí se ve afectada o limitada en cuanto al monto a indemnizar, pues obviamente, aunque se conserva el derecho a reclamar el resarcimiento, este queda limitado a los daños ocasionados por el retraso y cualquier daño que no haya podido ser evitado por la subsanación[67].

3.4.2. LA REDUCCIÓN DEL PRECIO

La reducción del precio es un remedio propio del cumplimiento defectuoso que busca reequilibrar el sinalagma funcional y conservar el contrato[68]. Acá nuevamente encontramos varias soluciones. Por una parte, en la CISG (artículo 50)[69] y en el CMOAL (artículo 66)[70] la reducción del precio está subordinada a la oportunidad de subsanación del incumplimiento sin importar que este

66 Extrañamente el Código Marco en materia de obligaciones para América Latina parece no contemplar esta situación.

67 VIDAL OLIVARES, Á. "El derecho a subsanar el incumplimiento como límite a la autonomía de la indemnización en derecho de contratos", cit., pp. 541 y ss.; OVIEDO ALBÁN, J. "Subsanaciòn y plazo suplementario para cumplir en la compraventa internacional de mercaderías", cit., p. 79.

68 Sobre este remedio ver, por todos, FERRANTE A. *La reducción del precio en la compraventa*, Pamplona, Aranzadi, 2012.

69 "[...] el comprador no podrá rebajar el precio si el vendedor subsana cualquier incumplimiento de sus obligaciones conforme al artículo 37 o al artículo 48 [...]".

70 "Previamente al ejercicio de los medios de tutela contemplados en el artículo 65 [...]" y dentro de esos medios de tutela en el numeral 3.º se encuentra la reducción del precio.

sea esencial o no. Por esta razón, el acreedor no puede solicitar esa reducción mientras sea procedente la subsanación del incumplimiento por parte del deudor, al punto de que, si el acreedor rechaza o no admite la subsanación, perdería su derecho a ejercer dicho remedio[71].

Por otra parte, entre los instrumentos que regulan ambos mecanismos (subsanación del incumplimiento y reducción del precio) en los PLDC en caso de incumplimiento esencial, al no tener el acreedor que conceder un plazo adicional para subsanar el incumplimiento (artículo 93), parecería tener a su disposición también la reducción de precio. En otras palabras, frente al incumplimiento esencial, que excluye de tajo la oportunidad de subsanación por parte del deudor, el acreedor podría ejercer directamente la reducción del precio.

3.4.3. LA (CONFLICTIVA) RELACIÓN ENTRE LA SUBSANACIÓN Y LA RESOLUCIÓN

Debido a que la resolución es el mecanismo con efectos más intensos sobre el contrato, y por ende el que posiblemente mayores costos puede ocasionar, su ejercicio ha sido sometido a ciertas restricciones[72]. Además del interés de acreedor y deudor, se toma también en consideración la búsqueda de conservar, en lo posible, la operación económica y reducir los costos de su eliminación. Es por ello que, en general, se reconoce como presupuesto de la resolución la configuración del denominado incumplimiento esencial[73]. La misma oportunidad de subsanación del incumplimiento ha sido considerada un dispositivo

---

71 El artículo 50 de la CISG es claro: "Sin embargo, el comprador no podrá rebajar el precio [...] si el comprador se niega a aceptar el cumplimiento por el vendedor conforme a esos artículos". Al respecto, MAIER-LOHMANN, T. "Buyer's self-repair of non-conforming good versus seller's right to cure under Article 48 of the CISG", cit., p. 69.

72 Al respecto ver, por todos, HUBER, P. "CISG-The Structure of Remedies", cit., pp. 19 y ss.

73 Sobre el incumplimiento esencial ver MÜLLER-CHEN, M., en Schlechtriem/Schwenzer, *Kommentar zum einheitliche UN-Kaufrecht (CISG)*, 5.ª ed., 2008, art. 45, 628, n.° 15; MAGNUS, U. *Wiener UN-Kaufrecht (CISG). Staudinger Kommentar*, Berlín, Sellier-De Gruyter, 2005, art. 48, 509, n.° 29 y ss. HUBER, P. "Remedies of the Buyer", en Huber, P. y Mullis, A. (dirs.), *The CISG: A new Textbook for Students and Practitioners*, Munich, Sellier European Law Publishers, 2007, p. 213, indica cómo la definición general de la figura sigue siendo necesariamente vaga debido a la heterogeneidad de las figuras que cubre. Por tal motivo, la aproximación al concepto debe ser casuística, distinguiendo entre diferentes escenarios típicos. En Colombia, ver GARCÍA VÁSQUEZ, D. *Condición resolutoria tácita y responsabilidad del deudor*, cit., pp. 141 y ss.

para moderar el recurso a la resolución del contrato[74]. Sin embargo, no en todos los instrumentos resulta cristalina esa jerarquía entre subsanación y resolución, por lo que son dos las soluciones que se pueden encontrar[75]:

a) En algunos instrumentos la resolución está siempre subordinada a la posibilidad de subsanación del incumplimiento (aunque se esté frente a un incumplimiento esencial). Por lo tanto, se considera que también un incumplimiento esencial puede ser subsanado, siempre que se reúnan las condiciones de ejercicio de la oportunidad de saneamiento ya señaladas. Esta es la solución acogida por los principios Unidroit (artículo 7.1.4, num. 2°) y por el Código Marco en materia de obligaciones para América Latina (artículo 63). Incluso como se señala expresamente en los Principios Unidroit, aunque se haya notificado por parte del acreedor la resolución del contrato, esto no excluye el derecho a subsanar el incumplimiento (artículo 7.1.4 numeral 2).

b) En otros casos se ha establecido que, siempre que proceda la resolución (en cuanto el incumplimiento es esencial), la oportunidad de subsanación por parte de la parte incumplida estará subordinada al ejercicio de ese remedio. Por lo tanto, el incumplimiento esencial se considera suficiente por sí mismo para descartar la oportunidad de subsanación y en ningún caso se puede coartar o limitar al acreedor el recurso a la resolución. Esta es la solución adoptada sin ambigüedades por los PLDC[76] y también aparentemente acogida por la CISG. Sin embargo, la relación entre resolución y subsanación en la Convención es muy debatida e ilustrativa de las tensiones que genera, por lo que amerita algunas observaciones adicionales.

---

74 HUBER, P. "CISG-The Structure of Remedies", cit., p. 31.

75 YOVEL, J. "The Seller's Right to Cure a Failure to Perform: An analytical Comparison of the Respective Provisions of the CISG and the PECL", *Nordic Journal of Commercial Law*, 1, 2005, p. 6 (disponible en https://papers.ssrn.com/sol3/papers.cfm?abstract_id=906604, consultado por última vez el 2 de febrero de 2020), identifica otro modelo que denomina "independiente" conforme al cual "cualquiera de los mecanismos que sea invocado primero, sea el derecho a la subsanación o la resolución, tiene efectos, dejando sin efectos al otro, pero no existen una jerarquía fijada de antemano".

76 De hecho, en los PLDC la limitación resulta aún más intensa y en cierta medida extraña pues de plano se excluye la posibilidad de subsanación si se está en presencia de un incumplimiento esencial (art. 93). El hecho de que en este caso el acreedor no deba otorgar el plazo adicional, implica que de ninguna manera una propuesta de subsanación por el deudor podrá paralizar ninguno de los remedios a disposición del acreedor, no la resolución, pero tampoco, por ejemplo, la reducción del precio, como ya se indicó.

En la CISG el incumplimiento esencial da lugar a la resolución del contrato y el derecho del acreedor a la resolución parece prevalecer en todo caso sobre el derecho a subsanar que tendría el vendedor. Así se desprendería de lo dispuesto en el artículo 48, num. 1.º, en donde se advierte que, si bien el vendedor puede subsanar "todo incumplimiento", esto es, "sin perjuicio de lo dispuesto en el artículo 49". En el artículo 49 se regulan los casos en los que el comprador puede declarar el resuelto el contrato, en especial, cuando el incumplimiento es esencial[77]. La redacción de los dos artículos, se ha afirmado, lleva a un potencial círculo vicioso: "no hay derecho a corregir si el incumplimiento es esencial, pero no hay incumplimiento esencial si el defecto se puede corregir"[78].

En efecto, se pregunta en qué medida si el vendedor puede corregir su incumplimiento se pueda hablar de un incumplimiento esencial que es presupuesto para poder activar el remedio de la resolución[79]. En la discusión sobre si debe prevalecer el derecho a la subsanación o la resolución se han presentado argumentos de parte y parte. En favor de la prevalencia del derecho a la subsanación del artículo 48 se ha esgrimido el principio de la buena fe que exige que el vendedor pueda tener una oportunidad para corregir su incumplimiento si esto no afecta su interés; el argumento a favor de la prioridad de la resolución es que el comprador debe estar legitimado para resolver el contrato cuando hay un incumplimiento grave; sin embargo, una sola solución para casos concretos tan diversos será siempre problemática[80].

---

77 La técnica del incumplimiento esencial es definida en el art. 25 de la CISG de la siguiente manera: "El incumplimiento del contrato por una de las partes será esencial cuando cause a la otra parte un perjuicio tal que la prive sustancialmente de lo que tenía derecho a esperar en virtud del contrato, salvo que la parte que haya incumplido no hubiera previsto tal resultado y que una persona razonable de la misma condición no lo hubiera previsto en igual situación".

78 MAGNUS, U. en The Draft Uncitral *Digest and Beyond: Cases, Analysis and Unresolved Issues in the UN Sales Convention*, CILE Studies, Pittsburg, Thompson/West, 2005, p. 323.

79 *Ibid.*

80 ULRICH MAGNUS, *Wiener UN-Kaufrecht (CISG). Staudinger Kommentar*, Berlín, Sellier-De Gruyter, 2005, art. 48, 509, n.° 29 y s.; *id.*, (nt. 64), 331. HUBER, P. "CISG-The Structure of Remedies", cit., p. 23, sugiere cuatro criterios que deben ser tomados en cuenta para determinar si un determinado incumplimiento es esencial: 1) las condiciones cuyo incumplimiento las partes hayan determinado en el contrato como esencial; 2) la gravedad del incumplimiento; 3) la posibilidad de que el vendedor corrija su cumplimiento; 4) el criterio del uso razonable de las mercancías no conformes.

Buena parte de la doctrina ha defendido una interpretación ponderada de la reserva, en el sentido que el peso objetivo de la no conformidad no es el único factor que determina el carácter esencial del incumplimiento, sino que hay otros factores que se deben sopesar, entre ellos, la posibilidad de que el vendedor pueda subsanar el defecto sin demora o inconvenientes irrazonables para el comprador, lo que se deberá determinar en el caso concreto[81]. Así, por medio de esta interpretación se llega indirectamente a la conclusión de que, por regla general, en la medida en que existan los presupuestos del art. 48 I (esto es, la posibilidad de la corrección del incumplimiento del vendedor en las condiciones ya mencionadas), no existirían los presupuestos para configurar un incumplimiento esencial que es requisito indispensable para poder pedir la resolución del contrato[82].

3.5. ¿PUEDE EL ACREEDOR SUBSANAR EL CUMPLIMIENTO DEFECTUOSO?

Una última cuestión problemática que merece ser mencionada es la de si el acreedor, ante un cumplimiento defectuoso por parte de su deudor, puede proceder a subsanar por su cuenta, sin consideración del derecho a subsanar que se le reconoce al deudor. Por diversos motivos, el acreedor víctima del incumplimiento puede decidir corregir él mismo un cumplimiento defectuoso. El problema es que ese acto del acreedor terminaría anulando el derecho del deudor a subsanar ese incumplimiento.

Ninguno de los cuerpos normativos que regulan el derecho/oportunidad de subsanación del incumplimiento contemplan expresamente esta hipótesis, la cual ha sido especialmente tratada por la doctrina alemana a partir de algunos

81 Para un resumen de las posiciones, ver Müller-Chen, M., en Schlechtriem/Schwenzer, *Kommentar zum einheitliche UN-Kaufrecht (CISG)*, cit., art. 48 668, n.° 15; Magnus, U. *Wiener UN-Kaufrecht (CISG). Staudinger Kommentar*, cit., art. 48, 509, n.° 29 y s. Álvarez Contreras, J. M. *Los remedios por incumplimiento en la contratación internacional*, Bogotá, Universidad Externado de Colombia, 2016, pp.195 y ss. Yovel, J. "The Seller's Right to Cure a Failure to Perform", cit., p. 9, sugiere que el derecho a la subsanación del incumplimiento debería proceder incluso en el caso de un incumplimiento esencial, pero en todo caso sujeto a que el comprador decida hacer uso de su derecho a resolver el contrato.

82 Müller-Chen, M., en Schlechtriem/Schwenzer, *Kommentar zum einheitliche UN-Kaufrecht (CISG)*, cit., art.48, 669, n.° 18. En el mismo sentido, Schwenzer, I. "Avoidance of the Contract in Case of Non-conforming Goods (art.49 I, a CISG)", disponible en la página de la Uncitral, http://www.uncitral.org/pdf/english/CISG25/Schwenzer.pdf (consultado el 10.03.09).

casos decididos en materia de compraventa por el Tribunal supremo federal[83], así como la doctrina sobre la CISG[84]. En general, son dos las posiciones que se han defendido ante la situación en la que el acreedor decida subsanar el cumplimiento defectuoso, sin respetarle al deudor la oportunidad de corregirlo:

a) Al anular el derecho/oportunidad de subsanación en cabeza del deudor, el acreedor perdería el derecho a reclamar algo al deudor, incluso un reembolso de los gastos en los que hubiere podido incurrir el mismo deudor, de haber podido subsanar el incumplimiento. Esta es la posición que se ha sostenido en algunas decisiones del Tribunal Supremo Alemán[85], y se puede sintetizar en una solución de *todo o nada.*

b) El acreedor que decida subsanar por su cuenta el incumplimiento tiene derecho a que se le reembolsen los gastos en los que incurrió, así como a la indemnización de los daños y perjuicios que no hubieran podido ser evitados mediante la subsanación. En este caso, se trataría de que el comportamiento del acreedor sería un factor determinante en la *mitigación del daño* por él sufrido[86].

De acuerdo con los defensores de la primera solución, esta se desprendería lógicamente de los modelos en los que se establece una jerarquía, subordinando otros remedios (entre ellos, la resolución del contrato) al derecho a la subsanación[87]. Permitir que el acreedor proceda a corregir el incumplimiento, sin consideración del derecho concedido al deudor, conduciría a negarle la posibilidad de la corrección del incumplimiento que es presupuesto para

---

83 Al respecto, se reenvía al análisis realizado en RODRÍGUEZ OLMOS, J. M. "La oportunidad de saneamiento del incumplimiento del vendedor en el régimen de vicios materiales", cit., pp. 119 y ss.; HUBER, P. y ALTENKIRCH, M. "Buyer's Right to Cure?", *European Review of Contract Law*, 4, 2008, pp. 540 y ss.

84 Por todos, MAIER-LOHMANN, T. "Buyer's self-repair of non-conforming good versus seller's right to cure under Article 48 of the CISG", cit., pp. 59 y ss.

85 RODRÍGUEZ OLMOS, J. M. "La oportunidad de saneamiento del incumplimiento del vendedor en el régimen de vicios materiales", cit., pp. 119 y ss.; MAIER-LOHMANN, T. "Buyer's self-repair of non-conforming good versus seller's right to cure under Article 48 of the CISG", cit., p. 61.

86 *Ibidem*, pp. 64 y ss.

87 Sobre los argumentos sostenidos en el Tribunal Federal Supremo, se reenvía a las consideraciones hechas en RODRÍGUEZ OLMOS, J. M. "La oportunidad de saneamiento del incumplimiento del vendedor en el régimen de vicios materiales", cit., pp. 114 y ss. Sobre la interpretación que hace la doctrina de la CISG y la aplicación de algunos tribunales de la misma, negando el reembolso de gastos al comprador que decide subsanar el incumplimiento, ver MAIER-LOHMANN, T. "Buyer's self-repair of non-conforming good versus seller's right to cure under Article 48 of the CISG", cit., pp. 60 y ss.

poder activar eventualmente las pretensiones "secundarias" del acreedor[88]. Esto solo se podría admitir en casos excepcionales[89].

Sin embargo, los críticos de esta posición señalan, no sin razón, que, de esta manera, se termina por castigar al comprador/acreedor, ya que este terminaría asumiendo gastos que normalmente le corresponden al vendedor/deudor y, al mismo tiempo, gracias a un 'golpe de suerte'[90] terminaría siendo tratado como si hubiera cumplido el contrato de forma exacta[91]. En última instancia, se estaría en presencia de un "elemento punitivo" en cuanto la protección de la parte que incumple se lograría a expensas de la parte que sufre el incumplimiento[92]. Por el contrario, parecería que la solución alternativa, que

---

88 Rodríguez Olmos, J. M. "La oportunidad de saneamiento del incumplimiento del vendedor en el régimen de vicios materiales", cit., p. 120. Además, como ha señalado la jurisprudencia alemana (Tribunal Federal Alemán (BGH), 23 de febrero de 2005, en *NJW*, 19, 2005, pp. 1348 y ss., luego confirmada en sentencia del 7.12.2005 en *NJW*, 14, 2006, pp. 988 y ss.) en relación con el "derecho del vendedor a subsanar", este no solo le permite a este último verificar la proporcionalidad de los costos implicados, sino que también le permite verificar si el defecto en realidad existe, si existía al momento de la transmisión del riesgo al comprador, cuáles fueron las causas del defecto y cómo y en qué medida es posible repararlo y, en caso necesario, asegurar las pruebas pertinentes. Por ende, no sería posible afirmar que la subsanación del defecto por parte del comprador no conlleva ninguna desventaja para el vendedor, pues por el contrario lesionaría su derecho de defensa.

89 En Alemania, el mismo Tribunal Supremo Federal (sentencia del 22.06.2005, en *NJW*, 44, 2005, p. 3211 y ss.) ha establecido que en ciertos casos excepcionales es posible que el comprador proceda a subsanar el vicio y solicitar luego el reembolso de las expensas, apoyándose en la previsión del § 281 II del BGB ("La fijación de un plazo es innecesaria [...] si concurren circunstancias especiales que, ponderando los intereses de ambas partes, justifican ejercitar de manera inmediata la pretensión de resarcimiento del daño"). En este caso, el comprador de un cachorro de perro se vio urgido a acudir al veterinario (varias veces) para que le prestara atención al animal. El Tribunal estimó que cuando concurren situaciones de urgencia como en este caso no resulta razonable acudir al vendedor para exigirle la subsanación del incumplimiento. Por el contrario, se negó esta posibilidad (sentencia del 7.12.2005, en *NJW*, 14, 2006, pp. 988 y ss.) también en el caso de un animal, un caballo de silla, que luego de la entrega presentó una inflamación en los ojos. En esta ocasión consideró el Tribunal que era razonable exigir al vendedor la subsanación del incumplimiento y, por ende, la concesión de un plazo para ello.

90 Jürgen, O. Comentario a la sentencia del Tribunal Federal Alemán del 23.02.2005, en *LMK*, 6, 2005, p. 81.; Huber, P., cit. p. 543; Maier-Lohmann, T. "Buyer's self-repair of non-conforming good versus seller's right to cure under Article 48 of the CISG", cit., p. 65, habla de la configuración de un "elemento punitivo" en cuanto la protección de la parte que incumple se logra a expensas de la parte que sufre el incumplimiento.

91 Huber, P. y Altenkirch, M. "Buyer's Right to Cure?", cit., p. 543.

92 Maier-Lohmann, T. "Buyer's self-repair of non-conforming good versus seller's right to cure

permite el reembolso de los gastos en los que en todo caso habría incurrido el deudor de haber procedido a subsanar su incumplimiento, resultaría mucho más equilibrada, habida cuenta de los intereses en juego. Por una parte, se respetaría el derecho del acreedor al resarcimiento de los daños derivados del incumplimiento; por la otra, el deudor vería protegida su posición en cuanto el acreedor seguiría teniendo la carga de la prueba del incumplimiento[93] y, adicionalmente, el alcance del reembolso de los gastos derivados de la subsanación se vería limitado a los gastos en que el deudor habría incurrido, de haber subsanado él su incumplimiento. En efecto, se ha señalado cómo, en el caso del cumplimiento inexacto, normalmente el vendedor es quien podrá subsanarlo a menor costo, por lo que, si el comprador decide subsanar por su cuenta incurriendo en mayores costos, entonces esto deberá ser tenido en cuenta en el momento de calcular los eventuales perjuicios[94]. Adicionalmente, con razón se subraya que esta protección del vendedor/deudor es necesaria, porque, por lo general, los bienes ya estarán en manos del comprador y el vendedor quedaría a la voluntad o arbitrio de aquel para subsanar su incumplimiento. En esta interpretación, en última instancia, la protección del vendedor/deudor no se extendería hasta permitirle que efectivamente realice la subsanación, sino que opera como un *mecanismo para limitar su responsabilidad en relación con el costo de la subsanación*[95].

Nuevamente en esta situación se ve reflejado con claridad el necesario y delicado balance de intereses que se debe tratar de conservar incluso en la patología del incumplimiento. La tensión entre el interés legítimo del acreedor

---

under Article 48 of the CISG", cit., p. 65. La situación viene a complicarse ulteriormente debido a una decisión posterior del 2008 en la cual el Tribunal Federal Supremo Alemán determinó que el comprador puede resultar obligado al resarcimiento de los daños que haya sufrido el vendedor al reparar un vicio que se demuestra posteriormente que no era tal, cuando la causa del defecto se encuentre dentro de la esfera de responsabilidad del comprador, sabiéndolo este último, o desconociéndolo por una falta de diligencia (Tribunal Federal Alemán (BGH), 23 de enero de 2008, en *NJW*, 16, 2008). Sobre esta decisión se renvía al análisis en RODRÍGUEZ OLMOS, J. M. "La oportunidad de saneamiento del incumplimiento del vendedor en el régimen de vicios materiales", cit., pp. 122 y ss.

93 Para la discusión de este argumento en el Derecho alemán, ver LORENZ, S. "Voreilige Selbstvornahme der Nacherfüllung im Kaufrecht: Der BGH hat gesprochen und nichts ist geklärt", *NJW*, 19, 2005, pp. 1321 y ss.

94 MAIER-LOHMANN, T. "Buyer's self-repair of non-conforming good versus seller's right to cure under Article 48 of the CISG", cit., p. 66.

95 *Ibidem*.

a obtener lo que pactó en el contrato, y la del deudor de cumplir para liberarse, se ve incrementada por el incumplimiento este último, lo cual, sin embargo, no debería llevar automáticamente a desechar cualquier consideración de la posición del deudor incumplido, pues la configuración de intereses involucrada en el contrato debería tratar de conservarse, si eso es razonable, y sin perjuicio de que el acreedor pueda ver resarcidos los daños que no pudieron ser absorbidos o evitados mediante la subsanación.

4. LA VIABILIDAD DEL DERECHO A LA SUBSANACIÓN DEL INCUMPLIMIENTO EN EL ORDENAMIENTO JURÍDICO COLOMBIANO

4.1. EL FUNDAMENTO DEL DERECHO A LA SUBSANACIÓN: EL PRINCIPIO DE BUENA FE Y LA PROHIBICIÓN DE ABUSO DEL DERECHO

Como se mencionó en la introducción, el ordenamiento jurídico colombiano no establece de forma expresa y general un derecho del deudor a subsanar su incumplimiento[96], al menos tal y como ha sido estructurado en los instrumentos normativos que sirvieron de base para el análisis que se ha llevado a cabo en este escrito[97]. Frente a un incumplimiento, el acreedor puede solicitar el cumplimiento *in natura* o solicitar el equivalente pecuniario, en cualquier caso, junto a la indemnización de los perjuicios, a lo cual se agrega la resolución en el caso de los contratos bilaterales (artículo 1546 Código Civil col.)[98]. Por otra parte, en la regulación de ciertos contratos especiales se prevén otros mecanismos para hacer frente al incumplimiento, en particular, los previstos

---

96 Quizá una figura que guarde cierta similitud con la estructura del derecho a la subsanación es la prevista en el artículo 1937 del C.C.Col., que permite al comprador pagar el precio dentro de las veinticuatro horas subsiguientes a la notificación judicial de la demanda, si quiere hacer subsistir el contrato. Por otra parte, la configuración de la garantía legal prevista en la ley 1480 de 2011 termina indirectamente reconociendo un derecho a la subsanación, debido a la jerarquía de remedios establecida (primero reparación si esta es viable, solo en caso de que la reparación falle se le reconoce al consumidor la alternativa entre nueva reparación, sustitución, devolución tota o parcial del precio, cambio total o parcial del bien por otro de la misma especie).

97 Ver *supra* parte 3.

98 Hinestrosa, F. "Notas responsabilidad por incumplimiento de las obligaciones", cit., p. 7.

en materia de vicios en la compraventa y en el arrendamiento[99]. Para completar el cuadro, en el denominado Estatuto del Consumidor (Ley 1480 de 2011) se regula el tema de la garantía legal que incide directamente en los remedios de los que goza el consumidor/acreedor ante incumplimiento por la no conformidad de los productos (artículo 7.°). Se presenta un sistema fragmentado, no siempre coherente, que está en mora de una modernización[100].

En este escenario, basta que el deudor esté en mora[101] para que el acreedor tenga a su disposición el abanico de remedios para hacer frente a la situación derivada del incumplimiento. Sin embargo, la jurisprudencia ha ido reconociendo elementos que, a pesar de no ser explícitos, están enderezados a gestionar de forma razonable los mecanismos de protección frente al incumplimiento. En particular, esto es lo que ha sucedido con la exigencia de que el incumplimiento sea grave para que pueda recurrirse a la resolución del contrato[102].

Siguiendo esta misma lógica, nada se opone a que se pueda reconocer un derecho a la subsanación del incumplimiento por parte del deudor en el

---

99 Artículos 1893 y ss. del C.C.Col.; 934 y ss. del C.Co.Col.; en materia de arrendamiento, artículos 1990 y ss. del C.C.Col.

100 Olivares Vidal, A. y Oviedo Albán, J. "Protección del comprador por defectos materiales en la cosa vendida. Desde la fragmentación a un régimen unitario", *Vniversitas*, n.° 136, 2018. Rodríguez Olmos, J. M. "Medios de tutela del consumidor ante la falta de conformidad en la compraventa en Colombia: Dispersión normativa e interpretación sistemática", cit., pp. 398 y ss.

101 Como lo indica Hinestrosa, F. "Notas sobre la responsabilidad por incumplimiento de las obligaciones", cit., p. 13, "Las obligaciones positivas [...] suelen contener un día *ad quem*, un término para que sean ejecutadas, dispuesto en el negocio jurídico, en la ley o en la sentencia: día cierto, determinado o indeterminado, o resultar sometidas a un plazo o debiendo ejecutarse en determinada época o antes de tal o cual tiempo, según la naturaleza de la prestación y el interés de ambas partes (art. 1551 c.c.), y así, no solamente resultan exigibles una vez transcurrido ese tiempo o pasada la oportunidad dentro de la cual debió darse el cumplimiento sin que se haya producido, sino que el deudor se coloca en mora por esa sola circunstancia (*dies interpellat pro homine*: art. 1610 [1 y 2] c.c.)".
"Excepcionalmente el solo transcurso del tiempo señalado para el cumplimiento no basta para la constitución del deudor en mora: si la obligación es exigible inmediatamente, o es condicional, o cuando la ley así lo estatuye, la mora presupone requerimiento judicial (intimación)...".

102 García Vásquez y Sanabria, A. "La resolución en el derecho colombiano", en aa. vv., *La terminación del contrato*, Bogotá, Universidad del Rosario, 2007, p. 157. Hinestrosa, F. *Tratado de las obligaciones II. De las fuentes de las obligaciones: el negocio jurídico*, vol. II, Bogotá, Universidad Externado de Colombia, 2015, p. 879.

ordenamiento jurídico colombiano. Ya la pluma del profesor Hinestrosa lo había planteado con su habitual agudez:

> Es claro el derecho del acreedor de rehusar una prestación tardía y reclamar su equivalente pecuniario y la indemnización de perjuicios recibidos por el incumplimiento del deudor, siempre y cuando su interés haya desaparecido. Es decir, el deudor, valga la expresión, *tiene derecho a cumplir tardíamente, a condición de que subsista el interés del acreedor en la prestación* in natura. Es este uno de los casos en que se ha de apreciar el interés legítimo de cada una de las partes de la relación jurídica temperadamente, teniendo en cuenta la sanción del abuso del derecho (art. 830 c.co.)[103] (cursiva fuera de texto).

Con mayor razón, esta afirmación se puede extender al caso de un cumplimiento defectuoso o imperfecto.

Así como hoy en día se reconoce que el acreedor puede incurrir en abuso del derecho al solicitar una ejecución *in natura* de un contrato "que perdió su razón de ser y la utilidad que las partes previnieron al celebrarlo"[104], en el mismo abuso puede incurrir el acreedor que, careciendo de un interés legítimo, rechace una oferta razonable de subsanación del incumplimiento y, por ejemplo, demande la resolución del contrato. Como señala Neme Villarreal, el principio de la buena fe, fundamento de la prohibición de abuso del derecho[105], lleva a que el comportamiento del acreedor, aun frente a un incumplimiento, está regido por una serie de criterios. Si bien la autora plantea esos criterios respecto de otra situación contractual[106], varios de ellos resultan útiles en el ámbito que se analiza ahora de la configuración de un derecho del deudor a la subsanación del incumplimiento.

Así, por ejemplo, la lealtad y la consideración de los intereses de la contraparte[107] implican que se tome en consideración "el contexto en el que se

---

103 Hinestrosa, F. "Notas sobre la responsabilidad por incumplimiento de las obligaciones", cit., p. 14.

104 Hinestrosa, F. *Tratado de las obligaciones II. De las fuentes de las obligaciones: el negocio jurídico*, vol. II, cit., p. 858. En el mismo sentido, Rengifo, E. *Las facultades unilaterales en la contratación moderna*, 2.ª ed., Bogotá, Legis, 2017, pp. 192 y ss.

105 Neme Villarreal, M. L. *Facultades contractuales de ejercicio unilateral: cómo usarlas sin incurrir en abuso*, Bogotá, Universidad Externado de Colombia, 2018, pp. 50 y ss.

106 Como indica el título de su obra, se refiere a las facultades contractuales de ejercicio unilateral.

107 *Ibidem*, pp. 91 y ss.: "El guardar un comportamiento leal a la contraparte supone

desarrolla la relación y los efectos positivos y negativos" que el ejercicio de uno de los remedios puede tener en la contraparte. La actuación del acreedor debe ser moderada, proporcionada a la afectación que se produciría de los intereses en juego[108], en el sentido de que no todo lo que es aparentemente útil es legítimo; el comportamiento del acreedor debe respetar "las exigencias de la sinalagmaticidad" que derivan del principio de buena fe, de manera que también en la reacción y la solución ante el incumplimiento deben verse reflejadas "las condiciones de equilibrio propuestas por las partes en la celebración del contrato"[109], lo que conduciría a que el acreedor, conservando todavía interés en el cumplimiento de la prestación y ante la oferta razonable de subsanación del incumplimiento por parte de su deudor, no pudiera optar por un remedio que resulte más gravoso para este último.

Con el mismo espíritu, la jurisprudencia también ha reconocido esa necesidad de modular el ejercicio de los remedios al reconocer que

> no toda separación por parte del deudor respecto del 'programa obligacional' previamente establecido, permite poner en funcionamiento los mecanismos encaminados a extinguir la relación que une al obligado con el acreedor –particularmente la resolución contractual–, toda vez que, en ciertas ocasiones, retrasos en el cumplimiento o cumplimientos parciales, que en principio podrían dar lugar a la resolución contractual, no se consideran de entidad suficiente como para justificar tan radical determinación, en cuanto *se podrían producir con ello situaciones inequitativas, facilitar ejercicios abusivos o contrarios a la buena fe de la señalada facultad resolutoria, además de afectarse el principio de conservación del contrato*"[110] (cursiva fuera de texto).

En resumen, como la misma Corte Suprema de Justicia ha reconocido, "[r]azones de orden jurídico, pero también económico, permiten afirmar que la alternativa que ofrece el art. 1546 del C.C., encuentra un límite en eventos como el descrito, donde, según se vio, el contrato ha sido parcialmente cumplido y

---

necesariamente circunstanciar esta exigencia, vale decir, conocer las particulares necesidades de la parte que deberá afrontar las modificaciones del contrato, sus limitaciones, la función del contrato para esta, el contexto en el que se desarrolla la relación y los efectos positivos y negativos que la modificación pueda acarrear a dicha parte".

108 *Ibidem*, pp. 94 y s.

109 *Ibidem*, pp. 104 y ss.

110 Así, Corte Suprema de Justicia, Sala de Casación Civil, 18 de diciembre de 2009, exp. 09616-01.

el demandado muestra su voluntad de satisfacer el interés del demandante, y no a raíz de la demanda"[111]. Proporcionalidad, racionalidad, equilibrio de los intereses involucrados atendiendo a las circunstancias en las que se presenta la patología del incumplimiento.

4.2. ELEMENTOS PARA LA CONFIGURACIÓN DEL DERECHO A LA SUBSANACIÓN

Ahora bien, como se ha venido recalcando a lo largo del escrito, el reconocimiento de un derecho del deudor a subsanar su incumplimiento no puede implicar la negación del interés del acreedor quien, en última instancia, es quien sufre las consecuencias negativas de esa situación. Es por eso que resulta necesario preguntarse cómo podría estructurarse ese derecho a la subsanación en el ordenamiento jurídico colombiano, al mismo tiempo que se salvaguarda debidamente el interés legítimo del acreedor[112]. A continuación se sugieren algunos aspectos para tomar en consideración.

a) El deudor tendría la *carga de hacer saber sin demora a su acreedor su disposición para subsanar el incumplimiento*, indicando cómo y cuándo se llevaría a cabo esta. Varias situaciones se pueden presentar[113]. Si se trata de que el deudor no ha cumplido en el plazo que surge del contrato, sería el deudor quien

---

111 Corte Suprema de Justicia, Sala de Casación Civil, 7 de marzo de 1997, exp. 4636, *GJ*, CCXLVI, pp. 148 y ss., pp. 161 y s. Continúa la Corte en su decisión afirmando que "Estas circunstancias excluyen de por sí el aniquilamiento de la relación material, de un lado por quedar eliminada la idea de desistimiento, y de otro, en consideración a la irrelevancia del incumplimiento, frente al interés económico del contrato. Respecto a lo primero, el cumplimiento parcial de una misma obligación o de varias escindibles, sumada a la intención a cabo las pretensiones aún pendientes, trasluce, a no dudarlo, una manifestación inequívoca de perseverar en todo lo pactado. En torno a lo segundo, no sobra repetir que el contrato fue cumplido en importante porcentaje de las prestaciones, pues como bien lo enseña el expediente todo el conflicto surgió por la no transferencia del pequeño lote 'Las Camelias', hoy, entre otras cosas poseído por el propio demandante".

112 En el derecho chileno, un esfuerzo similar ya fue realizado por CONTARDO, I. "El derecho del deudor a la subsanación o corrección del cumplimiento no conforme (*right to cure*)", cit., pp. 183 y ss.

113 Esta carga de notificación está prevista en los principios Unidroit (artículo 7.1.4 numeral 1°, literal a)), y en el Código Marco de Obligaciones para América Latina (artículo 66). Como ya se expuso, en la CISG esa notificación no se exige de forma expresa, aunque algunos tribunales, al aplicarla, la han terminado exigiendo apoyándose en el principio de la buena fe. Ver *supra*, 3.2.1.

sin demora alguna debería notificar al acreedor de su intención de cumplir, aunque de forma tardía. Si se trata de un cumplimiento imperfecto o defectuoso, ante el aviso por parte del acreedor de esta situación, el deudor debería informarle prontamente su disposición de subsanación. Solo así se garantizaría que se pudiera evaluar si las condiciones ofrecidas por el deudor se ajustan al interés del acreedor en la prestación. Por el contrario, si el deudor no cumple esta carga, el acreedor tendría a su disposición los remedios reconocidos por el ordenamiento jurídico.

b) El deudor debe asumir todos los gastos que surjan con ocasión de la subsanación del incumplimiento[114].

c) La posibilidad de subsanación del incumplimiento por parte del deudor debe estar excluida en los casos en los que no subsista el interés legítimo del acreedor, o las condiciones de la subsanación impliquen la no satisfacción de ese interés, o agraven de forma desproporcionada la situación del acreedor. Este será el caso del denominado plazo esencial, los casos en los que resulte razonable asumir que el deudor no va a poder subsanar el incumplimiento en condiciones apropiadas (implica ulteriores perjuicios para el acreedor, molestias excesivas) y, obviamente, cuando el deudor no ha cumplido con la carga de notificar oportunamente su disposición a corregir su incumplimiento en condiciones que respeten el interés legítimo del acreedor[115].

d) En cualquier caso, el acreedor conserva el derecho de exigir la indemnización de los perjuicios que no hubieren podido ser evitados con la subsanación[116].

De esta manera, el equilibrio buscado en el contrato se proyecta en la situación patológica del incumplimiento, se protege el interés legítimo del acreedor y, en la medida en que resulte razonable, se permite la ejecución y consecuente conservación del contrato.

4.3. LOS EFECTOS DEL DERECHO A LA SUBSANACIÓN

Ahora bien, un derecho a la subsanación en la práctica puede desatar sus efectos ante la oferta del deudor que reúna las condiciones señaladas, si es

---

114 Así, expresamente, la CISG, artículo 48, numeral 1 ("subsanar a su propia costa").

115 *Cfr. supra* 3.3.

116 *Cfr. supra* 3.4.1.

rechazada por el acreedor de forma injustificada[117]. Dos son los efectos que se podrían derivar:

– En primer lugar, limita la indemnización de los daños y perjuicios que el acreedor podría exigir a raíz del incumplimiento. Si el acreedor rechaza una oferta razonable de subsanación del incumplimiento por parte de su deudor, aquel no podría pretender que se le indemnicen los daños que hubieran podido ser evitados si se hubiera permitido la subsanación[118]. Esto deriva del deber que tiene el acreedor de mitigar el daño, aceptado en el ordenamiento jurídico colombiano por la doctrina y la jurisprudencia en cuanto "la víctima del incumplimiento o que sufre sus consecuencias, de adoptar las medidas necesarias y razonables según las circunstancias, tendientes a mitigar la pérdida que resulte de ese incumplimiento"[119]. Obviamente, quedaría a salvo la indemnización de los perjuicios que no habrían podido ser evitados de haberse permitido la subsanación.

– En segundo lugar, paralizaría la pretensión de resolución del contrato si persiste el interés del acreedor en la subsanación. Esto porque si el deudor ofrece una subsanación en las condiciones señaladas y el acreedor la rechaza sin justificación, permitirle exigir la resolución podría derivar en un ejercicio abusivo de su remedio[120]. Ahora bien, se debe reconocer que, debido al funcionamiento del sistema judicial y las previsibles demoras en la decisión judicial, es probable que, para el momento en el que se trabe la litis, el acreedor

---

117 Hinestrosa, F. *Tratado de las obligaciones. Concepto, estructura, vicisitudes*, t. i, cit., p. 562, pone de relieve la importancia que ha venido tomando la protección del deudor y advierte que "sobre el acreedor pesan cargas, en obsequio propio y en consideración al interés de la otra parte, que se identifican y precisan en cada situación, dentro de un abanico empuñado por el principio de la buena fe, que no solamente le pone de presente no agravar o hacer más difícil u onerosa la ejecución de la prestación, sino que le exige poner de su parte lo que esté a su alcance para facilitarla".

118 Sobre esta posición en el derecho chileno, ver Vidal Olivares, Á. "El derecho a subsanar el incumplimiento como límite a la autonomía de la indemnización en derecho de contratos", cit., pp. 541 y ss.

119 Rodríguez Fernández, M. "Concepto y alcance del deber de mitigar el daño en el derecho internacional de los contratos", *Revista de Derecho Privado*, Universidad Externado de Colombia, 15, 2008, p. 128, con referencias jurisprudenciales. Sobre esta solución en la cisg, ver Maier-Lohmann, T. "Buyer's self-repair of non-conforming good versus seller's right to cure under Article 48 of the cisg", cit., pp. 66 y ss.

120 Ver *supra* n.° 4.1. En el mismo sentido, en el derecho chileno, Contardo, I. "El derecho del deudor a la subsanación o corrección del cumplimiento no conforme (*right to cure*)", cit., p. 184.

haya perdido ya el interés en la ejecución del contrato, en cuyo caso no podría restringirse el remedio de la resolución.

5. UNAS REFLEXIONES CONCLUSIVAS

Se vislumbra una tendencia internacional a aceptar un derecho del deudor a subsanar su incumplimiento bajo ciertas condiciones. Su reconocimiento encuentra fundamento tanto en el principio de buena fe en aras de conservar el equilibrio de los intereses en juego, como en razones de eficiencia económica.

La figura se estructura de diversas maneras en los distintos instrumentos normativos que la reconocen expresamente, siendo una constante la consideración del interés del acreedor. Siempre que el interés del acreedor desaparezca o se vea seriamente afectado, la subsanación no tiene cabida (y por ende, en los modelos que imponen un plazo adicional al acreedor, el plazo no es necesario). Por el contrario, si la subsanación es apropiada en modo y tiempo, y no existe un interés legítimo en rechazar la subsanación por parte del acreedor, el deudor tiene esa segunda oportunidad de cumplimiento y el sistema de remedios reconocidos al acreedor se verá alterado. El punto neurálgico está en determinar cuándo se entiende que el interés del acreedor se ve afectado de manera tal que no deba concederse esa oportunidad de subsanación al deudor, en particular si la simple presencia de un incumplimiento esencial o grave es suficiente para descartar ese derecho del deudor a la subsanación. En cualquier caso, dado que el incumplimiento es una situación patológica que rompe el equilibrio estructurado en el contrato, se reconoce que la subsanación del incumplimiento, cuando sea procedente, no afecta el derecho del acreedor a exigir la indemnización de los perjuicios que no hubieran podido evitarse mediante la subsanación.

En Colombia, el legislador no prevé de forma expresa y generalizada un derecho del deudor a subsanar su incumplimiento. Sin embargo, a partir del principio de la buena fe es posible configurar ese derecho mediante una debida consideración de la posición del acreedor y del deudor. Los instrumentos que regulan la figura a escala internacional sirven de modelo para delinear sus requisitos, límites y efectos.

En última instancia, el reconocimiento de un derecho del deudor a subsanar su incumplimiento es un mecanismo de gestión de los remedios del acreedor, para proyectar también en la situación patológica del incumplimiento el equilibrio buscado en el contrato, mediante una debida ponderación de los intereses en juego. Una correcta valoración y aplicación de las normas solo es posible reconociendo los intereses en tensión que se encuentran en la situación que dichas normas están llamadas a regular[121].

BIBLIOGRAFÍA

Álvarez Contreras, J. M. *Los remedios por incumplimiento en la contratación internacional*, Bogotá, Universidad Externado de Colombia, 2016.

Chinchilla Imbett, C. A. *La excepción de incumplimiento contractual. Estructura, función y límites*, Bogotá, Universidad Externado de Colombia, 2017.

Contardo, I. "El derecho del deudor a la subsanación o corrección del cumplimiento no conforme (*right to cure*). Acercamiento desde los instrumentos de derecho contractual uniforme hacia el derecho chileno de contratos", *Ius et Praxis*, año 23, n.° 1, 2017.

Dalla Massara, T. "Vendita di tradizione romanistica e vendita internazionale: modelli a confronto", *Contratto e impresa*, n.° 2, 2012.

Demogue, R. *Traité des obligations en général*, t. iv, París, Arthur Russeau, 1931.

Deshayes, O. *et al. Réforme du droit des contrats. Du régimen général et de la preuve des obligations. Commentaire article par article*, París, Lexis Nexis, 2016.

Díez-Picazo, L. y Guillón, A. *Sistema de Derecho civil*, vol. ii, Madrid, Tecnos, 1992.

Esborraz, D. F. "La teoría generale delle obbligazioni come elemento di unità e di resistenza del subsistema giuridico latinoamericano", en Saccoccio, A. y Cacace, S. (eds.), *Sistema Giuridico Latinoamericano*, Turín, Giappichelli, 2019..

Esser, J. y Schmidt, E. *Schuldrecht. Allgemeiner Teil*, t. i, 6.ª ed., Heidelberg, C. F. Müller Juristischer ed., 1984.

---

121 "La verdad fundamental de la que debemos partir es que cada comando de la ley determina un conflicto de intereses; se origina de una lucha entre intereses opuestos y supone el resultado de esas fuerzas opuestas. La protección de los intereses por medio del derecho nunca ocurre en el vacío. Opera en un mundo lleno de intereses contrapuestos y, por ende, siempre opera a expensas de algunos de ellos. [...]. Si nos limitamos a un examen de la finalidad de la ley solo veremos los intereses que han prevalecido. Pero el contenido concreto de la regla jurídica, el grado en que su finalidad es alcanzada, depende del peso de esos intereses que resultaron derrotados [...]": Heck, P. "The formation of Concepts and the Jurisprudence of Interests", en Schoch, M. (ed.), *The jurisprudence of Interests: Selected Writings of Max Rümelin, Phillip Heck, Paul Oertmann, Heinrich Stoll, Julius Binder, Hermann Isay*, Cambrige, Harvard University Press, 1948, pp. 35 y ss.

Esteban de la Rosa, G. "La acción de cumplimiento específico en la contratación internacional", en Sánchez Lorenzo, S. (ed.), *Derecho contractual comparado. Una perspectiva europea y transnacional*, II, Pamplona, Thomson Reuters, 3.ª ed., 2016.

Ferrante, A. *La reducción del precio en la compraventa*, Pamplona, Aranzadi, 2012.

García Vásquez, D. *Condición resolutoria tácita y responsabilidad del deudor*, Bogotá, Universidad Externado de Colombia, 2014.

Gernhuber J. *Das Schuldverhältnis*, Mohr Siebeck, 1989.

Heck, P. "The formation of Concepts and the Jurisprudence of Interests", en Schoch, M. (ed.), *The jurisprudence of Interests: Selected Writings of Max Rümelin, Phillip Heck, Paul Oertmann, Heinrich Stoll, Julius Binder, Hermann Isay*, Cambrige, Harvard University Press, 1948.

Himeno, G. "Right to Cure under the Unidroit Principles Article 7.1.4: A historical Analysis", *Jus Gentium: Journal of International Legal History*, vol. 1, n.° 2, 2016.

Hinestrosa, F. "Notas sobre la responsabilidad por incumplimiento de las obligaciones", *Revista de Derecho Privado*, n.° 36, 2019.

Hinestrosa, F. *Tratado de las obligaciones*, II: *De las fuentes de las obligaciones: el negocio jurídico*, vol. II, Bogotá, Universidad Externado de Colombia, 2015.

Hinestrosa, F. *Tratado de las obligaciones. Concepto, estructura, vicisitudes*, Bogotá, Universidad Externado de Colombia, 3.ª ed., 2007.

Huber, P. "CISG-The Structure of Remedies", *Rabels Zeitschrift*, 71, 2007.

Huber, P. "Remedies of the Buyer", en Huber Peter, Mullis Alastair, *The CISG: A new Textbook for Students and Practitioners*, Munich, Sellier European Law Publishers, 2007.

Huber, P. "Altenkirch Markus, 'Buyer's Right to Cure?'", *European Review of Contract Law*, 4, 2008.

Jabbour, R. *La bonne foi dans l'exécution du contrat*, Issy-les-Moulineaux, LGDJ, 2016.

Larenz, K. *Lehrbuch des Schuldrechts*, t. I, 12.ª ed., Munich, Beck'sche ed., 1979.

León Robayo, É. I. "La configuración del incumplimiento contractual", *Revista Foro Derecho Mercantil*, n.° 10, 2006.

Lorenz, S. "Voreilige Selbstvornahme der Nacherfüllung im Kaufrecht: Der BGH hat gesprochen und nichts ist geklärt", *NJW*, 19, 2005.

Magnus, U. "The Vienna Sales Convention (CISG) between Civil and Common Law – Best of all Worlds?", *Journal of Civil Law Studies*, 3, 2010.

Magnus, U., en *The Draft Uncitral Digest and Beyond: Cases, Analysis and Unresolved Issues in the UN Sales Convention*, CILE Studies, Pittsburg, Thompson/West, 2005.

Magnus, U. *Wiener UN-Kaufrecht (CISG). Staudinger Kommentar*, Berlín, Sellier-De Gruyter, 2005.

Maier-Lohmann, T. "Buyer's self-repair of non-conforming good versus seller's right to cure under Article 48 of the CISG", *Uniform Law Review*, vol. 24, 2019.

Mak, V. *Performance-Oriented Remedies in European Sale of Goods Law*, Oxford, Hart Publishing, 2009.

Mazeaud, D. "Loyauté, solidarité, fraternité: la nouvelle devise contractuelle?", en AA. VV., *L'avenir du droit. Mélanges en hommage à François Terré*, París, Dalloz, 1999.

Morales Moreno, A. "Evolución y dilemas actuales del cumplimiento específico como remedio a la inejecución de obligaciones contractuales", en Vidal Olivares, Á. y Momberg, R. (eds.), *Cumplimiento específico y ejecución forzada del contrato. De lo sustantivo a lo procesal*, Valparaíso, Ediciones Universitarias de Valparaíso, 2018.

Müller-Chen, M., en Schlechtriem/Schwenzer, *Kommentar zum einheitliche UN-Kaufrecht (CISG)*, 5.ª ed., 2008.

Neme Villarreal, M. L. "El principio de buena fe en materia contractual en el sistema jurídico colombiano", *Revista de Derecho Privado*, n.° 11, Universidad Externado de Colombia, 2006.

Neme Villarreal, M. L. "La buena fe como eje del proceso de integración e interpretación del contrato en el Código de Bello: consonancia con la función social del contrato y con la tutela de los derechos fundamentales", en Navia, F. y Chinchilla, C. A. (eds.), *La vigencia del código civil de Andrés Bello. Análisis y prospectivas en la sociedad contemporánea*, Bogotá, Universidad Externado de Colombia, 2019.

Neme Villarreal, M. L. *Facultades contractuales de ejercicio unilateral: cómo usarlas sin incurrir en abuso*, Bogotá, Universidad Externado de Colombia, 2018.

Nivarra, L. "Rimedi: un nuovo ordine del discorso civilistico?, *Europa e diritto privato*, 3, 2015.

Oechsler, J. Comentario a la sentencia del Tribunal Federal Alemán del 23.02.2005, en *LMK*, 6, 2005.

Oviedo Albán, J. "Subsanación y plazo suplementario para cumplir en la compraventa internacional de mercaderías", en Vidal Olivares, Á. y Momberg, R. (eds.), *Cumplimiento específico y ejecución forzada del contrato. De lo sustantivo a lo procesal*, Valparaíso, Ediciones Universitarias de Valparaíso, 2018.

Oviedo Albán, J. *La garantía por vicios ocultos en la compraventa*, Bogotá, Temis, 2015.

Pace, T. *Il diritto del venditore di rimediare alla consegna di un bene non conforme nei rapporti tra parti commerciali: un'analisi comparativa del* right to cure *fra prassi, esperienze di diritto positivo e diritto internazionale materiale uniforme*, tesis de doctorado, 2018.

Palazón Garrido, M. L. *Los remedios frente al incumplimiento en el derecho comparado*, Pamplona, Thomson Reuters, 2014.

Palazón Garrido, M. L. "La resolución del contrato como medio de tutela en caso de incumplimiento", en Sánchez Lorenzo, S. (ed.), *Derecho contractual comparado. Una perspectiva europea y transnacional*, II, Pamplona, Thomson Reuters, 3.ª ed., 2016.

Pizarro Wilson, C. "Presentación", en *Los Principios Latinoamericanos de Derecho de los Contratos*, Madrid, Agencia Estatal Boletín Oficial del Estado, 2017.

Pizarro Wilson, C. "Un vistazo general a los Principios Latinoamericanos de Derecho de los Contratos", *Revista de Derecho Privado*, n.° 35, Universidad Externado de Colombia, 2018.

Planck-Siber. *Kommentar zum Schuldrecht*, 4.ª ed., 1914.

Rengifo, E. *Las facultades unilaterales en la contratación moderna*, 2.ª ed., Bogotá, Legis, 2017.

Rodríguez Olmos, J. M. "La oportunidad de saneamiento del incumplimiento del vendedor en el régimen de vicios materiales: algunas reflexiones a partir del derecho alemán de la compraventa", *Revista de Derecho Privado*, n.° 1, Universidad Externado de Colombia, 2009.

Rodríguez Olmos, J. M. "Medios de tutela del consumidor ante la falta de conformidad en la compraventa en Colombia: dispersión normativa e interpretación sistemática", en Ferrante, A. (ed.), *Venta y protección del consumidor. Una visión a través del caleidoscopio latinoamericano*, Santiago de Chile, Thomson Reuters, 2019.

Sanabria, A. "La resolución en el derecho colombiano", en AA. VV., *La terminación del Contrato*, Bogotá, Universidad del Rosario, 2007.

Sánchez González, M. P. "Remedios del comprador", en Vaquer Aloy, A. *et al.* (eds.), *El derecho común europeo de la compraventa y la modernización del derecho de contratos*, Barcelona, Atelier, 2015.

Schipani, S. "Un código de las obligaciones para América Latina. Releer los *digesta* de Justiniano", *Revista de la Facultad de Ciencias Jurídicas y Políticas*, UCV, n.° 136, 2012.

Schwenzer, I. "Avoidance of the Contract in Case of Non-conforming Goods (art. 49 I, a CISG)", consultable en la página de la Uncitral, http://www.uncitral.org/pdf/english/CISG25/Schwenzer.pdf [consultado el 10.03.09].

Sheelhaas, H. "Artículo 7.1.4", en Vogenauer Stefan *et al.* (eds.), *Commentary on the Unidroit Principles of International Commercial Contracts (PICC)*, Oxford, Oxford University Press, 2009.

Sirena, P. y Adar, Y. "La prospettiva dei rimedi nel diritto privato europeo", *Rivista di diritto civile*, n.° 3, 2012.

Smorto, G. "Sul significato di 'remedi'", *Europa e Diritto privato*, 2014.

Valencia Zea, A. y Ortiz Monsalve, A. *Derecho civil. De las obligaciones*, t. III, 10.ª ed., Bogotá, Temis, 2015.

Vidal Olivares, A. "El derecho a subsanar el incumplimiento como límite a la autonomía de la indemnización en derecho de contratos", en Bahamondes, C. *et al.* (eds.), *Estudios de Derecho Civil XIII. Ponencias presentadas en las XV Jornadas Nacionales de Derecho Civil*, Santiago de Chile, Thomson Reuters, 2018.

Vidal Olivares, A. "La gestión razonable del incumplimiento en la compraventa internacional", en Pizarro Wilson, C. y Vidal Olivares, Á. (eds.), *Incumplimiento contractual, resolución e indemnización de daños*, Bogotá, Universidad del Rosario, 2010.

Vidal Olivares, A. y Momberg, R. (Eds.). *Cumplimiento específico y ejecución forzada del contrato. De lo sustantivo a lo procesal*, Valparaíso, Ediciones Universitarias de Valparaíso, 2018.

Vidal Olivares, A. y Oviedo Albán, J. "Protección del comprador por defectos materiales en la cosa vendida. Desde la fragmentación a un régimen unitario", *Vniversitas*, n.° 136, 2018.

Wieacker, F. *Storia del diritto privato moderno*, II [trad. it. A. Fusco], Milán, Giuffrè, 1980.

Wilburg, W. "Zusammenspiel der Kräfte im Aufbau des Schuldrechts", *AcP*, n.° 4, 1964.

Würthwein, S. *Zur Schadensersatzpflicht wegen Vertragsverletzungen im Gemeinen Recht des 19 Jahrhunderts*, Berlín, Duncker & Humblot, 1990.

Yovel, J. "The Seller's Right to Cure a Failure to Perform: An analytical Comparison of the Respective Provisions of the CISG and the PECL", *Nordic Journal of Commercial Law*, 1, 2005.

Zentner, D. H. "Garantías legales sobre bienes y servicios en el derecho argentino. Visión comparativa con el nuevo estatuto del consumidor de Colombia", en Gual, J. M. (ed.), *Derecho del consumo. Problemáticas actuales*, Bogotá, Ibáñez, 2014.

Zimmermann, R. *The new German Law of Obligations. Historical and Comparative Perspectives*, Oxford University Press, 2005.

JURISPRUDENCIA

Tribunal Federal Alemán (BGH), 23 de febrero de 2005, en *NJW*, 19, 2005.

Tribunal Federal Alemán (BGH), 7 de diciembre de 2005, en *NJW*, 14, 2006.

Tribunal Federal Alemán (BGH), 22 de junio de 2005, en *NJW*, 44, 2005.

Tribunal Federal Alemán (BGH), 23 de enero de 2008, en *NJW*, 16, 2008

Corte Suprema de Justicia colombiana, Sala de Casación Civil, 18 de diciembre de 2009, exp. 09616-01.

Corte Suprema de Justicia colombiana, Sala de Casación Civil, 7 de marzo de 1997, exp. 4636, *GJ* CCXLVI, pp. 148 y ss.

Aída Patricia Hernández Silva*

Ejecución in natura *de la obligación contractual incumplida*

Sumario: 1. Introducción. 2. Regulacion normativa. 3. Requisitos de la reparación *in natura*, forzosa o específica. 4. La ejecución *in natura* de la obligación debida no excluye la indemnización de perjuicios derivados del incumplimiento. 5. La ejecución *in natura* en la contratación estatal. 6. Conclusiones. Bibliografía.

1. INTRODUCCIÓN

Incumplido el contrato, se ingresa al plano de la responsabilidad contractual que se estructura por la presencia de los elementos que la definen, el daño consistente en la lesión del derecho de crédito del contratante cumplido, que proviene del incumplimiento del deudor incumplido.

El tema objeto de este análisis comprende el estudio del interés del acreedor que pretende que el deudor ejecute la obligación en su sentido originario o *in natura*, pretensión principal que se integra con la petición de indemnización de los perjuicios derivados de la mora.

Desde el punto de vista del derecho sustancial, el código civil y el de comercio regulan esta forma de satisfacción del derecho de crédito del contratante acreedor, en disposiciones generales que atienden las consecuencias del incumplimiento del contrato. De igual manera, lo hacen en disposiciones especiales definidas en consideración a la naturaleza del contenido de la prestación debida, que puede ser de dar, hacer o no hacer, como también en atención a determinadas tipologías contractuales.

Cabe igualmente señalar que el derecho procesal civil regula la ejecución forzosa o ejecución *in natura* de las obligaciones, no solo en el capítulo propio de los procesos ejecutivos, sino también en disposiciones que aluden a obligaciones insatisfechas de específicas fuentes contractuales. Este conjunto normativo regula también el derecho del acreedor a pedir en forma principal la ejecución del deudor para forzarlo a cumplir la obligación *in natura*, como también –*en forma subsidiaria*– el subrogado pecuniario, ante la posibilidad de que el deudor se niegue a cumplir lo dispuesto por el juez[1].

---

* Profesora del Departamento de Derecho Civil de la Universidad Externado de Colombia.

1 Artículo 428. Ejecución por perjuicios. El acreedor podrá demandar desde un principio el pago de perjuicios por la no entrega de una especie mueble o de bienes de género distintos de dinero, o por la ejecución o no ejecución de un hecho, estimándolos y especificándolos bajo juramento si no figuran en el título ejecutivo, en una cantidad como principal y otra como tasa de interés mensual, para que se siga la ejecución por suma líquida de dinero.

Una primera aproximación al régimen del cumplimiento específico como forma de reparación permite afirmar que no se presentan dificultades en tratándose de obligaciones dinerarias. Y pocas preguntas surgen en cuanto a las obligaciones cuya prestación comprende dar especies de género, pero inquietudes importantes aparecen respecto de las prestaciones de hacer y no hacer.

Por ende, es preciso preguntarse ¿cuál es el alcance del cumplimiento forzado del objeto contractual? O mejor: ¿es posible la ejecución forzada de todo tipo de obligaciones?

Para responder a esta problemática cabe tener en cuenta diferentes aspectos particulares en función del objeto de la obligación.

Desde su aparición, el dinero ha cobrado un papel protagónico en el intercambio comercial y en el tráfico jurídico. Una de las funciones del instrumento monetario consiste en ser el medio general de evaluación en la economía: se trata de la unidad básica de valor.

En el derecho se asume perfectamente esta función, puesto que la unidad monetaria valora todos los activos que participan del tráfico jurídico[2]: bienes y servicios, beneficios y rentabilidades, e incluso para algunos: lágrimas y dolores[3]. Por ello, resulta cuando menos práctico que, frente al incumplimiento, la respuesta sea la de mantener incólume al acreedor desde el punto patrimonial-contable.

Esa solución se encontraba generalizada en los diferentes ordenamientos y, casi siempre, iba aparejada de la oposición frente al *cumplimiento específico* o *ejecución in natura*. Así, en el derecho romano clásico, el procedimiento formulario descartaba las condenas que no fueran pecuniarias; en acciones personales el pretor y el juez carecían de la facultad de ordenar una dación, una entrega de bienes o de declarar un derecho real a favor de alguna de las partes[4].

Cuando el demandante pretenda que la ejecución prosiga por perjuicios compensatorios en caso de que el deudor no cumpla la obligación en la forma ordenada en el mandamiento ejecutivo deberá solicitarlo subsidiariamente en la demanda, tal como se dispone en el inciso anterior. Si no se pidiere así y la obligación original no se cumpliere dentro del término señalado, se declarará terminado el proceso por auto que no admite apelación.

2 Fundamental en esta materia resulta la teoría elaborada por el profesor CARBONNIER, J. *Droit Civil*, t. 3: *Les biens La monnaie, immeubles, meubles*, París, Themis Droit Privé, 2000, pp. 15 a 65.

3 Siguiendo estos planteamientos, se sugiere ver LECLERC, N. *La nature de la Monnaie en Droit*, París, Corpus Iuris, 2009, en el cual se hace un análisis profundo en lo relativo a la naturaleza y función de la moneda en el Derecho.

4 Aunque existieran mecanismos como la cláusula arbitraria de las acciones reales que permitían la restitución de un bien, la fórmula contenía una *condemnatio pecuniaria*. No sería sino hasta

De igual manera –resalta el maestro Hinestrosa–, en el derecho inglés, la condena pecuniaria es la regla mientras que la *specific performance* describe la excepción[5], conforme al adagio "one can bring the horse to the water, but nobody can make him drink"[6].

En ese mismo orden de ideas, en el Código Napoleónico de 1804, en el antiguo artículo 1142, se disponía la regla de *resolver en perjuicios el incumplimiento de las obligaciones de hacer y no hacer*[7].

Es ilustrativo también el planteamiento de Larroumet, quien señala lo siguiente:

> Ordinariamente en los sistemas jurídicos de tradición civilista y, especialmente, en derecho francés, la ejecución forzosa se debe considerar como una ejecución en especie, o sea, que el acreedor puede perseguir la ejecución de la prestación que se le debe en virtud del contrato. Por el contrario, en los sistemas del *common law*, la ejecución en especie de una obligación contractual (*especific performance*) se admite excepcionalmente[8].

Explica el mismo autor que en estos últimos sistemas jurídicos el principio es el de una ejecución por equivalente, mediante la indemnización de daños y perjuicios que pide el acreedor, sin que el juez pueda rechazarla. En tanto

---

el derecho tardío cuando se admitiría esta posibilidad en la *cognitio extraordinem*. Ver Silva Sánchez, A. "En torno al Ordo Iudiciorum Privatorum", *Anuario de la Facultad de Derecho*, n.º 12-13, 1994-1995, pp. 477-504.

5 "El *common law* no previene la ejecución específica de obligaciones contractuales, excepto la de pagar dinero. La ejecución específica de otras obligaciones contractuales es válida sólo en equidad. Fue y sigue siendo objeto de numerosas restricciones, basadas en parte en la drasticidad del remedio, que conduce (más directamente que la medida de resarcimiento de daños o de otorgamiento de la suma pactada) a una agresión a la persona del demandado. Y este es un factor importante sólo cuando el contrato previene la ejecución 'personal', esto es de actos que deben ser ejecutados por el propio demandado. Cuando el contrato no es de esa índole, puede ser ejecutado específicamente sin constreñimiento personal, por ejemplo, mediante secuestro". Treitel, G. H. *The Law of Contract*, Londres, Sweet & Maxwell, 1991, pp. 902 y ss.

6 Hinestrosa, F. *Tratado de las obligaciones I. Concepto, estructura, vicisitudes*, Bogotá, Universidad Externado de Colombia, 2004, p. 218.

7 "Toute obligation de faire ou de ne pas faire se résout en dommages et intérêts en cas d'inexécution de la part du débiteur".

8 Larroumet, C. *Teoría General del Contrato*, vol. II, trad. Jorge Guerrero, Bogotá, Temis, 1993, p. 10.

que, en los casos de *specific performance*, el juez tiene la facultad de concederla o rechazarla, previo análisis de las circunstancias[9].

La discusión no comprende la ejecución de prestaciones dinerarias, pues, como se mencionó, aunque existan discusiones relacionadas con la ejecución forzada de la prestación incumplida respecto de los intereses y depreciación, la respuesta frente a la admisión del *cumplimiento específico* es rotundamente positiva. Ello, puesto que es evidente que la obligación pecuniaria carece de subrogado pecuniario.

La controversia se suscita frente a otro tipo de obligaciones, pues, "si bien resulta indispensable el respetar y hacer respetar la fuerza ejecutoria del vínculo obligatorio, resulta incluso más fundamental el no amenazar los derechos intangibles de toda persona a su integridad física, ni a su libertad"[10]. Por lo cual son el respeto del individuo, sus derechos, garantías y libertades fundamentales, los obstáculos mayores a la realización forzada de estas prestaciones.

Se revela entonces una tensión existente entre el poder vinculante del contrato y la libertad personal. Se trata de la regla de derecho según la cual *nadie puede verse forzado a hacer un acto específico* en contra de su voluntad.

Sin perder de vista lo anterior, puede afirmarse que, en tratándose de las obligaciones de dar, la *ejecución forzada* es procedente, pues, si el tradicional rechazo del *cumplimiento específico* se sustenta en la protección de la integridad y la libertad del deudor, nada obsta para que las obligaciones que impliquen la transferencia de dominio se ejecuten por esa vía, ya que en realidad "no comportan ningún tipo de intervención personal del deudor"[11].

Es indudable que la discusión se reduce entonces a las prestaciones de hacer y de no hacer, puesto que el cumplimiento comporta una participación personal del deudor. Se incluyen en esta hipótesis los ejemplos clásicos de prestación personal y directa de un servicio, como quiera que le resulta imposible al juez forzar al pintor a dibujar una obra de arte con sus manos, imponerle al escritor a redactar una novela o al artista a hacer una presentación. Tampoco se advierte posible obligar al médico a tratar a un paciente, o al abogado a escribir un memorial. La ejecución material de este tipo de prestaciones se

---

9 Larroumet, C. Ob. cit., p. 11.

10 AA.VV. *Droit Civil: Les obligations*, París, Éditions Dalloz, 2018, p. 1601.

11 Fabre-Magnant, M. *Droit des Obligations. Contrat et Engagement Unilatéral*, París, Presses Universitaires de France, 2016, p. 727.

presenta extremadamente difícil, por no decir imposible, y en estos supuestos cobran sentido los límites explicados.

Sin embargo, nada obsta para que, respecto de las obligaciones cuya prestación consista en el hacer o el no hacer que difiere del acto personalísimo, el juez pueda ordenar la *ejecución in natura.*

En el ordenamiento jurídico colombiano –como se detallará posteriormente– es procedente disponer la ejecución *in natura* o forzosa de la obligación de hacer[12] mediante la orden judicial al incumplido para que ejecute la prestación debida. Esto ocurre, por ejemplo, cuando el juez ordena la suscripción del documento y procede sustituirlo en dicho acto ante la renuencia del obligado[13].

Igual acontece con el incumplimiento de la prestación de no hacer, que comprende la orden judicial al deudor para que destruya directamente lo hecho dentro de un plazo prudencial. En defecto de esta conducta el juez tiene la facultad de ordenar a un tercero que proceda en su lugar[14].

En este punto es importante precisar que la ejecución indirecta por el acreedor, o el juez o un tercero a expensas de aquel, no comporta para algunos doctrinantes el cumplimiento específico propiamente dicho. Así, para el maestro Hinestrosa se trata de una ejecución indirecta "por cuanto lo que le implica al deudor no es realizar la prestación debida, sino un desembolso patrimonial, y lo que el acreedor obtiene es apenas la incolumidad de su patrimonio, afectado hasta entonces con los costos de la obra o del trabajo"[15].

---

12 Conforme a la Ley 66 de 1945.

13 Artículo 434 del Código General del Proceso. Cuando el hecho debido consiste en suscribir una escritura pública o cualquier otro documento, el mandamiento ejecutivo, además de los perjuicios moratorios que se demanden, comprenderá la prevención al demandado de que en caso de no suscribir la escritura o el documento en el término de tres (3) días, contados a partir de la notificación del mandamiento, el juez procederá a hacerlo en su nombre como dispone el artículo 436. A la demanda se deberá acompañar, además del título ejecutivo, la minuta o el documento que debe ser suscrito por el ejecutado o, en su defecto, por el juez [...].

14 Artículo 435 CGP: Si la obligación es de no hacer y se ha probado la contravención, el juez ordenará al demandado la destrucción de lo hecho dentro de un plazo prudencial y librará ejecución por los perjuicios moratorios, si en la demanda se hubieren pedido.

Si el ejecutado considera que no es procedente la destrucción deberá proponer la respectiva excepción.

En caso de que el deudor no destruya oportunamente lo hecho, el juez ordenará su destrucción a expensas de aquel si el demandante lo pide y siempre que en subsidio no se hayan demandado perjuicios por el incumplimiento. Para este efecto podrá el juez requerir el auxilio de la fuerza pública y, en cuanto sea pertinente, aplicará lo dispuesto en el artículo 433.

15 Hinestrosa, F. *Tratado de las obligaciones*, cit., p. 220.

2. REGULACIÓN NORMATIVA

2.1. DISPOSICIONES GENERALES

El cumplimiento específico se encuentra expresamente consagrado en la ley en el artículo 1546 del Código Civil: "En los contratos bilaterales va envuelta la condición resolutoria en caso de no cumplirse por uno de los contratantes lo pactado. Pero en tal caso podrá el otro contratante pedir a su arbitrio, o la resolución o el cumplimiento del contrato con indemnización de perjuicios".

El mismo esquema de protección se reproduce en el artículo 870 del Código de Comercio que prevé: "En los contratos bilaterales, en caso de mora de una de las partes, podrá la otra pedir su resolución o terminación, con indemnización de perjuicios compensatorios, o hacer efectiva la obligación, con indemnización de los perjuicios moratorios".

Para la adecuada comprensión de estas normas, la Sala de Casación Civil explicó:

> Por la índole misma de las obligaciones de este linaje, acaece que, constituido en mora el deudor, cuando el acreedor pretenda, no la resolución del contrato que generó la obligación a su favor, sino la ejecución forzada de esta, podrá demandar a elección suya y junto con la indemnización de la mora, cualquiera de las tres cosas que le permite el apuntado artículo[16].

De conformidad con las disposiciones transcritas y su interpretación jurisprudencial, se advierte *a priori* la admisión general de la ejecución *in natura* de la prestación debida en el derecho privado colombiano. Ello se confirma, también, a partir del análisis de la regulación propia de casos particulares que se estudiarán a continuación. Conforme a ellos, es posible establecer las condiciones necesarias para la consecución de la obligación inicial en función de las particularidades y matices que esta posibilidad conlleva para el acreedor.

Se debe entonces hacer referencia a casos específicos en los que se prevé implícita o expresamente la ejecución *in natura*.

---

16 Corte Suprema de Justicia, Sentencia del 20 de junio de 1972, CXLII, p. 239.

2.1.1. CONTRATO SOMETIDO A CONDICIÓN

La misma filosofía anteriormente esbozada inspira lo dispuesto en el caso particular de la cosa prometida bajo condición:

> Artículo 1543. Si antes del cumplimiento de la condición la cosa prometida perece sin culpa del deudor, se extingue la obligación; y si por culpa del deudor, el deudor es obligado al precio y a la indemnización de perjuicios. // Si la cosa existe al tiempo de cumplirse la condición, se debe en el estado en que se encuentre, aprovechándose el acreedor de los aumentos o mejoras que hayan recibido la cosa, sin estar obligado a dar más por ella, y sufriendo su deterioro o disminución, sin derecho alguno a que se le rebaje el precio; salvo que el deterioro o disminución proceda de culpa del deudor; en cuyo caso el acreedor podrá pedir o que se rescinda el contrato, o que se le entregue la cosa, y además de lo uno o lo otro, tendrá derecho a indemnización de perjuicios.// Todo lo que destruye la aptitud de la cosa para el objeto a que según su naturaleza o según la convención se destina, se entiende destruir la cosa.

Esta norma prevé una forma de cumplimiento *in natura* a elección del acreedor, para cuando la entrega de la cosa está sometida a condición y mientras esta se cumple la cosa se deteriora por culpa del deudor.

2.1.2. CONTRATO DE COMPRAVENTA

En cuanto a la compraventa, se advierte el principio general de cumplimiento específico en el momento de referirse a la mora del deudor:

> Artículo 1882. Tiempo de entrega y retardo. El vendedor es obligado a entregar la cosa vendida inmediatamente después del contrato, o a la época prefijada en él. // Si el vendedor, por hecho o culpa suya ha retardado la entrega, podrá el comprador, a su arbitrio, perseverar en el contrato o desistir de él y en ambos casos con derecho para ser indemnizado de los perjuicios según las reglas generales.// Todo lo cual se entiende si el comprador ha pagado o está pronto a pagar el precio íntegro o ha estipulado pagar a plazo. // Pero si después del contrato hubiere menguado considerablemente la fortuna del comprador, de modo que el vendedor se halle en peligro inminente de perder el precio, no se podrá exigir la entrega aunque se haya estipulado plazo para el pago del precio, sino pagando o asegurando el pago.

2.1.3. CLÁUSULA PENAL

La cláusula que pretende anticipar el incumplimiento de alguna de las partes del contrato también puede hacer referencia expresa a la obtención de la prestación inicialmente pactada por las partes: "Artículo 1592. Definición de cláusula penal. La cláusula penal es aquella en que una persona, para asegurar el cumplimiento de una obligación, se sujeta a una pena que consiste en dar o hacer algo en caso de no ejecutar o retardar la obligación principal".

De la lectura de la presente disposición, cabe preguntarse si las partes pueden decidir acordar cláusula penal que contenga la obligación de ejecutar la prestación original en caso de incumplimiento. Sin embargo, ello sería apenas una reiteración de la voluntad en el contrato inicial. De cualquier manera, la pena estipulada puede consistir en una obligación de hacer o no hacer susceptible de ser reclamada ante el juez.

2.1.4. EL CONTRATO DE OBRA

El incumplimiento del contrato de obra otorga al acreedor la posibilidad de escoger la forma en la cual ver satisfechas sus expectativas defraudadas por la no ejecución del deudor:

> Artículo 2059. Ejecución indebida de la obra. Si el que encargó la obra alegare no haberse ejecutado debidamente, se nombrarán por las dos partes peritos que decidan. // Siendo fundada la alegación del que encargó la obra, el artífice podrá ser obligado, a elección del que encargó la obra, a hacerla de nuevo o a la indemnización de perjuicios. // La restitución de los materiales podrá hacerse con otros de igual calidad o en dinero.

Con base en los anteriores ejemplos, no cabe duda del lugar que ocupa el cumplimiento específico en el ordenamiento jurídico nacional. Se encuentra entonces todo un desarrollo del principio enunciado y la confirmación de su eficacia en las hipótesis transcritas. Sin embargo, antes de analizar la puesta en práctica y la procedencia del cumplimiento específico, es preciso verificar el régimen de la ejecución de las obligaciones de hacer ante esta posibilidad.

2.2. LA EJECUCIÓN DE LAS OBLIGACIONES DE HACER

La tensión que se genera entre el respeto de la fuerza obligatoria del contrato y la prohibición para el juez de obligar al deudor a un hecho en contra de sus designios permite preguntarse: ¿qué ocurre con el cumplimiento específico cuando entra en el juego la regla de intangibilidad de la persona del deudor?

Frente al impedimento tradicional propuesto para la ejecución forzada de las obligaciones de hacer, era necesario acudir a mecanismos que garantizaran la verdadera indemnidad del acreedor, más allá de la valoración monetaria. Se reconocen entonces dos mecanismos que denotan un verdadero esfuerzo en dotar de verdadera coercibilidad, y por ende valor jurídico, a las obligaciones de hacer en caso de una insistente renuencia del deudor. Se trata de la ejecución indirecta por medio de sanciones pecuniarias y la sustitución del deudor por el acreedor o la ejecución por un tercero a expensas de aquel. Debe afirmarse que, en todo caso, estas figuras no comportan el cumplimiento específico propiamente dicho.

Se advierte entonces que esas medidas, si bien son útiles para los supuestos en los que las obligaciones de hacer no pudieren ejecutarse, su aplicación no satisface completamente al acreedor en cuanto a su expectativa, al menos desde el punto de vista teórico. Pareciera que el deudor caprichoso que termina pagando el subrogado pecuniario saldría victorioso con esta sanción. Ello revela la imperiosa necesidad de preguntarse qué incentivos o mecanismos de apremio resultarían coherentes con los principios de responsabilidad contractual, respetando el personalismo de ciertas prestaciones.

Pues bien, para dar respuesta a ello cabe acudir al tenor literal de las normas relativas a las obligaciones de hacer, en particular lo previsto en el Código Civil:

> Artículo 1610. Si la obligación es de hacer, y el deudor se constituye en mora, podrá pedir el acreedor, junto con la indemnización de la mora, cualquiera de estas tres cosas, a elección suya: // 1a.) Que se apremie al deudor para la ejecución del hecho convenido. // 2a.) Que se le autorice a él mismo para hacerlo ejecutar por un tercero a expensas del deudor. // 3a.) Que el deudor le indemnice de los perjuicios resultantes de la infracción del contrato. // En el régimen general, se advierte que la norma prevé el apremio, alternativamente la sustitución y en última instancia el pago del equivalente pecuniario. En todo caso, la elección correspondería inicialmente al acreedor en la demanda correspondiente.

En cuanto al Código General del Proceso, la ley procesal retoma lo dispuesto en el derecho sustancial a efectos de estructurar el proceso ejecutivo de obligaciones de hacer:

> Artículo 433. Obligación de hacer. Si la obligación es de hacer se procederá así: 1. En el mandamiento ejecutivo el juez ordenará al deudor que se ejecute el hecho

dentro del plazo prudencial que le señale y librará ejecución por los perjuicios moratorios cuando se hubieren pedido en la demanda. 2. Ejecutado el hecho se citará a las partes para su reconocimiento. Si el demandante lo acepta, no concurre a la diligencia, o no formula objeciones dentro de ella, se declarará cumplida la obligación; si las propone, se aplicará, en lo pertinente, lo dispuesto en el artículo anterior. 3. Cuando no se cumpla la obligación de hacer en el término fijado en el mandamiento ejecutivo y no se hubiere pedido en subsidio el pago de perjuicios, el demandante podrá solicitar, dentro de los cinco (5) días siguientes al vencimiento de dicho término, que se autorice la ejecución del hecho por un tercero a expensas del deudor; así se ordenará siempre que la obligación sea susceptible de esa forma de ejecución. Con este fin el ejecutante celebrará contrato que someterá a la aprobación del juez. 4. Los gastos que demande la ejecución los sufragará el deudor y si este no lo hiciere los pagará el acreedor. La cuenta de gastos deberá presentarse con los comprobantes respectivos y una vez aprobada se extenderá la ejecución a su valor. Se colige con facilidad que la primera conducta es la de requerir al deudor para que ejecute la prestación debida conforme a lo acordado. Inclusive, en dicho trámite se abre el escenario para que una vez ejecutado el hecho, el acreedor dé su aprobación y el juez constate su verdadero cumplimiento. En concordancia con lo dispuesto en el precitado artículo 1610 del Código Civil, se contempla la ejecución a expensas del deudor de manera alternativa.

De otra parte, en la normatividad procesal, se reitera la posibilidad anunciada de ejecutar las obligaciones de hacer que comportan obligaciones en el plano jurídico propiamente. Se advierte que, en caso de que el deudor se niegue a la suscripción del instrumento correspondiente, el juez lo hará en su lugar:

Artículo 434. Obligación de suscribir documentos. Cuando el hecho debido consiste en suscribir una escritura pública o cualquier otro documento, el mandamiento ejecutivo, además de los perjuicios moratorios que se demanden, comprenderá la prevención al demandado de que en caso de no suscribir la escritura o el documento en el término de tres (3) días, contados a partir de la notificación del mandamiento, el juez procederá a hacerlo en su nombre como dispone el artículo 436. A la demanda se deberá acompañar, además del título ejecutivo, la minuta o el documento que debe ser suscrito por el ejecutado o, en su defecto, por el juez. Cuando la escritura pública o el documento que deba suscribirse implique la transferencia de bienes sujetos a registro o la constitución de derechos reales sobre ellos, para que pueda dictarse mandamiento ejecutivo será necesario que el bien objeto de la escritura se haya embargado como medida previa y que se presente certificado que acredite la propiedad en cabeza del ejecutante

> o del ejecutado, según el caso. El ejecutante podrá solicitar en la demanda que simultáneamente con el mandamiento ejecutivo se decrete el secuestro del bien y, si fuere el caso, su entrega una vez registrada la escritura. No será necesario el certificado de propiedad cuando se trate de actos referentes a terrenos baldíos ocupados con mejoras, semovientes u otros medios de explotación económica, o de la posesión material que se ejerza sobre inmuebles de propiedad privada sin título registrado a su favor. Pero en estos casos se acompañará certificado del registrador de instrumentos públicos acerca de la inexistencia del registro del título a favor del demandado. Para que el juez pueda ordenar la suscripción de escritura o documento que verse sobre bienes muebles no sujetos a registro se requiere que estos hayan sido secuestrados como medida previa.

Y, finalmente, el cuerpo procesal establece la alternativa subsidiaria en caso de resultar imposible la ejecución de la prestación debida:

> Artículo 437. Ejecución subsidiaria por perjuicios. Cuando la demanda se formule de acuerdo con lo previsto en el inciso 20 del artículo 428, el auto ejecutivo deberá contener: 1. La orden de que se cumpla la obligación en la forma estipulada y que se paguen los perjuicios moratorios demandados. 2. La orden subsidiaria de que, en caso de no cumplir oportunamente el demandado la respectiva obligación, pague la cantidad señalada en el título ejecutivo o la estimada por el demandante como perjuicios.

Nótese cómo en derecho colombiano el cumplimiento específico pretende ser la regla, y no la excepción. El régimen sustancial pone de presente las dificultades, pero no ofrece soluciones eficaces. En esa misma vía, el régimen procesal general demuestra la conciencia frente a la imposibilidad de constreñir algunas obligaciones de hacer ante la negativa rotunda del deudor, como lo serían las de contenido eminentemente personal. Empero, cuenta con las herramientas correspondientes para que el razonamiento difiera a la visión tradicional aún vigente en el *common law*, como lo son el apremio, el recurso a la fuerza pública, la ejecución por un tercero y, solo en caso de fracaso de las anteriores, la indemnización de perjuicios. En cualquier caso, la última palabra corresponde al acreedor demandante.

3. REQUISITOS DE LA REPARACIÓN *IN NATURA*, FORZOSA O ESPECÍFICA

Una vez presentado el panorama legal de la reparación *in natura*, corresponde enunciar los requisitos de procedencia de esta, los cuales se extraen del régimen expuesto y de las reglas de derecho común de las obligaciones y los contratos.

3.1. LA POSIBILIDAD FÍSICA Y JURÍDICA DE LA EJECUCIÓN *IN NATURA*

El cumplimiento específico está condicionado por el objeto de la prestación debida a su naturaleza. Así, tratándose de obligaciones que tienen por objeto la prestación de dar un bien fungible o de género, bajo la idea de que los géneros no perecen, claramente es procedente la ejecución *in natura* de la prestación incumplida. Ahora bien, la respuesta no es la misma cuando totalidad del género desaparezca, o que sobrevenga una ilicitud sobre el mismo puesto que se descartaría la posibilidad de obtener el cumplimiento específico.

En principio, y conforme a lo que ya se ha dicho, es igualmente posible perseguir la ejecución *in natura* de las prestaciones de hacer, a cuyo efecto la ley prevé el cumplimiento forzoso del deudor o la facultad del acreedor para contratar a un tercero que ejecute la prestación insatisfecha y para cobrar el valor correspondiente al deudor inicial. Esta última forma ha sido considerada por la doctrina y la jurisprudencia, como se explicó, una especie de reparación por equivalente. Ello, toda vez que el deudor original debe asumir el pago de la actividad desplegada por el tercero.

En las obligaciones con objeto específico consistente en dar una especie única se torna imposible la ejecución específica o *in natura* cuando el bien perece, no obstante lo cual se establece para el acreedor el derecho a la reparación cuando la desaparición del bien le es imputable, que comprenderá el equivalente pecuniario y la indemnización de los perjuicios derivados de la mora. Si la desaparición del bien proviene de una causa extraña al deudor, imprevisible e irresistible para este, la obligación se extingue.

Y frente a la obligación de hacer *intuitu personae* o personalísima, como se explicó, el criterio de la posibilidad está supeditado a que el deudor se allane a cumplir o atienda la ejecución forzada por el juez, en cuyo defecto le queda perseguir el subrogado pecuniario y la indemnización de la mora. En este evento el acreedor podría reclamar el subrogado pecuniario con la indemnización por la mora o la resolución del contrato que apareja las consecuentes restituciones.

Ahora bien, en cuanto a la imposibilidad física, esta alude a la presencia de situaciones tales como la pérdida de la cosa que se debe, en tanto que la imposibilidad jurídica atiende a eventos como la enajenación del bien a un tercero de buena fe.

> [L]a pertinencia de la reparación in natura dependerá, como parece obvio, de la clase de daño inferido a la víctima y de la posibilidad de retrotraer o de recomponer, casi en el mundo de lo físico, los efectos del daño. [...] El campo en el que esta clase de reparación tiene una mayor aplicación es en el de los daños patrimoniales, y, particularmente, en el de los daños patrimoniales directos, pues en el caso de los daños patrimoniales indirectos es imposible reponer in natura el interés extrapatrimonial del damnificado que se reflejó en unas determinadas consecuencias desfavorables en el terreno patrimonial[17].

Es esta la condición fundamental para que proceda la reparación *in natura* o en especie, conforme lo explica también Juan Carlos Henao: "El más elemental requisito para que proceda la restitución en naturaleza es que ella resulte posible. Si la víctima ha muerto o la cosa se ha destruido y no es posible su sustitución, la reparación en naturaleza está descartada y sólo procede la indemnización compensatoria"[18].

No es jurídicamente posible cuando el bien está dentro del patrimonio de un tercero que obró de buena fe, conforme se infiere de lo previsto en la ley: "Artículo 1547. Enajenación de muebles debidos a plazo o bajo condición. Si el que debe una cosa mueble a plazo, o bajo condición suspensiva o resolutoria, la enajena, no habrá derecho de reivindicarla contra terceros poseedores de buena fe".

---

17 Solarte Rodríguez, A. "La reparación *in natura* del daño", *Vniversitas*, n.° 109, Bogotá, Pontificia Universidad Javeriana, pp. 207 y 208.

18 Henao Pérez, J. C. "Las formas de reparación en la responsabilidad del Estado: hacia su unificación sustancial en todas las acciones contra el Estado", *Revista de Derecho Privado*, n.° 28, Universidad Externado de Colombia, 2015. http://dx.doi.org/10.18601/01234366.n28.10. En el mismo sentido, Barros Bourie, E. *Tratado de responsabilidad extracontractual*, Santiago, Jurídica de Chile, 2008, p. 877.

Es imposible la ejecución *in natura* cuando se pretenda reemplazar un bien genérico o un cuerpo cierto que se ha deteriorado o ha perecido y no es posible reemplazarlo por otro similar. "[C]uando el efecto del daño es la destrucción o el deterioro sustancial de una especie o cuerpo cierto, de manera excepcional ciertamente, cabe la posibilidad de considerar pertinente una reparación in natura, en la medida en que el bien pueda ser reemplazado por otro que por sus características específicas proporciones al damnificado la misma satisfacción"[19].

3.2. QUE EL ACREEDOR ELIJA ESTA FORMA DE EJECUCIÓN DE LA PRESTACIÓN DEBIDA

La doctrina y la jurisprudencia son claras en señalar que es el acreedor quien tiene el derecho a elegir esta forma de ejecución de la prestación debida:

> Es comprensible que en determinadas circunstancias particulares, o en un ambiente y en una determinada tradición de derecho, sea preferible, individualmente o por el sistema, la conversión de la prestación in natura a una suma de dinero [141] [20], y así el mecanismo procesal ha llegado a ser sencillo y ágil para

19 SOLARTE RODRÍGUEZ, A. "La reparación *in natura* del daño", cit., p. 212.

20 Como ya se anotó, en el derecho romano la satisfacción del acreedor no era dable, en caso de renuencia del deudor, sino por el equivalente pecuniario de la prestación, y tal es la solución preferida en el derecho inglés: "La ejecución específica y las prohibiciones son remedios equitativos. Solamente se pueden obtener de la Corte de la Cancillería [...] A diferencia de los daños, que se otorgan de pleno derecho, los remedios equitativos solamente se conceden donde aparece leal y justo su otorgamiento, dentro de las circunstancias del caso. *Specific perfomance* es el decreto de la Corte emitido frente a un demandado para que éste cumpla sus obligaciones contractuales. Para los efectos de la ley del contrasto, un a *injuction* es una orden dada a un demandado de abstenerse de quebrantar su contrato. La ejecución específica no se decreta nunca cuando la orden de resarcimiento se considera remedio adecuado; tampoco se otorga en ausencia de 'reciprocidad' o igualdad de las partes; la ejecución específica ha de ser practicable; no hay lugar a ella en contratos de servicios personales. Las *injuctions* son órdenes de la Corte; por lo general son prohibitivas, esto es, órdenes a una persona de abstenerse de hacer algo. Así, quien se ha comprometido a no hacer una cosa en particular, puede ser forzado por medio de una *injuction* a dejar de hacerla": JAMES, P. *Introduction to English Law*, Londres, 192, p. 280. *Cfr.* TREITEL, G. H. *The Law of Contract,* cit., pp. 902 y ss.; JONES, G. y GOODHART, W. *Specific Perfomance*, Londres, Edimburgo, Dublín, Tottel Publishing, 1996; BELLIVIER, F. y SEFTON-FREEN, R. *Force obligatoire et exécution du contrat en droits francais et anglais,* n. 7; MAZZAMUTO, S. *L'esecuziones forzata*, Turín, Giappichelli, 1998. *Cfr.*, así mismo, el art. 28 de la Convención de las Naciones Unidas sobre contratos de

que la satisfacción del deudor se logre en dinero (débito secundario, subrogado pecuniario), al que se agregará otra cantidad de dinero: la correspondiente a los daños y perjuicios causados por el incumplimiento del deudor [21].

Lo que no sería lógico es la actitud inversa: el extremo de que en ningún caso el acreedor pudiera ir por algo distinto de la aestimatio pecunia de la prestación y el valor del resarcimiento, pues ello implicaría que el deudor sería el árbitro de la situación, dado que sería él quien decidiría, a su antojo, la satisfacción de su acreedor in natura o mediante el subrogado pecuniario, con desmedro de la seriedad y la firmeza de la relación jurídica, lo que sería absurdo e inequitativo[22]. Es más, el hecho de que el dinero sea el común denominador de todos los valores patrimoniales y de que sea cómodo remitirse a él para determinar el monto de una prestación, no implica que allá haya de llegarse necesariamente en la hipótesis de incumplimiento; antes de adoptar esta postura sería indispensable considerar la posibilidad de la ejecución específica, el equilibrio de las partes, el interés del acreedor, el interés público[23].

---

compraventa internacional de mercaderías (1980). *Cfr.* ADAME GODDARD, J. *El contrato de compraventa internacional,* México, UNAM, 1994, pp. 286 y ss., y el art. 7.2.2 de los *Principios sobre los contratos comerciales internacionales*, Unidroit, Roma, 1995, pp. 185 y ss.

21 El código judicial (Ley 105 de 1931) prevenía la posibilidad de demandar la ejecución específica de obligaciones de dar géneros o de realizar actos fungibles, junto con el pago de perjuicios, para luego, no pudiéndose realizar la prestación genuina, demandar indemnización global de perjuicios; como también contemplaba la posibilidad de que el acreedor pidiera desde un principio el subrogado pecuniario y la indemnización de perjuicios (art. 987 a 995 y 971 a 974, normas a las que se sumó la del art. I.º de la Ley 66 de 1945, que introdujo la posibilidad de ejecución específica de obligación de hacer consistente en la celebración de negocio jurídico). En la actualidad, íntegra la materia está regulada en el código de procedimiento civil (arts. 491 a 495 y 499 a 504). En lo que se refiere a la *aestimatio,* tanto del valor de la prestación, como de los perjuicios, en suma alzada o en cantidad periódica, valga indicar que ha de hacerse por el ejecutante al formular su demanda o en adición de ella; el juez procederá a ordenar el pago de esas sumas, cuya cuantía puede objetar el demandado oportunamente, caso en el cual se tramitará incidente, con carga probatoria sobre el acreedor (arts. 506 y 137 c. de p.c.).

22 "El *common law* no previene la ejecución específica de obligaciones contractuales, excepto la de pagar dinero. La ejecución específica de otras obligaciones contractuales es válida sólo en equidad. Fue y sigue siendo objeto de numerosas restricciones, basadas en parte en la drasticidad del remedio, que conduce (más directamente que la medida de resarcimiento de daños o de otorgamiento de la suma pactada) a una agresión a la persona del demandado. Y este es un factor importante sólo cuando el contrato previene la ejecución 'personal', esto es, de actos que deben ser ejecutados por el propio demandado. Cuando el contrato no es de esa índole, puede ser ejecutado específicamente sin constreñimiento personal, por ejemplo, mediante secuestro": TREITEL, G. H. *The Law of Contract*, cit., p. 902.

23 HINESTROSA, F. *Tratado de las obligaciones*, cit., pp. 114, 115.

Esta opción del acreedor está vinculada al interés de este en que se ejecute la prestación debida *en especie*, pues, solamente puede obtenerse el cumplimiento específico si este resulta posible conforme a lo acordado por las partes y a las expectativas del acreedor. Cuando desaparece el interés del acreedor, resulta inimaginable la confección de una obra para un evento pasado o la proyección y presentación de un memorial para un proceso terminado.

La doctrina ha señalado que el interés del acreedor es un aspecto fundamental de la relación obligatoria que determina incluso la causa del contrato, es decir, para qué se contrata: "El interés del acreedor es elemento funcional de la relación obligatoria. El interés es en general, una necesidad de bienes o servicios objetivamente valorable. El interés de acreedor es el interés a cuya satisfacción se dirige la prestación"[24].

Si se extingue dicho interés, causa o motivación, se torna improcedente la ejecución específica de la prestación.

3.3 QUE NO COMPORTE UNA CARGA EXCEPCIONAL AL DEUDOR

Surgen algunas dudas frente a la desproporción, desde el punto de vista del costo, entre el pago del perjuicio o el cumplimiento específico. En el derecho francés, con la admisión de la ejecución *in natura* en la reforma, se dispuso que la ejecución forzada no era procedente si el costo de esta resultaba manifiestamente desproporcionado.

Sin embargo, dicho razonamiento no solamente no es de recibo en nuestro ordenamiento en razón de la ausencia de norma expresa similar al artículo 1222 del código francés, sino que su aceptación haría nugatoria la reafirmación del poder vinculante del contrato con la admisión del cumplimiento forzado.

Ahora bien, aunque la desproporción económica no pueda considerarse como un límite a la facultad de perseguir la ejecución forzosa, el abuso de dicha prerrogativa para algunos puede ser controlado por el juez. En palabras del profesor Rengifo:

> Si el acreedor solicita la ejecución específica de la obligación y lo hace por capricho o para perjudicar al deudor, sin obtener con ello un beneficio real, el juez lo puede

---

24 Bianca, M. C. *Diritto civile*, iv, *Obbligazione*, Milán, Giuffrè, 2019, p. 41.

> privar del ejercicio de esta prerrogativa y ordenar, en cambio, la terminación del contrato y la indemnización de perjuicios.
>
> Es decir que la insistencia en el débito primario o ejecución específica de la obligación, como primera opción que tiene el acreedor en los ordenamientos de tradición romanista, vale en tanto y *en cuanto ese débito sea posible ejecutarlo y el acreedor mantenga un interés serio y real en que se ejecute*. Si no hay un interés serio y razonable, habría un abuso del derecho que el juez deberá estar presto a reprimirlo. Si el contrato ha perdido la utilidad o la finalidad que la parte prefiguró al momento de su celebración, resultaría irrazonable o desproporcionado insistir en su ejecución[25].

En este orden de ideas, el abuso del derecho de crédito se configuraría como otra limitante a la ejecución *in natura*.

4. LA EJECUCIÓN *IN NATURA* DE LA OBLIGACIÓN DEBIDA NO EXCLUYE LA INDEMNIZACIÓN DE PERJUICIOS DERIVADOS DEL INCUMPLIMIENTO

Debe también recalcarse que la ejecución *in natura* es apenas una de las consecuencias propias del incumplimiento. Por ello, de ninguna manera puede entenderse como excluyente de las demás consecuencias que no resultan directamente incompatibles. En ese sentido, el acreedor puede reclamar el cumplimiento específico, pero también el perjuicio que con el no cumplimiento o el retardo injustificado le sea causado por el deudor. "[...] Del incumplimiento del deudor no solamente subsiste la obligación (*perpetuatio obligationis*), con la misma prestación, de ser aun factible su ejecución, o convertida en dinero, sino que, además, se genera un nuevo crédito (adicional), por el valor de los perjuicios que dicho incumplimiento le haya ocasionado al acreedor"[26].

Sobre la posibilidad de lograr la reparación *in natura* y la indemnización de los perjuicios derivados de la mora, dijo la Sala de Casación Civil lo siguiente:

---

25 Rengifo García, E. *Abuso en la ejecución forzosa del contrato*, Bogotá, Universidad Externado de Colombia, 2017; ver https://procesal.uexternado.edu.co/abuso-en-la-ejecucion-forzosa-del-contrato/

26 Biondi, B. *Istituzioni di diritto romano*, cit., pp. 404 y ss., citado en Hinestrosa, F., *Tratado de las Obligaciones*, cit., p. 279.

Cuándo hay lugar a la indemnización compensatoria. Para finalizar lo concerniente a la segunda premisa que se estudia, sólo resta determinar cuándo puede el acreedor exigir el objeto debido más la indemnización moratoria, y cuándo la compensatoria, es decir el 'precio de la cosa' más la indemnización por 'los perjuicios de la mora'. La elección entre alguno de estos dos extremos, como cumplimiento del contrato, corresponde al acreedor. Este optará por el primero *cuando aún conserva interés en que el deudor ejecute el objeto de la obligación* tal como fue pactado, y se decidirá por el segundo, forzosamente cuando la cosa ha perecido, y en los demás casos cuando' ya no tenga ningún interés en que ese objeto se ejecute. En este último evento, no puede obligarse al acreedor a recibir algo que legítimamente está en el derecho de rechazar, porque habiéndole sido útil antes de constituirse el deudor en mora, ya no le es útil después de esta. Así se estipuló, si no expresa, a lo menos tácitamente en el contrato, según los artículos 1501 y 1603, transcritos atrás.

A esta conclusión se llega aún más claramente en la hipótesis contemplada por el ordinal 29 del artículo 1608; se estipuló que la cosa sólo podía ser 'dada o ejecutada' dentro de cierto tiempo y el deudor dejó pasar este sin 'darla o ejecutarla'. Transcurrido este tiempo, el acreedor pierde todo interés en recibir la cosa, porque ya no le sirve, y el contrato lo autoriza expresa o implícitamente para exigir indemnización compensatoria', o sea, se repite, el 'precio de la cosa' más el valor de 'los perjuicios de la mora'.

Véanse algunos ejemplos aclaratorios. Compraventa de licores para recepción que habrá de tener lugar en determinado día que pasa sin que el vendedor los haya entregado al comprador. Arrendamiento de salón o teatro para presentar un artista que sólo estará en la ciudad en cierta fecha, que transcurre sin que el arrendatario haya recibido la cosa arrendada.

Promesa de entrega de los instrumentos necesarios para practicar una operación quirúrgica a paciente que fallece sin' que aquellos se hayan entregado. Contrato por el cual se encarga al sastre la confección del traje para determinado acto social, que tiene lugar antes de que el traje sea entregado. No puede remitirse a duda que en ninguno de estos casos se justificaría obligar al acreedor a exigir la ejecución de un objeto que ya no le interesa. Es palmario que tiene derecho de demandar directamente, en cumplimiento del correspondiente contrato, una indemnización compensatoria que comprenda todo el daño emergente y todo el lucro cesante sufridos por él como consecuencia de la inejecución absoluta de la obligación contraída por el deudor, sin que sea necesario que pida la resolución del contrato, que es cosa enteramente diferente y que puede no convenirle. Por ello le da opción el artículo 1546 para pedir que se resuelva el contrato o que este se cumpla: y una manera de cumplirlo es pagando el deudor al acredor la indemnización compensatoria.

La nueva doctrina que ahora sienta la Corte puede pues resumirse en esta proposición: 'el cumplimiento del contrato', a que se refiere el artículo 1546 del Código Civil, puede efectuarse de dos maneras distintas: ora ejecutando el deudor moroso su obligación tal como fue contraída (cumplimiento en especie), ora pagando al acreedor el precio o valor del objeto pactado (ejecución en equivalente), en ambos casos con indemnización por los perjuicios de la mora. El precio o valor del objeto más la indemnización moratoria, se llama en técnica jurídica la 'indemnización compensatoria[27].

5. LA EJECUCIÓN *IN NATURA* EN LA CONTRATACIÓN ESTATAL

Ahora bien, ese espíritu de apertura frente al cumplimiento específico en Colombia no solamente se constata en materia del derecho privado. En derecho público también se permite la ejecución *in natura* y, frente a las complejidades de la contratación, la reparación pecuniaria deviene inicua. Si bien normalmente no es el mismo deudor-contratista quien se ve llamado a cumplir, cuando sobreviene una caducidad lo fundamental es la garantía de la continuidad del objeto, la prestación regular del servicio y la protección del interés público.

La solución diseñada en las normas de contratación pública contempla el cumplimiento específico del contrato por los garantes, con el fin de no acudir a un nuevo proceso de selección.

En ese sentido se plasman las llamadas "medidas de restablecimiento del orden jurídico" que acompañan la terminación y sanción que comporta la caducidad del contrato estatal:

En el ámbito contractual la declaratoria de caducidad lleva implícita la adopción de estas medidas. Así, la sola terminación del contrato sin incluir el efecto de la no indemnización (esto si es sanción), la toma de posesión de la obra por parte de la entidad y la declaratoria de siniestro para hacer efectivas las garantías o pólizas de cumplimiento, no son otra cosa distinta a instrumentos utilizado por la entidad contratante para evitar la paralización del objeto contratado o, en caso de que esta se haya dado, reactivar su ejecución para finalizar la obra o prestar

27 Sentencia de 3 de noviembre de 1977, reiterada en sentencia del 29 de agosto de 1984.

el servicio público de que se trate. Con estas decisiones no se persigue imponer un castigo sino llevar a feliz término el contrato[28].

En la contratación pública, se dibuja entonces un elenco de posibilidades con las que cuenta la entidad contratante para permitir la continuidad de la ejecución del contrato incumplido, distintas de la compensación monetaria, cuales son: la toma de posesión de la obra, el reemplazo del deudor por el ente asegurador o garante que ejecutara el objeto esperado[29], que el objeto sea concluido por otro proponente[30], o en modelos de APP al inversionista[31].

Esta posición es compartida por el Consejo de Estado, el cual, en materia de incumplimiento contractual, aplica los remedios correspondientes propios del derecho privado. Así, en tratándose de entidades públicas, nada obsta para que frente a un incumplimiento estas requieran en justicia la ejecución forzada del contrato. Empero, el uso de esta figura tiene particularidades específicas y podría ser más restringido. Conforme a la existencia de garantías especiales –a las que se hará mención adelante– y facultades extraordinarias de la Administración, como lo es la caducidad, el cumplimiento específico del contrato no podría producirse si el vínculo ya se ha disuelto. En efecto, una vez expirado el plazo del contrato o declarada la caducidad, resultaría difícil su realización ulterior.

De cualquier manera, durante la ejecución del contrato la entidad podría recurrir a este medio en vigencia del vínculo negocial conforme lo precisó el Consejo de Estado:

> En el campo de la contratación estatal, al cual se incorporan las normas civiles y comerciales[32], el incumplimiento de la prestación originariamente contraída

---

28 Consejo de Estado, Sección Tercera. Sentencia de 22 de octubre de 2012. Rad. 20738. Consejero ponente: Enrique Gil Botero.

29 Artículo 18 de la Ley 80 de 1993.

30 Artículo 9 de la Ley 1150 de 2007.

31 Artículo 30 de la Ley 1508 de 2012.

32 Ley 80 de 1993: "Artículo 13. De la normatividad aplicable a los contratos estatales. Los contratos que celebren las entidades a que se refiere el artículo 2o del presente estatuto se regirán por las disposiciones comerciales y civiles pertinentes, salvo en las materias particularmente reguladas en esta ley...". "Artículo 23. De los principios en las actuaciones contractuales de las entidades estatales. Las actuaciones de quienes intervengan en la contratación estatal se desarrollarán con arreglo a los principios de transparencia, economía y responsabilidad y de conformidad con los postulados que rigen la función administrativa. Igualmente, se aplicarán

o débito primario dentro del plazo acordado, da lugar a que la responsabilidad contractual del contratista sea demandada ante el juez del contrato, para que el deudor sea compelido, mediante la ejecución forzada, al cumplimiento de la prestación debida –*in natura*– o del subrogado pecuniario y, en ambos casos, a la indemnización respectiva.

Sin perjuicio de lo anterior, en la contratación estatal, como resultado de los intereses generales y la utilidad pública que gravitan en torno a ella, las entidades del Estado se encuentran investidas de la facultad de decretar la caducidad del contrato en los casos previstos en la ley, en virtud del privilegio de la decisión previa[33].

6. CONCLUSIONES

Puede concluirse que en Colombia el cumplimiento específico cuenta con una posición privilegiada en cuanto a los mecanismos remediales del incumplimiento. Aunque válida la afirmación que implica que no es posible forzar al deudor a ejecutar una conducta contra su voluntad, ella tiene una aplicación restringida en nuestro ordenamiento.

---

en las mismas las normas que regulan la conducta de los servidores públicos, las reglas de interpretación de la contratación, los principios generales del derecho y los particulares del derecho administrativo". "Artículo 28. De la interpretación de las reglas contractuales. En la interpretación de las normas sobre contratos estatales, relativas a procedimientos de selección y escogencia de contratistas y en la de las cláusulas y estipulaciones de los contratos, se tendrá en consideración los fines y los principios de que trata esta ley, los mandatos de la buena fe y la igualdad y equilibrio entre prestaciones y derechos que caracteriza a los contratos conmutativos". "Artículo 32. De los contratos estatales. Son contratos estatales todos los actos jurídicos generadores de obligaciones que celebren las entidades a que se refiere el presente estatuto previstos en el derecho privado o en disposiciones especiales, o derivados del ejercicio de la autonomía de la voluntad, así como los que, a título enunciativo, se definen a continuación [obra, consultoría, prestación de servicios, concesión, encargos fiduciarios y fiducia pública]". "Artículo 40. Del contenido del contrato estatal. Las estipulaciones de los contratos serán las que de acuerdo con las normas civiles, comerciales y las previstas en esta Ley correspondan a su esencia y naturaleza. Las entidades podrán celebrar los contratos y acuerdos que permitan la autonomía de la voluntad y requieran el cumplimiento de los fines estatales. En los contratos que celebren las entidades estatales podrán incluirse las modalidades, condiciones y, en general, las cláusulas o estipulaciones que las partes consideren necesarias y convenientes siempre que no sean contrarias a la Constitución, la Ley, el orden público y a los principios y finalidades de esta Ley y a los de la buena administración".

33 Consejo de Estado, Sección Tercera, Sentencia de 12 de julio de 2012, C. P. Danilo Rojas Betancourth. Exp. 15024.

En efecto, la negativa rotunda de hacer puede verse como tajante e intangible, empero es claro que esa negativa afecta al acreedor únicamente en los supuestos en los que la prestación cuenta con un componente personalísimo. Pareciera entonces que las dificultades se evidenciaban más en los ejemplos clásicos teóricos que en la práctica actual.

La reparación en especie surge del ejercicio de una facultad que detenta el acreedor, puesto que es él quien requiere la satisfacción de su derecho de crédito afectado con el incumplimiento. No obstante, esta facultad tiene límites que provienen de su regulación normativa. Al lado de la posibilidad jurídica y fenomenológica de la misma, el criterio de compatibilidad, así como la prohibición del abuso, delimitan el alcance de la pretensión de cumplimiento específico.

Es relevante advertir que la reparación en especie o *in natura* no es tan usual en nuestro sistema jurídico, conforme se evidencia del análisis de la jurisprudencia de la Corte Suprema de Justicia, Sala Civil, y del Consejo de Estado, en las cuales generalmente se ordenan reparaciones con fundamento en el subrogado pecuniario.

La posibilidad del cumplimiento específico podría ser una alternativa viable y conveniente para las entidades públicas ante el incumplimiento de los contratos estatales, como quiera que permitiría la satisfacción más pronta de las necesidades que los motivaron.

BIBLIOGRAFÍA

AA. VV. *Droit Civil: Les obligations*, París, Précis Dalloz, Editions Dalloz, 2018.

AA. VV. "Force obligatoire et exécution du contrat en droits francais et anglais: bonnes et mauvaises surprises du comparatisme", Mélanges J. Ghestin, LGDJ, 2014.

AA. VV. Specific Perfomance, 2.ª ed., Londres, Edimburgo y Dublín, 1996.

ADAME GODDARD, J. *El contrato de compraventa internacional*, México, 1994.

BARROS BOURIE, E. *Tratado de responsabilidad extracontractual*, Santiago, Jurídica de Chile, 2008, p. 877.

BIANCA, M. *Diritto civile*, vol. IV, *L'obbligazione*, n.° 19, Giuffrè, 2019.

CARBONNIER, J. *Droit Civil*, tome 3: *Les biens La monnaie, immeubles, meubles*, 19.ᵉ Édition, París, Themis Droit Privé, 2000.

Fabre-Magnant, M. *Droit des Obligations, Contrat et Engagement Unilatéral*, Presses Universitaires de France, 2016.

Henao Pérez, J. C. "Las formas de reparación en la responsabilidad del Estado: hacia su unificación sustancial en todas las acciones contra el Estado", *Revista de Derecho Privado*, n.° 28, Editorial Universidad Externado de Colombia, 2015. http://dx.doi.org/10.18601/01234366.n28.10

Hinestrosa, F. *Tratado de las obligaciones*, Bogotá, Universidad Externado de Colombia, 2004.

James, P. H. *Introduction to English Law*, Londres, 1953.

Larroumet, C. *Teoría General del Contrato*, vol. II, Bogotá, Temis, 1993.

Leclerc, N. *La nature de la Monnaie en Droit*, París, Corpus Iuris, 2009.

Mazzamuto. "L'esecuzione forzata", *Tratt. dir. priv.*, Rescigno, XX, Turín, 1998.

Molfessis, N. "Force obligatoire et exécution: un droit à l'exécution en nature?", *Revue de Droit Commercial*, *RDC*, Dalloz, 2005.

Rengifo García, E. *Abuso en la ejecución forzosa del contrato*, Bogotá, Universidad Externado de Colombia, 2017. Ver https://procesal.uexternado.edu.co/abuso-en-la-ejecucion-forzosa-del-contrato

Silva Sánchez, A. "En torno al Ordo Iudiciorum Privatorum", *Anuario de la Facultad de Derecho*, ISSN-e 0213-988X, n.° 12-13, 1994-1995, pp. 477-504.

Solarte Rodríguez, A. "La reparación *in natura* del daño", *Vniversitas*, n.° 109, Pontificia Universidad Javeriana, Bogotá, Colombia.

Treitel, G. H. *The Law of Contract*, 8.ª ed., Londres, 1991.

SENTENCIAS

Consejo de Estado, Sección Tercera, Sentencia de 12 de julio de 2012, C. P. Danilo Rojas Betancourth. Rad. 15024. Sentencia de 22 de octubre de 2012. C. P. Enrique Gil Botero. Rad. 20738.

Corte Suprema de Justicia, Sentencia del 20 de junio de 1972, CXLII, 239.

José Félix Chamie*

La revisión del contrato por excesiva onerosidad sobrevenida de la prestación

Sumario: 1. Noción de excesiva onerosidad. 2. Alcance de la figura. 3. El fundamento de la excesiva onerosidad sobrevenida. 4. Hechos extraordinarios e imprevisibles. 5. No imputabilidad. 6. Excesiva onerosidad sobrevenida. 7. Alea normal, previsión del evento y tipicidad contractual. 8. Ámbito de aplicación: contratos de ejecución sucesiva, periódica, o diferida (art. 868 C. de Co.). En realidad, el remedio debería aplicarse a toda figura negocial en la que durante la *distantia temporis* se rompa el sinalagma funcional a causa de hechos extraordinarios, imprevisibles e irresistibles. 9. Ámbito de aplicación. La prestación de futuro cumplimiento. 10. El reajuste o revisión judicial de acuerdo con la buena fe y la equidad. 11. Alteración relevante de las bases del contrato. Bibliografía.

1. NOCIÓN DE EXCESIVA ONEROSIDAD

Fue en Italia en 1915, en el art. 1.° del Decreto legislativo luogotenenziale n.° 739 del 27 de mayo de 1915[1], que se introdujo por primera vez la figura de la excesiva onerosidad sobrevenida. En ese entonces, fue para hacerles frente a los problemas de la depreciación monetaria causada por la posguerra. La nueva figura se equiparaba en sus consecuencias a la imposibilidad de la prestación[2]. Aunque la norma tuvo vigencia temporal, una parte de la doctrina de la época, en contraste con la jurisprudencia[3], recibió el principio innovador planteando una extensión de su aplicación más allá del evento bélico que había determinado la promulgación de la ley[4]. En la doctrina en ese momento se destacó un autor

---

* Profesor de Derecho Civil y Derecho Romano en la Universidad Externado de Colombia. Contacto: jose.chamie@uexternado.edu.co. Orcid: https://orcid.org/0000-0003-0246-0222.

1 "Para todos los efectos del art. 1226 c.c., la guerra se considera causa de fuerza mayor no solo cuando haga imposible la prestación, sino también cuando la haga excesivamente onerosa, siempre que la obligación haya sido asumida antes de la fecha del decreto de movilización".

2 Chamie, J. F. *La adaptación del contrato por eventos sobrevenidos. De la vis cui resisti non potest a las cláusulas de hardship*, Bogotá, Universidad Externado de Colombia, 2013, p. 177 ss.

3 Cass. 24 giugno 1940, n. 2079, en *Foro it.*, 1941, p. 511; Cass. 31 gennaio 1939, en *Riv. dir. comm.*, 1939, II, p. 520; Cass. 5 maggio 1925, en *Riv. dir. comm.*, 1926, p. 254.

4 Cariota Ferrara, L. *Il negozio giuridico*, Nápoles, A. Morano, 1949, p. 593; Segrè, G. "Su alcuni provvedimenti in materia di diritto privato interno emessi in occasione della guerra". *Riv. dir. comm.*, 1915, I, p. 892; y del mismo autor en la *Riv. dir. comm.*, 1916, II, p. 628 ss.; *Riv. dir. comm.*, 1919, II, p. 766; *Riv. dir. comm.*, 1920, II, p. 215 ss.; y *Riv. dir. comm.*, 1921, II, p. 1 ss.; Bessone, M. *Adempimento e rischio contrattuale*, Milán, Giuffrè, 1969, p. 48; Santoro-Passarelli, F. *Dottrine generali del diritto civile*, Nápoles, Jovene, 1971, p. 262; B. Belotti, "Sulla legislazione commerciale di guerra". *Riv. dir. comm.*, 1915, I, p. 570 ss.;

que dio una mirada a la doctrina medieval de la *reductio ad aequitatem*, y a partir de ella sostuvo que, en caso de cambio en las circunstancias iniciales del contrato, el mejor remedio para corregir el turbado equilibrio entre las prestaciones era el de conceder la revisión del contrato. En un comienzo esta postura no fue acogida exactamente así por el legislador de la época[5].

En nuestro ordenamiento jurídico la figura reposa en el particular diseño del art. 868 del Código de Comercio, que reza así:

> Art. 868. Revisión del contrato por circunstancias extraordinarias. Cuando circunstancias extraordinarias, imprevistas o imprevisibles, posteriores a la celebración de un contrato de ejecución sucesiva, periódica o diferida, alteren o agraven la prestación de futuro cumplimiento a cargo de una de las partes, en grado tal que le resulte excesivamente onerosa, podrá esta pedir su revisión.
>
> El juez procederá a examinar las circunstancias que hayan alterado las bases del contrato y ordenará, si ello es posible, los reajustes que la equidad indique; en caso contrario, el juez decretará la terminación del contrato.
>
> Esta regla no se aplicará a los contratos aleatorios ni a los de ejecución instantánea.

No es el caso ahora comentar en detalle esta norma[6]; valga por ahora tan solo alguna precisión. La revisión del contrato es un instrumento excepcional, que en estos casos entra a coordinar y cooperar con la regla *pacta sunt servanda* para buscar el camino de la satisfacción de las partes mediante la puesta en marcha de una revisión de acuerdo con la buena fe y la equidad, en este caso, por la vía judicial. La disposición del Código de Comercio introduce todos los elementos

---

GIOVENE, A. *L'impossibilità della prestazione e la "sopravvenienza": (la dottrina della clausola "Rebus sic stantibus")*, Padua, Cedam, 1941, p. 135; TARTAGLIA, P. voz "*onerosità eccessiva*", en *Enciclopedia del diritto*, XXX, Milán, 1980, p. 156 ss.; TERRANOVA, C. *L'eccessiva onerosità nei contratti*, Milán, Giuffrè, 1995, p. 21 ss.; REDENTI, E. "Sulla nozione di eccessiva onerosità". *Riv. trim. dir. proc. civ.*, 1959, p. 344.

5 ANDREOLI, M. *Revisione delle dottrine sulla sopravvenienza contrattuale*, Milán, Società Editrice Libraria, 1938, p. 309; GALLO, P. *Sopravvenienza contrattuale e problemi di gestione del contratto*, Milán, Giuffrè, 1992, p. 105.

6 Me permito remitir al completo estudio en el contexto nacional realizado por FRANCO ZÁRATE, J. A. "La excesiva onerosidad sobrevenida en la contratación mercantil: una aproximación desde la perspectiva de la jurisdicción civil en Colombia". *Revista de Derecho Privado*, n.° 23 (2012), p. 245 ss. En la jurisprudencia nacional ver el destacado fallo de la CSJ, cas. civil, sentencia del 21 de febrero de 2012, M. P. William Namen Vargas.

de la tradición del sistema romanístico: imprevisión, extraordinariedad, excesiva onerosidad, cambio a la base negocial, ajuste equitativo; en últimas, la terminación del contrato con efecto *ex nunc*. Pero todo ello con la intervención judicial, y al parecer con un diseño encaminado, como tradicionalmente ha sido, a la resolución del contrato por excesiva onerosidad sobrevenida. No obstante, la orientación actual en esta materia es aquella según la cual se debe privilegiar y promover la renegociación equitativa entre las partes. Esta última orientación, que en la actualidad se ofrece desde la armonización del derecho de los contratos, ha sido adoptada en algunos ordenamientos nacionales, como en la reciente reforma al Código civil francés[7].

2. ALCANCE DE LA FIGURA

Este remedio es de aplicación restringida. Se trata de contratos de ejecución sucesiva, periódica o diferida, donde las prestaciones están ligadas entre sí por un nexo funcional, es decir, el sinalagma[8]. El remedio de la excesiva onerosidad implica tener en cuenta dos presupuestos[9]: 1) La excesiva onerosidad sobrevenida no sea producto de circunstancias ordinarias o previsibles por las partes[10]. 2) Si la excesiva onerosidad sobrevenida se debe a circunstancias no extraordinarias e imprevisibles, se deduce que ella no se comprende en el alea normal del contrato, que debe ser superada para hablar de extraordinariedad (*vis extraria, cui resisti non potest)*. Según la norma del art. 868 C. de Co., el presupuesto de la acción se limita al ámbito de los contratos de ejecución

---

7 *Cfr.* MALLET-BRICOUT, B. "2016 ou l'année de la réforme du droit des contrats". *Revue de référence en droit civil* Dalloz, RTD Civ. (2016), p. 463; TABARES CORTÉS, F. "La reforma del Código Civil Francés. Un proemio al cambio estructural de los principios de derecho privado del Código Napoleónico". *Revista Verba Iuris*, 12 (38) (julio-diciembre 2017); MOMBERG, R. "La reforma al derecho de obligaciones y contratos en Francia. Un análisis preliminar". *Revista chilena de derecho privado*, n.° 24 (julio 2015), p. 121 ss.

8 BESSONE, M. *Adempimento e rischio contrattuale*, cit., p. 48 ss.; TARTAGLIA, P. Voz "*onerosità eccessiva*", cit., p. 158.

9 CARDILLI, R. "*Bona fides*" *Tra storia e sistema*, Turín, Giappichelli, 2004, p. 170 n. 55; TERRANOVA, C. G. *L'eccessiva onerosità nei contratti*, Milán, Giuffrè, 1995, p. 25 ss.

10 "Circunstancias extraordinarias, imprevistas o imprevisibles". Como enseñaba Servio en el derecho romano: *si nihil extra consuetudinem acciderit*; *cfr.* Ulp. D. 19, 2, 15, 29.

sucesiva, periódica o de ejecución diferida[11], y el remedio no procede si la parte que lo solicita ha ejecutado completamente su prestación[12].

Dos comentarios sobre esto. Es conveniente señalar que, si bien la norma habla de contratos de ejecución sucesiva, parece evidente a la luz del remedio equitativo que el criterio relevante debe ser el de la *distantia temporis* entre el momento de la celebración y el momento de la ejecución, y no el de la naturaleza de instantáneo o sucesivo del contrato. Es decir, más claro sería hablar de 'ejecución diferida' en general. Siempre que exista un lapso (*distantia temporis*) que permita el cambio irresistible en las circunstancias iniciales de cualquier contrato, debería considerarse procedente el remedio[13].

La disposición del código de comercio colombiano no contempla la oferta de reequilibrio para salvar el negocio, como sí lo hace el código italiano (Arts. 1467 c.c. it.). Acorde con la tradición del sistema, la norma italiana introduce la oferta de modificación del contrato[14] basada en la *equidad*, con el fin de corregir el desequilibrio y evitar la resolución. La posibilidad de la oferta se concede a la parte demandada[15], recordando la similitud con la *reductio ad aequitatem* en materia de *laesio enormis* y de contrato celebrado en estado de necesidad o de peligro, elemento sobresaliente también en cuanto a la cláusula *rebus sic stantibus* en el sistema de los doctores medievales, y presente ya originariamente en el interior del sistema en materia de gestión del riesgo contractual con la *reductio* o *remissio mercedis*[16] y la adaptación del contrato de arrendamiento.

---

11 "... contrato de ejecución sucesiva, periódica o diferida".

12 "... alteren o agraven la prestación de futuro cumplimiento a cargo de una de las partes..."; *cfr.* el dato italiano para observar similitudes y diferencias en Terranova, C. G. *L'eccessiva onerosità nei contratti*, cit., p. 59, n.os 30 y 31.

13 *Cfr.* Neme Villarreal, M. L. "*Pacta sunt servanda* y *rebus sic stantibus*: tensiones entre los principios de buena fe y autonomía contractual", en *Pacta sunt servanda y rebus sic stantibus. Desarrollos actuales y perspectivas históricas*, México D. F., Novum, 2014, pp. 191-238; Chamie, J. F. *La adaptación del contrato por eventos sobrevenidos*, cit., p. 210, n. 577, 214; *id.*, "Autonomía privada y el contrato como instrumento económico y social: ¿continuidad, adaptación, transformación?", en Neme Villarreal, M. (coord.), *Autonomía privada. Perspectivas del derecho contemporáneo*, Bogotá, Universidad Externado de Colombia, 2018, p. 125 ss.

14 Cesàro, V. M. *Clausola di rinegoziazione e conservazione dell'equilibrio contrattuale*, Nápoles, Edizioni Scientifiche Italiane, 2000, p. 82; Panuccio Dattola, F. *L'oferta di riduzione ad equità*, Milán, Giuffrè, 1990, p. 89 ss.

15 "La parte demandada por la resolución puede evitarla ofreciendo modificar equitativamente las condiciones del contrato".

16 Que existe en nuestro derecho en la solicitud de rebaja del canon por el deterioro o destrucción de la cosa debido a casos fortuitos extraordinarios en el arrendamiento de predios rústicos

Acá está presente la exigencia de adecuar las prestaciones mediante la renegociación[17] o adaptación y procurar la satisfacción del interés contractual de las partes antes que frustrarlo del todo y terminar la relación[18]. De esta manera, subsiste, también aquí, el deber de restablecer el equilibrio de las prestaciones conforme al espíritu de cooperación y solidaridad[19], y solo cuando las reglas no resulten idóneas para atender la excesiva onerosidad sobrevenida, se podrá recorrer el campo de la resolución del contrato[20]. Pero sobre la renegociación se tratará en otro apartado de este libro.

(art. 2041 C.C.); *cfr.* CHAMIE, J. F. *La adaptación del contrato por eventos sobrevenidos*, cit., p. 218 ss.

17 FONTAINE, M. "Les Clauses de Hardship". *Dir. prat. comm. int.*, 1976, p. 279; ZACCARIA, E. C. "L'adattamento dei contratti a lungo termine nell'esperienza giuridica statunitense: aspirazioni teoriche e prassi giurisprudenziale". *Contratto e impresa*, 2 (2006), p. 490 n. 39; SCHWENZER, I. y MUÑOZ, E. "Duty to renegotiate and contract adaptation in case of hardship". *Uniform Law Review*, vol. 24 (2019), pp. 150 ss.; DEWEZ, J., RAMBERG, C., MOMBERG, R., CABRILLAC, R. y SAN MIGUEL, L. "The Duty to Renegotiate an International Sales Contract under CISG in Case of Hardship and the Use of the Unidroit Principles". *European Review of Private Law*, 1 (2011), pp. 131 ss.; CHAMIE, J. F. "Por un derecho de contratos más solidario en tiempos de pandemia del contrato indiferente al contrato humano: 'anticuerpos' para restablecer el equilibrio funcional de los contratos", en CELLURALE, M. *et alli*. "Vulnerabilidad, solidaridad y pandemia: algunas reflexiones desde el derecho civil", *Ensayos de la Revista de Derecho Privado*, n.º 3, Bogotá, Externado de Colombia, 2020, p. 129 ss., disponible en: https://www.uexternado.edu.co/derecho/reflexiones-sobre-la-pandemia-a-partir-del-derecho-civil/; PRÜTTING, J. "Wegfall der Geschäftsgrundlage als Antwort des Zivilrechts auf krisenbedingte Vertragsstörungen? –Systemerwägungen zu §313 BGB und sachgerechter Einsatz in der Praxis–", en Effer-Uhe, D. y Mohnert, A. (eds.), *Vertragsrecht in der Coronakrise*, Baden-Baden, Nomos, 2020, p. 47 ss.

18 HINESTROSA, F. "La revisión del contrato", en *Rapport général elaborado para las Journées Brésiliennes de la Association Henri Capitant*, Rio de Janeiro y São Paulo, 23–27 mayo 2005, p. 7; *cfr.* TERRANOVA, C. G. *L'eccessiva onerosità nei contratti*, cit., p. 193; CHAMIE, J. F. *La adaptación del contrato por eventos sobrevenidos*, cit., p. 218 ss., y *passim*.

19 *Cfr.* SCHIFFRIN, V. "The divergence of contract and promise". *Harvard Law Review*, vol. 120:708 (2007), p. 752; CAMPBELL, D. y HARRIS, D. "Flexibility in Long-Term Contractual Relationships: The Rule of Co-operation". *J. Law & Soc.*, vol. 20 n.º 2 (1993), p. 167; MACARIO, F., *Adeguamento e rinegoziazione dei contratti a lungo termine*, Nápoles, Jovene, 1996, *passim*; *id.*, "Rischio contrattuale e rapporti di durata nel nuovo diritto dei contratti: dalla presupposizione all'obbligo di rinegoziare". *Riv. dir. civ.*, 2002, p. 63 ss.; PATTI, F. P. "Collegamento negoziale e obbligo di rinegoziazione". *Nuova giur. civ. comm.*, 2013, p. 117 ss.; SIRENA, P. "Eccessiva onerosità sopravvenuta e rinegoziazione del contratto: verso una riforma del codice civile?". *Jus*, 2020 (en prensa).

20 CHAMIE, J. F. *La adaptación del contrato por eventos sobrevenidos*, cit., p. 218 ss., y *passim*; CARDILLI, R. "*Bona fides*" *Tra storia e sistema*, cit., p. 171; GALLO, P. *Sopravvenienza*

3. EL FUNDAMENTO DE LA EXCESIVA ONEROSIDAD SOBREVENIDA

Parece que el fundamento de la excesiva onerosidad se encuentra en la sujeción implícita de los contratos a la regla *rebus sic stantibus*, sobre la tradición del derecho común, vinculada estrechamente a los principios de buena fe y de equidad[21]. La regla mencionada es expresión de una problemática más aguda, y tiene un gran potencial dogmático. El problema general es el de la compatibilidad entre eventos sobrevenidos y cumplimiento, los efectos de estas anomalías, en otras palabras, la relación entre el contrato, las circunstancias iniciales que rodearon su celebración, y la cambiante realidad de su cumplimiento. La regla en sí misma no agota la cuestión, pero ella sirvió de carta de presentación de un problema más complejo que se presenta concretamente en términos de distribución del riesgo. Así, y para toda la dogmática del sistema jurídico de *civil law*, se dice que el art. 1467 c.c. it. tradujo en norma el principio tradicionalmente expresado por la citada regla. No obstante, la disposición se refiere solo a la hipótesis de lo 'imprevisible' determinando así el cumplimiento a la sola eventualidad de circunstancias que las partes no habrían podido considerar. Ahora bien, parece indiscutible que una disposición en términos de excesiva onerosidad de la prestación prueba que el código vigente pone en práctica un control sobre el equilibrio económico de los contratos, pero quizás no establece un principio tan general que incluya cualquier otra fuente de perturbación del equilibrio distinta del evento imprevisible[22].

---

contrattuale e problemi di gestione del contratto, cit., p. 106; DRAETTA, U. y LAKE, R. *Contrats internationaux. Pathologie et Remèdes,* Bruselas, Bruylant; París, FEC, 1997, p. 195 ss.

21 *Cfr.* TERRANOVA, C. G. *L'eccessiva onerosità nei contratti*, cit., p. 27; CHAMIE, J. F. "Autonomía privada y el contrato como instrumento económico y social: ¿continuidad, adaptación, transformación?", en Neme Villarreal, M. (coord.), *Autonomía privada. Perspectivas del derecho contemporáneo*, Bogotá, Universidad Externado de Colombia, 2018, p. 126 ss.; *id.*, "Notas sobre algunos principios generales del derecho: una reflexión a partir de principios generales y su influencia en las obligaciones en la experiencia jurídica colombiana". *Revista de la Facultad de Derecho Pontificia Universidad Católica del Perú*, 80, 2018.

22 CHAMIE, J. F. *La adaptación del contrato por eventos sobrevenidos*, cit., p. 218 ss.; *cfr.* BESSONE, M. *Adempimento e rischio contrattuale*, cit., p. 48 ss.; SACCO, R., "La presupposizione e l'art. 1467 c. c.". *Riv. dir. comm.*, 1948, II, p. 163 ss.; TRAISCI, F. P. *Sopravvenienze contrattuali e rinegoziazione nei sistemi di civil law e common law*, Nápoles, Edizioni Scientificeh Italiane, 2003; GRONDONA, M. "Dall'emergenza sanitaria all'emergenza economica: l'eccessiva onerosità sopravvenuta tra buona fede e obbligo di rinegoziazione". *Actualidad Jurídica Iberoamericana*, 2020, p. 314 ss.

4. HECHOS EXTRAORDINARIOS E IMPREVISIBLES

Se habla de acontecimientos extraordinarios e imprevisibles. De acuerdo con el carácter extraordinario, el evento debe ser extraño a las partes y al contrato. De imprevisión se ha dicho algo arriba, valga precisar. La imprevisión de los eventos, elemento también propio del sistema jurídico de *civil law*. Es una característica del *casus* la de ser un evento *cui prevederi non potest*. Sin embargo, si se observa bien el requisito de un evento extraordinario, puede afirmarse que resulta imprevisible todo evento fuera del curso ordinario de las cosas, y que un hombre medio prevé solamente aquello que está dentro de ese curso ordinario o normal de los acontecimientos[23]. El remedio se extiende a todos aquellos eventos que pueden considerarse objetivamente previsibles, y que el contratante promedio no se esfuerza en considerar. No obstante, esta interpretación amplia deja el problema de aquellos eventos que cualquier contratante promedio habría podido prever y, por el contrario, no lo hizo[24].

Pero, ¿está el fundamento del remedio en la ampliación del concepto de imposibilidad? No hay duda de que se trata de una vicisitud en el ámbito funcional del contrato, pero, ¿se ubica la excesiva onerosidad dentro de los modos de extinción de las obligaciones? Ya se ha dicho en otro lugar que no obstante las diferencias específicas entre imposibilidad y excesiva onerosidad, estas deben acumularse dentro del *genus* de las alteraciones no imputables de la economía del contrato durante la fase de su ejecución, al mismo nivel de aquellas alteraciones imputables como el incumplimiento, que junto a las otras dos anteriores entran todas en el amplio campo de los defectos o anomalías en la ejecución del contrato[25].

También se ha vinculado este remedio con el instituto de la presuposición. Si se piensa que la presuposición consistiría en la previsión de que las circunstancias iniciales, sobre las que el contrato se basa, permanezcan

---

23 MOURALIS, J. Voz "Imprévision", en *Encyclopédie Dalloz, Répertoire de droit civil*, VI, París, Dalloz, 1989; CHAMIE, J. F. *La adaptación del contrato por eventos sobrevenidos*, cit., p. 218 ss.; BESSONE, M. *Adempimento e rischio contratuale*, cit., p. 49; BETTI, E. *Teoria generale delle obbligazioni*, I, Milán, Giuffrè, 1953, p. 192 ss.; COLIN, A. y CAPITANT, H. *Cours élémentaire de droit civil français*, II, 10e. éd., París, Dalloz, 1948, p. 94 ss.; HINESTROSA, F. *Tratado de las obligaciones* II, vol. II, Bogotá, Universidad Externado de Colombia, 2015, p. 509 ss.

24 BESSONE, M. *Adempimento e rischio contrattuale*, cit., p. 49 ss.

25 CHAMIE, J. F. *La adaptación del contrato por eventos sobrevenidos*, cit., p. 218 ss.; DE MARTINI, A. "L'eccessiva onerosità nell'esecuzione dei contratti". *Giur. Compl. Cass. Civ.*, vol. XVIII, 1945, p. 20.

sustancialmente invariadas, o no haya una modificación que supere el alea normal del contrato[26]. Acá hay una exigencia de proteger a los contratantes de los riesgos de una grave perturbación del valor económico de la prestación causada por hechos imprevistos, partiendo del presupuesto que la buena fe y la equidad invitan a salvaguardar el equilibrio del contrato y una equitativa distribución de los riesgos[27].

Desde el punto de vista funcional del contrato, el presupuesto se considera como una motivación típica relevante, pero no desde la consideración subjetiva del error de previsión sobre los motivos, sino desde la perspectiva objetiva de la causa, de modo que dicho motivo constituye la base o fundamento común del negocio (objetividad del presupuesto)[28]. Así, la presuposición se define como una determinada situación de hecho o de derecho, pasada, presente o futura, de carácter objetivo, independiente de la voluntad de las partes, cuya ocurrencia o desaparición, aunque no haya sido expresada, debe considerarse como presupuesto común en la formación del consentimiento, y del cual depende la permanencia del vínculo contractual. Cierto, se piensa acá en la doctrina de la base negocial; otras veces se ha entendido la presuposición no como elemento de integración del programa negocial, sino como instrumento de interpretación de la efectiva voluntad de las partes[29].

La continuidad del vínculo alterado por eventos sobrevenidos debería depender de la modificación equitativa, del restablecimiento del equilibrio entre las prestaciones. Como señala Mantello, si la valoración de la contraprestación es posiblemente un criterio hermenéutico de individualización del interés de los contratantes no expresado en el programa negocial, el ámbito de la

26 *Cfr.* Sacco, R. "La presupposizione e l'art. 1467 c.c.", cit., p. 163; Martorano, F. "Presupposizione ed errore sui motivi nei contratti". *Riv. dir. civ.*, 1958, p. 59 ss.; Girino, F. "Riflessioni in tema di presupposizione". *Foro it.*, 1960, p. 1579 ss.; Ferri, G. B. "Dalla clausola 'rebus sic stantibus' alla risoluzione per eccessiva onerosità". *Quadrimestre*, 1988, p. 512 ss.; De Martini, A. "Presupposizione, condizione, eccessiva onerosità ed errore sui motivi". *Giur. compl. Cass. civ.*, 1947, II, p. 356.

27 Chamie, J. F. *La adaptación del contrato por eventos sobrevenidos*, cit., p. 218 ss.; Scognamiglio, R. *Contratti in generale*, en Grosso y Santoro Passarelli (dirs.), *Trattato di diritto civile*, vol. IV, Milán, Giuffrè, 1972, p. 287 ss.; Bianca, C. M. *Diritto civile. 5. La responsabilità*, Milán, Giuffrè, 1997, p. 389 ss.

28 Martorano, F. "Presupposizione ed errore sui motivi nei contratti", cit., p. 69.

29 *Cfr.* Chamie, J. F., *La adaptación del contrato por eventos sobrevenidos*, cit., cap. II, y *passim*; Terré, F., Simler, P. y Lequette, Y. *Droit civil. Les obligations*, París, Dalloz, 1999, p. 522; Carbonnier, J. *Droit civil 4, Les obligations*, París, PUF, 1998, p. 428.

'presuposición distributiva del riesgo de la realidad' no puede sino comprender circunstancias originarias o sobrevenidas, idóneas para ejercer presión sobre el aspecto cualitativo del programa negocial y no sobre el aspecto cuantitativo de la equivalencia económica originaria o sucesiva entre las prestaciones[30].

Es de esperar que las circunstancias iniciales que rodean el momento de la formación del contrato cuyas prestaciones se cumplirán en el futuro, y que constituyen su base negocial, cambien o puedan cambiar. Esto es así pues aquellos negocios cuyos efectos están llamados a prolongarse en el tiempo están expuestos a sufrir anomalías que afectan el equilibrio funcional entre las prestaciones. Como se ha dicho en otro lugar,

> [d]ebido precisamente a su duración enfrentan el riesgo de eventuales acontecimientos sobrevenidos que pueden hacer absolutamente imposible la ejecución de la prestación (problema del riesgo contractual en sentido estricto y pérdida del *commodum obligationis*), o alterar en forma anómala la proporcionalidad de la operación económica produciendo un desequilibrio sobrevenido grave entre las prestaciones que se refleja en una evidente mayor onerosidad del cumplimiento para una de las partes[31].

Naturalmente, de esto se desprende la exigencia de equidad de la cooperación en la distribución de los riesgos que exceden el alea normal del contrato[32]; eventos extraordinarios que se manifiestan raramente por tipología y alcance[33], hechos fortuitos, o bien, que un hombre medio *prevederi non potest*; cuanto más se prolongue en el tiempo la duración del contrato, tanto más probabilidad hay de que ocurran estos eventos[34].

Todo hecho imprevisible es extraordinario, mas no todo hecho extraordinario es imprevisible. Es posible afirmar que la imprevisión es una categoría

---

30 Mantello, M. *Interpretazione funzionale e rischio contrattuale*, Nápoles, Jovene, 2003, p. 312; Chamie, J. F. *La adaptación del contrato por eventos sobrevenidos*, cit., p. 197, n. 533.

31 Chamie, J. F. *La adaptación del contrato por eventos sobrevenidos*, cit., p. 199, con cita de Betti, E. *Teoria generale delle obbligazioni*, i. *Prolegomeni: funzione economico-sociale dei rapporti d'oblligazione*, Milán, Giuffrè, 1953, §8, p. 190; *cfr.* Hinestrosa, F. *Tratado de las obligaciones*, i, cit., p. 767 ss.

32 Betti, E. *Teoria generale delle obbligazioni*, i, cit., §8, p. 188 ss.; Terré, F. Simler, P. y Lequette, Y. *Droit civil, Les obligations*, cit., p. 524.

33 Bianca, C. M. *Diritto civile 5, la responsabilità*, cit., p. 396.

34 Chamie, J. F. *La adaptación del contrato por eventos sobrevenidos*, cit., p. 199 n. 540 y 541; Antonmattéi, P. *Contribution à l'étude de la force majeure*, París, lgdj, 1992, n.os 86 y 87.

más amplia que el elemento de la 'extraordinariedad'; en otras palabras, en los casos concretos, la imprevisión abarca el carácter extraordinario. Como se ha precisado en otro lugar, "[e]s un hecho conocido que en nuestro tiempo un gran número de situaciones pueden ser previstas, incluso aquellas extraordinarias, esto genera dificultad para la eficacia de este requisito", por lo cual el "[e]vento extraordinario es aquel que está fuera del curso normal de los acontecimientos, del todo extraño a las partes y al contrato en particular"[35].

Que el hecho sea extraordinario no basta, la imprevisión resulta una exigencia presente. En materia de imprevisión la cuestión es sin duda de probabilidad, si un evento no es probable no debe considerarse previsible; en otras palabras, resulta imprevisible aquel hecho cuya ocurrencia es lógicamente improbable. Hay detrás un criterio subjetivo que implica la capacidad de representación de la probable ocurrencia de un hecho[36]. El poder de representación mental en estos casos ha de considerarse en proporción a la capacidad de previsión del contratante medio en el caso y la actividad concretos. De este modo, la capacidad de previsión del hecho sobrevenido debe ser considerada respecto de su relación con la normalidad o anormalidad del evento, y en relación con un criterio objetivo. Es decir, una circunstancia es previsible o no según que hubiese podido ser prevista con una diligencia media del contratante en el caso y la actividad profesional concretos. Susceptibles de representación son entonces los hechos que, con un esfuerzo objetivamente ordinario, el contratante en el caso concreto podría prever en relación con las circunstancias bajo las cuales se estableció la relación[37].

Se debe evitar la tendencia a señalar la identidad sustancial de los dos requisitos. Absorber la extraordinariedad del hecho dentro de la noción de imprevisión no parece sistemático. Los dos requisitos no son sustancialmente equivalentes. No es posible negar que también el hecho extraordinario tiene un cierto grado de previsibilidad, en vista de que en la actualidad mayor número

---

35 CHAMIE, J. F. *La adaptación del contrato por eventos sobrevenidos*, cit., p. 199.

36 BESSONE, M. *Adempimento e rischio contrattuale*, cit., p. 15 ss.; BIANCA, C. M. *Diritto civile 5, la responsabilità*, cit., p. 396; FERRI, G. B. *Dalla clausola 'rebus sic stantibus' alla risoluzione per eccessiva onerosità*, cit., p. 67; BETTI, E. *Teoria generale delle obbligazioni*, I, cit., p. 191 ss.; DE MARTINI, A. "L'eccessiva onerosità nell'esecuzione dei contratti", cit., p. 26 ss.; G. SCALFI, "Considerazioni sui contratti aleatori". *Riv. dir. civ.*, 1960, p. 149.

37 CHAMIE, J. F. *La adaptación del contrato por eventos sobrevenidos*, cit., p. 201, con cita de LIPARI, N. "La risoluzione del contratto per eccessiva onerosità: la struttura del giudizio di prevedibilità e la rilevanza dell'inflazione". *Giust. civ.*, 1985, I, p. 2799.

de eventos pueden ser objeto de previsión. También un evento extraordinario como la guerra, o una catástrofe natural, o el agotamiento de algunas materias primas y otros eventos similares son hoy en día objeto de previsión. Entonces el énfasis se pone sobre el juicio de la extraordinariedad y de irresistibilidad, aunque no es posible negar que resulta útil también tener en cuenta el dato estadístico no sólo en función de la imprevisión sino también para establecer la extraneidad. Como quiera que sea, el juicio en este casi debe efectuarse en función del tipo de actividad al que se refiere la obligación, y en relación con el criterio del contratante medio en el caso concreto[38].

5. NO IMPUTABILIDAD

La aplicación del remedio de la revisión depende de la no imputabilidad del hecho al comportamiento del deudor. Esto es, que con su conducta el deudor de la prestación tampoco haya favorecido las consecuencias adversas provocando la excesiva onerosidad en el cumplimiento. Así, el remedio no se aplica cuando el deudor no haya previsto, por hecho suyo por su negligencia, un evento previsible; o cuando la excesiva onerosidad se produce estando el deudor incumplido; y finalmente cuando el deudor haya agravado su situación contribuyendo así al estado de excesiva onerosidad[39].

6. EXCESIVA ONEROSIDAD SOBREVENIDA

Los hechos nuevos han de hacer la prestación excesivamente onerosa, pero, ¿cuál es la medida del exceso? Sin duda el evento extraño debe superar el alea riesgo dentro de la esfera de control de la persona; este ámbito de riesgo debe ser desbordado para que proceda el remedio. Hay un amplio campo de discrecionalidad para el juez que deberá libremente establecer el alcance de la desproporción[40].

De dos formas podría entenderse el alcance de esta exigencia: en un primer sentido, el requisito debe entenderse en sentido literal, por lo cual es necesaria una alteración del valor de la prestación en sí misma, de modo que el desequilibrio se evidencia al confrontar el valor o el costo de la prestación en

38 *Cfr.* Traisci, F. P. *Sopravvenienze contrattuali*, cit., p. 76 ss.

39 Chamie, J. F. *La adaptación del contrato por eventos sobrevenidos*, cit., p. 202.

40 *Ibid.*

el momento de celebrar el contrato, con el valor o el costo en el momento en que debe cumplirse. En segundo lugar, la fórmula implica un cambio general de todo el equilibrio entre las prestaciones y no bastaría el cambio del valor intrínseco de la prestación en sí misma considerada[41].

El primer sentido enunciado llevaría a una equiparación del concepto de excesiva onerosidad con el de imposibilidad subjetiva, y se correría el riesgo de legitimar cualquier clase de incumplimiento, y, en consecuencia, lesionar el principio de la obligatoriedad del contrato. En realidad, si se observa bien, se trata de un temor dogmáticamente injustificado pues la cuestión en realidad sistemáticamente pertenece a la categoría más amplia de las anomalías (o, si se quiere, dificultades) en el cumplimiento no imputables al deudor.

Si la prestación se hace excesivamente onerosa pero su cumplimiento es todavía posible, esto excluye por contera el campo de la imposibilidad absoluta. Así, si la excesiva onerosidad de la que habla en nuestro caso el mencionado art. 868 C. de Co., no se explica a la luz de una relevante dificultad subjetiva, resulta necesario entonces darle un carácter objetivo sin confundirla con la imposibilidad, para ello se requiere una lectura desde otra óptica que no mire la prestación en sí misma, sino respecto de la contraprestación[42].

En términos de utilidad, la desproporción o desequilibrio sería excesiva cuando la diferencia entre la utilidad de la prestación y la utilidad de la contraprestación sea tal que deba considerarse frustrada la finalidad perseguida por las partes con el contrato. Esto quiere decir que la excesiva onerosidad debe interpretarse en relación con la equivalencia jurídica y económica entre los intercambios patrimoniales de las partes, y teniendo en cuenta la frustración de la expectativa de enriquecimiento justificado[43].

---

41 *Cfr.* Chamie, J. F. *La adaptación del contrato por eventos sobrevenidos*, cit., p. 202, con cita de Gambino, A. "Eccessiva onerosità della prestazione e superamento dell'alea normale del contratto". *Riv. dir. comm.*, 1960, I, p. 428; y Carresi, F. *Il contratto*, en *Trattato di diritto civile e commerciale* (dirs. Cicu e Messineo), vol. XXI, t. II, Milán, Giuffrè, 1987, p. 839 ss.

42 Bosseli, A. Voz "*Eccessiva onerosità*", en *Noviss. Dig. It.*, IV, Turín, 1960, p. 333; Chamie, J. F. *La adaptación del contrato por eventos sobrevenidos*, cit., p. 202.

43 Enrietti, E. "Della risoluzione del contratto", en D'Amelio, M. y Finzi, E. (dirs.), *Commentario del codice civile. Obbligazioni*, I, Firenze, 1947, p. 897 ss.; Chamie, J. F. "Autonomía privada y el contrato como instrumento económico y social: ¿continuidad, adaptación, transformación?", cit., p. 126 ss.

7. ALEA NORMAL, PREVISIÓN DEL EVENTO Y TIPICIDAD CONTRACTUAL

La excesiva onerosidad sobrevenida debe alterar la prestación de manera sustancial, relevante, considerable. Esto quiere decir que el hecho nuevo debe presionar de tal manera las condiciones del vínculo que imponga a una de las partes un sacrificio económico que excede la que en su caso puede considerarse el alea normal del contrato; una evidente desproporción entre el costo previsible y el resultado previsible de la prestación debe ser lo que indique que se ha desbordado el alea normal y que la situación ahora evidencia la alteración del sinalagma funcional del contrato[44].

La noción de alea normal es útil para comprender la excesiva onerosidad, pero las dos categorías son distintas en sí. La excesiva onerosidad se vincula a un criterio objetivo-cuantitativo dirigido a medir el riesgo de variación en el costo de la prestación, mientras que la noción de alea normal de riesgo se fija en un criterio relativo-cualitativo idóneo para establecer cuándo se supera el riesgo propio del tipo contractual; consiste pues en un criterio de orden cualitativo que sirve para verificar la relación entre el impedimento y el tipo contractual considerado desde dos perspectivas: una, la abstracta de su función, y otra, la concreta de su contenido[45].

¿Qué contiene la categoría 'alea normal'? En ella encontramos: i) la relación entre costo previsible y rendimiento previsible; ii) también se compone de la variación normal de la realidad económica del contrato; iii) de la variación de valor entre las prestaciones de un contrato en particular en situación de normalidad; iv) del riesgo de la actividad dentro de la cual debe ser cumplida la prestación, en relación con la previsión de éxito de esa actividad; v) el grado de incerteza sobre la ganancia o la pérdida económicas que los contratantes pretenden alcanzar con el programa contractual; vi) las oscilaciones de valor

---

44 *fr.* NICOLÒ, R. Voz "*Alea*", en *Enciclopedia del Diritto*, I, Milán, Giuffrè, 1958, p. 148 ss.; MACARIO, F. *Adeguamento e rinegoziazione nei contratti a lungo termine*, cit., p. 240; TERRANOVA, C. G. *L'eccessiva onerosità nei contratti*, cit., 153; BETTI, E. *Teoria generale delle obbligazioni*, I, cit., p. 191 ss.; LIPARI, N. "La risoluzione del contratto per eccessiva onerosità: la struttura del giudizio di prevedibilità e la rilevanza dell'inflazione", cit., p. 2797; RIEHM, T. "Corona und das Allgemeine Leistungsstörungsrecht", en Effer-Uhe, D. y Mohnert, A. (eds.), *Vertragsrecht in der Coronakrise*, Baden-Baden, Nomos, 2020, p. 11 ss.

45 GAMBINO, A. "Eccessiva onerosità della prestazione e superamento dell'alea normale del contratto". *Riv. dir. comm.*, 1960, I, p. 447 ss.; NICOLÒ, R. Voz "*Alea*", cit., p. 1026.

causadas por los cambios normales del mercado; vii) el riesgo de la variación de costos que está dentro de los límites de la normalidad; viii) el margen de incerteza de ganancias y pérdidas relacionadas con la posible variación de las circunstancias alrededor del cumplimiento[46].

¿Qué debe tenerse en cuenta para valorar el alea normal de riesgo? Mediante una tarea interpretativa se debe tener en cuenta el tipo de riesgo inherente a la causa típica del contrato, la figura contractual de que se trate y la alteración del equilibrio funcional. De esto se infiere que el alea normal es un criterio elástico en su relación con la causa y con la ejecución del contrato[47].

Se desborda el alea normal de riesgo cuando se presentan anomalías que van más allá de la habitual previsión de las variaciones de costos que hacen parte de los cambios acostumbrados del mercado de que se trate, y cuando superan la posibilidad de previsión de los efectos del hecho extraño. Así que la excesiva onerosidad debe verse en relación con el aspecto cuantitativo, pero también en relación con el tipo contractual del caso que podría contener datos atípicos, es decir, en relación también con un aspecto cualitativo, y con el aspecto temporal. Como se ha dicho en otra parte a este respecto,

> [l]os criterios cualitativos y cuantitativos buscan establecer un agravio al empeño económico del obligado, esto es, una situación que excede la incerteza económica de la operación; el criterio temporal busca establecer una comparación entre los términos del programa contractual original y su fisonomía cambiante en el momento de la ejecución, utilizando como parámetro la unidad monetaria para establecer la comparación del valor original y sucesivo entre las prestaciones[48].

---

46 Chamie, J. F. *La adaptación del contrato por eventos sobrevenidos*, cit., p. 205; E. Betti, *Teoria generale delle obbligazioni*, i, cit., p. 191; De Martini, A. "L'eccessiva onerosità nell'esecuzione dei contratti", cit., p. 26.

47 *Cfr.* Gabrielli, E. "Alea e svalutazione monetaria nell'offerta di riduzione ad equità". *Rass. dir. civ.*, 1987, p. 722 ss.; Riehm, T. "Corona und das Allgemeine Leistungsstörungsrecht", cit., p. 11 ss.

48 Chamie, J. F. *La adaptación del contrato por eventos sobrevenidos*, cit., p. 205; Betti, E. *Teoria generale delle obbligazioni*, i, cit., p. 206; Nicolò, R. Voz "*Alea*", cit., p. 1016; Gabrielli, E. "Tipo negoziale, prevedibilità dell'evento e qualità della parte nella distribuzione del rischio contrattuale". *Giur. it.*, 1986, i, p. 1715.

8. ÁMBITO DE APLICACIÓN: CONTRATOS DE EJECUCIÓN SUCESIVA, PERIÓDICA, O DIFERIDA (ART. 868 C. DE CO.). EN REALIDAD, EL REMEDIO DEBERÍA APLICARSE A TODA FIGURA NEGOCIAL EN LA QUE DURANTE LA *DISTANTIA TEMPORIS* SE ROMPA EL SINALAGMA FUNCIONAL A CAUSA DE HECHOS EXTRAORDINARIOS, IMPREVISIBLES E IRRESISTIBLES

Un gran número de contratos, en particular los que impulsan la marcha del sistema comercial organizado en el mercado global, se ejecutan de manera sucesiva o escalonada en el tiempo, es decir, sus prestaciones han de ejecutarse en el futuro (*contractus qui habent tractum successivum vel dependentiam de futuro*). De inmediato se evidencia la relevancia causal del tiempo en estas figuras negociales; aunque es apenas obvio que el factor tiempo no incide de igual manera en todas las relaciones contractuales[49].

Los denominados contratos de ejecución sucesiva constituyen entre las partes una verdadera relación de continuidad sin intervalos (p. ej., el arrendamiento, la sociedad, el contrato de seguro, el contrato de trabajo). Dentro de la ejecución sucesiva, "[e]n otros casos se usa la noción de contratos de ejecución escalonada, donde las prestaciones se ejecutan a repetición, se escalonan en el tiempo de forma independiente, pero se toman como pertenecientes a un todo único en razón de la unidad del acto originario único e indivisible"[50].

El remedio de la resolución por excesiva onerosidad sobrevenida se aplica también, siempre de acuerdo con el art. 868 C. de Co., a los contratos de ejecución periódica o diferida. La disposición no contempla los contratos de ejecución continua, como sí lo hace el código italiano, en los que la única prestación se ejecuta sin solución de continuidad, en forma progresiva desde el perfeccionamiento del contrato hasta que llegue a término final su eficacia; en los contratos de ejecución periódica, "una variedad de prestaciones se sintetizan en una serie de actos escalonados en el tiempo y separados por determinados intervalos; por su parte, en los contratos de ejecución diferida, la prestación, que se resume en un solo acto de ejecución, se cumple a distancia de tiempo

---

49 *Cfr.* CARBONNIER, J. *Droit civil*, tome 4, *les obligations* (22ème éd.), París, PUF, 2000, p. 261 ss.

50 CHAMIE, J. F. *La adaptación del contrato por eventos sobrevenidos*, cit., p. 208; *id.*, "El principio general de reductio ad aequitatem por desequilibrio contractual". *Revista de derecho privado*, nº. 22, 2012.

más o menos considerable respecto de la fecha de la estipulación del contrato (*distantia temporis*)"[51].

En realidad, los contratos de ejecución sucesiva y periódica son contratos de duración, en la medida en que la continuación de las prestaciones en un determinado periodo de tiempo resulta condición esencial para la realización de la finalidad contractual esperada con el programa negocial. Hay una conducta dirigida a la ejecución continuada de la relación jurídica. Por su parte, en los contratos de ejecución diferida la duración en el tiempo de las prestaciones no es característica típica estructural, y lo que importa es el hecho del cumplimiento en momento temporalmente distinto al de la celebración del contrato[52].

Sin embargo, no solo en los contratos de ejecución sucesiva y periódica (contratos de duración), o diferida, el tiempo es un rasgo típico característico del sinalagma funcional y de toda la operación económica, él también funge como unidad para la medida del valor de la prestación en otros negocios. En los contratos de ejecución diferida, en cambio, el tiempo (término para el cumplimiento) está en función del interés práctico del acreedor en posponer la aceptación del cumplimiento de la prestación[53]. A decir verdad, la distinción entre contratos de ejecución sucesiva y periódica se sostiene en la teoría, pero en la práctica resulta de difícil aceptación "en cuanto una prestación periódica bien puede prolongarse en el tiempo hasta el punto de convertirse en una de ejecución continua; dificultades también se predican de la tercera categoría en la medida que en ella estarían comprendidos sólo aquellos contratos en los que el hecho de diferir la ejecución derive de un específico acuerdo de las partes o resulte de la naturaleza del contrato"[54].

De esto se deduce lo que en otro lugar ya se había señalado[55]: que el remedio procede también en otros contratos como en los unilaterales y en los gratuitos, y es posible afirmar que en general debería ser de aplicación en todo contrato

---

51 Chamie, J. F. *La adaptación del contrato por eventos sobrevenidos*, cit., p. 208.

52 Ver Oppo, G. "I contratti di durata". *Riv. dir. comm.*, 1943, i, p. 227 ss.; Terranova, C. G. *L'eccessiva onerosità nei contratti*, cit., p. 57 ss.

53 *Cfr.* Stolfi, G. "Appunti sui contratti di durata", en *Studi in memoria di B. Scorta*, Roma, 1940, p. 843 ss.; Carresi, F. "Sulla nozione di contratto ad esecuzione differita di cui all'art. 1467 cod. civ.". *Giur. compl. cass. civ.*, 1949, i, p. 149 ss.; Carbonnier, F. *Droit civil*, t. 4, *Les obligations*, cit., p. 261 ss.; Enrietti, E. "Della risoluzione del contratto", cit., p. 895; Fabre–Magnan, M. *Les Obligations*, cit., p. 152 ss.

54 Chamie, J. F. *La adaptación del contrato por eventos sobrevenidos*, cit., p. 212.

55 *Ibid.*, p. 210 y n. 577.

en el que se difiera el cumplimiento de la prestación y el contratante quede expuesto a la *distantia temporis* y a la ocurrencia de hechos sobrevenidos[56].

9. ÁMBITO DE APLICACIÓN. LA PRESTACIÓN DE FUTURO CUMPLIMIENTO

Legitimada para invocar la resolución es entonces la parte contratante cuya prestación se hizo excesivamente onerosa, y se apresta a cumplir, pero la carga económica es ahora excesiva e imprevista. Y así, ¿debe necesariamente incumplir? ¿El cumplimiento es indicio de que no había desequilibrio? ¿Y si cumple con los mayores costos? ¿Pierde el derecho a solicitarlos?

De acuerdo con la disposición de la ley comercial colombiana, se diría que el remedio no es aplicable ante una prestación totalmente cumplida, pues el hecho mismo del cumplimiento total, integral, a tiempo y según lo acordado, indicaría que fue superado cualquier impedimento, o cualquier situación relevante que agravó la ejecución de la prestación. No obstante, se debe considerar que, en los derechos nacionales e incluso en la armonización del derecho de contratos en el mundo, prevalece todavía como regla la fuerza obligatoria del contrato, por lo que cabe preguntarse qué ocurre si el deudor a pesar de la onerosidad excesiva cumple y deja constancia de la desproporción, y puede probarla, ¿puede todavía incoar la acción de revisión?

Por otra parte, es evidente que debido a la relevancia causal del tiempo el problema del riesgo sobrevenido se presenta cuando el cumplimiento es parcial, esto pues el hecho externo se presenta en la ejecución de la prestación sucesiva, periódica, o diferida, por obvias razones posterior a la celebración. Se infiere que se presenta cuando por lo general la prestación se encuentra parcialmente cumplida, o bien, en ejecución en el tiempo. El deudor que invoca el remedio puede lograr el reajuste judicial, si no, en últimas se decretará la terminación del contrato con el mismo efecto de una resolución por imposibilidad sobrevenida.

La misma idea de temporalidad conduce a pensar que el remedio puede aplicarse también fuera del ámbito de los contratos de duración o de ejecución diferida, siempre que exista un intervalo entre la celebración del contrato y la ejecución de la prestación (*distantia temporis*).

---

56 De una *distantia temporis* habla también la jurisprudencia, *cfr.* CSJ, cas. civ., sentencia del 21 de febrero de 2012, M. P. William Namen Vargas.

La admisión del remedio no puede depender de la naturaleza particular de la prestación continua o periódica, o diferida. También la obligación a término es una obligación de ejecución diferida, y, por su parte, también en el llamado contrato unilateral procede el remedio. La razón de la tutela contra las consecuencias económicas negativas de la ruptura del equilibrio funcional anhelado por las partes no está en la periodicidad o continuidad de la prestación, sino en la protección del sinalagma en razón del acto de diferir la ejecución, esto es, la relevancia causal del tiempo que altera la prestación agravando la situación de una o de ambas partes, quebrando el sinalagma funcional, poniendo en riesgo la expectativa privada y creando un ambiente que debe ser restablecido por la buena fe y la equidad.

Téngase en cuenta que la ruptura del equilibrio funcional del contrato bien puede presentarse cuando la prestación se ejecuta en un único término, así como también cuando debe ejecutarse en periodos o continuamente. Por ello debería ser de aplicación a todo negocio jurídico. Se insiste, como se ha dicho en otro lugar[57], que para la aplicación del remedio no debería ser necesario sino el acto de diferir la ejecución de la prestación, y no resulta indispensable que haya sido acordado en el programa contractual inicial: "basta solamente que luego las partes, expresa o tácitamente, hayan diferido la ejecución por un mutuo consentimiento originado en la oportunidad de una o de ambas (siempre en beneficio de la relación), o por causa de las circunstancias extraordinarias que exigen emplear todos los medios para asegurar el cumplimiento y proteger las expectativas de los contratantes"[58].

10. EL REAJUSTE O REVISIÓN JUDICIAL DE ACUERDO CON LA BUENA FE Y LA EQUIDAD

El objetivo del remedio es el restablecimiento del equilibrio funcional roto por causa del hecho sobrevenido, para evitar así los efectos de la terminación *ex nunc* y conservar la relación contractual ajustando en equidad de la prestación que ahora se hizo excesivamente onerosa. Pero ¿cuál es el alcance de la expresión legislativa "los reajustes que la equidad indique"? En la base del

57 Chamie, J. F. *La adaptación del contrato por eventos sobrevenidos*, cit., pp. 214, 212, 210 n. 577.

58 *Cfr.* Chamie, J. F. *La adaptación del contrato por eventos sobrevenidos*, cit., p. 211; Sacco, *Il contratto*, en Vassalli, F. (dir.), *Trattato di diritto civile italiano*, VI, tomo 2, Turín, UTET, 1975, p. 992; Carresi, "Sulla nozione di contratto ad esecuzione differita di cui all'art. 1467 cod. civ.", cit., p. 149.

remedio está la idea de restablecer el equilibrio sinalagmático, evitando las consecuencias inicuas que pueda causar el riesgo sobrevenido, y recorrer el camino de un reajuste equitativo. En este sentido, se trata de la modificación del contrato suficiente para restablecer el sinalagma funcional, y modificar equitativamente las condiciones de la relación[59]. Aquí la equidad se presenta como la justa decisión del caso particular, sí, pero la buena fe tiene una presencia robusta dentro del ejercicio de las conductas de las partes en medio de la tensión con la regla de la obligatoriedad del contrato[60]. Se trata acá del ámbito de la adaptación del programa contractual a la nueva realidad de la situación de hecho. Se ha de aplicar una equidad del caso "particular", que no es otra cosa que un criterio para establecer la reglamentación más productora de igualdad de un caso concreto y que sin duda corresponde a la conciencia subjetiva del juez. Pero no se debe olvidar que la buena fe guía la conducta de las partes y del juez, y esto porque "[e]l principio de buena fe otorga reglas que sirven como criterio de valoración del comportamiento de las partes en la ejecución del contrato"[61]. En este sentido, la equidad legislativa acá no solo es la expresión de los poderes discrecionales del juez, sino que en la tarea de corrección está en coordinación con el principio rector de la buena fe. Esto quiere decir que se modifica cualitativamente la función del juez, pues, en efecto, el poder del juez es no solo un medio para garantizar la actuación constante del derecho, sino que se constituye particularmente hoy en actor

---

59 Panuccio Dattola, F. *L'offerta di riduzione ad equità*, Milán, Giuffrè, 1990, p. 90 ss.; Chinchilla Imbett, C. A. "El rol de la excepción de incumplimiento contractual en los tiempos de pandemia. Del 'remedio de autotutela' que suspende el contrato a los límites en su ejercicio basados en la solidaridad contractual", en Cellurale, M. T. *et alli*, *Vulnerabilidad, solidaridad y pandemia. Algunas reflexiones desde el derecho civil*, Ensayos de la Revista de Derecho Privado, n.° 3, Bogotá, Universidad Externado de Colombia, 2020, p. 183 ss.; Chamie, J. F. "Por un derecho de contratos más solidario en tiempos de pandemia: del contrato indiferente al contrato humano: 'anticuerpos' para restablecer el equilibrio funcional de los contratos", en Cellurale, M. T. *et alli*, *Vulnerabilidad, solidaridad y pandemia: algunas reflexiones desde el derecho civil*, Ensayos de la Revista de Derecho Privado, n.° 3, Bogotá, Universidad Externado de Colombia, 2020, p. 129 ss.

60 *Cfr.* Neme Villarreal, M. L. "*Pacta sunt servanda* y *rebus sic stantibus*: tensiones entre los principios de buena fe y autonomía contractual", en *Pacta sunt servanda y rebus sic stantibus. Desarrollos actuales y perspectivas históricas*, México D. F., Novum, 2014, p. 191 ss.; *id.*, "Buena fe subjetiva y buena fe objetiva. Equívocos a los que conduce la falta de claridad en la distinción de tales conceptos". *Revista de Derecho Privado*, n.° 17, 2009, p. 45 ss.

61 Chinchilla Imbett, C. A. *La excepción de incumplimiento contractual. Estructura, función y límites*, Bogotá, Universidad Externado de Colombia, 2017, p. 346.

fundamental e indispensable dentro de la particular naturaleza dinámica del negocio jurídico, esto es, en la relación entre la autonomía privada y el ordenamiento jurídico y sus principios[62].

II. ALTERACIÓN RELEVANTE DE LAS BASES DEL CONTRATO

El juez debe valorar las circunstancias nuevas que han alterado las bases del contrato provocando la existencia de un vicio objetivo del negocio, que consiste en la desaparición de la base negocial del programa contractual proyectado originalmente por las partes. Pero, ¿qué es base del negocio? La base negocial es la representación que uno de los sujetos de la relación haya tenido respecto de una circunstancia fundamental del negocio[63]. Es decir, la representación de una de las partes que asume importancia durante la formación y celebración del contrato, que la contraparte conoce y acepta, como representación común de ambas sobre la existencia o la posibilidad de ocurrencia de determinadas circunstancias. Se supera cualquier autolimitación de la voluntad y se lleva la cuestión al ámbito del fundamento de la relación, esto es, al contenido del contrato[64].

La base del negocio se refiere pues a una representación de ciertas circunstancias que se consideran motivo fundamental, no necesariamente parte del contenido del contrato, pero, a su vez, no es un simple motivo interno no expresado, sino que los contratantes lo estiman, o razonablemente debería hacerse, como base del negocio, al menos para uno de ellos. Y falta o desaparece

---

62 *Cfr.* ZIMMERMANN, R. *Richterliches Moderationsrecht oder Totalnichtigkeit? Die richtliche Behandlung anstössig-übermässiger Verträge*, Berlín, 1979, p. 186; ROMANO, S. Voz "*Principio di equità*", en *Enciclopedia del diritto*, XV, 1966, p. 86 ss.; OSILIA, E. "L'equità". *Foro pad.* 1948, II, p. 74; PANUCCIO DATTOLA, F. *L'offerta di riduzione ad equità*, cit., p. 97; BESSONE, M. "Impossibilità 'economica' della prestazione, clausola generale di buona fede e giudizio di equità". *Foro it.*, 102, 5, 1979, p. 49 ss.

63 *Cfr.* OERTMANN, P. *Die Geschäftsgrundlage: ein neuer Rechtsbegriff*, Leipzig, A. Deichert, 1921, p. 27 ss.; para el uso de la figura en tiempos de pandemia, ver PRÜTTING, J. "Wegfall der Geschäftsgrundlage als Antwort des Zivilrechts auf krisenbedingte Vertragsstörungen? -Systemerwägungen zu §313 BGB und sachgerechter Einsatz in der Praxis-", en Effer-Uhe, D. y Mohnert, A. (eds.), *Vertragsrecht in der Coronakrise*, Baden-Baden, Nomos, 2020, p. 47 ss.

64 BIANCA, C. M. *Diritto civile*, III, *Il contratto*, cit., p. 437, n. 59; BESSONE, M. "La rilevanza della presupposizione, teorie di Windscheid ed Oertmann". *Foro it.*, 5, 1978, p. 285; NEME VILLARREAL, M. L. "*Pacta sunt servanda* y *rebus sic stantibus*: tensiones entre los principios de buena fe y autonomía contractual", en *Pacta sunt servanda y rebus sic stantibus. Desarrollos actuales y perspectivas históricas*, México D. F., Novum, 2014, pp. 191-238.

la base del negocio cuando cambian las circunstancias iniciales, es decir, cuando, si bien la representación corresponde con las circunstancias que rodeaban el contrato en el momento de su celebración, el cambio de ellas produce un sacrificio irrazonable para el deudor[65]. La base negocial se refiere entonces a aquellos hechos o circunstancias cuya permanencia u ocurrencia, fuera o no prevista por las partes, se considera fundamental en el momento de celebrar el contrato, y su alteración grave constituye motivo de adaptación del mismo[66].

Se presenta una alteración del presupuesto de la equivalencia sinalagmática inicial entre las prestaciones, pero no cualquier hecho sobrevenido que altera la base del negocio tiene la virtud de ser considerado como relevante para que haya revisión, sino solo aquellos hechos que alteran la ejecución de la prestación y producen un cambio sustancial entre el momento de la celebración del contrato y el momento de su ejecución. Así, un cambio sustancial es el que no deja duda de que una de las partes no habría celebrado el contrato de haber conocido el cambio o modificación relevante en el caso concreto[67]. Pero queda la duda sobre cuándo es relevante, si puede ser cuantificado porcentualmente, o mejor emplear otros criterios como la imprevisión o la alteración del resultado esperado por las partes; por ello, el cálculo sobre la relevancia de la alteración debe hacerse no solo con base en el contenido del contrato, sino también considerando las expectativas de las partes[68].

BIBLIOGRAFÍA

ANDREOLI, M. *Revisione delle dottrine sulla sopravvenienza contrattuale*, Milán, Società Editrice Libraria, 1938.

ANTONMATTÉI, P. *Contribution à l'étude de la force majeure*, París, LGDJ, 1992.

BELOTTI, B. "Sulla legislazione commerciale di guerra". *Riv. dir. comm.*, 1915, I.

BESSONE, M. *Adempimento e rischio contrattuale*, Milán, Giuffrè, 1969.

---

65 *Cfr.* FIKENTSCHER, W. *Schuldrecht*, cit., p. 19.

66 *Ibid.*

67 JANSSEN, B. "Neue Aktualität für das alte Rechtsinstitut vom Wegfall der Geschäftsgrundlage im Zusammenhang mit der Wiedervereinigung". ZRP, 1991, p. 418 ss.

68 TRAISCI, F. P. *Sopravvenienze contrattuali*, cit., p. 140 ss.; sobre las distintas hipótesis de interrupción de la prestación por la pandemia, ver RIEHM, T. "Corona und das Allgemeine Leistungsstörungsrecht", cit., p. 11 ss.

BESSONE, M. "La rilevanza della presupposizione, teorie di Windscheid ed Oertmann". *Foro it.*, 5, 1978.

BESSONE, M. "Impossibilità 'economica' della prestazione, clausola generale di buona fede e giudizio di equità". *Foro it.*, 102, 5, 1979.

BETTI, E. *Teoria generale delle obbligazioni*, I. *Prolegomeni: funzione economico-sociale dei rapporti d'oblligazione*, Milán, Giuffrè, 1953.

BIANCA, C. M. *Diritto civile.* 5: *La responsabilità*, Milán, Giuffrè, 1997.

BOSSELI, A. Voz "Eccessiva onerosità". *Noviss. Dig. It.*, IV, Turín, 1960.

CAMPBELL, D. y HARRIS, D. "Flexibility in Long-Term Contractual Relationships: The Rule of Co-operation". *J. Law & Soc.*, vol. 20 n.° 2, 1993.

CARBONNIER, J. *Droit civil.* 4: *Les obligations*, 21.e éd., París, PUF, 1998.

CARBONNIER, J. *Droit civil*, tome 4: *Les obligations*, 22ème éd., París, PUF, 2000.

CARDILLI, R. "*Bona fides*" *Tra storia e sistema*, Turín, Giappichelli, 2004.

CARRESI, F. "Sulla nozione di contratto ad esecuzione differita di cui all'art. 1467 cod. civ.". *Giur. compl. cass. civ.*, 1949, I.

CARRESI, F. *Il contratto*, en *Trattato di diritto civile e commerciale* (dirs. Cicu e Messineo), vol. XXI, t. II, Milán, Giuffrè, 1987.

CARIOTA FERRARA, L. *Il negozio giuridico*, Nápoles, A. Morano, 1949.

CESÀRO, V. M. *Clausola di rinegoziazione e conservazione dell'equilibrio contrattuale*, Nápoles, Edizioni Scientifiche Italiane, 2000.

CHAMIE, J. F. "El principio general de *reductio ad aequitatem* por desequilibrio contractual". *Revista de Derecho Privado*, n.º 22, 2012.

CHAMIE, J. F. *La adaptación del contrato por eventos sobrevenidos. De la* vis cui resisti non potest *a las cláusulas de* hardship, Bogotá, Universidad Externado de Colombia, 2013.

CHAMIE, J. F. "Autonomía privada y el contrato como instrumento económico y social: ¿continuidad, adaptación, transformación?". En: M. Neme Villarreal (coord.),

Autonomía privada. Perspectivas del derecho contemporáneo, Bogotá, Universidad Externado de Colombia, 2018.

Chamie, J. F. "Notas sobre algunos principios generales del derecho: una reflexión a partir de principios generales y su influencia en las obligaciones en la experiencia jurídica colombiana". *Revista de la Facultad de Derecho*, Pontificia Universidad Católica del Perú, n.° 80, 2018.

Chamie, J. F. "Por un derecho de contratos más solidario en tiempos de pandemia del contrato indiferente al contrato humano: 'anticuerpos' para restablecer el equilibrio funcional de los contratos". En: M. Cellurale *et alli*, *Vulnerabilidad, solidaridad y pandemia: algunas reflexiones desde el derecho civil*, Ensayos de la Revista de Derecho Privado, n.° 3, Bogotá, Universidad Externado de Colombia, 2020.

Chinchilla Imbett, C. *La excepción de incumplimiento contractual. Estructura, función y límites*, Bogotá, Universidad Externado de Colombia, 2017.

Chinchilla Imbett, C. "El rol de la excepción de incumplimiento contractual en los tiempos de pandemia. Del 'remedio de autotutela' que suspende el contrato a los límites en su ejercicio basados en la solidaridad contractual". En: Cellurale *et alli*, *Vulnerabilidad, solidaridad y pandemia. Algunas reflexiones desde el derecho civil*, Ensayos de la Revista de Derecho Privado, n.° 3, Bogotá, Universidad Externado de Colombia, 2020.

Colin, A. y Capitant, H. *Cours élémentaire de droit civil français*, II, 10.e éd., París, Dalloz, 1948.

De Martini, A. "L'eccessiva onerosità nell'esecuzione dei contratti". *Giur. Compl. Cass. Civ.*, vol. XVIII, 1945.

De Martini, A. "Presupposizione, condizione, eccessiva onerosità ed errore sui motivi". *Giur. compl. Cass. civ.*, II, 1947.

Dewez, J., Ramberg, C., Momberg, R., Cabrillac, R. y San Miguel, L. "The Duty to Renegotiate an International Sales Contract under CISG in Case of Hardship and the Use of the Unidroit Principles". *European Review of Private Law*, 1, 2011.

Draetta, U. y Lake, R. *Contrats internationaux, Pathologie et Remèdes*, Bruselas, Bruylant; París, FEC, 1997.

Enrietti, E. "Della risoluzione del contratto". En: M. D'Amelio y E. Finzi (dirs.), *Commentario del codice civile. Obbligazioni*, I, Firenze, 1947.

Ferri, G. B. "Dalla clausola "rebus sic stantibus" alla risoluzione per eccessiva onerosità". *Quadrimestre*, 1988.

Fontaine, M. "Les Clauses de Hardship". *Dir. prat. comm. int.*, 1976.

Franco Zárate, J. A. "La excesiva onerosidad sobrevenida en la contratación mercantil: una aproximación desde la perspectiva de la jurisdicción civil en Colombia". *Revista de Derecho Privado*, n.° 23, 2012.

Gabrielli, E. "Alea e svalutazione monetaria nell'offerta di riduzione ad equità". *Rass. dir. civ.*, 1987.

Gabrielli, E. "Tipo negoziale, prevedibilità dell'evento e qualità della parte nella distribuzione del rischio contrattuale". *Giur. it.*, i, 1986.

Gallo, P. *Sopravvenienza contrattuale e problemi di gestione del contratto*, Milán, Giuffrè, 1992.

Gambino, A. "Eccessiva onerosità della prestazione e superamento dell'alea normale del contratto". *Riv. dir. comm.*, i, 1960.

Giovene, A. *L'impossibilità della prestazione e la "sopravvenienza": (la dottrina della clausola "Rebus sic stantibus")*, Padova, Cedam, 1941.

Girino, F. "Riflessioni in tema di presupposizione". *Foro it.*, 1960.

Grondona, M. "Dall'emergenza sanitaria all'emergenza economica: l'eccessiva onerosità sopravvenuta tra buona fede e obbligo di rinegoziazione". *Actualidad Jurídica Iberoamericana*, 2020.

Hinestrosa, F. "La revisión del contrato", en el *Rapport général* elaborado para las *Journées Brésiliennes* de la *Association Henri Capitant*, Rio de Janeiro y São Paulo, 23-27 de mayo de 2005.

Hinestrosa, F. *Tratado de las obligaciones* ii, vol. ii, Bogotá, Externado de Colombia, 2015.

Janssen, B. "Neue Aktualität für das alte Rechtsinstitut vom Wegfall der Geschäftsgrundlage im Zusammenhang mit der Wiedervereinigung". *zrp*, 1991.

Macario, F. *Adeguamento e rinegoziazione dei contratti a lungo termine*, Nápoles, Jovene, 1996.

Macario, F. "Rischio contrattuale e rapporti di durata nel nuovo diritto dei contratti: dalla presupposizione all'obbligo di rinegoziare". *Riv. dir. civ.*, 2002.

Mallet-Bricout, B. "2016 ou l'année de la réforme du droit des contrats". *Revue de référence en droit civil* Dalloz, RTD Civ., 2016.

Mantello, M. *Interpretazione funzionale e rischio contrattuale*, Nápoles, Jovene, 2003.

Martorano, F. "Presupposizione ed errore sui motivi nei contratti". *Riv. dir. civ.*, 1958.

Momberg, R. "La reforma al derecho de obligaciones y contratos en Francia. Un análisis preliminar". *Revista chilena de derecho privado*, n.° 24, julio de 2015.

Mouralis, J. Voz "Imprévision", en *Encyclopédie Dalloz, Répertoire de droit civil*, VI, París, Dalloz, 1989.

Neme Villarreal, M. "Buena fe subjetiva y buena fe objetiva. Equívocos a los que conduce la falta de claridad en la distinción de tales conceptos". *Revista de Derecho Privado*, n.° 17, Universidad Externado de Colombia, 2009.

Neme Villarreal, M. "Pacta sunt servanda y rebus sic stantibus: tensiones entre los principios de buena fe y autonomía contractual". En: *Pacta sunt servanda y rebus sic stantibus. Desarrollos actuales y perspectivas históricas*, México, Novum, 2014.

Nicolò, R. Voz "Alea". En: *ED*, I, Milán, Giuffrè, 1958.

Oertmann, P. *Die Geschäftsgrundlage: ein neuer Rechtsbegriff*, Leipzig, A. Deichert, 1921.

Oppo, G. "I contratti di durata". *Riv. dir. comm.*, I, 1943.

Osilia, E. "L'equità". *Foro pad.*, II, 1948.

Panuccio Dattola, F. *L'offerta di riduzione ad equità*, Milán, Giuffrè, 1990.

Patti, F. P. "Collegamento negoziale e obbligo di rinegoziazione". *Nuova giur. civ. comm.*, 2013.

Prütting, J. "Wegfall der Geschäftsgrundlage als Antwort des Zivilrechts auf krisenbedingte Vertragsstörungen?-Systemerwägungen zu §313 BGB und sachgerechter Einsatz in der Praxis-". En: D. Effer-Uhe y A. Mohnert (eds.), *Vertragsrecht in der Coronakrise*, Baden-Baden, Nomos, 2020.

REDENTI, E. "Sulla nozione di eccessiva onerosità". *Riv. trim. dir. proc. civ.*, 1959.

RIEHM, T. "Corona und das Allgemeine Leistungsstörungsrecht". En: D. Effer-Uhe y A. Mohnert (eds.), *Vertragsrecht in der Coronakrise*, Baden-Baden, Nomos, 2020.

ROMANO, S. Voz "Principio di equità". En: *ED*, XV, 1966.

SACCO, R. "La presupposizione e l'art. 1467 c. c.". *Riv. dir. comm.*, II, 1948.

SACCO, R. *Il contratto*. En: F. Vassalli (dir.), *Trattato di diritto civile italiano*, VI, tomo 2, Turín, UTET, 1975.

SANTORO-PASSARELLI, F. *Dottrine generali del diritto civile*, Nápoles, Jovene, 1971.

SCALFI, G. "Considerazioni sui contratti aleatori". *Riv. dir. civ.*, 1960, p. 149.

SCOGNAMIGLIO, R. *Contratti in generale*, 3.ª ed., en Grosso-Santoro Passarelli (dirs.), *Trattato di diritto civile*, vol. IV, Milán, Giuffrè, 1972.

SCHIFFRIN, V. "The divergence of contract and promise". *Harvard Law Review*, vol. 120:708, 2007.

SCHWENZER, I. y MUÑOZ, E. "Duty to renegotiate and contract adaptation in case of hardship" *Uniform Law Review*, vol. 24, 2019.

SEGRÈ, G. "Su alcuni provvedimenti in materia di diritto privato interno emessi inoccasione della guerra". *Riv. dir. comm.*, I, 1915.

SIRENA, P. "Eccessiva onerosità sopravvenuta e rinegoziazione del contratto: verso una riforma del codice civile?". *Jus*, 2020 (en prensa).

STOLFI, G. "Appunti sui contratti di durata". En: *Studi in memoria di B. Scorta*, Roma, 1940.

TABARES CORTÉS, F. "La reforma del Código Civil Francés. Un proemio al cambio estructural de los principios de derecho privado del Código Napoleónico". *Revista Verba Iuris*, 12 (38), julio-diciembre 2017.

TARTAGLIA, P. Voz "onerosità eccessiva". En: *ED*, XXX, Milán, 1980.

TERRANOVA, C. G. *L'eccessiva onerosità nei contratti*, Milán, Giuffrè, 1995.

Terré, F., Simler, P. y Lequette, Y. *Droit civil. Les obligations*, 7.ᵉ éd., París, Dalloz, 1999.

Traisci, F. P. *Sopravvenienze contrattuali e rinegoziazione nei sistemi di civil law e common law*, Nápoles, Edizioni Scientifiche Italiane, 2003.

Zaccaria, E. C. "L'adattamento dei contratti a lungo termine nell'esperienza giuridica statunitense: aspirazioni teoriche e prassi giurisprudenziale". *Contratto e impresa*, 2, 2006.

Zimmermann, R. *Richterliches Moderationsrecht oder Totalnichtigkeit? Die richtliche Behandlung anstössig-übermässiger Verträge*, Berlín, 1979.

PARTE TERCERA

DE LOS REMEDIOS QUE TIENEN COMO FINALIDAD LA TERMINACIÓN DEL CONTRATO

Carlos Alberto Chinchilla Imbett*

La resolución por incumplimiento contractual en la llamada "condición resolutoria tácita" y su carácter irrenunciable

Sumario: 1. La resolución por incumplimiento contractual en la tradición civil se construye como un remedio sinalagmático que pretende eliminar el vínculo, debido a su grave disfuncionalidad. 2. El artículo 1546 del Código Civil colombiano es la norma por excelencia que consagra los remedios contractuales frente al incumplimiento de una de las partes, y no es una condición resolutoria tácita. 3. Los requisitos de procedibilidad de la resolución por incumplimiento que surgen de la lectura del artículo 1546 del Código Civil deben ser completados por aquellos construidos jurisprudencialmente por medio de los principios recogidos en el Código Civil. 3.1. La resolución por incumplimiento contractual es un remedio aplicable a los contratos bilaterales válidamente celebrados. 3.2. La resolución por incumplimiento del artículo 1546 puede ser ejercida por el contratante cumplido, cuyo cumplimiento genera la constitución en mora del deudor a la luz del artículo 1609 del Código Civil. 3.3. La resolución de incumplimiento opera frente a un incumplimiento imputable, definitivo y grave del deudor. 4. Los efectos de la resolución por incumplimiento dependen del tipo negocial sobre el que recae el remedio sinalagmático: entre efectos *ex tunc* y efectos *ex nunc*. 5. El ejercicio de la autonomía privada en la renuncia de la acción resolutoria contenida en el artículo 1546 del Código Civil colombiano. 5.1. Los argumentos que justifican la renuncia de la resolución giran en torno al prisma de la autonomía privada y del carácter dispositivo de las normas del derecho privado. 5.2. Los argumentos que justifican el carácter irrenunciable de la resolución giran en torno al prisma de la sinalagmaticidad del contrato, los cuales permiten una verdadera tutela de los intereses de las partes y del correcto funcionamiento del contrato. 5.3. La regulación de los requisitos de procedibilidad de la resolución es permitida siempre y cuando no dé lugar a la renuncia de la resolución, pues un contrato gravemente disfuncional debe ser resuelto y permitirle a la parte afectada liberarse del vínculo. Bibliografía.

* Profesor del Departamento de Derecho Civil de la Universidad Externado de Colombia. Orcid: orcid.org/0000-0002-1234-7875

I. La resolución por incumplimiento contractual se consagra como un remedio sinalagmático que pretende eliminar el vínculo, debido a su grave disfuncionalidad

La resolución como aquella eliminación, disolución o extinción del vínculo contractual es un mecanismo que cubre una pluralidad de supuestos de hecho[1]. En efecto, la resolución puede tener como origen la voluntad de las partes, como sucede con el mutuo disenso, pues la fuerza de la voluntad recíproca de los contratantes tiene la capacidad de extinguir las relaciones creadas precedentemente por ellas[2]. De igual manera, la resolución del contrato puede presentarse debido a que se ha predispuesto por las partes alterar el gobierno habitual del negocio mediante la inserción al reglamento contractual de una condición resolutoria, la cual extingue la relación negocial si acaece un hecho incierto luego de la celebración del contrato[3]. También, la resolución puede ocurrir cuando la voluntad de uno de los contratantes termina el contrato, en pleno ejercicio de una facultad unilateral otorgada convencionalmente[4].

En otros casos, en cambio, la resolución tiene origen legal, pues el ordenamiento jurídico permite, con el cumplimiento de determinados presupuestos, que el contrato se resuelva o se pueda resolver, como son los casos en los que

---

1 *Cfr.* Roppo, V. *Il contratto*, Milán, Giuffrè, 2011, p. 876 y ss. En la terminología romana, la referencia a la resolución del contrato era variable. El verbo *resolvere* asume una amplia gama de significados, que, en su conjunto, pueden ser reconducidos a la idea genérica de extinción de una obligación. Igualmente sucede con los verbos *solvere*, *tollere*, *dissolvere*, todos los cuales buscan describir supuestos de hecho en los que se extingue la obligación. Ver: Cerami, P. "Risoluzione del contratto, Diritto romano", en *Enciclopedia del dirittto*, t. xi, Milán, Giuffrè, 1989, p. 1277.

2 Chinchilla Imbett, C. A. "Terminación del contrato por mutuo acuerdo en el derecho moderno de los contratos. Un análisis a partir de la *res integra* como límite de la figura resolutoria". *Actualidad Civil*, Instituto Pacífico, vol. 9, 2015, pp. 165-184; *id.*, "Límites a la autonomía privada en el mutuo disenso", en Neme Villarreal, M. L. (coord.), *Autonomía privada. Perspectivas del derecho contemporáneo*, Bogotá, Universidad Externado de Colombia, 2018, pp. 247-263.

3 Hinestrosa, F. *Tratado de las obligaciones II. De las fuentes de las obligaciones: el negocio jurídico*, v. ii, Bogotá, Universidad Externado de Colombia, 2015, pp. 635-648.

4 Ver Oviedo Alban, J. "La cláusula de terminación unilateral del contrato". *Vniversitas*, n.º 138, 2019. Sobre el ejercicio de las facultades unilaterales, *cfr.* Neme Villarreal, M. L. *Facultades contractuales de ejercicio unilateral: cómo usarlas sin incurrir en abuso*, Bogotá, Universidad Externado de Colombia, 2018, *passim*.

normativamente las partes están facultadas para terminar el contrato[5] y los supuestos de hecho en los que la resolución se considera como un remedio sinalagmático. En este último caso, la resolución opera como un remedio frente a factores que generan malfuncionamiento del contrato, perjudicial para una de las partes, lo cual justifica la extinción del vínculo para poder liberar a dicha parte afectada[6]. Así, la resolución como remedio sinalagmático se presenta a través de tres figuras: resolución por incumplimiento contractual, resolución por una imposibilidad sucedida imprevistamente al ejecutarlo y la resolución por circunstancias sobrevenidas que ocasionan un desequilibrio prestacional que no sea posible de reequilibrar[7]; de todas ellas, nos ocuparemos en esta sede, de aquella que tiene como origen el incumplimiento contractual.

---

5 Así, por ejemplo, en el contrato de obra en el inciso 2.º del artículo 2056 del Código Civil, que dispone "Por consiguiente, el que encargó la obra, aún en el caso de haberse estipulado un precio único y total por ella, podrá hacerla cesar, reembolsando al artífice todos los costos, y dándole lo que valga el trabajo hecho, y lo que hubiere podido ganar la obra", sobre el análisis del artículo en mención, en el Código Civil de Andrés Bello, art. 1999, *cfr.* ERBETTA MATIG, A. "La cesación unilateral del contrato de obra prevista en el artículo 1999 inc. 2 del Código Civil". *Revista Chilena de Derecho Privado*, n.º 28, 2017, pp. 9-51. También, en materia del consumo, el artículo 47 de la Ley 1480 de 2011, el cual dispone que "En todos los contratos para la venta de bienes y prestación de servicios mediante sistemas de financiación otorgada por el productor o proveedor, venta de tiempos compartidos o ventas que utilizan métodos no tradicionales o a distancia, que por su naturaleza no deban consumirse o no hayan comenzado a ejecutarse antes de cinco (5) días, se entenderá pactado el derecho de retracto por parte del consumidor. En el evento en que se haga uso de la facultad de retracto, se resolverá el contrato y se deberá reintegrar el dinero que el consumidor hubiese pagado". Sobre el particular, BENEDETTI, A. M. "Recesso del consumatore", en *Enciclopedia del diritto. Annali*, t. VI, 2011, pp. 956 y ss., expone que al consumidor se le otorga, legal y extraordinariamente, la facultad de terminar unilateralmente el contrato como una forma de compensar la debilidad de su posición contractual en las relaciones de consumo. La ley recurre a tales facultades con el fin de que el consumidor valorice la conveniencia del negocio, se proteja de técnicas de formación del contrato particularmente agresivas, tenga un consentimiento efectivo y ponderado, se libere de reglamentos negociales inidóneos y, finalmente, regrese al mercado de forma rápida con el objetivo de satisfacer esa necesidad que no pudo realizar debido al negocio que resolvió unilateralmente.

6 ROPPO, V. *Il contratto*, cit., p. 879.

7 HINESTROSA, F. *Tratado de las obligaciones II.*, cit., p. 845. De hecho, la tendencia de la doctrina es al tratamiento unitario de la resolución, lo cual corresponde a la elección de las legislaciones modernas; por ejemplo, el Código Civil italiano, en el libro de las obligaciones, dispone un título especial, "Risoluzione del contratto", el cual comprende las tres especies de resolución: por incumplimiento, por imposibilidad sobrevenida y por excesiva onerosidad sobrevenida; en otros casos, la doctrina estudia la resolución como remedio y las ubica dentro de la categoría "remedios sinalagmáticos"; de todas formas, la resolución sirve como esquema

La resolución por incumplimiento es un remedio general de los contratos sinalagmáticos frente al incumplimiento consagrado en el artículo 1546 del Código Civil colombiano[8] y en el artículo 870 del Código de Comercio colombiano[9]. También está prevista en la disciplina de algunos tipos contractuales, como una forma de confirmar su aplicación en contratos sinalagmáticos frente al incumplimiento de una de las partes. Así, por ejemplo, en la codificación civil colombiana, el artículo 1882 consagra la opción que tiene el comprador de resolver el contrato de compraventa si el vendedor ha retardado la entrega de la cosa objeto del contrato; el artículo 1917 otorga el derecho al comprador de resolver la compraventa si la cosa objeto del contrato es viciosa de forma que no pueda dársele el uso normal o solo sirva imperfectamente de manera que el comprador jamás la hubiera adquirido. Asimismo, el artículo 1930 consagra el derecho de resolución en cabeza del vendedor cuando el comprador incumple el pago del precio en el lugar y tiempo establecidos, y los artículos 1935 y 1937 prevén el pacto comisorio simple y calificado, respectivamente, los cuales dan derecho al vendedor a resolver el contrato de venta en caso de incumplimiento por parte del comprador[10]. Por su parte, en materia de arrendamiento de cosas, los artículos 1983 y 1984 conceden al arrendatario resolver el contrato si

---

para organizar conceptualmente el fenómeno de la disolución o eliminación del vínculo negocial por un hecho que afecta el sinalagma del contrato. *Cfr.* Amadio, G. "Inattuazione e risoluzione: la fattispecie", en Roppo, V. (coord.), *Trattato del contratto, rimedi 2,* t. v, Milán, Giuffrè, 2006, pp. 3 y ss.

8 Artículo 1546 Código Civil col. "En los contratos bilaterales va envuelta la condición resolutoria en caso de no cumplirse por uno de los contratantes lo pactado. Pero en tal caso podrá el otro contratante pedir a su arbitrio, o la resolución o el cumplimiento del contrato con indemnización de perjuicios". Uno de los primeros pronunciamientos jurisprudenciales de la Corte Suprema de Justicia que confirma el carácter general del artículo 1546 del Código Civil, el cual es aplicables a todos los contratos bilaterales. *Cfr.* Corte Suprema de Justicia, Sala de Casación Civil, Sentencia de 22 de agosto de 1894. *GJ*, p. 479.

9 Artículo 870 del Código de Comercio: "En los contratos bilaterales, en caso de mora de una de las partes, podrá la otra pedir su resolución o terminación, con indemnización de perjuicios compensatorios, o hacer efectiva la obligación, con indemnización de los perjuicios moratorios".

10 Se distingue entre el pacto comisorio simple y el calificado, en cuanto el primero es una repetición de la denominada condición resolutoria tácita, pero aplicada en la compraventa, el segundo tiene la particularidad de ser pactado expresamente por las partes con la finalidad de que el incumplimiento resuelva el contrato *ipso iure*. Ver: Pérez Vives, A. *Compraventa y permuta en derecho colombiano*, Bogotá, Universidad Nacional de Colombia, 1957, pp. 496-502. *Cfr.*, en el Derecho chileno, Pizarro Wilson, C. "Cláusulas resolutorias en el derecho civil chileno", en Mantilla Espinosa, F. y Gaitán, J. A. (coords.), *Terminación del contrato: nuevas tendencias del derecho comparado*, Bogotá, Universidad del Rosario, 2007.

el arrendador ha incumplido con su obligación de entregar la cosa arrendada para uso y goce del arrendatario, sea porque se colocó culposamente en imposibilidad de entregarla, sea porque la entregó tardíamente de manera que disminuyó notablemente la utilidad del contrato para el arrendatario; también el artículo 1986 le permite al arrendatario resolver el contrato cuando el arrendador incumple su obligación de garantizar el goce debido a las reparaciones que se deban realizar sobre el bien arrendado; el artículo 1988 permite la terminación del contrato del arrendamiento por incumplimiento del arrendador por la turbación de la tenencia del bien arrendado por parte de un tercero con derechos sobre el bien; igualmente, el artículo 1990 faculta al arrendatario a resolver el contrato si el mal estado o calidad de la cosa le impide hacer de ella el uso para que ha sido arrendada. Por parte del arrendador, el artículo 1996 permite la resolución del contrato de arrendamiento cuando el arrendatario no usa la cosa según el reglamento contractual de manera que le dé un servicio diferente al convenido o al que la cosa está naturalmente destinada; también por incumplimiento del arrendatario al no conservar la cosa, el artículo 1997 faculta al arrendador para resolver el contrato. En el caso del mandato, por ejemplo, en el artículo 2185, el mandatario tiene derecho de resolver el contrato en aquellos casos en los cuales el mandante no cumple con las obligaciones a su cargo, como el pago de la remuneración o no proveer al mandatario de lo necesario para la ejecución del encargo.

En todas estas normas se evidencia la existencia de un incumplimiento de un contrato sinalagmático, esto es, la conducta del deudor que se separa de forma imputable del reglamento contractual determina el fracaso de la operación económica del negocio, en cuanto perturba la relación negocial en el plano de la interdependencia y de la correspondencia de las prestaciones de las partes. Frente a tal situación, el contrato se resuelve con el fin de liberar del vínculo contractual, y por lo tanto de la obligación de ejecutar su propia prestación, al contratante perjudicado por el incumplimiento. Si no fuera así, el escenario sería calamitoso: ante una grave afectación del sinalagma del contrato por incumplimiento de una de las partes, el contratante fiel resultaría obligado a continuar con la ejecución de las obligaciones a su cargo sin recibir la contraprestación u obligado a recibir una de inferior utilidad a la prevista en el contrato[11].

---

11 Roppo, V. *Il contratto*, cit., p. 880.

De ahí que, hoy por hoy, se considere la resolución como un verdadero remedio del contrato, como un mecanismo que tutela el vínculo sinalagmático en protección a la parte afectada por el incumplimiento, y no como una mera sanción[12] que busca la represión de la parte incumplida mediante la privación de los efectos del contrato que celebró[13]. Este cambio de visión sobre la resolución como remedio sinalagmático, por una parte, permite que no se caiga en dos errores conceptuales: (i) de pensar que las restituciones mutuas son una medida indemnizatoria y no un efecto de la resolución que busca restablecer

---

12 La función sancionadora de la resolución tiene origen canonista, pues algunos adagios construidos por juristas de la época evidencian la preocupación por sancionar el incumplimiento de la palabra dada, considerado como un pecado, y por establecer la vinculación de la parte fiel al contrato. Así, por ejemplo, los adagios de Hugoccio, canonista italiano de la escuela de Bolonia, "fides non est servanda ei qui frangit fidem" [no se debe mantener la *fides* a aquel que la infringe] y Henricus de Segustia (Hostiensis), canonista y cardenal italiano, "frangenti fidem, fides non servanda est" [a quien no le cumplen el pacto, no está obligado tampoco a cumplirlo], sirvieron como justificación para proteger el vínculo sinalagmático mediante la liberación temporal de la parte requerida al cumplimiento cuando el demandante no había respetado el vínculo; lo cual parece ser confirmado por Baldo degli Ubaldi cuando afirmaba que no era obligatorio respetar la *fides* de aquella parte que no la respetaba igualmente, "frangenti fidem fides frangatur eidem". *Cfr.* Petronio, U. "Risoluzione (diritto intermedio)", en *Enciclopedia del diritto,* t. xi, Milán, Giuffrè, 1989, pp. 1297-1298; Chinchilla Imbett, C. A. *La excepción de incumplimiento contractual. Estructura, función y límites*, Bogotá, Universidad Externado de Colombia, 2017, pp. 100-101. La naturaleza punitiva de la resolución es defendida por Auletta, G. G. *La risoluzione per inadempimento*, Nápoles, esi, 1942, pp. 76-83. "El incumplidor ve sacrificado su derecho, el cual había válidamente adquirido por virtud de la fuerza obligatoria del contrato bilateral, como consecuencia del incumplimiento; la naturaleza de sanción por el incumplimiento me parece más que demostrada" (p. 80).

13 *Cfr.* Genicon, T. *La résolution du contrat pour inexécution,* París, lgdj, 2007, pp. 143-188, quien explica la función polivalente de la resolución, en cuanto la figura resolutoria puede servir para liquidar una operación económica que no tiene una utilidad real, para privar al deudor incumplido a título de sanción de los beneficios del contrato y como un medio adecuado para indemnizar al acreedor. Ninguna de ellas exclusiva, ninguna de ellas excluyente. El punto es que la resolución es una respuesta pertinente del ordenamiento jurídico frente al incumplimiento del contrato: "Tantôt mécanisme rigoureux, tantôt théâtre de la mansuétude du juge... Flexible résolution!" (p. 188). En igual sentido, Abeliuk Manasevich, R. *Las obligaciones*, t. i, Santiago de Chile, Editorial Jurídica de Chile, 2001, p. 464: "el legislador establece la condición resolutoria tácita como protección al acreedor diligente, y una sanción al deudor que ha faltado al compromiso". Por su parte, Hinestrosa, F. *Tratado de las obligaciones ii*, cit., p. 867, califica la resolución como un instrumento neutro, "enderezado a solucionar un obstáculo insalvable surgido en el desenvolvimiento propio del contrato, que al margen de un juicio de culpabilidad, libera a las partes, con efecto liberatorio y restaurador: cancela las obligaciones pendientes y mueve a las restituciones anejas al restablecimiento del equilibrio económico alterado".

el equilibrio de la relación negocial y (ii) de confundir la indemnización de perjuicios como un efecto de la resolución, y no como una acción autónoma que tiene como fundamento el incumplimiento del contrato por el deudor, el cual ocasiona daños al acreedor, independientemente de qué suerte corra el vínculo negocial[14]. Por otra parte, reconoce que la resolución es un instrumento que se encuentra ínsito en las relaciones sinalagmáticas, sin necesidad de un pacto especial para considerarlo dentro de los instrumentos de tutela de las partes, pues su operatividad está fundamentada en razones de equidad y protección al vínculo negocial caracterizado por la interdependencia y la reciprocidad de sus prestaciones, las cuales determinan el equilibrio de la propia relación[15].

Además, la idea de que la resolución constituya un remedio no solo como tutela cuando hay incumplimiento, sino también como una forma de reacción a un malfuncionamiento del contrato, permite evidenciar que el remedio resolutorio tiene como base un problema funcional del vínculo, y no se reduce a un defecto causal entre las prestaciones[16].

2. EL ARTÍCULO 1546 DEL CÓDIGO CIVIL COLOMBIANO ES LA NORMA POR EXCELENCIA QUE CONSAGRA LOS REMEDIOS CONTRACTUALES FRENTE AL INCUMPLIMIENTO DE UNA DE LAS PARTES, Y NO ES UNA CONDICIÓN RESOLUTORIA TÁCITA

En los contratos sinalagmáticos, el sistema jurídico predispone de un conjunto de tutelas, acciones o derechos dirigidos a garantizar la correlación entre el

---

14 HINESTROSA, F. *Tratado de las obligaciones II*, cit., p. 867.

15 Mucho se ha discutido sobre el fundamento de la resolución: la equidad, la voluntad presunta de las partes, la causa y la interdependencia de las obligaciones; para todos, ver: MELICH ORSINI, J. *La resolución del contrato por incumplimiento*, Caracas, Academia de Ciencias Políticas y Sociales, 2003, pp. 109-135; GARCÍA VÁSQUEZ, D. *Condición resolutoria tácita y responsabilidad del deudor*, Bogotá, Universidad Externado de Colombia, 2014, pp. 56-65. De hecho, se afirma que la importancia de establecer su naturaleza jurídica lleva a establecer si la resolución es un derecho potestativo, si es enumerada como una sanción y si recae sobre el contrato o sobre la obligación. Ver: BELFIORE, A. "Risoluzione per inadampimento", en *Enciclopedia del diritto*, XL, 1989, p. 1309. Sin embargo, tener en cuenta el carácter de remedio de la resolución, permite "desdramatizar" el problema del fundamento de la resolución, pues todos esos elementos son tenidos en cuenta dentro de la concepción del remedio y son relevantes desde la óptica del funcionamiento del vínculo. *Cfr.* AMADIO, G. "Inattuazione e risoluzione: la fattispecie", cit., p. 6.

16 AMADIO, G. "Inattuazione e risoluzione: la fattispecie", cit., pp. 6-7.

sacrificio de cada parte y el buen éxito de su expectativa; ofrece remedios que buscan la corrección en caso de malfuncionamiento del contrato debido a aquel evento acaecido luego de su celebración: el incumplimiento[17].

El artículo 1546 del Código Civil colombiano consagra el derecho del acreedor de una relación sinalagmática a demandar la resolución del contrato o la ejecución forzada, y en ambos casos, con el derecho a ser indemnizado de los perjuicios ocasionados por el incumplimiento. Es decir, constituye la norma que consagra los remedios más usuales a favor del acreedor que se encuentra lesionado por el incumplimiento de un contrato bilateral[18].

Sin embargo, este artículo es ampliamente conocido como "la condición resolutoria tácita" y ha sido tratado por la doctrina dentro del régimen de las obligaciones condicionales, fundamentalmente debido a la ubicación que Andrés Bello le otorga a la norma en el Código Civil[19]. En ese contexto, se afirma que las condiciones resolutorias pueden revestir tres formas distintas que producen efectos diferentes: (i) la condición resolutoria ordinaria, (ii) la condición resolutoria tácita o subentendida y (iii) el pacto comisorio. La primera de ellas es la estipulada por las partes en el contrato y consiste en un hecho cualquiera que no sea el incumplimiento de la obligación contraída;

---

17 Hinestrosa, F. "Tutela del acreedor frente al deudor incumplido". *Revista de Derecho Privado*, Universidad Externado de Colombia, n.° 31, 2016, pp. 5-21; Sacco, R. y De Nova, G. *Il contratto*, Milanofuori Assago, utet, 2016, p. 1584; Di Majo, A. *Le tutele contrattuali*, Turín, Giappichelli, 2012, p. 225 y ss. Roppo, V. *Il contratto*, cit., pp. 677 y ss. Laithier, I. M. Étude comparative des sanctions de l'inexécution du contract, París, lgdj, 2007, pp. 1-4.

18 Hinestrosa, F. *Tratado de las obligaciones II. De las fuentes de las obligaciones: el negocio jurídico*, v. ii, Bogotá, Universidad Externado de Colombia, 2015, pp. 854-859. Véase en doctrina, con relación al artículo 1489 del Código Civil chileno, Mejías Alonzo, C. "Una revisión crítica de los efectos de la resolución por incumplimiento y una propuesta de solución". *Revista Ius et Praxis*, n.° 1, 2016, pp. 271-322. Mejías Alonzo, C. *Resolución por incumplimiento: su procedencia y efectos*, Santiago de Chile, DerEdiciones, 2018, p. 3.

19 Alessandri Rodríguez, A. *Tratado de las obligaciones (versiones taquigráficas de la cátedra de derecho civil)*, Santiago de Chile, Imprenta "El Esfuerzo", 1934, pp. 191-210; Claro Solar, L. *Explicaciones de Derecho Civil chileno y comparado*, v. v (De las obligaciones, t. x), Santiago de Chile, Editorial Jurídica de Chile, 2013, p. 145 y ss. García Vásquez, D. *Condición resolutoria tácita y responsabilidad del deudor*, cit., pp. 73-75. Por su parte, Fueyo Laneri, F. *Cumplimiento e incumplimiento de las obligaciones*, Santiago de Chile, Editorial Jurídica de Chile, 2004, pp. 293-296, explica que, en un primer momento, estudia la resolución dentro de una clase de condición resolutoria (tácita), siguiendo la civilística nacional de la época; sin embargo, en su última edición considera que la resolución tiene autonomía propia, la cual debería estudiarse dentro de la materia de incumplimiento.

la segunda es la que por el ministerio de la ley, sin necesidad de estipularse, va envuelta en todo contrato bilateral, y consiste en no cumplirse por uno de los contratantes lo pactado; y, finalmente, el pacto comisorio es la condición resolutoria tácita o subentendida por la ley en todo contrato bilateral, pero expresada por las partes.

En ese sentido, la resolución es considerada una condición resolutoria que se encuentra tácitamente incluida en el contrato, cuyo hecho futuro e incierto del cual depende la resolución del derecho es el incumplimiento de las obligaciones contraídas por una de las partes. Dicha condición podría clasificarse como una potestativa negativa en cuanto consiste en la no realización de un hecho que depende de la voluntad de uno de los contratantes, esto es, incumplir. Bajo esta tesis, además, cualquier incumplimiento de las obligaciones comportaría el cumplimiento de la condición resolutoria[20].

Esta concepción le resta alcance al artículo 1546 del Código Civil colombiano, toda vez que desconoce que el 1546 es una norma general que consagra los remedios o instrumentos de tutela más usuales a favor del acreedor que se encuentra lesionado por el incumplimiento de un contrato bilateral[21]. Algunas razones nos llevan a sostenerlo.

El texto del artículo 1546 del Código Civil colombiano es construido por Bello como resultado, por una parte, del entendimiento de la *lex comisoria* del derecho romano posclásico y, por otra, de la interpretación que realizó Pothier de la aplicación de la *lex comisoria* romana, del antiguo derecho francés en caso de incumplimiento de los contratos bilaterales[22] y de lo que el codificador francés terminó consagrando en el artículo 1184 del *code civil* de 1804[23].

---

20 Alessandri Rodríguez, A. *Derecho Civil. Teoría de las obligaciones*, cit., pp. 197-198; Fueyo Laneri, F. *Cumplimiento e incumplimiento de las obligaciones*, cit., pp. 307-308.

21 Uno de los primeros pronunciamientos jurisprudenciales de la Corte Suprema de Justicia que confirma el carácter general del artículo 1546 del Código Civil, el cual es aplicables a todos los contratos bilaterales. *Cfr.* Corte Suprema de Justicia, Sala de Casación Civil, Sentencia de 22 de agosto de 1894. *GJ*, p. 479.

22 Pérez Vives, Á. *Teoría general de las obligaciones*, v. iii, p. ii, Bogotá, Temis, 1955, p. 428.

23 No se puede decir tan tranquilamente que el artículo 1184 del *code* civil de 1804 fue resultado del *droit cotumier* francés, como había sostenido Pothier, R. J. *Traité des obligations* (reimpresión), París, Dalloz, 2011, n. 672, p. 339. Como lo explica Petronio, U., "in realtà, il problema è molto più complesso e le ricerche del Boyer hanno messo in luce, molto oportunamente, che le radice storiche dell'art. 1184 c.c.fr. sono molteplici e che non è sempre possibile individuare con chiarezza i rapporti che intercorrono tra i diversi filoni". Petronio, U. "Risoluzione (diritto intermedio)", cit., p. 1297.

Sin embargo, la doctrina que analiza el artículo 1546 del Código Civil colombiano (art. 1489 del Código Civil de Bello) se limita a sostener que la fuente directa del artículo en mención es el artículo 1184 del *code civil* y, por consiguiente, siguen la doctrina francesa sobre el particular, la cual estudia la resolución como una condición. Tal elección metodológica y doctrinal deberá enderezarse, pues es de considerar, por un lado, que Bello no copió el artículo 1184 del *code civil,* sino que innovó algunas ideas separándose del modelo francés, lo cual se hace evidente con las diferencias sustanciales entre el texto normativo del artículo 1184 del *code civil* y el artículo 1546 del Código Civil colombiano[24]. Y, por otro lado, la relectura de los orígenes históricos de la resolución por incumplimiento realizada por Giuseppe G. Auletta[25], quien permite entender el carácter sustancial de la acción de resolución en cuanto es una tutela que el ordenamiento jurídico les otorga a las partes de un contrato bilateral, y no una condición.

Auletta evidencia que los doctrinantes franceses sostienen que la resolución se origina de la difusión que tuvo la *lex comisoria*, la cual fue introducida en todos los contratos de compraventa y luego sobreentendida en todos los contratos bilaterales por la doctrina y por la práctica de los tribunales; además, encuentran el fundamento de la resolución en la voluntad de las partes. De este origen y fundamento, resulta la idea consistente en que, como la *lex comisoria* es una verdadera condición, la misma naturaleza jurídica debería tener la denominada condición resolutoria tácita, pues esta última deriva de la primera. Auletta se separa de tales argumentos y sostiene que el hecho de que la *lex comisoria* sea una condición que luego se entienda integrada al contenido negocial por voluntad de ley, hace que se convierta en una verdadera disposición contractual y deje de ser una simple norma dispositiva con fundamento en la voluntad de las partes[26].

---

24 Alessandri Rodríguez, A. *De la compraventa y de la promesa de venta,* t. II, v. I, Santiago de Chile, Editorial Jurídica de Chile, 2011, p. 340, n.º 1629. De hecho, una de las diferencias entre los textos normativos da lugar a que Molina Morales, R., "La terminación unilateral del contrato por incumplimiento", *Revista de Derecho Privado*, Universidad Externado de Colombia, n.º 17, 2009, pp. 77-105, afirme que se puede aceptar en Colombia la terminación unilateral por incumplimiento, pues en el artículo 1184 es clara la necesidad de la intervención judicial para la resolución del contrato, situación que no se presenta con el artículo 1546 del Código Civil colombiano.

25 Auletta, G. G. *La risoluzione per inadempimento,* cit., pp. 76-83.

26 *Ibid.*, p. 79.

En ese sentido, este paso trascendental de la consagración legislativa de la resolución deja sin fundamento la ficción de justificar la inclusión de la resolución al contrato como una condición tácita introducida por la voluntad de las partes[27]; y, en cambio, reconoce que existe un mecanismo de tutela que impide que la parte cumplidora sea constreñida al sacrificio de su interés consistente en la ejecución del contrato sinalagmático, sin recibir de su contraparte la prestación a la que se comprometió, y permite, a su vez, liberarla del vínculo[28]. Es, en efecto, un derecho otorgado a la parte cumplidora del contrato, el cual demuestra la forma de reacción del ordenamiento frente al incumplimiento contractual.

Por otro lado, el artículo 1546 no consagra una verdadera condición resolutoria, pues, si fuéramos a aplicar el régimen jurídico de las condiciones resolutorias[29], el efecto del acaecimiento del incumplimiento sería la resolución *ipso iure* del contrato, el cual, evidentemente, no se produce. Infringido el

---

27 Análogamente, Amadio, G. "Inattuazione e risoluzione: la fattispecie", cit., p. 20, quien afirma que, cuando un remedio es previsto en términos generales por la ley, no habría necesidad de recurrir a otros institutos jurídicos para explicarlo, basta entonces reconocer que la resolución es un remedio frente al incumplimiento. Sobre la insuficiencia de la voluntad y la condición resolutoria como forma de explicar la resolución por incumplimiento, ver: Genicon, T. *La résolution du contrat pour inexécution*, cit., p. 69 y ss.

28 Así, por ejemplo, Pérez Vives, Á. *Teoría general de las obligaciones*, cit., p. 430: "No puede, pues, decirse que si X se obliga a pagar una suma a Y y éste a transferirle un derecho a aquel, el cumplimiento de cada uno sea un evento incierto al cual sujetaron las partes la existencia o supervivencia de la convención. Simplemente, al no cumplir alguno de los dichos contratantes, la obligación del otro puede desaparecer, si se ejerce la llamada acción resolutoria; su desaparición se justifica porque ha perdido el apoyo que constituía en razón de ser [causa, equivalencia, interdependencia, según la tesis que se acoja]; es, de otra parte, una sanción al incumplimiento de una de las partes".

29 Artículo 1536 Código Civil: "La condición se llama suspensiva si, mientras no se cumple, suspende la adquisición de un derecho, y resolutoria cuando por su cumplimiento se extingue un derecho". En palabras de Hinestrosa, F. *Tratado de las obligaciones II.*, cit., p. 647: "Caso de ser resolutiva la condición, se plantea la presencia de una ineficacia sobrevenida o *ex post* del acto dispositivo. Acá la condición crea relaciones en tela de juicio, susceptibles de perdurar o de destruirse, inseguridad en quien las aprovecha, aspiración de parte del que espera recuperar los derechos o adquirirlos al fallar las bases del contrato". Por su parte, "Las cláusulas resolutorias se definen por su objeto: la resolución del contrato. Cualquier aspecto de esta que pueda quedar sometido al acuerdo de las partes les incumbe. Sus elementos característicos refieren a la función preponderante de la voluntad de las partes, la exclusión del juez, y su comprensión como facultad resolutoria": Pizarro Wilson, C. "Cláusula resolutoria y pacto comisorio cualificado. Tan lejos, tan cerca", en *Estudios de Derecho Civil VIII. Jornadas Nacionales de Derecho Civil, 2012*, Santiago de Chile, Thomson Reuters, 2013, pp. 357-368.

contrato por una de las partes, el efecto que tal hecho genera no es la resolución del contrato, sino el surgimiento de un conjunto de tutelas a favor de la contraparte (pedir el cumplimiento o solicitar la resolución y, en ambos casos, la indemnización de perjuicios a que diere lugar), para que pueda proteger su crédito, defender su posición contractual y evitar las consecuencias nefastas de la violación del contrato[30]. Entonces, para la resolución del contrato, deberá mediar un acto posterior al incumplimiento, por ejemplo, una sentencia judicial previa solicitud del contratante fiel[31].

Igualmente, el cumplimiento tampoco puede ser considerado una condición, ya que las partes, al celebrar válidamente un contrato, se atan una a la otra y se comprometen a cumplir con lo pactado, razón por la que la prestación debida no puede calificarse como un hecho incierto y el cumplimiento no puede quedar al arbitrio del deudor. De hecho, la obligación no ejecutada activa automáticamente las tutelas a favor del acreedor, pero como un mecanismo para su protección, no como un elemento que surge por el arbitrio del deudor[32].

Otras diferencias entre el artículo 1546 del Código Civil y la condición resolutoria ordinaria confirman que el artículo 1546 regula un supuesto diferente[33]: (i) los remedios contractuales que se consagran en el artículo 1546 se entienden que son ínsitos de una relación sinalagmática, sin necesidad de pacto expreso de las partes, pues ellos garantizan la interdependencia, reciprocidad y correlatividad de las prestaciones; al contrario, la condición resolutoria ordinaria es un acontecimiento incierto que es tomado voluntariamente por las partes para supeditar los efectos finales del negocio a que deje de presentarse; en ese sentido, los derechos y deberes sometidos a condición son corolario de la autonomía privada, y no instrumentos de la esencia de la relación negocial. (ii) Los remedios contractuales previstos en el artículo 1546 se muestran como un derecho de opción por parte del acreedor, quien deberá elegir entre solicitar el cumplimiento y la resolución del contrato y, en

---

30 "La resolución por incumplimiento no es una condición, sino una acción". *Cfr.* Pérez Vives, A. *Teoría general de las obligaciones*, v. iii, p. ii, Bogotá, Temis, 1955, p. 428.

31 Vélez, F. *Estudio sobre el derecho civil colombiano*, t. vi, París, Imprenta París-América, 1913, p. 110. En los orígenes de la jurisprudencia de la Corte Suprema de Justicia se inician las tesis en virtud de las cuales una condición resolutoria expresa sí pudiera traer efectos *ipso iure*, sin necesidad de intervención judicial. *Cfr.* Corte Suprema de Justicia, Sala de Casación Civil. Sentencia de 31 de mayo de 1892, *GJ*, p. 342; Sentencia de 19 de abril de 1893, *GJ*, p. 195.

32 Mejías Alonzo, C. *Resolución por incumplimiento: su procedencia y efectos*, cit., pp. 3-4.

33 Alessandri Rodríguez, A. *Derecho Civil. Teoría de las obligaciones*, cit., pp. 200-201; Mejías Alonzo, C. *Resolución por incumplimiento: su procedencia y efectos*, cit., p. 4.

ambos remedios, juntamente con la indemnización de perjuicios. En cambio, los efectos de la condición resolutoria ordinaria operan de pleno derecho en el momento mismo en que se verifica el hecho en que consiste, se proyectan hacia el futuro, situación que impide que se pueda pedir el cumplimiento del contrato, porque este deja de existir desde el momento en que se cumple la condición por la voluntad misma de las partes.

Una última razón que puede ser dilucidada es que el supuesto de hecho central del artículo 1546 es el incumplimiento, pues, con base en él, la parte que se vea afectada puede solicitar el cumplimiento o la resolución del contrato; es decir, el incumplimiento es la causa de los remedios ahí consagrados y, por lo tanto, su análisis deberá hacerse en torno a él[34].

Esta aproximación tiene mayor fuerza en la doctrina[35] y en las legislaciones modernas[36] y no desconoce el tratamiento que ha hecho la doctrina francesa sobre la resolución por incumplimiento contractual como uno de los efectos especiales de los contratos sinalagmáticos[37]. De hecho, los franceses explican el vínculo contractual bilateral o sinalagmático a partir de la interdependencia

---

34 Fueyo Laneri, F. *Cumplimiento e incumplimiento de las obligaciones*, cit., pp. 293-296.

35 Laithier, I. M. "Les sanction de l'inexécution du contrat". *Revue des contrats*, 2016, p. 39 y ss. AA. VV. *Incumplimiento contractual. Acciones del acreedor contra el deudor*, coordinado por Soto Coaguila, C. A., Buenos Aires, La Ley, 2010; AA. VV. *Trattato della responsabilità contrattuale. Inadempimento e rimedi*, coordinado por G. Visitini, Padova: Cedam, 2009.

36 Por ejemplo, el nuevo artículo 1217 del Código Civil francés: "La partie envers laquelle l'engagement n'a pas été exécuté, ou l'a été imparfaitement, peut: (i) refuser d'exécuter ou suspendre l'exécution de sa propre obligation; (ii) poursuivre l'exécution forcée en nature de l'obligation; (iii) obtenir une réduction du prix; (iv) provoquer la résolution du contrat; (v) demander réparation des conséquences de l'inexécution. / Les sanctions qui ne sont pas incompatibles peuvent être cumulées; des dommages et intérêts peuvent toujours s'y ajouter".

37 Colin, A. y Capitant, H. *Derecho Civil. Obligaciones*, Ciudad de México, Editorial Jurídica Universitaria, 2004, p. 137. Recientemente, Terré, F., Simler, P. y Lequette, Y. *Droit civil. Les obligations*, París, Dalloz, 2013, p. 484 y ss.; 684 y ss., dnde se estudian las disposiciones del Código Civil francés de 1804 relativas a los efectos del contrato a partir de dos normas: el artículo 1134 que disponía que las convenciones legalmente celebradas tienen fuerza de ley entre las partes que la celebraron y el artículo 1165 que establecía que el contrato solo vincula a las partes contratantes. A partir de esas normas se estudiaba el vínculo negocial creado entre los sujetos negociales, para lo cual la doctrina francesa abordaba su fuerza vinculante, su duración, su alcance y, finalmente, las consecuencias de su violación. En esta última sección se estudiaba la respuesta del ordenamiento jurídico alrededor del incumplimiento del contrato, dentro de lo que encontramos las reglas especiales aplicables a los contratos sinalagmáticos: excepción de incumplimiento contractual, resolución por incumplimiento contractual y teoría de los riesgos.

entre las prestaciones a cargo de las partes y de la operatividad de los remedios desde la disfuncionalidad de la relación negocial; en ese sentido, proponen tres reglas que son aplicables a los contratos sinalagmáticos: (i) las obligaciones recíprocas deben ser cumplidas simultáneamente, por lo que cada uno de los contratantes tiene el derecho de oponer una excepción a las pretensiones del otro cuando este no quiere cumplir su propia obligación, lo cual origina a la *exceptio non adimpleti contractus*; (ii) cuando uno de los contratantes se encuentra ante la imposibilidad de cumplir su obligación, en virtud de un acontecimiento independiente de su voluntad, el otro contratante se halla, por lo mismo, liberado de su obligación, lo cual origina la teoría de los riesgos; y, finalmente, (iii) cuando una de las partes contratantes no cumple con su obligación, la otra tiene derecho a pedir ante un juez la resolución del contrato por incumplimiento[38].

En fin, la resolución dentro del artículo 1546 del Código Civil colombiano no es una condición resolutoria tácita, es un remedio eficaz en la tutela de los intereses de los contratantes cuando la prestación de una de ellas es gravemente incumplida y la otra requiere liberarse del vínculo en aras de proteger su posición contractual; todo lo cual garantiza la interdependencia de las prestaciones y el equilibrio del vínculo negocial. Su entendimiento debe realizarse dentro de un cuadro de remedios que se despliegan ante el incumplimiento de forma coherente y armónica[39], pues la finalidad última es la superación del malfuncionamiento del vínculo sinalagmático[40].

3. LOS REQUISITOS DE PROCEDIBILIDAD DE LA RESOLUCIÓN POR INCUMPLIMIENTO QUE SURGEN DE LA LECTURA DEL ARTÍCULO 1546 DEL CÓDIGO CIVIL DEBEN SER COMPLETADOS POR AQUELLOS CONSTRUIDOS JURISPRUDENCIALMENTE POR MEDIO DE LOS PRINCIPIOS RECOGIDOS EN EL CÓDIGO CIVIL

Del texto del artículo 1546 del Código Civil podríamos evidenciar algunos requisitos de procedibilidad de la resolución por incumplimiento; sin embargo,

---

38 Esta forma de análisis del artículo 1546 del Código Civil fue seguida por la jurisprudencia de la Corte Suprema de Justicia en la primera mitad del siglo XX. *Cfr.* Corte Suprema de Justicia, Sala de Casación Civil, Sentencia 29 de febrero de 1936, *Gaceta Judicial*, t. XLIII, pp. 340-345.

39 PEÑAILILLO ARÉVALO, D. "Algunas reformas a la resolución por incumplimiento". *Revista de Derecho. Universidad de Concepción*, n.º 231-232, 2012, p. 8.

40 ROPPO, V. *Il contratto*, cit., p. 677.

existen otros que surgen o son precisados del entendimiento sistemático del Código Civil y de la aplicación de los principios generales del derecho, en particular, la buena fe.

En efecto, del texto del artículo se deduce que la acción de resolución consagrada en el artículo 1546 puede ser ejercida siempre que cumpla con unos requisitos de aplicación: (i) el primero de ellos, que desciende de la misma naturaleza del remedio sinalagmático, es la aplicación de un contrato bilateral válidamente celebrado; (ii) el segundo corresponde a que solo es aplicable cuando el contrato ha sido incumplido por uno de los contratantes o, leído de otra forma, cuando una parte ha respetado el acuerdo y se ve afectada por el incumplimiento del otro, situación que está íntimamente relacionada con la constitución en mora del deudor en los contratos sinalagmáticos. Y, por último, (iii) el incumplimiento presente en la relación sinalagmática disfuncional, el cual debe ser precisado a la luz de la sistemática del código y de la buena fe, de forma que permita un correcto ejercicio de la tutela sinalagmática.

3.1. LA RESOLUCIÓN POR INCUMPLIMIENTO CONTRACTUAL ES UN REMEDIO APLICABLE A LOS CONTRATOS BILATERALES VÁLIDAMENTE CELEBRADOS

Que la resolución sea aplicable a los contratos bilaterales válidamente celebrados permite considerar el campo de aplicación y los límites dentro de los cuales la resolución encontraría su correcto empleo.

La resolución del contrato recae sobre un contrato que cuente con una existencia jurídica que no tenga ningún vicio en su formación, pues la resolución supone la perfección y validez del contrato que se pretende aniquilar[41]. Si el contrato no existe, no surgen obligaciones y, por lo tanto, no hay obligaciones objeto de resolución por incumplimiento[42]; así, si el juez constata la presencia de un vicio invalidante de forma que se pueda declarar la nulidad absoluta del contrato, el contrato se aniquila, pero por fuerza de la nulidad, y no por la resolución[43].

---

41 Corte Suprema de Justicia, Sala de Casación Civil, Sentencia del 2 de noviembre de 1964. *Gaceta Judicial*, CIX, p. 619.

42 De hecho, en las sentencias donde se analiza el problema de la resolución por incumplimiento, la Corte constata en primer lugar la validez del contrato. *Cfr.*, recientemente, Corte Suprema de Justicia, Sala de Casación Civil, SC3366-2019.

43 GARCÍA VÁSQUEZ, D. *Condición resolutoria tácita y responsabilidad del deudor*, cit., p. 100. De

Ahora, si bien el artículo habla de contrato bilateral, deberá entenderse que hace alusión a contratos con un vínculo sinalagmático, pues si nos referimos a una de las fuentes que utilizó Bello en la construcción del artículo, como lo fueron las construcciones doctrinales de Pothier, los términos de bilateralidad y sinalagmaticidad son sinónimos[44].

De hecho, el concepto de sinalagmaticidad contiene la bilateralidad objetiva, la cual implican obligaciones correlativas que tienen como fundamento la finalidad misma del negocio en atención al acuerdo de las partes. En ese sentido, cuando se hace alusión al contrato bilateral, se está refiriendo a un contrato sinalagmático, en virtud del cual se presentan dos prestaciones distintas, pero correlativas, que además se caracterizan por la reciprocidad en cuanto se deben entre ellas y se justifican en la función del negocio, haciéndolas depender la una de la otra[45]. Un concepto de bilateralidad asimilado a la sinalagmaticidad permite que se tenga la plena consideración del vínculo, se valore el dinamismo entre las prestaciones en atención a las particularidades

---

hecho, esa sería una de las diferencias con la nulidad, en cuanto esta se asienta en defectos o vicios presentes en el momento de la celebración, los cuales determinan la ineficacia de la disposición, es decir, son hechos constituidos en el origen de la relación, en el sinalagma genético. En cambio, la resolución presupone la existencia de un contrato válidamente celebrado, los hechos que dan lugar a la resolución surgen posteriormente a la celebración, en la ejecución del contrato, es decir, afectan el sinalagma funcional; ver: HINESTROSA, F. *Tratado de las obligaciones* II, v. II, cit., p. 864.

44 POTHIER, R. J. *Traité des obligations*, cit., n. 9, p. 9: "Les synallagmatiques ou bilatéraux sont ceux par lesquels cacun des contractants s'engage envers l'autre".

45 SERIAUX, A. "La notion de contrat synallagmatique", en *Études offertes à J. Ghestin. Le contrat au debut du XX siècle*, París, LGDJ, 2001, p. 777 y ss. De hecho, el concepto de contrato sinalagmático comporta dos elementos centrales: de una parte, el nexo de 'interdependencia' entre las prestaciones, de otra parte, 'la correlatividad' y la reciprocidad de estas. El primer elemento hace referencia a la necesidad de determinar un nexo entre las prestaciones presentes en la relación negocial, las cuales pueden ser aquellas prestaciones surgidas por una misma fuente y que tienen el carácter principal debido a que su cumplimiento consigue los objetivos queridos por las partes, como aquellas prestaciones que, a pesar que constituyan una cierta autonomía y relevancia respecto a la relación negocial, surgen para integrar la relación contractual y garantizar los resultados útiles recíprocos. El segundo elemento está determinado por la relación de intercambio entre dos atribuciones –patrimoniales o no– ligadas por un vínculo de causalidad jurídica, las cuales buscan reciprocidad entre los resultados que las partes pretenden conseguir por medio del contrato. Consiste entonces en una operación que conlleva una doble transferencia de bienes o servicios mediante un único instrumento negocial. Este elemento, basado en la autonomía negocial de las partes, busca que la atribución de una de las partes encuentre correspondencia a cargo de la otra. *Cfr.* CHINCHILLA IMBETT, C. A. *La excepción de incumplimiento contractual*, cit., pp. 305-306.

del negocio y a los intereses de las partes, se reconozca la complejidad de la relación obligatoria, de forma que se pueda entender que el cumplimiento del contrato no se limita al simple interés del deudor de liberarse mediante la ejecución de la simple prestación, sino que trasciende a la ejecución de un conjunto de comportamientos adicionales y ulteriores que ayudan a dirigir la obligación a la satisfacción de la contraparte y a la realización de la operación económico-social del contrato[46].

Esta toma de posición, fundamentada en nuestra tradición, permite un mayor campo de aplicación de los remedios, pues la violación de las obligaciones que hagan parte del vínculo sinalagmático, en atención a la interdependencia, correlatividad y reciprocidad entre las prestaciones a cargo de las partes, constituye un incumplimiento y, por lo tanto, legitima el ejercicio de los remedios para tutelar a la parte lesionada por dicho incumplimiento[47].

3.2. LA RESOLUCIÓN POR INCUMPLIMIENTO DEL ARTÍCULO 1546 PUEDE SER EJERCIDA POR EL CONTRATANTE CUMPLIDO, CUYO CUMPLIMIENTO GENERA LA CONSTITUCIÓN EN MORA DEL DEUDOR A LA LUZ DEL ARTÍCULO 1609 DEL CÓDIGO CIVIL

De la lectura del artículo 1546 del Código Civil resulta claro que el supuesto de hecho que regula es cuando una de las partes ha cumplido el contrato y la otra

---

46 CARDILLI, R. *Bona fides tra storia e sistema,* cit., 49 y ss.; *id., Considerazione 'storico-dogmatiche sul legame tra contratto e obbligazione,* en *Modelli teorici e metodologici nella storia del diritto privato,* 2, Nápoles, Jovene, 2006, 1 y ss., en particular, p. 20; CHINCHILLA IMBETT, C. A. *La excepción de incumplimiento contractual,* cit., p. 308; UDA, G. M. *La buona fede nell'esecuzione del contratto,* Turín, Giappichelli, 2004, p. 98 y ss.

47 VECCHI, P. M. "Buona fede e relazione successive all'esecuzione del rapporto obligatorio", en *Il ruolo della buona fede oggettiv nell'esperienza giuridica storia e contemporánea. Atti del convegno internazionale di studi in onore a A. Burdese,* Padua, Cedam, 2003, p. 361. En el mismo sentido, VISINTINI, G. *Trattato breve della responsabilità civile,* Padua, Cedam, 1999, p. 86, quien confirma que la elaboración de una categoría de obligación que se configure con aquello que haya sido previsto por las normas específicas o por las prestaciones individuadas por el juez con base en el principio de la buena fe, significa, en palabras de la profesora, "una ampliación del ámbito de aplicación de la responsabilidad del deudor", de modo que una violación a tales obligaciones, que se presentan como instrumentales o accesorios a la ejecución del contrato, va también cualificada como incumplimiento y fuente de responsabilidad contractual. Creemos que no es una ampliación, sino una consideración de la integralidad del vínculo, que lleva a su respectiva tutela.

no, lo cual deja por fuera de la previsión normativa, al menos expresamente, el supuesto del incumplimiento recíproco del contrato[48]. En efecto, un Código Civil como el de Bello no fue tan pesimista al punto de regular una situación tan patológica como es la de resolver el contrato por mutuo incumplimiento, ya que el incumplimiento de ambas partes podría ser considerado como un evento catastrófico en cuanto representa el fracaso de la operación económica del contrato y la desilusión de no encontrar una parte fiel a la relación negocial que abogara por el cumplimiento[49]. Por ello, la Corte Suprema de Justicia ha reconocido recientemente que el problema de los contratos incumplidos bilateralmente es una cuestión no regulada por el artículo 1546 del Código

48 Un supuesto de hecho que parece ser muy común en las relaciones negociales actuales es cuando ambos contratantes son incumplidores; es la situación en la que el contrato no se ejecuta por causas imputables a ambas partes. Sobre el tratamiento del incumplimiento recíproco o bilateral, ver: Sacco, R. y De Nova, G. *Il contratto*, cit., pp. 1614-1616; Hinestrosa, F. *Tratado de las obligaciones* II, vol. II, cit., p. 645; Khaliliyeh, T. Y. *Incumplimiento recíproco y remedios contractuales*, Santiago de Chile, Thomson Reuters y Abeledo Perrot, 2012; Roppo, V. *Il contratto*, cit., pp. 915-916; Gallo, P. *Trattato del contratto*, tomo 3. *I rimedi, la fiducia, l'apparenza*, Turín, UTET, 2010, pp. 2123-2125; Álvarez Viagray, R. *La resolución de los contratos bilaterales por incumplimiento*, Granada, Comares, 2009; Romero Sierra, R. "Tratamiento jurisprudencial del incumplimiento en los contratos bilaterales", en *Derecho de las obligaciones*, I, Bogotá, Temis, 2009, p. 623 y ss.; Sicchiero, G. *La risoluzione per inadempimento. Art. 1453-1459*, Milán, Giuffré, 2007, pp. 363-375; Mantucci, D. *L'inadempimento reciproco*, Nápoles, ESI, 1990; Gamboa Sepúlveda, M. "La condición resolutoria tácita y la excepción de contrato no cumplido en caso de mutuo incumplimiento en nuestro código civil y en la jurisprudencia comparada", en *Tendencias modernas del derecho civil. Propuestas de reforma a la legislación civil*, Bogotá, Temis, 1989, p. 287 y ss.

49 De hecho, solo podría notarse una regla en el Código Civil de Luisiana, en el Código Civil de Andrés Bello y en el Código Civil de Vélez Sarsfield que consagró un claro supuesto de inejecución del contrato por ambas partes, pero relacionada no con el supuesto de hecho de la resolución, sino con los efectos o consecuencias jurídicas que se generan por el hecho de encontrarse el contrato en un mutuo incumplimiento, esto es, la regla de la compensación de moras. Así, el artículo 1907 del Código Civil de Luisiana fue el inspirador de la regla "la mora purga la mora" en el Código Civil de Andrés Bello y el de Vélez Sarsfield. En efecto, se hace referencia al artículo 1552 del Código Civil chileno y el 1609 del Código Civil colombiano, cuyo texto es: "En los contratos bilaterales ninguno de los contratantes está en mora, dejando de cumplir lo pactado, mientras el otro no lo cumple por su parte, o no se allana a cumplirlo en la forma o tiempo debido". Y al artículo 510 del Código Civil de Vélez Sarsfield que consagra: "En las obligaciones recíprocas, el uno de los obligados no incurre en mora si el otro no cumple o no se allana a cumplir la obligación que le es respectiva". Sobre el análisis del texto de dichos artículos se remite a Chinchilla Imbett, C. A. *La excepción de incumplimiento contractual*, cit., pp. 200-217.

Civil colombiano[50], pues este último artículo solo alude a la hipótesis del incumplimiento de una de las partes del contrato[51]. No obstante, para dar solución al mencionado problema, se requiere acudir a la aplicación del artículo 1546, pero de forma analógica en cuanto es el régimen legal que más se le asemeja, de manera que el contrato se pueda resolver, liberando a las partes de un vínculo que se considera muerto.

Ahora, esta opción tomada por el legislador en el artículo 1546 es, además, confirmada por la jurisprudencia de la Corte Suprema de Justicia y la doctrina, pues sostienen que para solicitar la resolución del contrato o el cumplimiento de este es necesario que el accionante hubiera al menos ofrecido cumplir en la forma y tiempo debidos, ya que es de este cumplimiento de donde surge el derecho a exigir a los demás que cumplan las suyas, de modo que, para el ejercicio legítimo de este tipo de acciones, no basta que el demandado haya

---

50 Corte Suprema de Justicia, Sala de Casación Civil, Sentencia de 5 de julio de 2019, SC 1662-2019. En doctrina, García Vásquez, D. *Condición resolutoria tácita y responsabilidad del deudor,* cit., pp. 121-122.

51 Para justificar la tesis, toma como precedente Corte Suprema de Justicia, Sala de Casación Civil, Sentencia del 9 de junio de 1971, *Gaceta Judicial*, t. CXXXVIII, pp. 379 y 380. "Se puede decir que se declare resuelto el contrato bilateral "*en caso de no cumplirse por uno de los contratantes lo pactado*" (subraya la sala), no en caso de no cumplirse por ambos; y entonces podrá el otro contratante, es decir, el que no ha incumplido, ejercer alternativamente y a elección suya las acciones que por el artículo se le otorgan o reconocen. Tal caso, al cual hace referencia el texto, es uno solo: el de que no se haya cumplido por uno de los contratantes lo pactado y el otro sí haya cumplido o allanado a cumplir sus obligaciones oportunamente y en la forma como fueron pactados". Igualmente, cita a la Corte Suprema de Justicia, Sala de Casación Civil, Sentencia del 16 de junio de 1985, *Gaceta Judicial*, t. CLXXX, pp. 130 y 131, pues cuando se pregunta cómo operaría la intervención judicial cuando se presentan relaciones negociales en las cuales ambas partes abandonan sus compromisos: "hay que pensar que no es el artículo 1546 el que confía su preceptiva para encontrar solución, porque este texto legal gobierna de manera concreta la forma sustancial de liberarse del negocio como corolario de que el que no cumple le permite al otro demandar la destrucción del vínculo, con la exigencia de perjuicios. El incumplimiento de un contratante legitima la pretensión de resolución, por eso, el instituto de la resolución, consagrado en el artículo 1546, no puede aplicarse a los casos de incumplimiento recíproco, que supone un desinterés por mantener las consecuencias del contrato". También, Alessandri, A., Somarriva, M., Vodanovic, A., *Tratado de las obligaciones,* v. I, Santiago de Chile, Editorial jurídica de Chile, 2009, p. 273: "No cabe duda que en este caso la resolución no puede apoyarse en el artículo 1489 [1546 del Código Civil colombiano], porque éste considera la hipótesis en que *uno* de los contratantes cumple lo pactado y no en que *ambos* caigan en el incumplimiento".

dejado de cumplir las prestaciones a las que se obligó, sino que es necesario ser la parte fiel del contrato[52], lo cual implica la constitución en mora del deudor[53].

Y este requisito es lógico y concuerda con el artículo 1609 del Código Civil[54], puesto que, a la luz del texto del artículo, en los contratos bilaterales, el cumplimiento de las prestaciones de una de las partes tiene como efecto la constitución en mora de la contraparte. Es decir, contrariamente a lo que la doctrina mayoritaria opina, se sostiene que el artículo 1609 no prevé la *exceptio non adimpleti contractus*, sino dos normas que son fundamentales para el funcionamiento de los contratos sinalagmáticos: la compensación de moras y la forma de constitución en mora en los contratos bilaterales.

Cuando la norma hace referencia a que "*ninguno de los contratantes está en mora dejando de cumplir lo pactado*", consagra el famoso adagio *la mora purga la mora*[55], el cual es considerado un remedio sinalagmático del contrato que permite que no se constituya en mora a ninguno de los contratantes cuando son incumplidores recíprocamente, pues se evita que una de las partes agrave la posición contractual de la otra por medio de la mora a sabiendas que también incumple el contrato[56].

---

52 Se señalan: Corte Suprema de Justicia, Sala de Casación Civil, Sentencia de 2 de febrero de 1940, *Gaceta Judicial*, t. XLIX, pp. 40-56; Sentencia de 13 de junio de 1946, *Gaceta Judicial*, t. LX, p. 687; Sentencia del 25 de marzo de 1950, *Gaceta Judicial*, t. LXVIII, p. 127; Sentencia de 23 de junio 1978, M. P. Humberto Murcia Ballén –no publicada–; Sentencia de 5 de noviembre de 1979, *Gaceta Judicial*, t. CLIX, p. 306; y Sentencia de 1 de julio de 2009, exp. 00310, este último pronunciamiento donde se afirma que "en más de un centenar de fallos ha sostenido que constituyen presupuestos indispensables, para el buen suceso de la acción resolutoria emanada de la condición resolutoria tácita, los siguientes a) que el contrato sea bilateral; b) que quien promueva la acción haya cumplido con sus obligaciones o que haya estado dispuesto a cumplirlas y c) que el otro contratante haya incumplido las obligaciones que le corresponde". Recientemente, Sentencia de 20 de abril de 2018, SC1209-2018. En doctrina, por ejemplo, HINESTROSA, F. *Tratado de las obligaciones II*, cit., p. 868. VALENCIA ZEA, A. *Derecho civil. De las obligaciones*, t. III, Temis, Bogotá, 1960, p. 154 y ss.

53 Ver: OSPINA FERNÁNDEZ, G. y OSPINA ACOSTA, E. *Teoría general de los actos o negocios jurídicos*, Bogotá, Temis, 1980, p. 567.

54 Artículo 1609 del Código Civil: "En los contratos bilaterales ninguno de los contratantes está en mora dejando de cumplir lo pactado, mientras el otro no lo cumpla por su parte, o no se allana a cumplirlo en la forma y tiempo debidos".

55 La jurisprudencia ha utilizado el brocardo "la mora purga la mora": Corte Suprema de Justicia, Sala de Casación Civil, Sentencia de 7 de diciembre de 1982, *Gaceta Judicial*, t. CLXV, pp. 343-345. Se usa el brocardo, pero lo superpone con la *exceptio non adimpleti contractus:* Sentencia de 13 de diciembre de 1944, *Gaceta Judicial*, t. LVIII, pp. 184-193.

56 *Cfr.* CHINCHILLA IMBETT, C. A. *La excepción de incumplimiento contractual*, cit., p. 209 y ss.

Por su parte, cuando la norma hace referencia a "*mientras el otro no cumpla por su parte o no se allane a cumplirlo en la forma y tiempo debidos*", consagra que la forma de constituir en mora en los contratos bilaterales es mediante el cumplimiento, pues el uso de la conjunción *mientras* indica que durante el incumplimiento de ambas partes no se podrá constituir en mora, apenas una de ellas cumpla, el otro queda inmediatamente constituido en mora.

Esta interpretación permite explicar por qué razón la mora del deudor puede ser un requisito de procedibilidad de la acción de resolución. En verdad, no es que sea un requisito, sino una consecuencia natural de exigirle al accionante de la resolución de ser la parte fiel del contrato, pues al colocarse en esa situación, es decir, de respetar el acuerdo, de cumplir con lo pactado, a la luz del artículo 1609, constituye inmediatamente en mora a su contraparte del contrato bilateral. En fin, y cambiando la posición que planteamos en una obra precedente[57], la constitución en mora del contratante incumplido es necesaria para el ejercicio de la acción de resolución por incumplimiento, pero no como un requisito de procedibilidad de la resolución, sino como una consecuencia natural por el hecho de que la acción se conceda a la parte fiel del contrato.

De hecho, es una regla que garantiza el equilibrio y la equidad de las relaciones negociales, puesto que no admite que se desencadenen todos los efectos de la mora cuando las partes no se han ajustado al programa contractual.

57 En nuestra obra *La excepción de incumplimiento contractual. Estructura, función y límites*, Bogotá, Universidad Externado de Colombia, 2017, no compartíamos la tesis que consideraba la mora como un requisito de procedibilidad de la acción de resolución (n. 393 y n. 389), porque considerábamos que el único requisito que se imponía para la procedencia de la acción de resolución era el incumplimiento; diferente situación a la acción de indemnización de perjuicios, pues el artículo 1615 dispone que solo se deben perjuicios desde que se ha constituido en mora al deudor. En esa sede sosteníamos que la exigencia de la mora como requisito formal para la procedencia de la resolución se debía a que el demandante pudiera exigir, junto con la resolución, la indemnización de perjuicios, lo cual presuponía la falta de autonomía de este último remedio. En el mismo sentido, en el que la mora no es un requisito de procedibilidad de la resolución por incumplimiento, consultar, Hinestrosa, F. *Tratado de las obligaciones II*, cit., p. 870; García Vásquez, D. *Condición resolutoria tácita y responsabilidad del deudor*, cit., 103 y ss. En la doctrina chilena, Mejías Alonzo, C. *Resolución por incumplimiento: su procedencia y efectos*, cit., p. 30.

3.3. LA RESOLUCIÓN DE INCUMPLIMIENTO OPERA FRENTE A UN INCUMPLIMIENTO IMPUTABLE, DEFINITIVO Y GRAVE DEL DEUDOR

El centro del artículo es el incumplimiento de una de las partes. Este incumplimiento no puede ser cualquier tipo de inejecución, sino uno cualificado: que sea imputable al deudor y que sea de una importancia que justifique la operatividad de la resolución, esto es, grave y definitivo[58].

Lo primero por establecer es que el incumplimiento surge cuando no existe un justo equilibrio entre el interés del acreedor y el deber del deudor, pues la conducta del deudor no se ajustó al contenido de la relación obligacional, generando la insatisfacción del acreedor y la frustración del interés común que llevó a las partes a contratar, así como el de la propia operación económica contenida en el contrato. El incumplimiento es una categoría que se individualiza desde el plano de las relaciones obligatorias, en particular desde la ejecución de la prestación por el deudor frente a la perspectiva del interés del acreedor y de la función del contrato[59].

En efecto, nos encontramos frente a un evento de incumplimiento cuando el deudor no ejecuta la prestación debida en las condiciones que permitan la plena satisfacción de los intereses del acreedor en relación con la función del negocio celebrado. De manera que, a fin de establecer cuándo se ha incumplido una obligación, es indispensable confrontar el contenido de las obligaciones que integran el contrato, sea explícitamente o por vía de integración,

---

58 MACIONE, F. *Risoluzione del contratto e imputabilitià dell'inadempimento,* Napolés, ESI, 1988, *passim*; SICCHIERO, G. *La risoluzione per inadempimento,* cit., pp. 160-188; pp. 541-588; AMADIO, G. "Inattuazione e risoluzione: la fattispecie", cit., pp. 67-119; NANNI, L. "La risoluzione del contratto per inadempimento", en *Tratatto della responsabilità contrattuale. Inadempimento e rimedi,* v. I, Padua, Cedam, 2009, pp. 436-449; MELICH ORSINI, J. *La resolución del contrato por incumplimiento,* cit., 164 y ss.; RODRÍGUEZ ROSADO, B. *Resolución y sinalagma contractual,* Madrid, Marcial Pons, 2013, pp. 205-229.

59 NEME VILLARREAL, M. L. y CHINCHILLA IMBETT, C. A. "El incumplimiento en la reforma del código civil francés: no constituye un modelo a seguir que permita la cabal funcionalidad del incumplimiento en el sistema jurídico colombiano", en Riaño, A. y Fortich, S. (eds.), *La reforma de los contratos y de las obligaciones en Francia: ¿fuente de inspiración para una futura reforma en derecho colombiano?,* Bogotá, Universidad Externado de Colombia, 2020, p. 220 y ss. El maestro HINESTROSA, F., *Tratado de las obligaciones,* I, Bogotá, Universidad Externado de Colombia, 2007, p. 242, define que el incumplimiento es "insatisfacción del acreedor por violación de los deberes que específicamente pesan sobre el deudor en fuerza del contenido singular de la relación obligatoria".

considerando aquellas que se incorporan por virtud de los principios que lo rigen, así como es necesario tener presente la naturaleza de las mismas (*dare, facere, non facere, praestare*); todo lo cual permitirá determinar el alcance de dichas obligaciones y, consecuentemente, las exigencias frente al deudor en términos de la adecuada satisfacción de los intereses del acreedor, sea mediante un comportamiento positivo o negativo del deudor, en el caso de las obligaciones de dar, hacer o no hacer, o mediante la adecuada disposición a la prestación y satisfacción de la garantía, tratándose de las obligaciones de garantía[60]. Dicha revisión comporta el análisis de los diversos matices del cumplimiento, lo cual nos permite entender en qué hipótesis la obligación se entiende verdaderamente incumplida, y no reducir el incumplimiento al interés del acreedor, tal como lo hace la noción objetiva de incumplimiento[61], desconociendo la correcta comprensión del vínculo sinalagmático como punto de partida de la configuración del concepto de incumplimiento[62].

Determinado que la obligación fue incumplida por una de las partes, se exige identificar que tal incumplimiento sea imputable[63], esto es, que pueda ser

60 Neme Villarreal, M. L. y Chinchilla Imbett, C. A. "El incumplimiento en la reforma del código civil francés: no constituye un modelo a seguir que permita la cabal funcionalidad del incumplimiento en el sistema jurídico colombiano", cit., p. 230.

61 Ver Mejías Alonzo, C. *Resolución por incumplimiento: su procedencia y efectos*, cit., p. 9 y ss.; Vidal Olivares, A. "El incumplimiento resolutorio en el Código Civil. Condiciones de preocedencia de la resolución por incumplimiento", en Wilson Pizarro, C. (coord.), *Estudios de derecho civil IV. Jornadas Nacionales de Derecho Civil, 2008*, Santiago de Chile, LegalPublishing, 2009, p. 347.

62 Sobre el concepto de incumplimiento, se remite a: Giorgianni, M. "L'inadempimento", en *Enciclopedia del diritto*, XX, Milán: Giuffrè, 1970, p. 861 y ss.; Bianca, C. M. "Dell'inadempimento delle obbligazioni", en *Commentario del codice civile Scialoja- Branca*, Roma y Bolonia, Zanichelli Editore e Il Foro Italiano, 1979, p. 5 y ss.; Bianca, C. M. *Diritto Civile. La responsabilità*, Milán, Giuffrè, 2012, p. 1 y ss.; Visintini, G. "Inadempimento", en *Enciclopedia giuridica Treccani*, XVI, 1989; Trimarchi, P. *Il contratto: inadempimento e rimedi*, Milán, Giuffrè, 2010, p. 10 y ss.; Cannata, C. A. *Inadempimento delle obbligazioni*, Padua, Cedam, 2008, p. 10 y ss.

63 Sobre el requisito de la culpa en la resolución, podría verse la parte de la doctrina que sostiene su carácter necesario; *cfr.* Bianca, C. M. *Diritto civile. La responsabilità*, cit., pp. 11 y ss.; contrariamente, quienes opinan que la resolución por incumplimiento no requiere la imputabilidad, el reproche de la conducta en cuanto se debe analizar siempre desde la óptica del contratante fiel, la cual, a pesar de la no reprochar la conducta del deudor, es procedente la resolución, *cfr.* Macione, F. *Risoluzione del contratto e imputabilitià dell'inadempimento*, cit., 31; Mejías Alonzo, C. *Resolución por incumplimiento: su procedencia y efectos*, cit., p. 24.

atribuible al deudor por dolo, culpa o 'riesgo'[64]. Así, para que el incumplimiento sea considerado como doloso, es necesario que sea voluntario o intencional y que el deudor conozca que está violando el contrato con las consecuencias que ello conlleva[65]; el incumplimiento imputable por culpa, por su parte, se configura cuando el deudor omite el empleo de la diligencia debida en la ejecución de sus obligaciones en atención a la naturaleza de la prestación y de las particularidades del caso concreto[66]; finalmente, el incumplimiento imputable por 'riesgo', el cual se determina por la asunción de determinados riesgos, legal o convencionalmente, en el momento de celebrar el contrato[67].

Así pues, la necesidad de la imputabilidad del incumplimiento busca que al deudor le sean atribuibles las consecuencias de su incumplimiento en atención a las particularidades de la obligación incumplida. Es la objetiva trazabilidad del incumplimiento en virtud de la cual se busca encontrar el nexo causal entre el comportamiento debido (el cumplimiento) y su insuficiencia, el cual está determinado por la conducta del deudor y por la asunción de un riesgo determinado. Entonces, frente a la inejecución del contrato, puede dar lugar a la resolución por incumplimiento del artículo 1546 del Código Civil colombiano las veces en las que la falta de ejecución de la prestación pueda ser atribuible al contratante que era obligado a realizarla, sea porque su conducta es culpable o dolosa, sea porque la inejecución depende de eventos que hacen parte de la

---

64 *Cfr.* Koteich Khatib, M. "Los criterios de imputación de la responsabilidad contractual: una mirada a los códigos y sus fuentes romanas", en Gónzalez de Cancino, E., Cortés, E. y Navia, F. (eds.), *Estudios de derecho civil en memoria de Fernando Hinestrosa*, Bogotá, Universidad Externado de Colombia, 2014, pp. 641-671; Trimarchi, P. *Il contratto: inadempimento e rimedi*, cit., p. 13.

65 Artículo 63 del Código Civil, inciso final, define legislativamente al dolo como la intención positiva de inferir injuria a la persona o propiedad de otro.

66 Artículo 1604 que consagra la responsabilidad por culpa y el modelo tripartito de la culpa; sobre el particular, Cortés Moncayo, É. *La culpa contractual en el sistema jurídico latinoamericano*, Bogotá, Universidad Externado de Colombia, 2009, *passim*.

67 Como sucede en el contrato de mandato en el artículo 2178 del Código Civil, en el supuesto de hecho en el que el mandatario por un pacto especial responde por la solvencia de los deudores y de los problemas del cobro frente al mandante, caso en el cual responde para con el mandante incluso de los casos fortuitos y la fuerza mayor. Ver: "El deudor no asume simplemente un resultado determinado, sino que garantiza su obtención, por disposición legal o negocial, de manera que responde por la ausencia de dicho resultado, aun la derivada de un caso de fuerza mayor o fortuito. O, sin más, asume determinados riesgos": Hinestrosa, F. *Tratado de las obligaciones*, cit., p. 260.

esfera de control del deudor debido a que así asumió con la celebración del contrato de forma voluntaria o legal[68].

En ese sentido, la imputabilidad no puede reducirse al simple reproche por dolo o culpa de las obligaciones en las que se exige un cumplimiento basado en la diligencia, la lealtad y la corrección en cada caso concreto; el juicio de reproche puede tener en cuenta el comportamiento del deudor en aquellas obligaciones en las que se exige diligencia en la preservación y custodia del bien o derecho objeto del contrato, pero que su valoración se hace en términos de resultado, como sucede con las obligaciones de restitución o transferencia del dominio de un bien de cuerpo cierto; así mismo, el reproche puede recaer por la no efectividad del cumplimiento de la obligación, como sucede con las obligaciones pecuniarias, en las que el deudor responde por la no entrega de la suma debida al acreedor; o por la efectividad en la no comisión de un determinado hecho al que se compromete a su no realización. Igualmente, el reproche en las obligaciones de garantía, propias de la cobertura de riesgos, se analiza con base en el contenido de la obligación a cargo del deudor: de hacer, en relación con el otorgamiento leal y diligente de la tranquilidad del acreedor; de no hacer, en términos de no comprometer la capacidad de asumir la garantía; y de dar, en cuanto realiza una indemnización que salvaguarda el patrimonio del acreedor ante la ocurrencia del riesgo[69].

En ese sentido, la imputabilidad del incumplimiento, como aquella trazabilidad de reconducir las consecuencias de la resolución al deudor incumplido, tiene que analizarse desde el reproche que puede hacérsele al deudor en cuanto no adoptó todas las medidas necesarias en consideración al contenido negocial, al interés del acreedor y a la función del contrato; lo cual incluye también aquellas prestaciones cuya valoración está determinada por riesgo asumido.

El requisito de la imputabilidad del incumplimiento diferencia la resolución por incumplimiento contractual de la resolución por imposibilidad sobrevenida: si el incumplimiento no puede ser imputable, se aplicará esta última y no habrá lugar al resarcimiento del daño por la inejecución[70]. Lo confirman nuestras normas en materia de riesgos de la cosa debida por cuerpo cierto, en

---

68 Amadio, G. "Inattuazione e risoluzione: la fattispecie", cit., p. 75.

69 Neme Villarreal, M. L. y Chinchilla Imbett, C. A. "El incumplimiento en la reforma del código civil francés: no constituye un modelo a seguir que permita la cabal funcionalidad del incumplimiento en el sistema jurídico colombiano", cit., pp. 227-228.

70 Chamie, J. F. *La adaptación del contrato por eventos sobrevenidos*, Bogotá, Universidad Externado de Colombia, 2013, pp. 324 y ss.

sus artículos 1729 del Código Civil colombiano y ss., pues a partir de estas disposiciones, si la causa del incumplimiento no es atribuible al deudor debido a que medió una causa extraña, no procede la resolución por incumplimiento, sino la extinción de las obligaciones por la pérdida de la cosa que se debe (artículo 1625, numeral 7, Código Civil colombiano)[71], lo cual va en sintonía con la buena fe, ya que sería contrario al principio legitimar al acreedor a resolver un contrato cuya causa no le puede ser atribuible a la contraparte en cuanto no participó en la ocurrencia de dicho evento[72].

Finalmente, el otro elemento que cualifica el incumplimiento es la gravedad y el carácter definitivo del incumplimiento[73].

El carácter definitivo y grave del incumplimiento es un requisito que fue introducido por la jurisprudencia al ordenamiento jurídico colombiano, frente al silencio textual del código[74]. Por primera vez se introduce dicho requisito en

---

71 Igualmente, en la doctrina chilena, *cfr.* ABELIUK MANASEVICH, R. *Las obligaciones,* t. I, cit., pp. 471-472. Contrariamente, MEJÍAS ALONZO, C. *Resolución por incumplimiento: su procedencia y efectos,* cit., p. 25, quien parte de una noción objetiva, neutra y amplia de incumplimiento, lo que la lleva a afirmar que la imputabilidad es un requisito para determinar la responsabilidad, no la procedibilidad de la resolución. De hecho, la posición de la autora, en virtud de la cual la resolución por incumplimiento procede cuando el incumplimiento es imputable o no, desconoce que ese elemento de la imputabilidad permite distinguir la resolución por incumplimiento de la resolución por imposibilidad sobrevenida; lo cual es coherente con su posición en cuanto afirma que del Código de Bello no es posible colegir la figura resolutoria por imposibilidad sobrevenida, sino solo la teoría de los riesgos.

72 Ver CHAMIE, J. F. *La adaptación del contrato por eventos sobrevenidos,* cit., pp. 172-173.

73 También se habla de incumplimiento esencial, ver: VIDAL OLIVARES, Á. "La noción de incumplimiento esencial en el Código Civil". *Revista de Derecho de la Pontificia Universidad Católica de Valparaíso,* v. XXXII, 2009, pp. 221-258, o de incumplimiento resolutorio, para todos: MEJÍAS ALONZO, C. *El incumplimiento resolutorio en el Código Civil,* Santiago de Chile, LegalPublishing, 2011, *passim;* pero ambos términos hacen referencia a un incumplimiento que da lugar a la resolución siempre que (i) la inejecución sea la determinada por la voluntad de las partes; (ii) la inejecución prive al acreedor de lo que tenía derecho a esperar en virtud del contrato; o (iii) la inejecución haga perder la confianza del acreedor en el futuro cumplimiento del contrato.

74 La posición de la doctrina y la jurisprudencia de los inicios del siglo XX era de darle procedencia a la resolución sin revisar la entidad del incumplimiento, pues se afirmaba que "donde la ley no distingue, no le es permitido hacerlo al intérprete". ALESSANDRI, A., SOMARRIVA, M., VODANOVIC, A. *Tratado de las obligaciones,* v. I, cit., 273; sin embargo, es importante mencionar la advertencia que hacía CLARO SOLAR, L. *Explicaciones de derecho civil chileno y comparado,* v. V, (tomo X), p. 174: "Ateniéndose al tenor de la ley habría que decidir que la resolución puede ser pronunciada porque la ley no exige inejecución total; pero en una materia regida más bien por la equidad que por el rigor del derecho, está solución podría ser

un caso donde la Corte Suprema de Justicia analiza el ejercicio de la resolución por incumplimiento de un vendedor de un bien inmueble que reclamaba la resolución de la compraventa debido a que su comprador no había pagado un poco menos del 6 % del valor total del bien inmueble objeto del contrato. Se evidencia que la preocupación de la Corte era poner al contrato en salvaguardia de abusos, excesos y aprovechamientos indebidos del acreedor demandante; por ello concluye que lo adeudado es una cuantía ínfima comparada con el valor total del bien, lo cual no da derecho al ejercicio de la acción de resolución, sino a lograr el pago de lo no ejecutado. En efecto, llama la atención que el espíritu del ordenamiento jurídico colombiano es propiciar la firmeza de los acuerdos, lo cual se encuentra evidenciado en algunas normas del Código Civil y Código de Comercio que exigen un incumplimiento que justifique optar por la quiebra del contrato y no por la subsistencia de este; así, para la Corte, es un deber inexcusable del juez detenerse en el requisito de la importancia del incumplimiento invocado por la parte demandante con el objetivo de establecer si el incumplimiento tiene una muy escasa importancia en atención de los intereses del accionante, caso en el cual no se podrá resolver el contrato[75].

demasiado absoluta, puesto que algunas de las obligaciones comprendidas en lo pactado por los contratantes pueden no tener sino un efecto relativo e insignificante y su inejecución no causar al otro perjuicios apreciables".

75 Corte Suprema de Justicia, Sentencia del 11 de septiembre de 1984, *Gaceta Judicial* CLXXVI, pp. 237-248. Las normas que cita para tal fin son 1909, 1915, 1925 y 1988, pues son casos en los que prevalece la vida del contrato frente a la terminación a causa del incumplimiento de una de las partes; así, en el artículo 1909, para que proceda la resolución por evicción de la cosa, es menester que la parte evicta sea tal que justifique la solicitud de resolución por el comprador; los artículos 1925 y 1915 hacen referencia al supuesto de hecho de los vicios ocultos de la cosa vendida que no la hagan inservible según la naturaleza de la cosa y no destruyan el interés del comprador, caso en el cual el comprador no podrá resolver el contrato, sino solo obtener una rebaja del precio. En el caso del artículo 1988, el arrendatario que desee resolver el contrato debido a una turbación en el goce de la cosa, dicha turbación deberá ser de tal magnitud que lo prive de tanta parte de la cosa arrendada. Por su parte, las normas del Código de Comercio son el artículo 962 y 966. En la primera disposición se establece que el vendedor solo puede solicitar la resolución del contrato de compraventa solo si la falta de pago supera la octava parte del precio total de la cosa; la segunda disposición autoriza al vendedor a exigir la restitución de la cosa vendida por el no pago del precio, pero que el comprador la podrá recuperar dentro de los tres meses siguientes a la restitución pagando la totalidad de los instalamentos, con sus intereses. En doctrina, Gómez Estrada, C. *De los principales contratos civiles*, Bogotá, Temis, 2008, p. 104.
Este pronunciamiento no ha sido aislado, pues la Corte ha insistido en que la resolución puede

Hoy por hoy, el fundamento de la gravedad del incumplimiento como requisito de procedibilidad de la resolución es la buena fe, pues demuestra la exigencia de la sinalagmaticidad del contrato y otorga los criterios para evitar abusos y realizar la racionalidad y la eficiencia de la figura resolutoria, mediante la coherencia entre los fines para los cuales fue concebida la resolución y las exigencias del caso concreto; así, por ejemplo, se impiden comportamientos fingidos, fundados en incumplimientos de poca consistencia, sirvan a la parte que se libere del vínculo, soslayando la fuerza obligatoria del contrato[76].

De hecho, el criterio de la gravedad del incumplimiento ha sido impuesto para justificar la ampliación de un remedio tan radical como la resolución, pues si el incumplimiento ha incidido en el sinalagma contractual y sobre los intereses de los acreedores de forma tal que los destruye, la única solución sería liberar a las partes del vínculo que los ata. Por ello, la doctrina ha identificado dos criterios para analizar la gravedad del incumplimiento[77].

Por un lado, el criterio objetivo busca analizar la intensidad del incumplimiento a la luz de la economía del contrato con base en el valor de la prestación incumplida con relación al valor total de las prestaciones contractuales, de modo que se pueda determinar si existe una alteración radical en el equilibrio económico querido por las partes.

Por otro lado, el criterio subjetivo corresponde al interés del acreedor en la obtención de la prestación, el cual se concreta con la plena comprensión del reglamento contractual, de la economía del contrato y del comportamiento que haya tenido en la ejecución de este, sin confundir el interés del acreedor con la estima o valoración personal que realiza sobre su crédito. La gravedad del incumplimiento basado en el interés de la parte cumplidora debe analizarse con base en el interés que hubiera satisfecho en caso de un exacto y tempestivo cumplimiento del contrato, con la consecuencia de que el incumplimiento ínfimo se debe a la limitada importancia del interés lesionado o por el escaso

---

ejercerla la parte afectada por un incumplimiento grave o esencial; ver: Corte Suprema de Justicia, Sentencia del 18 de diciembre de 2009, exp. 0916.

76 Nanni, L. "La risoluzione del contratto per inadempimento", cit., p. 448.

77 Grondona, M. "Non scarsa importanza dell'inadempimento e potenzialità della buona fede a difesa del contratto". *I contratti,* 2013, pp. 1021-1033, en particular p. 1022; Importante el análisis de Nanni, L. "La risoluzione del contratto per inadempimento", cit., p. 438 y ss., en donde indica que existe un conjunto de criterios objetivos, como lo son la proporcionalidad de las prestaciones del contrato como fue en concreto aceptada por las partes y no en abstracto, el daño provocado por el incumplimiento; y otros subjetivos como el comportamiento de las partes y el interés al exacto y tempestivo cumplimiento.

alcance del incumplimiento respecto del equilibrio de las prestaciones, el cual puede ser considerado sano y salvo aún frente a ese incumplimiento.

Estos criterios están orientados por la buena fe, pues, en el momento de ser valorizados por el juez, este debe apreciarlos integralmente en atención a las particularidades de la naturaleza de la relación negocial, la forma como reaccionan las partes frente a la disfuncionalidad del vínculo, sus pretensiones a la luz de la función del contrato, la economía del contrato, todo con el fin de no reducir el análisis de la gravedad con un solo presupuesto y, por lo tanto, confirmar que el remedio utilizado es el adecuado para tutelar el interés de la parte afectada por el incumplimiento[78].

Un elemento que ayuda a establecer la gravedad del incumplimiento es el carácter definitivo de este[79], con el fin de legitimar el ejercicio de la resolución. Así, un incumplimiento total o parcial, que no sea definitivo, porque aún es posible realizar el contrato y existe interés de las partes en hacerlo, no dará lugar a resolver el vínculo contractual[80]. En ese sentido, el carácter definitivo del incumplimiento se ha identificado con aquellas hipótesis en las que la prestación no puede ser realizada por el obligado debido a las propias características de la obligación, como son los casos en los que la obligación está sometida a un término esencial y, por consiguiente, su ejecución tardía es imposible por su objeto o inútil en cuanto el acreedor ha perdido objetivamente el interés en obtener el cumplimiento de la prestación[81]. En ambas hipótesis es posible que la prestación pueda ser materialmente ejecutada, pero

---

78 Por ejemplo, no se debe excluir la hipótesis en la que hay un incumplimiento que disminuye la confianza de la otra parte sobre la futura ejecución del contrato, pero sin ocasionar daños; el incumplimiento es importante y es justificante para resolver el contrato, solo que no surgen para el acreedor perjuicios, lo cual no generaría legitimidad para solicitar el resarcimiento del daño. Sería el caso del productor que impide tempestivamente el tentativo de un distribuidor de violar la exclusividad con su productor, en principio el productor no sufre un daño, pero la falta de confianza sí lo legitimaria para resolver el contrato de distribución; *cfr.* Nanni, L. "La risoluzione del contratto per inadempimento", cit., p. 439.

79 Contrariamente, Vidal Olivares, Á. "La noción de incumplimiento esencial en el Código Civil", cit., p. 223 y ss.

80 Luminoso, A., Carnevali, U. y Costanza, M. *Risoluzione per inadempimento*, cit., p. 440; Amadio, G. *Inattuazione e risoluzione: la fattispecie*, cit., p. 85.

81 López Díaz, P. V. "El término esencial y su incidencia en la determinación de las acciones remedios por incumplimiento contractual del acreedor a la luz del artículo 1489 del Código Civil Chileno". *Revista Chilena de Derecho Privado*, n.º 19, 2013, pp. 51-103, especialmente p. 77 y ss.

el deudor no tiene el derecho a realizarla y, consecuentemente, el acreedor tiene el derecho a rechazarla[82].

Además, existen comportamientos del deudor que demuestran desprecio por el cumplimiento del contrato y que son considerados como un incumplimiento definitivo[83], en aras de proteger los intereses de la contraparte[84]. Son los casos en los que el deudor manifiesta no cumplir con sus obligaciones antes de la exigibilidad de estas y realiza comportamientos objetivamente coincidentes con tal declaración, de modo que excluye la certeza de la ejecución futura de la prestación; igual situación se presenta cuando el deudor destruye culposamente el objeto de la prestación antes de su entrega[85]. También puede encuadrarse como incumplimiento definitivo aquel que surge de una obligación de no hacer, pues cada violación de la obligación constituye *per se* un incumplimiento, y en principio, definitivo[86].

En fin, pareciera que el carácter definitivo del incumplimiento se configura cuando se destruye el interés del acreedor y/o la obligación se torna imposible de ejecutar.

---

82 Luminoso, A., Carnevali, U. y Costanza, M. *Risoluzione per inadempimento,* cit., p. 129.

83 Sacco, R. y De Nova, G. *Il contratto,* cit., p. 1601: "L'inadempimento è l'infedeltà ai doveri imposti dal contratto, indipendentemente da ogni conseguente ulteriore perdita patrimoniale della controparte".

84 Parece consolidado el recurso a los remedios sinalagmáticos siempre que exista una certeza que el cumplimiento del contrato no se realizará por un comportamiento del deudor. En caso de que sea un mero peligro de incumplimiento futuro, están a disposición los remedios de carácter dilatorio-suspensivo. Ver para todos: Amadio, G. *Inattuazione e risoluzione: la fattispecie,* cit., p. 95.

85 En palabras de Sacco, R. y De Nova, G. Il contratto, cit., p. 1604: "Ma altrettanto è vero che il creditore, in attesa della scadenza, non dev'essere obbligato a sfogliare la margherita per indovinare cosa farà il debitore".

86 Ver Bianca, C. M. *Dell'inadempimento delle obbligazioni,* cit., pp. 241-242, quien expone que en principio el incumplimiento de una obligación negativa muestra el carácter de definitivo, pero existen situaciones en las que el incumplimiento puede ser reversado, exigiendo el comportamiento de inercia de la obligación siempre que se satisfaga el acreedor. Por ejemplo, si el deudor viola su compromiso abriendo un negocio, es siempre posible que el vendedor cierre el negocio y restaure la situación inicial. En este sentido, el carácter definitivo de la violación de la relación contractual de prestaciones de no hacer tiene que ver con la posibilidad que el interés crediticio sea todavía susceptible de ser satisfecho por el deudor y que el precedente incumplimiento pueda ser superado de la ejecución de la relación o que sus efectos dañinos sean removidos.

4. LOS EFECTOS DE LA RESOLUCIÓN POR INCUMPLIMIENTO DEPENDEN DEL TIPO NEGOCIAL SOBRE EL QUE RECAE EL REMEDIO SINALAGMÁTICO: ENTRE EFECTOS *EX TUNC* Y EFECTOS *EX NUNC*

Las consecuencias de la resolución son dominadas por la distinción entre los contratos de ejecución instantánea y los contratos de duración o continuados[87].

En el primer tipo de negocios, se afirma de forma genérica que, declarada la resolución, es necesario colocar a las partes en la misma situación en la que se encontraban antes de la celebración del contrato, como si este jamás hubiere existido, lo cual quiere decir que se reconoce el estado jurídico preexistente a la celebración y que la finalidad es borrar todos los efectos que de él surgieron[88]. En ese sentido, la resolución tiene efectos retroactivos entre las partes, el contrato se extingue para las partes y las obligaciones que de él surgen no deben cumplirse, o si ya se cumplieron, tendrán que ser restituidas, esto es, los efectos de la resolución son *ex tunc*[89]; así, por ejemplo, en el caso en que se haya transferido el dominio sobre un bien, la resolución destruye el título que justifica dicha transferencia y el derecho de dominio regresa a quien enajenó el bien, por lo que el comprador se convierte en un poseedor con la obligación de restituir el bien adquirido a su vendedor[90].

En cambio, en los contratos de duración, la resolución opera para el futuro, por lo que su efecto no se extiende a las obligaciones ya ejecutadas, como quiera que lo ejecutado anteriormente no es deshecho y se consolida, esto es,

---

87 Sobre esta distinción entre los contratos de ejecución instantánea y los de duración, véase: MESSINEO, F. *Il contratto. Voci estratte dall'Enciclopedia del diritto*, Milán, Giuffrè, 1961, pp. 45-148.

88 CLARO SOLAR, L. *Explicaciones de Derecho Civil chileno y comparado*, cit., p. 128 y ss. Por su parte, MEJÍAS ALONZO, C. *Resolución por incumplimiento: su procedencia y efectos*, cit., p. 71, llama la atención de que los efectos de la resolución se construyen con base en el artículo 1487 del Código Civil chileno (art. 1544 Código Civil colombiano), el cual solo consagra los efectos restitutorios y no los efectos retroactivos, como claramente si se hacía en el proyecto de Código Civil de Bello de los años 1841, 1847 y 1853, pues se prescribía que cumplida la condición resolutoria, el contrato se reputaba no haber existido jamás. De hecho, la autora afirma que en materia de efectos de la resolución existe una laguna legislativa y las normas existentes que podrían ser aplicables (riesgos, frutos, mejoras) no son adaptables a la fisionomía de la resolución como remedio del contrato (p. 71-86).

89 ROPPO, V. *Il contratto*, cit., p. 885.

90 *Cfr.* MEJÍAS ALONZO, C. *Resolución por incumplimiento: su procedencia y efectos*, cit., p. 72.

los efectos de la resolución son *ex nunc*[91]. En este tipo negocial, no opera la retroactividad por la misma naturaleza del negocio, pues las prestaciones ya ejecutadas fueron cumplidas operando el pago como modo de extinguir las obligaciones, lo cual evita desequilibrios que deban ser corregidos[92] y concentra el problema en la sinalagmaticidad de las prestaciones que están pendientes de ejecución.

Así, en un contrato de duración o continuado, encontraremos prestaciones que se encuentran incumplidas, otras que son ejecutadas y otras que deben ejecutarse en el futuro. Las que fueron cumplidas se extinguieron por el supuesto del pago, como se dijo anteriormente; las que son incumplidas sirven de fundamento para solicitar el remedio resolutorio; y las que están pendientes de ejecución en el futuro son aquellas que serán objeto de resolución. De este modo se salva la fracción del intercambio querido y ejecutado por las partes, pues sería antieconómico y contrario a la lógica de las relaciones negociales y del mercado, declarar la ineficacia de las prestaciones ya ejecutadas, por el solo hecho del incumplimiento sucesivo de la prestación[93].

5. EL EJERCICIO DE LA AUTONOMÍA PRIVADA EN LA RENUNCIA DE LA ACCIÓN RESOLUTORIA CONTENIDA EN EL ARTÍCULO 1546 DEL CÓDIGO CIVIL COLOMBIANO

Existe un aspecto problemático con relación a la disponibilidad de las partes de los remedios contractuales, el cual puede ambientarse con un caso resuelto por la Corte Suprema de Justicia en el que se discute la eficacia del pacto que da lugar a la renuncia a resolver el contrato por incumplimiento[94]. Los hechos que dieron lugar a la controversia pueden sintetizarse de la siguiente manera: una pareja decide comprar un proyecto inmobiliario, una casa dentro de un condominio residencial a las afueras de Bogotá. En el contrato se establece que los compradores reciben la casa en obra gris, con el fin de adecuar y colocar

---

91 Por esa circunstancia, la doctrina propone dejar de llamarla resolución, sino terminación, *cfr.* ABELIUK MANASEVICH, R. *Las obligaciones,* cit., p. 513; o llamarla resolución parcial, *cfr.* HINESTROSA, F. *Tratado de las obligaciones* II, v. II, cit., p. 877.

92 MEJÍAS ALONZO, C. *Resolución por incumplimiento: su procedencia y efectos*, cit., p. 98.

93 MESSINEO, F. *Il contratto*, cit., p. 147.

94 Corte Suprema de Justicia, Sala de Casación Civil, Sentencia 23 de marzo de 2012, exp. 00067.

los acabados a su gusto. En el momento de la entrega del bien inmueble, la constructora entrega la casa, pero con un pequeño inconveniente: el conjunto residencial no tiene alcantarillado, ni agua potable y no se han terminado las zonas de uso común, entre ellas, el gimnasio. Los compradores deciden hacer el reclamo y prefieren terminar el contrato por incumplimiento, ante lo cual la constructora vendedora decide recordar que, en el contrato, los compradores renunciaron a la condición resolutoria.

En ese sentido, podríamos preguntarnos ¿cuál es el campo de acción de la autonomía privada en la derogación de la acción de resolución contenida en el artículo 1546 del Código Civil?[95].

Para dar solución al interrogante, sería útil identificar dos escenarios: el primero consiste en la renuncia de la figura resolutoria posterior a la ocurrencia del incumplimiento, cuya validez de la disposición no parece presentar problema alguno, puesto que evidenciado y reconocido el incumplimiento de la contraparte, el acreedor realiza una consciente interiorización de los efectos que le ha causado dicho incumplimiento y una valoración del ejercicio de los remedios de los que es titular para enfrentar los mencionados efectos. Es decir, los remedios consagrados en el artículo 1546 del Código Civil han ingresado a la esfera del acreedor por ser la víctima del mal funcionamiento del vínculo y su administración hacen parte de su entera disposición; en ese sentido, conocer el incumplimiento y sus efectos por la parte fiel del contrato

---

95 Respecto a la autonomía privada y la acción de resolución, se podría también preguntar, fuera de la renunciabilidad de la acción, si es posible derogar el requisito de la gravedad del incumplimiento que da lugar a la resolución, o indicar tipos de incumplimientos diferentes a la gravedad, o regular de forma diferente los requisitos de procedibilidad de la acción de cumplimiento o de indemnización de perjuicios; en fin, modificar el sistema legal de remedios sinalagmáticos o extender los remedios sinalagmáticos a otros mecanismos de tutela restitutoria. *Cfr.* Amadio, G. *Inattuazione e risoluzione: la fattispecie*, cit., pp. 22-23. Como lo plantea Vidal Olivares, Á. "La cláusula resolutoria como manifestación de la facultad de resolver el contrato. Problemas en torno a su eficacia en el Código Civil Chileno". *Vniversitas*, n.° 138, 2019, con relación al texto del artículo 1489 del Código Civil chileno (1546 del Código Civil colombiano), la norma en abstracto ofrece un adecuada protección al acreedor frente al incumplimiento de su contraparte; sin embargo, en la práctica presenta algunas dificultades, lo cual justifica que se estudie las cláusulas resolutorias en el ejercicio de la libertad contractual de las partes, en el sentido de que ellas pueden disponer sobre la forma del ejercicio de la facultad resolutoria, su manera de operar, la tipología del incumplimiento que daría lugar a la resolución y los efectos del remedio.

y habilitada a ejercer los remedios, permitiría una legítima renuncia a las acciones de las que es titular[96].

El segundo escenario es la renuncia preventiva de la acción de resolución, es decir, las partes en el momento de celebrar el contrato sinalagmático deciden excluir la operatividad del artículo 1546 del Código Civil, en particular, la resolución en caso de incumplimiento de una de las partes[97]. Este tipo de renuncia, aunque es aceptada pacíficamente por la doctrina y por la jurisprudencia[98], nos parece que desnuda la verdadera tutela del vínculo contractual en perjuicio del correcto funcionamiento del contrato y de su sinalagmaticidad[99].

---

96 ROPPO, V. *Il contrato*, cit., p. 882; HINESTROSA, F. *Tratado de las obligaciones II*, cit., 2015, p. 876. Contrariamente, GARCÍA VÁSQUEZ, D. *Condición resolutoria tácita y responsabilidad del deudor*, cit., p. 131, parte de la idea de que, basado en la tesis de que el incumplimiento es una condición del contrato y por ello la resolución es una verdadera condición resolutoria, el incumplimiento genera un efecto resolutorio *ipso iure*, lo cual extingue las obligaciones del contratante cumplido. Por lo tanto, no sería viable que el contratante renunciara a la resolución de unas obligaciones que ya fueron extinguidas; así, según el autor, permitir la renuncia de la resolución luego de acaecido el incumplimiento, sería como revivir unas obligaciones ya extinguidas por el incumplimiento. Posición a nuestro juicio equivocada; como hemos manifestado, el artículo 1546 no es ninguna condición resolutoria tácita, el tratamiento de la resolución requiere una visión renovada de los remedios con el fin de garantizar el buen funcionamiento del contrato. En igual sentido, GENICON, T. *La résolution du contrat pour inexécution*, cit., pp. 69-87.

97 En materia de derecho del consumidor, esta discusión fue superada a favor del consumidor, pues el artículo 43 de la Ley 1480 de 2011 califica de ineficaces de pleno derecho las cláusulas que limitan la responsabilidad del productor. En particular, el numeral 8 del mencionado artículo en cuanto dispone que serán ineficaces aquellas cláusulas que "impidan al consumidor resolver el contrato en caso que resulte procedente excepcionar el incumplimiento del productor o proveedor, salvo en el caso del arrendamiento financiero".

98 Sobre la aceptación de la cláusula de renuncia de la resolución por incumplimiento, *cfr.* GARCÍA VÁSQUEZ, D. *Condición resolutoria tácita y responsabilidad del deudor*, cit., p. 131; ALESSANDRI, A., SOMARRIVA, M. y VODANOVIC, A. *Tratado de las obligaciones*, v. 1, cit., p. 288; TERRÉ, F., SIMLER, P., LEQUETTE, Y. *Droit civil. Les obligations*, cit., pp. 720-721; HINESTROSA, F. *Tratado de las obligaciones II*, cit., p. 876; MELICH ORSINI, J. *La resolución del contrato por incumplimiento*, cit., p. 319; BELFIORE, A. "Risoluzione per inadempimento", cit., p. 1309.

99 Contrario a la admisibilidad del pacto de renuncia de la resolución, ver: SICCHIERO, G. *La risoluzione per inadempimento*, cit., pp. 391-414; AULETTA, G. G. *La risoluzione per inadempimento*, cit., p. 490. BELFIORE, A. "Risoluzione per inadampimento", cit., p. 1309 Respecto a quienes la admiten, pero con cierta reserva y límites, lo cual a nuestro parecer reduce sustancialmente la eficacia de las cláusulas de renuncia, ver: ROPPO, V. *Il contratto*, cit., pp. 882-883; GENICON, T. *La résolution du contrat pour inexécution*, cit., pp. 242-244; AMADIO, G. *Inattuazione e risoluzione: la fattispecie*, cit., p. 26.

A continuación, se expondrán los argumentos a favor de la renuncia de la resolución y luego presentaremos la tesis que respalda la prohibición a renunciar el remedio resolutorio.

5.1. LOS ARGUMENTOS QUE JUSTIFICAN LA RENUNCIA DE LA RESOLUCIÓN GIRAN EN TORNO AL PRISMA DE LA AUTONOMÍA PRIVADA Y DEL CARÁCTER DISPOSITIVO DE LAS NORMAS DEL DERECHO PRIVADO

La doctrina que sostiene adecuada y válida la cláusula de renuncia a la resolución por incumplimiento contractual contenida en el artículo 1546 lo hace, fundamentalmente, con base a tres argumentos: (i) el ejercicio de la autonomía privada sobre el carácter dispositivo de las acciones contra el incumplimiento; (ii) la imposibilidad de resolver el contrato confirma la intención de las partes en mantener el contrato vigente y reforzar su cumplimiento en atención a la operación económica y el tipo negocial; y (iii) la renuncia de la resolución no constituye una desprotección del contratante fiel, pues tiene otros remedios para proteger su intereses.

El primer argumento se fundamenta en la idea de que las partes están sometidas a lo que establecieron en el contrato en la medida de que ello no desconozca el orden público y las buenas costumbres, en ese sentido, en el ejercicio de la autonomía, los sujetos contratantes pueden renunciar a las garantías, a los derechos y a las facultades que el ordenamiento jurídico otorga, con el objetivo de modelar de la mejor manera el contrato a sus propios intereses[100]. De hecho, hay dos normas en el Código Civil que justifican la renuncia

100 Así lo confirma la jurisprudencia; ver Corte Suprema de Justicia, Sala de Casación Civil, Sentencia 23 de marzo de 2012. Exp. 00067: "Esa potestad o derecho subjetivo que las leyes defieren a quienes conforman o hacen parte de una determinada comunidad, refulge decisivo en su autogobierno y, subsecuentemente, destella imprescindible al resolver el sentido que consideren apropiado a sus intereses. La concreción de potestades y la generación de obligaciones, por excelencia, deriva de los designios de cada individuo [...] en desarrollo de tal prerrogativa o en ejercicio del rol asumido, su titular detenta plena disposición para optar por desligarse de uno u otro derecho; perspectiva semejante le procura la posibilidad de crear, modificar o extinguir situaciones jurídicas específicas; luego, nada obsta para explicitar su decisión en un determinado destino, con la seguridad de que la posición asumida contará, con el respaldo de la normatividad vigente; desde luego, ante cualquiera de dichas hipótesis corresponderá observar las formalidades previstas en la ley, así como respetar las salvedades que la misma prevé".

a derechos: el artículo 15, en cuanto consagra que los particulares podrán renunciar a todos los derechos conferidos por las leyes, con tal que solo miren el interés individual del renunciante, y que no esté prohibida la renuncia; y el artículo 1537, el cual hace un control de las "llamadas condiciones fallidas", de forma que si la cláusula en la que se renuncia a un determinado derecho no es de aquellas imposibles, ininteligible e inductivas a hechos ilegales o inmorales, entonces la cláusula no es prohibida por la ley.

Con base en la anterior premisa, el artículo 1546 resultaría un instituto que no es de orden público, es de carácter patrimonial y, por lo tanto, disponible por las partes[101]. Por una parte, porque la renuncia sólo afecta a los intereses de carácter patrimonial de quien protesta frente al incumplimiento; los cuales son susceptibles de ser transados, disponibles o renunciables, decisión esta última que solo impacta, en uno u otro sentido, a quienes estructuraron la relación sustancial; y no incide, por ejemplo, en la organización social o en la conformación del grupo comunitario. Por otra parte, porque la condición resolutoria tácita, al estar basada en la voluntad de las partes contratantes, no es un elemento esencial del contrato, es un elemento que naturalmente se entiende incluido en los contratos bilaterales en caso en que las partes no hayan dispuesto nada frente a la eventualidad del incumplimiento[102];

---

101 Sobre el particular, Alessandri, A., Somarriva, M., Vodanovic, A. *Tratado de las obligaciones,* v. I, cit., p. 288; Melich Orsini, J. *La resolución del contrato por incumplimiento,* cit., p. 319; Ospina Fernández, G. y Ospina Acosta, E. *Teoría general de los actos o negocios jurídicos,* cit., pp. 578-579, quienes indican que la resolución no es de orden público y es renunciable, por lo que podría pactarse la renuncia de la resolución, sea con la celebración del contrato, sea luego de acaecido el incumplimiento.

102 En el derecho italiano: Giorgi, G. *Teoria delle obbligazioni nel diritto moderno italiano,* t. IV, Florencia, Fratelli Cammelli, 1891, p. 213: "Tal condición es puramente sobreentendida y no es impuesta por la ley; se presume la voluntad de las partes, pero no siendo solicitada por motivos de orden público, cede ante la voluntad contraria, que las mismas partes hayan abiertamente manifestado. Así, ellas son libres de pactar que el contrato no se resolverá en caso de incumplimiento". En el mismo sentido, en la doctrina chilena, ver Pizarro Wilson, C. "Cláusulas resolutorias en el derecho civil chileno", cit., p. 360, sobre la cláusula resolutoria, quien deja a la plena voluntad de las partes la gestión de dicha cláusula, por ser un elemento natural del contrato: "existiendo claridad sobre la calificación de la condición resolutoria tácita como elemento de la naturaleza, pudiendo excluirse por las partes, no cabe duda de que puedan modificarse sus efectos o características a partir del acuerdo de las partes". De forma similar, Vidal Olivares, Á. "La cláusula resolutoria como manifestación de la facultad de resolver el contrato. Problemas en torno a su eficacia en el Código Civil Chileno", cit., p. 2, haciendo alusión al carácter natural de la condición resolutoria tácita, afirma que, si las partes pactan una cláusula resolutoria tácita, desplazan en todo o en parte

de manera que, al no ser imperativo y solo tácito, en caso de que las partes la excluyan, el ordenamiento solo debe reconocer y tutelar tal disposición de intereses[103].

El segundo argumento gira en torno a que la renunciabilidad a la resolución es un instrumento para reforzar el cumplimiento del contrato en atención a la operación del negocio o al tipo negocial. Así, cuando una parte, o las partes, renuncian al ejercicio de la condición resolutoria, el contrato se hace firme y definitivo de manera que el incumplimiento no dará lugar en ningún caso a pedir la resolución, sino solo a la acción de cumplimiento con la indemnización de perjuicios correspondiente[104]. Así, el interesado de cualquier condición resolutoria expresa o tácita puede renunciar a ella, pues en la valoración del ejercicio de la acción que ella contiene, puede resultar un obstáculo para la realización de otros negocios, pues el interés último es evitar que el contrato se resuelva en ninguna circunstancia. Por ejemplo, en los contratos de adquisición o construcción de vivienda de bienes inmuebles, cuyo pago a plazo está garantizado por un crédito hipotecario, el prestamista exige la renuncia del vendedor a la acción resolutoria en caso de incumplimiento del pago del precio con plazo por el comprador, ya que, de no renunciar a dicha acción resolutoria, el prestamista se negaría a concederle el préstamo al comprador[105]. O, el caso en el cual la resolución del contrato y las restituciones mutuas consecuenciales no serían de interés de ninguna de las partes, pues su interés es el cumplimiento del contrato y obtener el resultado de la operación económica del mismo, como sucede, por ejemplo, en el contrato de construcción.

El tercer argumento afirma que el artículo 1546 no obliga a un determinado remedio, deja a la opción del contratante afectado por el incumplimiento la elección del instrumento contractual para defenderse. En esa dirección, la renuncia a la resolución es una declinación a una de las opciones que la normatividad vigente les provee a los contratantes para actuar frente al incumplimiento, por ejemplo, en el caso de la compraventa, el comprador que se desprenda de la

---

la norma dispositiva o supletoria del artículo 1489 del Código Civil chileno (1546 del Código Civil colombiano), pues el elemento accidental se impone sobre el elemento natural del contrato.

103 Corte Suprema de Justicia, Sala de Casación Civil, Sentencia 23 de marzo de 2012, exp. 00067; Pizarro Wilson, C. "Cláusulas resolutorias en el derecho civil chileno", cit., p. 367.

104 Gómez Estrada, C. *De los principales contratos civiles*, cit., p. 116.

105 Ospina Fernández, G. y Ospina Acosta, E. *Teoría general de los actos o negocios jurídicos*, cit., p. 579; Gómez Estrada, C. *De los principales contratos civiles*, cit., p. 116.

resolución no afectaría de las prerrogativas restantes como contratantes cumplidores de sus compromisos; lisa y llanamente se abandona uno de los caminos previstos en la ley para la cesación de los efectos del contrato y subsisten otras alternativas que le brindan la posibilidad de satisfacer sus derechos[106]. Como lo afirma el profesor Hinestrosa, "cada parte ha de ponderar su situación, y nada se opone a que, considerándose suficientemente protegida con la sola acción ejecutiva, renuncia a la prerrogativa de la resolución, en obsequio del interés de su contraparte"[107].

En fin, la renuncia no deja desprotegido a la parte afectada por el incumplimiento, ya que esta cuenta con otros instrumentos ofrecidos por el sistema remedial. El límite a la renuncia sería que no se eliminen todos los remedios contractuales[108] del artículo 1546 del Código Civil colombiano.

---

106 En jurisprudencia, Corte Suprema de Justicia, Sala de Casación Civil, Sentencia 23 de marzo de 2012. Exp. 00067: considera la Sala que la renuncia expresa o tácita de la potestad resolutoria, en línea de principio, no vulnera la protección del acreedor frente al incumplimiento, en la medida en que "su prescindencia sólo implica desechar la posibilidad de terminar el contrato por una de tantas circunstancias que pueden conducir a ese fin, esto es, el incumplimiento de la prestación debida, determinación que atañe solo a los individuos que concurrieron a perfeccionar el acuerdo y, concretamente, a aquel que declina tal prerrogativa. En consecuencia, las partes, con las limitaciones anunciadas, tienen el poder de decidir si se desprenden o no de la opción de reclamar la terminación del vínculo cuando no ha habido el acatamiento debido de los compromisos asumidos por una de ellas. Y para corroborar tal aserto basta memorar que una vez acaezca la hipótesis fáctica inserta en el inciso 2º del artículo 1546 del C. C., o sea, sobrevenido el incumplimiento, por obvias razones, el contratante cumplido ve frustrada la prestación de que trata el pacto celebrado, evento que, como allí aparece consagrado, le habilitaría una u otra alternativa, esto es, demandar la cesación de los efectos generados u optar por el cumplimiento, circunstancia que lo compromete, en cualquiera de las vías seleccionadas, de acudir, inevitablemente, a la acción pertinente para que un juez dilucide la controversia, pues, no es de aquellos casos en que la resolución opera por el solo ministerio de la ley".

107 Hinestrosa, F. *Tratado de las obligaciones II*, cit., 2015, p. 876. De hecho, consideran la resolución como un derecho potestativo: Vidal Olivares, Á. "La cláusula resolutoria como manifestación de la facultad de resolver el contrato. Problemas en torno a su eficacia en el Código Civil Chileno", cit., n. 30.

108 *Cfr.* Sacco, R. y De Nova, G. *Il contratto,* cit., p. 1590; en su última edición toma esta postura, en las anteriores afirmaba la sospecha de validez de las cláusulas que disponen la resolución por incumplimiento contractual.

5.2. LOS ARGUMENTOS QUE JUSTIFICAN EL CARÁCTER IRRENUNCIABLE DE LA RESOLUCIÓN GIRAN EN TORNO AL PRISMA DE LA SINALAGMATICIDAD DEL CONTRATO, LOS CUALES PERMITEN UNA VERDADERA TUTELA DE LOS INTERESES DE LAS PARTES Y DEL CORRECTO FUNCIONAMIENTO DEL CONTRATO

La validez de las cláusulas que disponen la renuncia de la resolución por incumplimiento contractual es apoyada mayoritariamente por la doctrina y la jurisprudencia, sin asomo de sonrojarse; es decir, solo afirman que dichas cláusulas, apoyadas en la autonomía privada, son lícitas, no están prohibidas por la ley y no son sospechosas. A continuación, revisaremos si este tipo de pactos pasan el umbral, no bajo el prisma de la autonomía privada, sino con base en la sistemática del derecho de obligaciones del Código Civil colombiano y a la luz de los principios generales de la contratación contemporánea, en particular, la buena fe y la protección de derechos fundamentales.

En primer lugar, la renuncia de la acción de resolución desnaturaliza la fuerza de la sinalagmaticidad del contrato en cuanto se vería desestructurada la efectividad de la tutela de la interdependencia, reciprocidad y correlatividad de las prestaciones. Si existe un contrato en donde se han prometido recíprocamente las prestaciones, un pacto en el que se renuncie a la resolución haría que dichas prestaciones parecieran autónomas, que no tuvieran esa causalidad típica de las relaciones sinalagmáticas, la cual permite que la suerte de una prestación influya en la suerte de la otra[109]. En efecto, de la relación negocial en concreto, surgen distintas conexiones entre las obligaciones, de modo que ante posibles eventos que disminuyan gravemente o anulen la satisfacción sustancial de los intereses de una parte, el cumplimiento exigible a la otra resulta necesariamente reconsiderado de una manera proporcionalmente directa[110], lo cual exige otorgarle los instrumentos necesarios y eficaces para proteger sus intereses.

---

109 "[L]a renuncia preventiva a la resolución del contrato no puede encontrar espacio en el ordenamiento, así como no es admitida una atribución sin causa". *Cfr.* Sicchiero, G. *La risoluzione per inadempimento,* cit., p. 403. Como sucede si se renunciara recíprocamente la resolución por imposibilidad sobrevenida, Roppo, V. *Il contrato*, cit., p. 883.

110 Sobre el particular, Robles Bacca, P. *El cumplimiento de las obligaciones en la tradición romanista y su reconsideración como categoría central del derecho civil*, Bogotá, Universidad Externado de Colombia, 2020, quien explica que en el contrato de arrendamiento existen

En otras palabras, es contrario a la estructura sinalagmática del contrato que se comprometa una determinada cantidad de dinero para obtener una contraprestación, pero al mismo tiempo no se tenga el instrumento para garantizar la obtención de dicha contraprestación frente al incumplimiento grave de la contraparte. De esta forma, se aumentaría la probabilidad de un enriquecimiento a favor de la parte que incumple, lo cual significa que se desarticula la sinalagmaticidad del contrato y se entraría en la lógica de un contrato de donación o uno aleatorio, en el que se acepta donar o enriquecer en todos aquellos eventos a la contraparte, sin importar que sea incumplidor o que haya respetado el pacto celebrado[111].

Este primer argumento se basa en la idea de que la sinalagmaticidad del contrato no es un elemento derogable por las partes, ya que, de hacerlo, estarían detonando la estructura del contrato, y, por supuesto, del tipo negocial[112]. En ese orden de ideas, eliminar aquellos instrumentos de tutela que permiten garantizar la interdependencia, la reciprocidad y la correlatividad de las prestaciones del vínculo negocial, se traduciría en una desnaturalización del vínculo

---

dos prestaciones recíprocas e interdependientes *–uti-frui/merces–*, las cuales no se analizan de forma aislada, sino a la luz de las distintas relaciones que se forman entre ellas, como sucede en el caso planteado en D. 19.2.30.1, en el se realiza un alquiler de unos baños portátiles con el objetivo de que los habitantes de un determinado lugar los utilicen de forma gratuita; sin embargo, luego, se produce un incendio que impide la utilización del baño. En este caso, el arrendatario podrá solicitar la restitución del dinero pagado por el tiempo en que no se pudo prestar el servicio de los respectivos baños, pues se trata de un caso que evidencia la interdependencia entre las prestaciones de las partes del contrato, dado que la afectación de una de las prestaciones afecta inexorablemente la otra, es decir, la cesación del *praestare uti frui* tiene implicaciones directas y proporcionales en el *praestare mercedem*.

111 Argumentos que fueron expresados en SACCO, R. *Il contratto,* Turín: UTET, 1975, p. 936; SACCO, R. y DE NOVA, G. *Il contratto,* Turín: UTET, 2004, p. 617. Sin embargo, en la última edición SACCO, R. y DE NOVA, G. *Il contratto*, cit., p. 1590, luego de sostener el argumento de la indisponibilidad de la correlatividad de las prestaciones del contrato, abren la posibilidad de darle validez a la cláusula que permite renunciar a la resolución por incumplimiento.

112 CARDILLI, R. "Il problema della resistenza del tipo contrattuale nel diritto romano tra *natura contractus* e *forma iuris*", en *Modelli teorici e metodologici nella storia del diritto privato 3*, (Fiori, Roberto, coord.), Nápoles: Jovene Editore, 2008, p. 1 y ss. *Cfr.* SICCHIERO, G. *La risoluzione per inadempimento,* cit., p. 403, quien afirma que el pacto de *irresolubilità* del contrato no es admisible donde con ella se entienda afirmar el derecho del contratante infiel de poder tomar la prestación de la parte desilusionada sin ejecutar la suya; por ello la cláusula será nula toda vez que indique que en el caso concreto se interprete como una condición suspensiva meramente potestativa: "cumpliré si quiero".

sinalagmático, y, por lo tanto, su derogatoria. De hecho, los instrumentos de protección de la sinalagmaticidad, como lo son la acción de cumplimiento, la excepción de incumplimiento contractual y la resolución frente al incumplimiento, tienen una forma de operar en miras a la protección de ese vínculo, mediante la salvaguardia de las distintas conexiones entre las prestaciones a cargo de cada parte, del correcto funcionamiento del contrato y de la realización de la operación económica que subyace en la relación negocial[113].

Un segundo argumento contrario a la validez del pacto que tiene como fin la renuncia a la resolución consagrada en el artículo 1546 tiene que ver con propender a la verdadera y completa tutela del vínculo contractual. Una tutela sustancial del contrato se consolida cuando las partes pueden legítimamente ejercer los remedios a su disposición frente a las vicisitudes que se les presenten en la ejecución del contrato en atención a la naturaleza de la relación, a la dimensión del incumplimiento y, por supuesto, a la protección de los intereses de la parte afectada por ese incumplimiento en el caso concreto.

En ese sentido, es falaz afirmar que la renuncia a la resolución de forma preventiva favorece el cumplimiento y el carácter robusto del contrato, puesto que un pacto en tal sentido desconoce la dinámica del sistema de remedios frente al incumplimiento y la tutela sustancial del contrato, ya que los remedios operan dependiendo del supuesto de hecho y de los intereses de las partes en el momento de la inejecución, no en el momento de la celebración, por lo que es indispensable que esté a su disposición el sistema de remedios en su totalidad para que, frente a un mal funcionamiento del vínculo, pueda elegir el remedio que mejor proteja sus intereses. Es decir, el sistema remedial se activa cuando el supuesto de hecho se presenta, de forma que solo hasta ese momento se le permite a la parte afectada entender el alcance del incumplimiento y el abanico

---

113 *Cfr.* Sicchiero, G. *La risoluzione per inadempimento,* cit., p. 397, al explicar uno de los argumentos en contra a la renuncia: "[La renuncia] serviría a evidenciar como la realización de la función económica del contrato queda exclusivamente a la voluntad de una de las partes, la cual pudiese decidir de no ejecutar el contrato sin ninguna consecuencia. De este perfil se disminuye el carácter esencial del contrato o la 'fuerza de ley' al que hace referencia el artículo 1372 (código civil italiano), tal vez no lo dice enfáticamente, pero si en modo claro le atribuye: no es casualidad que la doctrina ha notado que [con la renuncia] tiene que decaer el entero contrato, porque aquella cláusula debería significar la voluntad de las partes de no crear un compromiso jurídicamente vinculante, y por lo tanto de no crear una obligación".

de mecanismos, de acciones y de excepciones que le son ofrecidos para tutelar sus intereses de la mejor manera posible[114].

Además, los remedios consagrados en el artículo 1546 del Código Civil colombiano tienen una funcionalidad y una razón de ser. Eliminar alguno de ellos, en especial la resolución, desconoce la tutela efectiva del contrato en cuanto no se dispondría de un remedio frente a un supuesto de hecho que afecta sustancialmente el interés de las partes, como lo es el incumplimiento grave, pues es aquel que tiene la capacidad de frustrar la relación negocial, de convertir la operación económica en imposible y de impedir la función del negocio.

Dicho de otro modo, la renuncia a la resolución hace que la parte fiel tenga, por un lado, la opción de solicitar el cumplimiento específico de un contrato cuya ejecución de las prestaciones es imposible por razones imputables al deudor o, por otro, la acción de indemnización de perjuicios, la cual persigue el resarcimiento del daño por incumplimiento, pero que no resuelve el contrato junto con la liberación a la parte fiel del vínculo contractual y de las prestaciones a su cargo, ni tampoco ordena las restituciones mutuas de aquello que se ha ejecutado[115].

---

114 Como lo explica el profesor ROPPO, V. *Il contratto.* p. 677 y ss., el incumplimiento se presenta de mil formas con mil características diferentes, y será la posición y los intereses de la parte que sufre el incumplimiento, luego de analizadas sus consecuencias, escoger la tutela que mejor le convenga.

115 Quienes piensan que la acción de indemnización de perjuicios tiene un efecto liberatorio, además de su naturaleza resarcitoria, aceptan la validez de la renuncia a la resolución, ver: SIRGIOVANNI, B. *Autonomia privata e risoluzione del contrato per inadempimento,* Milán, Cedam y Wolters Kluwer, 2019, cit., p. 55 y ss.; como sucede en el ejemplo expuesto por SICCHIERO, G. *La risoluzione per inadempimento*, cit., p. 393, en donde las partes de un contrato de cesión de un paquete accionario de la mayoría de la sociedad, el adquirente renuncia a cualquier remedio previsto por la ley en tema de resolución o nulidad del contrato y acepta como único remedio la indemnización de perjuicios, el cual, según el contrato, constituye el instrumento para satisfacer cualquier expectativa o pretensión que nazca del contrato. De hecho, el autor valida la renuncia a la resolución en aquellos casos en los que el pacto venga acompañado con la indemnización de perjuicios como un instrumento de tutela de la parte desilusionada.

Creemos que se debe revisar cuál es la funcionalidad de la acción de indemnización de perjuicios y el carácter satisfactorio de la misma, para establecer si es el remedio adecuado para superar el malfuncionamiento del contrato. Sobre el particular, se remite a AMBROSOLI, M. *Inadempimento del contratto e risarcimento del danno,* Milán, Giuffrè, 2012, pp. 29-108; 110-147.

Así, la exclusión del ejercicio de la figura resolutoria se traduce en la privación de la parte fiel a su legítima opción de liberarse de un vínculo que es pernicioso y sin sentido alguno, y confiere la titularidad de un conjunto de remedios que no sirven para la protección de sus intereses en atención a las particularidades de la gravedad del incumplimiento[116].

Un tercer argumento contrario a la validez de la renuncia a la resolución es la cualificación de este tipo de cláusulas como una forma de pacto de irresponsabilidad, el cual no son aceptadas por el ordenamiento jurídico[117]. De hecho, el artículo 1522 del Código Civil prohíbe la condonación del dolo futuro, cuya aplicación se concreta, por ejemplo, en el artículo 1898 al declarar nulos aquellos pactos en que se eximan de responsabilidad al vendedor del saneamiento de evicción cuando hay mala fe de parte suya y en el artículo 1916 al declarar ineficaz la estipulación en la que el vendedor no se obliga a sanear la cosa por los vicios ocultos, cuando tenía conocimiento de ellos y no dio noticia al comprador. La hipótesis del pacto de renuncia a la resolución no se encuadra completamente en el artículo 1522 –como sí lo hacen los artículos 1898 y 1916–, en cuanto el pacto no concede al deudor incumplir sin sanción alguna; sin embargo, una lectura más detallada nos llevaría a afirmar que el pacto si tiene como intención evitar que se aplique un remedio sinalagmático, impedir la eficacia de un instrumento que sirve para solucionar las consecuencias de un comportamiento doloso o culposo de la contraparte[118]. Y esa es la *ratio* del

---

116 Sobre el particular, Pothier, R. J. *Tratado de la locación conducción,* Barcelona, Imprenta y Litografía de J Roger, 1841, p. 147-148, n. 321-323, se pregunta si puede el inquilino oponerse a la resolución del arrendamiento cuando se ha pactado que no se puede desalojar bajo ningún motivo. Plantea un primer caso en el cual el arrendador solicita el bien inmueble debido a que amenaza ruina y un segundo caso en el que el arrendatario destina la casa para un fin no convenido en el contrato. En ambos casos, afirma Pothier, es posible solicitar el desalojo del inmueble y terminar el contrato, pues en el primer evento es imposible que inquilino permanezca en una cosa derribada, en el segundo, porque es regla común a todos los contratos sinalagmáticos, que cuando una de las partes falta a sus obligaciones, no puede pedir que la otra cumpla con las suyas; y fuera indecoroso y contrario a esta regla que el inquilino que faltó a su deber no usando como debía de la casa, pidiese el cumplimiento de un pacto, cualquiera que sea, y que le conceda un goce de que ha abusado.

117 De hecho, en materia del derecho del consumo, como lo anotamos anteriormente, ese tipo de cláusula es considerada como abusiva, tal como lo dispone la ley 1480 de 2011 en su artículo 43 y, por lo tanto, sancionada con la ineficacia de pleno derecho.

118 Contrariamente, Álvarez Vigaray, R. *La resolución de los contratos bilaterales por incumplimiento,* cit., p. 93; quien afirma que solo no tiene eficacia la renuncia a la resolución cuyo incumplimiento del deudor es imputable por dolo; pues el fundamento de esas normas (las

artículo 1522, evitar las hipótesis en que se deje impune el incumplimiento, pues una permisión en tal sentido incentivaría a que las partes no cumplan con lo acordado y debilitaría la fuerza vinculante del contrato al suprimir la respuesta del ordenamiento frente a su inejecución[119].

También –y sería un cuarto argumento que justifica invalidar la renuncia de la resolución por incumplimiento–, este tipo de pactos violaría el brocardo que afirma que nadie puede beneficiarse de su propia culpa: "*Nemo auditur propriam turpitudinem allegans*" [120]. En efecto, cuando la inejecución del deudor le es imputable por dolo o culpa, y aún así quiere hacer valer la eficacia de la renuncia a la resolución que realiza su contraparte, una interpretación que avale dicha pretensión contravendría los principios del ordenamiento, en especial, la buena fe[121]. El contratante incumplido no es digno de ser oído, ni

---

equivalentes al derecho español, artículos 1102, 1476 y 1485) es evitar incumplimiento causado por dolo.

119 Un razonamiento similar se encuentra en el ordenamiento italiano construida por AULETTA, G. G. *La risoluzione per inadempimento*, cit., p. 490: "La validez o no de la renuncia debe juzgarse en el cuadro del problema de la admisibilidad o no de la renuncia a los medios satisfactorios dispuestos por la ley. Por la tesis de la invalidez, creo que se pueda citar el artículo 97 del nuevo libro de la tutela de los derechos 'los límites a la responsabilidad no son admitidos salvo en los casos establecidos por la ley'. Es verdad que nuestra hipótesis no se encuadra completamente en la letra de la disposición, puesto que el negocio en cuestión es entendido a sustraer la responsabilidad del bien adquirido por el incumplidor en fuerza de un contrato bilateral, que puede ser siempre objeto de ejecución forzada, pero a impedir la imposición de una particular sanción, que tiene por objeto el bien mismo. Pero, de todas formas, es por la invalidez el espirito de la disposición citada, la cual quiere evitar las convenciones privada que tiene el valor de impedir el funcionamiento de ese tipo de medidas, que el ordenamiento ha dispuesto para asegurar la observancia de los propios mandatos".

120 Es, de hecho, una manifestación de la *exceptio doli generalis*; ver: BURDESE, A. "Exceptio doli. Diritto romano", en *Novissimo digesto italiano*, VI, Turín, Unione tipográfico-Editrice Torinese, 1970, pp. 1072-1074; VIARO, S. "Abuso del diritto ed eccezione di dolo generale", en *L'eccezione di dolo generale. Aplicazione giurisprudenziale e teoriche dottrinali* (a cura di L. Garofalo), Padova, Cedam, 2006, p. 1 y ss. El brocardo tiene como alcance "el impedir la acción judicial cuando el demandante apoya su pretensión en su propia torpeza o inmoralidad, pues frente a tales procesos, los jueces deben negarse a administrar justicia, movidos, se dice, por un sentimiento de indignación y de disgusto", cuya aplicación más evidente está en el artículo 1525 del Código Civil en virtud del cual impide que se repita lo que se haya pagado por una causa y objeto ilícito a sabiendas; ver: NAVIA ARROYO, F. "Reflexiones sobre la máxima *nemo auditor*", en *Homenaje a Fernando Hinestrosa. 30 años de rectorado Universidad Externado de Colombia*, t. II, Bogotá, Universidad Externado de Colombia, 1993, p. 317 y ss.

121 Repeler ese tipo de pretensiones evidencia que la excepción de dolo es un remedio jurídico, el

puede pretender el reconocimiento de la eficacia de una cláusula que lo favorece con la renuncia a la resolución por su contraparte a partir de una conducta reprochable, es decir, no es legítimo pretender la tutela de su posición negocial con la conciencia de que su actuación negligente, dolosa o de mala fe viola lo pactado, afecta negativamente los intereses de su contraparte y genera el fracaso de la operación económica del contrato.

En otras palabras, es contrario a los principios que rigen la contratación permitir que la parte infiel, además de que incumple de forma dolosa o culposa y que genera la crisis de la relación negocial, pues su contraparte no recibe su contraprestación, ni tiene esperanza para ello, evada el sometimiento a la resolución que constituye un remedio para sancionar su propio incumplimiento y tutelar los intereses de la víctima por su actuar, pues sería como dejarle en sus manos la realización de la función económica del contrato y la gestión de los remedios contractuales, lo cual impide su correcto funcionamiento y la sustancial tutela del vínculo[122].

Un quinto argumento que pretende la ineficacia de la renuncia a la resolución tiene como fundamento que un pacto en tal sentido generaría incoherencias con la propia obligación y con alguna de sus características. Un contrato cuyas prestaciones sean incumplidas de forma grave, sin posibilidad de resolverlas y, por consiguiente, de liberar a la contraparte de su contraprestación, generaría una obligación perpetua, lo cual contraría uno de los elementos característicos de la prestación, esto es, la posibilidad de ser extinguida. Dicho de otro modo, la disolución del vínculo constituye un elemento esencial del concepto de obligación; si esta característica no existiera, la obligación se convierte en esclavitud o en servidumbre, contrariando a todas luces ese modelo de obligación consagrado en nuestro código y que heredamos de nuestra tradición romana, en la que se genera una sujeción que permite constreñir al deudor a cumplir para satisfacer el interés del acreedor con miras a liberarse de su débito[123], pero en el caso en que sea imposible constreñirlo,

---

cual no requiere de normas específicas para su justificación, pues en determinadas hipótesis se legitima en cuanto el reclamo de un derecho en concreto resulta doloso o incorrecto, pues ataca el deber de lealtad que se exige en las relaciones humanas. Ver VIARO, S. "Abuso del diritto ed eccezione di dolo generale", cit., pp. 43-44.

122 *Cfr.* SICCHIERO, G. *La risoluzione per inadempimento,* cit., p. 397.

123 NEME VILLARREAL, M. L. "Del ius Gentium al derecho globalizado: una reflexión sistemática a partir de los principia iuris permite la construcción de una categoría de obligación

la obligación deberá resolverse con sus naturales consecuencias, restituciones, si hubo ejecución, junto la indemnización de perjuicios que hubiere lugar[124].

Igualmente, perdería sentido cualificar el incumplimiento en aquellos contratos en los que se renuncia a la resolución, pues a pesar de que el incumplimiento sea grave, esencial, este no tiene ninguna trascendencia práctica en cuanto el remedio que debería activarse es ineficaz por virtud del pacto de renuncia a la resolución, lo cual, a todas luces, desconoce la funcionalidad del negocio, la operación económica del contrato y la verdadera tutela de los intereses de las partes.

Finalmente, y no menos importante, creemos que renunciar a resolver el contrato cuando se presenta un incumplimiento grave que afecta de forma sustancial los intereses de la parte fiel del contrato, sería violatorio al derecho que tiene todo ciudadano a acceder a la justicia para buscar la protección de sus derechos cuando existe un hecho flagrante que los vulnera[125]. En efecto,

---

sustancialmente humana". *Revista de ciências jurídicas Pensar,* v. 22, n. 2, 2017, p. 621 y ss., especialmente, pp. 632-633.

124 Hinestrosa, F. *Tratado de las obligaciones,* i, cit., p. 71 y ss.

125 La Corte Constitucional ha desarrollado el derecho a la administración de justicia, estableciendo su concepto y contenido: "El derecho a la administración de justicia ha sido definido por la jurisprudencia constitucional como la posibilidad reconocida a todas las personas residentes en Colombia de poder acudir en condiciones de igualdad ante los jueces y tribunales de justicia, para propugnar por la integridad del orden jurídico y por la debida protección o el restablecimiento de sus derechos e intereses legítimos, con estricta sujeción a los procedimientos previamente establecidos y con plena observancia de las garantías sustanciales y procedimentales previstas en las leyes. Aquella prerrogativa de la que gozan las personas, naturales o jurídicas, de exigir justicia, impone a las autoridades públicas, como titulares del poder coercitivo del Estado y garantes de todos los derechos ciudadanos, distintas obligaciones para que dicho servicio público y derecho sea real y efectivo. En general, las obligaciones que los estados tienen respecto de sus habitantes pueden dividirse en tres categorías, a saber: las obligaciones de respetar, de proteger y de realizar los derechos humanos. Con base en esta clasificación, a continuación se determinará el contenido del derecho fundamental a la administración de justicia. En primer lugar, la obligación de respetar el derecho a la administración de justicia implica el compromiso del Estado de abstenerse de adoptar medidas que tengan por resultado impedir o dificultar el acceso a la justicia o su realización. Asimismo, conlleva el deber de inhibirse de tomar medidas discriminatorias, basadas en criterios tales como el género, la nacionalidad y la casta. *En segundo lugar, la obligación de proteger requiere que el Estado adopte medidas para impedir que terceros interfieran u obstaculicen el acceso a la administración de justicia del titular del derecho.* En tercer lugar, la obligación de realizar implica el deber del Estado de (i) facilitar las condiciones para el disfrute del derecho y (ii) hacer efectivo el goce del derecho. Facilitar el derecho a la administración de justicia conlleva la adopción de normas y medidas que garanticen que todas

un pacto de tal dimensión atacaría aquella prerrogativa de la que gozan los sujetos de exigir justicia, ya que se obstaculiza la posibilidad de reclamar la protección de su posición negocial cuando es trasgredida por su contraparte con comportamientos contrarios a la buena fe, a la lealtad y a la corrección exigibles en todas las relaciones contractuales. Así, la parte que se favorece de la renuncia no puede pretender que no se le conceda la acción a su contraparte y el juez debe prescindir de la disposición de intereses que impide el ejercicio de la resolución, puesto que frente a la vulneración de los derechos de la parte fiel del contrato, el ordenamiento debe tomar una actitud activa que propenda a la tutela efectiva de los derechos, a la sanción del incumplimiento que perjudica gravemente a la parte y, subsiguientemente, a la liberación de un vínculo contractual que es definitivamente disfuncional.

En fin, creemos que estos seis argumentos ponen en duda la tesis de la doctrina mayoritaria que acepta sin más ni más el carácter renunciable de la resolución por incumplimiento, como si fuera una facultad o derecho potestativo cualquiera dentro del sistema remedial, o un remedio que no hace parte del orden público en cuanto solo interesa a los contratantes. Por el contrario, las normas que disciplinan la resolución por incumplimiento son consideradas como imperativas, las cuales deben sustraerse del poder de la autonomía privada si esta busca eliminarla del abanico de mecanismos de tutela de las partes[126].

La forma de ver los remedios frente al incumplimiento debe ser a partir de la *ratio* del mecanismo de tutela; del supuesto de hecho que da lugar a su operatividad; del carácter sinalagmático del contrato; de la tutela efectiva de los derechos de los contratantes; y de los fines que persiguen dentro del ordenamiento: propender a relaciones negociales más justas y equitativas, en las que no tenga opción de avizorarse el abuso del derecho y comportamientos contrarios a la buena fe.

---

las personas, sin distinción, tengan la posibilidad de ser parte en un proceso y de utilizar los instrumentos que la normativa proporciona para formular sus pretensiones": Sentencia T-283 de 2013. En doctrina, revisar el contenido del acceso a la admistración de justicia: Toscano López, F. "Aproximación conceptual al 'acceso efectivo a la administración de justicia' a partir de la teoría de la acción procesal". *Revista de Derecho Privado*, n.º 24, 2013, pp. 237-257.

126 *Cfr.* Sirgiovanni, B. *Autonomia privata e risoluzione del contrato per inadempimento*, cit., p. 149.

5.3. LA REGULACIÓN DE LOS REQUISITOS DE PROCEDIBILIDAD DE LA RESOLUCIÓN ES PERMITIDA SIEMPRE Y CUANDO NO DÉ LUGAR A LA RENUNCIA DE LA RESOLUCIÓN Y AL ABUSO DEL DERECHO, PUES UN CONTRATO GRAVEMENTE DISFUNCIONAL DEBE SER RESUELTO Y PERMITIRLE A LA PARTE AFECTADA LIBERARSE DEL VÍNCULO

Un supuesto de hecho es aquel en el que las partes quieren hacer más difícil la salida del negocio en cuanto prefieren su realización antes que su terminación, pero otro muy diferente es patrocinar la intención de las partes en convertir al contrato en una cárcel en la que solo la victima del incumplimiento sufre en una relación sin sentido[127]. Un escenario es el de preferir los remedios conservativos, frente a los destructivos[128], pero otro muy diferente es dejar a las partes atadas frente a un negocio fracasado sin posibilidad de resolución; de modo que la regulación de los requisitos de procedibilidad a la resolución puede ser estricta, pero en caso de que exista un incumplimiento grave y una vulneración grotesca de los derechos de una de las partes, esta última tiene el derecho a salirse del vínculo negocial que la perjudica, dejando sin efectos cualquier tipo de renuncia a la resolución.

Esto coloca en evidencia que el fin de la resolución no es solo el sancionar a la parte incumplidora, ni se limita a decaer una relación negocial que

---

127 Un caso similar se presenta en la jurisprudencia constitucional colombiana, Sentencia T-160 de 2010, en donde una modelo solicita la tutela de sus derechos al mínimo vital y a la escogencia de su profesión y oficio frente a la negativa de su representante de liberarla del contrato en el que este último incumplía de forma impune, afectando de gravemente los derechos de la modelo, bajo la argumentación de la aplicación y eficacia de una cláusula de exclusividad a favor del representante, una cláusula que penaliza la terminación unilateral del contrato. En ese caso, la Corte Constitucional sostiene que en aquellas situaciones en las cuales las controversias entre las partes adquieren relevancia constitucional, en cuanto el contrato contiene cláusulas violatorias de derechos fundamentales, exige la intervención del juez con el objeto de controlar, precisamente, tales actuaciones privadas en contravía de la Constitución.

128 Como sucede en materia de venta internacional de bienes muebles, donde la Convención de Viena privilegia los remedios conservativos respecto a los destructivos, artículos 45 al 61 de la Convención; igualmente sucede en el derecho interno, donde el Código Civil prefiere la conservación del negocio cuando el incumplimiento no es grave; pero eso no significa que se elimine de forma absoluta la resolución del contrato en un momento posterior. Ver *supra* n. 75.

no tiene justificación causal, sino que busca realizar el interés de la parte no incumplidora de liberarse del vínculo en atención a la naturaleza del contrato y a la fisionomía del incumplimiento[129]. Así, el rol de la autonomía privada en la disposición de los remedios contractuales debe observarse a través del prisma de la sinalagmaticidad del contrato, lo cual respeta el carácter funcional y satisfaciente del contrato, y la verdadera tutela del vínculo, en atención a los principios generales de la contratación contemporánea.

BIBLIOGRAFÍA

AA. VV. *Incumplimiento contractual. Acciones del acreedor contra el deudor* (coord. C. A. Soto Coaguila), Buenos Aires, La Ley, 2010.

AA. VV. *Trattato della responsabilità contrattuale. Inadempimento e rimedi* (coord. G. Visitini), Padova, Cedam, 2009.

ABELIUK MANASEVICH, R. *Las obligaciones,* t. I, Santiago de Chile, Editorial Jurídica de Chile, 2001.

ALESSANDRI RODRÍGUEZ, A. *Tratado de las obligaciones (versiones taquigráficas de la cátedra de derecho civil),* Santiago de Chile, Imprenta El Esfuerzo, 1934.

ALESSANDRI, A. *De la compraventa y de la promesa de venta,* t. II, v. I, Santiago de Chile, Editorial Jurídica de Chile, 2011.

ÁLVAREZ VIAGARAY, R. *La resolución de los contratos bilaterales por incumplimiento,* Granada, Comares, 2009;

AMADIO, G. "Inattuazione e risoluzione: la fattispecie", en *Trattato del contratto, rimedi 2,* t. V (coord. Vincenzo Roppo), Milán, Giuffrè, 2006, pp. 3 y ss.

AMBROSOLI, M. *Inadempimento del contratto e risarcimento del danno,* Milán, Giuffrè, 2012.

AULETTA, G. G. *La risoluzione per inadempimento,* Nápoles: ESI, 1942.

BELFIORE, A. "Risoluzione per inadampimento", en *Enciclopedia del diritto,* XL, 1989, p. 1309.

---

129 SIRGIOVANNI, B. *Autonomia privata e risoluzione del contrato per inadempimento,* cit., p. 100.

Benedetti, A.o M. "Recesso del consumatore", en *Enciclopedia del diritto. Annali*, t. vi, 2011, pp. 956 y ss.

Bianca, C. M. "Dell'inadempimento delle obbligazioni", en *Commentario del codice civile Scialoja-Branca*, Roma y Bolonia, Zanichelli Editore e Il Foro Italiano, 1979.

Bianca, C. M. *Diritto Civile. La responsabilità*, Milán, Giuffrè, 2012.

Burdese, A. "Exceptio doli. Diritto romano", en *Novissimo digesto italiano,* vi, Turín, Unione tipográfico y Editrice Torinese, 1970, pp. 1072-1074.

Cannata, C. A. *Inadempimento delle obbligazioni*, Padua, Cedam, 2008.

Cardilli, R. "Il problema della resistenza del tipo contrattuale nel diritto romano tra *natura contractus* e *forma iuris*", en *Modelli teorici e metodologici nella storia del diritto privato 3* (coord. Fiori, Roberto), Nápoles: Jovene Editore, 2008.

Cardilli, R. *Bona fides tra storia e sistema*, pp. 49 y ss.

Cardilli, R. "Considerazione 'storico-dogmatiche sul legame tra contratto e obbligazione", en *Modelli teorici e metodologici nella storia del diritto privato*, 2, Nápoles, 2006.

Cerami, P. "Risoluzione del contratto, Diritto romano", en *Enciclopedia del dirittto*, t. xi, Milán, Giuffrè, 1989, p. 1277.

Chamie, J. F. *La adaptación del contrato por eventos sobrevenidos*, Bogotá, Universidad Externado de Colombia, 2013.

Chinchilla Imbett, C. A. "Límites a la autonomía privada en el mutuo disenso", en *Autonomía privada. Perspectivas del derecho contemporáneo* (coord. Martha Lucía Neme Villarreal), Bogotá, Universidad Externado de Colombia, 2018, pp. 247-263.

Chinchilla Imbett, C. A. "Terminación del contrato por mutuo acuerdo en el derecho moderno de los contratos. Un análisis a partir de la *res integra* como límite de la figura resolutoria". *Actualidad Civil,* Instituto Pacífico, vol. 9, 2015, pp. 165-184.

Chinchilla Imbett, C. A. *La excepción de incumplimiento contractual. Estructura, función y límites*, Bogotá, Universidad Externado de Colombia, 2017.

Claro Solar, L. *Explicaciones de Derecho Civil chileno y comparado,* vol. v (*De las obligaciones*, t. x), Santiago de Chile, Editorial Jurídica de Chile, 2013.

COLIN, A. y CAPITANT, H. *Derecho Civil. Obligaciones*, Ciudad de México, Editorial Jurídica Universitaria, 2004, p. 137.

CORTÉS MONCAYO, É. *La culpa contractual en el sistema jurídico latinoamericano*, Bogotá, Universidad Externado de Colombia, 2009.

DI MAJO, A. *Le tutele contrattuali*, Turín, Giappichelli, 2012.

ERBETTA MATIG, A. "La cesación unilateral del contrato de obra prevista en el artículo 1999 inc. 2 del Código Civil". *Revista Chilena de Derecho Privado*, n.° 28, 2017, pp. 9-51.

FUEYO LANERI, F. *Cumplimiento e incumplimiento de las obligaciones*, Santiago de Chile, Editorial Jurídica de Chile, 2004.

GALLO, P. *Trattato del contratto*, t. 3: *I rimedi, la fiducia, l'apparenza*, Turín, UTET, 2010.

GAMBOA SEPÚLVEDA, M. "La condición resolutoria tácita y la excepción de contrato no cumplido en caso de mutuo incumplimiento en nuestro código civil y en la jurisprudencia comparada", en *Tendencias modernas del derecho civil. Propuestas de reforma a la legislación civil*, Bogotá, 1989, p. 287 y ss.

GARCÍA VÁSQUEZ, D. *Condición resolutoria tácita y responsabilidad del deudor*, Bogotá, Universidad Externado de Colombia, 2014.

GENICON, T. *La résolution du contrat pour inexécution*, París, LGDJ, 2007.

GIORGI, G. *Teoria delle obbligazioni nel diritto moderno italiano*, t. IV, Florencia, Fratelli Cammelli, 1891.

GIORGIANNI, M. "L'inadempimento", en: *Enciclopedia del diritto*, XX, Milán, Giuffrè, 1970, p. 861 y ss.

GÓMEZ ESTRADA, C. *De los principales contratos civiles*, Bogotá, Temis, 2008.

GRONDONA, M. "Non scarsa importanza dell'inadempimento e potenzialità della buona fede a difesa del contratto". *I contratti,* 2013, pp. 1021-1033.

HINESTROSA, F. *Tratado de las obligaciones*, I, Bogotá, Universidad Externado de Colombia, 2007.

Hinestrosa, F. "Tutela del acreedor frente al deudor incumplido". *Revista de Derecho Privado*, n.° 31, Universidad Externado de Colombia, 2016, pp. 5-21.

Hinestrosa, F. *Tratado de las obligaciones II. De las fuentes de las obligaciones: el negocio jurídico*, vols. I-II, Bogotá, Universidad Externado de Colombia, 2015.

Khaliliyeh, T. Y. *Incumplimiento recíproco y remedios contractuales*, Santiago de Chile, Thomson Reuters y Abeledo Perrot, 2012.

Koteich Khatib, M. "Los criterios de imputación de la responsabilidad contractual: una mirada a los códigos y sus fuentes romanas", en *Estudios de derecho civil en memoria de Fernando Hinestrosa* (eds. Emilssen González de Cancino, Édgar Cortés, Felipe Navia), Bogotá, Universidad Externado de Colombia, 2014.

Laithier, I.-M. "Les sanction de l'inexécution du contrat". *Revue des contrats,* 2016, p. 39 y ss.

Laithier, I.-M. Étude comparative des sanctions de l'inexécution du contract, París, LGDJ, 2007.

López Díaz, P. V. "El término esencial y su incidencia en la determinación de las acciones o remedios por incumplimiento contractual del acreedor a la luz del artículo 1489 del Código Civil Chileno". *Revista Chilena de Derecho Privado*, n.° 19, 2013.

Macione, F. *Risoluzione del contratto e imputabilitià dell'inadempimento,* Napolés, Esi, 1988.

Mantucci, D. *L'inadempimento reciproco*, Nápoles, ESI, 1990.

Mejías Alonzo, C. "Una revisión crítica de los efectos de la resolución por incumplimiento y una propuesta de solución". *Revista Ius et Praxis*, n.° 1, 2016, pp. 271-322.

Mejías Alonzo, C. *Resolución por incumplimiento: su procedencia y efectos*, Santiago de Chile, DerEdiciones, 2018.

Mejías Alonzo, C. *El incumplimiento resolutorio en el Código Civil*, Santiago de Chile, LegalPublishing, 2011.

Melich Orsini, J. *La resolución del contrato por incumplimiento*, Caracas, Academia de Ciencias Políticas y Sociales, 2003.

Molina Morales, R. "La terminación unilateral del contrato por incumplimiento". *Revista de Derecho Privado*, n.° 17, Universidad Externado de Colombia, 2009, pp. 77-105.

Nanni, L. "La risoluzione del contratto per inadempimento", en *Tratatto della responsabilità contrattuale. Inadempimento e rimedi*, v. i, Padua, Cedam, 2009.

Navia Arroyo, F. "Reflexiones sobre la máxima *nemo auditor*", en *Homenaje a Fernando Hinestrosa. 30 años de rectorado Universidad Externado de Colombia*, t. ii, Bogotá, Universidad Externado de Colombia, 1993.

Neme Villarreal, M. L. y Chinchilla Imbett, C. A. "El incumplimiento en la reforma del código civil francés: no constituye un modelo a seguir que permita la cabal funcionalidad del incumplimiento en el sistema jurídico colombiano", en *La reforma de los contratos y de las obligaciones en Francia: ¿fuente de inspiración para una futura reforma en derecho colombiano?* (eds. Anabel Riaño y Silvana Fortich), Bogotá, Universidad Externado de Colombia, 2020.

Neme Villarreal, M. L. *Facultades contractuales de ejercicio unilateral: cómo usarlas sin incurrir en abuso*, Bogotá, Universidad Externado de Colombia, 2018.

Ospina Fernández, G. y Ospina Acosta, E. *Teoría general de los actos o negocios jurídicos*, Bogotá, Temis, 1980.

Oviedo Albán, J. "La cláusula de terminación unilateral del contrato". *Vniversitas*, n.° 138, 2019.

Peñailillo Arévalo, D. "Algunas reformas a la resolución por incumplimiento". *Revista de Derecho*, Universidad de Concepción, n.° 231-232, 2012.

Pérez Vives, Á. *Teoría general de las obligaciones,* v. iii, p. ii, Bogotá, Temis, 1955.

Pérez Vives, Á. *Compraventa y permuta en derecho colombiano*, Bogotá, Universidad Nacional de Colombia, 1957, pp. 496-502.

Petronio, U. "Risoluzione (diritto intermedio)", en *Enciclopedia del diritto,* t. xi, Milán, Giuffrè, 1989, pp. 1297-1298.

Pizarro Wilson, C. "Cláusulas resolutorias en el derecho civil chileno", en *Terminación del contrato: nuevas tendencias del derecho comparado* (coords. Fabricio Mantilla Espinosa y José Alberto Gaitán), Bogotá, Universidad del Rosario, 2007.

PIZARRO WILSON, C. "Cláusula resolutoria y pacto comisorio cualificado. Tan lejos, tan cerca", en *Estudios de Derecho Civil VIII. Jornadas Nacionales de Derecho Civil, 2012*, Santiago de Chile, Thomson Reuters, 2013, pp. 357-368.

POTHIER, R. J. *Tratado de la locación conducción*, Barcelona, Imprenta y Litografía de J. Roger, 1841.

POTHIER, R. J. *Traité des obligations* (reimpresión), París, Dalloz, 2011.

ROBLES BACCA, P. *El cumplimiento de las obligaciones en la tradición romanista y su reconsideración como categoría central del derecho civil*, Bogotá, Universidad Externado de Colombia, 2020.

RODRÍGUEZ ROSADO, B. *Resolución y sinalagma contractual*, Madrid, Marcial Pons, 2013.

ROMERO SIERRA, R. "Tratamiento jurisprudencial del incumplimiento en los contratos bilaterales", en *Derecho de las obligaciones*, I, Bogotá, 2009, pp. 623 y ss.

ROPPO, V. *Il contratto,* Milán, Giuffré, 2011, p. 876 y ss.

SACCO, R. y DE NOVA, G. *Il contratto,* Milanofuori Assago, UTET, 2016.

SACCO, R. y DE NOVA, G. *Il contratto,* Turín, UTET, 2004.

SACCO, R. *Il contratto,* Turín, UTET, 1975, p. 936.

SERIAUX, A. "La notion de contrat synallagmatique", en *Études offertes à J. Ghestin. Le contrat au debut du XX siècle,* París, LGDJ, 2001, p. 777 y ss.

SICCHIERO, G. *La risoluzione per inadempimento. Art. 1453-1459*, Milán, Giuffré, 2007, pp. 363-375.

SIRGIOVANNI, B. *Autonomia privata e risoluzione del contrato per inadempimento,* Milán, Cedam y Wolters Kluwer, 2019.

TERRÉ, F., SIMLER, P. y LEQUETTE, Y. *Droit civil. Les obligations*, París, Dalloz, 2013, p. 484 y ss.; 684 y ss.

TOSCANO LÓPEZ, F. "Aproximación conceptual al 'acceso efectivo a la administración de justicia' a partir de la teoría de la acción procesal". *Revista de Derecho Privado*, n.º 24, 2013.

TRIMARCHI, P. *Il contratto: inadempimento e rimedi,* Milán, Giuffrè, 2010.

UDA, G. M. *La buona fede nell'esecuzione del contratto,* Turín, Giappichelli, 2004.

VALENCIA ZEA, A. *Derecho civil. De las obligaciones,* t. III, Temis, Bogotá, 1960.

VECCHI, P. M. "Buona fede e relazione successive all'esecuzione del rapporto obligatorio", en *Il ruolo della buona fede oggettiv nell'esperienza giuridica storia e contemporánea. Atti del convegno internazionale di studi in onore a A. Burdese,* Padua, Cedam, 2003.

VÉLEZ, F. *Estudio sobre el derecho civil colombiano*, t. VI, París, Imprenta París-América, 1913.

VIARO, S. "Abuso del diritto ed eccezione di dolo generale", en *L'eccezione di dolo generale. Aplicazione giurisprudenziale e teoriche dottrinali* (a cura di L. Garofalo), Padova, Cedam, 2006.

VIDAL OLIVARES, Á. "El incumplimiento resolutorio en el Código civil. Condiciones de preocedencia de la resolución por incumplimiento", en *Estudios de derecho civil IV. Jornadas Nacionales de Derecho Civil, 2008* (coord. Carlos Pizarro Wilson), Santiago de Chile, LegalPublishing, 2009.

VIDAL OLIVARES, Á. "La cláusula resolutoria como manifestación de la facultad de resolver el contrato. Problemas en torno a su eficacia en el Código Civil Chileno". *Vniversitas*, n.º 138, 2019.

VIDAL OLIVARES, Á. "La noción de incumplimiento esencial en el Código Civil". *Revista de Derecho de la Pontificia Universidad Católica de Valparaíso*, v. XXXII, 2009, pp. 221-258.

VISINTINI, G. "Inadempimento", en *Enciclopedia giuridica Treccani*, XVI, 1989.

VISINTINI, G. *Trattato breve della responsabilità civile,* Padua, Cedam, 1999.

Margarita Morales Huertas*

La terminación unilateral del contrato por incumplimiento en derecho colombiano

Sumario: 1. Introducción. 2. Una admisión restrictiva. 2.1. Las hipótesis legales de terminación unilateral por incumplimiento. 2.1.1. El incumplimiento grave como elemento común. 2.1.2. Aspectos diferenciadores: el problema del procedimiento. 2.2. Cláusulas resolutorias: ¿disuasorias o completamente eficaces? 2.2.1. El carácter meramente disuasorio de las cláusulas resolutorias: la interpretación *in extenso* del pacto comisorio de la compraventa. 2.2.2. El reconocimiento de la eficacia plena de las cláusulas resolutorias. 3. La posibilidad de una generalización. 3.1. Un procedimiento en favor del interés del deudor y del contrato. 3.2. *Venire contra factum proprium* y terminación unilateral. 4 Comentarios finales. Bibliografía.

1. INTRODUCCIÓN

El derecho colombiano, siguiendo el modelo del Código Civil francés de 1804, reconoce la resolución judicial por incumplimiento, consagrada en el artículo 1546 del Código Civil y el 870 del Código de Comercio, como el mecanismo de tutela más drástico con el que cuenta el acreedor y cuya principal característica es que es forzoso el recurso al juez para poner fin al contrato. Este aspecto, que es definitivo para comprender la lógica del sistema remedial que aún conserva el derecho colombiano, encuentra sus orígenes en la influencia que los redactores del *Code* recibieron del derecho canónico[1]. En efecto, al construir la resolución, los canonistas la concibieron como un castigo. Al poner el acento en el vínculo que sirve a unir las obligaciones de cada parte, extrajeron la siguiente regla: aquel que no respeta su promesa, pierde el derecho de exigir la ejecución de la cual es acreedor. No respetar la palabra dada era un pecado porque estaba visto como una mentira. Esta concepción moralista fue la que justificó que el único que pudiese declarar la resolución del contrato fuese el juez[2] y que, por lo mismo, empezase a rechazarse de manera categórica y casi

---

* Profesora del Departamento de Derecho Civil de la Universidad Externado de Colombia. Contacto: margarita.morales@uexternado.edu.co

1 BOYER, G. *Recherches historiques sur la résolution des contrats (Origines de l'article 1184 C.civ.)*, París, PUF, 1924, pp. 223-243. BAZIN, E. "La résolution unilatérale du contrat". *Revue de la Recherche Juridique. Droit Prospectif.* Presses universitaires d'Aix-Marseille, 2000, 4 (1), p. 1381.

2 JAMIN, C. "Les sanctions unilatérales de l'inexécution du contrat: trois idéologies en concurrence", en Jamin, C. y Mazeaud, D. (eds.), *L'unilatéralisme et le droit des obligation*, París, Economica, 1999, p. 73.

que absoluta cualquier forma de justicia privada[3]. Frente al riesgo de que un acreedor diese por terminado arbitrariamente un contrato, dejando en completo desamparo al deudor, el ordenamiento instituyó al juez como garante no solo de sus intereses, sino también de los del contrato, reforzando de esta manera la protección de su fuerza obligatoria[4].

No obstante, esta visión, que es profundamente protectora del consenso, no es exclusiva. El unilateralismo[5] encuentra su lugar en el ordenamiento colombiano, tanto en materia de obligaciones[6] como en materia contractual. En este último aspecto, si bien no existe una regla general expresa en ese sentido, tanto en el Código Civil (CC) como en el Código de Comercio (CCo.) se encuentran hipótesis concretas en donde, para contratos de ejecución sucesiva, es posible terminar el contrato unilateralmente, cuando aquel está pactado a término indefinido[7], y se reconocen también hipótesis en las cuales, con indiferencia del término, es posible poner fin a la relación contractual unilateralmente[8], aunque su particularidad radica en el hecho de que en ellas no se tiene en cuenta el incumplimiento como fundamento para el ejercicio de dicha prerrogativa; sin embargo, como dice Ossa, la razón de ser de esta admisión se encuentra

3 BEGUIN, J. *Rapport sur l'adage «Nul ne peut se faire justice à soi-même en droit français"*, Trav. Assoc. H. Capitant, t. XVIII, París, Dalloz, 1966, p. 41.

4 JAMIN, C. *Les sanctions*, cit., p. 72.

5 Que puede ser definido como "la aptitud de una persona para crear efectos de derecho por la expresión de su sola voluntad". AYNES, L. "Rapport introductif", en Jamin, C. y Mazeaud, D. (dirs.), *op. cit.*, pp. 3-6, especialmente p. 3, n.° 1. (Trad. libre). Ver también: IZORCHE, M. L. *L'avènement de l'engagement unilatéral en droit privé contemporain.* Tesis doctoral, Aix-en-Provence, 1989.

6 Solo en derecho de obligaciones encontramos varios ejemplos: la aceptación de la deuda (art. 1690 CC) o el régimen de la oferta y la aceptación del CCo.

7 Los ejemplos se encuentran en el contrato de arrendamiento de cosas (art. 2009 CC) y de servicios (art. 2066 CC), en el contrato de suministro (art. 977 CCo.) y en el de apertura de crédito y de descuento (art. 1406 CCo.).

8 Es el caso del mandato, en donde se le reconoce al mandante la posibilidad de revocar el mandato (art. 2189 num. 3 CC) y, a su vez, al mandatario, renunciar a él (art. 2189 CC). En materia comercial, la prerrogativa también se reconoce, pero en esta legislación se va aún más lejos ya que sanciona la terminación abusiva (art. 1280 CCo.). En el mismo sentido, el Código de Comercio reconoce la posibilidad también en materia de contrato de seguro (art. 1047). Ver sobre este punto: MOLINA MORALES, R. "La terminación unilateral del contrato *ad nutum*". *Revista de Derecho Privado*, Universidad Externado de Colombia, n.° 10, 2006, p. 17.

en la filosofía misma del contrato[9], ya que se trata de tipos contractuales en donde la confianza es el núcleo duro del mismo.

Pero fuera de esas hipótesis concretas, tratándose de incumplimiento contractual, el ordenamiento colombiano sigue aferrado al modelo tradicional de resolución judicial. Dicho esto, teniendo en cuenta que el siglo XX representó una nueva visión en materia de intercambio de bienes y servicios, la regla de la resolución judicial no parece lo suficientemente adaptada para resolver los desafíos que este nuevo contexto representa.

En efecto, con la mundialización[10] y la economía de mercado, la eficacia en el intercambio ha venido constituyéndose como un elemento clave para asegurar la permanencia y la competitividad de sus diferentes intervinientes. Es por esta razón que los instrumentos jurídicos, y en particular los instrumentos contractuales, han sido adaptados progresivamente para responder a ese gran desafío y que la influencia de visiones más pragmáticas de la economía y del derecho[11] han hecho irrupción impactando fuertemente el derecho global de los contratos.

---

9 OSSA, J. E. *Teoría general del seguro. El contrato*, Bogotá, Temis, 1991, p. 505.

10 AUBY, J. B. *La globalisation, le droit et l'État*, 2.ª ed., París, LGDJ, 2010; GALGANO, F. *La globalización en el espejo del derecho*, Santa Fe, Rubinzal-Culzoni, 2005; RAMÍREZ CLEVES, G. A. (dir.), *El Derecho en el contexto de la globalización*, Bogotá, Universidad Externado de Colombia, 2007.

11 Sobre el análisis económico del derecho ver: POSNER, R. *Economic Analysis of Law*. 4ª ed. Boston, Little, Brown and Company, 1992, pp. 23, 31 y 91; POUGHON, J. M. "Une constante doctrinale: l'approche économique du contrat", *Droits. Revue française de théorie juridique*, PUF, 12, diciembre 1990, pp. 47-59, especialmente, p. 51. Ver también: HAUSER, J. "L'apport du droit économique à la théorie générale de l'acte juridique", en, DERRUPPÉ, J., *Les activités et les biens de l'entreprise. Mélanges offerts à J. Derruppé*. París, Litec, 1991, pp. 1-7; ORLEAN, A. (dir.), *Analyse économique des conventions*, 1.ª ed. París, PUF, 1994, especialmente el artículo de CHIAPPORI, P. A. "Les anticipations rationnelles et conventions", en AGLIETTA, M., BOYER, R. Y SALAIS, R. *Analyse économique des conventions*, París, PUF, 1994, pp. 61-77; COSSIO DÍAZ, J. R., *Derecho y análisis económico*, México, D. F.: Fondo de Cultura Económica e ITAM, 2008; CERVERA, A. "Acerca del condicionamiento económico del Derecho", en *Estudios de filosofía del derecho y ciencia jurídica. En memoria y homenaje al catedrático Luis Legaz y Lacambra*, t. I, Madrid, Facultad de Derecho de la Universidad Complutense, Centro de Estudios Constitucionales, 1983; MACKAAY, E. y ROUSSEAU, S. *Analyse économique du droit*, París, Dalloz, 2008; REYES VILLAMIZAR, F. *Análisis Económico del Derecho Societario*, Bogotá, Bancolombia, Pontificia Universidad Javeriana y Grupo Editorial Ibáñez, 2012; GUTIÉRREZ OSSA, J. A. "Análisis económico del derecho. revisión al caso colombiano. Economía aplicada al derecho". *Con-Texto. Revista de Derecho y Economía*, n.° 24, 2008, pp. 11-30.

El derecho contractual inglés sirve para ilustrar este pragmatismo. Bajo una perspectiva de eficiencia económica[12], toda vez que la solución implica un ahorro considerable en tiempo y en dinero, la terminación del contrato en derecho inglés, por incumplimiento total o imperfecto, opera unilateralmente, sin recurrir al juez, en varias hipótesis: cuando el deudor manifiesta su intención de no cumplir el contrato antes de la fecha establecida para ello (*anticipatory breach*); en los casos de imposibilidad sobrevenida definitiva (*supervening impossibility* o *subsequent impossibility*, que conlleva a la *frustration* del contrato); cuando el juez o la ley así se lo ordenan (es el caso de la *order of discharge* en caso de insolvencia del deudor y por orden judicial), y, finalmente, cuando un incumplimiento grave se configura[13].

Siguiendo este modelo, varias codificaciones contemporáneas, o que han sido reformadas recientemente, han renovado su criterio admitiendo esta posibilidad siempre que se trate de un incumplimiento cualificado y bajo el límite que impone el principio de buena fe. Así, es posible encontrar esta solución en el derecho alemán, suizo, de Quebec[14] e incluso en el holandés[15], en la reciente reforma al Código Civil francés[16], en Brasil[17], en Argentina[18],

---

12 DAVID, R. y PUGSLEY, D. *Les Contrats en Droit anglais*, París, LGDJ, 1985, especialmente p. 21, nr. 19.

13 PALAZÓN, M. L. *Los remedios frente al incumplimiento en el derecho comparado*, Pamplona, Thomson Reuters Aranzadi, 2014, p. 151; WHITTAKER, S. "Les sanctions de l'inexécution des contrats. Droit anglais", en Fontaine, M. y Viney, G. (dirs.), *Les sanctions de l'inexécution des obligations contractuelles. Études de Droit comparé*, Bruselas y París, Bruylant y LGDJ, 2001, pp. 1008-1009.

14 JOBIN, P. G. "La modernité du droit commun des contrats dans le Code civil du Québec: Quelle modernité?". *Revue internationale de droit comparé*, 2000, vol. 52, n.° 1, pp. 49-76.

15 Ver: LARROUMET, C. *Droit civil. Les obligations*, París, Economica, 1986, pp. 679-680.

16 Arts. 1224 y siguientes del *Code*. En doctrina ver: DESHAYES, O., GENICON, T. y LAITHIER, Y. M. *Réforme du droit des contrats, du régime général et de la preuve des obligations. Commentaire article par article*, París, LexisNexis, 2018, pp. 580 y ss.

17 Art. 473 del Código Civil de Brasil–Lei 10406/02: "A resilição unilateral, nos casos em que a lei expressa ou implicitamente o permita, opera mediante denúncia notificada à outra parte. Parágrafo único. Se, porém, dada a natureza do contrato, uma das partes houver feito investimentos consideráveis para a sua execução, a denúncia unilateral só produzirá efeito depois de transcorrido prazo compatível com a natureza e o vulto dos investimentos".

18 Art. 1077 del Código Civil y de Comercio argentino de 2015. Sobre ese tema en concreto, ver: IBÁÑEZ, C. M. *Extinción unilateral del contrato*, Buenos Aires, Librería Hammurabi, 2018.

en el recién promulgado Código Civil Chino[19], y es la solución común en el Derecho uniforme[20], tanto europeo[21] como latinoamericano[22].

Este contexto internacional que se presenta favorable a la aplicación y a la generalización de este mecanismo y que en la práctica ha servido para resolver los conflictos que el incumplimiento contractual genera, evidentemente dentro de un marco y bajo un procedimiento bastante estricto con el fin de evitar toda suerte de abusos, nos invita a una reflexión sobre su eventual admisión en derecho colombiano.

Para ello vamos a abordar el estado actual del derecho positivo (2), para determinar, luego de haber hecho este panorama general, su potencial para una eventual inclusión como regla general en nuestro sistema remedial (3).

2. UNA ADMISIÓN RESTRICTIVA

Aunque en Derecho colombiano la regla general es la resolución judicial frente a un incumplimiento grave del contrato, el ordenamiento reconoce, en casos concretos, que el acreedor víctima de un incumplimiento de especiales características, lo dé por terminado sin recurrir previamente al juez (2.1) y, aunque no de manera pacífica, se ha empezado a reconocer por la jurisprudencia y un sector de la doctrina, que las cláusulas resolutorias puedan tener plena eficacia, dándole pleno valor a su autonomía negocial (2.2).

2.1. LAS HIPÓTESIS LEGALES DE TERMINACIÓN UNILATERAL POR INCUMPLIMIENTO

En el derecho colombiano, la posibilidad de terminar el contrato por incumplimiento se encuentra reconocida para algunos contratos regulados tanto en el CC, como en el CCo.

19 Art. 563 numerales 3 y 4 del Código Civil de la República Popular China.

20 Artículos 49 y 64 de la Convención de Viena sobre los Contratos de Compraventa Internacional de Mercaderías.

21 Artículos 7.3.1 y 7.3.2 de los principios Unidroit; artículos 9:301 y 9:302 de los Principios de Derecho Europeo de los Contratos y artículo III. 3:501 y siguientes del Marco Común de Referencia.

22 Art. 7.3.1 de los Principios Latinoamericanos de Derecho de los Contratos.

En materia civil, la facultad se encuentra reconocida en los contratos de compraventa[23], arrendamiento de cosas[24] y mandato[25], en donde el legislador utiliza la palabra "desistimiento", para hacer referencia a este fenómeno[26]. Mientras que en la normatividad comercial, la categoría está regulada para los contratos de suministro[27], mandato comercial[28], agencia comercial[29] y cajillas de seguridad[30].

Aunque la facultad ha de ser entendida en función de cada contrato en particular, es posible desentrañar de un estudio sistemático un aspecto común, que en nuestro concepto es decisivo para entender el correcto y adecuado funcionamiento de esta facultad (2.1.1) y aspectos diferenciadores que a su vez sirven para desentrañar problemáticas concretas (2.1.2).

2.1.1. EL INCUMPLIMIENTO GRAVE COMO ELEMENTO COMÚN

La integralidad de normas que regulan esta facultad en los diferentes contratos cuenta que el punto en común de todas ellas es que solo un incumplimiento caracterizado es el que permite dar fin al contrato unilateralmente.

En efecto, la univocidad en este punto consiste en que no cualquier incumplimiento de cualquier obligación da lugar al fin del contrato. Ya sea centrándose en el incumplimiento de una obligación concreta o usando una formulación más amplia, la facultad está estrictamente circunscrita a un incumplimiento de especial carácter para que el efecto extintivo se encuentre justificado.

---

23 Artículo 1882 CC.

24 Artículos 1983 y 1984 CC.

25 Arts. 2189, 2191 y 2185 CC.

26 Sobre el desistimiento es particularmente interesante el desarrollo doctrinal chileno ya que han entendido tradicionalmente esta categoría como la facultad unilateral de terminar el contrato cuando no media incumplimiento. Para mayor profundidad consultar: Mejías Alonzo, C. "Desistimiento y resolución. ¿Opción del acreedor en un contrato bilateral?: una respuesta desde el derecho común", en Bahamondes Ordazún, C., Etcheberry Court, L. y Pizarro Wilson, C. (eds.), *Estudios de Derecho Civil XIII. Ponencias presentadas en las XV Jornadas Nacionales de Derecho Civil*, Santiago de Chile, Legal Publishing Chile y Thomson Reuters, 2018, pp. 593-617.

27 Artículo 973 CCo.

28 Artículos 1279 y 1283 CCo.

29 Artículo 1325 CCo.

30 Artículo 1420 CCo.

Para ejemplificar el primer caso, tomemos como punto de partida el caso de la compraventa civil. En este evento, el artículo 1882 autoriza al comprador a dejar sin efectos el contrato, unilateralmente, siempre y cuando el vendedor, por hecho o culpa suya, haya retardado la entrega de la cosa[31]. En este sentido, de acuerdo con la regulación del contrato, cuando el vendedor demore el cumplimiento de su obligación, el comprador, podrá, a su arbitrio, perseverar en el contrato y exigir su cumplimiento, o, por otro lado, desistir de él[32]. En ambos casos, contando con la facultad para ser indemnizado de los perjuicios sufridos según las reglas generales.

De igual forma, en el caso del contrato de arrendamiento de cosas, existen dos disposiciones que prevén esta posibilidad: los artículos 1983[33] y 1984[34] del CC, que giran en torno a la obligación de entrega de la cosa arrendada, aun cuando la primera hace referencia al incumplimiento por no entrega de la cosa arrendada y la segunda al retardo en su entrega. Tratándose de no entrega de la cosa, aunque el uso del vocablo imposibilidad puede llevar a confusiones[35], en el caso que nos interesa, nos encontramos frente a la hipótesis en la que

---

31 Molina Morales, R. "La terminación unilateral del contrato por incumplimiento". *Revista de Derecho Privado*, n.° 17, Universidad Externado de Colombia, 2009, p. 81.

32 Bonivento Fernández, J. A. *Los principales contratos civiles y su paralelo con los comerciales*, Bogotá, Librería Ediciones del Profesional, 2008, p. 7, quien confirma, aunque no profundiza en este sentido, que se trata de una verdadera hipótesis de terminación unilateral del contrato. Ver también: Colombia, Corte Suprema de Justicia, Sala de Casación Civil. Sentencia del 21 de noviembre de 2016, M. P. Margarita Cabello Blanco, AC7934-2016.

33 Artículo 1983. Desistimiento del contrato por incumplimiento en la entrega. Si el arrendador, por hecho o culpa suya o de sus agentes o dependientes, se ha puesto en la imposibilidad de entregar la cosa, el arrendatario tendrá derecho para desistir del contrato, con indemnización de perjuicios.
Habrá lugar a esta indemnización aun cuando el arrendador haya creído erróneamente y de buena fe que podía arrendar la cosa; salvo que la imposibilidad haya sido conocida del arrendatario, o provenga de fuerza mayor o caso fortuito.

34 Artículo 1984. Mora en la entrega. Si el arrendador, por hecho o culpa suya o de sus agentes o dependientes, es constituido en mora de entregar, tendrá derecho el arrendatario a indemnización de perjuicio.
Si por el retardo se disminuyere notablemente para el arrendatario la utilidad del contrato, sea por haberse deteriorado la cosa o por haber cesado las circunstancias que lo motivaron, podrá el arrendatario desistir del contrato, quedándole a salvo la indemnización de perjuicios, siempre que el retardo no provenga de fuerza mayor o caso fortuito.

35 Sobre la diferencia entre imposibilidad física e imposibilidad jurídica, ver: Hinestrosa, F. *Tratado de las Obligaciones. Concepto, estructura, vicisitudes*, t. 1, Bogotá, Universidad Externado de Colombia, 2007, p. 272.

el objeto a arrendar haya perecido por culpa del arrendador o de sus dependientes. En este caso y en concordancia con el artículo 1731, primer inciso[36], frente a la posibilidad de exigir el cumplimiento por equivalente del contrato, el arrendatario puede legítimamente darlo por terminado[37].

En cuando al retardo en la entrega, lo interesante de la disposición es que solamente admite dar por terminado el contrato cuando, por efecto de este, se pierde el interés que el arrendatario tenía en el contrato. Así como lo dice Gómez Estrada: "[...] la mora o retardo del arrendador en la entrega de la cosa solo puede dar lugar a que se deshaga el contrato, cuando a consecuencia de la mora falla la causa que el arrendatario tuvo en cuenta para contratar"[38]. Lo que implica que, si ese interés que llevó al arrendatario a celebrar el contrato aún persiste, a pesar del retraso, la tutela se encuentra en la indemnización de perjuicios, más no en su terminación[39].

Ahora bien, en el caso del contrato de cajillas de seguridad[40], la terminación unilateral se hace posible cuando al banco no le han pagado por el uso de las cajillas. En este tipo contractual, el banco se compromete esencialmente a entregar la llave al cliente y mantener el libre acceso de la cajilla, así como a velar por la integridad de las cajillas[41], prohibir el ingreso de extraños[42] y guardar un duplicado de la llave[43].Por su parte, la obligación principal del cliente es el pago del precio que se establezca por el servicio. De acuerdo con

---

36 Artículo 1731. Pérdida por culpa del deudor o durante la mora. Si el cuerpo cierto perece por culpa o durante la mora del deudor, la obligación de este subsiste, pero varía de objeto; el deudor es obligado al precio de la cosa y a indemnizar al acreedor.

37 Gómez Estrada, C. *De los principales contratos civiles*, Bogotá, Temis, 2008, p. 210. Bonivento Fernández, J. A. *Op. cit.*, p. 436.

38 Gómez Estrada, C. *Op. cit.*, p. 211.

39 Este caso nos sirve para ir viendo cómo en la articulación remedial la terminación unilateral es una medida extrema pero coherente con la protección del sinalagma, ya que solo se abre cuando el incumplimiento afecta el núcleo duro del contrato. En caso de que esto no ocurra, otro será el remedio (en el caso analizado, será la indemnización de perjuicios) para hacer frente al incumplimiento.

40 Rodríguez Azuero, S. *Contratos bancarios, su significación en América Latina*, Bogotá, Legis, 2011, p. 768.

41 Dispuso el legislador en el artículo 1417 del CCo.: "Los establecimientos bancarios responderán de la integridad e idoneidad de las cajillas".

42 El Artículo 1418 del CCo. afirma: "El establecimiento bancario sólo permitirá el acceso al recinto en que se encuentren las cajillas, a los usuarios o sus representantes y, bajo su responsabilidad, a sus empleados o dependientes".

43 Artículo 1424 del CCo.: "El establecimiento conservará un duplicado de la llave entregada al

el artículo 1420 del CCo., si se incurre en mora en el pago, el contrato se podrá dar por terminado quince días después de ser exigida la obligación por escrito.

Hasta aquí, los tres ejemplos citados vinculan la terminación unilateral al incumplimiento de la obligación principal asumida por una de las partes contractuales, pero hay casos en los cuales, la formulación es mucho más amplia por la misma naturaleza del contrato, la multiplicidad de obligaciones asumidas por las partes y la dificultad o, incluso, la inutilidad de plantearse la categorización rígida de obligaciones principales y accesorias[44]. Es el caso del contrato de suministro.

Aunque el suministro, como la mayoría de los contratos, encuentra su fuente en otras figuras contractuales que lo antecedieron en el tiempo, es un contrato de reciente aparición en los códigos contemporáneos. En efecto, no se reguló en derecho colombiano sino hasta la promulgación del actual Código de Comercio, en 1971. No obstante, sus orígenes se remontan al antiguo concepto romano de la *locatio*, que a su vez estaba relacionado con otros contratos como el de transporte (*locatio conductio*) y el de servicio (*locatio operarum*)[45]. Posteriormente, la idea del suministro fue evolucionando y, ya en punto de codificación, el Código Civil Italiano de 1942, que sirvió de fuente para la elaboración del Código de Comercio colombiano, consagró dos figuras contractuales diferentes: el contrato de suministro de cosas y el contrato de suministro de servicios. Finalmente, el legislador colombiano optó por regular conjuntamente, bajo la misma denominación, el suministro tanto de cosas como de servicios[46].

El contrato de suministro es un claro reflejo de la realidad económica, pues vincula a los diferentes sujetos que en ella participan, ya que permite establecer entre ellos un vínculo perdurable en su red de distribución. En este sentido, este contrato se configura como el típico contrato de duración[47],

---

cliente, que depositará inmediatamente ante el funcionario que designe el superintendente bancario".

44 Sefton Green, R. *La notion d'obligation fondamentale: comparaison franco-anglaise*, París, LGDJ, 2000, pp. 216-227.

45 Arrubla Paucar, J. *Contratos mercantiles. Contratos típicos*, Bogotá, Legis y Pontificia Universidad Javeriana, 2015, p. 24.

46 Comisión Revisora del Código de Comercio, Ministerio de Justicia. *Proyecto del Código de Comercio de 1958*, t. II, Imprenta Oficial, p. 332.

47 Messineo, F. *Manual de derecho civil y comercial*, t. V, Buenos Aires, Ediciones Jurídicas Europa-América, 1971, p. 150.

pues su eficacia no se puede agotar en un solo acto, lo cual lo convierte en un contrato que encierra obligaciones futuras y duraderas a cargo de las partes[48]. En efecto, la utilidad económica principal derivada de este contrato proviene de su carácter temporal, pues si su ejecución no se prolonga en el tiempo no estaría cumpliendo su función económica[49]. Esta utilidad es fundamental, además, para entender su funcionamiento. Su naturaleza abierta, admite múltiples prestaciones, muchas veces propias de otros contratos típicos y otorga la posibilidad de que estas no tengan que ser determinadas en el momento de su celebración, ya que el contrato se va a ajustando al tiempo y a las necesidades del suministrado. Por lo mismo, el unilateralismo encuentra en este contrato un fuerte asidero, ya que es posible no solo que las prestaciones vayan siendo determinadas por una sola parte al contrato[50], sino que es posible modificarlo[51] y darlo por terminado por decisión de una sola parte, no solo en caso de incumplimiento, sino incluso cuando este no se ha presentado[52].

En el tema que nos ocupa, la regla está consagrada en el artículo 973 del CCo., el cual establece en su inciso primero:

> El incumplimiento de una de las partes relativo a alguna de las prestaciones, conferirá derecho a la otra para dar por terminado el contrato, cuando ese incumplimiento le haya ocasionado perjuicios graves o tenga cierta importancia, capaz por sí solo de mermar la confianza de esa parte en la exactitud de la otra para hacer los suministros sucesivos.

Como se observa, no basta con cualquier incumplimiento para poder dar por terminado unilateralmente el contrato, pues dicho incumplimiento debe ser considerable; calificado, no solo en virtud del impacto económico del incumplimiento, sino de la pérdida de la confianza en el cumplimiento y seriedad del deudor de la prestación[53].

---

48 Garrigues, J. *Tratado de derecho mercantil*, t. III, vol. I, Madrid, Revista de Derecho Mercantil, 1963, p. 414.

49 *Idem.*

50 Art. 969 CCo.

51 Art. 972 CCo.

52 Art. 977 CCo.

53 Navia Arroyo, F. "La terminación unilateral del contrato de derecho privado". *Revista de Derecho Privado*, n.° 14, Universidad Externado de Colombia, 2008, p. 48.

La gravedad del incumplimiento adquiere en este contrato una naturaleza dinámica, a la medida de esta tipología. Evidentemente se configura cuando hay un incumplimiento absoluto por parte del deudor, pero también es posible que se configure por la reiteración de incumplimientos que, analizados individualmente, no tienen mayor relevancia, pero que, si se toman en el contexto completo de la ejecución, generan una duda en cuanto a la capacidad del contratante incumplido de atender a cabalidad con las obligaciones derivadas del contrato[54]. Esta circunstancia adquiere mayor relevancia si se tiene en cuenta que en marcos de distribución, un incumplimiento en un contrato parte de dicha red, puede llevar a incumplimientos en cadena, desastrosos para esa dinámica económica[55]. La función económica del contrato y el impacto que sobre esta tiene el incumplimiento, son los elementos que deberán tenerse en cuenta para saber si es posible acudir o no a esta tutela[56].

Ahora bien, a pesar de que esta característica, de vital importancia, sirve para encontrar un elemento común a todas las hipótesis legales de terminación unilateral por incumplimiento y, para empezar a entrever los elementos que configurarían una categoría de este talante –pero de carácter general–, existen aspectos diferenciadores que son de gran utilidad para evidenciar los retos del unilateralismo en esta fase contractual.

2.1.2. ASPECTOS DIFERENCIADORES: EL PROBLEMA DEL PROCEDIMIENTO

De las hipótesis legales reconocidas en el ordenamiento colombiano, es posible encontrar dos aspectos de diferenciación: el sujeto contractual a quien se le reconoce la facultad y el procedimiento para su ejercicio.

El primer aspecto, al que intuitivamente los lectores probablemente ya llegaron, denota una asimetría en el tratamiento de las diferentes hipótesis, ya

---

54 Garrigues, J. *Op. cit.*, p. 427.

55 Este aspecto nos lleva forzosamente a cuestionarnos sobre la dificultad inherente a la noción y adecuación del incumplimiento, ya que en función de esta visión es posible no solo articular correctamente las tutelas contractuales entre ellas, sino que será posible entrever una admisión generalizada de esta tutela en concreto. Sobre la noción de incumplimiento ver *supra*, capítulo 4.

56 Sobre la función económica del contrato como criterio para la comprensión del incumplimiento resolutorio, ver: Genicon, T. *La résolution du contrat pour inexécution, Préface de L. Leveneur*, París, LGDJ, 2007, pp. 316-332.

que en algunos casos la prerrogativa se reconoce para una sola parte negocial y, en los otros, es reconocida para los dos sujetos contractuales. Analizados los diferentes casos encontramos que la razón de este tratamiento diferencial se justificaría a la luz del análisis de las diferentes tipologías. En el caso de la compraventa, del arrendamiento de cosas y del contrato de cajillas de seguridad, la facultad solo es reconocida en favor de un solo sujeto negocial: comprador, arrendatario y suscriptor. La razón de esta asimetría se encontraría en el hecho de que se trata de contratos de prestación única que, analizados desde una óptica más pragmática, implica que quienes se encuentran favorecidos por esta prerrogativa asumen obligaciones dinerarias, mientras que la obligación principal asumida por su contraparte, aunque de la misma naturaleza, implica un *dare,* en su esencia más complejo. De igual forma, la manera como los riesgos del respectivo contrato son distribuidos y la necesidad de dotar al contrato de equilibrio, pueden ser también razones que justifiquen este tratamiento.

En cuanto al segundo aspecto, para la mayoría de los contratos en que se reconoce esta prerrogativa, no está prevista una regulación concreta en cuanto al procedimiento a seguir para hacerla efectiva correctamente. Solo en materia de suministro y del contrato de cajillas de seguridad, encontramos que la norma se ocupa de este asunto.

En el primer caso, el segundo inciso del artículo 973 del CCo. establece: "En ningún caso el que efectúa el suministro podrá poner fin al mismo, sin dar aviso al consumidor como se prevé en el artículo precedente". Este reenvío al artículo que regula la modificación unilateral[57] implica que, para que la terminación por incumplimiento surta efecto, será necesario "un preaviso prudencial", lo que denota la necesidad de revestir el mecanismo de un procedimiento que sirva para evitar el principal peligro que conlleva el unilateralismo: su ejercicio abusivo[58]. En efecto, puesto que el contrato se termina por obra de una parte del contrato, que el incumplimiento reúna los requisitos para que esto sea posible no es suficiente. Por más de que el contratante incumplido, por ello mismo, deba soportar esta decisión, no quiere decir que su contraparte pueda

---

57 CCo., artículo 972, inciso segundo: "Cuando se deje a una de las partes el señalamiento de la época en que cada prestación debe efectuarse, estará obligada a dar preaviso prudencial a la otra de la fecha en que debe cumplirse la correspondiente prestación".

58 Sobre el contenido del abuso del derecho y su vínculo indisoluble con el principio de buena fe: Neme Villarreal, M. L. *Facultades contractuales de ejercicio unilateral: cómo usarlas sin incurrir en abuso. La buena fe otorga criterios para el legítimo ejercicio del* ius variandi, Bogotá, Universidad Externado de Colombia, 2018, pp. 85 y ss., *in fine,* 87.

hacerla efectiva sin consideración a su interés. La terminación intempestiva, sin comunicación razonable, equivale a terminación abusiva.

Este procedimiento, aunque se ajusta al principio de buena fe, no es el que más atiende a la protección de contrato. Este aspecto, en cambio, sí lo tiene en cuenta el artículo 1420 del CCo, en el caso del contrato de cajillas de seguridad, en el cual, para que opere dicha terminación, se requiere que el banco exija el pago de lo adeudado, dándole así la oportunidad al deudor para que cumpla con su obligación y, de tal forma, permitir la supervivencia del contrato. Solo frente al incumplimiento reiterado, la terminación unilateral podrá tener lugar.

El hecho de que solo estas dos hipótesis consagren expresamente el procedimiento para hacer efectiva la prerrogativa, no es solamente anecdótico. Miremos las implicaciones que este vacío tiene, utilizando, para ello, el caso del mandato civil.

De acuerdo con el artículo 2142 del CC, "el mandato es un contrato en que una persona confía la gestión de uno o más negocios a otra, que se hace cargo de ellos por cuenta y riesgo de la primera. La persona que concede el encargo se llama comitente o mandante y la que lo acepta apoderado, procurador, y en general, mandatario". Aunque la doctrina ha debatido sobre el objeto de este contrato[59] o incluso sobre su carácter esencialmente representativo[60], lo

59 Quienes consideran que lo encomendado consiste en la celebración de actos que tienen por fin la creación, modificación o extinción de derechos u obligaciones: Bonivento Fernández, J. A. *Op. cit.*, pp. 591-592 y 610. En el mismo sentido: Arrubla Paucar, J. *Op. cit.*, pp. 197-198. Gómez Estrada, C. *Op. cit.*, pp. 391 y ss., postura que ha avalado: Colombia, Corte Suprema de Justicia, Sala de Casación Civil, 05-08-1936, *GJ*, MCMXVII (1917), p. 326. Frente a Hinestrosa, que señala que el objeto del mandato puede ser tanto la celebración de actos jurídicos como la ejecución de actos materiales: Hinestrosa, F. *La representación*, Bogotá, Universidad Externado de Colombia, 2008, pp. 62-70 y 176-178, y cuya perspectiva encuentra apoyo en: Colombia, Corte Suprema de Justicia, Sala de Casación Civil, Sentencias del 22 de abril de 2014, M. P. Fernando Giraldo Gutiérrez, SC4809-2014, y del 27 de marzo de 2012, M. P. Jaime Arrubla Paucar, rad. 2003-00178-01.

60 Teniendo en cuenta que el artículo mencionado no señala expresamente la obligación para el mandatario de declarar que está obrando en dicha calidad –*contemplatio dominii*–, la Corte Suprema ha establecido en variadas oportunidades que "En la legislación colombiana el mandato no es esencialmente representativo. Dentro de su conformación jurídica caben el mandato ostensible o secreto; el testaferro; la interposición en todas sus formas lícitas, y aun el acto jurídico del mandatario como único interesado, siempre que el mandante tenga voluntad de obligarse. Es posible el mandato sin representación". Ver: Colombia, Corte Suprema de Justicia, Sala de Casación Civil, sentencias del 17 de junio de 1937, M. P. Miguel Moreno Jaramillo, *GJ*, t. XLV, n.° 1924, pp. 137-140; del 28 de marzo 1939, M. P. Hernán Salamanca, *GJ*, t. XLVII, n.° 1940, pp. 719-723, y del 18 agosto 1958, M. P. José Hernández Arbeláez, *GJ*, t.

cierto es que puede ser gratuito o remunerado[61], esto, en función de la naturaleza de la gestión encomendada al mandatario. En efecto, si la naturaleza de la gestión indica que esta es de las que se suelen remunerar o el mandatario tiene una actividad profesional encaminada a desarrollar gestiones de esta clase, se debe entender que se trata de un mandato remunerado, aunque nada se diga en el contrato.

Este aspecto de la remuneración, aunado a otros más, conforman el contenido obligacional del mandante y están establecidos en el artículo 2184 del CC de la siguiente manera:

> Artículo 2184. El mandante es obligado:
>
> 1. A proveer al mandatario de lo necesario para la ejecución del mandato.
>
> 2. A reembolsarle los gastos razonables causados por la ejecución del mandato.
>
> 3. A pagarle la remuneración estipulada o usual.
>
> 4. A pagarle las anticipaciones de dinero con los intereses corrientes.
>
> 5. A indemnizarle de las pérdidas en que haya incurrido sin culpa, o por causa del mandato.
>
> No podrá el mandante disculparse de cumplir estas obligaciones, alegando que el negocio encomendado al mandatario no ha tenido buen éxito o que pudo desempeñarse a menos costo; salvo que le pruebe culpa.

Frente al incumplimiento de alguna de estas obligaciones, el artículo 2185 establece en favor del mandatario, otra hipótesis de terminación unilateral

---

LXXXVIII, n.° 2199-2200, pp. 627-640. Frente a esta posición cierta doctrina considera que el mandato en Colombia no es esencialmente representativo: GAVIRIA, N. *Derecho Civil Contratos*, Conferencias Universidad Libre, 1976, p. 207; mientras otros sostienen que esta postura parece confundir el contrato de mandato con la figura de la representación: GÓMEZ ESTRADA, C. *Op. cit.*, pp. 392-393, y BONIVENTO FERNÁNDEZ, J. A. *Op. cit.*, p. 598, en concordancia con: Colombia, Corte Suprema de Justicia, Sala de Casación Civil, Sentencias del 16 de diciembre de 2010, M. P. William Namén Vargas, rad. 2005-00181-01, y del 31 de julio de 2014, M. P. Ruth Marina Díaz, SC10122-2014.

61 Arts. 2143 y 2184 del CC.

al indicar que: "El mandante que no cumple por su parte aquello a que es obligado, autoriza al mandatario para desistir de su encargo". En este evento, cuando el mandante incumple las obligaciones que surgen del contrato, no solo de las obligaciones citadas, sino también de aquellas que se pactan por vía convencional[62], el mandatario puede poner fin al contrato.

Si bien la doctrina no se ha detenido en analizar las implicaciones de esta disposición, contentándose con anotar que enfatiza en "[...] la obligación legal de proveer de lo necesario para la ejecución del mandato"[63] o, aun, que "es principio de equidad el de que incumplimiento de una parte faculta a la otra para abstenerse de cumplir con lo suyo, y es este principio el que el fondo inspira el artículo transcrito (sic)"[64] (acercándose esta última razón más al fundamento de la *exceptio non adimpleti contractus* que al propio de la ruptura definitiva del contrato[65]), lo cierto es que podemos encontrar en el *noyau dur* del mandato su razón de ser. En efecto, teniendo en cuenta que a través del contrato de mandato se pretende que un sujeto celebre por otro, actos cuyos efectos se radicarán en este último, y que de la diligencia en el ejercicio de lo encomendado depende que la responsabilidad personal del mandatario no se vea comprometida, es fundamental que le sea puesto a su disposición todo lo necesario para su correcto cumplimiento. Así, el incumplimiento del mandante obliga a que el mandatario actúe prontamente a fin de evitar comprometer o agravar su responsabilidad. De tal manera que la terminación extrajudicial es el mecanismo adecuado para la tutela de esos intereses.

Sin embargo, la norma no prevé procedimiento para hacerlo efectivo. En cambio, cuando el mandatario renuncia, la situación es diferente.

En efecto, el numeral 4 del artículo 2189 del CC[66] establece, como causal de terminación del contrato de mandato, la renuncia del mandatario. Y a esta disposición debe añadírsele el artículo 2193, que establece:

---

62 "Esto mismo se puede sostener cuando el mandante, convencionalmente, se obliga al cumplimiento de ciertos hechos y a los cuales no da el tratamiento impuesto por el acuerdo de voluntades": Bonivento Fernández, J. A. *Los principales contratos civiles y su paralelo con los comerciales*, 19.ª ed., Bogotá, Librería Ediciones del Profesional, 2015, p. 630.

63 *Ibidem*, p. 629.

64 Gómez Estrada, C. *Op. cit.*, p. 443.

65 Chinchilla, C. A. *La excepción de incumplimiento contractual. Estructura, función y límites*, Bogotá, Universidad Externado de Colombia, 2017.

66 Colombia, Corte Suprema de Justicia, Sala de Casación Civil, sentencias del 22 de junio de 1940, M. P. Isaías Cepeda, *GJ*, t. XLIX, n.° 1957-1958, pp. 544-550; del 17 de marzo de 1945, M. P. Hernán Salamanca, *GJ*, t. LVIII, N.° 2016, pp. 672-676; del 6 de julio de 1945, M. P. Manuel

> Artículo 2193. <Renuncia del mandatario>. La renuncia del mandatario no pondrá fin a sus obligaciones, sino después de transcurrido el tiempo razonable para que el mandante pueda proveer a los negocios encomendados.
>
> De otro modo se hará responsable de los perjuicios que la renuncia cause al mandante; a menos que se halle en la imposibilidad de administrar por enfermedad u otra causa, o sin grave perjuicio de sus intereses propios.

Tal como observamos, el contrato de mandato es un ejemplo de la naturaleza dinámica y particularmente compleja del unilateralismo en el fin del contrato, porque no solo abarca hipótesis de incumplimiento. La razón de admitir la renuncia del mandatario se encuentra en que este "[...] no puede ser obligado a continuar con un encargo que no le conviene o le agrada"[67], ya que "sería inclusive perjudicial para el mandante, que se obligara a su representante a adelantar una gestión que no quiere adelantar"[68]: el mandatario puede renunciar libremente, sea el contrato a término definido o indefinido, sin necesidad de motivar su decisión, pero con el respeto de un procedimiento, que aunque no esté detallado en la norma, si emerge de ella: es necesario, para evitar que surja una obligación de carácter indemnizatorio, que se otorgue un preaviso suficiente para que el mandante pueda "proveer a los negocios encomendados".

¿Qué lleva entonces a que en un caso no se diga nada al respecto y, en este evento, sí se establezca una obligación de informar correctamente la decisión unilateral? Esta dicotomía puede hacer pensar –desde una perspectiva puramente exegética– que la norma, al no establecer procedimiento alguno cuando se trata de terminación unilateral por incumplimiento, lo permite de cualquier forma, sin consideración al interés de la parte destinataria de la decisión. Pero, a la luz del principio de buena fe, este argumento no tiene cabida. La consideración del otro es esencial para la garantía, no solo de su interés, sino de la protección del contrato, en sí mismo considerado.

En nuestro concepto, la ausencia de previsión normativa al respecto no solo induce a incoherencias dentro un mismo contrato, como lo acabamos de ver, sino que, para las otras hipótesis en donde se evidencia este vacío, se hace

---

Barrera Parra, *GJ*, t. LXXX, N.° 2155, pp. 646-662; y del 17 de noviembre de 1970, M. P. José María Esguerra, *GJ*, t. CXXXVI, *id.* 428134.

67 Bonivento Fernández, J. A. *Op. cit.*, 2015, p. 635.

68 Gómez Estrada, C., p. 454.

difícil su puesta en práctica y refuerza la desconfianza que genera el unilateralismo en una fase tan decisiva como el fin del contrato.

Por lo tanto, este aspecto es definitivo para considerar si se debe generalizar este mecanismo, y, para nuestra fortuna, ha sido tomado en cuenta en las reflexiones realizadas a propósito de la cláusula resolutoria.

2.2. CLÁUSULAS RESOLUTORIAS: ¿DISUASORIAS O COMPLETAMENTE EFICACES?

Junto con una admisión legal limitada e irregular por el ordenamiento colombiano para dar fin al contrato por decisión unilateral en caso de incumplimiento, queda preguntarse si en ejercicio de la autonomía negocial las partes pueden, válidamente, pactar cláusulas con esos efectos.

Las conocidas comúnmente como cláusulas resolutorias no cuentan en la legislación nacional con una regulación de carácter general, lo que ha llevado a cierta parte de la doctrina nacional, fuertemente influenciada por la doctrina chilena, a cuestionar la eficacia real de este tipo de pactos (2.2.1), aunque los últimos años parecen marcar un distanciamiento radical de esta visión (2.2.2).

2.2.1. EL CARÁCTER MERAMENTE DISUASORIO DE LAS CLÁUSULAS RESOLUTORIAS: LA INTERPRETACIÓN *IN EXTENSO* DEL PACTO COMISORIO DE LA COMPRAVENTA

Ante la ausencia de disposición expresa, que aceptara o prohibiera estas cláusulas, la doctrina chilena y, a la postre, también la colombiana, echaron mano del pacto comisorio regulado para la compraventa, limitando con esta analogía, como lo veremos a continuación, la función real que pretenden cumplir las cláusulas resolutorias: dar fin al contrato cuando un incumplimiento se haya verificado.

En efecto, en el ordenamiento civil colombiano, el pacto comisorio para la venta se encuentra regulado a partir del artículo 1935. Debido a su configuración, la doctrina ha considerado tradicionalmente que esta disposición contiene el *pacto comisorio simple*, mientras que el artículo 1937 hace referencia al *pacto comisorio calificado*.

En cuanto al primero, quienes sostienen que el artículo 1935 del CC[69] entraña una clase propia de pacto comisorio[70], señalan que su particularidad es que otorga una ventaja especial para el vendedor, lo que justifica la necesidad de su pacto expreso, pero que adicionalmente opera de pleno derecho. Esto quiere decir que una vez se consolida el incumplimiento del comprador, el contrato se resuelve inmediatamente[71].

Al lado de este, se erige el doctrinario *pacto comisorio calificado* del artículo 1937. Este artículo señala lo siguiente:

> Artículo 1937. Si se estipula que por no pagarse el precio al tiempo convenido, se resuelva *ipso facto* el contrato de venta, el comprador podrá, sin embargo, hacerlo subsistir, pagando el precio, lo más tarde, en las veinticuatro horas subsiguientes a la notificación judicial de la demanda.

Su aspecto "diferenciador" se encontraría en la necesidad de acudir ante el juez para hacerlo efectivo, ya que, en el caso del simple, se trata de un pacto expreso de una condición resolutoria clásica, que operaría de pleno derecho, mientras que el calificado, si bien entraña una condición resolutoria, esta no opera sin intervención judicial[72].

---

69 Artiículo 1935. Por el pacto comisorio se estipula expresamente que, no pagándose el precio al tiempo convenido, se resolverá el contrato de venta.

Entiéndase siempre esta estipulación en el contrato de venta, y cuando se expresa, toma el nombre de pacto comisorio, y produce los efectos que van a indicarse.

70 Canosa Torrado, F. *Resolución de los contratos: actualizado con el Código General del Proceso, Ley 1564 de 2012*, Bogotá, Ediciones Doctrina y Ley, 2013, p. 517.

71 Paradójicamente, su utilidad se ha cuestionado por los mismos que la formularon ya que en su entender, su pacto no serviría sino a reiterar la acción resolutoria prevista en el artículo 1546 para todos los contratos. Esta posición sostiene, además, que con independencia de la vía elegida por el vendedor cumplido, este conserva la alternativa de exigir el precio o la resolución de la venta con pago de perjuicios, de modo que: "[...] en el caso de escoger la resolución, este pacto se configura como un modo indirecto de extinción de las obligaciones, pues resuelto el contrato de compraventa, se extinguen las obligaciones derivadas de él, y por su efecto retroactivo, las partes están obligadas a efectuar las correspondientes restituciones mutuas. Castro, M. y Romero Cruz, D. O. "Extinción de las obligaciones. Visión panorámica y plan de trabajo", en Castro, M. (dir.), *Derecho de las Obligaciones*, t. II, vol. 2, Bogotá, Universidad de los Andes y Editorial Temis, 2010, p. 527. Esta posición, aunada con la anterior, muestra cómo la posibilidad de que el pacto pueda por sí mismo resolver el contrato, ni siquiera se plantea, ya que la lógica de la doctrina local, como lo veremos adelante, es exclusivamente de resolución judicial.

72 Canosa Torrado, F. *Op. cit.*, p. 518.

En nuestro sentir[73], estos dos artículos (el 1935 y el 1937) no crean clasificación alguna. Se trata, en ambos casos, de un mismo pacto, solo que en la primera norma, de entrada, se establece la posibilidad de pactar una cláusula resolutoria y, en la segunda, se establece su operatividad, sin que esto nos haga olvidar las contradicciones que entraña cada norma leída separadamente y las dos miradas en contexto.

En efecto, en lo que tiene que ver con la contradicción de cada disposición analizada individualmente, consideramos que el artículo 1935[74] no es una reiteración del artículo 1546, sobre la condición resolutoria tácita, ya que esta no actúa *ope legis* (como sugiere la redacción del 1935), sino que envía hacia el juez para declarar la resolución, lo que no ocurriría en este caso si partimos de su funcionamiento automático. Esta razón, que es más de análisis gramatical que funcional, sirve para mostrar su gran inconveniente: la irrealidad del automatismo de la cláusula frente a los intereses contractuales del acreedor. En efecto, constatado el incumplimiento, el vendedor puede escoger entre la ejecución forzada, *in natura*, o en hacer efectiva la cláusula, o pedir el resarcimiento de los perjuicios. Si el efecto de la cláusula es automático, los derechos que su pacto pretende proteger se verían completamente fragilizados, por una parte, y por otra, iría en contra del espíritu de preservación del contrato que permea el CC. El argumento funcional quedaría vacío frente a este análisis.

Por su parte, el artículo 1937, analizado aisladamente, también contiene serias contradicciones que pasan del orden gramatical al orden funcional. En primer lugar, tenemos la expresión *ipso facto*. Alguna doctrina sostiene que esta expresión no significa que el vendedor tiene la facultad de resolver de plano el contrato ante el incumplimiento del comprador, pues, de hecho, se exige una declaración judicial en este sentido para romper el vínculo[75]. De modo que, la expresión *ipso facto* hace referencia al "mismo hecho de pactarse", pues la declaración judicial será acorde a la manifestación contractual y la resolución se decretará desde el momento mismo en el que se configura el incumplimiento[76].

Pero entonces, ¿por qué se debería entender la expresión *ipso facto* de esta disposición como "mismo hecho de pactarse" y no como una resolución

---

73 Morales Huertas, M. *La rupture unilatérale du contrat pour inexécution en droit colombien*. Tesis doctoral. Universidad Panthéon-Assas (París II), 2018.

74 Y en esto nos separamos de quienes critican su utilidad. Ver *supra*.

75 Colombia, Corte Suprema de Justicia, Sala de Casación Civil, Sentencia del 26 de junio de 1935, M. P. Ricardo Hinestrosa Daza, *GJ*, XLII, n.° 1898, pp. 180-187.

76 Bonivento Fernández, J. A. *Op. cit.*, 2008, p. 186.

inmediata? Es necesario entonces continuar con el análisis gramatical del artículo, ya que este continúa con la posibilidad de que el comprador pueda hacer subsistir el contrato, lo cual evidencia que el vínculo jurídico no se ha extinguido por el incumplimiento. En efecto, se le da la oportunidad al deudor para que, en una manifestación de su voluntad, decida si desea hacer subsistir el contrato, pagando en el plazo otorgado por la ley, o si, por el contrario, prefiere dejarlo extinguir[77]. Así, de la redacción del artículo es posible concluir que no se está ante una extinción *ipso iure*, pues, de así serlo, el comprador no contaría con veinticuatro horas para hacer el pago de una obligación de un contrato[78].

Este análisis gramatical, que supera la crítica funcional que se evidenció frente al artículo 1935, nos lleva a la debilidad funcional del artículo 1937. En efecto, al establecer el recurso obligatorio al juez, la prerrogativa pierde todo sentido y queda limitada a una función meramente conminatoria que se edulcora con la norma general del artículo 1546. Su necesidad se cuestiona, así tanto como su utilidad, y confirma que si bien implica unilateralismo en la medida en que el pacto solo aprovecha a una sola de las partes, su efectividad no depende en nada de una parte, sino que se requiere del juez para esta tarea.

Ahora bien, este análisis individual nos lleva a reflexionar sobre la disciplina del pacto comisorio, ya analizando las disposiciones en contexto. Así como ya se planteó, es posible afirmar que se trata de una misma categoría en la que la primera norma aporta la regla y la siguiente la disciplina. En efecto, las partes en un contrato de compraventa pueden pactar válidamente que, en caso de que el comprador no pague el precio, el contrato se puede dar por terminado. Sin embargo, y ya nos vamos a la disciplina, esto solo es posible si el juez así lo autoriza, pudiendo el comprador hacer subsistir el contrato, si paga dentro de las 24 horas siguientes a la notificación de la demanda.

La clasificación entonces parece inocua y lo que retenemos es que, en todo caso, la función de este pacto es conminar al cumplimiento, pero su verdadera eficacia está en entredicho porque siempre habrá que acudir ante el juez para que gracias a su decisión se dé fin al contrato.

Ahora bien, esta visión restringida es esencial para entender las razones que llevaron a que la doctrina decidiera aplicar la lógica del pacto comisorio de la venta a las cláusulas resolutorias.

---

77 Canosa Torrado, F. *Op. cit.*, p. 519.

78 *Ibidem.*

El origen de esta interpretación se encuentra en la doctrina chilena[79], la cual considera que de pactarse en favor de una sola parte del contrato la posibilidad de terminar el contrato por incumplimiento, el pacto que se consideraría aplicable para otros contratos, distintos al de compraventa, sería el pacto comisorio calificado, ya que la decisión no sería fruto del arbitrio de una parte al contrato, sino que sería tomada por el juez, luego de una valoración objetiva y mesurada.

El riesgo de arbitrariedad fue el que llevó a esta doctrina, como a la colombiana, que adhirió a ella[80], a rechazar drásticamente que la decisión unilateral, contenida en una cláusula expresa, pudiese surtir efectos por ella misma. Así, no solo el hecho de que no sea el consenso el que determine el fin del contrato, sino, especialmente, el que el deudor encontrase su suerte sometida a la voluntad del acreedor, quien se estaría proporcionando justicia por el mismo, sirvieron para desestimar una interpretación más flexible, así como útil de la cláusula resolutoria.

Sin embargo, este rechazo ha encontrado un contrapeso en una jurisprudencia relativamente reciente. En efecto, fue desde la justicia arbitral que se dieron los lineamientos para la aceptación de la eficacia y validez de las cláusulas resolutorias, y sus propósitos se vieron apoyados por una doctrina local que, aunque no es mayoritaria, aporta elementos que enriquecen y dinamizan el debate.

---

79 Alessandri Rodríguez, A. *Teoría de las Obligaciones*, Santiago de Chile, Imprenta El Esfuerzo, 1988, p. 203. Claro Solar, L. *Explicaciones de Derecho Civil Chileno y Comparado*, t. x, Santiago de Chile, Imprenta Nacimiento, 1936, p. 215. Meza Barros, R. *Manual de Derecho Civil. De las Obligaciones*, Santiago de Chile, Editorial Jurídica de Chile, 1974, p. 81.
Contra esta postura en la doctrina chilena: Abeliuk Manasevich, R. *Las Obligaciones*, t. i, Bogotá, Editorial Temis y Editorial Jurídica de Chile, 2001, p. 481. Fueyo Laneri, F. *Cumplimiento e incumplimiento de las obligaciones*, 3.ª ed., Santiago de Chile: Editorial Jurídica de Chile, 2004, p. 329. Peñailillo Arévalo, D. *Obligaciones. Teoría general y clasificaciones. La resolución por incumplimiento*, Santiago de Chile, Editorial Jurídica de Chile, 2003, p. 420. Pizarro Wilson, C. "Las cláusulas resolutorias en el derecho civil chileno". *Temas de Contratos, Cuadernos de Análisis Jurídicos*, Colección de Derecho Privado, n.° iii, 2006, p. 252. De la Maza, Í. y Vidal Olivares, Á. *La modernización del derecho de contratos*, Bogotá, Grupo Editorial Ibáñez, 2019, pp. 297-315.

80 Navia Arroyo, F. *Op. cit.*; Ospina Fernández, G. *Teoría general de los actos o negocios jurídicos*, Bogotá, Temis, 2.ª ed., 1983, p. 578; Bonivento Fernández, J. A. *Op. cit.*, 2008, p. 177; Tamayo Lombana, A. *Manual de Obligaciones. La responsabilidad civil, fuente de obligaciones*, vol. 2, Bogotá, Editorial Temis, 1998, p. 282; Uribe Holguín, R. *De las obligaciones y del contrato en general*, Bogotá, Editorial Temis, 1982, p. 233.

2.2.2. EL RECONOCIMIENTO DE LA EFICACIA PLENA DE LAS CLÁUSULAS RESOLUTORIAS

Aunque el primer paso que dio la jurisprudencia para reconocer la plena eficacia de las cláusulas resolutorias se dio en un fallo de 1892, en donde la Corte estableció expresamente que "[...] el cumplimiento de esta resuelve el contrato de pleno derecho, ó sin necesidad de declaración judicial"[81], no fue sino hasta el siglo XXI cuando se abordó el asunto de manera más profunda.

En efecto, la vía para esta aceptación, la abrió un laudo arbitral que resolvió la controversia entre Terpel de la Sabana S.A. y Tethys Petroleum Company Ltd. y Meta Petroleum Ltd.[82]. En concreto, uno de los temas objeto de litigio versaba sobre la legalidad de una cláusula resolutoria pactada en un contrato de suministro que establecía escuetamente que se podía dar por terminado el contrato, cuando alguna de las partes incumpliera cualquiera de las obligaciones contraídas y no subsanara dicho incumplimiento en un término máximo de 8 días.

Para analizar esta cláusula y luego de confirmar que tanto la práctica comercial como los ordenamientos más contemporáneos reconocen la validez y la utilidad de este tipo de cláusulas, el laudo considera que estas son legítimas siempre y cuando respeten los límites que impone su ejercicio a la luz de la buena fe. En este sentido, para que una cláusula esté conforme al mismo, es necesario que sea clara y puntual, es decir, es necesario que se puntualicen las obligaciones del contrato cuyo incumplimiento acarrearán la resolución y que, además, se otorgue un plazo razonable para que al deudor subsane su incumplimiento. En el caso concreto, los árbitros concluyeron que al haber sido redactada la cláusula tan genéricamente, sin puntualizar las obligaciones cuyo incumplimiento daría lugar al fin del contrato, se estaba haciendo una simple remisión al artículo 1546 del CC y que por lo tanto su ejercicio no era justificado.

Unos años después, la Corte Suprema de Justicia tuvo la ocasión de elucidar el mismo problema: la validez de las cláusulas resolutorias[83]. Reconociendo el valor de la autonomía negocial, la Corte afirma que ante la ausencia de

---

81 Fallo de la Corte Suprema de Justicia del 31 de mayo de 1892 (*GJ* 342), citado en sentencia de la misma corporación de fecha 19 de abril de 1893 (*GJ* 395), p. 252.

82 Cámara de Comercio de Bogotá: Tribunal de Arbitraje, Laudo Arbitral del 19 de agosto de 2005, Terpel de la Sabana S. A. contra Tethys Petroleum Company Ltd. y Meta Petroleum Ltd.

83 Colombia, Corte Suprema de Justicia, Sala de Casación Civil, Sentencia del 30 de agosto de 2011, M. P. William Namén Vargas, rad. 1999-01957-01.

prohibición normativa expresa es posible concluir a la validez de estas cláusulas, siempre que su ejercicio no sea fuente de abuso, lo que implica singularizar las obligaciones afectadas por la cláusula (siguiendo así la línea del laudo citado). Por otra parte, reconoce que el mecanismo más equilibrado es aquel que concede la facultad a las dos contratantes, sin embargo, cuando esta facultad se pacte solo para una de ellas, será necesario que dicha parte le conceda al deudor un plazo razonable para cumplir. Si al cabo de este el deudor sigue incumpliendo, la cláusula podrá surtir sus efectos.

Esta posición jurisprudencial, que en nuestro concepto abre claramente la vía, no solo para superar la interpretación acerca de la estrechez de la cláusula resolutoria, sino para aceptar su plena validez y eficacia, se soporta igualmente en las voces de ciertos doctrinantes colombianos quienes empiezan a vehicular la idea de una apertura del unilateralismo convencional en materia de incumplimiento.

El primero en separarse de la doctrina tradicional fue Fernando Hinestrosa, quien sostuvo que, lejos de ser contrarias al orden público o a una norma imperativa, estas cláusulas son útiles y de uso generalizado en el ámbito comercial[84]. Aunque él considera que para ser legítimas, además de tener que especificar rigurosamente las obligaciones cobijadas por la cláusula, es necesario que la prerrogativa sea recíproca[85], insiste en la necesidad de un preaviso suficiente para garantizar con ello la protección del contrato y del contratante incumplido. A él le siguieron Ranfer Molina[86] y Ernesto Rengifo[87], quienes, con apenas unas particularidades[88], defienden esta postura y abogan por su aceptación generalizada.

De lo precedente se logra apreciar que, tanto cierta jurisprudencia, como una doctrina más reactiva a los fenómenos jurídicos imperantes, aceptan la posibilidad de admitir la validez de las cláusulas resolutorias, sin necesidad de otorgarles una naturaleza diferente, pero con un límite: el respeto a la buena fe.

---

84 Hinestrosa, F. "La terminación unilateral del contrato", en Kemelmajer, A. (dir.), *Responsabilidad civil*, Buenos Aires, Rubinzal Culzoni, 2007, p. 437.

85 Hinestrosa, F. *Terminación*, cit., p. 13.

86 Molina Morales, M. *Op. cit.*, 2009.

87 Rengifo García, E. *Las facultades unilaterales en la contratación moderna*, Bogotá, Legis, 2014, p. 127.

88 Es el caso de Molina Morales, M. *Op. cit.*, 2009, p. 91, quien considera que una notificación que surta efectos en un tiempo razonable es suficiente para que el pacto se adapte a las exigencias de la buena fe.

Corolario de lo anterior, es justamente en la aplicación de este principio que se encuentra tanto la posibilidad práctica de redactar cláusulas resolutorias equilibradas, como también empezar a considerar la terminación unilateral por incumplimiento como un mecanismo de tutela[89], pensando en un proyecto de reforma del Código Civil colombiano.

3. LA POSIBILIDAD DE UNA GENERALIZACIÓN

En efecto, consideramos que el principio de buena fe es la clave[90] para que la terminación unilateral por incumplimiento encuentre su lugar en el derecho privado colombiano, como regla de aplicación general.

De una parte, para que el mecanismo sea proporcionado, se exige en primer lugar que el incumplimiento que da lugar a la facultad sea importante. Acabamos de ver cómo en todas las hipótesis legales que el ordenamiento colombiano reconoce en esta materia, la prerrogativa va íntimamente ligada a un incumplimiento grave y en el caso de la cláusula resolutoria, la jurisprudencia y la doctrina que la defienden consideran necesaria la identificación clara de los comportamientos que dan lugar a la configuración del incumplimiento[91], para que la cláusula pueda operar legítimamente[92]. Una futura reforma en este sentido no puede desatar el incumplimiento grave de la posibilidad de poner fin al contrato por esta causa[93].

---

89 Sea autónomo o compaginándolo con la resolución judicial, tal como lo hizo la reciente reforma al Código Civil Francés. Sobre un análisis de la terminación unilateral por incumplimiento en este ordenamiento ver: MORALES HUERTAS, M. "La terminación unilateral por incumplimiento en la Reforma al Código Civil Francés", en Fortich, S. y Riaño Saad, A. (eds.), *La reforma francesa del derecho de los contratos y de las obligaciones: ¿fuente de inspiración para una futura reforma en derecho colombiano?*, Bogotá, Universidad Externado de Colombia, 2020, p. 399 y ss.

90 AEDO BARRENA, C. E. "Facultad unilateral de terminar el contrato y buena fe contractual". *Revista Chilena de Derecho Privado*, n.° 33, Fundación Fueyo Laneri, diciembre 2019, pp. 73-96.

91 MAZEAUD, D. "De l'exigence de cohérence contractuelle en matière de clause résolutoire expresse". *Recueil Dalloz*, n.° 35, Dalloz, 2000, p. 360.

92 GRONDONA, M. "Gravedad del incumplimiento, buena fe contractual, cláusula resolutoria expresa: fragmentos críticos y puntos reconstructivos para una defensa antidogmática de la autonomía privada". *Revista de Derecho Privado*, n.° 20, Universidad Externado de Colombia, 2011, pp. 271-299, especialmente, pp. 273-275.

93 Ver artículo sobre incumplimiento de esta publicación y las interesantes reflexiones que sobre el punto desarrollan: CHINCHILLA, C. A. y NEME VILLARREAL, M. L., "El incumplimiento

Por otra parte, el ejercicio de buena fe de una decisión unilateral en general y la que estamos analizando en particular, requiere de un procedimiento. En nuestro criterio, tanto para el caso del correcto ejercicio de la cláusula resolutoria, como para el caso de una prerrogativa legal de aplicación general, se hace indispensable, en primer lugar, notificar al contratante de la decisión y, para que cumpla con las exigencias de la buena fe, esta notificación esté acompañada de un plazo para que esta surta efecto (a) y que la decisión se tome y se comunique a tiempo (b).

3.1. UN PROCEDIMIENTO EN FAVOR DEL INTERÉS DEL DEUDOR Y DEL CONTRATO

Poner en conocimiento al *cocontratante* de la decisión unilateral de dar por terminado el contrato es fundamental para que esta sea legítima. Esta notificación[94], que en estricto sentido debe ser considerada como un acto jurídico de carácter recepticio[95], si bien no requiere de la aceptación del destinatario[96] para que surta efectos[97], es la que le permite al deudor organizarse adecuadamente para hacer frente a la decisión e, incluso, contestarla judicialmente en caso de que se encuentre infundada. Esto implica, entonces, que no pueda

en la reforma del código civil francés no constituye un modelo a seguir que permita la cabal funcionalidad del incumplimiento en el sistema jurídico colombiano", en Fortich, S. y Riaño Saad, A. (editoras), *La reforma francesa del derecho de los contratos y de las obligaciones: ¿fuente de inspiración para una futura reforma en derecho colombiano?*, Bogotá, Universidad Externado de Colombia, 2020, pp. 220 y ss.

94 Que aunque puede ser instrumentalizada de cualquier manera, tal como el derecho comparado nos enseña (es el caso del § 349 del BGB, que no fue reformado en 2002, el cual solamente exige declaración dirigida a la otra parte, y a él se suman, a título de ejemplo, el Código Suizo en su artículo 107.2, y el portugués en su artículo 436), es mejor, en nuestro concepto, que se lleve a cabo por escrito, sea este material o virtual, no solo porque es necesario proteger al destinatario de la decisión, sino porque el autor de la iniciativa podrá probar a través del mismo que está cumpliendo con las exigencias del principio. Sobre formalismo contractual de protección ver: FORTICH, S. *Formalismo contemporáneo y protección del consentimiento contractual*, Bogotá, Universidad Externado de Colombia, 2018.

95 BRÈS, A. *La résolution du contrat par dénonciation unilatérale*, París, Litec, 2009, p. 256.

96 Aunque su carácter recepticio se deriva de su comunicación: ENCINAS DE MUNAGORRI, R. *L'acte unilatéral dans les rapports contractuels*, París, LGDJ, 1996, p. 228.

97 De acuerdo con Paulin, su eficacia "resulta de la sola decisión del titular del derecho" (trad. libre): PAULIN, C. *La clause résolutoire*, París, LGDJ, 1996, p. 225.

surtir efectos una vez comunicada; es necesario que se otorgue un tiempo razonable para que el contrato deje de tener efectos.

Ahora bien, en nuestro concepto, para que la terminación unilateral sea considerada acorde a la buena fe, se requiere que esta notificación esté acompañada de un plazo adicional[98] para que el deudor cumpla con la prestación. En caso de que el incumplimiento persevere, los efectos de la decisión podrán consolidarse.

En efecto, si tenemos en cuenta que el ejercicio de una decisión unilateral tan drástica como la que nos ocupa, implica una tensión entre los intereses de las partes al contrato, conceder un plazo adicional para que el deudor cumpla con la prestación, es permitir hacer una ponderación de esos intereses. Así, si el deudor así lo quiere, tendrá la posibilidad de conservar el contrato y, en caso de que el desinterés del deudor se confirme, el acreedor insatisfecho puede desvincularse del mismo luego de vencido este periodo[99].

Esta técnica, que no es otra que la del *Nachfrist* del derecho alemán[100], ha servido de inspiración a otras codificaciones, tales como la de Quebec[101], Portugal[102] o incluso la francesa[103], la cual señala puntualmente que es necesario que se le otorgue un plazo para el cumplimiento al deudor y que este sea razonable. Este carácter de razonabilidad permitirá que el plazo se determine en consideración, no solo de la naturaleza de la obligación, sino, también, teniendo en cuenta la duración del contrato o incluso las consecuencias mismas que ha implicado el incumplimiento[104]. Su fijación, además, debe ir acompañada de

---

98 Sonet, A. *Le préavis en droit privé*, Aix-Marseille, puam, 2003, p. 147.

99 Salvo en los casos de urgencia o de incumplimiento definitivo en los cuales se hace vacío este requisito. Vasseur, M. "Urgence et droit civil". *Revue trimestrielle de droit civil*, n.° 13, 1954, pp. 403 y ss., especialmente, n.° 11, y p. 421; Lemay, P., *Le principe de la force obligatoire du contrat à l'épreuve du développement de l'unilatéralisme*, París, Mare & Martin, Droit privé & sciences criminelles, 2014, p. 423.

100 Ehmann, H. y Sutschet, H. *La reforma del bgb: modernización del derecho alemán de obligaciones* (trad. López Díaz, C. y Salach, U.), Bogotá, Universidad Externado de Colombia, 2006, p. 173; Palazón Garrido, M. *Los remedios frente al incumplimiento en el derecho comparado*, Pamplona, Thomson Reuters Aranzadi, 2014, pp. 140-146. San Miguel, P. *La resolución extrajudicial: modelos de derecho comparado y evolución del derecho español*, Madrid, Universidad Autónoma de Madrid, Facultad de Derecho, 2003, p. 68.

101 Art. 1605 del Código Civil de Quebec.

102 Art. 436.2 Código Civil portugués.

103 Art. 1226 Código Civil francés.

104 Van der Merch, M. y Philippe, D. "L'inexécution dans les contrats du commerce

una invitación al cumplimiento, de manera que el acreedor emite dos notificaciones a la otra parte: la primera, fijando el nuevo término para cumplir y la otra, declarando el fin del contrato. Sin embargo, es perfectamente posible que el acreedor en una misma notificación otorgue el plazo y declare que si el deudor no cumple dentro de él, el contrato quedará automáticamente terminado a su expiración[105].

Este procedimiento permite, entonces, poner en conocimiento a la parte que incumple la decisión unilateral, ante lo cual, ella puede impedir que la decisión se haga efectiva, cumpliendo dentro del término establecido, o puede abstenerse de cumplir, pero tendrá tiempo para organizar las consecuencias que le traerá el fin del contrato[106].

Ahora bien, aun cuando la doctrina y la jurisprudencia referidas, al tratar la aceptación progresiva de la cláusula resolutoria en derecho colombiano, callan sobre la exigencia de motivar la decisión, y si bien es cierto la obligación de motivación no se encuentra generalizada como herramienta de protección de los derechos de las partes en el contrato, consideramos que constituye una medida adecuada para la protección de la buena fe, ya que ella permite demostrar (incluso en instancias judiciales)[107] que la decisión es razonable y justificada[108] y también puede ser considerada como una oportunidad para que el acreedor reflexione más profundamente en su decisión y evitar así tomar una decisión impulsiva[109]. Valga resaltar que, en nuestro sentir, con el fin de cumplir con el objetivo de preservar el contrato y estar acorde con las exigencias de la buena fe, la motivación debería ser exigente. En efecto, como se trata de una decisión drástica, que se funda en un incumplimiento grave, sería conveniente que esta destacase clara y expresamente las situaciones fácticas que configuran el incumplimiento[110].

---

international", en Fontaine, M. y Viney, G. (dirs.), *Les sanctions de l'inexécution des obligations contractuelles*. Études de droit comparé, Bruselas y París, Bruylant y LGDJ, 2001, p. 708.

105 Así como lo establecen los artículos 7.1.5 de los principios Unidroit y 8.106 de los PDEC.

106 AZÉMA, J. *La durée des contrats succesifs*, París, LGDJ, 1969, p. 174.

107 AMRANI-MEKKI, S. *La résiliation unilatérale des contrats à durée déterminée* (segunda parte), *Petites Affiches*, n.° 161, agosto 2002, p. 7.

108 FABRE-MAGNAN, M. "L'obligation de motivation en droit des contrats", en *Le contrat au début du XXIe siècle: études offertes à Jacques Ghestin,* Mélanges Ghestin, LDGJ, 2001, pp. 301-330, especialmente nr. 5, p. 307; MAZEAUD, D. "Unilatéralisme et motivation en droit de contrats". *Recueil Dalloz,* n.° 40, 2001, pp. 3237, nr. 2.

109 BRÈS, A. *Op. cit.*, p. 501.

110 LAGARDE, X. "La motivation des actes juridiques", en *La motivation,* Travaux de l'association

Dicho esto, la adecuación de la facultad de terminar unilateralmente un contrato al principio de buena fe no se agota con este esfuerzo de comunicación y terminación. Es necesario que se haga prontamente, tan pronto el incumplimiento cualificado se haya presentado.

3.2. *VENIRE CONTRA FACTUM PROPRIUM* Y TERMINACIÓN UNILATERAL

La buena fe impone no solo comunicar y motivar la decisión de dar por terminado el contrato, sino también exige que la decisión se haga efectiva rápidamente. El derecho comparado nos sirve de ejemplo para la demostración de la importancia de esta obligación.

Miremos el caso de los PDEC. Estos, en su artículo 9:303, establecen que "La parte perjudicada pierde su derecho a resolver el contrato si no comunica que lo resuelve en un plazo razonable desde que haya sabido o hubiera debido saber que se había producido el incumplimiento". Esto quiere decir que el hecho de no comunicar en tiempo debido hace que el comportamiento del acreedor sea visto como de mala fe y la consecuencia es severa: pierde el derecho a ejercer el remedio contractual. Como bien lo dice Popineau-Dehaullon: "El acreedor debe comportarse de buena fe cuando él rompe el contrato y una de las pruebas de esa buena fe es la rapidez con la que recurre a la resolución: con el fin de no crear en su cocontratante la esperanza en el mantenimiento del contrato, a pesar de su incumplimiento"[III].

No ejercer prontamente la facultad implica, entonces, desde la óptica de la buena fe, hacerle creer al deudor que se tolera el incumplimiento y que, por lo mismo, el acreedor continúa teniendo interés en la ejecución del contrato, cuando realmente no es así. En una perspectiva de coherencia, se protege así al deudor y, por contera, se sanciona al acreedor por su inacción.

Henri Capitant, París, LGDJ, 2000, p. 83.

III Popineau-Dehaullon, C. *Les remèdes de justice privée à l'inexécution du contrat, Étude comparative*, t. 498, París, LGDJ, 2008, p. 498. (Trad. libre).

Como lo dice Neme Villarreal:

> [...] la buena fe al obligar al respeto de las mencionadas reglas, tutela, a su vez, la confianza suscitada en las partes de que serán observadas las consecuencias jurídicas que se derivan de la conducta adoptada por ellas en el curso de la relación negocial, en apego a un deber de coherencia en el actuar y, por ende, preserva la apariencia de un estado jurídico creado por la conducta de una de las partes que determina ulteriores pasos de la contraparte; pues no concilia con la buena fe el que uno de los contratantes actúe de forma tal que contraríe su conducta precedente, desconociendo los actos o aseveraciones que haya realizado, los silencios u omisiones, que hayan hecho creer que actuará de determinada manera, al punto que la contraparte haya adecuado su conducta contando con ella[112].

La regla a la que la autora hace referencia es la del brocardo latino *venire contra factum proprium non valet*, y este predica que no es admisible otorgar efectos jurídicos a una conducta de una persona que se plantea en contradicción flagrante con un comportamiento suyo anterior[113]. Para el caso que nos interesa, la conducta que activa la protección del principio sería la inacción del acreedor, por un tiempo prolongado, frente al incumplimiento grave que daría lugar a la decisión unilateral, pues esta inacción conlleva a que el deudor válidamente confíe en que su incumplimiento ha sido tolerado por el acreedor, de manera que si este, mucho tiempo después, decide utilizar el mecanismo, el principio le neutralizaría esta posibilidad, haciendo de su terminación una terminación abusiva del contrato, restándole al acreedor hacer uso de los otros mecanismos que el ordenamiento le otorgue para su tutela[114].

---

112 Neme Villarreal, M. L. "*Venire contra factum proprium*, prohibición de obrar contra los actos propios y protección de la confianza legítima. Tres maneras de llamar a una antigua regla emanada de la buena fe" en *Estudios de derecho civil obligaciones y contratos. Libro homenaje a Fernando Hinestrosa 40 años de rectoría 1963-2003*, t. 3, Bogotá, Universidad Externado de Colombia, 2003, p. 36.

113 Para profundizar sobre los orígenes históricos de la regla, ver: Corral Talciani, H. "La raíz histórica del adagio 'Venire contra factum proprium non valet'", en Corral Talciani, H. (ed.), *Venire contra factum proprium: Escritos sobre la fundamentación, alcance y límites de la doctrina de los actos propios*, Santiago de Chile, Universidad de los Andes, 2010, pp. 19-33.

114 Popineau-Dehaullon, C. *Op. cit.*, pp. 500-501.

4. COMENTARIO FINAL

De las breves reflexiones que acabamos de realizar podemos concluir que, en el estado actual del derecho positivo colombiano, está reconocida la posibilidad de poner fin a un contrato en caso de incumplimiento. Si bien es cierto esta posibilidad no solo es reconocida de manera fragmentaria, sino que denota vacíos que consideramos perjudiciales porque no parecen estar adaptados a los desafíos que impone el unilateralismo, y justifica la postura de sus muchos críticos, de la aplicación del principio de buena fe provienen tanto las soluciones para que se haga un correcto ejercicio de este remedio como la posibilidad de hacer de esta prerrogativa una regla de aplicación general, en una visión de derecho prospectivo.

Sin embargo, aparte de traer la luz sobre este aspecto, estas últimas reflexiones tienen como objetivo llamar la atención sobre la urgencia de reformar el estado actual del derecho civil y comercial colombiano, ya que no dudamos que una visión más clarificadora de los mecanismos de tutela que el acreedor tiene para enfrentar un incumplimiento es necesaria para acercar el derecho al justiciable y evitar soluciones ilegales y peligrosas. Es evidente que la distancia entre la norma y la realidad es tanta que las personas optan por separarse de la ley para encontrar soluciones a sus problemáticas cotidianas. Sin embargo, este afán de encontrar soluciones rápidas es peligroso, no solo porque se tiende a olvidar lo que es justo y bueno, cuando esa es la esencia del Derecho y lo que permite vivir correctamente en sociedad, sino porque sataniza y condena herramientas que correctamente utilizadas aúnan a la consolidación de esos fines.

El profesor Michael J. Sandel, en su libro *Lo que el dinero no puede comprar. Los límites morales del mercado*, sostiene que el triunfalismo del mercado ha tenido un efecto devastador en nuestros comportamientos sociales, y tanto es así que se hace cada vez más necesaria una reflexión en torno a las prácticas sociales y al verdadero rol que el mercado debe tener en una sociedad en donde aparentemente todo se vende, sin mayor límite que el afán de consumo[115]. Desde una perspectiva puramente jurídica, el tema de este artículo nos lleva a esas reflexiones. Sin duda, el fenómeno del unilateralismo, en materia contractual en general y en el fin del contrato en particular, responde a una lógica

---

115 SANDEL, M. *Lo que el dinero no puede comprar. Los límites morales del mercado*. (Trad.: Chamorro Mielke, J.), 2.ª ed., Barcelona, Debate, 2014.

de mercado. Evitar en un primer momento la intervención del juez y, con ello, la lentitud propia de la justicia, parece ser un gran aliciente para fomentar su generalización. En cuanto a las partes del contrato, los intereses económicos del acreedor se ven favorecidos porque obtiene una solución pronta y definitiva que le permite readecuar el camino y contemplar de otra manera su operación. En este sentido, la categoría que presentamos en esta oportunidad es coherente con la economía de mercado. Pero ¿es solo eso? La respuesta es que no puede ser solo eso. Tiene que ser una regla que, además de eficiente, sea justa. Terminar un contrato solo por esta razón no es justificable. El contrato es acto de previsión, es cierto, pero también es instrumento de equidad, de igualdad, de equilibrio, de libertad, de respeto por los intereses del otro. Es evidente que admitir una solución como la propuesta en este escrito implica en cierta medida alterar los cimientos de toda una construcción –que se hizo dogma– basada en el respeto irrestricto a la palabra dada, pero no hay que pensar que solo hay pragmatismo y oportunismo detrás de ella, porque el límite moral está dado por el orden jurídico y es el de siempre: la buena fe.

BIBLIOGRAFÍA

ABELIUK MANASEVICH, R. *Las Obligaciones*, t. I, 4.ª ed., Bogotá, Temis y Editorial Jurídica de Chile, 2001.

AEDO BARRENA, C. E. "Facultad unilateral de terminar el contrato y buena fe contractual". *Revista Chilena de Derecho Privado*, n.º 33, Fundación Fueyo Laneri, diciembre 2019, pp. 73-96.

ALESSANDRI RODRÍGUEZ, A. *Teoría de las Obligaciones*, Santiago de Chile, Imprenta El Esfuerzo, 1988.

AMRANI-MEKKI, S. *La résiliation unilatérale des contrats à durée déterminée.* (Segunda parte). *Petites Affiches*, n.º 161, agosto 2002.

ARRUBLA PAUCAR, J. "*Contratos mercantiles. Contratos* típicos", 14.ª ed., Bogotá, Legis y Pontificia Universidad Javeriana, 2015.

AUBY, J.-B. *La globalisation, le droit et l'État*, 2.ª ed., París: LGDJ, 2010.

AYNES, L. "Rapport introductif". En Jamin, Christophe y Mazeaud, Denis (dirs.), *L'unilatéralisme et le droit des obligation*, París, Economica, 1999, pp. 3-6.

AZÉMA, J. *La durée des contrats succesifs*, París, LGDJ, 1969.

BAZIN, E. "La résolution unilatérale du contrat", *Revue de la Recherche Juridique. Droit Prospectif*, Presses universitaires d'Aix-Marseille, 4 (1), 2000, pp. 1381-1406.

BEGUIN, J. *Rapport sur l'adage "Nul ne peut se faire justice à soi-même en droit français"*, Trav. Assoc. H. Capitant, t. XVIII, París, Dalloz, 1966, pp. 41-100.

BONIVENTO FERNÁNDEZ, J. A. *Los principales contratos civiles y su paralelo con los comerciales*, 17.ª ed., Bogotá, Librería Ediciones del Profesional, 2008.

BONIVENTO FERNÁNDEZ, J. A. *Los principales contratos civiles y su paralelo con los comerciales*, 19.ª ed., Bogotá, Librería Ediciones del Profesional, 2015.

BOYER, G. *Recherches historiques sur la résolution des contrats (Origines de l'article 1184 C.civ.)*, París, PUF, 1924.

BRÈS, A. *La résolution du contrat par dénonciation unilatérale*, París, Litec, 2009.

CANOSA TORRADO, F. *Resolución de los contratos: actualizado con el Código General del Proceso Ley 1564 de 2012*, 6.ª ed., Bogotá, Ediciones Doctrina y Ley, 2013.

CASTRO, M. y ROMERO CRUZ, D. O. "Extinción de las obligaciones. Visión panorámica y plan de trabajo", en *Derecho de las Obligaciones* (dir. Castro, M.), t. II, vol. 2, 9.ª ed., Bogotá, Universidad de los Andes y Temis, 2010.

CERVERA, A. "Acerca del condicionamiento económico del Derecho". En *Estudios de filosofía del derecho y ciencia jurídica. En memoria y homenaje al catedrático Luis Legaz y Lacambra*, t. I, Madrid, Facultad de Derecho de la Universidad Complutense, Centro de Estudios Constitucionales, 1983, pp. 241-258.

CHINCHILLA, C. y NEME VILLARREAL, M. L. "El incumplimiento en la reforma del código civil francés no constituye un modelo a seguir que permita la cabal funcionalidad del incumplimiento en el sistema jurídico colombiano". En: Fortich, S. y Riaño Saad, A. *La reforma francesa del derecho de los contratos y de las obligaciones: ¿fuente de inspiración para una futura reforma en derecho colombiano?*, Bogotá, Universidad Externado de Colombia, 2020.

CHINCHILLA, C. *La excepción de incumplimiento contractual. Estructura, función y límites*, Bogotá, Universidad Externado de Colombia, 2017.

CLARO SOLAR, L. *Explicaciones de Derecho Civil chileno y comparado*, t. X, Santiago de Chile, Imprenta Nacimiento, 1936.

Comisión Revisora del Código de Comercio, Ministerio de Justicia. *Proyecto del Código de Comercio de 1958*, t. II, Imprenta Oficial, 1958.

Corral Talciani, H. "La raíz histórica del adagio 'Venire contra factum proprium non valet". En Corral Talciani, H. (editor), *Venire contra factum proprium: escritos sobre la fundamentación, alcance y límites de la doctrina de los actos propios*, Santiago de Chile, Universidad de los Andes, 2010, pp. 19-33.

Cossio Díaz, J. R. *Derecho y análisis económico*, 2.ª ed. México, Fondo de Cultura Económica e ITAM, 2008.

David, R. y Pugsley, D. *Les Contrats en Droit anglais*, 2.ª ed., París, LGDJ, 1985.

De la Maza, Í. y Vidal Olivares, Á. *La modernización del derecho de contratos*, Bogotá, Grupo Editorial Ibáñez, 2019.

Deshayes, O., Genicon, T. y Laithier, Y.-M. *Réforme du droit des contrats, du régime général et de la preuve des obligations. Commentaire article par article*, 2.ª ed., París, LexisNexis, 2018.

Ehmann, H. y Sutschet, H. *La reforma del BGB: modernización del derecho alemán de obligaciones* (trad. López Díaz, C. y Salach, U.), Bogotá, Universidad Externado de Colombia, 2006.

Encinas de Munagorri, R. *L'acte unilatéral dans les rapports contractuels*, París, LGDJ, 1996.

Fabre-Magnan, M. "L'obligation de motivation en droit des contrats". En *Le contrat au début du XXIe siècle: études offertes à Jacques Ghestin*, Mélanges Ghestin, LDGJ, 2001, pp. 301-330.

Fortich, S. *Formalismo contemporáneo y protección del consentimiento contractual*, Bogotá, Universidad Externado de Colombia, 2018.

Fueyo Laneri, F. *Cumplimiento e incumplimiento de las obligaciones*, 3.ª ed., Santiago de Chile, Editorial Jurídica de Chile, 2004.

Galgano, F. *La globalización en el espejo del derecho*, Santa Fe, Rubinzal-Culzoni, 2005.

Garrigues, J. *Tratado de derecho mercantil*, t. III, vol. I, Madrid, Revista de Derecho Mercantil, 1963.

GAVIRIA, N. *Derecho Civil. Contratos*, conferencias Universidad Libre, 1976.

GENICON, T. *La résolution du contrat pour inexécution, Préface de L. Leveneur*, París, LGDJ, 2007.

GÓMEZ ESTRADA, C. *De los principales contratos civiles*, 4.ª ed., Bogotá, Temis, 2008.

GRONDONA, M. "Gravedad del incumplimiento, buena fe contractual, cláusula resolutoria expresa: fragmentos críticos y puntos reconstructivos para una defensa antidogmática de la autonomía privada". *Revista de Derecho Privado*, n.° 20, Universidad Externado de Colombia, 2011, pp. 271-299.

GUTIÉRREZ OSSA, J. A. "Análisis económico del derecho. Revisión al caso colombiano. Economía aplicada al derecho". *Con-Texto. Revista de Derecho y Economía*, n.° 24, 2008, pp. 11-30.

HAUSER, J. "L'apport du droit économique à la théorie générale de l'acte juridique". En Derruppé, J. *Les activités et les biens de l'entreprise. Mélanges offerts à J. Derruppé*, París, Litec, 1991, pp. 1-7.

HINESTROSA, F. "La terminación unilateral del contrato". En: Kemelmajer, A. (dir.), *Responsabilidad civil*, Buenos Aires, Rubinzal Culzoni, 2007, pp. 429-462.

HINESTROSA, F. *La representación*, Bogotá, Universidad Externado de Colombia, 2008.

HINESTROSA, F. *Tratado de las Obligaciones. Concepto, estructura, vicisitudes*, t. 1, 3.ª ed., Bogotá, Universidad Externado de Colombia, 2007.

IBÁÑEZ, C. M. *Extinción unilateral del contrato*, Buenos Aires,Librería Hammurabi, 2018.

IZORCHE, M.-L. *L'avènement de l'engagement unilatéral en droit privé contemporain*. Tesis doctoral. Aix-en-Provence, 1989.

JAMIN, C. "Les sanctions unilatérales de l'inexécution du contrat: trois idéologies en concurrence". En Jamin, C. y Mazeaud, D. (eds.), *L'unilatéralisme et le droit des obligation*, París, Economica, 1999, pp. 71-86.

JOBIN, P.-G. La modernité du droit commun des contrats dans le Code civil du Québec: Quelle modernité? *Revue internationale de droit comparé*, 2000, 52-1, pp. 49-76.

LAGARDE, X. "La motivation des actes juridiques". En *La motivation,* Travaux de l'association Henri Capitant, París, LGDJ, 2000.

Larroumet, C. *Droit civil. Les obligations*, París, Economica, 1986.

Lemay, P. *Le principe de la force obligatoire du contrat à l'épreuve du développement de l'unilatéralisme*, París, Mare & Martin, Droit privé & sciences criminelles, 2014.

MacKaay, E. y Rousseau, S. *Analyse économique du droit*, 2.ª ed., París, Dalloz, 2008.

Mazeaud, D. "De l'exigence de cohérence contractuelle en matière de clause résolutoire expresse". *Recueil Dalloz*, n.° 35, Dalloz, 2000, pp. 360.

Mazeaud, D. "Unilatéralisme et motivation en droit de contrats". *Recueil Dalloz*, n.° 40, 2001, p. 3237.

Mejías Alonzo, C. "Desistimiento y resolución ¿Opción del acreedor en un contrato bilateral?: una respuesta desde el derecho común". En: Bahamondes Ordazún, C., Etcheberry Court, L. y Pizarro Wilson, C. (eds.), *Estudios de Derecho Civil XIII. Ponencias presentadas en las XV Jornadas Nacionales de Derecho Civil*, Santiago de Chile, Legal Publishing Chile y Thomson Reuters, 2018, pp. 593-617.

Messineo, F. *Manual de derecho civil y comercial*, t. v, Buenos Aires, Ediciones Jurídicas Europa América, 1971.

Meza Barros, R. *Manual de Derecho Civil. De las Obligaciones, 5.ª ed.*, Santiago de Chile, Editorial Jurídica de Chile, 1974.

Molina Morales, R. "La terminación unilateral del contrato *ad nutum*". *Revista de Derecho Privado*, n.° 10, Bogotá, Universidad Externado de Colombia, 2006, pp. 125-158.

Molina Morales, R. "La terminación unilateral del contrato por incumplimiento", *Revista de Derecho Privado*, n.° 17, Bogotá, Universidad Externado de Colombia, 2009, pp. 77-105.

Morales Huertas, M. "La terminación unilateral por incumplimiento en la Reforma al Código Civil Francés". En: Fortich, S. y Riaño Saad, A. *La reforma francesa del derecho de los contratos y de las obligaciones: ¿fuente de inspiración para una futura reforma en derecho colombiano?*, Bogotá, Universidad Externado de Colombia, 2020.

Morales Huertas, M. *La rupture unilatérale du contrat pour inexécution en droit colombien*. Tesis doctoral. Universidad Panthéon-Assas (París II), 2018.

Navia Arroyo, F. "La terminación unilateral del contrato de derecho privado". *Revista de Derecho Privado*, n.° 14, Bogotá, Universidad Externado de Colombia, 2008, pp. 35-68.

Neme Villarreal, M. "*Venire contra factum propium*, prohibición de obrar contra los actos propios y protección de la confianza legítima. Tres maneras de llamar a una antigua regla emanada de la buena fe". En Cortés, É. (editor), *Estudios de derecho civil: obligaciones y contratos. Libro homenaje a Fernando Hinestrosa 40 años de rectoría 1963-2003*, t. 3, Bogotá, Universidad Externado de Colombia, 2003, pp. 9-56.

Neme Villarreal, M. *Facultades contractuales de ejercicio unilateral: cómo usarlas sin incurrir en abuso. La buena fe otorga criterios para el legítimo ejercicio del* ius variandi, Bogotá, Universidad Externado de Colombia, 2018.

Orlean, A. (Dir.). *Analyse économique des conventions*, 1.ª ed., París, PUF, 1994, especialmente el artículo de Chiappori, Pierre-Andre, "Les anticipations rationnelles et conventions". En Aglietta, M., Boyer, R. y Salais, R. *Analyse économique des conventions*, París, PUF, 1994, pp. 61-77.

Ospina Fernández, G.. *Teoría general de los actos o negocios jurídicos*, 2.ª ed., Bogotá, Temis, 1983.

Ossa, J. E. *Teoría general del seguro. El contrato*, 2.ª ed., Bogotá, Temis, 1991.

Palazón Garrido, M. *Los remedios frente al incumplimiento en el derecho comparado*, Pamplona, Thomson Reuters Aranzadi, 2014.

Paulin, C. *La clause résolutoire*, París, LGDJ, 1996.

Peñailillo Arévalo, D. *Obligaciones. Teoría general y clasificaciones. La resolución por incumplimiento*, Santiago de Chile, Editorial Jurídica de Chile, 2003.

Pizarro Wilson, C. "Las cláusulas resolutorias en el derecho civil chileno". *Temas de Contratos. Cuadernos de Análisis Jurídicos,* Colección de Derecho Privado, n.° III, 2006, pp. 245-258.

Popineau-Dehaullon, C. *Les remèdes de justice privée à l'inexécution du contrat. Étude comparative*, t. 498, París, LGDJ, 2008.

Posner, R. *Economic Analysis of Law*, 4.ª ed., Boston, Little, Brown and Company, 1992.

Poughon, J. -M. "Une constante doctrinale: l'approche économique du contrat", *Droits. Revue française de théorie juridique*, PUF, 12, diciembre 1990, pp. 47-59.

Ramírez Cleves, G.o (dir.). *El Derecho en el contexto de la globalización*, Bogotá, Universidad Externado de Colombia, 2007.

Rengifo García, E. *Las facultades unilaterales en la contratación moderna*, Bogotá, Legis, 2014.

Reyes Villamizar, F. *Análisis económico del derecho societario*, Bogotá, Bancolombia, Pontificia Universidad Javeriana y Grupo Editorial Ibáñez, 2012.

Rodríguez Azuero, S. *Contratos bancarios, su significación en América Latina*, 6.ª ed., Bogotá, Legis, 2011.

San Miguel, P. *La resolución extrajudicial: modelos de derecho comparado y evolución del derecho español*, Madrid, Universidad Autónoma de Madrid, Facultad de Derecho, 2003.

Sefton-Green, R. *La notion d'obligation fondamentale: comparaison franco-anglaise*, París, LGDJ, 2000.

Sonet, A. *Le préavis en droit privé*, Aix-Marseille, PUAM, 2003.

Tamayo Lombana, A. *Manual de obligaciones. La responsabilidad civil: fuente de obligaciones*, vol. 2, Bogotá, Temis, 1998.

Uribe Holguín, R. *De las obligaciones y del contrato en general*, Bogotá, Temis, 1982.

Van der Merch, M. y Philippe, D. "L'inexécution dans les contrats du commerce international". En Fontaine, M. y Viney, G. (dirs.), *Les sanctions de l'inexécution des obligations contractuelles. Études de droit comparé*, Bruselas y París, Bruylant y LGDJ, 2001.

Vasseur, M. "Urgence et droit civil". *Revue trimestrielle de droit civil*, n.° 13, 1954, pp. 403 y ss.

Whittaker, S. "Les sanctions de l'inexécution des contrats. Droit anglais". En Fontaine, M. y Viney, G. (dirs.), *Les sanctions de l'inexécution des obligations contractuelles. Études de Droit comparé*, Bruselas y París, Bruylant y LGDJ, 2001, pp. 1007 y ss.

JURISPRUDENCIA

Cámara de Comercio de Bogotá: Tribunal de Arbitraje, laudo arbitral del 19 de agosto de 2005, "Terpel de la Sabana S. A. contra Tethys Petroleum Company Ltd. y Meta Petroleum Ltd.".

Colombia, Corte Suprema de Justicia, Sala de Casación Civil. Sentencia del 26 de junio de 1935, M. P. Ricardo Hinestrosa Daza, *GJ* t. XLII, n.° 1898, pp. 180-187.

Colombia, Corte Suprema de Justicia, Sala de Casación Civil. Sentencia del 17 de junio 1937, M. P. Miguel Moreno Jaramillo, *GJ* t. XLV, n.° 1924, pp. 137-140.

Colombia, Corte Suprema de Justicia, Sala de Casación Civil. Sentencia del 28 de marzo 1939, M. P. Hernán Salamanca, *GJ* t. XLVII, n.° 1940, pp. 719-723.

Colombia, Corte Suprema de Justicia, Sala de Casación Civil. Sentencia del 22 de junio de 1940, M. P. Isaías Cepeda, *GJ* t. XLIX, n.° 1957-1958, pp. 544-550.

Colombia, Corte Suprema de Justicia, Sala de Casación Civil. Sentencia del 17 de marzo de 1945, M. P. Hernán Salamanca, *GJ* t. LVIII, n.° 2016, pp. 672-676.

Colombia, Corte Suprema de Justicia, Sala de Casación Civil. Sentencia del 6 de julio de 1945, M. P. Manuel Barrera Parra, *GJ*, t. LXXX, n.° 2155, pp. 646-662.

Colombia, Corte Suprema de Justicia, Sala de Casación Civil. Sentencia del 18 agosto 1958, M. P. José Hernández Arbeláez, *GJ* t. LXXXVIII, n.° 2199-2200, pp. 627-640.

Colombia, Corte Suprema de Justicia, Sala de Casación Civil. Sentencia del 17 de noviembre de 1970, M. P. José María Esguerra, *GJ* t. CXXXVI, id. 428134.

Colombia, Corte Suprema de Justicia, Sala de Casación Civil. Sentencia del 16 de diciembre de 2010, M. P. William Namén Vargas, rad. 2005-00181-01.

Colombia, Corte Suprema de Justicia, Sala de Casación Civil. Sentencia del 30 de agosto de 2011, M. P. William Namén Vargas, rad. 1999-01957-01.

Colombia, Corte Suprema de Justicia, Sala de Casación Civil. Sentencia del 27 de marzo de 2012, M. P. Jaime Arrubla Paucar, rad. 2003-00178-01.

Colombia, Corte Suprema de Justicia, Sala de Casación Civil. Sentencia del 22 de abril de 2014, M. P. Fernando Giraldo Gutiérrez, SC4809-2014.

Colombia, Corte Suprema de Justicia, Sala de Casación Civil. Sentencia del 31 de julio de 2014, M. P. Ruth Marina Díaz, SC10122-2014.

Colombia, Corte Suprema de Justicia, Sala de Casación Civil. Sentencia del 21 de noviembre de 2016, M. P. Margarita Cabello Blanco, AC7934-2016.

Matteo Dellacasa*

Incumplimiento recíproco y remedios contractuales: dentro y fuera del proceso

Sumario: 1. El incumplimiento recíproco: una prueba de fuego para los remedios sinalagmáticos. 2. Las relaciones entre los remedios aplicables ante el incumplimiento: la tutela del interés positivo como criterio ordenador. 3. Cuando ambos contratantes demandan la resolución (y el resarcimiento del daño): la individuación de la parte vencida en el derecho italiano. 4. *Continúa.* Cuando las demandas de resolución son igualmente fundadas. 5. ... e igualmente infundadas: ¿pero es preciso distinguir? 6. El incumplimiento recíproco en el derecho colombiano: itinerarios diversos para una misma destinación. 7. Comparación entre Italia y Colombia: para una aplicación selectiva de los efectos que se desprenden de la excepción de incumplimiento. 8. Cuando a la demanda de resolución (y resarcimiento) se contrapone una acción de cumplimiento: los escenarios posibles. 9. Una conclusión. Los remedios contra el incumplimiento (de una sola o de ambas partes) y la meta del interés positivo. Bibliografía.

1. EL INCUMPLIMIENTO RECÍPROCO: UNA PRUEBA DE FUEGO PARA LOS REMEDIOS SINALAGMÁTICOS

Los códigos civiles vigentes, en diversas partes del mundo, disciplinan los remedios sinalagmáticos asumiendo que la relación contractual ha sido alterada por el incumplimiento de solo una de las partes. El código civil italiano prevé que cuando, en un contrato bilateral, *uno* de los contratantes "no cumple sus obligaciones, el *otro* puede a su elección pedir el cumplimiento o la resolución del contrato, salvo, en todo caso, el resarcimiento del daño" (art. 1453, inciso 1.°); el código civil colombiano dispone que "en caso de no cumplirse *por uno* de los contratantes lo pactado", "podrá *el otro*... pedir a su arbitrio, o la resolución o el cumplimiento del contrato con indemnización de perjuicios" (art. 1546); mientras en el *code civil* francés recientemente modificado se encuentra una disposición que identifica los remedios que pueden ser ejercidos por la parte "respecto de la cual el contrato no ha sido cumplido, o lo ha sido imperfectamente" (art. 1217).

El discurso de los intérpretes, respectivamente, se centra, por lo general, sobre la compleja relación que existe entre *parte fedele* e *inadempiente*,

* Profesor Ordinario de la Universidad de Pavía.
Traducción por María Elisa Camacho.

contratante cumplidor e *incumplidor*, *créancier* y *débiteur défaillant*, *aggrieved* y *non-performing party*, *vertragstreue Partei* y *vertragsbrüchige Partei*.

La formulación de las reglas que delimitan el régimen de los remedios contra el incumplimiento implica la adopción de una perspectiva esquemática, que permite identificar con claridad el rol de los sujetos involucrados en la controversia: a una parte incumplidora, que viola el contrato, se opone una parte fiel, legitimada para recurrir a determinados remedios.

Aunque esta formulación se encuentre abierta a la valoración de un amplio número de variables, que entran en juego en la relación entre las partes, las elaboraciones doctrinal y jurisprudencial no pueden prescindir del esquema diseñado sobre la antítesis entre el contratante incumplidor y aquel que –frustrado– invoca tutela. Así lo impone una elemental exigencia de inteligibilidad y claridad, que se presenta cada vez que el discurso se separa de la figura concreta para ganar un mayor nivel de abstracción.

Sin embargo, no es raro que ambas partes desconozcan las obligaciones asumidas con la celebración del contrato, imputándose recíprocamente el incumplimiento y ejerciendo las acciones correspondientes sobre el escenario procesal. Cuando ambos contratantes han perdido el interés en el cumplimiento del intercambio, la controversia se simplifica en la formulación de demandas contrapuestas de resolución, las cuales, comúnmente, son acompañadas por las correspondientes pretensiones de resarcimiento; pero si, en cambio, al menos una de las partes sigue interesada en recibir la prestación de la que es acreedora, es probable que a una demanda de resolución y resarcimiento se contraponga una acción de cumplimiento.

En la primera hipótesis, el resultado más racional de la controversia es, evidentemente, la disolución del contrato por mutuo consenso[1]. Aunque los costos de transacción necesarios para llegar al acuerdo de resolución sean elevados, ciertamente son inferiores a los gastos que se deben sostener en caso de recurrir a la vía judicial.

Sin embargo, no siempre las partes llegan a la resolución consensual del contrato. En general, ellas no solo pretenden liberarse de la relación alterada, sino también obtener el resarcimiento del daño como consecuencia del fracaso

---

1 Sobre este aspecto v., puntualmente, Sacco, R. y De Nova, G. *Il contratto*, Turín, UTET, 2016, pp. 1614: "El doble incumplimiento debería ser, entre personas civilizadas, la premisa para un mutuo disenso, y no debería dar lugar a litigios. Por el contrario, se puede constatar que nuestra Corte de Casación ha tenido que analizar, al menos ciento cuarenta veces desde la entrada en vigor del código, litigios que nacen del incumplimiento bilateral".

de la operación, que –injusta o justamente– sostienen haber sido provocado por el incumplimiento del otro contratante. Por lo tanto, si concuerdan sobre la disolución del vínculo, divergen sobre el resarcimiento del daño que surge como consecuencia de aquel: y es precisamente el estrecho entrelazamiento entre resolución y resarcimiento el que obstaculiza la obtención de un acuerdo idóneo para definir la controversia. Mientras que con relación a la oportunidad de resolver el contrato el conflicto parece fácil de dirimir, la negociación relacionada con el resarcimiento aparece obstaculizada por la inflexibilidad que sigue al fracaso de la operación económica y por las asimetrías informativas relacionadas con el impacto que el incumplimiento produce sobre los respectivos intereses[2]: en otros términos, a la obtención de un acuerdo se opone la dificultad de verificar las declaraciones de la contraparte con relación a los efectos que el incumplimiento ha producido sobre su esfera patrimonial y de valorar la viabilidad de las consiguientes pretensiones resarcitorias. Entonces, algunas veces ocurre que, a pesar de que las partes convergen sobre la necesidad de disolver la relación alterada y orientar en otras direcciones los recursos de los que disponen, la controversia, en todo caso, arriba al escenario procesal.

A pesar de esto, el incumplimiento recíproco no es objeto de una específica disciplina tanto en los sistemas jurídicos de área neolatina –por ejemplo, el francés, el colombiano y el italiano– como tampoco en aquellos del *common law*: en efecto, la ausencia de reglas expresamente orientadas a la solución de los problemas planteados por el incumplimiento bilateral es una constatación común entre los intérpretes de diversas nacionalidades[3]. Las razones

---

2 Sobre la relación entre asimetrías informativas y renegociación del contrato, *cfr.* Shavell, S. "Specific Performance versus Damages for Breach of Contract: An Economic Analysis", 84 *Tex. L. Rev.*, 2006, pp. 831, 844; *id.*, *Foundations of Economic Analysis of Law*, Harvard University Press, 2004, p. 315.

3 Con referencia al derecho italiano, *cfr.* Sacco, R. y De Nova, G. *Il contratto*, cit., pp. 1614; Carnevali, U., Gabrielli, E. y Tamponi, M. *La risoluzione*, en *Tratt. dir. priv.*, Bessone, M. (dir.), xiii, Turín, Giappichelli, 2011, p. 115; Luminoso, A., Carnevali, U., y Costanza, M. *Della risoluzione per inadempimento Art. 1453-1454. Comm. cod. civ. Scialoja-Branca*, Bolonia y Roma, Zanichelli y Ed.-Foro it., 1990, pp. 78; Sicchiero, G. *La risoluzione per inadempimento, Art. 1453-1459. Comm. cod. civ. Schlesinger*, Milán, Giuffrè, 2007, pp. 364. Con relación al derecho colombiano, v., en doctrina, Chinchilla Imbett, C. A. *La excepción de incumplimento contractual. Estructura, función y límites*, Bogotá, Universidad Externado de Colombia, 2017, pp. 240; en jurisprudencia, v., recientemente, Cas. 5 de julio de 2019 (SC 1662-2019): "se sigue de lo expuesto, que el supuesto del incumplimiento de las obligaciones que se desprende de un contrato sinalagmático por parte de los dos extremos que lo conforman, no es cuestión regulada por el artículo 1546 del Código Civil y que, *como ninguna*

abstractamente concebibles son diversas. Tal vez el legislador, con un optimismo insólito, ha confiado en la resolución consensual del contrato[4]; más probablemente, ha considerado que los remedios construidos sobre el esquema del incumplimiento de una de las partes podrían adaptarse sin demasiada dificultad al caso del incumplimiento bilateral; sin duda, el legislador no se ha animado a intervenir por las características de la materia, afectada por múltiples variables y por tanto difícilmente compatible con reglas generales y abstractas como aquellas que tienen fuente legislativa.

Antes de tomar en consideración las relaciones existentes entre los remedios aplicables, es necesario observar que las cuestiones que plantea el incumplimiento recíproco constituyen el reflejo de la visión, propia de la edad contemporánea, que asigna al contrato la función de programar operaciones económicas destinadas a realizarse en el futuro. El contrato vincula a las partes aunque ellas aún no hayan hecho una inversión para el cumplimiento del negocio, de modo que sus efectos también pueden ser invocados por quien no ha cumplido las obligaciones asumidas con la conclusión del acuerdo, y contra quien no ha obtenido alguna ventaja de la ejecución del mismo[5]. Respectivamente, el resarcimiento que surge como consecuencia de la falta de

---

otra norma de ese ordenamiento se ocupa de dicha específica situación, ella configura un vacío legal". Consideraciones análogas se plantean en la motivación de un pronunciamiento de la Corte Suprema de Chile: nos referimos a la sentencia del 3 de diciembre de 2003, *proceso de Centro Médico Dental Santa Marta contra Manuel Jesús Verdugo Barios*, rol. 512-2003: "no hay precepto alguno que resuelva la cuestión de si uno de los contratantes que no ha cumplido las obligaciones contraídas puede o no solicitar la resolución de la promesa de venta en contra de la otra parte que tampoco ha dado cumplimiento a las suyas». En la jurisprudencia estadounidense, de manera no muy disímil, se observa que en ausencia de normas de carácter legislativo, el juez está obligado a resolver la controversia sobre la base de los principios que se desprenden de los precedentes. Nos referimos a el caso *Admiral Plastics V. Trueblood*, 436 F.2d 1335 (6th Cir, 1971): «The U.C.C. does not provide a remedy for the specific situation of a mutual breaching of a contract. We must therefore turn to other state principles of law and equity".

4 Esta es la hipótesis que podemos entrever en las palabras de SACCO, R. y DE NOVA, G. *Il contratto*, cit., pp. 1614: "El código no fue tan pesimista como para prever y regular el incumplimiento recíproco".

5 Para una reconstrucción nítida del itinerario que conduce a desvincular los efectos del contrato del requisito de la confianza –así como del presupuesto de la ventaja provista por la contraparte–, *cfr.* FARNSWORTH, A. *Contracts*, 4th ed., Nueva York, Aspen Publishers, 2004, pp. 15 ss., 536 ss.; *id.*, *Changing Your Mind. The Law of Regretted Decisions, New Haven*, Yale University Press, 1998, pp. 55 ss. Sobre el punto v. también ATIYAH, P. S. *An Introduction to the Law of Contract, Cary*-North Carolina, Oxford University Press, 1995, pp. 444, el cual observa que los *expectation damages* –que salvaguardan el valor del vincula contractual– "can

cumplimiento del contrato no es proporcional a la confianza del contratante defraudado (interés negativo) –es decir, a los gastos en los que ha incurrido y a los negocios desaprovechados–, sino que se moldea conforme con la situación que se habría verificado en caso de que la operación económica plasmada por el contrato se hubiese realizada (intereses positivo)[6].

Entonces, no es necesario que la prestación se haya ejecutado –y que la contraparte haya obtenido una ventaja– para poder invocar los efectos del contrato y ejercer los remedios aplicables ante el incumplimiento. Ahora, si la parte que no ha ejecutado la prestación debida también puede exigir el cumplimiento de la prestación de la otra parte, o el resarcimiento del daño que se desprende del incumplimiento de la correspondiente obligación, se configura la eventualidad de que la controversia que llega al escenario procesal represente una relación incumplida por ambas partes.

No se trata –como se anticipó– de una eventualidad remota, pues es verídico que en una parte significativa de los litigios que tienen por objeto la aplicación de los remedios sinalagmáticos se aprecia que las partes se adeudan recíprocamente el resultado negativo del acuerdo y las responsabilidades que se desprenden de ello.

2. LAS RELACIONES ENTRE LOS REMEDIOS APLICABLES ANTE EL INCUMPLIMIENTO: LA TUTELA DEL INTERÉS POSITIVO COMO CRITERIO ORDENADOR

Precisamente porque no constituye objeto de una disciplina específica, el tema al que he dedicado la presente contribución ofrece un buen punto de

---

be awarded even where there has been no action in reliance by the plaintiff, and no benefit received by the defendant".

6 La relación entre la preferencia reconocida por el resarcimiento del interés positivo y la moderna economía de mercado, basada sobre las contrataciones a término y a crédito, es evidenciada por ATIYAH, P. S. *The Rise and Fall of Freedom of Contract*, Oxford, Oxford University Press, 1979, pp. 398 ss., 455 ss. En igual sentido, con relación al derecho norteamericano, *cfr.* HORWITZ, M. J. "The Historical Foundations of Modern Contract Law", *Harvard Law Review*, vol. 87, 1974, marzo, pp. 917, replanteado en HORWITZ, M. J. *The Transformation of American Law 1780-1860*, Cambridge, Harvard University Press, 1977, pp. 169 ss.; FULLER, L. y PERDUE, W. "The Reliance Interest in Contract Damages", 46 *Yale Law Journal, vol. 46,* 1936-1937, pp. 53, 59. En el contexto italiano, *cfr.* BARCELLONA, M. *Inattuazione dello scambio e sviluppo capitalistico. Formazione storica e funzione della disciplina del danno contrattuale,* Milán, Giuffrè, 1980, *passim,* esp. pp. 86 ss.

vista para analizar las relaciones entre los remedios contra el incumplimiento. Asimismo, brinda una perspectiva favorable para verificar la plausibilidad de algunas afirmaciones recurrentes en el discurso de los intérpretes.

En primer lugar, tomamos en consideración la relación entre *resolución* y *excepción de incumplimiento*. Los dos remedios tienen una fisionomía y funciones diversas, por lo que se estaría tentado a concluir que su interacción no es problemática: en efecto, es evidente que esos remedios responden a diversos niveles de tutela del contratante defraudado. La resolución disuelve el sinalagma, impidiendo definitivamente su ejecución, mientras que la parte que opone la excepción de incumplimiento se limita a suspender la ejecución de la prestación debida, estimulando a la otra parte al cumplimiento de la contraprestación: si esta última es ofrecida o cumplida, el excepcionante está obligado a cumplir y el sinalagma, en un primer momento suspendido, debe ser repristinado[7].

No obstante, si el contrato no es ejecutado por ambas partes, existe el riesgo de que los dos remedios hagan cortocircuito. Esto se produce, en particular, cuando las partes incumplen en igual medida y aducen como justificación de su propia conducta el incumplimiento de la otra parte: piénsese en la hipótesis en la cual las respectivas prestaciones, que no han sido de ninguna manera

---

7 *Cfr.* Gabrielli, E. "Il contratto e i rimedi: la sospensione dell'esecuzione". *Riv. dir. priv.*, 2014, pp. 23; Rossetti, M. *La risoluzione per inadempimento*, Milán. Giuffrè, 2012, pp. 438; Bianca, C. M. *Diritto civile*, v, *La responsabilità*, Milán, Giuffrè, 2012, pp. 374 s.; Roppo, V., *Il contratto*, Milán, Giuffrè, 2011, pp. 920; Benedetti, A. M. *Le autodifese contrattuali*, *Artt. 1460-1462. Comm. cod.* civ. Schlesinger, Milán, Giuffrè, 2011, *passim*, spec. pp. 23 s., 43 ss., 58 ss.; *id.*, *L'eccezione di inadempimento*, en Visintini, G. (dir.), *Tratt. resp. contr.*, I, Padova, Cedam, 2009, pp. 634 s.; Tamponi, M. "La risoluzione per inadempimento", en Rescigno, P. y Gabrielli, E. (dirs.), *Tratt. Contr., I contratti in generale*, II, Turín, UTET, 2006, pp. 1782; Vecchi, P. "L'eccezione di inadempimento", en Mazzamuto, S. (dir.), *Il contratto e le tutele. Prospettive di diritto europeo*, Turín, UTET, 2002, pp. 379; Bigliazzi Geri, L. *Della risoluzione per inadempimento Art. 1460-1462. Comm. cod. civ. Scialoja-Branca*, Bolonia y Roma, Zanichelli y Ed. Foro it., 1988, pp. 2; Dalmartello, A. "Eccezione di inadempimento", en *Noviss. Dig. it.*, VI, Turín, UTET, 1960, pp. 355. Esta opinión también se observa en la doctrina francesa: *cfr.* Malaurie, P., Aynès, L. y Stoffel-Munck, P. *Les obligations*, París, Defrénois, 2007, pp. 451; Larroumet, C. *Les Obligations. Le Contrat*, París, Economica, 2007, pp. 799 s.; Malinvaud, P. *Droit des obligations*, París, Litec, 2007, pp. 294 s.; Ghestin, J., "L'exception d'inexécution", en Fontaine, M. y Viney, G. (dirs.), *Les sanction d'inexécution des obligations contractuelles*, Bruselas y París, Bruylant y LGDJ, 2001, pp. 13 s.; Ghestin, J., Jamin, C. y Billiau, M. "Les effets du contrat", en Ghestin, J. (dir.), *Traité de droit civil*, París, LGDJ, 2001, pp. 421. En la doctrina colombiana v. Chinchilla Imbett, C. A. *La excepción de incumplimento contractual. Estructura, función y límites*, cit., pp. 229 ss.

realizadas, sean simultáneamente exigibles y tengan igual relevancia en la economía de la relación de intercambio. Ahora, si fuera cierto que la excepción de incumplimiento *siempre* impide la resolución, en cuanto justifica la falta de ejecución de la prestación debida por el excepcionante *respecto de todas las consecuencias* que descienden del incumplimiento, tendríamos que concluir que el contrato igualmente incumplido no puede ser disuelto. El juez no podría pronunciar la resolución aunque hubiere verificado una alteración grave del sinalagma y sea evidente que este no será realizado porque ambas partes han perdido su interés en la operación económica. Como vemos, a tal conclusión se enderezaba la jurisprudencia colombiana[8] y se orienta todavía un sector de la jurisprudencia italiana[9].

Resultaría un régimen jurídico no solo apartado de la realidad jurídica, sino incluso antitético a esa: el resultado del proceso, que califica el contrato como vinculante y eficaz, choca con la conducta de las partes, que no han cumplido la relación y convergen sobre la oportunidad de su resolución. En cambio, puesto que la calidad del derecho sustancial y de aquel procesal se mide (no en su adecuación a cierta "realidad jurídica" diferente de aquella empírica, sino) en la capacidad de ofrecer soluciones equilibradas y coherentes a conflictos entre intereses contrapuestos, es necesario considerar que, cuando las partes coinciden en solicitar la disolución, el contrato bilateralmente incumplido debe ser resuelto.

La conclusión puede justificarse proponiendo una aplicación selectiva de los efectos que se desprenden de la excepción de incumplimiento, la cual asume diversos matices según los remedios con los cuales interactúa. Así, por ejemplo, justificando el incumplimiento de quien la opone, la excepción impide su condena a resarcir el daño; en cambio, no puede impedir la resolución sino cuando está dirigida a promover la realización del intercambio. El remedio no puede ser utilizado para mantener en vida, de manera artificial, un contrato gravemente alterado contra la voluntad de las mismas partes, aunque su función consista en favorecer el cumplimiento del sinalagma. Para que la *exceptio* pueda impedir la resolución de un contrato bilateralmente incumplido, es entonces necesario que dentro y fuera del proceso la parte que la opone haya manifestado un interés concreto en la realización de la operación económica.

---

8 V. *infra*, § 6.

9 V. *infra*, § 4.

En concreto, la excepción de incumplimiento no imposibilita la resolución de la relación (sino solo el resarcimiento del daño) en presencia de demandas contrapuestas de resolución; en cambio, puede impedir la resolución cuando el contratante que la opone pretende el cumplimiento, con la condición de que su conducta denote un interés real por el cumplimiento del intercambio.

En segundo lugar, el tema requiere una reflexión sobre la relación entre *resolución* y *resarcimiento del daño.* Ambos concurren a tutelar el interés positivo del contratante defraudado. Si esto es cierto para el resarcimiento –que reproduce "por equivalente" la situación prevista por el acuerdo de las partes–, también lo es con relación a la resolución. Liberando a la víctima del incumplimiento de la relación alterada y legitimándola en cambio a obtener la restitución de las prestaciones ejecutadas, tal restitución cubre las eventuales deficiencias del remedio resarcitorio; la resolución del vínculo, correlativamente, reduce la medida del resarcimiento en todo caso debido por la parte incumplidora, quien en virtud del sinalagma se encontraría constreñida a pagar –frente a una prestación que ya no satisface el interés del acreedor– el íntegro valor pecuniario de la prestación correlativa.

En definitiva, los dos remedios concurren a la realización del mismo resultado, por lo que cuando funcionan correctamente se evidencia una tendencial indiferencia entre cumplimiento e incumplimiento[10]. A pesar de esto, no deben ser considerados como si se tratase de una hendíadis, ni siquiera cuando son ejercidos de manera conjunta en el mismo contexto procesal.

La resolución reacciona ante una grave alteración del sinalagma. Si el contrato no ha sido cumplido, aquella exonera a ambas partes de la necesidad de sostener costos inútiles, en la medida en que están destinados a la ejecución de una prestación que ya no responde a los intereses de los respectivos acreedores; en cambio, cuando el contrato ha sido parcialmente ejecutado, el remedio permite recuperar, *in natura* o por el equivalente, bienes y servicios que no serían valorados de manera adecuada y neutralizar, gracias al mecanismo de las restituciones, los desequilibrios patrimoniales que se podrían desprender

---

10 Aquello de la indiferencia entre cumplimiento e incumplimiento es, observándolo bien, el objetivo al cual tienden *todos* los remedios que reaccionan ante el incumplimiento: en esta perspectiva se coloca la contribución de Eisenberg, M. A. "Actual and Virtual Specific Performance, the Theory of Efficient Breach, and the Indifference Principle in Contract Law", 93 *Calif. L. Rev.* 975, 2005, el cual identifica los obstáculos de carácter jurídico y empírico que impiden el óptimo funcionamiento de los remedios contra el incumplimiento, precluyendo, frecuentemente, la obtención de dicho objetivo.

de una ejecución desigual de la relación. En definitiva, cuando ambas partes han perdido el interés en la realización del intercambio, no parece subsistir alguna razón plausible para negarles las ventajas que derivan de la aplicación del remedio, con la consecuencia de dilatar una relación mutuamente inoportuna.

En cambio, el resarcimiento del daño proyecta sobre el plano de los remedios el interés del contratante fiel en la realización del negocio: interés que es compensado mediante el pago de un equivalente pecuniario. Si, por lo tanto, se evidencia que tal interés ya no subsiste o no se ha concretado en una conducta compatible con el cumplimiento de la operación económica, el resarcimiento no puede ser reconocido. Entonces es bastante probable que en presencia de un incumplimiento bilateral el contrato se resuelva sin el correspondiente reconocimiento a un resarcimiento, en cuanto ninguna de las dos partes ha demostrado estar realmente interesada en la realización del negocio.

Por último, el incumplimiento recíproco nos permite observar un aspecto característico sobre la relación que existe entre *acción de resolución* y *acción de cumplimiento*. La relación entre los dos remedios usualmente es considerada en una perspectiva unidimensional y diacrónica, centrada sobre la posición del contratante defraudado: se trata de determinar si, y en qué condiciones, él pueda pedir la resolución después de haber demandado el cumplimiento, y viceversa (art. 1453, 2.º inciso c.c.). Por el contario, en este estudio, tal relación será analizada bajo una óptica bifocal y sincrónica: aquella necesaria para individuar en qué condiciones puede ser acogida una demanda de cumplimiento propuesta, en vía principal o reconvencional, frente a una acción de resolución ejercida por la contraparte.

Dado que también la acción de cumplimiento se dirige a salvaguardar –esta vez en forma específica– el interés positivo del contratante defraudado, se proponen nuevamente consideraciones análogas a aquellas apenas planteadas con relación al resarcimiento del daño. Si el comportamiento de quien exige el cumplimiento es compatible con la existencia de un interés real en el cumplimiento del intercambio, la acción merece ser acogida, aunque el incumplimiento aducido como fundamento de la demanda contrapuesta de resolución pueda justificar su adopción. Si en cambio la acción de cumplimiento ha sido precedida por una conducta incompatible con aquella necesaria para llevar a cabo la operación económica, el interés positivo de la parte que la ejercita no merece ser protegido, de modo que el contrato estará destinado a resolverse.

En definitiva, frente a la resolución, que disuelve la relación gravemente alterada, operan remedios que tienen la función de estimular, imponer o reproducir en términos monetarios (*id est*, por equivalente) la realización del intercambio, protegiendo directa o indirectamente el interés positivo. La excepción de incumplimiento estimula la realización del intercambio, la acción de cumplimiento la impone, y el resarcimiento del daño la reproduce "por equivalente". Las relaciones entre tales remedios y la resolución dependen de la conducta que dentro y fuera del proceso ha tenido la parte que los invoca, paralelamente a la propia demanda de resolución o en antítesis a la pretensión resolutoria de la contraparte. Si tal conducta denota una seria actitud dirigida a realizar el intercambio, el interés positivo merece ser tutelado: las demandas de cumplimiento y resarcimiento serán acogidas, mientras que la acción contrapuesta de resolución será contrarrestada en forma eficaz con la excepción de incumplimiento. Si en cambio el comportamiento desplegado es incompatible con una seria predisposición para llevar a cabo la relación, el interés positivo no será protegido, con el correspondiente rechazo de las demandas de cumplimiento y resarcimiento y de la excepción de incumplimiento eventualmente opuesta: el contrato se disuelve sin el reconocimiento de un resarcimiento o incluso con la condena a resarcir el daño sufrido por la contraparte.

Una vez identificados los temas que componen el contexto del incumplimiento recíproco, pasemos ahora a examinar los modos en que son afrontados. En las páginas siguientes, consideraremos, en primer lugar, la eventualidad de que la controversia existente entre las partes converja en la propuesta de demandas contrapuestas de resolución y resarcimiento del daño, reconstruyendo las soluciones adoptadas en el derecho italiano (§§ 3-5) y en aquel colombiano (§ 6), para después proceder a una comparación entre esas (§ 7). Luego dedicaremos algunas reflexiones sobre la situación en la que a las demandas de resolución y resarcimiento propuestas por una de las partes, se contrapone la acción de cumplimiento por parte de la otra (§ 8). Finalmente, concluiremos este ensayo contextualizando los resultados alcanzados dentro del marco de los lineamientos que caracterizan la fisionomía del contrato en la edad contemporánea, cuando la función de la figura se convierte en aquella de programar operaciones económicas y su centro de gravedad se identifica con la protección del interés positivo (§ 9).

3. CUANDO AMBOS CONTRATANTES DEMANDAN LA RESOLUCIÓN (Y EL RESARCIMIENTO DEL DAÑO): INDIVIDUACIÓN DE LA PARTE VENCIDA EN EL DERECHO ITALIANO

Con base en una orientación consolidada en la jurisprudencia italiana, cuando la controversia desemboca en el planteamiento de demandas de resolución contrapuestas –acompañadas, por lo general, de sus respectivas pretensiones de resarcimiento–, el juez identifica la parte que pierde el litigio valorando comparativamente el comportamiento de los contratantes[11]. Tal estimación es realizada de acuerdo con un método en el que se evalúan diversos criterios: la sucesión cronológica de los respectivos incumplimientos (siendo responsable por la falta de cumplimiento del intercambio el primer contratante que incumple), la subsistencia de una relación etiológica entre aquellos (el fracaso del negocio, atribuible a la parte que con su propio incumplimiento ha causado el de la otra), la comparación sobre su incidencia en la integridad del sinalagma (teniendo que considerarse responsable el contratante que ha comprometido de manera más relevante la realización de la operación económica). En virtud de este tercer parámetro –que podríamos definir "ponderador"–, la resolución y el resarcimiento del daño pueden ser imputados también a la parte que incumple en un segundo momento, en cuanto su prestación es exigible en un momento posterior, si provoca una violación del contrato desproporcionada respecto de aquella producida por la contraparte. La valoración comparativa de la gravedad de los respectivos incumplimientos puede subvertir el resultado que se desprendería de una aplicación mecánica del criterio cronológico[12].

---

11 V., entre muchas otras, Cas., 22 de mayo de 2019, n. 13827; Cas., 10 de mayo de 2019, n. 12549; Cas., 30 de mayo de 2017, n. 13627; Cas., 18 de septiembre de 2015, n. 18320; Cas., 11 de junio de 2013, n. 14648; Cas., 3 de julio de 2013, n. 16637, con nota de DELLA CHIESA, M., "Inadempimento reciproco e risoluzione del contratto". *Contratti*, 2014, p. 363; Cas., 10 de octubre de 2011, n. 20743; Cas., 13 de diciembre 2010, n. 25159; Cas., 9 de junio de 2010, n. 13840; Cas., 24 de septiembre de 2009, n. 20614; Cas., 19 de noviembre de 2004, n. 21900; Cas., 17 de febrero de 2004, n. 3002; Cons. de Est., 10 dicembre 2012, n. 6297. En la jurisprudencia de mérito, *cfr.* App. Catania, 21 de marzo de 2019; App. Palermo, 25 de junio de 2012; App. Cagliari, 3 de junio de 2011; Trib. Roma, 13 de noviembre de 2018, *ivi*; Trib. de Milán, 9 de enero de 2018; Trib. Palermo, 12 de enero de 2015; Trib. Milán, 23 de septiembre de 2013; Trib. de Milán, 10 de abril de 2013; Trib. Bolonia, 10 de septiembre de 2012; Trib. Milán, 22 de abril de 2009 todas ampliamente en *Pluris*.

12 *Cfr.* Cas., 3 de julio de 2013, n. 16637; Cas., 10 de octubre de 2011, n. 20743; Cas., 13 de diciembre

La jurisprudencia no se preocupa demasiado en identificar el fundamento normativo de tal principio de derecho, que por lo tanto parece brotar de una necesidad lógica en vez que de una disposición legal. Sin embargo, si se observa atentamente, los criterios que orientan la valoración comparativa de la conducta de las partes –y la consiguiente imputación de la resolución y el resarcimiento del daño–, reproducen los lineamientos de la excepción de incumplimiento.

Es conveniente advertir que la comparación entre el comportamiento de las partes no es necesario cuando sólo una de las dos demandas de resolución es fundada, mientras que la otra no puede ser acogida por la ausencia de los presupuestos a los que la ley subordina la aplicación del remedio. Esto es lo que ocurre cuando solo uno de los dos contratantes que se imputan recíprocamente la resolución incurre en un incumplimiento grave (art. 1455 c.c.) o lo suficiente como para satisfacer los requisitos previstos para una eventual cláusula resolutiva expresa (art. 1456 c.c.).

Por el contrario, una valoración comparativa de la conducta de las partes se hace necesaria cuando el incumplimiento de ambas, aisladamente considerado, pudo haber incidido en la resolución del contrato. Para identificar el contratante cuya demanda de resolución y resarcimiento merecen ser acogidas, en cuanto su incumplimiento se encuentra legitimado frente al de la contraparte, son empleados los criterios que gobiernan la oponibilidad de la excepción de incumplimiento. Pierde el litigio el contratante cuyo incumplimiento justifica el del otro, en cuanto al concluir la comparación resulta anterior (la excepción de incumplimiento garantizando el respeto del orden de las prestaciones acordado por las partes[13]), causalmente determinante (no siendo oponible la excepción cuando los incumplimientos no están de alguna manera interconectados[14], o

---

de 2010, n. 25159; Cas., 24 de septiembre de 2009, n. 20614; Cas., 19 de noviembre de 2004, n. 21900; Cas., 17 de febrero de 2004, n. 2992 [con relación a demandas contrapuestas de resolución]; Trib. Salerno, 28 de julio de 2010; Trib. Vicenza, 16 de junio de 2010. En doctrina, *cfr.* SICCHIERO, G. *La risoluzione per inadempimento Art. 1453-1459*, cit., pp. 366; CARNEVALI, U., en Carnevali, U., Gabrielli, E., Tamponi, M. *La risoluzione*, cit., pp. 116; LUMINOSO, A., CARNEVALI, U., COSTANZA, M. *Della risoluzione per inadempimento Art. 1453-1454*, cit., pp. 80.

13 MANTUCCI, D. *L'inadempimento reciproco*, Nápoles, ESI, 1990, pp. 26 ss.

14 *Cfr. ibidem*, pp. 28, quien comprende dentro de los presupuestos de la excepción de incumplimiento "la sucesión lógico-cronológica» de la «inejecución respecto de aquella de la contraparte". Por lo tanto, la excepción no es oponible cuando las partes se vuelven incumplidas de manera completamente independiente. El autor plantea la hipótesis en virtud de la cual, con base en un contrato de compraventa las partes deban entregar el bien debido y pagar el precio a los representantes de las respectivas contrapartes en el mismo momento, pero en

conciernen a relaciones obligatorias independientes entre ellas[15]), desproporcionado (siendo la proporcionalidad entre "incumplimiento justificante" e "incumplimiento justificado" un corolario del principio de buena fe[16]).

Aunque es cierto que el principio de derecho tradicionalmente reiterado por la jurisprudencia encuentra su propio fundamento normativo en la disciplina de la excepción de incumplimiento (art. 1460 c.c.), es preciso agregar que en presencia de demandas contrapuestas de resolución eso no incide sobre la suerte de la relación –destinada, de todas maneras, a resolverse–, sino sobre el resarcimiento del daño que surge como consecuencia de la resolución[17]. Como se anticipó, cuando solo una de las demandas se considera fundada el juez está obligado a acogerla y rechazar la otra, imputando a la parte vencida el resarcimiento del daño que surge de la disolución del vínculo: en esa eventualidad no se configura ni siquiera la necesidad de hacer una valoración comparativa del comportamiento de las partes. En cambio, esta última se vuelve necesaria cuando ambas demandas, consideradas de manera aislada, son susceptibles de ser acogidas. La excepción de incumplimiento y los criterios diseñados sobre esa no determinan, entonces, la suerte de la relación, siendo evidente que esa está destinada a resolverse. Su función es, más que todo, aquella de identificar la parte a la que debe ser imputado el resarcimiento del daño, o invirtiendo la perspectiva, la parte que merece ser puesta –por medio del resarcimiento del interés positivo– en la situación en la que se habría encontrado si el sinalagma se hubiese cumplido.

---

lugares diversos. Si el bien no es entregado y el precio no s pagado, la excepción no es oponible y ambas partes deben considerarse incumplidas. Más recientemente, en este mismo sentido, Carnevali, U., en Carnevali, U., Gabrielli, E., Tamponi, M. *La risoluzione*, cit., pp. 114, nt. 253.

15 *Cfr.* Cas., 17 de marzo de 2006, n. 5938; Trib. Bérgamo, 20 de febrero de 2019, de manera extensa en *Pluris*.

16 Sobre el punto v. Benedetti, A. M. *Le autodifese contrattuali*, cit., pp. 51; Roppo, V. *Il contratto*, 2.ª ed., cit., pp. 922 ss. En jurisprudencia v., entre muchas otras, Cas., 26 de julio de 2019, n. 20322; Cas., 25 de junio de 2019, n. 16918; Cas., secc. lab., 16 de enero de 2018, n. 836; Cas., 22 de septiembre de 2017, n. 22039; Cas., 14 de septiembre de 2017, n. 21315; Cas., 8 de noviembre de 2016, n. 22626.

17 Sobre el punto, Roppo, V., "Giudizialità e stragiudizialità della risoluzione per inadempimento: la forza del fatto", en Consolo C., Pagni, I., Pagliantini S., Roppo, V. y Maugeri, M. R. (dirs.), *La risoluzione per inadempimento. Poteri del giudice e poteri delle parti*, Bolonia, Il Mulino, 2018, pp. 24; *id.*, "A partire dalla formazione: divagazioni non molto ortodosse in tema di contratto", ahora en *Il contratto del duemila*, 3.ª ed., Turín, Giappichelli, 2011, pp. 27 ss.

Cuando la controversia se plantea en sede judicial, y ambos contratantes demandan la resolución, la excepción de incumplimiento –que gobierna la valoración comparativa del comportamiento de las partes– no tiene la función de suspender la ejecución de la prestación y de estimular la realización del intercambio, por cuanto es evidente que el mismo no puede llevarse a cabo. Por el contrario, puesto que la operación económica ya no puede realizarse, porque las partes convergen sobre la oportunidad de liberarse del vínculo, los criterios modelados sobre la *exceptio* permiten determinar cuál de los contratantes tiene razón para ser puesto, mediante el resarcimiento del equivalente, en la situación en la que se habría encontrado si la relación hubiese sido cumplida.

De acuerdo con un enfoque "evolutivo" del comportamiento que las partes adoptan fuera del proceso, cuando aún no han optado por la disolución del vínculo, la excepción de incumplimiento induce al otro contratante a ejecutar la prestación debida, con el resultado de estimular el cumplimiento del intercambio. Bajo la óptica "retrospectiva" del juez llamado a decidir sobre las demandas contrapuestas de resolución, la excepción de incumplimiento desempeña la función de determinar cuál de las dos partes –teniendo en cuenta el fracaso definitivo de la operación– se encuentra legitimada para ser puesta en la situación en la que se habría encontrado en caso de que el negocio se hubiese realizado.

Si observamos atentamente, bajo ambos puntos de vista, la excepción de incumplimiento favorece el interés positivo de la parte fiel, cuyo comportamiento demuestra una concreta actitud dirigida a realizar el programa contractual. Tal perspectiva es abierta si se tiene en cuenta el comportamiento adoptado por las partes fuera del proceso, cuando las respectivas prestaciones se vuelven exigibles: en esta fase el sinalagma todavía puede ser llevado a cabo, no pudiéndose excluir que la contraparte del excepcionante ejecute la prestación debida para obtener la contraprestación. Por el contrario, resulta comprometida si se adopta el punto de vista del juez llamado a decidir sobre las demandas contrapuestas de resolución, cuando, frente a un contrato definitivamente incumplido, el interés positivo puede ser protegido solamente por medio del equivalente pecuniario mediante el resarcimiento del daño.

4. *CONTINÚA*. CUANDO LAS DEMANDAS DE RESOLUCIÓN SON IGUALMENTE FUNDADAS

Algunas veces puede ocurrir que no sea posible identificar el contratante que ha causado el fracaso de la operación, en cuanto, a la luz de los criterios indicados, ambas partes resultan incumplidoras en igual medida: por lo tanto, las demandas contrapuestas de resolución son igualmente fundadas.

Sobre este punto, la jurisprudencia italiana no ha asumido una posición unívoca. Frente a sentencias que pronuncian la disolución del contrato[18], otras rechazan ambas demandas de resolución, considerando que esta no puede ser pronunciada cuando las partes concurren en igual medida a la falta de cumplimiento del intercambio[19], o consideran un error lógico el hecho de que la valoración comparativa de la conducta de las partes pueda arrojar como resultado una equiparación de sus conductas[20]: evidentemente no se concibe que la controversia concluya en definitiva con la resolución de la relación alterada.

La doctrina en materia civil se encuentra de acuerdo en valorar críticamente la segunda orientación acogida por la jurisprudencia, pues considera que, si se subordina la resolución del contrato a la identificación de la parte "que más ha incumplido", eso asigna al remedio un carácter sancionatorio. Sin embargo, la resolución lo que hace es reaccionar ante una alteración significativa del sinalagma, que justifica la liberación de las partes, de las obligaciones asumidas

18 *Cfr.* Cas., 18 de septiembre de 2015, n. 18320 (la máxima oficial es engañosa, en cuanto representa ambas demandas de resolución como rechazadas; en realidad, la S.C. confirma la sentencia de segundo grado que había *declarado resuelto* el contrato considerando infundadas *las demandas de resarcimiento* de ambas partes); App. Nápoles, 18 de julio de 2013, de manera extensa en *Pluris*; Trib. Milán, 10 de agosto de 2009, en *Imm. propr.*, 2010, p. 191.

19 *Cfr.* Cas., 3 de febrero de 2015, n. 1904; Cas., 9 de junio de 2010, n. 13840; Cas., 3 de enero de 2002, n. 27; Cas., 15 de julio de 1971, n. 2303, en *Foro it.*, 1971, I, c. 2167; Trib. Grosseto, 17 de septiembre de 2016, de manera amplia en *Pluris* (*obiter,* siendo la resolución imputada a la parte que encarga un contrato de obra).

20 *Cfr.* Cas., 11 de junio de 2013, n. 14648, con nota de Cecchetto, A. "Risoluzione del contratto ed inadempimenti reciproci: alcune considerazioni critiche". *Foro pad.*, 2014, I, c. 18. Como se lee en la motivación, mientras es posible que la indagación dirigida a identificar la parte a la cual deba ser imputado el fracaso de la operación «arroje un resultado negativo para ambas demandas o excepciones recíprocamente propuestas, en el sentido de que los incumplimientos aducidos no subsistan o no reflejen la gravedad requerida por el art. 1455 del c.c. para la resolución del contrato, de tal manera que las demandas contrapuestas o las excepciones deban ser rechazadas, es innegable, por el contrario, la hipótesis opuesta. En efecto, en los contratos bilaterales no se le permite al juez de mérito pronunciar la resolución del contrato de acuerdo con lo previsto en el art. 1453 del c.c., o de considerar la legitimidad para rechazar el cumplimiento según el art. 1460 del c.c., a favor de ambas partes, porque la valoración de la culpa en el incumplimiento tiene un carácter unitario y el incumplimiento debe ser imputado exclusivamente a aquel contratante que, con su propio comportamiento prevalentemente culpable, haya alterado el nexo de reciprocidad que liga las obligaciones asumidas con el contrato, dando lugar el incumplimiento justificado de la otra parte». En iguales términos la motivación de Cas., del 3 de enero de 2002, n. 27.

con la conclusión del contrato y la restitución de las prestaciones ejecutadas, prescindiendo de la necesidad de identificar cual de ellas sea responsable del fracaso de la operación[21]. En otros términos, en el momento en que se toma una decisión sobre la resolución, el juez no está obligado a individuar la parte que comparativamente más incumplió, sino solo a verificar la subsistencia de un incumplimiento idóneo para provocar una grave alteración de la relación de intercambio. Para convalidar esta conclusión, basta con observar que el remedio no se dirige a sancionar a *uno de los dos contratantes*, sino a liberar a *ambos* de las obligaciones asumidas con la conclusión del contrato y a permitir la restitución de las prestaciones respectivamente ejecutadas.

Si, sobre la suerte de las demandas contrapuestas de resolución la doctrina converge, considerando ambas merecedoras de adopción, se observan posiciones diversas con relación a las pretensiones de resarcimiento simultáneamente ejercidas por las partes. Con base en una primera opinión, ninguno de los contratantes podría obtener el resarcimiento del daño que se desprende de la resolución del contrato en la medida en que ha contribuido a producirla con su propio incumplimiento, el cual ha determinado, como el de la contraparte, la falta de realización del intercambio. En presencia de demandas de resolución igualmente fundadas, sería resarcible solamente el daño que no deriva de la disolución de la relación, como aquel que el incumplimiento ocasiona al acreedor o a sus intereses patrimoniales ajenos a la esfera del contrato[22]. Otros consideran que ambos contratantes, en la medida en que han incumplido, están obligados a resarcir el daño que se desprende de la resolución, sin perjuicio de la posibilidad de que las respectivas obligaciones sean compensadas en sede judicial[23].

---

21 *Cfr.* SACCO, R. y DE NOVA, G. *Il contratto,* cit., pp. 1615 ss.; IORIO, G. "La sorte del contratto di fronte a contrapposte domande di risoluzione per inadempimento", *Contratti,* 2015, pp. 569 ss.; ROPPO, V. *Il contratto,* 2ª ed., cit., pp. 915; CRISTIANO, F. "Mutuo dissenso e domande reciproche di risoluzione per inadempimento", *Contratti,* 2010, pp. 786; SICCHIERO, G. *La risoluzione per inadempimento Art. 1453-1459,* cit., pp. 369; CONSOLO, C. "Il processo nella risoluzione del contratto per inadempimento", *Riv. dir. civ.,* 1995, I, pp. 333 ss.; LUMINOSO, A., CARNEVALI, U., COSTANZA, M. *Della risoluzione per inadempimento Art. 1453-1454,* cit., pp. 113 ss.

22 *Cfr.* MANTUCCI, D. *L'inadempimento reciproco,* cit., pp. 118 ss. En la jurisprudencia v. una solución análoga en Cas., 27 de septiembre de 2016, n. 18932: "el juicio que se forma sobre la paridad en la gravedad de los incumplimientos no permite la atribución, incluso con fines resarcitorios, de un incumplimiento culpable, el cual constituye el elemento que fundamenta el juicio de responsabilidad"; Cas., 13 de junio de 1977, n. 2279.

23 *Cfr.* CONSOLO, C. "Il processo nella risoluzione del contratto per inadempimento", cit.,

Quien escribe comparte las críticas expresadas en la doctrina respecto de la orientación que excluye la resolución del contrato igualmente incumplido. El remedio no tiene la función de sancionar al contratante al que le es imputable el fracaso de la operación, sino que está dirigido a liberar a las partes de una relación gravemente alterada y a permitir la restitución de las prestaciones ejecutadas.

Sin embargo, la cuestión requiere algunas consideraciones ulteriores, a la luz de las cuales consideramos necesario concluir que el contrato igualmente incumplido está destinado a resolverse sin que ninguna de las partes pueda exigir el resarcimiento del daño derivado de la falta de realización del intercambio. En otros términos, el resultado de la controversia se identifica con una resolución sin resarcimiento.

En primer lugar, es preciso corroborar que la resolución por incumplimiento y el resarcimiento del daño son remedios distintos tanto en sus presupuestos como en sus funciones, de manera que las demandas por medio de las cuales se ejercen dentro del contexto procesal pueden tener una suerte diversa. El resarcimiento busca compensar a la parte que sufre el incumplimiento por la falta de realización del intercambio y presupone, por lo tanto, que aquella haya demostrado que estaba efectivamente interesada en la realización de la operación económica. En cambio, la resolución opera ante el mal funcionamiento del sinalagma, liberando a ambas partes de sus respectivas obligaciones (lo que permite evitar los costos que de otra manera serían necesarios para realizar una operación que ya no responde a aquella programada) y legitimándolas a obtener la restitución de las prestaciones cumplidas (lo que permite recuperar los valores que de otra manera estarían destinados a realizar un intercambio gravemente alterado). A diferencia del resarcimiento, que siendo objeto de una obligación empobrece el patrimonio de *una de las partes* en ventaja del patrimonio de la otra, la resolución incide sobre la esfera de *ambos contratantes*. Por lo tanto, debe considerarse que la resolución puede declararse, aunque no sea posible determinar a cuál de las dos partes sea imputable el fracaso de la operación. Por otra parte, los contratantes convergen sobre la oportunidad de no continuar con la relación alterada: una eventual sentencia de rechazo tendría consecuencias paradójicas, en cuanto dilataría un vínculo en el que ambas

---

pp. 333 ss.; LUMINOSO, A., CARNEVALI, U., COSTANZA, M. *Della risoluzione per inadempimento Art. 1453-1454*, cit., pp. 28 ss., nt. 3.

partes han perdido interés, inmovilizando los recursos de los que disponen e impidiendo la recuperación de las prestaciones eventualmente ejecutadas.

En cambio, la orientación aquí criticada le resta autonomía a los dos remedios y considerando la resolución y el resarcimiento como si fueran una hendíadis, parece concebir la primera como un accesorio del segundo. Por lo que al no ser posible identificar la parte a la cual es imputable el fracaso de la operación – porque los incumplimientos son iguales, y las partes resultan igualmente desinteresadas en el cumplimiento de la relación – el contrato no se resuelve, sin resarcimiento, no hay resolución.

El escenario posterior al pronunciamiento de la sentencia que rechaza la resolución es realmente singular: pues aunque las partes hayan manifestado claramente la voluntad de liberarse de la relación alterada pidiendo la resolución, el contrato es formalmente vinculante y eficaz. En la mejor, y más probable de las hipótesis, la sentencia será simplemente ignorada, quedando el contrato inejecutado en la práctica: pero una solución que se pronostica será llanamente desatendida, no puede considerarse satisfactoria[24].

Se podría objetar que la sentencia de rechazo es la consecuencia de una aplicación rigurosa y lineal de la excepción de incumplimiento. Dado que los contratantes han contribuido en igual medida a la falta de ejecución de la relación, los respectivos incumplimientos se encuentran justificados, de modo que el juez no puede imputar a ninguno de ellos el resarcimiento del daño ni pronunciar la resolución. Por otra parte, se afirma de manera reiterada en la jurisprudencia[25] y en la doctrina[26] que la excepción de incumplimiento no solo impide la condena a cumplir, sino también la resolución del contrato.

---

24 En efecto, la misma jurisprudencia considera justificada la conducta de la parte que como consecuencia del rechazo de las demandas contrapuestas de resolución se niega a cumplir el contrato. *Cfr.* App. Lecce., 25 de febrero de 2013, *Foro it.*, 2013, I, c., pp. 1669: "Con posterioridad a la cosa juzgada de la sentencia por medio de la cual se habían rechazado las demandas recíprocas de resolución de un contrato preliminar, debe considerarse justificado el incumplimiento de la parte que ya no tiene interés en la ejecución del contrato, habiendo pasado el término establecido para la prestación de la contraparte, considerado esencial o de todas formas de una importancia no escasa".

25 *Cfr.* Cas., 14 de marzo de 2011, n. 5933; Cas., 28 de marzo de 2001, n. 4529, *Contratti*, 2001, pp. 753, con comentario de Carnevali, U. *Preliminare di compravendita e sopravvenuta impossibilità parziale della prestazione*; Cas., 13 de abril de 2000, n. 4809; Cas., 11 de agosto de 1997, n. 7480; Cas., 13 de julio de 1982, n. 4122.

26 *Cfr.* Gabrielli, E. "Risoluzione del contratto per inadempimento. Domanda di risoluzione per inadempimento e "sfida processuale all'ultimo sangue", *Giur. it.*, 2018, pp. 47; Benedetti, A. M. *Le autodifese contrattuali*, cit., pp. 25; Roppo, V. *Il contratto*, 2.ª ed., cit., pp. 920;

No obstante, la cuestión no puede ser plenamente compartida. Desde luego, la excepción de incumplimiento promovida por partes que recíprocamente han incumplido paraliza el resarcimiento del daño: si se opone de manera fundada, impide imputar a las partes las consecuencias que se desprenden de la falta de realización del intercambio. En cambio, la misma excepción no puede imposibilitar la adopción de las demandas de resolución propuestas por ambas partes: en efecto, si su función es aquella de suspender la prestación debida por el excepcionante –e induciendo a la contraparte a cumplir, favorecer la realización del intercambio–, en este ámbito vendría utilizada para mantener artificialmente en vida una relación irremediablemente alterada. Entonces sería evidentemente contradictoria –es decir, contraria a la buena fe (art. 1460, 2.º inciso c.c.)– la pretensión de evitar la disolución del contrato manifestada por aquella misma parte que pide la resolución.

En definitiva, la excepción de incumplimiento puede impedir la resolución cuando dentro y fuera del proceso la parte que la opone manifiesta de manera seria y auténtica una actitud dirigida al cumplimiento de la relación: esto es lo que sucede, como veremos, cuando la excepción se combina con una acción de cumplimiento y el comportamiento global de quien la opone, demuestra que está realmente interesado en el negocio. Si en cambio el contratante que propone la excepción manifiesta una conducta incompatible con el cumplimiento del intercambio –como ocurre cuando demanda la resolución–, la misma excepción impide la condena a resarcir el daño, pero no la disolución del contrato.

Aunque es cierto que en la hipótesis considerada el contrato está destinado a resolverse, a ninguna de las partes corresponde el resarcimiento del daño derivado de la falta de realización del intercambio, de modo que el resultado de la controversia se identifica con una resolución sin resarcimiento.

Como se ha observado de manera persuasiva, ninguno de los contratantes puede exigir el resarcimiento del daño "de resolución" en cuanto su propio incumplimiento ha sido suficiente para provocarla: el incumplimiento resolutorio de cada una de las partes interrumpe el nexo de causalidad entre el incumplimiento de la contraparte y el daño que se desprende de la disolución del contrato[27].

SICCHIERO, G. *La risoluzione per inadempimento Art. 1453-1459*, cit., pp. 365; BIGLIAZZI GERI, L. *Della risoluzione per inadempimento Art. 1460-1462*, cit., pp. 45 ss.

27 *Cfr.* MANTUCCI, D. *L'inadempimento reciproco*, cit., pp. 118 ss.

La solución puede encontrar su justificación en un argumento ulterior, centrado en el análisis del comportamiento de las partes. Si es cierto que estas últimas han incumplido de igual manera, ninguna de ellas ha ejecutado u ofrecido la prestación adoptando modalidades y tiempos compatibles con la realización de la operación económica programada en el contrato. Ejecutando u ofreciendo la prestación antes de que la relación resultara gravemente alterada, cada una de las partes habría neutralizado la excepción de incumplimiento del otro contratante (art. 1460 c.c.), al cual, por lo tanto, habrían sido imputados tanto la resolución como el resarcimiento del daño. Si esto no ha tenido lugar, se puede considerar que ambas partes no han concebido suficiente para ejecutar u ofrecer su prestación debida, la posibilidad de recibir la prestación esperada, demostrando así no estar realmente interesadas en la realización del intercambio. De modo que, en definitiva, ninguna de ellas tiene razón en exigir el resarcimiento del daño para proteger el propio interés positivo.

5. ... E IGUALMENTE INFUNDADAS: ¿PERO ES PRECISO DISTINGUIR?

En la práctica del derecho se advierte una tercera hipótesis, diferente de aquella examinada antes, en cuanto tendría lugar cuando ambas demandas de resolución son igualmente infundadas. Puede suceder que hayan sido propuestas de manera prematura, siendo imputable a ambos contratantes un retardo que no sea grave; que las partes hayan cumplido de forma levemente inexacta (aunque la eventualidad es un poco improbable, siendo en cambio más factible que al menos una de ellas –y especialmente el deudor de la prestación no pecuniaria– exija el pago del precio); de tal forma que, nuevamente, a la falta de fundamento de las dos demandas le siga el juego de las excepciones de incumplimiento, las cuales, opuestas recíprocamente, parecen legitimar la conducta de ambas partes.

Sobre este punto la jurisprudencia es inestable. En algunas ocasiones declara la resolución sin reconocer el resarcimiento. Dado que no se verifica en cabeza de ninguna de las dos partes un incumplimiento idóneo como para justificar la resolución, el fundamento de la misma se extrae de un acuerdo implícito que se desprende a su vez de la interposición de demandas contrapuestas de resolución (mutuo consenso) [28] y –como alternativa o por añadidura– de

28 *Cfr.* Cas., 19 de marzo de 2018, n. 6675; Cas., 19 de diciembre de 2014, n. 26907, con comentario

la imposibilidad de cumplir el contrato como consecuencia de los efectos impeditivos de las dos acciones[29]: con base en el art. 1453 del c.c. la demanda de resolución impide al actor exigir el cumplimiento (inciso 1.º) y al demandado exigir la prestación (inciso 2.º), de tal manera que, cuando ambos contratantes la proponen, la realización del intercambio resulta comprometida[30]. Esta orientación no es acogida en otros pronunciamientos, en los que se considera que la resolución fundada sobre el mutuo consenso o sobre la imposibilidad de cumplir la relación contrasta con el principio de congruencia entre lo pedido y lo resuelto (art. 112 c.p.c.): en efecto, la resolución es pronunciada sobre la base de un hecho diverso del incumplimiento que las partes deducen como fundamento de sus respectivas demandas[31]. Para evitar incurrir en la violación de la normatividad procesal, el juez que considera infundadas ambas demandas está obligado a rechazarlas: con la consecuencia de que el contrato respecto del cual las partes piden la resolución sigue siendo vinculante y eficaz.

---

de IORIO, G. "La sorte del contratto di fronte a contrapposte domande di risoluzione per inadempimento", *Contratti*, 2015, p. 569; Trib. Pescara, 22 de mayo de 2018, de manera extensa en *Pluris*; Trib. Milán, 28 de febrero de 2013, en *Imm. propr.*, 2013, p. 536; Coll. Arb. Florencia, 2 de julio de 1991 (Pedata *Pres.*, Bigliardi, Franceschi), con comentario de CRISCUOLO, F., "Contrapposte domande di risoluzione per reciproco preteso inadempimento e cessazione degli effetti del contratto per mutuo dissenso". *Riv. arbitrato*, 1993, pp. 111 ss.

29 *Cfr.* Cas., 3 de julio de 2013, n. 16637, cit.; Cas., 18 de mayo de 2005, n. 10389; Cas., 24 de noviembre de 2000, n. 15167; Cas., 4 de abril de 2000, n. 4089; Cas., 18 de junio de 1982, n. 3744. En la jurisprudencia de mérito, *cfr.* App. Palermo, 14 de junio de 2017; App. Catania, 13 de enero de 2009; App. Roma, 8 de noviembre de 2007; Trib. Cassino, 23 de agosto de 2016; Trib. Reggio Emilia, 31 de octubre de 2013; Trib. Roma, 12 de julio de 2011, todas de manera extensa en *Pluris*.

30 Solo algunas sentencias de mérito reconocen los extremos del mutuo consenso en la inercia prolongada de las partes – por lo tanto, en su conducta extrajudicial – rechazando con base en esto las demandas que presuponen la eficacia del contrato: *cfr.* Trib. Milán, 16 de julio de 2014, de manera extensa en *Pluris*; Trib. Plasencia, 9 de marzo de 2010, con comentario de CRISTIANO, F. "Mutuo dissenso e domande reciproche di risoluzione per inadempimento". *Contratti*, 2010, pp. 785. Como tendremos la oportunidad de comprobar, dicha orientación, marginal en la jurisprudencia italiana, se afirma con mayor fuerza en la jurisprudencia colombiana y en la estadounidense.

31 *Cfr.* Cas., 5 de junio de 2018, n. 14409; Cas., 17 de julio de 2017, n. 17665, con comentario de CERRI, F., "Reciproche domande di risoluzione per inadempimento e mutuo dissenso: electa una via non datur recursus ad alteram", *Corr. giur.*, 2018, pp. 1378, y comentario de GABRIELLI, E., "Risoluzione del contratto per inadempimento. Domanda di risoluzione per inadempimento e "sfida processuale all'ultimo sangue", *Giur. it.*, 2018, pp. 47; Cas., 16 de febrero de 2016, n. 2984; Cas., 6 de noviembre de 2014, n. 23702; Cas., 25 de febrero de 2014, n. 4493; Cas., 8 de julio de 1983, n. 4600; Cas., secc. un., 15 de enero de 1983, n. 329, *Foro it.*, 1983, I, c. 654.

Tampoco en la doctrina se percibe una orientación unívoca. Con base en una primera opinión autorizada, el contrato está destinado inevitablemente a disolverse: si la resolución solicitada por ambas partes fuera negada, el proceso tendría un resultado paradójico, en cuanto los contratantes estarían obligados a cumplir una relación cuya disolución es auspiciada por ambos de manera unánime[32]. De llegar a compartir esta posición, podemos agregar que es muy probable que la sentencia que rechaza las pretensiones sea respetada por las partes en la medida en la cual excluye el resarcimiento del daño que se desprende de la resolución; mientras que será sustancialmente ignorada en aquello que concierne a la resolución, no siendo real la hipótesis de que como consecuencia de la decisión la relación contractual sea llevada a cabo.

De acuerdo con otras voces doctrinales, cuando ambas demandas de resolución son infundadas, el juez está obligado a rechazarlas. Si, por una parte, en ausencia de los presupuestos previstos por la ley, no puede ser pronunciada la resolución por incumplimiento[33], por otra, una declaratoria de disolución del contrato por mutuo consenso o por imposibilidad sobrevenida de las prestaciones violaría el principio de congruencia entre lo pedido y lo resuelto (art. 112 c.p.c.)[34].

Dicho principio garantiza el respeto de la voluntad de las partes contra eventuales interferencias judiciales y asegura la adhesión de la tutela jurisdiccional a los intereses que se pretenden hacer valer en sede procesal. Se observa

---

32 *Cfr.* Roppo, V., *Il contratto*, 2ª ed., cit., p. 915. Favorable a admitir la resolución del contrato por mutuo consenso, en virtud de los efectos impeditivos producidos por las demandas enfrentadas de resolución, Galgano, F. *Diritto civile e commerciale*, 4ª ed., II, 1, *Obbligazioni in generale. Contratti in generale*, Padova, Cedam, 2004, pp. 567.

33 Sicchiero, G. *La risoluzione per inadempimento Art. 1453-1459*, cit., pp. 373; Mantucci, D. *L'inadempimento reciproco*, cit., pp. 49 ss.

34 *Cfr.* Iorio, G. "La sorte del contratto di fronte a contrapposte domande di risoluzione per inadempimento", cit., pp. 569 ss.; Gabrielli, E. "Risoluzione del contratto per inadempimento. Domanda di risoluzione per inadempimento e "sfida processuale all'ultimo sangue", cit., pp. 47 ss.; Gallo, P. "Inadempimento reciproco e caparra confirmatoria nel prisma della giurisprudenza", *Giur. it.*, 2017, pp. 316; Sicchiero, G. *La risoluzione per inadempimento Art. 1453-1459*, cit., pp. 373 ss.; Cerri, F. "Reciproche domande di risoluzione", cit., pp. 1379; Criscuolo, F. "Contrapposte domande di risoluzione per reciproco preteso inadempimento e cessazione degli effetti del contratto per mutuo dissenso", cit., pp. 115 ss. En sentido contrario v. Galgano, F. *Diritto civile e commerciale*, 4ª ed., II, 1, cit., pp. 567, quien considera admisible la declaratoria de resolución del contrato por mutuo consenso a la luz del principio procesal "según el cual el juez no viola el art. 112 del cod. proc. civ. si, como en el caso en cuestión, admite una demanda implícita en las demandas de parte".

entonces que cuando las partes solicitan la resolución y el resarcimiento del daño, la disolución del contrato por mutuo consenso o por la imposibilidad de cumplir la relación altera su voluntad, pues dicha declaración no tiene por fundamento el incumplimiento que es el que impulsa las pretensiones de las partes. A partir del momento en que la resolución no es acogida junto con el resarcimiento del daño, los contratantes se liberan de la relación disfuncional, pero sufren el sacrificio del interés positivo cuya tutela buscaban por medio de su decisión de actuar en juicio[35]. Para no interferir con la decisión tomada por las partes, el juez estaría obligado a rechazar las demandas contrapuestas de resolución y resarcimiento: después de la sentencia de rechazo la relación se mantiene, de modo que mientras no sea espontáneamente ejecutada cada uno de los contratantes puede perseguir su propio interés positivo exigiendo coactivamente el cumplimiento del intercambio[36].

En opinión de quien escribe, también en esta hipótesis –como en aquella que ve contrapuestas dos demandas igualmente fundadas– el contrato se resuelve sin el correspondiente reconocimiento de un resarcimiento. Reconstruyendo el debate doctrinal, se ha trazado la contraposición entre una tesis de inspiración "realista" (en cuanto asume el contrato inevitablemente destinado a resolverse en consideración de la orientación convergente de las partes) y una tesis de impronta "formalista" (porque asume que la resolución no puede ser pronunciada aunque resulta evidente que también como consecuencia de la sentencia que rechaza las pretensiones, el sinalagma no tiene alguna posibilidad efectiva de ser llevado a cabo).

Ahora bien, la antítesis entre las dos posiciones puede ser superada si se analiza la concreta funcionalidad de los remedios aplicables a esta vicisitud. En efecto, se puede considerar que, aun cuando en el momento de la notificación ambas demandas sean infundadas, el juez puede pronunciar la resolución del contrato *por incumplimiento*, sin tener que argumentar la existencia de un mutuo consenso o reconocer una suerte de imposibilidad de ejecutar la relación. En otros términos, nos parece probable que, si se asume el punto de vista del juez llamado a decidir sobre las demandas contrapuestas de resolución, la hipótesis

---

35 *Cfr.* Iorio, G. "La sorte del contratto di fronte a contrapposte domande di risoluzione per inadempimento", cit., p. 571; Mantucci, D. *L'inadempimento reciproco,* cit., pp. 51 ss. En igual sentido Criscuolo, F. "Contrapposte domande di risoluzione per reciproco preteso inadempimento e cessazione degli effetti del contratto per mutuo dissenso", cit., pp. 115.

36 Iorio, G. "La sorte del contratto di fronte a contrapposte domande di risoluzione per inadempimento", cit., p. 571.

no se diferencia de aquella, considerada previamente, que las considera ambas fundadas: el contrato se resuelve por incumplimiento, pero a ninguna de las partes le corresponde el resarcimiento del daño.

Para comprobar esta orientación resulta necesario advertir que el juez debe pronunciar la resolución teniendo como referencia la situación existente, no en el momento de la demanda, sino en el momento en el que se profiere la sentencia: esta es la interpretación más atendible de la regulación prevista en el código. Nos referimos al art. 1453, inciso 3.° c.c., con base en el cual «desde la fecha de la demanda de resolución, el incumplidor ya no puede cumplir su propia obligación».

Ciertamente, si en el momento de la notificación la demanda *es fundada*, el deudor no puede evitar su adopción ejecutando u ofreciendo la prestación en el curso del juicio[37]. La disposición impide al deudor usar el tiempo del proceso para sanar el incumplimiento pasado y refuerza, de esta manera, la eficacia disuasoria del remedio resolutorio: si la demanda es fundada al acto de la notificación, y el acreedor persiste en el ejercicio de la acción, la resolución no puede ser evitada.

En cambio, cuando la demanda *no es fundada*, el juez no decide sobre la base de la situación cristalizada en el momento de la notificación, sino del escenario que se vislumbra cuando pronuncia la sentencia: se sigue que el tiempo que transcurre entre el momento de la notificación de la demanda (hipotéticamente infundada) y aquel en que se pronuncia la sentencia puede contribuir a integrar el requisito de la gravedad del incumplimiento y a justificar la resolución del contrato (art. 1455 c.c.)[38].

---

37 En este sentido v., entre otros, Bianca, C. M. *Diritto civile*, V, *La responsabilità*, Giuffrè, 2012, pp. 299; Luminoso, A., Carnevali, U., Costanza, M. *Della risoluzione per inadempimento Art. 1453-1454*, cit., pp. 106; Smiroldo, A. *Profili della risoluzione per inadempimento*, Milán, Giuffrè, 1982, p. 382.

38 En jurisprudencia, *cfr.* Cas., 11 de junio de 2013, n. 14649; Cas., 26 de octubre de 2012, n. 18500; Cas., 29 de agosto de 2011, n. 17717 [para justificar la adopción de la demanda de resolución propuesta por el promitente enajenante y del rechazo de la acción de cumplimiento interpuesta por el promitente adquirente, que no había ofrecido el precio prometido en el curso del proceso]; Cas., 6 de octubre de 2004, n. 19948; Cas., 1° de junio de 2004, n. 10490; Cas., 20 de febrero de 2004, n. 3378; Cas., 23 de febrero de 2002, n. 2661 [como justificación de la adopción de la demanda de cumplimiento propuesta por el promitente adquirente que había ofrecido el pago del precio en el curso del proceso y del rechazo de la acción de resolución propuesta por el promitente enajenante]; Cas., 4 de junio de 1999, n. 5494; Cas., 20 de febrero de 1998, n. 1783; Cas., 18 de junio de 1991, n. 6880; Cas. 29 de agosto de 1990, n. 8955; Cas., 11 de febrero de 1987, n. 1497; Cas., 18 de mayo de 1985, n. 3058; Cas., 15 de marzo de 1980,

En caso de que el juez tuviera que basar su propia decisión sobre la situación cristalizada en el momento de la notificación, pronunciaría una sentencia de rechazo aunque el sinalagma se encuentre gravemente alterado: de modo que la parte que ha pedido la resolución se vería constreñida a cumplir una relación que ya está deteriorada.

De resto, el deudor convenido en juicio por una demanda infundada puede evitar la resolución ofreciendo la prestación en el curso del proceso antes de que su incumplimiento alcance el umbral de gravedad; y si está realmente interesado en la ejecución de la relación, es probable que al ofrecimiento de la prestación se acompañe una demanda reconvencional de cumplimiento.

---

n. 1751. En el mismo sentido se encuentra orientada la doctrina mayoritaria: *cfr.* BIANCA, C. M. *Diritto civile,* V, *La responsabilità,* 2.ª ed., cit., pp. 299 ss., 311 ss.; DELLACASA, M. "Il giudizio di risoluzione", en *Roppo,* V. (Dir.), *Tratt. contr., Rimedi-2, Vol. V,* Milán, Giuffrè, 2006, pp. 248 ss.; SACCO, R., y DE NOVA, G. *Il contratto,* cit., pp. 636; PAGNI, I. *Le azioni di impugnativa negoziale. Contributo allo studio della tutela costitutiva,* Giuffrè, 1998, pp. 370; CONSOLO, C., *Il processo nella risoluzione del contratto,* cit., pp. 302, 307; CARNEVALI, U., en Luminoso, A., Carnevali, U., Costanza, M., *Della risoluzione per inadempimento Art. 1453-1454,* cit., pp. 104 ss.; SMIROLDO, A. *Profili della risoluzione per inadempimento,* cit., pp. 384 ss. Con base en una orientación diversa – que parece ganar consenso en la jurisprudencia más reciente, fuera del campo de los contratos "de duración" – el juez valora el fundamento de la demanda atendiendo la situación "cristalizada" en el momento de la notificación, siendo por lo tanto irrelevante el retardo producido en el curso del juicio: *cfr.* Cas., 21 de abril de 2015, n. 8108; Cas., 23 de diciembre de 2014, n. 27359; Cas., 10 de septiembre de 2009, n. 19559; Cas., 14 de mayo de 2004, n. 9200, *Giur. it.*, 2005, pp. 477, con comentario que adhiere a esa opinión BATTELLI, E. "Domanda di risoluzione e criteri di valutazione dell'inadempimento", *Giur, it, 2005,* pp. *471 – 491.*; Cas., 11 de febrero de 2000, n. 1525; Cas., 6 de abril 2000, n. 4317, con comentario en ese sentido de DE GIORGI, D. "Adempimento tardivo e risoluzione del contratto", *Corr. giur.*, 2000, pp. 1338 y comentario que adhiere de TRIOLA, R. "Osservazioni in tema di rapporti tra domanda di risoluzione e adempimento tardivo". *Vita not.*, 2000, pp. 1366; Cas., 4 de febrero de 1994, n. 1460, con comentario de VITIELLO, P. "Risoluzione per inadempimento e adempimento tardivo", *Giur. it.*, 1995, I, 1, pp.1380; Cas. 1° junio de 1993, n. 6121; Cas. 14 de agosto de 1986, n. 5050, en *Foro it.*, 1987, I, 1, c. 93, con nota editorial de STRAZIOTA, P. Además de los autores de los comentarios recientemente citados, adhieren a tal orientación en NANNI, L., COSTANZA, M., CARNEVALI, U. *Risoluzione per inadempimento,* I, 2. *Comm. cod. civ. Scialoja-Branca,* Bolonia y Roma, Zanichelli y Ed. Foro it., 2007, p. 31; ROSSETTI, M. "La risoluzione per inadempimento", en Rossetti, M., Balletti, C., Martino, V., *Risoluzione. Inadempimento, impossibilità sopravvenuta, eccessiva onerosità,* en Cendon, P. (dir.), *Il diritto privato nella giurisprudenza,* XIII, Turín, UTET, 2000, pp. 98 ss. Para conocer una reconstrucción cuidadosa de la jurisprudencia, *cfr.* DE MENECH, C. "La preclusione dell'adempimento tardivo ex art. 1453, ultimo comma c.c. nella giurisprudenza", *Contratti,* 2014, pp. 573 ss.

La interpretación propuesta le asegura al juicio de resolución un oportuno margen de elasticidad, en cuanto le permite al juez tener en cuenta el impacto que el incumplimiento, que se ha prolongado en el curso del proceso, ha tenido sobre los intereses de las partes. Esta es coherente con la *ratio* del artículo 1453, inciso 3.º c.c.: aquella de inducir al deudor a cumplir, asegurando al remedio una adecuada eficacia disuasoria. Si la demanda de resolución es fundada, el tiempo del proceso no puede ser utilizado para sanar el incumplimiento pasado: esto induce al deudor a cumplir antes de ser convenido en juicio. En cambio cuando la demanda es infundada, por ejemplo porque es propuesta prematuramente, el deudor convenido en juicio tiene la carga de ofrecer la prestación antes de que el propio incumplimiento se vuelva grave, ejercitando eventualmente una acción reconvencional de cumplimiento.

La carga de ofrecer la prestación –que no subsistiría si el juez decidiera con base en la situación cristalizada en el momento de la demanda– favorece la definición judicial de la controversia. Al finalizar el proceso el destino de la relación es claro, mientras que si el juez rechaza la demanda de resolución por ser "originariamente infundada" los problemas generados por el incumplimiento quedarían inalterados, o probablemente agravados en consideración del hecho de que la ejecución del contrato ha quedado suspendida durante todo el tiempo del juicio[39]. De esta manera se neutraliza el riesgo de que el deudor demandado especule en torno a la falta de fundamento de la acción de resolución, obteniendo el rechazo cuando no tiene verdaderas intensiones de cumplir el contrato para conservar la disponibilidad de la prestación recibida o para ser remunerado, en un segundo momento, frente al propio consenso a la disolución del vínculo.

Volviendo ahora a la hipótesis en la cual *ambas* demandas de resolución sean infundadas en el momento de la notificación, debemos suponer que ninguna de las dos partes haya ofrecido la prestación en el curso del juicio antes de que su incumplimiento alcanzara el umbral de gravedad: si alguna de ellas lo hubiere hecho, el equilibrio se rompería, con la consecuencia de que la resolución y el resarcimiento serían adeudados por la contraparte. Si esto es cierto, cuando el juez pronuncia la sentencia –meses o años después de iniciado el proceso–, el incumplimiento de ambas partes se torna probablemente bastante grave:

---

39 Para una valoración verídica sobre la manera en la cual el tiempo del proceso incide sobre la relación incumplida, se reenvía a Roppo, V. "A partire dalla formazione: divagazioni non molto ortodosse in tema di contratto", cit., p. 27.

aunque las demandas contrapuestas de resolución no estuvieran fundadas en el momento de la notificación, en el momento de la decisión el sinalagma se encuentra gravemente alterado.

Por lo tanto, también en la hipótesis aquí considerada, la resolución del contrato puede estar fundada sobre el incumplimiento de ambas partes, y esto permite superar las objeciones –centradas sobre el principio de congruencia entre lo pedido y lo resuelto (art. 112 c.p.c.) – hechas a la orientación que infiere de las demandas de resolución un mutuo consenso y reconoce en sus efectos preclusivos la imposibilidad de llevar a cabo la relación: el juez pronuncia la resolución sobre la base de aquel mismo incumplimiento que las partes deducen como fundamento de sus respectivas demandas.

En el caso que, después, las demandas sean consideradas infundadas en cuanto los incumplimientos de las partes se justifican recíprocamente, se replantean consideraciones análogas a aquellas expuestas con relación al caso de las demandas de resolución originariamente fundadas[40]. La excepción de incumplimiento impide la condena a resarcir el daño, pero no impide la resolución del contrato: siendo su función aquella de estimular el cumplimiento del intercambio, no puede ser invocada para mantener en vida, contra la voluntad unánime de las partes, un acuerdo (que en la medida en que ha sido incumplido en el curso del proceso, resulta) gravemente alterado. Por otra parte, es evidentemente contradictorio –por lo tanto, contrario al precepto de buena fe (art. 1460, 2.º inciso c.c.)– el comportamiento de quien propone la excepción para evitar la resolución, cuando él mismo la ha solicitado. También en este terreno, en definitiva, se necesita una aplicación selectiva de los efectos de la la excepción de incumplimiento: si puede ser opuesta con suceso ante una acción de resarcimiento, no impide la resolución del contrato.

También con relación al resarcimiento del daño, el discurso no difiere de forma significativa de aquel expuesto con relación a la hipótesis de las demandas de resolución igualmente fundadas: en efecto, en la perspectiva aquí trazada, las dos situaciones se superponen sustancialmente. Si es cierto que el juez debe decidir tomando como referencia el escenario existente en el momento de la sentencia, se debe tener en cuenta que antes o después del inicio del proceso ninguna de las dos partes haya ejecutado u ofrecido la prestación conforme a tiempos y modalidades compatibles con el cumplimiento del contrato: si alguna de ellas lo hubiese hecho, sólo su demanda de resolución habría sido acogida

---

40 V. *supra*, § 4.

y el resarcimiento habría sido imputado a la contraparte. Ambos contratantes han manifestado un claro desinterés por el cumplimiento de la relación, no sólo proponiendo la demanda de resolución, sino también absteniéndose de ejecutar u ofrecer la prestación. La inercia de las partes demuestra que su interés en obtener la correspondiente prestación es menos intensa que el interés de evitar incurrir en los gastos necesarios para promover el cumplimiento: en definitiva ninguna de ellas ha demostrado de manera seria y confiable su propia intención de cumplir el intercambio.

Por esta razón, la sentencia que resuelve el contrato, pero que no acoge la pretensión resarcitoria del daño, no altera la elección de los contratantes, sino que refleja fielmente su comportamiento. Si por una parte la resolución responde a la voluntad convergente de las partes, por otro lado su conducta demuestra la falta de interés en el cumplimiento del intercambio, de tal manera que ambas demandas de resarcimiento merecen ser desestimadas: los contratantes pueden pretender liberarse de la relación incumplida, pero no ser tutelados en su interés positivo.

6. EL INCUMPLIMIENTO RECÍPROCO EN EL DERECHO COLOMBIANO: ITINERARIOS DIVERSOS PARA UNA MISMA DESTINACIÓN

Intentemos ahora –aunque sea con una cierta dosis de aproximación– individuar las soluciones adoptadas en el derecho colombiano.

En la jurisprudencia menos reciente, en presencia de incumplimientos equivalentes, el juez rechazaba las demandas contrapuestas de resolución[41]. La orientación sería objeto de las críticas expuestas al analizar el derecho italiano[42]. La resolución era negada aunque la relación resultara alterada y no hubiese posibilidades concretas de ejecución en cuanto ambas partes pedían la disolución. Por su parte, si el contrato había sido parcialmente ejecutado, de pronto de manera desigual, se producía una situación de desequilibrio, porque el rechazo de las demandas de disolución impedía el reconocimiento de las restituciones[43].

41 *Cfr.* Cas. 5 de noviembre de 1979; Cas. 18 de marzo de 1977; Cas. 10 de marzo de 1977; Cas. 7 de octubre de 1976.

42 V. *supra*, § 4.

43 *Cfr.* HINESTROSA, F. *Tratado de las Obligaciones*, II, *El negocio jurídico*, v. II, Bogotá, Universidad Externado de Colombia, 2015, pp. 891 ss.

Por ello debe considerarse favorable la inversión de esa tendencia que, a partir de los años setenta del siglo pasado, condujo a la jurisprudencia colombiana a admitir la resolución del contrato bilateralmente incumplido. A esta conclusión se llega siguiendo caminos diversos.

Algunos pronunciamientos declaran la resolución por mutuo consenso, reconociendo en el incumplimiento bilateral, un acuerdo implícito sobre la disolución del vínculo: esto conlleva, evidentemente, a que la resolución no sea adoptada junto con el resarcimiento del daño[44]. La solución es afín a aquella adoptada en algunas sentencias proferidas en el contexto italiano, en donde, sin embargo, el mutuo consenso no es inferido de la conducta extrajudicial de las partes, sino de las respectivas demandas de resolución[45].

Más estrechas son las analogías con algunos pronunciamientos de la jurisprudencia estadounidense. En efecto, también en la parte septentrional del continente se ha considerado que, cuando el intercambio debe realizarse simultáneamente –como ocurre toda vez que no hayan sido pactados términos diversos para el cumplimiento–, la parte interesada en hacer valer los efectos del contrato tiene la carga de ofrecer la prestación debida[46]: ante la ausencia de la oferta, las acciones dirigidas a obtener la ejecución de la prestación correspondiente o el resarcimiento del daño que se desprende del incumplimiento serían rechazadas, como ocurriría –en los sistemas italiano y colombiano– en el caso que el convenido opusiera la excepción de incumplimiento. Si además son las dos partes quienes no ofrecen sus respectivas prestaciones dentro de un término compatible con la ejecución del intercambio, de su comportamiento se infiere un tácito consenso (*mutual rescission*): en consecuencia, las demandas de cumplimiento y resarcimiento, eventualmente propuestas en un segundo momento, están destinadas a ser rechazadas, y las sumas eventualmente pagadas a título de arras deben ser restituidas al *solvens*[47].

---

44 Cas. 25 de junio de 2018 (SC 2307-2018); Cas. 11 de marzo de 2002; Cas. 8 de noviembre de 1989; Cas. 16 de julio de 1985; Cas. 5 de noviembre de 1979; Cas. 3 de febrero de 1970.

45 V., *supra*, ntt. 28, 29.

46 V., sobre el punto, FARNSWORTH, A. *Contracts*, 4th ed., cit., pp. 542 ss.

47 *Cfr. Atlas Noble v. Krizman Enterprises*, 692 Fed. Appx. 256 (6th Cir., 2017); *Admiral Plastics Corp. v. Trueblood*, 436 F.2d 1335 (6th Cir., 1971); *The Hallet & Davis Piano Company V. The Starr Piano Company*, 85 Ohio St. 196 (S.C. Ohio, 1911); *Mowry v. Kirk & Cheever*, 19 Ohio St. 375 (S.C. Ohio, 1869).

Algunas veces la misma conclusión se justifica con base en la simple comprobación de que ninguna de las partes ha ofrecido seriamente la prestación debida, sin que se aluda expresamente a un acuerdo resolutorio. Este es el caso de *Pellettier v. Dwyer*, 334 A.2d 867 (S. C.

Diversa es la solución adoptada a finales de los años setenta en una sentencia aislada de la Corte Suprema de Justicia colombiana, en la que se pronunció la resolución del contrato condenando a ambas partes al resarcimiento del daño[48]. La solución parece incompatible con lo previsto en el art. 1609 c.c., con base en el cual el incumplimiento de una de las partes excluye la mora de la otra: así es adoptado el remedio de la excepción de incumplimiento. Dado que en este ámbito la mora constituye el presupuesto de la responsabilidad por incumplimiento, cuando los contratantes desatienden en la misma medida los compromisos asumidos con la conclusión del contrato, no pueden obtener el resarcimiento del daño derivado de la falta de cumplimiento del intercambio[49].

También se aprecia una tercera orientación que reconoce la resolución del contrato por incumplimiento excluyendo el resarcimiento del daño como consecuencia de la disolución del vínculo[50]. Esta posición resulta en plena sintonía con lo previsto en el art. 1609 del c.c., que reconoce en el incumplimiento de una de las partes, la aptitud para excluir la mora de la otra–y el consiguiente derecho a obtener el resarcimiento del daño–pero no la resolución del contrato.

En definitiva, con excepción de la sentencia "excéntrica" a la que hicimos referencia, la jurisprudencia colombiana admite la resolución del contrato –alternativamente justificada sobre la base del mutuo consenso, o del incumplimiento bilateral–, pero excluye que las partes puedan exigir el resarcimiento del daño.

La solución es sustancialmente compartida por los intérpretes, quienes, sin embargo, afrontan el tema del incumplimiento recíproco sobre la base de presupuestos sensiblemente diversos.

Maine, 1975): se considera que el promitente vendedor de un inmueble no puede retener las arras recibidas del promitente comprador en el momento de concluir el contrato (*deposit*), sino que está obligado a restituirlas, en la medida en que no demostró que estaba preparado para cumplir, a través de la formulación de un verdadero ofrecimiento de la prestación, dentro del término pactado para la transferencia de la propiedad del inmueble. Análoga es la argumentación expuesta en la motivación de *Raudabaugh v. Hart*, 61 Ohio St. 73 (S.C. Ohio, 1899): sin hacer referencia a un acuerdo resolutorio, es rechazada la acción de resarcimiento del daño ejercida por el comprador de un terreno que tiene yacimientos de petróleo y gas natural, en consideración del hecho que el actor no había demostrado, por medio de la formulación de un ofrecimiento serio y verdadero, estar en grado de pagar el valor pactado.
En literatura v. de nuevo FARNSWORTH, A. *Contracts*, 4th ed., cit., p. 542.

48 Cas. 29 de noviembre de 1978.

49 V. al respecto la crítica de CHINCHILLA IMBETT, C. A. *La excepción de incumplimento contractual. Estructura, función y límites*, cit., pp. 237 ss.

50 *Cfr.* Cas. 5 de julio de 2019 (SC 1662.2019); Cas. 7 de diciembre de 1982.

En un reciente y muy destacable estudio monográfico se sostiene que el art. 1546 c.c. puede ser aplicado solamente con la condición de que una sola de las partes haya incumplido[51]. El codificador colombiano, de manera análoga a aquel italiano, reconoce a *uno* de los contratantes la legitimación para solicitar el cumplimiento o la resolución del contrato, junto al resarcimiento del daño, cuando se verifica el incumplimiento del *otro*. Por el contrario, no se contempla la variante del incumplimiento bilateral, de manera que el intérprete llamado a decidir sobre demandas contrapuestas de resolución tendría que afrontar una laguna del sistema normativo.

Por lo tanto, en primer lugar, el juez tendría que comparar la conducta de los contratantes, en sintonía con el "método" de la jurisprudencia italiana. Si la indagación permite identificar la parte que con su propio incumplimiento ha justificado el incumplimiento de la otra parte, o si solo una de ellas resulta haber incumplido, la laguna sólo es aparente: pues solo uno de los incumplimientos que se han expuesto como fundamento de las demandas contrapuestas subsiste o es injustificado, de manera que la resolución del contrato y el resarcimiento del daño se desprenden de la aplicación del art. 1546 c.c.

En cambio, la disposición no sería aplicable cuando las partes concurren en la misma medida a la falta de realización del intercambio: estamos en presencia, entonces, de "un auténtico caso"[52] de incumplimiento recíproco, que justifica la resolución del contrato, pero no el resarcimiento del daño. Aunque resulta evidente que este último no puede ser reconocido en cuanto el incumplimiento de cada uno de los contratantes excluye la mora del otro (art. 1609 c.c.), el fundamento normativo de la resolución tampoco logra evidenciarse. El autor propone evaluar el rol del juez, que en ausencia de una norma aplicable a la vicisitud planteada, estaría legitimado para decidir el resultado de la controversia que sea más coherente con los intereses de las partes y con los principios generales del ordenamiento: este sería, evidentemente, la resolución del contrato, no siendo razonable ni eficiente la elección de dilatar una relación no querida por ambas partes. Una sentencia reciente de legitimidad –probablemente influenciada por el estudio aquí sintetizado– comparte la opinión que considera que en esta hipótesis subsiste una laguna del sistema

51 *Cfr.* Chinchilla Imbett, C. A. *La excepción de incumplimento contractual. Estructura, función y límites*, cit., pp. 240 ss.

52 *Ibidem*, p. 244.

normativo, pero asume que puede ser colmada mediante la aplicación analógica del mismo art. 1546 del c.c.[53].

Diversa es la orientación de otro autor reconocido, quien considera la disposición citada, igualmente aplicable en el caso de incumplimiento recíproco: en otros términos, no se advierte la subsistencia de una laguna, de manera que la resolución se apoya de todas maneras sobre un sólido fundamento normativo[54]. Como se observa mordazmente, el remedio no constituye un premio para el contratante fiel (que como tal tendría que demostrar su inocencia) ni una sanción para aquel que ha incumplido (por lo tanto, incompatible con la subsistencia de una circunstancia que justifique su comportamiento): este reacciona ante el incumplimiento como factor objetivo del mal funcionamiento del vínculo, de manera que resulta ciertamente aplicable incluso cuando las partes han contribuido en la misma medida a la falta de cumplimiento del intercambio.

El autor comparte la solución adoptada por la jurisprudencia, que admite la resolución, pero excluye el resarcimiento del daño. A esta conclusión conduce una aplicación lineal del art. 1609 del c.c., con base en el cual el incumplimiento de una de las partes excluye la mora de la otra, sin impedir por esto la aplicación del remedio resolutorio.

7. COMPARACIÓN ENTRE ITALIA Y COLOMBIA: PARA UNA APLICACIÓN SELECTIVA DE LOS EFECTOS QUE SE DESPRENDEN DE LA EXCEPCIÓN DE INCUMPLIMIENTO

La comparación entre el derecho italiano y el colombiano permite, por una parte, individuar aspectos definidos y compartidos, que no parecen necesitar profundizaciones ulteriores. Por otro lado, permite proponer una

53 *Cfr.* Cas. 5 de julio de 2019 (SC 1662.2019): "en la hipótesis del incumplimiento recíproco de dichas convenciones, por ser esa una situación no regulada expresamente por la ley, se impone hacer aplicación analógica del referido precepto [se alude al art. 1546 c.c., citado previamente en la motivación] y de los demás que se ocupan de los casos de incumplimiento contractual, para, con tal base, deducir, que está al alcance de cualquiera de los contratantes, solicitar la resolución o el cumplimiento forzado del respectivo acuerdo de voluntades, pero sin que haya lugar a reclamar y mucho menos, a reconocer, indemnización de perjuicios, quedando comprendida dentro de esta limitación el cobro de la cláusula penal, puesto que en tal supuesto, de conformidad con el mandato del artículo 1609 del Código Civil, ninguna de las partes del negocio jurídico se encuentra en mora y, por ende, ninguna es deudora de perjuicios, según las voces del artículo 1615".

54 *Cfr.* HINESTROSA, F. *Tratado de las Obligaciones*, II, *El negocio jurídico*, v. II, cit., pp. 891-895.

reconstrucción dirigida a simplificar el acercamiento del intérprete a una materia que no siempre es diáfana.

Cuando ambas partes no cumplen sus respectivas obligaciones, y demandan recíprocamente la resolución, ocurre con frecuencia que sea posible identificar cual de ellas ha determinado la falta de cumplimiento del intercambio. Los criterios adoptados en el contexto italiano para efectuar tal valoración se presentan como el producto de la elaboración jurisprudencial, la cual, a su vez, responde a una necesidad primero lógica antes que jurídica. No obstante, esos criterios tienen un fundamento normativo, que se identifica en la disciplina de la excepción de incumplimiento (art. 1460 c.c.). Sobre la base de esta última, resulta vencido el contratante cuya prestación ha sido primero exigible, aquel que ha causado el incumplimiento de la contraparte, aquel que ha contribuido en medida preponderante al fracaso de la operación.

Asimismo, el juez puede recurrir al precepto de buena fe, expresamente invocado por la disposición citada, para valorar de manera orgánica la conducta de las partes. La buena fe *in executivis* permite extender la comparación entre los singulares incumplimientos al comportamiento global de los contratantes después de la conclusión del acuerdo. Piénsese en la cooperación necesaria para que el deudor pueda cumplir la prestación debida: aunque según una opinión difundida, aquella no constituye objeto de una obligación, de manera que su ausencia no implica un incumplimiento[55], la conducta no cooperativa del acreedor puede contribuir a justificar la imputación de la resolución y del resarcimiento del daño.

Si bien es cierto que la dinámica de la relación existente entre las partes está gobernada por la *exceptio inadimpleti contractus*, es necesario concluir que cuando es posible identificar el contratante al que le es imputable la disolución del vínculo, no se configura precisamente un incumplimiento recíproco. Solo una de las partes puede considerarse incumplidora –y, en particular, aquella a la cual es imputable la resolución–, mientras que la otra tiene un comportamiento lícito, en cuanto que la falta de ejecución de la prestación debida se encuentra justificada por el incumplimiento del otro contratante. Se puede seguir hablando por comodidad de «incumplimiento recíproco», pero con la conciencia del hecho de que la violación del contrato es unilateral, porque la

---

55 Para una reconstrucción del debate doctrinal relativo a la calificación de la cooperación al cumplimiento, v. DELLACASA, M. *La cooperazione all'adempimento e i rimedi a tutela del debitore. Tratt. dir. civ. comm. Cicu-Messineo,* VI, Milán, Giuffrè, 2019, pp. 70 ss.

conducta de una de las partes, que no ejecuta la prestación debida, está justificada por el incumplimiento de la otra[56].

La excepción de incumplimiento asume un rol diferente teniendo en cuenta el punto de vista adoptado. Bajo la óptica "evolutiva" que las partes adoptan en sede extrajudicial, cuando todavía es posible que el contrato sea cumplido, el remedio desempeña la función de legitimar la suspensión de la prestación debida por parte del excepcionante e inducir a la contraparte a cumplir: por lo tanto, eso estimula, el cumplimiento del intercambio. En cambio, bajo la óptica "retrospectiva" del juez llamado a decidir sobre las demandas contrapuestas de resolución, el contrato resulta definitivamente incumplido. Entonces, la disciplina de la excepción de incumplimiento gobierna la valoración comparativa del comportamiento de las partes: aquí no se trata de perseguir el cumplimiento del intercambio – siendo este fin, ya irrealizable – sino de identificar cual de los dos contratantes deba resarcir el daño.

En ambas fases, la excepción de incumplimiento protege el interés positivo de la parte que la opone. Si se asume el punto de vista del excepcionante que recurre al remedio en sede extrajudicial, el resultado se logra induciendo a la contraparte a cumplir o a ofrecer la prestación debida; si se adopta aquel del juez –que debe constatar el fracaso de la interacción entre las partes, en cuanto ambas demandan la resolución–, la valoración comparativa de la conducta de los contratantes modelada sobre la excepción de incumplimiento permite determinar a cuál de ellas es imputable la falta de cumplimiento del intercambio.

Sin embargo, algunas veces no es posible imputar a una de las partes el fracaso de la operación, ni siquiera después de una atenta comparación, en la medida en que ellas han incumplido en la misma medida.

Oportunamente, en opinión de quien escribe, la doctrina y la jurisprudencia colombianas no distinguen la hipótesis en la cual las demandas de resolución sean igualmente fundadas de aquella en la que son igualmente infundadas en el momento de la notificación. Cuando el juez pronuncia la sentencia, el sinalagma se encuentra gravemente alterado, porque ninguna de las partes ha ejecutado u ofrecido la prestación debida durante todo el curso del proceso o, de todas maneras, antes de que el propio incumplimiento justifique la resolución del contrato; mientras que las convergentes demandas de resolución denotan de la manera más clara posible que la operación económica no tiene ninguna posibilidad real de cumplirse.

---

56 Compartimos aquí un comentario de Mantucci, D. *L'inadempimento reciproco,* cit., p. 28.

Asimismo, es conveniente que la jurisprudencia colombiana haya abandonado la orientación que excluía la resolución del contrato bilateralmente incumplido a pesar de las demandas convergentes de las partes; y es deseable que esa misma orientación también sea desestimada de manera definitiva en el contexto italiano.

Cuando los incumplimientos son equivalentes –como sucede cuando las prestaciones inejecutadas son simultáneamente exigibles, y las violaciones contrapuestas igualmente graves–, ambas partes están legitimadas para oponer la excepción de incumplimiento. Sin embargo, el remedio no puede ser usado para dilatar contra la voluntad de las mismas partes una relación irremediablemente alterada, siendo su función aquella –por completo diversa y, si se observa bien, antitética– de favorecer el cumplimiento del intercambio y favorecer, de esta manera, el interés positivo del contratante fiel. Cuando la controversia arriba al escenario procesal y confluye en el planteamiento de demandas contrapuestas de resolución, es evidente que la excepción de incumplimiento opuesta por ambas partes no ha producido el cumplimiento del intercambio, en cuanto esas convergen solo sobre la perspectiva de la disolución del vínculo. Por lo tanto, si la excepción de incumplimiento no sirve para evitar la resolución, esta última no es adoptada junto con el resarcimiento: dado que ninguno de los dos contratantes ha ejecutado u ofrecido la prestación debida antes de que el vínculo resultara gravemente alterado –aquello que habría inducido a imputar a la contraparte la responsabilidad por el fracaso de la operación–, su interés positivo no merece ser protegido.

En el derecho italiano la opinión aquí sostenida puede ser argumentada sobre la base de la fisionomía de la excepción de incumplimiento. Por una parte, el remedio favorece el cumplimiento del intercambio, pero no puede impedir la disolución de una relación definitivamente incumplida; por otra, la pretensión de utilizarlo para evitar la resolución es a todas luces contradictoria, por lo tanto, contraria a la buena fe (art. 1460 c.c.), en cuanto presentada por aquella misma parte que demanda la disolución del vínculo.

En el contexto colombiano la conclusión es incluso más segura y fácilmente argumentable porque encuentra su fundamento en lo previsto en el art. 1609 c.c., que acoge la figura de la excepción de incumplimiento regulando exclusivamente sus relaciones con el resarcimiento del daño. En efecto, la disposición se limita a prever que el incumplimiento de uno de los contratantes excluye la mora del otro, impidiendo su condena a resarcir el daño. En este ámbito, una reconstrucción selectiva del rol de la excepción de incumplimiento tiene un fundamento normativo todavía más sólido: si se atiende lo previsto en la disposición, es fácil concluir que el incumplimiento de una de las partes no justifica el de la otra respecto de todas las consecuencias que de allí se desprenden [y en particular, a la resolución del contrato], sino sólo con relación a los daños y al correspondiente resarcimiento.

También a la luz de estas consideraciones, podemos advertir cómo en el sistema colombiano no parece existir una laguna, la cual existiría, en cambio, si se considerara que el art. 1546 c.c. no puede ser aplicado cuando el incumplimiento es bilateral. La referencia al incumplimiento de *una* de las partes, después del cual la *otra* puede a su elección solicitar la resolución o el cumplimiento, salvo el resarcimiento del daño, no conduce a excluir la aplicación de la disposición a aquella vicisitud en la que el incumplimiento es de *ambos* contratantes. El codificador prevé los remedios aplicables ante el incumplimiento, disciplinando las relaciones, e indicando la legitimación para ejercerlos: por lo tanto, la mención de una parte que incumple y de una contraparte legitimada a actuar, no refleja una elección restrictiva, sino que responde a una necesidad lógica, como también a la exigencia de formular el enunciado normativo de manera clara y directa. Por lo tanto, si el tenor literal del art. 1546 c.c. no ofrece argumentos idóneos para excluir la aplicabilidad de la disposición, el sistema normativo colombiano no puede considerarse pantanoso. Incluso cuando el incumplimiento es bilateral, la resolución se apoya sobre una sólida base normativa, mientras que si se asume la existencia de una laguna se estaría constreñido a invocar el gobierno del juez o a recurrir a la aplicación analógica del mismo art. 1546 c.c.

Como se acaba de constatar, por lo demás, la regulación del art. 1609 c.c. permite aplicar "selectivamente" los efectos de la excepción de incumplimiento. Si bien es cierto que el incumplimiento de una de las partes impide la condena de la otra, igualmente incumplida, a resarcir el daño, eso no impide la resolución. Cuando se verifica un auténtico caso de incumplimiento recíproco, la relación se resuelve teniendo en cuenta el art. 1546 c.c. sin que ninguno de los contratantes obtenga el resarcimiento del daño.

En la perspectiva indagada hasta este momento, el contrato igualmente incumplido se resuelve *por incumplimiento*. En ambos sistemas, algunos intérpretes arriban a un resultado análogo reconociendo en el comportamiento de las partes un acuerdo tácito que tiene por objeto la disolución del vínculo incumplido. En el contexto italiano, tal acuerdo es inferido de las demandas contrapuestas de resolución[57]; en el colombiano, de la conducta extrajudicial

57 V. *supra*, ntt. 28-30.

de los contratantes[58]. Además, se ha identificado una orientación análoga en la jurisprudencia estadounidense[59]: si las partes obligadas a ejecutar simultáneamente las respectivas prestaciones no las ofrecen dentro de un término compatible con el cumplimiento del contrato, se considera que están de acuerdo con la disolución del contrato, con el consecuente rechazo de las acciones de cumplimiento y resarcimiento ejercidas en un segundo momento.

La preferencia de quien escribe es por el derrotero que reconoce el fundamento de la resolución en el incumplimiento: itinerario por el que se transita cuando el contrato resulta "simétricamente incumplido", aplicando de manera selectiva los efectos de la excepción de incumplimiento. El recorrido alternativo, es decir, aquel centrado sobe el mutuo consenso, debe valorarse con obstáculos que no son fácilmente superables. Como se puede evidenciar, solo a costa de una cierta interpretación forzada podría inferirse la voluntad de resolver consensualmente el contrato de la simple *inercia* de las partes que se abstienen de ofrecer la prestación debida (como argumentan la jurisprudencia colombiana y la estadounidense) o de la presencia de demandas *contrapuestas* de resolución y resarcimiento (tal como lo considera la jurisprudencia italiana). Si además el contrato incumplido requiere una forma escrita, es aún más dudoso que la voluntad de resolverlo pueda ser manifestada de manera válida mediante comportamientos concluyentes[60]. No menos relevantes son las objeciones que la solución suscita en el ámbito procesal: si ambas partes solicitan la resolución y el resarcimiento del daño, deduciendo como fundamento de sus respectivas demandas el incumplimiento del otro contratante, una sentencia que pronunciara la disolución de la relación por mutuo consenso violaría el principio de congruencia entre lo pedido y lo resuelto (art. 112 c.p.c. it.)[61].

Por lo demás, la tesis que asume el incumplimiento como fundamento de la resolución reproduce de manera eficiente la evolución de la relación entre las partes, mientras que aquella centrada sobre un hipotético mutuo consenso parece estar caracterizada por una cierta dosis de hipocresía. Las partes habrían podido resolver el contrato mediante un acuerdo concluido fuera del contexto procesal; pero, dado que la controversia ha llegado a la sede judicial,

58 V. *supra*, nt. 44.

59 V. *supra*, nt. 47.

60 Sobre la forma del mutuo disenso se reenvía a la investigación monográfica de ACHILLE, D. *La risoluzione per mutuo dissenso*, Nápoles, ESI, 2013, pp. 101 ss.

61 V. *supra*, ntt. 31, 34.

es evidente que la negociación ha fracasado o no ha sido de ninguna manera intentada. Reconocer en el comportamiento de los litigantes un acuerdo tácito, y sobre esta base fundar la resolución, significa, entonces, valorar una representación distorsionada de la realidad[62]. Es más acorde con la dinámica de la relación entre las partes aceptar que la relación se resuelve como consecuencia del incumplimiento, pero –siendo ambos contratantes igualmente desinteresados en el cumplimiento del intercambio– ninguno de ellos puede obtener el resarcimiento del daño, en cuanto su interés positivo no merece ser protegido.

8. CUANDO A LA DEMANDA DE RESOLUCIÓN (Y RESARCIMIENTO) SE CONTRAPONE UNA ACCIÓN DE CUMPLIMIENTO: LOS ESCENARIOS POSIBLES

Hasta este momento hemos razonado asumiendo que ambos contratantes pretenden la resolución y el resarcimiento del daño. Pasemos ahora a considerar los escenarios que se pueden presentar cuando, frente a la demanda de resolución propuesta por una de las partes, la otra pide el cumplimiento, sin importar si lo hace de manera principal o reconvencional.

También en esta hipótesis el resultado de la controversia se puede dar por descontado cuando sólo una de las dos demandas, considerada aisladamente, cumple los requisitos para ser acogida. Por lo tanto, si el incumplimiento que se deduce como fundamento de la resolución es de escasa importancia, la correspondiente demanda será rechazada; por el contrario, será acogida la acción de cumplimiento ejercida por la contraparte, con la condición de que sea acompañada por el ofrecimiento de la prestación.

La valoración se vuelve más delicada cuando ambas acciones son susceptibles de ser acogidas, y en particular cuando el incumplimiento de la parte que pretende la ejecución del sinalagma es suficiente para justificar la resolución del contrato. También sobre este terreno, la solución de la controversia requiere un

---

62 De esto es bien consciente la misma Corte Suprema de Justicia de Colombia. *Cfr.* Cas. 7 de diciembre de 1982, cit.: "En la medida en que se mantenía la aludida interpretación del artículo 1609, la tesis del mutuo disenso tácito como modo de disolver el contrato fue indudablemente una forma justiciera de evitar el estancamiento del os contratos, evento que daba lugar a serias injusticias. *Empero, la aplicación de esa doctrina pugna generalmente con la realidad. Si ambas partes estuvieran ciertamente de acuerdo en deshacer el contrato, lo resuelven de mutuo acuerdo...* Una cosa es el incumplimiento y otra muy distinta el acuerdo de los contratantes para disolver un contrato. El incumplimiento, aisladamente considerado, no tiene connotación en relación con la posible voluntad de resolver el contrato" (cursiva agregada).

atento análisis de la conducta de las partes: en particular, el juez está llamado a verificar si el contratante que exige el cumplimiento ha tenido un comportamiento compatible con la realización del intercambio, de manera que su interés positivo merezca ser protegido, aunque no haya ejecutado la prestación debida.

Se ha observado que, cuando ambas partes demandan la resolución, el litigio se concentra en el resarcimiento del daño. Siendo claro que la operación económica no está destinada a realizarse, el interés positivo puede ser protegido sólo "por el equivalente" mediante el resarcimiento. En cambio, si una de las partes obtiene el cumplimiento, su interés positivo es tutelado de manera específica, por medio del ejercicio coactivo del intercambio. Muy a menudo, también la acción de cumplimiento está orientada a obtener el pago de una suma de dinero, especialmente de la retribución debida por la adquisición de bienes o servicios; sin embargo, esa puede ser acogida sólo si la parte que la ejerce ofrece la prestación debida, siendo de lo contrario oponible por la contraparte una excepción de incumplimiento.

Por lo tanto, teniendo en cuenta que la controversia no vierte solamente sobre el resarcimiento del daño, sino también sobre el cumplimiento de la relación, se establece la exigencia de proteger el interés de la parte fiel a obtener la prestación esperada, siempre que ella sea merecedora de tutela. Esto significa, revirtiendo la perspectiva, que la resolución no puede ser pronunciada cuando la parte que la demanda ha justificado con su propio comportamiento el incumplimiento del otro contratante (o, mejor, la falta de ejecución de la prestación a ella debida), siempre que este último haya demostrado estar realmente interesado en la realización del intercambio.

Así pues, también en este escenario se hace necesaria una valoración comparativa de la conducta de las partes, que reproduce la fisionomía de la excepción de incumplimiento[63]. Por otra parte, puesto que la posibilidad de que el contrato sea cumplido se mantiene, la misma excepción puede de forma eficaz, contrarrestar la acción de resolución y preparar el camino para la adopción de la contrapuesta acción de cumplimiento. En otros términos, sobre este terreno, la *exceptio* no interfiere exclusivamente con el remedio resarcitorio, sino que gobierna la dialéctica entre resolución y cumplimiento. A la luz de esta necesaria precisión, se pueden plantear diversos escenarios hipotéticos.

---

63 Para un cotejo de la jurisprudencia, *cfr.* Cas., 17 de febrero de 2004, n. 2992; Cas., 30 de enero de 1995, n. 1077; App. Nápoles, 11 de febrero de 2010, en *Contratti 2010*, pp. 601.

Con frecuencia, la valoración comparativa del comportamiento de las partes –conducida a la luz de los criterios ya recordados con relación a la hipótesis de las demandas contrapuestas de resolución[64]– permite individuar el contratante al que le es imputable la falta de cumplimiento del intercambio y el consecuente planteamiento de la controversia en sede judicial. Cuando el incumplimiento comparativamente más relevante es imputable a la parte que pide el cumplimiento, serán acogidas las demandas de resolución y resarcimiento solicitadas por la contraparte: la relación se resolverá, y el interés positivo del contratante que ha pedido la resolución, será tutelado por el equivalente mediante el resarcimiento del daño. Si en cambio, a la luz de los criterios indicados, la falta de cumplimiento del sinalagma es atribuible a la parte que pide la resolución, la contraparte puede lograr la desestimación de la respectiva demanda oponiendo de manera eficaz la excepción de incumplimiento y ejercitando la contrapuesta acción de cumplimiento. En esta hipótesis, la excepción de incumplimiento se opone de manera eficaz no solo frente a la acción de resarcimiento, sino también frente a aquella de resolución, en cuanto es útil para promover la realización del intercambio. Puesto que el incumplimiento del excepcionante (o, mejor, la falta de ejecución de la prestación debida) se encuentra justificado por el de la contraparte, su interés positivo merece ser tutelado, con la consecuencia de que la acción de cumplimiento ejercida por ella en contraposición a aquella de resolución, está destinada a ser acogida.

No obstante, también en esta representación de la controversia, puede suceder que las partes hayan contribuido en la misma medida al fracaso de la operación. Esto es lo que podría verificarse, por ejemplo, en el caso que la entrega del bien y el pago del precio deban darse simultáneamente, pero ninguno de los dos contratantes ofrezca la prestación; y, cuando ya ha transcurrido un período de tiempo considerable, lo suficiente como para justificar la disolución del contrato, el vendedor conteste a las demandas de resolución y resarcimiento interpuestas por el comprador ofreciendo la entrega de la *res* y pidiendo por medio de demanda de reconvención el pago del precio. También se puede presentar una hipótesis en la que, después de la conclusión de un contrato preliminar de venta de un inmueble, el promitente comprador omita designar al notario competente para la redacción de la escritura y convocar delante del notario a la contraparte, en cuanto no ha obtenido la financiación esperada y por lo tanto no dispone del dinero suficiente para pagar el precio; cuando,

---

64 V. *supra*, § 3.

mucho tiempo después, el comprador adquiere la liquidez necesaria, invita al promitente vendedor a presentarse delante del notario y al ser declinada su solicitud por el vendedor, el promitente comprador lo demanda ejerciendo una acción dirigida a obtener la transferencia coactiva del inmueble (art. 2932 c.c.), a la que le oponen mediante demanda de reconvención, la resolución y el resarcimiento del daño.

En esta eventualidad, en la que ambas partes han incumplido de la misma manera, el contrato está destinado a resolverse[65]. Puesto que la acción de resolución cumple los requisitos para ser acogida, la contrapuesta acción de cumplimiento implicaría una ejecución coactiva de una relación gravemente alterada. Por lo demás, el comportamiento del contratante que exige el cumplimiento denota que en el periodo durante el cual la operación económica habría debido realizarse no manifestó una verdadera actitud para el cumplimiento del intercambio. Diversamente, el comprador habría ofrecido la prestación debida y pretendido la contraprestación: y entonces la relación habría sido realizada, o se habría resuelto por el incumplimiento de la contraparte con el correspondiente reconocimiento a un resarcimiento. Por el contrario, puesto que la prestación no ha sido ofrecida –o lo ha sido con grave retardo–, el interés positivo –de la parte que exige el cumplimiento– no merece ser protegido, y el contrato está destinado a resolverse.

Asumiendo invariablemente que ambas partes han incumplido, en cuanto ninguna de ellas manifiesta una verdadera disposición para el cumplimiento del intercambio, la resolución no puede ser declarada junto con el resarcimiento del daño. De esta manera se confirma la necesidad de que el rol de la excepción de incumplimiento opere de forma selectiva: si el contratante que la opone no ha manifestado un interés concreto en la realización del negocio, ella impide el resarcimiento del daño, pero no la resolución del contrato.

La opinión aquí sostenida encuentra una indirecta, pero significativa comprobación en la orientación de la jurisprudencia italiana que reconoce al acreedor la legitimación para rechazar la prestación que le ha sido ofrecida con grave retado aunque no haya interpuesto una demanda de resolución. Puesto que, con base en el art. 1453, inciso 3.º c.c., el deudor no puede cumplir la obligación "desde la fecha de la demanda de resolución", algunos intérpretes

---

65 En este sentido v., en doctrina, Roppo, V. *Il contratto*, 2.ª ed., cit., p. 915; Sicchiero, G. *La risoluzione per inadempimento Art. 1453-1459*, cit., pp. 375; Luminoso, A., Carnevali, U., Costanza, M. *Della risoluzione per inadempimento Art. 1453-1454*, cit., pp. 29 ss., nt. 3; Mantucci, D. *L'inadempimento reciproco*, cit., pp. 129 ss.

consideran, argumentando *a contrario sensu*, que el deudor puede evitar la resolución ofreciendo la prestación antes de la notificación de la demanda. Con dos sentencias pronunciadas hacia finales del siglo pasado, y confirmadas por la jurisprudencia posterior, las secciones unidas del órgano judicial se orientan diversamente: aunque no haya propuesto demanda de resolución el acreedor puede rechazar la prestación que le ha sido ofrecida con grave retraso y contrarrestar la acción de cumplimiento ejercida por la contraparte, demandando en forma reconvencional la resolución u oponiéndola por vía de excepción[66].

Las controversias que ofrecen la ocasión para afirmar tal principio de derecho involucran en ambos casos contratos preliminares de venta de inmuebles. Transcurrido un período de tiempo considerable desde el término previsto para la conclusión del contrato definitivo, lo suficiente como para cumplir los requisitos para considerarse un retardo grave, el promitente adquirente ofrece el pago del precio, y –a causa del rechazo a recibirlo y a firmar la escritura, por parte del promitente enajenante– lo demanda pretendiendo la transferencia coactiva del inmueble conforme a lo previsto en el art. 2932 del c.c. Las secciones unidas, entonces, se manifiestan favorablemente a la resolución del contrato, pues lo consideran atendible, a diferencia del cumplimiento: aunque el promitente enajenante, destinatario de la oferta efectuada con grave retardo, haya tardado en proponer demanda de resolución, puede contraponerse de manera exitosa frente a la acción de cumplimiento ejercida por el promitente adquirente.

Por lo demás, a la luz de tal orientación, es admisible la hipótesis de que la controversia culmine con una resolución sin resarcimiento. Con toda probabilidad, la parte legitimada para obtener la declaración de resolución no actúa en juicio porque no está interesada en obtener el resarcimiento del daño derivado del incumplimiento, y no habiendo emprendido la ejecución del contrato, no

---

66 *Cfr.* Cas., secc. un., 6 de junio de 1997, n. 5086, con comentario de CARBONE, V. *Il creditore può rifiutare il tardivo adempimento? Corr. giur.*, 1997, p. 768; con comentario de BARBIERA, L. "Tardivo adempimento del debitore, rifiuto del creditore e risoluzione del contratto". *Contratti,* 1997, p. 450; con comentario de COSTANZA, M. "Rifiuto legittimo della prestazione da parte del creditore e gravità dell'inadempimento". *Giust. civ.*, 1997, I, p. 2765; Cas., secc. un., 9 de julio de 1997, n. 6224 con comentario de PICARDI, L. "Rifiuto dell'adempimento tardivo e risoluzione del contratto". *Giust. civ.*, 1998, I, p. 825. Posteriormente al doble pronunciamiento de las secciones unidas v., en igual sentido, Cas., 5 de septiembre de 2006, n. 19074, con comentario de DELLACASA, M. "Offerta tardiva della prestazione e rifiuto del creditore: vantaggi e inconvenienti di una risoluzione "atipica". *Riv. dir. civ.*, 2007, II, p. 509 (s.m.); Cas., 2 de mayo de 2006, n. 10127; Trib. Padua, 12 de agosto de 2011, *Obbl. contr.*, 2011, p. 786; Trib. Roma, 4 de noviembre de 2008, de manera amplia en *Pluris*.

tiene título para exigir la restitución de la prestación ejecutada: algunas veces es esta la posición del promitente enajenante cuando el promitente adquirente no logra reunir el dinero necesario para pagar la retribución debida frente a la transferencia de la propiedad del inmueble. Pues bien, gracias al principio de derecho apoyado por las secciones unidas, la parte fiel es aliviada de la carga de demandar la resolución y puede manifestar la voluntad de disolver el vínculo, en sede extrajudicial, rechazando la oferta y anticipándola mediante una declaración dirigida a la contraparte[67]. Grava entonces sobre esta última, interesada en el cumplimiento del vínculo, la carga de actuar en juicio ejerciendo la acción de cumplimiento: pero si el retardo con el cual ha ofrecido la prestación es evidentemente grave, es probable que se abstenga del ejercicio de la acción para evitar ser condenada a resarcir el daño y a paga las costas procesales. A esto le sigue que la controversia generada por el incumplimiento puede agotarse por fuera del proceso, en la definitiva inejecución de la relación (es decir, en su resolución) que no es acogida junto con el resarcimiento del daño.

9. UNA CONCLUSIÓN. LOS REMEDIOS CONTRA EL INCUMPLIMIENTO (DE UNA SOLA, O DE AMBAS PARTES) Y LA META DEL INTERÉS POSITIVO

En los sistemas jurídicos occidentales de la edad contemporánea –cuyo inicio se identifica convencionalmente con las revoluciones industrial y francesa– los efectos del contrato no se fundan sobre la confianza de las partes; por ello, estas últimas pueden exigir el cumplimiento o pretender el resarcimiento del daño que se desprende del incumplimiento, aunque no hayan ejecutado las prestaciones respectivamente debidas o hecho algún gasto para recibir y valorar aquellas esperadas.

Este es uno de los significados de la fórmula que reconoce valor de ley al contrato «legalmente celebrado» acuñada por el *Code civil* de 1804 (art. 1134, c. 1), reproducida por la reciente modificación (art. 1103) y adoptada por los códigos civiles influidos en varios aspectos por el modelo francés, como aquel colombiano (art. 1602) e italiano (art. 1372): para que las partes puedan invocar los efectos del contrato, sirviéndose de los remedios aplicables en caso de incumplimiento, no resulta necesario que hayan depositado su confianza

67 Para un análisis de este aspecto v. DELLACASA, M. "Risoluzione per inadempimento e ricorso al processo", *Riv. dir. civ.*, 2015, I, pp. 50 ss.

en el cumplimiento del mismo, siendo suficiente que el acuerdo haya sido válidamente concluido.

El resarcimiento del daño que se desprende del incumplimiento, respectivamente, es proporcional al interés positivo: la parte que sufre el incumplimiento no debe demostrar los costos en los que incurrió y las oportunidades de ganancias perdidas, sino que puede pretender ser puesta en la situación en la cual se habría encontrado si el contrato hubiese sido cumplido. Reproduciendo en términos monetarios el resultado que habría derivado del cumplimiento de la relación, el resarcimiento del interés positivo contribuye con la función reconocida al contrato en la economía contemporánea: aquella de programar la realización de operaciones económicas. Con dicha función es coherente que las partes emprendan las actividades necesarias para cumplir el negocio, con frecuencia en momentos diversos, cuando transcurre un tiempo considerable desde la conclusión del acuerdo en virtud del cual se han vinculado.

Las cuestiones afrontadas en el ámbito de la presente contribución constituyen un reflejo de tal concepción. Si el acuerdo es suficiente para vincular a las partes –no siendo necesario que ellas demuestren haber invertido en virtud de su perspectiva en el cumplimiento–, también quien no ha cumplido la prestación debida puede invocar los efectos del contrato, y en particular obtener el resarcimiento del daño que se desprende del incumplimiento. En efecto, en el derecho inglés, los primeros casos en los cuales se discute el incumplimiento de ambas partes, y de los correspondientes remedios, se emontan a los últimos años del 700[68], cuando ya es bien

---

68 A partir de *Kingston v. Preston,* 99 Engl. Rep. 437, 438 (K.B. 1773). Entre un comerciante de seda y su aprendiz existe un contrato en virtud del cual el primero –transcurrido un poco más de un año desde la conclusión del acuerdo– habría tenido que transferir su empresa al segundo por un precio fraccionado en cuotas mensuales, y cubierto con una garantía idónea. Ante la oposición del comerciante de transferir la empresa, porque el aprendiz no tenía la garantía prometida, este último demanda al primero pretendiendo el resarcimiento del daño derivado de la falta de realización del negocio. La acción es rechazada una vez que se comprueba la correspondencia existente entre la transferencia de la empresa y la garantía que habría tenido que ser proporcionada al comerciante. Este último se había obligado a transferir la empresa a cambio de una remuneración fraccionada en cuotas mensuales teniendo en cuenta precisamente la garantía que le había sido prometida, de manera que su oposición a cumplir resulta del todo justificada, con la consecuencia de que la acción de resarcimiento del aprendiz es considerada infundada. La sentencia por medio de la cual se rechaza la pretensión de cumplimiento declara, de hecho, la liberación de las partes de las obligaciones asumidas con la celebración del acuerdo incumplido, sin que ninguna de ellas pueda pretender el resarcimiento del daño que

sabido[69] que el resarcimiento del daño derivado del incumplimiento no requiere la ejecución preventiva de la prestación debida.

Quedando en firme ese presupuesto –que permite al incumplimiento recíproco adquirir importancia sobre el plano aplicativo–, resulta evidente que el interés positivo de cada una de las partes puede ser protegido solamente en la medida en la cual su conducta sea compatible con la realización de la operación económica prevista con el acuerdo contractual.

Si la conducta denota una verdadera actitud dirigida a cumplir el intercambio, el interés positivo merece ser protegido, de manera que la parte está legitimada para ejercer las acciones de cumplimiento y resarcimiento, aunque no haya cumplido sus obligaciones ni incurrido en los costos que de otra manera serían necesarios para el cumplimiento de la operación económica: es lo que acaece, en particular, cuando el incumplimiento de una de las partes (o, mejor, la falta de ejecución de la prestación debida) está justificado por el de la otra; la conducta no es compatible con una verdadera intención de realización del negocio, el interés positivo no es merecedor de tutela: de ahí se deriva que las demandas de cumplimiento y resarcimiento estén destinadas a ser rechazadas.

Si, además, el comportamiento de ambas partes es incompatible con el cumplimiento del intercambio, su interés positivo no merece ser protegido: es lo que ocurre cuando, siendo las prestaciones recíprocas simultáneamente exigibles, ninguna de ellas las ejecuta u ofrece antes de que los objetivos del negocio resulten gravemente alterados. En esta hipótesis, el cumplimiento coactivo y el resarcimiento del daño –que tutelan el interés positivo– no son evidentemente aplicables. Y puesto que no es razonable conservar una relación igualmente incumplida, en cuanto no responde por el interés de ninguno de los dos contratantes, la única solución plausible del conflicto provocado con

---

se desprende de la falta de cumplimiento del negocio: un resultado que un jurista continental podría describir en términos de "resolución sin resarcimiento".

69 Gracias a la elaboración de la *action of assumpsit*, que asume una fisionomía muy definida a finales del siglo XVI. Con relación a este tema, *cfr.* FARNSWORTH, A. *Contracts*, 4th ed., cit., p. 536, quien observa que los remedios sinalagmáticos –con base en los cuales la parte fiel puede rechazar temporal o definitivamente la ejecución de la prestación debida– se desarrollan en el derecho inglés solamente a partir de finales del siglo XVI, "when the development of the action of assumpsit made it clear that a wholly executory bilateral contract was enforceable. Prior to that time, the builder [l'appaltatore che per ipotesi non fosse stato pagato dal committente] had been confined to the action of debt, and the requirement of a *quid pro quo* precluded any claim until the builder had actually conferred a benefit on the owner by performing".

el incumplimiento se identifica en una resolución que no es adoptada junto con el resarcimiento.

BIBLIOGRAFÍA

ACHILLE, D. *La risoluzione per mutuo dissenso,* Nápoles, ESI, 2013.

ATIYAH, P. S. *An Introduction to the Law of Contract*, Cary-North Carolina, Oxford University Press, 1995.

ATIYAH, P. S. *The Rise and Fall of Freedom of Contract*, Oxford, Oxford University Press, 1979.

BARBIERA, L. "Tardivo adempimento del debitore, rifiuto del creditore e risoluzione del contratto". *Contratti*, 1997, p. 450.

BARCELLONA, M. *Inattuazione dello scambio e sviluppo capitalistico. Formazione storica e funzione della disciplina del danno contrattuale*, Milán, Giuffrè, 1980.

BATTELLI, E. "Domanda di risoluzione e criteri di valutazione dell'inadempimento", *Giur, it*, 2005.

BENEDETTI, A. M. *L'eccezione di inadempimento*, en Visintini, G. (dir.), *Tratt. resp. contr.*, I, Padova, Cedam, 2009.

BENEDETTI, A. M. *Le autodifese contrattuali*, *Artt. 1460-1462. Comm. cod. civ.* Schlesinger, Milán, Giuffrè, 2011.

BIANCA, C. M. *Diritto civile,* V, *La responsabilità,* 2.ª ed., Giuffrè, 2012.

BIGLIAZZI GERI, L. *Della risoluzione per inadempimento Art. 1460-1462. Comm. cod. civ. Scialoja-Branca,* Bolonia y Roma, Zanichelli y Ed. Foro it., 1988.

CARBONE, V. *Il creditore può rifiutare il tardivo adempimento? Corr. giur.*, 1997, p. 768.

CARNEVALI, U., GABRIELLI, E. y TAMPONI, M. *La risoluzione*, Bessone, M. (dir.), en *Tratt. dir. priv.*, XIII, Turín, Giappichelli, 2011.

CARNEVALI, U. *Preliminare di compravendita e sopravvenuta impossibilità parziale della prestazione. Contratti*, 2001, p. 753.

CECCHETTO, A. "Risoluzione del contratto ed inadempimenti reciproci: alcune considerazioni critiche". *Foro pad.*, 2014, I, c. 18.

CERRI, F. "Reciproche domande di risoluzione per inadempimento e mutuo dissenso: electa una via non datur recursus ad alteram", *Corr. giur.*, 2018, p. 1378.

CHINCHILLA IMBETT, C. A. *La excepción de incumplimento contractual. Estructura, función y límites*, Bogotá, Universidad Externado de Colombia, 2017.

CONSOLO, C. "Il processo nella risoluzione del contratto per inadempimento", *Riv. dir. civ.*, 1995, I.

COSTANZA, M. "Rifiuto legittimo della prestazione da parte del creditore e gravità dell'inadempimento". *Giust. civ.*, 1997, I, p. 2765.

CRISCUOLO, F. "Contrapposte domande di risoluzione per reciproco preteso inadempimento e cessazione degli effetti del contratto per mutuo dissenso". *Riv. arbitrato*, 1993, pp. 111 ss.

CRISTIANO, F. "Mutuo dissenso e domande reciproche di risoluzione per inadempimento", *Contratti*, 2010.

DALMARTELLO, A. "Eccezione di inadempimento", en *Noviss. Dig. it.*, VI, Turín, UTET, 1960.

DE GIORGI, D. "Adempimento tardivo e risoluzione del contratto", *Corr. giur.*, 2000, p. 1338.

DE MENECH, C. "La preclusione dell'adempimento tardivo ex art. 1453, ultimo comma c.c. nella giurisprudenza", *Contratti*, 2014.

DELLA CHIESA, M. *Inadempimento reciproco e risoluzione del contratto. Contratti*, 2014,

DELLACASA, M. *La cooperazione all'adempimento e i rimedi a tutela del debitore. Tratt. dir. civ. comm. Cicu-Messineo*, VI, Milán, Giuffrè, 2019.

DELLACASA, M. "Il giudizio di risoluzione", en Roppo, V. (dir.), *Tratt. contr.*, *Rimedi-2*, vol. V, Milán, Giuffrè, 2006.

DELLACASA, M. "Offerta tardiva della prestazione e rifiuto del creditore: vantaggi e inconvenienti di una risoluzione 'atipica'". *Riv. dir. civ.*, 2007, II, p. 509 (s. m.).

DELLACASA, M. "Risoluzione per inadempimento e ricorso al processo", *Riv. dir. civ.*, 2015, I.

EISENBERG, M. A. "Actual and Virtual Specific Performance, the Theory of Efficient Breach, and the Indifference Principle in Contract Law", 93 *Calif. L. Rev.* 975, 2005.

FARNSWORTH, A. *Changing Your Mind. The Law of Regretted Decisions, New Haven,* Yale University Press, 1998.

FARNSWORTH, A. *Contracts,* 4th ed., Nueva York, Aspen Publishers, 2004.

FULLER, L. y PERDUE, W. "The Reliance Interest in Contract Damages", 46 *Yale Law Journal, vol. 46,* 1936-1937.

GABRIELLI, E. "Il contratto e i rimedi: la sospensione dell'esecuzione". *Riv. dir. priv.,* 2014.

GABRIELLI, E. "Risoluzione del contratto per inadempimento. Domanda di risoluzione per inadempimento e "sfida processuale all'ultimo sangue", *Giur. it.,* 2018.

GALGANO, F. *Diritto civile e commerciale,* 4.ª ed., II, 1, *Obbligazioni in generale. Contratti in generale,* Padova, Cedam, 2004.

GALLO, P. "Inadempimento reciproco e caparra confirmatoria nel prisma della giurisprudenza", *Giur. it.,* 2017.

GHESTIN, J. "L'exception d'inexécution", en Fontaine, M. y Viney, G. (dirs.), *Les sanction d'inexécution des obligations contractuelles*, Bruselas y París, Bruylant y LGDJ, 2001.

GHESTIN, J., JAMIN, C. y BILLIAU, M. "Les effets du contrat", en Ghestin, J. (dir.), *Traité de droit civil*, París, LGDJ, 2001.

HINESTROSA, F. *Tratado de las Obligaciones,* II, *El Negocio Jurídico*, v. II, Bogotá, Universidad Externado de Colombia, 2015.

HORWITZ, M. J. "The Historical Foundations of Modern Contract Law", *Harvard Law Review,* vol. 87, 1974, marzo, p. 917, replanteado en Horwitz, M. J., *The Transformation of American Law 1780-1860*, Cambridge, Harvard University Press, 1977.

IORIO, G. "La sorte del contratto di fronte a contrapposte domande di risoluzione per inadempimento", *Contratti,* 2015.

LARROUMET, C. *Les Obligations. Le Contrat,* 6ème éd., París, Economica, 2007.

LUMINOSO, A., CARNEVALI, U. y COSTANZA M. *Della risoluzione per inadempimento Art. 1453-1454. Comm. cod. civ. Scialoja-Branca,* Bolonia y Roma, Zanichelli y Ed. Foro it., 1990.

LUMINOSO, A., CARNEVALI, U. y COSTANZA, M. *Della risoluzione per inadempimento Art. 1453-1454,* cit., pp. 113 ss.

MALAURIE, P., AYNÈS, L. y STOFFEL-MUNCK, P. *Les obligations,* París, Defrénois, 2007.

MALINVAUD, P., *Droit des obligations,* 10éme éd., París, Litec, 2007.

MANTUCCI, D. *L'inadempimento reciproco,* Nápoles, ESI, 1990.

NANNI, L., COSTANZA, M. y CARNEVALI, U. *Risoluzione per inadempimento,* I, 2, en *Comm. cod. civ. Scialoja-Branca,* Bolonia y Roma, Zanichelli y Ed. Foro it., 2007.

PAGNI, I. *Le azioni di impugnativa negoziale. Contributo allo studio della tutela costitutiva,* Giuffrè, 1998.

PICARDI, L. "Rifiuto dell'adempimento tardivo e risoluzione del contratto". *Giust. civ.,* 1998, I, p. 825,

ROPPO, V. "A partire dalla formazione: divagazioni non molto ortodosse in tema di contratto", ahora en *Il contratto del duemila,* 3.ª ed., Turín, Giappichelli, 2011.

ROPPO, V. "Giudizialità e stragiudizialità della risoluzione per inadempimento: la forza del fatto", en Consolo, C., Pagni, I., Pagliantini, S., Roppo, V. y Maugeri, M. R. (dirs.), *La risoluzione per inadempimento. Poteri del giudice e poteri delle parti*, Bolonia, Il Mulino, 2018.

ROPPO, V. *Il contratto,* Milán, Giuffrè, 2011.

ROSSETTI, M. "La risoluzione per inadempimento", en Rossetti, M., Balletti y Martino, V. *Risoluzione. Inadempimento, impossibilità sopravvenuta, eccessiva onerosità*, en Cendon, P. (dir.), *Il diritto privato nella giurisprudenza*, XIII, Turín, UTET, 2000.

ROSSETTI, M. *La risoluzione per inadempimento*, Milán, Giuffrè, 2012.

SACCO, R. y DE NOVA, G. *Il contratto,* Turín, UTET, 2016.

SHAVELL, S. "Specific Performance versus Damages for Breach of Contract: An Economic Analysis", 84 *Tex. L. Rev.*, 2006, pp. 831, 844.

SHAVELL, S. *Foundations of Economic Analysis of Law,* Harvard University Press, 2004.

SICCHIERO, G. *La risoluzione per inadempimento, Art. 1453-1459. Comm. cod. civ. Schlesinger,* Milán, Giuffrè, 2007.

SMIROLDO, A. *Profili della risoluzione per inadempimento*, Milán, Giuffrè, 1982.

TAMPONI, M. *La risoluzione per inadempimento, Tratt. Contr., I contratti in generale*, Rescigno, P. y Gabrielli, E. (dirs.), II, Turín, UTET, 2006.

VECCHI, P. "L'eccezione di inadempimento", en Mazzamuto, S. (dir.), *Il contratto e le tutele. Prospettive di diritto europeo,* Turín, UTET, 2002.

VITIELLO, P. "Risoluzione per inadempimento e adempimento tardivo". *Giur. it.*, 1995, I.

JURISPRUDENCIA

CHILE

Corte Suprema de Chile: Sentencia del 3 de diciembre de 2003.

COLOMBIA

Cas. 5 de julio de 2019 (SC 1662-2019).

Cas., 2 de mayo de 2006, n. 10127.

Corte Suprema de Justicia de Colombia. Cas., 7 de diciembre de 1982.

Cas., 10 de marzo de 1977.

Cas., 11 de marzo de 2002.

Cas., 16 de julio de 1985.

Cas., 18 de marzo de 1977.

Cas., 25 de junio de 2018 (SC 2307-2018).

Cas., 3 de febrero de 1970.

Cas., 5 de julio de 2019 (SC 166 2.2019).

Cas., 7 de octubre de 1976.

ESTADOS UNIDOS

Admiral Plastics V. Trueblood, 436 F.2d 1335 (6th Cir, 1971).

ITALIA

App. Lecce, 25 de febrero de 2013, *Foro it.*, 2013, I, c., pp. 1669.

App. Catania, 13 de enero de 2009.

App. Nápoles, 11 de febrero de 2010, en *Contratti*, 2010, p. 601.

App. Palermo, 14 de junio de 2017.

App. Roma, 8 de noviembre de 2007.

App. Cagliari, 3 de junio de 2011.

App. Catania, 21 de marzo de 2019.

App. Nápoles, 18 de julio de 2013.

App. Palermo, 25 de junio de 2012.

Cas., 1° de junio de 2004, n. 10490.

Cas., 1° junio de 1993, n. 6121.

Cas., 10 de mayo de 2019, n. 12549.

Cas., 10 de octubre de 2011, n. 20743.

Cas., 10 de septiembre de 2009, n. 19559.

Cas., 11 de agosto de 1997, n. 7480.

Cas., 11 de febrero de 1987, n. 1497.

Cas., 11 de febrero de 2000, n. 1525.

Cas., 11 de junio de 2013, n. 14648.

Cas., 11 de junio de 2013, n. 14648.

Cas., 11 de junio de 2013, n. 14649.

Cas., 13 de abril de 2000, n. 4809.

Cas., 13 de diciembre 2010, n. 25159.

Cas., 13 de julio de 1982, n. 4122.

Cas., 13 de junio de 1977, n. 2279.

Cas., 14 de agosto de 1986, n. 5050, en *Foro it.*, 1987, I, 1, c. 93.

Cas., 14 de marzo de 2011, n. 5933.

Cas., 14 de mayo de 2004, n. 9200.

Cas., 14 de septiembre de 2017, n. 21315.

Cas., 15 de julio de 1971, n. 2303, en *Foro it.,* 1971, I, c. 2167.

Cas., 15 de marzo de 1980, n. 1751.

Cas., 16 de febrero de 2016, n. 2984.

Cas., 17 de febrero de 2004, n. 2992.

Cas., 17 de febrero de 2004, n. 3002.

Cas., 17 de julio de 2017, n. 17665.

Cas., 18 de junio de 1982, n. 3744.

Cas., 18 de junio de 1991, n. 6880.

Cas., 18 de mayo de 1985, n. 3058.

Cas., 18 de mayo de 2005, n. 10389.

Cas., 18 de septiembre de 2015, n. 18320.

Cas., 19 de diciembre de 2014, n. 26907.

Cas., 19 de marzo de 2018, n. 6675.

Cas., 19 de noviembre de 2004, n. 21900.

Cas., 20 de febrero de 1998, n. 1783.

Cas., 20 de febrero de 2004, n. 3378.

Cas., 21 de abril de 2015, n. 8108.

Cas., 22 de mayo de 2019, n. 13827.

Cas., 22 de septiembre de 2017, n. 22039.

Cas., 23 de diciembre de 2014, n. 27359.

Cas., 23 de febrero de 2002, n. 2661.

Cas., 24 de noviembre de 2000, n. 15167.

Cas., 24 de septiembre de 2009, n. 20614.

Cas., 25 de febrero de 2014, n. 4493.

Cas., 25 de junio de 2019, n. 16918.

Cas., 26 de julio de 2019, n. 20322.

Cas., 26 de octubre de 2012, n. 18500.

Cas., 27 de septiembre de 2016, n. 18932.

Cas., 28 de marzo de 2001, n. 4529.

Cas., 29 de agosto de 1990, n. 8955.

Cas., 29 de agosto de 2011, n. 17717.

Cas., 3 de enero de 2002, n. 27.

Cas., 3 de febrero de 2015, n. 1904.

Cas., 3 de julio de 2013, n. 16637.

Cas., 30 de enero de 1995, n. 1077.

Cas., 30 de mayo de 2017, n. 13627;

Cas., 4 de abril de 2000, n. 4089.

Cas., 4 de febrero de 1994, n. 1460.

Cas., 4 de junio de 1999, n. 5494.

Cas., 5 de junio de 2018, n. 14409.

Cas., 5 de noviembre de 1979.

Cas., 6 de abril 2000, n. 4317.

Cas., 6 de noviembre de 2014, n. 23702.

Cas., 6 de octubre de 2004, n. 19948.

Cas., 7 de diciembre de 1982.

Cas., 8 de julio de 1983, n. 4600.

Cas., 8 de noviembre de 1989.

Cas., 8 de noviembre de 2016, n. 22626.

Cas., 9 de junio de 2010, n. 13840.

Cas., del 3 de enero de 2002, n. 27.

Cas., secc. lab., 16 de enero de 2018, n. 836.

Cas., secc. un., 15 de enero de 1983, n. 329, en *Foro it.*, 1983, I, c. 654.

Coll. Arb. Florencia, 2 de julio de 1991 (Pedata *Pres.*, Bigliardi, Franceschi).

Trib. Bolonia, 10 de septiembre de 2012.

Trib. Cassino, 23 de agosto de 2016.

Trib. de Milán, 10 de abril de 2013.

Trib. de Milán, 9 de enero de 2018.

Trib. Grosseto, 17 de septiembre de 2016.

Trib. Milán, 10 de agosto de 2009, en *Imm. propr.*, 2010, p. 191.

Trib. Milán, 16 de julio de 2014, de manera extensa en *Pluris*.

Trib. Milán, 22 de abril de 2009.

Trib. Milán, 23 de septiembre de 2013.

Trib. Milán, 28 de febrero de 2013, en *Imm. propr.*, 2013, p. 536.

Trib. Padua, 12 de agosto de 2011, en *Obbl. contr.*, 2011, p. 786.

Trib. Palermo, 12 de enero de 2015.

Trib. Pescara, 22 de mayo de 2018.

Trib. Plasencia, 9 de marzo de 2010.

Trib. Reggio Emilia, 31 de octubre de 2013.

Trib. Roma, 4 de noviembre de 2008.

Trib. Roma, 12 de julio de 2011.

Trib. Roma, 13 de noviembre de 2018.

Trib. Salerno, 28 de julio de 2010.

Trib. Vicenza, 16 de junio de 2010.

Consejo de Estado (It.)

Cons. de Estado., 10 dicembre 2012, n. 6297.

REINO UNIDO

Kingston v. Preston, 99 Engl. Rep. 437, 438 (K.B. 1773).

José Félix Chamie*

La resolución del contrato por imposibilidad sobrevenida de la prestación

Sumario: 1. Noción de imposibilidad sobrevenida de la prestación. 2. Imposibilidad objetiva e imposibilidad subjetiva. 3. La imposibilidad sobrevenida, para ser liberatoria, debe ser absoluta. 4. La imposibilidad sobrevenida debe ser definitiva. 5. La imposibilidad sobrevenida puede ser imputable al acreedor. 6. Imposibilidad sobrevenida total y parcial, transitoria y definitiva. 7. Distinción entre la imposibilidad sobrevenida y la excesiva onerosidad sobrevenida de la prestación. 8. La causa extraña no imputable: fuerza mayor y caso fortuito. La fórmula unitaria de una clásica distinción. Definición de fuerza mayor en el ordenamiento jurídico. Requisitos para exonerar al deudor por fuerza mayor. 9. El hecho sobrevenido debe ser inevitable o irresistible. 10. Imprevisión, irresistibilidad, exterioridad. Bibliografía.

1. NOCIÓN DE IMPOSIBILIDAD SOBREVENIDA DE LA PRESTACIÓN

En el tiempo en que se edita esta obra, resulta innegable que, si se observan las consecuencias contractuales de la pandemia de Covid-19 desde una perspectiva macro, se puede ver que afecta a casi todas las relaciones contractuales como una anomalía o alteración externa (*vis extraria*). La pregunta clave que surge inicialmente, con independencia de las disposiciones individuales del derecho civil, es: ¿quién debe asumir este riesgo y quién puede transmitirlo a su contraparte negocial? Por esto, es necesario regular con precisión y claridad las consecuencias de las dificultades que afectan el cumplimiento. El deudor tiene que asumir algunos riesgos: por ejemplo, no recibe su contraprestación, incluso puede tener que pagar daños y perjuicios por no cumplir con sus obligaciones contractuales; en otros casos, permanece sin sanciones y se le permite trasladar el riesgo de la interrupción a su contraparte, por lo que incluso recibe su contraprestación, a pesar de que no ha realizado la suya propia. El derecho a interrumpir la prestación en caso de imposibilidad se ocupa de las condiciones bajo las cuales ocurre esto.

La conocida regla según la cual nadie está obligado a lo imposible (*ad impossibilia nemo tenetur*), que explica la denominada imposibilidad inicial de la prestación, enuncia de igual manera la cuestión de la imposibilidad sobreviniente. No hay duda de la importancia de la categoría 'imposibilidad

* Profesor de Derecho Civil y Derecho Romano en la Universidad Externado de Colombia. Orcid: https://orcid.org/0000-0003-0246-0222

sobrevenida de la prestación', en nuestro ordenamiento jurídico es una causa de extinción de la obligación y eximente de la responsabilidad del deudor cuando se trata de responsabilidad no imputable. En general, si por hecho sobreviniente, imprevisible e irresistible, ajeno al control de las partes, no imputable a su responsabilidad, la prestación se hace imposible, el deudor podría quedar liberado. Sin embargo, esta figura ha sido interpretada en algunos casos de una forma demasiado restrictiva y ha llevado a decir que solo la imposibilidad absoluta de la prestación puede liberar al deudor[1], y que ninguna otra dificultad puede liberarlo, a menos que no se trate de imposibilidad, pues la mera *difficultas* o imposibilidad subjetiva sería irrelevante. Todo esto requiere precisiones.

Así, la imposibilidad, según la concepción restrictiva, se da solo en casos limitados, como el caso clásico de la destrucción del bien. Si la obligación tiene por objeto la trasferencia de la propiedad de un animal, de un caballo por ejemplo, el caso clásico de la imposibilidad es que un rayo caiga del cielo, golpee al caballo y perezca[2]. Este es un típico caso de imposibilidad sobrevenida por destrucción material del objeto. Una concepción tan restrictiva no responde a las exigencias del comercio jurídico actual, "porque en la realidad de este comercio jurídico nos encontramos frente a una gran variedad de situaciones que hacen extremadamente difícil el cumplimiento de la obligación y que según esta concepción restrictiva no deberían dar lugar a una imposibilidad objetiva y absoluta"[3].

En el ordenamiento jurídico colombiano es evidente la ausencia de una concepción unitaria de la categoría 'imposibilidad sobrevenida de la prestación', y si bien la legislación se refiere a ella, no la regula con precisión. Por su parte, ella tiene mayor desarrollo en la doctrina y la jurisprudencia.

No hay en los códigos civil y comercial colombianos una concepción integral unitaria y sistemática de la categoría 'imposibilidad sobrevenida de la prestación'; ella se desarrolla por la doctrina y la jurisprudencia. Una acertada respuesta general se da en palabras de la casación civil, que ha señalado, como se sabe, que "la imposibilidad sobrevenida de la prestación por causa

---

1 Bianca, C. M. "Conversatorio en torno al derecho civil patrimonial". *Revista Ius et Veritas*, n.° 51, diciembre 2015, p. 384.

2 *Ibid.*

3 *Ibid.*

que no es imputable excluye por contera la atribución de responsabilidad"[4], salvo en los casos expresos de asunción convencional del riesgo por los hechos sobrevenidos no imputables. El deudor queda exento de ejecutar la prestación y de indemnizar los perjuicios. Para que la imposibilidad sea extintiva y liberatoria del vínculo jurídico, debe ser: sobrevenida, objetiva y absoluta (del todo ajena al deudor), imprevista o imprevisible, e inevitable o irresistible.

No obstante que esta categoría dogmática de la pandectística (*Unmöglichkeit*)[5] se encuentra regulada con precisión terminológica en el código civil alemán y en el código civil italiano, en el código civil colombiano[6], que sigue la horma del código chileno de don Andrés Bello, los efectos de la llamada imposibilidad sobrevenida son los del modo de extinción de obligaciones por pérdida del cuerpo cierto, al igual que en el código civil francés[7]. No obstante, según la doctrina la categoría que debe emplearse de forma más acertada sería la de 'imposibilidad de ejecutar la prestación', de la que el afectado no está llamado a responder[8]. No sobra afirmar que se habla de la imposibilidad sobrevenida no imputable.

Como puntualiza Bianca, en la actualidad se ha ido ampliando el área de las exenciones de la responsabilidad del deudor, dando a la imposibilidad sobrevenida un significado vinculado al límite del esfuerzo del deudor que exige la obligación. De esto se deduce que hay una imposibilidad de la prestación con la consecuente liberación del deudor cada vez que el cumplimiento de la obligación requiera un esfuerzo que supera el límite de la diligencia requerida al deudor[9].

---

4 Corte Suprema de Justicia, Sala de Casación Civil, Sentencia del 22 de noviembre de 1993.

5 Para una revisión general me permito reenviar a CHAMIE, J. F. *La adaptación del contrato por eventos sobrevenidos. De la vis cui resisti non potest a las cláusulas de hardship*. Bogotá, Externado de Colombia, 2013, cap. II.

6 Art. 1625 C.C. Art. 1729 a 1739 C.C.

7 HINESTROSA, F. *Tratado de las obligaciones*, I, *Concepto, estructura, vicisitudes*, 3.ª ed., Bogotá, Externado de Colombia, 2007, p. 780 ss., que además explica la razón de ser del uso de la nomenclatura clásica en los códigos. No obstante, con la reciente reforma al derecho francés de obligaciones y contratos, se modificó la noción de imposibilidad sobrevenida y se introdujo (en el nuevo art. 1098 c.c. fr.) la renegociación normativa en casos de excesiva onerosidad de la prestación. Ver CHAMIE, J. F. "La teoría de la imprevisión en el derecho francés. De la regla de la obligatoriedad a la renegociación normativa" (en prensa).

8 BIANCA, C. M. "Conversatorio en torno al derecho civil patrimonial", cit., p. 385.

9 *Ibid.*, p. 384.

Por ejemplo, el deudor está obligado a realizar un transporte desde un país hacia otro, pero el país de destino se encuentra en medio de una guerra civil que hace extremadamente peligroso el cumplimiento, o hay un brote viral y no es seguro el transporte, o se trata de un país que ha sido sancionado por organismos internacionales y ahora se encuentra bloqueado económicamente, etc. Como bien afirma Bianca, haciendo referencia a la imposibilidad objetiva y absoluta, es fácil decir que el transporte puede ser realizado, pero aludiendo a una interpretación moderada y actual es necesario afirmar que en realidad el transporte no puede ser realizado porque comportaría un esfuerzo superior a la diligencia que se exige al deudor[10].

Por lo tanto, el significado de la imposibilidad sobrevenida ha ido cambiando y, del criterio rigurosamente objetivo de la prueba del hecho constitutivo de fuerza mayor, se ha ido haciendo referencia a un criterio subjetivo que se remite al límite de la diligencia que se pide al deudor; más allá de este límite hablaríamos de imposibilidad liberatoria. Esto quiere decir que en cada caso necesitamos ver si el deudor ha puesto en marcha todas las medidas idóneas para evitar una relevante dificultad sobrevenida o para superar la misma dificultad[11].

La tradición que de las fuentes romanas llega a la modernidad se presenta de dos maneras en esta disciplina. En la forma de la extinción de la obligación por pérdida del cuerpo cierto, y en la forma de la disciplina establecida inicialmente a partir del §275 BGB[12]. Como se dijo arriba, en particular la regla '*casus a nullo praestantur*' encuentra su base en la conocida regla romana según la cual '*impossibilium nulla obligatio est*'. Además, el derecho romano distingue entre el *casus* y la *vis maior*, pero en el derecho alemán, que construyó la categoría en comento, la palabra *Zufall* (casualidad, caso fortuito) se entiende en sentido amplio, esto es, que incluye no solo el *casus*, sino también la fuerza mayor (*höhere Gewalt*), como el hurto violento, los saqueos, los desastres naturales[13].

La regla romana *casus a nullo praestantur*, que perduró en el derecho común, fue necesariamente transformada por mérito de la *Pandektenwissenschaft* del siglo XIX[14]. Es en la obra de Friedrich Mommsen en la que encontramos

10 *Ibid.*, p. 385.

11 *Ibid.*

12 *Cfr.* D. 50, 17, 23 y D. *eod.*, 185.

13 HUBER, U. *Leistungsstörungen*, Band I, Tübingen, Mohr, 1999, §316, p. 74.

14 CHAMIE, J. F. *La adaptación del contrato por eventos sobrevenidos*, cit., cap. II y *passim*.

la viabilidad de la aplicación general de la regla, pero con una perspectiva que iba a superar la aparente ruptura de la tradición de las fuentes romanas con la práctica de su tiempo[15]. Fue así que el concepto de *casus* pasó a estar contenido en la nueva categoría de 'imposibilidad sobrevenida' (*nachträglichen Unmöglichkeit*)[16].

Resultaba necesario distinguir el concepto de 'culpa' de aquel de 'imposibilidad'. Así, la culpa (*Verschuldens*) se refiere bien a la culpa grave o a la simple negligencia, y la imposibilidad (*Unmöglichkeit*) se refiere tanto a la imposibilidad objetiva como a la imposibilidad subjetiva, llamada en un inicio 'incapacidad inicial'. Para Huber, Friedrich Mommsen se habría inspirado en la noción de imposibilidad subjetiva de Savigny[17], pero este trató solamente la que denominó *anfängliche Unvermögen* (incapacidad inicial), y no los problemas de los hechos sobrevinientes que alteran el equilibrio funcional durante la ejecución del contrato[18].

Así pues, la doctrina de la imposibilidad sobrevenida es una cuestión de ver en sede de incumplimiento, pero de un incumplimiento no imputable, a lo que se suma que para liberar al deudor la imposibilidad debe ser, además de sobreviniente, inevitable y definitiva. El requisito de una fuerza irresistible se establecía ya en la rubrica del §275 BGB[19]. Esta disposición, que fue reformada en 2002, señalaba en el primer inciso que el deudor se liberaba de su obligación cuando la prestación se hubiera hecho imposible a causa de circunstancias posteriores que él no había podido evitar[20]. El carácter definitivo de la imposibilidad se deducía del §308 BGB, según el cual la imposibilidad de ejecutar la prestación no incidía en la validez del contrato si podía ser eliminada y el contrato había sido celebrado bajo la previsión de que la prestación podría haberse hecho posible[21]. Pero también era válida la interpretación a la luz del

---

15 *Ibid.*

16 *Cfr.* MOMMSEN, F. *Die Unmöglichkeit der Leistung in ihrem Einfluss auf obligatorische Verhältnisse* (Beiträge zum Obligationenrecht, 1. Abt.), Braunschweig, 1853, p. 242; HUBER, U. *Leistungsstörungen*, cit., § 316, p. 75; CHAMIE, J. F. *La adaptación del contrato por eventos sobrevenidos.* cit., cap. II y *passim*.

17 SAVIGNY, F. *Das Obligationenrecht* als Theil des Heutigen Römischen Rechts, I, § 37, Berlín, Veit, 1851-53, p. 384 ss.

18 *Cfr.* HUBER, U. *Leistungsstörungen*, cit., § 316, p. 76.

19 "Nicht zu vetretende Unmöglichkeit" (imposibilidad inevitable).

20 CHAMIE, J. F. *La adaptación del contrato por eventos sobrevenidos.*, cit., p. 140 ss.

21 *Ibid.*

§306 BGB que establecía la nulidad de la obligación que tuviera por objeto una prestación imposible[22]. No obstante, una prestación con objeto ilícito era ya nula conforme al §134 BGB. En cuanto a la temporalidad, a partir de la disposición del §308 BGB, que se aplicaba también para sancionar la invalidez de la obligación cuando una de las prestaciones era imposible, la doctrina hubo de inferir que la imposibilidad inicial habría producido la invalidez solamente cuando hubiera sido definitiva o las partes no hubieran celebrado el contrato previendo la temporalidad[23].

Para la doctrina de la primera mitad del siglo XX, la prestación no debía ser al inicio necesariamente posible desde un punto de vista absoluto, sino más bien probable (*warscheinlich*). A esta postura se presentó otra que señaló que un impedimento temporal no podía constituir causa de imposibilidad liberatoria, a menos que se extendiera más allá del término útil para el cumplimiento (*Erfüllungszeitraum*); este aspecto había de integrarse al contenido del negocio, de allí que dicho término debía apreciarse en relación con la naturaleza, el contenido y la finalidad del contrato[24].

Con la reforma al derecho alemán de obligaciones en 2002, la disciplina de la imposibilidad sobrevenida recibió una profunda modificación al ampliarse al ámbito de aplicación de la imposibilidad (*Unmöglichkeit*) ex §275 BGB. En efecto, precisamente debido a la ausencia de una definición normativa de imposibilidad y por ende las dudas interpretativas, parte de la doctrina[25] se había limitado a distinguir entre imposibilidad sobrevenida imputable al deudor e imposibilidad no imputable, considerando que el §275 BGB establecía simplemente que el deudor se liberaba de la obligación de cumplir la prestación cuando esta se hubiese hecho imposible a causa de circunstancias sobrevenidas a él no imputables, de acuerdo, sin duda, con el sistema romanista en la medida que *casus fortuitus nullam culpam praesupponit*. De este modo, el requisito de la imputabilidad de la imposibilidad adquiría gran importancia, el BGB distinguía a su vez entre imposibilidad provocada por la conducta del deudor (§280 BGB y §325 BGB) y aquella a él no imputable (§274 BGB; §323 BGB); en particular, la doctrina había señalado que los §§ 276 ss. establecían

22 FIKENTSCHER, W. *Schuldrecht*, 9.ª ed., Berlín y Nueva York, Gruyter, 1997, p. 222 ss.

23 CHAMIE, J. F. *La adaptación del contrato por eventos sobrevenidos*. cit., p. 136.

24 LARENZ, K. *Lehrbuch des Schuldrechts*, vol. i, *Allgemeiner Teil*, 14. Aufl., Múnich, Beck, 1987, p. 305 ss.

25 *Ibid.*, p. 308 ss.

en cuáles eventos sobrevenidos el deudor habría tenido el deber de evitar para considerarse liberado de su obligación[26].

Con la reforma al derecho alemán de obligaciones en el año 2002, la imposibilidad absoluta y liberatoria del deudor fue modificada, y se la identificó con las hipótesis de la 'inaccesibilidad' (*Unerschwinglichkeit*), y de imposibilidad subjetiva de la prestación[27]. Con esto habría desaparecido la distinción entre imposibilidad objetiva y subjetiva que había caracterizado la disciplina del incumplimiento. La nueva rúbrica del §275 BGB enuncia no ya la imposibilidad inevitable, sino la cesación del deber de prestación (*Ausschluss der Leistungsplicht*), y los tres primeros incisos de la disposición establecen los casos en que dicho deber termina[28].

Pero, ¿todo esto cómo se lee en nuestro ordenamiento jurídico? La categoría 'imposibilidad' se emplea seis veces en el Código de Comercio colombiano; de ellas, dos veces se refiere a la 'imposibilidad absoluta', una vez a la 'imposibilidad por fuerza mayor'[29]. En el Código Civil ocho disposiciones normativas se refieren a la categoría 'imposibilidad'; de ellas, tres se refieren a la 'imposibilidad física', o 'física transitoria y definitiva'; las otras se refieren a la 'imposibilidad por fuerza mayor o caso fortuito'[30]. El Código de Minas

---

26 Chamie, J. F. *La adaptación del contrato por eventos sobrevenidos*, cit., p. 140.

27 Stoll, H. "Notizien zur Neuordung des Rechts der Leistungsstörungen". *Juristenzeitung (JZ)* 11 (2001), p. 589 ss.

28 Chamie, J. F. *La adaptación del contrato por eventos sobrevenidos*, cit., p. 137.

29 Art. 218 C. de Co. Causales de disolución de la sociedad comercial: 2) Por la *imposibilidad* de desarrollar la empresa social, por la terminación de la misma o por la extinción de la cosa o cosas cuya explotación constituye su objeto. Art. 706 C. de Co. Acta por protesto en letra de cambio. El acta contendrá también la firma de la persona con quien se extienda la diligencia, o la indicación de la *imposibilidad* para firmar o de su negativa. Art. 1240 C. de Co. Causas de extinción del negocio fiduciario. 2) Por la *imposibilidad absoluta* de realizarlos. Art. 1369 C. de Co. El contrato de edición termina por *imposibilidad absoluta* de realizar la obra. Art. 1501 C. de Co. La *imposibilidad* de consultar al armador o a su representante legal, produce la obligación para el capitán de embarcar y desembarcar los miembros de la tripulación. Art. 1584 C. de Co. Cuando por *fuerza mayor* el ataque o anclaje de la nave sea *imposible*, si el capitán no ha recibido órdenes o si las recibidas son *impracticables*, deberá fondear en otro puerto vecino o regresar al puerto de partida, según parezca más indicado para los intereses de las personas, de la nave y de la carga. (Cursivas fuera de texto).

30 Art. 220 C. C., sobre declaración de ilegitimidad se habla de *imposibilidad física*, así: Si el marido estuvo en absoluta *imposibilidad física* de tener acceso a la mujer desde antes de la disolución del matrimonio, se contarán los trescientos días desde la fecha en que empezó esta imposibilidad. Art. 237 C.C. sobre legitimación de derecho, habla de *imposibilidad física*. Art. 944 C.C. sobre uso imposible de la servidumbre. Se habla de *imposibilidad física transitoria* y

(Ley 685 de 2001) en el art. 208 sobre vigencia de la licencia ambiental, señala que la concesión puede terminar en forma anticipada por caducidad, renuncia, mutuo acuerdo o imposibilidad de ejecución, y también terminará la licencia. El Código de Petróleos (Decreto 1056 de 1953) en su art. 73 faculta al Gobierno para reconocer la suspensión y la restitución de los términos en los contratos de petróleos, cuando el contratista demuestre la imposibilidad de cumplirlos por fuerza mayor o caso fortuito. De imposibilidad física habla el art. 217 de este mismo código. He aquí en evidencia la función liberatoria de la responsabilidad que en la legislación cumple la imposibilidad sobrevenida no imputable.

2. IMPOSIBILIDAD OBJETIVA E IMPOSIBILIDAD SUBJETIVA

La tradición del derecho romano nos legó la regla de la eximente de responsabilidad por la fuerza mayor o caso fortuito no imputables al deudor (*vis aut casus nullam culpam praessuponit*, o, *a nullo praestantur*). En los códigos civiles que siguieron el modelo institucional, la regla se observa en el modo de

---

definitiva. De convalidación de la imposibilidad. Art. 1983. C.C. Desistimiento del contrato de arrendamiento por incumplimiento en la entrega. Se excusa de su responsabilidad por *imposibilidad* causada por la *fuerza mayor o caso fortuito*. Habrá lugar a esta indemnización aún cuando el arrendador haya creído erróneamente y de buena fe que podía arrendar la cosa; salvo que la *imposibilidad* haya sido conocida del arrendatario, o provenga de *fuerza mayor o caso fortuito*. Art. 2176 C.C. Ejecución imposible del mandato. El mandatario que se halle en *imposibilidad de obrar* con arreglo a sus instrucciones, no es obligado a constituirse agente oficioso; le basta tomar las providencias conservativas que las circunstancias exijan. Pero si no fuere posible dejar de obrar sin comprometer gravemente al mandante, el mandatario tomará el partido que más se acerque a sus instrucciones, y que más convenga al negocio. Compete al mandatario probar la *fuerza mayor o caso fortuito* que la imposibilitó de llevar a efecto las órdenes del mandante. Art. 2193 C.C. Renuncia del mandatario. La renuncia del mandatario no pondrá fin a sus obligaciones, sino después de transcurrido el tiempo razonable para que el mandante pueda proveer a los negocios encomendados. De otro modo se hará responsable de los perjuicios que la renuncia cause al mandante; a menos que se halle en la *imposibilidad de administrar* por enfermedad u otra causa, o sin grave perjuicio de sus intereses propios. Art. 2381 C.C. Derechos de rebaja del fiador por *imposibilidad de subrogación* de acciones. Cuando el acreedor ha puesto al fiador en el caso de no poder subrogarse en sus acciones contra el deudor principal, o contra los otros fiadores, el fiador tendrá derecho para que se le rebaje de la demanda del acreedor todo lo que dicho fiador hubiera podido obtener del deudor principal o de los otros fiadores por medio de la subrogación legal. Art. 2530 C.C. Suspensión de la prescripción ordinaria. No se contará el tiempo de prescripción en contra de quien se encuentre en *imposibilidad absoluta* de hacer valer su derecho, mientras dicha imposibilidad subsista. En la jurisprudencia constitucional ver sentencia C-466-14 del 9 de julio de 2014, donde la Corte se pronunció sobre la constitucionalidad del art. 2530 C.C. (Cursivas fuera de texto)

extinguir obligaciones conocido como la pérdida del cuerpo cierto, en ausencia de una categoría dogmática o una definición normativa de 'imposibilidad'. Sin embargo, en un inicio tampoco el derecho alemán contaba con una definición normativa en esta materia. Como se ha señalado en otro lugar, la ausencia de una definición normativa de 'imposibilidad' había conducido tradicionalmente a evidenciar, a partir del §275 inc. 2.º BGB, la distinción entre *Unmöglichkeit* y *Unvermögen*[31]. Relevante jurídicamente era sólo la primera, pero la distinción encontró aplicación también para los denominados contratos de duración. En los casos en los que la mora del deudor podría determinar la resolución del contrato de arrendamiento (§554 BGB), de prestación de obra (§626 BGB), de sociedad (§723 BGB), la *Unvermögen* conducía a la disolución de la relación obligatoria[32].

De esta manera, la definición de imposibilidad quedó en manos de la doctrina y la jurisprudencia. La doctrina elaboró la distinción enunciada, y la jurisprudencia la recibió como único ámbito jurídico relevante[33]. La doctrina propuso una distinción dentro de la imposibilidad: una sería la imposibilidad con base en la cual ningún deudor estaría en grado de cumplir (*was allen Menschen unmöglich ist*), y otra aquella que afecta solamente al deudor (*kann nicht der Schuldner die Leistungs erbringen*). La doctrina posterior mantuvo la distinción, pero en la imposibilidad subjetiva incluyó la hipótesis de la prestación que no fuera sostenible económicamente para el deudor, esto es, que fuera 'excesivamente onerosa'[34]. Así pues se distinguió entre aquello que sería imposible para cualquier persona de acuerdo con las leyes de la naturaleza (*Naturgesetzen menschenunmöglich*), y aquello que sería superior a las capacidades físicas, morales o financieras del deudor (*die körperlichen, geistigen und finanzielle Kräfte übersteigt*)[35].

El ordenamiento jurídico italiano también introdujo normativamente, aunque medio siglo después, la categoría de la imposibilidad sobrevenida en el Código Civil de 1942. Esta experiencia contribuye al mejor entendimiento

---

31 Chamie, J. F. *La adaptación del contrato por eventos sobrevenidos.*, cit., p. 136.

32 Traisci, F. P. *Sopravvenienze contrattuali e rinegoziazione nei sistemi di civil e di common law*, Napol,: Edizioni Scientifiche Italiane, 2003, p. 105; Reich, D. y Schmitz, P. *Einführung in das Bürgerliche Recht, Grundlagen des BGB–Allgemeiner Teil–Allgemeines Schuldrecht–Besonderes Schuldrecht – Sachenrecht*, Wiesbaden, Springer Gabler, 2.ª ed., 2013, pp. 150 ss.

33 Chamie, J. F. *La adaptación del contrato por eventos sobrevenidos.* cit., p. 136.

34 *Ibid.*

35 *Ibid.*

de la categoría. De este modo, de acuerdo con la disposición del art. 1218 c.c. it., el límite de la responsabilidad está determinado, no por la culpa, sino por la imposibilidad objetiva y no imputable de cumplir la prestación[36]. No obstante esta apreciación en la doctrina italiana, ya se dijo arriba que en la actualidad la orientación sobre el tema gira en torno a los límites del esfuerzo exigible al deudor.

A este respecto Mantello sostuvo a comienzos de este siglo que la culpa en esta materia no es un elemento constitutivo de la responsabilidad por incumplimiento sino de la imputabilidad de la imposibilidad de cumplir. De manera que, mientras la prestación sea objetivamente posible, el deudor está obligado a cumplirla; cuando la prestación se hace imposible en sentido objetivo y relativo, la obligación no se extingue y procede el resarcimiento si el deudor no prueba que dicha imposibilidad no se debió a su conducta negligente. La posibilidad de la prestación, para efectos del incumplimiento, parece en todo caso indicar una idea de culpa que puede considerarse distinta a la noción positiva de la diligencia del buen padre de familia, pero que permanece igualmente ligada al modo de ser del comportamiento debido que constituye propiamente el resultado al que se dirige la prestación[37]. En otras palabras, se refiere al esfuerzo que se le puede exigir al deudor en el caso concreto, y que este se haya esmerado en lo posible por superar el impedimento o dificultad y ni así pudo evitar las consecuencias del evento sobreviniente.

La imposibilidad en general no sería el fundamento de la liberación del deudor, sino solo aquella determinada conforme a los arts. 1256 c.c. it., sobre imposibilidad definitiva o temporal, 1257 c.c. it., sobre pérdida de la cosa, y 1258 c.c. it., sobre imposibilidad parcial. No hay duda que, con base en la disposición del art. 1218 c.c.it., la imposibilidad liberatoria sería aquella sobrevenida, total y no-imputable, siempre que el deudor pruebe que la prestación debida se hizo subjetiva y objetivamente imposible, esto es, cuando concurran el elemento objetivo de la imposibilidad y el subjetivo de la ausencia de culpa. Hay acá un énfasis en el carácter absoluto de la imposibilidad. Queda por fuera de este ámbito la resolución cuando el evento sobrevenido no genera imposibilidad sino una dificultad relevante para el cumplimiento, identificando la dificultad relevante con la hipótesis de la excesiva onerosidad sobrevenida de la prestación

---

36 MANTELLO, M. *Interpretazione funzionale e rischio cotrattuale*, Nápoles, Edizione Scientifiche Italiane, 2003, p. 357 ss.

37 *Ibid.*

(de los arts. 1467 y ss. c.c. it.; art. 868 C. de Co. col.), o bien cuando se trate de impedimentos causados por condiciones subjetivas del deudor[38].

3. LA IMPOSIBILIDAD SOBREVENIDA, PARA SER LIBERATORIA, DEBE SER ABSOLUTA

La imposibilidad que tiene la virtud de eximir de la responsabilidad se da con el perecimiento de la cosa no fungible en las obligaciones de dar, equiparado a su pérdida o a su exclusión del comercio, es decir, en los casos de la llamada imposibilidad material y de la imposibilidad jurídica. En las obligaciones de hacer, la imposibilidad libera al deudor siempre que sea absoluta y objetiva, como en los casos de pérdida de las facultades físicas necesarias para el cumplimiento[39].

La imposibilidad subjetiva o mera dificultad del deudor debe observarse a la luz de los casos en los que la dificultad se hace tan relevante que deviene en una excesiva onerosidad; ello pone en videncia que en el fondo se trata de la mayor o menor incidencia de los eventos o circunstancias sobrevenidas en las obligaciones, y en consecuencia en el cumplimiento[40].

De allí que la imposibilidad se distinga de la excesiva onerosidad pues para que nos encontremos en el campo de la primera, la exigibilidad de la prestación no puede estar sólo alterada por eventos sobrevenidos que no impiden absolutamente el cumplimiento, aunque inciden de tal manera en él que su ejecución requeriría medios y actividades razonablemente incompatibles con el tipo contractual y con la prestación acordada. Aquí el punto diferenciador, la mayor o menor incidencia del hecho sobreviniente sobre la prestación. La mayor incidencia conduce a una imposibilidad total; pero a menor incidencia se abre la cuestión sobre la relevancia jurídica de la *difficultas* cuando esta

---

38 CHAMIE, J. F. *La adaptación del contrato por eventos sobrevenidos*, cit., pp. 186 ss.; para una reciente perspectiva comparada sobre el punto ver, entre otros, ALBERTS, A. *Wegfall der Geschäftsgrundlage: Nachträgliche Äquivalenzstörungen im deutschen und französischen Vertragsrecht*, Baden-Baden, Nomos, 2016, p. 150; SCHLEPER, I. *Wegfall der Geschäftsgrundlage im deutschen und spanischen Recht*, Internationaler Verlag der Wissenschaften, Berlín, Lang, 2017, cap. I; TEICHMANN, C. "Störung des vertraglichen Gleichgewichts im deutschen Recht", en Bien, F. y Borghetti, J. (eds.), *Die Reform des französischen Vertragsrechts Ein Schritt zu mehr europäischer Konvergenz?*, Tübingen, Mohr, 2018, p. 141 ss.

39 *Cfr.* SACCO, R. "Concordanze e contraddizioni in tema di inadempimento contrattuale (una veduta d'insieme)". *Europa e diritto privato*, n.° 1 (2001), p. 131 ss.

40 CHAMIE, J. F. *La adaptación del contrato por eventos sobrevenidos*, cit., p. 186 ss.

deviene no en una imposibilidad sino en una mayor onerosidad o excesiva onerosidad no prevista, que permite un cumplimiento, pero más costoso, de allí que hablemos en unos casos de prestación imposible, en otros de inexigible, o impracticable. En últimas se trata de un problema de distribución del riesgo y de salvación adaptación del negocio.

4. LA IMPOSIBILIDAD SOBREVENIDA DEBE SER DEFINITIVA

Se exige para el efecto liberatorio de la imposibilidad que esta sea definitiva, pues la imposibilidad temporal libera al deudor solamente de la responsabilidad por el retraso en el cumplimiento, a menos que la imposibilidad subsista y se pueda fundadamente pensar que en relación con el título y la naturaleza de la obligación, no es posible considerar al deudor obligado a cumplir la prestación, o bien el acreedor ha perdido el interés en exigirla. Los conceptos teleológicos de 'título de la obligación' y 'naturaleza del objeto de la prestación', y no el tiempo de duración de la imposibilidad, están en la base de la distinción entre imposibilidad temporal e imposibilidad definitiva, tal y como enseña el derecho italiano. Es así que se deduce que el verdadero límite al periodo de suspensión no es otro que el de la frustración del interés del acreedor[41]. La no imputabilidad del hecho al deudor, expresión de la regla *casus nullam culpam praesupponit*, y la irresistibilidad del evento indican que el carácter absoluto de la imposibilidad debe ser entendido como un impedimento tal que ningún deudor estaría en grado de cumplir en las mismas condiciones[42].

5. LA IMPOSIBILIDAD SOBREVENIDA PUEDE SER IMPUTABLE AL ACREEDOR

La imposibilidad de cumplir la prestación por parte del deudor puede ser imputable al acreedor[43]. La cuestión depende del reconocimiento de un deber

41 SACCO, R. *Concordanze e contraddizioni in tema di inadempimento contrattuale*, cit., p. 653 ss.

42 CHAMIE, J. F. *La adaptación del contrato por eventos sobrevenidos.*, cit., p. 186 ss.; *id.*, "Por un derecho de contratos más solidario en tiempos de pandemia del contrato indiferente al contrato humano: «anticuerpos» para restablecer el equilibrio funcional de los contratos", en CELLURALE, M. *et alli*, *Vulnerabilidad, solidaridad y pandemia: algunas reflexiones desde el derecho civil*, Ensayos de la Revista de Derecho Privado, n.º 3, Bogotá, Universidad Externado de Colombia, 2020, p. 129 ss.

43 Ver ROLLI, R. *L'impossibilità sopravvenuta della prestazione imputabile al creditore*, Padova, Cedam, 2000, p. 201 ss.

de colaboración del acreedor hacia el deudor y que nace del principio general de buena fe en la ejecución del contrato previsto en el art. 1603 C.C.[44], que implica una regla general de comportamiento de las partes durante la ejecución de las prestaciones y la realización del sinalagma funcional. Es así como nace un deber de comportarse según la buena fe también para aquel que se obligó o enajenó un derecho bajo condición suspensiva o lo adquirió bajo condición resolutoria. Si se trata de una prestación diferida también el acreedor debe comportarse de manera tal que no obstaculice el cumplimiento, con mayor razón debería desplegarse su deber de no hacer imposible la ejecución de la prestación[45].

6. IMPOSIBILIDAD SOBREVENIDA TOTAL Y PARCIAL, TRANSITORIA Y DEFINITIVA

La imposibilidad parcial supone dos efectos alternativos: 1) la reducción de la prestación, o 2) el derecho de renuncia (*rectius*: resolución) cuando falte un interés apreciable en obtener al menos la parte todavía posible de la prestación. Pero, ¿cuál sería entonces la naturaleza de tal derecho de renuncia? Es decir, ¿acaso no se trata más bien de una verdadera y propia resolución del contrato en su forma de 'terminación'? Cabe preguntarse sobre si tal derecho es un derecho potestativo cuyo ejercicio dependería de la sola voluntad de la parte, o si bien la liberación de la contraparte debería ser declarada por el juez luego de valorar el interés del acreedor en el segmento de ejecución todavía posible, en este sentido, parte de la doctrina y la jurisprudencia han sostenido que la renuncia debe operar de derecho mediante el simple acto de parte (acto extrajudicial de renuncia)[46]. Resulta interesante notar, se insiste, que en el fondo la cuestión es determinar la incidencia del evento externo en las obligaciones. Una mayor incidencia conduce hacia la resolución, una menor incidencia conduce hacia la reducción, renegociación o adaptación; la mayor incidencia señala una imposibilidad absoluta, la menor incidencia

44 "Los contratos deben ejecutarse de buena fe, y por consiguiente obligan no solo a lo que en ellos se expresa, sino a todas las cosas que emanan precisamente de la naturaleza de la obligación, o que por ley pertenecen a ella".

45 *Cfr.* Traisci, F. P. *Sopravvenienze contrattuali*, cit., p. 44.

46 Sacco, R. *Concordanze e contraddizioni in tema di inadempimento contrattuale*, cit., 653 ss.; Roppo, V. *Il contratto*, Milán Giuffrè, 2001, p. 1011 ss.

una imposibilidad parcial, o una excesiva onerosidad, o una mera y simple dificultad irrelevante para estos efectos.

En relación con la distinción entre imposibilidad sobrevenida transitoria e imposibilidad sobrevenida definitiva, el deudor no es responsable mientras dura la imposibilidad que no le es imputable. Si la imposibilidad impide la ejecución de la prestación de forma temporal o transitoria, él no responde de la indemnización por el retardo no imputable[47], y el efecto es la suspensión en la ejecución de la prestación. En general el problema se presenta en los contratos de duración, y no obstante la eximente cuando el impedimento no es imputable, debe tenerse en cuenta el interés del acreedor y la buena fe al observar la posición del deudor. El ejemplo paradigmático es el de la suspensión del contrato de trabajo por fuerza mayor o caso fortuito[48]. Si la imposibilidad sobrevenida es definitiva, el efecto es la extinción de la obligación. En cuanto a la imposibilidad total y parcial, no parece hallarse esta distinción en el ordenamiento jurídico, pero sí habla de ella la doctrina. Parece obvio que ante una imposibilidad sobrevenida total no imputable el deudor deba liberarse. En cuanto a la imposibilidad parcial, cabe preguntarse por el interés del acreedor, pues este tiene derecho es al cumplimiento de conformidad al tenor de la obligación (art. 1627 C.C.), esto es, la ejecución de la prestación de lo que se debe, *id quod debetur* (art. 1626 C.C.).

Diferencia sustancial entre los efectos de la imposibilidad absoluta y la imposibilidad parcial, es precisamente la posibilidad de reducción del valor de la prestación. El hecho sobreviniente permite todavía un espacio para el reajuste del contrato. La imposibilidad parcial supone no sólo una disminución cuantitativa del valor de la prestación, sino también la pérdida de calidad del bien, en cuyo caso la reducción de la contraprestación debe ser fijada en un monto igual a la disminución del valor económico causada por el deterioro[49].

---

47 Art. 1616 inc. 2 C. C. [...] La mora producida por *fuerza mayor o caso fortuito*, no da lugar a indemnización de perjuicios. (Cursiva fuera de texto).

48 Art. 51. C. S. T. Subrogado por el art. 4, Ley 50 de 1990. El nuevo texto es el siguiente: El contrato de trabajo se suspende: 1. Por *fuerza mayor o caso fortuito* que temporalmente impida su ejecución. *Cfr.* Hinestrosa, F. *Tratado de las obligaciones* i, cit., p. 784. Art. 51. C. S. T. Subrogado por el art. 4, Ley 50 de 1990. El nuevo texto es el siguiente: El contrato de trabajo se suspende: 1. Por *fuerza mayor o caso fortuito* que temporalmente impida su ejecución. (Cursiva fuera de texto).

49 Traisci, F. P. *Sopravvenienze contrattuali*, cit., p. 46.

Asimismo, el deudor no puede obligar al acreedor a que reciba por partes lo que se le debe (art. 1649 C.C.). De manera que, ante un impedimento parcial, habría que ver si puede cesar la causa de la imposibilidad, y de ser así, ver si es posible cumplir de acuerdo con la obligación y si todavía está en el interés del acreedor recibir la prestación, pues no está llamado a aceptar la fracción que podría no satisfacer su expectativa de la relación obligatoria[50]. Valga decir también que, si la obligación es de cuerpo cierto, el acreedor debe recibirlo en el estado en que se halle si los deterioros causados no son imputables al deudor (art. 1648 C.C.), son sobrevenidos, y el deudor no estaba en mora. Así pues, en caso de imposibilidad sobrevenida parcial no imputable, el deudor se libera de la parte imposible de ejecutar[51].

7. DISTINCIÓN ENTRE LA IMPOSIBILIDAD SOBREVENIDA Y LA EXCESIVA ONEROSIDAD SOBREVENIDA DE LA PRESTACIÓN

La jurisprudencia colombiana distingue la imposibilidad sobrevenida, de la excesiva onerosidad sobrevenida. A esta la llama 'teoría de la imprevisión', y señala cómo supone tanto el vigor del contrato como de la prestación de futuro cumplimiento, y no faculta a la parte afectada para incumplir, pero al mismo tiempo no encarna un elemento extraño o causa de imposibilidad obligatoria. La excesiva onerosidad "procura corregir el excesivo desequilibrio ulterior, manifiesto u ostensible, evitar o conjurar los estragos a la parte obligada con los beneficios correlativos inequitativos de la otra, aspectos diversos a la capacidad económica de los contratantes"[52].

Por último, se nota la particular sutileza con la que el derecho administrativo se acerca al derecho privado. Para el Consejo de Estado el incumplimiento definitivo de la obligación se encuadra, siguiendo la doctrina, dentro de tres situaciones: 1) por la imposibilidad sobrevenida de la prestación objetiva y absoluta; 2) por la imposibilidad relativa por expiración del plazo contractual

---

50 *Cfr.* HINESTROSA, F. *Tratado de las obligaciones* I, cit., p. 786. Un ejemplo tomado de la doctrina se refiere al caso de una venta de tres semovientes y, posteriormente, pero antes de la entrega, uno de ellos perece mientras subsisten los otros dos. Sugiere que el deudor quede liberado parcialmente de su prestación en proporción a la parte imposible: VALENCIA ZEA, A. *Derecho civil* III, *Obligaciones*, Bogotá, Temis, 1968, p. 430.

51 *Cfr.* VALENCIA ZEA, A. *Derecho civil* III, *Obligaciones*, cit., p. 430.

52 CSJ, cas. civil, sentencia del 21 de febrero de 2012, M. P. William Namen Vargas.

con frustración del fin de interés público del contrato; y 3) por la decisión inequívoca de la Administración de no ejecutar el objeto contractual[53].

8. LA CAUSA EXTRAÑA NO IMPUTABLE: FUERZA MAYOR Y CASO FORTUITO. LA FÓRMULA UNITARIA DE UNA CLÁSICA DISTINCIÓN. DEFINICIÓN DE FUERZA MAYOR EN EL ORDENAMIENTO JURÍDICO. REQUISITOS PARA EXONERAR AL DEUDOR POR FUERZA MAYOR

Como se sabe, la categoría imposibilidad sobrevenida contiene los conceptos de fuerza mayor y/o caso fortuito, en la medida en que, como se ha dicho, ella es la expresión dogmática pandectista de la regla romana '*vis aut casus nullam culpam praessuponit*', o '*casus a nullo praestantur*'[54]. En los códigos civiles decimonónicos de horma institucional como el francés, y también como se sabe el colombiano, el problema que la imposibilidad sobrevenida plantea es uno conocido en la tradición secular del derecho, es el problema de la fuerza mayor o el caso fortuito, de la causa extraña fuera del control del afectado, y que justifica el incumplimiento cuando el hecho es posterior a la celebración del contrato.

Se abre paso a la extinción de la relación obligatoria de contrato, es un hecho imprevisto o imprevisible (no podía ser *razonablemente* tenido en cuenta en el momento de la celebración del contrato[55]: *casus cui prevederi non potest*), irresistible o inevitable[56] (fuera de la esfera de control, *beyond of his control*, *vis extraria cui resisti non potest*), no imputable al afectado (causa extraña, fuera de lo acostumbrado, ajeno al riesgo del afectado: *si nihil extra consuetudinem acciderit*), y sus consecuencias no fueron asumidas por este (en ejercicio de su autonomía privada no asumió ese riesgo). La regla según la cual *casus nullam culpam praessuponit*, en la pandectística se tradujo en la fórmula 'imposibilidad sobrevenida de la prestación'[57].

---

53 CE, Sec. 3.ª, exp. 18499 de 2010.

54 CHAMIE, J. F. *La adaptación del contrato por eventos sobrevenidos*, cit., *passim*.

55 *Cfr.* Unidroit Principles 2016. Art. 7.1.7

56 En la doctrina *cfr.* HINESTROSA, F. *Tratado de las obligaciones* I, cit., p. 787; OSPINA FERNÁNDEZ, G. *Régimen general de las obligaciones*, Bogotá, Temis, 1998, p. 107; en la jurisprudencia, Corte Suprema de Justicia, Sala de Casación Civil, sentencia del 18 de mayo de 1948; Sentencia del 5 de julio de 1935.

57 Ver HINESTROSA, F. *Tratado de las obligaciones* I, cit., p. 780. Para el argumento de la

En cuanto a la causa extraña, ni el Código Civil ni el Código de Comercio usan la expresión. No obstante, al revisar la jurisprudencia, más allá de que en rigor pueda haber distinción entre fuerza mayor y caso fortuito, ambas circunstancias se consideran una causa extraña, y, como veremos, de paso valga decir que la jurisprudencia exige, para que se configure la fuerza mayor, el requisito de la exterioridad.

En el ordenamiento jurídico colombiano, el artículo 1.º de la Ley 95 de 1890, que subrogó el artículo 64 del Código Civil, define la fuerza mayor o caso fortuito, así: "Se llama *fuerza mayor o caso fortuito* el imprevisto o que no es posible resistir, como un naufragio, un terremoto, el apresamiento de enemigos, los actos de autoridad ejercidos por un funcionario público, etc." (cursiva fuera de texto).

Cierto es que la definición a primera vista se acompasa con las fuentes en los Digestos de Justiniano, donde se distingue el caso fortuito como evento imprevisible, y la fuerza mayor como evento irresistible[58]. Se plantea acá una fórmula doble, 'fuerza mayor o caso fortuito', '*vis maior aut casus*', diríamos, *a nullo praestantur.* No obstante, sabemos que, a pesar de la distinción en las fuentes del digesto, ya al menos desde el medioevo la fórmula 'fuerza mayor o caso fortuito' se usaba indistintamente, como sinónimos, para referirse a la circunstancia imprevista e irresistible eximente de la responsabilidad[59].

La voz "fuerza mayor o caso fortuito" se encuentra al menos 368 veces en toda la legislación. Se halla casi siempre la pareja unida de la "fuerza mayor o caso fortuito". En la jurisprudencia en general, la expresión se encuentra al menos 5.254 veces. De estas, 1.512 veces en la Corte Suprema de Justicia, en particular 276 veces en la Casación civil, más concreto aún, en 156 sentencias de Casación civil hasta el día de hoy.

En el Código Civil colombiano se recorre la expresión 18 veces, y en el Código de comercio 23 veces. En ambos códigos con referencia a la causa eximente de la responsabilidad.

En el Código Civil colombiano se encuentra 8 veces la expresión 'caso fortuito' ella sola, sin ir acompañada de la de 'fuerza mayor'. Como se observa,

---

transformación de la regla en categoría dogmática, me permito reenviar para una visión general a CHAMIE, J. F. *La adaptación del contrato por eventos sobrevenidos*, cit., cap. II y *passim*; NEME VILLARREAL, M. L. *La buena fe en el derecho romano*, Bogotá, Universidad Externado de Colombia, 2010.

58 CHAMIE, J. F. *La adaptación del contrato por eventos sobrevenidos*, cit., cap. I y *passim*.

59 *Ibid.*

el hecho que constituya caso fortuito tiene poder liberatorio de la responsabilidad[60]. La expresión se usa en disposiciones sobre responsabilidad por incumplimiento, acciones posesorias especiales, usufructo, riesgo del cuerpo cierto, reducción del canon de arrendamiento. Se emplea la fórmula sola de 'caso fortuito' con el poder liberatorio del vínculo, con la excusa de hacerle frente a la responsabilidad por el incumplimiento. A su vez, en el mismo Código Civil se recorre la expresión con la fórmula completa, el binomio 'fuerza mayor o caso fortuito', en 8 disposiciones normativas[61]. Se observa el

60 Art. 847 C. C. El usufructuario de ganados o rebaños es obligado a reponer los animales que mueren o se pierden, pero sólo con el incremento natural de los mismos ganados o rebaños, salvo que la muerte o pérdida fueren imputables a su hecho o culpa, pues en este caso deberá indemnizar al propietario. Si el ganado o rebaño perece del todo o en gran parte por efecto de una epidemia u otro *caso fortuito*, el usufructuario no está obligado a reponer los animales perdidos, y cumplirá con entregar los despojos que hayan podido salvarse. Art. 858 C. C. Si un edificio viene todo a tierra por vetustez o por *caso fortuito*, ni el propietario ni el usufructuario son obligados a reponerlo. Art. 990 C. C. Si notificada la querella, cayere el edificio por efecto de su mala condición, se indemnizará de todo perjuicio a los vecinos; pero si cayere por *caso fortuito*, como avenida, rayo o terremoto, no habrá lugar a indemnización; a menos de probarse que el *caso fortuito*, sin el mal estado del edificio, no lo hubiera derribado. Art. 1604. [...] El deudor no es responsable del *caso fortuito*, a menos que se haya constituido en mora (siendo el caso fortuito de aquellos que no hubieran dañado a la cosa debida, si hubiese sido entregado al acreedor), o que el caso fortuito haya sobrevenido por su culpa. La prueba de la diligencia o cuidado incumbe al que ha debido emplearlo; la prueba del *caso fortuito* al que lo alega [...]. Art. 1648. Si la deuda es de un cuerpo cierto, debe el acreedor recibirlo en el estado en que se halle; a menos que se haya deteriorado y que los deterioros provengan del hecho o culpa del deudor, o de las personas por quienes éste es responsable; o a menos que los deterioros hayan sobrevenido después que el deudor se ha constituido en mora, y no provengan de un *caso fortuito* a que la cosa hubiese estado igualmente expuesta en poder del acreedor. Art. 1731. Si el cuerpo cierto perece por culpa o durante la mora del deudor, la obligación de este subsiste, pero varia de objeto; el deudor es obligado al precio de la cosa y a indemnizar al acreedor. Sin embargo, si el deudor está en mora, y el cuerpo cierto que se debe perece por *caso fortuito*, que habría sobrevenido igualmente a dicho cuerpo, en poder del acreedor, sólo se deberá la indemnización de los perjuicios de la mora. Pero si el *caso fortuito* pudo no haber sucedido igualmente en poder del acreedor, se debe el precio de la cosa, y los perjuicios de la mora. Art. 1732. Si el deudor se ha constituido responsable de todo *caso fortuito*, o de alguno en particular, se observara lo pactado. Art. 1733. El deudor es obligado a probar el *caso fortuito* que alega. Art. 2041. El colono no tendrá derecho para pedir rebaja de precio o renta, alegando *casos fortuitos extraordinarios* que han deteriorado o destruido la cosecha. Exceptúese el colono aparcero, pues en virtud de la especie de sociedad que media entre el arrendador y él, toca al primero una parte proporcional de la pérdida que por *caso fortuito* sobrevenga al segundo antes o después de percibirse los frutos; salvo que el accidente acaezca durante la mora del colono aparcero en contribuir con su cuota de frutos. (Cursivas fuera de texto).

61 Art. 1616. [...] La mora producida por *fuerza mayor* o *caso fortuito*, no da lugar a indemnización

uso, indistintamente, de ambas expresiones; el binomio en una sola fórmula. También en materia de obligaciones, en relación con la mora del deudor, en materia de arrendamientos, y en el contrato de mandato. En todas estas normas, siempre con valor eximente de la responsabilidad. Por su parte, en el Código de Comercio se usa la expresión 'fuerza mayor' ella sola, en 16 disposiciones[62].

---

de perjuicios [...]. Art. 1983. Si el arrendador, por hecho o culpa suya o de sus agentes o dependientes, se ha puesto en la imposibilidad de entregar la cosa, el arrendatario tendrá derecho para desistir del contrato, con indemnización de perjuicios. Habrá lugar a esta indemnización aún cuando el arrendador haya creído erróneamente y de buena fe que podía arrendar la cosa; salvo que la imposibilidad haya sido conocida del arrendatario, o provenga de *fuerza mayor o caso fortuito*. *Cfr.* Art. 1984. Art. 1985. La obligación de mantener la cosa arrendada en buen estado consiste en hacer, durante el arriendo, todas las reparaciones necesarias, a excepción de las locativas, las cuales corresponden generalmente al arrendatario. Pero será obligado el arrendador aún a las reparaciones locativas, si los deterioros que las han hecho necesarias provinieron de *fuerza mayor o caso fortuito*, o de la mala calidad de la cosa arrendada. Art. 2028. Las reparaciones llamadas locativas a que es obligado el inquilino o arrendatario de casa, se reducen a mantener el edificio en el estado que lo recibió; pero no es responsable de los deterioros que provengan del tiempo y uso legítimos, o de *fuerza mayor*, o de *caso fortuito*, o de la mala calidad del edificio, por su vetustez, por la naturaleza del suelo, o por defectos de construcción. Art. 2072. El acarreador es responsable del daño o perjuicio que sobrevenga a la persona, por la mala calidad del carruaje, barca o navío en que se verifica el transporte. Es asimismo responsable de la destrucción y deterioro de la carga, a menos que se haya estipulado lo contrario, o que se pruebe vicio de la carga, *fuerza mayor o caso fortuito*. Art. 2073. El acarreador es obligado a la entrega de la cosa en el paraje y tiempo estipulados, salvo que pruebe *fuerza mayor o caso fortuito*. No podrá alegarse por el acarreador la *fuerza mayor o caso fortuito* que pudo con mediana prudencia o cuidado evitarse. Art. 2176. Compete al mandatario probar la *fuerza mayor o caso fortuito* que la imposibilitó de llevar a efecto las órdenes del mandante. Art. 2179. Las especies metálicas que el mandatario tiene en su poder, por cuenta del mandante, perecen para el mandatario aún por *fuerza mayor o caso fortuito*, salvo que estén contenidas en cajas o sacos cerrados y sellados sobre los cuales recaiga el accidente o la fuerza, o que por otros medios inequívocos pueda probarse incontestablemente la identidad. (Cursivas fuera de texto).

62 Art. 788. Suspensión de la caducidad y no interrupción. Los términos de que depende la caducidad de la acción cambiaria no se suspenden sino en los casos de *fuerza mayor* y nunca se interrumpen. Art. 1003. Responsabilidad del transportador. [...] Dicha responsabilidad sólo cesará cuando el viaje haya concluido; y también en cualquiera de los siguientes casos: [...] 2) Cuando los daños ocurran por *fuerza mayor*, pero ésta no podrá alegarse cuando haya mediado culpa imputable al transportador, que en alguna forma sea causa del daño [...] Art. 1364. Procedimiento cuando la obra perece por fuerza mayor en manos del editor antes de la edición. Cuando la obra, después de haber sido entregada al editor perece por *fuerza mayor*, aquel queda obligado al pago de honorarios o regalías. Art. 1378. Responsabilidad en custodia de mercancías-cumplimiento del contrato. Salvo estipulación distinta, el consignatario es responsable de culpa leve en la custodia de las mercancías y en el cumplimiento del contrato, pero

Se observa que en la ley comercial la expresión se usa en materia de

---

no responde por el deterioro o pérdida de ellas provenientes de su naturaleza, de vicio propio o de *fuerza mayor*. Art. 1501. Funciones y obligaciones del capitán. [...] 16) Recoger a bordo [...] siempre que no se lo impida causa de *fuerza mayor* justificada ante la misma autoridad consular. Art. 1531. Soporte de daños por abordaje por fuerza mayor. En caso de abordaje ocurrido por *fuerza mayor* o por causa que no sea posible determinar en forma inequívoca, soportarán los daños quienes los hayan sufrido. Art. 1584. Imposibilidad de anclaje o atraque–fondeo o regreso forzoso. Cuando por *fuerza mayor* el ataque o anclaje de la nave sea imposible, si el capitán no ha recibido órdenes o si las recibidas son impracticables, deberá fondear en otro puerto vecino o regresar al puerto de partida, según parezca más indicado para los intereses de las personas, de la nave y de la carga. Art. 1588. Impedimento del pasajero como causal de terminación del contrato. Cuando el pasajero tenga antes de la partida un impedimento para efectuar el viaje, por causa de *fuerza mayor*, el contrato quedará terminado, pero deberá la cuarta parte del precio de dicho viaje, excluido el valor de la alimentación, cuando este haya sido comprendido en el pasaje. Art. 1594. Interrupción del viaje por fuerza mayor o culpa del pasajero. Cuando el viaje de la nave se interrumpa por *fuerza mayor*, la restitución del precio se hará con una deducción proporcional a la parte del contrato que se haya ejecutado. Pero el transportador tendrá derecho a la totalidad del precio del pasaje, si consigue en tiempo razonable y a sus expensas que el pasajero continúe el viaje en una nave de características análogas a la contemplada en el contrato y en las condiciones pactadas. Cuando la interrupción se deba a culpa del pasajero, éste deberá el precio neto del pasaje por el resto de la duración del viaje. Pero si el pasajero se vio constreñido a interrumpirlo por *fuerza mayor*, únicamente deberá la suma proporcional a la parte ejecutada del contrato. (Cursivas fuera de texto).

Art. 1596. Responsabilidad del transportador por equipaje–reglas del equipaje. El transportador será responsable para con el pasajero por el valor que éste haya declarado o, a falta de declaración, hasta el límite de diez gramos de oro puro por kilo, en caso de pérdida o avería del equipaje que le haya sido entregado, salvo que pruebe *fuerza mayor*. Pero no responderá del saqueo si el equipaje le ha sido entregado abierto o sin cerraduras. Art. 1607. Inoponibilidad del zarpe por fuerza mayor. Si el zarpe de la nave llegare a ser imposible por causa de *fuerza mayor*, el contrato se considerará terminado. Y si por la misma causa sufriere retardo excesivo, cualquiera de las partes podrá desistir del contrato. Art. 1609. Exoneración de responsabilidad por pérdida o daños–casos. El transportador estará exonerado de responsabilidad por pérdidas o daños que provengan [...] 4) De *fuerza mayor*, como hechos de guerra o de enemigos públicos, detención o embargo por gobierno o autoridades, motines o perturbaciones civiles, salvamento o tentativa de salvamento de vidas o bienes en el mar. Art. 1621. Retiro de la cosa durante el viaje. [...] Si el retiro se debe a hecho del transportador, de su representante o del capitán, dicho transportador será responsable de los gastos y del daño, a menos que pruebe *fuerza mayor*. Art. 1630. Persona encargada de la custodia de las cosas descargadas. Corresponderá al capitán o al agente marítimo la custodia de las cosas descargadas, hasta cuando se entreguen, reembarquen, depositen o vendan. Sin perjuicio de la responsabilidad del transportador, la violación de esta obligación hará responsable al capitán o al agente marítimo de los daños que se causen, salvo que acredite que se debieron a *fuerza mayor*. Art. 1670. Obligaciones del fletante por tiempo determinado de duración. El fletante por tiempo determinado no estará obligado a emprender un viaje en que se exponga a la nave o a las personas a un peligro no previsible al momento de la celebración del contrato. Del mismo modo, no estará obligado a emprender

caducidad de la acción cambiaria, de contrato de transporte marítimo, de arrendamiento de naves, y hasta de contrato de edición. Siempre para referirse a la eximente de responsabilidad, valga decir, que se entiende con la remisión al art. 1.º de la Ley 95 de 1890 que define el binomio imprevisible e irresistible. Y a la fuerza liberatoria de la responsabilidad. En el mismo Código de Comercio se emplea la fórmula completa de 'fuerza mayor o caso fortuito' en 7 oportunidades[63]. En materia de riesgos en el contrato de compraventa,

---

un viaje, cuya duración previsible exceda considerablemente, en relación con la duración del contrato, al término de éste. Salvo el caso de *fuerza mayor*, el exceso sobre la duración del contrato impondrá al fletador la obligación de pagar un flete adicional calculado en proporción al precio del contrato. Art. 1680. Obligaciones del arrendador de nave. El arrendador estará obligado a entregar la nave con todos sus accesorios, en estado de navegabilidad y provista de los documentos necesarios, y a proveer oportunamente a todas las reparaciones debidas a *fuerza mayor* o a deterioro por el uso normal de la nave, según el empleo convenido. (Cursivas fuera de texto).

63 Art. 928. Obligación de entregar. El vendedor estará obligado a entregar lo que reza el contrato, con todos sus accesorios, en las mismas condiciones que tenía al momento de perfeccionarse; y si la cosa vendida es un cuerpo cierto, estará obligado a conservarla hasta su entrega so pena de indemnizar los perjuicios al comprador, salvo que la pérdida o deterioro se deban a *fuerza mayor o caso fortuito*, cuya prueba corresponderá al vendedor. Art. 929. Riesgo de pérdida en ventas de cuerpo cierto. En la venta de un "cuerpo cierto", el riesgo de la pérdida por fuerza mayor o caso fortuito ocurrido antes de su entrega, corresponderá al vendedor, salvo que el comprador se constituya en mora de recibirlo y que la *fuerza mayor o el caso fortuito* no lo hubiera destruido sin la mora del comprador. En este último caso, deberá el comprador el precio íntegro de la cosa. Art. 937. Cosa que perece a consecuencia de un vicio. Si la cosa perece a consecuencia del vicio, no por ello dejará de tener derecho el comprador a la resolución del contrato. Mas si perece por *fuerza mayor o caso fortuito*, por culpa del comprador o porque éste enajene o transforme dicha cosa, sólo habrá lugar a la rebaja del precio a justa tasación. Art. 1294. Pérdida de las mercaderías por caso fortuito o vicio inherente de las mismas. No responderá el comisionista del deterioro o la pérdida de las mercaderías existentes en su poder, si ocurriere por *caso fortuito* o por vicio inherente a las mismas mercaderías. Art. 1417. Responsabilidad y obligaciones de los establecimientos bancarios. Los establecimientos bancarios responderán de la integridad e idoneidad de las cajillas y se obligarán a mantener el libre acceso a ellas de los usuarios, en los días y horas señalados en el contrato, o en los acostumbrados. Responderán asimismo por todo daño que sufran los clientes, salvo *fuerza mayor o caso fortuito*. Art. 1529. Definición de avería simple o particular. Son averías simples o particulares los daños o pérdidas de que sean objeto la nave o la carga, por *fuerza mayor o caso fortuito*, por vicio propio o por hechos de terceros, y los gastos extraordinarios e imprevistos efectuados en beneficio exclusivo de una u otra. Art. 1541. Calificación de arribada forzosa. La arribada forzosa es legítima o ilegítima: La legítima es la que procede de *caso fortuito inevitable*, e ilegítima la que trae su origen de dolor o culpa del capitán. La arribada forzosa se presumirá ilegítima. En todo caso, la capitanía de puerto investigará y calificará los hechos. (Cursivas fuera de texto).

de contrato de comisión, en el de cajillas de seguridad, en materia de riesgos y daños en la navegación marítima para calificar la naturaleza de los hechos constitutivos de avería simple, y de arribada forzosa; en los demás casos también como eximente de la responsabilidad. El Estatuto del Consumidor (Ley 1480 de 2011) desde luego que también incluye, en el art. 22, la expresión para referirse a la exoneración de responsabilidad.

En la jurisprudencia de la casación civil de la Corte Suprema de Justicia, de entre los centenares de fallos, basta revisar, para tener una noción: CSJ cas. civ., del 13 de diciembre de 2000, donde el caso fortuito parece emplearse como autónomo de eventos de fuerza mayor; CSJ cas. civ., del 23 de mayo de 2017, parece dar un uso igual; CSJ cas. civ., del 12 de diciembre de 2016, da un uso igual; CSJ cas. civ., del 29 de julio de 2015, parece diferenciarlas; CSJ cas. civ., del 18 de diciembre de 2012, habla de fuerza mayor o caso fortuito como causas extrañas; CSJ cas. civ., del 14 de marzo de 1938 parece distinguir fuerza mayor, caso fortuito, y elemento o causa extraña. Sobre el concepto de fuerza mayor o caso fortuito el Consejo de Estado ha delineado sus extremos, al señalar que "si bien es cierto que la fuerza mayor o caso fortuito son hechos eximentes de responsabilidad, para que tengan cabida, debe apreciarse concretamente, si se cumplen con sus dos elementos esenciales: la imprevisibilidad y la irresistibilidad"[64].

9. EL HECHO SOBREVENIDO DEBE SER INEVITABLE O IRRESISTIBLE

Como lo dice la misma Corte Suprema de Justicia,

> el hecho [...] debe ser irresistible [...] Así como la expresión caso fortuito traduce la requerida imprevisibilidad de su ocurrencia, la fuerza mayor, empleada como sinónimo de aquella en la definición legal, relieva esta otra característica que ha de ofrecer tal hecho: al ser fatal, irresistible, incontrastable, hasta el punto de que el obligado no pueda evitar su acaecimiento ni superar sus consecuencias[65].

64 Consejo de Estado, Sección Primera, sentencia del 10 de noviembre de 2016, exp. N.º 000-2013-0104101.

65 Corte Suprema de Justicia, cas. civil, sentencia del 27 de febrero de 1974.

En consecuencia, para que un hecho pueda considerarse como fuerza mayor o caso fortuito, debe concurrir este binomio, y adicionalmente se debe probar la exterioridad.

> Para ese efecto, el juez debe valorar una serie de elementos de juicio, que lo lleven al convencimiento de que el hecho tiene en realidad esas connotaciones, pues un determinado acontecimiento no puede calificarse por sí mismo como fuerza mayor, sino que es indispensable medir todas las circunstancias que lo rodearon. Lo cual debe ser probado por quien alega la fuerza mayor, es decir, que el hecho fue intempestivo, súbito, emergente, esto es, imprevisible, y que fue insuperable, que ante las medidas tomadas fue imposible evitar que el hecho se presentara, esto es, irresistible [...][66].

10. IMPREVISIÓN, IRRESISTIBILIDAD, EXTERIORIDAD

En fin, son entonces tres los requisitos para que se admita la configuración de la fórmula de 'fuerza mayor o caso fortuito': 1) imprevisión; 2) irresistibilidad; y 3) exterioridad[67].

El contratante que incumple por una imposibilidad sobrevenida puede pedir la exoneración de responsabilidad por la fuerza mayor o caso fortuito imprevisible e irresistible que no haya sobrevenido por su culpa.

La imprevisión se presenta cuando el suceso escapa a las previsiones normales, que ante la conducta prudente adoptada por el que alega el caso fortuito, era imposible preverlo, como ha dicho la Corte Suprema de Justicia, "la misma expresión caso fortuito idiomáticamente expresa un acontecimiento extraño, súbito e inesperado [...] Es una cuestión de hecho que el juzgador debe apreciar concretamente en cada situación, tomando como criterio para el efecto, la normalidad o la frecuencia del acontecimiento, o por el contrario, su rareza y perpetuidad"[68].

Según la jurisprudencia, imprevisible es el acontecimiento que no sea viable contemplar de antemano, examinando en cada situación de manera específica los siguientes criterios: 1) normalidad y frecuencia; 2) probabilidad de su

---

66 Corte Suprema de Justicia, cas. civil, sentencia del 27 de febrero de 1974.

67 Para mayores detalles en la doctrina me permito remitir a CHAMIE, J. F. *La adaptación del contrato por eventos sobrevenidos*, cit., cap. III y *passim*.

68 Corte Suprema de Justicia, cas. civil, sentencia del 27 de febrero de 1974; CE, Sección Primera, sentencia del 10 de noviembre de 2016, cit.

realización; y 3) carácter inopinado, excepcional y sorpresivo. Irresistible es la imposibilidad de oponerse al hecho, circunstancia, evento o fuerza extraña; acá se trata del criterio de la "evitación del riesgo". Dice la Corte que si se verifica uno de ellos (la imprevisibilidad o la irresistibilidad), pero no los dos, no será posible concederle eficacia alguna, ya que la fórmula es bipolar:

> [...] el contratante reprochado puede beneficiarse de la exoneración por haberse materializado, en rigor, una fuerza mayor o caso fortuito, el que obviamente supone, es elemental, la ausencia de mediación de una culpa (art. 1604, Inc. 20. del Código Civil, cabalmente interpretado), pues la referida fenomenología es expresión específica de una causa extraña, *de insoslayable vocación liberatoria*, tanto en la órbita contractual como en la extracontractual, definida –justamente– por el legislador como "[...] el imprevisto a que no es posible resistir, como un naufragio, un terremoto, el apresamiento de enemigos, los actos de autoridad ejercidos por un funcionario público, etc." (Art. 1º de la Ley 95 de 1890. Cómo no evocar el pasaje de Labeón: "Animalium uero casus mortesque, quae sine culpa accidunt, fugae... magnitudines, impetus praedonum a nullo praestantur"), hecho que en el plano jurídico produce un resquebrajamiento de la relación –o vínculo– causal que, *in radice*, inhibe la floración de responsabilidad [...][69].

La jurisprudencia de la casación civil ha entendido que este elemento de la fuerza mayor "consiste en que haya sido absolutamente imposible evitar el hecho o suceso aludido, no obstante los medios de defensa empleados por el deudor para eludirlo"[70], como también que "implica la imposibilidad de sobreponerse al hecho para eludir sus efectos"[71]. De allí que, irresistible, dice la casación civil, es lo "inevitable, fatal, imposible de superar en sus consecuencias"[72].

---

69 Corte Suprema de Justicia cas. civil, sentencia del 23 de junio de 2000; *cfr.* Corte Suprema de Justicia cas. civil, sentencia del 13 de diciembre de 2000, que señala las hipótesis que puedan caber en el denominador común 'causa extraña': donde entra la fuerza mayor o el caso fortuito, el hecho de un tercero, o la culpa exclusiva de la víctima, y que en general eximen de la responsabilidad. *Cfr.* en este sentido Corte Suprema de Justicia cas. civil, sentencia del 22 de mayo de 2000; Corte Suprema de Justicia cas. civil, sentencia del 18 de diciembre de 2012. La equipara a la fuerza mayor y al caso fortuito también Corte Suprema de Justicia cas. civil, sentencia del 24 de noviembre de 2000; 'causa extraña' como causa liberatoria de responsabilidad, fuerza mayor o caso fortuito, en Corte Suprema de Justicia cas. civil, sentencia del 7 de diciembre de 2016.

70 Corte Suprema de Justicia cas. civil, sentencia del 13 de diciembre de 1962.

71 Corte Suprema de Justicia cas. civil, del 31 de mayo de 1965, *G. J.*, tt. CXI y CXII, p. 126.

72 Corte Suprema de Justicia cas. civil, sentencia del 26 de enero de 1982, *G. J.*, t. CLXV, p. 21. A

La Corte Suprema de Justicia ha establecido otra exigencia para la configuración de la fuerza mayor: la exterioridad de la causa extraña. La exterioridad de la causa extraña se refiere a que no puede ser imputable a la culpa del agente que causa el daño, o que el evento correspondiente ha de ser externo o exterior a su actividad o su esfera de control, a su alea de riesgo. Sin embargo, la exterioridad se concreta en que "el acontecimiento y circunstancia que el demandado invoca como causa extraña debe resultarle ajeno jurídicamente", pero más allá de sostener que la causa extraña no debe poder imputarse a la culpa del agente, la cuestión va más en el sentido de que "ha de tratarse de un suceso o acaecimiento por el cual no tenga el deber jurídico de responder"[73].

Aspecto relevante señala la Corte Suprema en Sala de casación civil, pues indica que la calificación de un hecho como fuerza mayor o caso fortuito debe efectuarse en cada situación específica, ponderando las circunstancias (de tiempo, modo, y lugar) que rodearon el acontecimiento, acompasadas con las del propio agente. Dice la sala:

> [...] que no resulta propio elaborar un listado de los acontecimientos que constituyen tal fenómeno, ni de los que no lo constituyen. Por tal virtud, ha sostenido la doctrina nacional y foránea que un acontecimiento determinado no puede calificarse fatalmente, por sí mismo y por fuerza de su naturaleza específica, como constitutivo de fuerza mayor o caso fortuito, puesto que es indispensable, en cada caso o acontecimiento, analizar y ponderar todas las circunstancias que rodearon el hecho[74].

---

lo anterior debe agregarse que estos dos requisitos: la imprevisión y la irresistibilidad, deben estar presentes coetánea o concomitantemente, para la concreción de este instituto jurídico exonerativo de responsabilidad, tal y como ha sido señalado en reiterada jurisprudencia de la Corte Suprema de Justicia de forma que si se verifica uno de ellos, pero no los dos, no será posible concederle eficacia alguna, ya que esta es bipolar: *cfr.* CSJ cas. civil, sentencia del 23 de junio de 2000; CSJ cas. civil, del 26 de julio de 1995 expediente 4785; CSJ cas. civil, del 19 de julio de 1996 expediente 4469; CSJ cas. civil, del 9 de octubre de 1998 expediente 4895, entre otras. *Cfr.* también Art. 1604 Inc. 20. del C. C.; Art. 1° Ley 95 de 1890. En el mismo sentido, en la jurisprudencia de la casación civil, *cfr.* CSJ cas. civil, del 13 de diciembre de 1962, *G. J.*, t. C, p. 262; CSJ cas. civil, del 31 de mayo de 1965, *G. J.*, tt. CXI y CXII, p. 126; CSJ cas. civil, 26 de enero de 1982, *G. J.*, t. CLXV, p. 21; CSJ cas. civil, del 26 de julio de 1995 expediente 4785; CSJ cas. civil, del 19 de julio de 1996 expediente 4469; CSJ cas. civil, del 9 de octubre de 1998, expediente 4895.

73 Corte Suprema de Justicia cas. civil, sentencia del 27 de febrero de 1974.

74 Corte Suprema de Justicia cas. civil, sentencias del 20 de noviembre de 1989 y del 9 de octubre de 1998.

Así, la casación civil indica la orientación a seguir:

> [c]orresponderá entonces al Juez, en cada asunto en particular, con apoyo en el acervo probatorio pertinente, valorar si la persona afectada sabía o estaba en condiciones de saber que probablemente –posibilidad más o menos cierta y no especulativa– llegaría a padecer una concreta y determinada enfermedad que inexorablemente, por sus antecedentes sanitarios, le impidiera cumplir con el deber de prestación a su cargo, debiendo evaluar, complementariamente, si por la naturaleza de la aflicción o por la sintomatología otrora experimentadas, se podían anticipar con alguna certeza científica las crisis, vicisitudes, limitaciones o impedimentos que, en la praxis, suelen acompañar a las dolencias en la esfera médica, con menoscabo de su integridad física o mental, en cuyo caso no sería dable tener por acreditada la fuerza mayor, precisamente por quebranto de uno de sus presupuestos: la imprevisibilidad del hecho. Es por ello por lo que el juzgador, ex abundante cautela, deberá ponderar la prueba, por antonomasia técnica, con sujeción a estrictos criterios objetivos, de suyo ajenos a la mera especulación[75].

En relación con la situación actual de pandemia, cabe agregar que si las partes, por ejemplo, en una cláusula de fuerza mayor o en una cláusula MAC (Material Adverse Change), han compartido explícitamente el riesgo de deterioro del cumplimiento debido a fuerza mayor, la interpretación de la cláusula respectiva debe usarse para determinar si también incluye el riesgo de pandemia. Para las cláusulas de *fuerza mayor*, este será generalmente el caso si el contrato se concluyó antes de que se conociera la pandemia. En la medida en que esta cláusula se haya acordado efectivamente, se aplicarán las consecuencias jurídicas establecidas en ella[76].

BIBLIOGRAFÍA

Alberts, A. *Wegfall der Geschäftsgrundlage: Nachträgliche Äquivalenzstörungen im deutschen und französischen Vertragsrecht*, Baden-Baden, Nomos, 2016.

---

75 Corte Suprema de Justicia cas. civil, del 13 de diciembre de 1962, *G. J.*, t. C, p. 262; *cfr.* también Corte Suprema de Justicia cas. civil, del 26 de enero de 1982, *G. J.*, t. CLXV, p. 21; CSJ cas. civil, del 26 de julio de 1995, *G. J.*, tt. CXI y CXII, p. 126.

76 Riehm, T. "Corona und das Allgemeine Leistungsstörungsrecht", en Effer-Uhe, D. y Mohnert, A. (eds.), *Vertragsrecht in der Coronakrise*, Baden-Baden: Nomos, 2020, p. 11 ss.

Bianca, C. M. "Conversatorio en torno al derecho civil patrimonial". En: *Revista Ius et Veritas*, n°. 51, diciembre 2015.

Chamie, J. F. *La adaptación del contrato por eventos sobrevenidos. De la* vis cui resisti non potest *a las cláusulas de* hardship, Bogotá, Universidad Externado de Colombia, 2013.

Chamie, J. F. "Por un derecho de contratos más solidario en tiempos de pandemia del contrato indiferente al contrato humano: 'anticuerpos' para restablecer el equilibrio funcional de los contratos". En: M. Cellurale *et alli*, *Vulnerabilidad, solidaridad y pandemia: algunas reflexiones desde el derecho civil*, Ensayos de la Revista de Derecho Privado, n.º 3, Bogotá, Universidad Externado de Colombia, 2020.

Fikentscher, W. *Schuldrecht*, 9.ª ed., Berlín y Nueva York, Gruyter, 1997.

Hinestrosa, F. *Tratado de las obligaciones* I, *Concepto, estructura, vicisitudes*, 3.ª ed., Bogotá, Universidad Externado de Colombia, 2007.

Huber, U. *Leistungsstörungen*, Band I, Tübingen, Mohr, 1999.

Larenz, K. *Lehrbuch des Schuldrechts*, vol. I, *Allgemeiner Teil*, 14. Aufl., Múnich, Beck, 1987.

Mantello, M. *Interpretazione funzionale e rischio cotrattuale*, Nápoles, Edizione Scientifiche Italiane, 2003.

Mommsen, F. *Die Unmöglichkeit der Leistung in ihrem Einfluss auf obligatorische Verhältnisse* (Beiträge zum Obligationenrecht, 1. Abt.), Braunschweig, 1853.

Neme Villarreal, M. *La buena fe en el derecho romano*, Bogotá, Universidad Externado de Colombia, 2010.

Ospina Fernández, G. *Régimen general de las obligaciones*, Bogotá, Temis, 1998.

Reich, D. y Schmitz, P. *Einführung in das Bürgerliche Recht, Grundlagen des BGB–Allgemeiner Teil–Allgemeines Schuldrecht–Besonderes Schuldrecht – Sachenrecht*, 2.ª ed., Wiesbaden, Springer Gabler, 2013.

Riehm, T. "Corona und das Allgemeine Leistungsstörungsrecht". En: D. Effer-Uhe y A. Mohnert (eds.), *Vertragsrecht in der Coronakrise*, Baden-Baden, Nomos, 2020, p. 11 ss.

Rolli, R. *L'impossibilità sopravvenuta della prestazione imputabile al creditore*, Padova, Cedam, 2000.

Roppo, V. *Il contratto*, Milán, Giuffrè, 2001.

Sacco, R. "Concordanze e contraddizioni in tema di inadempimento contrattuale (una veduta d'insieme)". En: *Europa e diritto privato*, n.° 1, 2001.

Savigny, F. *Das Obligationenrecht als Theil des Heutigen Römischen Rechts*, I § 37, Berlín, Veit, 1851-53.

Schleper, I. *Wegfall der Geschäftsgrundlage im deutschen und spanischen Recht*, Internationaler Verlag der Wissenschaften, Berlín, Lang, 2017.

Stoll, H. "Notizien zur Neuordung des Rechts der Leistungsstörungen". En: *Juristenzeitung (JZ)* 11 (2001).

Teichmann, C. "Störung des vertraglichen Gleichgewichts im deutschen Recht". En: F. Bien y J. Borghetti (eds.), *Die Reform des französischen Vertragsrechts Ein Schritt zu mehr europäischer Konvergenz?*, Tübingen, Mohr, 2018.

Traisci, F. P. *Sopravvenienze contrattuali e rinegoziazione nei sistemi di civil e di common law*, Nápoles, Edizioni Scientifiche Italiane, 2003.

Valencia Zea, A. *Derecho civil*. III: *Obligaciones*, Bogotá, Temis, 1968.

PARTE CUARTA
REMEDIOS QUE TIENEN COMO FINALIDAD LA RECONSTRUCCIÓN DEL SINALAGMA Y LA PROTECCIÓN DE LAS PARTES

Andrea D'Angelo[*]

Justificación causal de la prestación y restituciones

Sumario: 1. El doble perfil del principio de la causa. 2. La justificación causal en los límites del área contractual. 3. Los remedios restitutorios y la reintegración del equilibrio económico contractual. 4. Remedios restitutorios, justificaciones causales y estabilidad de las transferencias de la riqueza. 5. Razones justificativas no liberales y no gratuitas. 6. Razones justificativas y liberaliad. 7. Justificación causal y carga de la prueba. 8. Actos de liberalidad y actos gratuitos. Bibliografía.

1. EL DOBLE PERFIL DEL PRINCIPIO DE LA CAUSA

De la mención que en el art. 1325 numeral 2 del Código Civil italiano (en adelante c.c it.) se hace de la causa entre los requisitos del contrato[1] –en ausencia de los cuales, al tenor de lo dispuesto en el art. 1418, inc. 2 del c.c. it., es nulo[2]–, como también de lo previsto en los arts. 2033 y 2041 del c.c. it.[3], e igualmente de muchas otras disposiciones del código, se desprende una directriz más amplia, un principio general de nuestro ordenamiento jurídico: el principio del causalismo, en virtud del cual el reconocimiento jurídico de las transferencias patrimoniales, y en general de los desplazamientos de riqueza, está subordinado a la existencia de una razón que los justifique, que sea reconocida como tal a la luz de los valores del ordenamiento[4].

Tal principio cumple una doble función: una atinente a las relaciones contractuales y la otra atraviesa diferentes sectores de la disciplina de las

---

* Profesor Emérito de la Universidad de Génova, Italia.
Traducción por María Elisa Camacho.

1 Sobre el tema *cfr.* BRECCIA, U. "s.v. art. 1325", en Navarretta E. y Orestano, A. (editores), *Commentario del codice civile, dirigido por E. Gabrielli. Dei contratti in generale, artt. 1321-1349*, Turín, UTET, 2013; DEL PRATO, E. *Requisiti del contratto. Art. 1325. Commentario Schlesinger-Busnelli*, Milán, Giuffrè, 2013.

2 *Cfr.* FRANCESCHELLI, V. *"s.v. art. 1418". Commentario Schlesinger-Busnelli, Nullità del contratto. Artt. 1418-1423*, Milán, Giuffrè, 2015; RABITTI, M. "s.v. art. 1418", en Navarretta, E. y Orestano, A. (editores), *Commentario del codice civile, dirigido por E. Gabrielli. Dei contratti in generale, artt. 1387-1424*, Turín, UTET, 2012.

3 *Cfr.* CARBONE, V. "s.v. art. 2033", y GALLO, P. "s.v. art. 2041", ambos en Lener, R. (coord.), *Commentario del codice civile, dirigido por E. Gabrielli. Della gestione d'affari, del pagamento dell'indebito, dell'arricchimento senza causa, artt. 2028-2042*, Turín, UTET, 2016.

4 Sobre la causa, v. ahora la actualizada reconstrucción de BIANCA, C. M. *Diritto civile, 3. Il contratto*, Milán, Giuffrè, 2019, pp. 409-451.

relaciones particulares, encontrando en el medio técnico de la obligación el instrumento común para la realización de la tutela.

En cuanto a la primera función, el requisito de la causa para la validez de los contratos implica la subordinación a la existencia de una justificación causal, de acuerdo con los valores del ordenamiento, para el reconocimiento de los efectos del contrato; tanto de aquellos obligatorios, que en eso encuentran su propia fuente, según la fórmula del art. 1173 del c.c. it.[5] (y por lo tanto de aquellos que se desprenden de las promesas de prestaciones y de aquellos que, de otra manera, la ley vincula al contrato, como las garantías del vendedor o del arrendador), como de aquellos llamados reales, los cuales, según lo previsto en el art. 1376 del c.c. it.[6], consisten en la transferencia de la propiedad de una cosa determinada y en la constitución o en la transferencia de un derecho real o de otro derecho.

La ausencia de causa impedirá que surjan los efectos obligatorios y la transferencia de riqueza que se desprende de la ejecución de la prestación objeto de las obligaciones contractuales. Asimismo, el defecto de tal requisito evitará que se produzca el desplazamiento patrimonial correspondiente a los efectos reales que, si el contrato fuera válido, se producirían con la sola conclusión de este, según el principio del consensualismo (del efecto traslativo del consenso) enunciado por el art. 1376 del c.c. it.

En cuanto a la segunda función, esta no concierne, como en el caso de los contratos, el reconocimiento de la transferencia de riqueza destinada a producirse en un futuro (con respecto a contratos con efectos obligatorios) o de un desplazamiento patrimonial obtenido con la sola conclusión del contrato (en el caso de los contratos con efectos reales). Por el contrario, aquella se refiere al reconocimiento de estabilidad que el ordenamiento otorga o desconoce al desplazamiento patrimonial realizado, a la transferencia de riqueza hecha mediante la ejecución de una prestación que no constituye el cumplimiento de una promesa contractual precedente, o que se produce como consecuencia de otros hechos o de otros actos no contractuales.

En todos los casos en los que se experimentan desplazamientos patrimoniales o, en general, una transferencia de riqueza que no tiene su origen en la conclusión y en la ejecución de un contrato, se manifiesta la función del

---

5 Al respecto *cfr.* PETRONIO, U. "s.v. art. 1173", en Cuffaro, V. (coord.), *Commentario del codice civile, dirigido por E. Gabrielli. Delle obbligazioni, artt. 1173-1217*, Turín, UTET, 2012.

6 *Cfr.* FRANZONI, M. *Art. 1376 Commentario Schlesinger-Busnelli, Degli effetti del contratto, vol. II (Arts. 1374-1381)*, Milán, Giuffrè, 2013.

principio causal consistente en el cumplimiento de las condiciones necesarias para reconocerles estabilidad a los efectos de aquellas vicisitudes económicas que no tienen su fundamento en el contrato. Dicha estabilidad se encuentra asegurada si se comprueba la subsistencia de una razón justificativa, a la luz de los valores del ordenamiento, de la transferencia de riqueza ya realizada; en caso contrario, la sanción de estabilidad será negada y la necesidad de restablecer el equilibrio patrimonial originario será satisfecha a través del medio técnico de una obligación restitutoria, de acuerdo con los diversos remedios ofrecidos por el ordenamiento, según la correspondiente figura jurídica.

2. LA JUSTIFICACIÓN CAUSAL EN LOS LÍMITES DEL ÁREA CONTRACTUAL

Por otra parte, las dos perspectivas evidenciadas del principio del causalismo –contractual y no contractual, de la sanción de validez y de aquella de estabilidad– manifiestan conexiones e interferencias.

En primer lugar, si el requisito de la causa se cumple y por lo tanto el contrato es válido, el desplazamiento patrimonial que aquel produce en virtud del principio del consensualismo o la transferencia de riqueza que se efectúa mediante el cumplimiento de la promesa contractual, disfrutan, junto con el reconocimiento de su validez, de estabilidad.

Sin embargo, debe advertirse que también en la hipótesis de transferencias de riqueza fundadas sobre un contrato causalmente justificado, y por lo tanto inmune de nulidad, puede suceder que, desapareciendo el vínculo contractual (como consecuencia de su anulación, rescisión, resolución, receso), se plantee un problema de estabilidad de los efectos producidos por el contrato y, por lo tanto, de restituciones de las prestaciones ejecutadas. Se trata de un ámbito del derecho de las restituciones que presenta específicas peculiaridades y plantea problemas delicados de disciplina debido a la interferencia, por una parte, entre los remedios que se desprenden del pago de lo indebido (objetivo) y del enriquecimiento sin causa, y por otra, de aquellos contractuales.

También es preciso advertir que, en algunos ámbitos de las relaciones, el problema de la justificación causal y del reconocimiento de estabilidad de las prestaciones ejecutadas se manifiesta de manera distinta respecto de aquella aplicable a los contratos, y a pesar de ello bordeando los límites del fenómeno contractual: se trata del ámbito de la liberalidad y de la gratuidad.

Constituyen justificaciones causales estrictamente contractuales: el intercambio de prestaciones, en el que la causa coincide con la relación de correspondencia entre ellas; la mutua cooperación entre los contratantes en los contratos asociativos; situaciones o relaciones distintas, concomitantes o preexistentes respecto del contrato; la previsión legal típica que implica la sanción de operaciones económicas contractuales con obligaciones o prestaciones de una sola parte; el interés patrimonial del promitente, que de manera unilateral se obliga en ausencia de una contraprestación o del pacto de efectos desfavorables para el destinatario de la promesa (de acuerdo con el procedimiento de formación regulado por el art. 1333 del c.c. it.[7], o, en los casos admitidos, según aquello, que prescinde de cualquier comportamiento formativo del promitente, previsto en el art. 1987 del c.c. it.[8]).

Diversamente, en el área de la liberalidad y de la gratuidad [cfr. §§ 6-8] el problema de la justificación causal de las prestaciones cumplidas se plantea, como se verá, en términos que no siempre pueden reducirse a un acuerdo contractual y a la causa como requisito del contrato, además de prescindir de cualquier consideración sobre los intereses patrimoniales del sujeto que se empobrece, a diferencia de lo que por lo general sucede en las variadas formas de comportarse la causa contractual.

3. LOS REMEDIOS RESTITUTORIOS Y LA REINTEGRACIÓN DEL EQUILIBRIO ECONÓMICO CONTRACTUAL

No trataré sobre los diversos remedios restitutorios reconocidos, con relación a distintas figuras, con el fin de restablecer el equilibrio económico alterado por vicisitudes económicas que no tienen una justificación causal.

Sin embargo, de manera general debe advertirse que, entre las varias vicisitudes económicas que pueden producir una transferencia de riqueza, es preciso distinguir, por una parte, aquellas traslativas de bienes determinados, cuya ejecución está condicionada por el mencionado principio del consensualismo, y, por otra, aquellas consistentes en la ejecución de prestaciones de dar y de hacer, que determinan un flujo económico por parte de un sujeto a otro cuya realización no está condicionada por el principio del consensualismo.

---

7 *Cfr.* Gallo, P. "s.v. art. 1333", en *Commentario del codice civile, dirigido por E. Gabrielli, Dei contratti in generale*, cit., como también, ahora, Conte, G. "*s.v. art. 1333*". *Commentario Schlesinger-Busnelli, La formazione del contratto. Artt. 1326-1330 y 1333-1335*, Miláno, Giuffrè, 2018.

8 *Cfr.* D'Angelo, A. "*s.v. art. 1987*". *Commentario Schlesinger, Le promesse unilaterali. Artt. 1987-1991*, Milán, Giuffrè, 1996.

En cuanto a las primeras, debe observarse que en virtud de la actuación conjunta entre el principio del causalismo (art. 1325 num. 2 del c.c. it.) y del consensualismo (art. 1376 del c.c. it.) solo pueden realizarse en el ámbito contractual, en presencia de los requisitos del acuerdo y de la causa (los casos de adquisición a título originario son independientes del principio del causalismo, o estos, unidos a un elemento contractual de la figura, asumen un rol que no justifica de manera autónoma la atribución, como en el caso de lo previsto por el art. 1153 del c.c. it.)[9]. En caso de que falte la causa, el efecto traslativo o constitutivo real no se produce, y, por lo tanto, el enajenante sigue siendo el titular del derecho y no se plantea el problema de la estabilidad de una transferencia patrimonial que efectivamente se produce. Solo puede plantearse un problema sobre la recuperación, de parte del enajenante, de la disponibilidad material de la cosa, si esta ha sido entregada al adquirente (que no ha adquirido el derecho en virtud de la nulidad que invalida el contrato).

En caso de enajenación (nula por defecto de causa) de la propiedad, el enajenante, que sigue siendo propietario, podrá recurrir a la acción reivindicatoria (art. 948 c.c. it.); por lo tanto, se tendrá que indagar sobre los términos de la relación, y de un posible concurso entre tal remedio y aquellos propiamente restitutorios.

Por el contrario, tratándose de flujos económicos cuya realización no está condicionada por el principio del consensualismo, como la transferencia de una suma de dinero o la ejecución de una prestación de hacer, el restablecimiento del equilibrio patrimonial modificado de forma injustificada es confiado solamente a los remedios restitutorios.

En este sentido, la relación entre las acciones reales y las acciones personales restitutorias está condicionada por la consideración de los diferentes regímenes de circulación de los diversos bienes y la utilidad que puede representar el objeto de la prestación ejecutada.

4. REMEDIOS RESTITUTORIOS, JUSTIFICACIONES CAUSALES Y ESTABILIDAD DE LAS TRANSFERENCIAS DE LA RIQUEZA

Sin detenerme sobre los diferentes remedios restitutorios, me limito a un análisis en torno a las justificaciones causales que son idóneas para asegurar

---

9 Sobre el tema v. ARGIROFFI, C. "*s.v. art. 1153*". *Commentario Schlesinger, Del possesso di buona fede di beni mobili. Artt. 1153-1157*, Milán, Giuffrè, 1988.

la estabilidad de una transferencia de riqueza, de tal forma que se impida la activación de los mencionados remedios, y en ausencia de las cuales, en cambio, el ordenamiento niega la estabilidad y establece una acción de restitución[10].

En primer lugar, como ya se ha dicho, el contrato, válido en virtud de la presencia del requisito de la causa, conllevará la estabilidad de los efectos reales, producidos en virtud del art. 1376 del c.c. it., y de la transferencia de riqueza realizada gracias al cumplimiento de las obligaciones asumidas (salvo, como se ha mencionado, las consecuencias de la eventual anulación, rescisión, resolución o receso).

Además de la obligación de fuente contractual, también constituye razón justificativa de la prestación cumplida, la preexistencia de obligaciones de fuentes diversas que tienen por objeto dicha prestación, es decir, de obligaciones derivadas según el diseño sistemático del art. 1173 del c.c. it., «de hecho ilícito, o de cualquier otro acto o hecho idóneo para producirlas de conformidad con el ordenamiento jurídico».

En efecto, se reconoce que cualquier obligación (calificada como "civil", para distinguirla de la obligación natural a la que se hará referencia *infra*), incluso de fuente no contractual, además de otorgar una acción al acreedor dirigida a su cumplimiento, mediante una demanda judicial de condena, y una acción resarcitoria con respecto al perjuicio derivado del incumplimiento, constituye una razón que justifica la prestación cumplida, que implica el reconocimiento de la estabilidad de la misma a favor del acreedor-*accipiens* y excluye el ejercicio de una acción restitutoria por parte del deudor-*solvens*.

La regla prevista por el art. 2940 del c.c. it., según la cual "no se admite la repetición de aquello que ha sido pagado espontáneamente en cumplimiento de una deuda prescrita", implica el reconocimiento de la persistencia de la obligación, como causa justificativa de la prestación, a pesar de la prescripción. Dado que esta última no es susceptible de ser declarada de oficio, sino que el deudor, para sustraerse de la condena, tiene la carga de oponer la excepción (art. 2938 del c.c. it.), debe considerarse que a la prescripción no le sigue precisamente la extinción del crédito. Bajo esta óptica, de la prescripción no deriva la transformación de la obligación civil en obligación natural [*cfr.* § 5], sino que es la persistencia de la primera, no obstante la prescripción, la que constituye la razón justificativa de la estabilidad de la prestación y funda la regla de la irrepetibilidad.

---

10 *Cfr.* D'Angelo, A. *Le obbligazioni restitutorie*, Turín, Giappichelli, 2015.

Además de los casos del contrato y de la obligación, esta última también de fuente no contractual, preexistente, la prestación ejecutada puede encontrar su justificación, como ya se ha mencionado, en razones que atañen a la liberalidad y a la gratuidad [*cfr.* §§ 6-8] y en otras causas, diversas tanto de la obligación civil preexistente como de la liberalidad y de la gratuidad [*cfr.* § 5].

5. RAZONES JUSTIFICATIVAS NO LIBERALES Y NO GRATUITAS

Pasemos primero a revisar estas últimas razones justificativas, no liberales y no gratuitas, sin ilustrar de manera completa el régimen.

En primer lugar, el art. 2034 del c.c. it.[11] excluye "la repetición de cuanto ha sido ejecutado espontáneamente en cumplimiento de deberes morales o sociales, salvo que la prestación haya sido ejecutada por un incapaz".

La rúbrica de tal disposición califica esos deberes morales o sociales como "obligaciones naturales", de acuerdo con una tradición terminológica arcaica que las contrapone a las obligaciones civiles. Las primeras implican, por lo tanto, un vínculo no jurídico, para cuyo cumplimiento no se reconoce una acción por parte del ordenamiento, pero que en caso de ejecución espontánea, se les concede el efecto de asegurar la estabilidad de la prestación, impidiéndole al *solvens* la repetición. En este sentido, el flujo económico realizado con la ejecución de la prestación, encuentra su justificación en la preexistencia de deberes morales o sociales (por ejemplo, la prestación en favor del conviviente *more uxorio* o el pago de intereses extralegales no pactados por escrito).

Análogo fundamento ético-social revela la disciplina de la fiducia testamentaria, enunciada en el art. 627 del c.c. it. Mientras que el primer inciso excluye que al verdadero beneficiario, que no aparece mencionado en el testamento, en el que las disposiciones testamentarias se han dispuesto a favor de otra persona, sea otorgada una acción para hacer valer la disposición querida, pero no expresada, en contraste con aquella manifestada; el segundo inciso establece que el beneficiario declarado que haya «espontáneamente ejecutado la disposición fiduciaria transfiriendo los bienes a la persona querida por el testador, no puede actuar para la repetición».

Por su parte, el art. 1933 del c.c. it. niega la acción para el cumplimiento de las deudas de juego o de apuesta (inc. 1), pero excluye la repetición de aquello

---

11 *Cfr.* CARUSI, D. *Le obbligazioni nascenti dalla legge. Trattato di diritto civile del Consiglio Nazionale del Notariato, dirigido por P. Perlingieri*, III, 15, Nápoles, ESI, 2004, pp. 240-282.

que ha sido pagado espontáneamente al concluir el juego o la apuesta que no hayan estado viciados por fraude. Se trata, por lo tanto, de ulteriores razones justificativas de transferencia de riqueza, aunque en ausencia de obligaciones civiles preexistentes a la ejecución de la prestación.

Asimismo, el art. 590 del c.c. it. excluye que la nulidad de la disposición testamentaria se pueda hacer valer "por quien, conociendo la causa de nulidad, después de la muerte del testador, haya confirmado la disposición o la haya cumplido de manera voluntaria". La ejecución de la prestación correspondiente al contenido de la disposición nula no está soportada por algún vínculo jurídico, y no podría ser impuesta judicialmente. Sin embargo, el art. 590 del c.c. it., al sancionar la irrepetibilidad, establece una razón justificativa de la transferencia de riqueza correspondiente a la operación compleja compuesta por la disposición testamentaria, aunque nula, por el conocimiento de la causa de nulidad por parte del *solvens* y el cumplimiento de la prestación efectuado por este último.

De manera análoga, el art. 799 del c.c. it. establece que "la nulidad de la donación, que dependa de cualquier causa, no puede ser hecha valer por los herederos o causa habientes del donante que, conociendo la causa de la nulidad, después de la muerte de aquel, han confirmado la donación o la han cumplido voluntariamente".

6. RAZONES JUSTIFICATIVAS Y LIBERALIDAD

Como se anticipó, también la liberalidad puede constituir, en ciertas condiciones y con relación a determinadas operaciones, una razón justificativa para la transferencia de riqueza. Con el fin de orientarse en la materia es conveniente comprender la distinción entre liberalidades donativas y liberalidades no donativas y asumir por lo tanto como referencia fundamental la donación típica definida por el art. 769 del c.c. it.[12]

Con respecto a esta área de problemas y de disciplina, la donación típica, consistente en la expresión de la voluntad liberal en la forma solemne de un acto público (art. 782 c.c. it.), adquiere importancia como instrumento contractual que permite asegurar la estabilidad de la atribución o eficacia a la promesa,

---

12 Sobre el tema, y con referencia al argumento relacionado en el texto, *cfr.* D'ANGELO, A. *Donazione*, en Roppo, V. (dir.) y Benedetti, A. M. (coord.), *Trattato dei contratti, Cessione e uso di beni*, Milán, Giuffrè, 2014, pp. 307-397.

a pesar de que no subsista alguna razón que justifique la transferencia de la riqueza – diversa de la solemne estipulación del contrato de donación – que sea reconocida por el ordenamiento.

Si la liberalidad es considerada por sí misma causa de la atribución, sin embargo el ordenamiento, valorando de manera particularmente débil la justificación causal que esa implica, condiciona su idoneidad para justificar una transferencia de riqueza, al cumplimiento del requisito formal necesario para reforzarla y para asegurar la sanción jurídica. Esta viene a subordinarse de tal manera a la adopción del esquema formal-causal de la donación típica, que consiste en la celebración solemne del contrato que enuncia el espíritu de liberalidad mediante una fórmula de donación.

Por lo tanto, el tema de la donación se encuentra relacionado con el de la justificación de los desplazamientos patrimoniales y constituye un punto de referencia crucial de la respectiva disciplina, tratándose de establecer si y en qué condiciones el ordenamiento reconoce la liberalidad, por fuera del esquema formal-causal de la donación típica, como causa justificativa de la prestación cumplida.

En tal sentido, la disposición prevista en el art. 770, inc. 2 del c.c. it., que califica de manera negativa la operación prevista, porque al tenor de la misma: "no constituye donación la liberalidad que se suele hacer con ocasión de servicios cumplidos o de todas maneras de conformidad con los usos", en realidad plasma un precepto conforme al cual las razones indicadas de la atribución integran la justificación causal, determinando el reconocimiento de estabilidad de la prestación e impidiendo su repetibilidad, sin que sea necesario para dichos efectos la estipulación del contrato de donación en la forma establecida por el art. 782 del c.c. it. Mientras que, por el contrario, la disposición, igualmente calificadora pero en sentido positivo, del art. 770, inc. 1 del c.c. it., según la cual: "constituye donación la liberalidad hecha por gratitud o en consideración de los méritos del donatario o por una remuneración especial", manifiesta un precepto que impide que las razones indicadas para la atribución valgan por sí mismas como justificación causal de las mismas, de manera que con respecto a estas últimas es negado el reconocimiento de estabilidad de la prestación y admitida su repetición, salvo que se estipule un contrato de donación en la forma prescrita por el art. 782 del c.c. it.

Por lo tanto, de tales disposiciones se infiere que están justificadas causalmente, gozan del reconocimiento de estabilidad y no están sujetas a repetición, las liberalidades habituales como consecuencia de servicios cumplidos y aquellas que de todas maneras guardan conformidad con los usos, mientras que no constituyen razones justificativas de la atribución, a falta de donación solemne, la gratitud, los méritos del beneficiario y la remuneración especial.

De manera más general, el art. 809 del c.c. it. reconoce implícitamente la estabilidad de atribuciones liberales (llamadas, según una terminología consolidada, sobre la que se controvierte su legitimidad, "donaciones indirectas") que tampoco son realizadas mediante la estipulación solemne de la donación típica. Este artículo se identifica bajo la siguiente rúbrica «normas sobre la donación aplicables a otros actos de liberalidad», y dispone que: "las liberalidades, aunque resulten de actos diversos de aquellos previstos por el art. 769 del c.c. it., están sujetas a las mismas normas que regulan la revocación de las donaciones por causa de ingratitud y por la aparición de hijos, como también a aquellas sobre la reducción de las donaciones para integrar la cuota debida a los legitimarios". En efecto, tal disposición al someter las liberalidades a las que alude, a determinadas reglas dictadas para la donación típica, reconoce su validez y estabilidad, independientemente del cumplimiento de la carga formal que el art. 782 del c.c. it. establece solamente para la donación típica.

La justificación causal de tales atribuciones consiste en la misma liberalidad, que no necesita de una forma solemne, en la medida en que, constituyendo el efecto de actos diversos de la donación, se beneficia de la validez de los mismos según sus propios requisitos. Entre tales actos pueden indicarse de manera ejemplificativa: la compraventa celebrada con un precio inferior al valor del objeto, mediante la cual el vendedor quiere enriquecer con la diferencia de valor al comprador; el contrato a favor de un tercero, mediante el cual el estipulante pretende atribuir al beneficiario la riqueza correspondiente a la prestación del promitente; así también, el pago de una deuda ajena, la renuncia a un derecho, etc.

Por último, en la hipótesis regulada por el art. 783 del c.c. it. ("donaciones de valor moderado"), la liberalidad constituye la razón que justifica la transferencia de riqueza, independientemente del soporte mediante la forma solemne, en el mismo ámbito de la donación típica. La moderación del valor, junto con la transferencia de la cosa mediante *traditio*, son los elementos de la figura que aseguran la validez y la estabilidad de la atribución liberal y exoneran de la forma solemne.

7. JUSTIFICACIÓN CAUSAL Y CARGA DE LA PRUEBA

El problema de la imputación, a cargo del *solvens* o del *accipiens*, de la carga de probar la ausencia o subsistencia de la justificación causal de la prestación, ha sido ligado históricamente al de la prueba de la liberalidad, según el interrogante tradicional si *praesumitur donatio.*

Una orientación a favor del *statu quo* inducía a presumir que la transferencia de riqueza determinada por la ejecución de la prestación por parte del *solvens* estaba justificada por el propósito liberal; por lo tanto se gravaba a aquel que actuaba para repetir lo pagado, con la carga de probar que la ejecución de la prestación había tenido lugar en virtud de un error, es decir, por la falsa suposición del *solvens* de estar obligado y no con la voluntad de realizar una atribución generosa en favor del *accipiens*. En este sentido, una tradición secular tomaba el error como presupuesto de la acción de repetición.

En el código civil italiano vigente ni la acción de repetición por lo no debido ni aquella general por enriquecimiento sin justa causa requieren la prueba del error por parte del actor; solo para la acción por el pago indebido de carácter subjetivo, el art. 2036 del c.c. it. exige la prueba del error excusable por parte del *solvens*[13].

A pesar de lo anterior, comúnmente se reconoce que quien propone la acción restitutoria sea gravado con la carga de probar la inexistencia de la justificación causal para la transferencia de riqueza.

La interpretación de esa carga no llega hasta el punto de exigir la prueba específica de la inexistencia de cualquier posible razón justificativa. A través de la prueba de las circunstancias del contexto (cualidad de las partes, relaciones personales existentes entre ellas, oportunidad de la prestación) se podrán formar presunciones que sean atendibles sobre las razones que han determinado la ejecución de la prestación; y en este sentido podrá una vez más manifestarse la alternativa entre liberalidad y error e imponerse la solución de la misma en uno u otro sentido (y, en el caso en el cual se llegue a calificar la atribución como liberal, el juicio de validez, y estabilidad, o no, dependerá de la aplicación de las reglas en virtud de las cuales la liberalidad es idónea para justificar el desplazamiento patrimonial independientemente de la observancia de la carga formal requerida para la donación típica: cfr. § 6).

8. ACTOS DE LIBERALIDAD Y ACTOS GRATUITOS

La relación entre las nociones de los actos de liberalidad y los actos gratuitos sigue siendo materia de un debate todavía encendido. En realidad el tema

---

13 *Cfr.* CARUSI, D. *Le obbligazioni nascenti dalla legge*, cit., pp. 177-181.

trasciende el de las restituciones e involucra toda una serie de cuestiones adicionales sobre su regulación (acción de reducción, colación, acción revocatoria), y no parece atendible proyectar la solución de los diversos aspectos a la reconstrucción de conceptos que sean aplicables a todos los casos.

Si, en sentido general, se afirma que todas las liberalidades también son actos gratuitos, de manera particular se discute si las prestaciones de hacer pueden constituir el objeto de una liberalidad o si solo pueden ser objeto de actos gratuitos. Dicha cuestión se refiere especialmente al problema de la posible inherencia, a la donación típica, del acuerdo relativo a la ejecución de prestaciones de hacer sin una contraprestación y de la necesidad o no, para su validez y estabilidad, de la forma del acto público[14].

Estos problemas no son susceptibles de plantearse con relación a los contratos gratuitos típicos, en cuyo caso su reconocimiento por parte del ordenamiento jurídico reviste de validez el contrato (y de estabilidad de las prestaciones cumplidas) independientemente tanto de la observancia de la forma solemne como de cualquier otra valoración de carácter causal.

Por el contrario, la cuestión se plantea en el caso de los contratos gratuitos atípicos que pueden ser estipulados en virtud del principio de la autonomía privada, con respecto a los cuales se plantea un problema de causa y –a falta de una justificación de intercambio o de interés patrimonial de la parte que ejecuta la prestación sin una contraprestación– de encuadramiento dentro de la donación típica, con la consiguiente necesidad de cumplir el esquema causal-formal de la donación.

Sin embargo, si se duda sobre la validez de la promesa gratuita y desinteresada de hacer, que no se encuentra revestida por el esquema formal-causal de la donación típica, de otra parte la jurisprudencia reconoce la estabilidad de las prestaciones de hacer que han sido ejecutadas, aunque en ausencia de una declaración previa de donación formal y de una correspondiente justificación causal, por lo menos, mientras subsista el interés patrimonial del *solvens*. Por lo anterior, si resulta inconsistente el fundamento normativo y sistemático de tal orientación, no obstante, desde el punto de vista del reconocimiento del derecho vivo, debe contarse, entre las diversas razones justificativas de una transferencia de riqueza, también la ejecución gratuita de prestaciones de hacer.

---

14 Sobre este tema *cfr.* de nuevo D'Angelo, A. "Donazione", cit., pp. 328-332.

BIBLIOGRAFÍA

ARGIROFFI, C. s.v. art. 1153, en *Commentario Schlesinger. Del possesso di buona fede di beni mobili. Artt. 1153-1157*, Milán, Giuffrè, 1988.

BIANCA, C. M. *Diritto civile*, 3. *Il contratto*, 3.ª ed., Milán, Giuffrè Francis Lefebvre, 2019.

BRECCIA, U. s.v. art. 1325, en *Commentario del codice civile*, dirigido por E. Gabrielli. *Dei contratti in generale, artt. 1321-1349*, a cargo de E. Navarretta y A. Orestano, Turín, UTET, 2013.

CARBONE, V. s.v. art. 2033, *Commentario del codice civile*, dirigido por E. Gabrielli. *Della gestione d'affari, del pagamento dell'indebito, dell'arricchimento senza causa, artt. 2028-2042*, a cargo de R. Lener, Turín, UTET, 2016.

CARUSI, D. "Le obbligazioni nascenti dalla legge", en *Trattato di diritto civile del Consiglio Nazionale del Notariato*, dirigido por P. Perlingieri, III, 15, Nápoles, ESI, 2004, pp. 240-282.

D'ANGELO, A. (a cargo de), *Le obbligazioni restitutorie*, Turín, Giappichelli, 2015.

D'ANGELO, A. *Donazione, en Trattato dei contratti*, dirigido por V. Roppo y codirigido por A. M. Benedetti, II, *Cessione e uso di beni*, Milán, Giuffrè, 2014, pp. 307-397.

D'ANGELO, A. s. v. art. 1987, en *Commentario Schlesinger, Le promesse unilaterali. Artt. 1987-1991*, Milán, Giuffrè, 1996.

DEL PRATO, E. Requisiti del contratto. Art. 1325, en *Commentario Schlesinger-Busnelli*, Milán, Giuffrè, 2013.

FRANCESCHELLI, V. s.v. art. 1418, en *Commentario Schlesinger-Busnelli, Nullità del contratto. Artt. 1418-1423*, Milán, Giuffrè, 2015.

FRANZONI, M. s.v. art. 1376, in *Commentario Schlesinger-Busnelli, Degli effetti del contratto*, vol. II (arts. 1374-1381), 2.ª ed., Milán, Giuffrè, 2013.

GALLO, P. s.v. art. 2041, *Commentario del codice civile*, dirigido por E. Gabrielli. *Della gestione d'affari, del pagamento dell'indebito, dell'arricchimento senza causa, artt. 2028-2042*, a cargo de R. Lener, Turín, UTET, 2016.

GALLO, P. s.v. art. 1333, en *Commentario del codice civile*, dirigido por E. Gabrielli, *Dei contratti in generale*, cit., como también, ahora, G. Conte, s.v. art. 1333, en *Commentario Schlesinger-Busnelli, La formazione del contratto. Artt. 1326-1330 y 1333-1335*, Miláno, Giuffrè, 2018.

PETRONIO, U. s.v. art. 1173, en *Commentario del codice civile*, dirigido por E. Gabrielli. *Delle obbligazioni, artt. 1173-1217*, a cargo de V. Cuffaro, Turín, UTET, 2012.

RABITTI, M. s.v. art. 1418, en *Commentario del codice civile*, dirigido por E. Gabrielli. *Dei contratti in generale*, artt. 1387-1424, a cargo de E. Navarretta y A. Orestano, Turín, UTET, 2012.

Jorge Herrera M.*

Las restituciones consecutivas a la ineficacia del contrato en el derecho colombiano

Sumario. 1. Introducción. 2. La regla de principio: el retorno al *statu quo ante.* 2.1. El efecto retroactivo derivado de la regla de vuelta al *statu quo ante.* 2.2. La restitución *in natura* de la prestación recibida. 3. La temperación de la regla de retorno al *statu quo ante.* 3.1. La consideración del estado subjetivo del *accipiens.* 3.1.1. La remisión a las reglas relativas a la acción reivindicatoria. 3.1.2. La influencia del estado subjetivo del *accipiens* sobre las obligaciones restitutorias. 3.1.2.1. La imposibilidad de restituir *in natura* la prestación principal. 3.1.2.1.1. La importancia del origen de la imposibilidad de restituir *in natura* la obligación principal. 3.1.2.1.2. La apreciación económica de la prestación ejecutada. 3.1.2.2. La restitución de las prestaciones complementarias. 3.1.2.2.1. Deterioros. 3.1.2.2.2. Mejoras. 3.1.2.2.3. Frutos. 3.1.2.2.4. Expensas de conservación. 3.2. Las excepciones a la restitución según la causa de ineficacia del contrato. 3.2.1. La limitación o exclusión de las restituciones en materia de nulidad. 3.2.2. La resolución (terminación) con efectos *ex nunc* de los contratos de tracto sucesivo. 4. Los regímenes propios a otras causas de ineficacia y tipos contractuales. 5. Conclusión. Bibliografía.

1. INTRODUCCIÓN

El régimen de las restituciones tiene una relevancia práctica marcada en la medida en que permite determinar los rubros y los montos de las condenas en contenciosos contractuales de diversa naturaleza. Se trata de una materia compleja, con importantes puntos de incertidumbre y de debate en nuestro ordenamiento jurídico. Dicha complejidad deriva en parte del hecho de que la eliminación del contrato del mundo jurídico y material implica tener en cuenta diversos factores, tales como el motivo que ocasionó su desaparición, la naturaleza de las prestaciones ejecutadas, las eventuales interferencias con la responsabilidad que pueda ser atribuida a uno o ambos contratantes, así como el tiempo transcurrido entre la ejecución de las prestaciones y el anonadamiento del contrato. Pese a ello, este tema ha merecido poca atención de la doctrina nacional[1]. Si echamos un vistazo al derecho comparado, el

* Docente investigador del Departamento de Derecho Civil de la Universidad Externado de Colombia.

1 No obstante, ver HINESTROSA, F. "Las restituciones consecuenciales a la eliminación del contrato", en Pizarro, C. y Mantilla, F. (coords.), *Estudios de derecho privado en homenaje al profesor Christian Larroumet*, Bogotá, Universidad del Rosario, 2008, pp. 463 y s. RODRÍGUEZ OLMOS, J. "Restituciones consecuenciales a la 'eliminación' del contrato: reflexiones a partir

régimen de las restituciones está lejos de la homogeneidad, pues en el confluyen reenvíos al pago de lo no debido, al enriquecimiento sin justa causa o al régimen de la acción reivindicatoria, aunque también regímenes autónomos o la combinación de ambos.

En derecho civil, el término de *restituciones* comprende un sinnúmero de hipótesis. De manera general, las restituciones proceden de todos aquellos casos en los que la causa de la prestación ejecutada no existía *ab initio* o ha dejado de existir[2]. En otras palabras, las restituciones tienen lugar cuando una persona ha ejecutado un comportamiento que jurídicamente podría calificarse de prestación, no obstante lo cual esta carece de causa en el instante de su ejecución o la cláusula o el contrato que la fundó es privado posteriormente, total o parcialmente, de efectos jurídicos. En ambos casos, dicha carencia actual o sobrevenida de causa conduce a que se plantee una situación en la que el derecho debe intervenir para decidir si quien ejecutó dicha prestación puede solicitar su reversión. Hipótesis de restituciones pueden encontrarse en el derecho de sucesiones[3]; en el ámbito cuasicontractual, como el pago de lo no debido[4]; y en el derecho de bienes, en particular como consecuencia del triunfo de la acción reivindicatoria (art. 961 y s. Código Civil). En este escrito circunscribiremos su estudio al ámbito contractual y, dentro de este, a las restituciones consecutivas a la ineficacia del contrato o, en términos menos rigurosos, a su aniquilación, como consecuencia del ejercicio de un remedio contractual[5].

---

de algunas tendencias en el derecho comparado", en *Estudios de derecho civil en memoria de Fernando Hinestrosa*, t. II, Bogotá, Universidad Externado de Colombia, 2014, pp. 457 y ss.

2 El Código Civil también utiliza el término de *repetición* o de *acción de repetición* para referirse, en términos generales, a los casos en los que una persona puede reclamar la restitución de lo que ha originariamente ejecutado en favor de otro (p. ej., arts. 1542, inc. 2.º, 1525, 2283, 2313 C. Civ.).

3 P. ej., como consecuencia del ejercicio de la anulación o la rescisión de una partición (art. 1405 C. Civ.) o de la rescisión de la aceptación de una herencia (art. 1291 C. Civ.).

4 C. Civ., arts. 2313 y s.

5 En el ámbito contractual, las restituciones pueden hacer referencia también a aquellas hipótesis en las que del contrato (ej. mutuo, comodato, depósito, arrendamiento) o de pactos accesorios al contrato surge la obligación de devolver lo recibido. En estos casos, las restituciones no son consecuencia de una sanción a una anomalía ocurrida en la formación o en el transcurso del contrato, sino de la ejecución misma de lo acordado por los contratantes. Sobre los pactos accesorios, podemos mencionar en particular aquellos accesorios al contrato de compraventa, que en realidad son condiciones resolutorias expresas que operan bajo circunstancias determinadas,

Al respecto, hemos de anotar que los remedios contractuales son los mecanismos que permiten responder a diversas vicisitudes que pueden presentarse en el *iter contractus*, tales como la invalidez, el desequilibrio significativo de las prestaciones pactadas, la inejecución u otras anomalías que pueden sobrevenir en el curso de la ejecución del contrato. Dichos remedios pueden conducir a tornar ineficaz un contrato, entendiendo por contrato ineficaz aquel "que no produce efectos o, más precisamente, aquel que por el motivo que sea, interno o exterior, no produce o deja de producir efectos que le son propios, en general, o en atención a su naturaleza, o en fuerza de las estipulaciones específicas de las partes"[6].

Puede tratarse de una ineficacia por un factor originario, como aquella que resulta de la nulidad o de la rescisión por lesión enorme. Igualmente, puede tratarse de una ineficacia sobrevenida debido al acaecimiento de un evento constitutivo de fuerza mayor, de la resolución del contrato por incumplimiento, de la terminación por excesiva onerosidad, incluso del ejercicio de la acción pauliana o de la declaración de simulación absoluta de un contrato. Ellas pueden ser consecuencia de una forma de ineficacia que necesite declaración judicial, como la nulidad o la resolución del contrato por incumplimiento, o sin necesidad de ella, como en el caso del cumplimiento de una condición resolutoria expresa.

Además, dichos remedios pueden conducir a privar, total o parcialmente, al contrato de sus efectos negociales y finales o, en otros casos, solamente de estos últimos. En el primer caso, la ineficacia implica suprimir el vínculo jurídico que ataba a las partes y, con ello, todas las obligaciones generadas por el contrato, como en el caso de la nulidad total o la resolución por incumplimiento de un contrato de ejecución instantánea. En el segundo caso, la ineficacia suprime parte del reglamento de intereses particulares previsto por los contratantes según la función de la figura empleada, sin romper el vínculo compromisorio que los ata, como en el caso de una cláusula que deba ser considerada ineficaz de pleno derecho o de la nulidad parcial de un contrato.

Ahora bien, no todo contrato ineficaz da lugar a restituciones. Las restituciones entran en juego cuando ha habido una ejecución parcial o total de

---

tales como el pacto de retroventa (art. 1939 C. Civ.), el pacto de mejor comprador (art. 1944 C. Civ.) y el pacto de reserva de dominio (art. 952 C. Com.).

6 Hinestrosa, F., *Tratado de las obligaciones* II, *De las fuentes de las obligaciones: el negocio jurídico*, v. II, Bogotá, Universidad Externado de Colombia, 2015, pp. 679 y 680.

las prestaciones contractuales y, además, siempre que los efectos del negocio que fueron abolidos correspondan a los que dieron lugar a ellas. Por esta razón, no estudiaremos las hipótesis en las que el contrato no tuvo un inicio de ejecución o cuando el remedio contractual no tiene consecuencias sobre los efectos jurídicos ya surtidos por el contrato.

Si el contrato ha sido ejecutado total o parcialmente, la ineficacia puede traducirse en la devolución de todo o parte de aquello que había sido primitivamente ejecutado por cada una de las partes. En efecto, la privación de los efectos jurídicos del negocio puede conducir, de rebote, al surgimiento de una obligación de restituir aquello que fue recibido de la contraparte. Esta supresión de efectos en el mundo etéreo del derecho debe tener una traducción en el mundo material. Así pues, las restituciones no constituyen en sí mismas un remedio contractual, sino que ellas forman parte y son la consecuencia del ejercicio de uno de ellos y, aún más, permiten la realización plena de sus efectos[7]. Ellas están siempre precedidas de la puesta en marcha de un remedio contractual ante una situación de invalidez[8], incumplimiento o desequilibrio contractual. Y por ello, aunque las partes no soliciten la regulación de las

---

7 Comp. Bargelli, E. *Il sinallagma rovesciato*, Milán, Giuffre Editore, 2010, pp. 266 y ss., 311, 419 y ss., 472 y ss. La autora propone concebir las restituciones como una tutela o un remedio contractual, a las que se refiere como remedios "secundarios" –por oposición a los remedios "primarios" (nulidad, anulabilidad, resolución por incumplimiento)–, puesto que el derecho a pedir la restitución de lo ejecutado no solamente permite eliminar las trazas del contrato ejecutado, sino también constituye una tutela (tutela restitutoria) –diferente de aquella tutela que brindan los remedios "primarios" y de la tutela resarcitoria– para el contratante en la medida en que le permite mantener un control sobre la prestación luego de haberla ejecutado, ya sea para su recuperación *in natura* o por equivalente cuando no sea posible esta última. El remedio "secundario" tiene una relación funcional con el remedio "primario", pues solamente opera cuando no entra en contradicción con este y su alcance está determinado por la finalidad o fundamento del remedio "primario". Esta concepción se debe en parte a que, en el derecho italiano, a diferencia del derecho colombiano, la demanda de las restituciones no se considera contenida implícitamente en la pretensión de la nulidad, la rescisión o la resolución del contrato.

8 Hinestrosa, F. *Tratado de las obligaciones* II, *De las fuentes de las obligaciones: el negocio jurídico*, v. II, cit., p.776, n.° 1138: "… la restitución no es corolario indispensable de la nulidad, como tampoco requisito suyo de procedibilidad, mientras que la nulidad es presupuesto lógico y cronológico de la restitución, de manera que las dos acciones se pueden acumular en una misma demanda, incluso está presente el deber del juez de disponer el reintegro *ex officio*, pero siempre a consecuencia de la prosperidad de la nulidad. En una palabra, puede haber nulidad sin restituciones, pero no puede concebirse la restitución sin un pronunciamiento de nulidad".

restituciones mutuas, el juez debe pronunciarse de oficio sobre ellas[9], pues se entiende que dicha pretensión está implícita en aquella en la que se pide la declaración de nulidad[10] o resolución[11] del contrato.

A diferencia de otros ordenamientos[12], el Código Civil colombiano no contiene ningún capítulo específico que establezca un régimen común o unitario de las restituciones consecutivas a la ineficacia del contrato. En cambio, existen normas particulares en función de la causa que da lugar a ellas. Por ello, el tema de las restituciones pasa necesariamente por el estudio de las hipótesis más sobresalientes regladas por la ley, como son aquellas relativas a la declaración de la nulidad del contrato y al acaecimiento de una condición resolutoria, sea la ordinaria o la tácita por incumplimiento. Además, existe una disposición particular relativa a la resolución del contrato de compraventa cuando el comprador incumple su obligación de pagar el precio (art. 1932 C. Civ.). Esta regla particular es importante porque, además de haber dado lugar a un importante número de sentencias de la Corte Suprema de Justicia, ha sido

---

9 Comp., en derecho italiano, las restituciones no se consideran contenidas implícitamente en la demanda de nulidad, de rescisión o de resolución, razón por la cual deben formularse en una pretensión aparte de manera expresa. Ver MOSCATI, E. "Caducazione degli effetti del contratto e pretese di restituzione (L'esperienza del diritto italiano)", en Vacca, L. (coord.), *Caducazione degli effetti del contratto e pretese di restituzioni*, Turín, Giappichelli Editore, 2006, pp. 144.

10 Corte Suprema de Justicia, Sala Civil, 24 de febrero de 2003, M. P. José Fernando Ramírez, exp. n.° 6610: "… la Corte desde antaño ha reconocido la 'oficiosidad' del juzgador en el punto, sobre la base de considerar que su reclamo está incluido implícitamente en la pretensión de nulidad". Si la nulidad no fue solicitada, pero el juez la declaró de oficio –en los casos en los que la ley lo autoriza–, la sentencia también deberá organizar las restituciones subsiguientes a dicho pronunciamiento. Ver Corte Suprema de Justicia, 1.° de abril de 1987, M. P. Rafael Romero Sierra, *G. J.* CLXXXVIII, p. 132.

11 Corte Suprema de Justicia, Sala Civil, 2 de octubre de 2002, M. P. Jorge Antonio Castillo, exp. n.° 5592: "… cuyo reconocimiento puede hacerse, aún de oficio, en tanto constituye extremo ínsito en la pretensión resolutoria a manera de obligado complemento".

12 A diferencia por ejemplo del derecho francés, en el que la reforma de 10 de febrero de 2016 (*Ordonnance* n° 2016-131) introdujo un capítulo (art. 1352 y s.), en el régimen general de las obligaciones, que sienta un conjunto de reglas que tienen la aspiración de erigirse en disciplina común de las restituciones consecutivas al ejercicio de diversos remedios contractuales, así como al pago de lo no debido.

aplicada, por vía de interpretación extensiva, a otros contratos, en particular a los contratos de promesa de compraventa[13] y de permuta[14].

Plan. A partir de ese cúmulo de reglas, la doctrina y la jurisprudencia han identificado un efecto común a los regímenes de la nulidad y de la resolución del contrato. En ambos, las partes deben ser restituidas al estado anterior a la conclusión del contrato, lo cual "es una mera consecuencia lógica de la supresión del contrato, que impone eliminar sus efectos, o sea la desvinculación plena de las partes y las restituciones mutuas"[15] . Con respecto a esta regla de retorno al *statu quo ante*, se debe realizar una distinción importante. En primer lugar, esta regla tiene como consecuencia la restitución de las prestaciones recibidas por cada una de las partes en virtud del contrato nulo o resuelto. Se trata de una regla común en virtud de la cual cada parte debe devolver lo que recibió, pero no más ni menos de lo que recibió (principio de *restitutio in integrum*), y ello sin importar la causa que produjo la ineficacia del contrato. Además, sobre el plano teórico, dicha regla implica la aplicación de un régimen objetivo en la medida en que no tiene en cuenta el conocimiento o la culpa de las partes con respecto al motivo que origina la aniquilación del contrato. La restitución integral opera cabalmente en cuanto a la obligación de restituir *in natura* las prestaciones recibidas (2).

En segundo lugar, la regla de retorno al *statu quo ante* conlleva la restitución de prestaciones adicionales, anejas a las prestaciones principales recibidas, tales como aquellas relativas a los frutos, deterioros, mejoras y gastos de conservación de los bienes entregados, con respecto a las cuales dicha regla de principio es hondamente matizada toda vez que el ordenamiento, para determinar su disciplina, introduce como elemento de apreciación el estado

---

13 Corte Suprema de Justicia, Sala Civil, 6 de julio de 2000, M. P. José Fernando Ramírez, exp. 5020. Corte Suprema de Justicia, Sala Civil 4 de junio de 2004, M. P. Manuel Ardila Velásquez, exp. 7748: tratándose del incumplimiento de la obligación de pagar el precio de un contrato de promesa de compraventa, la Corte afirma que "la normatividad que ha de aplicarse al tema de las restituciones entre las partes que de ello se derivan, no será la que en general regula el evento del cumplimiento de la condición resolutoria, sino el art. 1932 de dicho ordenamiento, aplicable por interpretación extensiva...". Reiterada posteriormente, Corte Suprema de Justicia, Sala Civil, 17 de agosto de 2016, M. P. Ariel Salazar Ramírez, SC11287-2016.

14 Corte Suprema de Justicia, Sala Civil, 6 de julio de 2007, M. P. Carlos Ignacio Jaramillo, exp. 7386.

15 Hinestrosa, F. (conjuez), salvamento de voto en la sentencia Corte Suprema de Justicia, Sala Civil, 21 de marzo de 1995, M. P. Pedro Lafont Pianetta, exp. 3328.

subjetivo del *accipiens* –su buena o mala fe–, además de otras diferencias según la causa que da lugar a la ineficacia del contrato (3).

Por último, si bien en la primera parte del escrito nos referimos a los principales remedios contractuales (nulidad, resolución por incumplimiento) que conllevan la ineficacia del contrato, es necesario agregar que el ordenamiento jurídico reconoce otras causas de ineficacia que pueden dar lugar a la restitución de las prestaciones ejecutadas y establece disciplinas particulares propias a ciertos contratos. Por ello, en puridad, deberíamos referirnos a los regímenes –en plural– de las restituciones consecutivas a la ineficacia del contrato (4).

2. LA REGLA DE PRINCIPIO: EL RETORNO AL *STATU QUO ANTE*

El régimen colombiano en materia de restituciones ha sido descrito como "un modelo unitario que hace derivar las restituciones directamente y de forma autónoma de la nulidad (absoluta o relativa) o de la resolución, si bien [...] por remisión legal expresa termina habiendo una interferencia con la disciplina de la reivindicación"[16]. Esa uniformidad de principio deriva del hecho de que tanto la nulidad como la resolución del contrato llevan a que las partes deban ser restituidas a un estado semejante a aquel existente en el momento de la conclusión del contrato o, si se quiere ser más preciso, a aquel en que se encontrarían las partes de no haber ejecutado ninguna prestación[17]. De dicha regla de retorno al *statu quo ante* se desprende tradicionalmente la aplicación de un efecto retroactivo que persigue la eliminación integral de los efectos producidos por el contrato (2.1). En virtud de dicha regla, cada una de las partes tiene derecho a la restitución *in natura* de todo aquello que ejecutó en favor de su contratante en virtud del contrato anulado o resuelto (*restitutio in integrum*) (2.2).

2.1. EL EFECTO RETROACTIVO DERIVADO DE LA REGLA DE VUELTA AL *STATU QUO ANTE*

Sobre el plano teórico, la regla común a la declaración de nulidad, a la realización de una condición resolutoria ordinaria y a la resolución del contrato por

---

16 Rodríguez Olmos, J. "Restituciones consecuenciales a la 'eliminación' del contrato: reflexiones a partir de algunas tendencias en el derecho comparado", cit., p. 472.

17 Hinestrosa, F. "Las restituciones consecuenciales a la eliminación del contrato", cit., p. 465.

incumplimiento, según la cual las partes deben ser restituidas al estado anterior a la conclusión del contrato, instaura un régimen objetivo en la medida en que no tiene en cuenta elementos subjetivos relacionados con la imputabilidad o el conocimiento de la causa de anonadamiento del contrato para fijar el alcance de las obligaciones restitutorias. En virtud de dicha regla,

> cada parte ha de devolver lo que recibió, tal cual, independientemente de si dio lugar o no a la disolución del contrato; el mismo objeto, sin que para ello quepa valorar su conducta precontractual y contractual de modo de relevarla de obligación o aligerar sus deberes, o para agravarlos o disminuirle sus prerrogativas, en su orden, según su corrección o deslealtad en la fase precontractual, o su cumplimiento o incumplimiento de las obligaciones contractuales[18].

Comenzando por la nulidad, el artículo 1746 C. Civ. indica que su declaración "da a las partes derecho para ser restituidas al mismo estado en que se hallarían si no hubiese existido el acto o contrato nulo; sin perjuicio de lo prevenido sobre el objeto o causa ilícita". Por su parte, el artículo 1544 dispone que "[c]umplida la condición resolutoria, deberá restituirse lo que se hubiere recibido bajo tal condición". La jurisprudencia aplica este último artículo tanto a la condición resolutoria ordinaria como a la condición resolutoria tácita por incumplimiento, pero en cuanto a esta última solamente cuando se trata de contratos a ejecución instantánea[19]. Al respecto, la Corte Suprema ha afirmado que, si la resolución decretada judicialmente "resuelve el contrato, esto es, destruye o deshace retroactivamente (salvo excepciones) el vínculo contractual sobre el cual aquella recae, se tiene, conforme a los arts. 1546, 1544 y 1545 C.C., que extinguida la causa negocial se extinguen igualmente sus efectos retornando las cosas a su estado anterior con las consiguientes restituciones mutuas"[20]. De igual forma, tratándose de la resolución del contrato de compraventa por no pago del precio por el comprador (art. 1932 C. Civ.), la Corte ha afirmado que el régimen especial allí consagrado es una expresión del principio de la vuelta al estado de cosas anterior a la celebración del contrato[21].

---

18 Hinestrosa, F. (conjuez), salvamento de voto en la sentencia Corte Suprema de Justicia, Sala Civil, 21 de marzo de 1995, M. P. Pedro Lafont Pianetta.

19 *Infra* ver 3, 3.2., 3.2.2.

20 Corte Suprema de Justicia, Sala Civil, 1.º de diciembre de 1988, M. P. Pedro Lafont Pianetta (no publicada).

21 Corte Suprema de Justicia, 31 de agosto de 1962, M. P. José J. Gómez, *G. J.* XCIX, p. 216 y s.

Más concretamente, en cuanto a la resolución del contrato por incumplimiento, sabido es que su concepción nos viene del Code Civil de 1804, bajo el cual se concibió como una condición resolutoria que se deduce de la voluntad presunta de las partes[22]. Se presume que para todo contratante el incumplimiento del contrato conlleva su resolución y, en ese sentido, la condición resolutoria por incumplimiento es semejante a cualquier condición resolutoria que las partes hayan decidido incorporar expresamente en el contrato. De ahí que no sea extraño que el Código no establezca un régimen particular para la resolución del contrato por incumplimiento. Si bien la doctrina ha combatido vigorosamente esa concepción desde hace mucho tiempo y ha presentado otros fundamentos que explican la institución resolutoria[23], lo cierto es que las reglas que la consagran en nuestro ordenamiento jurídico no han cambiado.

Partiendo de esa idea, tal como lo ha sostenido la jurisprudencia, los artículos 1544 y 1545 C. Civ., relativos a los efectos de la condición resolutoria ordinaria, son aplicables a la condición resolutoria tácita por incumplimiento[24]. Y aunque la ley no menciona expresamente el término de retroactividad, se ha entendido que de dicha regla se desprende un efecto retroactivo. De ahí que la jurisprudencia haya considerado tradicionalmente que la retroactividad es un efecto general de la resolución del contrato por incumplimiento. La Corte Suprema de Justicia ha aseverado que surge de esa disposición "por vía de principio general el efecto retroactivo de la sentencia que declara judicialmente

---

"Al decretarse la resolución de la venta debió el sentenciador condenar al comprador a restituir los frutos, de conformidad con lo dispuesto en forma perentoria por el artículo 1932 del C.C. Esta prestación es secuela natural de la resolución, es decir, del restablecimiento de las cosas al estado que tenían antes de celebrarse el contrato, restablecimiento que no puede alcanzarse sino mediante el equilibrio de las restituciones que conlleva".

22 Ver García Vásquez, D. *Condición resolutoria tácita y responsabilidad del deudor: dos remedios complementarios y autónomos contra el incumplimiento*, Bogotá, Universidad Externado de Colombia, 2014, pp. 67 y ss.

23 Sobre los diversos fundamentos que se han expuesto con respecto a la resolución por incumplimiento, ver Ospina Fernández, G. y Ospina Acosta, E. *Teoría general del contrato y del negocio jurídico*, reimp. 7.ª ed., Bogotá, Temis, 2019, pp. 635 y ss.

24 P. ej., Corte Suprema de Justicia, Sala Civil, 25 de junio de 2018, M. P. Aroldo Wilson Quiroz, SC2307 de 2018: "Para dicho propósito resulta pertinente recordar que la referida disolución apareja, como regla de principio, por aplicación del artículo 1544 del Código Civil, el regreso de los contratantes a la situación precedente a la celebración del convenio, lo que impone la restitución material y jurídica –si a esto hubiera lugar– de todo lo que las partes han recibido o percibido con motivo del acuerdo".

la resolución del contrato por incumplimiento de una de las partes"[25]. La jurisprudencia[26] y la doctrina también han reconocido que el régimen de las condiciones resolutorias expresas u ordinarias constituye el régimen general aplicable a toda condición resolutoria, pues el legislador no realiza ninguna distinción al respecto. Así, Claro Solar afirmaba en ese sentido que la "condición resolutoria tácita, una vez pronunciada, produce los mismos efectos que la condición resolutoria ordinaria expresa"[27].

Dicho principio general de la retroactividad de la resolución no puede entenderse como una aspiración a eliminar los hechos materiales que, por una lógica natural, no pueden ser desvanecidos. La retroactividad constituye ante todo la supresión de los efectos jurídicos que emanaron del contrato, lo que a su vez conlleva la producción de ciertas consecuencias en el mundo material[28]. Aunque el efecto retroactivo ha sido entendido como una ficción[29], hoy es claro

---

25 Corte Suprema de Justicia, Sala Civil, 6 de julio de 2000, M. P. José Fernando Ramírez Gómez, exp. 5020.

26 Corte Suprema de Justicia, Sala Civil, 6 de julio de 2000, M. P. José Fernando Ramírez Gómez, exp. 5020: "De conformidad con el art. 1545, en dicha restitución, en principio, no se comprenden los frutos percibidos, por cuanto dicha norma establece que verificada una condición de la naturaleza indicada, sea ordinaria o tácita, *pues no hace distinción entre una y otra* [...]". Reiterada posteriormente, Corte Suprema de Justicia, Sala Civil, 4 de junio de 2004, M. P. Manuel Isidro Ardila, exp. 7748: "[...] *dada la esencia de la condición resolutoria –ordinaria o tácita–* se presentan algunas singularidades, por ejemplo la de que verificada la misma y salvo que la ley, el testador, el donante o los contratantes hayan dispuesto otra cosa, no se deberán los frutos percibidos en el espacio intermedio –artículo 1545 *ibidem*– [...] en virtud de no haberse pagado el precio, la normatividad que ha de aplicarse al tema de las restituciones entre las partes que de ello se derivan, *no será la que en general regula el evento del cumplimiento de la condición resolutoria –artículos 1544 y 1545 del Código Civil–*, sino el 1932 de dicho ordenamiento [...]" (cursivas nuestras).

27 Claro Solar, L. *Explicaciones de derecho civil chileno y comparado*, t. x, Santiago de Chile, Editorial Jurídica de Chile, 1978, n.° 172, p. 195.

28 Corte Suprema de Justicia, Sala Civil, 23 de agosto de 2019, M. P. Álvaro Fernando García, SC3366-2019: "La resolución, por su propia naturaleza, se itera, abarca toda la convención Más aún, la fulmina, como acaba de verse, para el pasado y para el futuro. Si el contrato desaparece del mundo de lo jurídico, deviene contrario a la ley reconocer su eficacia parcial y conservar cualquiera de los efectos que de él se hayan derivado".

29 Corte Suprema de Justicia, Sala Civil, 26 de noviembre de 1936, M. P. Miguel Moreno Jaramillo, *G. J.*, t. xlii, p. 386 y s.: "Es innegable que la sentencia resolutoria de un contrato impone, para que se desaten retroactivamente los vínculos creados por las partes, cierta ficción jurídica en fuerza de la cual se admite algo que no es cierto y se niega existencia a algo que realmente vivió".

que se trata ante todo de una técnica jurídica[30] cuya función es prescribir la vuelta a una realidad lo más próxima posible de aquella que existiría si los efectos del contrato no se hubiesen producido. Como lo indica un autor, "el juez se halla investido de un poder fuera de lo común de rehacer la historia y se pone entre sus manos una verdadera vara mágica gracias a la cual puede, e incluso debe, trasmutar lo que ha sido en lo que habría debido ser"[31].

Dicha regla genera más dificultades que soluciones, pues su formulación como regla de principio conduce a resultados inciertos toda vez que no existe claridad sobre su concreción o aplicación a los distintos aspectos que cobijan las restituciones. Por lo demás, dicho efecto retroactivo, como ya se ha anotado antes, tiene como consecuencia que las prestaciones ejecutadas devengan sin causa y se conviertan en situaciones de hecho, a las que el ordenamiento responde a través del surgimiento de obligaciones restitutorias para evitar el enriquecimiento injustificado de una o ambas partes[32]. En ese sentido, algunos autores hablan de una concepción fuerte de la retroactividad –de raigambre francesa– para significar que ella "comporta la extinción radical de la relación contractual y, en consecuencia, impone considerar dicha relación como si nunca hubiese existido"[33].

La jurisprudencia no hace ninguna distinción tratándose del efecto que la ley prescribe a propósito de la nulidad y del cumplimiento de una condición resolutoria, ordinaria o tácita por incumplimiento. No obstante, el tenor de estas dos disposiciones no es idéntico; aún más, ellas parecen tener alcances diferentes en cuanto al efecto de la retroactividad, que conllevaría consecuencias

---

30 Bargelli, E. *Il sinallagma rovesciato*, Milán, Giuffrè Editore, 2010, pp. 228. Genicon, T. *La résolution du contrat pour inexécution*, París, LGDJ, 2007, n.° 710 y ss.

31 Bénabent, A. "La révision du passé entre les parties", *Revue des contrats*, n.° 1. 2008, p. 15.

32 Corte Suprema de Justicia, Sala Civil, 11 de febrero de 1948, M. P. Pedro Castillo Pineda, *G. J.*, LXIII, p. 659. "[...] porque de otro modo se consagraría bien un enriquecimiento indebido por parte del reo cuando se aprovecha de los frutos de una cosa que no es suya, o del actor, al recibir mejorado a costa ajena un bien que le pertenece, o sea causaría a este último un perjuicio injusto al restituir deteriorado al mismo bien por culpa del demandado". Reiterada en Corte Suprema de Justicia, Sala Civil, 17 de agosto de 2016, M. P. Ariel Salazar Ramírez, SC11287-2016.

33 Bargelli, E. *Il sinallagma rovesciato*, cit., p. 10. A ella se opone la retroactividad "débil" que hace referencia a los casos en los que el principio de retroactividad sufre excepciones, limitaciones o no se aplica, tales como en los contratos a ejecución sucesiva o en los contratos divisibles solamente por la parte en la que el contrato no fue cumplido cabalmente (*ibidem*, pp. 347 y ss.).

jurídicas disímiles. En efecto, mientras que en materia de nulidad las partes tienen "derecho para ser restituidas al mismo estado en que se hallarían si no hubiese existido el acto o contrato nulo" (art. 1746 C. Civ.), en lo que atañe a la condición resolutoria "deberá restituirse lo que se hubiere recibido bajo tal condición" (art. 1544 C. Civ.). En el primer caso, se trata de un efecto general: volver al estado anterior a la ejecución del contrato, borrar lo sucedido para regresar al pasado, eliminar de plano todas las consecuencias del contrato. En el segundo caso, el legislador dispone un efecto restringido o limitado, pues solamente cobija las prestaciones recibidas en virtud del contrato resuelto.

La distinción es de talla: el retorno a la situación anterior al contrato significa hacer como si las partes nunca hubiesen ejecutado una prestación en favor de su cocontratante y, por consiguiente, tratándose de un bien, como si dicha parte lo hubiese mantenido en su poder todo el tiempo, lo que implica, entre otras cosas, la posibilidad de haberlo explotado económicamente durante ese tiempo. En cambio, la restitución de lo recibido es el retorno de la prestación directamente ejecutada por la otra parte, sin que en principio deban tenerse en cuenta los beneficios económicos indirectos retirados de dicha prestación durante el tiempo que lo disfrutó. Los frutos entonces no deben ser necesariamente comprendidos en las restituciones. Como lo indica un autor, mientras que en el primer caso se trata de remontar el curso del tiempo, en el segundo caso se trata solamente de remontar el curso del contrato[34], o de la ejecución del contrato al revés (*contrat à l'envers*), según la conocida expresión de Malaurie[35]. No obstante, ni la jurisprudencia ni la doctrina colombiana han realizado dicha distinción. Para ellas, pese a la diferencia en el tenor de los artículos 1746 y 1544 C. Civ., los efectos son idénticos tratándose de la declaración de nulidad del contrato y de la resolución del contrato: se trata siempre de remontar el curso del tiempo para poner a las partes en una situación equivalente a aquella en la que se encontraría si el contrato nunca hubiese existido[36]. El primer

---

34 Libchaber, R. "Chronique de jurisprudence civile générale", *Defrénois*, n.° 30, 30 de octubre de 2004, pp. 1402 y ss.

35 Malaurie, P., Aynes, L. y Stoffel-Munck, P. *Les obligations*, 3.ª ed., París, Defrénois, 2007, n.° 723, p. 360.

36 Corte Suprema de Justicia, Sala Civil, 25 de junio de 2018, M. P. Aroldo Wilson Quiroz, SC2307 de 2018: "Como se extrae de la disposición en cita, es premisa fundamental, tratándose de restituciones mutuas sobrevenidas de la declaratoria de resolución de un contrato, incluso por mutuo disenso, que las cosas vuelvan al estado en que se encontraban para el momento de su celebración o, dicho con otras palabras, que se provea para que los contratantes se vean restituidos al estado en que se hallarían de no haber realizado la negociación disuelta".

efecto es que cada parte debe retornar exactamente lo que recibió en virtud del contrato que devino ineficaz.

2.2. LA RESTITUCIÓN *IN NATURA* DE LA PRESTACIÓN RECIBIDA

La obligación de restituir la prestación recibida surge independientemente de si nos encontramos ante un fenómeno de nulidad o de resolución del contrato, en virtud de una condición resolutoria ordinaria o de la tácita por incumplimiento. El principio es que la restitución debe realizarse *in natura*. Si la prestación tiene por objeto bienes de género, el deudor deberá restituir otras tantas del mismo género (*per tantundem*). En estos casos, la obligación de restitución nunca cambia de objeto ya que, según la regla clásica, las cosas de género nunca perecen (art. 1567 C. Civ.). La obligación dineraria es el ejemplo por antonomasia. Podemos mencionar, igualmente, la venta que recae sobre sacos de maíz o barriles de petróleo de cierta calidad o botellas de vino de cierta marca. Si se trata de bienes fungibles, se aplica la misma regla toda vez que se podrán entregar bienes que tengan la aptitud de sustituir los que se debían originalmente. Por razones prácticas, las partes pueden, sin embargo, avenirse para que en estos casos la restitución sea por el equivalente pecuniario.

Tratándose de la restitución de sumas de dinero, aunque durante un tiempo pretérito la Corte Suprema aplicó el principio nominalista, hoy dispone pacíficamente que ella debe realizarse agregando a la suma nominal la pérdida del poder adquisitivo de la moneda. El reajuste correspondiente puede hacerlo el juez de oficio, aunque no le haya sido solicitado, sin que por ello se pueda tildar su decisión de incurrir en vicio de *ultra* o *extra petita*[37]. Anótese que en otros ordenamientos, como el francés[38] o el italiano[39], se mantiene la regla

---

37 Corte Suprema de Justicia, Sala Civil, 2 de febrero de 1990, M. P. José Alejandro Bonivento, *G. J.* CC, p. 326: "Hoy no sólo es, pues, viable la revalorización como efecto de la nulidad declarada, ante la calidad de hecho público y notorio que ostenta la depreciación monetaria, sino que, en razón de la propia equidad que debe gobernar el proceso de las restituciones mutuas, esa determinación puede adoptarle: el juez aún de oficio, sin que se constituya en decisión incongruente".

38 Ver Deshayes, O., Genicon, T. y Lathier, Y. M. *Réforme du droit des contrats, du régime général et de la preuve des obligations*, París, LexisNexis, 2016, p. 823. Para una crítica de la aplicación del principio nominalista, v. Bénabent, A. "La révision du passé entre les parties", *Revue des contrats*, n.° 1, 2008, pp. 15 y ss., II, A.

39 Ver Bargelli, E. *Il sinallagma rovesciato*, cit., p. 161.

del nominalismo en la restitución de las sumas de dinero. Sin duda, los altos índices inflacionarios de nuestra economía –en comparación con aquellos de los países europeos– instan a tener en cuenta dicho fenómeno económico[40], sumando a ello el largo tiempo que puede transcurrir entre el pago de una prestación dineraria y la orden de su restitución luego de un proceso judicial exitoso.

Sobre el punto, se debe mencionar que la Corte Suprema, durante un tiempo –a pesar de la crítica de autorizadas voces[41]–, distinguió la restitución de dinero en el marco de la declaración de la nulidad de un contrato de aquella consecutiva a la resolución del contrato de compraventa por incumplimiento del comprador de su obligación de pagar el precio. Mientras que en el primer caso la Corte Suprema aceptaba la restitución de la suma de dinero debidamente indexada[42], en el segundo la negaba. La Corte, partiendo de la idea de un carácter sancionatorio de las restituciones, argüía que el comprador incumplido debía soportar los efectos dañinos de la inflación, pues "al serle imputable el incumplimiento contractual que propició la resolución, no puede beneficiarse de él, porque de ser así, además de prohijarse el incumplimiento contractual, se atentaría contra los principios de justicia y equidad"[43]. Posteriormente, desligando el fenómeno de la depreciación del dinero de toda naturaleza u

---

40 Hinestrosa, F. "Las restituciones consecuenciales a la eliminación del contrato", cit., p. 480: "La seguridad jurídica, la estabilidad de los negocios, son principios que han sustentado a lo largo del tiempo el principio nominalista. Empero, el deterioro del valor de la moneda es un hecho innegable, que cuando se acelera y adquiere dimensiones enormes, fuerza, en primer término al legislador, pero también al juez, a intervenir, cuando menos en los períodos críticos, en aras, no se diga de la equidad, sino de una justicia elemental, pese a la resistencia de la inercia, el estatismo y de posiciones de privilegio".

41 Ver los salvamentos de votos del magistrado Javier Tamayo Jaramillo y del conjuez Fernando Hinestrosa en la sentencia Corte Suprema de Justicia, Sala Civil, 21 de marzo de 1995, M. P. Pedro Lafont Pianetta, exp. 3328.

42 Ver, entre otras, Corte Suprema de Justicia, Sala Civil, 24 de marzo de 1983, M. P. Alberto Ospina Botero, *G. J.* CLXXII, p. 62; 2 de febrero de 1990, M. P. José Alejandro Bonivento, *G. J.* CC, p. 326 (índice de sentencias no publicadas); 13 de agosto de 2003, M. P. José Fernando Ramírez Gómez, exp. C-7010.

43 Corte Suprema de Justicia, 6 de julio de 2000, M. P. José Fernando Ramírez, exp. 5020. Ver también: Corte Suprema de Justicia, Sala Civil, 15 de junio de 1993, M. P. Carlos Esteban Jaramillo Schloss, exp. 3653; 21 de marzo de 1995, M. P. Pedro Lafont Pianetta, exp. 3328; 15 de enero de 2004, M. P. Silvio Fernando Trejos, exp. 6913; 12 de marzo de 2004, M. P. Pedro Octavio Munar, exp. 6759; 4 de junio de 2004, M. P. Manuel Isidro Ardila, 7748; 28 de junio de 2005, M. P. César Julio Valencia, exp. 3169.

objetivo sancionatorio, la Corte en una sentencia de 2016 rectificó su posición al admitir que "el reconocimiento del valor real de la moneda para la fecha del fallo no es más que una consecuencia necesaria de la aplicación de los principios de justicia y equidad, así como del mandato legal que en materia de restituciones recíprocas ordena devolver ni más ni menos que la suma de dinero que fuera inicialmente entregada"[44], con lo cual hoy es claro que, en toda hipótesis de ineficacia del contrato, salvo que la ley disponga lo contrario, el contratante obligado a restituir una suma de dinero debe hacerlo añadiendo el correspondiente ajuste por corrección monetaria.

De otro lado, si se trata de un cuerpo cierto, el deudor de la restitución deberá entregar la misma cosa que recibió. Mientras que la restitución *in natura* sea posible, el acreedor tiene derecho a exigirla y a rechazar la restitución por el equivalente pecuniario[45]. En efecto, el acreedor no puede ser obligado a recibir una cosa distinta de la debida (art. 1627 C. Civ.). Surge la pregunta de si dicho principio puede sufrir excepciones cuando la restitución de la prestación resulta demasiado costosa para el deudor a la restitución con respecto al beneficio que recibe el acreedor. Sobre este punto, los principios Unidroit exceptúan la restitución *in natura* cuando ella no es apropiada[46], haciendo con ello referencia a los casos en los cual la restitución puede conllevar un esfuerzo o un costo irrazonable, por ejemplo, la recuperación de monedas de oro del fondo del océano[47]. De manera más general, en la subsección relativa a la ejecución forzada del contrato, el derecho francés introdujo un principio de proporcionalidad que permite descartar la ejecución *in natura* cuando "existe una desproporción manifiesta entre el costo de la prestación para el deudor y el interés del acreedor" (art. 1221 C. Civ. fr.). En nuestro ordenamiento, solamente una interpretación extensiva de la obligación de ejecutar las obligaciones de buena fe que rige las relaciones contractuales podría llevar a un tal resultado.

---

44 Corte Suprema de Justicia, Sala Civil, 17 de agosto de 2016, M. P. Ariel Salazar Ramírez, SC11287-2016; 25 de junio de 2018, M. P. Aroldo Wilson Quiroz, SC2307-2018.

45 Serinet, Y. M., "L'effet rétroactif de la résolution pour inexécution en droit français", en Fontaine, M. y Viney, G. (coords.), *Les sanctions de l'inexécution des obligations contractuelles*, París y Bruselas, Bruylant y LGDJ, 2001, n.° 16, p. 596.

46 Principios Unidroit, arts. 3.2.15(2) y 7.3.6(2). Comp. Marco Común de Referencia (DCFR), III.-3:510 (3) y VII-.5:101(2), que se refieren a los "gastos o esfuerzos irrazonables".

47 Ver Zimmermann, R. "The Unwinding of Failed Contracts in the Unidroit Principles 2010", *Uniform Law c Review* 16, n.° 3, 2011, pp. 572.

El régimen hasta aquí expuesto no presenta mayores dificultades toda vez que se trata de un régimen objetivo que no presenta matices. Simplemente, cada uno debe restituir lo recibido, sin tener en cuenta quien dio origen a la ineficacia del contrato ni la eventual responsabilidad por ese hecho. No obstante, puede suceder que el contratante que recibió un cuerpo cierto se encuentre en la imposibilidad física o jurídica de retornarlo, ya sea porque lo consumió o transformó, el bien pereció, lo enajenó a un tercero o ya no es posible su comercialización en tráfico jurídico. Más aún, puede suceder que la naturaleza misma de la prestación implique que ella no pueda ser restituida porque, por ejemplo, consiste en un servicio o en el goce de un bien. En estas hipótesis de imposibilidad de restitución *in natura*, el régimen de la restitución se torna más complejo dado que, debido al reenvío a las reglas en materia de acción reivindicatoria, entra en juego un factor subjetivo: la buena o mala fe del obligado a la restitución (*accipiens*). Aunque este tema de la imposibilidad de restitución *in natura* podría ser tratado en este apartado, considerando que –como lo veremos– dicho factor subjetivo también juega un rol relevante tratándose de otros aspectos relativos a los frutos, las mejoras y los deterioros sufridos por el bien, preferimos abordarlos conjuntamente en el acápite siguiente.

3. LA TEMPERACIÓN DE LA REGLA DE RETORNO AL *STATU QUO ANTE*

El retorno al *statu quo ante* implica que cada parte no pueda recibir menos de la prestación que ejecutó, pero tampoco más (*restitutio in integrum*). Sobre el plano teórico, la aplicación rigurosa de dicho principio conduce a la aplicación de un régimen objetivo de restituciones en la medida en que se hace abstracción de todo matiz de índole subjetivo que pudiere conducir a limitar o excluir el derecho a obtener la restitución de aquello que se ejecutó en virtud del contrato anulado o resuelto. Dicho principio se aplica plenamente con respecto a la restitución *in natura* de las prestaciones principales. Empero, fuera de esta hipótesis de la restitución *in natura* de la prestación recibida, en nuestro ordenamiento la remisión a las normas relativas a la acción reivindicatoria, que conducen a distinguir en nuestro tema entre el contratante de buena fe y de mala fe, matizan hondamente dicha regla de principio.

En realidad, el régimen de las restituciones en el derecho colombiano está imbuido por un fuerte componente moral. Como lo reconocía el profesor Hinestrosa, "tratándose de restitución de bienes dados o entregados en ejecución del contrato anulado, el ordenamiento introduce al efecto un factor subjetivo, como es el de la buena fe, al punto de hacer girar en rededor suyo las responsabilidades del *accipiens*, como también los reconocimientos a su favor"[48]. En efecto, dicho componente subjetivo determina el alcance de las obligaciones restitutorias en los aspectos relativos a los frutos, las mejoras y los deterioros, así como en el evento de la imposibilidad de restituir la prestación recibida (3.1). Además, si bien existen reglas comunes que rigen las restituciones subsiguientes a la ineficacia del contrato, el régimen no es idéntico según que el contrato haya sido anulado o resuelto. En efecto, la causa de ineficacia del contrato determina la procedencia de ciertas excepciones o limitaciones al derecho a obtener la restitución de lo ejecutado, las cuales descartan o temperan la regla de principio de retorno al *statu quo ante* (3.2).

3.1. LA CONSIDERACIÓN DEL ESTADO SUBJETIVO DEL *ACCIPIENS*

Las restituciones no solamente cobijan las prestaciones ejecutadas en virtud del contrato anulado o resuelto. Ello es así porque los bienes entregados en virtud de dichos contratos no se congelan en el tiempo una vez han sido recibidos por los contratantes, sino que ellos pueden producir frutos, disminuir o aumentar su valor, o sufrir mejoras o deterioros, de lo cual surge un haz de interrogantes sobre cada uno de esos aspectos anejos a las prestaciones principales. Así las cosas, en un primer momento será necesario examinar el régimen aplicable a las prestaciones complementarias comprendidas en las restituciones mutuas (3.1.1.). Posteriormente, podremos abordar analíticamente la disciplina de dichas prestaciones anejas a las principales, así como la hipótesis de la imposibilidad de restitución *in natura* de estas últimas (3.1.2.)

3.1.1. LA REMISIÓN A LAS REGLAS RELATIVAS A LA ACCIÓN REIVINDICATORIA

El principio general en materia de nulidad, según el cual las partes deben ser restituidas al estado anterior al que se hallarían si el contrato nunca hubiese existido, es modulado por la remisión a la disciplina de las restituciones

48 HINESTROSA, F. *De las obligaciones* II, *De las fuentes de las obligaciones: el negocio jurídico*, v. II, cit., n.° 1141, p. 779.

mutuas que operan cuando triunfa la acción reivindicatoria. El legislador ha sido claro en la materia. El artículo 1776 del Código Civil preceptúa que, en lo concerniente a las pérdidas o deterioros, a los intereses y frutos, así como al abono de las mejoras necesarias, útiles o voluntarias, se debe tener en cuenta la posesión de buena fe o mala fe de las partes según las reglas generales[49]. El reenvío a la disciplina de la acción reivindicatoria impide la cabal aplicación de dicho principio de retrotracción al *statu quo ante* puesto que, como ya lo observamos, se introduce un componente moral o subjetivo, como es el de la buena fe y la mala fe, que tiene consecuencias importantes sobre el alcance de las obligaciones restitutorias que pesan sobre el *accipiens*, así como sobre los reembolsos que puede exigir al acreedor de la restitución (*solvens*).

La primera labor del intérprete es adaptar esos conceptos en materia posesoria al ámbito de los remedios contractuales que ocasionan la ineficacia del contrato. Al respecto, en materia de adquisición de la posesión, la buena fe hace referencia a la creencia o convicción que un bien ha sido adquirido por medios legítimos exentos de todo fraude y de quien tenía derecho a enajenarlo (art. 768 C. Civ.). Con respecto a los frutos, dicha convicción se aprecia en el momento de su percepción, y en materia de expensas y mejoras, cuando estas se realizan (art. 969 C. Civ.).

La adaptación de dicha noción no ofrece mayor dificultad tratándose de la nulidad. Ella hace referencia a si el contratante conocía o sabía que un comportamiento suyo podía dar lugar al pronunciamiento de la nulidad del contrato y, en consecuencia, era consciente del riesgo de restitución frente a una eventual declaración de la nulidad del contrato. En otras palabras, como quiera que estamos en el terreno de la buena fe subjetiva, se requiere que el contratante no haya tenido conocimiento de la existencia del vicio o que no haya podido ignorarlo legítimamente[50]. Por supuesto, si la causa deriva de un

---

49 Corte Suprema de Justicia, Sala Civil, 27 de agosto de 2015, M. P. Ariel Salazar Ramírez, SC11331-2015: "Las aludidas prestaciones, '*dentro de las cuales están, además de la devolución de las cosas dadas con ocasión del contrato invalidado…, sus intereses y frutos, el valor de los gastos y mejoras que se hubieren realizado en ellas*" (Corte Suprema de Justicia, SC, 24 feb. 2003, rad. 6610), ya que la invalidación apareja la eliminación de los efectos del convenio, según la interpretación que de esa disposición ha hecho la jurisprudencia 'se rigen por las mismas reglas generales de las prestaciones mutuas consignadas en el Capítulo 4° del Título 12 del Libro 2° del Código Civil (*G. J.*, t. CCXXXIV, pág. 886)' (Cas. Civ., sentencia de 21 de junio de 2007, expediente 7892; se subraya), esto es, 'en los artículos 961 a 971 de la citaba obra" (Corte Suprema de Justicia SC 10326, 5 Ago 2014, Rad. 2008-00437-01)".

50 Thibierge, C. *Nulidad, restituciones y responsabilidad*, trad. De Greiff, G., Bogotá, Universidad

comportamiento suyo, se requiere igualmente que no haya conocido o no haya podido ignorar legítimamente que dicho comportamiento viciaba el contrato de nulidad. En ambas hipótesis, no hay lugar a reconocer la buena fe subjetiva cuando hay dolo o culpa grave del contratante[51]. Al tratarse del fuero interno del contratante, dicho elemento se deduce de las circunstancias que rodearon la celebración del contrato[52].

¿En qué momento se aprecia la buena fe? A semejanza de la buena fe posesoria, se debe apreciar en el momento de la conclusión del contrato que da lugar a la ejecución de las prestaciones. Por lo demás, agreguemos que el artículo 768 C. Civ., según el cual "el error, en materia de derecho, constituye una presunción de mala fe, que no admite prueba en contrario", no se aplica al ámbito de las restituciones consecutivas a la ineficacia del contrato. En ese sentido, la Corte Suprema ha resaltado que, además de su índole sancionatoria, el carácter excepcional de dicho precepto lo torna aplicable únicamente al ámbito posesorio[53]. Y, además, como lo indican autores chilenos, a quienes la Corte trae a colación, si tal disposición "se hiciera extensiva, por ejemplo, a los contratos, resultaría el absurdo jurídico de que por el solo hecho de declararse la ilegalidad de ellos, se declararía también la mala fe de las partes,

---

Externado de Colombia, 2010, n.° 65.1, p. 122: "La ignorancia legítima es una ignorancia no culpable".

51 Neme Villarreal, M. L. "Buena fe subjetiva y buena fe objetiva. Equívocos a los que conduce la falta de claridad en la distinción de tales conceptos", *Revista de Derecho Privado*, Bogotá, Universidad Externado de Colombia, n.° 17, 2009, pp. 57. *Loc. cit.*: "Lo que no parece excluir la buena fe subjetiva, por lo menos en el marco del Código Civil, es un comportamiento en el que concurra la culpa leve, pues aún en este caso el código de Bello otorga protección al titular de esta buena fe subjetiva, claro está con beneficios de menor entidad, como la conservación de los frutos o el menor rigor de la indemnización, frente a los que otorga a la buena fe subjetiva cualificada o exenta de culpa, ante la cual, como veremos, llega a crear el derecho, consolidando la situación del titular de la misma en razón de la apariencia generada por un error invencible".

52 En ese sentido, la Corte Suprema ha resaltado que "no puede negarse que al fin de cuentas todo hecho con relevancia jurídica que se origina en una acción humana voluntaria parte de la interioridad del sujeto y tiene que manifestarse en un signo externo interpretable a partir de criterios jurídicos, de otro modo no tendría relevancia para el derecho. De ahí que todo instituto jurídico en el que la buena fe juegue un papel preponderante, se concreta finalmente en una buena fe objetivada, es decir normativamente analizable" (Corte Suprema de Justicia, Sala Civil, 9 de agosto de 2018, M. P. Ariel Salazar Ramírez. SC3201-2018).

53 Corte Suprema de Justicia, Sala Civil, 22 de abril de 2006, M. P. Jesús Vall de Rutén Ruiz, SC5069-2016.

y por tratarse de una presunción de derecho no les sería permitido probar lo contrario"[54].

En materia de resolución por incumplimiento las cosas son menos claras, puesto que no existe remisión legal expresa a las reglas en materia de reivindicación. Como ya lo vimos, la condición resolutoria tácita por incumplimiento es una especie de condición resolutoria a la que le es aplicable el régimen de las condiciones resolutorias ordinarias. Son tres los artículos que se refieren al régimen de las condiciones resolutorias ordinarias. i) el artículo 1543 del Código Civil, que se refiere al régimen de la restitución de un bien que fue prometido bajo una condición que se materializó, establece que el acreedor debe recibir el bien en el estado en que se encuentra, aprovechando los aumentos o mejores y sufriendo su deterioro o disminución, la única aparente excepción siendo aquella del deterioro o disminución debidas a la culpa del deudor, excepción que, en realidad, no constituye más que la aplicación de las reglas generales que rigen la responsabilidad del deudor (art. 1604 y s. C. Civ.). ii) El artículo 1544 C. Civ., que dicta la restitución de lo que se ha recibido, y iii) el artículo 1545 C. Civ. que indica que, si la condición resolutoria acaece, las partes no deberá restituir los frutos percibidos antes de ese suceso, salvo disposición legal, testamentaria o contractual opuesta. Como se observa, no existe un reenvío a las reglas en materia de acción reivindicatoria. Ese régimen contrasta, además, con el régimen de la resolución del contrato de compraventa por incumplimiento del comprador de su obligación de pagar el precio (art. 1932 C. Civ.), toda vez que este trae un régimen más detallado, además de un reenvío a las reglas relativas a la acción reivindicatoria.

Surge entonces la pregunta del régimen aplicable a las restituciones subsiguientes a la resolución del contrato por incumplimiento; en particular, ¿ese cúmulo de tres disposiciones relativas a las condiciones resolutorias ordinarias se aplican también a la condición resolutoria tácita por incumplimiento? ¿o el régimen de las restituciones consecutivas a la resolución por incumplimiento se debe completar o integrar a través de otras reglas, tales como aquellas relativas a la acción reivindicatoria o a la resolución del contrato de compraventa? Para algunos autores, las reglas relativas a la condición resolutoria ordinaria, esto es, los artículos 1543, 1544 y 1545 C. Civ., se aplican en su integridad a la

---

54 ALESSANDRI, A., SOMARRIVA, M. y VODANOVIC, A. *Tratado de los derechos reales*, t. I, Santiago de Chile, Editorial Jurídica de Chile, reimpr. 6.ª ed., 2009, n.° 708, p. 386.

condición resolutoria tácita por incumplimiento[55]. La particularidad de estos artículos reside en que el *accipiens* no debe los frutos percibidos hasta antes del cumplimiento de la condición (art. 1545 C. Civ.), pero tampoco tiene derecho al pago de mejoras (art. 1543 C. Civ.)[56]. Además, debe asumir los deterioros no imputables a la culpa del deudor, sin que este último deba responder en el caso en el que se hubiese aprovechado de ellos (art. 1543 C. Civ.). A diferencia de las reglas relativas a la acción reivindicatoria, se trata de un régimen prevalentemente objetivo –salvo en lo atingente al perecimiento y deterioro del bien por culpa del deudor– en la medida en que no incorpora factores ligados a la buena o mala fe del contratante para determinar el alcance de las obligaciones restitutorias en cuanto a los frutos, las mejoras y los deterioros.

En cuanto a la Corte Suprema de Justicia, la pregunta precedentemente formulada no es de frecuente alusión en sus sentencias, a pesar del relevante interés teórico y práctico[57]. Ella, las más de las veces, se limita a afirmar que el régimen de la resolución del contrato por incumplimiento está reglado por los artículos 1544, 1545 y 1546 C. Civ., sin mencionar el artículo 1543 C. Civ.[58]. Sin embargo, encontramos sentencias que divergen sobre el punto.

---

55 Ospina Fernández, G. y Ospina Acosta, E. *Teoría general del contrato y del negocio jurídico*, reimp. 7.ª ed., Bogotá, Temis, 2019, n.° 659, pp. 548: "Son estos, salvo una diferencia tocante a la restitución de los frutos, los mismos que se producen respecto de las partes y de los terceros a consecuencia del cumplimiento de cualquier condición resolutoria".

56 Hinestrosa, F. *Tratado de las obligaciones*, II, *De las fuentes de las obligaciones: el negocio jurídico*, v. II, cit., n.° 1221, p. 912.

57 Ello se explica porque la casi totalidad de sentencias relativas a la resolución de contratos se refieren a los contratos de compraventa y de promesa de compraventa, por lo que, sin necesidad de entrar en el meollo del interrogante, la Corte se limita a precisar que en esos casos existe un régimen particular consagrado por el artículo 1932 C. Civ. Y en las sentencias relativas a los contratos de tracto sucesivo, la cuestión del régimen de las obligaciones restitutorias queda excluida.

58 Corte Suprema de Justicia, Sala Civil, 1.° de diciembre de 1988, M. P. Pedro Lafont Pianetta (no publicada): "[...] si la resolución decretada judicialmente, por incumplimiento de uno o ambos contratantes con o sin indemnización de perjuicios resuelve el contrato, esto es, destruye o deshace retroactivamente (salvo excepciones) el vínculo contractual sobre el cual aquella recae, se tiene, conforme a los arts. 1546, 1544 y 1545 C.C., que extinguida la causa negocial se extinguen igualmente sus efectos retomando las cosas a su estado anterior con las consiguientes restituciones mutuas". Corte Suprema de Justicia, Sala Civil, 4 de junio de 2004, M. P. Manuel Ardila Velásquez, exp. 7748: tratándose del incumplimiento de la obligación de pagar el precio de un contrato de promesa de compraventa, la Corte afirma que "la normatividad que ha de aplicarse al tema de las restituciones entre las partes que de ello se derivan, no será la que en general regula el evento del cumplimiento de la condición resolutoria –artículos 1544

Por ejemplo, en una sentencia del 25 de septiembre de 1958, la Corte parece afirmar la existencia de un régimen autónomo, el cual se desprendería del mandato de vuelva al *statu quo ante*, sin que se deba apelar a las reglas de la acción reivindicatoria[59]. Ahora bien, en una posición más reciente, pese al silencio del legislador, la jurisprudencia admitió el reenvío a las reglas de la acción reivindicatoria[60]. Al respecto, la jurisprudencia afirmó que el "efecto propio de la declaración de resolución del contrato es regresar las cosas a su estado anterior, lo cual se cumple a través de las restituciones mutuas que –en términos generales– surgen para los contratantes en virtud del conjunto de normas que regulan las prestaciones en materia de reivindicación"[61]. Empero, se debe observar en todo caso que esta última tesis no es solicitada sistemáticamente en la jurisprudencia, pues como ya se mencionó, la mayoría de las veces la Corte se limita a afirmar que el régimen general de las restituciones en la resolución por incumplimiento está determinado por los artículos 1544 y 1545 del Código Civil. Debemos, no obstante, partir de ella pues se trata de una tesis recientemente afirmada en la mentada sentencia de 2016, sin que –en nuestro conocimiento– hubiese sido refutada en sentencias posteriores.

---

y 1545 del Código Civil–, sino el art. 1932 de dicho ordenamiento, aplicable por interpretación extensiva [...]". Reiterada posteriormente, Corte Suprema de Justicia, Sala Civil, 17 de agosto de 2016, M. P. Ariel Salazar Ramírez, SC11287-2016.

59 Corte Suprema de Justicia, Sala Civil, 25 de septiembre de 1958, M. P. Arturo Posada, *G. J.* LXXXIX, n.° 2202, pp. 153-166: "Solamente resta decir que como la resolución de un contrato opera retroactivamente, como si éste no hubiera existido, la restitución de la renta recibida por el acreedor y la entrega de los inmuebles y el pago de los frutos por el debirentista, no es una aplicación del artículo 964 del Código Civil con base en la mala fe de este, sino la manera de dar cabal cumplimiento al efecto retroactivo de la resolución de un contrato como el que se halla *subjudice*".

60 También se debe mencionar, la Corte Suprema de Justicia, Sala Civil, 2 de octubre de 2000, M. P. Jorge Antonio Rugeles, exp. 5592, en la que la Corte, tratándose de la resolución de un contrato de promesa de compraventa, afirmó que "la ley consagra en pro del demandado, el derecho a obtener del demandante el reembolso de gastos por expensas necesarias y, en su caso, a que se le abonen las mejoras útiles, en la forma y términos establecidos en los artículos 965 y 966 del Código Civil [...]", es decir, la Corte reenvía a las reglas relativas a la acción reivindicatoria como si tratase del régimen general en materia de resolución del contrato por incumplimiento. Anótese que esta sentencia fue proferida antes de que la Corte Suprema de Justicia admitiera que –por interpretación extensiva– el artículo 1932 C. Civ., relativo a las restituciones en caso de incumplimiento del comprador del pago del precio, es aplicable también al contrato de promesa de compraventa (6 de julio de 2000, M. P. José Fernando Ramírez, exp. 5020).

61 Corte Suprema de Justicia, Sala Civil, 17 de agosto de 2016, M. P. Ariel Salazar Ramírez, SC11287-2016.

Ahora bien, la remisión al régimen de la acción reivindicatoria no es tan lógica como pudiere parecer a primera vista. Por un lado, en las reglas relativas a las condiciones resolutorias ordinarias no existe una remisión al régimen de la acción reivindicatoria. Por otro lado, como lo dijimos antes, para algunos autores el artículo 1543 C. Civ. –que no es mencionado por la Corte Suprema– se aplicaba también a las restituciones consecutivas a la condición resolutoria tácita por incumplimiento[62]. Sobre este punto, es curioso que la Corte admita la aplicación del artículo 1544 y 1545, al tiempo que excluye la del artículo 1543 C. Civ, dado que parece existir una lógica de conjunto en el régimen contenido en dichos artículos. En efecto, al tiempo que el art. 1545 C. Civ. permite que el deudor de la restitución pueda conservar los frutos percibidos antes de la resolución del contrato, el artículo 1543 C. Civ. le niega el derecho a reclamar las mejoras realizadas, ya que el acreedor de la restitución se beneficia "de los aumentos o mejoras que hayan recibido la cosa, sin estar obligado a dar más por ella"[63].

Además, el artículo 1543 C. Civ., en lo que atañe a los aspectos relativos a las mejoras y los deterioros, al igual que el artículo 1545 C. Civ., en cuanto a los frutos, no tienen en cuenta factores ligados a la buena o mala fe del contratante. Existe así un contraste entre el régimen prevalentemente objetivo que prescriben los artículos relativos a las condiciones resolutorias ordinarias y el régimen de orden subjetivo –pues tiene en cuenta la buena fe o la mala fe del *accipiens*– que se desprende de las reglas relativas a la acción reivindicatoria. Al optar por la remisión a este último, la Corte opta por un régimen restitutorio con un fuerte componente subjetivo. Sin duda, el hecho de que en las reglas relativas a la nulidad –art. 1746 C. Civ.– y a la resolución del contrato de compraventa –art. 1932 C. Civ.– existan reenvíos a dicho régimen, tuvo una importante influencia para afirmar dicha tesis jurisprudencial.

---

62 La doctrina se ha preguntado si el artículo 1543 C. Civ. es también aplicable tanto a la condición suspensiva como a la resolutoria o solamente a la primera. Parece primar la opinión según la cual es aplicable a ambos tipos de condición, pues la disposición no hace distinción alguna. Ver CLARO SOLAR, L. *Explicaciones de derecho civil chileno y comparado*, T. X, Santiago de Chile, Editorial Jurídica de Chile, 1978, n.° 208, pp. 242. En el mismo sentido, VELÁSQUEZ, H. *Estudios sobre obligaciones*, Bogotá, Temis, 2010, n.° 105, p. 179.

63 Al respecto, HINESTROSA, F. *Tratado de las obligaciones*, II, *De las fuentes de las obligaciones: el negocio jurídico*, v. II, cit., n.° 1121, p. 912: "No debe los frutos percibidos, pero tampoco puede cobrar las mejoras (art. 1543 c.c.)".

Si bien dicha tesis pretorial contribuye a la uniformidad de régimen aplicable a las restituciones consecutivas a la nulidad y a la resolución del contrato por incumplimiento, las dificultades en su aplicación no son menores. Al respecto, subiste la cuestión de la adaptación de la noción de buena fe y mala fe en el caso de la resolución del contrato. Como se anotó antes, en materia de nulidad el criterio para determinar la buena fe o la mala fe del *accipiens* –y, consecuentemente, brindar un tratamiento más benévolo– consiste en establecer si conocía o no podía ignorar legítimamente el vicio que dio lugar a la nulidad del contrato. Empero, tratándose de la resolución del contrato, se debe en cuenta otro criterio, para lo cual es necesario traer a colación el artículo 1932 C. Civ., según el cual el comprador incumplido se considera como poseedor de mala fe, "salvo que pruebe haber sufrido en su fortuna, y sin culpa de su parte, menoscabos tan grandes que le hayan hecho imposible cumplir lo pactado". Frente el silencio del legislador en las reglas relativas a las condiciones resolutorias ordinarias, que se explica porque –como ya dijimos– ellas consagran un régimen prevalentemente objetivo, el criterio que debe ser tenido en cuenta es el consagrado por dicha disposición. Por consiguiente, debe ser considerado de mala fe el contratante que incumple el contrato. Siguiendo las reglas generales, debe tratarse de una inejecución imputable al deudor, excluyendo de ese modo el ocasionado por el acaecimiento de un caso fortuito o de una fuerza mayor[64].

A partir de la adaptación de los conceptos de buena y mala fe al ámbito de las restituciones consecutivas a la ineficacia del contrato, podremos examinar específicamente cuál es la relevancia jurídica de dicha distinción sobre el alcance o extensión de las obligaciones restitutorias. Esas nociones deberán, entonces, ser tenidas en cuenta para lo que será dicho en el siguiente apartado con respecto a cada uno de los ítems que comprenden las restituciones.

3.1.2. LA INFLUENCIA DEL ESTADO SUBJETIVO DEL *ACCIPIENS* SOBRE LAS OBLIGACIONES RESTITUTORIAS

Como consecuencia de la remisión a las reglas en materia de reivindicación tanto en materia de nulidad como de resolución por incumplimiento, la

---

64 Hinestrosa, F. *Tratado de las obligaciones*, II, *De las fuentes de las obligaciones: el negocio jurídico*, v. II, cit., n.° 1187, p. 871: "Incumplimiento del contrato quiere decir inejecución de obligación emanada de él, imputable al deudor y, en términos generales, atribuible a su culpa".

apreciación del estado subjetivo del *accipiens* tiene relevancia en la mayoría de los aspectos del régimen de las restituciones que siguen a la ineficacia del contrato. En particular, cuando el *accipiens* se halla en la imposibilidad de devolver *in natura* la prestación que recibió, así como en lo que atañe a los aspectos que cobijan las prestaciones complementarias. A continuación trataremos cada una de esas hipótesis.

3.1.2.1. LA IMPOSIBILIDAD DE RESTITUIR *IN NATURA* LA PRESTACIÓN PRINCIPAL

Puede suceder que el contratante que recibió una especie o cuerpo cierto se encuentre en imposibilidad de devolverla porque, por ejemplo, se destruyó, la consumió, la transformó o la enajenó. Al respecto, a diferencia de otros autores para los cuales la responsabilidad por la pérdida del bien tiene su fuente en las reglas generales sobre la teoría de los riesgos (art. 1604 y s., 1729 y s.)[65], nosotros consideramos que la regla de la acción reivindicatoria que se refiere a la responsabilidad por deterioros (art. 963 C. Civ.) es aplicable también al caso de la pérdida o destrucción, pues esto no es otra cosa que un deterioro completo del bien. Por lo demás, como se verá enseguida, no es coherente realizar una distinción entre la hipótesis de la destrucción del bien y aquella de su deterioro. Por ello, lo expuesto a continuación tiene aplicación, en lo pertinente, para ambas hipótesis. Agreguemos que, según la concepción del Código Civil, la destrucción debe entenderse no solamente en términos materiales, sino también como "todo lo que destruye la aptitud de la cosa para el objeto a que según su naturaleza o según la convención se destina"[66]. En la destrucción se comprende naturalmente la hipótesis de la pérdida del bien.

Ciertamente, la aplicación de la regla de retorno al *statu quo ante* llevaría a que el bien tenga que ser devuelto en el estado en el que se encontraría si el contrato nunca hubiera tenido lugar[67]. En particular, ello implicaría que el contratante que recibió el bien tenga que asumir la pérdida o los deterioros que

---

65 Ver HINESTROSA, F. "Las restituciones consecuenciales a la eliminación del contrato", cit., p. 471; RODRÍGUEZ OLMOS, J. "Restituciones consecuenciales a la 'eliminación' del contrato: reflexiones a partir de algunas tendencias en el derecho comparado", cit., p. 477.

66 C. Civ., art. 1543, último inciso.

67 SERINET, Y. M. "L'effet rétroactif de la résolution pour inexécution en droit français", cit., n.° 74, pp. 633. Ver igualmente, Corte Suprema de Justicia, Sala Civil, 4 de junio de 2004, M. P. Manuel Ardila Velásquez, exp. 7748.

no hubiesen ocurrido si el bien hubiese estado en manos de quien lo entregó (*solvens*). En realidad, dicha solución que se desprende de esa regla de principio no recibe aplicación. En efecto, el régimen de la acción reivindicatoria distingue según si el deterioro se debió a un hecho o culpa del *accipiens* o al acaecimiento de un caso de fuerza mayor. Además, se debe establecer cómo se debe fijar el monto de la prestación ejecutada que no puede ser restituida *in natura*.

3.1.2.1.1. LA IMPORTANCIA DEL ORIGEN DE LA IMPOSIBILIDAD DE RESTITUIR *IN NATURA* LA OBLIGACIÓN PRINCIPAL

En primer lugar, siguiendo los lineamientos del artículo 963 C. Civ., si el *accipiens* es considerado de mala fe, deberá responder por la destrucción o el deterioro debido a un hecho o culpa suya y, en consecuencia, deberá pagar el valor del bien[68]. Dicha regla es coherente con la aplicación de las nociones de buena fe y de mala fe en el ámbito de las restituciones consecutivas a la ineficacia del contrato cuando hace referencia al conocimiento del contratante del riesgo de restitución de las prestaciones debido a un vicio del contrato. En efecto, esto es fácilmente comprensible cuando el contratante conoce el riesgo de restitución (p. ej., es consciente del vicio que afecta la validez del contrato), pues es lógico que responda por cualquier acto de su parte que cause la destrucción o el deterioro del bien que él conoce debe, eventualmente, restituir (art. 963, inc. 1.º C. Civ.).

Por otro lado, cuando el contratante en cuyo favor fue ejecutada la prestación (*accipiens*) es de buena fe, no responde por la destrucción o el deterioro atribuibles a su hecho o culpa sino en cuanto ello le hubiese generado algún beneficio económico (art. 963, inc. 1º C. Civ.). A diferencia del contratante de mala fe, el de buena fe no responde por la destrucción o el deterioro del bien debido a un hecho o culpa sino hasta el límite de su enriquecimiento. Ello se explica porque, si bien el contratante no conocía que el contrato estuviese

---

68 De esta regla se colige, además, que el *accipiens* no deberá responder por la destrucción del bien cuando sea su cocontratante quien deba responder por la causa de la destrucción del bien o se deba a un defecto congénito del bien. Es la misma consagrada por la mayoría de los ordenamientos en cuanto a las restituciones que resultan del ejercicio exitoso de la acción redhibitoria. Ver art. 1647 C. Civ. fr, art. 1492, C. Civ. it., §346 (III) BGB, Marco Común de Referencia (DCFR) art. III-3:512, Principios Unidroit, art. 7.3.6.

afectado de algún vicio y, por consiguiente, actuó como *dominus* pleno, la ley igual lo obliga a responder hasta el dicho límite para evitar todo enriquecimiento injustificado de su parte. Como se ve, la calificación del estado subjetivo del contratante obligado a restituir tiene consecuencias importantes sobre el plano económico[69]. A título de ilustración, el contratante de buena fe –al igual que el de mala fe– deberá restituir el precio que recibió como consecuencia de la venta del bien, pero, en cambio, no deberá restituir nada cuando lo haya donado.

En contraste, en materia de resolución, si se sigue la tesis de Ospina Fernández y Ospina Acosta, según la cual el artículo 1543 C. Civ. –que se refiere tanto la hipótesis de la destrucción culposa como a la del deterioro culposo– se aplica igualmente a la condición resolutoria por incumplimiento, no habría lugar a distinguir entre la buena y la mala fe del contratante y, en consecuencia, el contratante debería responder por la pérdida o deterioro culposo del bien[70]. Por ejemplo, el *accipiens* debería pagar el precio del bien cuando lo haya enajenado, sin importar si lo hizo a título de venta o de donación. Con respecto a la pérdida culposa del bien, a la misma solución se llega si se sigue la tesis según la cual, en el marco de las restituciones consecutivas a la aniquilación del contrato, se aplican las reglas generales de la teoría de los riegos[71]. Sin embargo, con respecto a esta última tesis, si se admite al mismo tiempo la remisión al régimen de la acción reivindicatoria, dado que este trae una regla diferente para los deterioros (art. 963 C. Civ.), que conduce a tener en cuenta la buena o la mala fe del *accipiens*, surgiría una distinción injustificada entre las dos hipótesis. En efecto, mientras que la hipótesis de la destrucción culposa del bien se regiría por las reglas generales de la teoría de los riesgos, aquella de su deterioro culposo se regiría por el artículo 963 C. Civ., que otorga –como se vio en el párrafo anterior– un trato más benigno para el *accipiens* de buena fe.

En segundo lugar, de conformidad con las reglas anteriormente mencionadas, el deudor a la restitución (*accipiens*) no responde por el acontecimiento

---

69 Comp., si se sigue la tesis de Ospina Fernández y Ospina Acosta (*Teoría general del contrato y del negocio jurídico*, cit. n.° 660, p. 548), según la cual el artículo 1543 C. Civ. se aplica igualmente a la condición resolutoria tácita por incumplimiento, no habría lugar a distinguir entre la buena y la mala fe del contratante y, en consecuencia, debería responder, en toda hipótesis, por la pérdida o destrucción imputable a su culpa.

70 Ospina Fernández, G. y Ospina Acosta, E. *Teoría general del contrato y del negocio jurídico*, cit., p. 548, n.° 660, numeral 3.°

71 Hinestrosa, F. "Las restituciones consecuenciales a la eliminación del contrato", cit., p. 471; Rodríguez Olmos, J. "Restituciones consecuenciales a la 'eliminación' del contrato: reflexiones a partir de algunas tendencias en el derecho comparado", cit., p. 477.

extraño a su hecho o culpa que haya ocasionado la destrucción o el deterioro del bien. Siendo esto así, es el acreedor a la restitución (*solvens*) quien asume el riego de destrucción o deterioro por un evento de caso fortuito o de fuerza mayor (*res perit creditoris*). En esta hipótesis, es indiferente si el contratante que debe restituir el bien (*accipiens*) conocía o dio origen a la causa de aniquilación del contrato, o para ser más claros, ello no tiene relevancia para invertir la regla del riesgo de destrucción del bien por un evento de caso fortuito o fuerza mayor[72]. Según algunos autores, ello se debe a la idea según la cual, si se reputa que el contrato nunca existió, entonces jurídicamente la titularidad del bien permaneció en cabeza del acreedor de la restitución y, por ello, él debe asumir dicho riesgo (*res perit dominus*)[73]. En todo caso, la regla *res perit creditoris* es la misma que consagra el Código civil para la pérdida del cuerpo cierto que se debe (1604 y s., 1729 y s. C. Civ.), por lo que, en ese punto específico, la disciplina de las restituciones mutuas no es más que una aplicación particular de las reglas generales de la asunción del riesgo por advenimiento de un caso fortuito o una fuerza mayor.

Observemos que la tendencia moderna parece ir en sentido opuesto[74]. Si examinamos los principios Unidroit (2016)[75], la regla es la contraria: el riesgo de destrucción corresponde a quien debe restituir (*res perit debitori*) porque, según explican los comentarios[76], él tuvo el control de la ejecución, es decir, tenía bajo su poder el bien, podía utilizarlo y, por lo tanto, debe también asumir el riesgo de su pérdida o deterioro. Además, podía contratar un seguro de

---

72 El hecho de que un cocontratante haya dado origen al aniquilamiento del contrato podría ser un criterio para invertir el riesgo. Así, en derecho francés, si en principio el riesgo por perecimiento del bien por un caso fortuito o fuerza mayor recae sobre el deudor de la restitución, esta regla se invierte, esto es, el riesgo es del acreedor de la restitución, cuando el deudor es de buena fe, es decir, cuando él no conocía ni dio lugar a la aniquilación del contrato (art. 1352-2 C. Civ. fr.).

73 Al respecto, ver Malaurie, M. *Les restitutions en droit civil*, París, Cujas, 1991, 130 y ss.

74 Rodríguez Olmos, J. "Restituciones consecuenciales a la 'eliminación' del contrato: reflexiones a partir de algunas tendencias en el derecho comparado", cit., p. 478: el autor resalta que la tendencia moderna es aquella de la "coincidencia entre el riego y control de la prestación cumplida, de manera que cada cual asume el riesgo de lo recibido". Ver también Bargelli, E. *Il sinallagma rovesciato*, cit., pp. 391 y ss.

75 Sobre la solución en el Marco Común de Referencia (DCFR), ver Rodríguez Olmos, J. "Restituciones consecuenciales a la 'eliminación' del contrato: reflexiones a partir de algunas tendencias en el derecho comparado", cit., p. 475.

76 Principios Unidroit 2016, Comentario al artículo 3.2.15, p. 120.

pérdida o destrucción accidental[77]. Igualmente, el deudor no deberá restituir la prestación en valor si la imposibilidad de restitución es debida a su cocontratante, en particular cuando es debido a su culpa o a un riesgo inherente a la ejecución del contrato[78]. El Código Civil francés reformado consagra la misma regla: el riego de pérdida o degradación del bien pesa sobre quien debe restituir. Empero, añade dos excepciones: el *accipiens* no lo asume si es considerado de buena fe y la pérdida o el deterioro del bien no obedece a su culpa (art. 1352-1 C. Civ. fr.)[79]. Además, si la imposibilidad de restitución *in natura* se debe a la alienación del bien a un tercero, se deben distinguir dos hipótesis: si el deudor es de buena fe, debe restituir el precio recibido; si es de mala fe, debe restituir el precio que el bien tenga al día de la restitución si el precio al que lo vendió es inferior (art. 1352-2 C. Civ. fr.). Como se percibe, en esta hipótesis la aplicación en derecho colombiano de las reglas en materia reivindicatoria conduce a resultados análogos.

3.1.2.1.2. LA APRECIACIÓN ECONÓMICA DE LA PRESTACIÓN EJECUTADA

Si el contratante obligado a restituir la prestación no lo puede hacer *in natura*, deberá pagar el valor en dinero[80]. Sin embargo, surge una pregunta sobre su cálculo: ¿debe tenerse en cuenta la valoración hecha por las partes en el contrato

---

77 ZIMMERMANN, R. "The Unwinding of Failed Contracts in the Unidroit Principles 2010", *Uniform Law Review* 16, n.° 3, 2011, pp. 573. Ver también, MEIER, S. "'Unwinding Failed Contracts: New European Developments', *Edinburgh Law Review*, vol. 21, n.° 1, 2017, p. 23.

78 *Unidroit Principles of international commercial contracts* 2016, Comentario al artículo 3.2.15, p. 120.

79 El artículo 1352-1 C. Civ fr. se refiere únicamente a la hipótesis del deterioro. Los autores consideran que las mismas reglas son aplicables en caso de pérdida o destrucción del bien. Ver DESHAYES, O., GENICON, T. y LATHIER, Y. M. *Réforme du droit des contrats, du régime général et de la preuve des obligations*, cit., p. 810: "Se debe inmediatamente precisar que no existe ninguna razón para distinguir según si la degradación del bien es total o parcial, lo que conduce a aplicar el artículo 1352-1 a la destrucción completa de la cosa".

80 Comp., otra solución que ofrece el derecho comparado, que en la actualidad no es más seguida, se encuentra en el artículo 82 (inc. 1.°) de la Convención de las Naciones Unidas sobre los Contratos de Compraventa Internacional de Mercaderías (Convención de Viena), el cual prescribe que el comprador pierde "el derecho a declarar resuelto el contrato o a exigir al vendedor la entrega de otras mercaderías en sustitución de las recibidas cuando le sea imposible restituir éstas en un estado sustancialmente idéntico a aquel en que las hubiera recibido". Sin embargo, el mismo instrumento exceptúa los casos en los que la imposibilidad no es imputable a un acto

o debe tener en cuenta un valor objetivo, esto es, de mercado? En derecho comparado se encuentran tres respuestas distintas: el enriquecimiento del demandante, el valor de mercado de la prestación y el precio estipulado por las partes en el contrato[81]. A falta de un criterio legal, dado que la obligación prístina era la restitución del bien *in natura*, parece natural que se tenga en cuenta el valor de mercado del bien al tiempo que debió restituirse[82]. Sobre el punto, la Corte Suprema, tanto en materia de nulidad[83] como en materia de resolución del contrato por incumplimiento[84], ha optado por retener el criterio del valor del bien que no puede ser restituido según el avaluó realizado en el proceso[85]. Esta solución, sin duda, es consecuencia de la concepción de la nulidad y de la resolución como aniquilamiento absoluto del contrato: una vez resuelto o anulado, el contrato no puede producir ningún efecto, incluso para fijar el valor de las prestaciones que deben ser restituidas por las partes[86].

---

u omisión del adquirente o es debida al consumo o transformación del bien en su uso normal antes de descubrir la falta de conformidad. Bargelli, E. *Il sinallagma rovesciato*, cit., p. 395.

81 Meier, S. "'Unwinding Failed Contracts: New European Developments', *Edinburgh Law Review*, vol. 21, n.° 1, 2017, p. 24.

82 Comp. Los Principios Europeos de derecho de contratos prescriben en materia de nulidad y de resolución que, si la restitución *in nature* es imposible, ella debe efectuarse a través del pago de una suma razonable, con lo cual se confiere al juez un poder más importante de apreciación del valor de la prestación (art. 4:115, art. 9:309).

83 Corte Suprema de Justicia, Sala Civil, 9 de septiembre de 2019, M. P. Álvaro Fernando García, SC3642-2019. En este caso, a pesar de la declaración de nulidad del contrato, el inmueble no podía ser restituido porque el Distrito había determinado que se encontraba en un Área de Reserva Forestal.

84 Corte Suprema de Justicia, Sala Civil, 22 de agosto de 1957, M. P. Pablo Emilio Manotas, *G. J.*, t. LXXXVI, p. 24. "En esta situación, la realidad procesal crea también el imposible jurídico y material de que se pueda ordenar la restitución del inmueble objeto del contrato que se resuelve, por hallarse en la actualidad en poder de terceros poseedores de buena fe. Entonces, en estos casos, lo equitativo es limitar la correspondiente prestación del contratante incumplido, al pago del valor comercial de los bienes".

85 Hinestrosa, F. "Las restituciones consecuenciales a la eliminación del contrato", *cit.*, pp. 473: "¿Pero, su valor en qué momento? ¿Al día del acto o contrato declarado nulo, o al de la restitución? La respuesta lógica es la segunda, como quiera que la regla de la nulidad es la vuelta de las cosas al *status quo ante*, de modo que quien dio el bien y ahora habría de recuperarlo pueda contar con el mismo valor que aquel le significaría como haber patrimonial: el valor real presente, y no el precio del contrato".

86 Comp. en derecho alemán, en el que la resolución da lugar a la transformación del contrato en una relación de liquidación de las obligaciones restitutorias (*Abwicklungsverhältnis*), la fijación del valor de la prestación cuya restitución es imposible tiene en cuenta la contraprestación prevista por las partes en el contrato (§346, II BGB)

Tratándose de las obligaciones de hacer, tales como la realización de un servicio, la puesta a disposición de la utilización de un bien, se debe distinguir según si el contrato fue resuelto o anulado. En el primer caso, aunque no son nociones coincidentes, en la mayoría de las veces los contratos que contienen esas obligaciones son de ejecución periódica, sucesiva o continuada y, en estos, el efecto de la resolución solo rige hacia el futuro[87]. La Corte Suprema de Justicia ha fincado esta solución en la idea discutible de que en esos casos los efectos del contrato no son susceptibles de destruirse retroactivamente[88]. A pesar de lo sostenido por la Corte, lo cierto es que en el mundo jurídico toda prestación puede ser sustituida por su equivalente pecuniario[89], lo que conduce a afirmar que el efecto retroactivo puede operar sin importar la naturaleza de la prestación. En realidad, dicha solución es admitida en materia de resolución del contrato habida cuenta de que en esos casos no se pone en tela de juicio la validez del contrato, sino que su desaparecimiento se debe a un hecho posterior.

En cambio, dicho criterio de la imposibilidad de destruir retroactivamente los efectos del contrato –y que, por consiguiente, conduce a la consolidación de sus efectos– parece difícilmente admisible en materia de nulidad, porque aquí la aniquilación del contrato es una sanción en razón de la transgresión de la legalidad debido a la carencia de un elemento de validez del contrato o de la contrariedad a una regla imperativa. En ese sentido, la exclusión de la irretroactividad de la nulidad cuando se trata de una obligación de hacer para optar por el pago de su equivalente en dinero "se explica por el empeño de impedir que del contrato nulo se deduzcan efectos, y que alguna consecuencia

---

87 Ver *infra* 3, 3.2., 3.2.2.

88 P. ex., Corte Suprema, Sala Civil, 26 de agosto de 2011, M. P. Arturo Solarte Rodríguez, Ref.: 05001-3103-016-2002-00007-01: "Por otra parte, es menester destacar también que, en líneas generales, la jurisprudencia y la doctrina han considerado que la resolución se predica de aquellos contratos cuyos efectos son susceptibles de destruirse retroactivamente, hasta el punto de dejar a las partes en el estado anterior a la celebración del acuerdo disuelto -efectos *ex tunc*–, y, *contrario sensu*, la terminación se encuentra reservada para aquellos contratos con prestaciones de ejecución periódica, sucesiva o continuada, también llamados contratos de duración, pues precisamente, dada la ejecución de las obligaciones en el tiempo y su aprovechamiento por el acreedor, no resulta posible deshacerlas respecto del pasado sino sólo hacia el porvenir –efectos *ex nunc*–, o en otras palabras, ellas adquieren plena firmeza con ocasión de su autonomía y consolidación jurídica y económica, que se van dando a lo largo del tiempo [...]".

89 El nuevo artículo 1352-8 C. Civ. fr. no deja ninguna duda sobre el punto al establecer que "la restitución de una prestación de servicio tiene lugar en valor".

perdurable de los hechos complidos, como sería dejar en pie lo ejecutado, pueda atribuirse al contrato mismo"[90].

Por último, ¿cómo se calcula el valor de la prestación de hacer ejecutada? Como se mencionó antes, como quiera que la nulidad conduce a una situación equivalente a aquella en la que el contrato nunca hubiese existido, no puede tenerse en cuenta la apreciación económica de la prestación fijada por las partes. Por ejemplo, tratándose de la nulidad de contrato de arrendamiento, el arrendador será obligado a retornar al arrendatario el monto de los cánones recibidos, mientras que el arrendatario será obligado a pagar el disfrute del bien, no con base en el canon pactado, pues ello sería reconocerle efectos a un contrato nulo, sino de conformidad con el precio del mercado según la naturaleza del bien[91]. ¿Y a qué fecha debe apreciarse el valor de dicha prestación? Si echamos un vistazo a otros ordenamientos, encontramos que el nuevo artículo 1352-8 del Código Civil francés dispone que en el valor del servicio debe ser apreciado a la fecha en que fue efectivamente prestado y no a la fecha en que opera la restitución en valor. Dicha solución tiene cabida en nuestro ordenamiento a la luz de nuestra concepción del efecto retroactivo de la nulidad. Parece lógico, además que, independientemente del costo de la ejecución de la prestación para el deudor, la restitución deba ser excluida cuando el servicio o el bien puesto a disposición para su disfrute no presentó, en realidad, ninguna utilidad o provecho para el *accipiens*[92].

---

90 HINESTROSA, F. "Las restituciones consecuenciales a la eliminación del contrato", cit., p. 475.

91 En todo caso, subiste la pregunta de si el pago por equivalente de la prestación que no es posible restituir *in natura* es la forma como opera la retroactividad en estos casos o si es una excepción al efecto retroactivo de la nulidad. La jurisprudencia brinda pocas pistas al respecto, salvo algún pronunciamiento en el que parece optar por esta segunda concepción al referirse a los contratos de tracto sucesivo. Ver Corte Suprema de Justicia, Sala Civil, 25 de octubre de 2000, M. P. Jorge Antonio Castillo Rúgeles, exp. 5513. "Si la retroactividad de la nulidad de los contratos se elevara a un axioma, no tendrían, por supuesto, cabida excepciones como la del caso que ahora se despacha, o la de los contratos de ejecución sucesiva, entre algunas otras, en las cuales el objeto que habrá de 'restituírsele' a una de las partes es de una naturaleza distinta –aunque equivalente–, a la del que fue el objeto de la prestación que satisfizo en ejecución total o parcial de lo pactado [...]".

92 Los Principios Unidroit, en materia de resolución (art. 7.3.6 (2)) y en materia de nulidad (art. 3.2.15(2)), indican: "Si no es posible o apropiada la restitución en especie, procederá una compensación en dinero, siempre que sea razonable". Esta última frase fue introducida para significar que la compensación en dinero debe ser realizada en la medida en que el *accipiens* obtuvo un beneficio de la ejecución. Ver ZIMMERMANN, R. "The Unwinding of Failed Contracts in the Unidroit Principles 2010", *Uniform Law Review*, 16, n.° 3, 2011, pp. 571 y 572.

3.1.2.2. LA RESTITUCIÓN DE LAS PRESTACIONES COMPLEMENTARIAS

Las prestaciones complementarias son aquellas anejas o conexas a la restitución de la prestación principal. Ellas se explican porque generalmente la prestación recibida por el *accipiens* no permanece incólume, sino que muta, positiva o negativamente, demanda gastos o inversiones y puede ser explotada económicamente durante el tiempo en el que aquel la tiene en su poder. Haremos acá referencia a los deterioros (3.1.2.2.1), las mejoras (3.1.2.2.2), los frutos (3.1.2.2.3), así como a las expensas de conservación (3.1.2.2.4).

3.1.2.2.1. DETERIOROS

La aplicación de la regla de retorno al *statu quo ante* conllevaría a que el bien tenga que ser restituido en el estado en el que se encontraría si el contrato nunca hubiera tenido lugar[93]. Ello implicaría que el contratante que recibió el bien tenga que pagar los deterioros que no hubiesen ocurrido si el bien hubiese estado en manos de quien ejecutó la prestación (*solvens*). No obstante, dicha regla sufre fuertes atenuaciones en razón de la aplicación de la disciplina reivindicatoria. Como se anotó antes, aunque las reglas relativas a la acción reivindicatoria solamente se refieren a la hipótesis del deterioro del bien (art. 963 C. Civ.), consideramos que ellas también se aplican a la hipótesis de destrucción del bien toda vez que la destrucción no es más que un deterioro completo del bien. Por ello, en cuanto a los deterioros, hacemos un reenvió, en lo pertinente, a lo dicho en el apartado relativo a la imposibilidad de restitución *in natura* en el que fue examinada la hipótesis de la destrucción del bien[94].

Baste mencionar aquí que debe distinguirse si el deterioro fue debido a un caso de fuerza mayor o el deterioro ocurrió por culpa o un hecho del *accipiens*. En el primer caso el riesgo corresponde al acreedor a la restitución (*res perit creditoris*). En el segundo caso, habrá que distinguirse según si el *accipiens* puede considerarse de buena fe o de mala fe, pues si es de buena fe solamente responde hasta el límite de su enriquecimiento. Por último, agreguemos que,

---

93 Serinet, Y. M. "L'effet rétroactif de la résolution pour inexécution en droit français", cit., n.° 74, p. 633. Ver, igualmente, Corte Suprema de Justicia, Sala Civil, 4 de junio de 2004, M. P. Manuel Ardila Velásquez, exp. 7748.

94 Ver *Supra* 3, 3.1., 3.1.2., 3.1.2.1.., 3.1.2.2.1.

en materia de resolución, si se admite la tesis según la cual el artículo 1543 C. Civ. se aplica igualmente a la condición resolutoria por incumplimiento, no habría lugar a distinguir entre la buena y la mala fe del contratante y, en consecuencia, el contratante deberá responder por el deterioro culposo del bien, sin que opere ninguna limitación cuando sea de buena fe[95].

3.1.2.2.2. MEJORAS

La aplicación de la regla de retorno al *statu quo ante* conduciría a que el bien tenga que ser devuelto en el estado en el que se encontraría si el contrato nunca hubiese tenido lugar[96]. Ello traería como consecuencia que el *accipiens* deba ser compensado por todas las mejoras realizadas a fin de evitar un enriquecimiento injustificado del *solvens*. Además, también en aplicación de esa regla, el *solvens* no podría ser puesto en una mejor situación de aquella que tendría si el contrato nunca hubiese existido[97]. Sin embargo, una vez más, al igual que en las hipótesis de destrucción y deterioro del bien, dicha regla de la vuelta al *statu quo ante* es temperado por el renvío a las reglas particulares en materia de reivindicación, las cuales conducen a soluciones diferentes que tienen en cuenta la calificación de buena fe o mala fe del contratante sobre el que pesa la obligación restitutoria.

Teniendo en cuenta los criterios arriba anotados para calificar la buena fe y la mala fe de los contratantes, en aplicación del artículo 966 C. Civ. el *accipiens* considerado de buena fe tiene derecho al pago de aquellas mejoras que aumentaron el valor comercial del bien (mejoras útiles)[98] realizadas antes de la notificación de la demandada[99]. Él no tiene derecho al pago de las mejoras

---

95 Ospina Fernández, G. y Ospina Acosta, E. *Teoría general del contrato y del negocio jurídico*, cit., p. 548, n.° 660, numeral 3.°

96 Ver Corte Suprema de Justicia, Sala Civil, 4 de junio de 2004, M. P. Manuel Ardila Velásquez, exp. 7748.

97 Serinet, Y. M. "L'effet rétroactif de la résolution pour inexécution en droit français", cit., n.° 74, p. 633.

98 Para un ejemplo reciente de reconocimiento de las mejoras útiles a un promitente comprador como consecuencia de la declaración de nulidad del contrato de promesa de compraventa, ver Corte Suprema de Justicia, Sala Civil, 25 de septiembre de 2019, M. P. Álvaro Fernando García Restrepo, SC3966-2019.

99 Si bien los artículos 964 y 966 del Código Civil se refieren a la contestación de la demanda, la Corte Suprema ha sido clara en afirmar que cuando dichos artículos "hablan de contestación de la demanda, no se refieren al hecho material de la respuesta del demandado al libelo con

voluptuarias que realizó, sin importar su mala fe o buena fe. Por su parte, el *accipiens* de mala fe no tendrá derecho a las mejoras útiles, pero podrá llevarse los materiales de dichas mejoras, siempre que pueda separarlos sin detrimento del bien, y que el acreedor a la restitución rehúse pagarle el precio que tendrían dichos materiales después de separados (art. 966, inc. 6º C. Civ.). En toda hipótesis, la valorización del bien exterior a la actividad del *accipiens* y que, por consiguiente, no constituyen mejoras, como aquello que obedece al contexto económico o, por ejemplo, a la ubicación del inmueble, beneficiará al acreedor de la restitución (*solvens*). En efecto, el *solvens* asume el menor valor o se beneficia del mayor valor que el bien tenga en la época en la que le es restituido. En materia de resolución del contrato de compraventa por no pago del precio por el comprador, con arreglo al segundo inciso del artículo 1932 C. Civ., el comprador incumplido es considerado como un poseedor de mala fe y, por lo tanto, no tendrá derecho a las mejoras útiles ni menos a las voluptuarias. Sin embargo, tendrá también el derecho a que hace referencia el inciso 6º del artículo 966 C. Civ., antes mencionado.

Por último, anotemos que, en materia de resolución del contrato por incumplimiento, si se admite la opinión según la cual a ella le es aplicable el artículo 1543 C. Civ. –y no las reglas en materia reivindicatoria–, el acreedor a la restitución (*solvens*) no deberá pagar ninguna mejora realizadas por el *accipiens*[100]. Como hemos mencionado antes, según dicha disposición –que no introduce ningún matiz de orden subjetivo– el bien "se debe en el estado en que se encuentre, aprovechándose el acreedor de los aumentos o mejoras que hayan recibido la cosa, sin estar obligado a dar más por ella".

3.1.2.2.3. FRUTOS

Los frutos son las utilidades o provechos, apreciables económicamente, que se pueden obtener de un bien como consecuencia de su utilización o de su explotación económica. Pueden ser naturales o civiles (arts. 714 y s. C. Civ.)[101].

---

que se inicia el juicio, sino al fenómeno de la *litis contestatio*, o sea a la formación del vínculo jurídico-procesal que nace con la notificación de la demanda" (Corte Suprema de Justicia, Sala Civil, 3 de junio de 1954, M. P. Manuel Barrera Parra, *G. J.* LXXVII, p. 772).

100 Ospina Fernández, G. y Ospina Acosta, E. *Teoría general del contrato y del negocio jurídico*, cit., p. 548, n.° 660, numeral 4º.

101 En el tema de las restituciones, en otros ordenamientos se hace la distinción entre los frutos y el valor de uso de un bien. Los primeros son aquellos que se obtienen a través de su explotación

La regla de principio de retorno al *statu quo ante* implicaría que el obligado a la restitución (*accipiens*) deba también reintegrar los frutos percibidos durante el tiempo transcurrido desde el momento en el que recibió la prestación hasta su restitución efectiva. En efecto, dicha regla supone que el contratante no entregó jamás su bien al *accipiens* y, por lo mismo, pudo explotar económicamente el bien durante ese tiempo. Siguiendo otra línea argumentativa, podría afirmarse que la restitución de la prestación principal supone también la de sus accesorios, entre los cuales contamos sus frutos (accesorium sequitur principali)[102]. O, como lo afirma Troplong, no es posible identificar un título con base en el cual el *accipiens* pueda conservar los frutos del bien recibido[103]. Como lo veremos a continuación, una vez más y a semejanza de las prestaciones conexas examinadas anteriormente, la regla de retorno al *statu quo ante* es hondamente modificada por el renvío a las reglas en materia de acción reivindicatoria y, en esta hipótesis en particular, por una regla especial aplicable a las condiciones resolutorias.

En materia de nulidad, en aplicación del artículo 964 C. Civ. –en razón del reenvío que realiza el artículo 1746 C. Civ.– relativo a la restitución de los frutos cuando prospera la acción reivindicatoria, el contratante que no conocía ni dio lugar a la nulidad del contrato podrá conservar los frutos que percibió hasta antes de la notificación de la demanda[104]. En cambio, el contratante que

---

económica, por ejemplo, la realización de una actividad de cultivo o de ganadería en una finca o el arrendamiento de un inmueble; mientras que el segundo es aquel que resulta de la ventaja de la que goza una persona por el hecho de utilizar o tener a su disposición un bien, por ejemplo, cuando ella habita en el inmueble que le fue entregado. En nuestro ordenamiento, el artículo 964 C. Civ. no hace tal distinción y el valor de uso de un bien es absorbido por el concepto de frutos, pues siempre se tiene en cuenta la posibilidad que tiene el *accipiens* de percibirlos como resultado de la explotación económica del bien que recibió. Por ejemplo, si el *accipiens* no arrendó el bien que recibió, sino que lo utilizó para su vivienda personal o familiar, los frutos serán calculados con arreglo al valor del canon de arrendamiento del inmueble durante el tiempo en que lo tuvo en su poder. Sobre esa distinción, ver Deshayes, O., Genicon, T. y Lathier, Y. M. *Réforme du droit des contrats, du régime général et de la preuve des obligations*, cit., p. 816. Bargelli, E. *Il sinallagma rovesciato*, cit., pp. 413 y ss.

102 Serinet, Y. M. "L'effet rétroactif de la résolution pour inexécution en droit français", cit., n.° 61, p. 626. Igualmente, Bargelli, E. *Il sinallagma rovesciato*, cit., p. 362.

103 Troplong, M. *Le droit civil expliqué suivant l'ordre du code. De la vente*, Bruselas, 1936, n.° 652. Citado por Guerrini, L. *Le restituzioni contrattuali*, Turín, Giappichelli Editore, 2012, p. 167.

104 Como se anotó antes, si bien los artículos 964 y 966 del Código Civil se refieren a la contestación de la demanda, la Corte Suprema ha sido clara en afirmar que debe entenderse que

conocía o que dio lugar a la nulidad del contrato deberá restituir todos los frutos percibidos desde que recibió el bien[105]. Por ejemplo, si se trata de una suma de dinero, el *accipiens* deberá pagar intereses (frutos civiles), en este contexto los intereses legales civiles. Con arreglo al tenor literal del artículo 964 C. Civ., la Corte Suprema en un tiempo sostuvo que el obligado a la restitución solamente debe los intereses de la suma recibida desde la contestación de la demanda de nulidad, salvo que se pruebe su mala fe, caso en el cual los debería desde que recibió el dinero[106]. En efecto, la buena fe se presume en virtud de la presunción de buena fe establecida en materia posesoria (art. 769 C. Civ.). La misma tesis jurisprudencial fue sostenida más recientemente en una sentencia del 5 de agosto de 2014[107].

Ahora bien, la consideración de la conducta de buena o mala fe del contratante, y en particular la regla que permite al de buena fe conservar los frutos que alcanzó a percibir hasta antes de la notificación de la demanda, riñe con la regla según la cual las partes deben ser restituidas al mismo estado en que

---

dichos artículos se refieren a la notificación de la demanda. Ver Corte Suprema de Justicia, Sala Civil, 3 de junio de 1954, M. P. Manuel Barrera Parra, *G. J.* LXXVII, p. 772.

105 Anótese que, cuando se deben restituir los frutos de una suma de dinero (intereses) calculados aplicando el interés legal civil del 6% (art. 1617 C. Civ.), procede la indexación de dicha suma de dinero, pues los intereses civiles no incluyen el componente inflacionario. En cambio, la corrección monetaria no puede ser acumulada con el interés legal comercial (art. 884 C. com.) toda vez que el interés bancario corriente incorpora la pérdida del poder adquisitivo de la moneda. Ver Corte Suprema de Justicia, Sala Civil, 19 de noviembre de 2001, M. P. Carlos Ignacio Jaramillo, exp. 6094, 27 de agosto de 2015, M. P. Ariel Salazar Ramírez, SC11331-2015.

106 Por ejemplo, Corte Suprema de Justicia, Sala Civil, 16 de diciembre de 2003, M. P. Manuel Isidro Ardila, exp. 7714-01. "Sin embargo de lo anterior, observase cómo en el caso sub-examen, a pesar de que el sentenciador no halló en el proceder de la demandada, obligada a restituir frutos a consecuencia de la nulidad que declaró, mácula en su buena fe, al punto que la invalidez tuvo hontanar en la ausencia de algunos requisitos establecidos en el proceso de formación de los contratos, la fulminó con una condena que desde todo punto de vista desborda los lineamientos que en ese preciso aspecto determina el artículo 964 citado, pues al ordenar, como tuvo oportunidad de referirse, que los intereses se pagasen no desde que la hipótesis normativa lo dispone, a saber, del 30 de julio de 1993, fecha en que la demandada contestó la demanda (folio 75 del Cdno. 1), sino a partir del momento en que las cantidades fueron entregadas a la demandada, desconoció que, se reitera, ello sólo cabía a condición de que hubiese tenido por infirmada la buena fe, punto al que ni siquiera se refirió". Ver, igualmente, 5 de julio de 1983, M. P. Humberto Murcia Ballén, *G. J.* CLXXII, pp. 124 y s.

107 Corte Suprema de Justicia, Sala Civil, 5 de agosto de 2014, M. P. Arturo Solarte Rodríguez, SC10326-2014.

se hallarían si el contrato nulo no hubiese sido celebrado (art. 1746, inc. 1.º C. Civ.). Poniendo de presente esa contradicción, la jurisprudencia ha rectificado su tesis para sostener que la restitución de la frutos debe hacerse en su totalidad, sin tener en cuenta el límite temporal de la disciplina reivindicatoria que otorga un tratamiento ventajoso o favorable al poseedor de buena fe antes de la contestación de la demanda (inciso 3.º, art. 964 C. Civ.), puesto que "se desconocería el efecto general y propio de toda declaración de nulidad, imposibilitando, en materia de restitución de frutos, el regreso de las cosas al estado en que se hallarían si no hubiese existido el acto o contrato nulo"[108]. De conformidad con dicha jurisprudencia, el estado subjetivo solamente se aprecia para aplicar un rasero más riguroso al contratante de mala fe antes de la notificación de la demanda en lo que toca con su obligación de restituir no solamente los frutos percibidos, sino también aquellos que hubiese podido percibir con mediana inteligencia y actividad; pero no para establecer una limitación temporal de los frutos que son debidos[109]. Sobre lo que no hay duda es que, luego de la contestación de la demanda, el régimen es el mismo, dado que –según el art. 964 C. Civ.– al contratante de buena fe se aplican las reglas que rigen para el contratante de mala fe[110].

---

108 Corte Suprema de Justicia, Sala Civil, 15 de junio de 1995, M. P., Rafael Romero Sierra, exp. 4398. En el mismo sentido, Corte Suprema de Justicia, Sala Civil, 13 de agosto de 2003, M. P. José Fernando Ramírez Gómez, exp. C-7010; 22 de abril de 2016, M. P. Jesús Vall de Rutén Ruiz, SC5060-2016: la buena o mala fe de los contratantes "cobra importancia para la determinación del tipo de frutos (percibidos u obtenibles) que deben restituirse y no para la fecha a partir de la cual se deben, que, se itera, en el caso de la nulidad declarada, es desde la fecha del contrato nulo y, en su defecto, desde la entrega o cumplimiento de la obligación dimanante de ese contrato, a la sazón cumplida total o parcialmente".

109 Corte Suprema de Justicia, Sala Civil, 15 de junio de 1995, M. P. Rafael Romero Sierra, exp. n.º 4398: "De suerte que la aplicación del artículo 964 del Código Civil, en virtud de la remisión dispuesta por el artículo 1746 *ibidem*, a casos como el que ahora ocupa la atención de la Corte, solamente resulta viable para determinar la calidad de los frutos que el demandado vencido debe restituir, es decir, si los percibidos, o si éstos y los que hubiera podido percibir el dueño con mediana inteligencia y actividad, teniendo la cosa en su poder, en virtud de la calificación que se haga de su buena o mala fe, pero sin las restricciones de tipo temporal previstas en el inciso tercero para el poseedor de buena fe, porque, entonces, se reitera, se desconocería el efecto general y propio de toda declaración de nulidad, imposibilitando, en materia de restitución de frutos, el regreso de las cosas al estado en que se hallarían si no hubiese existido el acto o contrato nulo".

110 Corte Suprema de Justicia, Sala Civil, 22 de abril de 2016, M. P. Jesús Vall de Rutén Ruiz, SC5060-2016: "... la exégesis del artículo 964 del Código Civil permite concluir sin mayores disertaciones, por su claro tenor literal, que los frutos, entre otras especies, que se deben

Siguiendo dicho razonamiento, la Corte, en una sentencia reciente en la que revocó el fallo del *ad quem* y declaró la nulidad absoluta de una promesa de compraventa, ordenó un dictamen pericial para fijar el valor de los frutos que pudo percibir el promitente comprador desde el momento en que se celebró la promesa (día en que también se hizo entrega del predio) y hasta la fecha de la sentencia de casación, pero sin referirse en ningún momento a la buena fe o mala fe del promitente comprador para determinar el momento a partir del cual eran debidos[111]. En materia de nulidad, se identifica así una tendencia de la Corte a ordenar la restitución de los frutos que pudo percibir el deudor de la obligación restitutoria desde que le fue entregado el bien, sin entrar a apreciar en ese punto temporal ningún factor subjetivo, vale decir, si su conducta fue de buena o mala fe, descartando así el tenor del artículo 964 C. Civ. De esta suerte, la Corte parece establecer un régimen *sui generis* objetivo, pues da prevalencia a la regla de retorno al *statu quo ante* y se abstiene de aplicar el criterio subjetivo que incorporan las reglas en materia reivindicatoria, a las cuales reenvía el artículo 1746 C. Civ.

En materia de la restitución de frutos como consecuencia del advenimiento de una condición resolutoria ordinaria, el artículo 1545 C. Civ. excluye que el *accipiens* deba restituir los frutos percibidos en el tiempo intermedio, vale decir, antes del acaecimiento de la condición. Como se anotó arriba, la Corte Suprema aplica dicha disposición a la condición resolutoria tácita por incumplimiento[112]. La Corte explica dicha particularidad poniendo de presente que "quien reciben un derecho sujeto a condición resolutoria goza de todas las facultades y prerrogativas inherentes a él, mientras la condición esté pendiente y sólo

---

desde "la contestación de la demanda", y con independencia de si el poseedor es de buena o de mala fe, son aquellos percibidos por él y los adicionales que, con mediana diligencia, hubiese podido percibir el dueño de hallarse la cosa en su poder; y de haberse perdido esos frutos, le debe a éste el valor que tenían o hubieran tenido al tiempo de la percepción".

111 Corte Suprema de Justicia, 29 de junio de 2018, M. P. Ariel Salazar Ramírez, SC2468 de 2018. Comp. Corte Suprema de Justicia, Sala Civil, 25 de septiembre de 2019, M. P. Álvaro Fernando García Restrepo, SC3966-2019. En esta sentencia no se casó el fallo de segunda instancia, el cual calificó como contratante de buena fe al promitente comprador que había recibido el inmueble, razón por la que le reconoció el pago de las mejoras útiles realizadas, al mismo tiempo que, a pesar de dicha calificación, condenó al mismo promitente comprador a restituir al promitente vendedor los frutos percibidos desde el día en que recibió el inmueble (regla aplicable al contratante de mala fe –art. 964 C. Civ.). Debe anotarse que el casacionista fue el promitente vendedor, el cual lógicamente no tenía interés en refutar el punto relativo a la restitución de los frutos, razón por la que la Corte no abordó este punto.

112 Ver *Supra* 3, 2.1, 3.2.1, 3.1.2.2., 3.1.2.2.4.

cuando se verifique, lo pierde, con las correlativas consecuencias que devienen de su extinción". De ahí que el propietario pueda hacer suyos los frutos producidos por el bien durante el tiempo que pende la condición y "y no está obligado a la restitución de los mismos, porque en tal hipótesis el legislador le dio primacía, sobre el efecto retroactivo a la condición resolutoria cumplida"[113]. Por ejemplo, si se debe restituir una suma de dinero, no habrá lugar al pago de intereses. Bien podría afirmarse que los frutos constituyen una excepción al principio según el cual las cosas deben ser devueltas al estadio anterior a la conclusión del contrato. Sin embargo, dicha regla es consecuente con lo que indica la letra del artículo 1544 C. Civ., según el cual el cumplimiento de la condición resolutoria da lugar a la restitución de "lo que se hubiere recibido bajo tal condición", haciendo referencia entonces únicamente a la prestación recibida. No obstante, como se anotó antes, la jurisprudencia ha afirmado que este artículo también debe ser entendido bajo el mismo rasero de la nulidad: se trata de un retorno a la situación anterior a la conclusión del contrato.

Pese a lo anterior, en esta hipótesis –resolución por incumplimiento imputable a una de las partes– el juego de la responsabilidad civil puede conducir a la misma solución que en materia de nulidad: el contratante incumplido debe restituir los frutos percibidos desde que recibió la prestación. Como lo indican Ospina Fernández y Ospina Pérez, "los frutos percibidos antes de la resolución deben ser restituidos a título de indemnización del lucro cesante sufrido por la otra parte"[114]. Por ello, si el incumplimiento que da lugar a la resolución del contrato no es imputable al *accipiens*, él puede conservar los frutos percibidos. Además, si la resolución es imputable al incumplimiento recíproco de las partes, no habría lugar a la restitución de frutos ya que, al no estar incursas en mora, ninguna puede reclamar perjuicios a la otra[115]. Para otros, sin embargo, partiendo de la solución sentada por el legislador para la resolución del contrato de compraventa por no pago del precio del comprador,

113 Corte Suprema de Justicia, Sala Civil, 6 de julio de 2000, M. P. José Fernando Ramírez, exp. 5020.

114 Ospina Fernández, G. y Ospina Acosta, E. *Teoría general del contrato y del negocio jurídico*, reimp. 7.ª ed., Bogotá, Temis, 2019, n.° 660, pp. 548.

115 Ver Corte Suprema de Justicia, Sala Civil, 5 de julio de 2019, M. P. Álvaro Fernando García Restrepo, SC1662-2019, sentencia en la que –cambiando su postura tradicional– la Corte admitió que, cuando exista un incumplimiento recíproco de las partes, cualquiera de ellas puede, en virtud de la aplicación por analogía del artículo 1546 C. Civ., pedir la resolución del contrato por incumplimiento.

los frutos deben restituirse so pena de permitir que el contratante obligado a restituir se enriquezca injustamente a expensas de su contraparte[116].

En materia de resolución del contrato de compraventa, en puntode la restitución de frutos encontramos una regla particular[117]. En efecto, el comprador incumplido debe restituir los frutos producidos por el bien que le fue entregado en proporción al precio que no pagó (art. 1932 C. Civ.). En cierta manera, el legislador considera que los frutos percibidos solamente tienen justificación o causa en proporción al precio cancelado. Existe así una suerte de compensación[118] o equilibrio[119] –en palabras de la Corte Suprema, entre la parte del precio que el vendedor recibió y la parte proporcional de frutos percibidos por el comprador. Por ello, el vendedor podrá conservar los frutos de la parte del precio pagada por el comprador y este, a su vez, podrá conservar los frutos del bien también en proporción a la parte pagada del bien[120]. En la hipótesis inversa, esto es, cuando el incumplimiento proviene del vendedor, el artículo

---

116 Valencia Zea, A. y Ortiz Monsalve, A. *Derecho civil, Las obligaciones*, t. iii, Bogotá, Temis, 2015, § 44, p. 152.

117 Corte Suprema de Justicia, Sala Civil, 17 de junio de 1941, *G. J.*, tt. 1973 y 1974: "La calidad de la fe en el comprador incumplido no afecta temporalmente su obligación en materia de frutos porque el caso se gobierna especial y exclusivamente por la regla del artículo 1932 citado que se refiere a la totalidad de los frutos con relación a la fecha del contrato, con la limitación ya vista en caso de pago parcial, y estableciendo de esta manera una excepción a la norma general del artículo 1545 del C. C. que dispone que no se deberán los frutos percibidos en el tiempo intermedio, cuando se verifique una condición resolutoria".

118 Corte Suprema de Justicia, Sala Civil, 6 de julio de 2000, M. P. José Fernando Ramírez, exp. 5020: "... porque el principio que en ella aparece implícito, que no es otro que el de la compensación entre frutos y réditos del precio no pagado (de ahí el criterio de proporcionalidad) cobra vida en el caso examinado, esto es, para cuando la resolución versa sobre un contrato de promesa de compraventa donde las partes convinieron anticipadamente el pago del precio de la cosa vendida y ésta es precisamente la obligación incumplida que realiza la condición resolutoria tácita".

119 Corte Suprema de Justicia, Sala Civil, 31 de agosto de 1962, M. P. J. José Gómez, *G. J.* xcix, p. 219. Afirma que la condena al comprador a restituir los frutos "es secuela natural de la resolución, es decir, del restablecimiento que no puede alcanzarse sino mediante el equilibrio de las prestaciones que conlleva. El artículo 1932 del C.C. consagra ese equilibrio, el cual debe cumplirse cabalmente".

120 El artículo 942 C. Com. establece una regla particular para el caso en que el incumplimiento provenga del vendedor. Preceptúa dicha disposición que "En caso de resolución de una compraventa por incumplimiento del vendedor, el comprador tendrá derecho a que se le pague el interés legal comercial sobre la parte pagada del precio o a retener los frutos de la cosa en proporción a dicha parte, sin menoscabo de la correspondiente indemnización de perjuicios".

942 Código de Comercio, siguiendo una regla de compensación semejante, otorga al comprador el derecho a conservar los frutos del bien en proporción a la parte pagada del precio; y además le concede otra posibilidad, la de pedir la restitución de los frutos de la parte pagada el precio, esto es, el interés legal comercial.

Englobando las hipótesis anteriormente mencionadas, se ha de anotar que, en todos los casos en que se tenga la obligación de restituir los frutos de un bien, la equidad dictamina que, si para obtener dichos frutos, hubo lugar a alguna inversión, el acreedor debe reintegrar dichos gastos. De lo contrario, este disfrutaría de los frutos producidos por el bien como si nada hubiese tenido que invertir en su obtención. Dicha regla de equidad es consagrada por el último inciso del artículo 964 C. Civ., el cual indica: "En toda restitución de frutos se abonarán al que la hace los gastos ordinarios que ha invertido en producirlos".

Queda la pregunta de si debe restituirse el valor de los frutos en el momento de su percepción o si dicho valor debe incluir la corrección monetaria en el momento de su restitución. Al tenor del artículo 964, inciso 2.º, "Si no existen los frutos, deberá el valor que tenían o hubieren tenido al tiempo de la percepción". Haciendo una interpretación exegética de dicho inciso, la Corte Suprema ha indicado que "es ciertamente extravagante la condena a pagar la corrección monetaria [...], pues la restitución de frutos debe limitarse a su valor, conforme al artículo 964 del Código Civil, es decir, a lo que valían o debieron valer al tiempo de la percepción, debiéndose deducir al obligado lo que gastó en producirlos, y ese valor, y no otro adicional, es el que debe satisfacer el poseedor"[121]. Se trataba de una jurisprudencia consolidada[122] que,

---

121 Corte Suprema de Justicia, Sala Civil, 25 de agosto de 1987, M. P. Eduardo García Sarmiento, *G. J.* CLXXXVIII, t. 2, p. 158. Igualmente, Corte Suprema de Justicia, 20 de febrero de 2002, M. P. José Fernando Ramírez, exp. 5838: "La restitución de los frutos debe limitarse a su valor, conforme al artículo 964 del Código Civil, es decir, a lo que valían o debieron valer al tiempo de la percepción, debiéndose valer al tiempo de la percepción, debiéndose deducir al obligado lo que gastó en producirlos, y ese valor, y no otro adicional es el que debe satisfacer el poseedor [...] como lo ha reiterado esta corporación, en la condena de frutos no deben involucrarse rubros distintos a los indicados en la misma ley, como corrección monetaria e intereses, pues su monto queda reducido únicamente al valor que tenían al tiempo en que se percibieron o debieron percibirse".

122 Se trata de una tesis que ha sido reiterada en múltiples ocasiones. Ver entre otras, de la misma sala, 8 de noviembre de 2000, M. P. Silvio Fernando Trejos, n.º 4390; 25 de abril de 2005, M. P. Jaime Arrubla Paucar, exp. 110013103006-1991-3611-02; 26 de agosto de 2016, M. P. Margarita

sin embargo, fue reprobada por una autorizada voz, que ponía de presente que la ausencia de indexación conduciría a un enriquecimiento injustificado del *accipiens* y a un empobrecimiento correlativo del acreedor[123].

Ahora bien, teniendo en cuenta que la Corte había dejado claro que el reajuste por corrección monetaria no puede ser un instrumento para sancionar al contratante que dio lugar a la ineficacia del contrato, pues se trata, ante todo, de reconocer un fenómeno económico de depreciación de la moneda[124] y que, además, ella ha reconocido de manera general el reajuste por causa de depreciación monetaria de las sumas de dinero que deben ser devueltas[125], era lógico que, con el tiempo, admitiera el reajuste inflacionario de los frutos que deben ser restituidos.

Dicha solución fue recientemente adoptada en una sentencia de 9 de agosto de 2018, en la que aprobó la orden del tribunal de devolver el valor actualizado

---

Cabello Blanco, SC11786-2019. El Consejo de Estado se ha ceñido a la jurisprudencia de la Corte Suprema de Justicia en este aspecto, ver Sala de lo Contencioso Administrativa, Sección Tercera, Subsección A, C. P. Hernán Andrade Rincón, exp. 250002326000199901155 02 (39647).

123 Hinestrosa, F. "Las restituciones consecuenciales a la eliminación del contrato", *cit.*, p. 473. Igualmente, ver el salvamento de voto del mismo autor en la sentencia Corte Suprema de Justicia, Sala Civil, 21 de marzo de 1995, M. P. Pedro Lafont Pianetta, exp. 3328: "Y por otro lado, con los mismos argumentos esgrimidos en favor de la corrección de la obligación de valuta, estoy por la actualización del valor de los frutos [...] porque, a mi juicio, esta clase de obligaciones han de pagarse, no en dinero del día de la recepción (precio, frutos del dinero), sino en dinero del día de la restitución, a fin de evitar un enriquecimiento del deudor y una pauperización del acreedor, cuya sustentación no se puede remitir al incumplimiento de éste".

124 Como ya se mencionó, en el marco de las restituciones consecutivas a la resolución del contrato de compraventa por no pago del precio (art. 1932 C. Civ.), la Corte, en una sentencia de 17 de agosto de 2016 (M.P. Ariel Salazar Ramírez, SC11287-2016), realizó un giro de jurisprudencia en el que reconoce el reajuste por corrección monetaria de la suma de dinero –la parte pagada del precio– que debe ser restituida por el vendedor al comprador incumplido.

125 Ver, recientemente, Corte Suprema de Justicia, Sala Civil, 18 de julio de 2017, M. P. Aroldo Wilson Quiroz, SC10291-2017. Antes de esa sentencia, la corrección monetaria era reconocida a partir de la fecha del contrato cuando la restitución debía ser hecha por el vendedor, pero desde la fecha de la demanda cuando era el comprador debía completar el justo precio para mantener el contrato. A partir de esa sentencia, hay una unificación de criterio pues, cuando prospera la lesión enorme, la corrección monetaria debe ser reconocida a partir de la fecha de celebración del contrato, tanto para el vendedor como para el comprador que triunfan en respectivas acciones.

de los frutos. Al respecto, trayendo a colación las consideraciones de la Sentencia SC11287 de 17 de mayo de 2016, la Corte afirmó que

> no sería justo ni equitativo que la actora recibiera el valor de los frutos depreciados, ya que no se le estaría devolviendo la cantidad a la que tiene derecho sino una muy inferior por los efectos de la devaluación, es decir que no se estaría cumpliendo a cabalidad con el mandato que el artículo 1746 del Código Civil establece para el caso de la nulidad del negocio jurídico, puesto que las cosas no se estarían retrotrayendo al estado anterior sino que se estaría dejando al demandante en una situación peor a aquella en la que habría estado si las acciones hubieran permanecido siempre en su poder[126].

Salta a la vista, entonces, la tendencia de la Corte a reconocer el reajuste por depreciación de la moneda cuando el objeto de la obligación restitutoria sea el de pagar una suma de dinero.

En resumen, con respecto a los frutos, el régimen varía de acuerdo con la causa que da lugar a las restituciones. De una parte, en el régimen de la nulidad, si en una época la jurisprudencia –con arreglo al tenor del art. 964 C. Civ.– apreciaba el estado de buena fe o mala fe del *accipiens* para determinar el momento a partir del cual debía los frutos, parece existir una tendencia más reciente que descarta la apreciación del factor subjetivo sobre ese punto. En contraste, en punto a la resolución del contrato, los frutos no son debidos y, por consiguiente, la apreciación de dicho factor subjetivo es extraña a la materia, salvo que pueda ser tenido en cuenta por una vía diferente: la de la responsabilidad civil cuando la resolución es imputable a la culpa de una de las partes. En cuanto a la resolución del contrato de compraventa por incumplimiento del comprador de pagar el precio, el legislador instauró una regla de proporcionalidad que, para fijar los frutos que deben ser restituidos, tiene en cuenta la parte no pagada del precio por el comprador.

3.1.2.2.4. EXPENSAS DE CONSERVACIÓN

Un aspecto que no ofrece duda es la restitución de las expensas de conservación (art. 965 C. Civ.), esto es, aquellas invertidas para la subsistencia del bien o para evitar su deterioro o destrucción. En palabras de Velásquez, "son

---

126 Corte Suprema de Justicia, Sala Civil, 9 de agosto de 2018, M. P. Ariel Salazar Ramírez. SC3201-2018.

las orientadas a conservación de la cosa y que, de no efectuarse, producen su menoscabo, deterioro o pérdida"[127].

La regla de retorno al *statu quo ante* implica que el *solvens* debe sufragar los gastos realizados por el *accipiens* para evitar la destrucción o deterioro del bien toda vez que, si suponemos que el bien nunca salió de las manos del *solvens*, él tendría que haber igualmente sufragado estos gastos. En este caso, la regla de regreso al *statu quo ante* coincide perfectamente con la regla en materia de acción reivindicatoria. Es claro, entonces que, en todos los casos, el acreedor de la restitución deberá pagar dichos las expensas necesarias que el *accipiens* haya sufragado para la conservación del bien. Aunque ellas solamente se mencionan en el régimen de las nulidades (art. 1746 C. Civ.) –el legislador guarda silencio en las reglas relativas a la condición resolutoria y a la resolución del contrato de compraventa–, la doctrina reconoce sin dubitación que ellas deben ser abonadas en todos los casos[128].

Como conclusión de este acápite, podemos afirmar que la regla de principio de retorno al *statu quo ante* –así como el principio de *restitutio in integrum*– es hondamente matizada por la consideración de la buena fe o la mala fe del *accipiens* en la medida en que ella tiene repercusiones importantes sobre el alcance de las obligaciones restitutorias. Incluso, esto permite dudar de su carácter de regla de principio en la disciplina de las restituciones consecutivas a la resolución y a la nulidad del contrato; más aún si se tiene en cuenta que existen otras circunstancias que dan lugar también a su atenuación o exclusión en razón de la causa que da lugar a la ineficacia del contrato.

3.2. LAS EXCEPCIONES A LA RESTITUCIÓN SEGÚN LA CAUSA DE INEFICACIA DEL CONTRATO

La unidad del régimen de las restituciones consecutivas a la ineficacia del contrato se desdibuja por la existencia de reglas particulares a los remedios contractuales que subyacen a las restituciones mutuas. En primer lugar,

---

127 Velásquez Jaramillo, L. *Bienes*, 14.ª ed., Bogotá, Grupo Editorial Ibáñez, 2019, . 541.

128 En materia de condición resolutoria ordinaria, ver Ospina Fernández, G. y Ospina Acosta, E. *Teoría general del contrato y del negocio jurídico*, cit., n.° 629, p. 534: "Nótese que la ley a este respecto habla de *aumentos* y *mejoras*, pero no de las *expensas necesarias* que el deudor haya hecho para la conservación de la cosa, las cuales, por analogía y por equidad, le deben ser rembolsadas (art. 965)". Ver, en materia de condición resolutoria tácita, *ibidem*, n.° 660, pp. 548.

tratándose de la nulidad, el legislador ha descartado la restitución de las prestaciones ejecutadas cuando la nulidad ha sido declarada debido a la existencia un objeto o causa ilícitos y las limita cuando el negocio jurídico anulado fue celebrado con un incapaz (3.2.1). En segundo lugar, en materia de resolución del contrato por incumplimiento, la jurisprudencia ha descartado la regla de vuelta al *statu quo ante* tratándose de la resolución de los contratos de tracto sucesivo (3.2.2).

3.2.1. LA LIMITACIÓN O EXCLUSIÓN DE LAS RESTITUCIONES EN MATERIA DE NULIDAD

Dos hipótesis particulares exceptúan o limitan la procedencia de las restituciones cuando un contrato es declarado nulo. En estos casos, las restituciones consecutivas a la nulidad del contrato dejan de estar desvinculadas del motivo que les dio origen. En efecto, aquí el legislador rompe el automatismo entre la ineficacia del contrato nulo y el derecho a obtener la repetición de las prestaciones ejecutadas, pues tiene en cuenta el vicio que subyace a la aniquilación del contrato[129]. Estos casos constituyen derogaciones al principio de *restitutio in integrum*, ya que la privación del derecho a reclamar lo dado o pagado constituye el medio a través del cual se cumplen otros objetivos que se consideran más importantes, tales como la protección de una parte considerada débil o la disuasión para la celebración de contratos contrarios a la ley.

En primer lugar, ellas no proceden cuando las partes ejecutaron, a sabiendas[130], un contrato que tenía un objeto o una causa ilícita (art. 1525 C. Civ.). Como lo ha puntualizado la Corte Suprema de Justicia, no se exige el dolo o la intención dañina, sino que basta el conocimiento objetivo de la situación. Por ello, la regla se aplica tanto cuando la persona ha actuado con dolo como cuando ella ha actuado por simple descuido o culpa. En ese sentido, la Corte

---

129 BARGELLI, E. *Il sinallagma rovesciato*, cit., p. 233.

130 Corte Suprema de Justicia, Sala Civil, 22 de enero de 1971, M. P. Alberto Ospina Botero *G. J.* CXXXVIII, p. 50: "En este orden de ideas, el adverbio 'a sabiendas', según el diccionario de la Real Academia de la Lengua, significa 'de modo cierto', 'a ciencia segura', o, con otras palabras, a plena conciencia, a pleno conocimiento, con conocimiento inequívoco. Esto indica que se requiere un conocimiento objetivo o conocimiento-realidad trente a determinado hecho. Y, a esta categoría de conocimiento se refiere el artículo 1525 del Código Civil cuando utiliza la locución 'a sabiendas', expresión esta empleada en otros artículos del Código Civil (477, 737, 955, 1029, 1480, 1675 num. 1.°, 1870, 1992 y 1017)".

ha afirmado que "quien de manera consciente, aunque sea con descuido, y no necesariamente con dolo, interviene de forma directa o indirecta, en la formación de un acto con objeto o causa ilícitos, debe negársele protección, o cuando menos las prestaciones que ejecutó o dio en tal cometido"[131].

Esta regla es consecuencia de los principios *nemo auditor propriam trupitudinem causam* e *in pari causa turpitudinis cessat repetitio*, que tienen como consecuencia que, si bien la persona puede pedir la declaración de nulidad del contrato cuando ella ha ejecutado una prestación a sabiendas de la ilicitud del contrato, la restitución de lo pagado es neutralizada[132]. Según la lectura tradicional, esta regla está orientada a sancionar el comportamiento de la persona que ejecuta una prestación con un motivo ilícito y, consecuentemente, no merece la protección del ordenamiento jurídico[133]. Sin duda, al mismo tiempo este mecanismo tiene un fin preventivo en la medida en que desincentiva esta clase de contratos al impedir que las partes involucradas reclamen las prestaciones ejecutadas y al crear zozobra e inquietud en el contratante que ejecutó primero, pues él estará en riesgo de que su cocontratante solicite la declaración de nulidad del contrato y, por esta vía, pueda conservar la prestación impidiendo que le sea reclamada y quedando a su vez liberado de ejecutar la propia. Esta regla no ha estado exenta de críticas porque, cuando las dos partes conocen la ilicitud, permite que el contratante más astuto pueda, además de celebrar un contrato ilícito, conservar la prestación que la otra parte ejecutó en su favor y enriquecerse sin justificación[134].

En realidad, la retención de lo recibido solamente puede darse cuando ello no resulta contrario a la finalidad que persigue dicha regla. En términos prácticos, la restitución le será negada a aquel contratante que ejecutó la prestación conociendo el objeto o el fin ilícitos[135]. Si se trata de un contrato a

131 Corte Suprema de Justicia, Sala Civil, 30 de octubre de 2019, M. P. Aroldo Wilson Quiroz, SC4654-2019.

132 Ver Ospina Fernández, G. y Ospina Acosta, E. *Teoría general del contrato y del negocio jurídico*, cit., n.° 301, p. 255.

133 Bargelli, E. *Il sinallagma rovesciato*, cit., p. 239. La autora presenta otros fundamentos que se han esbozado para explicar la regla (*ibidem*, pp. 229 y ss.).

134 Terre, F., Simler, P., Lequette, Y. y Chenede, F. *Droit civil, Les obligations*, 12.ª ed., París, Dalloz, 2018, n.° 579, p. 653.

135 En el derecho francés, la regla no se encuentra en el *Code* Civil, sino que ha sido introducida por la jurisprudencia, aunque solamente para los contratos inmorales, tales como los relativos a la explotación de casas de lenocinio o las apuestas no autorizadas por la ley. La reforma del derecho de los contratos tampoco la consagra, lo que no quiere decir que haya

título gratuito, por ejemplo, una donación, la prestación ejecutada no podría quedar en firme cuando el donatario conocía la ilicitud, pues ello conduciría a dejar intactos los efectos del contrato. En los contratos a título oneroso, si se trata de un contrato unilateral, no habrá lugar a la restitución cuando el contratante que entregó el bien era el único que conocía la ilicitud del contrato.

Si se trata de un contrato bilateral, se aplica la misma regla: se niega la restitución cuando solamente una de las partes ejecutó su prestación y era esta la única que conocía la ilicitud del negocio. Como se percibe, el legislador prescinde de toda preocupación en torno al principio de conmutatividad de las relaciones contractuales[136]. En cambio, en este caso, si quien ejecutó la prestación no tenía conocimiento de la ilicitud, podrá pedir la restitución de lo pagado[137]. Ahora bien, si los dos contratantes ejecutaron sus prestaciones conociendo la ilicitud, el tenor del artículo 1525 C. Civ. inclina a pensar que todas las restituciones deben ser negadas. Pese a ello, parece más razonable hacer una ponderación del grado de reproche de la conducta de ambas partes para determinar si resulta razonable que el contratante "menos culpable" pueda retener la prestación ejecutada en su favor[138]. Empero, si la conducta de ambas partes merece el mismo grado de reproche, las dos soluciones resultan insatisfactoria: si se niegan las restituciones, ello conduciría a dejar incólumes los efectos del contrato; si se admiten, cada parte podría recuperar lo que ejecutó en virtud el contrato ilícito. Sin embargo, al tenor de la misma disposición (art. 1525 C. Civ.), se debe aplicar la primera solución, negando a las dos partes cualquier forma de protección (*in pari causa turpitudinis cessat repetition*).

Sobre este punto, también podríamos mencionar el artículo 105 del Código de Comercio, que niega el derecho de los asociados a pedir la restitución de los aportes y beneficios que puedan corresponderles cuando el contrato de sociedad ha sido declarado nulo por tener un objeto o causa ilícitos. Sin embargo, en ese caso, como la persona jurídica no podría conservar esos activos, dado que desaparece como consecuencia de la declaración de nulidad, la norma dispone que dichos aportes y beneficios sean entregados a una junta de beneficencia

---

desaparecido pues, precisamente, es una regla de origen pretorial. Ver TERRE, F., SIMLER, P., LEQUETTE, Y. y CHENEDE, F. *Droit civil, Les obligations*, cit., n.° 579 y ss.

136 BARGELLI, E., *Il sinallagma rovesciato*, cit., p. 246.

137 *Ibidem*, p. 346.

138 HINESTROSA, F. "Las restituciones consecuenciales a la eliminación del contrato", cit., p. 469.

del lugar del domicilio social. Se trata de una medida que pretende conservar el efecto sancionatorio de la nulidad, al tiempo que canaliza las restituciones de una forma particular para no tornar inane dicho efecto.

En segundo lugar, más que una excepción, la ley impone un límite al derecho del contratante a pedir la restitución de lo dado cuando el contrato fue celebrado con un incapaz. En efecto, aunque él debe restituir la prestación recibida, solamente podrá demandar la restitución de lo ejecutado cuando pruebe que el incapaz se enriqueció, esto es, "en cuanto las cosas pagadas o las adquiridas por medio de ellas le hubieren sido necesarias [al incapaz]; o en cuanto las cosas pagadas o las adquiridas por medio de ellas, que no le hubieren sido necesarias, subsistan y se quisiere retenerlas" (art. 1747 C. Civ.). Esta limitación se suele leer como una medida legal de protección de los incapaces, ya que la obligación de restituir lo recibido privaría de efectos la acción de nulidad[139], así como una sanción a quienes contratan con ellos[140]. Se trata, en todo caso, de una medida enderezada a dejar "indemne al incapaz frente a las consecuencias perjudiciales de los actos patrimoniales realizados por él"[141], pues no está obligado a devolver lo recibido –o lo que adquirió con ello– cuando lo dilapidó o malgastó, aunque sí aquello que lo enriqueció, es decir, aquello que todavía tiene en su poder, a la par que puede reclamar lo que ejecutó en favor de su cocontratante[142].

---

139 Hinestrosa, F. *Tratado de las obligaciones*, ii, *De las fuentes de las obligaciones: el negocio jurídico*, v. ii, cit., n.° 1142, p. 780.

140 Ver Ospina Fernández, G. y Ospina Acosta, E. *Teoría general del contrato y del negocio jurídico*, *cit.*, n.° 546, pp. 463. Igualmente, Corte Suprema de Justicia, Sala Civil, 20 de abril de 1938, M. P. Fulgencio Lequerica Vélez, *G. J.* lxvi, p. 300: "El art. 1525 del Código Civil establece como una sanción civil la prohibición de repetirse lo que se haya dado o pagado por un objeto o causa ilícita, a sabiendas".

141 Bargelli, E. *Il sinallagma rovesciato*, cit., p. 234.

142 Corte Suprema de Justicia, Sala Civil, 20 de septiembre de 1938, M. P. Hernán Salamanca, *G. J.* xlvii, p. 227: "La excepción relativa a los incapaces tiene su razón y fundamento en un sentido de amparo legal a las personas que por causas, ya de orden fisiológico como ocurre con los dementes o los menores, o de orden jurídico como sucede con los pródigos, se suponen insuficientemente dotados para la actividad comercial por carecer de una plena voluntad jurídicamente eficaz, que los hace acreedores a una especial protección de la ley que vela por sus intereses, y en la presunción ordinaria de que un contratante de disminuida e inferior capacidad habrá malgastado el todo o parte del dinero recibido. Pero esta excepción sufre a su turno la excepción, fundada en la norma general de derecho de que nadie puede enriquecerse injustamente a expensas ajenas, de que el incapaz debe devolver cuanto lo hubiere enriquecido el contrato anulado, según las reglas legales".

En suma, esas dos excepciones[143] muestran la instrumentalización que de las restituciones hace el legislador toda vez que estas son excluidas para hacer prevalecer objetivos que el ordenamiento jurídico considera más importantes. Esta orientación tiende a acentuarse en la actualidad, no para simplemente excluir las restituciones, sino para mantener incólumes los efectos producidos por el contrato –y, por consiguiente, excluir las restituciones– cuando el propósito de la regla imperativa quebrantada lo impone[144]. Una vez examinado este panorama en materia de nulidad, debemos enseguida hacer referencia a los casos en los que, en materia de resolución por incumplimiento, se excluyen igualmente las restituciones.

3.2.2. LA RESOLUCIÓN (TERMINACIÓN) CON EFECTOS *EX NUNC* DE LOS CONTRATOS DE TRACTO SUCESIVO

El principio de vuelta al *statu quo ante* –con las consiguientes restituciones que acarrea– también sufre excepciones tratándose de los contratos de tracto sucesivo. En efecto, con respecto a los efectos de la resolución del contrato

143 A esas dos excepciones, la Corte Suprema de Justicia agregó, una tercera, que en realidad no es tal. Ver Corte Suprema de Justicia, Sala Civil, 9 de agosto de 2018, M. P. Ariel Salazar, SC3201-2018: "Entre las excepciones está lo concerniente al objeto o causa ilícita, casos en los cuales no es posible repetir lo que se haya dado o pagado a sabiendas de la ilicitud (1525); como tampoco lo que se haya dado o pagado al incapaz, salvo prueba de haberse hecho éste más rico (1747). *Tampoco hay lugar a la restitución material del bien cuando ello no sea posible por motivos de utilidad pública o interés social, casos en los cuales se dará una reivindicación ficta o compensatoria (artículo 58 de la Constitución Política)*" (subrayado nuestro). Ya en ese sentido una sentencia de 18 de agosto de 1993, M. P. Nicolas Bechara Simacas, *G. J.* CCXXV, p. 352. En realidad, se trata de una imposibilidad jurídica del *accipiens* de restituir el bien que recibió en virtud del contrato aniquilado, a la que le son aplicables las reglas antes mencionadas sobre la imposibilidad material o jurídica de restitución *in natura* (ver *supra* 3, 3.1, 3.1.2., 3.1.2.1.).

144 P. ej., en el Marco Común de Referencia (art. VII.- 6:103), si bien la declaración de nulidad de un contrato da lugar a la restitución de lo dado o pagado a través de la acción de enriquecimiento injustificado, los contratantes no están obligados a restituir lo recibido cuando ello va en contravía de la finalidad que subyace a la regla trasgredida que dio lugar a la invalidez del contrato. Igualmente, el artículo 3.3.1 de los principios Unidroit (2016) prescribe que cuando un contrato violatorio de una regla imperativa ha sido ejecutado, las restituciones proceden cuando ello es razonable siguiendo ciertos criterios establecidos en la misma sección. Más recientemente, a voces del artículo 1184 del Código Civil francés reformado, a pesar de la declaración de nulidad, el contrato es mantenido cuando la finalidad de la regla inobservada exige su conservación.

por incumplimiento, la Corte Suprema de Justicia de antaño[145] ha distinguido entre los contratos de ejecución instantánea y los contratos de tracto sucesivo, para afirmar que con respecto a estos últimos la destrucción de los efectos del contrato operan solamente hacia el futuro (*ex nunc*), de forma tal que los efectos consumados en el pasado se consolidan[146]. Aunque en los dos casos estamos ante la resolución del contrato por incumplimiento, por iniciativa jurisprudencial[147] se habla en esta hipótesis de terminación del contrato; vocablo que fue acogido posteriormente por el Código de Comercio de 1971 –artículo 870– para hacer referencia al caso en el que los efectos demoledores de la resolución se producen solamente hacia el futuro. También ha hecho carrera entre nosotros el galicismo "resiliación". Sobre el punto, la Corte Suprema en una sentencia de 26 de agosto de 2011 indicó que mientras la resolución

> se predica de aquellos contratos cuyos efectos son susceptibles de destruirse retroactivamente, hasta el punto de dejar a las partes en el estado anterior a la celebración del acuerdo disuelto –efectos *ex tunc*–, la terminación se encuentra reservada para aquellos contratos con prestaciones de ejecución periódica, sucesiva o continuada, también llamados contratos de duración, pues precisamente,

---

145 Corte Suprema de Justicia, Sala Civil, 26 de noviembre de 1935, M. P. Miguen Moreno Jaramillo, *G. J.* XLXXX, p. 391: "Así, en una sentencia de 26 de noviembre de 1935, ella indica que por la 'terminación' (o cesación) judicial, pierde el contrato su fuerza para el futuro, más quedan en pie los efectos hasta entonces surtidos. Existió desde que fue concertado hasta que tuvo fin, y mientras existió nacieron de él obligaciones y derechos que se respetan. He aquí el sentido de la terminación, aplicable de preferencia a los contratos llamados de tracto sucesivo, 'ejecutorios' por oposición a ejecutados, cuyo incumplimiento se hace a prestaciones periódicas".

146 El Código Civil italiano concibe igualmente el efecto no retroactivo de la resolución de los contratos a ejecución continuada o periódica como una excepción al efecto retroactivo general de la resolución. El inciso 1.º del artículo del *Codice civile* indica: "La resolución del contrato por incumplimiento tiene efecto retroactivo entre las partes, salvo el caso de los contratos a ejecución continuada o periódica, respecto de los cuales el efecto de la resolución no se extiende a las prestaciones ya ejecutadas".

147 Corte Suprema de Justicia, Sala Civil, 23 de septiembre de 1938, M. P. Juan Francisco Mujica, *G. J.* XLVII, p. 243: "La acción de resolución legal de un contrato es, por lo tanto, constitutiva, y sus efectos, de acuerdo con la naturaleza de éste, son *ex nunc*, esto es, desde la sentencia o desde la contestación de la demanda, o *ex tunc*, esto es, desde el día de la celebración del contrato. El derecho legal de resolución engloba, por consiguiente, cuando no se puede colocar de nuevo al demandante en la situación que tendría si no hubiese contratado, la terminación, la disolución y la cesación del contrato. Ello, en todos los casos en que se contemplen situaciones que hagan imposible abolir hechos definitivamente realizados".

> dada la ejecución de las obligaciones en el tiempo y su aprovechamiento por el acreedor, no resulta posible deshacerlas respecto del pasado sino sólo hacia el porvenir –efectos *ex nunc*–, o en otras palabras, ellas adquieren plena firmeza con ocasión de su autonomía y consolidación jurídica y económica, que se van dando a lo largo del tiempo [...][148].

La Corte acoge el criterio según el cual en los contratos de tracto sucesivo es imposible la destrucción hacia el pasado de los efectos del contrato. No obstante, esta posición consolidada de la jurisprudencia no ha estado exenta de crítica. En particular, Ospina Acosta y Ospina Fernández han puesto de presente que los efectos resolutorios hacia el pasado no dependen de si se trata de un contrato a ejecución sucesiva o a ejecución continuada, sino de la "naturaleza de las prestaciones que son objeto del contrato, y por la posibilidad o imposibilidad de reversarlas después de cumplidas, con prescindencia del lugar que al contrato se la asigne en dicha clasificación"[149].

Si ello es cierto con respecto a los efectos materiales producidos por el contrato, no puede decirse lo mismo de los efectos que interesan en el mundo del derecho: los efectos jurídicos producidos por el contrato. Por ello, la imposibilidad de reversar los efectos materiales es insuficiente para afirmar que los efectos del aniquilamiento del contrato deben tener lugar solamente hacia el futuro. En esas hipótesis la restitución podría lograrse de manera indirecta o sucedánea a través del pago de un equivalente o de un subrogado pecuniario[150].

---

148 Corte Suprema de Justicia, Sala Civil, 26 de agosto de 2008, M. P. Arturo Solarte Rodríguez, exp. 0500131030162002000070I.

149 Ospina Fernández, G. y Ospina Acosta, E. *Teoría general del contrato y del negocio jurídico*, cit., n.° 72, p. 77. Los autores ilustran su tesis con el ejemplo del contrato de suministro en el que una de las partes se obliga a pagar un precio de contado o por cuotas periódicas y la otra a suministrar a otra una botella diaria de leche durante un año. En este caso, los efectos del contrato no pueden ser destruidos y, según los autores, "a esta conclusión se debe llegar, no porque el contrato de suministro sea a ejecución sucesiva, lo que es cierto, sino sencillamente por la imposibilidad de destruir uno de sus efectos más importantes y ya producido con anterioridad a la resolución". Igualmente, en el caso del arrendamiento de un arma para ser disparada por una sola vez o de la locación del servicio de un campanero para doblas las campanas en un solo funeral, el arrendamiento es de ejecución instantánea, "pero sus efectos ya producidos no pueden ser resueltos retroactivamente, por oponerse a ello la *naturaleza de los mismos*".

150 Sirva a título de ilustración el nuevo artículo 1352-8 del *Code Civil*, según el cual "la restitución de una prestación de servicio tiene lugar en valor".

Como se anotó antes, el hecho de que la prestación cumplida sea un servicio, el disfrute del bien o un servicio no impide la producción de un efecto retroactivo, pues si la restitución específica o *in natura* no es posible, este escollo "no es insuperable para la realización de los fines normativos, que, como en las demás situaciones análogas, en muchas hipótesis se podrían lograr indirectamente, por medio de un equivalente o del subrogado pecuniario"[151]. En otras palabras, en el mundo jurídico, la retroactividad es siempre posible porque el sucedáneo de toda prestación, aun las de prestación de un servicio o disfrute de un bien, es su equivalente en dinero. Y en efecto así sucede en materia de nulidad, en la que la consolidación de los efectos pasados del contrato se topa con la justificación de su aniquilación: la violación de las reglas de validez del contrato impuestas por el ordenamiento jurídico. De ahí que, a pesar de que la solución más sencilla sería aquella de permitir la fijación de las prestaciones ejecutadas, el derecho debe aquí negar dicha posibilidad. La admisión de la consolidación de los efectos pasados del contrato declarado nulo riñe contra los postulados de la defensa de la legalidad. En esta hipótesis, la restitución debe realizarse por medio del subrogado pecuniario.

Ello permite reafirmar que la procedencia del efecto retroactivo, y subsiguientemente, las restituciones, no pueden depender de si los efectos materiales del contrato son o no susceptibles de ser destruidos retroactivamente, para negarlos en el segundo caso. En realidad, la exclusión del efecto retroactivo cuando un contrato de tracto sucesivo es resuelto por incumplimiento obedece a otros criterios. El criterio que parece primar hoy en día, en materia de resolución, es aquel según el cual las restituciones proceden cuando es necesario restablecer el equilibrio del contrato roto como consecuencia de su incumplimiento[152].

---

151 Hinestrosa, F. *Tratado de las obligaciones*, ii, *De las fuentes de las obligaciones: el negocio jurídico*, v. ii, cit., p. 785, n.° 1143.

152 Ver Bargelli, E. *Il sinallagma rovesciato*, cit., p. 358. Genicon, T. *La résolution du contrat pour inexécution*, cit., n.° 713, p. 513. Comp. Hinestrosa, F. "Las restituciones consecuenciales a la eliminación del contrato", cit., p. 479: señala que la tendencia en materia de resolución "mueve a pensar primordialmente en la economía del contrato y el interés de las partes, acá sobre todo, el de la parte inocente, dejando de lado la rigidez de entendimientos medievales forzados de las fuentes romanas, y privilegiando el valor liberatorio de la resolución, a fin de administrar tempera y coherentemente el principio de la retroactividad, comenzando por su negación en tratándose de obligaciones de hacer y, sobresalientemente, de contratos sucesivos y aún de ejecución escalonada".

En definitiva, como conclusión de lo dicho hasta acá, podemos decir que la regla de principio de regreso al *statu quo ante* está horadada por un conjunto importante de atenuaciones y exclusiones, las cuales obedecen, sea a la consideración de la buena fe o mala fe del contratante en razón de la remisión a las reglas en materia reivindicatoria, sea a excepciones establecidas en la ley o por vía pretorial propias de los remedios de la nulidad y de la resolución. Incluso, desde una visión general, el conjunto de matices y exclusiones hace dudar de la existencia de dicha regla de principio. Además, por último, debemos mencionar la existencia de disciplinas especiales a ciertas causas de ineficacia del contrato o a algunos contratos en particular.

4. LOS REGÍMENES PROPIOS A OTRAS CAUSAS DE INEFICACIA Y TIPOS CONTRACTUALES

Como se anotó en la introducción, las restituciones se pueden enmarcar dentro del tema de los efectos de la ineficacia de un contrato que recibió un comienzo de ejecución. La ineficacia en sentido amplio incluye todos los sucesos que conducen a la privación total o parcial de efectos del negocio "y comprende desde la inexistencia hasta la simple reducción del exceso y la inoponibilidad, pasando por la nulidad, la anulación, la rescisión, la revocación"[153]. Nos hemos ocupado hasta aquí de las dos principales causas de ineficacia del contrato: la nulidad y la resolución. Empero, se pueden distinguir otros motivos de privación de los efectos negociales o finales del contrato, que pueden dar lugar igualmente a la restitución de las prestaciones ejecutadas par las partes[154]. Además de la ineficacia de pleno derecho, la imposibilidad sobrevenida y la resolución por imprevisión, podemos mencionar la rescisión por lesión enorme, la revocación de común acuerdo del contrato[155] y la reducción del exceso de lo

153 Hinestrosa, F. *Tratado de las obligaciones*, II, *De las fuentes de las obligaciones: el negocio jurídico,* v. II, cit., n.° 1076, p. 681.

154 Al respecto, Corte Suprema de Justicia, Sala Civil, 9 de agosto de 2018, M. P. Ariel Salazar Ramírez. SC3201-2018: "Cualquiera sea la forma en que se haya declarado la ineficacia jurídica (entendida en su acepción general), bien porque falte uno de sus requisitos estructurales, o porque adolezca de defectos o vicios que lo invalidan, o porque una disposición legal específica prevea una circunstancia que lo vuelva ineficaz (como el artículo 897 del Código de Comercio), la consecuencia jurídica siempre es la misma: declarar que el negocio jurídico no se ha celebrado jamás; lo cual tiene la aptitud de producir acción contra terceros poseedores". Reiterada, 30 de octubre de 2019, M. P. Aroldo Wilson Monsalvo, SC4654-2019.

155 La hipótesis de la revocación del contrato por mutuo acuerdo (mutuo disenso) no amerita

pagado. También podemos mencionar la ineficacia como consecuencia de la declaración de simulación absoluta de un contrato o del ejercicio de la acción pauliana. En todos esos casos podemos encontrar hipótesis de restituciones consecutivas a la privación, total o parcial, de efectos de un contrato.

En cuanto a la ineficacia de pleno derecho (art. 897 C. Com.), cuya naturaleza jurídica ha sido objeto de importantes debates doctrinales[156], puede definirse como "una sanción *in limine* que el ordenamiento impone a los actos que violan sus normas imperativas, el orden público o las buenas costumbres y que consiste en que en los expresos casos señalados en la ley, el específico acto transgresor y únicamente este, se borra de pleno derecho de la realidad jurídica y se tiene como si no se hubiera realizado"[157]. Como lo ha reconocido la misma Corte, dicho remedio tiene como objetivo el de establecer un mecanismo ágil para sancionar la irregularidad de un contrato, sin tener que pasar –a diferencia de la nulidad– por la decisión de un juez[158]. Como consecuencia de dicha sanción, los efectos materiales de la cláusula o parte del contrato que es ineficaz de pleno derecho deben ser eliminados, lo que trae como consecuencia el derecho de cada parte a pedir lo que ejecutó en favor de la otra en virtud de esa cláusula o esa parte del contrato.

---

un estudio particular sobre los efectos entre las partes, puesto que en este caso ellas pueden decidir en qué términos se restituirán las prestaciones recibidas, sin perjuicio de los derechos de terceros.

156 Ver Hinestrosa, F. *Tratado de las obligaciones*, ii, *De las fuentes de las obligaciones: el negocio jurídico,* v. ii, cit., n.° 1069, p. 833. El autor afirma que en los casos que el Código de Comercio aplica la sanción de la ineficacia de pleno derecho, salvo algunas excepciones, se trata de la nulidad de determinadas cláusulas por contrariedad con normas imperativas, hipótesis que ya está prevista en los dos primeros numerales del artículo 899 C. Com. relativo a la nulidad absoluta. Por ello, el autor afirma que "no parece acertada la creación de una medida adicional a la nulidad absoluta en estos casos, en cuanto elimina la intervención del juez, para estatuir una nulidad virtual al antojo de los particulares y de autoridades administrativas, vaya a saberse si imprescriptible, y cuya aplicación de ninguna manera podría hacerse a espaldas de la jurisdicción, del derecho de defensa y del debido proceso". Por eso plantea la creación de procesos jurisdiccionales ante autoridades administrativas que permitan enmendar el 'entuerto' de la nulidad de pleno derecho y el restablecimiento del principio de no hay nulidad sin sentencia. Comp. Alarcón Rojas, F. *La ineficacia de pleno derecho en los negocios jurídicos*, Bogotá, Universidad Externado de Colombia, 2011, p. 247 y s., quien afirma la plena autonomía de la figura frente a la nulidad de pleno derecho.

157 Alarcón Rojas, F. *La ineficacia de pleno derecho en los negocios jurídicos*, cit., p. 264.

158 Corte Suprema de Justicia, Sala Civil, 30 de octubre de 2019, M. P. Aroldo Wilson Quiroz, SC4654-2019.

Pudiera pensarse que, a falta de reglas o de un reenvío que permita determinar los efectos de esta forma de ineficacia, se trata de un régimen de restituciones autónomo que conlleva las restituciones de las prestaciones ejecutadas. Sin embargo, la Corte ha reconocido que, en virtud de la remisión a la legislación civil prevista en el artículo 822 C.com. –no por analogía[159]–, se debe aplicar a los casos de ineficacia comercial los efectos que la ley consagró para la nulidad en el artículo 1746 C. Civ.[160]. Ello tiene como consecuencia que, por un lado, haya lugar a aplicar la remisión a las reglas en materia de reivindicación, con la consiguiente apreciación del estado subjetivo del *accipiens* para aplicar un régimen más riguroso cuando este sea considerado de mala fe; de otro lado, es aplicable la excepción que atañe a la irrepetibilidad de las prestaciones ejecutadas cuando se pueda concluir que la sanción de la ineficacia de pleno derecho obedece a un objeto o a una causa ilícitos. En todo caso, teniendo en cuenta que la ineficacia de pleno derecho es una forma de ineficacia que mira ante todo la eliminación de la parte del negocio que transgrede el ordenamiento jurídico, debe primar el criterio según el cual los efectos materiales del contrato solamente deben ser eliminados en la medida en que su conservación contrarié el objetivo de la regla conculcada.

En lo atingente a la imposibilidad sobrevenida de ejecutar el contrato, a ella se aplican las reglas relativas a la teoría de los riesgos (art. 1605 y s. C. Civ.). Al respecto, el Código Civil endosa el riesgo de la pérdida o destrucción del bien por un suceso constitutivo de fuerza mayor al acreedor (res perit

---

159 Corte Suprema de Justicia, Sala Civil, 30 de octubre de 2019, M. P. Aroldo Wilson Quiroz, SC4654-2019: "Puede aceptarse que el Tribunal erró en el raciocinio al omitir el verdadero eslabón jurídico que permite esa utilización de las consecuencias de la nulidad a la ineficacia, pero eso no derrumba su conclusión, pues en buenas cuentas, no es por analogía, que ciertamente es problemática en tratándose de sanciones, sino mediante una integración normativa por remisión expresa –o reenvío–, prevista en el artículo 822 del Código de Comercio".

160 Corte Suprema de Justicia, Sala Civil, 9 de agosto de 2018, M. P. Ariel Salazar Ramírez. SC3201-2018: "Una vez declarada la ineficacia jurídica del contrato de venta de acciones, la consecuencia que hay que imponer es retrotraer la situación al estado en que se hallaría si el acto o negocio no hubiera existido jamás, es decir con ineficacia *ex tunc* (desde siempre). Lo anterior es así por cuanto el Código de Comercio no prescribe los efectos específicos para cada una de las formas de invalidez en él mencionadas; lo que hace necesario acudir a las reglas que rigen esa materia en el campo civil, en aplicación del principio de remisión previsto en el artículo 822 de la codificación mercantil [...] Luego, por aplicación extensiva del artículo 1746 del Código Civil, es preciso aplicar a los casos de ineficacia comercial los efectos que la ley consagró para la nulidad [...]". Reiterada, 30 de octubre de 2019, M. P. Aroldo Wilson Monsalvo, SC4654-2019.

creditori). Si el bien perece antes de que el vendedor lo haya entregado, el comprador asume la pérdida y, en consecuencia, no tiene derecho a solicitar la devolución del precio, aunque no le sea entregado el bien. En cambio, si ha pagado el precio, pero el vendedor se encuentra en mora de entregar el bien y este perece en su poder (siempre que el caso fortuito no hubiese destruido igualmente el bien en manos del comprador), hay una inversión de la regla del riesgo y deberá restituir el precio recibido. Pero existen reglas particulares que consagran un principio diferente. Por ejemplo, el Código Civil consagra una regla diferente para el contrato de arrendamiento, pues la extinción del derecho del arrendador sobre el bien arrendado genera la terminación del contrato (art. 2060 C. Civ.), con lo cual el arrendatario tiene derecho a la restitución de los cánones en el caso en el que los haya pagado anticipadamente. Por su parte, el Código de Comercio consagra en materia de compraventa la regla *res perit debitoris* (art. 929 C. Com.).

En el caso de la terminación del contrato por excesiva onerosidad sobrevenida, cuando el juez examina las circunstancias que han alterado la base del contrato, generalmente ordenará el reajuste de las prestaciones o decretará la terminación del contrato con efectos hacia el futuro, por lo que no será necesario recurrir a la restitución de las prestaciones ya ejecutadas. Ello no obsta para que el juez, teniendo en cuenta el equilibrio del contrato en su globalidad y las prestaciones efectuadas hasta ese momento, decrete el reajuste o la terminación del contrato ordenando el retorno de alguna de las prestaciones ejecutadas con anterioridad.

Además, sobre este remedio contractual la Corte Suprema ha indicado que –conforme al tenor literal del artículo 868 C. Com.– la revisión por imprevisión versa sobre las prestaciones futuras, esto es, que no han sido cumplidas ni extinguidas[161]. Los inconvenientes que genera esa regla saltan a la vista, ya que las más de las veces el término para cumplir la prestación llegará antes de que el juez haya podido estatuir sobre la demanda de la parte afectada. Por ello, la Corte al mismo tiempo ha sentado que, dado que la revisión no faculta a la parte afectada para incumplir, si esta reclama la revisión y luego, en el momento de (tener que) cumplir la prestación, hace reserva expresa de

161 Corte Suprema de Justicia, Sala Civil, 21 de febrero de 2012, M. P. William Namén Vargas, Ref. 11001-3103-040-2006-00537-01. En dicha sentencia, la Corte afirmó que "la revisión para corregir el desequilibrio, o en su caso, terminar el contrato, se frustra ante el cumplimiento o la terminación del contrato, en tanto obligada la parte a cumplir, el cumplimiento extingue la prestación [...]".

la demanda realizada, podrá posteriormente obtener el reajuste, aunque por otras vías diferentes a la revisión por imprevisión[162]. Aunque la Corte no menciona cuáles son esas "otras vías consagradas por el ordenamiento jurídico" de las cuales dispone la parte afectada, la única opción parece ser la acción por enriquecimiento sin justa causa contra su cocontratante (art. 831 C. Com.).

En lo que concierne la declaración de simulación absoluta de contrato, la Corte en reiterados pronunciamientos ha establecido que el retorno al *statu quo ante* se rige por las reglas de la nulidad. Ya en una sentencia de 11 de febrero de 1948, reiterada hasta nuestros días[163], la Corte Suprema de Justicia ha indicado que, ante el silencio de la ley en materia de simulación, la solución "es la misma que la ley consagra en las aludidas acciones de nulidad, reivindicatoria y rescisoria, no sólo porque subsisten los mismos motivos de equidad que para estas la han determinado, sino porque razones de analogía imponen al juzgador el deber de aplicar las leyes que regulan casos o materias semejantes (art. 8°, Ley 153 de 1887), y también porque las disposiciones sobre prestaciones mutuas tienen tal generalidad que de suyo son aplicables para regular las indemnizaciones recíprocas, en todos los casos en que un poseedor vencido pierda la cosa y sea obligado a entregarla a quien le corresponde"[164]. Por lo demás, en cuanto a la restitución de los frutos, la Corte –a semejanza de lo dicho en materia de nulidad[165]– ha indicado que, la retrotracción de las cosas al estado en que se hallarían si no hubiese existido el contrato simulado, implica que no debe tenerse en cuenta el límite temporal –esto es, la notificación de la demanda– del artículo 964 C. Civ. que fija el momento a partir del cual, en materia posesoria, deben restituirse los frutos cuando el poseedor es de buena fe[166].

162 *Ibidem:* "[...] reclamada la revisión antes y hecho reserva expresa la parte afectada al instante de cumplir la prestación excesiva o desequilibrada, no debe soportarla y tiene derecho a obtener el reajuste, desde luego, no a través de la imprevisión, sino de las otras vías consagradas por el ordenamiento jurídico, pues lo contrario equivaldría a patrocinar una situación manifiestamente injusta, inequitativa y lesiva de la justicia contractual".

163 P. ej., Corte Suprema de Justicia, Sala Civil, 12 de diciembre de 2000, M. P. Jorge Antonio Castillo, exp. n.° 5225; 21 de junio de 2011, M. P. Ruth Marina Díaz, exp. 05045-3103-001-2007-00062-01; 4 de diciembre de 2018, M. P. Margarita Cabello Blanco, SC5235-2018.

164 Corte Suprema de Justicia, Sala Civil, 11 de febrero de 1948, M. P. Pedro Castillo Pineda, *G.J.* LXIII, pp. 660.

165 Ver *Supra* 3, 3.1., 3.1.2., 3.1.2.2., 3.1.2.2.4.

166 Corte Suprema de Justicia, Sala Civil, 4 de diciembre de 2018, M. P. Margarita Cabello Blanco, SC5235-2018.

De otro lado, en el campo de las sanciones que el ordenamiento consagra excepcionalmente para sancionar el desequilibrio contractual manifiesto, también puede haber lugar a la restitución de las prestaciones ejecutadas. Así, cuando se cobran intereses (remuneratorios o moratorios) que sobrepasan los límites fijados por la ley, el deudor puede solicitar la restitución de las sumas que haya pagado por concepto de dichos intereses excesivos, además de una suma igual a título de sanción[167]. En este caso, la privación de efectos recae únicamente sobre la cláusula del contrato que fija los intereses rebasando los límites fijados por el legislador. Tratándose de la identificación de un desequilibrio manifiesto entre los derechos y las obligaciones de las partes, la restitución de lo ejecutado procederá todas las veces que se haya ejecutado una prestación con base en una cláusula que es ineficaz por ser considerada abusiva[168].

Por último, existen acciones particulares a ciertos contratos que conducen a privar de eficacia el contrato, con las subsecuentes restituciones cuando este ha sido total o parcialmente ejecutado. Con respecto a la lesión enorme, que es una acción aplicable a varios contratos[169], tales como la compraventa, la permuta, el mutuo con interés, la hipoteca, el censo, la anticresis y la cláusula penal, el Código Civil establece reglas restitutorias particulares. Por ejemplo, en materia de compraventa, el perecimiento del bien en poder del comprador le cierra el camino a ambas partes para que puedan solicitar la rescisión del contrato (art. 1951, inc. 1.º C. Civ.), con lo que el riesgo por acaecimiento de un caso fortuito que destruya el bien puede estar situado en cabeza de uno u otro de los contratantes dependiendo de quién sufre el desequilibrio enorme.

---

167 C. Com., art. 884 y art. 72, ley 45 de 1990. La repetición de los intereses pagados en exceso es una acción autónoma, que no se asimila a la de resolución del contrato por incumplimiento. Ver Corte Suprema de Justicia, Sala Civil, 14 de diciembre de 2011, M. P. Jaime Arrubla Paucar, exp. 01489.

168 La Corte Suprema de Justicia ha dicho que una cláusula puede ser considerada ineficaz cuando ha sido negociada individualmente, se lesionan los requerimientos de la buena fe negocial desde una perspectiva objetiva y genera un desequilibrio significativo entre los derechos y las obligaciones de las partes. P. ej., ver Corte Suprema de Justicia, Sala Civil, 12 de febrero de 2018, M. P. Aroldo Wilson Quiroz, SC129-2018. Por su parte, en el Estatuto del consumidor (Ley 1480 de 2011), la sanción de las cláusulas abusivas es su ineficacia de pleno derecho (art. 42, inc. 2.º).

169 Sobre los negocios o actos jurídicos en los cuales se puede demandar la rescisión por acción por lesión enorme, ver Corte Suprema de Justicia, Sala Civil, 3 de junio de 2018, M. P. Luis Armando Tolosa, SC2485-2018.

En la hipótesis en la que prospera la acción de rescisión[170], cada una de las partes debe restituir lo recibido: por una parte, el comprador debe restituir el bien inmueble; por otra parte, el vendedor debe restituir el precio con la correspondiente indexación tomando como referencia la fecha de celebración del contrato lesivo[171]. Empero, los intereses producidos por la suma de dinero pagada y los frutos producidos por el bien solamente se deben desde la fecha de la demanda (1948, inc. 1.º C. Civ.). Como lo ha reconocido la Corte, en este caso no existe una aplicación plena del principio de retorno al *statu quo ante*, pues este implicaría tomar como punto de referencia para la restitución de los frutos e intereses la fecha en la que las partes ejecutaron sus prestaciones[172]. En cuanto a los deterioros, el comprador solamente deberá responder por ellos

170 Si el comprador que opta por completar el justo precio con deducción de una décima parte (art. 1948, inc. 1.º), debe pagar dicha suma de dinero debidamente indexada tomando como referencia la fecha de celebración del acto lesivo. Ver, recientemente, Corte Suprema de Justicia, Sala Civil, 18 de julio de 2017, M. P. Aroldo Wilson Quiroz, SC10291-2017. Antes de esa sentencia, la corrección monetaria sobre la suma que debía pagar el comprador para completar el justo precio debía realizarse solamente desde la fecha de la demanda. A partir de esa sentencia hay, en consecuencia, una unificación de criterios pues, sea que el comprador completé el justo precio deducido en una décima parte para evitar la rescisión, sea que, al contrario, ante la negativa del comprador, prospere la acción de recisión y el vendedor deba restituir el precio recibido, en ambos casos la corrección monetaria debe ser reconocida a partir de la fecha de celebración del contrato.

171 Corte Suprema de Justicia, 22 de julio de 1987, M. P. Rafael Romero Sierra (no publicada): "La verdad es que la Corte ha enseñado que, en tratándose de las prestaciones mutuas que siguen al aniquilamiento de un vínculo contractual es procedente ordenar el reajuste monetario de las sumas monetarias que han de restituirse. Incluso ha pregonado la oficiosidad en el punto. Significa lo anterior que frente a la lesión enorme declarada judicialmente, nadie discute que el predicado rescisorio de la misma comprende la devolución del precio que haya recibido el vendedor, con la corrección monetaria correspondiente, como quiera que en tal supuesto se está precisamente dentro del ámbito jurisprudencial anotado".

172 Corte Suprema de Justicia, Sala Civil, 8 de febrero de 1994, M. P. Rafael Romero Sierra, *G. J.* CCXXVIII (I), p. 170: "En la rescisión del contrato ha de tenerse en cuenta que, en punto a la restitución de frutos e intereses, los unos y los otros sólo se deben 'desde la fecha de la demanda'. En este caso, como se aprecia, quiso el legislador regular ese tópico de manera diversa, pues ahí se quiebra la regla general según la cual, en tratándose del aniquilamiento de un contrato, las cosas deben ser restituidas al estado que tenían al tiempo precontractual, borrando en lo posible las secuelas que entretanto haya podido producir, de tal suerte que en un momento dado pueda creerse que jamás medió el contrato rescindido. Y la variación se traduce en que si se aplicase la regla general que viene de referirse, cada contratante debería hacerse a lo que producen las cosas que de su parte, y con motivo del contrato, entregó; y no solamente lo producido desde la demanda, sino desde que entregó dichas cosas, precisamente porque hay que mirarlos como si nunca se hubieran entregado".

cuando hubiese obtenido algún beneficio, lo que corresponde a una aplicación de la prohibición del enriquecimiento sin justa causa[173].

Igualmente, en el derecho de la compraventa, además de las reglas a la resolución por incumplimiento del comprador de pagar el precio a las que ya nos hemos referido –aplicables interpretación extensiva a los contratos de promesa de compraventa[174] y de permuta[175]–, también existen algunas reglas particulares para la acción redhibitoria. Al respecto, mientras que el régimen general de las restituciones endosa el riesgo de destrucción o pérdida del bien al acreedor de la restitución, en esta última acción, cuando el bien perece en manos del comprador –por su culpa o por un caso fortuito–, él no puede pedir la rescisión del contrato sino solamente la rebaja del precio, con lo cual es él quien asume el riesgo de la pérdida del bien (art. 1919 C. Civ.). Sobre este punto, Rodríguez Olmos pone de presente que son "dos resultados completamente diferentes que no parecen justificarse, en especial teniendo en cuenta que el régimen de vicios ocultos no es más que una manifestación específica de una forma de incumplimiento"[176]. Y fuera de los códigos Civil y Comercial, por ejemplo, en el Estatuto del Consumidor, bajo el régimen de la garantía legal, luego de la reparación infructuosa del bien y en defecto de su reposición, el consumidor tiene derecho a solicitar devolución del precio pagado[177].

En suma, existe una multiplicidad de hipótesis en las que las restituciones pueden tener lugar como consecuencia de la privación total o parcial de los efectos del contrato. Al respecto, por una parte, cuando un remedio contractual conduce a la necesidad de devolver las cosas al estado en el que

---

173 Hinestrosa, F. "Las restituciones consecuenciales a la eliminación del contrato", cit., p. 478.

174 Corte Suprema de Justicia, Sala Civil, 6 de julio de 2000, M. P. José Fernando Ramírez, exp. 5020. Corte Suprema de Justicia, Sala Civil 4 de junio de 2004, M. P. Manuel Ardila Velásquez, exp. n.° 7748: tratándose del incumplimiento de la obligación de pagar el precio de un contrato de promesa de compraventa, la Corte afirma que "la normatividad que ha de aplicarse al tema de las restituciones entre las partes que de ello se derivan, no será la que en general regula el evento del cumplimiento de la condición resolutoria, sino el art. 1932 de dicho ordenamiento, aplicable por interpretación extensiva [...]". Reiterada posteriormente: Corte Suprema de Justicia, Sala Civil, 17 de agosto de 2016, M. P. Ariel Salazar Ramírez, SC11287-2016.

175 Corte Suprema de Justicia, Sala Civil, 6 de julio de 2007, M. P. Carlos Ignacio Jaramillo, exp. 7386.

176 Rodríguez Olmos, J. "Restituciones consecuenciales a la 'eliminación' del contrato: reflexiones a partir de algunas tendencias en el derecho comparado", cit., p. 495.

177 Ley 1480 de 2011 (Estatuto del Consumidor), art. 11.

se hallarían si no hubiese sido celebrado el contrato, la disciplina restitutoria de la nulidad (art. 1746 C. Civ.) es el régimen común, el cual es aplicable bien sea por analogía –como en el caso de la declaración de simulación absoluta de un contrato–, bien sea por remisión del artículo 822 C. Com. a la legislación civil –como en el caso de la ineficacia de pleno derecho (897 C. Com.). Por otra parte, dado que la ley no hace distinción alguna, el régimen de las condiciones resolutorias ordinarias es el régimen común aplicable a la resolución tácita por incumplimiento, así como debería serlo para las cláusulas resolutorias expresas por incumplimiento cuando las partes no han dispuesto algo diferente[178]. En fin, si bien existe una cierta uniformidad –que no identidad– en los regímenes de las restituciones aplicables a la nulidad y a la resolución judicial por incumplimiento, paralelamente existen regímenes particulares a ciertas causas de ineficacia del contrato o a ciertos tipos contractuales. Dicho panorama suscita inquietudes en cuanto a si las diferencias se justifican o son coherentes dentro de la lógica de sistema del ordenamiento jurídico.

5. CONCLUSIÓN

En nuestro ordenamiento, la disciplina de las restituciones consecutivas a la ineficacia del contrato está montada sobre un esquema normativo que descansa sobre dos pilares. De un lado, una regla común que dicta el retorno al *statu quo ante*, de la cual se desprende un efecto retroactivo de orden legal y un principio de restitución de todo aquello que fue recibido en virtud del contrato, ni más ni menos (*restitutio in integrum*). De otro lado, un reenvío legal o jurisprudencial a las reglas que gobiernan las prestaciones mutuas en materia de acción reivindicatoria. Los hondos matices que sientan estas últimas reglas incorporando nociones de tinte subjetivo –la buena fe y la mala fe– propias del ámbito posesorio, aunados a otras limitaciones y excepciones particulares de los remedios contractuales examinados –nulidad y resolución por incumplimiento–, así como a las reglas particulares de otras causas de ineficacia, temperan a tal punto la regla de retorno al *statu quo ante* que es posible dudar de su carácter de regla de principio.

---

178 Y, como se anotó arriba, en cuanto a la disciplina de la resolución del contrato de compraventa por no pago del precio por el comprador, ella es aplicable por interpretación extensiva a la resolución de los contratos de promesa de compraventa y de permuta. Ver Introducción.

Por lo demás, como consecuencia de la remisión a las reglas que gobiernan las prestaciones mutuas en materia reivindicatoria, la disciplina de las restituciones consecutivas a la nulidad y a la resolución del contrato por incumplimiento carece de autonomía y está imbuida de un importante componente moral. Desde esa perspectiva, podemos interrogarnos sobre las ventajas que tendría la edificación de un régimen objetivo u "amoral", así como la introducción de reglas que se ocupen específicamente de organizar las restituciones consecutivas a las principales causas de ineficacia del contrato. Sobre este último punto, el derecho comparado muestra una tendencia a instaurar regímenes autónomos y unitarios relativos a las restituciones[179]. Por ejemplo, el derecho alemán ha mostrado su preocupación por encontrar una armonía entre los regímenes consecutivos a la nulidad y a la resolución del contrato[180]. Más recientemente, la reforma del derecho francés de 2016 introdujo un capítulo relativo a las restituciones, que tiene vocación a aplicarse a las restituciones consecutivas en varias de las causas que pueden dar lugar a la ineficacia del contrato (arts. 1352 y s. C. Civ. fr.). Estas evoluciones llevan a cuestionarnos sobre si la edificación de un régimen común a las obligaciones restitutorias podría ser conveniente en el ordenamiento jurídico colombiano.

BIBLIOGRAFÍA

Alarcón Rojas, F. *La ineficacia de pleno derecho en los negocios jurídicos*, Bogotá, Universidad Externado de Colombia, 2011.

Alessandri, A., Somarriva, M. y Vodanovic, A. *Tratado de los derechos reales*, t. I, reimpr. 6ª ed., Santiago de Chile, Editorial Jurídica de Chile, 2009.

Bargelli, E. *Il sinallagma rovesciato*, Milán, Giuffrè Editore, 2010, p. 480.

Bénabent, A. "La révision du passé entre les parties". *Revue des contrats*, Lextenso, n.° 1, 2008.

179 Ver Meier, S. "Unwinding Failed Contracts: New European Developments", *Edinburgh Law Review*, vol. 21, n.° 1, 2017, pp. 1 y s., que se refiere a la reforma del derecho de los contratos en Francia en 2016 y a un proyecto de reforma del derecho de las obligaciones en derecho suizo.

180 Ver Zimmermann, R. "The Unwinding of Failed Contracts in the Unidroit Principles 2010", *Uniform Law Review*, 16, 2011, n.° 3, pp. 563 y ss.

Claro Solar, L. *Explicaciones de derecho civil chileno y comparado*, t. x, Santiago de Chile, Editorial Jurídica de Chile, 1978.

Deshayes, O., Genicon, T. y Laithier, Y. -M. *Réforme du droit des contrats, du régime général et de la preuve des obligations*, 1.ª ed., París, LexisNexis, 2016.

Genicon, T. *La résolution du contrat pour inexécution*, París, lgdj, 2007.

Guerrini, L. *Le restituzioni contrattuali*, Turín, Giappichelli, 2012.

Hinestrosa, F. "Las restituciones consecuenciales a la eliminación del contrato". En: Pizarro C. y Mantilla F. (coords.), *Estudios de derecho privado en homenaje al profesor Christian Larroumet*, Bogotá, Universidad del Rosario, 2008.

Hinestrosa, F. *Tratado de las obligaciones ii. De las fuentes de las obligaciones: el negocio jurídico*, vol. ii, Bogotá, Universidad Externado de Colombia, 2015.

Libchaber, R. "Chronique de jurisprudence civile générale", *Defrénois*, n.° 30, 30 de octubre de 2004.

Malaurie, P., Aynès, L. y Stoffel-Munch, P. *Les obligations*, 3.ª ed., París, Defrénois, 2007.

Meier, S. "Unwinding Failed Contracts: New European Developments", *Edinburgh Law Review*, vol. 21, n.° 1, 2017.

Moscati, E. "Caducazione degli effetti del contratto e pretese di restituzione (L'esperienza del diritto italiano)". En: L. Vacca (coord.), *Caducazione degli effetti del contratto e pretese di restituzioni*, Turín, Giappichelli, 2006.

Neme Villarreal, M. L. "Buena fe subjetiva y buena fe objetiva. Equívocos a los que conduce la falta de claridad en la distinción de tales conceptos". *Revista de Derecho Privado*, n.° 17, Universidad Externado de Colombia, 2009.

Ospina Fernández, G. y Ospina Acosta, E. *Teoría general del contrato y del negocio jurídico*, reimp. 7.ª ed., Bogotá, Temis, 2019.

Rodríguez Olmos, J. "Restituciones consecuenciales a la 'eliminación' del contrato: reflexiones a partir de algunas tendencias en el derecho comparado". En: *Estudios de derecho civil en memoria de Fernando Hinestrosa*, t. ii, Bogotá, Universidad Externado de Colombia, 2014.

Serinet, Y. -M. "L'effet rétroactif de la résolution pour inexécution en droit français". En: M. Fontaine y G. Viney (coords.), *Les sanctions de l'inexécution des obligations contractuelles*, París y Bruselas, Bruylant y LGDJ, 2001.

Terré, F., Simler, P., Lequette, Y. y Chénedé, F. *Droit civil. Les obligations.* 12e ed., París, Dalloz, 2018.

Thibierge, C. *Nulidad, restituciones y responsabilidad*, trad. Gustavo de Greiff, Bogotá, Universidad Externado de Colombia, 2010.

Valencia Zea, A. y Monsalve Ortiz, Á. *Derecho civil. Las obligaciones*, t. III, Bogotá, Temis, 2015.

Velásquez, H. D. *Estudio sobre obligaciones*, Bogotá, Temis, 2010.

Velásquez, L. G. *Bienes*, 14.ª ed., Bogotá, Grupo Editorial Ibáñez, 2019.

Zimmermann, R. "The Unwinding of Failed Contracts in the Unidroit Principles 2010". *Uniform Law Review*, vol. 16, n.° 3, 2011.

JURISPRUDENCIA

CORTE SUPREMA DE JUSTICIA

Corte Suprema de Justicia, Sala Civil, 23 de agosto de 2019, M. P. Álvaro Fernando García, SC3366-2019.

Corte Suprema de Justicia, Sala Civil, 4 de junio de 2004, M. P. Manuel Ardila Velásquez, exp. n.° 7748.

Corte Suprema de Justicia, Sala Civil, 1 de abril de 1987, M. P. Rafael Romero Sierra, *G. J.* CLXXXVIII.

Corte Suprema de Justicia, Sala Civil, 11 de febrero de 1948, M. P. Pedro Castillo Pineda, *G. J.*, LXIII.

Corte Suprema de Justicia, Sala Civil, 12 de diciembre de 2000, M. P. Jorge Antonio Castillo, exp. n.° 5225;

Corte Suprema de Justicia, Sala Civil, 12 de febrero de 2018, M. P. Aroldo Wilson Quiroz, SC129-2018.

Corte Suprema de Justicia, Sala Civil, 12 de marzo de 2004, M. P. Pedro Octavio Munar, exp. n.° 6759;

Corte Suprema de Justicia, Sala Civil, 13 de agosto de 2003, M. P. José Fernando Ramírez Gómez, exp. n.° C-7010.

Corte Suprema de Justicia, Sala Civil, 14 de diciembre de 2011, M. P. Jaime Arrubla Paucar, exp. n.° 01489.

Corte Suprema de Justicia, Sala Civil, 15 de enero de 2004, M. P. Silvio Fernando Trejos, exp. n.° 6913;

Corte Suprema de Justicia, Sala Civil, 15 de junio de 1993, M. P. Carlos Esteban Jaramillo Schloss, exp. n.° 3653;

Corte Suprema de Justicia, Sala Civil, 15 de junio de 1995, M. P., Rafael Romero Sierra, exp. n.° 4398.

Corte Suprema de Justicia, Sala Civil, 16 de diciembre de 2003, M. P. Manuel Isidro Ardila, exp. 7714-01.

Corte Suprema de Justicia, Sala Civil, 17 de agosto de 2016, M. P. Ariel Salazar Ramírez, SC11287-2016.

Corte Suprema de Justicia, Sala Civil, 17 de junio de 1941, *G. J.* N.ºs 1973 y 1974.

Corte Suprema de Justicia, Sala Civil, 18 de agosto de 1993, M. P. Nicolas Bechara Simacas, *G. J.* CCXXV.

Corte Suprema de Justicia, Sala Civil, 18 de julio de 2017, M. P. Aroldo Wilson Quiroz, SC10291-2017.

Corte Suprema de Justicia, Sala Civil, 19 de noviembre de 2001, M. P. Carlos Ignacio Jaramillo, exp. 6094.

Corte Suprema de Justicia, Sala Civil, 1º de diciembre de 1988, M. P. Pedro Lafont Pianetta (no publicada).

Corte Suprema de Justicia, Sala Civil, 2 de febrero de 1990, M. P. José Alejandro Bonivento, *G. J.* CC.

Corte Suprema de Justicia, Sala Civil, 2 de octubre de 2000, M. P. Jorge Antonio Rugeles, exp. n.° 5592.

Corte Suprema de Justicia, Sala Civil, 20 de abril de 1938, M. P. Fulgencio Lequerica Vélez, *G. J.* LXVI.

Corte Suprema de Justicia, Sala Civil, 20 de febrero de 2002, M. P. José Fernando Ramírez, exp. 5838

Corte Suprema de Justicia, Sala Civil, 20 de septiembre de 1938, M. P. Hernán Salamanca, *G. J.* XLVII.

Corte Suprema de Justicia, Sala Civil, 21 de febrero de 2012, M. P. William Namén Vargas, Ref. 11001-3103-040-2006-00537-01.

Corte Suprema de Justicia, Sala Civil, 21 de junio de 2007, exp. 7892.

Corte Suprema de Justicia, Sala Civil, 21 de junio de 2011, M. P. Ruth Marina Díaz, exp. 05045-3103-001-2007-00062-01;

Corte Suprema de Justicia, Sala Civil, 21 de marzo de 1995, M. P. Pedro Lafont Pianetta, exp. 3328.

Corte Suprema de Justicia, Sala Civil, 21 de marzo de 1995, M. P. Pedro Lafont Pianetta.

Corte Suprema de Justicia, Sala Civil, 22 de abril de 2006, M. P. Jesús Vall de Rutén Ruiz, SC5069-2016.

Corte Suprema de Justicia, Sala Civil, 22 de enero de 1971, M. P. Alberto Ospina Botero *G. J.* CXXXVIII.

Corte Suprema de Justicia, Sala Civil, 22 de julio de 1987, M. P. Rafael Romero Sierra.

Corte Suprema de Justicia, Sala Civil, 23 de septiembre de 1938, M. P. Juan Francisco Mujica, *G. J.* XLVII. Corte Suprema de Justicia, Sala Civil, 26 de agosto de 2008, M. P. Arturo Solarte Rodríguez, exp. 05001310301620020000701.

Corte Suprema de Justicia, Sala Civil, 24 de febrero de 2003, M. P. José Fernando Ramírez, exp. 6610.

Corte Suprema de Justicia, Sala Civil, 24 de marzo de 1983, M. P. Alberto Ospina Botero, *G. J.* CLXXII

Corte Suprema de Justicia, Sala Civil, 25 de abril de 2005, M. P. Jaime Arrubla Paucar, exp. 110013103006-1991-3611-02.

Corte Suprema de Justicia, Sala Civil, 25 de agosto de 1987, M. P. Eduardo García Sarmiento, *G. J.* CLXXXVIII.

Corte Suprema de Justicia, Sala Civil, 25 de junio de 2018, M. P. Aroldo Wilson Quiroz, SC2307 de 2018.

Corte Suprema de Justicia, Sala Civil, 6 de julio de 2000, M. P. José Fernando Ramírez Gómez, exp. 5020.

Corte Suprema de Justicia, Sala Civil, 25 de junio de 2018, M. P. Aroldo Wilson Quiroz, SC2307 de 2018.

Corte Suprema de Justicia, Sala Civil, 25 de octubre de 2000, M. P. Jorge Antonio Castillo Rúgeles, exp. 5513.

Corte Suprema de Justicia, Sala Civil, 25 de septiembre de 1958, M. P. Arturo Posada, *G. J.* LXXXIX, 2202.

Corte Suprema de Justicia, Sala Civil, 25 de septiembre de 2019, M. P. Álvaro Fernando García Restrepo, SC3966-2019.

Corte Suprema de Justicia, Sala Civil, 26 de agosto de 2011, M. P. Arturo Solarte Rodríguez, Ref.: 05001-3103-016-2002-00007-01.

Corte Suprema de Justicia, Sala Civil, 26 de agosto de 2016, M. P. Margarita Cabello Blanco, SC11786-2019.

Corte Suprema de Justicia, Sala Civil, 26 de noviembre de 1935, M. P. Miguen Moreno Jaramillo, *G. J.* XLXXX.

Corte Suprema de Justicia, Sala Civil, 26 de noviembre de 1936, M. P. Miguel Moreno Jaramillo, *G. J.* XLII.

Corte Suprema de Justicia, Sala Civil, 27 de agosto de 2015, M. P. Ariel Salazar Ramírez, SC11331-2015.

Corte Suprema de Justicia, Sala Civil, 27 de agosto de 2015, M. P. Ariel Salazar Ramírez, SC11331-2015:

Corte Suprema de Justicia, Sala Civil, 28 de junio de 2005, M. P. César Julio Valencia, exp. 3169.

Corte Suprema de Justicia, Sala Civil, 29 de junio de 2018, M. P. Ariel Salazar Ramírez, SC2468 de 2018.

Corte Suprema de Justicia, Sala Civil, 3 de junio de 1954, M. P. Manuel Barrera Parra, *G. J.* LXXVII.

Corte Suprema de Justicia, Sala Civil, 3 de junio de 2018, M. P. Luis Armando Tolosa, SC2485-2018.

Corte Suprema de Justicia, Sala Civil, 30 de octubre de 2019, M. P. Aroldo Wilson Quiroz, SC4654-2019.

Corte Suprema de Justicia, Sala Civil, 31 de agosto de 1962, M. P. J. José Gómez, *G. J.* XCIX.

Corte Suprema de Justicia, Sala Civil, 4 de diciembre de 2018, M. P. Margarita Cabello Blanco, SC5235-2018.

Corte Suprema de Justicia, Sala Civil, 4 de junio de 2004, M. P. Manuel Ardila Velásquez, exp. 7748.

Corte Suprema de Justicia, Sala Civil, 4 de junio de 2004, M. P. Manuel Isidro Ardila, exp. 7748.

Corte Suprema de Justicia, Sala Civil, 5 de agosto de 2014, exp. 10326, rad. 2008-00437-01.

Corte Suprema de Justicia, Sala Civil, 5 de agosto de 2014, M. P. Arturo Solarte Rodríguez, SC10326-2014.

Corte Suprema de Justicia, Sala Civil, 5 de julio de 1983, M. P. Humberto Murcia Ballén, *G. J.* CLXXII.

Corte Suprema de Justicia, Sala Civil, 5 de julio de 2019, M. P. Álvaro Fernando García Restrepo, SC1662-2019.

Corte Suprema de Justicia, Sala Civil, 6 de julio de 2000, M. P. José Fernando Ramírez, exp. 5020.

Corte Suprema de Justicia, Sala Civil, 6 de julio de 2000, M. P. José Fernando Ramírez, exp. 5020.

Corte Suprema de Justicia, Sala Civil, 6 de julio de 2007, M. P. Carlos Ignacio Jaramillo, exp. 7386.

Corte Suprema de Justicia, Sala Civil, 8 de febrero de 1994, M. P. Rafael Romero Sierra, *G. J.* CCXXVIII (I).

Corte Suprema de Justicia, Sala Civil, 8 de noviembre de 2000, M. P. Silvio Fernando Trejos, 4390.

Corte Suprema de Justicia, Sala Civil, 9 de agosto de 2018, M. P. Ariel Salazar Ramírez. SC3201-2018).

Corte Suprema de Justicia, Sala Civil, 9 de agosto de 2018, M. P. Ariel Salazar Ramírez. SC3201-2018.

Corte Suprema de Justicia, Sala Civil, 9 de septiembre de 2019, M. P. Álvaro Fernando García, SC3642-2019.

Corte Suprema de Justicia, Sala Civil, 22 de agosto de 1957, M. P. Pablo Emilio Manotas, *G. J.* LXXXVI.

CONSEJO DE ESTADO

Consejo de Estado, Sala de lo Contencioso Administrativa, Sección Tercera, Subsección A, C. P. Hernán Andrade Rincón, exp. 25000232600019990115502 (39647).

Fernando Alarcón Rojas*

La nulidad parcial como remedio del contrato. Un breve apuntamiento histórico

Sumario: 1. La nulidad como sanción. 2. Los verdaderos fundamentos de la nulidad parcial en el Derecho Romano. Bibliografía.

1. LA NULIDAD COMO SANCIÓN

La Constitución Política garantiza a todos los asociados la autonomía negocial[1], es decir, el poder de disponer de los derechos que se encuentran radicados en su cabeza, excluyendo aquellos que el orden jurídico no permite disponer.

Pero ese poder encuentra como grandes limitantes las normas de orden público, las normas imperativas y las buenas costumbres[2], pues, si se ejerce contraviniéndolas, el ordenamiento jurídico reacciona valorando y sancionando negativamente el acto que en ejercicio de la autonomía dispositiva se ha realizado[3],

---

* Profesor del Departamento de Derecho Civil de la Universidad Externado de Colombia.

1 Alarcón Rojas, F. *Fundamentos constitucionales del negocio jurídico y de las obligaciones.* Ideación Jurídica n.° 5. Ibagué, Corporación Universitaria de Ibagué, 1996, p. 5-10; Bianca, C. M. *Derecho civil.* vol. 3. *El contrato.* Fernando Hinestrosa y Edgar Cortés, trads. Bogotá, Universidad Externado de Colombia, 2007, p. 51-53; Diener, M. C. *Il contratto in generale.* Milán, Giuffrè Editore, 2002, p. 12; Flume, W. *El negocio jurídico.* José María Miquel González y Esther Gómez Calle, trads. Madrid, Fundación Cultural del Notariado, 1998, p. 23, 41-48. Grisi, G. *L'Autonomia privata.* Milán, Giuffrè, 1999, p. 11; Scognamiglio, R. *Teoría General del contrato.* Fernando Hinestrosa, trad. Bogotá, Universidad Externado de Colombia, 1971, p. 16.

2 Betti, E. *Teoría general del negocio jurídico.* A. Martin Pérez, trad. Madrid, Editorial Revista de Derecho Privado, 1959, pp. 85-90; Cariota Ferrara, L. *El negocio jurídico.* Manuel Albaladejo, trad. Madrid, Aguilar, 1956, pp. 45-47; Hinestrosa, F. "Función, límites y cargas de la autonomía privada". *Revista de Derecho Privado* n.° 26, enero-junio. Bogotá, Universidad Externado de Colombia, 2014, pp. 14-25; Hinestrosa, F. *Tratado de las obligaciones II. De las fuentes de las obligaciones: el negocio jurídico.* Vol. i. Bogotá, Universidad Externado de Colombia, 2015, p. 298; Lehmann, H. *Tratado de derecho civil.* Vol. i, parte general. José María Navas, trad. Madrid, Editorial Revista de Derecho Privado, 1956, p. 214, 280-296; Messineo, F. *Manual de derecho civil y comercial,* t. ii. Santiago Sentís Melendo, trad. Buenos Aires, Ediciones Jurídicas Europa-América, 1954, p. 340; Stolfi, G. *Teoría del negocio jurídico.* Jaime Santos Briz, trad. Madrid, Editorial Revista de Derecho Privado, 1959, p. 269; Von Tuhr, A. *Derecho Civil. Teoría general del derecho civil alemán.* vol. iii. *Los hechos jurídicos.* Tito Ravá, trad. Madrid, Marcial Pons, 2005, pp. 21-24.

3 Artículo 13 de la Ley 153 de 1887; artículos 1518, 1524, 1532 y 1742 del Código Civil. Italia: 1343 y 1354 del Código Civil.

de tal manera que se impone su destrucción y, consecuencialmente, la de los efectos que estaban llamados a producirse en virtud de él[4].

Una de las sanciones que el ordenamiento jurídico prevé para los actos transgresores de sus limitaciones es precisamente la invalidez, término este en el que englobamos[5] las dos modalidades más importantes de ella, es decir, la nulidad absoluta y la nulidad relativa o anulabilidad, sin perder de vista que esta última, la relativa, persigue proteger fundamentalmente, no intereses generales, sino intereses individuales, sin que esta particularidad le reste su carácter de sanción.

Por consiguiente, es incuestionable que el régimen jurídico de las nulidades es de naturaleza sancionatoria, ya que persigue reprimir las transgresiones a las normas que protegen el interés general, o las que tutelan el interés particular de quien se encuentra en una situación que el ordenamiento considera merecedora de protección[6], régimen que enarbola como principal sanción la destrucción del acto contraventor.

Luego, discurrir sobre la nulidad como remedio negocial, que es uno de los temas de este seminario, es una cuestión que a primera vista se antoja contradictoria, pues, por regla general, esa sanción no tiende a remediar o a salvar el negocio jurídico que padece el vicio que puede conducir a ella, sino que normalmente el decreto de nulidad lo destruye, razón esta que permitiría que con mayor precisión se afirme que la nulidad ha de considerarse, más bien, como un remedio para las vulneraciones a las normas imperativas, a las buenas costumbres, o a las normas jurídicas que establecen protecciones para las personas que se encuentran en situaciones que se han considerado como dignas de protección, pero no para remediar el negocio jurídico.

Sin embargo, la visión del asunto parecería cambiar si la nulidad se califica como parcial, pues de inmediato se anida en la mente la idea que una nulidad

---

4 *Cfr.* Alarcón Rojas, F. *La ineficacia de pleno derecho en los negocios jurídicos*, Bogotá, Universidad Externado de Colombia, 2011, p. 157-159.

5 En términos generales, se podría comprender dentro de la expresión "invalidez" todo fenómeno que implique una sanción a la vulneración de las normas de orden público, a las normas imperativas o a las buenas costumbres, como sería el caso de las cláusulas que se tienen por no escritas o ineficaces de pleno derecho, como se les denomina en Colombia, pero por nuestra parte preferimos reservar aquella expresión para aludir a la nulidad en cualquiera de sus modalidades.

6 Alarcón Rojas, F. *La ineficacia de pleno derecho en los negocios jurídicos*, cit., p. 159; Flume, W. *El negocio jurídico*, cit., p. 645; Stolfi, G. *Teoría del negocio jurídico*, cit., pp. 263-264.

de esa estirpe salva, que no destruye todo, es decir, que permite que algo sobreviva, lo cual, a mi juicio, es una simple apariencia, ya que, en verdad, el pronunciamiento de la nulidad, aun en este caso, destruye todo lo viciado.

Y es que si, por ejemplo, una determinada cláusula de un contrato, que no está referida a un elemento esencial del negocio de que se trata, está viciada de nulidad, el vicio también en esta hipótesis tiene la virtualidad de confluir en la destrucción de toda ella, y sería una impropiedad asegurar que, siendo inválida la cláusula en su totalidad, alguna parte suya pueda subsistir, a pesar del vicio que plenamente ostenta.

Por lo tanto, la conclusión es que el decreto de la nulidad acaba totalmente con lo que es nulo, por lo que entonces la cuestión relativa a la nulidad parcial consiste en realidad en determinar si una parte de un negocio jurídico que es viciosa tiene la potencialidad de comunicar su invalidez a la parte sana, es decir, a aquella otra parte que no tiene vicio alguno.

Así que, en puridad, la nulidad parcial es simplemente un fenómeno que persigue evitar que la nulidad que aqueja a una parte de un negocio jurídico se extienda a todo él y le dé muerte por entero, propósito este que se alcanzaría si se extirpa la parte enferma.

Aunque, por supuesto, este cometido jamás se logrará si la afectación está precisamente en uno de los elementos esenciales o estructurales del negocio, pues en este caso, por obvias razones, él estará irremediablemente condenado a morir por entero.

Pero, para una mejor comprensión de lo que se ha expresado y lo que se dirá, y habida cuenta de algunas diferencias existentes entre el ordenamiento jurídico colombiano y el ordenamiento jurídico italiano en punto de las nulidades, debemos decir que el colombiano distingue plenamente la inexistencia de la nulidad de los negocios jurídicos.

Baste para este propósito mencionar dos normas jurídicas colombianas, la una del Código Civil y la otra del Código de Comercio:

> Código Civil: art. 1746: La nulidad pronunciada en sentencia que tiene la fuerza de cosa juzgada, da a las partes derecho para ser restituidas al mismo estado en que se hallarían *si no hubiese existido el acto o contrato nulo* [...]

> Código de Comercio: art. 898: Será inexistente el negocio jurídico cuando se haya celebrado sin las solemnidades sustanciales que la ley exija para su formación, en razón del acto o contrato y cuando falte alguno de sus elementos esenciales.

Nótese que el precitado artículo 1746 de manera perentoria expresa que la nulidad, una vez decretada, da lugar a que las partes sean restituidas a la misma situación en que se encontrarían "*si no hubiese existido el acto o contrato nulo*", que es tanto como decir que mientras no se decrete la nulidad el acto vicioso existe, razón más que suficiente para sostener que en el ordenamiento jurídico colombiano la inexistencia no se confunde ni se identifica con la nulidad absoluta.

Por su parte, el artículo 1418 del Código Civil italiano, además de la ilicitud de la causa, del objeto y de los motivos, eventos todos estos que en Colombia también dan lugar a la nulidad absoluta del negocio, menciona como causas de nulidad del contrato la falta de uno de los requisitos establecidos en el artículo 1325 del Codice, es decir, la falta del acuerdo de las partes, la ausencia de una causa, la ausencia del objeto y la omisión de la forma constitutiva[7], falencias todas estas que en el derecho colombiano constituyen motivos de inexistencia.

Luego, existiendo en este aspecto tal diferencia entre los dos ordenamientos, el italiano y el colombiano, es necesario tenerla en cuenta como punto de referencia al considerar lo atinente a la nulidad parcial.

2. LOS VERDADEROS FUNDAMENTOS DE LA NULIDAD PARCIAL EN EL DERECHO ROMANO

Pero todo lo que se acaba de expresar ha de tenerse como un exordio de lo que en verdad queremos tratar sobre la nulidad parcial, que no es otra cosa que un breve apuntamiento histórico de la institución, todo con el ánimo de

---

7 Art. 1418: "Causas de nulidad del contrato. El contrato es nulo cuando es contrario a normas imperativas, salvo que la ley disponga otra cosa. Producen nulidad del contrato la falta de uno de los requisitos indicados en el art. 1325, la ilicitud de la causa, la ilicitud de los motivos en el caso indicado en el art. 1345 y la falta en el objeto de los requisitos establecidos en el art. 1346. El contrato también es nulo en los demás casos establecidos por la ley". (Art.1418 Cause di nullità del contratto. Il contratto è nullo quando è contrario a norme imperative, salvo che la legge disponga diversamente. Producono nullità del contratto la mancanza di uno dei requisiti indicati dall'art. 1325, l'illiceità della causa, l'illiceità dei motivi nel caso indicato dall'art. 1345 e la mancanza nell'oggetto dei requisiti stabiliti dall'art. 1346. Il contratto è altresì nullo negli altri casi stabiliti dalla legge).
Art. 1325: "Los requisitos del contrato son: 1) el acuerdo de las partes; 2) la causa; 3) el objeto; 4) la forma, cuando resulta que es prescrita por la ley bajo pena de nulidad" (Art. 1325: "I requisiti del contratto sono: 1) l'accordo delle parti; 2) la causa; 3) l'oggetto; 4) la forma, quando risulta che è prescritta dalla legge sotto pena di nullità").

demostrar, o por lo menos plantear, que el verdadero fundamento romano de la institución no es el que comúnmente se menciona en la doctrina.

Inicialmente en el Derecho Romano la nulidad de una parte se comunicaba a todo el negocio jurídico y, en consecuencia, todo él se tenía como *nullus*, teniendo en cuenta que en ese sistema la nulidad equivalía al fenómeno que hoy consideramos como inexistencia, como se constata al leer las expresiones que se utilizaban para denotar que no había nada, que nada se había hecho:

> D. 50. 17. 185 (Celso, Digesto, libro VIII): Es nula la obligación de cosas imposibles[8].

> Inst. 3. 23. 1 Mas es preciso que se fije un precio, porque no puede haber ninguna compra sin precio[9].

> Inst. 3. 19. 23 Si el estipulante hubiere entendido tratar de una cosa, y de otra el promitente, no se contrae obligación alguna, lo mismo que si no se hubiese respondido a la pregunta; por ejemplo, si alguno hubiere estipulado de ti el hombre Stico, y tú hubieres entendido Pánfilo, que hubieres creído llamarse Stico[10].

Con los pasajes que a continuación se citan a título de ejemplo, se demuestra que inicialmente en el Derecho Romano la nulidad de una parte de la convención se extendía a todo el negocio:

> D. 45. 1. 26 (Ulpiano, Comentarios a Sabino, Libro XII): Sabemos que en general son de ningún valor las estipulaciones torpes[11].

> D. 45. 1. 46. 3 (Ulpiano, Comentarios a Sabino, Libro L): Mas esta estipulación: "prometes dar, si quisieres? es sabido que es inútil[12].

---

8 "D. 50. 17. 185 (Cels. 8 Dig.): Impossibilium nulla obligatio est".

9 "Inst. 3. 23. 1: Pretium autem constitui oportet, nam nulla emptio sine pretio esse potest [...]".

10 "Inst. 3. 19. 23: Si de alia re stipulator senserit, de alia promissor, perinde nulla contrahitur obligatio, ac si ad interrogatum responsum non esset; veluti si hominem Stichum a te quis stipulatus fuerit, tu de Pamphilo senseris, quem Stichum vocari credideris".

11 "D. 45. 1. 26 (Ulp. 12, ad Sab.): Generaliter novimus, turpes stipulationes nullius esse momenti".

12 "D. 45. 1. 46. 3 (Ulp. 50, ad Sab.): Illam autem stipulationem: "si volueris, dari?" inutilem esse constat".

Gayo 3. 98: Así mismo, si alguien estipula bajo una condición que no puede darse, como, por ejemplo, "si toca el cielo con el dedo", la estipulación es inútil [...][13].

D. 45. 1. 137. 6 (Venuleyo, Estipulaciones, Libro I): Cuando alguno hubiera estipulado bajo esta condición, si Ticio hubiere vendido una cosa sagrada, o religiosa, o un foro, o una basílica, y cosas de tal naturaleza que hayan sido dejadas a perpetuidad para los usos públicos, como de ningún modo se puede cumplir en derecho la condición, o a él no le es lícito hacer esto, la estipulación habrá de ser de ningún valor, lo mismo que si se hubiese puesto una condición, que por naturaleza es imposible [...][14].

D. 45. 1. 61 (Juliano, Comentarios a Urseyo Ferox, Libro II): La estipulación concebida de este modo: "prometes dar tanto, si no me hicieres heredero?" es inútil porque esta estipulación es contra las buenas costumbres[15].

Posteriormente se abrió paso a la posibilidad de que los vicios de una parte no se extendieran a todo el negocio jurídico, en aras del favorecimiento de los actos de disposición, bien fueran entre vivos o por causa de muerte, cometido este que se consiguió en el Derecho Romano mediante dos elaboraciones diferentes: la primera, teniendo por no escritas o puestas las condiciones imposibles, ilícitas, inmorales o inintelegibles, a que estuvieran sometidas las instituciones de herederos o las asignaciones testamentarias[16]; y la segunda, sentando el criterio que en los actos entre vivos una parte de un negocio que carece de vicios no debe resultar afectada por otra que sea viciosa, siempre y cuando sea divisible o separable.

La doctrina en general hace derivar este último criterio del muy conocido pasaje de Ulpiano en sus comentarios a Sabino en el que opina que si en un

13 "Gai: 3. 98: Item si quis sub ea conditione stipuletur quae existere non potest, velut "si digito coelum tetigerit," inutilis est stipulatio [...]".

14 "D. 45. 1. 137. 6 (Ven. 1, Stip.): Quum quis sub hac conditione stipulatus sit, si rem sacram, aut religiosam Titius vendiderit, vel forum, aut basilicam, et huiusmodi res, quae publicis usibus in perpetuum relictae sint, ubi omnino conditio iure impleri non potest, vel id facere ei non liceat, nullius momenti fore stipulationem, proinde ac si ea conditio, quae natura impossibilis est, inserta esset [...]".

15 "D. 45. 1. 61 (Iul. 2 ad Urs. Feroc.): Stipulatio hoc modo concepta: 'si heredem me non faceris, tantum dare spondes?', inutilis est, quia contra bonos mores est haec stipulatio".

16 Por supuesto que la fórmula "pro non scripta" es un fenómeno diferente a la nulidad.

acto entre vivos hay varias estipulaciones, ya que ese acto recae sobre varios objetos, y una es nula, no por ello son inválidas las otras:

> D. 45. 1. 1. 5 (Ulpiano, Comentarios a Sabino, Libro XLVIII): Pero si a mí, que estipulaba el esclavo Pánfilo, tú me hubieres prometido Pánfilo y Stico, opino que ha de ser considerada superflua la adición de Stico; porque si hay tantas estipulaciones como objetos corpóreos, hay en cierto modo dos estipulaciones, una útil y otra inútil; y no se vicia la útil por la inútil[17].

Esta opinión se resumió luego en el derecho intermedio en el brocárdico "*utile per inutile, non vitiatur*" que se le atribuye a Bártolo[18], pues así comenzó su comentario a D. 45. 1. 1. 5, y que es el que se tiene como base de la nulidad parcial en el derecho moderno, pero al parecer su opinión sobre el punto no se limitó a lo que quedó consignado a manera de aforismo en el introito del comentario del fragmento antes mencionado, sino que al hacer sus comentarios a D. 46. 1. 8. 7 agregó la idea consistente en que lo útil se vicia por lo inútil en los actos indivisibles e inseparables o, en el sentido contrario, que en los actos divisibles y separables (*dividuis et separabilibus*) lo útil no se vicia por lo inútil[19], por lo que entonces la idea se resume en la regla según la cual "*lo útil no se vicia por lo inútil, en los actos separables y divisibles*".

Esta idea de Bártolo no puede ser de su propia inventiva o cosecha, pues ella ya estaba consignada en varios pasajes del Corpus Iuris Civilis, especialmente en el Digesto, a veces de manera expresa y a veces de manera implícita:

> D. 13. 6. 17. Pr. (Paulo, Comentarios al Edicto, Libro XXIX): No vale en el comodato el pacto de no responder por el dolo[20].

---

17 "D. 45. 1. 1. 5 (Ulp. 48 ad Sab.): Sed si mihi Pamphilum stipulantis tu Pamphilum et Stichum spoponderis, Stichi adiectionem pro supervacuo habendam puto; nam si tot sunt stipulationes, quod corpora, duae sunt quodaminodo stipulationes, una utilis, alia inutilis, neque vitiatur utilis per hanc inutilem".

18 *Cfr.* Comentarios de Bartolo a D. 45. 1. 1. 5. *Vid*: SAXOFERRATO, B. *Omnium iuris interpretum antelignani. Commentaria.* Tomus Sextus. Venetiis, 1590, p. 3 v.

19 *Cfr.* Comentarios de Bartolo a D. 46. 1. 8. 7. *Vid*: SAXOFERRATO, B. *Omnium iuris interpretum antelignani. Commentaria.* Tomus Sextus, cit., p. 65-65v.

20 "D. 13.6.17.Pr. (Paul. 29 ad Edict.): In commodato haec pactio, ne dolus praestetur, rata non est".

D. 16. 3. 1. 7 (Ulpiano, Comentarios al Edicto, Libro XXX): Pero si se hubiere acordado que no se ha de responder por dolo, no lo aprobarás, porque este acuerdo es contrario a la buena fe y a las buenas costumbres[21].

D. 24. 1. 5. 1 (Ulpiano, Comentarios a Sabino, Libro XXXII): Si el marido tiene como deudores solidarios a su mujer y a Ticio, y hubiere cancelado por aceptilación la deuda de su mujer, a causa de donación, ninguno de los dos queda liberado, pues la aceptilación es nula: así lo escribe Juliano en el Libro 17 del Digesto. Claro que si me pones el caso de que la aceptilación se hubiere hecho a Ticio, él sí que queda liberado, pero la mujer seguirá obligada[22].

D. 24. 1. 5. 2 (Ulpiano, Comentarios a Sabino, Libro XXXII): Hay que mantener, como principio general, que no vale lo que se haga a causa de donación entre los mismos cónyuges o los de su misma potestad o mediante personas interpuestas por ellos, y que si interviene algún elemento real o personal extraño, y no se puede separar de los cónyuges, no se invalida la donación, pero si pudiera separarse, vale lo demás, pero no la donación[23].

D. 24. 1. 5. 5. (Ulpiano, Comentarios a Sabino, Libro XXXII): Acerca de la venta que se hace por precio menor, dice también Juliano que es nula; pero dice Neracio, y Pomponio no desaprueba su opinión, que la venta hecha entre cónyuges a causa de donación es nula si el marido hizo la venta sin tener intención de vender y sólo aparentó venta con el fin de donar; pero que si, teniendo intención de vender, tan sólo rebajó el precio, la venta es válida pero no la rebaja en la medida en que produce un enriquecimiento de la mujer; así, si vendió en cinco lo que valía quince y ahora vale diez, tan sólo deberá pagar cinco, pues en esto parece haberse enriquecido[24].

---

21 "D. 16. 3. 1. 7 (Ulp. 30 ad Edict.): Illud non probabis, dolum non esse praestandum, si convenerit; nam haec convention contra bonam fidem contraque bonos mores est, et ideo nec sequenda est".

22 "D. 24.1.5.1 (Ulp. 32 ad Sab.): Si maritus duos reos habeat, Titium et mulierem, et mulieri accepto tulerit donationis causa, neuter liberator, quia acceptilatio non valet; et haec Iulianus libro septimo Digestorum scribit. Plane si mihi propones, Titio accepto latum, ipse quidem liberabitur, mulier vero manebit obligata".

23 "D. 24.1.5.2 (Ulp. 32 ad Sab.): Generaliter tenendum est, quod inter ipsos, aut qui ad eos pertinent, aut per interpositas personas donationis causa agatur, non valere; quodsi aliarum extrinsecus rerum personarumve causa commixta sit, si separari non potest, nec donationem impediri, si separari possit, cetera valere, id., quod donatum sit, non valere".

24 "D. 24. 1. 5. 5. (Ulp. 32 ad Sab.): Circa venditionem quoque Iulianus quidem minoris factam

D. 45. 1. 1. 4. (Ulpiano, Comentarios a Sabino, Libro XLVIII): Si yo estipulo "diez mil" y tú respondes "veinte mil", consta que no se ha contraído la obligación más que en los "diez mil": Viceversa si yo pregunto por "veinte mil" y tú respondes "diez mil" no se contrae obligación más que por "diez mil"; porque, aunque las cantidades deben coincidir, sin embargo, es muy evidente que los diez mil están comprendidos en los veinte mil[25].

D. 45. 1. 110. Pr. (Pomponio, Comentarios a Quinto Mucio, Libro IV): Si estipulo diez mil sestercios "para mí y para Ticio", en cuya potestad no estoy, se me deberán sólo cinco mil y no los diez mil íntegros, pues es nula la parte del otro, a fin de que lo que se estipula inválidamente a favor de un extraño no venga a aumentar mi parte[26].

C. 2. 4. 42.: Los emperadores León y Antemio, Augustos, a Eritrio, Prefecto del Pretorio. Si fundados en falsos documentos se hubieren celebrado transacciones o pactos, aunque en ellos se hubiese interpuesto juramento, mandamos que sean anulados, aun probada civilmente su falsedad, pero de manera que, si dichos pactos o transacciones hubieren sido hechos sobre muchas cuestiones o capítulos, sea anulada tan solamente aquella disposición o parte que se probare haber sido basada sobre un instrumento falso, permaneciendo firmes los demás capítulos, salvo si también se decide la controversia suscitada sobre aquello que se dice que es falso[27].

---

venditionem nullius eese momenti ait; Neratius autem, cuius opinionem Pomponius non improbat, venditionem donationis causa inter virum et uxorem factam nullius ese momento, si modo, quum animum maritus vendendi non haberet, ex pretio ei remisit, venditionem quidem valere, remissionem autem hactenus non valere, quatenus facta est locupletior. Itaque si res quindecim veniit quinque, nunc autem sit decem, quinque tantum praestanda sunt, quia in hoc locupletior videtur facta".

25 "D. 45. 1. 1. 4 (Ulp. 48 ad Sab.): Si stipulanti mihi decem tu viginti respondeas, non esse contractam obligationem, nisi in decem, constat. Ex contrario quoque, si me viginti interrogante tu decem respondeas, obligatio nisi in decem non erit contracta; licet enim oportet congruere summam, attamen mani festissimum est, viginti et decem inesse".

26 "D. 45. 1. 110. Pr. (Pomp. 4 ad Quint. Muc.): Si mihi et Titio, in cuius potestate non sim, stipuler decem, non tota decem, sed sola quinque mihi debentur; pars enim aliena deducitur, ut, quod extranco inutiliter stipulates sum, non augeat meam partem".

27 "C. 2. 4. 42: Impp. Leo et Anthemius A A Erythrio P. P. Si ex falsis instrumentis transactiones vel pactiones initae fuerint, quamvis iusiurandum his interpositum, sit, etiam civiliter falso revelato cas retractari praecipimus, ita demum ut, si de pluribus causis vel capitulis eaedem pactiones seu transactionos initae fuerint, illa tantummodo causa vel pars retractetur, quae

De todos estos fragmentos se puede extraer que tienen como rasgo común, ya generalizando y en términos modernos, que si un acto tiene varios componentes, objetivos o subjetivos, y uno de ellos está viciado, pero es separable, la nulidad de la parte no se comunica al todo, y este criterio de separabilidad es el que hace suyo Bártolo y por su conducto pasará luego a algunos proyectos modernos de codificación, como adelante se mostrará.

Luego, resumiendo todo lo que hasta aquí se ha expresado, puede decirse que lo nulo, lo es *in totum*, y que la verdadera virtud de la nulidad parcial consiste en dirigirse a impedir o evitar que la nulidad de la parte viciosa se extienda o contamine a todo el negocio, por lo que entonces esta clase de nulidad, mirada como remedio para el negocio, se encamina a extirparle lo anómalo, si ello es posible por poder ser amputado, esto es, por poder ser separable.

Así que, en conclusión, la operancia de la nulidad parcial supone que la parte viciosa sea separable, lo cual resulta obvio, y en verdad sobraba y sobra expresarlo, pero, en los comienzos del movimiento codificador, varios proyectos se empeñaron en mencionar expresamente esa circunstancia:

El Esbôço de Texeira de Freitas señalaba:

> Art. 803: La nulidad puede ser completa, o parcial. La nulidad parcial de un acto o disposición no perjudicará su parte válida, siempre que esta sea separable. La nulidad de la obligación principal implicará la de las obligaciones accesorias, pero las nulidades de estas no implican la de la obligación principal[28].

El Código Civil redactado por Vélez Sarsfield decía en el Título VI del Libro II:

> Art. 3°. La nulidad de un acto jurídico puede ser completa ó solo parcial. La nulidad parcial de una disposición en el acto, no perjudica a las otras disposiciones válidas, siempre que sean separables.

En cambio, Andrés Bello se abstuvo de incluir en sus proyectos de Código Civil algún artículo que mencionara de manera expresa la nulidad parcial, y

---

ex falso instrumento composita convicta fuerít, aliis capitulis firmis manentibus, nisi forte etiam de eo, quod falsum dicitur, controversia orta decisa sopiatur".

28 "Art. 803: A nulidade pode ser completa, ou parcial. A nulidade parcial de um ato ou disposição não prejudicará sua parte valida, sempre que esta fôr sepáravel. A nulidade da obrigação principal implicará a das obrigações acessórias, mas a nulidade desta não induz a da obrigação principal".

mucho menos habló sobre la exigencia de la separabilidad del acto vicioso, pero esto no significa que todo ello no fuera contemplado implícitamente.

En efecto, en varias disposiciones de los proyectos se sancionan con nulidad ciertos pactos o cláusulas que son puestos o añadidos en algunos negocios jurídicos entre vivos[29], tratamiento este que simultáneamente subsume dos ideas: la primera, que, no obstante ser viciosa una parte del negocio jurídico convenido como un todo, la nulidad no se extiende al resto de él; y, la segunda, que esto puede ser así, porque la parte nula puede ser separada.

Las disposiciones de los proyectos de Bello a los que se ha hecho alusión corresponden hoy a los siguientes artículos del Código Civil colombiano:

> Art. 1522: La condonación del dolo futuro no vale[30].
>
> Art. 1593: La nulidad de la obligación principal acarrea la de la cláusula penal, pero la nulidad de esta no acarrea la de la obligación principal.
>
> Art. 1620: El sentido en que una cláusula puede producir algún efecto, deberá preferirse a aquel en que no sea capaz de producir efecto alguno[31].
>
> Art. 1777: [...] No se podrá pactar que la sociedad conyugal tenga principio antes o después de contraerse el matrimonio, toda estipulación en contrario es nula.

---

29 Artículo 1645 del Proyecto de 1853 en cuanto a la condonación del dolo futuro; artículo 2 del Título X del Proyecto de 1842, artículo 87 del Proyecto de 1847, y artículo 1716 del Proyecto de 1853, en lo concerniente a la cláusula penal; artículo 2 del Título XII del Proyecto de 1842, artículo 104 del Proyecto de 1847, y artículo 1744 del Proyecto de 1853, en cuanto a la interpretación de las cláusulas contractuales; artículo 4 del Título XXI del Proyecto de 1842, artículo 243 del Proyecto de 1847, artículo 1889 del Proyecto de 1853, en lo referente a las capitulaciones; artículo 2024 del Proyecto de 1853, en lo tocante al saneamiento por evicción; artículo 60 del Título XXII del Proyecto de 1842, artículo 384 del Proyecto de 1853, en cuanto a la lesión enorme; y artículo 2357 del Proyecto de 1853, en lo concerniente a los intereses.

30 El Código Civil italiano tiene una disposición similar: Artículo 1229: "Es nulo cualquier pacto que excluya o limite previamente la responsabilidad del deudor por dolo o por culpa grave". (Art. 1229: "E' nullo qualsiasi patto che esclude o limita preventivamente la responsabilità del debitore per dolo o per colpa grave").

31 Código Civil italiano: Artículo 1367: "En caso de duda, el contrato o las cláusulas individuales deben interpretarse en el sentido que pueden tener algún efecto, y no en aquel según el cual no tendrían alguno". (Art. 1367: "Nel dubbio, il contratto o le singole clausole devono interpretarsi nel senso in cui possono avere qualche effetto, anziché in quello secondo cui non ne avrebbero alcuno").

> Art. 1898: Es nulo todo pacto en que se exima al vendedor del saneamiento de evicción, siempre que en ese pacto haya habido mala fe de parte suya[32].
>
> Art. 1950: Si se estipulare que no podrá intentarse la acción rescisoria por lesión enorme, no valdrá la estipulación; y si por parte del vendedor se expresare la intención de donar el exceso, se tendrá esta cláusula por no escrita.
>
> Art. 2235: Se prohíbe estipular intereses de intereses.

Por consiguiente, consideramos que el Código Civil de Colombia, contrariamente a lo que algunos opinan, consagra la nulidad parcial, aunque sin presentar una mención expresa del fenómeno, y que la idea de separabilidad para hacerla viable también está implícitamente contenida en él.

Por su parte, el Código de Comercio de Colombia regula expresamente la nulidad parcial en su artículo 902 al disponer que "la nulidad parcial de un negocio jurídico, o la nulidad de alguna de sus cláusulas, sólo acarreará la nulidad de todo el negocio cuando aparezca que las partes no lo habrían celebrado sin la estipulación o parte viciada de nulidad", precepto este que fue tomado directamente del artículo 1419 del Código Civil italiano de 1942[33], pues así lo reconocieron los redactores del proyecto de 1958 en la exposición de motivos:

> Finalmente, siguiendo las huellas de la nueva legislación italiana, se limitan los efectos de la nulidad parcial de un negocio jurídico o la que afecte el vínculo de

---

32 Código Civil italiano: Artículo 1487: "Los contratantes pueden aumentar o disminuir los efectos de la garantía y también pueden pactar que el vendedor no está sujeto a ninguna garantía. Aunque se haya pactado la exclusión de la garantía, el vendedor siempre está obligado por la evicción derivada de un hecho propio. Es nulo todo pacto en contrario". (Art. 1487: "I contraenti possono aumentare o diminuire gli effetti della garanzia e possono altresì pattuire che il venditore non sia soggetto a garanzia alcuna. Quantunque sia pattuita l'esclusione della garanzia, il venditore è sempre tenuto per l'evizione derivante da un fatto suo proprio. E' nullo ogni patto contrario").

33 Artículo 1419: "La nulidad parcial de un contrato o la nulidad de determinadas cláusulas lleva consigo la nulidad de la totalidad del contrato, si resulta que los contratantes no lo habrían celebrado sin la parte de su contenido afectada por la nulidad. La nulidad de determinadas cláusulas no afectará a la nulidad del contrato, cuando las cláusulas nulas sean sustituidas de pleno derecho por normas imperativas". (Art. 1419: "La nullità parziale di un contratto o la nullità di singole clausole importa la nullità dell'intero contratto, se risulta che i contraenti non lo avrebbero concluso senza quella parte del suo contenuto che è colpita dalla nullità. La nullità di singole clausole non importa la nullità del contratto, quando le clausole nulle sono sostituite di diritto da norme imperative").

> una de las partes, la cual sólo afectará todo el negocio cuando aparezca que sin la parte nula o sin la participación de la persona cuyo vínculo se halla viciado de nulidad, las partes no habrían celebrado el contrato, o el fin previsto en este no puede alcanzarse. Este principio tiene su principal aplicación en el contrato de sociedad.

Pues bien, de todo lo hasta aquí dicho resulta que la nulidad parcial en sí misma no puede ser considerada como un remedio negocial, pues esta clase de nulidad también destruye el pacto, cláusula o estipulación que presenta el vicio; por consiguiente, la única manera en que puede ser tenida como un remedio negocial es si se piensa que ella puede encaminarse a evitar que la nulidad de la parte viciosa se extienda o contamine al resto del negocio en el que está presente la cláusula o parte nula, por lo que entonces esta clase de nulidad, solo así mirada, esto es, como mecanismo que tiende a evitar que la parte sana sea contaminada por la parte nula, puede ser tenida como remedio negocial.

Pero, además, debe tenerse en cuenta que, así entendida, su función de remedio negocial que extirpa exclusivamente lo anómalo, solo será cumplida si lo vicioso puede ser separado de la parte sana.

Este requisito de divisibilidad o de separabilidad es indispensable en la nulidad parcial, pues, de no ser así, sería nulo todo el negocio en el que está albergada la parte viciosa, precisamente porque, al no poderse amputar esa parte, el vicio se tornará en un contaminante del resto del negocio y para todos los efectos es el negocio por entero el que presentará la mácula de la nulidad.

Por otra parte, tal requisito tiene su ancestro en el Derecho Romano y si bien uno de los pasajes sobre la nulidad parcial es D. 45. 1. 1. 5, lo cierto es que el fundamento romano específico y completo de la nulidad parcial, con su componente de separabilidad, está contenido en D. 13. 6. 17. Pr., D. 16. 3. 1. 7., D. 24. 1. 5. 1., D. 24. 1. 5. 2., D. 24. 1. 5. 5., D. 45. 1. 1. 4., D. 45. 1. 110. Pr., y C. 2. 4. 42., toda vez que ellos, a veces de manera expresa y a veces de manera implícita, dan cuenta de él.

Ahora, quien de manera expresa hizo alusión teórica a que lo útil no se vicia por lo inútil en los actos divisibles y separables fue Bartolo de Sassoferrato al hacer sus comentarios a D. 46. 1. 8. 7, opinión que luego fue recogida por los jurisconsultos posteriores y llegó al derecho contemporáneo.

Sin embargo, las codificaciones actuales no hacen mención expresa de la separabilidad, no porque esta no sea una exigencia para que opere la nulidad parcial, sino que, por lo obvia, resulta superfluo decirlo.

BIBLIOGRAFÍA

ALARCÓN ROJAS, F. "Fundamentos constitucionales del negocio jurídico y de las obligaciones". *Ideación Jurídica* n.° 5, Ibagué, Corporación Universitaria de Ibagué, 1996.

ALARCÓN ROJAS, F. *La ineficacia de pleno derecho en los negocios jurídicos*. Bogotá, Universidad Externado de Colombia, 2011.

BELLO, A. *Obras completas*, tt. XIV, XV y XVI, Caracas, Ministerio de Educación, 1954.

BETTI, E. *Teoría general del negocio jurídico*. A. Martín Pérez, trad. Madrid, Editorial Revista de Derecho Privado, 1959.

BIANCA, M. *Derecho civil*, vol. 3. *El contrato*. Fernando Hinestrosa y Édgar Cortés, trads. Bogotá, Universidad Externado de Colombia, 2007.

CARIOTA FERRARA, L. *El negocio jurídico*. Manuel Albaladejo, trad. Madrid, Aguilar, 1956.

DIENER, M. C. *Il contratto in generale*, Milán, Giuffrè Editore, 2002.

FLUME, W. *El negocio jurídico*. José María Miquel González y Esther Gómez Calle, trads. Madrid, Fundación Cultural del Notariado, 1998.

GRISI, G. *L'Autonomia privata*, Milán, Dott. A. Giuffrè Editore, 1999.

HINESTROSA, F. "Función, límites y cargas de la autonomía privada". *Revista de Derecho Privado* n.° 26, enero-junio, Bogotá, Universidad Externado de Colombia, 2014.

HINESTROSA, F. *Tratado de las obligaciones II. De las fuentes de las obligaciones: el negocio jurídico*, vol. I, Bogotá, Universidad Externado de Colombia, 2015.

LEHMANN, H. *Tratado de derecho civil*, vol. I, Parte general. José María Navas, trad. Madrid, Editorial Revista de Derecho Privado, 1956.

MESSINEO, F. *Manual de derecho civil y comercial*, t. II. Santiago Sentís Melendo, trad. Buenos Aires, Ediciones Jurídicas Europa-América, 1954.

SAXOFERRATO, B. *Omnium iuris interpretum antelignani. Commentaria*. Tomus Sextus. Venetiis, 1590.

Scognamiglio, R. *Teoría general del contrato.* Fernando Hinestrosa, trad. Bogotá, Universidad Externado de Colombia, 1971.

Stolfi, G. *Teoría del negocio jurídico.* Jaime Santos Briz, trad. Madrid, Editorial Revista de Derecho Privado, 1959.

Teixeira de Freitas, A. *Código Civil. Esbôço*, Rio de Janeiro, Ministerio da Justicia e Negocios Interiores, 1952.

Vélez Sarsfield, D. *Código Civil*, Buenos Aires, Pablo E. Coni Editor, 1874.

Von Tuhr, A. *Derecho civil. Teoría general del derecho civil alemán*, vol. III. *Los hechos jurídicos*, Tito Ravá, trad. Madrid, Marcial Pons, 2005.

Milagros Koteich Khatib*

Indemnización de perjuicios contractuales: nuevos daños, nuevas formas de reparación

Sumario: 1. Introducción. 2. Las transformaciones del contrato como fuente de responsabilidad. 3. Tipología del daño extrapatrimonial. 4. La 'lesión a derechos' como nueva categoría indemnizable frente al incumplimiento contractual. 5. Una decisión pendiente del ordenamiento jurídico. 6. 'Reparación' de la lesión a derechos. Bibliografía.

1. INTRODUCCIÓN

Mucho ha cambiado en materia de indemnización de perjuicios contractuales desde la promulgación del Código Civil en el siglo XIX. Para la época, se entendió que, debido a que el contrato tutelaba únicamente derechos de carácter relativo (de crédito o patrimoniales), las consecuencias derivadas de su incumplimiento debían tener necesariamente esa misma naturaleza, es decir, naturaleza patrimonial o económica. Otro tipo de consecuencias, como las extrapatrimoniales, solo podían ser atendidas por la responsabilidad aquiliana, en la medida en que ellas eran consideradas *imprevisibles* en el mundo contractual; por lo que eran tenidas como normalmente no indemnizables. Pues bien, a la fecha, ya no es cierto ni lo uno ni lo otro.

2. LAS TRANSFORMACIONES DEL CONTRATO COMO FUENTE DE RESPONSABILIDAD

En efecto, ya no es cierto que el contrato tutele únicamente derechos de carácter relativo, esto es, que sea incapaz de tutelar derechos de carácter absoluto, como la vida, la integridad psicofísica o el honor (a); ni es cierto tampoco que las únicas consecuencias que pueden derivarse de su incumplimiento sean las de carácter patrimonial o económico (b)[1].

(a) En cuanto a lo primero, se tiene que, gracias al ingreso de la llamada "obligación de seguridad" en el mundo contractual, el contrato hoy es, ciertamente, capaz de proteger o tutelar no solo derechos de carácter relativo o patrimonial, sino también derechos o intereses de carácter absoluto o personal;

---

* Profesora del Departamento de Derecho Civil de la Universidad Externado de Colombia.

1 "El único pronunciamiento que en todo ese tiempo llegó a una conclusión diferente fue el de 6 de julio de 1955, que condenó a un mandante al pago de los perjuicios morales que ocasionó a su abogado, por haber incumplido el contrato de mandato (*G. J.* LXXX p. 658)": Corte Suprema de Justicia, Sala de Casación Civil, de fecha 5 de agosto de 2014, exp. SC10297-2014, M. P. Ariel Salazar Ramírez.

lo cual, en Colombia, se previó normativamente por primera vez en el año de 1971 con la promulgación del Código de Comercio, por medio de la previsión de la norma contenida en su artículo 982 (y ss.), que regula las obligaciones a cargo del transportador terrestre de personas, entre las que se señala la de conducir *sano y salvo* al pasajero a su destino. Con ello, la norma quiso significar que dentro de dicha promesa contractual se encuentra la prestación consistente en amparar la vida, la integridad psicofísica y la salud del pasajero; incumplido lo cual, se habrá *incumplido el contrato*, y no simplemente –como antes lo entendíamos– el deber genérico de abstención consistente en no causar daños injustificados a terceros –propio de la responsabilidad extracontractual–. Lo anterior, con las importantes consecuencias que ello comporta, pues, si decimos que en estos casos la acción es contractual, tenemos que, una vez fenecida esta por prescripción –por el breve término de prescripción que la caracteriza–, no podrá incoarse por parte del pasajero la acción aquiliana[2], por grave que haya sido su lesión.

En conclusión, desde 1971, podemos decir que la obligación contractual del transportador ya no se limita a, por decirlo de algún modo, conducir al pasajero de un punto geográfico a otro, sino que *debe* hacerlo –y ya no solo por imperativo aquiliano- preservando su integridad psicofísica, su salud y su vida; en modo tal que, si con ocasión de la ejecución del contrato se le causa daño a uno de esos derechos, la acción de perjuicios respectiva *no podrá ser* sino contractual (valga anotar que, cosa distinta ocurre, naturalmente, si quienes demandan son los herederos o familiares del pasajero por los daños que ellos personalmente sufren en virtud de la muerte o lesiones de este último, pues ellos no hacen parte del contrato, de manera que no cuentan con la acción contractual, sino únicamente con la extracontractual).

b) En cuanto a lo segundo, consistente en que el incumplimiento del contrato solo puede producir consecuencias de carácter patrimonial o económico, tenemos que fue el artículo 1.006 también del Código de Comercio (recientemente derogado por el Código General del Proceso –aunque no en el aspecto que aquí nos interesa–) el que por primera vez –por lo menos a nivel normativo– dijo, sin ambages, que en sede de responsabilidad contractual es indemnizable también el 'daño moral' (el cual debe leerse hoy, más ampliamente, como 'daño extrapatrimonial').

---

2 Términos de prescripción: en el caso concreto es de dos años, tal como lo dispone el artículo 993 del Código de Comercio, y no de 10, como sucede en sede extracontractual.

Como puede advertirse, entonces, todos los cambios de los que hemos hablado fueron introducidos por la legislación mercantil –no por la civil–; lo cual se entiende si se considera la época de promulgación de ambos cuerpos normativos. Para 1971, fecha de promulgación del Código de Comercio vigente, mucha agua había corrido ya en nuestra materia desde la promulgación de nuestro código civil decimonónico, lo que ciertamente le permitió al codificador mercantil prever las innovaciones normativas que venimos de señalar.

Para el Código Civil colombiano, aún hoy, los únicos daños indemnizables son el daño emergente y el lucro cesante; en un todo conforme con la filosofía 'patrimonialista' –que no personalista– que distingue no solo a nuestro código civil, sino a todos los códigos civiles de su tiempo. Puede decirse que el daño extrapatrimonial o personal es, pues, desconocido para nuestro código.

Es solo gracias a la jurisprudencia que, paulatinamente, esta lógica cambiará, para permitir, en sede civil, la indemnización de algo más que el daño emergente y el lucro cesante.

Para comenzar, fue ella, la jurisprudencia, quien primero afirmó, en contravía de la letra del Código Civil, lo que a la postre consagraría el artículo 982 del Código de Comercio, antes citado: que el contrato *sí* es capaz de tutelar derechos de carácter absoluto. Y también fue ella la que aceptó por primera vez la reparación del daño extrapatrimonial o inmaterial, no solo en materia contractual, sino, más en general, en el mundo del derecho de daños.

3. TIPOLOGÍA DEL DAÑO EXTRAPATRIMONIAL

Dentro de la tipología o clasificación de dicho daño, el turno fue primero, como es natural, para el daño moral o *pretium doloris*; para dar paso luego a muchos otros rubros, de los cuales, algunos se encuentran hoy aún entre nosotros, mientras que otros gozaron apenas de una vida efímera.

Como es bien sabido, la primera ocasión en que se indemnizó en Colombia el daño extrapatrimonial, en su categoría más prístina, el *pretium doloris,* fue en 1922 en el seno de la Casación Civil con el famoso caso Villaveces contra el Municipio de Bogotá; y lo propio ocurriría más tarde en el ámbito contractual.

Luego, en el año de 1993, ahora en el seno del Consejo de Estado, se reconocería en Colombia el segundo tipo de daño extrapatrimonial, esto es, el llamado 'daño a la vida de relación', que más tarde, en el 2008, sería también recibido por la jurisdicción ordinaria (Casación Civil), y virtualmente abandonado por la jurisprudencia administrativa (año 2014).

Más tarde, puede observarse que proliferaron los rubros de daño extrapatrimonial, lo que introdujo gran anarquía en la materia; razón por la cual, en el año 2014, la jurisprudencia de unificación se vio precisada a intervenir para introducir cierto orden por medio de una nueva sistematización del perjuicio inmaterial.

En efecto, el Consejo de Estado, mediante ocho sentencias de unificación jurisprudencial de fecha 28 de agosto de 2014[3], estableció que los daños extrapatrimoniales indemnizables en la jurisdicción contencioso-administrativa serían solo tres, a saber: el daño moral, el daño a la salud y el daño extrapatrimonial proveniente de la afectación relevante a bienes constitucional o convencionalmente tutelados (esta última constituye una categoría residual frente al daño a la salud, en el sentido de que, indemnizado este, no puede pedirse indemnización por el mismo motivo por medio de esta tercera categoría). Y ese sigue siendo, al menos hasta hoy, el panorama en la materia en dicha jurisdicción.

En cuanto a la jurisdicción ordinaria, la Casación Civil, en fecha 5 de agosto de ese mismo año (2014), dispuso que fueran también tres las categorías de daño extrapatrimonial indemnizable, aunque no exactamente las mismas del Consejo de Estado: el daño moral –categoría que comparte entonces con la jurisdicción contenciosa–, el daño a la vida de relación –rubro nacido en la jurisdicción contenciosa, pero donde hoy ya no se indemniza– y el daño a bien jurídico constitucionalmente tutelado.

4. LA 'LESIÓN A DERECHOS' COMO NUEVA CATEGORÍA INDEMNIZABLE FRENTE AL INCUMPLIMIENTO CONTRACTUAL

Nos detendremos de manera particular –en virtud de la especial importancia que tiene para la materia que nos ocupa– en el último rubro mencionado, esto es, en el daño a bien jurídico constitucionalmente tutelado, no sin antes resaltar que, primero, se trata hoy de un daño común tanto a la jurisdicción ordinaria como a la jurisdicción administrativa, y, segundo, que –en el caso de la jurisdicción ordinaria– su reconocimiento se dio, *por primera vez*, *en el*

---

3 Sentencias de unificación jurisprudencial del Consejo de Estado, Sección 3.ª, 28 de agosto de 2014, exp. 26.251, C. P. Jaime Orlando Santofimio; exp. 32.988, C. P. Ramiro Pazos; exp. 27.709, C. P. Carlos Zambrano; exp. 31.172, C. P. Olga Mélida Valle de De la Hoz; exp. 36.149, C. P. Hernán Andrade, exp. 28.804, C. P. Stella Conto Díaz; exp. 31.170, C. P. Enrique Gil Botero; exp. 28.832, C. P. Danilo Rojas.

marco de una controversia contractual, y no en una extracontractual, como ha sido lo usual.

Esto último, dicho sea de paso, deja bastante claro que, si bien en principio los daños inmateriales o personales se admitían únicamente en materia extracontractual, hoy en día no cabe duda acerca de que *todo* cuanto se predique para la materia aquiliana es igualmente aplicable o procedente en materia contractual; al margen de que en esta última sede pueda ser en ocasiones más difícil su prueba[4] –lo cual, no prejuzga, en absoluto, sobre su procedencia–.

El caso en cuestión, por medio del cual la Casación Civil en el año 2014 reconoció el tercero de nuestros rubros extrapatrimoniales, es decir, el "daño a bien jurídico constitucionalmente tutelado", fue el de una pareja que promovió proceso ordinario contra un determinado banco para que se lo declarara civilmente responsable de los perjuicios patrimoniales y extrapatrimoniales derivados del incumplimiento de las obligaciones derivadas del contrato de mutuo que habían celebrado, en virtud de haber abusado de su posición dominante al haber procedido a reversar unilateralmente el alivio al que por ley tenían derecho, afectar su integridad psíquica al someterlos a constantes cobros injustificados, y, particularmente, por el hecho de haberlos reportado de manera arbitraria a las centrales de riesgo. Los demandantes rechazaban los cobros que les hacía el banco, aduciendo que este no podía variar a su antojo las condiciones iniciales del crédito.

Pues bien, la sentencia de primera instancia (del año 2007) negó las pretensiones de la demanda[5], lo cual fue confirmado por la alzada (en 2010) la cual agregó que *aunque estaba demostrado que la demandada incumplió sus obligaciones contractuales* al reversar el alivio que se había aplicado al crédito

4 En este sentido, encontramos sentencia del Consejo de Estado, Sección Tercera, de fecha 7 de abril de 1994, exp. 9367, M. P. Daniel Suárez Hernández: "Por último, en relación con los perjuicios morales, se revocará la condena impuesta por el *a quo*, por cuanto si bien es cierto que la Sala admita la posibilidad de que la pérdida de un bien material cause un perjuicio moral, tal perjuicio no se presume, debe ser real y quedar plenamente acreditado y justificado dentro del proceso; prueba que se echa de menos en el plenario, razón por la cual se negará la indemnización por este concepto". En el mismo sentido, sentencias de la misma Corporación de fecha 19 de abril de 1994, exp. 7096, M. P. Juan de Dios Montes Hernández; 30 de marzo de 1995, exp. 10019, M. P. Daniel Suárez Hernández; 27 de julio de 1995, exp. 10714, M. P. Juan de Dios Montes Hernández; 2 de julio de 1998, exp. 11166, M. P. Juan de Dios Montes Hernández; 23 de mayo de 2012, exp. 21269, M. P. Enrique Gil Botero.

5 Con sustento en que la reversión del alivio estuvo legalmente justificada y no hubo, por tanto, incumplimiento por parte de la demandada.

sin el consentimiento de los deudores y, también, *al reportarlos como morosos en las centrales de información (sin serlo), no existía prueba de los perjuicios* que tal proceder les pudo haber generado.

En cuanto a esto último, la *lesión al buen nombre*, una vez llega el proceso a casación, la Alta Corte[6], en cambio –si se quiere, de manera revolucionaria–, sostuvo:

> [E]l daño a los bienes personalísimos de especial protección constitucional que constituyen derechos humanos fundamentales, no encaja dentro de las categorías tradicionales en que se subdivide el daño extrapatrimonial, por lo que *no es admisible forzar esas clases de daño para incluir en ellas una especie autónoma cuya existencia y necesidad de reparación no se pone en duda.*

Y continúa:

> De ahí que el daño no patrimonial se puede presentar de varias maneras, a saber: *i)* mediante la lesión a un sentimiento interior y, por ende, subjetivo (daño moral); *ii)* como privación objetiva de la facultad de realizar actividades cotidianas tales como practicar deportes, escuchar música, asistir a espectáculos, viajar, leer, departir con los amigos o la familia, disfrutar el paisaje, tener relaciones íntimas, etc., (daño a la vida de relación); o, *iii)* como vulneración a los derechos humanos fundamentales como el buen nombre, la propia imagen, la libertad, la privacidad y la dignidad, que gozan de especial protección constitucional.

Pues bien, contrario a lo que afirma la Casación Civil, la realidad es que *sí existen dudas en la doctrina y en la ciencia jurídica en general* acerca de la necesidad –o la posibilidad siquiera– de reparar la 'simple' lesión a derechos; que de 'simple', en realidad, tiene poco. Con 'simple' nos referimos a que se trataría de una lesión, de un daño considerado en sí mismo, y no *a partir de sus consecuencias*, es decir, no sería un 'perjuicio' como tradicionalmente lo hemos entendido.

A este respecto, la sentencia en cuestión señala: "[L]a vulneración a un interés jurídico constitucionalmente resguardado *no deja de ser resarcible por el hecho de no tener consecuencias en la afectación de otros bienes como el patrimonio,*

---

6 Sentencia de la Corte Suprema de Justicia, Sala de Casación Civil, de fecha 5 de agosto de 2014, exp. SC10297-2014, M. P. Ariel Salazar Ramírez, antes citada.

la vida de relación, o la esfera psíquica o interior del sujeto"[7] (cursivas fuera de texto), que eran –valga recordarlo– los tres tipos de daño que hasta entonces había conocido esta corporación.

Y continúa diciendo:

> En cuanto al menoscabo del derecho al buen nombre, hay que admitir que el daño se configura cuando se demuestra la *violación culposa de ese bien jurídico, sin que se requiera la presencia de ninguna otra consecuencia.* Es decir que una vez acreditada la culpa contractual y la vulneración de la garantía fundamental como resultado de ese incumplimiento, se tiene por comprobado el detrimento al bien superior que es objeto de la tutela civil, y en ese momento surge el interés jurídico para reclamar su indemnización, porque *el daño resarcible se identifica con el quebranto que sufre el derecho de estirpe constitucional.*

5. UNA DECISIÓN PENDIENTE DEL ORDENAMIENTO JURÍDICO

Luego, entonces, no hay margen de duda de que para la Casación Civil las cosas en materia del daño y su reparación han cambiado profundamente, si se tiene en cuenta que la lógica tradicional, esa que rodea a nuestro código civil decimonónico –y a todos los de su época, se insiste–, es aquella consistente en que la responsabilidad civil o patrimonial indemniza solo perjuicios, y no *simples daños*, es decir, solo consecuencias perniciosas, y no daños o lesiones a derechos.

A este respecto, creemos que la Corte ha entendido que las nuevas realidades –y particularmente la realidad constitucional– imponen un cambio de ruta en nuestra materia, pues no de otra manera podrá protegerse a la persona humana en el campo de la responsabilidad civil, o del derecho privado en general. Continuar con la lógica que distingue entre el daño y el perjuicio, para decir que solo el último es indemnizable, es tanto como *confinar* a la persona humana, y la lesión a sus derechos fundamentales (que puede no producir las típicas 'consecuencias' dañosas que conocemos) al campo del derecho público, y concretamente al campo del derecho penal, como ha sido la tradición.

---

7 Y agrega: "[P]or el contrario, solo debe negarse su reparación cuando se subsume en otro tipo de perjuicio o se identifica con él, a fin de evitar un pago múltiple de la misma prestación [...]. El objeto de la tutela judicial efectiva civil en este específico evento es el derecho fundamental al buen nombre en sí mismo considerado, y no la afectación de otros bienes jurídicos tales como el patrimonio, la integridad psíquica o moral, o la vida de relación del sujeto [...]".

Ello sería, en efecto, una opción, una decisión de política legislativa; pero lo que es necesario tener claro es que, si la decisión es otra, si la decisión de la sociedad es la de brindarles a esos derechos no solo una tuición de tipo público (consistente en sancionar al ofensor), sino también una de carácter privado (consistente en indemnizar a la víctima), debe necesariamente renunciarse a esa lógica acerca del daño y el perjuicio que nos ha acompañado durante tanto tiempo.

Es decir, si mi pretensión es la de darle tutela civil, privada (y no simplemente pública) a la *lesión* de estos derechos personalísimos, fundamentales, debo saber que ello impone modificar, subvertir, ciertos postulados tradicionales y fuertemente arraigados de la responsabilidad civil o patrimonial. Si decido, en cambio, mantener el *statu quo* de la cuestión –para seguir indemnizando únicamente las lesiones *en función de sus consecuencias*–, deberé hacer las cuentas con esa corriente de pensamiento –a la que adherimos– que afirma que es absolutamente desproporcionado exigirle, por ejemplo, a una persona que ha padecido una amputación que, para ser indemnizada, pruebe que *algo* ha sufrido por ello (alguna *consecuencia*)[8]. En dicha hipótesis, nos preguntamos, ¿no debería bastar con la prueba de la lesión misma para dar por acreditado un daño indemnizable? ¿Sería legítimo negarle reparación a la víctima porque esta no alegó, no probó o no pretendió daño moral, o alguno de los otros daños del tipo *consecuencia* reconocidos por la jurisprudencia?

En definitiva, lo que nos preguntamos es si sería conforme con la ética de la responsabilidad que el juez exija, para que sea procedente la reparación, que dicha violación, que dicha lesión, a más de existir, produzca alguna consecuencia ulterior. La violación, pasible de reparación, existe con independencia de sus posibles y apenas eventuales consecuencias –como tradicionalmente las hemos entendido–.

La discusión, pues, está servida; y, como se ha dicho antes, la sociedad tendrá que realizar su elección.

---

8 El problema 'relacional' al que alude el daño a la vida de relación, sin duda lo tiene en cuenta la categoría del daño a la salud, pero ello no constituye su esencia, al punto de que este puede existir sin aquel.

6. 'REPARACIÓN' DE LA LESIÓN A DERECHOS —QUE NO ES, DE SUYO, SUSCEPTIBLE DE SER VALORADA DE MANERA OBJETIVA—

En el caso de continuar por la senda trazada por las altas cortes en 2014, Consejo de Estado y Corte Suprema de Justicia (Casación Civil), de indemnizar no solo consecuencias sino incluso lesiones, seguiría preguntarse *cómo deberán valorarse y liquidarse las 'simples' lesiones a dichos derechos personalísimos o fundamentales.*

Hay que decir que, actualmente, en este punto se apartan la jurisprudencia civil y la contenciosa administrativa, pues, mientras que el Consejo de Estado sostiene, primero, que dichas lesiones deben indemnizarse de manera preferente con medidas distintas de la indemnización pecuniaria, por ejemplo, con medidas satisfactorias consistentes en pedir disculpas públicas o realizar conmemoraciones u homenajes[9], y segundo que, solo cuando estas medidas no sean suficientes o eficientes para dejar indemne a la víctima, podrá indemnizársele pecuniariamente hasta por un máximo de 100 salarios mínimos legales mensuales vigentes; la Casación Civil, en cambio, sostiene que tal valoración y liquidación debe prescindir de baremos o reglas prestablecidas.

Más exactamente, sobre el punto, la Casación Civil dice lo que sigue:

> No pueden, por tanto, fijarse o establecerse parámetros generales que en forma mecánica se apliquen a la valoración de tal clase de perjuicio, pues cada caso concreto ofrece particularidades que deberán ser apreciadas por el juez al hacer la correspondiente estimación.
>
> En cuanto al daño al buen nombre, es preciso admitir, en los términos del derecho comparado actual, que la esfera reservada de la persona se valora con base en criterios extrínsecos, con prescindencia de la consideración subjetiva que cada quien tenga sobre su propio honor, intimidad o imagen. Estos parámetros externos se encuentran demarcados por la trascendencia que el ordenamiento jurídico les concede a los bienes esencialmente personalísimos, los cuales gozan de un superior privilegio por cuanto se encuentran expresamente consagrados en la Constitución Política como garantías fundamentales.

---

9 O como imponer la realización de un monumento o de una placa (medidas simbólicas y de memoria).

> Junto con la pauta anterior, deben valorarse las circunstancias particulares de cada caso, pues son ellas, precisamente, las que permiten a la jurisprudencia adaptar los criterios objetivos a las situaciones concretas de cada realidad; y en tal sentido se hace necesario tener en cuenta las condiciones personales de la víctima, apreciadas según los usos sociales, la intensidad de la lesión, la duración del perjuicio, entre otras condiciones que el juez logre advertir para la determinación equitativa del monto del resarcimiento[10].

Pues bien, frente a la posición de la Casación, nos preguntamos, ¿de qué manera la ausencia o la proscripción de pautas o de reglas generales en esta materia garantizaría mejor la concreción de la igualdad material, que constituye objetivo de la justicia y de la equidad concretamente, si, en ese caso, el juicio lo hará, sin límites entonces, *cada juez* con su propia escala de valores? Porque una cosa es confiar en el juez y otra desconocer que –allí donde no haya parámetro alguno– el juez, valoradas las circunstancias del caso, decidirá según su propia formación y sus propias convicciones.

Por lo anterior, preferimos particularmente la solución que brinda el Consejo de Estado, pues no se ve cómo, con base en las solas particularidades del caso –a las que alude la Casación Civil–, pueda llegarse mejor a la liquidación de esta clase de perjuicio, si estamos hablando de valores (o de guarismos –si se quiere–) que no podríamos 'descubrir' con base en la argumentación jurídica, por rigurosa que esta sea. Dicha argumentación tendría que servirme, en cualquier caso, para moverme y oscilar, entre las pautas mínimas y máximas que establezca la jurisprudencia, o incluso, eventualmente, la ley.

De modo que, al menos, una guía en esta materia –a la manera de los topes que ha establecido el Consejo de Estado– luce deseable. Y, si la crítica frente a dicha pautas o baremos es que ellos son arbitrarios, no tendríamos aquí nada que replicar, en la medida en que, en efecto, en todo baremo habrá siempre, inexorablemente, algo de arbitrario (por lo que, de paso, ello no constituiría un 'vicio' del sistema –judicial–, sino, en cualquier caso, de la naturaleza misma de

10 En el caso en cuestión de 2014, esto fue lo que se decidió: "A partir de todos esos lineamientos, se logra constatar que el daño sufrido por los demandantes corresponde al menoscabo de un derecho superior; que el perjuicio se prolongó por más de cuatro años; que se trata de personas con estudios universitarios cuyo desenvolvimiento profesional y social depende, en gran parte, de su buen nombre; y que mantenían frecuentes relaciones comerciales con entidades crediticias y establecimientos de comercio, ante los cuales su reputación financiera sufrió un grave deterioro. / Todo ello conlleva a concluir que el mencionado daño debe ser tasado en la suma de $20.000.000 para cada uno de los pretensores".

las cosas); sin embargo, creemos que el juicio de cada juez –particularmente si es comparado con el de los demás– *no lo será menos* (ni siquiera por un poco).

Lo anterior, en relación con la cuantía del perjuicio; pero no olvidemos que, en el marco de la jurisdicción administrativa, solo podemos pasar a esas cuantías monetarias cuando las medidas de reparación no pecuniarias resulten inidóneas a fin de reparar a la víctima en el caso concreto. De manera que, a este respecto, nos preguntamos: ¿ese tipo de medidas podrían aplicarse en el marco de la jurisdicción ordinaria, es decir, podrían ser impuestas a un particular en beneficio de otro particular? La respuesta en este caso debe ser negativa, si se atiende a las exigencias que impone la dignidad de la persona humana en el sentido de que no podría ser forzada a cumplirlas[11].

En cualquier caso, la verdad es que en este punto ni siquiera se encuentra comprobada la 'bondad' –diríamos– de esa clase de medidas. En este sentido, resulta llamativo cuanto afirman quienes han sido sus beneficiarios. Por ejemplo, frente a la medida de pedir disculpas públicas, en la jurisprudencia administrativa se encuentra el siguiente testimonio: "lamentamos no poder decir que es un hecho plenamente satisfactorio por no ser un acto que surge de la voluntad o del corazón, sino que hace parte de una orden judicial [...] y para nosotros todavía existen muchas preguntas sin respuestas"[12].

Adicionalmente, se encuentra documentado que en ocasiones estos actos, antes que para reparar a las víctimas, se aprovechan, lastimosamente, para "justificar los hechos o para reducir la responsabilidad"[13].

De manera que, para no llegar a resultados indeseables y sin duda desafortunados, creemos que en la imposición de tales medidas deben establecerse unos 'mínimos', es decir, la jurisprudencia debe conminar o invitar "a la concertación de la medida con las víctimas (en cuanto a fecha, lugar, participantes

---

11 Tal como lo sostenían Mazeaud, H. y Tunc, A. *Tratado teórico y práctico de la responsabilidad civil delictual y contractual* (t. III, vol. 1), Buenos Aires, Ediciones Jurídicas Europa-América, 1977, pp. 500-501.

12 Palabras de la familia de Jesús Daniel Gil, Mosquera (muerto por ejecución extrajudicial a manos del Ejército), en el acto de disculpas públicas impuesto por sentencia del 26 de octubre de 2012 por parte del Tribunal Administrativo de Santander. Tomado de la *Guía para la implementación de medidas de reparación*, The Swedish Foundation for Human Rights y el Colectivo de Abogados José Alvear Restrepo, Bogotá, 2017, p. 12.

13 Tomado de la *Guía para la implementación de medidas de reparación*, The Swedish Foundation for Human Rights y el Colectivo de Abogados José Alvear Restrepo, Bogotá, 2017, p. 17.

y mínimos de ejecución de la medida), con el ánimo de evitar experiencias unilaterales que en nada enaltecen a los beneficiarios/as de la acción"[14-15-16].

Como corolario último, entonces, puede decirse que nuestro derecho de daños se encuentra actualmente en diálogo con la Constitución[17]; sinergia de la que ha surgido el imperativo de propender a una mejor y más amplia protección de la persona humana en el marco de la responsabilidad civil o patrimonial (contractual y extracontractual); labor que, ciertamente, podemos absolver con ventaja en la medida en que en nuestro medio no existen limitantes legales en relación con la determinación de lo que debe indemnizarse, ni tampoco respecto de cómo debe llevarse ello a cabo[18]. No se desconoce, en cualquier caso, que el principal reto será el de sistematizar la materia, pues, por atender a lo particular –a las categorías–, se corre el riesgo de que perdamos la visión del conjunto.

---

14 Tomado de la *Guía para la implementación de medidas de reparación*, The Swedish Foundation for Human Rights y el Colectivo de Abogados José Alvear Restrepo, Bogotá, 2017, p. 15.

15 Tal como lo han hecho, por ejemplo, las siguientes sentencias: "Igualmente, la sala dispondrá que se consulte a la víctima, para que, si así lo dispone y como medida de satisfacción, se ordene a la Fiscalía General de la Nación la rectificación de las informaciones". Consejo de Estado, Sección Tercera, Subsección B, sentencias del 17 de septiembre de 2018, exp. 44.923, C. P. Stella Conto Díaz del Castillo; 5 de diciembre de 2016, exp. 39.831, C. P. Stella Conto Díaz del Castillo; y del 17 de noviembre de 2016, exp. 38.256, C. P. Stella Conto Díaz del Castillo; del 14 de febrero de 2018, exp. 56447, M. P. Danilo Rojas: "El contenido de las notas de prensa deberá ser concertado con los familiares de las víctimas, a través de su apoderado, quien además deberá ser informado previamente, al menos con dos semanas de anticipación, de la fecha y el medio informativo en que se realizarán dichas publicaciones, cuyo costo deberá ser asumido por el Ejército Nacional".

16 "En el caso de Nohemí Pacheco, por ejemplo, su familia manifestó que se sentían agredidos al ser invitados a un acto de perdón que se realizaría dentro del Batallón La Popa, y en un salón llamado 'Salón de Guerra', pues ellos hubieran preferido que se realizara en la comunidad y con la asistencia de todos sus integrantes". Tomado de la *Guía para la implementación de medidas de reparación*, The Swedish Foundation for Human Rights y el Colectivo de Abogados José Alvear Restrepo, Bogotá, 2017, p. 16.

17 Aunque ya Hermogeniano decía: "como todo derecho tenga pues su causa en el hombre" (D. 1, 5, 2: "cum igitur hominum causa omne ius constitutum sit").

18 En este sentido, Gil Botero, E. *La constitucionalización del derecho de daños. Nuevo sistema de daños en la responsabilidad extracontractual del Estado*, Bogotá, Temis, 2014, p. 23.

BIBLIOGRAFÍA

GIL BOTERO, E. *La constitucionalización del derecho de daños. Nuevo sistema de daños en la responsabilidad extracontractual del Estado*, Bogotá, Temis, 2014, p. 23.

MAZEAUD, H. y TUNC, A. *Tratado teórico y práctico de la responsabilidad civil delictual y contractual*, t. III, vol. 1, Buenos Aires, Ediciones Jurídicas Europa-América, 1977.

The Swedish Foundation for Human Rights y Colectivo de Abogados José Alvear Restrepo. *Guía para la implementación de medidas de reparación*, Bogotá, 2017.

SENTENCIAS

Corte Suprema de Justicia, Sala de Casación Civil, 5 de agosto de 2014, exp. SC10297-2014, M. P. Ariel Salazar Ramírez.

Consejo de Estado, Sección Tercera, 28 de agosto de 2014, exp. 26.251, C. P. Jaime Orlando Santofimio.

Consejo de Estado, Sección Tercera, 28 de agosto de 2014, exp. 32.988, C. P. Ramiro Pazos.

Consejo de Estado, Sección Tercera, 28 de agosto de 2014, exp. 27.709, C. P. Carlos Zambrano.

Consejo de Estado, Sección Tercera, 28 de agosto de 2014, exp. 31.172, C. P. Olga Mélida Valle de De la Hoz.

Consejo de Estado, Sección Tercera, 28 de agosto de 2014, exp. 36.149, C. P. Hernán Andrade.

Consejo de Estado, Sección Tercera, 28 de agosto de 2014, exp. 28.804, C. P. Stella Conto Díaz.

Consejo de Estado, Sección Tercera, 28 de agosto de 2014, exp. 31.170, C. P. Enrique Gil Botero.

Consejo de Estado, Sección Tercera, 28 de agosto de 2014, exp. 28.832, C. P. Danilo Rojas.

Consejo de Estado, Sección Tercera, 7 de abril de 1994, exp. 9367, C. P. Daniel Suárez Hernández.

Consejo de Estado, Sección Tercera, 19 de abril de 1994, exp. 7096, C. P. Juan de Dios Montes Hernández.

Consejo de Estado, Sección Tercera, 30 de marzo de 1995, exp. 10019, C. P. Daniel Suárez Hernández.

Consejo de Estado, Sección Tercera, exp. 10714, C. P. Juan de Dios Montes Hernández, sentencia del 27 de julio de 1995

Consejo de Estado, Sección Tercera, exp. 11.166, C. P. Juan de Dios Montes Hernández, sentencia del 2 de julio de 1998, tomo 375.

Consejo de Estado, Sección Tercera, Subsección C, sentencia del 23 de mayo de 2012, exp. 21269, C. P. Enrique Gil Botero.

Consejo de Estado, Sección Tercera, Subsección B, sentencia del 17 de septiembre de 2018, exp. 44.923, C. P. Stella Conto Díaz del Castillo.

Consejo de Estado, Sección Tercera, Subsección B, sentencia del 5 de diciembre de 2016, exp. 39.831, C. P. Stella Conto Díaz del Castillo.

Consejo de Estado, Sección Tercera, Subsección B, sentencia del 17 de noviembre de 2016, exp. 38.256, C. P. Stella Conto Díaz del Castillo.

Consejo de Estado, Sección Tercera, Subsección B, sentencia del 14 de febrero de 2018, exp. 56447, C. P. Danilo Rojas.

Editado por el Departamento de Publicaciones
de la Universidad Externado de Colombia
en febrero de 2021

Se compuso en caracteres Ehrhardt Regular de 11.5 puntos
y se imprimió sobre papel Holmen Book Cream de 60 gramos
Bogotá (Colombia)

Post tenebras spero lucem

Made in the USA
Monee, IL
05 November 2026

67849412R00448